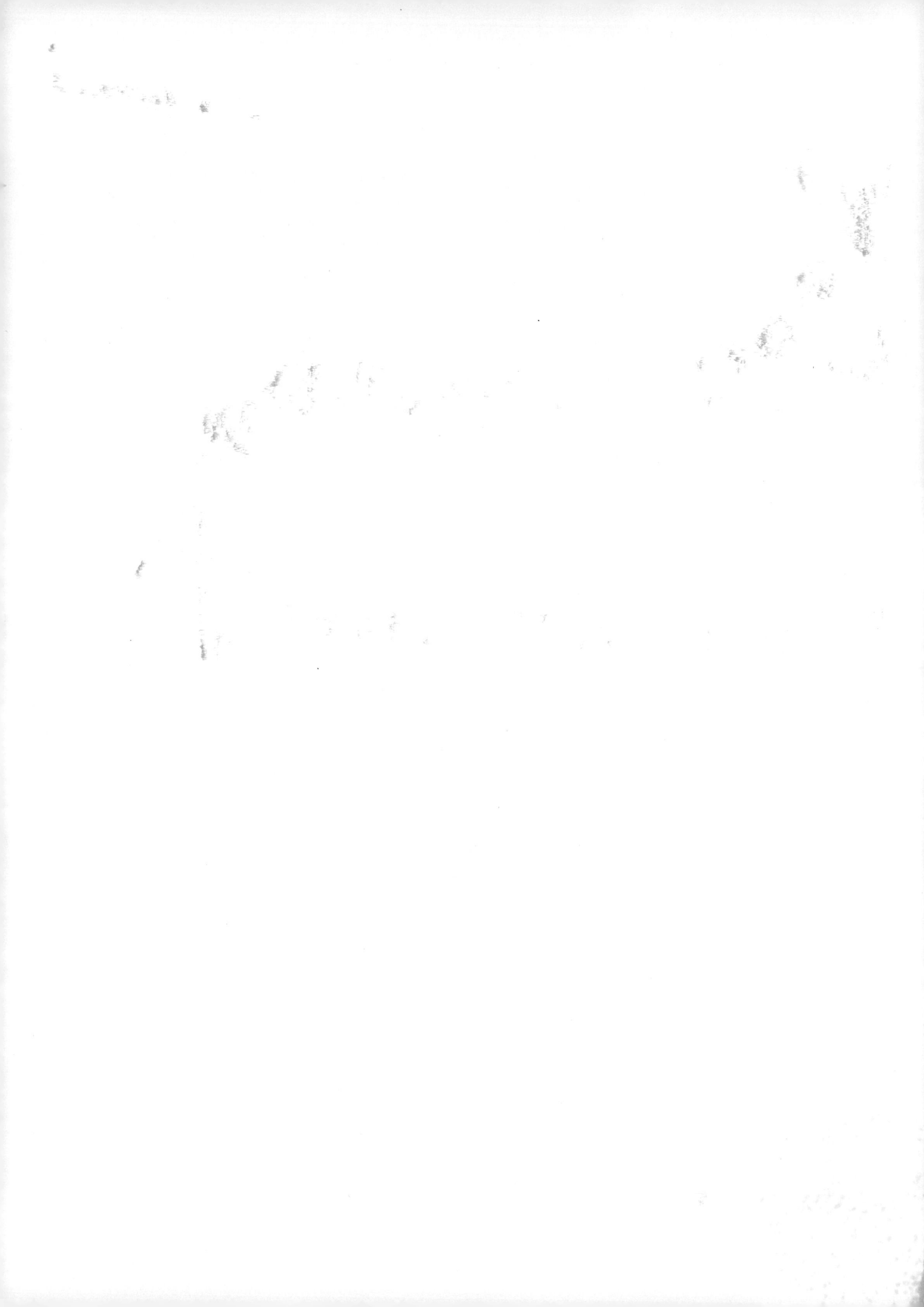

天津市志·文物博物馆志

天津市地方志编修委员会办公室　天津市文化和旅游局　编著

江苏人民出版社

图书在版编目（CIP）数据

天津市志．文物博物馆志 ／ 天津市地方志编修委员
会办公室，天津市文化和旅游局编著．—— 南京 ：江苏人
民出版社，2022.10
ISBN 978-7-214-18624-9

Ⅰ．①天… Ⅱ．①天… ②天… Ⅲ．①天津－地方志
②文物－博物馆事业－概况－天津 Ⅳ．①K292.1

中国版本图书馆CIP数据核字(2022)第108520号

书　　　　名	天津市志·文物博物馆志

编　　　　著	天津市地方志编修委员会办公室　天津市文化和旅游局
项 目 策 划	凤凰空间
责 任 编 辑	刘　焱
特 约 编 辑	张爱萍　彭　娜
美 术 编 辑	毛欣明　张仅宜
出 版 发 行	江苏人民出版社
出 版 社 地 址	南京市湖南路1号A楼，邮编：210009
总 经 销	天津凤凰空间文化传媒有限公司
印　　　　刷	北京博海升彩色印刷有限公司
开　　　　本	889 mm×1 194 mm　1/16
印　　　　张	49.75
版　　　　次	2022年10月第1版　2022年10月第1次印刷
标 准 书 号	ISBN 978-7-214-18624-9
定　　　　价	998.00元

（江苏人民出版社图书凡印装错误可向承印厂调换）

天津市地方志编修委员会组成人员

《天津市志·文物博物馆志》总编审人员

总　　编　关树锋

执行总编　张月光

分志主编　韦　恬

分志编辑　陈　颖　沙　洵　王中玮　张　轶　郭天天

评审人员

（以姓氏笔画为序）

方兆麟　韦　恬　关树锋　沙　洵　李家璘　张月光　陈　克　罗澍伟

梁淳久　谭汝为

《天津市志·文物博物馆志》
编修委员会组成人员

主　任　杜彩霞（2012 年 7 月—2015 年 3 月）

郭运德（2012 年 7 月—2014 年 1 月）

黄永刚（2014 年 3 月—2018 年 11 月）

金永伟（2016 年 12 月—2018 年 11 月）

姚建军（2018 年 11 月—今）

副主任　党丽颖（2012 年 7 月—2015 年 5 月）

金永伟（2012 年 7 月—2016 年 12 月）

游庆波（2017 年 1 月—今）

唐海波（2018 年 11 月—今）

尹大勇（2018 年 11 月—今）

徐恒秋（2018 年 11 月—今）

委　员　（以姓氏笔画为序）

马天众　门玉华　王　敬　王同立　王培军　王起宝　王晓满

卢永琇　冯　强　曲维和　刘　玫　刘光欣　刘福军　刘颜明

闫树志　李　凯　李冠龙　李福荣　李家璘　杨大为　杨念庆

陈　卓　吴宇铭　沈　岩　张之梅　张庆发　张丽萍　张彩欣

周建军　赵耀双　姚　旸　徐　颖　徐恒秋　梅鹏云　康金凤

程　伟　程　薇　梁淳久　梁彩慧　蔡习军　董玉琴

《天津市志·文物博物馆志》编修委员会
办公室组成人员

主　任　党丽颖

副主任　徐恒秋　程　伟

办公室设在局办公室

《天津市志·文物博物馆志》编辑部组成人员

主　任　李家璘（2012 年 7 月—2012 年 10 月）

　　　　　李　凯（2012 年 10 月—2017 年 6 月）

　　　　　陈　卓（2017 年 7 月—2018 年 10 月）

　　　　　梁淳久（2018 年 11 月—今）

副主任　杨大为　赵耀双　徐　颖　姚　旸　张　宁（常务）

总编纂　李家璘

编　辑　（以姓氏笔画为序）

　　　　　于　英　刘　煜　刘　渤　刘小葶　李　君　陈　扬　张　宁　张　睿　赵　晨

　　　　　姚　旸　柴竹菁　涂小元　崔　婷　程绍卿

审稿人员

（以姓氏笔画为序）

马大东　云希正　王凤琴　王宜恭　王绪周　尤仁德　文启明　卢永琇　田凤岭
田毓芬　刘　毅　刘　渤　刘光启　刘佐亮　刘岱良　孙晓强　李　凯　李庆奎
李寿祥　李国良　李家璘　何　森　张　志　张　威　张　玲　张安鸽　张彩欣
张黎辉　沈　岩　陈　克　陈　雍　陈　卓　陈锡欣　林开明　罗澍伟　岳　宏
赵　娜　赵春贵　赵耀双　施　俊　姜玥鸿　敖承隆　涂小元　徐春苓　郭鸿林
郭　辉　黄立志　黄克力　梅鹏云　盛立双　崔　锦　程绍卿　蔡鸿茹　魏克晶

凡　例

一、本志是一部以马克思列宁主义、毛泽东思想、邓小平理论、"三个代表"重要思想、科学发展观、习近平新时代中国特色社会主义思想为指导，坚持辩证唯物主义和历史唯物主义的立场、观点和方法，坚持实事求是的原则，全面、客观、系统记述天津市文物与博物馆事业历史与现状的专业志书。

二、本志恪守志书通例和修志宗旨，力求思想性、资料性、可读性的统一，为记录历史、传承文明、弘扬文化、资政育人服务，突出文物、考古、博物馆的专业特点。

三、本志记述地域范围，以2012年天津市行政区划为限。区、县称谓及地名、机构名称有变化的，以记载年代为准。

四、为列清天津的考古、文物史，本志在志文记述外，采用了大事记始于旧石器时代的记述方法。故时限上溯旧石器时代，下讫2012年末。重大事项为始讫完整（如天津市第七批全国重点文物保护单位、天津市第四批文物保护单位等），酌情下延。

五、本志民国前使用朝代年号纪年，括注公元年份，民国后一般采用公元纪年。年代不详者，采用"民国""××年代"。没有明确年、月、日的，采用"同期""是年"；同月的，采用"本月"，同日的采用"同日"。

六、本志采用篇、章、节体，节下视情况设目或条目。志首设综述；次设大事记；主体志设不可移动文物，可移动文物，博物馆，纪念馆，考古，文物保护，学术研究、教育培训，管理机构、人物篇；志后设附录及编后记。

七、本志采用述、记、志、传、图、表、录7种体裁形式，以志体为主。综述以纵述为主，述议结合，精练概括。大事记采用编年体。篇下设概述，章下设无题序。文物（标本）、考古发掘等部分，选图量大，随文插入相关章、节。表，主要列天津市馆藏一级文物（标本）一览表、天津市域文物保护单位一览表、重点陈列展览一览表。

八、本志采用规范的现代语体文、记述体，述而不论。文字记述力求朴实、严谨、简洁、流畅。

九、本志标点符号与数字的用法，按照国家质量监督检验检疫总局、国家标准化管理委员会2011年发布的《标点符号用法》《出版物上数字用法》的规定执行。

十、除历史上使用的旧计量单位名称，可照实记录外，均使用国家规定的现行标准计量单位。计量单位前的数字使用阿拉伯数字，名称用中文书写，并全文统一。

十一、本志记述的不可移动文物，依据天津市第三次全国文物普查数据和结果，全国重点文物保护单位、天津市文物保护单位列目详述。部分表述与附录表格做了进一步核实修订。区（县）级文物保护单位列表。

十二、本志记述的可移动文物（标本），选自市域各文博单位的一级文物（标本），部分有特殊价值和具有代表性的其他文物（标本）酌情录入。

十三、本志坚持"生不立传"原则。入传人物以其在文物与博物馆事业中的贡献、成就和影响为标准，以生年排序，注生卒年，缺失准确资料者，视情注"不详""约××年"等。

十四、本志采用第三人称记述，所记地域、机构、团体、组织、会议、文件等以当时称谓为准。对频繁使用的名称，在各章第一次出现时用全称，之后酌情使用简称。人物称谓，必要时在姓名前写明职务、职称，或×××家、×××者等。

十五、本志对学术上有争论的观点，只采用定论或主流观点，原则上从一说。

十六、本志资料中凡涉及历史地名、人名、职官，均据历史或实物资料实录，金石铭刻不便使用简化字，使用繁体或保留原貌，缺损之文字及字数以"□"标识。

十七、本志资料均来自天津市各级文物管理部门和各文博单位，以及相关志书、史书、文献史料、专家著述。经初编、统编、考证、修订后入志，一般不注明出处。

十八、本凡例对于各篇编纂中的未尽事宜，均在"编后记"中予以说明。

目　录

第四篇　考古　文物保护

第五篇　学术研究　教育培训

综　述

天津位于渤海之滨，地当南北要冲。明初因朱棣"济渡沧州"而得名，地域历史悠久，文化积淀深厚，文物资源众多。从距今万年以上的旧石器时代的历史文化遗存，到百年以来的近现代文物，真实记录了天津地区人类从山地向海洋不断拓展生产生活空间的历史过程。古代天津曾经是漕运中心，近代开埠以后逐渐发展成为北方的海陆运输枢纽、工商大埠。九国租界留下了一大批风格迥异的历史建筑。作为最早接受西方工业文明的城市之一，天津拥有中国早期的大批工业遗产。天津又是一个发生诸多重要历史事件，众多历史名人生活过的，且其遗址、故居大多保存良好的城市。这些是天津成为国家级历史文化名城的重要原因。

由于地缘因素和人文荟萃的区位优势，以及皇族、官僚、富商大贾的聚居，天津较早地出现了一批文物收藏家、鉴赏家和文物研究大家。

天津是中国最早出现博物馆的城市之一。1904 年建立华北博物院，1905 年建成天津教育品陈列馆，1918 年天津博物院开放，1925 年天津广智馆建成，1928 年北疆博物院开放，1930 年天津市立美术馆开馆。

文物保护是文博工作的重要一环。早在 1913 年直隶省商品陈列所就在全省开展实业（古物、水产）调查，1919 年京兆武清县公署调查武清县内古迹古物，1923 年严修创办文庙岁修办事处，1929 年天津特别市社会局、教育局奉命调查全市古物古迹，1933 年成立古迹保护组织——天津水西庄遗址保管委员会等，这些都是天津文物保护的早期实践。

天津的古玩业源远流长，之后又转化为文物商业和流散文物的收藏与流通。

天津市文化（文物）局为负责全市文物工作的市政府组成部门。在各区县设有文物保管所或附设于文化馆（图书馆）的专（兼）职文物干部。天津市文物博物馆学会为全市文物与博物馆的群众性学术团体（先后挂靠天津市文化局文物处、天津市历史博物馆、天津博物馆），天津市文物鉴定委员会为文化（文物）局设置的文物鉴定专职机构（先后在局文物处、天津市文物管理中心设办公室）。现有文物系统直属博物馆（纪念馆）22 座、国有行业博物馆（纪念馆）21 座、大学博物馆 2 座、非国有博物馆（已注册）20 座。另有天津文博院、天津市文物管理中心（国家文物出境鉴定天津工作站）、天津市文化遗产保护中心、天津文物公司、天津市文化发展中心（天津国际拍卖有限责任公司）等专职机构。

天津文博事业，从远古文物考古发现，到近代博物馆体系的形成，与当代文物与博物馆事业的发展，反映了社会的进步和历史的变迁。

据统计，天津现有不可移动文物 2082 处〔古遗址 745 处，古墓葬 157 处，古建筑 164 处，石窟寺及石刻 23 处，近现代重要史迹及代表性建筑 975 处，其他近现代重要史迹及代表性建筑 18 处。其中世界文化遗产 1 处，全国重点文物保护单位 28 处，省（市）级文物保护单位 212 处〕，可移动文物 591 191 件（套）（其中一级文物 976 件，二级文物 5162 件，三级文物 136 294 件）。

———

文物（标本）是博物馆存在与发展的基础。天津解放前夕，天津存有河北省立天津博物院、天津广智馆、天津市立艺术馆（其前身为天津市立美术馆）、北疆博物院。天津解放后，市人民政府先接收了河北省立天津博物院，接收后改名为天津市立第一博物馆，当时馆藏 12 364 件。1950 年 7 月开始接收天津广智馆，接收后改名为天津市立第二博物馆，当时馆藏 15 688 件。1952 年 9 月开始接收北疆博物院，当时馆藏化石、动植物标本 219 195 件；同年接收天津市立艺术馆，当时有藏品 4500 件。

1952 年 6 月，天津市立第一博物馆、第二博物馆、天津市立艺术馆合并为天津市历史博物馆。翌年 8 月，天津市历史博物馆开始了天津地方历史文物资料的征集。至 1958 年，征集文物达 47 978 件。天津自然博物馆（其前身为北疆博物院）从 1953 年开始分赴全国各地，征集标本 50 000 余件。

1958 年 4 月 17 日，天津市召开博物馆保管工作会议，制定了藏品保管工作制度。在此基础上，各馆制定了藏品整理计划。至 1958 年底，天津自然博物馆整理藏品 21.56 万余件，天津市历史博物馆整理藏品 10.37 万余件，天津市艺术博物馆整理藏品 6000 余件。至 1966 年，天津馆藏文物（标本）达到 41.54 万余件。至 1995 年，全市藏品总数约 53.25 万余件。

天津的馆藏还有部分通过接受捐献、购买等方式收藏的故宫散佚书画，接收敌伪财产中的重要文物，接收海关、法院罚没的文物，特别是社会各界人士的捐献陆续汇集。1950—1954 年，入藏的珍贵文物包括时任天津市副市长周叔弢（天津市文物保管委员会主任委员）首批捐献的古代书画 7 件，多为清宫旧藏；南开大学教授杨石先捐献的墨品多件。徐世章于 1954 年去世，其家属遵其遗嘱，将“濠园藏玉”600 余件、“退耕堂”藏砚 900 余件和其他法帖、名画、缂丝、工艺品、文玩图章等 2749 件文物捐献。1958 年前后入藏如唐摹本王羲之《寒切帖》卷、宋张择端《金明池争标图》页，宋苏汉臣《婴戏图》页，清朱耷《河上花图》卷，清无款《万笏朝天图》卷，清雍正款窑变鱼篓尊、清雍正款粉彩八桃纹过枝盘、清黄玉瓶等。徐世昌孙媳张秉慧捐出的西周太保鼎、小克鼎、克钟、太师鼎等为西周青铜器中的重器。其他如宋萧照《中兴瑞应图》卷、唐《转轮圣王经卷》、清户部天津造币总厂制作的近现代金银纪念币、新石器时代以及自汉至明各时期的玉器等，均为精品。

1978 年中共十一届三中全会以后，“文化大革命”中被抄的文物，落实政策退还本主，物主又自愿将其捐献给国家。其中，主要有周叔弢捐献敦煌遗书 256 卷、历代玺印 910 方。张叔诚捐献宋元明清书画 250 件，如北宋范宽《雪景寒林图》轴、元钱选《花鸟图》卷、元边鲁《起居平安图》轴、元赵孟頫《行书洛神赋》卷、明仇英《桃源仙境图》轴等，都是绘画史上开宗立派大家的代表作。张叔诚还捐出商周两汉玉器 130 件，西周克镈等青铜器 4 件，图书碑帖 54 件，总计达 455 件之多。何启君捐献出清代《耕织图》版画，以及其他绘画和瓷器。韩瑾华捐献出清康熙、乾隆官窑斗彩瓷器。吴颂平后人捐献出历代铜镜、明宣德炉、清官窑瓷器等。

据不完全统计，中华人民共和国成立以来，至 1981 年，有 135 人捐献过重要文物。其中周叔弢、张叔诚等是这方面的代表。1981 年 3 月 8 日，天津市人民政府在友谊俱乐部隆重召开“周叔弢、张叔诚同志捐献文物图书授奖大会”。中共天津市委、市人大常委会、市人民政府、政协天津市委员会负责同志出席大会，时任天津市长胡启立、国家文物事业管理局副局长马济川在授奖大会上讲话，对周叔弢、张叔诚将珍贵文物、图书自愿献交国家的爱国热忱，给予了高度评价。周叔弢、张叔诚也发表了热情洋溢的讲话。与会人员还到天津市艺术博物馆参观了天津市文化局举办的“周叔弢、张叔诚先生捐献图书文物展览”。

在从废铜中拣选文物工作方面，1958 年，文物工作者从天津电解铜厂、冶炼厂等拣选出重要文物 4000 余件。其中包括夏代二里头文化的青铜素爵、商兽面异形盉、商兽面纹斝、西周夔纹铜禁、西周翔簋簋盖、战国提梁壶、战国寿春鼎、西汉平都犁斛、元代四臂观音像等。拣选鎏金造像数千件。另外，从银行部门拣选、从外贸工艺品出口部门验扣的文物中优先征购大量珍贵文物。1979 年又统一接收天津外贸工艺品公司历年留存的不能出口的文物（“文留”）总计 18 000 件，包括瓷器、玉器、铜器、绘画、旧墨、杂项等。

天津市文物公司自 1962 年成立后，也多次向博物馆输送珍贵文物。

天津是近百年来伴随开埠和城市化进程而迅速发展起来的沿海大都市。近代史上许多影响中华民族命运的重大历史事件以及文化教育等方面的重大变革都发生在天津。天津历来重视反映近代历史史实的文物文献、历史照片，以及反映民俗、民间艺术等方面的实物。这些收藏构成了天津的博物馆、纪念馆馆藏的一大特色。另有相当数量的近代历史档案资料，尤以北洋军阀资料为重。天津博物馆收藏的北洋军阀资料 10 余万件，多与北洋军阀政府的首脑人物袁世凯、黎元洪、徐世昌、吴景濂相关联。1992—1995 年，曾组织专业人员进行系统整理，精选上万件，汇编成《馆藏北洋军阀史料》4 卷 33 册，由天津古籍出版社影印出版。

自然标本的收藏，早期始于北疆博物院的创建人法国动物学博士、古生物学家、神甫桑志华（Paul Emile Licent）等人。

桑志华于 1914 年 3 月来到中国。他在我国华北、西北等地搜集了大量的脊椎动物化石，时代最早的是甘肃庆阳地区的古生物化石，最晚的是内蒙古萨拉乌苏地区的古生物化石，最丰富的是山西榆社盆地和河北泥河湾动物群化石。从 1914 年来津至 1938 年离津，历时 25 年，行踪遍及黄河、白河、滦河和辽河流域的 14 个省市。桑志华将各地采集的资料，收集的动物、植物、岩矿、古生物、古人类标本先后分十几次运回天津，构成北疆博物院的重要藏品。

中华人民共和国成立以来，天津自然博物馆为丰富馆藏，开展了系统的征集、采集工作。至 2004 年，馆藏标本已逾 38 万件。2005 年复征集标本 119 件，接受天津海关罚没移交古生物化石 12 件。特别是 2007 年，自环球健康与教育基金会主席、美国野生动物标本收藏家肯尼斯·尤金·贝林（Kenneth·E. Behring，以下称贝林）向天津自然博物馆捐赠世界野生动物标本签约仪式以来，至 2012 年共捐赠标本及非洲马赛族人类物品 200 余件。之后尚有陆续捐赠。

1995 年 10 月，中共中央批准在天津建立周恩来邓颖超纪念馆。同年 11 月 29 日，平津战役纪念馆举行奠基典礼。周恩来邓颖超纪念馆在整体并入的周恩来同志青年时代在津革命活动纪念馆馆藏的基础上，又先后接收了中央文献研究室拨交和周恩来、邓颖超身边工作人员、青年时代同学、战友及家属捐献的大批文物，以及中央警卫局捐献的西花厅文物和中国民航总局捐献的周恩来专机。平津战役纪念馆建馆期间，由北京军区领导的建馆领导小组征集文物 6000 余件。开馆以后，中国人民解放军海军、空军、总装备部捐赠了 16 件大型兵器，支援"军威园"陈列。

其他各馆都根据本馆的性质、特点和展陈需要，征集了大批文物。

据 2012 年统计，天津现有馆藏文物 591 191 件（套）。

二

1949 年以前，天津是中国北方古玩（文物）的集散中心和最早出现博物馆的城市之一。

明初，文物的收藏与流通已在天津出现。入清以后，尤其康乾以来，仿古、考据之风盛行，达官显贵、盐商富贾无不热衷于古董，以收藏鉴赏为时尚。如康熙十年（1671）前后，张霖的问津园内"法书名画之属，充牣栋宇"。康熙年间与问津园张家有文玩之交的李友太（一作李友泰），精于文物鉴别，尤对古书画能"真赝立判"。康熙四十七年（1708），安岐沽水草堂（位于天津城东南六里）中"藏金石书画甚富""贮牙签万轴，余尽商周秦汉青绿宝器，唐宋元明画家之翰墨也""金石考遗文，彝鼎陈满几"。乾隆七年（1742）安岐将自藏和亲见书画名迹的鉴赏记录，整理编成《墨缘汇观》一书，流传至今。现藏于天津博物馆的北宋范宽《雪景寒林图》即为他最早所得之珍品。乾隆年间查日乾水西庄内收藏的图书、名画、青铜礼器等古玩颇丰。

晚清以来，天津成为中国北方古玩收藏流通的集散中心。一是由于天津拥有长期收藏古玩的传统和积淀；二是由于天津开埠后，租界成为大批失意的王公贵族、军阀政客首选寓居之地，其中不乏拥有众多古玩者。外商介入，又推动了古玩业的升温。而晚清以来豫陕甘等地青铜器的频繁出土，20 世纪初近代中国四大文献史料（殷墟甲骨、汉晋简牍、敦煌遗书、清宫大内档案）的新发现，以及随之而来的甲骨学、敦煌学、清史学等"显学"的勃兴，都在客观上刺激了天津古玩业的活跃，其重要标志是古玩店的兴盛和发展。1910 年前后，天津城厢内外有大小古玩店 70 余家。

进入民国时期，天津的古玩商业经历由盛而衰的峰谷转变。1912 年初，袁世凯策动"壬子兵变"，天津城厢周围的古玩店、金店、当铺惨遭洗劫焚烧。之后，一些资本雄厚的古玩店陆续迁出，开始转入租界区营业。从民国初至 20 世纪 40 年代初，天津的古玩商业仍处于上升阶段，在津的外商也参与其中。租界区成为继天津城厢地区后新的古玩中心。

1925年后，集中40余家店铺的日租界"大罗天"古玩市场，一时成为北方地区古玩业的集散中心。

1928年，劝业场竣工开业后，一些原在"大罗天"经营的古玩店相继迁入，尤其是1931年九一八事变后，天津开始形成以法租界劝业场为主的新的古玩交易中心。

1942年后，天津古玩界还先后成立了"古玩书画业同业协会""珠宝古玩同业协会"。

1946年后，由于内战爆发，北平的许多古玩商接踵来津，在泰康商场、天祥商场内开张，多以收集清逊帝溥仪散落在东北的清宫文物"东北货"为主。

博物馆是可移动文物的收藏、研究、宣传教育机构。清末的华北博物院、天津教育品陈列馆，以及直隶工艺总局下设的天津考工厂（后更名为直隶劝工陈列所），为博物馆的起步阶段。华北博物院所设展室，其展示内容为天津现代意义博物馆的创立起了示范作用。

民国时期，天津博物馆体系初步形成。

民初，天津一批有识之士如严修、严智怡、陈宝泉、林墨青，以及法国传教士桑志华等，为天津博物馆事业的开拓者。具有公众性、文化教育性和学术内涵的现代博物馆在津相继出现。1913年，天津劝工陈列所更名为直隶商品陈列所。1914年，桑志华筹建北疆博物院。1916年，天津博物院筹备处成立，并向社会广征文物。1918年6月1日，天津博物院正式成立，并举办展览，对外开放。陈列分为自然、历史两部分。藏品范围涵盖自然史、考古学、文化人类学等。1921年，天津社会教育广智馆筹建，4年后开馆。1928年北疆博物院对外开放。1930年天津市立美术馆开馆。至此，以传播文化、宣传科技、普及知识、广开民智为社会功能的天津博物馆体系框架初步建立。

其中，天津博物院于1919年在金华商场举办"观鲸会"，数万人参观。1934年举办"全国矿冶地质展览会"。天津广智馆(1928年由天津社会教育广智馆更名)也先后举办了多项展览,如"岐阳世家文物展""康有为遗作展""水西庄文物展"等。

1937年天津沦陷后，河北博物院（1934年由河北省第一博物院更名）被日军占用，展品被洗劫，馆藏文物遭散失，董事会亦被解散。北疆博物院的重要标本、图书资料被迫运往北平。

日本侵占时期，天津曾短暂存在一座天津日本教育博物馆，由居住在日租界的日本人——天津日本居留民团于1942年创办，但影响不大。

1940年，伪天津特别市公署接收河北博物院，更名为"天津特别市市立博物馆"。

1945年抗战胜利后，天津特别市市立博物馆改称"河北省立天津博物院"，天津市立美术馆改称"天津市市立艺术馆"，但活动很少。

大体看，民国期间天津的博物馆一类是外国人所建，另一类是中国人自办。这些博物馆的存在与演变，为天津解放后博物馆的重组与发展奠定了基础。

在学术研究和科研出版方面，在时局动荡、社会转型、条件十分艰难的情况下，仍取得了显著成果，为后人留下了丰厚遗产。

北疆博物院创办人桑志华在甘肃庆阳、内蒙古萨拉乌苏、河北泥河湾、山西榆社等野外发掘的重要发现与研究成果，具有重大学术意义。

其一，1920年在甘肃庆阳地区东部的黄土底部砾石层中发现的3件打制石器，证明了中国存在更新世人类遗存，被公认为中国旧石器时代考古学的开端。

其二，桑志华与德日进（Pierre Teilhard de Chardin）于1923年对包括宁夏和内蒙古的中国北方地区进行地质和考古调查，发现了水洞沟和萨拉乌苏等旧石器时代遗址，采集和发掘了一批石制品，尤其在萨拉乌苏发现的一颗八九岁幼童的左上外侧门齿化石，后来被加拿大籍解剖学家步达生（D. Black）定名为"河套人"，是中国出土的有准确地点和地层记录的第一件人类化石。在上述发现和研究的基础上，桑志华、德日进与布勒（M.

Boule）、布日耶（H. Breuil）共同撰写的《中国的旧石器时代》（1928），是第一本研究和介绍中国旧石器时代考古遗存的专著，它将地层、古脊椎动物与古人类遗存有机结合，初步奠定了中国旧石器时代考古学早期发展阶段的方法论基础。

其三，河北泥河湾哺乳动物群的发现，填补了我国新第三纪和第四纪过渡阶段古生物学的空白。德日进发表的《中国和蒙古第三纪哺乳动物》一书，首先给出了较详细的地层剖面，开创了中国古哺乳动物与地层研究并重的先河，对中国地质调查所新生代研究室以后的工作思路、研究成果产生了直接影响。

其四，1934 年，桑志华在山西榆社盆地发现的新近纪晚期哺乳动物化石，种类多、数量大、地层连续时间长，犹如一部完整的"地层编年史"。

此外，北疆博物院聘请许多外国专家学者进行研究工作，涉及高等植物、昆虫、鱼类、两栖、爬行及哺乳动物等相关类群。鉴定和发表模式标本 200 多种。

北疆博物院出版刊物共 51 期，在其他刊物上发表主要著述 74 篇。桑志华撰写的《黄河、白河流域十年考察报告（1914—1923）》《黄河、白河流域十一年考察报告（1923—1933）》等，至今仍是考察我国北方生物学各分支学科早期科学记录的重要依据。

天津博物院（后几经易名）的学术活动主要集中在对中国传统文化的整理、研究方面。1920 年，天津博物院对巨鹿古城进行了调查，并出版了《巨鹿宋器丛录》，展开对磁州窑的研究。1921 年出版《巴拿马赛会直隶观会丛编》（凡 16 册，内容涉及博物馆管理及陈列形式等）。1933 年出版《天津芥园水西庄画刊专号》、刊印《天津樊文卿先生畿辅碑目》。1899 年天津学者王襄等人首先辨认出甲骨文字，并率先开展研究，天津博物院积极推动这一研究，1920 年出版了王襄的《簠室殷契类纂》，1925 年出版了王襄的甲骨文著作《簠室殷契征文》等。天津博物院还出版了副院长华学涑的《秦书八体原委》《秦书集存》等。陆文郁经多年不懈努力，完成《植物名汇》手稿，凡 27 卷。

天津博物院在建院章程中就宣布"本院以保存固有文化，沟通世界学艺，纯以实物考证促进社会生计必要之道德知识为宗旨"。其院刊主旨"盖在普及文化教育，并以此引起一般人对于博物馆之注意"。刊物栏目涉及范围广泛，包括自然史、考古学、文化人类学、中国传统文化等。至 1937 年 7 月 25 日第 141 期终刊。

此外，天津美术馆 1931 年创刊《美术丛刊》，主要栏目包括艺术、考古、论文等。1937 年创刊《美术》杂志。

在文物保护方面，因内战、外敌入侵，致使天津的文物古迹大多遭到破坏，乃至消失。天津城墙也被八国联军强行拆毁。

晚清海关曾设有古物查检部门，入民国，政府也曾先后制定了保护古物的条例，但并未得到真正重视和落实。1937 年在日机轰炸下，许多文物古迹被毁。

对境内不可移动文物的调查、测绘，以 1932 年梁思成等在蓟县独乐寺、白塔和宝坻广济寺的工作最为突出。其中，梁思成依据调查测绘的资料，在其夫人林徽因和清华大学工程教授蔡芳荫的协助下，撰写了《蓟县独乐寺观音阁山门考》《蓟县观音寺白塔记》，载于《中国营造学社汇刊》第三卷第二期"独乐寺专号"，提出了今后应如何保护古建筑的问题，由此揭开了近现代中国古建筑保护的大幕。还有许多爱国人士护宝，如 1937 年天津沦陷后，一些有志之士保护珍贵文物免遭日军劫掠，包括西周夔龙纹铜禁、清逊帝溥仪典当的金编钟等。

三

1949 年天津解放，文物与博物馆事业进入新的历史发展期。博物馆重组并发展，考古工作全面展开，民间流散文物市场加强管理，文物商业归口经营，文物保护工作纳入法制轨道。

1950 年天津市文化事业管理局成立，内设社会文化科，负责文物博物馆工作。早在 1949 年初，河北省立天津博物院改称天津市立博物馆,1950年11月又改称天津市立第一博物馆。同时,天津广智馆改称天津市立第二博物馆。1952年两馆合并组成天津市历史博物馆。1957年,由北疆博物院改组的天津人民科学馆更名为天津自然博物馆。同年,由天津市历史博物馆艺术部分出、成立天津市艺术博物馆。1959年、1961年天津市红桥区三条石历史博物馆和中共天津建党纪念馆相继开馆。1958年,天津市文化局即制定市属博物馆文物保护工作方法,规定藏品的入藏、编目、提取、注销、统计方法,各馆对藏品进行分类、建账、制卡,建立文物总账,使保管工作更加规范化、制度化。1962年,国家文物局制定《关于博物馆和文物工作的几点意见》(简称"十条")后,各馆开始进行文物藏品的清查和鉴定,以及文物标本的分类分级工作。在国家文物局组织的专家鉴定组帮助下,天津市历史博物馆、天津市艺术博物馆通过文物鉴定,编撰出《文物一级品简目》。1965年,天津自然博物馆在鉴定藏品的基础上,制定了本馆《馆藏品保管暂行办法》《关于藏品分类登账手续和账目卡片的格式》,以规范藏品保管工作。特别应该提到的是,1953年,由天津市人民政府直接领导,天津市文化事业管理局组织成立天津历史资料征集委员会(设于天津市历史博物馆),委员包括周叔弢、吴砚农、娄凝先、方纪、雷海宗、郑天挺、谢国桢、王襄、刘奎龄等。主要任务为征集和保存天津地方史相关实物资料。天津自然博物馆也在各个学科不断开展科学研究。其中半翅目昆虫的研究,发表新种200个,填补了中国半翅目昆虫研究的空白。开展对脊椎动物寄生虫的调查研究,发现新种100多个。

1966年6月,"文化大革命"爆发,各博物馆陷入半瘫痪状态。至1969年天津市历史博物馆、天津市艺术博物馆、天津自然博物馆、泥人张彩塑工作室合并组成"天津市博物馆",但正常业务开展有限。1971年7月,"毛泽东思想胜利万岁展览馆"("红太阳展览馆")并入天津市博物馆。

1973年10月,天津市博物馆撤销建制,恢复原天津市历史博物馆、天津市艺术博物馆、天津自然博物馆建制。

天津的考古是以海河水系区和蓟运河水系区为重心的区域考古,是中国北方长城地带与环渤海地区考古的结合点。

1953年中国科学院考古所对宁河县先秦遗址进行调查。1956年天津市文化局文物组对东郊张贵庄战国墓群试掘,标志着天津考古工作的肇始。

考古是文物工作的基础和核心。自20世纪50年代中期至1966年是天津考古的坚实起步期——主要是配合基本建设和农业生产,进行零星墓葬的清理和部分遗址、古建的调查及小面积试掘。这一时期考古收获主要有:初步了解域内文物遗存分布现状、特征,填补了天津考古学历史上的时空缺环,确立文物与古文化史迹的概念,为科学制定文物保护政策和措施提供依据。在资料积累、学科方法、理论研究方面为天津考古工作奠定了基础;以大量的出土实物资料,为全社会重新认识天津域内历史文化的渊源、内涵、特征提供了启迪和思索的空间,从而改变了长期以来认为天津是滨海弃壤且历史短暂无古可考的传统观念和思维模式。同时,开始触及渤海湾西岸线和天津成陆过程问题,以及古黄河到渤海西岸入海的时间、地点等。

"文化大革命"期间,天津考古一度停滞。1971年,天津市文物管理处成立,负责地上地下文物保护、验关、考古发掘工作,天津的考古工作恢复。1976年全市开展的地震考古调查、武清东汉鲜于璜墓的勘察与发掘等,说明任何时期考古在保护和传承文明方面,都具有重要意义。

在流散文物方面,1955年统计,天津市私营古玩业有84户,从业人员156人。1956年,个体经营的古玩店铺全部转为公私合营或合作经营。这一时期,经国家主管部门批准,天津具有文物营销权的除原有属于文化系统的文物店铺、新华书店"古旧书门市部"(旧书、碑帖)及新成立的天津杨柳青画社外,还有隶属于外贸系统的友谊商店、华侨商店,以及属于商业系统的委托商店和银行。1960年国家开始将流散文物的流通统一归口,分工经营。同年,文化部组织召开京津沪穗4个文物出口口岸出口标准问题的讨论,同年9月,国务院批准文化部、商业部、外贸部《关于改变文物商业性质和管理体制的方案》。天津市文化局先后制定了《文物出口鉴定标准意见》《关于加强文物出口控制工作的方案》《关于改进我市出口文物鉴定工作的意见》《关于旧工艺品出口鉴定的办法》和《市文物商业管理办法》,进一步规范了文物鉴定、出口验关的程序和办法。1961年天津市成立文物公司,负责收集民间传世文物。将收购的限上文物移交博物馆作为收藏品，又将限下文物投放市场，赚取一定份额外汇。

"文化大革命"初期，天津市文物公司所属的艺林阁、文苑阁停止对文物的收购和二级文物内销，转为专门接待外宾。1970 年天津市文物公司取消建制合并到天津市文物管理处。1975 年天津市文物公司恢复建制。

在文物保护管理方面，1949 年 1 月天津解放后，天津市军事管制委员会很快接管博物馆，使馆藏文物及时得到保护。1952 年，天津市文化事业管理局成立了"文物出口验关小组"，由文物鉴定专家、专业人员配合海关甄别出口文物。1954 年，天津市人民委员会又下发《关于保护市内古文化建筑的规定》和《确定文庙等四处古建筑为保护重点的通知》，市内各古建得到妥善保护，并开始设立专门机构加强管理，逐年修缮，保存原有风貌。同年，天津市文化事业管理局社会文化科成立文物组，具体负责全市文物、古建调查和保护修缮工作。1959 年负责全市考古发掘和研究及文物古迹保护工作的天津市文化局考古发掘队成立。1960 年 5 月，天津市召开第一次文物工作会，制定了全市文物、博物馆工作发展规划。1961 年 3 月，独乐寺被公布为第一批全国重点文物保护单位。1962 年中共天津市委第五次（扩大）会议决定，成立天津市文物保护管理委员会，开展了天津市第一次全国文物普查，先后对全市革命建筑和古建筑加固修缮；同年又公布市级文物保护单位 29 处，1963 年 4 月，负责天津口岸文物出口鉴定工作的天津口岸验关鉴定小组挂牌成立；同年，根据文化部指示，天津市文化局在建有保护机构的基础上，又完成了全市文物保护单位保护范围的确定、保护标志的竖立、记录档案的建立工作，使天津的文物保护工作迈上了科学化、规范化、制度化的新台阶。

"文化大革命"中，天津的文物保护工作受到很大冲击。1966 年 9 月，在"破四旧"的风暴下，全市的文物古迹遭到严重破坏，在非法抄家中，古物、字画被毁弃的不计其数。

1972 年，天津市革命委员会批转天津市文化局《关于加强文物保护工作的意见》，强调了天津市加强文物古迹保护的意见，对天津市不可移动文物的保护，起到了重要作用。

四

1978 年改革开放后，天津的文物与博物馆事业进入快速发展期。

首先是博物馆数量增多。行业博物馆、非国有博物馆也纷纷创建，使天津的博物馆类型更加齐全，初步形成以文物类博物馆为主体，行业、非国有为补充，相互促进、共同繁荣的博物馆事业发展格局。

同时，博物馆工作的开展日益活跃，服务社会的功能不断拓展。博物馆的影响日益扩大。志愿者团队已成为博物馆的基本社会组织。

在自身科学化、规范化管理方面，1986 年《博物馆藏品管理办法》《博物馆保管工作手册》和《天津市博物馆、纪念馆工作条例》的公布，推动了全市博物馆管理规范化工作的进程。在馆藏文物的收藏保管上采用新技术，并先后聘请国内外专家对馆藏级别进行鉴定，随之完成了馆藏一级品文物的确认工作和纸质一级品档案的建立。

2000 年后，博物馆在传承文明、基础教育、提高全民素质中的重要作用更加凸显。在新起点上，天津博物馆等文物系统大馆依托一流的硬件设施，推出多元化的展览，在陈列、研究、教育等方面发挥龙头作用。在国家文物局、中国博物馆协会、中国文物报社联合主办的"全国博物馆十大陈列展览精品"奖项评比中，天津自然博物馆新馆基本陈列获 1998 年度"精品奖"；周恩来邓颖超纪念馆基本陈列获 2010 年度"精品奖"；天津博物馆基本陈列"中华百年看天津"获 2012 年度"精品奖"。为彰显博物馆公益性、开放性和社会性的特征，从 2007 年 12 月 28 日起，天津各市属公益性博物馆、纪念馆施行免费开放，成为全国率先集群免费开放博物馆的省市。

2008 年，天津博物馆、天津自然博物馆、周恩来邓颖超纪念馆被国家文物局评为国家一级博物馆。2009 年，元明清天妃宫遗址博物馆被评为国家二级博物馆。

在一系列遗址的调查和发掘中，天津考古事业得到振兴和发展。不仅获得大量出土文物，而且遗物所揭示的内涵特征为研究天津地区史前文化和商周文化与相邻地区同期文化提供了新线索，具有较高学术价值，并为天津特色的考古方向提供了启迪。蓟县青池早期遗存的发现是天津史前考古的突破；天津旧城东门城楼的调查、大直沽中台天妃宫遗址的发掘拉开了天津城市考古的帷幕。至20世纪90年代中后期，天津考古已积累了从史前到明清各时期的资料，使确立地域考古文化编年分期成为可能。同期开展的以科研为目的的考古工作，又使天津考古涉及的研究领域和方式得到进一步拓展。

由于天津的地理区位，墓葬发掘始终是地域考古的重要内容。尤其两汉墓出土遗物丰富，是20世纪90年代天津考古的又一重点，为研究域内汉墓的分期创造了条件。

2002年5月，元明清天妃宫遗址博物馆建成，原隶属于天津市历史博物馆的考古部划分出来，组建成天津市文化遗产保护中心，挂牌于元明清天妃宫遗址博物馆。2007年3月至2008年11月，文化遗产保护中心为配合国家明长城资源调查项目，组成联合考察队对明长城天津段进行了调查，测量出明长城天津段的长度，确定长城本体、附属设施、相关遗存的修建年代均为明代。2008年5月至8月，进行京杭大运河（天津段）文物资源调查，基本摸清了京杭大运河（天津段）文物资源状况。

天津市文化遗产保护中心在积极做好以基本建设为主的田野考古工作基础上，发掘保护了一批重要的古代遗址，参与了一批重要建设项目规划选址的文物评估和论证。作为主要力量参与了天津市第三次全国文物普查工作，指导各区县开展地下文物普查工作。在做好陆地文物考古工作的同时，积极拓展文化遗产保护新领域，启动了天妃宫遗址本体保护等，组织开展了天津水下文物普查和水下文物重点调查工作，基本掌握了天津水下文化遗产状况。

由于天津地理位置的特殊性，考古学文化面貌有其自身的特点，因此其考古材料一直被考古界和学界所关注。本志中关于古海岸线调查，以及旧石器考古、新石器考古、夏商周考古、春秋战国考古、秦汉考古、魏晋南北朝考古、隋唐考古、宋辽考古、金元以降考古等天津考古学文化面貌的记述，反映了天津考古的阶段性成果。1996年天津市历史博物馆考古部编纂的《天津考古四十年资料汇编（1956—1996）》，是1956年张贵庄战国墓发掘以来至1996年天津以往考古成果的一个缩影。2012年出版的《天津考古》（一）（二）主要辑录了2000年以来的天津考古调查、勘探、发掘的成果。

文物保护管理工作有了新的进展。1982年2月，天津义和团吕祖堂坛口遗址被公布为第二批全国重点文物保护单位。同年，天津市人民政府依据《国务院批转国家文物局关于加强文物工作的请示报告》精神，重新制定下发《关于重新公布天津市文物保护单位名单的通知》，对域内市级文物保护单位进行调整补充，确定市级文物保护单位35处。同年又制定《天津市文物市场管理暂行规定》，加强民间流散文物管理。1983年，天津市文物管理处更名为天津市文化局文物处，以加强文物保护工作的统一管理。1986年，天津市经国务院公布为第二批国家级历史文化名城，天津文保工作开始向名城、名镇、名街多层次保护体系转化。同年，经市政府批准，天津文物保护管理委员会恢复工作，天津市文物博物馆学会成立。在全市各级政府的支持下，1986年，全市开展了天津市第二次全国文物普查。《中国文物地图集·天津分册》（2002年出版）是这次文物普查成果的总结。天津市政府还颁布了《天津市博物馆、纪念馆工作条例》，市文化局转发了文化部《纪念建筑、古建筑、石窟寺等修缮工程管理办法》，进一步规范博物馆、纪念馆工作和古建筑、纪念建筑维修实施办法。1987年天津市第十届人大常委会通过《天津市文物保护管理条例》，规定了受国家保护的文物建筑和文物遗址范围。1988年，望海楼教堂、大沽口炮台被国务院公布为第三批全国重点文物保护单位。1991年，天津市政府下发《关于公布第二批天津市文物保护单位及将蓟县县城列为天津市历史文化名城的通知》，确定第二批市级文物保护单位24处。1992年9月天津市文物局挂牌成立，标志着天津文物行政执法部门更加明确、更加专业。1994年，为落实国家文物局《关于加强文物鉴定机构建设的通知》，市文物局将"天津口岸文物出境鉴定组"更名为"国家文物出境鉴定天津站"，并制定《关于使用〈文物出境许可证〉的相关规定》和《〈禁止出境鉴定证明〉的使用管理办法》等规章制度，以利保证文物出境鉴定工作严格依法进行。1996年11月，南开学校旧址、天津利顺德饭店旧址被国务院公布为第四批全国重点文物保护单位。1997年，天津市政府下发《关于公布我市第三批市级文保单位名单的通知》，再次确定市级文物保护单位60处。天津市文物保护工作也得到迅速发展,政府在财力物力上加大投入,文物维修得以及时实施,文物保护环境得到改善。2001年,新一届天津市文物鉴定委员会成立,加强对全市文物鉴定、定级评估工作。同年,广东会馆、劝业场大楼被国务院公布为第五批全国重点文物保护单位。2002年《中华人民共和国文物保护法》修订施行后,天津进一步加强文物行政执法工作。2003年天津市文物管理中心成立。天津基本形成以文物部门为主,公安、司法、工商管理、海关、城建、房管、园林、外事、旅游、宗教部门,以及热心文保工作的社会志愿者积极参与、密切配合,从而日臻完善的文物保护管理体系。同期,在国家文物政策和政府支持下,天津加大不可移动文物抢救力度,加快修缮进程,使濒临毁坏和在"文化大革命"中遭到破坏的文物保护单位得到妥善保护,或进行重修、重建。

同时,文物保护单位的建档工作日益受到重视。自1992年始,文物保护单位的文物档案"四有"(有保护范围、有保护标志、有记录档案、有保管机构)工作更加明确和规范。2003年后,天津按照国家文物局下发的规范性文件,完成国家级文保单位记录档案备案工作和馆藏一级文物纸质档案建档备案工作。同时,应国家文物局要求,在全市开展了馆藏文物腐蚀损坏普查调查,并上交了普查调查报告。20世纪90年代后,天津又将历史风貌建筑纳入保护范围。伴随着国际文化遗产概念的扩大化、深刻化,2005年《国务院关于加强文化遗产保护的通知》公布后,进一步推动了天津文保理念、内容、方法的更新。天津文物保护内涵、外延也在不断拓展,由古代、近现代文物史迹向"20世纪遗产""当代遗产"扩大,由重视重要史迹和近现代代表性建筑向"乡土建筑""民间文化遗产"扩大,由历史文化名城向历史文化街区、村镇扩大等。2006年5月,天妃宫遗址、石家大院、京杭大运河(天津段)、盘山千像寺造像、盐业银行旧址、法国公议局旧址、梁启超旧居被国务院公布为第六批全国重点文物保护单位。

为进一步加强文物的保护和管理,2007年11月15日,天津市第十四届人民代表大会常务委员会通过并公布了《天津市文物保护条例》,2008年3月1日开始实施。这是一部规范和保障文物保护工作的地方性法规。

2013年1月,天津市政府发布《关于公布第四批我市文物保护单位的通知》,确定市级文物保护单位145处。同时,自2009年始,经推荐、遴选,初步确定推荐名单,至2013年5月,北洋水师大沽船坞遗址、塘沽火车站旧址、北洋大学堂旧址、马可·波罗广场建筑群、天津西站主楼、天津五大道近代建筑群、谦祥益绸缎庄旧址、黄海化学工业研究所旧址、工商学院主楼旧址等,被国务院公布为第七批全国重点文物保护单位。天津市文物局以此为契机,根据文物保护单位坐落地点的实际情况及保护的实际需要,积极推进保护范围及建设控制地带的划定,逐步完善文物保护单位"四有"工作。

这一阶段,属文物保护范畴的一项大工程,是第三次全国文物普查。按照国务院的统一部署,天津市第三次全国文物普查实地调查工作于2008年4月启动。截至2009年12月31日,天津市实地调查普查完成率为100%,共调查登记不可移动文物2082处,其中复查929处、新发现1153处、调查消失文物400处。

2010年6月,国家文物局第三次全国文物普查办公室组织验收专家组对天津市第三次全国文物普查实地文物调查阶段进行了整体验收。

第三次全国文物普查较准确地掌握了全市不可移动文物的变化情况和保护现状,为制定文物事业发展战略和保护规划提供了科学依据。

同期,天津还集中开展了几项专题调查,包括:

(1)天津市明长城资源调查。根据国家文物局统一部署,2007年4月,天津市文物局启动了明长城资源调查项目。该项目由天津市文化遗产保护中心承担,共调查明长城墙体176段、关城1座、寨堡9座、敌台85座、烽火台4座、火池13座、烟灶40座、居住址40座、水窖11个、水井3口。2012年《天津市明长城资源调查报告》由文物出版社出版、发行。

(2)京杭大运河(天津段)文物资源调查。2008年5月至8月,由天津市文化遗产保护中心组织开展的京杭大运河(天津段)文物资源调查工作,旨在通过基础田野调查工作,摸清京杭大运河(天津段)遗产资源的家底,包括京杭大运河(天津段)沿线不可移动文物的数量、类型、年代、分布、保存现状、保护需求等,从而厘清京杭大运河(天津段)全国重点文物保护单位文物资源,为编制京杭大运河(天津段)文物保护规划提供基础依据。

（3）水下文物调查。2009年，根据国家文物局"水下文物普查工作会议"精神，天津市制定了《天津市水下文物普查工作方案》。2009年12月，普查工作全面启动。以天津市文化遗产保护中心为主力，组成陆上调查队，各区县普查队为区县水下普查组。2010年9月，由国家博物馆水下研究中心、天津市文化遗产保护中心联合组队，水下文物普查探测、探摸工作在滨海新区正式启动。历时一年的天津水下文物普查工作，重点开展了渤海天津海域和市域内陆河道、湖泊水下文物调查。经过陆上调查和水下探测探摸两个阶段的工作，共确定水下遗产55处，其中复查14处、新发现41处。还发现疑似沉船遗址1处、疑似文物点31处。

（4）工业遗产调查。2007—2009年，天津市开展的工业遗产专项调查，共普查登记工业遗产156处，其中复查42处、新发现114处。

民间流散文物方面，收藏与流通日益火爆，文物经营多元化格局开始形成。天津市文物公司为国家授权从事销售特许出境文物业务的试点单位。沈阳道古物市场、鼓楼古玩市场、天街古玩城等相继出现。自1993年始，天津市文物局先后批准10余家文物艺术品监管经营单位。

拍卖业同期出现。1997年，隶属于天津市文化局（文物局）的天津市文化发展中心成立，下设天津市国际拍卖有限公司，以加强对文物艺术品收藏流通的引导。同期，多家公司成立，均为文物监管物品拍卖单位。天津市文物局多次举办"文物法规和鉴定知识培训班"，培训相关人员，规范文物市场。成立于1998年的天津市文物博物馆学会民间收藏专业委员会，截至2012年共举办9届民间收藏大展，以及多届民间收藏暨藏品交流大会和各专项展览，进一步推动了天津民间文物收藏与交流活动的开展。

天津各文博单位逐步实现办公自动化，馆藏文物信息化建设工作稳步推进。1999年，天津市历史博物馆建立了计算机局域网。周恩来邓颖超纪念馆、天津自然博物馆分别建立了馆藏文物数据库。2000年，天津市历史博物馆参与研制开发的《金博博物馆藏品信息管理系统》软件被多家博物馆采用。2007年，天津博物馆引进中国文物信息咨询中心研发的《博物馆藏品综合管理信息系统》，并将天津市历史博物馆和天津市艺术博物馆原有数据，全部迁移到新的系统之中，解决了新旧藏品信息管理系统之间的转换和衔接问题。天津市历史博物馆在国内博物馆界率先提出并系统阐述了"博物馆藏品信息管理"的观念、理论和方法，先后承担了"博物馆藏品信息管理指标体系""全国重点文物保护单位信息管理指标体系"等多项国家文物局课题的科研工作。其中，"博物馆藏品信息管理指标体系"于2001年由国家文物局颁布实施。

天津自然博物馆与天津理工大学合作，于2001年建成办公自动化及藏品信息管理系统。藏品信息管理系统主要包括5个模块：动物部分、植物部分、古生物部分、古人类部分、岩石矿物部分。

由天津市文化局（文物局）主办、天津图书馆承办的天津文化信息网创建于2006年，是天津市文化局（文物局）信息化建设的重要组成部分，网站设有文物博览专栏。天津博物馆（天津文博院）、周恩来邓颖超纪念馆、天津自然博物馆、平津战役纪念馆、天津美术馆等建有专门网站。

2011—2012年，中共天津历史纪念馆在配合天津市和平区创建"国家公共文化服务体系示范区"活动中，曾开展和平区数字化博物馆建设的调研，并在调研的基础上，提出建立覆盖全区的博物馆网络系统。

此外，在以移动互联网为基础的新媒体时代，微信已在天津博物馆、天津美术馆等部分博物馆、纪念馆得到初步应用。

1981年，中国自然科学博物馆协会技术专业委员会在天津自然博物馆成立，该委员会多次举办标本剥制的培训班、研讨会，并聘请国外标本制作专家进行现场讲授并演示。

1986年5月，天津市文物博物馆学会及其下设的专业委员会相继成立，拓展了文物博物馆学的研究范畴。

天津市文博单位定期或不定期出版学术期刊和论文集。尤其是1984年蓟县文物保管所出版的《独乐寺一千周年纪念大会论文集》影响深远。天津市历史博物馆1986年率先开展了天津地区工业考古的初步实践。2006年又组织了对在天津近代工业中有代表性的企业（工厂）的考察，提出应从近代中国工业化、城市化的过程来看待天津的历史文化遗存，反映早期工业化进程的城市布局、建筑及设施应成为天津文化遗产保护的重点。城市史学也给予了天津考古新的视角和理论方法。在天津地区的战国汉城、明清天津城的调查、发掘、考证的基础上，逐渐形成旨在探讨城市与人类文明关系的天津城市考古。

作为文物文献整理和研究成果，各文博单位不断出版图录、专著和资料丛书，产生了较大的社会反响。

此外，天津文博系统专业技术人员在国家级、省（市）级相关刊物发表的研究论文，博物馆学、考古发掘报告、文物研究与鉴定、文物修复复制、文物保护技术等方面的文稿，以及出版的专著等反映了天津市文物博物馆界的研究水平。

对外文化交流日益活跃，出国（境）文物展览日益增多。市属博物馆凭借馆藏优势，多次推出展览，赴国（境）外展出，均获良好声誉。同时，又引进多项高质量国（境）外展览，丰富天津市民的文化生活。

天津文博界与国际文化组织、文物博物馆界、考古界的交流也越来越多。如"周学熙实业集团与中国近代化国际学术讨论会""中意文化交流史回顾"等相继举办。特别是 2007 年 11 月，由天津市人民政府主办，天津市文化局、天津自然博物馆、北京自然博物馆承办的"欧亚自然历史博物馆高层论坛暨中国·天津生态城市及可持续发展研讨会"，邀请了 15 个国家 24 个博物馆馆长和专家共同起草并发布了《天津宣言》，影响深远。

文博人才的培养也日益引起重视。天津的文博专业人员，除一批老专家和老文博工作者，还有自 20 世纪五六十年代以来陆续从北京大学、南开大学、厦门大学、吉林大学、西北大学、山东大学、南京大学、天津师范大学等招收的毕业生。20 世纪 80 年代前后，新一代专业技术人员日益成为文博事业可持续发展的动力。各文博单位除继续充实高校本科生、研究生外，采取多项措施，加大人才培养的力度。其中包括 1979 年、1980 年，天津市文化局从高考生中先后招生，开设了天津自然博物馆中专班和天津市历史博物馆中专班，聘请专家、教授担任任课教师；选派人员参加国家文物局举办的专业培训班，并在天津市艺术学校设文博中专班，在天津市文化艺术职业学院设文物鉴定与修复专业、讲解专业等；与南开大学、吉林大学、天津师范大学等高校联合举办硕士研究生学历班等。特别是 2005 年始，由天津文博院承担并实施的天津市文博系统"名师教室"专项教学工程和专业技术人员的继续教育培训，更是取得了突出的成绩。

高校的文博教育专业在天津也很有特色，并陆续向天津文博界输送了诸多毕业生。1980 年成立的南开大学历史系博物馆专业，是国内最早成立的文博专业。2001 年更名为"文物与博物馆学系"。2011 年，为适应一级学科调整的需要，更名为"考古学与博物馆学系"。该系师资雄厚，学术成果丰硕，出版的多部专著成为国内多所高校的教材或参考书。2001 年成立的天津师范大学历史文化学院文化遗产保护专业，以博物馆学为教学主方向，当年招收本科生，2011 年开始招收硕士、博士研究生。该专业教学与学术研究成果显著，是天津市文博基础教育的重要专业。2003 年成立的天津艺术职业学院文物鉴定与修复专业，以培养文博讲解员、文物鉴定修复为主要方向，该专业注重学生的实际操作能力，根据就业需要培养专业技能。2003 年成立的天津轻工技术职业学院文物鉴定与修复专业，注重学生文博鉴定能力、书画装裱能力、文物修复与复制能力的培养，毕业生具备较扎实的职业技能。

天津文物与博物馆事业的不断发展，是几代人坚持不懈、奋斗不息的结果。

天津的古代文物和相关著述，流传至今，从中可折射出社会历史的变迁，也在天津保存和传承文明的历史上留下重要一笔。

近代天津的有识之士为了传承文明，自觉承担社会责任，开创了天津的文物与博物馆事业。

中华人民共和国成立后，天津著名的文物收藏家、学者、普通职工，将毕生收藏的稀世珍宝捐献给国家，丰富了天津的文物馆藏，提高了天津馆藏文物的品位和在全国文博界的知名度。广大文博工作者以高度的事业心、责任感在文物征集、藏品整理、陈列展示、考古发掘、保护管理、宣传教育、科研探索、文物鉴定、文物修复、文化交流等方面，做了大量工作。

诸多专家、学者、著名文物鉴赏家，在全国、全市文博界享有很高的声誉。众多前辈虽已作古，但他们为天津文博事业付出的心血，将永记史册。

在改革开放新的历史征程中，新一代的文博人定会牢记自身的历史使命，开拓进取，再创天津文博事业的新辉煌。

大事记略

旧石器时代晚期（约前 41 000）

人工打制的小石器出现在今蓟县北部东营坊村。

旧石器时代末期（约前 10 000）

人工打制的石器和细石器出现在今蓟县北部山区的下营、孙各庄、罗庄子、官庄、邦均、渔阳等乡镇的一些村庄。

新石器时代早期（约前 8000）

磨光石器，打制细石器和装饰品，手制陶器和陶纹饰出现在今蓟县青池一村。

新石器时代前期（约前 5000）

磨光石器中的新器型（如耜、石锛、凿、刀），以及新的陶器和纹饰（如鸟首形镂孔器，饰有细密规整"之"字纹的筒形罐，圈足钵、碗、豆、夹云母屑的盆）出现在今蓟县青池一村。

同期 手制的夹砂褐陶圜底釜、圆柱形支脚和红陶钵出现在今蓟县弥勒院村、下埝头村。

同期 制玉工艺和玉制礼器（玦、匕）出现在今宝坻区牛道口村。

同期 陶鼓出现在今蓟县下埝头村。

新石器时代中期（约前 4000）

轮修和轮制陶器、彩陶工艺（红彩多、黑彩少）、半地穴式房屋（内有灶）、贮藏谷物（粟）和植物果核（橡子或榛子）的窖穴出现在今蓟县下埝头村。

同期 泥质红陶碗、钵、罐、盆及小口壶出现在今蓟县弥勒院村、下埝头村。

同期 扁平、磨光的石耜出现在今武清区小韩村、双庙村南，以及宝坻区北里自沽村、中登村。

新石器时代中后期（约前 3000）

陶器中流行夹砂红褐陶，有"之"字纹、指甲纹、锥刺纹。腹部饰有"之"字纹的敞口罐，颈部有凸棱纹的盆，敛口折肩饰有凹弦纹的钵、侈口罐，以及以燧石制成的等腰三角形石镞出现在今蓟县围坊村。

新石器时代晚期（约前 2000）

轮制陶器盛行。泥质陶增多，以灰、黑色居多。器表流行素面和磨光。新的陶器造型和器类（如带有鸡冠形、桥状耳的黑陶罐，薄胎杯，带纽状柄的器盖）、纹饰（如细绳纹、篮纹、方格纹），出现在今宝坻区牛道口村。泥质灰陶篮纹罐、黑陶杯、器盖出现在今蓟县弥勒院村。

同期　自今静海县翟庄西南，向南经今河北省黄骅市同居、孙庄子、郛堤城等地，至黄骅市南郊苗庄，第一道贝壳堤形成。

夏末至商前期（约前 1500）

小件青铜器（如翘首弓背削、双翼镞、喇叭口形耳环）和红、白色相间的彩绘陶以及石磬，出现在今蓟县张家园村。域内进入铜器时代。

同期　平面呈椭圆形，带有斜坡门道的半地穴式房屋出现在今蓟县张家园村。

商末周初（约前 1100）

青铜礼器（鼎、簋）、青铜纹饰（如夔龙纹、蝉纹、乳丁纹、雷纹、饕餮纹）、徽记、金文（如"收""天"），以及金耳环（臂钏）、绿松石珠出现在今蓟县张家园村。

同期　陶器中流行柱状足大鬲、大口尊、折口钵。纹饰中盛行交叉粗绳纹。

同期　自今东丽区小王庄始，向南经张贵庄、巨葛庄、中塘，至大港区沙井子，形成第二道贝壳堤。

西周前期（约前 900）

人工凿制的方形筒状土坑水井出现在今蓟县邦均乡前街东南（刘家坟）。

同期　随葬品有青铜礼器鼎、簋（饰有凤纹、饕餮纹，鼎铭有"十乍氏鼎"4 字，簋底铭有"戈父丁"3 字）的小墓出现在今蓟县邦均乡前街（刘家坟）。

同期　流行多种形式的绳纹夹砂灰陶鬲（如叠唇口饰花边的平跟柱足鬲、折沿分裆矮足鬲、弧裆锥足鬲）、圈足簋。

同期　圆形、半地穴式、带有斜坡门道的房屋，以及由门道、前后室组成四壁且墙基垒砌石块的房屋，出现在今蓟县张家园村。

春秋（前 770—前 476）

直刃匕首式青铜短剑出现在今蓟县西山北头村。铜削、猎钩出现在今宝坻区安桥村。尖首刀币出现在今宝坻区桥头村。

同期　陶器中流行加砂红陶矮足鬲、夹云母红陶釜。

战国（前 475—前 221）

铁制农具（如锄、斧、凿、镢、铲、镰）出现在今北辰区北仓村，津南区巨葛庄、十八岑子村。域内进入铁器时代。

同期　陶井（用数节陶圈叠置而成）出现在今北辰区双口镇，静海县西钓台村，宝坻区何各庄、田家庄、郭庄、宋辛庄，武清区后营村、田广村。其中西钓台村水井不但分布密集，而且井壁中部还连接有陶制水管。

同期　陶礼器（鼎、豆、壶、盘、匜）出现在今宝坻区歇马台村，静海县东、西钓台村，大港区沙井子村，蓟县西关村。

同期 印纹陶盛行。陶瓦（筒瓦、板瓦、瓦当）流行。如印有"陈和志左廪"5字的陶量和印有"舒"字的陶豆出现在今静海县西钓台村，印有"区釜"2字的陶罐出现在今津南区巨葛庄，压印有龙形图案的陶盘和戳有"七年""二十一年将军□……行""二十五年陶□""二十七年兴□生仓"等字的陶尊、罐残片，以及山形纹、双兽纹半瓦当出现在今武清区兰城村，印有虎纹、饕餮纹、山云纹、双兽纹的半瓦当出现在今宝坻区程泗淀村、辛务庄村。

同期 陶器中流行"燕式鬲"和夹云母屑的红陶釜，夹砂红陶绳纹圜底瓮、罐。

同期 流行铜制兵器（如有铭文"平舒散戈""平阳散戈"），出现在今大港区沙井子村，剑和戈出现在今东丽区张贵庄、津南区巨葛庄、宝坻区牛道口村、宁河县大尹庄，兽首直刃青铜短剑出现在今蓟县西关村。

同期 流行"明"刀币。晚期出现其他形制的货币，如磬折形"明"刀出现在今静海县西钓台村、宝坻区朱方庄村、武清区韩营村、河北屯村，"博山刀"出现在今静海县王口村，"安阳布"出现在今大港区沙井子村。

同期 平面呈不规则四边形、夯土筑成的城垣——右北平郡郡治秦城出现在今宝坻区辛务庄村西南依山而建，平面近方形的夯土城垣——南城子出现在今蓟县许家台乡许家台村。

同期 平原地区出现大规模的聚落区。

同期 土坑墓、贝壳墓、瓮棺墓等小墓出现在今静海县西钓台村。带有小壁龛的土坑墓出现在今蓟县崔店子村。

秦（前221—前206）

两面分别篆有阴文"泉州丞印""范阳丞印"的一件方形石印范出现在秦城（今宝坻区辛务屯村南）。

同期 秦在天津北部设无终县，属右北平郡。夯土筑成的无终县城出现在今蓟县白马泉村以南。平面呈马蹄形，南北长1250米，东西宽1100米。

西汉元狩五年（前118）后

"五铢"钱始在域内出现。

西汉竟宁元年（前33年）

芦乡刘吉制造的泥质灰陶砖（一侧印有阳文隶书"竟宁元年，太岁在戊子，芦乡刘吉造"14字）出现在今宁河县芦台镇西南垫村。长31厘米，宽15厘米，厚7厘米。

西汉居摄二年（7）后

"大泉五十"铜钱出现在今宝坻区牛道口村、蓟县东关、宁河县大海北村。

西汉天凤元年（14）后

"货泉"钱出现在今津南区窦庄子村，宁河县田庄坨村，蓟县东大井村、东关。"货布"钱出现在今蓟县小毛庄村。

西汉（前206—25）

饰有朱绘卷云纹的夹苎胎黑漆盘出现在今宁河县田庄坨村。镂孔铜熏炉出现在今蓟县城关。

同期　流行夹云母红陶平沿釜，泥质灰陶高柄豆、盆、罐、瓮、筒瓦、板瓦。篆有"千秋万岁"4字的卷云纹圆瓦当以及隶刻"王门大吉"4字的半瓦当出现在今东丽区小东庄村、西南辔村，"千秋万岁""大乐昌富"文字瓦当出现在今武清区兰城村，印有"大富牢罂"4字的夹砂灰陶大瓮出现在今宁河县田庄坨村、宝坻区秦城，印有"泉州"2字的陶罐、陶钵出现在今北辰区双口村，印有"泉州"2字的陶盆残片出现在今武清区城上村。

同期　"半两"钱出现在今宁河县田庄坨村、张庄村，宝坻区辛务屯村。

同期　夯土筑成的"县"城垣出现在东平舒县城（今静海县西钓台村），泉州县城（今武清区城上村北）、雍奴县城（今武清区大宫城村），无终县城（今蓟县渔阳镇）。此外，出现规模小于县的"邑"城垣，如东丽区务本城、宁河县大海北城、静海县程庄子城。

同期　随葬品有彩绘鼎、盘、盉、灶等陶器的土坑木棺墓和随葬日用明器的陶器，带有斜坡墓道、墓门、墓室的砖室墓出现在今静海县西钓台村。墓壁用筒瓦砌筑的竖穴土坑墓出现在今北辰区双口镇。陪葬车马坑的土坑竖穴墓出现在今蓟县东大井村。

同期　底部叠以5节陶井圈、上部砌以青砖的圆形水井和带有3组车辙的土路（宽5.2米）出现在今武清区兰城村南。

东汉延光四年（125）

六月　雁门太守鲜于璜墓出现在今武清区兰城村东。墓内随葬有陶器（如灯座贴塑有乐舞骑士人物的多盏托盘式陶灯、四系青釉罐）、铜器（如熏炉、"长宜子孙"镜）、漆器、铁器、骨器、玉石器等。

东汉延熹八年（165）

十一月初八（12月28日）　鲜于鲂等为其祖父鲜于璜墓立碑。碑首圭形。额阳正中刻有"凸"字形单线界框，框外六角刻有卷云纹，框内剔地阳刻"汉故雁门太守鲜于君碑"10字篆书，两侧分别阴线浅刻1条青龙和1只白虎。额阴上阴刻1只朱雀。碑身两面刻有碑主生平经历的隶书827字。通高2.42米，宽0.82米。

东汉中晚期（89—220）

1件铁制的"金马书刀"出现在蓟县别山墓地（蓟县别山镇二里店子村）。书刀柄的一面错金"永□□□年世湅书刀工高□造镀工阳斌长秘丞□□□"等23字，一面饰有1只立凤。

同期　画像石墓（石门楣上浮雕白虎图或藻井条石上浮雕圆形莲花图案）出现在今蓟县别山镇，彩色画像石墓（墓门、门楣和立柱上采用剔地浅浮雕和阴刻两种形式，刻画有人物、瑞禽兽等彩绘图案）出现在今蓟县小毛庄村，壁画墓（砌有菱形花纹砖，部分墓壁和墓门顶部用红、白、黑等色彩绘几何形图案，墓室墓道内留有多处墨书题记）出现在今静海县东滩头村。

同期　16块剔地线刻浮雕石刻砌筑的祭坛出现在今蓟县七里峰村。

同期　用柏木砌成内贮道教方术文书木牍的水井出现在今蓟县大安宅村。道教始在域内传播。

同期　饰有"大乐昌富"4字的圆瓦当，柿蒂纹铺地砖、石砚出现在今武清区兰城村。

同期　无终县城北1000米的铁岭西侧、渔山东侧（今蓟县渔阳镇西路庄北）始建香林寺。佛教传入域内。

东汉（25—220）

石造像出现在今蓟县石人村。

同期 流行多室砖室墓。墓主随葬品有玉石等装饰品、铜铁等兵器和生活用具（如剑、戟、熏炉、镜、成套的车马饰件），漆器（盒、耳杯），以及陶模型明器（如鸡、犬、猪圈、仓房、楼阁）。

同期 雍奴县治由今大宫城迁至邱古庄。夯土筑成的城垣出现在雍奴县故城（今武清区邱古庄村东南）。平面呈正方形，边长约500米，面积约25万平方米。

汉魏（220—265）

流行"花边板瓦"（瓦头压印成波浪状）。

同期 "董卓小五铢"钱出现在今武清区兰城村。

魏晋（220—420）

无终县盘山紫盖峰下（今蓟县官庄镇砖瓦窑一队西）始建法兴寺（北少林寺）。

同期 青瓷器（罐、勺）出现在今东丽区小东庄村东南。

西晋（265—317）

青瓷钵、盘、双耳罐出现在今静海县王匡村和东丽区小东庄村。

后赵建平年间（330—332）

赵王石勒在漂榆邑故址修筑角飞城（又称漂榆津）。

北魏延兴五年（475）

錾刻"延兴五年正月十六日（2月7日），王徐兄弟为亡父造像一区，居家大小现吉安，常值诸佛。易达六"等34字的1尊释迦牟尼铜像出现在今大港区窦庄子村。主身、佛座、背光分铸，通高42厘米。

北魏太和十九年（495）

宝积寺在无终县盘山（今蓟县官庄镇营房村北）落成。

北齐天保八年（557）

刻有"大齐天保八年八月二十九日（10月7日）沧州重合人赵文玉妻郑丰姒"等24字的墓砖铭出现在今武清区齐村。是域内最早的墓志。

隋开皇三年（583）

为防御突厥南犯作乱，在隋廷"缘边修保障，峻长城以备之"的策略下，无终县"始有长城"。

隋开皇年间（581—600）

法藏寺在今西青区大沙窝村落成。

隋（581—618）

独乐寺、渔阳郡塔（白塔）始建于无终县城（今蓟县城）。移兴寺建于东平舒县（今静海县曹村东侧）。

同期　流行青釉盘口瓶、假圈足碗、直口双系罐，"五铢"钱。如随葬品有青釉盘口长颈瓶、平底碗、钵的长方形砖室墓出现在今静海县张村；白釉盘口双耳瓶、灰陶罐出现在今静海县王二庄村。

同期　今东丽区军粮城镇形成第3道贝壳堤。

隋末唐初（618 前后）

庆国寺在海河东岸大孙庄落成。

唐贞观四年（630）

太宗李世民"诏州县学皆作孔子庙"。渔阳城内西北隅（今蓟县城内文安街）始建宣圣庙。

唐贞观年间（627—649）

渔阳盘山（今蓟县塔院村东北 500 米）建白岩寺。

唐永徽二年（651）

镌刻有"永徽二年三月囗日，范师元为亡父母敬造弥陀像一，合家眷属共同供养"等29字的1尊石造像出现在今河北区北运河东岸普济道。

唐永淳二年（683）

峰山药王庙（俗称风窝庙）在今西青区王村落成。

唐延和元年（712），一说咸通九年（868）

智源禅师在渔阳盘山主峰挂月峰顶始建定光佛舍利塔，内藏佛舍利60颗，佛牙1枚。塔呈八角形，砖石结构，通高 13.3 米。

唐开元年间（713—741）

渔阳盘山上（今蓟县联合村北 500 米）建祐唐寺（又称千像寺）。

唐前期（618—756）

画像石棺墓（石棺两侧剔地浮雕青龙、白虎，随葬品有陶伎乐俑、武士俑、胡人俑、人面兽身俑、神兽葡萄镜）出现在今东丽区刘台村。

同期 镌刻楷书"李从简曾游李靖舞剑台"10 字的石刻出现在李靖庵西侧崖壁上。

同期 夯土筑成的城垣出现在今东丽区刘台村东南（军粮城）、武清区旧县村（武清故城），平面均呈长方形，分别是南北长 320 米、东西宽 250 米和南北长 900 米、东西宽 200 米。

同期 智嘉禅师在蓟州葛山（今蓟县隆福寺村北）重建隆福寺。

同期 三彩罐、海兽葡萄镜出现在今东丽区唐洼村。青瓷碗、盘，以及青釉双耳罐、三彩钵出现在今东丽区刘台村和永兴村。双耳釉陶罐、黄釉碗出现在今津南区巨葛庄西岑子地。青瓷碗、绿釉罐、半釉白瓷碗、素面筒瓦、莲花纹瓦当出现在今武清区大桃园村。青瓷碗、三彩罐出现在今武清区旧县村。三彩兽足鼎、高足杯出现在今蓟县西关。

唐贞元年间（785—805）

蓟州渔阳县好女塔院在今蓟县宋家营村落成。

唐太和二年（828）

名僧道宗大师始在盘山（今蓟县官庄镇瓦窑村，嶕峣峰东侧）建上方寺。

唐太和年间（827—835）

渔阳盘山建普济寺（甘泉寺）。

唐光启二年（886）

七月 "蓟州大夫张公"在渔阳盘山（今蓟县许家台乡芦家峪村东）始建金山寺（四门塔）。

唐乾宁四年（897）

1 个镂空花形底座，四周铭有"愿合家平善长命。乾宁四年八月十二日（9 月 12 日）。女弟子杨敬真，男讨击副使苏景绥施"等 31 字的铜舍利盒出现在今蓟县盘山舍利塔中。

唐（618—907）

　　渔阳盘山先后还建有李靖庵（万松寺）、降龙庵（云罩寺）、香水寺、天成寺（福善寺、天成法界）、天香妙祥禅院（天香寺）、白岩寺、古中盘（正法禅院、慧因寺）、招提寺、法藏寺等寺院。今上仓乡高家套村建真武庙。重建的响水寺在今白涧镇庄果峪村落成。

　　同期　今武清区旧县村西建天齐庙。今静海县慈庄建龙行寺，里村西建里庙。

　　同期　普化和尚墓塔出现在盘山天成寺西南。是为盘山现存唯一唐代建筑。

　　同期　盘山天成寺大雄宝殿西侧建古佛舍利塔（天成寺塔）。

　　同期　唐代瓷片出现在今大港区刘岗村东。三彩罐、黑瓷罐、双耳红陶罐出现在今静海县陈官屯。

　　同期　内藏"开元通宝""乾元通宝"铜钱的1个陶罐出现在今蓟县联合村。

　　同期　带有灶口、窑床、瞭望孔的砖窑出现在今宁河县后辛村东。

五代十国（907—960）

　　宁河芦台始建盐姥庙（圣母庙、兴宝祠）。

　　同期　"天汉元宝""汉元通宝""周元通宝""唐国通宝"钱出现在渔阳县和海滨（今大港区建国村）。

后唐同光年间（923—926）

　　卢龙节度使赵德均在新仓镇（今宝坻城区）置盐仓，设榷盐院，主管盐税、运销。是为域内最早盐坨址。

辽天显十一年（936）

　　渔阳县重修盘山白岩寺。

辽会同中（942前后）

　　太宗耶律德光为囚禁违宫禁的嫔妃，在武清（今武清区城南黄花店村）建省抑宫，内有无梁阁。

后周显德元年（954）

　　左谏议大夫窦禹均葬于渔阳窦氏祖茔（今蓟县西龙虎峪镇龙前村南）。

辽应历十二年（962）

　　希悟大师化缘始修复被唐末兵火焚毁的盘山千像寺，并重建大殿。

辽应历十四年（964）

　　镌刻《燕京武清县张东周母天水郡故赵氏夫人之实录并序》共497字的方形石质墓志铭出现在今武清区里老村。

辽统和二年（984）

十月 由"尚父秦王"（韩匡嗣，蓟州玉田县人）父子倡首并请谈真大师主持重建的渔阳独乐寺主体建筑观音阁落成。阁内重塑十一面观音像、胁侍菩萨像和山门力士像。是为国内现存最早、最大的楼阁和室内塑像。

是年（宋雍熙元年） 奉祀唐名医孙思邈的雍熙寺在今西青区大寺镇王村落成。

辽统和五年（987）

希悟大师始于保宁十年（978）的盘山千像寺讲堂创建工程竣工，并立碑。碑额篆"盘山祐唐千像寺创建讲堂碑"，碑文楷书。蓟州军事判官李仲宣撰文，沙门德麟书丹，潘延素、李绪刻石。螭首，方座。通高 3.3 米，宽 0.96 米，厚 0.26 米。是有"京东第一碑"之誉。

北宋咸平五年（1002）

印文篆书"骁骑右第二指挥第四都记"11 字，印纽两侧錾刻"咸平五年十月少府监铸"10 字的 1 颗铜印出现在今蓟县南门。

辽统和二十三年（1005）

高僧弘演法师倡建的广济寺在今宝坻区城内西大街破土动工。

是年 盘山甘泉寺建净光佛塔，并立甘泉寺新创净光佛塔碑。

辽统和二十八年（1010）

渔阳县城西建沽渔山寺。

辽统和年间（983—1012）

渔阳县重建渔阳郡塔（又称观音寺塔、独乐寺塔，俗称白塔）。塔为印度窣堵婆式与中国楼阁式塔相结合的仿木结构砖塔，由须弥座、塔身、覆钵、十三天相轮、塔刹组成，通高 30.6 米，八角形塔座上砖雕一周壸门，内镶乐舞伎图砖雕。

辽开泰元年至五年（1012—1016）

辽圣宗耶律隆绪与妻齐天皇后、弟耶律隆庆为祈福，特在今宝坻区城内十字街口立 1 座石经幢。由基座、幢身、刹杆三部分组成，通高 11.4 米。

辽太平五年（1025）

广济寺大殿在今宝坻区城关镇西街落成并立碑。题《广济寺佛殿记》，宋璋撰文。

辽重熙年间（1032—1055）

大觉禅寺（又称"东大寺"）在今宝坻区城内东大街 12 号落成。占地 3500 平方米。

同期 延庆寺在今宝坻区东南仁垺村落成。占地约 4000 平方米。

辽清宁三年（1057）

辽南京（今北京）附近发生强烈地震。渔阳独乐寺重建的观音阁底层西墙南端被震裂，白塔的覆钵开裂，塔刹倒坍。今宝坻城内的石经幢被震坍。

辽清宁四年（1058）

中京留守韩知白、辅国大师思孝、蓟州知州秦鉴重修地震破坏严重的渔阳白塔。

辽咸雍八年（1072）

十一月二十六日（1073 年 1 月 7 日） 神山云泉寺碑立在渔阳云泉寺内（今蓟县大小云泉寺村旁）。题《大辽蓟州神山云泉寺记》。范阳王鼎撰文，沙门志延书，扶风马全材刻石。高 1.98 米，宽 0.95 米，厚 0.24 米。

辽大康年间（1075—1084）

盘山云罩寺内定光佛舍利塔进行大修。

辽大安二年（1086）

渔阳（今蓟县好女塔村）重建好女塔院，并立碑题《大辽国蓟州渔阳县好女塔院特建碑铭并序》。

辽寿昌二年（1096）

五月初十（6 月 30 日） 康文昭在渔阳县城东北隅立寂照禅大师碑。碑为圆首，额篆"寂照禅大师碑"，饰二螭。题《奉为故崆峒仙洞寂照大师并门资圆湛身铭》。

辽乾统七年（1107）

幽州主帅清河张公奏请天祚帝耶律延禧，将盘山宝积寺（唐称上方玄宫）易名感化寺。

辽乾统九年（1109）

题"千眼观自在菩萨摩诃萨广大……"经幢立在独乐寺院内。方形抹角柱状，高 0.6 米。

辽天庆元年（1111）

镌刻有《佛顶尊胜陀罗尼经》的石经幢立在宝坻焦山寺村焦山寺内。张永书丹，王安刻石。

北宋政和年间（1111—1118）

平底翘首带有尾舵的木船出现在今静海县元蒙口村。

辽天庆八年（1118）

佛顶尊胜陀罗尼经幢出现在蓟州盘山祐唐寺内。

辽天庆年间（1111—1120）

渔阳重建盘山古佛舍利塔（天成寺塔）并立碑。塔为八角密檐十三层，通高 22.67 米。

同期 渔阳县葛山隆福寺被毁。

同期 宝坻重修大觉禅寺。

辽（907—1125）

摩崖线刻佛像出现在蓟州盘山千像寺周围（今蓟县联合村千像寺遗址）崖壁和涧石上。共 535 尊。

同期 在今蓟县砖瓦窑村建净业庵，在今别山镇云泉寺村建云泉寺，在今金庄子村东小山顶上建憨姑寺，在今白峪村东北建白峪寺，在今段庄村东福山上建福山塔（是为天津保存最好的唯一楼阁式仿木砖塔）。在今太平庄村北龙山上建龙山庙。在武清城区东大良镇东南隅建永济寺塔，为高层窣堵婆式砖塔，八角形，高 20 余米。在今宝坻区南仁垺村建大千佛顶寺。

同期 沟纹砖砌筑的小墓流行两种形式：圆形穹隆顶式出现在今宝坻区南仁垺村、蓟县官庄村，圆形仿木结构式出现在今蓟县抬头村、弥勒院村，宝坻区小南各庄村。

同期 域内流行白瓷、黑瓷，并有少量红胎，器表饰有绿、黄、红三彩的釉陶器。如白釉瓷盂、执壶、莲花碗、绿釉鸡冠壶出现在今蓟县营房村；三彩碟、长颈瓶，以及三彩盘、碗出现在今宝坻区北台村、牛道口村；三彩瓷枕、鼓形石出现在今武清区青坨村；定窑系白瓷碗、盘出现在今武清区木厂村、大良塔；定窑白釉花口瓷盘、耀州窑青釉印缠枝花纹瓷碟、龟形水晶盒、波斯刻花玻璃瓶、琥珀雕方形密檐塔、木雕塔模出现在今蓟县白塔内。

同期 "六鋬"铁锅出现在今宝坻区管曲村；铁犁、锄、刀、矛出现在今宝坻区窦家桥村；铁镬、灯、剪刀、铎、熨斗、削出现在今蓟县营房村。

同期 饰有莲花纹的铜佛座、钵、盘、洗出现在今宝坻区大千佛顶村；饰有折技牡丹花的铜镜、鎏金铜耳环、莲花坠、铜手镯、漏勺、指套出现在今蓟县营房村。

北宋（960—1127）

白釉珍珠地划钱纹枕出现在今静海县西钓台村，铁釜、洗、双鱼纹铜镜出现在今西青区辛口镇当城村西。绿釉四系瓷瓶出现在今宁河县北淮淀村西北。

同期　流行圆形（穹隆顶，仿木建筑）和长方形单室砖室墓。如随葬品有粗胎半釉白瓷碗、青白釉葵瓣碗、泥质灰陶罐的小墓出现在今静海县小瓦头村西；墓砖上饰有彩绘红白菱形图案，随葬品有白瓷碗、石砚的小墓出现在今静海县流庄村南；随葬品有泥质灰陶罐及带有"至道""天禧""熙宁""元丰""政和"年号铜钱的砖室墓出现在今西青区杨柳青镇南。

同期　藏有"元丰""大观""政和"年号铜钱的窖穴出现在今蓟县前大岭村南，内藏"政和通宝""皇宋通宝"铜钱的陶瓮出现在今武清区董标垡村，内藏"元丰""绍圣""政和"年号铜钱的陶罐出现在今蓟县贾各庄村东，"元祐""祥符"年号铜钱出现在今津南区西泥沽村，"淳化通宝"铜钱出现在今宝坻区前槐树庄村，"天禧通宝"铜钱出现在今宝坻区辛务屯村，"淳化元宝""景德元宝"铜钱出现在今静海县蛮子营村。

金天会年间（1123—1137）

蓟州太守高遹、同知赵子涤等在渔阳城内西北隅（今蓟县渔阳镇西北隅村）重建宣圣庙（文庙），占地1500平方米。

金贞元元年（1153）

三月　渔阳知县史亨吉重修城内宣圣庙（文庙）并立碑。碑螭首，额篆《渔阳重修宣圣庙学记》。施宜生撰文，楷书。高3.15米，宽1.1米，厚0.29米。

金正隆三年（1158）

青大理石制，八面体的佛顶尊圣陀罗尼石经幢出现在今武清区里老村。梵汉文对照，题名"大佛顶尊胜陀罗尼"，中都河南郡宫万昌书刊。高1.73米，直径0.42米。

金大定七年（1167）

上有线刻蛟龙跃水图，镌有隶书"红龙池"3字，下刻楷书"大定七年八月十日"8字的石刻出现在盘山法兴寺东龙头山下的清泉水池旁的崖壁上。

金大定十四年（1174）

三月十三日（4月16日）　独乐寺僧善成墓碑出现在独乐寺墓地。碑圆首，题《独乐寺僧善成塔记》碑文楷书。碑身高0.48米，宽0.45米。

金大定十九年（1179）

五月二十七日（7月3日）　进士董济为其父董彦兴在独乐寺内立八面体石幢，题《大金蓟州渔阳董公幢铭并序》。马仲谌撰文并书，马良景刻石。高1.04米，直径0.39米。

金大定二十年（1180）

刘成等人重修宝坻县延庆寺并立功德碑。题《大金宝坻县延庆寺功德记》。任天泽撰文，时佩书丹，杨忠煦篆额，陈宗益刻石。碑身高1.78米，宽0.94米，厚0.20米。

金大定二十六年（1186）

普安寺监寺禅师志宏在今武清区西柳行村普安寺内立石经幢。上刻汉、梵两种文字。汉文题《大金国中都大兴府安次县普安寺□□□□□□记》，梵文为尊胜陀罗尼经。八面体，直径0.45米，现残高0.9米。

金大定年间（1161—1189）

宝坻城西北隅建城隍庙，西门内建三清观。

同期 正一盟威法师王云岩在宝坻县坊市西门外街北建福观立碑。

同期 蓟州（今蓟县渔阳镇公乐亭村）净名寺改名为静安寺。

金泰和三年（1203）

重修的隆福寺在今蓟县隆福寺村落成。

金贞祐元年（1213）

靖海县洪阳寺在今静海县大屯落成。

蒙古太祖二十一年（1226）

借居盘山法兴寺5年之久的全真教徒张志格改法兴寺名为栖云观。（由长春真人丘处机题额）

金（1115—1234）

镌刻的《大金皇燕国夫人韩氏墓志铭》出现在今蓟县翠屏山南麓山前台地上。方形，边长0.7米。

同期 六耳铁锅、铁斧、铁铲、铁镰、白瓷小碗、泥质红陶大瓮出现在今蓟县小云泉寺遗址。

同期 三彩碗、碟、瓶和单耳石洗、白釉瓷盉出现在今宝坻区城关。带有"崇庆年制"款识的青瓷碗底出现在今武清区南掘河村。

同期 "大定通宝""正隆元宝"铜钱出现在今西青区傅村、蓟县小云泉寺村，内藏"正隆通宝"铜钱的陶罐出现在今蓟县西龙虎峪村、大港区建国村。

同期 靖海县（今静海县四觉口）建弯桃寺。宝坻县（今宝坻区牛道口镇）建太平院。武清县（今武清区董标垡村）建"敕赐吉祥苑"，内立石经幢。

同期 椭圆形、穹隆顶砖砌小墓（随葬品有黑釉双系罐等）出现在今静海县东滩头村，用6块素面青石板组成的石函墓和仿木结构砖室墓出现在今宝坻区城关。

同期 第4道贝壳堤在今塘沽区、汉沽区形成。

蒙古定宗二年（1247）

芦台重修兴宝圣母庙（盐姥庙）并立碑。题《重修芦台兴宝圣母庙记》，赵铸撰文。

元至元二十五年（1288）

四月 元廷在北运河畔（今北辰区白庙、南仓、北仓一带）增设直沽海运米仓。

是年 元廷在京畿都漕运使司内又"分置漕司二，其外者河西务置司，领接海道运粮"，河西务始成管理河漕权力机构和接收海漕粮管理机构所在地，并在今武清区河西务镇西北3000米的东西仓村设立14座储粮仓库：永备南仓、永备北仓、广盈南仓、广盈北仓、充溢仓、崇墉仓、大盈仓、大京仓、大稔仓、足用仓、丰储仓、丰积仓、恒足仓、既备仓，面积约50万平方米。是为元大都外围最大的仓储基地。

是年 元廷在三汊沽、芦台、越支，复设盐使司，并将宝坻榷盐院迁至今河东区大直沽。

元至元二十七年（1290）

1个内饰双鱼莲花纹，底部铸有"至元二十七年中月吉日彭丘置"等13字的黄铜盆出现在今北辰区上蒲口村。

元至元二十七年（1290）前后，一说延祐元年（1314）

世祖忽必烈敕建的天妃灵慈宫（俗称东庙）在今河东区大直沽前街落成。

元至元年间（1264—1294）

铁制农具（铧犁、耧铧、犁镜、铲、耙、镰、埭叉、锄刀）和磁州窑白釉黑彩双凤纹罐、白釉黑花盘，龙泉窑葵瓣洗、碗、盘，钧窑碗、盘，以及大定通宝钱纹铜镜出现在今西青区张家窝镇小甸子村东。

同期 宁河芦台重修盐姥庙（又称圣母庙、兴宝祠）并立碑。

同期 圆悟禅师重修盘山报国寺。

元大德元年（1297）

五月二十五日（6月15日） 塔身南面镌有"彻公长老和尚灵塔"8字的彻公长老灵塔在盘山天成寺西侧落成。为六角实心密檐石塔，高约4米。云峰首座等同立，燕京坊市刘本契刻。

元大德五年（1301）

达鲁花赤涅斜在渔阳静安寺北库创建御衣局，3 年后立碑。碑为圭首，额篆"御衣局记"4 字，碑文楷书。邵权撰文。高 0.82 米，宽 0.37 米，厚 0.2 米。

元大德七年（1303）

大都路造，器表铸有汉文、八思巴文、波斯文、回鹘式蒙古文的铜权出现在今武清区河西务乡东、西仓村。

元大德年间（1297—1307）

师国寺（俗称老君堂）在今西青区老君堂村始创。

元大德至元至大年间（1297—1311）

渔阳独乐寺修葺后，开始在观音阁大殿四壁用多种色调的矿物质颜料绘制大型彩色壁画。高 3.15 米，长 45.35 米，面积 142.85 平方米。

元泰定三年（1326）

八月 元廷在三岔河口小直沽（今南开区古文化街 80 号）敕建的天妃宫大殿落成。

元泰定年间（1324—1328）

大直沽天妃宫遭火灾，由"朝廷发官帑钱"重修。

元至正八年（1348）

蓟州达鲁花赤法都忽剌重修蓟州署衙、学宫、渔阳驿等建筑。

元至正九年（1349）

靖海（今静海县大丰堆）始建清凉寺。

元至正十一年（1351）

住持福聚首倡重修大直沽天妃宫。在庙前创建观音堂，"又塑观音、阿罗四十余像"。

元至正十九年（1359）

靖海（今静海县岳庄子）始建华严寺。

元至正年间（1341—1368）

天竺国僧海会来直沽定居，并在今红桥区铃铛阁附近建海会寺。

同期 达鲁花赤法都忽刺重修扩建蓟州署衙，蓟州（今蓟县下仓村）始建东岳庙，盘山西侧（今官庄镇莲花岭村西）始建龙泉寺（又称暗峪寺），城西南隅设驿站。

同期 靖海（今静海县三呼庄）始建报恩寺。

元（1271—1368）

铸有阴文"南京皇甫"4字的铁权出现在今武清区城上村，铭有"南京皇甫"4字的铜权出现在今武清区小谋古村，正面砸印或錾刻"平阳路""伍拾两""张海""课税所"等字的银锭出现在今武清区大赵庄，錾刻"榷场银"3字的银锭出现在今武清区小河村。

同期 流行钧窑系瓷碗、碟；磁州窑系瓷罐、碗，黑釉罐；定窑系碗、碟、杯、盘；龙泉窑系碗、碟，如黑釉四系罐、青瓷碗、刻花白瓷碗。葵瓣纹铜镜出现在今静海县双楼村，定窑白瓷杯出现在今武清区牛镇村，彩釉罐出现在今西青区杨柳青镇席厂大街。

同期 在北运河畔今北辰区桃花口村建观音寺（桃花寺），在今河北区陈家沟小学建娘娘庙。小直沽（西门外西北隅）建三皇庙（后改称古皇庵）。靖海县（今静海县元蒙口村南）建西峰寺。

同期 由火腔、窑室、烟道和操作间构成的瓷窑出现在今静海县陈官屯镇。

明洪武四年（1371）

蓟州治所原渔阳县城垣"甃以砖石"，并修建城楼（城门东名"威远"、南名"平津"、西名"拱都"、北名"北极阁"）、角楼。城中心建钟鼓楼。

明永乐元年（1403）

明廷在小直沽重建天妃宫大殿，在北运河畔重建陈家沟娘娘庙。

是年 静海知县崔衍在县衙东南创建儒学（文庙）。

明永乐二年（1404）

明成祖朱棣定都北京，并将直沽三岔口渡河处赐名"天津"。

是年 清真北寺在北运河畔穆家庄（今北辰区天穆村西北）始建。是为天津最早的清真寺。

是年 西大沽海口始建南海大寺。

明永乐三年（1405）

明廷命工部尚书黄福、平江伯陈瑄在三岔河口西南督建天津卫城。东西长 1570 米，南北宽 900 米，面积 1.42 平方千米，城垣黄土夯筑，城门口两侧用小砖包砌。

明永乐四年（1406）

十二月 卫城外西北角始建文昌祠。

是年 明廷始命平江伯陈瑄在直沽尹儿湾（今北运河畔，北辰区北仓村北）建"百万仓""以贮海运"，并由天津卫派兵戍守。

明永乐六年（1408）前后

卫城东门外河东岸（今东丽区大毕庄）始建泰山行宫。

明永乐二十年（1422）

北运河畔（今北辰区宜兴埠镇中心）始建药王庙（碧霞宫前身）。

明永乐二十一年（1423）

明廷始建蓟州黄崖口关（今蓟县黄崖关村），并筑土城，常年驻兵戍守。

是年 今津南区双港村南赤龙河畔始建娘娘庙。

明永乐年间（1403—1424）

卫城西北丁字沽建娘娘庙，卫城北门外西北隅建药王庙；城东北隅建三义庙；城西门外建九天庙；西门外西北隅重建永明寺；东门外建文昌庙；南门内扩建观音寺，后易名涌泉寺。今北辰区南王平村建关帝庙，大诸庄建药王庙；今津南区辛庄村建匀匀老祖塔；今宁河县东塘坨村建海潮庵，潘庄村北重建真武庙（玄天观），建关帝庙；今武清区河西务大刘庄村建清真寺。

同期 宝坻县奉敕在县城东北隅修建真武庙。

明宣德二年（1427）

重建的玉皇阁在卫城东门外河西岸（今南开区玉皇阁大街 12 号）落成。高约 10 米，建筑面积 285 平方米。是市区内最早的木结构楼阁。

明宣德八年（1433）

正月 蓟州重建广福寺（在今蓟县北大街）。（5 年后落成）

是年　永丰屯李氏祠堂在卫城西门外偏北（今红桥区芥园道南侧，如意庵大街吕祖堂胡同 16 号）落成。

明宣德十年（1435）

卫城东门子城建马神庙。

明宣德年间（1426—1435）

静海县（今西青区王稳庄）始建"三官庙"。（祀奉天、地、水三官）
同期　蓟州城东 20 千米（今蓟县渔阳镇桃花寺村北桃花山上）的桃花寺重修。
同期　《蓟州志》刻印成书。

明正统元年（1436）

天津左卫指挥佥事朱胜捐私宅（今南开区东门里大街）建天津卫学（文庙），"首建堂斋公廨"。
是年　蓟州东北丈烟台庄北（今蓟县丈烟台村北）建龙泉寺。
是年　静海（今西青区）杨柳青师国寺（老君堂）始建寺院。

明正统四年（1439）

蓟州重修盘山报恩寺（位于今蓟县官庄镇塔院村）。

明正统十年（1445）

重修卫城东门外天妃宫。漕运参将杨节重建小直沽涌泉寺。

明天顺二年（1458）

三月　户部主事解延年捐俸在卫学（文庙）内重建棂星门，创两庑。七月竣工，后立碑。江渊撰文《创建天津卫学两庑碑》。

明天顺三年（1459）

蓟州守备指挥刘辅将州城钟、鼓二楼合为一楼，称为鼓楼。

明天顺四年（1460）

明廷在蓟州北部、泃河西岸的长城内侧修筑黄崖关城（分里城、外城、瓮城 3 部分）。城垣用天然石块垒砌而成，周长 890 米，占地面积约 3.8 万平方米。由城堡、水关、东西梢墙、烽燧、前沿工事构成，扼守泃河谷道。

明天顺八年（1464）

名僧宝峰德聚禅师重修盘山感化寺。

明天顺年间（1457—1464）

卫城东南大直沽建东岳庙。

同期 蕴空禅师重修蓟州北渔山脚下的香林寺。

同期 蓟州北1.8千米（今蓟县罗庄子镇杨村北）始建环秀寺。

明成化二年（1466）

明廷在蓟州长城沿线增建4寨：太平寨（又称太平安寨，在今蓟县小平安村），平面呈方形，边长150米，寨垣石砌；青山岭寨（今蓟县青山岭村北），平面呈长方形，南北长150米，东西宽100米，毛石垒垣；蚕椽峪寨（俗称西寨，在今蓟县船舱村北），平面呈不规则长方形，南北长158米，东西宽66米，石砌寨垣；耻瞎峪寨（俗称东寨，在今蓟县赤霞村北），平面呈不规则方形，东西长约130米，南北宽133米，寨垣石砌。

明成化五年（1469）

宝峰德聚禅师重修北少林寺。（3年后立有记德聚禅师生平的碑，题《柯潜宝峰德聚禅师行宝碑记》）

明成化六年（1470）

营州中屯卫指挥使景潭出资，僧悟兴在蓟州（今蓟县官庄镇莲花岭村西）始建龙泉寺如来大殿。

明成化七年（1471）

明廷采用应天巡抚滕昭建议，将漕粮转输方式改为"长运法"。天津在漕运和物资贮存转运的重要地位日显。

明成化十年（1474）

盘山千像寺西南500米处始建行明禅师塔。由须弥座、六角幢形塔身、塔刹构成，高7米。

明成化十二年（1476）

明廷开始大规模修筑蓟州长城。（蓟镇总兵官李铭"在镇十二年……修边备，峻处削偏坡，漫处甃以砖石，总二千余里"）

是年 独乐寺装饰塑像，重描观音阁壁画。

是年 太监郑山、都督陈逵奉敕在卫城外东北卫、潞二河（今南、北运河）交汇处，创建太虚观。

明成化十四年（1478）

知州汪溥修的《蓟州志》九卷刻印成书，同时重建州署。

明成化十八年（1482）

镌刻"成化十八年四月□造。直隶常州府委官知事王忠、无□县委官县丞朱链"等字的 2 块砖在今武清区蒙村出现。

明成化十九年（1483）

春　卫城东门外天妃宫内增建藏经阁。
是年　卫城城隍庙在卫城西北隅重建。
是年　观音堂（俗称老爷庙）在今宝坻区北里自沽村落成。

明成化二十年（1484）

独乐寺大修后，重描观音阁壁画。阁上层檐下有 4 枚风铎铭有"成化二十年二月十五日（3 月 11 日）引进僧人戒允同造"等字。
是年　卫指挥使倪雄、镇抚萧勇重修卫城南门内卫署。

明成化年间（1465—1487）

大悲庵在今和平区和平路北口始建。
同期　福寿宫在今西青区小稍直口村落成。
同期　盘山定光佛舍利塔大修，自来峰顶建钟楼，置铁钟。

明弘治元年（1488）

三月二十三日（5 月 4 日）　遇险获救的朝鲜李氏王朝官员崔溥一行沿运河被护送至北京的途中，抵静海，过武清。翌日晨，至天津卫城。沿途所见的文物风情在其所撰《漂海录》中多有记述。

明弘治三年（1490）

十一月十七日（12 月 28 日）　明廷在津增设"整饬天津兵备按察副使"1 员（简称"兵备道"或"天津道"），隶属山东按察使司。天津兵备道既统辖三卫军事，又兼管司法、财政诸方面事宜。

明弘治四年（1491）

首任天津道刘福主持卫城砖石包砌工程（城垣底部以条石为基，墙体内外用大青砖包砌，墙外修筑"马面"）。

新修"城垣九里十二步，高三丈五尺"，并开有东西南北4门，分别名为"镇东""安西""定南""拱北"，城门上建有城楼。

是年 途经天津的文渊阁大学士李东阳撰文《创造天津卫城碑记》。

是年 僧会洪理在静海县北建观音寺。

明弘治八年（1495）

"明故磁州学正敦信先生"墓和"墓志铭"出现在今蓟县城关镇东北隅村中。

是年 刘福在卫学（文庙）修明伦堂、两庑、四斋、戟门。

明弘治十年（1497）

二月 宝坻知县武尚信重修孔庙学宫，五月竣工。

明弘治十一年（1498）

北直隶巡抚洪钟增筑蓟州长城边墙。

明弘治十三年（1500）

宝坻知县庄铎将县城土墙包砖，并建女儿墙、角楼、城门楼，挖护城河，设吊桥。城"门四，其名循金之旧，门各建楼：东观澜，南迎薰，西拱恩，北威远。水关二，北开源，南节流。角楼四：东北挹青，东南环碧，西南庆丰，西北乐治，合而名之曰拱都城"。

明弘治十四年（1501）

知县庄铎修，教谕齐济周、训导钱冕纂《宝坻县志》三卷刻印成书。是为宝坻最早刊行的志书。

明弘治十五年（1502）

宋岳飞后裔岳鸾首倡重修静海县法藏寺（位于今西青区大沙窝村）。历时15年竣工。

明弘治十六年（1503）

娘娘庙（碧霞元君殿）在今宁河县大月河村落成。

明弘治十七年（1504）

静海明定、杨涯、刘通重修今西青区老君堂村师国寺，"山门替旧，梵宇更新"，并立重修师国寺碑。螭首、趺坐，楷书，马政撰文，张瑛书丹。通高2.55米，宽0.78米，厚0.25米。

是年 武清重修河西务关帝庙，并立碑。

明弘治年间（1488—1505）

钟鼓楼在卫城中心落成。砖木结构，重层九脊歇山顶。顶层楼内悬铁钟 1 口，钟上铸有"天德五年（金海陵王完颜亮，1153）兖州长老院"等字。

同期 卫城南门外建三官庙，修葺大直沽天妃宫。

明正德元年（1506）

五月十六日（6 月 7 日） 蓟州知州冯琨动工重修鼓楼，翌年九月初三（10 月 8 日）竣工并立碑。重修鼓楼高 12 米，宽 8 米。翰林学士张元祯撰文《重修蓟州钟鼓楼记》。

明正德二年（1507）

四月 蓟州秀峰庵（位于今蓟县卢家峪村东）立碑，纪念开山建刹师祖想通等。碑为螭首，额阳中刻"秀峰禅林之记"，额阴中刻"万载流芳之记"，通高 1.90 米，宽 0.80 米，厚 0.17 米。

是年 静海县集资重修元蒙口西峰寺，并立碑。庆阳王纶撰文《西峰寺重修记》，楷书。李宪书丹，苑秀篆额。碑身高 2 米，宽 0.92 米，厚 0.22 米。

明正德五年（1510）

十月 宝坻李自沽皇庄始建普照寺（位于今宝坻区黄庄村西）。

是年 静海县重修三呼庄报恩寺，并立碑。庆阳王纶撰文《报恩寺重修碑记》。

是年 蓟州重修龙泉寺（暗峪寺）。

明正德六年（1511）

知县陈希文主持武清县土城垣始筑工程。平面呈正方形。垣周约 6397 米，高 7 米余。

明正德八年（1513）

重修真武庙碑立在蓟州黄崖关城北城墙上的真武庙（又称北极阁）前。碑文楷书，余渊撰文、书丹，黄文学镌刻。碑身高 1 米，宽 0.67 米，厚 0.17 米。

明正德九年（1514）

僧真义重修蓟州盘山龙泉庵（位于今蓟县卢家峪村）。

明正德十一年（1516）

静海县今子牙镇建西山寺，王口镇建禅林寺。

是年　僧德果重修盘山青杨峪青峰寺（青峰庵）。

明正德十三年（1518）

蓟州卢丞乡等人首倡重修并增建的府君庙在城北崆峒山（俗称府君山）落成。庙前立有石碑。螭首，额篆《重修府君庙重檐并新建钟鼓二楼记》，碑文楷书。欧弘德撰文，耿文用书丹，朱恭篆额，郎大用刻石。

明正德十四年（1519）

天津兵备道吕盛补修刊印前任胡文璧所修《天津三卫志》10卷。是为天津第一部志书。

明嘉靖元年（1522）

明廷重修西大沽南海大寺。世宗朱厚熜题额"潮音寺"。

是年　蓟州知州王璲修宣圣庙，建棂星门。

明嘉靖二年（1523）

明廷始在大沽海口修筑炮垒，以防沿海倭患。

是年　蓟州兵备道熊相重修今蓟县渔阳镇西北隅村城隍庙。

是年　《故明威将军天津左卫指挥佥事黄公（溥）暨配封恭人龚氏合葬墓志铭》出现在静海县大直沽（今河西区大营门地区）。

明嘉靖三年（1524）

蓟州兵备道熊相重纂《蓟州志》18卷刻印成书。

是年　静海县重修法藏寺。

明嘉靖三年（1524）前后

天尊阁在今宁河县丰台镇落成。是为滨海平原唯一一座高层木结构楼阁。

明嘉靖六年（1527）

三月十五日（4月15日）　蓟州城东北的金山寺僧法玉自运钱粮，善男信女施舍砖灰，开工重修渔阳郡塔。

是年　蓟州修葺盘山北少林寺。

明嘉靖八年（1529）

明廷为防御倭寇侵扰，在塘沽东部、大沽口南岸修筑炮台，设置铜铁火炮，称之为"大将军"。

明嘉靖十一年（1532）

冷宗元纂修的《长芦鹾志》成书。

明嘉靖十二年（1533）

正月　渔阳郡塔重修工程竣工。僧能智、能清在塔墙上特立重修渔阳郡塔碑。碑文《重修渔阳郡塔记》，楷书，为卧墙碑，长 0.60 米，宽 0.40 米。

是年　蓟州城内（今蓟县渔阳镇西南，渔阳郡塔前）始建观音寺（俗称白塔寺）。

明嘉靖十三年（1534）

宝坻县重修广济寺佛殿塑侍神罗汉像并立碑。碑为螭首，额篆"重修佛殿"4 字。碑文楷书，赵迁撰文，王浩书丹。

明嘉靖十五年（1536）

四月十八日（5 月 7 日）　盘山祐唐寺住持觉铭在寺内立重铭碑。螭首，方形须弥座。额篆"后续法嗣"4 字，题《盘山古刹祐唐寺重铭碑记》。碑文楷书。德庵撰文并书。通高 2.2 米，宽 0.73 米，厚 0.18 米。

明嘉靖十六年（1537）

蓟州长城上（今蓟县车道峪村北）又增建车道峪寨。平面呈长方形，南北长 130 米，东西宽 110 米。寨垣毛石垒砌。

明嘉靖二十三年（1544）

铭有"胜字二千五百七十陆号佛郎机中样铜镇筒嘉靖甲辰年兵仗局造重五十五斤"等 32 字的铜佛郎机铳出现在蓟州黄崖关西北悬崖敌台内，并附有铁子铳数枚。

明嘉靖二十八年（1549）

蓟州独乐寺塔（白塔）进行大修。塔的最大变动是开通亭式塔身南面的假门，即变假门为真门。后在下层塔室内立佛坛，门道东侧镶题《重修渔阳郡塔记》碑 1 通。

明嘉靖二十九年（1550）

卫城南门外三官庙重修并立碑。碑为螭首，额篆"重修天津三官庙碑"。碑文楷书，题《重修天津三官庙碑记》。王舜章撰文，倪云鹏书丹。高 2.44 米，宽 0.76 米，厚 0.20 米。有"天津"一名的由来。

明嘉靖三十年（1551）

明廷命总督何栋修筑山海关至居庸关的边墙关隘，始创修"黄崖口关边城六十里"。"边墙规格，高一丈五尺，跟脚一丈，收顶九尺。"（何栋《修举边备疏略》）

明嘉靖三十一年（1552）

卫城东南（今市内河西区后尖山村）建虫王庙。

明嘉靖三十五年（1556）

大沽口重建简易炮台，并"设置铜铁大炮"。

明嘉靖三十六年（1557）

卫城商绅为感念天津道毛恺，在大仪门里街北建鲍公祠（生祠）。是为卫内最早有文字记载的专祠。

明嘉靖三十九年（1560）

正月　武清重修大良义济禅林寺。

明嘉靖四十五年（1566）

唐炼等修，刘思聪等纂《宝坻县志》（2 卷）刻印成书。

明嘉靖年间（1522—1566）

明廷在北塘建 2 座炮台。台高近 17 米，上设炮位。
同期　蓟州盘山定光佛舍利塔进行大修。
同期　朝阳庵在今蓟县东后子峪村落成，并立有题《蓟州城西东后子峪新建朝阳庵碑记》碑 1 通。
同期　河南人单姓在北运河东岸建天齐庙（位于今北辰区天穆村）。
同期　卫城东南建药王庙（位于今河东区义和街 24 号）。

明隆庆二年（1568）

五月　明廷任命抗倭名将戚继光为蓟州、昌平、保定三镇练兵都督兼总兵官，镇守蓟州、永平、山海诸处，开始总领边防事务长达 16 年之久。

是年　北运河畔重建观音大寺（桃花寺，位于今北辰区桃花口村东）。

明隆庆三年（1569）

正月　戚继光在蓟州城设团练。2 年后依据练兵实践撰写的《练兵纪实》成书。

年初　蓟辽总督谭纶上书《请建空心敌台疏略》，建议利用 3 年时间，在蓟、昌二镇增修空心敌台 3000 座。

是年　镌刻有修筑敌台官职姓名的石碑出现在今蓟县黄崖关村、东小平安村。

是年　《长芦盐法志》刻印成书。

明隆庆三年至隆庆五年（1569—1571）

戚继光在蓟镇长城修筑空心敌台 1100 余座。（今蓟县长城段修筑 44 座）

明隆庆六年（1572）

明廷在北运河西岸，元十四仓东北处修筑河西务砖城（位于今武清区土城村）。平面呈正方形，边长 500 米，高约 7 米，城垣夯筑，内外包砖。设东西南北 4 门，分别名为"寅宾""拱阙""阳明""澄清"。城内外设府衙、钞关（税关）、驿站、漕运司、巡检司、户部分司等 13 个大小衙门。自此，河西务成为漕运咽喉重地，"两岸旅店丛集，居集百货，为京东第一镇也"。

是年　真武庙在卫城北门外河北岸落成。

明万历二年（1574）

五月　带有"阿弥陀佛"4 字横额的砖砌八角形塔在今蓟县黑石崖村南镇虎峪落成，由塔基、亭阁式八角形塔身、塔刹组成。高约 6 米。

是年　盘山卫公庵前建普照禅师塔。砖石结构，平面呈六边形，由须弥座、塔身、五层密檐和塔刹组成。通高 10 米。

是年　由"皖省安庆回教运输皇粮船帮"集资修建的金家窑清真寺在今河北区金海道金钟公寓小区内落成。

是年　铭有"胜字一万七千一百四十号佛郎机中样铜铳，万历二年兵仗局造，重八斤十两"等 31 字的佛郎机铳出现在蓟州黄崖关上。

明万历三年（1575）

2 座二柱三楼式庑殿顶过街牌坊竖立在卫城东门里，作为文庙附属建筑。是为域内最早的木结构牌楼。

明万历四年（1576）

锦衣卫高姓集资在今南运河南岸始建文昌阁（位于今西青区杨柳青镇）。由砖石砌筑的基座和三层六角形楼阁组成，通高 20 米。阁内奉祀文昌帝君像，故名。

是年　常净禅师修葺盘山青峰寺。

是年　明廷始对蓟州边墙、敌台包砖。

明万历七年（1579）

藏经阁在卫城外西北 500 米许稽古寺（传说始建于唐）内落成（位于今市内红桥区铃铛阁大街东端南侧）。阁内藏佛经 16 柜。由于该阁"重檐四出，风铃远闻数里"，故为人呼为"铃铛阁"，俗将稽古寺和藏经阁统称铃铛阁。

是年　蓟州渔山香林寺动工重修。历时 8 年竣工。"重修大殿五间，添列罗汉十八尊，塑观音三像，建钟鼓二楼，周补墙垣。"

明万历九年（1581）

宝坻修葺广济寺，并建宝祥阁，以替代辽木塔。

明万历十三年（1585）

蓟州修葺云罩寺，并立碑。

明万历十四年（1586）

黄崖关城在原石墙上包砖加固。南门上嵌"黄崖口关"石匾。北墙建穿墙登城券门，上嵌"黄崖正关"石匾，城墙上建北极阁。

是年　天津道副使王耒贤重修卫城、儒学（文庙）。

明万历十五年（1587）

四月初八（5 月 12 日）　天成寺经幢立在蓟州盘山天成寺古佛舍利塔东南侧。

是年　张茂才（梦锡）摹赵孟頫书《醉翁亭记》刻石出现在蓟州文庙内。

是年　盘山定光佛舍利塔动工修缮，3 年后竣工。

是年　陶允光修，梁津、许铤纂《武清县志》历时 4 年刻印成书。

明万历十六年至万历十九年（1588—1591）

宝坻县知县袁黄始建文昌阁和百里河入北运河的滚水坝（俗称袁公坝），并在葫芦窝一带教民灌田种稻之法，著《劝农书》1 卷，分述天时、地利、田制、播种、耕治、灌溉、粪壤、占验等农事。是为域内最早的农业专著。

明万历十九年（1591）

蔡如惠重修蓟州招提寺（先师台）。

明万历十九年（1591）

镌有"河南营都司徐时雍万历十九年春防分建自马黄大□□百四十七号台东空接十□河南营新修城头起中部□工计修二等边城二十二□□尺四月二十日修完"字样的碑石出现在蓟州黄崖关。

是年 黄崖关和太平寨两段长城开始进行包砖加固。

明万历二十年（1592）

河南白马寺僧在北运河北侧建庙（位于今北辰区白庙村东）。因寺内大雄宝殿前立有石雕驮经白马，故俗称白马寺，又称白庙。

是年 宝坻县重修崇寿寺（位于今宝坻区双王寺村），并立碑。

是年 天津整饬副使彭国光、户部分司张常修、胡曰楙纂的《天津三卫志》刻印刊行。

明万历二十二年（1594）

蓟州动工重修渔阳郡塔并立碑。上层佛龛内置放 5 尊佛像、3 册经卷；在塔顶安置铜铸塔刹。碑为圆首，倒仰莲花座。碑阳额篆《重修蓟塔碑记》，碑阴额篆"万古流芳"4 字，雕云纹。碑文楷书，题《重修蓟州观音寺宝塔碑记》。进士卢养浩书丹，僧宽裕、宽存等立。通高 1.55 米，宽 0.56 米，厚 0.12 米。

是年 蓟州重修下仓镇西州河东岸的幡杆寺。

明万历二十四年（1596）

静海知县曹重在县城西门外南运河东侧建城隍庙，在城北隅重修关帝庙。

是年 蓟州重修广福寺，2 年后竣工。又 3 年后立碑。成宪撰文，毛维骝篆额，佚名书丹。碑身高 2.10 米，宽 0.98 米，厚 0.21 米。

明万历二十五年（1597）

蓟州修葺独乐寺，局部涂改观音阁壁画。

明万历二十六年（1598）

蓟州下仓西麻池窝屯（今蓟县下仓西屯村）重修药王庙并立碑。碑首题"重修药王庙碑"。

明万历二十八年（1600）

八月　蓟州观音寺主持僧宽存等在宝塔重修竣工后立碑。碑为螭首，方座。碑阳额篆《重修蓟塔碑记》，碑阴额篆"万古流芳"，碑文楷书，题《重修蓟州观音寺宝塔碑记》。知州贾浚申文，毛维骐书。通高2.63米，宽0.92米，厚0.21米。

明万历二十九年（1601）

保定巡抚汪应蛟、观察使张汝蕴重修卫学并立碑。学宫内变化为"凿（泮）池""易门""崇殿基""建文昌祠于东，移启圣祠于后，而迁名宦、乡贤俎豆于学之旁"。碑题《重修天津卫学宫碑记》。

明万历三十年（1602）

六月二十五日（8月12日）　税监马堂主持，王枢监工，"善人"孙济捐资，在卫城东门外原址上重建天妃宫大殿。

是年　慈圣皇太后出内帑命乾清宫常侍尚膳监太监吕公诚重建盘山双峰寺，并赐龙藏及供用之物。

是年　蓟州盘山重修降龙庵。神宗朱翊钧赐额"云罩寺"。翌年二月竣工后，在寺的东山坡立碑。碑为圭首，龟趺，楷书。题《重修盘山舍利塔云罩寺碑记》，王道正撰文，刘彩书丹，徐文炜篆额。通高2.64米，宽0.90米，厚0.19米。

明万历三十五年（1607）

武清重修杨村玄帝庙，并立碑。碑额篆《重修玄帝庙记》，碑文楷书。郑振先撰文。高1.6米，宽0.66米，厚0.10米。

明万历三十八年（1610）

蓟州东25千米黄花山上始建兴隆观（俗称铁瓦寺，位于今蓟县孙各庄满族乡黄花山顶）。

明万历三十九年（1611）

武清重修黄花店无梁阁。

明万历四十一年（1613）

秋　翰林院检讨徐光启寓居天津，开始垦荒试种"南稻"，并对土、肥、水、管等农业技术多有创新。

是年　"海河"之名始见于徐光启《粪壅规则》："天津海河上人云'灰上田惹碱'。"

是年　蓟州建水月庵（位于今蓟县官庄镇莲花岭村西北）。

明万历四十三年（1615）

盘山卫公庵东南建太平禅师塔。砖砌，外饰淡黄色塔衣。平面呈六边形。由须弥座、塔身、塔刹组成。通高12米。

是年 卫城河北新庄（今市内河北区水梯子大街）创建关帝庙并立碑。碑题《锦衣卫所属地名新庄创建关帝庙记》。

明万历四十五年（1617）

春三月 盘山报恩寺重修并立碑。米万钟撰文《重修报恩寺碑记》。

是年 卫城北门外河北建东岳庙。

是年 兴隆庵在今宁河县岭头村落成。

明万历四十八年（1620）

武清杨村始建清真寺（北寺，位于今武清区杨村七街雍阳西道南侧）。占地面积2929平方米，建筑面积1171平方米。

是年 户部郎中王于陛修葺独乐寺竣工，并撰碑文《独乐寺大悲阁记》。对观音阁壁画进行局部重描。

明万历年间（1573—1620）

手绘年画出现在今西青区杨柳青镇。

同期 蔡如蕙重修盘山招提寺、定光佛舍利塔。在今砖瓦窑村重建净业庵。

同期 僧常增在盘山天成寺西南建大慈庵（五峰庵）。

同期 在今宝坻区北里自沽村建龙泉庵，在肖家堼村建吉祥庵。

同期 卫城北门外流水沟建红寺、白寺。

同期 观音寺在今津南区咸水沽秦庄子村北落成。

同期 长芦盐运司青州分司同知陈九功修复芦台盐姥庙。

明天启二年（1622）

杨柳青文昌阁被焚。

明天启四年（1624）

重修卫城东南土城村金仙观。

明天启年间（1621—1627）

住持僧河仑始修宝坻大觉寺，3年后竣工。

同期 蓟州重修天成寺舍利塔，在塔旁建静室，置圣像。

同期 卫城河东始建涌泉寺（后改名西方庵）。

同期 宁河重修宝塔寺。

明崇祯元年（1628）

天津道石声谐捐俸重修卫学。翌年夏立碑。碑题《重修天津卫学宫碑记》。礼部右侍郎兼翰林院侍读学士徐光启撰文。

是年 赵三极修、刘寰纂的《蓟州志》刻印成书。

明崇祯二年（1629）

明廷始在三岔河口北建炮台。

是年 卫城东门外河东重建大佛寺，城东大直沽重建镇海寺。

是年 宝坻重修大觉寺并立碑。碑题《重修大觉寺碑记》，碑文楷书。张奇勋撰文，吴可原篆额，薛之垣书丹，王时初刻石。高1.45米，宽0.7米，厚0.2米。

是年 李国祯等人在咸水沽建慈云寺大殿（位于今津南区高庄子村）。

明崇祯四年（1631）

春 毗尼释如方在"诸尚喜人"资助下，动工修葺盘山天成寺舍利塔。竣工后并立碑。碑为圭首，额篆"尚善坤英"4字，饰飞鸟流云。题《天城（成）兰若重修舍利宝塔记》。释如方撰文。通高3.44米，宽0.82米，厚0.2米；须弥座高0.57米，长1.07米，宽0.5米。

仲夏 武清王庆坨建观音阁、玄帝庙，并立碑。曹化淳撰文。

是年 蓟州邦均始建关帝庙（位于今蓟县邦均镇邦均大街东口）。占地面积1250平方米，建筑面积131平方米。

明崇祯五年（1632）

卫城外东南隅海河西岸建小圣庙（又称平浪侯庙、海神庙、恬佑祠）。

明崇祯七年（1634）

蓟州僧正司仁凤在盘山少林寺东龙首岩上始建多宝佛塔（位于今蓟县瓦窑村）。

是年 泰山行宫在卫城东门外河东岸重建。

明崇祯九年（1636）

是年 卫城西门外姚家湾重建慈惠寺。

明崇祯十二年（1639）

总兵赵良栋为加强防御功能，环卫城修建 7 座炮台，"昼夜防守"。分别地处：三岔河口北、窑洼南岸（今金家窑）、西沽、邵公庄东、城西双忠庙南（今双庙街）、海光寺西（今南开区炮台庄）、马家口。

是年 杨柳青木版年画出现套色印刷。

明崇祯十三年（1640）

九月 蓟州盘山李靖庵，前立重修碑。碑为螭首、赑座，额篆《重修李靖庵记》，楷书，鲁元宠撰文。通高 4.55 米，宽 1.1 米，厚 0.27 米。

是年 重建卫城外东北隅三元庵。

明崇祯十五年（1642）

十一月十三日（12 月 4 日） 清兵入蓟州，屠全城百姓，拆毁蓟州城墙，焚毁城角楼、城门楼、州署，史称"壬午屠城"。

明崇祯十七年（1644）

多宝佛塔（少林寺塔）移至北少林寺东（今蓟县瓦窑村）重建。

是年 蓟州鼓楼被毁。

明崇祯年间（1628—1644）

杨柳青镇出现印刷木版年画的作坊。

同期 盘山始建白岩庵（位于今官庄镇联合村北），僧无暗重修盘山净业庵。

同期 卫城北北仓建土地庙。

明（1368—1644）

蓟州北部山区修筑长城，东端始自今蓟县赤霞峪村东北老姆顶山，与今河北省遵化市马兰峪长城连接，西端终于黄土梁村西北，与今北京市平谷区将军关长城连接，全长 41 千米。共有墩台 85 座，其中空心敌台 46 座。

同期 盘山千像寺后山崖上出现"无量寿佛"石窟（《盘山志》名契真洞）。洞高 2.2 米，宽 1.5 米，深 4 米。洞口上方篆刻"无量寿佛" 4 字，洞内石壁上浮雕 1 尊菩萨坐像，高 1.98 米。是为域内唯一的石窟造像。

同期 盘山定光佛舍利塔附近崖壁上出现线刻佛造像。

同期 杨忠裕楷书"中盘" 2 字的石刻出现在盘山中盘寺东南侧崖壁上。蔡如芝楷书"先师台" 3 字石刻，陶有学楷书"渔阳独控" 4 字石刻、僧月空隶书"瀑泉" 2 字石刻、李茂时隶书"奇观" 2 字石刻出现在盘山招提寺周围崖壁上。刘应节楷书"天门开" 3 字石刻出现在盘山云罩寺东南白猿洞壁上。

同期 2 尊道教护法神铜造像出现在今武清区杨村。

同期 1 个以陶窑为中心，周围分布有制坯场、晾坯场、排水沟、蓄水池、垃圾场的大型窑厂出现在今武清区青坨村。2 座烧炭土窑出现在今武清区八里庄村。

同期 攒尖顶方形和圆形的砖室小墓出现在今宝坻区菜园村。墓内随葬品有白瓷碗、青瓷盏（碗）、黄瓷碗、泥质灰陶双耳罐、褐釉双系陶罐、双鱼纹铜镜、银饰件等，并有唐至明铜钱 165 枚。

同期 作为军事防御用的铁蒺藜、石滚雷、绊马索出现在黄崖关上。陶制火蒺藜出现在城内（原明兵备道署遗址）。

同期 蓟州盘山还建有龙泉寺、秀峰庵、龙泉庵、西架静室、西甘涧净土庵、弥陀庵、观音庵、铁磨顶关帝庙，城西五名山上建碧霞祠。蓟州城内重建关帝庙，西北隅建城隍庙；西关始建菩萨庙，西南隅建天仙宫，东北隅建鲁班庙。

同期 卫内又建有大批寺庙，如城内东南的水月庵，北门外河北岸的甘露庵，三岔口河北岸的望海寺，法华园（宏济院），河北窑洼的大悲院、元帝庙（净土院），东门外河东岸的三官庙，西门外的育德庵、善庆庵，城东南大直沽的地藏庵（俗称前庵），马家口的五圣庙。

同期 老姆庙在今津南区咸水沽镇落成，文昌庙在今葛沽镇落成。药王庙在今北辰区大诸庄落成，老姆庙（又称海神庙、观音庙）在今东丽区老袁庄落成，峰山药王庙、东天齐庙在今西青区落成。

同期 宝坻扩建重修大觉禅寺。

清顺治元年（1644）

五月二十三日（6 月 27 日） 清军入卫。
是年 清真大寺在卫城西北始建（位于今红桥区大丰路东侧）。

清顺治二年（1645）

清廷在蓟州城内东北隅设鼓铸局（宝蓟局）。所铸制钱"顺治通宝"有 3 种形式：背汉文"蓟"字，背满、汉文"蓟"字，背"一厘"和"蓟"字。是为域内最早设局铸造的制钱。

清顺治三年（1646）

盘山千像寺重修藏经殿竣工并立碑。碑圭首。额题"万古流芳"4 字，雕云气纹。题《重修千像寺藏经殿碑记》。性安撰文，楷书。碑阴刻捐资修寺人姓名。通高 1.48 米，宽 0.52 米，厚 0.16 米。

清顺治六年（1649）

季秋 卫城外海河东岸始建小圣庙。
是年 宁河县岳龙村始建兴隆庵。

清顺治七年（1650）

蓟州知州于际清重修州署、文庙。

清顺治九年（1652）

蓟州多宝佛塔在今蓟县瓦窑村落成。塔由石砌须弥座、砖砌八角形十三层密檐塔身、塔刹三部分组成。高26米。

是年 清廷将天津三卫合并为一卫——天津卫。

清顺治十年（1653）

春二月 巡盐御史张中元等捐资重修卫学（文庙）。季夏六日竣工并立碑。碑题《重修天津卫儒学碑记》。太学士高尔俨撰文。

是年 总兵甘应祥、副使梁应元重修因大水淹没两面坍塌的卫城城墙。（大水淹没城砖17级）

是年 宝坻文昌宫在今宝坻区林亭口乡创建。

清顺治十年（1653）前后

盐商张明宇在卫城东北金钟河南岸、锦衣卫桥以西始建宅园（"问津园"前身，位于今河北区中山公园以南）。

清顺治十五年（1658）

八月 清廷在蓟州黄花山下始建荣亲王园寝（位于今蓟县丈烟台村西），俗称太子陵。自此，今蓟县孙各庄乡、下营镇一带成为清皇家园寝之地。

是年 户部尚书王弘祚过蓟州，捐资倡修独乐寺。

清顺治十七年（1660）

二月十六日（3月26日） "善信韩应科、督工胡举桂"等人参与重修卫城东门外天妃宫大殿。

是年 卫城河北重建观音寺。

清顺治年间（1644—1661）

卫城东北三岔河口北望海寺东建有望海楼。

同期 卫城北重建桃花口大寺。

同期 蓟州牧黄家栋重建鼓楼。

同期 宁河县岳龙村建兴隆庵。

清康熙元年（1662）

总兵官都督同知李克德重修卫武庙，2年后竣工并立碑。碑题《重修武庙碑记》，天津道副使杨廷锦撰文。

清康熙二年（1663）

静海知县陈愈捐俸在县南城建文昌阁，在东城建魁星阁。

清康熙初年（1664 前后）

道士李怡神和弟子王聪在卫城东北三岔河口北望海楼西历时三年建成景致古雅、兼具书院功能的道观——香林苑（院）。

同期　户部尚书王弘祚捐资首倡，知州胡国佐劝助修葺独乐寺，"宝阁、配殿及天王殿、山门皆焕然聿新"。后立碑，王弘祚撰文《修独乐寺记》。

同期　东大沽始建观音寺（观音庵、菩萨庙）。

清康熙四年（1665）

四月　蓟州修葺文庙，并立碑。题《重建蓟州学宫碑记》。王弘祚撰文，沈荃书丹，常汝贵篆额。通高 2.08 米，宽 0.8 米，厚 0.2 米。

清康熙五年（1666）

卫城北门内重建无量庵。

清康熙七年（1668）

巡盐御史李棠等捐俸重修卫学，翌年三月竣工。新增砖泮池、围墙，并立碑。碑题《重修天津卫儒学碑记》，李棠撰文。

清康熙八年（1669）

名僧世高募化，天津卫原掌印兼理屯务守备曹斌捐资，开始重（扩）建卫城东北河北西窑洼（今河北区天纬路 40 号）大悲院（历时 18 年竣工）。因内供奉 1 尊高 3.6 米的"大慈大悲救苦救难观世音菩萨"，故名大悲禅院，俗称大悲院。

清康熙九年（1670）

整饬副使薛柱斗捐俸重修卫城东门内道署。增建过街牌坊 2 座，外为"贞宪""肃度"，内为"控制海门""仪型河属"；改辕门为东西向，安石狮 1 对。新建穿廊 5 间。重修二堂阁，东、西书舍分别名为"宜夏轩""长春窝"，并建书房 3 楹，名"渡瀛书馆"。前有苇塘，周砌花墙，东、西侧立有 2 坊："虚心径"（亭），"百步（岁）园"。

清康熙十年（1671）

名僧智朴在蓟州盘山上甘涧北端创建青沟禅院（盘谷寺，位于今蓟县砖瓦窑村西）。占地15万平方米。

是年 僧隆宝修葺盘山青峰寺。圣祖玄烨书额。

是年 武清知县邓钦桢始修《武清县志》，4年后刻印成书。

是年 静海知县阎甲允增修、马方伸纂《静海县志》成书。4卷，附疆域总图、县志图各1幅。

清康熙十年（1671）前后

盐商张霖在其父张明宇所建的位于卫城东北的宅园基础上营造"问津园"（与三岔河口附近的"一亩园"统称"遂闲堂"），园内"树石葱茜，亭榭疏旷"。是为天津最早的文化园林。

清康熙十二年（1673）

天津道薛柱斗主修，同知高必大协修《天津卫志》。2年后书成，卷首1卷，正文4卷。是为天津现存最早的一部志书。

是年 薛柱斗倡捐重修卫学，并撰碑文《修文庙碑记》，立影壁，建戟门，增筑石泮池、木桥、周围栏杆、两掖门、花墙、花壁、东西两小牌坊、礼门、义路、二门、夹道砖墙。棂星门外建登瀛桥。

清康熙十三年（1674）

总兵官赵良栋督修卫城：拆除逼近城垣的民居，修浚城濠，在城东南角筑石闸，引海河水由南城水门进城，并将重修后的东南西北4个城门楼匾额易名为"东连沧海""南达江淮""西引太行""北拱神京"。

是年 薛柱斗重修卫城东门外天妃宫前牌楼，并更改额名"护国保民"为"海门慈筏"。

是年 薛柱斗在卫学万仞宫墙内东、西侧建"翊隆皇运""兴起斯文"2坊。

是年 清廷在原址上重建天津镇总兵官公署。

是年 宝坻知县牛一象主持、杜立德主修的《宝坻县志》刻印成书。

清康熙十四年（1675）

孟秋 盘山古中盘坝台上立创建正法寺碑。碑为螭首，中题"正法碑记"4字，楷书。碑身周雕云纹边框，题《创建盘山古中盘正法寺碑记》。杜立德撰文，陈天机书丹，董银镌石。碑身高1.9米，宽0.80米，厚0.25米。

十月十三日（11月29日） 圣祖玄烨赐金修葺盘山天成寺。

是年 薛柱斗在卫城文昌祠前建魁星阁。

是年 卫城北门外西沽重建龙泉寺。

是年 武清知县刘世辅将前任邓钦桢3年前纂修的《武清县志》刻印成书，共10卷。

清康熙十五年（1676）

三月 盘山古中盘正法寺修建塔院并立碑。题《古中盘正法寺修建塔院碑记》。大学士魏裔介撰文、书丹。

清康熙十六年（1677）

春 德心禅师动工重修蓟州香水寺。

清康熙十八年（1679）

七月二十八日（9月2日） 三河、平谷间发生强烈地震，波及域内，房屋倒塌无数，死伤甚众。蓟州"官廨民舍无一存"，鼓楼震毁，独乐寺观音阁"独不圮"；武清"公署庙宇圮者十之八"；宝坻"石幢倾圮"；天津"比舍倾圮，多尽室复压者"。

是年 卫城西北的清真大寺扩建为30余间的新礼拜殿，并重建南、北讲堂，加宽庭院。

是年 董廷恩纂辑，路湛、孟淑孔续修的《蓟州志》8卷刻印成书。

清康熙十八年至二十年（1679—1681）

时任常州知府的天津人孟宗舜（字亦若，号碣石）"捐廉"购置乐器，倡导乐舞，使天津文庙废弃已久的"丁祭乐"得以恢复。

清康熙十九年（1680）

杨祖（羊宰）在蓟州下营镇岐山澜水洞创建理教，遗址现存。

清康熙二十年（1681）

板桥寺在卫城西门外西北隅重建。

是年 僧本旺筹金赎回盘山白峪寺并建禅房数楹。

是年 宝坻重建金顶石幢，并在幢身上镌刻《重修石幢记》。

清康熙二十年（1681）前后

诗人佟铉在卫城西北卫河（今南运河）北岸为其"色艺兼擅"的外妾赵氏（名艳雪）修建艳雪楼（又称佟家楼）。

清康熙二十二年（1683）

清廷在蓟州黄花山下（今蓟县石头营村北）建纯靖亲王（隆禧）园寝。碑螭首龟趺，满汉双文，汉文题《和硕纯亲王谥靖隆禧碑文》，高4.35米，宽1.28米，厚0.55米。

清康熙二十三年（1684）

清廷晋封天妃为"护国庇民昭灵显应仁慈天后"，天妃宫更名"天后宫"，后宫内出现1颗印面篆刻"天津天后宫天上圣母之宝印"12字，周边镌有"二龙戏珠""海水江崖"图案的铜印。

清康熙二十四年（1685）

重修蓟州兴隆观并立碑。翰林院检讨徐嘉炎撰碑文《重修万寿兴隆观记》。

清康熙二十五年（1686）

圣祖玄烨驻跸盘山作五言诗1首《题智朴和尚》，后刻碑立在青沟禅院。螭首，行书，高1.8米。

是年　僧印祥在盘山建弥陀庵（东竺庵，位于今蓟县砖瓦窑村三队）。

清康熙二十六年（1687）

三月　盘山青沟禅院前立创建青沟禅院碑。

是年　卫城河北西窑洼大悲院扩建竣工。内有一层楼、八角亭、念佛堂、玉佛殿、天主殿等建筑，是为大悲院西院。

清康熙二十八年（1689）

秋　由天花和尚住持的观音梵宇（又称"观音梵寺"）在卫城东南上园南（今和平区承德道与吉林路交口的东北侧）落成。因大殿内观音菩萨塑像后画有紫竹（一说院内植有竹林），故又名紫竹庵、紫竹林庙。

清康熙二十九年（1690）

重建西大沽潮音寺。

是年　名僧智朴携弟子德意绘制《盘山图》。

清康熙三十年（1691）

名僧智朴编纂的《盘山志》刻印成书，10卷，补遗4卷。

是年　卫城西门外河北岸重建放生院。

清康熙三十三年（1694）

蓟州知州张朝琮捐俸倡修城垣、城门和鼓楼、瓮城，并书"古渔阳""畿东锁钥"2匾，分别悬挂在鼓楼前、后檐上。瓮城重修后立碑，题《重修瓮城碑记》，张朝琮记并书。

清康熙三十四年（1695）

五月十七日（6月28日）　圣祖玄烨阅视大沽海口，谕令在东、西大沽之间的海河南岸（今滨海新区塘沽大沽船坞路27号）重建海神庙，并题匾"敕建大沽海神庙"。

<h2 style="text-align:center">清康熙三十六年（1697）</h2>

七月　因奉、锦两郡岁饥，清廷由大沽口发的运粟巨船，3日后平安抵达盛京（今沈阳），圣祖玄烨以为"海神有灵"，特命由国库发银扩建海神庙。竣工后立碑。圣祖玄烨撰《御制海神庙碑记》。

<h2 style="text-align:center">清康熙三十七年（1698）</h2>

是年　清廷重建大直沽海神庙。

是年　位于今东丽区的大毕庄泰山行宫重修。

<h2 style="text-align:center">清康熙三十九年（1700）</h2>

是年　武清知县章曾印续修、赵洵等纂的《武清县志》刻印成书。

<h2 style="text-align:center">清康熙四十年（1701）</h2>

老姆庙（海神庙，又称观音庙）在今东丽区老袁庄重建。

<h2 style="text-align:center">清康熙四十一年（1702）</h2>

知州张朝琮重修蓟州城。修复城墙、城楼（东名"永固"、南名"永康"、西名"永宁"、北为北极楼）、角楼，并题匾3方，分别悬挂在三座城门瓮城上。

<h2 style="text-align:center">清康熙四十二年（1703）</h2>

清真大寺在卫城西北隅（今红桥区大寺前街）落成，是为天津现存规模最大的清真寺。

<h2 style="text-align:center">清康熙四十三年（1704）</h2>

春　圣祖玄烨游盘山卫公庵、青沟禅院、降龙庵，分别赐额"万松寺""盘谷寺""云峰法界"。

是年　盘山净业庵扩建后改名为"云净寺"，圣祖玄烨题额。

是年　张朝琮重修、邬棠编次的《蓟州志》刻印成书，8卷，内载《盘山图》。

<h2 style="text-align:center">清康熙四十四年（1705）</h2>

蓝理在卫城南门外1.5千米处建普陀寺。翌年，延请名僧成衡为住持。寺内"殿宇弘敞，四周植柳万株"，是为津门游览胜区。（因成衡在寺内广栽葡萄，又称葡萄寺）

是年　清廷在蓟州黄花山下（今蓟县孙各庄村）建裕宪亲王（福全）园寝，俗称大王爷陵。

清康熙四十五年（1706）

济宁会馆在卫城西北肉市口粮店街始建，是为域内最早建立的会馆。

是年　静海县钓台庙立碑。碑螭首，双龙，方座。额题"海滨芳迹"，题《周太师尚父钓台庙碑》。

清康熙四十七年（1708）

安岐迁居津门，并在卫城东南 3000 米处（约今和平区赤峰道海河交口一带）建沽水草堂，"中绕水竹台榭之胜，复构邃宇数楹，藏金石书画甚富"。

是年　白衣庵在卫城东南隅重建，俗称大寺。

清康熙四十九年（1710）

四月十二日（5 月 10 日）　武清筐儿港行宫东 100 米处立圣祖玄烨亲书"导流济运"碑。

清康熙五十二年（1713）

清廷在卫城东南 3000 米的海河西岸（今和平区赤峰桥附近）建皇船坞，内有坞房 67 间，水炮台 2 座，"垣周 120 丈"。

清康熙五十五年（1716）

七月十六（9 月 1 日）　安岐在沽水草堂延聘吴门名刻工顾嘉颖、顾锡韩父子费时 5 年翻刻唐孙过庭《书谱》竣工，是为获书法界盛誉的《书谱》天津刻本。

清康熙五十八年（1719）

圣祖玄烨南巡途中游临普陀寺，赐庙额"海光寺"，自此，普陀寺更名为"海光寺"。

是年　永丰屯李氏祠堂修葺后改为道观，定名"吕祖堂"。

清康熙五十九年（1720）前

盐商查日乾在卫城西 1.5 千米的南运河南岸（今红桥区芥园水厂及周边地区）开始营建宅园"水西村园"（后改名"水西庄"）。

清康熙年间（1662—1722）

蓟州（今蓟县）城内东北隅重建鲁班庙，占地面积 786 平方米。正殿为九脊歇山顶，绿琉璃瓦剪边。今联合村始建大悲庵，重修朝阳庵、东甘涧观音庵，重建香林寺。

同期 卫内出现一批寺庙，如城内西南隅的鲁祖水月庵、达摩庵，东门外的念佛庵，城东南梁家园的土地庙，北门外流水沟的黑寺，河北石桥的天庆寺、药王庙，西门外的维摩庵，城西的接引庵，河东李家楼的善缘庵，小关的土地庙，盐坨的地藏庵（俗称祖师庙），杨柳青河南的紫竹庵，董事大户捐宅（今杨柳青镇利民大街 14 号）建的准提庵，东大沽的观音寺（观音庵、菩萨庙）等。

同期 圣祖玄烨 7 次来津巡视：康熙八年（1669）十一月，驻稍直口；康熙二十四年（1685）二月；康熙三十三年（1694）二月，驻西沽；康熙三十四年（1695）五月；康熙三十七年（1698）五月；康熙四十四年（1705）二月；康熙四十六年（1707）五月，驻丁字沽行宫。

同期 宁河丰台重修天尊阁（太乙观）。

同期 名僧成衡撰《海光寺志》刻印成书。

同期 理教创始人羊宰在今蓟县下营村南建岐山澜水洞洞府。

清雍正元年（1723）

七月初八（8 月 8 日） 清廷始在北运河东岸（今北辰区北仓村东南）新建仓廒。翌年建成，占地 25 万平方米。共有仓库 48 座，房 240 间，总库容为 4000 万升。是为天津最大的皇仓，又称"津邑储备仓"。

清雍正二年（1724）

芦盐商捐资重修三岔河口北岸，原明督饷部院旧址的巡按长芦盐政监察御史公署（盐院）。正倾整颓，"甃石砌砖，易瓦缭垣"。西侧建五圣神庙，东侧筑熏风烈日祠，中为敬事堂，后为绎志轩、环水楼，共有房 122 间。

是年 清廷在蓟州黄花山下（今蓟县孙各庄）建理密亲王允礽园寝。

清雍正三年（1725）

清廷重修大直沽海神庙。

是年 洪水淹及天津城砖 13 级，"城壕皆坏"。经巡盐御史莽鹄立建议，由盐商安尚义父子捐资重修城垣，疏浚城濠。城门额更易为：东"镇海"，西"卫安"，南"归极"，北"带河"。其中西门由清世宗御定为"卫安门"，内蕴对安家的表彰，"以存其姓"。

是年 清廷将天津卫改为天津州、天津直隶州。

清雍正四年（1726）

七月十三日（8 月 10 日） 世宗胤禛感念"海神"为民"御灾捍患"，特为大沽海神庙撰《海神庙碑记》。

是年 邑人缪启乾捐资修建州城隍庙后楼 5 座。

清雍正五年（1727）

莽鹄立修、鲁元裕纂的《新修长芦盐法志》由长芦都转运使司刻印成书。

清雍正七年（1729）

水师营都统拉锡奏请在海口卢家嘴建城隍庙，在大沽水师营建大佛寺。

清雍正八年（1730）

盐院郑禅宝捐修州城北门内万寿亭。

清雍正九年（1731）

清廷将天津直隶州升为天津府，附郭设天津县。这种行政建制次序一直沿用至清朝灭亡。

清雍正十年（1732）

清廷在今蓟州东营房村北钟灵山下建恒温亲王允祺园寝。

是年 僧性善在武清县河西务倡建藏经阁。历时 5 年竣工。

清雍正十一年（1733）

查日乾的宅园"水西庄"落成。"地周百亩，水木清华，为津门园亭之冠。中有揽翠轩、枕溪廊、数帆台、藕香榭、花影庵、碧海浮螺亭、候月舫、绣野簃、课晴问雨诸胜。"其间"姹花袅竹、延荣接姿"，并收藏金石书画，"名流宴咏，殆无虚日"。

是年 巡盐御史鄂礼、天津知府李梅宾、天津知县徐而发捐修天津文庙和武庙。

是年 鄂礼捐俸在府城东门内南隅修建校士馆（试院）。

清雍正十二年（1734）

直隶总督李卫在府学西侧增建县学，自此天津府县二学（庙）毗连。

是年 知府李梅宾在府城西北隅明右卫署旧址（今南开区府署街中部）修建天津府署。占地面积1万余平方米，有房 110 间。

是年 知县徐而发在府城内鼓楼东旧仓厫基础上（今南开区东北角财神殿胡同1号）修建天津县署。有房97间。

是年 大慈林在府城东南马家口北重建。

是年 清廷在蓟州黄花山下建直郡王（允禔，俗称达摩苏王）园寝（位于今蓟县石头营村后）。

清雍正十三年（1735）

清廷在三岔河口（今河北区金家窑）为怡亲王允祥建"怡贤亲王祠"，是为域内规格最高的专祠。

清雍正年间（1723—1735）

宁河县芦台镇修葺"三阁八庙"（文昌阁、观音寺、宝塔寺、白衣庵、龙王庙、天齐庙、盐母庙、三官庙、真武庙、药王庙、聂公祠）。

清乾隆元年（1736）

八月十六日（9月20日）　经清廷准允长芦巡盐御史三保动用库银开始重修三岔河口北岸的望海寺。如来殿、观音殿、关帝殿、龙神殿、山门修葺一新，并于十一月初竣工。高宗弘历赐望海寺正殿额"瀛壖慈荫"，翌年又赐正殿联"普度指通津慈航示喜，真如参觉海法界超尘"，赐后殿额"海藏持轮"，赐后殿联"证彼岸恒沙视兹喻筏，汇众流一滴笑与拈花"，并为海光寺书额。

清乾隆二年（1737）

秋　朱岷绘《秋庄夜雨读书图》，通过对查日乾之子查礼在水西庄夜读情景的描绘，再现了夜阑秋雨中水西庄全景。现藏于天津博物馆。

是年　知府程凤文奉诏督修府城，并在城之四角加建城楼（其中东南角城楼名魁星楼，其他不详）。竣工后，高宗弘历特为4个城门书额："东连沧海""南达江淮""西引太行""北拱神京"。

是年　文庙殿庑坍颓，程凤文重修。

清乾隆三年（1738）

二月　程凤文捐俸始修府学明伦堂，五月竣工，碑题《重修天津府学明伦堂记》。

是年　朱岷、蒋缨、陈元复等名画家共同绘制《慕园老人携孙采菊图》，再现了查日乾与孙辈在水西庄生活的情趣。画上有查日乾之孙查善和、查淳以及曾孙查诚等后人题咏。

是年　静海重修移兴寺后立碑。

清乾隆四年（1739）

天津道陈宏谋、天津知县朱奎扬重修海河叠道，翌年竣工，并立碑。碑题《重修海河叠道碑记》，朱奎扬撰文。

是年　首任知府李梅宾和继任程凤文修，吴廷华、汪沆纂的《天津府志》40卷刻印成书。

是年　汪沆撰《津门杂事诗》刊行，内载大量有关天津的风物人情、逸闻轶事。

是年　朱奎扬、张志奇修，吴廷华、汪沆纂的《天津县志》21卷刻印成书。

清乾隆五年（1740）

静海县人李经介、李学诗等在独流镇河东建文昌阁。

清乾隆七年（1742）

九月十六日（10月14日） 高宗弘历游幸盘谷寺，赐智朴为进士，敕修智朴墓。

是年 长芦巡盐御史孟戈尔代"睹庙貌摧颓，堂庑圮坏"，"乃首镌薄俸，庀材鸠工"重修天津文庙，翌年3月竣工。

是年 安岐集40年书画收藏鉴赏经验，编撰《墨缘汇观》4卷成书。

是年 吴翀续修，曹涵、赵晃纂《武清县志》刻印成书。12卷，首末各1卷。

清乾隆八年（1743）

六月 盘山云罩寺修葺后刻碑。碑阴刻《重修盘山云罩寺舍利塔碑铭》，刑部尚书张照撰文并书丹。碑阳刻翌年弘历御笔《登云罩寺定光塔》诗。

是年 清廷重修盘山天成寺。

是年 府城西门外建观音阁。

是年 盐运使倪象恺重修府学。

是年 清廷在蓟州朱华山建端慧皇太子永琏园寝（位于今蓟县朱华山村西）。

清乾隆九年（1744）

高宗弘历敕令在盘山南麓玉石庄东（今蓟县营房村北）始建静寄山庄（又称盘山行宫）。由外八景（天成寺、万松寺、云罩寺、千像寺、盘谷寺、舞剑台、紫盖峰、浮石舫）、内八景（静寄山庄、太古云岚、层岩飞翠、清虚玉宇、镜圆常照、众音松吹、四面芙蓉、贞观遗踪）和新兴景（半天楼、池上居、农家轩、雨花室、冷然阁、小普陀等）组成，前后历时11年，占地110万平方米。

是年 高宗弘历为盘山云罩寺书额"金界常明""仁智慧山"，题联"青山白云常自在，禅悦法喜悟无生"。高宗弘历书《登云罩寺定光塔》诗碑立在定光佛舍利塔前。

是年 高宗弘历为盘山天成寺书额"天成寺"，为江山一览阁书额"江山一览"，为大雄宝殿题额"清净妙音"。高宗弘历《重游天成寺》碑立在天成寺内，碑阳镌2年前高宗弘历作《游盘山记》，梁诗正书。

是年 敕修盘山隆福寺（从西藏移11尊铜佛像），并在今隆福寺村西北建行宫，内有御题六景（翠云山房、翠微室、碧巘丹枫、天半舫、抱霞叫月、翼然亭）。

是年 敕令重建盘山天香寺。高宗弘历书额"敕建天香寺"，正殿书额"无上法味"，题联"杨柳外晓风残月，净瓶中白日青天"。

是年 清廷重修蓟州桃花山桃花寺（位于今蓟县翠屏湖北岸桃花寺村北），并在寺旁建行宫。主要建筑为御题八景：涌晴雪、小九叠、吟清籁、坐霄汉、云外赏、涤襟泉、点笔石、绣云壁。寺内建3层大殿，后殿供奉关帝。大殿后殿分别悬有高宗弘历书3块匾额："清净法界""云外香台""忠贯人天"。

是年 清廷在今蓟县城西20千米的白涧村香华庵（皇姑庵）西建行宫。

清乾隆十年（1745）

清廷修建静寄山庄时，将感化寺迁于旧基西500米。高宗弘历赐额"敕修感化寺"，大殿书额"妙光演教"，题联"藻丽境地爽垲傍近宫墙，霭延翠属山中兰若虽多"。

是年 蓟州重修千像寺大殿，内悬高宗弘历书额"雨花福地"。

是年 高宗弘历赐金重修盘山万松寺，并书额"慈育万物"。

是年 敕修盘谷寺。高宗弘历书额"敕修盘谷寺"。大殿书额"定力周圆"，题联"一声清磬动耶静，万叠浮云假也真""虚窗不碍疏还密，诘径何妨静以深"。

是年 敕修盘山弥陀庵（东竺庵）大殿，悬御书"大尼渲光"匾、"请问庭前柏树子，莫瞒扇上犀牛儿"联。

是年 重修盘山瑞云庵。

是年 宝坻知县洪肇楙重修的《宝坻县志》18卷刻印成书。

清乾隆十二年（1747）

八月 为恭备"皇上巡幸东鲁，便幸津门"，芦商金义等捐银5万两，兴修水西庄房屋，作为皇上驻跸行宫。4年后，行宫原拆原造工程交给北京城万寿山工程处。

是年 为庆贺水西庄"小水西"竣工，查为仁举行诗会，其诸女、媳留有词作手迹《兰闺清韵》。纸本，计5通8开，高17.5厘米，宽9厘米。墨书，小楷。

清乾隆十四年（1749）

高宗弘历书《韩愈送李愿归盘谷序》碑立在蓟州盘谷寺内。碑高1.56米，宽0.84米，厚0.42米。

是年 宁河县兴隆庵重修并立碑。碑额题"里仁为美"4字。题《重修兴隆庵记》，楷书。螭首，方座。通高1.81米，宽0.7米，厚0.19米。

是年 府城东门外天后宫增建山门。门额以整砖镌刻"敕建天后宫"5字。

是年 高宗弘历赐金敕修盘山东甘涧观音庵，并赐额"东甘涧"。

清乾隆十五年（1750）

高宗弘历命重修蓟州云净寺，并书楹联"六檀非所论，万景得教全""净业真称白，好山不改青"。重修白涧行宫东的香华庵。

是年 知府熊绎祖倡建"天泽会"，集绅捐款，购置义地，在府城西（今南开区广开四马路东侧）修建白骨塔。砖木结构，八层八角形，高8米有余。

是年 查为仁、厉鹗"商榷笺注、搜罗考订"的《绝妙好词笺》7卷由查氏澹宜书屋刊刻成书。

清乾隆十六年（1751）

七月 长芦盐运使卢见曾等重修府学，十月竣工并立碑。

八月 查为义捐府城鼓楼南宅地（今南门外大街38号），卢见曾报请直隶总督方观承、长芦盐政高恒，并捐资修建问津书院，翌年二月落成，是为津门规模最大的书院。

清乾隆十七年（1752）

高宗弘历赐帑重修盘山上方寺，并书额"云涛花雨"。

清乾隆十八年（1753）

二月　高宗弘历再次巡视永定河南堤，作《重阅永定河》五言诗1首并跋。九月刻石树碑。

是年　直隶总督方观承倡修蓟州独乐寺，覆盖观音阁壁画。"寺前建立栅栏、照壁"。观音阁增建上下两层，并在檐角上加8根支柱。东西配殿门面、山花、雀替改为清式。寺内东侧增建独乐寺行宫。

是年　江西瓷商在府城北门外锅店街（今估衣街）内建万寿宫（又称豫章会馆、江西会馆）。

清乾隆十九年（1754）

十二月　蒋溥、汪由敦、董邦达纂修《钦定盘山志》刻印成书，共21卷。

是年　高宗弘历过盘山，敕令重修法藏寺，并为大雄宝殿书额"法云常住"，为廊下书联"山容经雨鬟初沐，松因风吹籁益清"。并作《盘龙松歌》。

是年　敕令修治盘山双峰寺。高宗弘历赐正殿额"胜功德林"，赐联"万壑泉声广长传妙谛，千峰云影空有现真如"。

是年　敕令修缮盘山青峰寺。高宗弘历赐额"耆阇分秀"，赐联"镇留岚气闲庭贮，时落钟声下界闻"。

清乾隆二十年（1755）

清廷在蓟州黄花山下石头营村西北建恂勤郡王允䄉园寝。

是年　盘山定光佛舍利塔前出现高宗弘历御笔诗碑。

清乾隆二十六年（1761）

清廷改建皇船坞。设置内外坝、石闸，建坞房54间，"垣周一百六十丈"，坞内备有安福舻、翔凤艇等御舟11艘，垣外遍植杨柳，"林木青苍，颇饶幽胜"。

清乾隆二十七年（1762）

蓟州重建报国寺（位于今蓟县砖瓦窑村北）。

清乾隆二十八年（1763）

观音阁（俗称水阁）在府城东门外（今南开区水阁大街中部）落成。

清乾隆三十年（1765）

四月初八（5月27日）　理教传入府城，并在府城西北角永丰屯建立理教公所"积愿堂"。是为"永丰屯西根老公所"，简称"西老公所"。尹岩为首任"领众"，被尊为天津理教创兴的祖师。

八月　清廷为主管天津县北仓廒兼管西沽缉捕盗贼的官员铸造铜印。铜印呈长方形，镌有满、汉两种文字："天津县北仓大使兼西沽巡检印"。是为国内唯一的县仓大使专用印鉴。

是年 由"芦商呈请巡盐御史高公（诚）奏准捐建"，户部、内务府、长芦巡盐使监督，在府城东南"大直沽以西，唐家口以东"（今大光明桥海河东岸第一发电场附近）始建柳墅行宫，翌年竣工。行宫占地 3 万余平方米，"有房五百间"，四周植柳，"宫墙甬道、内外朝房、殿阁亭台、溪桥山石，以及林木花卉、鹤鹿禽鱼靡不具备"。是为府城规模最大的一座皇家园林。高宗弘历曾 7 次驻跸。

是年 清廷户部发帑重修武清县城。翌年竣工。

清乾隆三十一年（1766）

春 经过 3 年的选址、备料，清廷开始在葛沽东约 1.5 千米的海河南岸杨回庄（今滨海新区新城镇西）修建碧樾行宫（杨惠庄行宫）。行宫围墙周长 1020 米，共 12 个院落，内有殿阁楼宇、水榭亭台。宫前建有牌坊。占地面积约 2 万平方米。

是年 宝坻修葺广济寺。武清修葺县城垣。

清乾隆三十二年（1767）

二月二十九日（3 月 28 日） 高宗弘历阅视淀河堤闸，在武清县亲书"导流还济运"碑文。

三月初六（4 月 4 日） 高宗弘历至海神庙，敕发国库银重修海神庙，撰《御制重修天津海神庙碑记》。书"东静安澜""赞化东皇" 2 匾。

是年 高宗弘历在海光寺亲书"普门慧镜"匾，题大殿联"觉岸正光明如水如月，法流大自在非色非空"，题楼联"春物熏馨含慧业，名禽婉转入闻思"，并书作诗章。

是年 杨柳青木版年画始在北京出售。

清乾隆三十三年（1768）

张映斗（张霖曾孙）为"恢复先业"，在问津园旧址上修筑先人茔园"思源庄"。

清乾隆三十五年（1770）

二月 高宗弘历阅视武清筐儿港，并书五言诗《阅筐儿港工作》，后刻石立碑。

是年 兵备道宋宗元在介园东侧修建南运河河神庙。

是年 蓟州盘谷寺东的石壁上出现高宗弘历游盘山时的御笔石刻，行书。

清乾隆三十六年（1771）

二月 高宗弘历冬巡泰岱，途经天津，驻跸水西庄，并阅视减水坝工。时值园内紫芥盛开，遂赐名"芥园"，并书"芥园"二字，撰有《芥园阅减水坝》五言长律诗 1 首。

本月 因"总督杨廷章以通州至杨村一带向有沙淤，舟行稍滞"，高宗弘历下谕"将天津杨惠庄行宫移建武清县之桐柏村"。

清乾隆三十八年（1773）

盐商捐资在三岔河口北岸香林苑（院）东重建望海楼。"共房一百五十二间，有亭池廊庑，台榭树石，前临河为楼，檐宇峻嶽，俯瞰波流，遥瞻海色"（《长芦盐法志》卷二十），因楼傍海河，故又称"海河楼"，简称"河楼"。高宗弘历题额"海河楼"，并有咏海河楼诗。

清乾隆四十二年（1777）

知县关延牧总理，教谕魏泰、训导牛可大协修，原仪征县知县徐以观总纂的《宁河县志》开始创编。2年后刻印成书，全书6册16卷、1函。

清乾隆四十五年（1780）

荷月初三（7月4日）　刑部检选司、兵部车驾司、清吏司，云南楚雄府知府李锦捐资对府城东门外天后宫大殿油漆彩绘。

清乾隆四十九年（1784）

清廷重修扩建蓟州隆福寺，2年后竣工。高宗弘历为关圣殿书额"浩然正气"，佛殿书额"真如本相""无往慈云"。

清乾隆五十年（1785）

府城东门外天后宫内建东配殿。

是年　宝坻县黄庄重修普照寺，并立碑，题《宝坻县黄庄重修普照寺碑记》。

清乾隆五十二年（1787）

府城西门外建文昌庙。

是年　静海县小南河村（今属西青区）村民捐款建"宝亮塔"。

清乾隆五十三年（1788）

二月二十八日（4月4日）　高宗弘历自圆明园启程来津巡视，驻跸柳墅行宫。三月初四回京。其间巡幸香林苑，特赐名"崇禧观"，并书联"佚荡玉阊开鉴观有赫，穆清香案仰广运无为"。

是年　画家江萱绘制《潞河督运图》，生动展示西起侯家后、中经三岔河口、南至盐官桥（今金汤桥）一带繁盛景象。

是年　清廷拨银8万两，修复静海县台头行宫。

是年　蓟州大修关帝庙，并立修葺关帝庙碑。

清乾隆五十四年（1789）

闸口海河岸边建风神庙。高宗弘历赐额"扬仁助顺"，赐联"轨宅通泽调析木，侯孚大信靖归墟"。

清乾隆五十七年（1792）

七月二十五日（9月11日） 蓟州知州刘念拔在今蓟县渔阳镇东北隅村一中院内创办渔阳书院。并立碑，碑题《创建渔阳书院暨重建广福寺碑记》。

清乾隆六十年（1795）

梁肯堂奉旨重修蓟州观音寺塔，并立碑。碑螭首。通高 2.93 米，宽 0.80 米，厚 0.19 米。

清乾隆年间（1736—1795）

杨柳青年画兴盛。杨柳青镇周围有 30 多个村子从事年画创作和生产，名画店有戴廉增、齐健隆等。

同期 高宗弘历临摹苏轼、黄庭坚、米芾、赵孟頫、唐寅、董其昌、文徵明等的书法和亲书名家诗作的书法刻石出现在蓟县东隆福寺行宫内。共 28 块，长方形，高 1.13 米，宽 0.8 ~ 1.73 米。

同期 蓟州盘山定光佛舍利塔大修，邦均关帝庙始建。

同期 天津府城先后修达 9 次：乾隆二年（1737）、乾隆十一年（1746）、乾隆十七年（1752）、乾隆二十四年（1759）、乾隆二十九年（1764）、乾隆三十一年（1766）、乾隆三十九年（1774）、乾隆四十九年（1784）、乾隆五十五年（1790）。

同期 高宗弘历 4 次驻跸水西庄［乾隆十三年（1748）二月、乾隆三十六年（1771）二月、乾隆三十八年（1773）三月、乾隆四十年（1775）二月］，留下 3 首诗。后水西庄立有"通高七尺，广二尺六寸，八行，行十七八字"的御制石碑，并建有碑亭，7 次驻跸柳墅行宫［乾隆三十二年（1767）三月、乾隆三十五年（1770）三月、乾隆五十三年（1788）二月、乾隆五十五年（1790）四月、乾隆五十九年（1794）三月等］，并题写多处匾额、楹联。

同期 大学士于敏中、天津道来宗元、盐运使吉虚中重建河北观音寺（白衣寺），知县侯钰在院署西建大王庙。

同期 重建天津县署后的财神庙，重修府城西门外双忠庙东的太阳宫。始建西沽（今红桥区北大街）龙王庙。重修西大沽潮音寺。今津南区西泥沽村建碧霞宫。武清区杨村建清真寺。宁河县江洼口村重修关帝庙。

同期 武举杨秉钺在府城东门内建宅园"萧闲园"（俗称杨家花园）。

清嘉庆二年（1797）

是年 府城河北重建药王庙。

清嘉庆六年（1801）

六月 霪雨，大水淹府城墙砖 26 级，城墙多处坍塌。柳墅行宫被上涨的海河水淹没。

是年 重修皇船坞。

是年 蓟州下仓村人集资重修东岳庙，并立碑。

是年 宝坻县林亭口村重修药王殿，并立碑。

清嘉庆十年（1805）

珠隆阿修、黄掌纶等纂《长芦盐法志》20卷由长芦都转运盐使司刻印成书。

清嘉庆十一年（1806）

三月二十二日（5月10日）　柳墅行宫动工修缮。

清嘉庆十三年（1808）

寨上李斗宾等捐资在今滨海新区汉沽寨上庄新开南路创建盐母庙。

清嘉庆十三年（1808）前后

佚名彩绘的长卷《天津皇会百图》出现。图中绘花会110道，人物4060个。

清嘉庆十五年（1810）

蓟州牧赵锡蒲在今蓟县城北崆峒山下的锁子岭上建风神庙。

清嘉庆十八年（1813）

春　清真寺院在今蓟州上仓后秦各庄落成。是为蓟州最早的清真寺。

清嘉庆二十年（1815）

静海马家寺、刘庄、郭村诸村庄筹款重修马家寺村观音大寺。
是年　宝坻修葺广济寺。

清嘉庆二十一年（1816）

闰六月初四（7月28日）　英使节阿美士德勋爵率访华使团赴京途经天津时，随团画师绘制海河楼外景观。
十一月十一日（12月29日）　清廷重建天津水师营。
是年　大沽海口两岸始建2座砖木结构的圆形炮台，分别称为"南炮台""北炮台"。南炮台高5米，宽3米，进深2米。北炮台略小。
是年　县人董岱等重修天津县学。

清嘉庆二十二年（1817）

芦台镇重修普济桥并立碑。

是年 署观察彭公重修西大沽潮音寺后殿。

清嘉庆二十三年（1818）

樊彬撰《津门小令》1卷刻印成书。

是年 盘山静寄山庄新成"东山书屋"一景。

清嘉庆年间（1796—1820）

府城北门外侯家后重建清净庵，盐政征瑞在府城河北关下重建元帝庙，府城东门外建吕祖阁，河东盐坨建过街阁（后名三皇庙）。

清道光二年（1822）

是年 府城西门外西侧（今红桥区清真寺大街）建清真南大寺。

清道光六年（1826）

七月 举人、邑绅侯肇安、进士王天锡、举人梅成栋等人"同心矢愿、捐募重修"的府城西北文昌祠开始动工，并将毗邻的天安寺、海潮庵合并，竣工后取名为"文昌宫"。

清道光七年（1827）

在侯肇安、王天锡、梅成栋的倡议下，辅仁书院在文昌宫原海潮庵处设立。是为士子科举预备场所。

清道光八年（1828）

天津地方官员修葺水西庄。梅成栋在水西庄内创办梅花诗社。

清道光九年（1829）

宝坻广济寺大殿大修。

清道光十一年（1831）

清廷裁撤盘山行宫，所有陈设运往热河（承德离宫），分储各库，但留有园官看守。

是年　知州沈锐修：监生章过、生员金天瑞纂《蓟州志》10 卷，首 1 卷刻印成书。1852 年补刻本出版。

清道光十六年（1836）

蓟州知州华浚主持重修鼓楼后立碑。碑额阴刻"钟灵毓秀"，题《重修鼓楼碑记》，华浚撰文，赵承祖书丹。高 1.22 米，宽 0.52 米，厚 0.18 米。

清道光十七年（1837）

蓟县盘山天成寺佛殿进行修葺。

清道光二十年（1840）

七月十二日（8 月 9 日）　英国以好望角提督为英军司令兼全权代表的懿律和副代表义律率 8 艘舰只入侵大沽口，准备向清廷递交"抗议书"（《巴麦尊致中国皇帝钦命宰相书》），在海口等候之时，懿律亲率随员测量水位、探测水情，并对大沽口炮台一带形势进行绘图记录。

是年　清廷将北塘炮台扩建为 5 座，除原有 2 座外，又在蛏头沽、青坨子、海滩站各建 1 座炮台，形成南北两大营。其中北大营筑有营墙、营门、营房、火药局、器械库。营墙外挖壕沟，营门外设吊桥，营房外设校场。校场上环设铁炮。

是年　清廷在大沽口南炮台修筑防御工事。炮台前增筑土垒 1 座，土垒前增筑土埝 1 道。炮台南接筑土埝 1 道，埝内筑土垒 4 座，土炮台 1 座。并在炮台东北角增筑土炮台 1 座。北炮台也相应增筑土埝、土垒。

清道光二十一年（1841）

清廷在大沽口两岸增筑 3 座大炮台（南 2，北 1），12 座土炮台、13 座土垒，加上原有的 2 座炮台组成大沽口炮台群。

清道光二十二年（1842）

八月　天津镇总兵陈金绶、天津道陆建瀛等重修西大沽潮立寺（菩萨庙）。3 月后立碑。

是年　直隶按察使陆建瀛倡议重修水西庄。历时 4 年，恢复芥园"古柳藏门"的旧貌。

清道光二十三年（1843）

九月初八（10 月 30 日）　天津总兵善禄将广东候补道潘仕成制成的水雷在大沽海口试爆成功。是为中国水雷第一爆，潘曾撰有《攻船水雷图说》，时制成水雷 20 颗。

清道光二十四年（1844）

诗人梅成栋编辑的《津门诗钞》30 卷由其友人余堂刻印成书，内收元代以来 400 余人吟颂津门风物的诗篇

3000 余首。

清道光二十六年（1846）

天津道陆建瀛主编的《津门保甲图说》刊行。是书首录布告移文和海防善后章程等为第一卷，其后汇刻各类地图，除数幅总图外，还有天津县境分图 170 余幅，各附简说并详载户口之数。

是年 蓟州重修关帝庙，并立碑。碑为圭首，额篆《重修关帝庙碑记》，雕 2 螭。蒋懋德撰文并书丹。通高 2.38 米，宽 0.67 米，厚 0.19 米。

清道光二十七年（1847）

五月 府城东门外天后宫大殿重建。

是年 田雪峰绘《水西庄修禊图》。图中描绘乾隆二十三年（1758）芥园图景（如夕阳亭、歇山楼、御碑亭、河神庙、牌坊、假山、琵琶池、木板桥等景点），并详细记述水西庄（芥园）历史与修禊过程。此外，还有天津知府等 9 人的 12 篇题跋。

清道光二十八年（1848）

清廷裁撤皇船坞。

是年 清廷募修天成寺佛殿及行宫大楼共 20 楹。

清道光三十年（1850）

李晓山在蓟州城东 10 千米的穿芳峪（今蓟县穿芳峪乡）西妙沟溪边建八家村馆。是为李晓山等 8 人聚徒讲学之地。

是年 盐商张锦文宅居在府城北门内（今南开区龙亭街居民里）落成，俗称"海张五大院"，占地面积 6667 平方米。

清道光年间（1821—1850）

大沽协张七把在府城西永丰屯御河（今南运河）南岸创办怡和顺斗店。是为津门最早的粮栈。

同期 重修大沽口海神庙观音阁。

同期 台头行宫被毁。

清咸丰三年（1853）

九月二十九日（10 月 31 日） 太平天国北伐军聘画师杨柳青人阎美人绘《太平军北伐图》。

是年 静海县移兴寺、文庙、城隍庙、真武庙被焚。杨柳青文昌阁被毁。

清咸丰四年（1854）

穆朝政捐资在北运河畔天齐庙村（今北辰区天穆村南）始建清真南寺（天穆南寺）。

是年　"天聚"当铺出现。是为津门最早的典当铺。

是年　诚善堂绘制《皇会彩舆图》。

清咸丰六年（1856）

为阻挡英法联军进犯三岔河口，清军将柳墅行宫砖石拆毁填入海河。

清咸丰八年（1858）

四月初八（5月20日）　上午，英法联军攻陷大沽口炮台。

四月十四日（5月26日）　英法联军（炮艇12艘，士兵千人）溯白河而上，抵达天津城外，并对三岔河口一带的望海寺、香林苑、天后宫进行抢劫破坏。

四月　法国海军上尉保罗·埃米尔·比朗格随军进犯大沽口炮台时，曾拍摄现场作战照片。

五月　英国外交官罗伯特·马礼逊来津参与签订《天津条约》期间，曾拍摄多幅反映天津风情的玻璃版照片。

八月　钦差大臣僧格林沁重修大沽口炮台，其中南岸3座，北岸2座，分别以"威、镇、海、门、高"5字命名，另在北岸石头缝处修筑1座炮台，名为"石头缝"炮台。在后墙营门建小炮台25座。每座炮台配有大炮3门，驻兵400余人。

十月十二日（11月17日）　双港、海口炮台营墙工程竣工，分设炮台8座，安放重炮、洋炮45尊，费银13万6000余两。

十月　顺天、直隶各州、县官府，强迫百姓拆房挖坟，木料运至天津修筑炮台桩栅。

是年　重建三岔河口炮台。

是年　宁河县天尊阁重新油漆彩塑，并在阁前立"计开花费"碑1通。

是年　郑介成绘制《大沽炮台防务图》。图中详细标示出炮台、兵房、壕墙、炮位、拦河筏沉船、水雷、旱雷等武器和设施。

清咸丰九年（1859）

三月　蓟州动工重修白塔寺，历时半年，竣工后立碑。额篆"永垂不朽"，题《重修白塔寺碑记》。

五月十七日（6月17日）　英舰队司令贺布率英舰20艘、法舰2艘到达大沽口外，强行拽倒拦江铁戗4架。

五月二十五日（6月25日）　上午贺布率军舰13艘，悍然闯入白河，强行拆毁清军设置的铁戗、铁链等防御措施。下午2时半英军发炮猛轰炮台，大沽口炮台保卫战开战，英法联军损失惨重，4艘军舰被击沉，6艘丧失战斗力，死伤638人，贺布亦受重伤，副将重伤致死。是为史称胜利之战的第二次大沽口保卫战，也是第二次鸦片战争中唯一的胜仗。

九月　清文宗奕詝谕旨为抗英阵亡的直隶提督史荣椿、大沽副将龙汝元建立专祠。由直隶总督恒福撰文，翰林院编修郭嵩焘书丹的"双忠祠"碑竖立在大沽双忠祠。

是年　僧格林沁奉旨督办海防军务，重修北塘炮台。加固后的炮台均为圆形，直径15米，高3米，厚2米。

清咸丰十年（1860）

七月初五（8月21日） 英法联军攻占大沽口炮台。意大利记者费利斯·比特拍摄《失陷后的大沽口炮台》等照片。

七月初八（8月24日） 英法联军占领失于守备的天津城。

八月 美国基督教公理会传教士柏亨利来津，强占天后宫大殿1间为礼拜堂。

九月十一日（10月24日） 清廷与英法两国交换《天津条约》。翌日签订中英、中法《续增条约》（《北京条约》）。条约规定："以天津郡城海口作为通商之埠。"

九月 英法联军将从北京圆明园掠夺的文物珠宝拿至天津出售。法使葛罗说："此刻天津的景象是乱哄哄的，每个十字路口都有兵士出卖成匹的丝绸、珠宝、翡翠、花瓶和无数贵重东西，这些都来自圆明园，总值至少达3000万法郎。"

十一月初六（12月17日） 清廷正式批准在津设立英租界：东至海河，西至海大道（今大沽路），北至宝士徒道（今营口道），南至博目哩道（今彰德道），初占地30.7万平方米。是为9国列强在津设立租界地之始。

十二月初十（1861年1月20日） 清廷在三岔河口北岸今红桥区大胡同南口设立三口（天津、牛庄、登州）通商大臣衙门，以长芦盐运使加侍郎衔崇厚为通商大臣，管理三口通商事务。天津正式开埠。

是年 直隶省交河县人秦玉清在三条石开设铸铁作坊"秦记"铁铺，是为三条石第一家家庭手工业作坊。

是年 重修杨柳青文昌阁。

是年 基督教传入天津。

是年 芦台镇始筑土城垣，并开挖护城河。城垣高2.6米，顶宽2米，底宽8.3米，城垣上每隔1.6米有垛口。

清咸丰十一年（1861）

二月十二日（4月4日） 清廷在东浮桥（今金汤桥）附近"置津海关税务司公署"，天津海关成立，称"津海新关"，简称"津海关"。承担天津商埠的货船监督、关税稽征、查缉走私、港口疏浚、贸易统计等业务。行政长官为津海关税务司，隶属海关总税务司署，并受津海关道监督。

四月二十四日（6月3日） 三口通商大臣崇厚与法国参赞哥士耆在津议定《天津紫竹林法国租地条款》。法租界四至范围为：东、北临海河，西至巴黎路（今吉林路）附近，东南接英租界，初占地28.7万平方米。

四月 美国基督教公理会传教士柏亨利在府城西南（一说在南门里大街）建立教堂。是为天津第一座基督教堂。

八月 传教士卫儒梅来津，与法领事德来沃向三口通商大臣崇厚交涉占用三岔河口以北望海楼之事。

十月 由英国皇家士兵上尉戈登带领的英法工兵测绘的《天津规划图》在英国伦敦出版。

是年 英国驻屯军在紫竹林法租界海大道（今和平区大沽北路87号）开设军医诊所，又称驻屯军医院。

是年 伦敦国外布道会派传教士理一视等来津，先后在马家口、鼓楼西建教堂。

清咸丰年间（1851—1861）

蓟州重修朝阳庵。

清同治元年（1862）

正月初三（2月1日） 三口通商大臣崇厚发给法国永租执照，准许租用三岔河口望海楼和崇禧观1万平方米地建筑天主教堂。望海楼成为法国驻津领事丰大业的领事馆。

正月二十三日（2月21日） 由恭亲王奕䜣奏准从清火器营、健锐营、圆明园八旗等3营拣选的京兵120人，章京6员抵津，统归崇厚节制，由英国武官教练。是为天津洋枪队组成之始。

是年 津海关由城内迁至紫竹林英法租界交界处（今和平区营口道2号）。

是年 天津美租界设立：东临海河右岸，西至海大道（今和平区大沽路），北至博目哩道（今和平区彰德道）与英租界毗邻，南至开滦胡同（今河西区开封道），占地8.7万平方米。

是年 美国基督教公理会教士柏亨利在府城东门内大街建仓门口基督教堂。英国圣道堂（循道公会）传教士在英租界紫竹林后街（今和平区大沽路）建礼拜堂。

清同治二年（1863）

四月 芦商杨成钰、县人张锦文等重修府县文庙，翌年五月竣工并立碑。吴惠元撰文《重修郡邑学宫碑记》。

是年 英国基督教圣道堂牧师约翰·殷森德在海河西岸英租界维多利亚道（今和平区解放北路）与咪哆士道（今泰安道）交口处创办"利顺德"饭店。是为外商在津开办的第一家饭店。

是年 由天津团练总局绘制的《津郡筹防壕墙全图》刊印。图中绘有壕墙、城墙、河流、大道、炮台，注有村名26处、衙署9处、庙宇8处。左下角标有"咸丰十年春建筑，同治二年秋九月重修。津郡保卫总局谨刊"24字。是为天津最早的一幅壕墙图。

是年 盐商李春城在府城南6000米的三义庄（今河西区徽州道29号人民公园）建私人花园别墅"荣园"（俗称"李善人花园"）。占地18.5万平方米，内有假山、溪湖、廊榭、亭桥、楼阁，以及鹿囿、鹤笼、猴山。其中藏经阁是李氏延古堂藏书楼。

是年 大伙巷清真北寺大修。

清同治三年（1864）

四月 位于盘山的天成寺立重修佛殿碑。圭首，方座。额篆"皇图永固"4字，旁饰云纹。碑文楷书，题《盘山天成寺重修佛殿碑记》。麒庆撰文，皂保书丹。通高2.39米，宽0.7米，厚0.28米。

清同治四年（1865）

今大伙巷南口的清真大寺大修。在后殿3个亭式楼阁间又增建2座亭式楼阁，并修建南、北门楼。

清同治五年（1866）

正月初八（2月22日） 府城东门外天后宫前失火，焚毁山门、钟鼓楼，波及其他建筑。

正月十九日（3月5日） 崇厚捐资修葺天后宫大殿，"鸿兴义"修补张仙阁，"诚敬堂"修补戏楼，"公善堂"修补牌楼，"涌泉号"修补山门，"无名氏"修补钟鼓二楼、龙虎殿、群墙、后楼。

八月二十八日（10月6日） 恭亲王奕䜣再次奏请在津设立机器总局，学习制造外洋军器，建议由崇厚悉心筹划，订立章程。

是年 住持僧了意倡议重修蓟州丈烟台龙泉寺，并立碑。

是年 大沽口曹妃甸始设灯标。

清同治六年（1867）

三月　在奕䜣授意下，崇厚在"南关外海光寺地方"设立天津机器局，由英人薄朗、狄勒在寺内择地建房，先开铸造一局。该处又称西局或称南局，配有机轮、火炉、旋床等设备。

八月二十一日（9月18日）　英商怡和洋行（总部设在上海）在津获得英租界维多利亚道（今和平区解放北路东侧）与怡和道（今大连道南侧）拐角处土地5992.03平方米永租权，并享受子口税特权。该洋行为天津早期四大洋行（怡和、太古、新泰兴、仁记）之一，在进出口贸易方面，长期处于主导地位。

是年　静海县城北关重修真武庙。

是年　美国传教士柏亨利在静海县城、武清小韩村建基督堂。

清同治七年（1868）

二月　崇厚又在"城东十八里贾家沽道地方"设立天津机器局新址，俗称"天津机器东局""火药局"，专制火药。

四月　崇厚修竣天津濠墙。

是年　英国驻屯军将紫竹林军医诊所转交给英国基督教会，并迁址到河北大王庄李鸿章家庙（今三岔河口附近），改名"基督教伦敦会施诊所"（又称"英国伦敦会施医院"）。

是年　由河南怀庆张建堂等30家药材商发起，在今红桥区小伙巷曲店街集资修建怀庆会馆。

清同治八年（1869）

四月初五（5月16日）　法国传教士谢福音在拆除三岔河口北"崇禧观"的基础上修建教堂"圣母得胜堂"，同年十一月初六（12月8日）竣工。是为天津第一座天主教堂，后成为法国天主教天津教区总堂。

清同治九年（1870）

五月二十三日（6月21日）　法国传教士在三岔河口新建的圣母得胜堂（望海楼教堂）被愤怒的天津民众焚毁。是为"天津教案"。

七月二十一日（8月17日）　杨柳青年画《火烧望海楼》印刷上市。

七月　天津机器局东局厂房建筑竣工，共建机器房42座，计290余间；大烟筒10座；洋匠住房160余间。

八月初三（8月29日）　清廷补授李鸿章直隶总督（10月到任）。

秋　李鸿章调周盛传为天津镇总兵，率盛字军屯卫畿辅。

十月二十八日（11月20日）　清廷正式裁撤三口通商大臣衙门，另设北洋通商大臣，由直隶总督兼任，所有应办洋务、海防事宜均归直隶总督管理。李鸿章在南运河北浮桥头原三口通商衙门基础上增设天津直隶总督署，始开直隶总督保定、天津两地轮驻制。

是年　李鸿章重新整修大沽口炮台后，又增修1座平炮台。

清同治十年（1871）

秋　李鸿章重修大沽口炮台。4年后竣工。共建成南岸大炮台4座（即"威""镇""海"字炮台和南面的长炮台），周围小炮台40座，北岸大炮台2座（即"门""高"字炮台），平炮台6座（含石头缝炮台）。

是年 静海县重修魁星阁。

清同治十一年（1872）

七月二十二日（8月25日） 法国北京教区主教田嘉璧用"天津教案"所获赔款银9万两，在法租界紫竹林圣路易路（今和平区营口道16号）建成"圣路易"教堂，俗称紫竹林教堂。建筑面积668.74平方米。

是年 孟德纯一绘制《盘山图》，宽2.85米，高1.35米。

是年 李鸿章将"大悲院"改名为"得胜寺"，并在院东建六角五层瞭望塔，俗称镇海楼（又称大胜塔）。

是年 美国基督教美以美会派达吉瑞到津传道。

是年 静海县修复文庙。

是年 宝坻县修复广济寺三大士殿。

清同治十二年（1873）

二月 李鸿章创办的轮船招商局天津分局在紫竹林英租界南（今和平区太原道东海河旁）咪哆士洋行内成立，始开津沪间水路运输业务。

三月二十五日（4月21日） 清廷准允李鸿章奏请，在河北大王庙旁（今红桥区南运河北路4号）始建曾国藩专祠。翌年落成，建筑面积460平方米。

三月 周盛传为建新城炮台，开始在马厂至新城的一片沼泽地上修筑"高于平地数尺"的马新大道。2年后竣工，长70千米，并在沿途设置15处驿站，其中大站4处，小站11处。

是年 石元士在南运河北岸（今西青区杨柳青镇估衣街47号）始建私宅尊美堂（俗称石家大院）。闫筱亭设计。由住宅院、厅堂院和两座跨院组成，占地6080平方米，建筑面积2915平方米。2年后竣工。

是年 静海县知县郑士蕙重辑《静海县志》成书。正文8卷，9志，51目。

清同治十三年（1874）

七月二十一日（9月1日） 清廷在大沽西30千米的海河南岸新筑的新城炮台竣工。"筑内外城垣两道"，内城周长"984丈，高1丈9尺，厚7尺5寸"。城内设有炮台3座，城墙上环设小炮台71座，外城四角各设炮台1座。所设的大小炮均配有可以旋转活动的炮架，便于环向射击。

是年 清廷在三岔口重建水师营，并命大名镇总兵徐道奎率水师亲兵营在三岔河口北岸修筑带有围墙的炮台。围墙为雉堞垛口式，高约7米，长7.7米，内用三合土夯实，外包青砖。炮台内有1座砖筑五层八角形瞭望塔，高约17.7米，由高出地面约2米的塔基、4层塔身、尖顶瞭望亭三部分组成。其中塔身每层8面，各开1个瞭望窗，窗上沿分别镶有八卦图符：1层为艮，2层为兑、离，3层为乾、坤、坎，4层为震、巽。

是年 廪贡李金海、附贡娄举信倡议，盐运使祝垲、知府马绳武、道员丁寿昌等在府城东门内仓廒前创办会文书院，将文庙后院改为书院讲堂，翌年建成。是为"专课举人"的书院。

是年 今东丽区骆驼房子村建清真寺。

是年 葛沽乡绅苏善恒倡办，直隶总督批准立案的"津东书院"在文昌阁、佛爷庙、药王庙寺院（今津南区葛沽镇东大街48号）建成。

是年 荷兰传教士文铎德（圣名方济各）建的天主教本营在蓟州敦庄子落成。是为蓟州最早的天主教堂。

清同治年间（1862—1874）

金声茶园在府城北门内（今南开区元升茶园胡同 5 号）落成。是为天津早期戏院"四大名园"之一。

清光绪元年（1875）

二月　周盛传率"盛字军"始在小站扎营 18 座，"屯兵垦荒"。挖渠开沟，造田约 75 万平方米，后购置外洋动力水车 4 台，种植水稻。是为"小站稻"之由来，也是天津使用机械抽水机之始。

四月二十六日（5 月 30 日）　李鸿章奉旨督办北洋海防，筹办北洋水师。

是年　"盛字军"开挖靳官屯（马厂）减河，西起靳官屯，经小站，东至大沽海口，5 年后竣工。全长 82.85千米，沿河分建石、铁柱板桥 4 座，节制闸 6 座，其他各类闸、涵、桥等 50 余处。

是年　广东摄影师梁时泰在英租界董事道与河坝道（今和平区曲阜道与台儿庄路附近）开办照相馆。是为中国北方第一家照相馆。

是年　宝坻县修葺石经幢，并重刻康熙二十年《重修石幢记》。

清光绪二年（1876）

四月　李鸿章在天津机器局（东局）成立电器水雷局，制造各种水雷，并附设电器和水雷学堂。是为天津开办最早的洋务学堂。

是年　清廷在津设立官办专用通信机构北洋文报局（后改名北洋文报总局），负责管理直隶、奉天、山东三省文报事务。

是年　蓟州重修公输子庙（鲁班庙）。翌年冬立碑。题《重修公输子庙碑记》。知县蔡景襄撰文。

清光绪三年（1877）

五月十七日（6 月 27 日）　李鸿章在天津鱼雷学堂外籍教习贝德斯的协助下，架通由直隶总督行署（今河北区金钢花园附近）至天津机器局东局的电报线。

是年　董兆荣在今西青区杨柳青镇猪市大街 19 号修建宅院"董家大院"。占地面积 1200 平方米，建筑面积 686 平方米。

清光绪四年（1878）

二月二十日（3 月 23 日）　由海关总税务司赫德提议，经李鸿章同意，津海关税务司英籍德国人德璀琳发布公告，在津海新关大公事房（今和平区营口道 2 号）内设的海关书信馆和在天津、北京、烟台、牛庄、上海设立的分馆开始向华洋公众开放信件邮寄业务。是为中国近代邮政出现之始。

三月　轮船招商局会办朱其昂在法租界海大道（今和平区大沽北路）紫竹林轮船招商局后身创办贻来牟机器磨坊（面粉厂）。是为中国食品工业最先使用机器生产的私人厂家。

六月初一（6 月 30 日）　李鸿章赴大沽口验收"龙骧""虎威""飞霆""策电"等从英国购买的 4 艘炮船，并奏称，4 船轮机、器具均尚精致灵捷，演试大炮亦有准头。

六月二十五日（7 月 24 日）　由江海关（设在上海的海关）造册处印刷，以蟠龙为图案，德璀琳设色，标有"大清邮政局"字样的大龙邮票自津海关首次公开发行。是为中国第一套邮票。共3枚，分别标明"壹分银""叁分银""伍分银"字样。

同日 李鸿章命唐廷枢在海大道（今大沽路）创办开平矿务局，所经营的开平煤矿既是中国最早的官督商办近代化股份制企业之一，又是中国最早使用外国机器采用新法开采的大型煤矿。

六月 德璀琳委托大昌商行在三岔河口直隶总督行署附近设立邮政代办机构，取名"华洋书信馆"，开始收寄华洋公众信件。4年后关闭。

八月二十一日（9月17日） 太仆寺卿吴大澂、候补知府李金镛在府城东门外南斜街创办"津河广仁堂"，由津海关道盛宣怀任堂督。是为天津著名的社会慈善和最大的刻书机构。

是年 刘光先、石元俊在杨柳青镇文昌阁内创办崇文书院。

是年 津海关在大沽海口将"伊顿"号旧驳船改装成灯船。是为天津海上第一个漂浮导航设施。

是年 清廷在津设立邮递业务中心的同时，在大沽设置水陆路邮件转运站。

是年 纪雨艼在蓟州城东穿芳峪建"乐泉山庄"。

是年 知县丁符九，以及李庚云、汪家勋总修，教谕董光鉴、训导田士龙协修，湖北知县谈松林、广西上恩州知州马联芳、景山补用知县王国振总纂的《重修宁河县志》始编。2年后刻印成书，全书16卷12册，2函。

清光绪五年（1879）

三月十六日（4月17日） 吏部主事吴可读在蓟州马伸桥三义庙"尸谏"，死后清廷为其在马伸桥东门外建景忠祠。

闰三月 李鸿章出于军事需要，将总督行署通往机器局东局的电报线延长至大沽炮台、北塘炮台，试以电报号令各营，并以中文替代洋文，如有机要之事另设暗号。

四月 李鸿章捐款聘请英国基督教伦敦会传教士兼医生马根济在府城北药王庙（今南运河北路的曾公祠西侧）设立西医院（门诊部）。

九月 24岁的德人汉纳根只身乘船到津，先由津海关税务司德璀琳引荐，成为李鸿章军事顾问、北洋水师学堂教官。

十一月三十日（1880年1月11日） 津海关书信馆改名为"海关拨驷达局"。"拨驷达"为英文POST译音，意即邮政。

是年 李鸿章在紫竹林法国公廨旁设北洋水师营务处，办理海军事务。以道员马建忠负责"稽核功过，监视操练"。

是年 盛字军营务处绘制《盛军屯田图》（由8轴2米的条幅组成，约6平方米）。图上标明小站垦区和新城垦区收购的每块屯田的四至、地名、亩数、价格、业主姓名、居住地及购置手续完成时间。图首题《盛字全军屯田图说》，楷书，779字。

清光绪六年（1880）

正月 李鸿章委任津海关道郑藻如会同津海关税务司德璀琳在东、西沽交界处的海神庙附近（今滨海新区塘沽大沽坞路27号天津船厂院内）购地7.3万平方米，始建北洋水师大沽船坞（轮机房、甲坞、木厂、码头等）。是为天津最早也是中国北方第一座近代化的船舶修造厂。

七月十四日（8月18日） 李鸿章奏请在天津机器局（东局）废地设北洋水师学堂。翌年七月开学。

七月二十六日（8月31日）　李鸿章奏请试办连接天津北洋大臣和上海南洋大臣署地的陆上电报线。

八月十四日（9月18日）　津沪电报总局在府城东门内"问津行馆"旧址（今东门内大街45号，原乾隆朝武举杨秉钺的萧闲园，俗称杨家花园）设立，李鸿章为总裁。是为中国第一家电报局，也是中国第一个负责线路工程和组织电报通信的管理机构。

八月十五日（9月19日）　天津机器局制造的第一艘"灵捷异常，颇为合用"的"水下机船"在海河试航成功。是为中国最早研制的动力潜水艇。

十月初六（11月8日）　北洋电报学堂在府城东门外扒头街成立。

十一月初一（12月2日）　英国传教士、医生马根济广筹资金，在紫竹林法租界海大道（今和平区大沽北路）建成的英国基督教伦敦会施医院（又称"养病院""医病馆"，俗称总督医院）举行开院典礼，原设在城北药王庙的门诊部也迁此办公。院内设挂号房、司账房、割症房、养病房、诊脉发药房，开设床位150张。是为中国第一所西医医院。

清光绪七年（1881）

四月二十四日（5月21日）　开平矿务局出资白银32 850两修建的唐胥铁路（唐山矿地至胥各庄）动工铺轨，采用国际轨距（1.435米），全长11千米。同年11月8日竣工通车。是为中国早期自行修建的最长铁路。

五月十三日（6月9日）　由开平煤矿英籍工程师金达利用旧锅炉制造，矿务局英籍工程师薄内的妻子仿照斯蒂芬森发明制造的著名机车"火箭"号而命名的机车"中国火箭"号开始在唐胥铁路上运行。是为中国第一台蒸汽机车。

六月初十（7月5日）　天津城壕墙大规模整修竣工。整修后，天津城墙长约23千米，高近4米，底宽12～15米，顶宽4米，墙顶加筑一道垛墙。濠长约23千米，底宽3.3～17米，面宽10～27米，深1.7～3米。建营门14座，炮台28座。墙内开马道34条，墙外设木桥5座。

七月　李鸿章倡办的北洋水师学堂在天津机器局（东局）旁落成，初由吴赞成为总办，后由吴仲翔接任。

十一月初八（12月28日）　自3月开工架线的津沪电报线连通，并正式对外营业，收发公私电报。全长1537余千米，共竖电杆2万余根，植铁线2条，共用湘平银178 700余两。

是年　德国为感谢清廷购置其生产的军火，特将1878年由克虏伯公司铸造的1只重达6吨的大铜钟赠送清廷，以示友好。李鸿章命机器局7名技师在大钟器表刻满全文《金刚经》后悬挂在海光寺内。

是年　武清知县蔡寿臻修、钱锡宷纂《武清县志》成书（稿本，10卷，首末各1卷）；蔡寿臻辑《武清志括》成书（抄本，6卷）；蔡寿臻修《武清县城乡总册》成书（稿本）。

清光绪五至七年（1879—1881）

兵部尚书崇琦在蓟州城东穿芳峪东北的龙泉谷内建"问源草堂"。

清光绪八年（1882）

二月初八（3月26日）　北洋官书局在府城内鼓楼南的问津书院开业。

是年　人力车（胶皮、东洋车）自日本经上海传入天津。

清光绪九年（1883）

五月　北洋水师营务处（又称水师公所）在紫竹林法租界成立。

清光绪十年（1884）

九月　张焘编著的《津门杂记》刊行。是书载有天津文物古迹（如城内外有庙宇136座）和早年尤其开埠后的社会风貌。

是年　北洋水师初具规模，拥有军舰14艘，分别泊驻大沽、旅顺、营口、烟台。

是年　《点石斋画报》在上海创刊出版。是为中国近代最早的定期石印画报，许多内容源自天津，反映天津的时事与风俗。

是年　为纪念战死于大沽口炮台的直隶提督乐善，直隶练军在石头缝炮台附近的"乐公祠"悬挂一口大沽铁钟，后被英军所掠。

清光绪十一年（1885）

正月　由李鸿章倡议，津海关道周馥等创办的天津武备学堂在法租界紫竹林水师营务处开设。是为中国近代第一所培养新式陆军军官的军事院校。翌年9月，堂址迁至河东唐家口原柳墅行宫内（今河东区大光明桥东端北侧）。

是年　反映中法战争的杨柳青年画《刘提督克复水战得胜图》上市。

清光绪十二年（1886）

九月　天津道胡燏棻奉命在天津机器局东局创办"宝津局"，采用土法，开始鼓铸一文制钱，正面为汉文"光绪通宝"，背面为满文"宝津"，每文重1钱（约3.73克）。

秋　英怡和洋行在紫竹林英租界内修筑1条数里长的小铁路。

是年　都转盐运使司盐运使季邦桢、津海关道周馥、天津道万培因在三岔河口水师营东金家窑创办集贤书院。

是年　开平运煤铁路公司（开平铁路公司）在府城东北角成立。经理唐廷枢。翌年更名中国铁路公司。

是年　美国神学硕士丁家立来津任美国领事馆秘书后，在英租界达文波路（今和平区建设路）创办博文书院中西书堂。是为外国人在中国开办的第一所不带宗教色彩的学校。

是年　大沽口外36海里处始建曹妃甸灯塔。

是年　英太古洋行天津分行办公大楼在英租界中街（今和平区解放北路）落成。

清光绪十三年（1887）

二月二十一日（3月15日）　醇亲王奕譞奏准，唐芦铁路东延至山海关，西延至津京。

五月初一（6月21日）　为纪念英女王即位50周年，英租界工部局在维多利亚道（今解放北路）与咪哆士道（今泰安道）交口处的"维多利亚花园"举行落成开园仪式，工部局董事德璀琳、英领事布里南出席。该园占地1.2万平方米，内设花坛、六角亭、水渠、拱桥。是为英租界内最早的花园。

七月十九日（9月6日）　北洋武备学堂教习华蘅芳自行研制的1个直径2.33米（一说1.67米）的氢气球试放成功。

七月二十九日（9月16日） 天津始有实测气象记录。

八月 华蘅芳又将从上海购置的直径5米的载人氢气球试放成功。是日，海军、盛字军各统帅，各路防营统领如期而至，"观者倾巷"。第一批乘气球"篮舆"升空者有海军提督丁汝昌、北洋水师右翼总兵刘步蟾等人。

是年 天津知府汪守正，邑绅崔铨约、杨云章在府城西门外铃铛阁创办稽古书院。

是年 李鸿章在子牙河与北运河交汇处（今红桥区子牙河北路）修建了一架拱形铁桥（大红桥），替代原有木桥。是为域内第一座铁桥。

是年 修筑北洋铁路（津唐铁路）时，施工单位在芦台镇发现1座西汉竟宁元年（前33）的砖室墓。

清光绪十四年（1888）

三月 唐（山）芦（台）铁路延长到塘沽。清廷聘英人金达设计的塘沽火车站（今滨海新区新华路128号塘沽南站）建成竣工。是为国内现存历史最久、保存最完整、仍在运营中的火车站。

八月 唐芦铁路延长到天津。

九月初五（10月9日） 北洋铁路（津唐铁路）举行通车典礼，李鸿章、唐廷枢、伍廷芳、周馥等出席庆典。是为中国第一条使用标准轨距运营的铁路，总耗银150万两。

九月 在河东区旺道庄（原名"瓦刀庄"，今河东区旺道庄大街与石墙大街丁字口处）建火车站。是为天津人自建的最早的火车站，也是中国早期铁路的第一个商埠火车站。4年后（1892年），车站向西北移至老龙头，今河北区一经路北端，初称"老龙头车站"，后改名"天津车站"，俗称"天津老站"，后称"天津东站"。

十月 "署津海关道刘含芳派旅顺绘事教习、候选县丞陈文琪测量，至冬十月底绘成"的《天津至紫竹林图》明确标示出紫竹林坐落位置。

是年 金华桥在三岔河口南运河上始建，以替代旧城通往总督衙门的北浮桥。是为天津第一座开启式铁桥。俗称"老铁桥"。

是年 应津海关税务司德璀琳之请，李鸿章特为津海关新扩建的办公楼题写"津海新关"匾额。

清光绪十五年（1889）

津海关税务司、英租界工部局董事德璀琳耗银3.2万两，在英租界维多利亚道（今和平区解放北路146号）始建戈登堂，用以"纪念"天津租界最初"规划"者英军将领戈登。图纸由昌布尔设计，后经工部局秘书长斯密思、德人弗朗才本赫修改，翌年4月竣工并举行落成仪式。是为英租界工部局办公大楼。

是年 在李鸿章的扶持下，德璀琳募集白银30 845两创办的博文书院在大营门附近的梁家园（今河西区解放南路海河中学及公安河西分局址）落成。

是年 天津机器局初铸银圆，面值"壹圆"。是为天津官造的呈样银币，未流通。

是年 北运河关务同知重修武清河神庙，并立碑。

清光绪十六年（1890）

"宝津局"改名为"北洋铸币厂"，又称"天津机器局铸钱局"。是为中国第一座近代化铸币厂。

是年 周公祠（全神庙）在今津南区公馆村始建。

清光绪十七年（1891）

三月 北洋铁路官局（又称北洋官铁路局）天津办事处在法租界设立。李鸿章为督办，英人金达为总技师，筹建津榆（山海关）铁路有关事宜。

是年 南运减河靳官屯闸碑立在静海县靳官屯村南九宣闸北。螭首，趺座。李鸿章撰文并书丹《靳官屯碑记》，楷书。通高 4.2 米，宽 1.4 米。

清光绪十八年（1892）

李鸿章在府城北窑洼（今河北区中山路金钢公园与第二医院一带）始建海防公所，作为北洋海军人员活动场所，3 年后竣工。

是年 稽古寺旁木厂失火，殃及藏经阁。

是年 魏元泰在府城内（今南开区东门内大街 22 号）开设长清斋扎彩作坊。因善治风筝，人称"风筝魏"。

清光绪十九年（1893）

七月 盘山千像寺修葺后立碑。吴恒明撰文《重修千像寺碑记》。

清光绪二十年（1894）

二月 英人在津创办的天津印字馆开始承印英文版《京津泰晤士报》，并翻译印刷国外科技书刊和各种精致的中英文书籍。是为西方在津传播最早、最大的文化机构。

五月初十（6 月 13 日） 海河西岸的利顺德饭店改建大楼奠基。翌年四月竣工。

十二月二十七日（1895 年 1 月 22 日） 清廷命广西按察使胡燏棻在马厂训练"定武军"。先 3 营，后扩充 10 营，4750 人。是为晚清首练的第一支新军。

冬 望海寺重铸大钟。钲部铭有"风调雨顺、国泰民安"8 个大字和"天津三岔河口望海寺，大清光绪二十年冬月吉旦重造"22 个小字，鼓部铭有"乾、坤、震、艮、离、坎、兑、巽"八卦图文。

是年 华世奎出资在府城东城根开设宝文堂，专营古旧书，兼营华氏刻书和其他名家刻书。

是年 张寿《精金集》刊行。是书共拓秦汉印 67 方，每方印后附有释文、标注尺寸、钮制及考证。

清光绪二十一年（1895）

正月初一（1 月 26 日） 德人汉纳根主办的《直报》（日报）在天津印字馆内创刊。

正月初十一—闰五月初六（2 月 4 日—6 月 28 日） 严复在《直报》上先后发表《论事变之亟》《原强》《辟韩》《救亡决论》等 4 篇政治论文，鞭笞腐朽的旧文化，宣扬西方政治观点和学术思想。

五月二十九日（6 月 21 日） 法国天主教北京教区主教田嘉璧在三岔河口圣母得胜堂原址上重建望海楼教堂。2 年后的五月二十二日即 6 月 21 日竣工。

六月二十四日（8 月 14 日） 道会住持刘希彭募化，津海关道盛宣怀捐资动工修葺府城东门外天后宫。

夏 知府沈家本首倡，沈家本、荣铨等修，徐宗亮、蔡启盛等纂的《天津府志》开局重修。卷首、卷末各 1 卷，正文 54 卷，以记、表、考、传为纲，类分 14 门。

八月十四日（10月2日）　津海关道盛宣怀利用筹建的博文书院校舍（今河西区南京路5号）创办天津北洋西学学堂。学堂以美国哈佛大学、耶鲁大学的学制为蓝本，4年制，设有法律、矿冶、土木、机械四大学科。首任督办盛宣怀，总教习丁家立。是为中国近代最早培养工程技术人员的新式大学。翌年，改名为北洋大学堂。

九月十三日（10月30日）　天津始设德租界，四至范围是：东临海河右岸，西至海大道（今大沽路），北起开滦胡同（今河西区开封道）与美租界毗邻，南至小刘庄外小路（今琼州道），初占地约70万平方米。

九月　胡燏棻因马厂营房"不敷应用"，将所练"定武军"移至小站。是为"小站练兵"之始。

十月二十二日（12月8日）　浙江温州道袁世凯接统胡燏棻督练"定武军"，并增募2000人，聘请德国教官，在小站成立新建陆军督练处，开始小站练兵。

十二月十三日（1896年1月27日）　李鸿章将天津机器局改名为"北洋机器局"。是为中国北方最大的军工企业。

是年　德国花园在德租界威廉街（今解放南路）与埃姆登街（今杭州道）交口处始建，占地1.33公顷。园内有亭有阁，并辟有游戏场、兽栏等。

是年　重建天后宫内钟鼓楼。

清光绪二十二年（1896）

二月初七（3月20日）　大清邮政开办，以海关总税务司赫德兼任总邮政司，英人葛显礼任邮政总办。

四月初一（5月13日）　袁世凯奏请设立的"新建陆军行营武备学堂"在津开学。

六月　北洋机器局内设铸币厂，日出钱43 000文，并始铸流通银币，面值有"壹圆""五角""二角""一角""半角"5种。是为中国第一套以元为单位的计值银币。

十一月二十二日（12月26日）　天津基督教青年会在法租界海大道（今和平区大沽北路）建立，总干事为美国传教士来会理（又译李昂）。是为北美协会在中国建立的第一个基督教青年会。

是年　记载李鸿章赴俄贺沙皇加冕礼事的《李傅相壮游日记》由甘眠羊的绛雪斋书屋编辑刊行。

清光绪二十三年（1897）

正月初一（2月2日）　由津海关拨驷达局改名的大清邮政津局在法租界大法国路（今解放北路109号）成立，仍由海关税务司管理，并相继建立津城及内地分局。

正月十五（2月16日）　大沽邮政局设立。是为天津第一个邮政分局。

二月二十九日（3月31日）　津海关道唐绍仪布告，承认英租界自海大道（今和平区大沽北路）向西扩张至墙子河内侧围墙（今和平区南京路北侧），计地约108.7万平方米，称"新增界"或"英国扩充租界"或"英国工部局扩充界"。

五月二十二日（6月21日）　法国利用清政府赔款重建的望海楼教堂举行开堂仪式。

九月初五（9月30日）　京津（北京永定门外马家堡至天津）铁路正式通车。

十月初一（10月26日）　严复在法租界海大道创办《国闻报》（日报），宣传维新变法思想。是为国人在津创办最早的报纸。

是年　刘瑞清绘制《天津城厢图》。

是年　马文衡、李汝林合资创办的金聚成铸铁厂开业。是为三条石地区第一家民营铸铁厂。

清光绪二十四年（1898）

闰三月初二（4月22日） 严复译述的英国赫胥黎进化论名著《天演论》在津出版。

四月初二（5月21日） 英商仁记洋行牵头，隆茂、泰和、新泰兴等洋行参与，集资19.8万两白银，在英租界兴办"天津自来水厂"。取水口设在海河西岸，净水厂在英租界巴克斯道机厂（今和平区保定道与建设路交口处，自来水有限公司院内）。

六月初二（7月20日） 天津各书院考试一律改试策论。

七月十二日—十四日（8月28—30日） 直隶总督荣禄、直隶布政使裕长、署长芦盐运使方恭钊、津海关道李岷琛、天津道任之骅、候补道王修植等人议决，天津大小书院6处，一律改为学堂。

七月十三日（8月29日） 津海关道与日本驻津领事订立《天津日本租界条款》，共14款。日租界四至范围：法租界以北，天津城东南，并在德租界以南的小刘庄划出停船码头，初占地约11.1万平方米。

九月十五日（10月29日） 辞官回津的严修，在西北角文昌宫家宅内设立严氏家塾。是为天津民办新式学堂之始。

冬十月 山东潍县古董商范寿轩（亦名守轩）来津言及殷墟出土甲骨，学者王襄、文物鉴藏家孟广慧极为重视。

清光绪二十五年（1899）

秋 范寿轩携带甲骨再次来津，王襄、孟广慧在西门外（今红桥区南小道子85号）元升客店（俗称"马家客店"）确认其为有文字的龟甲片。

清光绪三十年（1904）

正月十二日（2月27日） 英国基督教伦敦海外布道会传教士、新学书院总教司赫立德（Samuel Lavington Hart）在英租界海大道新学书院（今和平区大沽北路原市第十七中学）旁西北角小跨院内创办的华北博物院开幕，主要展品有动、植物标本，以及木材标本、岩石标本。天津海关道唐绍仪、英国驻华公使等出席开幕式。

清光绪三十一年（1905）

1月 陈宝泉之《天津教育品陈列馆议绅陈宝泉上周（学熙）总办意见书》，涉及博物馆建筑、分类、陈列、参观对象及留学生委员会和开放方式等。

2月5日 在严修支持下，天津教育品陈列馆在玉皇阁借址成立。

清宣统元年（1909）

天津近代著名花卉画家、植物学家陆文郁倡议并组织的生物界访问社成立。该社从事昆虫、植物研究，制作标本，并出版手抄本《生物学杂志》。

清宣统元年（1909）前后

矿业工程师邝荣光依据直隶省地质、古生物及矿产考察资料，绘制《直隶地质图》《直隶矿产图》《直隶石层古迹（化石）图》，发表在中国地学会《地学杂志》第 1、2 期上。

1912 年

7 月 直隶美术馆在天津成立。

是年 劝业会场改名为"河北公园"（天津公园）。

1913 年

3 月 20 日 直隶美术馆在河北公园举办首次美术展览会，展期 1 个月。

4 月 天津劝工陈列所所长严智怡与技正、课长华学涑筹划，在直隶商品陈列所的基础上筹建以教育为目的的天津博物院。

1914 年

3 月 25 日 法国天主教耶稣会神甫、古生物学家桑志华来津，以献县教区财务管理处所在地法租界圣路易路 18 号崇德堂（今和平区营口道 24 号）为活动中心。

7 月 13 日 桑志华开始在北方进行科考和采集标本活动，并筹办北疆博物院。

11 月 7 日 以严智怡、楼鲁卿为巴拿马赛会参赛代表，陆文郁、陈幼卿、胡泰华、朱延年、屠坤华为随员，赵信臣、张墨庄为助理的中国参展人员由沪乘船，同年 11 月 30 日抵达美国旧金山。在美期间参展人员对美国各类博物馆的组织、陈列方法、藏品征集、经费来源进行考察，并征集人种学、民俗学有关资料。

1915 年

6 月 5 日 严修参观山东济南广智院。

冬 严智怡责成华学涑成立天津博物院筹备处。

1916 年

4 月 由直隶省巡按使公署教育科、天津劝学所及 10 余座名校共同发起，学界李金藻、张寿春、王永熊、孙凤藻、华泽沅等人组成的天津博物院筹备处在河北公园（今河北区中山公园）内直隶商品陈列所成立，并向社会广征文物。

是年 即将筹办的天津博物院从造币厂征集明代铜炮，从迁安征集铜佛、盔甲，从三河征集宋代石椁，并派员在遵化清东陵采集植物标本，在大沽采集水产标本，在迁安鸡冠山征集钨矿标本。

1918 年

1 月 15—29 日 天津博物院举办试展。

6 月 1 日 天津博物院开幕，各界代表 500 余人出席。

6 月 1 日—7 月 31 日 天津博物院举办"天津博物院成立展览会"，展出藏品近 2 万件。并仿照巴拿马赛会形式，附设游艺馆、武术馆、演说坛、余兴部（包括杂技、电影、幻术及昆弋剧等），同时发行 3 套有关藏品的明信片。

6月　天津博物院筹备处编《天津博物院陈列品说明书第一辑》出版。是书对博物院历史部门所藏有关明清典故、科举制度、重大历史事件等文献、图片材料进行介绍（包括文献资料的名称、时代、出处、版本、内容等，并附照片）。

8月　天津博物院迁至北站外的劝业道署西旁。

1919年

3月　天津博物院派陆文郁、陈光德将搁浅在宁河县蛏头沽村的一条长13.5米的座头鲸运回津，借大胡同附近的金华商场举办"观鲸会"，陈展3日，万人空巷。

4月15日　武清开始对境内碑铭、墓志、祠宇、古迹等绘图、摄影备考。

1920年

冬　中国画学研究会在河北公园举办"中国名画师大展"，吴昌硕、任伯年、齐白石、陈师曾、金北楼等均有力作展出。

是年　天津博物院派员调查河北省巨鹿县古城，并对当地出土的宋代瓷器和铁器进行研究，后出版《巨鹿宋器丛录·第一辑》。

是年　王襄撰写的《簠室殷契类纂》由天津博物院出版。全书收入4807字。其中识读1743字，除去重复，得680字。是为天津第一部有关甲骨文研究的专著。

1921年

4月25日　直隶省实业厅厅长严智怡创办的美术学会成立，举办国画、西洋画、雕画、图案画等学习班，28日开课。

4月　严修倡议，请天津社会教育办事处总董林兆翰等在天津社会教育办事处内（今红桥区大丰路西北角回民小学东侧）筹建天津社会教育广智馆，以"开发民智"。

是年　在中国政府一再交涉下，英工部局被迫放弃将刻有《金刚经》的大铜钟运回英国的企图。后铜钟移至南开大学新校园内。

1922年

2月　北洋政府教育部、国立历史博物馆将存放在故宫端门门洞内的清宫大库档案（7.5万千克，分装8000麻袋）以经费拮据为由，售予西单同懋增造纸店作为造纸原料。罗振玉闻讯后，以原售价的3倍全数买下，并择要运回天津。

4月23日　桑志华在法国教会、献县教区和天津法租界当局的支持下，在马厂道南侧毗邻的工商学院划出一块空地（今马场道117号天津外国语大学本科大楼西南）兴建北疆博物院主楼。同年9月23日落成。

5月23日　天津社会教育办事处公开发函，为天津社会教育广智馆征集木质标本。

7月9日　直隶省公署接到内务部文件，咨禁私运古物出洋，"以保国粹"。

7月13日—9月25日　溥仪以赏赐溥杰、溥佳的名义盗出宫中珍贵书画1200余件，宋元善本209件，总计 502 函（绝大多数是宋版，尤以南宋临安监本《韩文朱注》最为珍贵）。后运至津，存放在英租界 13 号路（戈登道，今和平区湖北路）166 号载涛的寓所。

9月 天津博物院召开首届董事会，选出常任董事 9 人，并公推严智怡、华学涑分别为正、副院长。

是年 天津社会教育办事处拆去平房，改建为 2 层楼房，用作陈列室。

1923 年

2月25日 天津博物院新址正式开幕，并与法国巴黎博物院、英国皇家博物院建立图书资料交换联系。

是年 天津博物院征集陈列展品近万件。其中河北省内丘县公署赠予的金承安二年（1197）一对石狮最为珍贵。一狮正面镌刻文字 11 行，109 字，内容涉及石狮雕刻地点、年代、助缘人姓名，拓本见《河北第一博物院半月刊》。

是年 著名教育家严修、林兆翰等成立"文庙岁修办事处"，筹款重修天津文庙，并征集、修复文物。是为天津第一个文物保护机构。

1924 年

10月 天津社会教育办事处聘请山东济南广智院泥塑师时松亭来津制作各种陈列用泥塑。

是年 北疆博物院编辑出版《天津北疆博物院丛刊》。

1925 年

1月5日 天津社会教育广智馆在府城西北隅文昌宫东开馆。馆内展出天津土特产品、工农业生产程序、科学常识等照片、图表、模型、实物等，以期广开民智、宣传科技、普及知识、提倡实业，出版《社会教育星期报》（后改名《广智星期报》）。并于当月成立董事会，聘请董事 15 人，董事长严修，馆长林兆翰。1928 年，天津社会教育办事处撤销。天津社会教育广智馆更名为天津广智馆。

2月24日 清逊帝溥仪在日本驻津总领事吉田茂、警察署长及便衣特务护送下，携带大量文物珠宝，化装乘火车由京至津，先住在日租界明石街（今和平区山西路）大和旅馆，后迁居张园。

春 "大罗天"始设古玩市场。初由珍昌泰古玩店吕湘廷提议举办展览会，后源丰永、仲盛公、燕利、稽古轩、集萃山房、辉云阁等 33 户字画古玩店参与经营。

是年 王襄撰《簠室殷契征文》由天津博物院出版。

1926 年

清道光二十三年（1843）陕西岐山出土的毛公鼎由端方后人抵押在华俄道胜银行天津分行。

1927 年

是年 文物收藏家韩慎先在日本大阪举办个人文物收藏展，引起社会巨大反响（展览由谢康博任翻译）。

1928 年

5月5日　北疆博物院举行开幕典礼。

8月15日　国民党天津警备司令部在海关扣押北平吉珍阁出口法国的35箱清东陵被盗文物。

10月17日　卢靖（字木斋）捐珍贵藏书10万余卷，捐资10万元兴建的南开大学"木斋图书馆"开馆。

11月　严智怡被任命为国民党河北省府委员、教育厅厅长。由省教育厅提议将天津博物院改名为"河北第一博物院"，直属省府领导，每月经费367元由省库直拨，但仍保留董事制。

12月12日　劝业商场大楼竣工开业。古玩珠宝店陆续进入。如二楼有"萃文斋""瑞增源""仲盛公"，三楼有"培生斋""藻玉堂""复兴""天利""集萃馆""容宝""养正轩""大观书画社""珍昌泰""俊久斋"等。

是年　南京国民政府公布《名胜古迹古物保存条例》，饬令各省市如实填报"名胜古迹古物调查表"。

1929年

8月20日　国民党天津特别市社会局、教育局奉内务部训令开始调查全市古迹。

是年　严智开倡议成立天津美术馆。国民党天津特别市市长崔廷献、市教育局长邓庆澜委托严智开在河北中山公园内设立筹备处。馆舍在当年12月破土动工。

是年　天津总商会商标注册古玩商名册有：万昌、福兴成、春生祥、三义永、乾盛恒、鼎彝斋、馥兴、华锦成、振兴号、福庆合等10家。

1930年

1月3日　1927年被奉军占用的河北第一博物院重新开放。

10月24日　天津市立美术馆开馆。馆长严智开。内设绘画研究所，分国画、西画、图案、篆刻、书法、摄影等研究组，培养美术人才。

是年　天津市立美术馆接收古物保管委员会天津支会配合海关截留走私文物汉、六朝、唐时期大同石佛70余尊。

是年　宋哲元来津居住，并将1925年陕西地方军阀党玉琨盗掘宝鸡斗鸡台戴家沟墓葬而得的西周夔龙纹铜禁带回天津。

是年　南京国民政府公布《古物保存法》《鉴定禁运古籍须知》。

1931年

1月　《新北方》创刊。内容涉及史地知识和世界名画，其中有关天津地方的史料和照片尤为珍贵。

3月　设在法租界33号路（今和平区河南路）仁和里10号的中华画报社编辑的《中华画报》创刊发行。内容涉及古今名人字画、美术摄影、历史镜头。初为周刊，后改半月刊、两日刊，停刊时间不详。

10月　天津市立美术馆主办的《美术丛刊》创刊。该刊为不定期刊物，设有插图、艺术、考古、消息、附录等栏目，主要刊载美术作品、金石文物、艺术评论、活动消息及美术馆有关情况介绍等。至1934年1月共出3期。

是年　河北第一博物院主办的《河北第一博物院半月刊》出版，其宗旨是普及文化教育、增强社会对博物馆的关注。内容分自然科学和历史学术两大部分，如动植物标本、文物、古代名人学者介绍、甲骨、金文、书法研究等。1936年9月10日停刊，共出120期。

是年　九一八事变后，原在日租界"大罗天"经营的古玩店相继迁入法租界劝业、天祥、泰康三大商场，成为古玩流通中心。

是年 著名画家陈少梅来津主持湖社画会天津分会。

1932 年

4 月 古建筑专家梁思成与其弟梁思达对独乐寺"实地研究，登檐攀顶，逐步测量，速写摄影，以记各部特征"，并进行寺史考证。后撰写《蓟县独乐寺观音阁山门考》，载于《中国营造学社汇刊》第三卷第二期《独乐寺专号》。是为研究独乐寺第一部专著。

5 月 国民党天津市教育局拨给河北第一博物院临时经费 2000 元，用以采集海产、植物、昆虫标本以及进行沧县等 4 县的古迹考察。

6 月 11 日 梁思成在考察独乐寺后，又对宝坻广济寺进行考察。后撰写调查报告《宝坻县广济寺三大士殿》，刊载于《中国营造学社汇刊》第三卷第四期。

10 月 8 日 天津市立美术馆举办《岐阳世家文物展览》。展品有明万历诰敕、《平番得胜图》等 57 件。岐阳王是明开国功臣李文忠，其后人承封；清初，岐阳世家归入旗籍。

10 月 13 日 严智怡到河北三河县北石渠访问天津水西庄第二代主人查为仁长子查善长后人查平甫，在百草沟访问查俭堂后人查钊，考察查日乾墓地和查为仁故宅遗址，鉴赏查平甫所藏字画。

12 月 15 日 天津文化界名人高凌雯、陈宝泉、严智怡、李金藻、吴国藩、俞祖鑫以中山公园董事会之名组织成立"天津水西庄遗址保管委员会"，委员会事务所暂设在天津广智馆内。是为天津最早的文化遗址保护组织。

是年 北京盐业银行将 1924 年 5 月 31 日清逊帝溥仪经其岳父荣源和内务大臣绍英等人以 40 万银圆抵押的 16 枚黄金编钟（1790 年用金 11 439 两制成）转运到天津法租界巴斯德路（今和平区赤峰道 12 号）盐业银行地下库房夹壁墙内，由经理陈亦侯负责保管。

是年 张大千莅津在日租界"大罗天"举办画展。

1933 年

1 月 国民党河北省政府河北月刊社编辑的《河北月刊》创办。内容涉及天津文化，每期刊有人文、风物、社会活动照片若干幅。

9 月 《河北第一博物院画刊·天津芥园水西庄专号》出版。

11 月 国民党天津市财政局绘制《天津芥园水西庄故址图》。

是年 河北第一博物院院刊公开刊印《天津樊文卿先生畿辅碑目》。毛边纸本，墨单阑，铅字，单鱼尾，上花口、下粗黑口。碑目收录直隶全省周至元代的存世碑刻、墓志、经幢、造像记、摩崖刻字、砖瓦文字、砚铭、琴铭等 1000 余种，分别按朝代编排，并注明刻字立碑时间、书写人姓名、所在地。

1934 年

7 月 河北第一博物院举办"全国铁路沿线出产品第三届展览会"和"全国矿冶地质展览会"。

12 月 1—9 日 天津广智馆举办"水西庄文物展"。

12 月 河北第一博物院改名为"河北博物院"，并修正本院章程及董事会章程，院刊改为《河北博物院画刊》。

1935 年

6 月　中国博物馆协会成立。河北博物院为发起单位之一，为团体会员。

8 月　天津维纳斯杂志社编辑出版的《维纳斯》杂志创刊。以戏剧、电影为主，也刊有金石、拓片、书画、古董等。

是年　河北博物院考察灵寿、平山、磁县等地文物。

是年　元《大都路总治碑》在新开河旱桥河边被发现。圭首，碑文楷书。王构撰文，刘赓书丹，王泰亨篆额。高 2.90 米，宽 1.10 米。

1936 年

6 月中旬　溥仪命天津清室办事处留守的族人溥修将静园内所藏清宫珠宝书画护送到长春。手卷 40 件分装 2 箱，在日军保护下运至"新京"伪皇宫。

9 月　天津联艺社编辑发行的《语美画刊》出版。每月 4 期，逢周三出版。社址在东马路袜子胡同西口路北 31 号，内容以金石、书画、戏剧为主，刊有大量珍贵照片。第 1 卷共刊出 25 期。翌年 7 月刊出至第 2 卷第 20 期后停刊。

1937 年

4 月 25 日　为纪念康有为逝世 10 周年，天津市立美术馆举办为期 8 天的"康有为遗作展览"，展品共 200 余件，以康有为绝笔书最为珍贵。

7 月　河北博物院被日军强占，院内设施、藏品被洗劫一空。后经交涉，劫余藏品迁至中山公园天津市立美术馆内暂存。

是年　日租界"大罗天"古玩市场集中大小古玩店 40 余家，其中资金雄厚的有源丰永、仲盛公、珍昌泰、燕利等 4 家。七七事变后，市场内又增添日本庄，经营宋元书画、瓷器和明清五彩瓷。

1938 年

是年　张大千在永安饭店举办画展。

1940 年

4 月　陈亦侯与天津四行储蓄会经理胡仲文将 16 枚金编钟转藏到四行储蓄会地下室一间库房内，以躲避日军追查。

5 月 22 日　伪天津市政府强行接管河北博物院，解散董事会。

6 月　北疆博物院继任院长罗学宾（P.Leroy）以建"私立北京地质生物研究所"为名，利用日军对英、法租界解除封锁的短暂时机，将北疆博物院重要的标本、实验室设备和部分图书资料，转移到北京使馆区东交民巷台基厂三条 3 号。

11 月下旬　日军飞机轰炸蓟县盘山，100 余间民房，万松寺、天成寺等 72 座古代庙宇及清代皇家行宫静寄山庄被焚毁，几成废墟。

1941 年

1 月　河北博物院更名为"天津特别市市立博物馆"（未对外开放）。馆长严智开，工作人员 6 名，每月经费 800 元。

6 月 20 日　天津日本教育博物馆在日租界福岛街（今和平区多伦道）18 号大和公园内开工始建，10 月 20 日竣工。

12 月 17 日　为延续法西斯侵略战争，驻津日军发起"献机献金运动"，强迫天津商民拆毁并上交铁、铜、锡等金属物，许多文物古迹因之被毁。据翌年 1 月统计，已收集"废铜"14 吨。

1942 年

2 月 11 日　天津日本教育博物馆开馆。馆长由日本天津居留民民团学务部长堀越喜博兼任，后任命丸山英一为馆长。展品有工艺品、祭祀品、钱币、诏书、工农副业产品、岩矿、植物标本等 4000 余件（套）。

8 月 15 日　培生斋古玩店经理靳蕴清等 57 家古玩店经理发起成立天津特别市书画同业公会。其中，劝业商场 23 家，泰康商场 15 家，"大罗天"13 家，达文波路（今建设路）1 家，开滦胡同 1 家，北马路 4 家。

是年　伪河北省津海道公署，饬令各县对境内文物古迹进行逐一检查，造册登记。

1943 年

是年　日租界"大罗天"古玩市场尚有 32 家古玩店。至 1944 年春，"大罗天"古玩市场停止营业，原址改建日军物资总仓库。古玩店大多迁往劝业、天祥、泰康三大商场。

1945 年

9 月　国民政府教育部成立的"清理战时文物损失委员会"（简称"清损会"）派员前往京（南京）沪、平津、武汉、广州等地开展工作。调查文物、图书损失情况并开列清单上报，调查日寇及德国纳粹分子匿藏文物情况，查获后予以没收。

是年　天津市立美术馆迁至河南路，更名为"天津市市立艺术馆"。

是年　天津特别市市立博物馆由河北省接收，更名为"河北省立天津博物院"，靳宝砚任院长。

是年　溥仪留在长春伪皇宫中的文物珍宝因日本战败流散成古玩商竞购的"东北货"，其中唐代周昉的《挥扇仕女图》、宋代王希孟的《千里江山图》、宋徽宗的《王济观马图》等书画珍品 100 余件由天津古玩商购得。

1946 年

1 月 22 日　德籍禅臣洋行天津分行总经理杨宁史为逃避国民政府查封产业，将所藏文物，包括珍贵的"商饕餮纹大钺""周蟠虺纹簠""战国宴乐渔猎纹壶"在内的鼎、卣、爵等青铜器 241 件（其中兵器 121 件）献呈国立北平故宫博物院。

7 月 16 日　"清理战时文物损失委员会"平津区代表沈兼士派助理代表王世襄，美国驻北平的葛莱上校派代表克利夫斯来津，会同敌伪产业处理局及驻津美军人员一并到张园，将溥仪遗留在楼内的一只保险柜封存。翌日由美军护送，用汽车直运到北平故宫御花园绛雪轩，在沈兼士、马衡、王世襄、葛莱上校、克利夫斯监视下，由故宫工作人员将保险柜内存的21个保险匣打开，然后清点并造册接收。

1948 年

11月　国民党军队强占天津广智馆堆放军用物资。

1949 年

1月15日　天津解放。天津军管会文教部文艺接管处派员接管艺术馆、博物馆等单位。1月18日原四行储蓄会天津分行经理胡仲文将登记有金编钟在内2000余件文物的银行清册上交给天津军管会金融处。

4月8日　华北人民政府颁布《为禁运古物图书出口令》。

5月1日　天津广智馆经陆文郁全家整理后重新开馆。

5月16日　华北人民政府颁布《为古玩经审查鉴别后可准出口令》。

5月26日—6月3日　北平文化教育部7人小组专程来津，在天津市军管会文化教育部、公产清理管理局的协助下，清点查封方若住宅（和平区多伦道252号）所藏文物，计古钱、书画、铜器、陶瓷、玉石、石碑、石经等。

8月19日　《天津日报》报道，北疆博物院法侨盖斯杰于14日非法囚禁津沽附中学生，事件发生后，激起全市人民愤慨及抗议。天津市人民法院判处盖斯杰拘役7天。

是年　北疆博物院由津沽大学代管。军管会文化教育部派员接管河北省立天津博物院。

1950 年

3月　天津市文化事业管理局成立。钱杏邨（笔名阿英）任局长，李霁野、孟波任副局长。下设艺术科，负责文物、博物馆相关工作。

5月24日　中央人民政府政务院颁布《古迹、珍贵文物、图书及稀有生物保护办法》《禁止珍贵文物图书出口暂行办法》和《古文化遗址及古墓葬之调查发掘暂行办法》，明令宣布一切具有革命、历史、艺术价值的文物图籍和珍贵自然标本，都必须妥善保护，不得破坏或盗卖，严禁非法出口。同时授权对外贸易管理局负责协助调查当地文物出口鉴定委员会审核鉴定报运文物出口清单，并发放出口许可证。海关、邮局凭许可证予以放行。规定国家在上海、天津、广州设立文物出口鉴定委员会，由文物、外贸、海关及邮局的相关人员组成。

5月　天津广智馆董事会决议将该馆移交天津市人民政府教育局。

11月　根据天津市人民政府决定（津秘字第6808号），天津市文化事业管理局接收市教育局接管的天津市立博物院、天津广智馆分别改名为天津市市立第一博物馆、天津市市立第二博物馆。

本月　天津市人民政府在新成立的市文化事业管理局内设社会文化科，负责全市的文物管理工作。

是年　天津市副市长周叔弢将家族"孝友堂"三代珍藏图书360余箱，共6万余册赠予南开大学文学院，其中以明版南藏和百余种丛书最为珍贵。

是年　严修后人将"蟫香馆"藏书25 401册捐献给天津市第一图书馆。

1951 年

8月8日　中央人民政府政务院饬令天津市人民政府彻查王兆斌1950年12月20日盗运3箱文物至香港案，

并要求全国各地有关机关务须遵照《禁止珍贵文物图书出口暂行办法》及其修正条文，密切配合，认真堵塞漏洞，严禁珍贵文物图书出口。

10月　河北省人民政府将查没方若收藏的文物分装67箱（一说50余箱）运往北京，拨交中国历史博物馆收藏。

是年　天祥商场内有新华书店代售的800余件甲骨，天津市文化事业管理局筹资3000万元（旧币）全部收购。

是年　天津市市立第一博物馆拥有藏品11 532件，其中珍贵文物113件。

是年　天津市文化事业管理局与天津海关共同制定《检查出口文物的办法》。根据其规定，在天津市文化事业管理局派员查验下，海关一次即查扣70余件禁止出口的珍贵文物。

是年　天津海关查没德籍森肯伯（亦名方济堂）走私出口文物（瓷器、书画、玉器）共88件。

1952 年

6月　天津市人民政府拟定天津市文物管理委员会暂行组织办法和委员名单，并成立天津市文物管理委员会。

7月　天津市文化事业管理局开始接收北疆博物院，并成立以李霁野为主任的天津市人民科学馆筹委会。

10月10日　经天津市文化事业管理局协调，天津市市立第一博物馆与天津市市立第二博物馆合并组成天津市历史博物馆，并迁往南开区二纬路新址办公。

10月　天津市文化事业管理局在天津市第二图书馆内举办"伟大祖国古代艺术展览会"，展出部分收缴的清宫散失书画。

11月22日　天津市人民科学馆成立。南开大学生物系主任肖采瑜兼任馆长。

12月　天津市市立艺术馆并入天津市历史博物馆。

是年　文物古籍收藏鉴赏家周叔弢将清宫旧藏敦煌遗书宋治平四年（1067）《摩诃般若波罗蜜经》、明宋克《急就章》卷、明项圣谟《且听寒响图》卷、明钱贡《城南雅逸图》卷等7件文物捐献给天津市文化事业管理局。

是年　杨石先向天津市文化事业管理局捐献明代古墨、扇面、明版无量寿经等文物15件。

是年　章钰家人将四当斋（位于今河北区三马路求是里）1937年寄存在燕京大学的书籍和章钰遗存的书画、玉石、印章全部捐献给国家。

是年　天津市文化事业管理局成立"文物出口验关小组"，由文物鉴定专家、专业人员配合海关甄别出口文物。是为国内沿海城市率先成立文物出口验关机构之一。

是年　天津市财政经济委员会拟定《关于财政局没收汉奸财产中贵重古物珍宝之处理办法》，提出天津市文化事业管理局可派员参加古物鉴别工作，古物中可留津陈列者，可由市文化事业管理局向中央文化部文物事业管理局申请，除必须移交该局外，其余一律留津陈列。

1953 年

2月13日　天津市副市长周叔弢捐献善本书籍715种，计2673册又2卷59页，拨交北京图书馆入藏。文化部特颁奖状予以表彰。

3月12日　中国科学院考古研究所安志敏等人到宁河县赵学庄、小杨庄、田庄坨、庄伙地等进行遗址调查。

4月1—3日　天津市文化事业管理局召开第一次文化行政会议，提出继续整顿和建设博物馆工作。

5月　天津市历史博物馆正式对外开放。

12月13日　天津市文化事业管理局派员将天津市节约纪律检查委员会财产清理处移交原纪湘涛藏清宫书画12件，上交中央文化部文物事业管理局文物处。

是年　故宫16枚金编钟历经磨难，返回北京故宫博物院。

是年　文物鉴定专家顾得威向天津市文化事业管理局捐献新石器时代、商周、两汉玉器，战国肖形印，错金银带钩等文物 23 件。

是年　天津市人民科学馆举办"古生物及矿物岩石陈列""脊椎动物陈列""无脊椎动物陈列"等展览。

是年　天津市历史博物馆制订《天津历史文物征集计划草案》。

1954 年

4 月　河北省文物管理委员会派员在蓟县进行文物调查，在邦均、别山两镇发现大规模汉墓群。

6 月 5 日　天津市人民政府发布"津厅政（54）字第 1252 号"《关于保护市内古文物建筑的规定》。

6 月 16 日　天津市人民政府驱逐德籍禅臣洋行天津分行总经理杨宁史出境。天津海关依法没收杨宁史在行李中夹带的珍贵文物 326 件，包括商代铜鼎、汉唐陶俑、唐宋元明瓷器。

8 月 3 日　天津市人民政府下发"津厅政（54）字第 1769"号《确定文庙等四处古建筑为保护重点的通知》，确定文庙、天后宫、玉皇阁、清真寺 4 处古建筑为天津市重点保护文物单位。

8 月 15 日　天津市文化事业管理局在天津市历史博物馆举办"爱国捐献文物展览"，展出文物 600 余件。

是年　徐世章夫人杨立贤及其子女将徐氏生前所藏文物 2749 件捐献给天津市文化事业管理局。包括鸟形玉佩在内的"濠园"藏玉 600 余件，藏砚 900 余方，以及名画、法帖、缂丝、竹雕、印章等，时任中央文化部部长的沈雁冰签署并颁发了褒奖状。

是年　徐世章后人遵照先人遗嘱，将家藏善本书（其中包括多种清内府武英殿殿版开化纸初印本）4014 册捐献给国家，由天津市人民图书馆收藏。

是年　天津市文化事业管理局接收周肇祥旧藏印章一批。

是年　天津市人民科学馆举办"自然发展史陈列"展。

是年　天津市文化事业管理局社会文化科成立文物组，具体负责全市文物调查、古建筑调查和保护修缮及文物征集工作。

1955 年

1 月 26 日　天津市历史博物馆举办"天津市抗美援朝运动展览"，展出实物、文献、图表 1000 余件。通过展览复征集到抗美援朝文物资料 3556 件。

3 月　经天津市人民委员会办公室会议决定：在华北区城乡物资交流博览会基础上组建华北人民博览馆。后将会址、人员和展品并入天津市历史博物馆，馆址设在原华北人民博览馆新址（马场道 335 号工业展览馆）。

4 月 19 日　天津市人民委员会将"天津市文化事业管理局"改名为"天津市文化局"。

是年　天津市文化局文物工作者在冶炼、物资回收、银行、造纸等部门的配合下，开展文物拣选工作。

是年　天津市历史博物馆举办"天津民间艺术展"。

是年　市内私营古玩商共 84 户，从业人员 156 人。

1956 年

8 月 1 日　天津市艺术博物馆筹备处自天津市历史博物馆分出。

9 月 4 日　河北省人民委员会公布东起山海关，西至万全县的长城（包括蓟县长城），别山、邦均汉墓群，以及独乐寺、观音寺白塔为省级文物保护单位。

10 月 东郊区公路养护队在张贵庄南、崔家码头北修路时发现战国时期遗物：鱼鸟纹灰陶壶、弦纹灰陶壶、灰陶鼎、豆、三足器等残件。

12 月 8—23 日 天津市文化局文物组、天津市历史博物馆共同组成联合发掘组，对张贵庄墓群进行试掘性调查，共开探沟 3 条，揭露面积 61 平方米。是为天津市区田野考古工作的开始。

是年 河北省人民委员会公布田庄坨遗址、秦城古城址、西钓台古城址、别山汉墓群、邦均汉墓群、蓟县长城、独乐寺、观音寺塔为文物保护单位。

是年 蓟县城西 15 千米的邦均镇北发现汉代墓群。

是年 天津市历史博物馆举办"中国原始社会展"和"古代历史文物综合展"。

是年 宝坻县石经幢得到加固修复。

是年 蓟县邦均乡后街群众在村北平整土地时，发现被破坏的汉墓 40 余座。

是年 天津市文化局下属的新华书店内成立"新华书店古旧书门市部"，专营古旧书、碑帖、拓片、字画、图章、文房四宝。

是年 在公私合营的热潮中，天津劝业场内的古玩店合营后组成古玩珠宝部，天祥、泰康商场的古玩店全部合营到天祥商场古玩部，其余古玩店铺合营到文物艺术品总店和信托贸易公司。

是年 天津市文化局向郊区人民委员会发出《请大力宣传文物保护政策并调查历史和革命文物遗迹函》。

1957 年

3—5 月 天津市文化局联合发掘组对张贵庄战国墓群进行第二次发掘。前后两次发掘战国墓 33 座，出土遗物有夹砂红陶三足器（燕国鬲），泥质灰陶鼎、豆、壶、三足器，以及小件骨器、铜器。

6 月 18 日 天津市人民科学馆更名为"天津市自然博物馆"。

8 月 6 日 天津市人民委员会市长办公室会议通过《天津市历史文物资料征集办法》《天津市历史文物资料征集委员会组织法》，并确定天津市历史文物资料征集委员会组成人员为周叔弢、娄凝先等 16 人。

10 月 中国科学院院长郭沫若为天津市艺术博物馆题写馆名。

本月 天津市艺术博物馆筹备处首次举办"历代绘画展览""铜玉专室展览""天津地方民间艺术展览"。

12 月 10 日 经天津市人民委员会批准，天津市历史博物馆艺术部分出，成立天津市艺术博物馆，并正式对外开放。

是年 天津市文化局文物组清理东郊区军粮城刘家台子村唐代石棺墓，出土和采集一批唐代陶俑和青瓷器。

是年 河北省文物工作队在蓟县发现张家园遗址。

是年 天津史编纂室李世瑜开始调查渤海湾西岸古代遗迹和文物。

是年 南开区西门内大街东头北侧原第一木型厂地下约 2 米处出土 5 尊铁炮。炮呈竹节状，其中 3 尊 2 节、2 尊 6 节，各重 125 千克。

1958 年

3 月 10 日 天津市文化局发出《关于成立天津市艺术博物馆的通知》。告知该馆已具备开馆条件，启用新发印鉴。

4 月 天津市文化局制定天津市历史博物馆、天津市艺术博物馆、天津市自然博物馆保管工作办法，规定藏品的入藏、编目、提取、注销和统计办法，使博物馆保管工作开始规范化。

7 月 北郊区双口村群众在村北 1000 米处挖掘永定河故道时，发现战国至汉代遗址，并出土带有"泉州"字样的陶罐。

本月 河北省文化厅拨款万元维修独乐寺。

8月27日 徐世昌孙媳张秉慧向天津市文化局捐献太保鼎、小克鼎、克钟、太师鼎等西周铜器4件。

8月 天津市历史博物馆举办"中国通史（夏商周及秦汉部分）"展览，展出文物、模型3000余件。

本月 北塘人民公社组织人力将在1900年抵御八国联军入侵战役中的"大将军"铁炮（1882年江南制造局造）从海边污泥中挖出。

9月24日 教师方长宜向天津市文化局捐献宋萧照绘《中兴瑞应图》卷（全图12段，方捐其中第7、9、12段）。

是年 北郊区欢坨东南发现一具较完整的鲸鱼骨骼，中国科学院古脊椎动物与古人类研究所会同天津市自然博物馆派员赴现场试掘。

是年 天津市杨柳青画店成立，并有文物经营许可证。

是年 军粮城塘洼发现1座唐代砖室墓，出土随葬品有三彩陶罐、海兽葡萄纹铜镜各1件。

是年 天津市艺术博物馆接收天津市文化局、天津市图书馆等单位拨交的文物3744件，群众捐献文物37件。

是年 文物鉴定专家韩慎先在社会人士支援"工业抗旱"成都道银行文物交售点，发现并鉴定确认王羲之的《寒切帖》（唐钩填本）。

是年 天津市文化局所属文物干部与南开大学历史系学生组成天津史迹调查队，对天津市近代史迹、革命遗址进行调查，共调查义和团吕祖堂坛口遗址、大沽口炮台、中共天津地委旧址等重要遗址140余处。

1959 年

4月 天津市文化局组织第一届文物干部培训班学员40余人对南郊巨葛庄战国遗址进行发掘，共开探沟8条，揭露面积80平方米，并清理2座瓮棺葬、2座土圹墓。出土陶器（罐、尊、豆、盆、碗、釜）、铁器（凿、铲、锄）、铜器（剑、镞、带钩）、明刀币等遗物。

7月 陈澂记署名将陈宝琛旧藏的汉陈仓匜、刘氏壶等文物捐献给天津市文化局。

8月4日 "天津市文化局考古发掘队"经天津市人民委员会批准正式成立，负责本市及天津专区、沧县专区等20余县、区的考古调查和文物保护、发掘等工作。

9月20日 天津市历史博物馆举办的"天津地方革命史陈列"展出。

9月27日 由周恩来总理题写馆名，设在聂公祠的"天津市红桥区三条石历史博物馆"举行开幕式。

10月20日 苏联地质学家沃罗柯金考察"蓟县地质剖面"（今中上元古界自然保护区）并参观独乐寺。

10月 "天津市泥人张彩塑工作室"成立（由市艺术博物馆独立出来），"泥人张"第四代传人张铭主持工作。

是年 天津市文化局考古发掘队、市文化局文物组、天津市历史博物馆结合张贵庄战国墓群的发现，展开对渤海湾西岸古文化遗址调查，并在一些重要地点进行试掘和清理。发现战国遗址31处、汉代遗址20处，并出土和采集到众多遗物。自此，渤海湾西岸古遗存、贝壳堤、海岸线变迁成为天津文物考古界的重要课题。

是年 军粮城白沙岭发现被破坏的1座唐代砖室墓，出土青釉瓷豆、青瓷碗、白瓷碗各1件。

是年 中国科学院院长郭沫若为天津市自然博物馆题写馆名。

1960 年

5月3日 天津市文化局召开第一次文物工作会议，传达全国文物工作会议精神，制定全市文物工作发展规划。

6月20日 天津市开展第一次文物普查。天津市文化局向各区县人民委员会下发《关于迅速开展文物普查工作的通知》。要求在普查中坚持"先工程、后一般"的原则，采取"边宣传、边征集、边调查、边建立保护组织、边建立档案"的办法做好普查工作。

6月 天津市文物管理委员会以1.32万元留购北京韵古斋清乾隆款珐琅彩芍药雉鸡图玉壶春瓶1个。

7月 中央文化部邀请北京、天津、上海、广州4个文物出口口岸的文化、海关管理部门中具体从事文物出口鉴定管理工作人员参加经验交流会，对文物出口的标准问题进行讨论，并形成《关于文物出口鉴定标准的几点意见》。

8月 天津市文化局考古发掘队在河北省阜城县发掘明代廖纪墓，出土墓志一合、一批陶仪仗俑、陶明器等。

9月24日 国务院批准文化部、商业部、外贸部关于改变文物商业性质和管理体制的呈报方案，决定将各地非文化部门的文物商店，一律改变为实行企业经营管理的国家事业单位，作为国家收集社会流散文物的收购站和临时保存所，同意划归文化部门领导。

是年 天津市文化局考古发掘队在蓟县文物普查时发现围坊遗址。

是年 东郊区西南塔发现西汉时期古遗址。

是年 天津市文化局考古发掘队在河北省任丘县东关发掘汉墓4座。

是年 天津市文化局考古发掘队在蓟县城关镇小毛庄村东发现和清理西汉砖室墓2座。

是年 天津市文化局考古发掘队在西郊区大任庄遗址进行试掘。

1961年

3月4日 国务院下发《关于进一步加强文物保护和管理工作的指示》。

同日 国务院发布《文物保护管理暂行条例》的通知。该《条例》共18条。

同日 国务院公布独乐寺为第一批国家重点文物保护单位。

3月31日 天津市文化局文物接收小组开始接收劝业场古玩部。除部分经营珠宝翠钻从业人员留在劝业场外，其余从事瓷、玉、杂项人员先后移交市文化局，同时接收河北大街、南市2个经营民间文物的合作店和设在辽宁路的瑞宝斋古玩店。

5月 天津市文化局在和平区辽宁路175号成立天津市文物公司筹备处，并筹建艺林阁门市部。市文物公司明确为企业经营的文化事业单位，其职责主要是收集流散在民间的传世文物。

本月 天津市自然博物馆举办"生物进化展览"。

初夏 王福重将祖父王懿荣所藏殷墟甲骨350余片全部捐献给天津市人民政府。

7月1日 设在和平区长春道普爱里21号的中共天津地委旧址的"中共天津建党纪念馆"对外开放。

10月12日 天津市艺术博物馆与北京故宫博物院联合举办"扬州画派作品展览"，展出作品100余件。

12月25日 天津市文物公司筹备处将暂存在劝业场4楼的文物迁移至辽宁路175号。

1962年

1月 天津市人民委员会第五次（扩大）会议决定成立"天津市文物保护管理委员会"，统一协调全市文物保护管理工作。副市长周叔弢任主任委员。

本月 天津市自然博物馆举办"鸟的演化展览"。

2月6日 天津市艺术博物馆举办的"宋、元、明、清人物画展"开幕。是为天津第一次系统地介绍4个时期的人物画展。

3月 徐绪开代表家属将其父徐世章生前所藏清黄鼎《长江万里图》6卷（正本2卷，稿本4卷）捐献给国家。

4月29日 天津市文物公司筹备处艺林阁文物店开业。其为经营金石、陶瓷、书画等综合性的文物商店。

同日 天津市文物公司筹备处开始对外文物贸易工作。

5月1日 为纪念毛泽东《在延安文艺座谈会上的讲话》发表20周年，天津市艺术博物馆举办的"清代花鸟画展""泥人张彩塑展"开展。

5月31日—6月8日 天津市文化局考古发掘队在宝坻县菜园村清理5座明墓，出土器物24件，铜钱165枚。

8月1日 天津市艺术博物馆举办的"明清扇面展览"开展。

8月29日 天津市文化局与市政协联合召开徐世章后人"捐献《长江万里图》授奖大会"，副市长周叔弢主持。社会名人和收藏家代表100余人出席大会。

9月5日 天津市人民委员会公布天津市文物保护单位29处，其中革命遗址、革命纪念地12处，古建筑及历史纪念建筑物7处，古遗址7处，古墓葬3处。

9月10日 梁思成为弥补1932年独乐寺测绘之不足，亲率清华大学40余名学生，再次赴蓟县对独乐寺进行测绘。

9月22日 天津市艺术博物馆举办的"历代书法、篆刻、文房用具展览"开展，历时3个月。

9月25日 天津市文物公司举办的"八大画家作品展览"在艺林阁开展。展出任伯年、吴昌硕、吴石仙、陈师曾、徐悲鸿、黄宾虹、齐白石、刘奎龄8位画家的作品百余件。

10月8—10日 天津市文化局召开社会文化事业工作会议，贯彻全国省市局长会议精神，讨论文化部关于图、博、文物工作的意见，部署今后工作。

是年 河北省人民委员会、天津市人民委员会公布蓟县白塔、天成寺舍利塔、定光佛舍利塔、千像寺石刻、围坊遗址、广东会馆、大悲院、天尊阁、李纯祠堂、红灯照黄莲圣母停船场、义和团纪庄子战场、泉州故城为省市级文物保护单位。

是年 文化部组织书画、铜器鉴定小组至天津市艺术博物馆鉴定文物7000余件。在张珩、谢稚柳、刘九庵、唐兰、罗福颐等专家鉴定书画、青铜器、玺印的基础上，该馆编订《文物一级品简目》。

是年 河北省人民委员会公布盘山抗日根据地、盘山烈士陵园为省级重点文物保护单位。

是年 天津市文化局考古发掘队在宁河县西塘坨村发现汉、辽墓葬群（双坨墓群）。

1963 年

1月29日 刘伯承元帅参观天津市艺术博物馆并题词"今日参观触目皆琳琅珠玉"。

1月 "天津市口岸验关鉴定小组"成立。是为具体负责天津口岸文物出口鉴定工作的专门机构。

2月15日 天津市文化局考古发掘队在河北省文物队工程师李方岚协助下，对独乐寺、文庙、天后宫、玉皇阁、白塔、广东会馆、吕祖堂、天成寺、舍利塔等9处古建筑进行鉴定，后对部分古建筑进行维修。

5月6日 人类学家裴文中来天津市自然博物馆鉴定藏品，并做了"藏品分级科学研究"的专题报告。

5月 河北省文化局拨款2000元维修独乐寺山门，安装观音阁隔扇、门窗和网式避雷针。

8月17日 天津市文化局、中国美术家协会联合举办的"泥人张彩塑赴京展览"在中国美术馆开展，展品共200余件，其中有"泥人张"一、二代多件遗作。

10月 天津市艺术博物馆举办"历代绘画展览"和"历代陶瓷展览"。

12月8日 根据文化部指示，天津市文化局对市、区（包括郊区）29处文物保护单位全部竖立标志。天后宫、文庙、清真寺、玉皇阁、望海楼、觉悟社6处为大理石碑，其余为木牌标志。

是年 天津市历史博物馆举办"明清风俗画展"。

1964 年

2 月 14 日　天津市历史博物馆举办的"革命历史画展"在水上公园开展。

5 月 12 日　文化部文物局傅仲谟来天津市艺术博物馆鉴定玉器并协助划分等级。

5 月 25 日　文物出版社赵万里来天津市艺术博物馆鉴定馆藏写经。

5 月 28 日　尹润生、乔友生、金禹民来天津市艺术博物馆鉴定馆藏砚台、印章、墨并划分等级。

10 月 2 日　为庆祝中华人民共和国成立 15 周年，市区博物馆举办展览。天津市艺术博物馆举办"泥人张彩塑新作""馆藏精品展"（历代绘画、琢玉、青铜器等）；三条石历史博物馆重新开放，展出"三条石工业发展史及工人斗争史"。

12 月　天津市艺术博物馆与中华全国手工业合作总社联合举办"全国工艺美术展览"，展品 700 余件。1965 年 2 月 28 日闭幕，观众达 156 000 人次。

是年　天津市文化局考古发掘队赴宁河县，对芦台农场大海北村西 1.5 千米处的汉代城址进行调查。城址平面呈长方形，城墙夯筑，面积 5.5 万平方米，东北城角残存 3 米有余。

是年　武清县辽代永济寺塔（大良塔）倒塌，地宫出土铜、瓷器 47 件，其中 13 层密檐小塔、牡丹纹花盘、执壶、碗、碟等定窑白瓷器，现藏河北省文物研究所。

1965 年

春　天津市文化局考古发掘队在北郊北仓发现 1 处战国遗址。后进行试掘，计开探方 1 个，揭露面积 51 平方米，清理居址 1 处、灰坑 7 个。出土陶器（罐、盆、豆、簋、甑、碗、网坠、纺轮等）、铁器（镢、斧、镰）、铜器（镈、剑首）及骨器 90 余件。

7 月　天津市历史博物馆举办"天津地方历史民族学"展览。天津市艺术博物馆举办"华北地区美术作品展"。

8 月 15 日　天津市历史博物馆举办的"抗日战争时期版画展览"在宁园开幕。展出彦涵、力群、马达、郭钧、张映雪等人创作的反映抗日战争时期解放区战斗和生活的作品 90 余件。

是年　1 月 31 日王襄病逝。9 月 15 日，王襄的夫人杨时暨，子女王长儒、王翁儒、王孟儒等家属遵照先人的遗愿，将王襄全部遗稿、书法作品和原藏的较完整、刻辞数字较多的甲骨 15 片以及腰牌、封泥、陶文、砖瓦、旧砚等文物共 483 件捐献给国家。市文物保管委员会与市文史馆等单位联合在辽宁路艺林阁举办了"王襄遗作及捐献文物展览"，"旬壬申夕月有食"牛骨卜辞等公之于世。

是年　河北省天津地区专员公署文化局会同天津市文化局考古发掘队在蓟县张家园遗址进行试掘，开探方 5 个，揭露面积 76.5 平方米。清理遗迹有灰坑 5 个、居址 4 座，出土遗物有陶器（如鬲、甗、罐、瓮、盆、碗、钵等）、石器（斧、锛、凿等）、骨角器及铜器（刀、镞、耳环等）。

是年　天津市文化局考古发掘队清理河北沧县肖家楼战国刀币 10 339 枚。

是年　天津市文化局考古发掘队在西郊区当城村西"红土岗"耕地内发现 1 处战国遗址，出土一批文物。

是年　天津市文化局、南开区教育局拨款 8 万元，对玉皇阁进行维修。

是年　天津市自然博物馆为规范科研工作和藏品保管工作制定《天津市自然博物馆馆藏品保管暂行办法》和《天津市自然博物馆关于藏品分级登账手续和账册卡片的格式》。

1966 年

5 月　"文化大革命"开始，全市各级文博单位受到冲击，业务工作基本停滞。

8 月　天津市文物公司下属的艺林阁、文苑阁停止文物收购和二类文物内销，改为专接外宾工作。

9 月　在"破四旧"的风暴下，全市文物古迹遭到空前的浩劫和破坏。如天后宫前殿、牌楼、戏楼被拆毁，整个建筑改为工厂、民居；玉皇阁大殿、配殿、钟鼓楼、六角亭被毁；大悲院被洗劫一空，柏木镶金千手观音像被毁，寺院后改作轴承厂车间；南开白骨塔被拆除；清真大寺藏经数千册大多被焚毁；宝坻石经幢被推倒损坏；蓟县盘山行宫、静寄山庄石佛殿 3 尊佛像和殿前的清高宗（乾隆）御书碑被砸毁。

是年　盘山舍利塔发现乾宁三年"陈文绶"施铜棺，乾宁四年"女弟子杨敬真，男讨击副使苏景绶施"铜舍利盒、长颈铜净瓶等文物。

1967 年

3 月 16 日　中共中央、国务院、中央军委发出《关于保护国家财产，节约闹革命的通知》，指出："对文物、图书要加强管理和保护工作，不许随意处理和破坏。"

5 月 14 日　中共中央《关于在"无产阶级文化大革命"中保护文物图书的几点意见》文件发表。

是年　蓟县大云泉寺村西北发现 1 座金代砖室墓，出土墓志 2 方，其一上阴刻"大金□燕国夫人□□墓志铭"，随藏品散失。

1968 年

8 月　天津市历史博物馆、天津市艺术博物馆、天津市自然博物馆奉命开始合并。翌年 12 月组建成"天津市博物馆"，馆址设在河西区马场道 206 号天津自然博物馆院内。

9 月　天津市"革命委员会"撤销天津市文化局，改称"天津市文化系统革命委员会"。

是年　市文物图书清理组在新华南路 253 号宋哲元宅接收文物时发现夔龙纹铜禁残器（残片已作废品出卖，后在炼铜厂料堆中找全），由中国历史博物馆修复。

是年　位于河东区光华路 4 号的天津市第二工人文化宫展览馆扩建为毛泽东思想胜利万岁展览馆，又称毛泽东思想红太阳展览馆。

1969 年

4 月　天津市"革命委员会"决定天津市历史博物馆脱离天津市博物馆，并入天津市生产指挥部所属的天津市工业展览馆，历史博物馆人员编为工业展览馆第 6 连。

9 月 18 日　日本、印尼、新西兰、坦桑尼亚、苏丹、泰国、巴基斯坦 7 国友人到津，参观三条石历史博物馆。

是年　武清县小河村出土 8 笏银铤、1 件六錾耳锅以及黑釉大罐等元代文物。其中银铤錾刻重量和符号。

是年　天津市"革命委员会"通知天津市博物馆，天津市自然博物馆址因有他用，决定天津市博物馆迁至天津医学院内（翌年又迁回河西区马场道 206 号自然博物馆原址）。

是年　天津市文物图书清理组的刘光启在清理"文化大革命"抄家物资的书画中发现王羲之的《干呕帖》（五代或北宋钩填本）。并在西郊工厂查抄物资仓库清查文物时，发现六朝初期的《大方广佛华严经》。

1970 年

6 月 20 日　位于河东区光华路的展览馆（二宫内）竣工，定名为"天津展览馆"。12 月 20 日正式归属市文化系统。

12 月 "天津市文化系统革命委员会"改称"天津市文化局革命委员会"。

是年 原天津市文物公司所属的艺林阁、文苑阁先后恢复民间流散文物的收集工作,瑞宝斋和河北大街、南市 3 个文物店被撤销。

1971 年

2 月 划归天津工业展览馆的天津市历史博物馆工作人员返归天津市博物馆编制内,馆藏文物暂缓搬迁。

7 月 天津市毛泽东思想胜利万岁展览馆并入天津市博物馆,其馆址(河东区光华路 4 号)建筑划入天津市博物馆。

8 月 2 日 天津市博物馆办公机构开始由马场道 272 号迁往天津展览馆址。

9 月 天津市博物馆藏明代廖纪墓出土陶俑 76 件,参加"全国出土文物展"。

是年 武清县大赵庄村出土 1 笏束腰形银铤,长 14.5 厘米,宽 8.7 厘米,重 1974 克。正面砸印"平阳路""伍拾两""张海"等字,錾有"课税所"等字,背面阴刻"平阳"2 字。

是年 蓟县七里峰村西发现汉墓 1 座,长 2 米、宽 1 米,出土随葬品有泥质灰陶罐、奁、彩绘陶壶、铜镜等。

是年 天津市文物管理处成立。天津市文物公司并入文物管理处。天津市文物管理处统一负责古建、考古、验关、流散文物等工作。

1972 年

1 月 蓟县文化馆整修独乐寺观音阁,在阁下层四壁墙体下发现被覆盖的元代壁画。

3 月 河北省文化局拨款 6000 元维修独乐寺。

5 月 15—30 日 天津市博物馆举办的"天津彩塑创作""历代陶瓷"展在原天津市艺术博物馆址展出。

5 月 天津市文物管理处清理北郊双口镇汉墓。墓为长方形,四壁由筒瓦砌成。随葬品有陶罐、碗各 1 件,彩绘陶壶 2 件,铜带钩 1 件。

11 月 蓟县文物保管所在独乐寺成立。

是年 天津市"革命委员会"批转天津市文化局《关于加强文物保护工作的意见》,对深化全市不可移动文物保护工作起到重要作用。

是年 武清县城上村出土"皇甫"铜权。

1973 年

1 月 西郊小甸子村发现 1 处元代遗址。天津市文物管理处随即派员进行清理。出土遗物有铁器 49 件(犁铧、镂铧、犁镜、铲耙、镰、垛叉、锄刀、鱼叉等)、铜器 95 件(弓形饰、带扣、镜)、钱币 62 枚 48 种、瓷器 12 件(碗、盘、炉、洗)、陶器 1 件、石器 2 件。

2 月 天津市博物馆举办的"人类的起源"展览展出。

3 月 天津市文物管理处派员在南郊窦庄子村调查、清理 2 座隋墓和 1 座东汉瓮棺墓。其中隋墓 1 墓出土 2 件灰陶罐、1 件瓷碗,另 1 墓出土 1 件四系瓷罐、1 件瓷碗。东汉瓮棺墓出土 5 枚"五铢钱"、1 枚"货泉"钱。

4 月 22 日 通(县)古(冶)铁路(今京秦铁路)工程开工。河北省文物管理处、蓟县文物保管所组成发掘组,清理铁路经过的邦均汉墓群汉墓 27 座、宋墓 1 座。

5月1日 三条石历史博物馆基本陈列对外开放。

5月 河北省文化局拨款 8000 元，增配独乐寺观音阁上层隔扇、门窗和遮檐板。

本月 武清县兰城村发现 1 通东汉桓帝延熹八年（165）雁门太守鲜于璜墓碑及碑座。

9月 蓟县"革委会"报经国家文物事业管理局批准，划定独乐寺保护范围和安全保护区。

是年 为配合铁路基建工程，天津市文物管理处考古队赴蓟县邦均镇，发掘东汉时期砖室墓 29 座。多数为单室墓，少数为双室墓。出土随葬品有灰陶壶、奁、罐、盒、灶、豆等。

是年 天津市"革命委员会"文教组转发《关于恢复天津口岸文物出口鉴定小组的通知》，加强对文物出境的鉴定审核。

1974 年

1月 天津市自然博物馆恢复建制，更名为天津自然博物馆。

2月 蓟县文物保管所在二六九医院内清理元代墓，出土白瓷盘、银勺等随葬品。

8月8日 国务院关于加强文物保护工作通知，即国发（1974）78 号文件发表。

8—10月 天津市文化局"革委会"决定撤销"天津市博物馆"建制，恢复"天津市历史博物馆""天津自然博物馆""天津市艺术博物馆"建制。

11月 北郊刘家码头出土 2 件石斧、1 件石磨棒。

本月 天津市文化局拨款 4 万元，用于独乐寺山门、观音阁揭瓦补漏，维修观音阁平座层。

本月 举办"天津市第二届文物工作"学习班。

1975 年

1月 国家文物事业管理局、天津市文化局拨款 34 万元，聘请古建筑专家祁英涛主编制定独乐寺 5 年维修规划。

2月28日 天津市文物公司脱离天津市文物管理处，恢复建制，下设艺林阁、文苑阁门市部。

5月23日 美国古人类学考察组一行 10 人在天津自然博物馆考察，赠送该馆狒狒、猕猴、长臂猿等灵长类模型 9 种 13 件，该馆回赠剑齿虎头骨模型 1 件。

5月 天津市历史博物馆举办"近代天津人民反帝斗争史"展览，为基本陈列。

12月20日 中国科学院考古研究所所长夏鼐来津参观天津市艺术博物馆。

是年 宁河县西塘坨村西 1500 米处发现 1 处西汉时期的居住遗址和墓地。

是年 天津市历史博物馆开始组织人员整理馆藏北洋军阀档案资料。

1976 年

3月 天津市历史博物馆派员赴蓟县，协助盘山烈士陵园举办"盘山抗日斗争事迹陈列"。

本月 国家文物局批复独乐寺的保护规划。

4月 天津市文物管理处考古队与蓟县文物保护所联合调查盘山千像寺遗址。

5月 塘沽区在大沽口炮台西南约 20 米处沙滩中发现两门清代铁炮。

7月28日 唐山大地震波及天津。清真大寺、大悲院、吕祖堂、戈登堂、望海楼等建筑损坏严重。独乐寺院墙倒塌，观音阁墙皮脱落，十一面观音像胸前铁箍震断。蓟县白塔多处开裂，塔刹震落，相轮自十一天以上震毁，整座塔身倾斜。福山塔震裂，塔体分离，东部塔基变形。宁河县天尊阁山门震毁。

9月 天津市文物管理处开始在全市范围内展开地震考古调查。历时两个月，收集24通碑刻资料，调查18处古代建筑抗震情况。

是年 天津市文物管理处考古队开始对武清县兰城村鲜于璜墓地进行勘察和发掘。

是年 天津市艺术博物馆相继举办"杨柳青年画展""天津泥人张彩塑展览""近代中国画展""天津民间工艺展览""现代中国画展""毛泽东诗词绘画展览""文房四宝展"。

是年 北郊区上蒲口村出土1件元代铜盆，饰有莲花、双鱼纹，底部铭有"至元二十七年中月吉日彭丘置"13字，口径46厘米。

是年 天津市文物公司在外贸和商业部门的协助下完成天津市和四郊五县文物商业统一管理工作，并建立9个文物收购点。

是年 有关部门在西马路地铁施工时，在地下3米处发现明永乐年间修建天津城墙时，留下的17行柏木大桩。

1977 年

2月 天津自然博物馆组成采集队赴西沙群岛，历时97天，共采集到动、植物标本6000余件。

4—6月 天津市开展郊县文物普查。天津市文物管理处在武清县举办天津市第一期亦工亦农文物普查短训班。各县学员及市县级文物干部34人，分赴蓟县、宝坻、武清、宁河、静海5县152个公社1144个大队进行普查。共调查革命遗址38处，古代遗迹443处（遗址166处，墓葬89处，窑址2处，建筑24处，碑刻93处，古生物出土地53处，河道、桥梁、钱币出土地16处），其中新发现221处。

6月 天津市文物管理处考古队、蓟县文物保管所联合对蓟县许家台村南城子古城址进行发掘，出土陶、石、骨、铜等遗物。

本月 国家文物事业管理局拨款2万元维修独乐寺南侧院墙。

9月9日 为纪念毛泽东逝世一周年，天津市历史博物馆举办的"毛泽东主席纪念展览"开展。

10月11日—11月18日 天津市文物管理处考古队、蓟县文物保管所联合对蓟县围坊遗址进行发掘，开探方（沟）7个，出土一批陶、石器。

10月14日 联合国地质科学联合会主席居·奥尔贝考察蓟县"震旦亚界"地质剖面，并参观独乐寺。

11月18—21日 国家文物局文物事业管理研究所王世襄到天津市艺术博物馆鉴定馆藏工艺品100余件。

是年 鲜于璜墓发掘工作结束。出土随葬品陶、铜、瓷、铁、玉、木、漆器73件。

是年 蓟县南门西侧建材局工地出土一方宋代咸平五年（1002）铸造的铜印。

是年 天津市文物管理处派员清理宁河县田庄坨村西1座儿童瓮棺葬，出土随葬五铢钱10余枚。

1978 年

1月 中共中央副主席叶剑英为"周恩来同志青年时代在津革命活动纪念馆"题写馆名。

3月5日 周恩来同志青年时代在津革命活动纪念馆开幕。中共天津市委第三书记赵武成出席剪彩并讲话。

4月 南郊区东泥沽村等出土战国时期陶器、铁器及青铜剑。

6月15日 天津市文化局拨款5万元维修独乐寺观音阁山门、台基和院内地面甬路，山门添配隔扇窗。

6月20日 美国哈佛大学教授、汉学家费正清夫妇考察独乐寺。

6月 撤销"天津市文化局革命委员会"，恢复天津市文化局。

6月 天津市文物管理处派员清理静海县元蒙口一艘宋代沉船。

7月　天津市文物管理处和蓟县文物保管所联合测定蓟县长城41千米，敌楼52座，墩台14座，并建立长城保护组织，制定相关制度。

9月29日　天津自然博物馆"古人类陈列"开放。

是年　宝坻县城"北台"墓地发现2座金墓，其一为6块素面青石板组成的石函墓，出土单耳石洗、白釉瓷盉各1件，并有唐、宋、金等年号的铜钱50枚；另一为仿木结构六角形砖室墓，随葬有三彩碗、碟、瓶等遗物。

是年　天津市文化局、宁河县文教局开始对天尊阁进行大修，1983年竣工。

是年　天津市文化局、蓟县文教局在盘山恢复重建天成寺，维修古佛舍利塔。

是年　天津市文物管理处在全市开展碑刻专题调查，并在郊区开展文物普查，复查3道海岸线遗迹，新发现一批遗址。

1979年

3月19—26日　文物鉴定专家傅大卣来天津市艺术博物馆鉴定馆藏砚台。

4月16—28日　天津市文物管理处考古队在蓟县张家园遗址进行第二次发掘，开探方3个，揭露面积65平方米。清理灰坑4个、房址4座。

4月26—27日　故宫博物院马子云来天津市艺术博物馆鉴定碑帖并教授传拓技术。

5月7—12日　天津市文物管理处考古队继续对蓟县围坊遗址进行第二次发掘，与1977年的发掘，共揭露面积164平方米。

5月　天津市文物管理处考古队在宁河县田庄坨村清理1座西汉墓，出土器物有陶瓮1件、陶罐4件、五铢钱5枚、漆盘（残片）1件。

本月　天津市文物管理处拨款5万元，油饰"独乐寺""观音之阁"等匾额，整修十一面观音菩萨、胁侍菩萨、金刚力士、倒坐观音等塑像，临摹观音阁壁画。

7月22日　联邦德国马克斯·普朗克学会古生物代表团的慕尼黑大学地学系主任法尔·布施教授、美因茨大学古生物研究所所长托宾教授到访天津自然博物馆开展与古生物专家李玉清合作的象类化石研究项目的考察和交流工作。

10月1日　天津自然博物馆举办大型"古生物基本陈列"。

10月9日　天津南开中学、南开大学为庆贺建校60周年，建立周恩来纪念碑，开辟周恩来纪念室。展出周恩来在南开大学学习、工作的实物、照片。中共中央政治局委员方毅参观并题词"周恩来英名万古流芳"。

10月　天津市文物管理处考古队、蓟县文保所联合清理蓟县别山汉代墓地中3座砖室墓，出土铜、玉、银、鎏金、陶器等150余件。

秋　宝坻县牛道口村发现一批石器和玉器，天津市文物管理处、宝坻县文化馆派员前往调查。

11月7日　天津市艺术博物馆在南斯拉夫贝尔格莱德、萨格勒布市举办"清代近现代绘画展"，展出馆藏画20幅，1980年2月8日结束。

11月29日　天津市文化局召开文物、博物馆、图书馆学术研究汇报会。会上提交论文44篇，其中11篇在会上宣读交流。

11月　南开大学历史系始设博物馆专业。

是年　天津市文物管理处考古队对静海县西钓台古城址进行钻探调查。

是年　市、区文化部门开始修复平津战役天津前线指挥部旧址，搬迁副食品店等使用单位。1984年竣工后辟为"平津战役天津前线指挥部陈列室"。

是年　天津市在1977年郊县文物普查的基础上，开展天津市第二次文物普查。

1980 年

2 月 14 日—5 月 17 日 天津市艺术博物馆参加在日本东京、福冈、大阪举办的"明清现代书法展览"，展出馆内所藏明清书法作品 20 件，观众达 27 000 人次。

2 月 27 日 文物鉴定家启功和故宫博物院徐邦达先生到天津市艺术博物馆鉴定碑帖、字画。

3 月 5 日 中央美术学院常任侠到天津市艺术博物馆鉴定日本绘画作品。

3 月 《天津自然博物馆馆刊》创刊。后更名为《天津自然博物馆论文集》。

5 月 10 日 独乐寺正式向中外游客开放。

5 月 20 日—7 月 20 日 天津市文物管理处、蓟县文物保管所联合主持对天成寺舍利塔进行维修。

5 月 周恩来同志青年时代在津革命活动纪念馆馆刊《周恩来青年时代》（不定期）创刊。

7 月 蓟县独乐寺山门后梢间剥出四大天王壁画。

10 月 1 日 天津市历史博物馆举办的"天津地方古代史陈列"开放为基本陈列。

10 月 26 日 国务院副总理谷牧在中共天津市委宣传部部长陈冰陪同下，参观天津市艺术博物馆。

10 月 天津自然博物馆昆虫学家刘胜利随中国自然科学博物馆协会代表团赴澳大利亚访问。

11 月 20 日 故宫博物院徐邦达到天津市艺术博物馆鉴定书画。

是年 天津市艺术博物馆举办"四王吴恽画展""明清书法展"等多项展览。

是年 天津市文物管理处考古队、宝坻县文化馆联合对宝坻牛道口遗址进行抢救性发掘，揭露面积 2000 平方米，清理灰坑 13 个、墓葬 27 座，其中东周墓 24 座、汉墓 3 座。出土随葬品有铜戈、剑、尖首刀币、带钩等。

是年 天津市人民政府、天津市文化局、天津市宗教局拨款修葺大悲禅院。4 年后竣工。赵朴初题"真如觉场"匾额。天津美术学院重塑四大天王像、十八罗汉像、千手观音像。天津市文物管理处由静海县移 1 尊释迦牟尼铜像，鎏金开光，置放在大雄宝殿内。

是年 天津市文化局、天津市宗教局拨款大修望海楼教堂，包括修复在地震中受损的塔楼。

是年 天津市文物管理处考古队赴蓟县辛东村，对村西 1 座石棺墓进行清理，出土随葬品石刀 1 件。

是年 天津市人民政府拨款 3.7 万元修葺盘山古佛舍利塔（配置塔刹和 104 个铜铎）。

1981 年

年初 张叔诚向国家捐献文物 455 件，计有北宋范宽《雪景寒林图》轴、元边鲁《起居平安图》卷、元钱选《花鸟图》卷、明仇英《桃源仙境图》轴等珍贵书画 250 件；商、周、汉玉器 130 件；西周克铸、战国错金银壶 4 件；图书碑帖 54 件及其他类 17 件。捐献文物由天津市艺术博物馆收藏。

3 月 8 日 天津市人民政府在友谊俱乐部召开"周叔弢、张叔诚同志捐献文物图书授奖大会"。天津市市长胡启立、国家文物事业管理局副局长马济川出席并讲话。

3 月 11 日 "周叔弢、张叔诚先生捐献文物展"在天津市艺术博物馆开幕，展出捐献文物 1717 件。天津市市长胡启立等来馆参观。

4 月 17 日 日本研究敦煌学专家藤枝晃到天津市艺术博物馆观赏周叔弢捐献的经卷。

4 月 曹秉铎向天津市文化局捐献文物 29 件，其中包括战国错金松石铜带钩、商代墨玉牛、宋代白玉飞天等珍贵文物。

6 月 29 日 为庆祝建党 60 周年，天津市历史博物馆举办"天津近代史陈列"和"天津现代革命史陈列"。同时举办"中国古代简史展""中国邮驿史及邮票展"。

6 月 天津市文物管理处考古队调查测绘蓟县东北太子陵墓区，探明 5 座陵园情况。

9月24日 为纪念鲁迅诞辰一百周年，天津市艺术博物馆举办"纪念鲁迅诞辰一百周年版画展""鲁迅诗作书法展"。

9月28日—10月28日 由国家文物局、天津市文化局联合举办的"周叔弢、张叔诚先生捐献图书、文物展"在故宫博物院开展，共展出图书、文物973件。全国人大常委会副委员长胡厥文，史学界、美术界知名人士于省吾、史树青、蔡若虹、李可染、吴作人、李苦禅、黄胄、董寿平等参观展览，观众总数达9万人次。

9月 周恩来同志青年时代在津革命活动纪念馆与有关单位合编的《周恩来同志青年时期在津的戏剧活动资料汇编》，由天津市百花文艺出版社出版。

10月1日 天津自然博物馆举办大型"植物展览"。动物陈列同时开放。

同日 天津市三条石历史博物馆"三条石地区机器、铸铁民族工业发展史"陈列对外展出。

11月20日—12月18日 天津自然博物馆古生物专家黄为龙参加中科院举办的"中国恐龙展"展览团，赴日本东京等地进行学术交流。

11月 天津市文化局拨款，对蓟县小港、孙各庄乡的清王陵遗址进行回填。

是年 周叔弢将所藏敦煌遗书256卷，包括部分敦煌所出传世本写经（如隋《大般涅槃经》、唐《金刚般若波罗蜜经》等）和日本古写本《文选》残卷全部捐献给天津市艺术博物馆。

是年 吴雅安捐献青铜器212件，韩瑾华捐献书画、瓷器159件，高文翰捐献唐人写经2卷，曹秉铎捐献陶瓷器、玉石、玺印等77件。

是年 天津市文化局代表政府接收捐献文物、标本2291件，图书1827种9196册。

1982年

3月 日本"中国恐龙展"答谢团访问天津自然博物馆。

4月12—16日 故宫博物院耿宝昌到天津市艺术博物馆鉴定瓷器。

5月1日 天津市历史博物馆举办的"汉字字体的演变"展览开放。

5月13日 天津市历史博物馆举办"勿忘国耻、振兴中华"展。

5月 天津市历史博物馆为日本神户市博物馆复制汉代铜铎2件。

本月 天津市文物管理处考古队、蓟县文物保护所对盘山千像寺遗址进行第二次考察。

6月 天津市艺术博物馆举办"何启君同志捐献文物展"，展出捐献文物82件。

本月 工艺美术师王习三到天津市艺术博物馆鉴定鼻烟壶。

7月9日 天津市人民政府下发《关于重新公布天津市文物保护单位名单的通知》，对天津市文保单位重新进行调整补充，确定市级文物保护单位35处。

7月 天津市人民政府在纪庄子桥东北侧竖立"义和团纪庄子古战场"纪念牌。

本月 天津市文物管理处考古队清理静海县东滩头村10座古墓，其中东汉墓7座，宋墓2座，金墓1座。而东滩头村1号墓（由22个墓室组成的砖砌多室墓）是迄今国内发现墓室最多的汉墓。

9月24日 天津市艺术博物馆举办"周仲铮女士捐献作品展"。

10—12月 天津市举办"文化大革命"中被抄户文物认领会，展出文物4000余件。

12月23日 天津市人民政府颁布《天津市文物市场管理暂行规定》。共14条（津政发〔1982〕235号）。

是年 国务院公布义和团吕祖堂坛口遗址为第二批全国重点文物保护单位。

是年 天津市文物管理处考古队考察发掘武清县元代十四仓遗址，出土陶瓷、铜铁器100余件。

是年 天津市艺术博物馆选送绘画作品6件，参加故宫博物院在澳大利亚举办的"中国古代绘画展览"。

是年 王志宜捐献民国《宪法草案》1份，刘冠英捐献刘墉书法卷1件，侯殿伯捐献字画812件。

是年　何启君将清代官窑瓷碗、清康熙年间版画《耕织图》，以及徐悲鸿、齐白石、张大千等的书画共 82 件，捐献给天津市艺术博物馆。

是年　天津市文物管理处考古队，在蓟县别山乡二里店子村开始清理东汉砖室墓 3 座，翌年结束。出土随葬品有铜镜、铜剑、错金铁刀、铜车马器，以及泥质灰陶壶、盂、盘等明器，家畜俑，"七窍"敛玉，五铢钱等。

是年　蓟县重建盘山云罩寺，维修挂月峰上的定光佛舍利塔。

1983 年

3 月 16 日—4 月 25 日　天津市文物管理处考古队、蓟县文物保管所对独乐寺塔被地震破坏的部分进行拆除时发现辽塔，并出土金、银、铜、玉、瓷等辽代文物 100 余件。

4 月 9—22 日　天津市文化局举办"天津市十一届三中全会以来文化艺术成果展"，展出戏剧、电影、图书、博物馆、文物和群众文化工作成果照片 1200 多幅，实物、文献、图表 700 余件，从不同侧面展示了天津市从 1978 年党的十一届三中全会以来文化艺术工作日益走向繁荣昌盛的景象。

5 月 22 日　中共中央文献研究室一行 27 人到河北区考察革命遗址，参观"女星社""河北女师"旧址，并进行座谈。

5 月　天津市历史博物馆举办"中国历代货币"展览。

6 月 23 日　河北区文物管理所在中山公园西南角灌木丛下发现"十五烈士纪念碑"。

7 月 1 日　天津市文化局拨款 2 万元，彩绘蓟县鼓楼。

7 月　陆骊、徐宝善、徐宝慈将元杨维桢《梦游海棠城诗卷》草书、明《徐达画传》、唐人写经等捐献给天津市历史博物馆。

7—8 月　天津市艺术博物馆、天津市历史博物馆为国家文物局在中国历史博物馆举办的"全国拣选文物展览"选送青铜器 240 余件。

秋　天津市文物管理处考古队、静海县文化馆联合对静海县西钓台遗址进行发掘。清理战国墓（瓮棺、土坑、贝壳）40 余座，西汉墓（土坑、砖室）和唐宋墓 7 座，战国井（陶圈井、土井）和西汉井（陶圈井、砖井、土井）共 50 余处，出土一批陶、铜器。

12 月 24 日　天津市文化局在天津市历史博物馆举办"毛泽东在天津""纪念毛泽东诞辰 90 周年"展览。

12 月　蓟县图书馆大楼基建工地出土明火蒺藜 500 余个。

本月　河北区基建工程施工中在狮子林大街三岔河口炮台遗址发现残存明、清时期的台基各 1 处，铁炮 1 门。

是年　袁仁全捐献明代王守仁书法卷等 16 件。

是年　天津市文化局拨款重修杨柳青文昌阁。

是年　天津市文物管理处考古队派员赴蓟县对大井村北的明代燕忠墓进行清理。出土 1 合墓志，边长 70 厘米。杨一清撰，陆完书，石玠篆，明正德己亥（1515）刊。同出随葬品铜镜 1 面。

1984 年

1 月 18 日　天津自然博物馆举办"优生知识展"。

1 月 28 日　天津市历史博物馆与故宫博物院联合举办的"清代皇帝皇后生活文物展"在天津市历史博物馆开幕。

年初　在天津市市长李瑞环倡导下，市房管系统 6 个修建公司的 16 个工程队陆续进入施工现场，开始对和平区解放北路和五大道的建筑进行整修。历时 5 个月，工程全部竣工。62 幢旧楼换容颜。

2月 天津市文化局文物处下设文物保护科、博物馆科、文物管理科等。考古工作队并入天津市历史博物馆编制，称为考古部，对外称天津市考古工作队，继续承担全市地下文物保护及考古调查、勘探和发掘任务。

3月 天津市历史博物馆主办的"中国历代货币展"赴日本展出。

4月10日—5月15日 文化部文物局、陕西省秦始皇兵马俑博物馆、天津市历史博物馆联合举办的"秦代兵马俑全国巡回展"在天津市历史博物馆开幕。

4月18日 天津十五烈士纪念碑复建揭幕仪式在中山公园举行。中共天津市委常委肖元、副市长姚峻、市政府秘书长鲁学政等领导及烈士家属参加。

4月 宝坻县文化馆文物陈列室正式对外开放。

5月1日 天津市艺术博物馆与北京徐悲鸿纪念馆联合举办"徐悲鸿画展"，天津市市长李瑞环，市领导陈冰、肖元和徐悲鸿夫人廖静文出席开幕式。

5月20日—7月20日 天津市文化局文物处、蓟县文物保管所对盘山天成寺舍利塔进行大修，配置毁坏的铜刹、风铎，修补塔顶、砖檐。

7月2日 天津市三条石历史博物馆举办"太平天国历史展"。

7月23日 天津市文化局、天津市抗震办公室联合邀请京津两地建筑结构专家30余人，在蓟县举行"独乐寺抗震加固学术讨论会"。

7月 天津市文化局拨款8万元维修白塔寺。

9月16日 天津觉悟社旧址陈列馆正式开放。同时加挂河北区文物管理所牌子。

9月25日 位于杨柳青的"平津战役天津前线指挥部旧址陈列馆"正式对外开放。

9月27日 天津市"爱我中华，修我长城"赞助活动指导委员会成立。市长李瑞环任主任。蓟县长城第一期修复工程开工。

10月1日 为庆祝中华人民共和国成立35周年，天津市各博物馆共举办11个展览：天津市历史博物馆的"揭示古代天津的奥秘——建国以来天津考古成果汇报展"，天津市艺术博物馆的"江山多娇山水画展""历代玉雕展"，天津市艺术博物馆与泥人张彩塑工作室合办的"泥人张彩塑展"，天津自然博物馆的"动物展""植物展""古生物展"，周恩来同志青年时代在津革命活动纪念馆的"周恩来同志青少年时代在津革命活动陈列"及小型流动展览，天津觉悟社旧址陈列馆的"觉悟社旧址复原陈列"和"觉悟社辅助陈列"，天津市三条石历史博物馆的"新红桥摄影展"，平津战役天津前线指挥部旧址陈列馆的复原陈列和辅助陈列及天津战役英烈室。

10月2日 天津市"修复长城赞助大会"在蓟县召开。会议由天津市副市长李岚清主持。

10月8—23日 天津市文化局组织的第一期文物培训班开课，参加人员为海关、公安、工商等执法部门及文物部门的业务人员。课程内容为文物保护法，以及瓷器、玉器、字画、杂项等鉴定。

10月24日 由天津市人民政府主办的"独乐寺重建1000周年纪念活动"在蓟县隆重举行，天津市有关领导及古建筑专家郑孝燮、罗哲文等应邀参加，并立"独乐寺重建一千年纪念碑"1通。

10月 天津市历史博物馆考古部和宝坻县文化馆对宝坻县歇马台遗址进行抢救性发掘，共开探方10个，发掘面积250平方米，清理战国墓8座，出土随葬有灰陶鼎、豆、壶、盘、匜和"燕式鬲"。汉墓1座，随葬品有泥质灰陶罐。

本月 蓟县白塔修复竣工。

11月 国务院批准蓟县中上元古界地质自然保护区为国家级自然保护区。

本月 河东区大直沽天津市发电一厂施工工地出土明末清初陶瓷器（其中完整6件），天津市历史博物馆考古部派员进行现场调查。

12月 天津市历史博物馆考古部蓟县文物保管所在蓟县抬头村清理1座早期辽墓，出土30余件陶瓷器。

是年 天津市历史博物馆考古部在全市范围内进行碑刻调查。发现碑碣、墓志铭、塔记、幢记与其他文物共

231 件。其中，东汉 1 通，宋辽金元 22 通，明清民国 208 通。

是年　画家刘子久后人刘祖泰捐献刘子久遗作 260 件。

是年　天津市文化局拨款，宝坻县文教局将设在大觉禅寺内的城关中学图书馆迁出，并组织实施对寺内大殿进行整修。

是年　沈阳道旧物调剂市场更名古物市场。

是年　为贯彻落实文化部、公安部 1984 年《关于加强非文物部门收藏文物安全保卫工作的通知》的精神，天津市文化局、天津市公安局对南开大学、天津师范大学、天津美术学院、天津工艺美术学院、天津人民美术出版社、蓟县文物保管所等 14 个非文物收藏单位收藏的文物进行安全检查，共鉴定文物 10 187 件、钱币 388 千克，其中三级以上文物 550 件。

是年　为加强流散文物管理，西郊区派员将散落在杨柳青、上辛口、张家窝、李七庄等乡镇的碑碣、墓志，统一集中到区文化馆内妥善保管，并责成专人传拓。

1985 年

1 月 1 日　天津市艺术博物馆、天津日报社联合举办的"黄胄新作展"开幕，展出作品 130 余幅。国务院副总理万里、中共中央书记处书记胡启立、中共天津市委书记倪志福出席开幕式，市长李瑞环剪彩。

2 月 20 日　天津市历史博物馆举办的"近代天津民俗展"开展，为基本陈列。

同日　天津市历史博物馆与西郊区霍元甲史料征集办公室、上海市体委精武体育会联合举办的"近代爱国武术家霍元甲生平事迹展"开幕。

2 月　市政工程部门在中环线施工时，在八里台一户民居下发掘出 1 通望海寺清高宗弘历（乾隆）御笔诗碑。高 3.12 米，宽 0.93 米，厚 0.31 米。碑上镌有清高宗弘历（乾隆）自 1769 至 1788 年 6 次出巡途经天津，在望海寺拈香瞻礼时御制诗 7 首。

3 月　"中国书法艺术展览"在芬兰首都赫尔辛基开幕，其中有天津市艺术博物馆提供的明清书法作品 10 件。

4 月 8 日　天津市历史博物馆组成第一届学术委员会，下设馆刊编辑委员会。

4 月　天津市历史博物馆考古部开始对蓟县明代长城进行全面考察。翌年秋结束。共考察关城 1 座、水关 1 座、寨堡 6 座、空心敌台 46 座、普通墩台 36 座、烽燧火池 9 组，出土铜炮 2 尊和一批明代遗物。

5 月 4 日　蓟县逯庄子乡发现东汉墓葬，出土随葬器有灶、猪、狗、仓、香炉、奁等 58 件陶器和 100 余枚五铢钱。

6 月 15 日　天津市人民政府拨款 65 000 元维修鲁班庙。天津市文化局、蓟县文化局、蓟县教育局决定搬迁蓟县城关中学校办工厂，油漆彩绘山门、配殿、大殿、大殿内鲁班及弟子彩绘塑像。

6 月 29 日　天津市人民政府、天津市文化局、日本神户市政府、神户市立博物馆、神户市新闻社联合举办的"中国天津文物展"在日本神户市立博物馆开幕。

7 月 1 日　觉悟社旧址陈列馆重新开放。

8 月 15 日　天津市艺术博物馆举办的"纪念抗日战争和世界反法西斯战争胜利四十周年版画展览"开幕。

同日　天津市历史博物馆举办的"抗日战争和世界反法西斯战争胜利四十周年纪念展览"开幕，中共中央政治局委员、中共天津市委书记倪志福出席剪彩。

9—12 月　天津市艺术博物馆主办的"十八—十九世纪中国传统绘画展"在民主德国柏林展出，观众达 5000 人次。

9 月　蓟县长城修复第一期工程竣工。共修复太平寨段城墙 873 米，敌楼 6 座，墩台 1 座，登城便门 1 处。

10 月 2 日　蓟县中上元古界地质自然保护区正式立碑建立。揭幕仪式在蓟县下营镇常州村举行。天津市市长李瑞环、地质部部长朱训为保护区立碑，市政府顾问毛昌五讲话，市领导和有关部门专家学者参加了庆祝仪式。

同日 蓟县长城第一期修复工程竣工典礼仪式在太平寨举行。天津市市长李瑞环剪彩，副市长李岚清讲话，天津市长城指导委员会副主任、副市长姚俊，文化部文物局和部分赞助单位的领导、专家、顾问以及参加施工的解放军部队负责人200余人参加庆典仪式。会上确定第二批修复工程方案。

10月14日 全国重点文物保护单位义和团坛口遗址吕祖堂修复竣工。

10月 蓟县长城第二期修复工程开工。

秋 蓟县西山北头村发现东周时期青铜短剑。

11月1—2日 海河东岸河北区狮子林小学教学楼施工工地（原三岔河口附近）发现大量的清代铁钱"咸丰通宝"，天津市历史博物馆考古部派员进行了清理。

11月 天津文庙和盘山定光佛舍利塔修复竣工。包括塔前黄龙祖师殿及云罩寺至挂月峰的登山小路。

12月9日 中共中央政治局委员、书记处书记姚依林题名的"一九三六年天津学生抗日救亡义务教学点旧址纪念碑"在天津市西郊区王兰庄落成。

是年 天后宫、广东会馆修复竣工。

是年 天津市人民政府决定建立"天津学生抗日救亡义务教育点陈列馆"，并立碑铭志。

是年 天津市历史博物馆考古部在蓟县上宝塔村南清理2座汉代砖室墓。出土随葬品有泥质灰陶壶、罐、盆、灶、灯，以及家畜陶俑。

是年 天津市文物公司萃文斋门市部在南市食品街开业。

是年 西郊区文物比较多的乡镇、村庄建立文物保护小组，由乡镇文化站负责。

是年 蓟县白塔寺、白塔修复竣工，对外开放。

1986 年

1月1日 天后宫、广东会馆、吕祖堂经过重组筹备后，分别建立为"天津民俗博物馆""天津戏剧博物馆""天津义和团纪念馆"并正式开放。

同日 天津市古文化街开业。

1月7日 周恩来同志青年时代在津革命活动纪念馆举行"纪念周恩来逝世十周年座谈会"，周恩来生前好友、同学及其后人以及市文化局有关领导30余人参加。

2月7日 天津自然博物馆和中国南极考察委员会联合举办的"南极向你招手——南极考察展"开幕。

2月15日 香港实业家、连顺集团有限公司董事长林勇德、总经理叶奇思赠送天津人民2只猛犸象牙化石的展出揭幕仪式在天津自然博物馆举行。天津市市长李瑞环、副市长姚峻向林勇德、叶奇思先生颁发荣誉证书。

3月4日 由中华全国妇女联合会、天津市妇女联合会主办，天津市三条石历史博物馆和红桥区妇女联合会承办的"中华女英烈纪念展"开幕，共展出全国各民族的45位女烈士的生平事迹。全国妇联书记处书记于淑琴、中共天津市顾问委员会主任张淮三出席开幕式。

3月5日 国家文物鉴定委员会在北京成立，天津市顾得威、张慈生、刘光启、唐石父、云希正被聘为委员。

3月21日 天津市艺术博物馆举办的"台北故宫博物院藏画复制品展"开幕，展品60余件。

3月29日 大港区文化科、天津市历史博物馆考古部对大港区建国村出土的金代窖藏铜钱进行调查和整理。铜钱总重150千克，共22 171枚，上至西汉，下至金代，约200余种。

3月 蓟县邦均镇东南刘家坟出土铜簋、铜鼎各1件，其中簋腹底有铭文"戈父丁"3字。

4月9日 收藏家张叔诚将珍藏的郑燮隶书轴、清高宗（乾隆）御笔行书轴等文物捐赠给天津市艺术博物馆，中共天津市委副书记吴振、市政府及市文化局领导出席捐赠仪式。

4月15日 蓟县长城第二期修复工程全线动工。

5月6日—10月30日　天津市历史博物馆考古部、蓟县文物保管所联合对蓟县邦均刘家坟西周遗址进行第一次发掘，发掘面积2000多平方米，发现房址2座，灰坑20个，墓葬26座。

5月9日　蓟县文物保管所主持对渔阳鼓楼包砖重修。

5月12—14日　中国人民解放军原第四野战军特种兵副司令员兼参谋长苏进（天津战役天津前线指挥部主要领导成员）参观天津市历史博物馆和天津战役天津前线指挥部旧址陈列馆后进行座谈，并将珍藏37年的《天津战役作战图》和《天津守敌布防图》捐献给天津市历史博物馆。

5月27—28日　天津市文物博物馆学会成立暨第一次学术讨论会在天津市历史博物馆召开。学术讨论会共收到论文44篇。

5月28日　天津市历史博物馆考古部、蓟县文物保管所联合清理蓟县营房村辽墓，出土随葬品有陶器、瓷器、鎏金铜饰件、铁器等40余件。

6月16日　天津市人民政府批准恢复"天津市文物保护管理委员会"，办公室设在天津市文化局文物处，文物处处长兼任办公室主任。

6月18—20日　中共天津市委宣传部、市文化局联合召开天津市第二次文物工作会议，部署全市开展全国第二次文物普查（天津市第三次文物普查）。会上传达全国文物工作会议和全国考古发掘与文物普查工作会议精神，交流文物保护工作经验，表彰了全市文博系统和有关部门的16个先进集体和11名先进工作者，讨论了《天津市博物馆、纪念馆工作条例》（征求意见稿）。

6月25日　天津市文化局转发文化部、公安部《关于检查落实文物和古建筑防火安全措施的通知》。

7月21日　收藏家杨健庵将珍藏的黄慎《人物图册》、汉代虎符、唐代兔符和鱼符、肖宗造像、汉代嵌金银丝铭文铜带钩等20余件文物捐赠给天津市历史博物馆。天津市文化局领导出席了捐赠仪式。

8月7日　天津市文化局转发文化部颁布的《纪念建筑、古建筑、石窟寺等修缮工程管理办法》，规定今后凡对各级文物保护单位中的纪念建筑、古建筑、石窟寺等进行修缮，必须按程序进行申报批准后方得施工。

9月5日　天津市文化局向各区县文化局下发《关于认真做好全市文物普查工作的通知》（津文物字〔1986〕第44号）。

9月10日　全国政协主席邓颖超同志专程来天津觉悟社纪念馆视察并题写馆名。

9月11日　天津市文化局拟定的《天津市博物馆、纪念馆工作条例》经市政府批准颁发。

9月16日　全国人大常委会副委员长黄华参观周恩来同志青年时代在津革命活动纪念馆并题词："你是中华民族永远汲取的泉水"。

9月20日　著名地质学家、古脊椎动物学家卞美年一行3人自美国来华参观访问，由中国科学院学部委员、古人类学家贾兰坡陪同到天津自然博物馆参观。

9月　长城第二期修复工程竣工。修复沟河西岸城墙2152米、敌楼12座、黄崖正关城台1处、北极阁1座，在城门孤峰上恢复圆形空心敌台凤凰楼、钻碧亭，在黄崖关建长城博物馆1座。

10月6日—11月1日　天津市文化局举办的第二期文物培训班开课。

10月11日　天津市蓟县长城第二期工程在黄崖关举行竣工典礼。市长李瑞环剪彩、副市长李岚清致辞，文化部、国家旅游局领导及有关专家和各界代表近千人参加典礼。

10月14日　国务院副总理谷牧在天津市市长李瑞环等陪同下参观天津戏剧博物馆。

10月15—17日　为纪念"泥人张"彩塑创始人张明山诞辰160周年，天津市艺术博物馆、"泥人张"彩塑工作室、杨柳青画社联合举办的"泥人张"彩塑艺术座谈会在天津宾馆举行。中共天津市委宣传部副部长马献庭出席开幕式并讲话，北京故宫博物院副院长杨伯达、徐悲鸿纪念馆馆长廖静文在开幕式上致辞。

10月17日　"邃园"在天津市历史博物馆内建成开放。是市内博物馆修建的第一座文物园林。

10月20—24日　文化部文物局在津召开"全国部分省级博物馆群众教育工作座谈会"。有关省、市、自治区文化厅（局）和博物馆负责人80余人出席。中国历史博物馆、中国革命博物馆、天津自然博物馆分别介绍了开展群众教育工作改革创新的经验。中共中央宣传部、中国博物馆学会、天津市文化局负责同志应邀出席。与会代表参观了天津自然博物馆、天津市历史博物馆、天津市艺术博物馆、周恩来同志青年时代在津革命活动纪念馆。

10月31日　宝坻"大觉寺"维修竣工。

10月　第三期长城修复工程开工。

11月30日　靳蕴清家属将先人珍藏的王羲之《干呕帖》、清章声《花卉》卷等文物捐献给天津市历史博物馆。

11月　经天津市文物博物馆学会批准，天津市文物博物馆学会陈列艺术专业委员会成立。

12月17—20日　天津市第二次全国文物普查领导小组召开区、县文物普查工作会议。与会者40余人。

12月30日　为纪念古文字学家王襄诞辰110周年，天津市艺术博物馆、天津市文史馆、天津社科院历史研究所、天津市历史博物馆、天津图书馆联合举办"王襄纪念展"并召开座谈会。著名专家学者胡厚宣、史树青、王玉哲、李鹤年、唐石父及王襄后人等出席。

是年　天津市历史博物馆开始天津域内工业考古调查。

是年　《天津市历史博物馆馆刊》创刊。

是年　天津市文物博物馆学会会刊《天津文博》（内部刊）创刊。

1987 年

3月4日　天津市三条石历史博物馆与区妇联举办的"中华女英烈纪念展"赴京展出。

3月28日—6月1日　天津市历史博物馆考古部在蓟县刘家坟遗址进行第二次发掘，共开探方68个，揭露面积1700平方米，清理灰坑1个、墓葬26座。

4月30日　中国剧协主席、著名剧作家曹禺参观天津戏剧博物馆并题词"一部活的中国戏剧史"。

4月　因蓟县张家园村出土西周青铜鼎、簋及金耳环，天津市历史博物馆考古部对张家园遗址进行第三次发掘，共开探沟58条，揭露面积1000平方米，清理居址1处、窖穴15个、墓葬4座。

4月　天津市历史博物馆考古部配合国家重点工程大秦铁路二期工程进行考古调查，发现古遗址4处、古墓葬4处。

5月29日　中国少年报社、中国青年政治学院、天津市三条石历史博物馆联合举办的"希望之星——中华少年成才之路"在天津市三条石历史博物馆开幕。中共天津市委书记倪志福、市长李瑞环出席开幕式。

6月12日—7月20日　天津市历史博物馆举办的"祖国在我心中——云南、广西边防部队英模事迹展"开幕，全国政协副主席吕正操为展览剪彩。

6月22—25日　天津市历史博物馆考古部、蓟县文物保管所联合发掘蓟县城关明代敦信墓，出土"明故磁州学正敦信先生墓志铭"1盒、买地券1方。

7月1日　蓟县文物保管所在官庄镇挂月庄村清理清墓1座，出土文物有翡翠珠、光绪通宝钱。

本月　中国社科院考古所所长王仲殊、《考古》杂志主编卢兆荫到天津市艺术博物馆观看文物，并出席由天津市文物博物馆学会召开的学术讲演会，分别就日本考古学、中日古代文化交流和中国古代玉器问题发表见解。

8月　天津市历史博物馆考古部派员对大港区上古林村沉船进行调查和发掘。

本月　蓟县文化局和马伸桥乡政府处理北赵各庄私挖清墓事件，追回双耳罐、鼻烟壶等文物。

本月　天津市"爱我中华，修我长城"赞助活动指导委员会在太平寨长城入口城门洞内壁立"重修蓟县长城赞助碑"，镌刻1984年10月至1987年8月天津各界民众与驻津部队修复长城的赞助名单。1986年8月补记，1987年8月又记。

本月　宝坻县文化馆清理石幢基础，发现浮雕石构件19件半。

9月16日　天津戏剧博物馆举办的"中国戏剧家书画展"开展。文化部副部长高占祥、中共天津市委副书记谭绍文为开幕式剪彩。

10月1日　蓟县黄崖关长城博物馆开馆，为全国第一座长城博物馆。

10月5日　蓟县长城修复第三期工程竣工。修复黄崖关城、牌楼等建筑，恢复关城内八卦街。

同日　以徐向前、聂荣臻元帅为首的107位中国人民解放军高级将领为蓟县长城题字的墨迹碑石"百将碑林"，在黄崖关城"乾"卦区内的南院西侧落成。

10月5—9日　天津市历史博物馆考古部派员对蓟县城关镇明墓进行抢救性发掘。随葬品有钱币122枚，以及分别刻有"长""命""贵"字的戒指3枚。

10月　天津市"爱我中华，修我长城"赞助活动指导委员会在黄崖关长城博物馆院内立"重修蓟县长城碑"。

11月19日　美国弗利尔美术馆、沙可乐美术馆中国美术部主任傅申，在天津市艺术博物馆做《张大千与清初四僧》的学术报告。

11月22日　全国古书画鉴定小组成员谢稚柳、刘九庵、杨仁恺出席天津市艺术博物馆举办的学术座谈会。谢稚柳做了《全国书画鉴定小组的源起和展望》，刘九庵做了《赵孟頫与董其昌》，杨仁恺做了《对天津市艺术博物馆藏画特点之认识》的学术报告，天津市艺术博物馆、天津市历史博物馆、天津市文物公司等单位的专业人员参加会议。

12月9日　位于西郊区王兰庄村的天津学生抗日救亡义务教育点纪念馆举行开馆仪式。

12月10日　天津市第十届人大常委会第39次会议通过《天津市文物保护管理条例》。该条例共8章48条。

同日　天津市艺术博物馆建馆30周年庆祝大会召开。"艺术博物馆馆藏珍品展"开幕。《天津市艺术博物馆建馆三十周年纪念文集》出版。

冬　文化部副部长王济夫参观天津戏剧博物馆并题词"梨园风采，源远流长"。

是年　为参编《中国文物地图集·天津分册》，天津市历史博物馆考古部开始对全市范围内不可移动文物进行调查。新发现文物点665处，其中古遗址78处，古墓葬62处，沉船7处，古建筑42处，各种碑刻180通，近代建筑296处。

是年　天津市艺术博物馆在《敦煌研究》1987年第2期上公布馆藏敦煌卷子目录。

是年　天津市文庙保管所成立。

是年　文化部颁布《文物藏品定级标准》。

是年　西郊区人民政府将设在石家大院内的杨柳青第一中学校舍迁出，并对石家大院进行大修。

是年　蓟县重建万松寺，维修普照禅师塔、太平禅师塔、万松寺塔林。

是年　山西省测绘局航空摄影测量大队开始对蓟县独乐寺进行近景摄影测绘。

1988年

1月3日　国务院公布望海楼教堂、大沽口炮台遗址为第三批全国重点文物保护单位。

3月5日　周恩来同志青年时代在津革命活动纪念馆展出"周恩来与天津"，展览介绍周恩来对天津建设事业及各界人士的关怀。

3月9日—7月24日　天津市历史博物馆考古部、蓟县文物保管所联合发掘蓟县下埝头遗址。

3—5月　天津自然博物馆古生物专家李玉清参加"中美合作中国山西榆社地区新第三纪地层和动物群研究"项目，赴美国纽约自然历史博物馆考察。

3月　天津市历史博物馆考古部发掘蓟县别山汉代墓地，清理汉墓11座，其中西汉中晚期土坑墓2座、东汉晚期砖室墓9座。

4月25—26日 经天津市文物博物馆学会批准，天津市文物博物馆学会保管专业委员会成立，并召开大会。

4月 天津市历史博物馆考古部在武清县李老村发现辽赵氏夫人墓志；在东郊区军粮城调查时，发现西汉古城1座、唐代古城1座。

6月1日 天津自然博物馆与天津市妇联、共青团天津市委联合举办"渤海儿童世界自然馆及海底世界陈列"。

6月22—24日 天津市文化局召开"天津市第三次文物工作会议"。

6月 天津市历史博物馆考古部、蓟县文物保管所联合发掘蓟县西北隅战国至辽代墓地，清理战国墓1座、汉墓2座、辽墓2座。

7月27日 集启功、舒同、谷牧等104位当代书法家、艺术家、科学家、政治家及国际友人赞颂长城的墨宝题刻组成的"百家碑林"在黄崖关南院东侧落成。

8月2日 国家文物局副局长庄敏一行视察梁启超饮冰室、李叔同故居等文物保护单位。

8月9—23日 天津市历史博物馆考古部与蓟县文物保管所首次发掘蓟县弥勒院遗址，共开探沟8条，揭露面积150平方米。

8月 天津市文物博物馆学会召开"第二次学术讨论会"，中心议题是"历史文化名城——天津"，共收论文30余篇。

本月 《天津黄崖关长城志》由天津古籍出版社出版发行。

12月 天津市历史博物馆考古部派员调查宝坻县大千佛顶村寺庙遗址，出土辽代铜器6件。

本月 为配合大秦铁路建设工程，天津市历史博物馆考古部开始对蓟县辛西村古墓群进行发掘。

是年 天津市历史博物馆考古部调查东郊军粮城汉唐海口遗址。

是年 天津市文化局文物处、宝坻县文物保管所在原址恢复重建宝坻石经幢。

是年 天津市艺术博物馆与北京图书馆等单位联合举办"敦煌吐鲁番资料展览"，公开展出馆藏部分敦煌遗书。

1989年

1月1日 天津自然博物馆举办"预防艾滋病知识展"。

1月15—30日 由天津市文化局主办，天津市历史博物馆、天津市艺术博物馆、杨柳青画社承办的"纪念天津解放四十周年展"在天津市艺术博物馆展出。

1月31日 中共中央政治局委员、中共天津市委书记李瑞环参观重建的宝坻石经幢。

年初 市政一公司在河北区卫国道市政仓库工地施工过程中，发现3通大型汉白玉石碑，其一为"太傅肃毅侯李公庙碑"，高2.46米，宽0.98米，厚0.34米。原立李公祠，20世纪70年代挖防空洞时移至此处。

3月20日 上海名票何时希向天津戏剧博物馆捐赠杨宝森书、俞振飞绘扇面1幅，姜妙香绘、俞振飞书扇页1幅，以及戏曲剧本、曲谱、录音带、照片等文物史料。

同日 天津戏剧博物馆举办的"上海名票何时希捐献文物展"开幕。

4月1日 天津市文物鉴定委员会成立。

4—12月 天津市历史博物馆考古部继续对蓟县辛西汉墓群进行发掘。共清理墓葬72座，其中汉墓68座、战国墓2座、辽墓2座。

5月 天津市历史博物馆考古部派员赴蓟县，对小云泉寺金代遗址进行调查和抢救性发掘。出土六耳铁锅、铁斧、铁镰、陶瓮、瓷碗及438枚铜钱。

本月 天津市文物博物馆学会陶瓷研究会成立。

7月12日 天津市文物博物馆学会书画研究会成立。

8月4日 天津市文化局完成天津市外贸文物领导小组天津口岸147万余件库存文物的接收任务。

8月4—5日 "天津市文博学会第二次代表大会暨学术讨论会"在天津市历史博物馆召开，选举产生了第二届理事会。

9月2日　天津文庙正式对外开放，同时举办的"府庙大成殿复原陈列"开展。1991年10月28日天津文庙保管所更名为"天津文庙博物馆"。

9月16日　"纪念觉悟社成立七十周年暨天津觉悟社纪念馆成立五周年大会"在天津觉悟社纪念馆举行。

9月27日　天津市艺术博物馆举办的"中国历代陶瓷陈列"开展。

9月28日　天津市历史博物馆举办的"天津历史陈列"开展，分为"古代天津""近代天津"两部分。

10—11月　天津市历史博物馆考古部、宝坻县文物保管所联合对宝坻县秦城遗址进行试掘，揭露面积113平方米，清理墓葬6座。

同期　天津市历史博物馆考古部继续发掘蓟县下埝头遗址。共开探方93个，揭露面积2300平方米，清理房址1处，灶址8处，灰坑窖穴86个，沟2条。

10月23—24日　天津市文物博物馆学会陶瓷研究会邀请故宫博物院李辉炳作《当前陶瓷考古与研究概况》《定窑瓷器的发展与研究特点》的学术报告。并组织会员赴河北省定州市、曲阳县考察定窑遗址，到定州市博物馆、曲阳文保所等地参观学习。

本月　大秦铁路考古工程结束。2年来共清理墓葬113座，出土文物500余件。

11—12月　天津市历史博物馆考古部在蓟县西后街村发掘古墓群。共清理汉墓10座、辽墓1座，出土遗物164件。

12月　国家文物局副局长黄景略率古建筑专家20人考察独乐寺。

是年　天津市历史博物馆考古部为配合大秦铁路工程，派员赴蓟县邦均镇清理汉墓10座。

是年　西郊区人民政府修复霍元甲故居一明二暗大坯北房3间、东西厢房各2间。

是年　天津民俗博物馆创刊民俗杂志《天津卫》。

1990年

3月　经国家文物局批准，独乐寺维修工程正式立项，成为国家重点古建筑保护维修工程。

本月　天津市文物博物馆学会保管专业委员会举办"馆藏文物登记、建档培训班"，对新建馆和部分区县负责文物的保管员进行业务培训。

本月　天津市艺术博物馆举办的"津沽绘画三百年展"开幕。

4—6月　天津市历史博物馆考古部继续试掘秦城遗址；在蓟县吴家埝头村东北清理东汉墓葬11座，出土遗物120余件。

6月8日　天津市副市长钱其璈、国家文物局副局长黄景略、古建筑专家罗哲文组建独乐寺维修工作领导小组，并出席维修工作第一次会议。

6月10—18日　由中国自然科学博物馆协会技术委员会主任陈锡欣主持召开的"全国动物现代剥制技术培训交流会"在天津召开。

6月24日　独乐寺观音阁和山门周围搭起脚手架，维修工程开工。

7月23日　中共中央政治局常委李瑞环视察独乐寺工程。

8月　静海县张村发现2座隋墓，随葬品有盘口长颈瓶、敛口钵、深腹碗。

9月　天津市历史博物馆举办的"馆藏明清书画精品展"开展。

10月9日　天津戏剧博物馆举办的"抗敌剧社、抗敌宣传队、孩子团史料展"开展。

10—11月　天津市历史博物馆考古部和宝坻县文化馆继续发掘秦城遗址。共揭露面积800平方米，清理东、北2座城门口，城内3处夯土基址，6座土坑墓，43座瓮棺葬。

同期 天津市历史博物馆考古部进行洵河沿岸考古调查时，发现蓟县长城以北的常州青铜时代遗址。

10—12月 天津市历史博物馆考古部派员前往蓟县，完成对福山塔的全面测绘工作。

是年 天津市文化局与天津市工商局联合检查，在沈阳道古物市场查获清乾隆年以前各类文物199件。

是年 天津市文物公司艺湛坊文物店在南开区古文化街开业。

是年 蓟县重建东甘涧观音庵。

1991 年

1月23日 天津市历史博物馆考古部派员参加在福州召开的"全国考古工作会议"。

3月1日 天津市文物博物馆学会理事会议在天津市历史博物馆召开。会上通报了"天津市第四届社会科学优秀成果评奖"活动情况，研究并通过了学会1990年工作总结和1991年工作计划，商讨举办"爱我中华——文博知识竞赛"等具体事宜。

4月6日 周恩来的南开中学同学、好友常策欧的夫人高春华代表其祖孙三代，将周恩来在中学及旅欧时期的12张（原版）照片捐赠给周恩来同志青年时代在津革命活动纪念馆。

4月13日—7月 天津市历史博物馆考古部派员对蓟县东关汉墓群进行发掘，共清理西汉晚期至东汉中期墓葬60余座，其中土坑墓41座。出土一批铜、陶、玉石、漆、蚌等器物。

5月11日 天津市三条石历史博物馆所属的福聚兴机器厂旧址开始修复。

6月27日 天津自然博物馆举办"珍稀动物展"开展。

7月1日 天津市历史博物馆、中共天津市委党史资料征集委员会、天津市档案馆联合主办的"中国共产党在天津——纪念中国共产党成立七十周年"大型展览在天津市历史博物馆开展。中共天津市委书记谭绍文、市长聂璧初出席开幕式，谭绍文为开幕式剪彩。

同日 恢复后的中共天津建党纪念馆正式开馆。中共天津市委书记谭绍文出席揭幕仪式，市长聂璧初为纪念馆落成揭幕。

7月19日—8月6日 天津市艺术博物馆举办"纪念周叔弢先生诞辰一百周年展"。

7月27日 《天津市历史博物馆馆藏资料丛编·北洋军阀史料》编辑委员会在天津市历史博物馆成立，并召开第一次全体会议。

同日 钱币学家马定祥之子马咏春、马传德将5枚"义和团团钱"捐献给天津义和团纪念馆。

8月2日 天津市人民政府下发《关于公布第二批天津市文物保护单位及将蓟县县城列为天津市历史文化名城的通知》（津政发〔1991〕738号），确定第二批市级文物保护单位24处。

8月23日 经天津市文物博物馆学会批准，天津市文物博物馆学会宣教专业委员会成立。

8月27日 蓟县逯庄子乡发现明墓。

8月31日 天津自然博物馆与天津市科协等14个单位联合主办的"青春期教育展"在天津自然博物馆开幕。天津市副市长钱其璈为开幕式剪彩。

同日 镶嵌114方篆刻名家作品的"篆刻碑林"在蓟县长城碑林中部大厅落成。

10月14—29日 天津市文化局举办的第三期文物培训班开课。

10月20日 天津市文化局等6家单位团支部联合举办文物法宣传日活动。

秋 天津市历史博物馆考古部对武清县兰城遗址进行钻探和试掘。揭露面积380平方米，清理战国、汉、魏3个时期遗存。

12月1—2日 天津市文物博物馆学会在天津市历史博物馆开办"天津市文博系统讲解员培训班"。

12月14日 天津市历史博物馆考古部派员对蓟县别山汉墓群进行发掘。

12月31日　天津杨柳青博物馆（石家大院）正式挂牌开馆。

12月　天津市历史博物馆考古部派员对蓟县弥勒院遗址进行第2次发掘。

是年　为保护盘山朝阳庵和"盘山第一松"，天津市文化局文物处、蓟县文物保管所联合对朝阳庵进行维修，包括西北向移建大殿、修复大殿东西耳房、新建门楼、修砌围墙。

是年　蓟县文物保管所在渔阳镇七里峰清理汉砖室墓1座。

是年　塘沽重修西沽潮音寺时，出土道光二十二年（1842）"重修菩萨庙大殿碑"。

是年　武清县地方志编修委员会编修的《武清县志》由天津社会科学院出版社出版。

是年　宁河县地方志编修委员会编修的《宁河县志》由天津社会科学院出版社出版。

1992 年

1月10日　天津市文化局在西郊区召开文物工作座谈会，各区县文化局汇报文物普查情况。

1月23日　中国天津杨柳青国际年画艺术节在天津戏剧博物馆举办"津沽老戏园复原展演"。

2月4日—3月1日　中国日本友好协会、天津市艺术博物馆、日本东京日中友好会馆联合主办的"天津市艺术博物馆明清名画展"在东京日中友好会馆展出，展出名画88件。

2月18日　天津戏剧博物馆举办的"中国戏剧剪纸艺术展"开展。

2—5月　天津市历史博物馆考古部在蓟县弥勒院遗址进行第3次发掘。

3月21日—5月21日　由承德避暑山庄、天津民俗博物馆主办的"清代帝后御用珍品展"在天津民俗博物馆展出。

3月29日　红桥区人民政府、区文化馆、三条石历史博物馆主办的"历史名人在红桥"展览在桃花堤开展。

4月1日　天津义和团纪念馆闭馆，吕祖堂开始全面维修。

4月1—5日　全国文物商店商品调剂会在天津龙凤酒店召开，来自全国各省市的有关代表300余人出席会议。

4月4日—5月10日　"天津市艺术博物馆明清名画展"由东京日中友好会馆移至神户市立博物馆继续展出。

5月5日　天津市历史博物馆举办的"勿忘国耻、振兴中华——两史一情教育专题展"开展。

5月7日　天津海关新港分关查获1起重大文物走私案，共查获文物1898件，其中珍贵文物248件（二级文物23件，余为三级文物）。是为天津海关自中华人民共和国成立以来查获的最大的一宗文物走私案件。

5月22日　天津市艺术博物馆和天津市历史博物馆联合举办的"中国青铜器展"开展。

5月23日—6月21日　天津市艺术博物馆举办的"纪念毛主席在延安文艺座谈会上的讲话发表五十周年馆藏书画精品展"开展。

5—6月　天津市历史博物馆考古部在蓟县城关镇西北隅村古代墓地进行钻探和发掘。共清理战国土坑竖穴墓3座，随葬品有夹云母红陶燕式鬲，泥质灰陶鼎、豆、壶、盘等；另有6座瓮棺葬，汉砖室墓2座，随葬品有泥质灰陶罐、盆、耳杯等；辽代砖室墓4座，随葬品有三彩罐、白瓷碗、灰陶罐、漆盘等。

同期　天津市历史博物馆考古部在蓟县西北隅考古工地，与市文化局文物处、蓟县文物保管所共同开办市文物干部考古培训班。

6月10日　天津市文物公司萃文斋门市部在蓟县建立文物收购点。

6月12日　天津民俗博物馆举办的"天津民俗画展"在中国美术馆开幕。

6月25日　天津戏剧博物馆在西青区小稍直口村发现清道光七年（1827）题有《梨园义冢记》残碑1块。是为记载清代南方戏曲班社在津活动的物证。

7月11日　天津市人民政府、国家文物局、海关总署在天津市人大常委会礼堂联合召开"天津市打击文物走私犯罪活动表彰大会"。国家文物局副局长马自树出席大会，并向天津海关、天津市公安局、天津市工商局、天津市文化局、天津铁路分局下属的 17 个单位颁发奖旗、奖状和奖金。

7 月 18 日　邓颖超在津创办的早期妇女运动组织"女星社"遗址被公布为天津市文物保护单位。

7 月　天津市文物博物馆学会邀请国家文物鉴定委员会委员、故宫博物院原副院长杨伯达在天津市艺术博物馆做"访美杂谈"的学术报告。

8 月 9 日　蓟县盘山云罩寺修复工程竣工剪彩。

8 月 19—29 日　天津市艺术博物馆举办"启功书画展"。

9 月 10 日—10 月　天津市历史博物馆的"勿忘国耻、振兴中华"展览在四川省重庆市歌乐山烈士陵园展出。

9 月 12 日　天津黄崖关长城水关修复竣工，开放仪式在水关前举行，市长聂璧初剪彩。

9 月 17—19 日　天津市第四次文物工作会议在天津宾馆召开，部署"八五"期间文物保护规划，决定成立天津市文物局。天津市副市长钱其璈出席会议并讲话。

9 月 26 日　天津市历史博物馆"何志华中国近代服饰收藏展"开展。

9 月　天津市文化局加挂天津市文物局牌子。

本月　天津市总工会与天津文庙博物馆联合举办"科技精品展"及天津部分老书画家书法、绘画作品展。

本月　天津市文物博物馆学会请中国社科院历史研究所所长李学勤到天津市艺术博物馆作"中国青铜器研究现状与展望"的学术报告。

10 月 25 日—11 月 8 日　天津市历史博物馆举办的"中国邮驿史暨邮票展"在四川省重庆市歌乐山烈士陵园展出。

10 月　中国文物交流中心主办的"中国侏罗纪恐龙真迹展"赴台展出，其中选用天津自然博物馆自贡峨眉龙、披毛犀等化石标本 43 件。

本月　《天津市历史博物馆建馆四十周年纪念文集》由天津古籍出版社出版。

本月　经国务院批准在大港区建立国家级海洋类型保护区，由贝壳堤、牡蛎滩、七里海湿地组成。

11 月 17 日　国家文物局文物保护科学技术研究所古建专家组讨论通过《独乐寺维修方案》。

11 月 22 日　天津市文物局在天津民俗博物馆举行文物法宣传活动，同时举办"打击文物走私犯罪展"，天津市各博物馆、纪念馆参加活动。

11 月 30 日　天津市青少年教育基地命名暨三条石历史博物馆福聚兴机器厂旧址修复落成揭幕仪式在三条石历史博物馆举行，天津市副市长钱其璈出席。

同日　天津市人民政府批准 12 座博物馆、纪念馆为"天津市青少年教育基地"。

12 月 13 日　天津铁路局边检查获倒卖文物案，将查获的 300 多件文物移交给文物部门。

本月　天津市历史博物馆与市地方志编修委员会合编的《近代天津图志》出版。

是年　天津市历史博物馆考古部派员赴宁河县，对田庄坨村 1 座汉代土坑墓进行清理。

是年　市内 6 区(县)设立文物保管所，其他区(县)设有专职或兼职文物干部，全市文博系统从业人员近 600 人。

1993 年

1 月 15 日　天津义和团纪念馆重新开馆。

2 月 1 日　首届天津市中小学冬令营开营仪式在天津市历史博物馆举行。天津市副市长钱其璈以及中共天津市委教卫工委、市教育局等有关方面领导出席开幕式。

2 月 8 日　四川省重庆市歌乐山烈士陵园的"歌乐忠魂，世代英华"展览在天津市历史博物馆展出。

2 月 9—11 日　天津市文物博物馆学会与南开大学历史系联合邀请国际博物馆协会博物馆学国际委员会主席彼得·冯·门施博士和国际博物馆协会博物馆人员培训国际委员会主席比·波尔博士，来天津市艺术博物馆、天津市历史博物馆参观并举办学术讲座。

3月25日—7月24日 天津市历史博物馆考古部在蓟县第4次发掘弥勒院遗址。

3月 国家文物局、天津市人民政府拨款65万元，蓟县文化局、五百户乡政府组织施工，对福山塔进行维修。

4月19—25日 国家文物局一级历史文物确认专家组朱家溍、张浦生、杜乃松、张永昌、陈华莎等11人来津，对天津市历史博物馆、天津市艺术博物馆收藏的铜器、印章、陶瓷、玉器、工艺品、杂项开展确认工作。

4月 天津市艺术博物馆选送太保鼎等7件，天津市历史博物馆选送战国行气铭，清光绪、民国满汉文金册等4件文物精品参加国家文物局在上海举办的"93中国文物精品展"。

5月 蓟县白涧乡官善村出土古象牙化石；武清县北双庙村出土1件新时期时代石粗。

6月7日 天津市人民政府批转天津市文物局拟定的《天津市黄崖关长城保护管理协定》（津政发〔1993〕33号），共13条。

8月24日 周恩来同志青年时代在津革命活动纪念馆与北京市文物局联合举办的"周恩来青年时代业绩展"在北京正阳门举行开幕式。

10月1日 为纪念郑板桥诞辰三百周年，天津市艺术博物馆举办"扬州画派作品展"。

10月20日 "京剧脸谱展"在天津戏剧博物馆展出。

11月18日 经市政府批准，河北区政府将"女星社"旧址移到三戒里42号，同时重建工程开工。后成立"邓颖超纪念馆"。

同日 为纪念毛泽东诞辰100周年，天津市历史博物馆举办的"中国出了个毛泽东——纪念毛泽东诞辰100周年展"大型展览开幕。

12月23日—1994年1月7日 海河印社在天津市历史博物馆举办"方寸情深——纪念毛泽东诞辰100周年书法印章展"。

是年 河北区政府门前进行下水管道施工时，发掘出近百根金家窑炮台木基桩和1尊铜炮。炮腔上镌有26字："太平天国壬戌年玖月邱村占天福造，重壹佰捌拾斛。受药柒两正"。现存河北区文物管理所。

是年 吕祖堂进行维修，按清式旋子彩画修整油漆彩画。

1994年

1月4日 天津民俗博物馆举办天津首届"天后诞辰1034年民俗文化旅游周"活动。

2月4日 天津市邓颖超纪念馆开馆。

4月25日 周恩来同志青年时代在津革命活动纪念馆、中共天津市委党史资料征集委员会、上海中共"一大"会址纪念馆主办的"群英结党救中华——中国共产党创建史展"在周恩来同志青年时代在津革命活动纪念馆举行开幕式，天津市委常委、宣传部长罗远鹏以及老同志张再旺等出席。

春 天津市历史博物馆考古部、天津地矿所联合对宁河县桐城遗址进行调查。

5月23日 天津戏剧博物馆"张天翼戏曲人物画展"在中国大戏院开展。

5月27日 天津自然博物馆与天津市文化交流公司联合举办的"印度纺织品设计及手工艺品展"在天津自然博物馆开幕。

5月 维修文庙，过街牌楼重新油漆、彩画。

6月24日 中共中央政治局常委、中央书记处书记、中央党校校长胡锦涛在中共天津市委书记高德占、市长张立昌等陪同下参观周恩来同志青年时代在津革命活动纪念馆。

8月4日 "天津口岸文物出境鉴定组"更名为"国家文物出境鉴定天津站"，以落实国家文物局《关于加强文物鉴定机构建设的通知》的精神。

8月23日 中共中央政治局常务委员会十四届第六十七次会议，讨论并同意《中央军委办公厅关于修建平津战役纪念馆选址的报告》。会议同意修建平津战役纪念馆，同意中央军委领导将馆址选在天津的意见，并决定由北京军区牵头，会同北京市、天津市相关部门负责修建纪念馆。

8月24日 独乐寺观音阁维修工程正式开工。

9月16日 天津觉悟社纪念馆召开觉悟社创建七十五周年暨"觉悟社纪念馆成立十周年座谈会"。

9月 "爱我中华，修我长城"活动开展10周年，取得了丰硕成果：修复黄崖关关城1座，水关1座，敌楼、墩台20座，长城城墙3025延长米，并发现100余件文物，其中包括1门明嘉靖二十三年（1544）制造的"佛郎机"铜炮。

10月1日 天津自然博物馆举办的"'中国侏罗纪恐龙真迹大展'赴台展出回津汇报展"开展。

10月21日 "天津市文物博物馆学会第三次会员代表大会暨学术讨论会"在天津市历史博物馆举行。

10月23日 塘沽区文物管理所成立。

10月24—29日 为贯彻落实中共中央《爱国主义教育实施纲要》精神，天津市历史博物馆、天津自然博物馆、周恩来同志青年时代在津革命活动纪念馆组成的"爱国主义教育宣讲团"赴蓟县、宝坻县进行爱国主义教育宣传活动。共宣讲21场，听众5000余人。

11月19日 著名考古学家苏秉琦到天津市历史博物馆参观讲学。

12月16日 由中共天津市委宣传部、天津市文化局主办的"邓小平大型图片展"在天津市艺术博物馆开展。

同日 天津市艺术博物馆举办的"瓷器真伪辨识展"开展。

是年 宁河县人民政府整修于方舟故居。

是年 天津市文物局开始对沈阳道旧物市场实施文物监管。

是年 国家文物局批准国家文物出境鉴定天津站具备承担委托文物出境鉴定任务的资格。天津市文物局制定《关于使用〈文物出境许可证〉的相关规定》《〈禁止出境鉴定证明〉的使用管理办法》等规章制度，以保证文物出境鉴定工作依法进行。

1995 年

3月 "'95首届天津格瑞民间收藏展览"在天津市历史博物馆展出。

4月29日 天津市历史博物馆内设的天津近代人物蜡像馆对外开放。

5月2日 天津市艺术博物馆（迁馆）新馆开馆暨"华夏五千年艺术珍品展"开幕。天津市市长张立昌为新馆开馆揭幕，中共天津市委书记高德占、国家文物局局长张德勤为开幕式剪彩。

5月5日 由天津自然博物馆与天津市民族事务委员会、中国民俗摄影协会、天津市老年摄影艺术研究会联合举办的"天津民族民俗风情摄影展"在天津自然博物馆开幕。

5月22日 由秘鲁驻华大使馆和天津市政府共同主办的"秘鲁摄影绘画展"在天津市艺术博物馆开幕。

6月3日 "孔繁森同志事迹展"在天津市历史博物馆开幕。中共天津市委书记高德占、市长张立昌为开幕式剪彩。

7月10日 北塘炮台遗址、潮音寺、北洋水师大沽船坞遗址、塘沽火车站旧址、中共塘沽支部旧址被列为塘沽区文物保护单位。

7月19日 天津市艺术博物馆举办的《徐悲鸿诞辰一百周年纪念展》开展，共展出徐悲鸿原作真迹66幅。

8月15日 "前事不忘后事之师——天津市纪念抗日战争胜利五十周年展"在天津市历史博物馆开展。

8月18日 蓟县福山塔维修工程竣工。

8月 天津市文物局、天津市文物博物馆学会、天津市和平区教育局在蓟县举办"95寻访抗日战争革命遗迹夏令营活动",为期一周。

9月1日 在第四届世界妇女代表大会召开之际,天津市艺术博物馆举办"巾帼翰墨情书法展",展出馆藏古代女艺术家作品150余件。

9月2日 中共天津市委、市政府在盘山烈士陵园举行纪念抗日战争胜利50周年暨盘山烈士陵园设置烈士英名录纪念碑揭幕仪式。

10月 中共中央批准在津建立周恩来邓颖超纪念馆。

11月1—3日 "第二届沿海沿江部分省市博物馆工作协作会"在天津市历史博物馆召开。

11月25日 天津自然博物馆、天津市科委对外交流中心联合举办的"恐龙科技世界科普展"在天津自然博物馆开展。

11月29日 举行平津战役纪念馆奠基典礼。中共中央军委副主席张万年、全国政协副主席洪学智、全国政协原副主席杨成武出席,并为纪念馆奠基石揭幕。张万年讲话。

11—12月 天津蓟县白涧乡官善村发现古象化石遗存2处。天津自然博物馆派员前往发掘,出土门齿,臼齿及部分头骨在内的古象化石。12月底又征集象类部分骨盆、盘羊头化石。

1996年

3月20日 天津市历史博物馆、天津市艺术博物馆联合举办的"乾隆、刘墉、和珅书画真迹展"在天津市艺术博物馆开展。

本月 "天津市第二届民间收藏展"在天津市历史博物馆开展。

5月11日 天津民俗博物馆召开"妈祖文化研讨会"。

6月14日 "天津市禁毒大风暴展"在天津市历史博物馆开展。

6月18日 根据中华人民共和国政府和白俄罗斯共和国政府文化合作协定举办的"白俄罗斯民族工艺品展"在天津市艺术博物馆开幕。是为白俄罗斯共和国在华举办的首次艺术展览。

6月 联合国教科文组织到蓟县考察独乐寺。

7月23日 天津自然博物馆、天津市地震局联合举办的"天津市防震减灾知识展"在天津自然博物馆开幕。

10月 天津市文物局举办"金秋文物博览月"活动,共接待观众5万余人。

11月20日 国务院公布利顺德饭店、南开学校旧址为全国重点文物保护单位。

11月 "第五届环渤海考古学术讨论会"在天津市历史博物馆召开。

12月8日 全国政协提案委员会副主任赵炜向周恩来邓颖超纪念馆捐赠邓颖超同志1928年在莫斯科列席中国共产党第六次代表大会的证件。是为目前发现的唯一一件中共六大出席证件。

12月13日 北京人民大会堂管理局向周恩来邓颖超纪念馆捐赠周恩来在人民大会堂处理九一三事件时使用过的办公用品23件。

12月23日 周恩来邓颖超纪念馆奠基开工。

12月26日 天津市召开第五次文物工作会议,天津市政府秘书长张慣文出席并讲话。市文物局局长叶厚荣作"适应形势,开拓进取,努力做好新时期文物工作"的报告,并宣读天津市人民政府关于调整天津市文物保护管理委员会的通知。

是年 《敦煌文献——天津市艺术博物馆藏》由上海古籍出版社出版。

1997 年

1月8日　天津市第十二届人民代表大会常务委员会第二十九次会议全票通过《天津市文物市场管理条例》，同时予以公布并施行。该条例共 6 章 40 条。同日废止 1982 年《天津市文物市场管理暂行规定》。是为国内第一部以条例形式公布的关于文物市场管理的地方性法规。

3月14日　武清县人民政府下发通知，将分散在各乡镇、各单位存放的碑等文物，收归文物管理部门，并在杨村建御碑园。

3月29日　为迎接香港回归，天津市艺术博物馆在香港华润大厦中国文物展览馆举办的"明清书画精品展"开展，共展出馆藏明清绘画精品 80 件（套）。

3月　天津市文物局在天津市艺术学校举办一期文物中专班，市内文物单位 30 余人参加学习。1999 年 3 月毕业。

本月　"天津市第三届民间收藏展"在天津市历史博物馆展出。

4月16日　中央警卫局向周恩来邓颖超纪念馆捐赠文物，其中《第三个五年计划重大项目示意图》是全国唯一一幅关于第三个五年计划重大项目的手绘地图。

4月28日　天津市文物局召开"落实《天津市文物市场管理条例》工作会议"，市公安局九处、十七处，市工商行政管理局及各区县文化局的有关人员参加会议。

4月　为配合市内排水工程，天津市历史博物馆考古部派员开始对天津旧城东门城楼基地进行调查。

5月4日　"香港的历史与发展——庆祝香港回归祖国特展"在天津市历史博物馆开展。

5月11日　国家文物局近现代文物一级品鉴定专家组沈庆林、苏东海一行 9 人来津，对天津市历史博物馆、周恩来同志青年时代在津革命活动纪念馆的近现代文物进行鉴定确认。

5月28日　天津市文物局召开"天津市第一次文物市场管理工作会议"。

6月16日　天津市历史博物馆向周恩来邓颖超纪念馆捐赠 1919 年 8 月 9 日出版的《天津学生联合会报》。

7月1日　大沽口炮台遗址博物馆成立并正式对外开放。

7月2—15日　为庆祝香港回归，北京、天津、上海、杭州、重庆五大城市同时举办"中国艺术大展"。天津市艺术博物馆举办"中国当代版画艺术展""中国当代水彩画、宣传画艺术展"。

7月20日　天津市人民政府下发津政字 42 号《关于公布我市第三批市级文物保护名单的通知》，确定天津市第三批市级文物保护单位 60 处。

7月20日—8月31日　由天津市历史博物馆、天津市艺术博物馆、周恩来同志青年时代在津革命活动纪念馆及天津民俗博物馆联合举办的"天津历史文化展"在日本四日市展出。

7月23日　平津战役纪念馆举行开馆典礼。北京军区司令员李来柱、中共天津市委书记高德占、天津市长张立昌、北京市副市长张百发出席开馆仪式。

8月　天津市历史博物馆考古部派员赴宝坻县，对哈喇庄遗址进行发掘，揭露面积 625 平方米，清理墓葬 4 座。

10月9日　中共中央文献研究室向周恩来邓颖超纪念馆捐赠珍贵文物 113 件，其中周恩来、邓颖超亲笔书信 58 封。

10月19日　中共中央政治局常委、国家副主席胡锦涛参观平津战役纪念馆，中共天津市委书记、市长张立昌，中共天津市委副书记、副市长李盛霖等领导陪同。

11月17日　平津战役纪念馆建馆领导小组与天津市人民政府在平津战役纪念馆举行"平津战役纪念馆建成交接暨聘请名誉馆长仪式"，平津战役纪念馆建馆领导小组正式将纪念馆移交给天津市。

11月　天津市历史博物馆考古部派员赴蓟县，对青池村西、于桥水库南岸遗址进行试掘。开探沟 3 条，揭露面积 14 平方米。出土一批新石器时代遗物。

12月9日　天津市艺术博物馆举办的"纪念建馆四十周年捐献文物展"开展。

12月22日　国务院总理李鹏和夫人朱琳专程来津向周恩来邓颖超纪念馆捐赠邓颖超送给朱琳用于外事活动的手包。

冬　天津市历史博物馆考古部派员对大直沽中台遗址进行发掘,获得元、明、清三个时期文化遗存。

是年　为配合京哈高速公路工程开工,天津市历史博物馆考古部、宝坻县文物保管所联合对宜城、岳庄子遗址进行发掘,发掘汉墓4座。

是年　天津市文物局为喜迎香港回归,拨款整修大沽口"威"字炮台,修建"海门古塞"石坊和大沽口炮台遗址纪念馆、大沽口炮台纪念广场。

1998 年

1月13日　天津市历史博物馆、天津社会科学院等单位联合召开"大直沽考古发掘新闻发布会暨天津城市起源学术研讨会"。

1月17日　"刘奎龄绘画作品展"在天津市艺术博物馆开展。

2月17日　天津市政协原副主席伉铁隽向周恩来邓颖超纪念馆捐赠4件珍贵文物。

2月28日　周恩来邓颖超纪念馆举行落成开馆仪式。中共中央政治局原常委宋平,中共天津市委书记、市长张立昌为纪念馆揭幕,中共天津市委副书记刘峰岩主持。中央和国家有关部门领导,周恩来、邓颖超的亲属和原身边工作人员,市党政军领导人,海外友好人士代表,市民主党派和有关人民团体负责人等1500人出席开幕仪式。

同日　原周恩来同志青年时代在津革命活动纪念馆撤销建制,人员并入周恩来邓颖超纪念馆。

3月18日　"天津市第四届民间收藏展"在天津市历史博物馆开展。

同日　天津市文物博物馆学会民间收藏专业委员会成立。

3月20日　吉林省革命博物馆、黑龙江省东北烈士纪念馆、辽宁省近现代史博物馆、平津战役纪念馆联合举办的"关东抗日英烈珍闻展"在平津战役纪念馆开展。

4月1日　中共中央政治局常委、全国政协主席李瑞环视察周恩来邓颖超纪念馆。中共天津市委书记、市长张立昌陪同。

4月15日—5月3日　天津市历史博物馆举办"馆藏近现代名家书画作品展"。

4月　蓟县城翠湖新村发现唐墓4座。

5月9日　天津义和团纪念馆举行"吕祖诞辰1200周年大会"暨吕祖堂大铜钟揭幕仪式。

5月18日—6月18日　"天津寻根——天津考古四十年特展"在天津市历史博物馆开展。国家文物局副局长张柏为展览开幕剪彩。

5月21日　周恩来邓颖超研究中心成立大会在周恩来邓颖超纪念馆举行。

6月4日　河北区内环线扩宽道路工程中出土太平天国铜炮(1862年造)。

6月17日　天津市文化局第四次局长办公会议决定:成立天津戏剧博物馆天津文庙博物馆联合办公室,在业务、人事、财务、物资、保卫等工作上统一管理。

7月21日　中国人民解放军总装备部复函天津市人民政府,同意向平津战役纪念馆提供退役的歼5、歼6飞机各1架和红旗2号地空导弹及发射架一套。

7月23日　"平津战役纪念馆建馆周年暨大型兵器捐赠大会"在平津战役纪念馆举行。

8月　在天津国际民间艺术节期间,天津市艺术博物馆举办"馆藏天津地方民间艺术陈列展"。

9月7日　中国民航总局向周恩来邓颖超纪念馆捐赠周恩来专机仪式在该馆举行。

9月28日　国家文物出境鉴定天津站在天津保税区海关查获走私文物87件,其中二级品5件、三级品38件。

同日　全国第七届粮票、第四届布票交流大会在天津市历史博物馆开幕。

10月13日　天津市文物局召开"天津市第二次文物市场管理工作会议"。

同日　美籍华人吴健向天津文庙博物馆捐献清代孔子遗像1幅。

10月28日　天津自然博物馆新馆竣工并举行开馆仪式。中共天津市委书记张立昌为新馆揭幕，市委副书记、市长李盛霖讲话，中共天津市委宣传部长罗保铭主持，中共天津市委副书记刘峰岩等领导参加开馆仪式。

10—11月　天津市历史博物馆考古部派员对蓟县青池村西北马头山进行抢救性发掘，揭露面积277平方米。清理灰坑25个，出土商周时期一批遗物。

11月20日　天津市艺术博物馆"馆藏明清青花瓷器展览"开展。

12月1日　中共中央政治局常委、中纪委书记、全国总工会主席尉健行到周恩来邓颖超纪念馆视察。中共天津市委书记张立昌、中共天津市委副书记刘峰岩等领导陪同。

12月5日　由文化部、中共中央党校、中央文献研究室、中央党史研究室、全国政协文史资料委员会、中华全国总工会、中共天津市委宣传部、市文化局联合主办的"刘少奇光辉业绩展览"（天津展区）在周恩来邓颖超纪念馆开幕。

12月—1999年1月　天津市历史博物馆考古部派员对大直沽前台天妃宫遗址进行发掘，发现元代建筑基址及明清时期天妃宫大殿基址。

是年　天津邓颖超纪念馆闭馆，原址建成河北区发展史馆。

1999 年

1月8日　周恩来邓颖超纪念馆举行"纪念周恩来逝世23周年座谈会暨《周恩来邓颖超纪念馆画册》首发式"。

1月14日　天津市历史博物馆、天津警备区政治部、中共河北区委、天津画院、今晚报社美术部、东方画馆联合主办的"纪念天津解放50周年大型书画展览"在天津市历史博物馆开展。

1月　蓟县文物保管所与天津自然博物馆合办"贝类、蝴蝶、鸟类珍品展"，与天津文庙博物馆合办"孝德展"。

2月4日　为纪念邓颖超诞辰95周年，周恩来邓颖超纪念馆举行"邓颖超蜡像落成揭幕"仪式。

2月28日　"周恩来邓颖超珍藏书画展"在周恩来邓颖超纪念馆书画艺术厅展出。

3月14日　日本三友文化协会会长铃木忠雄向周恩来邓颖超纪念馆捐赠中日建交时的一组珍贵照片。

3月19日　为迎接"五四运动"80周年，河北区政府拨款对觉悟社旧址进行修缮。

3月20日—4月24日　"天津市第五届民间收藏展"在天津市历史博物馆开展。

3月21日　由国家文物局组织开展的全国文物系统"98年度十大陈列展览精品"评选在北京揭晓，天津自然博物馆基本陈列获精品奖。

3月24日　天津市历史博物馆"国旗颂"巡展赴重庆展出。

3月　天津市艺术博物馆馆藏10件明代瓷器随中国文物交流中心的"中国帝王陵墓展"赴日本大阪展出。

4月2日　美国史密森学会肯达尔·泰勒博士应邀到天津市历史博物馆讲述有关博物馆营销问题。

4月6日　周恩来邓颖超纪念馆举行"邮票印制局捐赠纪念邮票"仪式。邮票印制局将周恩来逝世一周年、诞辰一百周年的特制纪念邮票捐赠给周恩来邓颖超纪念馆，作为永久收藏。

4月16日　为迎接中华人民共和国成立50周年，由中共天津市委宣传部、中共天津市委教卫工委、天津警备区政治部、天津市文化局、天津市教育局、天津市总工会、共青团天津市委、天津市妇女联合会联合主办，西柏坡纪念馆、辽沈战役纪念馆、淮海战役纪念馆、平津战役纪念馆承办的"新中国从这里走来——三大战役系列展"在平津战役纪念馆开展。

4月21日　天津市历史博物馆部分文物运京参加"中国文物事业50年成就展"。

5月1日　天津市艺术博物馆举办的"馆藏清代玉器瑰宝展"开展，展品近百件，其中多件藏品为首次展出。

同日　天津市历史博物馆举办的"卫画流年——馆藏杨柳青木版年画史料展"开展。

5月4日　周恩来邓颖超纪念馆、周恩来邓颖超研究中心举办"周恩来邓颖超与五四运动80周年"报告会。中央文献研究室常务副主任、著名党史研究专家金冲及做"周恩来、邓颖超的成长道路对当代青年的启迪"的报告。

同日　周恩来邓颖超研究中心举办的"为中华之崛起——周恩来邓颖超与五四运动展"在北京大学开展。

5月15日　为迎接5月18日"国际博物馆日"，天津市文物局、天津市文物博物馆学会在周恩来邓颖超纪念馆举办以"发现的快乐"为主题的大型博物馆咨询活动。

同日　天津自然博物馆派员赴蓟县，在大埝上乡大保安镇村发掘象牙化石。

5月29日　"天津市首届连环画收藏展"在天津市历史博物馆开展。

6月1日　"目击暴行——战地记者吕岩松摄影图片展"在天津市艺术博物馆开展。

6月5—23日　天津市历史博物馆考古部、静海县文化馆派员联合对静海县谭庄子金元遗址进行发掘，共开探方7个、探沟3条，揭露面积149平方米。清理遗迹有砖井2眼，灰坑10个。

6月　天津市历史博物馆考古部先后对静海县双楼村北"后双"遗址、王匡遗址、杨家遗址、曹村西袁家遗址、佛寺遗址、西长屯遗址进行调查，并采集部分遗物。

7月29日　中国自然科学博物馆协会、天津自然博物馆联合举办的"澳门自然与人文风光展"在天津自然博物馆开展。

7—8月　天津市文物局举办"天津市文博系统讲解员培训班"，全市80余名讲解员参加了培训。

8月1—5日　天津市文学艺术界联合会、天津市书法家协会主办的"天津市书法艺术展"在天津市历史博物馆举行。

8月6日　"庆祝建国50周年天津民间艺术创新成果展"在天津市艺术博物馆开展。

同日　天津自然博物馆、中国自然科学博物馆协会联合举办的"告别愚昧科普漫画展"在天津自然博物馆开展。

8月26日　由中国老摄影记者联谊会主办的"共和国与十大元帅"大型摄影展在天津市历史博物馆开展。

9月10日　"56个少数民族儿童手工作品展"在周恩来邓颖超纪念馆举行。

9月16日　觉悟社纪念馆召开"纪念觉悟社成立80周年座谈会"。

9月28日　平津战役纪念馆举办的"警钟长鸣——世界现代兵器大型图片展"开展。

10月1日　天津市艺术博物馆举办的"中国古代书画展"开展。展品有元至清代书画文物80余件，其中一、二级文物32件。

10月10日　中共中央总书记、国家主席、中央军委主席江泽民在中共中央政治局候补委员、书记处书记曾庆红，中央军委委员、总政治部主任于永波，中共中央办公厅主任王刚，北京军区政委杜铁环，中央和国家有关部门负责人戴相龙、由喜贵、王沪宁等陪同下到平津战役纪念馆视察参观。中共天津市委书记张立昌，市长李盛霖，中共天津市委常委、天津警备区司令员滑兵来等陪同视察。

10月26日　天津市艺术博物馆举办的"徐世章捐献文物45周年精品展"开展，出版《徐世章捐献文物精品选》图录，全国政协主席李瑞环为此题词"珍宝无价，爱国情深"。此外，在展出大厅陈放了徐世章半身铜像。

10月31日　中共天津市委宣传部、天津警备区政治部、中共天津市委文教工委、市教育局、市文化局联合主办的"澳门的历史与发展——庆祝澳门回归祖国特展"在天津市历史博物馆开展。

11月11日　"充满活力的以色列摄影展"在天津市艺术博物馆开展。

同日　天津市历史博物馆考古部、静海县文化馆联合对静海子牙村沉船进行调查。

12月10日　"紫砂传承精艺展"在天津市艺术博物馆开展。台湾收藏家李经将2件紫砂珍品捐献给天津市艺术博物馆。

12月17日　天津自然博物馆与收藏家王洪生联合举办的"庆澳门回归，南极考察珍藏展"开展。

12月29日 "20世纪中国画回顾展"在天津市艺术博物馆开展。

2000 年

1月26日 天津市历史博物馆派员参加国家文物局主办的"馆藏文物信息标准化论证会"。

2月1日 天津自然博物馆、中国科学院古脊椎动物与古人类研究所联合举办的"中国恐龙蛋特展"在天津自然博物馆开展。

3月1日 国家计委下达《关于天津博物馆项目建议书的批复》,原则同意新建天津博物馆。

3月1日—5月26日 由天津市社会治安综合治理委员会主办,天津市历史博物馆承办的"为了明天——预防青少年违法犯罪展"开幕。

3月 蓟县文物保管所举办的"蓟州文物展"开展。

本月 天津戏剧博物馆与天津文庙博物馆合并,成立天津市戏剧博物馆、文庙博物馆管理办公室,对两馆进行统一管理。

4月29日 天津自然博物馆、新加坡亚美水族昆虫观赏有限公司、连云港市博物馆联合举办的"恐龙与古哺乳动物""海洋动物""珍稀海洋贝类""水生生物""两栖爬行动物"展览在连云港市博物馆开展。

4月30日 天津自然博物馆、兰州市博物馆联合举办的"世界蝴蝶""海洋贝类"展览在兰州市博物馆开展。

5月1日 天津市艺术博物馆举办"南张北溥画展",展出张大千、溥心畬作品56幅。

5月18日 天津市文化局、天津市文物博物馆学会在天津文庙博物馆举办"国际博物馆日"活动。

5月26日 香港荃湾文化代表团、天津自然博物馆联合举办的"纸的自然"展览在天津自然博物馆开展。

5月28日 天津自然博物馆、大连医科大学联合举办的"人体奥秘特展"在天津自然博物馆开展。

6月9日—9月1日 天津市历史博物馆考古部、蓟县文物保管所联合对蓟县城西南25千米的刘家顶乡大安宅村古井群进行抢救性发掘,共清理战国井7眼、汉井11眼、明井1眼。

6月10日 "天津市第六届民间收藏展"在天津市历史博物馆开展。

6月16日 天津市政协文史委员会、平津战役纪念馆联合举办的"百年国耻——八国联军侵华史实展"在平津战役纪念馆举行开幕式。展品由香港爱国收藏家哲夫提供。

6月20日 中共中央政治局常委、国家副主席、中央军委副主席胡锦涛视察周恩来邓颖超纪念馆,中共天津市委书记张立昌、市长李盛霖等陪同。

同日 天津市历史博物馆参加在云南民族博物馆举办的"中国首届民族服饰博览会"。

6月23日 周恩来邓颖超纪念馆北京联络处在北京文博交流馆正式挂牌。

6月29日 天津市历史博物馆举办的"天津市纪念建党79周年书画艺术展"开展。

7月26日 "男孩、女孩青春期教育展"在天津市历史博物馆开展。

8月5日 天津自然博物馆"纸的自然"展览在"2000年天津国际少年儿童文化艺术节"会场上展出。

8月7日 "友谊之光——国家博物馆珍藏各国礼品展"在周恩来邓颖超纪念馆开展。

8月11日 天津自然博物馆、中国农业博物馆联合举办的"爱我中华,保护环境"展览在天津自然博物馆开展。

8月 国家文物出境鉴定天津站在鉴定出境文物时发现大批可复原的古建筑构件,天津市文物局及时将此情况上报国家文物局。

9月8日 国家文物局专家组对元明清天妃宫遗址进行论证。

9月28日 为庆祝朝鲜民主主义人民共和国成立50周年,文化部举办的"朝鲜图书图片以及手工制品展"在天津市艺术博物馆开展,展出朝鲜当代绘画、手工制品、图书等100余件。

同日 天津老城博物馆筹备处挂牌。

9月29日 天津市历史博物馆举办的"长城之光——津门名家书画展"开展。

10月1日 天津自然博物馆、内蒙古乌海市科技馆联合举办的"世界蝴蝶""珍奇贝类"开展。

同日 天津文庙博物馆主办、市旅游公司协办的"中国奇石（天津）巡回展"在天津文庙博物馆开展。

10月12日 全国孔庙保护协会第六届年会在天津文庙博物馆召开。

10月14日 天津市艺术博物馆举办的"山西省博物馆藏寺观壁画（摹本）展"开展。

10月23日 "天津市第六次文物工作会议"召开。

10月25日 天津鼓楼开工重建。

10月28日 北洋水师大沽船坞遗址纪念馆正式开馆。

10月 天津自然博物馆、河北省保定市直隶总督府博物馆联合举办的"世界蝴蝶展""海洋贝类展""少男·少女展"在保定市展出。

本月 蓟县交通局汽车修理厂基建工地发现汉墓2座，出土随葬品34件。

11月2—17日 "为了法纪的尊严——反渎职侵权犯罪展"在天津市历史博物馆展出。

11月3日 天津市历史博物馆考古部组队赴湖北省秭归县参加三峡考古发掘。

11月30日—12月2日 天津博物馆建筑设计方案评标委员会举行评标会，评选出3个中标备选方案。

12月5日 "东史郎诉讼案——一个侵华日本老兵的反省"展览在周恩来邓颖超纪念馆开展。

12月12日 天津自然博物馆举办的"少男·少女展"开展。

12月28日 天津市历史博物馆举办的"百年潮——天津世纪回顾展"开展。

12月29日 天津戏剧博物馆举办的"中国戏剧名家书画作品特展"在天津文庙博物馆开展。

同日 天津文庙博物馆、天津市文物博物馆学会民间收藏专业委员会举办的"百年沧桑天津老照片暨民间艺术品制作展"开展。

12月 天津自然博物馆举办的"地球在呼救""海洋贝类展""少男·少女展"在山东诸城恐龙博物馆展出。

2001 年

1月6日 周恩来邓颖超纪念馆举行南开大学爱国主义教育基地暨南开大学"周恩来班"命名仪式和高振普捐书仪式。中共天津市委副书记刘胜玉、南开大学党委书记洪国起为基地揭牌。

1月19日—2月2日 天津市文化局天津博物馆建设项目考察团一行7人，赴欧洲考察。

2月20日 "宇宙与生命"展览在天津自然博物馆开幕。

3—11月 天津市历史博物馆考古部分别与蓟县文物保管所、宝坻文化馆文物组联合对津蓟高速公路蓟县宝坻段进行考古调查，发现并发掘唐、金、元遗址各一处。

4月19—22日 首届中国天津妈祖文化旅游节举行。"天后宫与天津城市发展"展览同时天津天后宫开幕，并在华夏宾馆召开"妈祖文化研讨会"。天津市政协副主席蔡世彦、天津市文联主席冯骥才、著名红学家周汝昌、台湾北港朝天宫法人财团董事长曾蔡美佐等，以及澳门、福建、山东、浙江、北京及天津的民俗学者出席研讨会。

4月25日 天津市政协组织部分委员视察北疆博物院旧址。

4月28日 "中华魂——中国共产党革命先烈事迹展"在周恩来邓颖超纪念馆开展。

4月29日 天津市计划委员会向国家计委申报《天津博物馆项目可行性研究报告》。

5月8日 天津市艺术博物馆藏精品赴比利时参加"中国天津文化艺术节"。

5月18日 天津市文物局、天津市文物博物馆学会在天津文庙博物馆组织"国际博物馆日"宣传活动。

5月30日 为纪念中国共产党成立80周年，由西柏坡纪念馆、辽沈战役纪念馆、淮海战役纪念馆和平津战役纪念馆联合举办的"中国命运的决战——解放战争三大战役历史展"在平津战役纪念馆开幕。

6月25日　国务院公布广东会馆、劝业场大楼为全国重点文物保护单位。

6月28日　由中共天津市委组织部、宣传部、市委党史研究室主办的"光辉的历程——纪念中国共产党成立80周年展览"在天津市历史博物馆开幕。

7月1日　中共天津历史纪念馆开馆，其前身为中共天津建党纪念馆。

7月　塘沽区文物管理所在大沽口炮台"海"字炮台遗址附近出土6门晚清铁炮。后又出土在第二次鸦片战争中葬在大沽口炮台遗址区内的英国军人托马斯·斯诺特墓碑等。

8月1日　天津市文物局下发对《关于修复梁启超旧居、建立梁启超纪念馆的意见》的批复。

8月2日　新一届天津市文物鉴定委员会成立，名誉主任委员张映雪、张新生，主任委员张志，副主任委员赵文刚、崔锦、陈雍，秘书长邢捷，委员共24人。

8月10日　元明清天妃宫遗址博物馆建设工程正式开工。本年12月28日竣工。

9月27日—10月14日　由天津市文物局主办，局属文博单位参加的"'中华百年看天津'九馆文物精品联展"在周恩来邓颖超纪念馆展出。

10月1日　天津杨柳青博物馆"漕运·轿车陈列""水局复原陈列"开放。

同日　天津戏剧博物馆新改陈的"中国戏曲发展史""中国京剧发展史""中国京剧人物艺术造型展"对外开放。

10月9日　平津战役纪念馆"军威园"举行开园仪式。

10月21日　在红桥区北门外施工工地发现大批古代铁炮、炮弹，由天津义和团纪念馆收入馆藏。

10月29日　国家计划委员会下达关于天津博物馆项目可行性研究报告的批复，原则同意《天津博物馆项目可行性研究报告》，委托天津市计委审批项目初步设计。

11月10日　天津博物馆工程开工奠基仪式在河西区友谊路与平江道交口处举行。天津市艺术博物馆馆长崔锦、天津市历史博物馆馆长李家璘分别代表两馆人员致辞。

12月5日　中共天津市委副书记、市长李盛霖主持召开天津博物馆建设现场办公会。

12月19日　天津市文物局召开"天津市第三次文物市场工作会议"，要求已批准的文物、文物监管物品的经营、拍卖单位严格遵守国家有关规定，不得超范围经营。

2002 年

1月31日　国家文物出境鉴定天津站在天津海关查获禁止出境文物共987件，时代从西周至清，这批文物移交天津市文物局。

2月9日　天津市文物局对天津市文物鉴定委员会下发《关于同意调整天津市文物鉴定委员会人员和修改〈天津市文物鉴定委员会章程〉的批复》。

3月5日　为纪念周恩来诞辰104周年，"人民的怀念——馆藏艺术品展"在周恩来邓颖超纪念馆开幕。

3月11日　天津市文物局、天津市对外经济贸易委员会、天津市公安局、天津市文化局、天津海关、天津市工商行政管理局联合发文《关于印发〈天津市规范文物市场方案〉的通知》（津文物〔2002〕22号）。

4月30日　中共天津市委副书记、市长李盛霖，中共天津市委副书记刘峰岩，中共天津市委常委、宣传部长肖怀远等检查元明清天妃宫遗址博物馆开馆前各项工作。

4—5月　天津历史博物馆考古部在蓟县城关镇七里峰清理汉代祭坛遗迹一处。

5月1日　元明清天妃宫遗址博物馆正式开馆。

同日　"世界濒危动物"展览在天津自然博物馆展出。

6月10日　武清区文物保护办公室征集到在杨村城区北运河挖掘河道淤泥时出土的明代铜像两尊，以及题有《重修玄帝庙记》石碑1通。

7月8日　天津市历史博物馆因馆址置换闭馆。

7月9日　天津市文化局文物处加挂天津市文物管理中心牌子。

7月23日　"人民不会忘记——平津战役英烈事迹展"开幕式暨国防大学教学基地揭牌仪式在平津战役纪念馆举行。

8月　天津市历史博物馆考古部在蓟县东大屯汉墓考古发掘，墓葬规模大、结构复杂，出土大量陶器、釉陶器、铜器及一方阴刻篆书"蔺曜印信"的铜印。

8—10月　天津市历史博物馆考古部在蓟县小毛庄汉代与明代墓群考古发掘，清理古墓葬94座，出土各时期文物1000余件。

9月12日　元明清天妃宫遗址博物馆加挂"天津市文化遗产保护中心"牌子。

同日　鼓楼管理工作正式移交天津戏剧博物馆、文庙博物馆管理办公室。

9月25日　天津市文物博物馆学会第四次会员代表大会召开，改选并通过了第四届理事会组成人员名单。

9月26日　"天津市危陋平房改造成果展览"在鼓楼开幕。中共天津市委书记张立昌、市长李盛霖出席。

同日　梁启超纪念馆开馆。

10月13日　"京、津、冀三省市群教工作研讨会"在天津召开，北京、天津、河北、安徽、陕西、青海、吉林等省市专家、代表40余人参加。

10月15—20日　中国自然科学博物馆协会技术委员会主办，天津自然博物馆与北京自然博物馆承办的"首届全国化石模型制作技术培训班"在北京举行。

12月27日　天津市艺术博物馆接收天津市公安局河西分局拨交铜器等63件（套）。

是年　国家文物出境鉴定天津站共审核各类文物和文物复、仿制品61 132件。

2003 年

1月4日　天津自然博物馆与韩国Value Gates联合举办的"中国恐龙暨古动物展"在韩国汉城（今称首尔）国际展览中心开幕，并赴春川、釜山、大邱、高阳市巡回展出。于2004年2月1日结束。

3月5日　"雷锋精神永恒"展览在平津战役纪念馆开展。

4月18日　梁启超纪念馆举行开馆仪式，中共天津市委副书记刘胜玉，中共天津市委常委、宣传部长肖怀远，以及梁启超子女梁思礼、梁思宁出席。

4—6月　天津市文化遗产保护中心、宝坻区文化馆文物组在宝坻区朝阳大道工程1300米地段进行考古勘探和发掘，历时2个月，清理唐代砖结构遗存水井2口、元代墓葬11座、明代墓葬100余座，出土文物近百件。

同日　天津市文化遗产保护中心、武清区文物保护办公室派员对韩营村西北古墓进行考古发掘。

5月23日—7月　天津市文化遗产保护中心与蓟县文物保管所派员在千像寺遗址进行考古发掘，揭露出明清时期的前殿、中殿、东西配殿基址和元代、金代基址局部，出土文物100余件。

6月1日　南开区在老城厢拆迁改造的同时，启动老城厢文物保护征集工作。

6月6日　天津市文化遗产保护中心与蓟县文物保管所完成在蓟县东大井西周遗址和汉代、明清墓葬的考古发掘，自2002年10月至2003年6月历时8个月，清理西周时期窑址3座、灰坑2个，汉代灰坑27个、水井3口、墓葬79座，以及明清墓葬28座。出土各个时期文物1500余件，铜钱1000余枚。

8—10月　天津文化遗产保护中心、蓟县文物保管所派员在蓟县崔店子进行战国、汉、明清墓群考古发掘，历时4个月，发掘古墓葬97座、灰坑2座，出土文物200余件、铜钱500余枚。

9月28日　天津杨柳青年画馆正式开馆。

10月1日　天津市上古林古海岸遗迹博物馆建成开馆。

10月12日—11月1日 天津市文化遗产保护中心、蓟县文保所联合对独乐寺西墙外汉至清代遗址及明清城墙遗址进行发掘，发现两汉、唐、辽、明清时期城墙壕沟，在城墙上清理两座北朝墓葬。

10月22日 元明清天妃宫遗址博物馆举办的"天津出土汉代文物特展"开展。

12月3日 南开大学历史学院承办的全国各省市博物馆馆长研讨班学员一行30余人参观考察三条石历史博物馆。

12月9日 "一二·九抗日救亡义教点陈列馆"正式更名为"天津一二·九抗日救亡运动纪念馆"，馆址迁至西青区王兰庄花园别墅区。

是年 天津海关向天津市文物局移交文物8691件，天津市政府、国家文物局、海关总署有关领导出席交接仪式。仪式上天津市文物局和天津海关共同签署了《关于加强对进出境文物监管的合作备忘录》。

是年 国家文物出境鉴定天津站共审核各类文物和文物复、仿制品46 214件。

2004 年

1月14日 天津市文物局向天津市艺术博物馆拨交天津海关罚没瓷器、铜器、木器等文物222件。

2月4日 天津觉悟社纪念馆举行"邓颖超诞辰100周年"纪念活动，并发行纪念邮票。

2月26日—4月30日 天津市文化遗产保护中心、蓟县文物保管所在蓟县鼓楼广场南大街遗址进行考古发掘。是为首次在市区范围以外的古代城市考古。

2月 天津市文化遗产保护中心派员对武清区13处汉至明遗址、墓地进行考古调查。

3月21日 国家文物局局长单霁翔视察杨柳青石家大院。

3—4月、2005年6月 天津市文化遗产保护中心先后两次开展于桥水库周边考古调查，发现新石器至商周时期遗址1处，商周遗址6处，辽金堡寨遗址10处。

4月16日 天津自然博物馆"海洋世界"展区建成开放。

4—6月 天津市文化遗产保护中心、蓟县文物保管所派员对千像寺造像进行考古调查和全面资料提取，共发现辽代线刻佛造像124处、535尊，明代浮雕造像1尊，以及清代题记4处。

4月 天津市文化遗产保护中心在蓟县土楼村建立考古工作站。

本月 天津市文化遗产保护中心派员对蓟县小毛庄墓群进行第三次考古发掘，发现东汉画像石墓。

6月11日 天津民俗博物馆接收天津市文物局拨交的天津海关罚没文物1900余件。

7月17—18日 天津市文物局、天津市文化遗产保护中心召开千像寺造像文物保护论证会。国家文物局考古专家组组长黄景略，成员张忠培、徐光冀，国家文物局副局长张柏等出席会议。

7月28日 天津市历史博物馆接收天津市文物局拨交的天津海关罚没的古钱币4964枚。

8月23日 塘沽区文物管理所与大沽口炮台遗址博物馆分离，更名为塘沽区博物馆。

8月 天津市文化遗产保护中心"京沪高速公路一期工程太子务、仓上遗址"考古发掘通报：共清理古墓葬25座，出土金、元、明、清时期不同质地文物60余件。

9月20日 天津天后宫第一次大规模修缮工程竣工。

9月26日 为纪念红军长征70周年，由中共天津市委宣传部、天津警备区政治部、天津市文化局主办，平津战役纪念馆、宁夏博物馆承办的"红旗漫卷西风——红军长征、西征胜利革命文物展"在平津战役纪念馆展出。

9月 天津自然博物馆为纪念建馆90周年，出版《馆藏精品图集》《天津自然博物馆建馆90周年文集》等。

11月19日 天津自然博物馆举行纪念建馆90周年大会。北京自然博物馆、重庆自然博物馆、浙江自然博物馆等10余家博物馆以及天津市各文博单位的代表出席。

11月20日 根据布展需要，1300多件文物精品从天津市历史博物馆、天津市艺术博物馆文物库房运至天津博物馆新馆。

12月15日　天津博物馆新馆布展工作全部完成。

12月20日　由天津市历史博物馆、天津市艺术博物馆合并成立的天津博物馆开馆。

12月23日　天津设卫筑城 600 周年纪念日，天津老城博物馆正式对外开放。

12月　"画说天津 600 年"展览在天津博物馆展出。

本月　《天津植物志》刘家宜主编，由天津科学技术出版社出版。

是年　天津自然博物馆征集标本 119 件。

是年　天津自然博物馆完成建馆以来第一部纪录片《自然馆的故事》和第一部反映北疆博物院历史的科教专题片《寻找湮灭的足迹》。

是年　国家文物出境鉴定天津站共审核各类文物和文物复、仿制品 38 707 件。

2005 年

1月8日　中共中央政治局原常委、全国政协原主席李瑞环参观视察天津博物馆。中共天津市委书记张立昌等陪同。

2月6日　平津战役纪念馆被国家发改委、中宣部等 13 部委命名为"全国红色旅游经典景区"。

3月1日—4月5日　天津自然博物馆与台湾自然科学博物馆联合举办的"岩壁上的精灵——艳红鹿子百合展"在天津自然博物馆展出。

3—5月　天津市文化遗产保护中心在蓟县北部地区进行旧时期考古调查，共发现旧石器地点 27 处（经整理后归纳为 13 处）年代距今 10 万～1 万年。

3—6月　天津市文化遗产保护中心、蓟县文物保管所在蓟县桃花园墓地考古发掘，清理明清时期墓葬 130 座，出土文物 3000 余件。

4—7月　天津市文化遗产保护中心进行京沪高速公路二期工程考古发掘，首次在天津南部发掘唐代遗址及墓葬、发现宋金时期居住址；首次在天津地区发掘元代窑址。

4月　宝坻区文化馆文物组对散落在区内民间的碑刻进行全面调查，涉及 31 个自然村，落实原在册石碑 18 通，新发现 12 通。

5月18日　天津市文物局、天津市文物博物馆学会、天津市文物管理中心组织"国际博物馆日"宣传活动。

6月10日　天津市文化遗产保护中心在天津博物馆召开"天津重大考古发现新闻发布会"，公布蓟县旧石器考古专项调查结果。

6月13日　1900 年被八国联军中英军掠走的"大沽铁钟"回归交接仪式在英国朴次茅斯市举行。铁钟现存大沽口炮台遗址博物馆。

6—9月　天津市文化遗产保护中心联合天津大学建筑学院、南开大学历史学院、蓟县文物保管所开展蓟县清代皇家陵寝基础清理及测绘工作。

6月　宝坻区文化馆文物组为宝坻区复建广济寺，进行了三大士殿基础发掘整理工作。

7月1日—8月1日　天津自然博物馆举办的"中国大型恐龙、猛犸象真迹国际巡展"在大庆市博物馆展出。

7月19日　中共天津市委、天津市人民政府下达《关于组建天津博物馆、成立天津文博院的通知》："市委、市政府同意将天津市历史博物馆、天津市艺术博物馆合并，组建天津博物馆，同时成立天津文博院。天津博物馆与天津文博院合署办公。"

7—9月　天津觉悟社纪念馆举办的"中华魂——中国共产党革命英烈事迹展"赴 20 余个社区巡展。

9月1日　为纪念抗日战争胜利 60 周年，由中共天津市委党史研究室、中共天津市委宣传部、市政协文史资料委员会、市档案局、市文化局联合举办的"天津人民抗日斗争——纪念中国人民抗日战争暨世界反法西斯战争胜利 60 周年展"在天津博物馆开幕。中共天津市委书记张立昌，中共天津市委副书记刘胜玉，中共天津市委常委段端武、肖怀远及抗日老战士代表出席。

9 月 8 日 中共中央北方局旧址纪念馆建成开放。中共天津市委副书记刘胜玉，中共天津市委常委、宣传部长肖怀远为纪念馆揭幕。

9 月 24—27 日 天津自然博物馆派员在蓟县杨津庄挖掘古菱齿象化石，填补了馆藏蓟县象头骨化石的空白。

9 月 26—27 日 江泽民参观梁启超纪念馆、杨柳青博物馆。

9 月 28 日—11 月 6 日 由陕西省文物局、天津市文化局等主办，秦始皇兵马俑博物馆、天津博物馆承办的"秦始皇兵马俑大型国宝文物珍品展"在天津博物馆展出。

10 月 1 日 天津老城博物馆举办的"叩响老城历史之门——天津近代民居建筑砖雕艺术展"开展。

10 月 23 日 天津市政府在意大利罗马举办的"中国 · 天津周"重要内容之一的"天津博物馆文物珍品展"开幕，展出文物 108 件。

10 月 28 日 天津市文化遗产保护中心获得由国家人事部、文化部授予的"全国文化工作先进集体"荣誉称号。

11 月 22 日 天津市机构编制委员会下发《关于核定天津博物馆、天津文博院内设机构和人员编制的批复》，批复同时确定撤销天津市历史博物馆、天津市艺术博物馆。

12 月 22 日 天津老城博物馆接收天津市文物局调拨天津海关罚没的文物。

12 月 位于宁河烈士陵园的于方舟烈士纪念馆建成开馆。

是年 国家文物局委托国家文物出境鉴定天津站开展文物鉴定管理系统试点工作。

是年 天津市文物鉴定委员会增设近现代文物专家鉴定组。

是年 天津自然博物馆采、征集标本 74 件。爬行动物胚胎化石、三叶虫等多件标本填补了馆藏空白。

是年 国家文物出境鉴定天津站共审核各类文物和文物复、仿制品 25 943 件。

2006 年

1 月 8—21 日 天津杨柳青博物馆举办的"中国魅力名镇——杨柳青民俗年画展"在韩国展出。

1 月 24 日—3 月 5 日 由法国卢浮宫博物馆铜版雕刻收藏馆、法国国立博物馆主办，天津博物馆、法国天泰文化传媒创作公司承办的"来自法兰西的贺岁礼物——卢浮宫馆藏版画 · 法国版画 400 年"展览在天津博物馆展出。

同期 由中国科学院古脊椎动物与古人类研究所、中国社会科学院考古研究所、周口店北京猿人遗址博物馆和天津博物馆、天津自然博物馆、天津市文化遗产保护中心联合举办的"'北京猿人'与天津——探索头盖骨之谜"展览在天津博物馆展出。

2 月 10 日 民国北洋政府总统曹锟之孙曹继信先生向天津市政府捐献中国第一部正式颁行的宪法——《中华民国宪法草案》手写本捐献仪式在天津市文化局举行。入藏天津博物馆。

3 月 20 日 由天津市地方志编修委员会办公室和《天津通志 · 鸟类志》编修委员会编著的《天津通志 · 鸟类志》出版。

4 月 7 日 天津市文化局印发《关于加强优秀青年人才培养，开展"名师教室"活动的通知》（津文人〔2006〕40 号）文件，提出"充分发挥名家名师、专家学者在人才培养上的作用，开展名师教室活动"。该项活动由天津文博院负责组织实施。

4 月 26 日 天津文博院、天津市文化局人事教育处、博物馆处、文物处联合制定了《关于开展文博系统"名师教室"活动的实施方案》。

4 月 宝坻区文化馆文物组按照区政府的决定，开展文物征集工作，共调查 300 多个自然村，征集文物 966 件。该工作于 2007 年 10 月结束。

5 月 18 日 天津市文物局、天津市文物博物馆学会、天津市文物管理中心组织"国际博物馆日"宣传活动。

5 月 25 日 天妃宫遗址、石家大院、京杭大运河（天津段）、千像寺造像、盐业银行旧址、法国公议局旧址、梁启超旧居被国务院公布为全国重点文物保护单位。

5—6 月 天津市文化遗产保护中心、武清区文物保护办公室派员在武清区徐官屯街南辛庄村东进行考古发掘，清理明、清时期墓葬 14 座，明代窑址 1 座。

5—7 月 天津市文化遗产保护中心、武清区文物保护办公室派员在泗村店镇齐庄村西北进行考古发掘，清理金元时期水井、灰坑等遗迹 120 余处，汉、魏、隋、唐墓葬 6 座，其中瓦棺墓 3 座，瓮棺、砖室墓、土坑墓（火葬）各 1 座，土坑墓有墓志铭。

同期 天津市文化遗产保护中心、武清区文物保护办公室在武清区兰城考古发掘，发现西汉时期道路、水井、灰坑等。另发现汉陶窑 1 座，唐陶窑 1 座，明代水井 1 眼，明、清时期墓葬 19 座，在另一区发掘北朝墓葬 2 座、唐墓 1 座、明清墓 31 座。

同期 天津市文化遗产保护中心、武清区文物保护办公室派员在高村镇牛镇村进行考古发掘，共分四个区域，第一、二区域发现道路、灰坑、水井等，多西汉文物。另有清合葬墓 1 座，出土铜钱、银簪等器物。第三区域发现 3 座明代墓和 1 座唐窑址。第四区域清理 8 座明、清墓，随葬品有银、铜等器物。

6 月 10 日 天津市文物局、天津市文物管理中心组织的"文化遗产日"宣传活动在天津博物馆举行。

6 月 29 日 由中共天津市委组织部、宣传部、市委党史研究室主办的"光辉的历程——庆祝中国共产党成立 85 周年中共天津历史展"在天津博物馆开幕。

7 月 4 日 天津市文物管理中心向天津博物馆拨交书画 34 件，玉器 28 件，瓷器 28 件，钱币、杂项 27 件，中外文书 34 本。

7—9 月 天津市文化遗产保护中心派员在京津高速公路北通道工程运河聚落遗址进行考古发掘。

同期 天津市文化遗产保护中心、武清区文物保护办公室派员在白古屯镇富村南进行考古发掘，发现汉至宋元时期遗存，集中出土 4 个不同时期的陶窑。

9 月 11 日 天津市文化遗产保护中心向天津博物馆拨交陶器、铜器、玉器、金银器、钱币等文物 4591 件。

9 月 19 日 "大千厚意，渤慰情深——王渤生捐赠张大千书画暨馆藏张大千作品展"在天津博物馆开展。

9 月 20—22 日 由天津市政府主办，南开区政府、天津市旅游局等单位承办的"第三届中国·天津妈祖文化旅游节"举行。

9 月 26 日 天津美术学院美术馆在天津美术学院百年校庆期间开馆，8 个中外艺术展同时开幕。

9 月 28 日 由中共天津市委组织部、宣传部、市委党史研究室主办的"纪念红军长征胜利 70 周年"展览在天津博物馆开幕。

9 月 29 日 由天津博物馆、湖南省博物馆联合主办的"汉风湘韵——长沙马王堆汉墓出土文物珍品展"在天津博物馆开幕。

9 月 天津市文化遗产保护中心派员对京津城际轨道交通工程路段进行考古发掘，历时 4 个月，发掘面积约 3425 平方米，出土大量汉代至明清时期的文物，发现汉代成组和连体的既烧砖又烧制"鱼骨粉"的窑址，以及明代烧炭窑。

9—10 月 天津市文化遗产保护中心、蓟县文物保管所派员对蓟县上宝塔明清墓葬进行考古发掘，勘探面积 11 万平方米，发掘明清墓葬 18 座、水井 4 眼。

10 月 天津市文化遗产保护中心派员在大沽船坞遗址局部进行考古勘探，发现北洋时期修建的大型槽状遗迹（土坞）2 处、平台遗迹（小船台）1 处。

同期　天津市文化遗产保护中心派员对天津滨海国际机场改扩建工程进行考古勘探，勘探面积16万平方米，发现墓葬33座、古代窑址1座、灰坑2座。

同期　天津市文化遗产保护中心、蓟县文物保管所派员对蓟县西关汉墓和明清墓葬进行考古发掘，发掘汉代墓葬6座、明清墓葬2座，出土文物数百件。

10月　天津市文化遗产保护中心、蓟县文物保管所派员在蓟县东营坊金代窑址和明清墓地进行考古发掘，发现形制特殊的古窑址，清理明清墓葬17座，出土素面铜镜、铁镜、灰陶双耳罐、瓷罐、瓷碗以及铜钱等文物。

是年　国家文物出境鉴定天津站共审核各类文物和文物复、仿制品26 291件。

2007 年

1月2日　天津市文化遗产保护中心派员在天津文庙明清建筑基址上进行考古发掘，对府庙的崇圣祠、大成殿、大成殿西配殿、泮桥等，县庙的崇圣祠、大成殿、明伦堂的齐贤斋等位置进行发掘，印证了天津文庙明代始建、清代多次修葺的记载。

1月　天津市文物管理中心举办"2007年天津市文物行政执法培训班"，国家文物局党组成员、副局长董保华，天津市文化局副局长张志出席开班仪式。

2月10日　天津博物馆与湖北省博物馆、宁夏博物馆联合主办的"荆楚之光——湖北出土文物精粹展""大漠上消逝的文明——西夏文物特展"开幕。

4—5月　天津市文化遗产保护中心对天津滨海国际机场扩建工程地段进行考古发掘。发掘明、清墓20座。采集的人骨标本填补了天津南部地区人骨标本材料收集的空白。

同期　天津市文化遗产保护中心派员对津汕高速公路建设工程地段沈青庄和小苏庄二遗址进行考古发掘，发掘面积1400平方米，发掘古代灰坑27座、灰沟10条、水井2口、灶址2座、窑址1座，出土元、明时期文物数百件。

4月6日　应天津自然博物馆邀请，环球健康与教育基金会主席、美国野生动物标本收藏家贝林先生一行专程到天津自然博物馆参观访问，洽谈捐赠野生动物标本事宜，并决定捐赠100件野生动物标本。天津市政协副主席蔡世彦会见贝林先生一行。

4月7日　中国国民党名誉主席连战一行参观天津博物馆。

4月16日　天津文博院开始承办天津市文博系统专业技术人员继续教育培训。

4月29日　天津博物馆与辽宁省博物馆联合主办的"清宫散佚书画国宝展"开幕。

5—7月　天津市文化遗产保护中心、中国科学院古脊椎动物与古人类研究所联合派员，对蓟县东营坊旧石器时代遗址进行考古发掘。发掘面积200平方米，出土石核、石片、刮削器、断块及碎屑等石制品1000余件，这是天津市第一次对旧石器时代遗址进行考古发掘。

6月5日　天津市文物局颁布《文物出境审核标准》（津文物博发〔2007〕30号），确定1911年以前生产、制作的文物禁止出境，1966年以前具有代表性的少数民族文物禁止出境。

6月9日　中国文化遗产日，天津博物馆举办"近代文明的支点——工业遗产及其保护与利用""传统文化的载体——天津的乡土建筑及其保护"展览。

6月25日　"贝林先生捐赠世界野生动物标本签约仪式"在天津市文化局举行。

6月29日　中共天津历史纪念馆举办的"红色足迹遍津门——中国共产党在天津革命历史旧址展"开幕。中共中央政治局委员、中共天津市委书记张高丽等观看了展览。

6月　天津市文物局、天津市文物管理中心组织"文化遗产日"大型宣传活动。

6—9月　天津市文物局和天津电视台、《城市快报》共同举办"知家乡文化遗产、爱天津历史传承"大型主题活动。

7月5日　塘沽区博物馆加挂"塘沽区文物保护管理所"牌子。

7月6日　天津市文博系统"名师教室"举行第一期开学典礼。

7月23日　平津战役纪念馆为纪念中国人民解放军建军80周年、建馆10周年举办的"新征文物成果展"开幕。

8月6日　天津文博院召开天津市文博系统"名师教室"师生座谈会，院长李家璘主持，并提出教学要求。

8月　天津市文化遗产保护中心、宝坻区文化馆文物组派员对宝坻区史各庄镇朱孔庄明清墓葬进行抢救性发掘。清理明清时期墓葬2座，出土瓷罐、铜镜等文物，发现的明砖石混合结构墓在天津地区同期墓葬中很少见。

8月30日　天津博物馆与陕西法门寺博物馆联合主办的"东方慧光——法门寺地宫珍宝展"在天津博物馆开幕。

9月17日　在天津市人民政府设分会场，收看第三次全国文物普查电视电话会议。天津市第三次全国文物普查领导小组负责人及成员，各区、县政府分管领导，市直属文博单位负责人等70人参加会议。会后，副市长张俊芳做了重要讲话。

9月18日　天津市第三次全国文物普查动员大会在蓟县召开。来自全市各区、县文物（文化）局主要负责人及文物普查队员近200人参加了会议。国家文物局文物保护司副司长柴晓明，天津市文物局副局长张志，中共蓟县县委常委、副县长王庆利，天津市文物局文物处处长陈雍出席会议，副局长张志做了动员讲话。

9月18—23日　在蓟县举办了天津市"第三次全国文物普查工作"培训班，市直属单位和各区县普查队员160余人接受了培训。国家文物局全国文物普查业务指导组执行组长乔梁、顾问侯石柱等专家莅津，讲授了不可移动文物认定标准、分类标准、计量标准，以及普查数据采集软件安装与操作、GPS使用方法等重点课程，并进行田野调查实习。学员获得国家文物局颁发的第三次全国文物普查普查员资格证书。

9月21日　天津市人民政府下发《关于成立天津市第三次全国文物普查领导小组的通知》（津政人〔2007〕38号），决定成立天津市第三次全国文物普查领导小组。领导小组下设办公室，负责普查工作的日常组织和具体协调，地点设在天津市文物局。

9月26日　天津市人民政府下发《批转市文物局拟定的天津市第三次全国文物普查实施方案的通知》（津政发〔2007〕68号），对全市文物普查各阶段工作做出具体部署和要求。

9月27日　由天津海关罚没的猛犸象上门齿化石、石燕化石、腕足类动物化石、珊瑚化石、狼鳍鱼化石等12件古生物化石，由天津市文化局移交天津自然博物馆。

9月　天津市文物局会同海关总署缉私局、公安部刑侦局有关人员赴意大利罗马意大利文物宪兵总部参加"中意打击文物走私研讨班"。

本月　天津市第三次全国文物普查工作正式启动。实地调查工作于2008年4月底启动。各区（县）先后成立领导机构、召开推动会，组织培训。

10月7日　梁启超之子、中国科学院院士梁思礼专程来津参观梁启超纪念馆。

10月16日　天津自然博物馆举办的"中国恐龙化石展"在荷兰Hortus植物博物园开幕。

10月　天津市文化遗产保护中心、蓟县文物保管所派员对蓟县西大佛塔村唐辽时期塔基进行抢救性发掘，自2006年11月始，历时近一年。该塔基为天津地区目前已知最大的塔基，建造技法独特，内部为八角形夯土基座，外部砌砖，重修时又在外部夯土加固的建造方法，为我国现存唐、辽佛塔首见。

10月下旬至12月中旬　天津市文化遗产保护中心蓟县文物局、黄崖关长城管理局联合组队，开展长城资源调查工作。此次调查对象为明长城墙体、附属设施及相关遗迹、关堡等，调查关城一座，寨堡10座，敌台85座，烽火台4座，火池15座，烟灶40座，居住址42座，水窖11座，水井4口。

11月5—7日　由天津市人民政府主办，天津市文化局、天津自然博物馆、北京自然博物馆承办，中国博物馆协会、中国自然科学博物馆协会、天津市对外文化交流公司、华夏未来少儿艺术中心协办的"欧亚自然历史博物馆高层论坛暨中国·天津生态城市及可持续发展研讨会"召开。来自欧洲、亚洲15个国家的24个博物馆、科研院所，中国部分省市近 40 个博物馆、科研院所的 98 名专家学者出席会议。

11 月 15 日　天津市第十四届人大常委会第四十次会议表决通过了《天津市文物保护条例》，2008 年 3 月 1 日起开始实施。

同日　天津市文物局第三次全国文物普查办公室在国家文物局第三次全国文物普查网站开通了天津地方频道。

11 月 16 日　天津博物馆从台湾收藏家手中征集汉代金缕玉衣 1 套。

11 月 21 日　天津市三条石历史博物馆馆舍"福聚兴机器厂"旧址保护及维修规划设计方案通过专家论证。

11 月 22 日　大港区文化局在北大港水库内发现南塘古建筑遗址，为唐代遗存，这一发现填补了天津南部地区唐代古建筑遗存的空白。

11—12 月　天津市文化遗产保护中心、蓟县文物保管所派员对蓟县上宝塔唐墓及明清墓葬进行考古发掘，清理唐代墓葬 1 座、明清时期墓葬 119 座。

11 月　塘沽博物馆建成并对外开放。陈列主要展示塘沽自宋代成陆迄今 800 多年的历史变迁与风土人情。

12 月 18 日　天津市各博物馆正式免费开放。

12 月　天津市文化遗产保护中心、塘沽区文物保护管理所派员对大沽海神庙遗址进行考古发掘。发掘面积近 1000 平方米，发现清代海神庙甬道、山门、西配殿、御制碑亭及围墙建筑基址等遗存。

12 月 24 日　天津市第三次全国文物普查工作专题网页在天津文化信息网开通。

是年　国家文物出境鉴定天津站共审核各类文物和文物复、仿制品 19 065 件。

是年　天津文博院为"名师教室"学员举办学术讲座 9 讲。

2008 年

1 月 9 日　天津市三条石历史博物馆召开"福聚兴机器厂旧址设备搬迁及复原方案"论证会。

1 月 10 日　大港区文化局举办"第三次全国文物普查工作培训班"。

1 月 28 日—2 月 28 日　天津博物馆举办的"中国民间艺术的瑰宝——天津博物馆藏杨柳青年画展"在山东省博物馆展出。

1 月 31 日　天津博物馆举办的"金缕玉衣特展——汉代遗韵巡礼"在天津博物馆开幕。

2 月 9 日　天津民俗博物馆举办的"妈祖文化历史文物精品展"开展。

2 月 14 日—4 月 10 日　天津市文物局与天津市规划局联合向建设部和国家文物局申报蓟县城关、西青杨柳青等村镇为国家级历史文化名镇（村）。

4 月 1—3 日　宝坻区文化局开办"第三次全国文物普查启动会暨文物普查培训班"。

4 月 17 日　国家文物局一级博物馆评审组到天津博物馆评审。

4 月 21 日　天津博物馆举行《中华百年看天津》大型画册首发式。

4 月 22 日　天津市文物局与天津今晚报传媒集团联合举办了"保护文化遗产，共建精神家园——文物保护法规知识竞答"活动。

同日　天津市第三次全国文物普查直属队成立大会暨培训班在天津博物馆举办。

4 月 28 日　天津民俗博物馆举办纪念天后诞辰 1048 周年庆典活动。

4 月 30 日　天津市文物局举办"工业遗产与天津"学术研讨会。邀请市政协、市社科院、南开大学、天津师范大学、天津博物馆等单位专家参加。

5 月 18 日　天津博物馆、天津自然博物馆、周恩来邓颖超纪念馆被国家文物局评定为首批国家一级博物馆。授牌仪式在北京首都博物馆举行。

同日　天津市文物局、天津市文物博物馆学会、天津市文物管理中心组织"国际博物馆日"宣传活动，并在天津博物馆举办"'节约能源、保护环境'大型科普展""近代文明的支点——工业遗产及其保护与利用""天津市第三次全国文物普查特展——天津小洋楼"展览。

5月23日　天津市人民政府组织召开"天津市第三次全国文物普查工作推动会议"。

6月5日　河东区召开"第三次全国文物普查工作会议"。

6月23日　宁河县启动第三次全国文物普查工作。

6月　天津市文化遗产保护中心派员对津港高速公路工程路段进行考古勘探，勘探面积17.4平方米，勘探战国遗址1处及明清时期墓葬11座。同时对国道112线高速公路进行考古发掘，在东肖庄发掘清代遗址一处，清理房址3座。

本月　天津市文物局、天津市文物管理中心组织"文化遗产日"宣传活动。

7月12日　天津市文化遗产保护中心取得首批二级可移动文物修复资质单位证书。

7月初—8月底　河北区文物管理所开展京杭大运河天津河北区段专项调查，为京杭大运河（天津段）改造做准备。

7月22日　由天津博物馆、甘肃敦煌研究院联合举办的"丝路放歌，情系奥运——2008年敦煌艺术大展"在天津博物馆开幕。

7月30日　天津博物馆举办的"天津博物馆馆藏古代绘画精品展"在辽宁省博物馆开幕。

7月　天津市文化遗产保护中心、宁河县图书馆派员在宁河俵口乡杨家岭、北大岭、西塘坨进行考古发掘，清理元代遗址1处，发现大量窖穴，清理元代砖窑1座，清代合葬墓4座。

本月　天津杨柳青木版年画博物馆建设项目正式立项。

9月6日　由中共天津市委宣传部、天津电视台和中央电视台、八一电影制片厂联合摄制的50集大型史诗电视连续剧《解放》，在平津战役纪念馆举行新闻发布会。

10月27—28日　天津市文物局召开"第三次全国文物普查座谈会"，全市18个区县普查队长和队员参加。

10月　天津电力科技博物馆正式开馆。

本月　天津市文化遗产保护中心派员对京沪高速铁路建设工程路段进行考古勘探，勘探面积20万平方米，发现古代遗址、墓葬、窑址等遗存，时间涵盖金元至明清时期。

11月5日　武清区京杭大运河（天津段）申报世界文化遗产组织机构及办公室成立。

11月11日　国家文物局"明长城资源调查工作"专家组成员来津检查工作。

11月　天津市文物局批复天津大学建筑设计研究院编制的《大清邮政津局旧址加固修缮方案》。

11—12月　天津市文化遗产保护中心和武清区文物保护办公室派员对武清豆张庄青坨村东窑址进行考古发掘，发现元代窑址1座、明代窑厂遗存1处、明清墓葬3座，出土陶、瓷器等各类文物100余件。

12月5日　河北区召开"第三次全国文物普查中期推动会"。

12月24日　天津市反腐倡廉教育基地暨"新中国反腐败第一大案"陈列在杨柳青博物馆（石家大院）剪彩。

同日　河东区召开"第三次全国文物普查工作汇报会"。

12月26日　李叔同故居纪念馆落成。天津市人大常委会主任刘胜玉，中共天津市委常委、市委宣传部长肖怀远，副市长张俊芳出席落成仪式。

是年　国家文物出境鉴定天津站更名为"国家文物进出境审核天津管理处"。

是年　天津博物馆修复馆藏各类文物16件，其中二级文物12件。

是年　西青区成立西青区文物保护所。

是年　塘沽区全面开展第三次全国文物普查工作。

是年　国家文物进出境审核天津管理处共审核各类文物和文物复、仿制品19 234件。

2009 年

1月1日 由中共天津市委宣传部主办的"李岚清篆刻艺术展"在天津博物馆开幕。

1月10日 武清区全面启动京杭大运河（天津段）申报世界文化遗产工作。

1月13日 天津博物馆举办的"孙中山与北洋集团"展览在广州孙中山大元帅府纪念馆开幕。

1月18日 天津民俗博物馆举行"天后宫传统文化庙会暨春祭大典"。

1月30日 天津市文物管理中心完成《关于天津市文物行政执法与文物安全十一五总结及十二五规划建议的报告》，并上交国家文物局。

1月 天津市文化遗产保护中心派员对京沪高铁天津段进行考古发掘，发掘面积4000平方米，出土各质地文物100件。首次揭露出天津地区功能相对完备的古代窑场遗存。

2月26日 天津自然博物馆接收环球健康与教育基金会主席、美国野生动物标本收藏家贝林捐赠的第一批标本87件。11月6日接受标本117件。2010年、2011年、2012年复陆续接收捐赠。

3月 平津战役纪念馆和天津历史学会《孙子兵法》与古代文化研究专业委员会编撰的《兵学大观园》（二）出版。

3—4月 天津市文化遗产保护中心派员在大沽口炮台遗址进行考古勘探，勘探成果与清代光绪二十一年至二十六年（1895—1900）绘制的南炮台布局图基本吻合。

4月1日 由中共天津市委宣传部、天津警备区政治部、天津市文化局、共青团天津市委主办，平津战役纪念馆和铁道游击队展览馆承办的"弹起我心爱的土琵琶——铁道游击队"展览在平津战役纪念馆开幕。

4月9日 天津自然博物馆与法国国家自然历史博物馆签署姊妹馆协议。

4月12—16日 天津市文物管理中心在蓟县举办"天津市博物馆藏品数据库培训班"。

4月21—23日 国家文物局长城项目专家组成员一行5人来津，对天津市域内明长城资源调查进行验收。

4月24日 天津市文物局发出《关于编辑出版〈天津市文博系统研究成果文集〉征文的通知》（津文物〔2009〕30号）。编辑出版工作由天津文博院承办。

4月28日 天津义和团纪念馆举办的"红桥区碑碣石刻展"开幕。

4月30日 天津博物馆举办的"馆藏明清宫廷书画展"开幕。

4月 天津首家注册挂牌的由个人兴办的非国有博物馆——泉香阁钱币博物馆开馆。

5月18日 天津市文物局、天津市文物博物馆学会、天津市文物管理中心组织"国际博物馆日——博物馆与旅游"宣传活动。同时在天津博物馆举办"天津小洋楼展"，在元明清天妃宫遗址博物馆举办"传统文化的载体——天津乡土建筑及其保护展"。

5月 根据市委市政府《关于印发〈天津市机构改革实施方案〉的通知》（津党发〔2009〕15号）设立天津市广播电视剧加挂天津市文物局牌子。

5月 元明清天妃宫遗址博物馆被评定为国家二级博物馆。

6月10日 天津市文物局、天津市文物管理中心组织"文化遗产日"大型宣传活动。

6月13日 元明清天妃宫遗址博物馆举办的"探索明长城——天津市长城资源调查成果展"展出。

6月19日 天津市文物局向天津市政府提出关于成立天津市京杭大运河（天津段）保护和申遗工作领导小组的请示。

6月20日 平津战役纪念馆与湖南韶山毛泽东同志纪念馆联合举办的"开国领袖——毛泽东家事家史展"在平津战役纪念馆展出。

7月5日 天津民俗博物馆筹建的民俗绝活景观暨"津派民间绝活绝技达人秀"工程完工，并举行揭幕仪式。

7—8月 天津市文化遗产保护中心派员对蓟县万达宏顺房地产工程范围进行考古发掘。清理明代墓葬18座、清代墓葬 11 座，迁移墓葬 4 座，出土陶罐、黑瓷罐、银簪、铜钱、铜板等随葬品。

8 月 7 日　天津市政府召开"天津市大运河保护和申遗工作领导小组第一次（扩大）会议"。

同日　天津市文博系统"名师教室"教学评估会在天津博物馆举行。

8 月 11 日　天津自然博物馆"走进野生动物王国——肯尼斯·贝林捐赠标本专题展"开幕。

8 月 13 日　天津义和团纪念馆举办的"红桥区第三次全国文物普查工作成果展"开展。

9 月 17 日　由天津博物馆与国家博物馆联合举办的"国家宝藏——中国国家博物馆馆藏珍品展"在天津博物馆开幕。

9 月 19 日　平津战役纪念馆与中国人民革命军事博物馆联合举办的"光辉历程——中国人民革命军事博物馆馆藏证章、锦旗展"在平津战役纪念馆展出。

9 月 27 日　大港奥林匹克博物馆建成开馆。

9 月 28 日　天津老城博物馆举行"老城小梨园"揭牌仪式。

9 月　为纪念人民政协成立 60 周年而举办的"天津政协 60 周年展"在天津博物馆展出。

10 月 1 日　天津民俗博物馆举办的"妈祖文化展"开幕。

10 月　天津市文物局组织天津市文物鉴定委员会人员对天津市财政局遗存物品进行鉴定评估，包括图书、印章、杂项、书画、瓷器、钱币等，其中二级文物 13 件，三级文物 37 件（套）。2010 年 4 月正式拨交天津博物馆，共计 1283 件。

11 月 16 日　天津日报报业集团向天津博物馆捐赠"1949—2009 天津日报珍藏版"一套。

11 月 22 日　宝坻区被文化部、国家文物局授予"全国文物普查工作先进县"荣誉称号。

11 月 24 日　天津自然博物馆荣获国家人力资源和社会保障部、文化部"全国文化系统先进集体"荣誉称号。

11 月 24—25 日　国家文物局在天津召开"第三次全国文物普查实地文物调查阶段验收工作北部片区座谈会"，天津市文物局副局长金永伟出席。

12 月 4—5 日　天津市文物局在滨海新区召开 9 个内陆区县及滨海新区文物主管部门领导和普查队员参加的"水下文物普查工作推动会"，并举办培训班。

12 月　河北区发展史馆（女星社旧址）整体修缮竣工。

本月　天津市文化广播影视局机构调整，原文物处分为博物馆处和文物保护处，天津市文物管理中心成为局属全额拨款事业单位。

是年　自 2003 至 2009 年，天津海关向天津市文物局移交文物共计 15 116 件，其中二级文物 9 件，三级文物 226 件。

是年　塘沽区组织编制《北洋水师大沽船坞保护总体规划》。

是年　国家文物进出境审核天津管理处共审核各类文物和文物复、仿制品 6577 件。

2010 年

1 月 1 日　为纪念达尔文诞辰 200 周年及其著作《物种起源》面世 150 周年，由英国驻华大使馆文化教育处提供的"永远的达尔文"展览在天津自然博物馆展出。

1 月 10 日　天津文博院编写的天津国家级文物鉴定专家口述史丛书《鉴识——张慈生自述》《眼力——刘光启自述》《洞鉴——云希正自述》《明镜——田俊荣自述》由天津人民出版社出版。

1 月 22 日　平津战役纪念馆被中国红色旅游网、中宣部《党建》杂志社、红旗出版社评选为"中国红色旅游十大景区"之一。

1 月　杨柳青博物馆提升改造后的各项展览正式对外开放。

3月15日 天津市文物局文物保护处组织局直属文博单位、区县文化（文物）局进行"十二五"规划编制培训。

3月26日 天津市文博系统第一期"名师教室"结业综合考评委员会在天津博物馆举行。

3月31日 天津市文物局副局长金永伟出席在国家文物局召开的国务院"第三次全国文物普查领导小组办公室第三次会议"。

4月13日 天津自然博物馆"最后的巨人"大型恐龙展在法国国家自然历史博物馆开幕。该展览为天津自然博物馆与法国国家自然历史博物馆签订互为姊妹馆后的第一个交流项目。

5月4日 天津市文物局文物保护处编辑完成《关于天津市文物保护项目及经费需求"十二五"规划的报告》上报国家文物局。

5月18日 宁河天尊阁整体修缮工程竣工，并通过天津市文物局验收。

5月 天津自然博物馆荣获中国科技部、中宣部、中国科协授予的"全国科普工作先进集体"称号。

本月 天津杨柳青博物馆的"新中国反腐败第一大案展"被中共中央纪委监察部命名为第一批50个全国廉政教育基地之一。

6月2日 "天津市第三次全国文物普查成果展"在天津博物馆开幕。

6月3日 由中国文物信息中心主办、天津博物馆承办的"文物三维数字化标准研讨会"在滨海新区召开，全国博物馆界30余名代表参加。

6月5日 由天津文博院编辑的天津市文博系统专业人员研究成果文集《天津文博论丛》（一至三辑，共4册），由天津人民出版社出版。

6月11日 天津市文物局博物馆处完成2009年度博物馆年检工作，向国家文物局提交《天津市2009年度博物馆年检工作备案报告》并向全市各级各类博物馆、纪念馆公布了年检结果。

同日 "第三次全国文物普查实地文物调查阶段突出贡献个人和集体的评选颁奖仪式"在苏州举行。天津市文物局副局长金永伟出席，程绍卿、周建获个人奖，蓟县普查队获集体奖。

6月12日 天津市文物局、天津市文物管理中心组织的"文化遗产日——文化遗产在我身边"主题宣传活动在元明清天妃宫遗址博物馆举办。

同日 经文化部、国家文物局批准，天津市文物局申报的天津"五大道"入选第二届"中国历史文化名街"。

6月21日 由天津市纪检委、中共天津市委宣传部、天津市文广局主办，平津战役纪念馆、河南兰考焦裕禄纪念馆承办的"人民公仆干部楷模——焦裕禄精神展"在平津战役纪念馆开幕，中共天津市委常委、宣传部长肖怀远等出席。

8月12日 由天津博物馆、湖南省博物馆联合举办的"丹青艺事越千年——天津博物馆藏宋元明清绘画精品展"在湖南省博物馆开幕。

9月15日 由天津市文化遗产保护中心、国家博物馆水下考古研究中心联合组队开展的天津水下文物普查探测、探摸工作在滨海新区正式启动。

9月18日 由四川三星堆博物馆、金沙遗址博物馆、天津博物馆联合举办的"消失与复活——三星堆、金沙遗址出土文物精华展"在天津博物馆开幕。

9月20日 天津"五大道"荣获"中国历史文化名街"揭牌仪式在睦南公园举行，国家文物局局长单霁翔、天津市副市长张俊芳等出席。

9月22日 曹禺故居纪念馆开馆，中国文联党组成员、书记处书记夏潮，中共天津市委常委、宣传部长肖怀远出席。"纪念曹禺百年诞辰——天津曹禺国际学术讨论会"同日召开。

9月26日 平津战役纪念馆主办的"写在党旗上的名字——红岩精神展"展出。

同日 天津市文物博物馆学会主办的《天津文博》第七辑由科学出版社出版。

9月 中共天津历史纪念馆为纪念抗日战争胜利65周年举办"天津人民抗日斗争"纪实图片展。

本月 天津博物馆接收天津市财政局拨交天津海关查扣文物1071件。

10月11—18日 天津市文物局主办、天津市文物管理中心协办的"天津市区县文博单位管理干部暨全国重点文物保护单位保护管理机构负责人培训班"在蓟县举办，全市50余名管理干部参加培训。

10月18日 由天津市李叔同研究会、河北区政协、河北区文化局共同组织的"纪念李叔同——弘一大师诞辰130周年"系列活动开幕式在李叔同故居纪念馆举行。

10—11月 天津市文化遗产保护中心、蓟县文物保管所派员对蓟县圣光龙庭房地产项目地段进行考古发掘，出土陶、瓷、铜、银等质地文物60余件，获取蓟县清中期埋葬习俗大量信息。

11月12日 天津市文化中心项目指挥部、天津博物馆召开"中华百年看天津"基本陈列方案专家论证会。

11月 天津杨柳青木版年画博物馆召开布展方案专家论证会。

12月10日 天津博物馆举办的"吉光焕彩——纪念刘奎龄诞辰125周年特展"开幕，展出刘奎龄作品105件（套）。

12月21日 天津博物馆举办"刘奎龄绘画艺术学术研讨会"，国家文物鉴定委员会、中国艺术研究院、中央美术学院、中国美术家协会、南开大学、天津美术学院等书画研究机构的专家、代表40余人参加。

12月31日 由天津博物馆、天津市文物公司联合举办的"一世朗润——民国瓷器特展"在天津博物馆开幕。

同日 天津博物馆藏品管理系统完成录入122 405条藏品信息，占藏品总数的61%。

12月 天津市文化遗产保护中心被国家文物局授予"文化遗产日活动组织奖先进集体"。

是年 大沽口炮台遗址博物馆工程建设竣工，建筑面积4900平方米，景区占地面积54 000平方米。

是年 国家文物进出境审核天津管理处共审核各类文物和文物复、仿制品7035件。

2011年

1月7日 福聚兴机器厂旧址修缮工程竣工，并通过验收。

1月11—13日 天津市文物局文物保护处、天津市文物管理中心举办"天津市文物保护工程设计施工资质第一期培训班"。

1月14日 天津市文物局召开2011年度社会文化、文物和博物馆工作会议，社会文化处、文物保护处、博物馆处负责人做工作报告，局直属文博单位、各区县相关负责同志出席。

2月16日 天津市文物局博物馆处、政策法规处召开全市民办博物馆年检备案工作座谈会。15家正式登记注册的民办博物馆负责人参加。

2月21—23日 天津市文物局文物保护处、天津市文物管理中心举办"天津市文物保护工程勘察、设计、施工、监理单位专业人员第二期培训班"，全市14家资质单位的法人、项目负责人及主要专业技术人员200余人参加。

2月23日 天津市文物局博物馆处组织召开"全市文物拍卖工作座谈会"。

3月28日 天津市文化遗产保护中心将寄存在武清区武装部仓库的文物全部搬迁至蓟县考古基地收藏。

同日 天津市文物博物馆学会召开第五届会员代表大会，选举产生了第五届理事会。

3月29日 "大运河保护和申遗省部际会商小组第三次会议"在北京召开，天津市副市长张俊芳、天津市文物局副局长金永伟出席。天津3个运河遗产点和2段河段入选。遗产点中天妃宫遗址为立即列入项目，石家大院、十四仓遗址为后续列入项目；北运河段主线、南运河段主线为立即列入项目。

3月 天津博物馆启动20万件文物的搬迁工作。

本月 武清区京杭大运河（天津段）申报世界文化遗产点、段环境综合整治工作全面启动。

3—5月 天津市文化遗产保护中心、蓟县文物保管所派员对蓟县中节能远景城四期工程工地进行考古发掘，发现汉代墓葬6座、明清墓葬75座、唐代窑址1座，发掘面积2948平方米，出土金、银、玉、铜、玛瑙、玻璃、陶、瓷等质地文物2000余件（套），首次发现"养老"腰牌。

4月6日 "大运河保护和申遗省部际会商小组办公室会议"在北京召开，天津市文物局副局长金永伟出席。

4月11日 天津博物馆举办"天津博物馆新馆（美术馆）文物艺术品陈列专家论证会"。

4月21日 天津市人民政府批准天津自然博物馆迁至天津博物馆（河西区友谊路31号）原馆址。

4月25日 天津民俗博物馆举行纪念天后诞辰1051周年庆典活动。"天后文化展"同时开展。

4月28日 天津市文化广播影视局下发《关于开展文博系统第二期"名师教室"的通知》（津文人〔2011〕8号），提出"在成功举办文博系统首期'名师教室'活动的基础上，今年继续开展第二期培养工作"。

4月29日 天津义和团纪念馆编辑的《天津市红桥区碑石铭刻辑录及释文》出版，同时举办"天津市红桥区碑石铭刻拓片展"。

5月21日 天津市文物局博物馆处、天津市文物管理中心组织的"国际博物馆日——博物馆与记忆"大型宣传活动在天津文庙博物馆举行。

5月23日—6月27日 "2011年度天津市文博系统讲解员培训班"在天津博物馆举办，全市120名讲解员参加。

5月26—27日 天津市文物局文物保护处、天津市文物管理中心参加天津市人民政府法制办公室召集的《天津市历史文化名城和历史风貌建筑保护条例》征询意见座谈会"。

6月11日 由天津市文物局主办的"文化遗产日——文化遗产与美好生活"主题宣传活动在元明清天妃宫遗址博物馆举办。

同日 天津博物馆主办的"走近大师——天津博物馆藏吴昌硕、张大千、齐白石、徐悲鸿、黄宾虹绘画精品展"在海南省博物馆开幕。

6月21日 平津战役纪念馆、延安革命纪念馆联合举办的"延安精神永放光芒"展览在平津战役纪念馆开幕。

6月24日 由天津自然博物馆、重庆自然博物馆、内蒙古博物院、自贡恐龙博物馆联合举办的"中国恐龙暨古动物展"在韩国高阳国际会展中心开幕。

6月30日 由新华社举办的"开天辟地九十年"展览在天津博物馆开幕。

7月22日 天津杨柳青木版年画博物馆正式对外开放。

7月28日 国务院第三次全国文物普查领导小组办公室经过验收核定，确认天津市第三次全国文物普查登记不可移动文物最终数量为2082处（古遗址745处，古墓葬157处，古建筑164处，石窟寺及石刻23处，近现代重要史迹及代表性建筑975处，其他18处）。其中，新发现1153处，复查929处。另登记消失的不可移动文物400处。

9月5日 天津博物馆闭馆，迁入新馆址河西区平江道62号。

9月15日 "河东区第三次全国文物普查名录"正式公布。

9月 《天津市文博系统第一期"名师教室"成果文集》由天津人民出版社出版。

10月24日 中共天津市委书记张高丽参观天津杨柳青木版年画博物馆。

10月30日 滨海新区根据国家文物局等七部局《关于促进民办博物馆发展的意见》（文物博发〔2010〕1号）精神，制定发布《滨海新区促进民办博物馆发展的若干意见（试行）》。

11月8日 环球健康与教育基金会主席、美国野生动物标本收藏家贝林再次来津，与天津自然博物馆签订《世界动物标本捐献协议》，继续捐赠200余件野生动物标本。

12月16日 天津美术馆筹建办公室成立。

12月23日 天津市发展与改革委员会下发《关于元明清天妃宫遗址博物馆基础设施建设项目可行性研究报告（代项目建议书）的批复》（津发改社会〔2011〕1406号）文件，元明清天妃宫遗址博物馆改扩建项目正式批准立项。

12月29日 国务院"第三次全国文物普查工作会议"召开，天津设分会场，天津市副市长张俊芳，以及天津市第三次全国文物普查领导小组成员单位、天津市文物局、各区县政府分管负责同志参加。

12月30日 李叔同故居纪念馆正式开馆。

12月31日 天津市滨海新区政府成立滨海新区文物保护工作领导小组。

12月 全国重点文物保护单位望海楼教堂进行保护性修缮。

是年 国家文物进出境审核天津管理处审核各类文物和文物复、仿制品7208件。另，组织天津市文物鉴定委员会鉴定公安、法院等部门涉案文物136件。

2012年

1月16日—2月23日 天津杨柳青木版年画博物馆举办"观年画赏民俗"展览。

2月10日 由平津战役纪念馆与俄罗斯卫国战争纪念馆联合举办的"战火中的莫斯科——俄罗斯专题展"在平津战役纪念馆展出。

同日 武清区博物馆工程建设举行奠基仪式。

2月 天津市三条石历史博物馆"三条石地区机械铸铁业变迁史陈列""福聚兴机器厂旧址复原陈列"布展完成。

3月5日 由中共天津市委宣传部、天津市精神文明建设办公室主办的"中国精神系列展——踏寻雷锋足迹展"在平津战役纪念馆开幕。

3月8日 天津觉悟社纪念馆维修现场办公会召开，天津市文物局、河北区政府主要领导参加。

3月20日 "大运河保护和申遗省部际会商小组第四次会议"在北京召开，天津市副市长张俊芳、天津市文物局副局长金永伟参加。

4月21日 由天津市文物局主办，天津市文物管理中心、天津文庙博物馆承办的"津门谈古"文博系列公益讲座在天津文庙博物馆举办。

4月23—26日 由天津市文物局主办，天津市文物管理中心、天津市戏剧博物馆文庙博物馆管理办公室承办的"天津市文物收藏单位藏品管理人员培训班"在天津文庙博物馆举办。

4月30日 由天津市文博学会民间收藏专业委员会、天津文庙博物馆联合举办的"庆'五一'收藏家精品联展"开展。

4月 《天津博物馆论丛2011》由天津人民出版社出版。

本月 天津博物馆编辑的《天津博物馆（中、英文）》由伦敦出版公司出版，《天津博物馆精品系列图集（5册）》由文物出版社出版。

本月 天津博物馆接收天津市文物管理中心拨交玉器、印章等文物542件（套）。

4—6月 天津市文化遗产保护中心派员在北辰区双街镇张湾进行考古勘探，发掘明代沉船3艘，出土遗物600余件。

5月9日 "天津市三条石历史博物馆新馆重新开放暨福聚兴机器厂旧址落架大修工程竣工仪式"举行。

5月14日 曹禺故居纪念馆应邀派员参加法国雨果故居纪念馆文化活动，并参观调研。

5月16日 由天津市文物局博物馆处、天津市文物管理中心主办的"'5·18'国际博物馆日"大型宣传活动，在天津市滨海新区塘沽博物馆举行"走进博物馆——公共博物馆发展简史图片展"巡回展览启动仪式。

5月19日 天津博物馆、天津美术馆新馆建成开馆。

5月 天津自然博物馆与天津八仙山自然保护区管理局联合编著的《天津八仙山国家级自然保护区生物多样性考察》生物资源报告，荣获天津市环境科学学会举办的2012年度（第二届）天津市环境保护科学技术奖。

本月 天津市名车苑汽车文化博物馆（民办）在河东区成立。

本月 天津博物馆接收天津市文物管理中心拨交书画类文物647件（套）。

本月 天津市文化遗产保护中心、蓟县文物保管所派员在五百户镇唐代墓地进行考古发掘，发掘唐代砖室墓2座。

6月9日 由天津市文物局主办、河北区文物管理所协办的"世界文化遗产日"宣传活动在梁启超纪念馆举行。

6月11日 天津市文博系统"名师教室"第二期开学典礼暨第一期结业式在天津图书馆举行。

6月15日 由北京收藏家协会、天津市文物博物馆学会民间收藏专业委员会联合举办的"京津民间收藏家联展"在北京中华民族艺术珍品馆展出。

6月21日 由平津战役纪念馆和沈阳"九一八"历史博物馆联合举办的"二战序幕，抗战起点——九一八事变史实展"在平津战役纪念馆展出。

6月25日 天津梁启超纪念馆完成主体修缮并重新布展后开馆。

6—8月 天津市文物局拨款，由宝坻区文化馆文物组对大觉寺、秦城遗址进行修缮保护。

7月5—8日 天津美术馆举办"首届津台书画名家名作交流展"。

7月15日 中共中央政治局原常委、国务院原副总理李岚清将亲笔素描作品《弘一大师像》赠送天津李叔同故居纪念馆，将"美丽天津、特色都市"书法作品和同名篆刻艺术品赠送天津美术馆。

7月21日 天津博物馆面向社会的公益性活动"天博讲堂"系列讲座正式启动。

7月24—29日 天津杨柳青木版年画博物馆应邀参加韩国丽水世博会中国馆"天津活动周"。

7月25—31日 天津美术馆举办"2012夏季达沃斯——首届天津青年国画作品展"。

7月31日 "天津市第三次全国文物普查工作总结表彰大会"在天津礼堂召开。国家文物局普查办公室副主任刘小和，天津市第三次全国文物普查领导小组组长、副市长张俊芳出席会议。市普查领导小组成员、各区县普查领导小组组长及办公室主任，先进集体和先进个人代表等共130余人参加大会。70名文物普查先进个人及12个文物普查先进集体受到表彰。

7月 塘沽区文物保护管理所更名为滨海新区塘沽大沽口炮台遗址博物馆。

本月 天津觉悟社纪念馆整体修缮，重新布展。同年12月开放。

本月 天津市文化广播影视局决定将局史志办公室"文物博物馆志编辑部"设在天津文博院，院长兼任编辑部主任。

8月1日 "前辈的身影——老一辈革命家精神风貌展"在平津战役纪念馆开幕。

8月2—4日 由天津市文物局博物馆处、天津市文物管理中心主办的"天津市区县、行业及民办博物馆馆长培训班"在武清区举办。全市区县、行业及民办博物馆35名馆长参加培训。

8月9—17日 天津美术馆举办"中国俄罗斯旅游年暨圣彼得堡的艺术在天津——安德烈·卡尔塔晓夫个人油画展"。

9月18—27日 由文化部、天津市人民政府主办的"多彩坦桑——挺嘎挺嘎绘画艺术展"在天津美术馆展出。

10月8日 天津市政府市长常务会议原则通过京杭大运河（天津段）保护规划。天津市文化广播影视局（文物局）局长郭运德、副局长金永伟、文物保护处副处长杨大为参加。

10月13—21日 "中国西藏唐卡艺术（天津）展"在天津美术馆展出。

10月22日 天津市宝坻区文化馆加挂"文化遗产保护中心"牌子。

10月23日 天津市人民政府召开第四批天津市文物保护单位公布协调会，天津市文物局、规划局、国土与房管局、市法制办公室负责人员参加会议。

同日 国际古迹遗址理事会专家一行10余人赴河北区考察望海楼教堂修缮工程及马可波罗广场保护利用情况。

11月12-13日　"国有不可移动文物使用人保护责任通知书签发工作会议"召开，由天津市文物局文物保护处主办，全市各区县文化局主管领导、文物保管所所长及文博干部50余人参加。

11月30日　全国重点文物保护单位望海楼教堂修缮工程一期竣工。

12月5—11日　"彩绘天津——文史研究馆馆员书画展"在天津美术馆展出。

12月9日　自本年3月2日启动，由环球健康与教育基金会、天津市教委、天津市文化广播影视局（天津市文物局）、天津自然博物馆共同组织的"环球自然日——青少年自然科学知识挑战赛"在天津自然博物馆落下帷幕。优胜队参加"肯尼斯·贝林美国自然探索之旅"。

是年　天津博物馆修复馆藏文物316件，其中一级文物59件。

是年　西青区文物保护所被人力资源和社会保障部、国家文物局命名为"全国文物系统先进集体"。

是年　国家文物进出境鉴定审核天津管理处共审核各类文物和文物复、仿制品2389件，鉴定未经申报的疑似文物2175件，对我市各拍卖企业拍卖的文物审核标的9713件，审核文物商店售前商品671件，鉴定涉案文物389套。

第一篇
不可移动文物

天津市的各类不可移动文物，是天津历史文化的重要载体，也是当代天津可持续发展的重要文化资源。根据最新文物普查成果，天津域内现有各类不可移动文物2082处，涵盖古遗址、古墓葬、古建筑、石窟寺及石刻、近现代重要史迹与代表性建筑、其他几大类型。在上述不可移动文物中，有世界文化遗产1处，全国重点文物保护单位28处，省（直辖市、自治区）级文物保护单位212处。

天津的2000余处不可移动文物，年代序列完整，特色鲜明，价值突出。从距今1万年以上的旧石器时代遗存到距今百年的近现代建筑和工业遗产，真实地记录了天津人从北部山地向南部海洋不断拓展生产生活空间的历史过程，记录了天津城市发展的空间演变过程及城市发展与环境变迁的关系，也成为天津1万年以上的人文史和近千年的城市史的重要实物载体。同时，天津还是集长城、大运河、明清海防遗存三个跨区域、大尺度文化遗产于一身的城市，充分体现了天津山、河、海兼具的自然环境特点。

近代天津开埠，对天津城市发展格局、城市风貌、城市文化都产生极为深刻的影响，为天津留下数量众多的文物建筑遗产，仅近现代重要史迹及代表性建筑就达975处，接近全市文物总量的一半。这些文物史迹风格迥异、各具特色，充分体现了天津融多元文化于一身的鲜明城市文化特色。

第一章　古遗址

天津的古遗址中，蓟县围坊遗址年代早，延续时间长，包含新石器时代和青铜器时代两大历史阶段的遗存，反映了天津地区早期考古学文化的基本面貌。蓟县青池遗址的发掘填补了新石器时代人类文化活动的空白，是研究燕地新石器至商周时期古文化遗存的重要资料。蓟县邦均西周遗址面积达6万平方米，文化面貌具有天津地区晚期青铜文化的典型特征。滨海新区南塘遗址的发现填补了天津南部地区唐代古建筑遗存的空白。津南区巨葛庄遗址坐落在古海岸线遗迹贝壳堤上，对研究渤海湾西部岸线变迁和天津平原成陆过程有重要意义。宁河县田庄坨遗址地处濒海低洼平原，遗址地层中的海陆交替堆积，对研究地理环境变迁有重要价值。

古遗址中有4座城址，即宝坻区秦城城址、静海县西钓台城址和武清区泉州故城、西青区的当城寨址。根据文物内涵和有关文献资料，可确定秦城为战国右北平郡郡治，西钓台城址为西汉东平舒县治，泉州故城为西汉泉州县治，当城寨址为北宋当城寨。这些城址是研究天津历史沿革、运河文化的重要实物史料。

天津拥有世界文化遗产明长城（天津段），蓟县古长城为明朝万里长城的一部分。

第一节　聚落址

青池遗址（新石器时代、商、西周）　市文物保护单位

位于蓟县五百户镇青池一村马头山。年代为新石器时代、商、西周。面积6300平方米，文化层厚1~2.4米。出土遗物年代以新石器时代为主，石器有磨盘、磨棒、斧、锛、砍砸器和少量细石器；陶器有夹砂红褐陶之字纹筒腹罐、盆、豆、圈足碗、褐陶鸟首状支脚形器和夹蚌壳素面红陶盆等。商代遗物有夹砂褐陶绳纹鬲和钵。西周时期遗物有夹砂灰陶绳纹叠唇平足鬲和罐等。该遗址是目前天津最早的新石器时代遗址，可早至距今8000年左右。2013年1月被天津市人民政府公布为天津市文物保护单位。

青池遗址

围坊遗址（新石器时代、商周）　市文物保护单位

　　位于蓟县渔阳镇围坊村东北的高岗上。面积约8300平方米。遗址所在地是一处丘陵高地，破坏严重。包含了新石器时代到商时期的文化堆积，1977年、1979年两次发掘，出土遗物近200件，主要有石器、陶器和小件铜器，红山文化遗物有夹砂褐陶素面筒形罐、泥制红陶敛口钵等；相当于商周时期的青铜文化遗物有夹砂褐陶绳纹敛口袋足鬲、喇叭状铜耳环等。围坊遗址的发掘在当时填补了天津新石器时代考古工作的空白，为研究天津地区的早期历史提供了重要的资料。1982年7月被天津市人民政府公布为天津市文物保护单位。

围坊遗址

巨葛庄遗址（战国、汉）　市文物保护单位

　　位于津南区八里台镇巨葛庄村东，古海岸贝壳堤上。分布面积60万平方米，文化层厚1米，1959年发掘。南北长2000米，东西宽500米。以战国遗存为主，发现长方形灰坑一个，出土陶器有夹云母红陶釜，夹砂红陶绳纹瓮，泥质灰陶盆、罐、豆、钵、网坠、陶拍、

筒瓦、板瓦；铁器有锄、镢、凿、铲；铜器有镞、带钩和戈、剑等；另有少量蚌器和骨器。有少量汉代遗物，包括夹砂灰陶瓮、绳纹砖和背面饰菱形纹的筒瓦。1982年7月被天津市人民政府公布为天津市文物保护单位。

巨葛庄遗址

田庄坨遗址（战国至汉）　市文物保护单位

　　位于宁河县板桥镇田庄坨村西南，1953年3月发现，面积约25万平方米。文化层厚0.3～1米，地面散布陶片甚多。出土战国遗物有：夹云母红陶釜、灰陶绳纹罐残片。汉代遗物有：夹云母红陶平沿釜、夹砂灰陶瓮、泥质灰陶罐、盆和筒瓦、板瓦以及"半两""五铢""货泉"等钱币，有一块陶瓮残片上印有"大富牢罂"4字戳记，另出土素面铜盆1件。文化层上覆盖有海相地层，地面散布有较多海生贝壳。遗址保存完整，现为耕地，曾采集大量陶片和"五铢"钱币1枚。1982年7月被天津市人民政府公布为天津市文物保护单位。

田庄坨遗址

南塘遗址（汉、唐、宋、元、明）　市文物保护单位

位于滨海新区大港小王庄镇刘岗庄村东北侧高台上。遗址呈椭圆形，面积为 14 000 平方米，坐落在 300 余平方米面积的高台上，高出周围地面约 1.5 米。高台上有石碑 1 通，碑阳文字漫漶不清，仅可识读"大定□年壬字"等字，碑阴有纹饰（碑高 2.4 米、宽 0.9 米、厚 0.27 米），碑边缘有纹饰和残缺不全的文字。碑旁有莲花碑座 1 个（莲花座长 1.14 米、宽 0.75 米、高 0.5 米），石座上雕有莲花、麒麟和双兽浮雕。高台由西南向东北倾斜。碑四周散布有大量汉、唐、宋、金、元、

明等时期碎瓦片、碎砖和残片。遗址正南 35 米处有一不规则高台，高约 0.5 米。2013 年 1 月被天津市人民政府公布为天津市文物保护单位。

南塘遗址

第二节　古城址

秦城古城址（战国）　市文物保护单位

位于宝坻区潮白新河北岸，辛务屯村西南 100 米。北城垣中部，形如磬折，平面呈不规则四边形，东城垣长 658 米，西城垣长 474 米，南城垣长 820 米，北城垣长 910 米。1950 年开凿潮白新河时挖掉城的西南角，20 世纪 70 年代，在西城垣上建一处火葬场。该城占地面积约为 50 万平方米，城垣残高 1 ~ 5 米。在 1988 年至 1989 年对秦城调查试掘中，发现大量的燕国晚期和秦代的板瓦、筒瓦、瓦当等。这些遗物足以证实，秦城始建于燕国晚期，秦始皇统一中国后亦使用过此城，城内外发现数座汉墓，又证实了此城废弃于汉代。

秦城古城址

试掘的结论与文献记载相符。1982 年 7 月被天津市人民政府公布为天津市文物保护单位。

西钓台城址（西汉）　市文物保护单位

位于静海县陈官屯镇西钓台村西北约 400 米。城

址略呈方形，东西宽 500 米，南北长 510 米。城垣夯筑，夯层厚 8 ~ 12 米。城墙部分已被夷平，墙下压有战国地层。城内文化层厚 0.5 ~ 1.1 米。地表散布有大量建筑材料和陶片。城内为居住区，发现密集水井，有土井、砖井和陶井圈叠置的陶井 3 种。采集到卷云纹圆瓦当，绳纹板，筒瓦，泥质灰陶绳纹瓦、盆、豆、甑，夹沙陶瓮等残片和"李柯私印"铜印 1 枚。西城墙上发现小型砖室墓一座。根据《水经注》所讲方位，西汉时为东平舒故城，城址西北部为宋钓台寨寨址，寨墙残高 0.5 米，略呈方形，南北长 170 米，东西宽 160 米，地表散布宋元瓷片较多，器型有碗、碟、盆等。古城保存一般，城墙基本无存。1982 年 7 月被天津市人民政府公布为天津市文物保护单位。

西钓台城址

泉州故城（汉） 市文物保护单位

位于武清区黄庄街道城上村北约100米。据《中国文物地图集·天津分册》记载：城址平面呈正方形，边长500米，面积25万平方米。城墙破坏严重，东北城角被河水冲毁，南城墙和西城墙只存地下夯土部分，北城墙尚存100多米长的残段，高约2米。城墙夯筑，夯层厚10厘米左右，包含少量战国陶片，城垣在战国聚落址上修筑。城内采集到泥质灰陶盆、绳纹小口罐、夹云母红陶釜、筒瓦、板瓦、瓦当等遗物。有一陶盆残片上印有"泉州"二字戳记。按《水经·沽河注》《武清县志》等记载，此城是汉泉州县故城。现该城址四面城墙均已无存，城内西部有养鱼池多个，北部有养殖场一个，南部种植农作物，乡村公路从城内穿过，村民建筑取土，造成城内地表高低不平，大多已成洼地。据此次调查，原北城墙尚存100多米长的残段，现已无存。1982年7月被天津市人民政府公布为天津市文物保护单位。

泉州县故城

第三节 军事设施遗址

蓟县古长城（明） 世界文化遗产 市文物保护单位

蓟县境内明长城分布在北部山区，东迄蓟县与遵化市交界的钻天峰，向东与河北省遵化市马兰关长城相接，向西经赤霞峪、古强峪、船舱峪，折向西北的常州沟，经东山、刘庄子、青山岭、车道峪、小平安向西穿泃河，过黄崖关，经前干涧村的黄土梁大松顶出蓟县界，折向西北，与北京市平谷区将军关相连，横跨下营镇的赤霞峪、古强峪、船舱峪、常州、东山、刘庄子、青山岭、车道峪、小平安、黄崖关、前干涧11个自然村。

蓟县明长城始建于明成化十二年（1476），弘治十一年（1498）、嘉靖二十四年（1545）、嘉靖二十七年（1548）、嘉靖三十年（1551）、嘉靖三十六年（1557）、嘉靖三十八年（1559）、隆庆元年（1567）、隆庆四年（1570）等均有修葺和增建。明万历四年（1576）开始对边墙、敌台包砖。

清朝时期，因蓟州长城起着拱卫京师的作用，因此在黄崖关仍有驻军镇守，关城内的衙署也得到部分修复。

中华人民共和国成立后，在长城沿线以乡村为核心建立长城保护组织。1978年7月，天津市文物管理处和蓟县文物保管所联合测定辖区内长城长41千米，调查发现有长城敌楼52座，墩台14座。1984年，邓小平向全国人民发出"爱我中华，修我长城"的号召。1984年9月，天津市启动修复明长城的工作。是年，天津市文化局文物管理处组织相关业务人员，对境内明长城进行考古调查和部分相关遗迹的清理。至1987年9月，明长城修复工程全部竣工，共修复太平寨段和黄崖关段明长城墙体3025米、敌台20座、黄崖关关城1座。

长城沿线除了墙体外，另有其他文化遗存210处，

蓟县古长城黄崖关段

其中关城 1 座、寨堡 9 座、敌台 85 座、烽火台 4 座、火池 15 座、烟灶 40 座、居住址 41 座、水窖 11 座、水井 3 口、坝台 1 处。黄崖关关城位于下营镇黄崖关村北。坐落于泃河西岸的台地上，平面呈刀把状，西高东低，依山傍水。方向为正南北，现保存的为修复后的建筑。墙体保存较好，平面呈不规则的刀把形，北墙长 149 米，东墙长 235 米，南墙长 204 米，西墙长 267 米。城墙下部垒砌 2～3 层条石或石块基础，上部用砖包体，中间用碎石、土等填充，关城设东、西、南三座城门和一座城台。2007 年 2 月至 2011 年 7 月，天津市文物局、天津市规划局、蓟县人民政府、蓟县文物局联合对蓟县明长城进行资源调查。

蓟县古长城 1985 年被天津市人民政府公布为天津市文物保护单位。1987 年 12 月，世界遗产委员会把长城列入《世界遗产名录》。

当城寨址（宋）　市文物保护单位

位于西青区辛口镇当城村西，1974 年被发现，平面呈长方形，南北长 160 米，东西宽 100 米，城墙夯筑，原高 6 米，地上部分已毁，只存墙基。城内地面暴露有白瓷片、泥质灰陶片、残砖瓦等。出土北宋铜钱、铁锅、叉和双鱼纹铜镜一面。此遗址是北宋《武经总要前集》记载的当城寨。2013 年 1 月被天津市人民政府公布为天津市文物保护单位。

第四节　寺庙遗址

西大佛塔遗址（唐、辽）　市文物保护单位

位于蓟县官庄镇西大佛塔村。遗址现为面积 580 平方米的圆形土台，高于周围地表约 6 米。2006 年，对遗址进行抢救性发掘，出土了磨砖、瓦当、铜钱、绿琉璃建筑构件、瓷碗、陶罐残片等，绿琉璃建筑构件

西大佛塔遗址

的出土，表明该塔的建筑规格很高。塔基建造技法独特，内部为八角形夯土基座，外部砌砖，砖壁每边长约 7.8 米，重修时又在外部采用夯土加固的建造方法，为我国现存唐、辽佛塔所罕见。其对于我国佛塔建筑研究具有重要意义。2013 年 1 月被天津市人民政府公布为天津市文物保护单位。

天妃宫遗址（元—清）　全国重点文物保护单位

位于河东区大直沽中路 51 号，始建于元代至元八年（1271）至至元十二年（1275），又称"天妃灵慈宫"，俗称"东庙"，为海运漕粮祈求妈祖保佑而建。元泰定、至正年间，明弘治年间、万历六年（1578）曾经历重修。

天妃宫遗址

清代，天妃宫历经数次修葺，清光绪二十六年（1900）毁于战火，光绪三十一年（1905）复建三间大殿。1950 年，宫中神像被毁，天妃宫随之彻底废除，大部分建筑被改为他用。

1998 年 12 月至 1999 年 1 月，天津市考古工作队对遗址进行了发掘，发掘出元代建筑基址与明清时期

天妃宫的大殿基址，以及大量的金、元、明、清建筑构件和生活用品。这次考古是第一次在天津市区范围内发现地层关系明确的元代遗存。

天妃宫遗址文化内涵丰富，层次清晰，是天津市区内堆积最厚的古代文化遗存。考古发掘证明，元明时期的天妃宫是等级较高的官庙。经国家文物局考古专家组的鉴定，该遗址为天津城市的原生点和发祥地。2002年，天津市政府在遗址处新建元明清天妃宫遗址博物馆对该遗址进行保护。2006年5月，天妃宫遗址由国务院公布为第六批全国重点文物保护单位。

大沽海神庙遗址（清） 市文物保护单位

位于滨海新区塘沽大沽船坞路27号，天津船厂厂区北侧，西沽海河南岸，原北洋水师大沽船坞保护区内。现考古发掘面积近千平方米，呈正方形，露出青砖铺砌的甬道、山门、西配殿、御制碑亭及围墙建筑基址。清康熙三十四年（1695），盛京（今沈阳）、锦州一带闹粮荒，清圣祖（康熙）采用海运的方式，从大沽口将粮食运往灾区。此行非常顺利，清圣祖（康熙）认为是海神相助，为报海神恩德，敕造此庙。经两年建成，清圣祖（康熙）御题"敕建大沽口海神庙"匾和海神庙碑记。大沽海神庙倍受皇家重视，清圣祖（康熙）、清高宗（乾隆）曾巡幸于此，清仁宗（嘉庆）、清宣宗（道光）、清穆宗（同治）曾为其题赐匾额与楹联。海神庙共有海神殿、观音阁和水母殿三大殿，大小房屋80余间。1922年，海神庙观音阁失火，大庙化为灰烬。海神庙所处的独特的地理位置和所承载的祭祀海神的功能使其成为清朝天津地区的重要庙宇，更成为大沽地区的地标性建筑。2013年1月被天津市人民政府公布为天津市文物保护单位。

正法禅院遗址（清） 市文物保护单位

位于蓟县官庄镇砖瓦窑村。占地面积5万平方米。始建于唐，康熙年间改名正法禅院，乾隆年间更名慧因寺，俗名古中盘。原建筑依山坡修建，分上下数处。大殿坐西朝东，长40米，宽20米，现遗址保存一般，破损严重，仅存部分墙垣。坝台基址保存较好。东北角原有清朝行宫，亦毁。周围石刻较多，有三尊摩崖石刻佛像、清圣祖（康熙）御制诗碑一通、创建正法禅院碑一通，以及清高宗（乾隆）、清仁宗（嘉庆）御笔诗摩崖石刻和"门外峰"石刻等，有一通康熙十四年（1675）所立石碑已倒，碑题"创建正法禅院碑记"，中题"正法碑记"。在遗址处有散落的残方砖构件，在行宫处有直径1.8米磨盘一个，在巨石下左面有古井一眼，右边有池一口，大部分已满是淤泥。在东南处有石洞一处。2013年1月被天津市人民政府公布为天津市文物保护单位。

大沽海神庙遗址

正法禅院遗址

第五节　其他遗址

邦均遗址（西周、战国）　市文物保护单位

　　位于蓟县邦均镇前街村东南。西周、战国遗址。面积约6万平方米，文化层厚1～1.5米。1986年、1987年两次发掘，清理西周时期水井一口，上部圆形，直径5米，井腰处出台，下部方形，边长1.3米，四角立木柱，底部四周用石头垒砌。出土有西周时期的夹砂灰陶绳纹柱足鬲，弧裆锥足鬲，矮足鬲，泥质灰陶绳纹罐、盆、甗、簋和喇叭口状铜耳环等。另发现西周时期墓葬8座，竖穴土坑，东西向，俯身葬，出土铜鼎、簋等，1件铜簋底部有"戈父丁"铭文。战国墓葬有竖穴土坑墓和瓮棺葬两种。土坑墓36座，皆南北向，随葬泥质灰陶鼎、豆、壶、"燕国鬲"和铜带钩，个别墓出土铜泡、铜环。瓮棺葬用夹云母红陶釜和夹砂灰陶釜套接作葬具。1986年8月被天津市人民政府公布为天津市文物保护单位。

邦均遗址

静寄山庄遗址（清）　市文物保护单位

　　位于蓟县官庄镇联合村。占地面积2万平方米。始建于清乾隆九年（1744），又经乾隆、嘉庆、道光诸朝陆续修筑。整座建筑仿承德避暑山庄布局，主要景点有盘山"内八景"，即：静寄山庄、镜圆常照、太古云岚、泉音松吹、层岩飞翠、四面芙蓉、清虚玉宇、贞观遗踪。此外还有：池上居、半天楼、农乐轩、小普陀、雨花室、泠然阁、小石城等。现地面建筑已毁，残存宫墙10余段，显示出行宫范围。眼镜湖（池上居）、石海（小石城）等少数景点，以及半天楼、擭云亭、石佛殿、泠然阁、小普陀等建筑基址皆清晰可辨。有清高宗（乾隆）御制诗石刻15处和"青牛"题记等9处，共260余字。地面建筑已毁，建筑基础、残存部分宫墙也都有不同程度的损毁，尚有御井一眼，为石砌古井，现还有水。遗址上大都被村民盖上房屋，平整成果园或农田。2013年1月被天津市人民政府公布为天津市文物保护单位。

静寄山庄遗址

第二章　古墓葬

　　列为天津市文物保护单位的古墓葬有 3 处，即汉代别山墓群、邦均墓群、清代皇家园寝。别山墓群面积 1 平方千米，墓葬的规模、结构和随葬品等级表现出地方豪强大族的特征。邦均墓群面积亦达 1 平方千米，多为小型砖室墓，三五成组，属平民家族墓地。清代皇家园寝坐落在蓟县的有 8 处，园寝的主人多为清朝皇室的重要人物。这些园寝虽久弃荒废，但基址尚存，是研究清代历史文化的重要文物资源。

第一节　名人或贵族墓

端慧太子永琏园寝（清）　市文物保护单位

　　位于蓟县孙各庄满族乡朱华山村西，朱华山南麓。占地面积 5700 平方米。《清史稿·端慧太子列传》记：永琏为清高宗（乾隆）与孝贤纯皇后富察氏所生之子，生于清雍正七年（1729），卒于清乾隆三年（1738），终年 9 岁。园寝北距荣亲王园寝 330 米，周绕以朱垣，平面略呈长方形，东西宽 50 米，南北长 114 米。原建有享殿，现仅存基址。享殿和地宫，皆方形，享殿边长约为 14 米，地宫边长 9 米。第三次全国文物普查时，可见享殿基础部分夯土层，由东向西并排三处地宫遗址，均呈长方形，东面一处 13 米 ×6.4 米，中间一处 13.8 米 ×9.6 米，西面一处在抗日战争时期被埋没，地面种植树木。地宫东面有散落的汉白玉石构件 14 块。地宫北立石碑 1 通，为爱新觉罗·溥佐题写。2013 年 1 月被天津市人民政府公布为天津市文物保护单位。

理密亲王允礽园寝（清）　市文物保护单位

　　位于蓟县孙各庄满族乡黄花山南麓。面积 26 600 平方米。允礽为清圣祖仁皇帝（康熙）与孝诚仁皇后赫舍里氏所生第二子。生于清康熙十三年（1674），卒于雍正二年（1724）。《清史稿·世宗本纪》："允礽薨，封理亲王，谥曰密。"园寝位于荣亲王园寝西 84 米，朱垣环绕，平面近似长方形，北面外弧，南北宽 140 米，东西长 190 米，自南向北设有碑亭、享门、东西配殿、享殿和地宫。现地面建筑已毁，仅存基址。享门和享

殿平面呈正方形，边长分别为 16 米和 18 米。地宫用青石条砌成，南北长 10 米，东西宽 8 米，券顶。东侧院有陪葬墓 1 座，西侧院有陪葬墓 2 座。存石碑 1 通，清雍正七年（1729）立，螭首，龟趺，通高 4.85 米，宽 1.4 米，首题"敕建密亲王碑"。碑文汉满文对照，记载清世宗（雍正）之兄允礽患病和殂逝情况。自 1927 年，园寝逐渐被盗卖一空。第三次全国文物普查时，基址保存完好。现仅存基址、龟趺，龟趺牙齿部分和脊背遭到破坏。地表有散落的绿琉璃瓦构件和保存完好的柱础。1992 年 5 月被蓟县人民政府公布为蓟县文物保护单位。2013 年 1 月被天津市人民政府公布为天津市文物保护单位。

裕宪亲王福全园寝（清）　市文物保护单位

　　位于蓟县孙各庄满族乡太平村北，是黄花山下诸王园寝中规模最大、等级最高的一处。面积约 11 100 平方米。福全为清世祖章皇帝（顺治）第二子，宁悫妃董鄂氏所生。生于清顺治十年（1653），卒于康熙四十二年（1703）。园寝位于理密亲王园寝西 110 米处，外环朱垣，平面近长方形，北墙外弧，南北长 176 米，东西宽 63 米，原建有碑亭、享门、东西配殿、享殿和地宫。现仅存基址。碑亭、享门址皆正方形，边长 15 米，与享殿和地宫用隔墙分开。享殿址长 22.4 米，宽 16 米，前有露台。地宫长 14 米，宽 9.2 米，用汉白玉砌成，周围砌双重垣墙。有康熙十九年（1680）立的石碑 1 通，螭首，龟趺。龟趺保存完好，通高 4.9 米，宽 1.4

米，厚 0.6 米。清圣祖（康熙）御制，碑文满汉合璧，记述和硕裕宪亲王生平。1981 年，天津市考古队曾进行勘探测绘。第三次全国文物普查时，园寝基址保存比较完好，地表有散落的砖、瓦、石构件，北边地宫入口处有盗洞。1992 年 5 月被蓟县人民政府公布为蓟县文物保护单位。2013 年 1 月被天津市人民政府公布为天津市文物保护单位。

裕宪亲王福全园寝

荣亲王园寝（清）　市文物保护单位

位于蓟县下营镇石头营村北，黄花山下。面积 5700 平方米。荣亲王为清世祖（顺治）第四子，孝献端敬董鄂妃所生，生于清顺治十四年（1657），卒于顺治十五年（1658）。《清史稿·世祖本纪》记："未命名"，死后追封为荣亲王。园寝平面近似长方形，绕以朱垣，东西南三面齐直，北墙外弧，南北长 114 米，东西宽 50 米，园内自南向北设有门楼、享殿、东西配殿和地宫。地面建筑已残毁，尚存基址。门址东西长 14 米，南北宽 8 米。享殿外设露台，有御道与门楼相连。殿基长 14 米，宽 11.2 米。地宫平面呈方形，边长 8.6 米。墓门朝南，门前砌封门墙一道。有"和硕荣亲王圹志"一合，存放在蓟县文物保管所。1992 年被蓟县人民政府公布为县级文物保护单位。2013 年 1 月被天津市人民政府公布为天津市文物保护单位。

直郡王允禔园寝（清）　市文物保护单位

位于蓟县下营镇石头营村。面积 5160 平方米。据《清史稿》记：允禔为清圣祖康熙之子，生于康熙十一年（1672），卒于雍正十二年（1734），康熙三十七年（1698）封为直郡王。园寝位于隆禧园寝西 150 米，环以朱垣，平面近似长方形，北垣外凸，南北残长 120 米，东西宽 43 米。原建有享门、享殿，

现尚存享殿基址，长 24 米，宽 16 米，殿前有露台。地宫长 13 米，宽 10 米。地宫前有甬道长 24 米，通向享殿。地宫门前有封门墙一道。在地宫西北 5 米处有 1 座小墓，砖砌，圆形，直径 2.5 米，是允禔子多罗贝勒弘明之墓。有碑 1 通，乾隆三十二年（1767）立，通高 3.1 米，宽 1 米，厚 0.36 米，蟠首，额篆"敕建"二字，碑文楷书，清高宗（乾隆）御制，记载弘明"尝掌旅于八旗"的事迹。依稀可见夯土痕迹，地表有散落的砖、瓦、石构件。2013 年 1 月被天津市人民政府公布为天津市文物保护单位。

纯靖亲王隆禧园寝（清）　市文物保护单位

位于蓟县下营镇石头营村。清代修建。面积 5376 平方米。和硕纯靖亲王为清世祖（顺治）第七子，庶妃钮氏所生，生于顺治十七年（1660），卒于康熙十八年（1679）。园寝位于裕宪亲王园寝西 100 米，平面近似长方形，南北长 112 米，东西宽 48 米，外环朱垣。原有享殿，现仅存基址，东西长 24 米，南北宽 14 米，露台踏跺御道铺有大型石雕"龙凤石"。地宫周围砌双层垣，前有石碑 1 通，清康熙二十一年（1682）立，蟠首，龟趺，通高 3.5 米，宽 1.1 米，厚 0.4 米，龙纹框边。额篆"敕建"二字，碑文楷书。题《和硕纯亲王谥靖隆禧碑文》，清圣祖（康熙）御制，记载和硕亲王情况。园寝基址保存较好，地表有散落的砖、瓦、石构件。2013 年 1 月被天津市人民政府公布为天津市文物保护单位。

纯靖亲王隆禧园寝石碑

多罗恂郡王允禵园寝（清）　市文物保护单位

位于蓟县下营镇石头营村。面积 4176 平方米。允禵为圣祖仁皇帝（康熙）第十四子，孝恭仁皇后所生，生于清康熙二十七年（1688），卒于乾隆二十年（1755），

乾隆十三年（1748）封多罗恂郡王。园寝东距允禵园寝60米，平面略呈长方形，南北长116米，东西宽36米。原有享殿，现存基址，边长16米。地宫呈方形，边长12米。南端东西两侧各有1座陪葬墓。有墓碑1通，乾隆二十七年（1762）七月初八立，螭首，龟趺，通高4.35米，宽1.28米，厚0.55米。碑文楷书，清高宗（乾隆）御制，题《多罗恂郡王碑文》，记载多罗恂郡

多罗恂郡王允禵园寝

王为清高宗（乾隆）之叔，以表哀悼之情。石碑保存较好。有许多石构件和青砖被居民码放在院外。2013年1月被天津市人民政府公布为天津市文物保护单位。

敬郡王永皓园寝（清）　市文物保护单位

位于蓟县穿芳峪乡果香峪村西，面积2000平方米。敬郡王永皓是恒温亲王之孙，卒于清乾隆五十三年（1788），葬于蓟州城东果香峪西陵，园寝已不存在。现仅存地宫，地宫为石砌，入口长3米，宽1.5米。2013年1月被天津市人民政府公布为天津市文物保护单位。

敬郡王永皓园寝残存地宫入口

第二节　普通墓葬

别山墓群（汉）　市文物保护单位

位于蓟县别山镇二里店子村西，汉代墓葬。地处约100万平方米的高地上。20世纪50年代调查时尚有30余座封土堆，高约6米，直径约20米，县志记载称"七十二冢"。1982年至1983年发掘1座封土堆，发现3座砖室墓，结构基本相同，由前中后室和左右耳室组成，全长约30米，宽15米，绳纹砖砌筑。出土铜镜、铜剑、错金铁刀和2套铜车马器，以及泥质灰陶壶、盂、盘等明器，猪、狗等动物俑，"七窍"殓玉和五铢钱等。1982年7月被天津市人民政府公布为天津市文物保护单位。

别山汉墓群

邦均墓群（汉）　市文物保护单位

位于蓟县邦均镇后街北，盘山南麓丘陵地带。面积约100万平方米。1956年平整土地，破坏墓葬40余座，出土大量绳纹砖和陶器。1973年，配合基建工程，发掘小型砖室墓29座，多数为单室，绳纹砖砌筑，墓室长3.5～4米，宽1.2～1.5米，拱券顶，南端有斜坡墓道。少数为前后双室墓，全长约10米，随葬泥质灰陶壶、奁、罐、盒、灶、盘等器物。

墓群保存一般，南端断崖处有盗洞，裸露汉砖，东侧种植树苗，西南盖上民房，中部种植农作物，地表可见零星绳纹砖。1982年7月被天津市人民政府公布为天津市文物保护单位。

邦均汉墓群

第三章 古建筑

　　天津现存古建筑年代最早的是蓟县城内的独乐寺,至今已逾千年,是唐辽时期木结构建筑的代表作。早在1961年已被国务院公布为全国重点文物保护单位。白塔、天成寺舍利塔和福山塔,是天津境内的"三大辽塔",白塔为窣堵婆式,天成寺舍利塔为密檐式,福山塔是仿楼阁式实心花塔,风格各异。市区三岔河口西岸的天后宫,诞生于元代漕运,为中国现存三大妈祖庙之一,是天津城市形成和发展的历史见证。文庙是天津市区内最高级的古建筑。广东会馆以其独特的岭南风格、精美的装修和具有高超工艺水平的戏台著称,已被列为20世纪世界优秀建筑的代表作。石家大院是一座建造精良、保存完好的大型民居,有"津西第一宅"之誉。被列为全国重点文物保护单位和天津市文物保护单位的古建筑在历史、文化、艺术或科学研究方面具有特殊价值。

　　天津砖石结构的古塔形式多样,大体可分为五种。一是窣堵婆式,在须弥座、亭式塔身之上,砌圆形覆钵和十三天相轮,如蓟县白塔、武清大良塔。二是楼阁式,以仿木砖雕构成重层楼阁,如蓟县福山塔。三是密檐式,在亭式塔身之上建13层密檐,如蓟县盘山古佛舍利塔、多宝佛塔。四是亭阁式,如蓟县盘山定光佛舍利塔,下砌弥须座和八角阁形塔身,檐顶再加筑一层小亭。五是幢形石塔,造型与石幢相同,如盘山彻公长老灵塔、普化和尚塔等。

　　天津传统民宅基本上为四合院布局,一般由倒坐南房、正房和厢房构成,以屏门界分内外。大型宅第则建成多进院落,或横向发展建大小跨院,构成院落组群。西青区石家大院,中间为箭道,将建筑群分成东西两部,东部为居住区,前后四进;西部建戏楼、佛堂、寿堂和花厅,这种布局在大宅第建筑中较多见。大宅第建筑多注意外檐装饰,镶嵌精美的木、砖、石雕刻,民间工艺佳作荟萃。

　　天津清真寺建筑多与中国传统建筑手法相结合,如红桥区清真大寺,坐西朝东,礼拜殿由卷棚顶抱厦和3座庑殿顶大殿勾连搭构成。最后一座大殿面阔7间,进深3间,殿顶之上耸立5座亭式阁楼,南北两端的阁檐下,高悬匾额,邦克楼与礼拜殿浑然一体。这种做法也见于金家窑清真寺和天穆清真寺。

　　天津拥有申报世界文化遗产项目——京杭大运河在天津境内通过。

第一节 城垣城楼

渔阳鼓楼(清) 市文物保护单位

　　位于蓟县渔阳镇十字街口,占地面积450平方米。始建于明洪武四年(1371),明正德、明嘉靖、清道光年间重修,砖木结构,2层建筑。基座为砖筑城台,长方形,坐北朝南,底边东西长23.41米、宽14.86米、高6.1米,正中辟拱形券门,沟通南北。台顶四周砌雉堞,正中建木结构城楼1座,面阔3间,长11.35米,进深2间,宽7.6米,四周出回廊,青瓦歇山顶。前檐悬匾额"古渔阳"3字,为清康熙二十三年(1684)蓟州牧

渔阳鼓楼

张朝琮题；后檐挂匾额"畿东锁钥"，道光十四年（1834）蓟州牧华浚重修鼓楼时书。另有道光十六年（1836）"重修鼓楼碑"1通，通高1.22米，宽0.52米，厚0.18米，圆首，额顶部两侧浮雕云纹，额题"钟灵毓秀"4字，碑文楷书，记载康熙十八年（1679）地震，鼓楼毁坏和重修的情况，华浚撰文。渔阳鼓楼是天津地区仅存的钟鼓楼建筑。1991年被天津市人民政府公布为天津市文物保护单位。

第二节 宅第民居

石家大院（清）　全国重点文物保护单位

位于西青区杨柳青镇估衣街47号。石家大院始建于清光绪初年，由津西首富石元仕及其兄石元俊精心设计构筑，是石氏家族乃至天津"八大家"兴衰历史的缩影。

石家大院坐北朝南，占地面积7500平方米，大小房屋200余间。建筑平面呈长方形，南北长，东西短，是一座遵循中国传统布局和建筑风格的幽深院落。大院东南隅设大门，施台阶，以方便物、轿出入。西南隅设大门，供人员日常出入。西北隅设便门，既方便实用又与风水堪舆要求契合。主体戏楼、客厅、佛堂串联组成多个四合院。箭道东侧为五进四合院的居住区，西侧由长廊等3个院落组成学堂、花园和男佣居住区，东跨院为女佣居住和车马出行区。此类布局和分区，为天津"四合套"大型宅第的代表样式。

戏楼处于整个宅院中心位置，建筑面积410平方米，长33.3米，宽12.3米，最高处9米，立柱54根，为砖木抬梁式结构。建筑布局是南北两个双脊大厅与中间一个大厅连在一起。厅内的雀替、隔扇、柱头等木雕，台阶、基石上的石雕装饰均极为考究。前方戏台20平方米，台口6.5米。当年著名京剧表演艺术家孙菊仙、余叔岩、龚云甫等人曾在此唱过堂会。戏楼建筑结构设计巧妙，

石家大院

有地炉取暖设施。

石家大院整个建筑用材考究，做工精细，其建筑工程均为青石高台，磨砖对缝。院内的排水、取暖等设施完善。房屋结构均为抬梁式，以砖砌实墙或隔扇来围护分隔空间。各院落纵向、横向分布，以围墙封闭，画栋雕梁、花棂隔扇油漆彩绘。院内大部分的门楼设计巧妙，别具匠心。整个建筑上的砖木石雕装饰不但纹样繁缛、古朴典雅、刻工精美，而且寓意吉利、祥和，极其丰富、巧妙。

1991年，石家大院由天津市人民政府公布为天津市文物保护单位。2006年由国务院公布为第六批全国重点文物保护单位。

安家大院（清）　市文物保护单位

位于西青区杨柳青镇估衣街28号，与石家大院北门相对，始建于清同治年间，由二进四合院组成，小式硬山做法，厢房为拱券式风格，正门楼等处砖雕较好，院内有安家当年使用的地下金银库和"文化大革命"时期的战备地道，均保存完好，宅院主人是"赶大营"起家的安文忠（1852—1941）。中华人民共和国成立后，这里作为民居和机关办公地使用，院内有一些房屋被拆改，2004年由私人购买，进行修缮，举办"赶大营"展览和个人收藏展，对外开放供参观。2013年1月被天津市人民政府公布为天津市文物保护单位。

安家大院

董家大院（清） 市文物保护单位

位于西青区杨柳青镇八街猪市大街 19 号，始建于清光绪三年（1877），由董兆荣修建，占地面积 1200 平方米，建筑面积 686 平方米。建筑采用轴线对称式布局，为 5 间两进双路四合院。整个建筑均采用小式硬山做法，正房为布瓦屋面、清水脊，侧房为马鞍脊。其中，东侧第二进院保存最为完整，室内露明造，角背雕花，后檐心间设一扇推拉门通向房后过道，所有窗心有木雕花牙，建筑采用青石台明、青石陡板、砖雕透气孔。2013 年 1 月被天津市人民政府公布为天津市文物保护单位。

董家大院

张家大院（清） 市文物保护单位

位于蓟县出头岭镇官场村北，为清代建筑。占地面积 8600 平方米。张家民居坐北朝南，从西往东由四座相对独立的院落组成。每座院落分门楼、三进正房、厢房。门楼上有精美的砖雕图案，图案为我国古代福、禄、寿、梅、兰、竹、菊等，对扇大门。正房面阔 5 间，明间为穿堂。一进正房以北院落均有对面厢房，厢房面阔 2 间。最北均有悬山门楼 1 座，形态各异，对扇门，门扇上刻有对联。四处院落布局一致。据当地村民介绍，张家大院有统一的院墙，四周设角楼。北门楼以北还有碾坊、磨坊、马厩、粮仓等建筑，均属张家大院范围，现已不存。2013 年 1 月被天津市人民政府公布为天津市文物保护单位。

南贾庄民居（清） 市文物保护单位

位于蓟县西龙虎峪镇南贾庄村十五区 31 号，为清代建筑。占地面积 620 平方米。是清代末期财主孙宝轩家，分为 3 个独立的院落，东院正房原有小二楼、东西厢房、门房、门楼，是四合院式的建筑，1976 年唐山大地震的时候小二楼倒塌，部分房屋拆毁，只存东厢房、门房、门楼。现为南贾庄村委会使用。1947 年土地改革时，另外两个院落已经分给静果枝和冯树山两家。中间院落现存 1 个门楼；西院现存门房和门楼各 1 座，其余的房屋均已重新翻盖。蓟县保存下来的清代民居极少，该民居对研究古代人们的生活居住具有一定价值。2013 年 1 月被天津市人民政府公布为天津市文物保护单位。

张家大院

南贾庄民居

第三节 坛庙祠堂

天津文庙（明）　市文物保护单位

文庙又名孔庙，位于南开区东门内大街 2 号，是旧时奉祀孔子的庙宇，也是天津学官所在地，因与祭祀历代名将的武庙相对，故称为文庙。该建筑始建于明正统元年（1436），初建时只有大成殿，明清先后修缮、增建，形成现在的规模。由并列的府、县两庙及明伦堂三部分组成。主要建筑有牌坊、万仞宫墙、泮池、棂星门、大成门、大成殿和崇圣祠，占地面积 12 107 平方米，建筑面积 3243 平方米，是天津现存规模较大的宫殿式建筑群。府庙大成殿为主体建筑，砖木结构，面阔 7 间（26.6 米），进深 3 间（11.74 米），单檐九脊歇山顶，上置黄琉璃瓦。殿前设月台，上置白石望柱栏板，台前设踏跺和御路。明万历年间，庙前东西两侧建两柱三楼式过街木构牌楼各一，额题"德配天地""道冠古今"。现辟为天津文庙博物馆。1982 年 7 月被天津市人民政府公布为天津市文物保护单位。

天津文庙

李纯祠堂（清—民国）　全国重点文物保护单位

位于南开区白堤路 82 号。祠堂为三进院落，占地面积 18 000 平方米，建筑面积 2800 平方米。祠堂的建筑构件拆自北京清庄亲王府。1900 年清庄亲王载勋在王府设立义和拳坛，后遭到八国联军的纵火焚烧，大部分建筑被焚毁。1913 年江西都督李纯及其弟李馨买下残毁的庄亲王府，拆运至天津，1914 年至 1924 年建成李纯家祠。20 世纪 30 至 50 年代，祠堂先后被用作

兵营、职工宿舍，1958 年修缮后辟为南开区人民文化宫。李纯祠堂建筑群由南向北依次由照壁、石牌坊、华表、玉带河、宫门、华厅、伴戏房、戏台、正殿东宫门、后殿等组成。绿琉璃瓦，雕梁画栋，鎏金彩绘，富丽堂皇，装饰颇为讲究。李纯祠堂保留了清代官式建筑的特征，是研究清代末年至民国初期官式建筑的重要资料，具有重要的历史价值与艺术价值。

李纯祠堂是天津市区现存规模最大的古建筑群。历经清、民国时期，见证了庄亲王府的兴衰、"庚子事件"，以及庄亲王载勋、北洋军阀李纯等重大历史事件及有关历史人物。

1982 年，李纯祠堂被天津市人民政府公布为天津市文物保护单位。2013 年，被国务院公布为第七批全国重点文物保护单位。

李纯祠堂

泰山行宫（清）　市文物保护单位

位于东丽区大毕庄村，占地面积 750 平方米，有山门、前殿、后殿和东西两庑。前后殿面阔 5 间，进深 3 间，抬梁式，硬山、人字脊。始建年代不详。有清道光十九年（1839）立重修碑 1 通：方首，篆额"乐而义捐"4 字，记载康熙三十七年（1698）、乾隆三十九年（1774）、道光十年（1830）、道光十七年（1837）4 次修葺情况。1992 年，市、区财政拨款，对该庙进行维修。后殿落架，

在原址加高 0.5 米后重建。同年被东丽区人民政府公布为文物保护单位。2013 年 1 月被天津市人民政府公布为天津市文物保护单位。

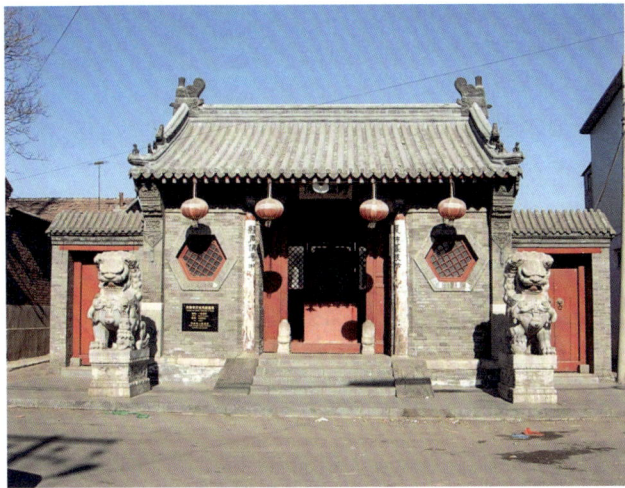
泰山行宫

安氏家祠（清） 市文物保护单位

位于西青区杨柳青估衣街施医局胡同 2 号。原系安文忠于 1935 年购得的清代民居，用来祭祀祖先。安氏祠堂为一路二进四合院，占地 631 平方米，建筑形式均采用小式硬山做法。正房为 7 檩前出廊 5 开间，布瓦屋面；配房 3 栋，布瓦屋面、马鞍脊。东南角开"金柱"大门，门内有"一字影壁"1 处，院内西北角有安氏家祠记事碑 1 通，主要记述了安文忠的生平及修建家祠的初衷。安文忠，字荩臣，生于清咸丰二年（1852），是杨柳青人到新疆"赶大营"的首倡者。2013 年 1 月被天津市人民政府公布为天津市文物保护单位。

安氏家祠

周公祠（清） 市文物保护单位

位于津南区小站镇会馆村东。该祠为周盛传家祠，原称"全神庙"。现存 3 幢正房，均面阔 3 间，进深 2 间，穿斗式梁架，前出廊。1919 年中间大庙改称为"新农寺"，供轩辕神位。东殿武壮公祠祀周盛传，西殿为刚敏公祠，祀周盛传之兄周盛波。在刚敏公祠山墙上，镶有"新农镇周公祠"石志 1 方，长 0.74 米，宽 0.5 米，1919 年刻，记以 670 亩租地作永祭田，周家驹、周家鼎立。院中发现祠堂 3 座、石碑 2 通、碑座 3 座，其中"新农寺"石碑为重修后新立。周盛传，安徽合肥人，清同治十一年（1872）为督军，奉李鸿章之命率 9000 淮军屯驻小站，屯田试种成"小站稻"。1949 年中华人民共和国成立后，国家曾 3 次修整周公祠。1994、1995 年国家拨专款对周公祠进行整体维修，现在周公祠已修葺了 3 座正殿和塑像。现建筑主体基本完整，屋顶及墙体有破损。1991 年 8 月被天津市人民政府公布为天津市文物保护单位。

周公祠

蓟州文庙（清） 市文物保护单位

位于蓟县城关镇西北隅村，文庙原称宣圣庙。始建于金天会年间，明洪武、成化、嘉靖时多次修缮。清兵入关后被焚，后重建。坐北朝南，占地面积 6500 平方米。原有东西院和过街牌楼。东院有儒学门、明伦堂，西院有棂星门、泮池、戟门、先师殿、启圣祠、崇经阁等。蓟州文庙现存主体建筑大成殿，面阔 5 间，前后出廊，用 7 檩。顶部为硬山筒瓦，台基为条石垒砌。殿前有月台，是祭祀孔子的场所。台前石阶、甬路与戟门相接。戟门面阔 3 间，用 5 檩；顶部硬山，筒瓦；台基石料均为大青石。东、西庑台基与月台平，各 5 间，硬山合瓦。大成殿、东西庑与戟门构成四合院。院内有 5 棵古松，院落虽不大，却给人以宽敞精致、堂堂正正之感。戟门东侧有名宦祠，面阔 3 间，墙壁上镶有赵孟頫书《醉翁亭记》碑。东侧为乡贤祠，戟门前有泮池，池上有并排石拱桥3座,称登瀛桥,建于康熙三十四年(1695)。泮池前有棂星门,石质,四柱三门。文庙建筑整体为四合院布局,至今保存完好。现存建筑有戟门3间、先师殿5间、东西两庑各5间,及大成殿、棂星门、泮池、石桥。大成殿前出廊,有月台,台前有古松、古槐、石碑。布局严谨,层次分明。蓟州文庙是天津保存最好、最完整的文庙之一。1992年5月被蓟县人民政府公布为蓟县文物保护单位。2013年1月被天津市人民政府公布为天津市文物保护单位。

蓟州文庙

蓟州关帝庙(清)　市文物保护单位

位于蓟县渔阳镇西北隅村。又称下关庙。始建年代不详,元明清三代多次重修。占地面积440平方米。原有山门、钟鼓楼、前殿、大殿、后殿、戏楼等。现存大殿、后殿和配房,皆清代建筑。大殿面阔3间,进深2间,抬梁式,硬山顶,铺黄色琉璃瓦。后殿3间,

蓟州关帝庙

配房6间,均为青砖青瓦,抬梁式,硬山顶。有清乾隆十一年(1746)立"关帝庙修葺功竣碑"、乾隆二十四年(1759)立"关帝庙后殿重修碑"、乾隆五十三年(1788)立"修葺关帝庙碑"、道光二十六年(1846)立"重修关帝庙碑"各1通。关帝庙艺术价值较高,又具有浓厚的地方特色,1992年5月被蓟县人民政府公布为蓟县文物保护单位。2013年1月被天津市人民政府公布为天津市文物保护单位。

鲁班庙(清)　市文物保护单位

位于蓟县渔阳镇府后街1号,始建于清康熙年间,清光绪三年(1877)重修。主体建筑按照官式建筑修建,坐北朝南,木结构,由正殿、山门和配殿等组成,占地面积890平方米。大殿面阔3间,进深1大间,前出廊,木柱采用铁糙木,檐下施一斗三升交麻叶斗拱,角科宝瓶下出单昂。九脊歇山顶,绿琉璃瓦剪边。院内存清光绪"重修公输子庙碑"2通。1933年春天,中共迁(西)遵(化)蓟(县)中心县委在迁安组织暴动失败,县委书记李子光不惧国民党政府通缉,曾在此创建"一分利"文具店,中共党员王崇实、王坤载、杨瑞师以店员身份掩护,以此为据点,从事革命活动。各地祭祀鲁班,往往附设于某建筑物一隅,蓟县独建鲁班庙,为国内少见。1991年被天津市人民政府公布为天津市文物保护单位。

鲁班庙

孙氏宗祠(1926)　市文物保护单位

位于静海县台头镇幸福村。宗祠建于1926年,历时3年建成,坐北朝南,东西长28.2米,南北宽23.2米。占地6670平方米,有砖房10间,由孙氏四大门族人集资,

孙秀峰等人承办。正殿5间高约10米，原有台阶10余级，日后沉没，屋脊高耸，斗拱飞檐。正殿两侧各有1间配房。正殿前脸有8根明柱，18扇门，以门代窗。屋顶有五脊六兽。保存较好，现宗祠前有孙氏族人为宗祠立的碑4通。正殿前一对石狮子，曾是清末李莲英从皇宫弄出，后转二堡郭家，再以后归孙氏宗祠所有。2013年1月被天津市人民政府公布为天津市文物保护单位。

孙氏宗祠

第四节　学堂书院

津东书院旧址（清）　市文物保护单位

位于津南区葛沽镇东大街48号，创办于清同治十三年（1874），原占用文昌阁、佛爷庙、药王庙3座寺院。文昌阁、佛爷庙毁于"文化大革命"，现仅存的药王庙于1999年在原址依原貌重建。面阔3间，进深1间，抬梁式，硬山脊，占地面积99平方米。庙的东西墙上有卧墙石碑2通，为"皇恩宏德万民感念碑"，雍正七年（1729）刻石。院内东南角存放石碑3通。现存古树3株（天津名树、古树A0056）。1996年葛沽镇政府投资60万元先后修建了天后宫、财神庙等民俗建筑，并成立了葛沽镇民俗文化中心，由专人管理。2013年1月被天津市人民政府公布为天津市文物保护单位。

津东书院旧址

第五节　驿站会馆

天津广东会馆（清）　全国重点文物保护单位

位于南开区南门里大街31号，由唐绍仪、凌润苔、梁炎卿、冯商盘、陈子珍等44名旅津粤籍人士捐款兴建。会馆始建于清光绪二十九年（1903），历时4年（1907）修建而成。主体建筑平面呈长方形，南部为四合院，北部为戏楼，东西两侧为贯通南北的箭道。会馆正门南侧为砖砌照壁（20世纪50年代被拆除）。正门为一座高大门厅，砖石结构，门额镌刻"广东会馆"四字。后檐明间设木质可敞开式屏门，上方高悬"岭海珠辉"四字木匾。广东会馆是天津市现存会馆建筑中规模最

天津广东会馆

大、保存最完整的一座。建筑采用我国传统的四合院砖木结构体系，融合南方和北方建筑手法，瓦顶和墙体为北方风格，内檐装修又具广东潮州特色，其建筑形制为我国会馆建筑少见。

戏楼是会馆的主体建筑，是我国目前规模最大、保存最为完好的古典式戏楼，为一座2层楼四合院。南侧为戏楼的后台，上下2层，后台向北伸出舞台。特别的是舞台吊顶采用悬臂结构，前台的两根柱子不落地，而是做成垂莲柱（似垂花门）挑悬空中，以不遮挡观众视线。这在我国早期戏楼（包括皇家戏楼）中，尚属罕见。会馆装修，以木雕为主，辅以砖、石雕刻，无一不精。戏台木雕为其精华所在，天幕正中镶嵌大幅"天官赐福"镂空彩色木雕，构图紧凑匀称，刀法娴熟细腻，堪称

艺术杰作。北、东、西三面楼下为廊座，楼上辟为包厢，戏楼四角均设楼梯。整个建筑以青砖墙封护，戏楼内采用木结构。广东会馆的戏楼，以空间跨度大、结构巧妙、装修精美、演出音质效果良好著称。

广东会馆人文历史内涵丰富。会馆的创建与天津盐业、洋行和广帮商贸发展息息相关，为近代天津知名的戏剧演出场所。1912年孙中山先生北上途中，曾在会馆发表重要演讲。五四运动时期，邓颖超等"觉悟社"社员曾在此举办募捐义演。天津总工会最早的会址，也设在此。

1982年7月，广东会馆被天津市人民政府公布为天津市文物保护单位，2001年被国务院公布为第五批全国重点文物保护单位。

第六节 寺观塔幢

独乐寺（隋至清）　全国重点文物保护单位

位于蓟县渔阳镇武定街41号，始建于隋。主体建筑山门、观音阁为辽圣宗统和二年（984）重建。建筑群坐北朝南，从东到西由三组院落组成。东路正殿2间是清帝辟建的行宫，为赴东陵谒陵途中休息之所。中路除山门、观音阁，还有韦驮亭、前殿、后殿及东西配殿。西路有门房、正房、四合院等，原为僧房，均为清代所建。总平面呈长方形，南北长150米，东西宽110米，总面积16 500平方米。山门平面呈长方形，面阔3间，进深2间。梁柱粗壮，斗拱雄硕，生起和侧脚明显。顶作五脊四坡庑殿式，正脊两端的鸱吻为辽代原物。观音阁面阔5间，进深4间，上下2层，中间设平座暗层，实

独乐寺观音阁

为3层，通高23米。斗拱繁简各异，共计24种，152朵。阁内耸立十一面观音像，高16.08米。两侧侍立的胁侍菩萨，以及山门内金刚力士像均为辽塑精品。阁下层四壁布满壁画，画幅高3.15米，全长45.35米，元代始画，明代重描。1932年，建筑学家梁思成对独乐寺观音阁、山门进行了实地考察测绘并发表调查报告《蓟县独乐寺观音阁山门考》，称独乐寺为"上承唐代遗风，下启宋式营造，实研究我国（中国）建筑蜕变之重要资料，罕有之宝物也"。这是中国人首次用科学测绘方法对辽代建筑进行的研究。独乐寺保持着数项中国建筑之最，如：独乐寺山门是我国现存最早的庑殿顶山门，保存了我国现存古建筑屋顶年代最早的鸱吻，是最早的分心斗底槽实例，和最早的直枓实例；观音阁是我国现存最古老的木结构楼阁，是最早出现结构层的实例，最早出现叉柱造，最早使用普柏枋，有最早的木藻井和最早的木勾阑等。1972年成立的蓟县文物保管所对独乐寺进行专职管理。独乐寺于1980年正式对外开放。1961年被国务院公布为第一批全国重点文物保护单位。

蓟县白塔（辽至清）　全国重点文物保护单位

蓟县白塔又名独乐寺塔、渔阳郡塔，位于独乐寺南蓟县渔阳镇白塔寺街8号。建于辽统和年间，辽清宁四年（1058）重建。嘉靖十二年（1533），在塔前

修建观音寺，塔身白色，所以亦称观音寺白塔。

蓟县白塔平面呈八角形，全塔高30.6米，从下至上分为基座、塔身、塔刹（相轮）三部分，砖石混合结构。基座2层，下层用条石砌作高台，上层砖砌1层须弥座加平座栏

蓟县白塔

杆。平座用双杪五铺作。拱眼壁、须弥座和栏杆满布雕刻，具有辽代风格。1层塔身八角用经幢式倚柱，四正面砌券门，其余四面刻偈语。塔身以上用两种样式砌出双重檐，灰筒板瓦。檐上又砌1层合座，上置覆钵，装饰如意式挂落。覆钵上叠涩出檐，砌13层相轮，加铜塔刹。塔前立有明万历和清乾隆年间维修白塔石碑各一通，两碑之间有辽乾统九年（1109）立"千手千眼观世音菩萨大悲心陀罗尼"经幢一座。蓟县白塔是楼阁式和覆钵式塔的结合，造型奇特，是中国古塔中存量比较稀少的一种类型。

蓟县白塔砖雕种类繁多，内容丰富，辽塔中常见的门户、栏板、斗拱、佛像、神兽、伎乐，以及海石榴、牡丹等各种花卉图案，应有尽有。其中大量题材，如门楣、飞天等皆继承唐代装饰艺术，备显幽雅古朴，熟练地运用了宋《营造法式》所记载的四种雕刻技法，线条流畅，刀法洒脱，属砖雕艺术上品。

根据历史文献和现有碑记所记载，在辽清宁，明嘉靖、隆庆、万历和清乾隆年间都对白塔进行过较大规模的维修。1976年唐山大地震，白塔受到严重破坏。1982年，国家进行抢救性维修，发现古塔已经过两次包砖大修，并于塔内发现辽清宁四年（1058）舍利石函，其中藏有珍贵文物百余件。

1962年，蓟县白塔被天津市人民委员会公布为天津市文物保护单位。2013年，由国务院公布为第七批全国重点文物保护单位。

石经幢（辽）　市文物保护单位

位于宝坻区海滨街道办事处商业街北头十字路口。

始建于辽代，被誉为"石幢金顶"，为宝坻八景之一。通体石件垒砌，通高11.4米，建筑面积22.09平方米，由基坛、幢身和刹杆三部分组成。基坛为方形须弥座式，束腰处刻释迦牟尼本生故事，每面七幅，现残缺八幅半，北面东侧在明正德年间重修时将两幅并一幅。幢身为六级八面体，每级之上雕有伞盖。刹杆以铁铸，上装如意宝珠。建成后多次倒塌，多次修葺。20世纪60年代遭人为损毁，后经搜集原幢件重修复原，于1988年12月竣工。1991年8月

石经幢

被天津市人民政府公布为天津市文物保护单位。

天成寺舍利塔（辽）　市文物保护单位

位于蓟县官庄镇莲花岭村北盘山天成寺大殿西侧。辽天庆年间和明代重修。占地面积150平方米。为八角密檐十三级实心砖塔，高22.67米，沟纹砖垒砌。有石砌台基。八角形束腰须弥座上砌出仰莲3层，承托八角亭式塔身。塔身八面均有仿木结构的砖砌门窗，门为四抹隔扇；窗为斜方格纹；八角形倚柱，墙面起颥，砌出阑额和普柏枋。各转角出五铺作斗拱1朵，补间施斗拱1朵，承托高大的13层叠涩檐，檐缘亦出颥，轮廓略呈卷杀，造型简洁秀丽。塔前立明崇祯四年（1631）题有《天成兰若重修舍利塔记》碑1通。记载"比尼释如方于明万历丙辰（1616）年云游至此，见有辽天庆（1111—1120）重修碑，记塔

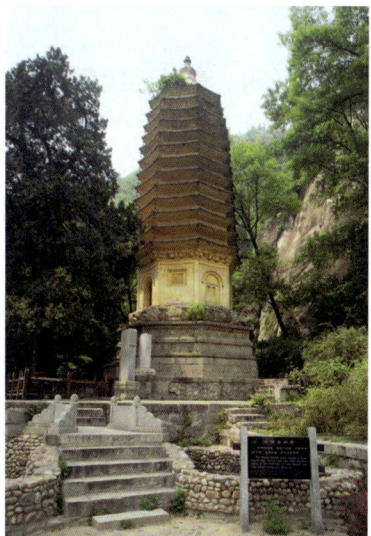

天成寺舍利塔

藏舍利三万余粒。如方遂生修缮之意，刺血书写经文，前后七得信士资助，于崇祯辛未（1631）开塔修葺，见舍利二千"。1979年至1981年重修天成寺大殿、配殿、三间殿及江山一览阁等。1982年7月被天津市人民政府公布为天津市文物保护单位。

福山塔（辽）　市文物保护单位

位于蓟县五百户镇段庄子村东南福山顶上。辽代修建。面积5000平方米。砖石结构，八角5层楼阁式华塔，高21米。基座八角形，由5层条石垒砌，高1.6米，上建束腰须弥座，镶1914年重修记事碑一通。转角各置斗拱1朵，五铺作重拱计心造，上面挑出平座，置勾阑，栏板之上为塔身。塔身八角形亭式，南面辟门洞，砌出门楼，单坡硬山顶，东、北、西三面砌雕砖仿木结构假门，余四面各雕小塔2座。塔身上出五铺作双杪斗拱，承托伸出的叠涩檐。塔身上为3层实心仿木结构楼阁式砌体，层层叠涩内收，并减低高度，周遭砌栏杆。窗棂、刹已残毁。1996年，天津市文物局拨款对此塔进行了一次大规模的维修。1991年8月被天津市人民政府公布为天津市文物保护单位。

福山塔

天后宫（明、清）　全国重点文物保护单位

位于南开区古文化街80号。天后宫在元明两代称天妃宫，清康熙以后称天后宫，俗称娘娘宫。始建于元泰定三年（1326），明永乐元年（1403）重建。明清两代屡加修葺、重建和增建。民国初年，废庙兴学，天后宫内西南角曾设"第一乙种商业学校"，1939年改为天后宫学校，宫内逐渐颓败，直至破败不堪。1985年经过修缮建立天津民俗博物馆，向社会开放。

天后宫占地面积5350平方米，建筑面积2233平方米。庙宇坐西朝东，面向海河，沿中轴线自东向西依次建有戏楼、幡杆、山门、牌楼、前殿、大殿、藏经阁、

天后宫

启圣祠。两侧配以钟楼、鼓楼、关帝殿、财神殿、其他配殿及过街楼张仙阁等建筑。其中戏楼、幡杆、山门、牌楼、前殿、大殿、藏经阁、启圣祠、张仙阁、钟鼓楼均为原有建筑。大殿是天后宫的主体建筑，平面呈"凸"字形，面阔3间，庑殿顶，前后均出卷棚抱厦，正面3间，背面1间，称为凤尾殿。大殿梁架和斗拱仍为明代原构，整座建筑具有明显的明代建筑风格。张仙阁是过街楼形式，横亘在古文化街上，屋顶前厦后殿做"勾连搭"，颇具特色。

天后宫建成早于天津城，是元明清三代漕运中漕丁、渔夫等祭祀海神、祈求平安的场所。后逐渐形成了以天后为主神的群神相处的庙宇。天后宫建筑规模庞大，气势雄伟壮观，是海内外规模和影响较大的天后宫（妈祖庙）。1982年，天后宫由天津市人民政府公布为天津市文物保护单位。2013年，由国务院公布为第七批全国重点文物保护单位。

玉皇阁（明）　市文物保护单位

位于南开区海河西岸，古文化街北侧，坐西朝东，

玉皇阁

面向海河。始建于明初，宣德二年（1427）重建。历经明、清多次重修。阁内外原有旗杆、牌楼、山门、前殿、清虚阁、三清殿、钟鼓楼、八卦亭和南斗楼、北斗楼等，现仅存主体建筑清虚阁1座，梁架结构具明代风格，占地面积297.14平方米，建筑面积285.04平方米，是天津市区现存年代最早的木结构楼阁，台基以砖石砌筑，高1.35米。阁2层，九脊歇山顶。檐心、檐头和脊兽，以"剪边"做法分别饰黄、绿琉璃瓦。底层面阔5间，进深4间，正中设踏跺九级。上层面阔3间，进深2间，周边出廊，以方形檐柱、宝瓶式栏杆围绕。阁内原供奉道教神祇牌位，现仅存明代玉皇铜像1尊。建筑保存完好。1982年7月被天津市人民政府公布为天津市文物保护单位。

辛庄慈云寺（明） 市文物保护单位

位于津南区辛庄镇高庄子村，始建于明崇祯二年（1629）。四合院式建筑，占地面积800平方米。大殿面阔3间，进深1间，硬山人字脊，前出抱厦。殿前出月台，大殿梁上有明崇祯年题记。另有民国年间扩建的配殿和山门。该寺院坐北朝南，自东而西，依次为东配殿、偏殿、月台、正大殿、西偏殿及配殿、前山门，山门东侧开安澜门，西侧开福海门，山门、中台上刻"慈云寺"。1949年以前，该寺院曾供奉菩萨及药王。中华人民共和国成立后，塑像被毁，寺院作为高庄子小学分校，后改为教师宿舍。1990年后，教师迁出。2013年1月被天津市人民政府公布为天津市文物保护单位。

辛庄慈云寺

大诸庄药王庙（明） 市文物保护单位

位于北辰区大张庄镇大诸庄村，明代始建，清代重修。原有前后殿和东西配殿，现仅存后殿，明三暗六，五架抬梁式，硬山人字脊，建筑面积180平方米，额匾题"有求必应"，解放初期废庙兴学，1976年地震中东墙曾倒塌。现仅存的后殿长11.3米，宽8.05米。为天津有一定历史的医药文化庙堂，属于乡土建筑不可或缺的重要门类。2013年1月被天津市人民政府公布为天津市文物保护单位。

大诸庄药王庙

宝坻大觉寺（明、清） 市文物保护单位

位于宝坻区海滨街道办事处东街12号，俗称"东大寺"。东邻草场街，北靠土山子街，西有云路街。始建于辽重熙年间（1032—1055），明、清皆有修葺。占地面积约3500平方米。原有山门、钟楼、鼓楼、大雄宝殿、西跨院、配房等，现仅存罗汉堂和10间配房。罗汉堂系明代梁架，面阔3间，进深3间，建筑面积240平方米，抬梁式，露明造，四阿顶，出檐深远。台明高0.5米，台基下铺1米条石散水，有石碑2通。一为重修大觉寺碑，仅存碑身，高1.45米，宽0.7米，厚0.2米，碑文楷书，记大觉寺建于宋庆历年间（1041—1048），为宝坻大观。一为"火德星君接驾碑"，清光绪二十五年（1899）立，亦仅存碑身，高1.34米，宽0.46米，厚0.14米，额题"万古流芳"，碑文楷书，

宝坻大觉寺

记宝坻民众于大觉寺举行火德星君接驾道场，并集资成立水会，购置器具的情况。2013年1月被天津市人民政府公布为天津市文物保护单位。

多宝佛塔（明、清） 市文物保护单位

位于蓟县官庄镇砖瓦窑村，盘山少林寺东，即少林寺塔。占地面积200平方米。少林寺始建年代不详，原名法兴寺；至元时改其名为栖云观，延祐五年（1318）嵩山雪廷福裕禅师改其名为少林寺，又称北少林。建筑包括寺、塔两部分，寺已毁。塔原位于寺内，元时被道士破坏，明崇祯十七年（1644）重建时移至寺东，清顺治九年（1652）竣工。基座石砌，塔身砖砌，八角13层密檐式，高26米，须弥座上承托塔身。门洞上方嵌"多宝佛塔"石匾，南面辟门，内设佛龛，东、西、北三面砖雕假门，其余四面雕隔扇

多宝佛塔

窗。第一层檐下砖雕斗拱，每面两朵，檐上铺瓦件小兽。密檐之间4个正面设门窗。1991年8月被天津市人民政府公布为天津市文物保护单位。

定光佛舍利塔（明、清） 市文物保护单位

位于蓟县官庄镇砖瓦窑村西北，盘山挂月峰北，挂月峰是盘山最高峰，塔建于峰顶。占地面积120平方米。唐代始建，辽大康，明成化、嘉靖、万历，以及清乾隆年间大修。八角密檐实心，通高19米。石砌八角形须弥座，上雕一周莲花。塔身为明代重修，砖砌八角形，转角立圆柱，每面镶明代石雕像3尊，砖雕仿木结构窗棂。塔身上起叠涩檐，檐下施斗拱，刹顶上立宝珠。塔座上有同治十一年（1872）郡人李湛霞、钱塘濮庆孙，宣统二年（1910）福州林绍年，宣统三年（1911）江安傅增湘等游人题记。塔前有清仁宗（嘉庆）御制诗碑1通。旁边山崖上有清高宗（乾隆）御

制诗和其他石刻多处。1982年7月被天津市人民政府公布为天津市文物保护单位。

定光佛舍利塔

大悲院（清） 市文物保护单位

位于河北区天纬路40号，因供奉观世音菩萨而得名，是天津市区年代较早的佛教十方丛林寺院。始建于清顺治年间。清康熙八年（1669）和光绪初年两度重修，建有塔、楼、亭、台，今已无迹。光绪二十六年（1900）八国联军入侵，寺院遭劫，僧众星散。1940年扩建，寺院坐北朝南，主要由山门、天王殿、大雄宝殿、大悲殿、东西配殿等建筑组成，占地面积10 600平方米。1954年天津市政府拨款修葺。十年动乱，佛地变成工厂，佛像法器荡然无存。1976年地震期间寺院损坏严重。1978年市人民政府为保护文物和落实宗教政策，依原貌重修庙宇，再塑金身。2003年，按照传统汉传寺院规制进行改扩建，建有钟鼓楼、大雄宝殿、药王殿、地藏王殿、大悲阁、藏经楼等建筑，占地面积41 965.18平方米。其中天王殿、释迦殿、西跨院为历史遗存建筑，天王殿为单檐歇山顶，面阔1间，进深1间，砖砌拱券门，砖雕精细。释迦殿为单檐歇山顶，面阔5间，进深2间。西跨院多为硬山卷棚顶三开间建筑。原山门、大悲殿、东跨院等建筑被拆除。占地面积由10 600平方米扩大到41 965.18平方米。1982年7月被

大悲院

天津市人民政府公布为天津市文物保护单位。

清真大寺（清）　市文物保护单位

位于红桥区大寺前街。始建于清康熙四十二年（1703），嘉庆六年（1801）重修。坐西朝东，由门厅、大殿、讲堂、耳房和沐浴室组成，是天津历史上规模最大的清真寺之一。门前照壁以砖石砌筑，镶嵌汉白玉石匾上的"化肇无极"4个字，为清肃亲王手书。门厅面阔3间，进深3间。明间、次间各开砖雕拱券门。后檐接卷棚廊厦，廊柱间置坐凳栏杆。礼拜殿为寺内主体建筑，以4组建筑勾连搭构成。抱厦面阔3间，进深1间，廊柱间置坐凳栏杆。中部为两座重檐庑殿顶大殿，面阔5间，进深6间。门外以石筑望柱、栏板围绕，后面大殿面阔9间，进深3间。殿顶并立亭式阁楼5座。中间阁楼最高，青瓦八角攒尖顶。两旁阁楼较低，均为六角形。南、北两端阁楼檐下悬"望月""喧时"匾额。讲堂设于南、北厢房，面阔各3间，进深1间。各附耳房，各面阔3间，进深1间。北跨院为沐浴室。殿堂内外砖雕、木雕装饰工艺精细，多为花卉图案。寺内96块阿拉伯文、汉文匾额，楹联保存完好。该寺处于回族聚居区，作为全市伊斯兰教活动的中心，具有较高的历史、文化、宗教价值。1982年7月被天津市人民政府公布为天津市文物保护单位。

清真大寺

文昌阁（清）　市文物保护单位

位于西青区杨柳青镇十六街，南运河南岸，始建于明万历四年（1576），后屡次毁损、修复。文昌阁是一座楼阁式建筑，阁内原供奉"文昌帝君"偶像，因而得名，为杨柳青三宝之一。文昌阁分上、中、下三层，阁顶为六角型亭式楼阁，建于高大砖砌基座上，边长5米，高约20米，基座正面出月台，四周有砖栏板，每层出檐，它结构灵巧，造型别致，檐角各坠铜铃，风吹作响。清光绪四年（1878），本镇刘光先、石元俊等人曾在此创立崇文书院。1991年8月被天津市人民政府公布为天津市文物保护单位。

文昌阁

天尊阁（清）　全国重点文物保护单位

位于宁河县丰台镇南村，又名太乙观。为三层楼阁建筑，上为紫薇殿，中为王母殿，下为天尊阁。始建年代不详，清康熙年间（1662—1722）重修，咸丰八年（1858）油漆彩塑。1976年唐山大地震中，山门、东西配殿全部坍塌，但该阁木结构框架安然无恙。2006年9月和2009年进行全面修缮。

天尊阁平面呈长方形，占地面积240平方米，通高17.4米。面阔5间，一层进深5间，往上逐层减少。三层檐自下而上分别施一斗三升、一斗三升交麻叶、三踩单下昂斗拱。殿中八根金柱，高12.07米，直达三层檐下，辅以廊柱和檐柱，前檐装修。一层明间开隔扇门，其余各间作槛窗；二层全部安装隔扇，三层的隔扇外再

天尊阁

加栏杆。左右两山和后檐墙的厚度由下往上逐层减薄。歇山顶,灰筒板瓦屋面,花脊。

天尊阁距离1976年唐山大地震的震中仅45千米,木构架经受了高烈度地震的考验,对于研究300年来津唐地区地震的发生和房屋抗震具有一定的科学价值。

1997年、2000年分别重建了山门和西配殿,天尊阁主体于2006年9月重修。2009年至2010年,对整体建筑群进行了全面修缮。

1982年7月9日,天尊阁由天津市政府公布为天津市文物保护单位。2013年3月由国务院公布为第七批全国重点文物保护单位。

第七节 桥涵码头

唐官屯铁桥(清) 市文物保护单位

位于静海县马厂减河上游,唐官屯镇烧窑盆村南4千米处,是津浦铁路旁的人行桥。造于清宣统元年(1909)。钢架,桥面铺木板,全长40米,宽4米。桥两端为水泥桥墩,平架两根钢梁,两侧立高4米的三角形钢架构成方形框架。现已不复使用。2013年1月被天津市人民政府公布为天津市文物保护单位。

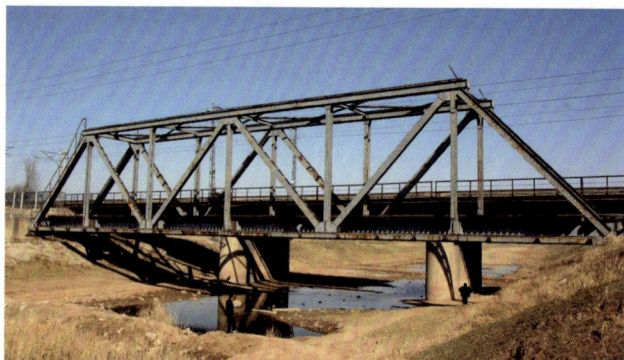

唐官屯铁桥

第八节 堤坝渠堰

大运河(汉—今) 全国重点文物保护单位

京杭大运河天津段北起武清区庄窝闸,向南止于静海县九宣闸,全长195.5千米,分为北运河和南运河两段。南运河最早可追溯至东汉建安十一年(206)开凿的平虏渠,北运河最早可追溯至金泰和五年(1205)开辟的潞水漕渠,至元代全线贯通。分别流经静海县、西青区、南开区、红桥区、河北区、北辰区、武清区7个区,在天津市三岔河口汇入海河。考古调查显示,运河沿线遗存丰富,分布有战国至明清时期的古遗址、古墓葬、古建筑基址、古码头等不同类型的不可移动文物约180余处,包括运河水工遗存、运河附属遗存,以及与其关联密切的运河相关遗产,其中大部分遗址为天津市境内首次发现,极大丰富了市域运河文化遗产资源的内涵。2009年1月国务院同意将大运河作为我国2014年申报世界文化遗产项目,71千米的天津北、南运河三岔口河段和十四仓遗址包含其中。北、南运河天津三岔口段,是北方城区运河典型段落之一,其北起北运河与龙凤河交叉处,沿北运河向南至三岔河口处再向西折,沿南运河直至杨柳青镇止,包括西青区、红桥区、

大运河

南开区、河北区、北辰区和武清区 6 个区的河段，遗产区面积为 975 公顷。北、南运河交汇的三岔口是元代以来河漕与海漕转运的节点，见证了漕运的发展历史和天津城市的兴盛。

2012 年 5 月，天津市文化遗产保护中心在天津北辰区双街镇张湾村的京杭大运河河段清理出三艘明代沉船，出土了元、明、清时期铜、铁、瓷、陶、骨、木、竹等不同质地文物共 600 余件。这三艘沉船的发现对于研究中国古代漕运史、水利史、船舶制造史都有非常重要的价值。

2006 年京杭大运河由国务院公布为第六批全国重点文物保护单位。2013 年，公布第七批全国重点文物保护单位时将浙东运河和隋唐大运河与第六批全国重点文物保护单位京杭大运河合并，名称改为"大运河"。

第四章　石窟寺与石刻

石窟寺及石刻包括：摩崖石刻、碑刻和石雕。千像寺造像现存线刻佛教造像 535 尊，均以阴线刊刻在花岗岩质的巨大孤石或崖壁上。千像寺造像是全国分布面积最广、体量最大的辽代民间石刻造像群，代表辽代民间传统镌刻技法的最高成就，是研究佛教史、佛教考古的珍贵实物资料。千像寺造像由国务院公布为第六批全国重点文物保护单位。

蓟县盘山内的千像寺石刻，包括唐千佛像摩崖石刻和辽盘山千像祐唐寺创建讲堂碑等多项内容，前者铁线描阴刻技法古朴生动，后者雕琢技艺精湛，有"京东第一碑"之誉。

位于河北区中山北路的金代石狮为原河北省内丘县公署赠予河北第一博物院的陈列品，两狮姿态相同，皆作蹲踞式，形象生动逼真，其历史、艺术价值独特，为天津市文物保护单位。

本章收录具代表性的碑刻 20 通，记载了重要历史事件和文化史迹，为研究天津历史提供了重要的史料佐证。

第一节　摩崖石刻

千像寺造像（辽）　全国重点文物保护单位

位于蓟县官庄镇联合村北 500 米。千像寺最初名为"祐唐寺"，始建于唐开元年间，唐末毁于兵火，辽统和五年（987）重修，明正统年间又修。千像寺依山势修建，坐北朝南，原有前、中、后三进建筑，占地面积 7200 平方米，抗日战争中皆被日军烧毁。现仅存中间大殿条石基址，建筑面积 3500 平方米。寺前有重修讲堂寺碑、摩崖线刻千佛像、千像寺石幢等文物。寺后有"无量寿佛"石窟。其中，盘山千像祐唐寺创建讲堂碑系辽初重修时所立，此碑碑文书法刚劲隽秀，是难得的艺术珍品，被誉为"京东第一碑"。

千像寺造像集中刊刻于辽代，现存线刻佛教造像 535 尊。造像风格一致，均以阴线刊刻在花岗岩质的巨大孤石或崖壁上。造像分立姿和坐姿两类，以立姿为主，

造像大小不一，高矮参差不齐，有单尊像，也有各种组合姿势的多尊像。立姿高度一般为 1.1 ～ 1.5 米，最

千像寺造像

大者高 2.2 米。坐姿高度一般为 0.9 米，最小者高 0.6 米。佛像大部分背托佛光，脚踏仰覆莲花，身着开领袒右袈裟，右肩袒露，仪态端庄，形象高大，雕工古朴，风格独具，特点鲜明。千像寺造像是目前全国所见分布面积最广、体量最大的辽代民间石刻造像群，造像形态丰富，线条凝练，标志了辽代民间传统镌刻技法的最高成就。它是蓟县及盘山地区为中国佛教传播中心地之一的重要史证，也是研究佛教史、佛教考古的珍贵实物资料。

2006 年，千像寺造像由国务院公布为第六批全国重点文物保护单位。

盘山摩崖石刻（唐、明、清、民国）　市文物保护单位

位于蓟县官庄镇官庄村北 2000 米。分布面积约 330 万平方米。石刻年代包括唐、明、清、中华民国。石刻形制可分为碑类、塔铭、刻经、造像、摩崖、墓碣、题咏、题名，以及诗文杂著等，内容上可分即景、名物、记事三大类，形式上可分题字、诗文、标语等。

摩崖石刻从山下到山上随处可见。较为集中的地方有静寄山庄、天成寺、万松寺、东西甘涧、云罩寺、东竺庵、古中盘、盘谷寺、少林寺、千像寺等地，仅静寄山庄遗存就有石刻 30 余处。最大摩崖石刻字径 4.45 米。摩崖石刻最早出现在唐太宗时期，唐左金吾卫将军、御史大夫李从简游盘山，在舞剑台上面摩崖镌刻"李从简曾游李靖舞剑台"。盘山摩崖石刻整体保存一般，部分石刻存在人为破坏情况。2013 年 1 月被天津市人民政府公布为天津市文物保护单位。

盘山摩崖石刻

第二节　碑刻

盘山千像祐唐寺创建讲堂碑（辽）

通高 3.3 米，宽 0.96 米，厚 0.26 米。螭首，高 1.2 米。方座，高 0.6 米，宽 0.92 米，厚 0.75 米。额篆"盘山祐唐千像寺创建讲堂碑"。碑文行书，碑阳记述蓟州与盘山的历史变化以及千像寺的创建过程。周边为回纹纹饰。碑阴泐蚀严重，皆为捐修人姓名，文字漫漶不清。碑侧亦泐蚀严重，为辽重熙十五年（1046）刻，记录妙化寺和千像寺解决土地纠纷的协议，同时刻录千像寺的

四至范围。蓟州军事判官文林郎试秘书省校书郎李仲宣撰文，僧德麟书，潘延寿、李绪刻石，辽统和五年（987）四月八日立，现立于天津市蓟县盘山联合村千像寺遗址前。

盘山天成寺佛顶尊胜真言塔经幢（明）

现存幢身和基座。幢身八角棱柱形，高 1.4 米。上部雕刻幢塔图案，下部镌刻文字，文字为汉文，间有梵文；其中五面为经文，一面刻有"释迦佛说无垢净光大陀罗尼并佛顶尊胜真言塔"，最下部有坐佛一尊，另两面分别刻有"大明燕京蓟州盘

千像寺创建讲堂碑　盘山千像祐唐寺创建讲堂碑（额）拓片

天成寺佛顶尊胜真言塔经幢拓片

山天成寺金佛燃灯记"、立幢年代,以及僧众和信士姓名。基座为八角形,每面雕刻有不同的动物及花卉浮雕。明万历十五年(1587)四月八日立。现立于蓟县盘山天成寺古佛舍利塔南。

御制游盘山记碑(清)

通高4.27米,宽1.07米,厚0.32米。螭首,高1.12米,宽1.2米,厚0.4米,篆书"御制盘山碑记"6字。束腰形座,高1.1米,宽1.5米,厚0.65米。碑阳正书,镌刻清高宗(乾隆)《游盘山记》,梁诗正奉敕敬书。碑阴行书,镌刻乾隆九年(1744)清高宗(乾隆)御笔《重游天成寺》七言诗一首。落款印章二枚。乾隆七年(1742)九月,立于蓟县盘山天成寺大殿前。

御制游盘山记碑(额)拓片

重修独乐寺碑记(清)

高2.05米,宽0.69米,厚0.22米。半八角形碑首,高0.52米,宽0.7米,题"重修碑记"四字,浮雕二龙戏珠纹饰,珠内"寿"字。碑文正书。碑下部泐蚀严重,文字漫漶不清。须弥座,高0.58米,宽0.84米,厚0.5米。碑文记独乐寺"建始之年莫知所自""寺中遗迹所称统和二年,尚父秦王请谈真大师入寺修观音阁者,今皆仅有",同时记载乾隆十八年修葺的经过。夸喀撰文,励宗万书并篆盖。乾隆二十一年(1756)六月立。现立蓟县独乐寺观音阁西配殿南侧。

《重修独乐寺碑记》拓片

改建山西会馆序碑(清)

高1.72米,宽0.68米,厚0.15米。碑额正书"永垂万古"4字。碑身下部轻微漫漶,文字基本可辨。座佚。碑文正兼行书,题《改建山西会馆序》,记述山西会馆原名晋都会馆,随着晋人商旅在津人数的不断增加,原有会馆场地局促。为扩充会馆规模,募化修建,并易名"山西会馆"的经过。后镌经理人、总理人、督工首事和募化人等,共列人名和商号名90个。常柟甫撰文并书丹。嘉庆十一年(1806)十一月立。原位于河北区粮店后街山西会馆旧址,现立河北区中山公园。

改建山西会馆序碑拓片

重修鼓楼碑记(清)

通高1.22米,宽0.52米,厚0.18米。额高0.4米,宽0.55米,正书"钟灵毓秀"四字,浅浮雕刻云纹。碑文正书,题《重修鼓楼碑记》,记载蓟州城设三门,"鼓楼于城之中衢,与三门之丽谯相望,所以壮形势严守卫也"。鼓楼经历明嘉靖、崇祯年间,清康熙、乾隆年间屡修屡圮的情况,以及清道光年间再修的状况。华浚撰文,赵承祖书丹,后列工程董事人姓名。道光十六年(1836)二月立。现藏蓟县鼓楼台基。

《重修鼓楼碑记》拓片

泰山行宫重修碑记(清)

通高2.25米,方首,高0.85米,宽0.82米,厚0.26米。篆书"乐而善扬"四字,雕刻二龙戏珠纹饰。碑身高1.4

米，宽 0.76 米，厚 0.24 米，周边花卉纹。方座，高 0.51 米，宽 0.64 米，长 0.99 米。碑文正书，记述大毕庄泰山行宫在清康熙、乾隆年间重修，以及道光年间再行修建的经过。碑阴镌刻捐钱人众名。毕简撰文，毕元淳书丹。毕锃督工。首事人名列后。道光十九年（1839）三月立于今东丽区大毕庄泰山行宫院内。

《泰山行宫重修碑记》拓片

吕祖堂重修碑记（清）

高 0.63 米，宽 1.2 米。由两块石板组成。碑文正书，题《吕祖堂重修碑记》，讲述吕祖堂始建于清康熙五十八年（1719），乾隆六十年（1795）曾修，以及道光十九年（1839）再修的起因与经过。道光十九年七月嵌于今红桥区吕祖堂义和团纪念馆墙壁。

《吕祖堂重修碑记》拓片

南运减河靳官屯闸记碑（清）

螭首，趺座，通高 4.2 米，宽 1.4 米。光绪十七年（1891）立，后修碑亭。碑文正书，主要叙述李鸿章执政直隶间，开马厂减河，修筑靳官屯水闸的初衷、经过与目的。开挖马场至新城 150 余里的减河，加上"下游横河六道各长数里"的河道，调集周盛传"淮练军三十余营"兵进行施工。修建"石质双料五孔大桥闸于靳官屯河头，以资启闭，沿河分建石铁柱板桥四道，

以便行人"。同时取得"畿辅之水灾，农田之乐利，海防之形要"，一举三得的功效。李鸿章撰文并书。碑现立静海县唐官屯镇靳官屯村南九宣闸北原址。

南运减河靳官屯闸记碑拓片

赠太傅文华殿大学士直隶总督一等肃毅侯全权大臣李文忠公庙碑（清）

方首，高 0.85 米，宽 1.05 米，厚 0.4 米。碑额 6 行，篆书 30 字。碑阳浮雕鹿鹤同春图，碑阴浮雕云纹。碑身高 2.45 米，宽 1 米，厚 0.35 米。碑阳周边浮雕龙纹，碑阴周边浮雕缠枝花卉纹，碑阴右下角残损。方座，高 0.57 米，宽 1.15 米，厚 0.75 米。碑文正书，陈述李鸿章"镇畿辅，综理内政外交，系天下安危者三十年"，歌颂其在治河、赈灾、兵备、财政、外交等方面的功绩。袁世凯撰并书。韩耀东、束学长监工。光绪三十一年（1905）三月立。原立于河北区天纬路李公祠，现立河北区中山公园。

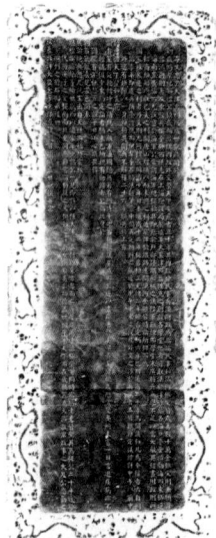

赠太傅文华殿大学士直隶总督一等肃毅侯全权大臣李文忠公庙碑（额）拓片

赠太傅文华殿大学士直隶总督一等肃毅侯全权大臣李文忠公庙碑（阳）拓片

太傅肃毅侯李文忠公庙碑（清）

通高 3.31 米。方首，高 0.85 米，宽 1.03 米，厚 0.41 米。正背均浮雕云纹，右侧残损。碑身高 2.46 米，宽 0.99 米，厚 0.35 米。碑阳周边浮雕龙纹，右下角残损，碑阴周边浮雕缠枝花卉纹。座佚。碑文正书，首题"太傅肃毅侯李文忠公庙碑"，陈述并颂扬李鸿章"购铁舰，成海军"，"设机器局于津沪"，立开平煤矿局、漠河金矿局，创南北洋电报局，设轮船招商局等诸多业绩，并表达哀婉之情。何乘鳌撰文。韩耀东、束学长监工。光绪三十一年（1905）三月立。原立于河北区天纬路李公祠，现立河北区中山公园。

太傅肃毅侯李文忠公庙碑（阳）拓片

任永清题李文忠公祠碑记（清）

通高 3.93 米。方首，高 0.85 米，宽 1.08 米，厚 0.4 米。碑阳浮雕松梅图，碑阴浮雕云纹。碑身高 2.5 米，宽 0.94 米，厚 0.32 米。碑阳周边浮雕绸缎纹串联"吉祥八宝"图案，碑阴周边浮雕

任永清题李文忠公祠碑（阳）拓片

龙纹。方座，高 0.58 米，宽 1.27 米，厚 0.65 米。碑文正书，历陈李鸿章在外交、赈灾、修铁路、开金矿等方面的功绩，表达作为部将的瞻拜之情。任永清撰文。韩耀东、束学长监工。光绪三十一年（1905）三月立石，四月十五日镌刻。原立于河北区天纬路李公祠，现立河北区中山公园。

重修文昌祠题石记（清）

高 0.61 米，宽 1.51 米，嵌于南开区文庙博物馆府庙文昌祠东墙壁。宣统二年（1910）镌。碑文正书，记述文昌祠合祀魁星阁，宣统元年（1909）扩修魁星阁时失火，次年重修的经过。同时镌刻捐款人及捐款额。碑泐蚀，文字漫漶。

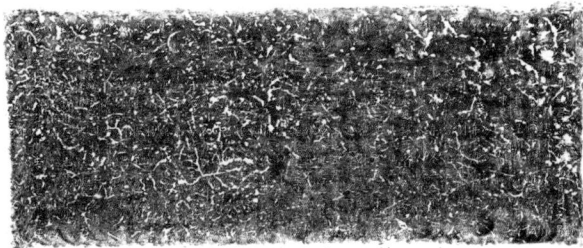

《重修文昌祠题石记》拓片

新农镇周公祠石志（1919）

嵌于津南区小站镇周公祠刚敏公祠山墙墙壁，长 0.74 米，宽 0.49 米。1919 年正月刻。碑文行书，记述周氏后人为保专祠，"改租地六百七十余亩，用作永远祭田"，并命"嫡子嫡孙，无论至何地步，不准卖此祭田"。后列祠堂主与种地户姓名。

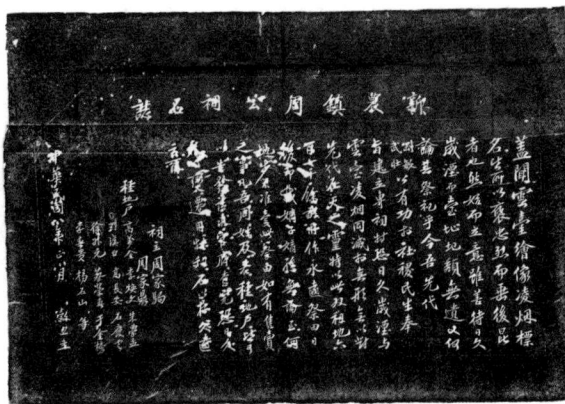

《新农镇周公祠石志》拓片

南皮张氏两烈女碑（1920）

高 1.9 米，宽 0.7 米，厚 0.2 米。碑额篆书"南皮张氏两烈女碑"8 字。座佚。碑阳碑阴皆正书，记述南皮县人张绍庭携妻与两女在津落户，靠拉车与缝纫谋生。无赖戴富有夫妇勾结官府，光天化日下威逼拐骗霸占张氏两个女儿。两女誓死不从，抗暴服毒而死的详细经过。徐世昌撰文，华世奎书丹，张寿篆额。1920 年 9 月 21 日立。现立河北区中山公园。

南皮张氏两烈女碑（阳）拓片

创建广东会馆碑记（1921）

高 0.65 米，宽 1.28 米，嵌于天津戏剧博物馆（广东会馆）回廊西侧墙壁。碑文正书，记载"粤东风气勇于公义，尤喜远征，天津为北洋要冲，舟车既便，来者日众"，由天津海关道唐绍仪倡议，集资兴建在津广东同乡会馆的经过。后列倡建值理人、董事人等。畬莹撰文并书丹。1912 年 10 月镌。

《创建广东会馆碑记》拓片

杨祖成道记碑（1924）

残高 1.2 米，宽 0.55 米，厚 0.15 米。碑额残存正书"古"字，存右上角云纹纹饰。碑文正书，左上角残缺，右侧下部文字漫漶不清。记述杨泽（羊宰）遍游天下名山，会京师白云观传道，领受戒牒，得道号"回谷子"。至蓟州岐山澜水洞，潜心修道，创"在理"一道，后南游度弟子八人的经过。弟子孙三明立石。1924 年 3 月立。现藏蓟县下营镇岐山澜水洞。

杨祖成道记碑拓片

天津金家窑清真寺碑记（1927）

嵌于墙壁，高 0.59 米，宽 1.19 米，厚 0.16 米。碑文正书，载"明万历二年间，皖省安庆回教运输皇粮船帮，沿运河由南而北蜿蜒数千里"到津，为方便"沐浴朝主"，而创设金家窑清真寺。后经过清代扩充，以及民国期间的修葺，同时"四邻勘丈"，明确四至，绘图纳税等过程。碑文记述了天津市内第一座清真寺的创建，为研究运河沿岸的文化传播、宗教传播，以及参与漕运的民族构成，提供了重要的史料佐证。清真寺教长张厚德等公立。戴德桂撰并书。1927 年 6 月镌。

《天津金家窑清真寺碑记》拓片

北宁铁路宁园碑记（1932）

高 1.05 米，宽 1.32 米，厚 0.3 米。碑文正书，题《北宁铁路宁园碑记》，记述兴建北宁公园的初衷，购买种植园旧址和河北第一博物馆毗连之地推赠转让的经过，以及对公园胜景的描绘。高纪毅撰并书。落款印章二枚，一为"高纪毅印"，一枚模糊不辨。周边缠枝叶纹。碑阴书"宁园"二字。方座，高 0.66 米，宽 1.48 米，厚 0.42 米。上层回纹，中层缠枝叶纹，下层莲瓣纹饰。1932 年 9 月立。现立于河北区北宁公园湖边长廊。

《北宁铁路宁园碑记》拓片

安氏家祠记碑（1934）

高 1.8 米，宽 0.56 米，厚 0.1 米。碑文正书，记载杨柳青安氏自浙绍北迁，至安荩臣辈，逢左宗棠部刘锦堂入新疆平乱，募民实边，嗣后前往伊犁等地经商，克服种种艰难而致富。之后收束返乡，创建家祠及购置祭田的经过。碑阴隶书"于万斯年"四字。王人文撰文，戴文熙书丹。安氏四世孙安荩臣立。落款印章 4 枚。1934 年 4 月立。

安氏家祠记碑（阳）拓片

第三节　石雕

金代石狮（金）　市文物保护单位

金代石狮位于天津市河北区中山北路 1 号北宁公园内北侧致远塔前。石狮一对，金代承安二年（1197）雕造。为原河北省内丘县公署赠予河北第一博物院的陈列品，通高 2.16～2.18 米。均做长方形跌，高 0.38～0.39 米，长 0.95～1.03 米，宽 0.79～0.82 米。两狮姿态相同，皆作蹲踞式，后肢蜷伏，前肢撑地，身躯近乎直立，昂首，张口凝视，作狂吼状。雕工粗犷，筋骨毕露，形象生动逼真。一狮跌正立面镌刻题字，楷书 11 行，109 字，内容载石狮雕造地点、年代和助缘人姓名等，两侧饰以线雕缠枝纹。题字拓本见《河北第一博物院半月刊》第二期。现字迹风化，难以辨析。1991 年 8 月被天津市人民政府公布为天津市文物保护单位。

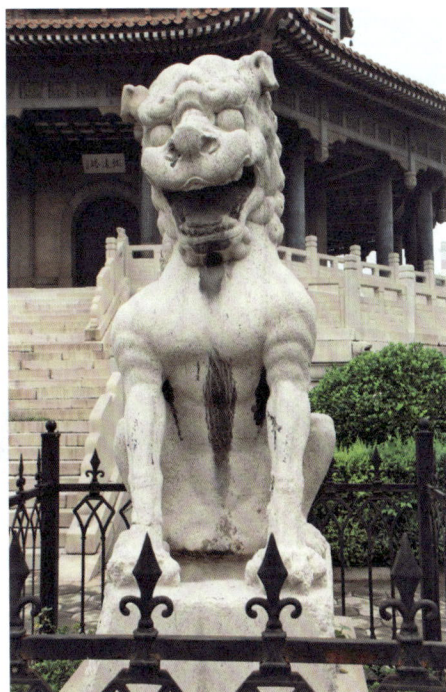

金代石狮

第五章　近现代重要史迹与代表性建筑

近百年来，天津城市形成了具有不同时期的传统商业街、各具特色的风貌区、近代优秀建筑的集中地、种类丰富的近现代史迹和独特风格的城市空间形态。作为最早接受西方工业文明的城市之一，天津还拥有中国近代早期的大批工业遗产。

天津市列为文物保护单位的近现代史迹，是自第二次鸦片战争以来天津历史发展的重要见证。大沽口炮台、望海楼教堂和义和团吕祖堂坛口遗址，是中国近代史上重大历史事件的发生地。周恩来青年时代在津读书和革命活动旧址、觉悟社旧址和女星社旧址等，是周恩来、邓颖超等革命先辈在津学习和从事革命斗争的地方。中共中央北方局旧址、盘山抗日根据地、平津战役前线司令部旧址等重要革命遗址，是中国共产党领导人民群众进行艰苦卓绝斗争的红色印迹。梁启超"饮冰室"书斋、李叔同故居、聂士成殉难纪念碑、于方舟故居、吉鸿昌旧居等，是对不同历史时期为历史进步和民族解放做出贡献的先驱者的怀念。北疆博物院旧址、黄海化学工业研究社旧址等，从不同角度反映天津近代文化和科学进步的历史进程。而庆王府、静园、李纯祠堂、西开教堂、利顺德饭店等，则从另一个侧面反映了近代天津历史的特点。

天津近代建筑形式受到各国建筑思潮的影响。自20世纪初起，外国人按其国家的建筑风格，在租界进行大规模建设，诸如领事馆、工部局、公议局、兵营、警察局、高级住宅、饭店、洋行、银行、俱乐部、商场、电影院、街区、公园、桥梁等，风格迥异。规模宏大的金融建筑主要集中在和平区解放北路一带，被称为"东方华尔街"；商贸性建筑主要集中在和平区原日、法租界；居住性建筑主要集中在和平区原英租界的五大道，河北区"一宫"、建国道一带的原意、奥匈租界，河西区大营门、下瓦房一带的原德租界和中心花园的原法租界。

第一节　重要历史事件和重要机构旧址

义和团吕祖堂坛口遗址（明）　全国重点文物保护单位

位于红桥区芥园西道与怡华路交口处。遗址原为

义和团吕祖堂坛口遗址

永丰屯李氏祠堂，明宣德八年（1433）重新修葺改作"吕祖堂"。建筑为砖木结构，坐北朝南，整体布局为"T"形，依次分布前山门（左右耳室）、东西回廊、前殿、后殿、五仙堂、东配殿，占地面积1600平方米，建筑面积600平方米。前殿卷棚硬山顶，檐下悬"纯阳正气"，后殿檐下悬"道观三乘"匾额。

清光绪二十六年（1900），义和团运动中乾字团首领曹福田率盐山、庆云、静海等地的千余名义和团民在吕祖堂设"总坛口"，并将拳场设在五仙堂。因吕祖堂靠近南运河，津西各县义和团来津时大多在此落脚，与义和团著名首领张德成、林黑儿、刘呈祥等经常在此聚义拜坛，共商对敌大计，制定了火烧紫竹林租界、攻打老龙头火车站和天津城保卫战的一些重大决策。

1962 年，义和团吕祖堂坛口遗址由天津市人民委员会公布为天津市文物保护单位。1982 年，由国务院公布为第二批全国重点文物保护单位。1985 年 2 月，在义和团吕祖堂坛口遗址建立天津义和团纪念馆。

望海楼教堂（清）　全国重点文物保护单位

位于原海河干流起点、北运河和南运河交汇的三岔河口、海河北岸狮子林桥旁，今河北区狮子林大街 292 号。教堂始建于清同治八年（1869），法国天主教会修建，初名圣母得胜堂。教堂坐北朝南，占地面积 877 平方米，建筑面积 879.73 平方米。正立面砖筑平顶塔楼 3 座，呈"山"字形，正中塔楼高大，檐头上立十字架。墙体外砌壁柱，门窗皆作二联尖拱式，东西房檐排水天沟各镶有 8 个石雕兽头，头颈展露于外，逢雨射流，宛如喷泉。堂内平面呈长方形，纵向两排柱子，形成三廊广厅，中厅较宽，两边侧廊稍窄。厅北正中为圣母玛利亚主祭台，对面为唱经楼，地面铺有黑白相间的方瓷砖，顶壁皆有彩绘，整体具有欧洲哥特式建筑风格。

望海楼教堂是天主教传入天津后建造的第一座教堂，曾在清同治九年（1870）反洋教斗争和光绪二十六年（1900）义和团运动中两次被焚毁，是中国近代史上著名的"天津教案"发生地，也是海河"裁弯取直"后的地标性建筑。光绪三十年（1904）重建。1976 年地震期间受损，1983 年修复。

1988 年，望海楼教堂由国务院公布为第三批全国重点文物保护单位。

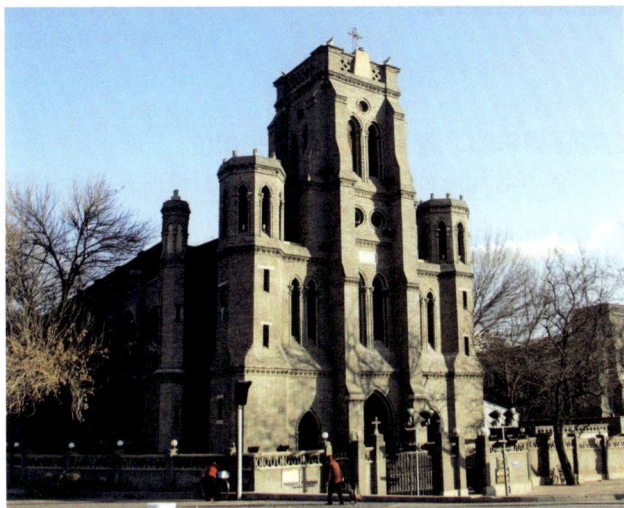

望海楼教堂

大清邮政津局旧址（清）　市文物保护单位

位于和平区解放北路 109 号。天津是中国近代邮政的发源地，也曾是中国近代邮务管理中心和邮运组织中心。1878 年 3 月 9 日，经清政府批准，创办了"天津海关书信馆"，受直隶总督兼北洋大臣李鸿章和中国海关总税务司英国人赫德指派，天津海关税务司、英籍德国人德璀琳于当年 3 月 23 日在津海新关大公事房内（现营口道 2 号），开始收寄中外公众邮件，这是中国最早出现的邮政机构。同年 7 月向全国发行了中国第一套邮票——大龙邮票。1880 年 1 月 11 日，书信馆改名为"天津海关拨驷达局"（英语 POST 音译，即海关邮局）。1884 年迁入此楼办公。1897 年 2 月 2 日改名为"大清邮政津局"。1912 年"大清邮政"改为"中华邮政"。该旧址为砖木结构，有 3 层楼房（含地下室），平面呈长方形，外檐用青砖砌清水墙，立面为砖柱，采用中国磨砖对缝手法，砖雕花饰极为细腻，屋檐处理采用古希腊瓦饰，但许多纹样模仿中国古代建筑风格。整座建筑做工精美，属西洋式楼房且具有中国传统风格，并带有一定的地方色彩，是天津早期西洋楼房中的精品。1997 年 6 月，大清邮政津局旧址被天津市人民政府公布为天津市文物保护单位。

大清邮政津局旧址

天津利顺德饭店旧址（清）　全国重点文物保护单位

位于原天津英租界的主干道维多利亚道和维多利亚花园的东侧，今和平区解放北路 199 号和台儿庄路 33 号，建于清光绪十二年（1886）。清同治二年（1863）由英国圣道堂牧师约翰·殷森德创建，始建时为砖木结构瓦楞铁顶英式平房，光绪二十一年（1895）改建为 3 层、转角塔为 5 层的楼房，整体建筑具有英国古典风格。1924 年在老楼北侧又增建欧洲风格钢混结构的四

天津利顺德饭店旧址

层楼房。许多名人，如孙中山、黄兴、宋教仁、溥仪、袁世凯、段祺瑞、蔡锷、梁启超、张学良、班禅额尔德尼·确吉坚赞、梅兰芳等都曾在此下榻。美国前总统胡佛（Herbert Clark Hoover）亦曾长期住在这里。该饭店至今保存有孙中山用过的银质烟碟、溥仪用过的餐具、张学良听过的留声机。

利顺德饭店（ASTOR HOTEL）总建筑面积12 610平方米，保存有文艺复兴时期的雕花古典沙发、"奥迪斯"早期电梯等文物，它不仅是英租界现存早期建筑之一，也是中国近代首家外商开办的大饭店。《中国丹麦条约》《中国荷兰条约》曾先后在此签署，是见证天津近代政治、经济，以及对外交流不断发展的重要史迹。

1996年11月，天津利顺德饭店旧址由国务院公布为第四批全国重点文物保护单位。

奥匈帝国领事馆旧址（清）　市文物保护单位

位于河北区建国道153号。建于清光绪二十八年

奥匈帝国领事馆旧址

（1902）。原奥匈帝国领事馆始设于1869年，但直至1899年，奥匈帝国驻津领事均由英国驻津领事兼任，1900年奥地利开始派出首任驻津领事甘伯乐。1902年，天津奥租界划定后，领事馆随之迁入。旧址为砖木结构的局部2层奥式洋楼，鱼鳞石片小方瓦顶。西侧两层坡顶出檐，东侧平顶，一层上筑露台，有瓶式围栏。入口及二楼两侧设多立克式壁柱装饰。整体建筑高低错落，装饰简洁。2005年修复，保存较好。2013年1月被天津市人民政府公布为天津市文物保护单位。

俄国领事馆旧址（清）　市文物保护单位

位于河东区十一经路88号。为砖木结构，方形二层仿中世纪俄式楼房，铁皮绿坡顶，局部立面呈三角形，大理石饰面，拱券门廊，方窗上饰"人"字图案，局部双拱券窗，窗上另设圆窗，二层带铁花栏杆小阳台。楼梯设精致的铁花栏杆。该楼1902年建成后，俄国领事馆设此。旧址楼房保存完好，原花园和附属建筑已于1977年拆除。2013年1月被天津市人民政府公布为天津市文物保护单位。

俄国领事馆旧址

原德国俱乐部（清）　市文物保护单位

位于河西区解放南路273号。建于1907年，具有德国分离派特点，由德国建筑师考特（Court）、鲁斯·凯甘尔（Ruth Kigel）设计，是当时政、商、居津侨民社交活动的重要场所。该楼建筑面积3922平方米，三层，砖木结构，木屋架，尖顶，牛舌瓦和瓦陇铁顶面，有阁楼和老虎窗，山尖和尖顶较多。一层窗台及门窗券皆用天然石料砌筑，门窗多是半圆形拱券，对楼梯立柱、护栏饰以精美的雕刻。栏杆做成由华美小立柱支承的两

跨连续的小拱券，中间还夹有雕刻云彩头的实心小栏板，两侧立柱雕刻绞绳状花纹。大厅和过道都以半圆券和椭圆形券承重，使大厅显得更加壮观。内设台球厅、酒吧、礼堂、舞厅、餐厅等。1997 年 6 月被天津市人民政府公布为天津市文物保护单位。

原德国俱乐部

海河工程局旧址（清）　市文物保护单位

位于河西区台儿庄路 41 号。海河工程局成立于 1879 年，该局集中了中外优秀的水利专家，曾对海河进行 6 次裁弯取直，实施了放淤工程、河道疏浚工程，对海河进行综合治理。1911 年海河工程局斥资 46 932.23 两白银在海河岸边建造 3 幢楼房，用于办公及居住。现保存东西两幢。洋楼为砖木结构，建筑面积 766.32 平方米，主体 2 层，局部 3 层，并带地下室，红砖外墙，局部白水泥饰面，铁瓦坡顶，山墙带几何图案，楼顶设有天窗，局部设小阳台，方窗、窗楣带几何图案。外观简洁、明快，属德式建筑风格。2013 年 1 月被天津市人民政府公布为天津市文物保护单位。

海河工程局旧址

基督教青年会旧址（1914）　市文物保护单位

位于南开区东马路 94 号。基督教青年会，简称"青年会"，1896 年由北美协会来会理创办。建筑建成于 1914 年 10 月 16 日。坐西朝东，平面呈正方形，砖木结构，3 层带半地下室，占地面积 1000 平方米。正立面楼门入口处有高台阶，两侧饰双半圆立柱，门额上有"青年会"阳文字样，墙体以红色缸砖砌筑，平顶，四面出檐，门窗开阔，外檐简洁，整体呈中西合璧造型。地上一层前厅宽敞，后部有室内篮球场和剧场。室内篮球场按国际标准设计，规范合理，四周筑环绕看台，曾举行过中国第一场篮球比赛。剧场内曾举办奥运会演讲。地上二、三层设"德""智""体""群"等分部。基督教青年会亦为 1919 年天津"五四"爱国游行群体的集聚地。现为天津市少年宫，房间多已辟为教室及活动室。1998 年 5 月被南开区人民政府公布为南开区文物保护单位。2013 年 1 月被天津市人民政府公布为天津市文物保护单位。

基督教青年会旧址

顺直水利委员会旧址（1918）　市文物保护单位

位于河北区自由道 24 号。1918 年由北洋政府原国务总理熊希龄主持的顺直水利委员会在此成立。1928 年改组为华北水利委员会，著名水利专家李仪祉任委员会主席。1929 年明确以华北各河湖流域及沿海区域为管辖范围。大沽高程水准基点于 1931 年设在该会院内首级台阶前。抗日战争爆发后，该会迁至重庆，各项工作被迫停止。抗战胜利后改组为华北水利工程总局。旧址为砖木结构，二层带半地下室，中心为三层塔楼，平面呈"L"形，平顶出檐上饰瓶式围栏，檐下水涡支撑。半六边形平顶门厅，两侧为拱门。一层筑有外跨式回廊，以多立克柱支撑。建筑规模较大，造型典雅，总建筑面积约 2288.1 平方米。2006 年修复，保存较好。2013 年 1 月被天津市人民政府公布为天津市文物保护单位。

顺直水利委员会旧址

比利时领事馆旧址（1921） 市文物保护单位

位于和平区解放北路 102—104 号。清光绪二十七年（1901），比利时以天津为各国通商口岸为由，提出租界要求。翌年 2 月，比国驻津领事嘎德斯奉比国钦差全权大臣姚士登之命与清政府代表张莲芬等人签订了《天津比国租界合同》，其中规定到 1929 年租界交还后，比国领事仍占有比租界地皮，并保留征收地亩税权利。旧址建于 1921 年，占地面积 851.66 平方米，砖混结构，带地下室三层楼房。外檐墙体用花岗岩镶砌，平顶带女儿墙，方形门窗。线条简洁，内装修精美。比领事馆与华比银行共同使用此楼。该建筑主体结构完整，外观及内部结构均保持原貌，维护较好。2004 年 8 月被和平区人民政府公布为和平区文物保护单位。2013 年 1 月被天津市人民政府公布为天津市文物保护单位。

比利时领事馆旧址

法国领事馆旧址（1923） 市文物保护单位

位于和平区承德道 2 号。建于 1923 年，该领事馆设总领事一人，是法租界最高行政长官。1949 年以后法国驻津领事馆撤销。该建筑由比利时仪品公司法籍工程师设计，是一座典型的古典风格建筑。混合结构，二层，平顶带地下室，建筑平面左右对称。立面采用变体的西洋古典附壁柱式，窗间墙和檐口有精细花饰，正门口有石砌台阶，两侧设花池。建筑内部装饰讲究，大量使用木装修及铁花栏杆，电气、暖气及卫生设备齐全。该建筑整体结构完整，外观保存较好。2004 年 8 月被和平区人民政府公布为和平区文物保护单位。2013 年 1 月被天津市人民政府公布为天津市文物保护单位。

法国领事馆旧址

大革命前后天津革命基地之一（1924—1925） 市文物保护单位

位于和平区南京路义庆里 21 号。第一次国共合作期间，在中共天津地委的努力下，成立国民党直隶党部，机关设于此。后又增设国民党天津市党部。中共天津地委及社会主义青年团也以此为公开联络和开会的活动场所。1925 年冬被迫转入地下，1926 年遭敌人破坏。

大革命前后天津革命基地之一

该建筑为砖木结构二层小楼，建筑面积60多平方米。底层建有小院，前后开门。1982年7月被天津市人民政府公布为天津市文物保护单位。该建筑因地铁建设而被拆除。

原英国乡谊俱乐部主楼（1925）　市文物保护单位

位于河西区马场道188号，建于1925年，由英国人建造，是专供娱乐消遣的场所。1933年与英国赛马会合并，亦称"马场球房"。占地面积1 870 163平方米，建筑面积9525平方米。砖木结构，英国庭院式3层小楼（含地下室）。红瓦屋面，檐头有钢制护栏，大厅为混凝土梁柱结构，彩色玻璃穹顶，硬木地板。正入口设在东面，门前一字排列4根砖砌方柱，构成门廊。二层附壁柱上装饰有木制三角山花，左右为两个对称的弧形山花金牛角圆券，同半圆凸部位形成了多方位的曲线变化。立面造型富于变化，层次分明。楼内设餐厅、弹子球房、保龄球场、剧场、舞厅及游泳池等。1997年6月被天津市人民政府公布为天津市文物保护单位。

原英国乡谊俱乐部主楼

中共中央在津秘密印刷厂遗址（1929）　市文物保护单位

位于原英租界广东道福安里4号（现唐山道47号），约建于1900年。

1928年12月，毛泽民在上海创立的协盛印刷所遭到破坏，中共中央决定调其来天津工作。1929年初，毛泽民化名周韵华，在顺直省委的帮助下，在此建立了秘密印刷厂，承印党中央和顺直省委的重要文件，公开身份是印刷厂的东家兼经理。印刷厂的大门右边挂着"华新印刷公司"的铜牌。一楼右厢房为营业室，若有情况可按动电铃以备疏散。另一侧厢房作机房，设印刷机3台。对外以"华新印刷厂"名义承印《马太福音》一类书籍和表格、请柬等，夜晚印制革命书刊及党内文件。1931年迁离天津。该建筑现存一幢一院二层灰砖锁头式楼房，为砖木结构，建筑面积370平方米。建筑形体两翼前凸，呈"凹"字形状。独门独院，前门临街，后门有胡同，四通八达，出入方便。建筑造型小巧别致，古朴端庄。1982年7月被天津市人民政府公布为天津市文物保护单位。

中共中央在津秘密印刷厂遗址

意国领事馆旧址（1930）　市文物保护单位

位于河北区建国道14号，建于1930年。该领事馆是意租界的最高权力机关，对外以意租界工部局名义行使权力。历任意国领事多在此办公。旧址为意式风格的花园别墅建筑，主楼坐南朝北，砖木结构，2层带半地下室。坡顶出檐，檐下木架支撑，顶部正中设坡顶采光阁楼。一、二层间饰有腰线，红砖清水墙和墙

意国领事馆旧址

角剁斧石色彩对比明快。门窗顶部及二楼后口采用美术釉面砖装饰。保存完好。1997年6月被天津市人民政府公布为天津市文物保护单位。

法国公议局旧址（1931） 全国重点文物保护单位

位于和平区承德道12号，建成于1931年，原为法租界董事会公议局办公楼，后为法租界议政厅，是法国在天津租界内的最高统治管理机构所在地。法国公议局也是原天津法租界内负责行政事务的综合管理机构，直接受法租界董事会领导，局内下设工程处、捐务处、会计处等部门。日本侵华时期，该建筑曾为伪"天津特别市政府"所在地，1945年10月6日上午9时，驻津日军司令官内田银之助向美国海军陆战队第三军团司令骆基中将投降，受降仪式在大楼门前的克雷孟梭广场举行。国民党第十战区受降代表施奎龄，天津市市长张廷谔、副市长杜建时参加了受降仪式。抗战胜利后曾为美第三军团司令部。

此楼由比商仪品公司工程师门德尔森设计，是一座古典复兴式、三层混合结构的建筑。立面设计采用古典三段式，中央主体突出，左右两翼相对称，基座以花岗岩砌筑。主门为5个连续的半圆，有方钢花格透孔铁门，周边镶以金属花饰。外墙面均采用仿花岗石，高基座采用花岗石镶面，使整个建筑稳重壮观。门前悬挂六盏铸铁花纹吊灯。正门大厅内，黑白相间的大理石台阶和汉白玉扶手既华丽又明快。二层中央采用6根爱奥尼式立柱，柱面下部用宝瓶式栏杆连接。整个建筑内外协调，雄伟壮观，富丽堂皇，具有典型西洋古典主义建筑风格。1991年被评为近代优秀建筑。2006年

法国公议局旧址

5月，法国公议局旧址由国务院公布为第六批全国重点文物保护单位。

原法国工部局（1934） 市文物保护单位

位于和平区解放北路34—36号。法国工部局隶属于法租界董事会，实际上是受辖于法国驻津总领事馆的警察局。该建筑建于1934年，由比商仪品公司设计、建造。为4层钢混结构楼房，设半地下室，券洞式入口，质量坚固。屋顶采用曼塞尔式。院内另有两座呈"L"形布局的楼房，一座为2层简易结构的马厩，另一座为4层结构楼房。该楼一侧为法国工部局高级别员工居所，另一侧的二楼以上为巡捕的营房，一楼设计为拘留所，20世纪二三十年代傅茂公（彭真）、刘澜涛、吉鸿昌等被关押于此。

该建筑在第二次全国文物普查时被定名为法租界工部局旧址。1997年6月命名为原法国工部局，被天津市人民政府公布为天津市文物保护单位。

原法国工部局

伪满洲国领事馆旧址（1943） 全国重点文物保护单位

位于和平区睦南道26号。该建筑是曾任中华民国政府总理、中华民国驻美国公使、天津大陆银行董事长的颜惠庆在津的旧居。1931年九一八事变后，颜惠庆被南京国民政府任命为中国驻国联代表团首席代表，故将此楼转给大连永源轮船公司经理李学孟居住。1943年，李学孟又将该建筑物以每月伪满货币3000元的价格出租给"满洲国"作为其驻天津领事馆使用，直至1945年。

旧址建于 20 世纪 20 年代，砖木结构，为 3 层现代风格楼房，建筑面积 2553 平方米。清水墙，局部施琉缸砖装饰。二、三层之间由方形砖柱支撑，呈四联券阳台，护栏外凸呈半圆波浪式造型。阳台及平台逐层退线收分，平顶出檐，外观层次感强。楼内有舞厅、客厅、佛堂等，均设有壁炉，内装修考究。2013 年，由国务院公布为第七批全国重点文物保护单位。

伪满洲国领事馆旧址

平津战役前线司令部旧址（1948） 市文物保护单位

位于蓟县礼明庄乡孟家楼村。面积 1000 平方米。1948 年 12 月至 1949 年 1 月平津战役前线司令部设于此。旧址为面阔 5 间正房二进，东西厢房共 6 间，砖木结构，建筑面积 210 平方米。1991 年 8 月被天津市人民政府公布为天津市文物保护单位。

平津战役前线司令部旧址

美最时洋行旧址（民国） 市文物保护单位

位于和平区大沽北路 174 号。该建筑是德国商人在天津较早开办的一家洋行，经营军火进口业务，与德华银行，礼和、世昌、西门子等洋行关系密切，它们同为德国商会成员，共同操纵、垄断市场。其旧址建于民国时期，始为美国兵营，1917 年迁至今河西区的"美国营盘"驻扎。该建筑是砖混结构，主体为 4 层楼房，红简瓦多坡顶。外檐以水泥方格图案饰面，腰部起线，首层作券式窗口。建筑造型庄重典雅，外观靓丽大方。另一建筑为红瓦坡顶，砖木结构，青砖墙体，4 层楼房。该建筑主体结构完整，外观及内部结构均保持原貌。2013 年 1 月被天津市人民政府公布为天津市文物保护单位。

美最时洋行旧址

中共中央北方局旧址（民国） 市文物保护单位

位于和平区黑龙江路隆泰里 19 号。该建筑地处日、法租界交界处，地皮为北洋大学（今天津大学）总教习丁家立租与英商先农公司。为 2 层砖木结构住宅小楼，平面呈条状布局。前后设门，临窗视野开阔，便于隐蔽、转移。1935 年底，中共中央在瓦窑堡召开政治局扩大会议，制定了建立抗日民族统一战线的策略和方针。会后，受中央委托，刘少奇辗转来津，主持中共中央北方局工作。1936 年在林枫协助下，租用此楼二楼一间斗

中共中央北方局旧址

室住所，楼下是"惠兴德成衣铺"。刘少奇化名"周教授"开展活动，在此抱病撰写了《肃清立三路线的残余——关门主义冒险主义》《关于过去白区工作给中央的一封信》等重要著述。1937年春，中共中央北方局撤离天津。是年7月，重组于太原。

2005年，市政府对该建筑进行大修，并建成中共中央北方局旧址纪念馆。1982年7月被天津市人民政府公布为天津市文物保护单位。

平津战役天津前线指挥部遗址（1949） 市文物保护单位

位于西青区杨柳青镇十一街药王庙东大街4号。原为杨柳青"戴记钱铺"旧址，占地384平方米，传统抬梁式结构，青砖砌墙，1984年修缮后辟作"平津战役天津前线指挥部旧址陈列馆"。门口上方有肖劲光大将题写的"平津战役天津前线指挥部旧址陈列馆"。1962年，河北省政府将该旧址核定为河北省文物保护单位。1982年7月被天津市人民政府公布为天津市文物保护单位。

平津战役天津前线指挥部遗址

天津广播电台战备台旧址（1966） 市文物保护单位

位于蓟县下营镇青山岭村东北1000米的山洞内。建于1966年。全长305米，大小房间共计21间，最大的房间面积140平方米，总面积1800平方米。洞内四季恒温，原有水库、卫生间、播音室、宿舍及全套播音设备，保存较好。洞口向西，对面是高山，前有长白公路，

两侧为高山。洞口改建成仿古式样，两侧建有房屋6间。2013年1月被天津市人民政府公布为天津市文物保护单位。

天津广播电台战备台旧址

文化部静海"五七干校"旧址（1970） 市文物保护单位

位于静海县团泊镇薛家房子村西侧。文化部静海"五七干校"，是由原8个协会和戏曲研究室、电影剧本创研室、音乐出版社、音乐研究所等12个文艺单位的700余人组成，于1969年9月下旬创办于河北怀来县，1970年1月迁至河北宝坻县，1970年6月7日，河北省军区宣传队根据周恩来总理指示，接替友军任务进驻干校。因宝坻地势低洼，交通不便，1970年9月迁至静海团泊洼，当时有学员627名，知识青年57名。现在已成荒地，只有门楼尚在，两侧字迹模糊，大院墙体字迹剥落，隐约看清"深挖洞，广积粮"等字。这些著名艺术家在静海团泊洼"五七干校"生活了5年，1975年后全部离校。2013年1月被天津市人民政府公布为天津市文物保护单位。

文化部静海"五七干校"旧址

第二节　重要历史事件与人物活动纪念地

义和团纪庄子战场（清）　市文物保护单位

位于河西区卫津河纪庄桥西。1900 年八国联军入侵天津，7 月 9 日，义和团团民与日本侵略军 6000 人在纪庄桥西一带鏖战，英勇抗击侵略者，团民们赤手空拳，竞打头阵，上千名团民和百姓惨遭杀害。遗址立有 1982 年 7 月 9 日由天津市人民政府修建的纪念标志碑一座。1982 年 7 月被天津市人民政府公布为天津市文物保护单位。

义和团纪庄子战场

红灯照黄莲圣母停船场（清）　市文物保护单位

位于红桥区归贾胡同口南运河岸。1900 年，义和团运动兴起。红灯照是义和团青年妇女的组织。首领船民林黑儿，自称"黄莲圣母"，于南运河停船处设水上坛口，组织妇女进行反帝斗争，在维护治安、传递军情、

红灯照黄莲圣母停船场

捉拿奸细、抢救伤员等方面颇有贡献。当年停船遗迹现已无存，原址上建有纪念碑。1982 年 7 月被天津市人民政府公布为天津市文物保护单位。

聂士成殉难纪念碑（清）　市文物保护单位

位于南开区八里台聂公桥西侧。聂士成（1836—1900），字功亭，安徽合肥人。武童出身，后入淮军，屡立战功，升为总兵。甲午战争中战绩卓著，晋升为直隶提督。1900 年八国联军入侵天津时，聂士成率部守卫，督战于城南八里台，壮烈殉国。清光绪三十一年（1905）立碑纪念，谥号"忠节"。碑亭为花岗岩石砌筑，碑高 1.63 米，宽 1 米，正面镌刻楷书"聂忠节公殉难处"，两侧边框刻袁世凯题写挽联："勇烈贯长虹，想当年马革裹尸，一片丹心化作怒涛飞海上；精诚留碧血，看今日虫沙历劫，三军白骨悲歌乐府战城南"，横额"生气凛然"四字。因道路施工埋于地下，1984 年重立，增高台基，通高 5.6 米，地面以花岗岩石砌筑。2000年铸铜像再迁。1991年 8 月被天津市人民政府公布为天津市文物保护单位。

聂士成殉难纪念碑

觉悟社旧址（1919）　市文物保护单位

位于河北区宙纬路三戒里 49 号，建于 1919 年。觉悟社是 1919 年 9 月 16 日由周恩来、马骏、郭隆真、刘清扬、邓颖超等创建的爱国团体。本着"革心""革新"的精神，以"自觉""自决"为宗旨，成为当时天津人民反帝爱国运动的先锋和北方革命社团的领导核心。

觉悟社社员们在"五四"时期认真研究新思潮，探讨救国救民真理，积极参加实际斗争，在北方的革命社团中享有很高的声望。旧址为三合院布局，由7间平房组成，青砖硬山瓦顶，占地面积175.69平方米。后辟为天津觉悟社纪念馆。1982年7月被天津市人民政府公布为天津市文物保护单位。

觉悟社旧址

女星社旧址（1923） 市文物保护单位

位于河北区宙纬路三戒里46号。女星社旧址原位于天津市河北区中山路达仁里2号，建于1923年。1923年4月，邓颖超在达仁学校任教时创办，是我国早期的妇女运动组织，曾编辑、出版了《女星》旬刊和《妇女日报》等，在社会上产生广泛影响。旧址为砖木结构硬山顶平房6间，拱券大门，占地面积256.90平方米。1992年迁建至宙纬路三戒里46号，占地面积330.44平方米，辟为天津邓颖超纪念馆。1997年改为河北区发

女星社旧址

展史馆。1991年8月被天津市人民政府公布为天津市文物保护单位。

孙中山北上在津期间居住遗址（1924） 市文物保护单位

位于和平区鞍山道59号。孙中山（1866—1925）为解决中国统一和建设问题，应冯玉祥之邀，于1924年12月4日，偕夫人宋庆龄由广州出发，经上海，假道日本抵津，下榻于此。孙中山以大局为重，亲往河北曹家花园拜访张作霖，抱病和天津各界代表进行广泛接触，揭露、抵制暗中反对召开国民会议的势力。12月31日扶病离津赴京。此处系清末武汉提督张彪在1916年建造的前廊式3层建筑，名露香园，津人惯称张园。20世纪30年代初，日本军部将其购买，改建为3层楼房。红圆瓦坡顶，红缸砖清水墙，窗形各异。立面左侧建有尖脊塔楼，形体错落有致，立体感强。

第二次全国文物普查时该门牌号为67号，现更为鞍山道59号。1982年7月被天津市人民政府公布为天津市文物保护单位。

孙中山北上在津期间居住遗址

中山公园（1928） 市文物保护单位

位于河北区中山公园路3号。始建于清光绪三十一年（1905），初名劝业会场，后改称"天津公园""河北公园"等，是天津最早向民众开放的公园，占地面积约2万平方米。清末至抗战爆发前，园内和周边曾相继设立直隶布政使署、直隶按察使署、直隶学务公所、省图书馆、省博物院等机构。1912年8月孙中山北上

参加孙（中山）、黄（兴）、袁（世凯）、黎（元洪）会谈，途经天津，在此出席天津国民欢迎大会。1915 年、1919 年，周恩来、马骏等都曾于此发表过爱国演说。1928 年为纪念孙中山先生而更名为"中山公园"，沿用至今。园内还有十五烈士纪念碑和魏士毅女士纪念碑等文物。公园平面呈不规则多边形，坐南朝北，有古典彩绘牌坊式大门，鱼脊粉墙。园名匾额为著名书法家耿仲敭手书。园内假山亭阁，曲径蜿蜒，植被较多，有江南古典园林风貌。该园为园林养护一级公园，园内存有天津市文物保护单位 2 处，河北区文物保护单位 1 处。1984 年 2 月被河北区人民政府公布为河北区文物保护单位。2013 年 1 月被天津市人民政府公布为天津市文物保护单位。

中山公园

王兰庄天津学生抗日救亡义务教育点纪念地（1936）市文物保护单位

位于西青区王兰庄村。1935 年 12 月 9 日，北平的爱国学生在中国共产党的领导下，举行了抗日救国大示威，天津、上海、西安等地爱国学生积极响应，迅速发展成为全国各界的抗日救亡运动，成为影响全国政治形势的巨大力量。在"一二·九"抗日救亡运动中，天津学生在党的领导下，曾以王兰庄村为基地，在天津市郊及周边地区开展了如火如荼的抗日救亡义务教育运动，培养了一批抗日骨干，在该村发展了一批共产党员，建立了津郊最早的党支部——王兰庄村党支部，推动了津郊抗日救亡运动的开展。为纪念天津"一二·九"抗日救亡运动，天津市委和市政府于1985 年在王兰庄义教点旧址树立了"一九三六年天津学生抗日救亡义务教学点旧址纪念碑"；1987 年，在

该村修建了"天津学生抗日救亡义务教育点陈列室"。2003 年，重建了纪念馆，该馆占地面积 2000 平方米，建筑面积 400 平方米。经市文物局批准，正式命名为"天津一二·九抗日救亡运动纪念馆"，并于 2003 年 12 月9 日揭幕。1986 年 1 月被天津市人民政府公布为天津市文物保护单位。

王兰庄天津学生抗日救亡义务教育点纪念地

盘山抗日根据地遗址（1938—1945）　市文物保护单位

位于蓟县官庄镇营房村北。抗日战争时期，盘山是晋察冀抗日根据地的重要组成部分。1938 年 6 月，八路军第四纵队在邓华、宋时轮的率领下，挺进冀东，给冀东人民带来极大鼓舞。同年 7 月，冀东人民在中共冀热边特委的领导下，举行抗日大暴动，宣布成立蓟县抗日民主政府，以盘山为根据地，进行了持久的抗日斗争，直至 1945 年配合主力部队解放蓟县。冀东军分区副司令员包森，冀东西部地委分委书记兼蓟宝三联合县县委书记田野等一大批抗日烈士牺牲于此。山

盘山抗日根据地遗址

中至今保留有大量革命遗迹，如八路军十三团卫生所、兵工厂、被服厂和建立十三团的大会会场遗址，冀东暴动纪念地和冀东报社遗址，百草洼、果河沿、石海、支烟台等多处与日寇战斗的纪念地，以及许多石刻抗日标语。为纪念在抗日战争中牺牲的革命烈士，1956年由中共河北省委、省人民政府决定，修建盘山烈士纪念碑和陵园。1982年7月被天津市人民政府公布为天津市文物保护单位。

解放天津会师纪念地（1949） 市文物保护单位

位于河北区建国道西端，与南开区水阁大街相连。1949年1月15日，中国人民解放军东北野战军4个主力纵队解放天津时，在金汤桥胜利会师。金汤桥建于1906年，取"固若金汤"之意，为平转式开启，跨两孔铁桥，长76.4米，宽10.5米，是天津市现存早期建造的大型铁桥之一。桥体存在自然腐蚀现象。2003年修整后，桥两端局部地面改用钢化玻璃铺设，现为步行桥。1991年8月被天津市人民政府公布为天津市文物保护单位。

解放天津会师纪念地

第三节 名人故（旧）居

王仲山旧宅（清） 市文物保护单位

位于河西区南京路21号，建于清光绪二十六年（1900），皖系军阀段祺瑞的军需官王仲山所建。建筑面积2480平方米，2层砖木结构带地下室，平面近似矩形，立面入口为高台阶，大理石饰面，双柱支撑折角门廊。牛舌瓦多坡屋顶，转角处设多边形角楼。院中设有八角凉亭。客厅、书房、餐厅分别设凸窗、角窗、弧形窗，大厅内设木玻璃隔断。室内装修有护墙板、筒子板、硬木"人"字地板，以及木制弧形楼梯，为德国传统建筑风格。

王仲山旧宅

另一说该宅为王郅隆旧居。 王郅隆（1888—1923），天津县阮家庄人。其父王鸣礼以撑船为生，生有五子，他排行第三，故又名祝三。早年曾和五弟王蕴隆到东北粮店学徒，后到唐山开设了义发祥杂货铺，零售兼批发。后与倪嗣冲结识并结为挚友，与其合办天津裕元纱厂，王郅隆任总经理，大发横财。1920年7月皖系失利，王氏于1923年春辗转逃到日本，是年9月1日，关东大地震，蒙难死于横滨。1997年6月被天津市人民政府公布为天津市文物保护单位。

元隆孙旧宅（清） 市文物保护单位

位于和平区新华路120号，建于清光绪二十七年（1901）。元隆孙系指元隆绸布店创始者与经营者孙氏家族，代表人物为孙烺轩和其子孙仲凯。他们开办包销裕元纱厂全部棉纱的庆生棉纱庄，以及元聚、元裕、通成兴、隆生等棉纱庄，晋丰、祥生、庆益等银号，是民国天津商界"新八大家"之一。1933年1月，孙家购得建于此的轮船业主麦信坚旧宅，由中国工程司阎子亨建筑师设计，又加盖东楼和西楼。西楼3层，底层前面中间突出，作为门厅，上撑二层阳台。阳台门口的两旁为古典式双圆柱直贯三层。屋顶有挑檐，上有透花饰女儿墙。东楼2层，正立面中部设入口门厅。门厅前为石砌台阶，两旁设西欧古典式双圆柱。左右窗户两侧各设一方壁柱，上做三角形山花。中楼采取现代建筑形式，对称组合形体。中间3层，两侧4层，两尽端3层。多坡筒瓦屋顶，部分平屋顶。底层中部前凸，作为二层门厅前的大平台，外檐水刷石饰面。以上各层外檐为清水墙。屋宇式院门设在新华路一侧，门洞前后两侧为古典式双圆柱，井字格拱券顶棚，上面是方形平台，周边挑檐，上设女儿墙。院内设有门房。1997年6月被天津市人民政府公布为天津市文物保护单位。

元隆孙旧宅

英商钮吗嗤·勃尔顿旧宅（清）　市文物保护单位

位于河西区台儿庄路51号。建于清光绪二十八年（1902）。钮吗嗤·勃尔顿，英国人，是津沽铁路公司（中国最早的铁路公司）的财务首脑。该楼为英式建筑，砖木结构，建筑面积308平方米，2层带地

英商钮吗嗤·勃尔顿旧宅

下室（现已毁坏），对称形正立面，铅铁皮大坡探檐瓦顶，方窗，外墙细砂石饰面，高台阶入口，入口处带方柱门厅，上筑露台，东侧二层设柱廊式平台，属德式建筑风格。保存较好。这里曾为京奉铁路局办公地点，中国最早的铁路工程师詹天佑曾在此居住。后改作宾馆。中华人民共和国成立后，党和国家领导人视察天津时亦曾住此。2013年1月被天津市人民政府公布为天津市文物保护单位。

曹禺旧居（清）　市文物保护单位

位于河北区民主道7—9号。著名剧作家曹禺青少年时居住于此，话剧《雷雨》在此创作。旧居建于清宣统二年（1910），为砖木结构，西式的2层楼房，坡式瓦顶。建筑面积827平方米。门厅为方形，两侧砖砌壁柱，二楼西侧筑有阳台。2013年1月被天津市人民政府公布为天津市文物保护单位。

曹禺旧居

李叔同故居（清、民国）　市文物保护单位

位于河北区粮店后街60号。李叔同（1880—1942），将西洋绘画、音乐、话剧等艺术引进国内的先驱者之一，著名高僧。学名文涛，又名成蹊、岸，别名息霜，法号弘一。祖籍浙江平湖，出生于天津，青少年时生活于此。早年与津门硕儒严范孙、孟广慧、赵元礼、王仁安等常有交往，才华横溢，被誉为"津门才子"。1898年离津抵沪，曾与曾孝谷创办春柳社，从事话剧活动。1905年东渡日本学习西洋绘画、音乐，1910年学成回国，先后在津、宁、沪、杭从教。1918年在杭州虎跑定慧寺出家，专研律宗，有南山律宗大师之称。

故居建于清代，后为民居。2008 年整体修复完成，迁至于此，地基增高。坐北朝南，砖木结构，青瓦灰墙，多为硬山卷棚顶，"田"字形四合院布局。占地面积4000 余平方米，院内新建 2600 平方米江南风格的秀美花园。现辟为李叔同故居纪念馆。1991 年 8 月被天津市人民政府公布为天津市文物保护单位。

李叔同故居

霍元甲故居、墓（清）　市文物保护单位

位于西青区精武镇小南河村村内。霍元甲是近代爱国武术家，世居天津市西青区精武镇小南河村，生于清同治七年（1868），卒于清宣统二年（1910），享年 42 岁。霍元甲师从其父霍恩第，修习祖传"秘宗拳"，并访贤问道，汇各派之精华，将祖传"秘宗拳"发展为"秘宗艺"，开创了一代武林新风。曾在天津、上海屡败俄、英、日武术高手，并于 1909 年在上海创立"中国精武体操会"，后改为"精武体育会"。后被日本人毒害致死。故居占地面积 120 平方米，有一明两暗土坯北房三间。1997 年，对该故居进行了重新修建。

霍元甲故居

霍元甲墓坐落在小南河村南，占地面积 8500 平方米，墓基建筑面积 1763 平方米。整座陵墓由山门、神道、石狮、享殿、石牌坊构成，整体建筑采用轴线对称布局，中轴线为神道，盾形后基上，布有红、黄、蓝 3 个五角星，象征精武会宗旨——德、智、体全面发展。方形须弥座高出地面 1.8 米，四周镶有 1 米高的汉白玉护栏。霍元甲棺木于 1989 年 4 月迁葬于此。墓前竖有高 1.5 米，宽 0.75 米的墨色墓碑 1 通，碑阳镌刻"霍元甲之墓"5 个大字，碑阴镌刻霍元甲生平简历。1991 年 9 月被天津市人民政府公布为天津市文物保护单位。

吴重熹旧居（1912）　市文物保护单位

位于和平区烟台道 56—58 号。吴重熹（1841—1921），山东海丰（今滨州市无棣县）人，清同治年间举人，曾出任陈州知府。一度任护理直隶总督，署理江西巡抚、邮传部侍郎等，清帝逊位后解职，曾任袁世凯名义顾问。收藏金石、字画颇丰。旧居为多坡圆瓦顶，设有天窗，是一座砖木结构的西式塔楼，主体 2 层、局部 3 层，外檐为灰砖清水墙体，局部白水泥雕画饰面，上配木质百叶窗。正立面两侧各置前凸式塔楼，其下设扇形高台阶入口。背面二层两侧入口以过桥式通廊与后楼相接。建筑形体高低错落对称，造型靓丽典雅、风格独特。院内另建有偏房、门房和马厩。2013年 1 月被天津市人民政府公布为天津市文物保护单位。

吴重熹旧居

孟氏家庙（1912）　市文物保护单位

位于河北区博爱道 12 号。为谦祥益绸缎庄孟氏之家庙，总建筑面积约 2500 平方米。建筑平面呈"回"字形，

由前后 2 幢建筑组成，前楼为西式建筑，砖木结构 3 层，层间有六楼形装饰。后楼中式建筑风格明显，呈"凹"字形，与前楼相接成天井式庭院。主楼 3 层，两侧配楼 2 层，坡顶砖木结构，顶上设老虎窗，各层间均建有走廊环通，门窗为拱券式。孟养轩（1891—1955），名广宦，1919 年独资经营天津谦祥益绸布店，享誉海内外。2013 年 1 月被天津市人民政府公布为天津市文物保护单位。

孟氏家庙

冯国璋旧居（1912） 市文物保护单位

位于河北区民主道 52—56 号。冯国璋（1859—1919），字华甫，一作华符，毕业于北洋武备学堂。1913—1918 年曾任江苏都督、副总统、代理大总统。下野后寓居天津。旧居是由奥地利建筑师劳本设计。占地面积 4251 平方米，建筑面积 4561 平方米。为砖混结构 2 层奥地利式楼房，平顶出檐，2 幢建筑相连。其中一幢内各室以大折叠门连通，另一幢为联立式门。现保存尚好。1989 年 5 月被河北区人民政府公布为河北区文物保护单位。2013 年 1 月被天津市人民政府公布为天津市文物保护单位。

冯国璋旧居

梁启超旧居（1914） 全国重点文物保护单位

位于原天津意租界的马可·波罗路，今河北区民族路 44 号、46 号，建于 1914 年。其中，民族路 44 号为梁启超旧居楼，46 号为其书斋"饮冰室"。

梁启超（1873—1929），字卓如、任甫，号任公，别号饮冰室主人，广东新会人，是中国近代学者、政治家。梁启超 1890 年入京会试，后与其师康有为一起，致力于维新运动。1898 年"戊戌变法"失败，梁启超逃亡海外，辛亥革命后归国，1912 年在津创办《庸言报》。1915 年定居天津。梁启超反对袁世凯称帝，在此写下著名讨袁檄文——《异哉所谓国体问题者》，并与云南督军蔡锷在饮冰室共同策划反袁武装起义。

梁启超旧居是一幢意大利式砖结构 2 层楼房，带地下室，占地面积 1200 平方米，建筑面积 1019.8 平方米，共有 50 间房，设有开敞柱廊，东侧转角处的八角形角楼成为最主要的竖向构图。旧居现为梁启超纪念馆，逐步成为人们了解、研究梁启超及近代中国历史的重要场所。

2006 年 5 月，梁启超旧居由国务院公布为第六批全国重点文物保护单位。

梁启超旧居

吉鸿昌旧居（1917） 市文物保护单位

位于和平区花园路 5 号。吉鸿昌（1895—1934），字世五，河南扶沟人，著名抗日爱国将领。自幼家境贫寒，早年投冯玉祥部当兵，曾任宁夏省政府主席。后加入中国共产党，组织"中国人民反法西斯大同盟"。1934 年在国民饭店被军统人员刺伤后被法国巡捕逮捕，后引渡至北平，同年 11 月 24 日，在北平英勇就义。此楼初建于 1917 年，由比商仪品公司工程师沙德利设计。

建筑局部 3 层，砖木结构，清水砖墙，造型灵活，平面布局紧凑，一层过厅壁炉精巧别致，是一座典型的近代折中主义建筑。吉鸿昌迁入后曾对楼内格局做过改造，以应不测。1982 年 7 月被天津市人民政府公布为天津市文物保护单位。

吉鸿昌旧居

张勋旧宅（1917） 市文物保护单位

位于河西区浦口道 6 号。张勋（1854—1923）字绍轩，晚号松寿老人，江西奉新人。1884 年于长沙投军。1895 年入袁世凯新建陆军。1906 年任奉天辽北总统。民国后仍以清朝忠臣自命，其队伍仍留有发辫，被称"辫帅"和"辫军"。1917 年以调停"府院之争"为名，率兵进入北京，于 7 月 1 日与康有为拥溥仪复辟，但 7 月 12 日为皖系军阀段祺瑞的"讨逆军"所击败，后蛰伏于天津。其旧宅由德国工程师考特（Court）、鲁斯·凯甘尔（Ruth Kigel）设计，建于 1917 年。建筑面积 4004 平方米，两幢庭院式 2 层砖木结构楼房，带地下室，上筑阁楼，设老虎窗，红铁瓦大坡顶，局部作尖顶，

张勋旧宅

首层为拱券窗，二层为方窗。两楼以开敞柱廊相连接，东楼一、二层外设通透柱廊，东侧顶部设尖顶塔楼。西楼正面设半圆形门厅，为德式建筑风格。院内有假山、凉亭。该建筑原为清皇室贵族的私宅，后为张勋所有，称"松寿堂"。1997 年 6 月被天津市人民政府公布为天津市文物保护单位。

李吉甫旧宅（1918） 市文物保护单位

位于和平区花园路 12 号。李吉甫，天津人，英商仁记洋行买办，其家族是天津本帮买办的典型代表，自其父李辅臣，至其弟李志甫父子前后几十年，津人称为"仁记李"。其旧宅建于 1918 年，由乐利工程公司瑞士建筑师陆甫设计。建筑为 2 层带地下室，砖木结构，是中式四合院布局的仿英庭院式楼群。建筑大厅中央设有 2 层高的十字拱顶，四角设有爱奥尼式立柱，二层回廊四角各有两根塔司干柱子支撑檐部及十字叉拱顶。外檐为清水墙，局部抹灰饰面。入口为 3 个带方钢透孔花饰的拱券门廊。整座建筑造型对称稳重，是采用古典主义手法建筑装饰的优秀近代建筑。1997 年 6 月被天津市人民政府公布为天津市文物保护单位。

李吉甫旧宅

袁氏旧宅（1918） 市文物保护单位

位于河北区海河东路 39 号，建于 1918 年。此建筑原为袁世凯亲信袁乃宽（1868—1946）的住宅。袁乃宽曾任天津知县，1929 年任内阁农商总长，次年去职，居于天津。建筑占地面积 773.91 平方米，由主、辅楼组成。主楼平面为"L"形，3 层砖木结构，局部 2 层，红色陡坡屋顶。整栋建筑以八角覆钟式高耸塔楼为构图中心，对称布局。主楼东侧的二楼平台上筑有尖穹顶凉亭与塔楼相互映衬，门廊以方柱与圆柱组合支撑，

建筑造型优美、参差错落。2004 年修复。1997 年 6 月被天津市人民政府公布为天津市文物保护单位。

袁氏旧宅（袁乃宽旧宅）

雍剑秋旧居（1920）　全国重点文物保护单位

位于和平区马场道 60—62 号。雍剑秋（1875—1948），江苏高邮人。留学回国后于 1911 年任天津造币总厂副厂长，后任德商礼和及捷成洋行军火买办。1918 年移居天津，先后任江苏会馆、广仁堂、天津基督教青年会、汇文中学董事长和南开中学董事。

旧居为砖木结构，3 层楼房，是折中主义风格建筑。建筑面积 1728 平方米。外檐通体水泥饰面，筒瓦坡顶，挑檐。首层入口为长方形洞门，二层腰线两侧各有一阳台，水泥花饰护栏。侧山左右各突出一方形角楼，下开旁门。正立面引入西方古典建筑构图方式，构图严整对称，比例协调，线脚细腻，整体性强。三层中部内收，层次感强。2013 年，由国务院公布为第七批全国重点文物保护单位。

雍剑秋旧居

潘复旧居（1920）　全国重点文物保护单位

位于和平区马场道 2 号。潘复（1883—1936），山东济宁人，清末举人，曾任山东实业局局长、全国水利局副总裁、运河疏浚局副总裁等职。1919 年 12 月任财政次长。1927 年任交通总长，6 月任北洋政府内阁总理兼交通总长。1928 年奉系失败后寓居天津，投资边业银行、德兴公司，把持长芦盐销售。

旧居为混合结构，2 层（局部 3 层），建筑面积 3780 平方米。外檐中部台基外凸，由 6 根立柱支顶弧形水泥平台，下为敞开式门厅，右侧做半圆形 2 层平顶塔楼，是一座环境幽雅的欧式花园别墅。2006 年原址复建。2013 年，由国务院公布为第七批全国重点文物保护单位。

潘复旧居

段祺瑞旧居（1920）　市文物保护单位

位于和平区鞍山道 38 号。段祺瑞（1865—1936），安徽合肥人，北洋皖系首领。历任新军第四镇、第六镇统制，江北提督，湖广总督，北京政府陆军总长，

段祺瑞旧居

1917年任国务总理。1926年被冯玉祥赶下台，寓居天津，1933年迁上海。该建筑是其内弟吴光新的住宅，段曾在此居住4个月。此建筑为砖木结构，主楼造型雄伟壮观，3层（带地下室）。首层正中间部位突出，上十级台阶为门厅和前廊，二楼正面有屋顶平台。三楼背面东、西角各有平台1个。顶层中央原有八角凉亭，1976年震毁拆除。附楼为2层。院内两侧有多间平房。2004年8月被和平区人民政府公布为和平区文物保护单位。2013年1月被天津市人民政府公布为天津市文物保护单位。

静园（1921）　市文物保护单位

位于和平区鞍山道70号。静园原名乾园，是曾任中国驻日公使、币制局总裁的陆宗舆于1921年建造的住宅。1924年末，溥仪被赶出紫禁城，后来到天津，初居原湖北提督张彪私宅露香园（张园），后于1929年7月迁至此。溥仪取"静以养吾浩然之气"之意，将"乾园"易名"静园"。为恢复帝制、静待时机，他在这里仍使用宣统年号，发"谕旨"，召见"大臣"，多次会见日本军界头目，策划复辟清王朝。1931年11月10日，溥仪被日本间谍土肥原贤二挟往东北，成立傀儡政权。日本投降后，国民党天津警备总司令部中将总司令兼天津城防司令部司令陈长捷曾在静园居住。静园是一组东西合璧的庭院式住宅。四周有高墙围绕，入口为一日式门楼，内有前、后院及西跨院。主体建筑为砖木结构，2层（局部3层）西班牙式楼房，建筑面积2063平方米，外墙为混水墙。宽敞的庭院中有假山、喷泉、花坛、鱼池。主楼南墙有一17米长的游廊连接一座日式花厅。静园宅院虽然不乏折中主义色彩，细

部花饰中西合璧，但总体上属于西班牙风格。1991年8月被天津市人民政府公布为天津市文物保护单位。

纳森旧宅（1921）　市文物保护单位

位于和平区泰安道5号。纳森为英籍犹太人，青年时在英国军队中供职，来华后一直在开平煤矿、开滦矿务局工作。1928年以后任开滦矿务局副总经理、总经理。1935年奉调回国。其旧宅始建于1921年，为中国传统式四合院，砖木结构，青砖砌筑。正房、厢房均为绿琉璃瓦顶硬山建筑。正房面阔5间，四周设回廊，檐下施以中国传统风格的彩绘，院内方砖墁地。做工精细，典雅幽谧，具有较高的历史、艺术价值。2004年8月被和平区人民政府公布为和平区文物保护单位。1997年6月被天津市人民政府公布为天津市文物保护单位。

纳森旧宅

吴毓麟旧宅（1921）　市文物保护单位

位于河西区解放南路292号。吴毓麟（1871—1944）字秋舫，天津人。毕业于北洋水师学堂，1912年被授海军中将，1923年任交通总长，为直系保定派代表，1924年直系失败后，退居天津。1930年与吴季

静园

吴毓麟旧宅

玉等组建利津公司，承办津武口岸盐务。1931年与潘复等人组织德兴公司，承办蓟、宝（坻）、宁（河）等旧官运六十一岸芦纲引地，任总经理。旧居为著名实业家庄乐峰建于1921年，吴氏租住。建筑面积2560平方米，砖木结构，三层带地下室，红瓦大坡顶，门廊由双石柱支撑，外墙下层局部水泥饰面。一、二层有大玻璃窗，顶层筑塔楼。外观顶部有各种图案，装饰奇特多样，造型庄重、古朴，为城堡式日耳曼风格建筑，且保存较好。1997年6月被天津市人民政府公布为天津市文物保护单位。

王永泉旧居（1921） 市文物保护单位

位于南开区三纬路72号。王永泉（1880—1942），字百川，天津人。1937年日本侵占华北，曾任伪华北临时政府治安部次长。旧居为砖木结构2层楼房，局部为3层，带半地下室。坐北朝南，外檐为青砖混水砖墙。正立面入口两侧筑4根台立柱，上承长方形平台，两端为角楼。天津三五二二工厂自1938年初建即选址于此，历经日伪、国统时期，1953年归属解放军总后勤部，称为四〇八工厂，2002年更名为天津三五二二工厂。2013年1月被天津市人民政府公布为天津市文物保护单位。

王永泉旧居

杨以德旧居（1921） 市文物保护单位

位于南开区二纬路41号。杨以德（1873—1944），字敬林。1921年由天津警察厅厅长杨以德出资兴建，作为家宅使用。原占地1019.6平方米，建筑面积1173平方米。坐北朝南。正立面入口门厅两侧筑

有方、圆形并列双柱，上承弧形平台，前檐东西两端为六角形和圆形角楼。楼内一层正中为方形大厅，四隅分立圆柱。居室围绕大厅设置，室内花砖墁地。外檐墙体开长条形窗，楼顶出檐，坡式瓦顶，前后坡带有阁楼，并设东侧楼门和楼后便门。保存较好。1998年5月被南开区人民政府公布为南开区文物保护单位。2013年1月被天津市人民政府公布为天津市文物保护单位。

杨以德旧居

徐世章旧居（1922） 全国重点文物保护单位

位于和平区睦南道126号。徐世章（1889—1954），字瑞甫，天津人，徐世昌十弟。早年毕业于北京同文馆，留学回国后在国民政府交通部任职。1920年8月任国民政府交通部次长兼交通银行副总经理。1921年任币制局总裁。1922年去职，寓居天津，曾任耀华学校董事、工商学院董事长、东亚毛织公司董事。拥有大宗房产，收藏金石字画，为天津知名人士。

徐世章旧居

旧居为 3 层砖木结构楼房，红瓦坡顶，二层设有阳台。水泥砂浆抹灰墙面，窗间墙面有水平红砖带点缀，墙面肌理别具特色。2013 年，由国务院公布为第七批全国重点文物保护单位。

庆王府旧址（1922）　**全国重点文物保护单位**

位于和平区重庆道 55 号。爱新觉罗·载振（1876—1947），满洲镶蓝旗人。清朝三世庆亲王奕劻长子，1917 年获黎元洪颁令特准，承袭庆亲王衔，私谥曰"贞"。1924 年寓居天津。

该建筑原为清末太监"小德张"住宅，建于 1922 年。载振于 1925 年购买后称之"庆王府"。砖木结构，3 层中西合璧式公馆，建筑面积 4325 平方米。中央置扇形石阶，高台基。首层、二层均设有回廊，顶层增建供奉祖先的影堂。彩花磨石地面，鹤形图案天花板，硬木门窗，彩色图案玻璃。院内东侧置花园，建有假山、石洞、六角凉亭等。2013 年，由国务院公布为第七批全国重点文物保护单位。

庆王府旧址

章瑞庭旧宅（1922）　**市文物保护单位**

位于和平区花园路 9 号。章瑞庭（1878—1944），天津人，著名实业家，开明绅士。开办有"恒记德"军衣庄、恒源纺织股份有限公司等。热心教育事业，曾为南开中学一次捐资 10 万元修建瑞庭礼堂。其旧宅建于 1922 年，由奥地利建筑师盖苓设计，平面依地势三面临路，两侧连邻居的布局特点，砖木结构，3 层带地下室。入口由高台阶上大平台，两侧设门进入半圆形花厅，首层有带柱式外廊，厅内有四根柱头为八瓣叶子的八面体柱子，四柱间以喷水池点衬。花厅玻璃窗采用各色玻璃拼镶成风景图画。建筑内檐装饰考究，中央屋顶带有曲线的蒙莎顶，具有北欧建筑特色。1997 年 6 月被天津市人民政府公布为天津市文物保护单位。

章瑞庭旧宅

田中玉旧居（1922）　**市文物保护单位**

位于和平区营口道 42 号。田中玉（1869—1935），字蕴山，直隶临榆（今河北省秦皇岛市抚宁县）人，天津武备学堂毕业，历任营官、统领、总办、总兵官、镇守使等职务。1915 年任陆军次长，1916 年任察哈尔督统，1919 年任山东督军兼省长，1923 年因办理临城劫军案不力去职，寓居天津，投资恒源纱厂、中国实业银行。在天津、大连、北戴河等地都置有房产。旧居建筑面积 1756 平方米，为砖木结构，3 层西式楼房。外檐为青砖清水墙面，法国蒙莎式缓坡顶，天窗形式多样，

田中玉旧居

错落对称。住宅正门入口处耸立四根巨大的爱奥尼式立柱，上承托罗马复兴式样三角形山花，形成通透的门廊，两侧有前突具护栏阳台。是一座具有古罗马建筑风格的近代优秀建筑。2004年8月被和平区人民政府公布为和平区文物保护单位。2013年1月被天津市人民政府公布为天津市文物保护单位。

张公撝旧居（1922）　市文物保护单位

位于和平区花园路2号。张公撝，广东新会人，曾任天津英租界工部局华人董事、中国驻檀香山领事、驻葡萄牙公使等职。旧居由意大利建筑师鲍乃第（Bounette）设计，砖混结构，局部3层，带地下室。顶层有六角形连列券式尖坡顶凉亭，两侧设露天平台。建筑平面布置采取不规则构图手法，立面高低错落，阳台形式多样，装饰富于变化。入口设在建筑夹角处，设坡顶式门厅，上设弧形阳台，建筑中间部分内凹，两侧突出。2004年8月被和平区人民政府公布为和平区文物保护单位。2013年1月被天津市人民政府公布为天津市文物保护单位。

张公撝旧居

刘冠雄旧居（1922）　市文物保护单位

位于河西区马场道123号。刘冠雄（1861—1927），字资颖，福建侯官人。早年入福建船政学堂学习。清光绪十一年（1885）留学英国，归国后任靖远舰帮统，光绪二十八年（1902）为海天舰管带，后任德州兵工厂总办。1916—1921年，历任各届内阁海军总长。1922年任厦门海疆防御使，同年寓居天津。旧居为砖木结构3层楼房，建筑面积1000平方米，占地面积572平方米，造型仿一艘旗舰，由船头、望远镜、船桥3部分组成。

红砖清水外墙，坡顶出檐，方窗、局部大拱券窗，雕花饰面阳台，内部装饰讲究，设备齐全，现原貌保存较好。2013年1月被天津市人民政府公布为天津市文物保护单位。

刘冠雄旧居

朱启钤旧居（1922）　市文物保护单位

位于河西区马场道164号增1号。朱启钤（1872—1964），字桂莘，贵州紫江人（今贵州省开阳县）。辛亥革命后，历任北洋政府交通总长、内务总长、代总理等职。1916年移居天津。中华人民共和国成立后，曾任全国政协委员。旧居建于1922年，为砖木结构2层楼房（带地下室），建筑面积644平方米，红瓦坡顶，出檐。清水砖墙，拱券式窗，2层设拱券式敞开柱廊，柱头雕有花纹，楼房中腰和顶部均雕饰花纹。2013年1月被天津市人民政府公布为天津市文物保护单位。

朱启钤旧居

张绍曾旧居（1923）　全国重点文物保护单位

位于和平区河北路334号。张绍曾（1879—1928），直隶大城人。初入天津武备学堂，日本陆军士官学校炮兵科毕业。1911年任第二十镇统制，后任北洋政府陆军训练总监、陆军部总长。1923年任国务总理，后退居天津。

旧居为两层砖木结构，建筑风格为巴洛克式。建筑面积1463平方米。建筑外观规整华丽，线条流畅。楼门口朝东，首层入口台基两侧由两根贴墙的罗马柱支撑，水波纹花饰支撑，柱头装饰精美。有两块水泥板的"人"字形出檐雨厦，外檐水泥饰面，窗楣部位有装饰，平顶。2013年，由国务院公布为第七批全国重点文物保护单位。

张绍曾旧居

桑志华旧居（1923） 市文物保护单位

位于河西区马场道117号。建成时间不详。桑志华（Emile Licent）（1876—1952），法国动物学博士、地质学家、古生物学家、考古学家。1914年来华，从事田野考察和考古调查工作25年，足迹遍及中国北方各省，行程50 000多千米，采集地质、古生物等标本和藏品达20余万件，在津创建了北疆博物院（天津自然博物馆前身），20世纪30年代北疆博物院享誉世界。1920年6

月4日，在甘肃发掘出土中国境内第一件旧石器。1923年夏，发现和发掘了水洞沟遗址，使之成为中国最早发现、发掘和进行系统研究的旧石器时代晚期文化遗址，对中国的史前考古做出了重大贡献。旧居为砖木结构，3层带地下室，占地面积284平方米，铁皮多坡屋顶，探檐并带有半圆天窗，一层入口为弧形，上托二层露台，圆窗和方窗兼有，水泥灰拉毛和图案饰面，楼体侧面为"人"字形山墙带老虎窗。为德式建筑风格。2013年1月被天津市人民政府公布为天津市文物保护单位。

陈光远旧居（1924） 全国重点文物保护单位

位于和平区大理道48号。陈光远（1873—1939），直隶武清人，民国初期任江西督军，为直系军阀冯国璋的嫡系。1922年卸职，1924年寓居天津。

旧居建筑面积930平方米，砖混结构，为局部3层别墅式楼房。外檐黄色琉璃缸砖墙面，入口上方做大跨度转角，下为门厅，上筑阳台，层次鲜明。主楼顶建八角凉亭，造型新颖美观。2013年，由国务院公布为第七批全国重点文物保护单位。

陈光远旧居

桑志华旧居

张学良旧宅（1924—1931） 市文物保护单位

位于和平区赤峰道78号。张学良（1901—2001），字汉卿，生于奉天海城县（今辽宁鞍山），是张作霖之长子，东北陆军讲武堂毕业。历任旅、师、军长、讲武堂校长、军团司令、东北保安司令、东北边防司令长官、全国陆海空军副总司令等职。1936年12月12日，与杨虎城发动西安事变，迫使蒋介石接受了停止内战进行抗日的主张，从而促成了挽救国家民族于危亡的抗日民族统一战线的形成，推动了国共第二次合作。

后被蒋长期关押软禁。该建筑是以张寿懿名义购进，20世纪20—30年代张学良来津时常住于此寓所。建筑为前后两幢楼房，均是砖木结构。前楼为3层（带地下室），后楼为2层。该建筑造型仿西洋建筑风格，豪华美观大方。前楼正面二、三楼均有屋顶平台，室内宽大考究，内部楼梯、地板、门窗等均为菲律宾木料，有暖气、卫生设备。整座建筑造型精美、层次感强。1997年6月被天津市人民政府公布为天津市文物保护单位。

张学良旧宅

张学铭旧宅（1925）　全国重点文物保护单位

位于和平区睦南道50号。张学铭（1908—1983），奉天海城（今辽宁鞍山）人，张学良二弟。1928年入日本步兵专门学校。1931年任天津市公安局局长，同年升任天津市市长兼公安局局长。1946年任东北保安长官司令部中将总参议。去职后长期居津。

旧居为砖木结构，是一幢庭院公馆式2层带地下室楼房。建筑面积1426平方米，多坡红瓦顶，缸砖清水墙。立面中央前凸，下为入口，门上筑阳台，侧门设半圆形玻璃雨厦。2013年，由国务院公布为第七批全国重点文物保护单位。

张学铭旧宅

许氏旧居（1926）　全国重点文物保护单位

位于和平区睦南道11号。该旧居为庆羯堂许氏（张作霖三姨太许澍旸）寓所。建筑面积1330平方米。为砖木结构，3层楼房，红砖清水墙，高耸错落式多坡瓦顶。首层拱券式入口，上筑大型晒台。楼内装修精致，设有客厅、舞厅、餐厅、书房、居室及附属房间。该建筑有19世纪英国浪漫主义建筑的特点。2013年，由国务院公布为第七批全国重点文物保护单位。

许氏旧居

顾维钧旧居（1927）　全国重点文物保护单位

位于和平区河北路267号。顾维钧（1888—1985），著名外交家。经唐绍仪推荐，顾氏曾任袁世凯秘书，自1912年起，历任北洋政府和国民政府外交总长、国务总理、外交部部长、大使和重要国际会议代表，曾出席巴黎和会。二战后参与筹建联合国的工作。

旧居为砖木结构3层英式住宅，建筑面积1573平方米。入口做券式洞门，两侧有绳纹立柱，门楣有浮雕装饰，上筑"人"字形雨厦，坡顶错落。2013年，由国务院公布为第七批全国重点文物保护单位。

顾维钧旧居

曹锟旧居（1927） 全国重点文物保护单位

位于和平区南海路 2 号。曹锟（1862—1938），天津人。早年投效袁世凯，升至副都统。袁称帝后，曹锟入川镇压护国军。1916 年任直隶督军，1919 年成为直系首领，1922 年打败奉系，次年贿选任总统。1924 年北京政变后被软禁。1926 年获释后寓居天津。

旧居为砖混结构、2 层带地下室楼房，建筑面积 1244 平方米。正立面中部前凸，腰线上下均由立柱支撑，顶层四坡出檐，造型稳重而有气势。2013 年，由国务院公布为第七批全国重点文物保护单位。

曹锟旧居

庄乐峰旧宅（1927） 市文物保护单位

位于和平区花园路 10 号。庄乐峰（1873—1949），名仁松，字育文，号乐峰，江苏丹阳人。早年毕业于北洋水师学堂。曾与黎元洪筹办枣庄煤矿，任董事，并任天津英租界华人董事多年。曾倡议并捐资创办耀华学校。旧宅建于 1927 年，由德国设计师毕伦特设计。依地形布局，建筑为混合结构，主体 3 层，局部 4 层。首层入口

庄乐峰旧宅

两侧为柱廊，二、三层窗做古典壁柱装饰，窗下有别具风韵的花雕。屋顶采用法国曼塞尔式，室内装饰讲究，外檐墙饰面采用暖色调，为德国庭院式建筑。1997 年 6 月被天津市人民政府公布为天津市文物保护单位。

张鸣岐旧居（1927） 市文物保护单位

位于和平区贵州路 90 号。张鸣岐（1875—1945），山东滨州无棣人，曾任两广总督兼广州将军，残酷镇压了黄花岗起义。1927 年迁居天津。七七事变后投身日伪，抗日战争胜利后不久，死于天津寓所。旧居建于 1927 年，建筑面积 458 平方米。为砖木结构 2 层楼房，带地下室。红瓦坡顶，外檐施棕灰色水泥饰面，侧山辟并排方形小窗，顶部高低错落。2004 年 8 月被和平区人民政府公布为和平区文物保护单位。2013 年 1 月被天津市人民政府公布为天津市文物保护单位。

张鸣岐旧居

纳森旧居（1928） 全国重点文物保护单位

位于和平区睦南道 70 号。爱德华·乔治·纳森因

纳森旧居

其叔纳森的关系来华，曾任开滦矿务局英籍董事。旧居建于 1928 年，砖木结构，主体 3 层，两侧 2 层，建筑面积 1433 平方米。红砖清水墙，大筒瓦四坡顶，门窗上设有筒瓦雨厦，腰部带阳台。建筑整体造型不对称，坡顶造型错落有致，主入口处引导性极强的拱券柱廊成为整个立面的构图中心。室外有庭院式花园，种植松树、藤萝，及各种名贵花卉树木，环境幽雅。2013 年，由国务院公布为第七批全国重点文物保护单位。

孙殿英旧居（1930）　全国重点文物保护单位

位于和平区睦南道 20 号。孙殿英（1889—1947），河南永城人，早年寄身绿林，1922 年投靠豫西镇守使丁香玲。1925 年后先后投靠张宗昌、蒋介石、阎锡山、冯玉祥、张学良，历任师长、军长、安徽省主席。1928 年以军事演习为名盗掘清东陵。1943 年率部投降日军。1947 年在汤阴被中国人民解放军俘获。

旧居建于 1930 年，为 3 层带半地下室的砖混结构楼房。前立面中央外凸，砌筑条状平台。主楼两侧分设二段式楼梯。入口设于高基上，其两侧置洛漠塞绳纹立柱，呈半开放式外廊。二层中部与首层对应，做金属护栏阳台。三层退线，顶部出檐。外檐窗为券窗、方窗两种。建筑高大舒展、错落有致，带有折中主义建筑特征，诸多立面装饰均有体现。

另有资料表明，此楼曾由美籍露德堂作乐仁医院使用，亦曾短期作天津工商学院使用。2013 年，由国务院公布为第七批全国重点文物保护单位。

孙殿英旧居

汤玉麟旧宅（1930）　市文物保护单位

位于河北区民主道 38 号，建于 1922 年。此宅原为曾任交通总长的吴毓麟所有，1934 年吴将该房卖给汤玉麟。汤玉麟（1871—1949），字阁臣，祖籍山东，1928 年任热河省政府主席，1933 年免职，后避居天津。建筑为砖混结构，2 层带地下室，平顶筑瓶式围栏，檐下牛腿支撑，底层外墙为花岗岩砌筑。圆拱楼门，门上为外跨阳台，瓶式围栏。西侧为穿顶镶嵌彩色玻璃的舞厅，连拱窗。建筑立面装饰丰富，开窗形式多样，具有意大利文艺复兴风格。楼内设有大客厅、接待室、卧室、卫生间、厨房、舞厅等，设施豪华。2008 年整体修复，保存完好。1997 年 6 月被天津市人民政府公布为天津市文物保护单位。

汤玉麟旧宅

孙传芳旧宅（1931）　市文物保护单位

位于和平区泰安道 17 号。孙传芳（1885—1935）山东历城人。毕业于北洋陆军学堂和日本陆军士官学校，曾任福建、浙江督军。1925 年在南京宣布成立浙、闽、苏、皖、赣五省联军，自封总司令。后因纠集残部南下被击溃，寓居天津。1935 年 11 月 13 日在佛堂居

孙传芳旧宅

士林被施剑翘枪杀。该建筑建于 1931 年，1933 年 6 月孙传芳以孙周佩馨名义自花旗银行购进自住。

此楼主体结构完整，外观及内部结构均保持原貌，砖木结构，2 层楼房。建筑面积 2628 平方米，占地面积 5278 平方米，外檐水泥饰面，首层入口由 4 根圆柱支撑，形成封闭式门厅，门楣上额做三角形山花装饰，坡顶出檐，配有矩形、圆形、蚌形式样的老虎窗，屋顶中部有装饰性凉亭，亭顶置旗杆，颇具特色。具有较高的历史和艺术价值。1997 年 6 月被天津市人民政府公布为天津市文物保护单位。

孙氏旧居（1931） 全国重点文物保护单位

位于和平区大理道 66 号。孙震芳，字养儒，安徽寿州人，系清末民初寿州孙氏财团创业人孙多森之长子，曾任通惠实业公司总经理。旧居建于 1931 年，砖木结构，2 层，局部 3 层，西洋别墅式住宅，建筑面积 1899 平方米。外檐水泥饰面，造型富于变化，"人"字构架，多坡瓦顶，自成院落。院墙入口处筑有过街门楼，院内建有游泳池、高尔夫球场、休息坪、藤萝架及美式花坪，栽植各种花草树木，环境幽雅，保存完好。2013 年，由国务院公布为第七批全国重点文物保护单位。

孙氏旧居

周志辅旧居（1933） 全国重点文物保护单位

位于和平区河北路 277 号。周志辅为中国近代实业家周学熙长子，曾任启新洋灰公司董事，后迁居美国。旧居由华信工程公司建筑师沈理源设计，砖混结构，3 层庭院式住宅楼，局部 2 层，建筑面积 1300 平方米。正立面首层为三拱券前廊，二层作双柱三开间阳台，

三层退线内收，顶部为出檐式小坡顶，保存尚好。2013 年，由国务院公布为第七批全国重点文物保护单位。

周志辅旧居

陈亦侯旧居（1933） 市文物保护单位

位于和平区西安道 93 号。陈亦侯（1886—1970），浙江温州人。早年毕业于北京译学馆，1912 年进入金融界任职。1927 年任盐业银行北京分行襄理、副理。1933 年调任天津盐业银行经理，兼任开滦矿务局董事、恒源纱厂董事长。1946 年当选天津银行同业公会理事长。1949 年天津解放后，由胡仲文出面将两人密存于盐业银行、清宫作贷款抵押的金质编钟 1 组（重13 600 两）献交给国家。旧居为砖木结构，2 层西式的楼房。占地面积 1258.37 平方米，建筑面积 390 平方米，入口两侧以砖垛作为支撑，上筑有水泥阳台。该建筑为红圆瓦多坡顶，四周出檐。外檐为硫缸砖清水墙，局部水泥抹灰饰面。建筑形体错落有致，素雅大方。2013 年 1 月被天津市人民政府公布为天津市文物保护单位。

陈亦侯旧居

陶氏旧居（1933） 全国重点文物保护单位

位于和平区成都道 14 号。陶氏旧居主人为陶湘及

其子陶祖椿。陶湘（1871—1940），字兰泉，号涉园，江苏武进人，中国近代著名藏书家和版本目录学家，是民国以来以一己之力校勘出版古籍最多的藏书家之一。他曾应朱启钤之邀，校勘《营造法式》，于1925年刊行，被称为"陶本"，引起国内外建筑家及汉学家的极大重视。1929年，陶湘与朱启钤等人发起成立中国营造学社。

陶祖椿（1895—1962），字祝年，近代外交家、实业家。他于上海圣约翰书院毕业后到哈尔滨戊通开发公司任船厂厂长，后至天津，1936年前在河北省政府任外交官（历王树常、于学忠、商震三届省主席），在河北省交涉公署、天津海关监督公署等兼外事职务，最多时本兼各职达11项。1931年九一八事变后，陶祖椿曾接待国际联盟的李顿调查团。

陶氏旧居建成于1933年，由荷兰籍建筑师乐伦森设计。建筑总平面依据用地范围和功能需要划分为3个院落，即1个主院落和2个服务院落。起居室、客厅为跃层式，高2层，在二层部分有一从内部挑出的平台可俯视整个客厅，并与其后面的餐厅空间贯通。起居室南面为高落地窗，光线可直达二层的餐厅。东为横向长窗，可一览室外的草坪。南门窗外有一平台，是客厅的延续，平台上可以跳舞、休闲。二层书房有转角窗。三、四层为卧室。三层主卧室亦有转角窗，窗外有一大阳台，四层也有一大平台。半圆形楼梯间顶部突出于三层以上。底层车库与住宅后入口之间有雨廊，可不经过露天进入住宅。主院落和服务院落为通透的两部分。后面的服务楼梯与二层的厨房、备餐间相连通。经全国普查，陶氏旧宅是迄今为止国内唯一一例真正的"立体主义"建筑。2013年，由国务院公布为第七批全国重点文物保护单位。

陶氏旧居

吴颂平旧宅（1934）　全国重点文物保护单位

位于和平区昆明路117号。吴颂平（1882—1966），名熙忠，原籍安徽婺源（现江西婺源），生于天津。汇丰银行买办吴调卿之长子。北洋巡警学堂毕业，曾任山西教育厅厅长。后任杜建时顾问。

旧居为吴自行设计，经奥地利工程师、国家建筑鉴定议员盖苓鉴定，1934年由泰兴厂营建。旧居为砖木结构二层楼房，平面呈"八"字形，外檐用缸砖砌筑，入口位于夹角，开拱券形洞门。左侧山面设条状阳台，右部末端筑方形平台，顶部为高举架陡坡顶。2013年，由国务院公布为第七批全国重点文物保护单位。

吴颂平旧宅

蔡成勋旧居（1935）　全国重点文物保护单位

位于和平区大理道1号。蔡成勋（1871—1946），字虎臣，天津人，1920年任陆军总长，1922年任江西督军。1924年底直系失败后下台，寓居天津。旧居为砖混结构，3层西式公馆，建筑面积2100平方米。首层中部为外凸封闭式的门厅及阳台。顶层中部做平顶，

蔡成勋旧居

两侧为坡顶。楼内为大开间，施以中式硬木透雕落地隔扇，做工精美，现保存完好。2013年，由国务院公布为第七批全国重点文物保护单位。

林鸿赉旧宅（1935）　全国重点文物保护单位

位于和平区常德道2号。林鸿赉，原天津中国银行副经理。据林鸿赉之子林放所述，该楼原为张福运私宅，1947年，张氏将此楼的房地契证交予林鸿赉办理过户赠予手续，作为临别纪念。

旧居建于1935年，为英国别墅式住宅楼房，占地面积3300平方米，楼房建筑面积1238平方米，另有平房59平方米。主体建筑为砖木结构，带半地下室2层楼房。"人"字屋架，红缸砖清水墙，多坡出檐屋顶，配以硬木平窗。楼体前立面中部前凸，两翼稍作退线。入口两侧配以圆柱，其上虚设大跨度券式门楣，经石阶进拱形门厅。建筑保存完好。2013年，由国务院公布为第七批全国重点文物保护单位。

林鸿赉旧宅

张自忠旧居（1937）　全国重点文物保护单位

位于和平区成都道60号。张自忠（1891—1940），山东临清人，著名抗日将领、民族英雄。1940年5月16日，张自忠以中华民国上将衔陆军中将之职战死，5月28日，国民政府追授其陆军二级上将军衔。

旧居为砖木结构，2层楼房，建筑面积1999平方米。外檐中部由方柱支撑，形成上下2层内廊，设金属护栏。首层两翼外凸，呈多边形，上筑阳台，顶层为平顶。建筑立面处理遵循现代简约风格，采用天津地方材料，造型朴实无华。2013年，由国务院公布为第七批全国重点文物保护单位。

张自忠旧居

李氏旧居（1937）　全国重点文物保护单位

位于和平区河北路239号。旧居为李吉甫之子李维生、李警予于1937年建造，著名建筑师齐玉舒设计，砖混结构。主体为2层、局部3层的西式楼房，建筑面积2496平方米。首层入口由石柱支撑，形成门廊，右侧上方筑长方形平台，上置金属护栏。二层开一列平窗，檐下转角处设跨甬阳台，其上筑半圆雨厦。外檐墙水泥饰面，大坡顶，顶部开有多处天窗。2013年，由国务院公布为第七批全国重点文物保护单位。

李氏旧居

李勉之旧居（1937）　全国重点文物保护单位

位于和平区睦南道74号。李勉之（1898—1976），字宝时，天津人，早年留学德国，攻读机械专业。1932年承继父业任华新纺织厂董事，中天电机厂董事长、经理。

旧居由奥地利工程师盖苓设计，1937年建成。砖木结构，2层别墅式楼房，共四幢，建筑风格相同，每

李勉之旧居

周叔弢旧居

幢建筑面积 984 平方米。外檐砌花岗石基础，琉缸砖墙体，卵石混水罩面。券洞门入口。屋顶坡平结合，设有屋顶平台。2013 年，由国务院公布为第七批全国重点文物保护单位。

卞万年旧居（1937） 全国重点文物保护单位

位于和平区云南路 57 号。卞万年为恩光医院首任院长，著名银行家卞白眉之子。

旧居建于 1937 年，是著名华裔建筑师贝聿铭的早期作品。砖木结构，建筑面积 889 平方米。整栋楼坐西朝东，西面为 3 层"人"字组合造型，顶部为"人"字形大坡瓦顶，门窗造型方圆各异。整个建筑层次分明、错落有序，建筑小巧别致，风格独特，保存完好。2013 年，由国务院公布为第七批全国重点文物保护单位。

卞万年旧居

周叔弢旧居（1938） 全国重点文物保护单位

位于和平区睦南道 129 号。周叔弢（1891—1984），中国古籍收藏家、文物鉴藏家，是中国北方民

族工商业代表人物。

旧居为砖木结构，2 层小楼。该楼红瓦坡顶，上筑"人"字形天窗。正立面一侧出台，琉缸砖清水墙面，外形精巧别致，简洁大方。2013 年，由国务院公布为第七批全国重点文物保护单位。

李叔福旧居（1938） 全国重点文物保护单位

位于和平区睦南道 28 号，实际为李叔福之父李赞臣的住所。李赞臣（1882—1955），天津人，"天津八大家"之一"李善人"家后代。20 世纪 20 年代曾任长芦纲总、津浦殖业银行经理。

旧居为混合结构，3 层西式楼房带地下室，建筑面积 1427 平方米。中间突出，两翼对称，平屋顶，四周出檐，正面主入口处为三联拱券式洞门并刻有雕花，上部二、三楼之间立四根高大花饰圆柱支撑挑檐，构成大型柱廊。楼房整体匀称，风格古朴庄重。2013 年，由国务院公布为第七批全国重点文物保护单位。

李叔福旧居

孙季鲁旧居（1939） 全国重点文物保护单位

位于和平区郑州道 20 号。孙季鲁曾任天津裕蓟盐务公司经理。旧居建于 1939 年，由雍惠民设计、监造。3 层砖混楼房，建筑面积 210 平方米。平面呈"L"形布局，夹角部为弧形平顶 3 层塔楼，底层、二层为阳台式门厅，三层镶弧形玻璃窗。临街楼面二层亦筑弧形阳台，其上筑弧形雨厦与之对应。外立面方圆结合，均为琉缸砖墙体。内檐装修精致，走廊施彩色水磨石地面，客厅、居室镶菲律宾"人"字形地板，天花板堆做花饰。建筑小巧玲珑，做工精细，是天津别具一格的现代风格小洋楼。2013 年，由国务院公布为第七批全国重点文物保护单位。

孙季鲁旧居

卞氏旧居（20 世纪 30 年代） 全国重点文物保护单位

位于和平区睦南道 79 号。卞家为津门"八大家"之一。旧居为砖木结构，4 层楼房，建筑面积 3600 平方米。缸砖清水墙，坡瓦顶。外檐为锁头式，立面两侧前凸，上为方形阳台。二层中部筑有一半圆形曲线阳台，阳台正

卞氏旧居

门两侧有绞绳式立柱装饰。建筑色调朴素、庄重。2013 年，由国务院公布为第七批全国重点文物保护单位。

王氏旧居（1941） 市文物保护单位

位于和平区马场道 54 号。建于 1941 年。3 层高级别墅式住宅，建筑面积 1926 平方米。砖混结构，外檐墙水泥饰面，局部清水墙，首层两端为外凸式半圆形转角，上承弧形阳台，建筑逐层内收，外观形似军舰。楼内建有客厅、花厅，院内筑有花坛、草坪。2013 年 1 月被天津市人民政府公布为天津市文物保护单位。

王氏旧居

于方舟故居（1943） 市文物保护单位

位于宁河县俵口乡解放村北区。于方舟生前曾与周恩来在天津一起从事革命活动，创建了"新生社"，为中共天津党组织创始人之一，1927 年 12 月 31 日在玉田县领导农民暴动时被害，壮烈牺牲。故居曾于 1943 年翻建，占地面积 102.4 平方米，自成院落，坐北面南。原有砖坯正房四间、庭院和围墙，1976 年唐山大地震时被毁，后市拨款按原貌恢复，粉刷油漆，美化庭院。修复后为：砖坯正房四间，东二间为烈士生平事迹展览室，陈列有国家领导人题词。故居门前有"于方舟故居"匾额，院内设花池通道，栽植柏树，

于方舟故居

外有围墙。1959 年和 1981 年两次定为宁河县文物保护单位，1991 年 8 月被天津市人民政府公布为天津市文物保护单位。

高树勋旧居（民国）　全国重点文物保护单位

位于和平区睦南道 141 号。高树勋（1898—1972），字建侯，河北盐山人，著名爱国将领。1931 年，在国民党对共产党的"围剿"中毅然脱离国民党军队，到天津寓居。抗战胜利后任新八军军长、第 11 战区副司令长官，1945 年率部在邯郸前线起义。

旧居为砖混结构，主体 3 层带地下室，占地面积 1275 平方米，红瓦坡顶，琉缸砖饰面。正立面设有凸出的半圆形玻璃窗，左侧突出一伞状塔楼。山墙上部的高耸尖顶别具特色。2013 年，由国务院公布为第七批全国重点文物保护单位。

高树勋旧居

关麟征旧居（民国）　全国重点文物保护单位

位于和平区长沙路 95 号。关麟征（1905—1980），陕西户县人。1924 年入黄埔军校第一期。1933 年率部参加长城抗战，大捷后写下了"半壁河山狼烟中，烽火照红北地冰。长城之外牧寇马，铁蹄咫尺危古城。大厦将倾于汤火，神州存亡瞬息中。岂肯折膝求苟安，站直抛颅笑颜生。炎黄子孙多傲骨，我今抗日三请缨"。1937 年任五十二军军长，1938 年参加台儿庄会战，升任第三十二军团长。1939 年任第十五集团军总司令。1949 年任陆军总司令。

旧居为砖木结构，有主楼、附楼各一幢，建筑面积 390 平方米。主楼为 3 层，外立面做缸砖清水墙，局部做抹灰饰面，三层外檐疙瘩砖饰面。长方形主入口上筑雨厦。入口左部为半圆形塔楼，造型别具一格。附楼为红砖清水墙。主楼和后楼之间有平台相连接。院内有草坪、花坛和鱼池，是一座具有英国风格的庭院式住宅。2013 年，由国务院公布为第七批全国重点文物保护单位。

关麟征旧居

徐世昌旧居（民国）　全国重点文物保护单位

位于和平区马场道 42 号。旧居为砖木结构，主体 2 层，建筑面积 408 平方米，是一座西欧乡村别墅式建筑。白色水泥墙体，棕色门窗，"人"字形红瓦坡屋顶，上开老虎窗及三角顶天窗。入口为小石台阶，方门厅。建筑造型小巧别致，风格鲜明，保存良好。2013 年，由国务院公布为第七批全国重点文物保护单位。

北洋总统徐世昌旧居

徐世昌之女旧居（民国）　全国重点文物保护单位

和平区马场道 44 号、46 号为徐世昌之女旧居。旧居为 2 层砖木结构，建筑面积 816 平方米。建筑立面为白色水泥墙体，四周有方格图案装饰，大坡度瓦顶，带挑檐，两边对称各开一圆形老虎窗及"人"字形天窗，两侧方窗均以水泥饰边。入口为小石阶，弧形方门窗，带小过厅。二楼腰部横跨一条形阳台。层次分明，保存尚好。2013年，由国务院公布为第七批全国重点文物保护单位。

北洋总统徐世昌之女旧居

訾玉甫旧居（民国） 全国重点文物保护单位

位于和平区大理道37号。訾玉甫为永发顺木器行经理。旧居为砖混结构，主体2层，总建筑面积1140平方米。建筑呈"L"形布局，多坡红瓦顶，出檐，上置有曲线优美的阁楼和天窗。红砖清水墙面，白色线脚。楼前后高台阶入口处，分别以圆形和方形立柱各撑一条状和弧形阳台，形成敞开式门厅前廊。整栋建筑逐层收分，错落有致。2013年，由国务院公布为第七批全国重点文物保护单位。

訾玉甫旧居

曾延毅旧居（民国） 全国重点文物保护单位

位于和平区常德道1号。曾延毅，字仲宣，湖北

黄冈人。保定陆军军官学校毕业。1929年任天津特别市公安局局长，后任第三十五军副军长及山西隰州警备司令。

旧居建筑面积1344平方米。为3层砖木结构楼房，红砖清水外墙，方门窗，门厅由水泥柱支撑，上筑半圆形阳台，设金属护栏，门前为扇形石阶。立面中部外凸，顶层为红瓦坡顶，自成院落。2013年，由国务院公布为第七批全国重点文物保护单位。

曾延毅旧居

金邦平旧居（民国） 全国重点文物保护单位

位于和平区重庆道114号。金邦平（1881—1946），安徽黟县人。早年赴日本早稻田大学学习，1912年任中国银行筹办处总办，后历任袁世凯文案、北洋常备军督练处参议、资政院秘书长。1916年任农商部总长。1917年到津从事实业活动。

旧居建筑面积1134平方米，为砖木结构，主体2层，局部3层，带有阁楼，风格为法国孟莎式。建筑

金邦平旧居

整体呈不对称构图，形态富于变化，色彩搭配协调。外立面为清水砖墙与白色墙面，红瓦坡顶，上设天窗。主入口东侧局部外凸，上撑白色折线形阳台。2013 年，由国务院公布为第七批全国重点文物保护单位。

为清水墙，镶饰水泥雕花。红瓦圆筒屋顶，造型高低错落有致。建筑东侧楼梯带半圆形瓶式护栏，造型精美，具有西洋古典主义风格。2013 年，由国务院公布为第七批全国重点文物保护单位。

张作相旧居

龚心湛旧居（民国）　全国重点文物保护单位

位于和平区重庆道 64 号。龚心湛（1871—1943），安徽合肥人，清末监生，后入金陵同文馆。龚心湛是民国初期皖系政治人物，曾任代理国务总理。1926 年，他退出政界来津经营实业，任大陆银行董事、中孚银行董事、耀华玻璃公司总董、开滦矿务局董事等职。

旧居建筑面积 936 平方米，砖木结构，西式 3 层楼房，带地下室，清水墙，中央为石阶，出楣门厅，上置护栏阳台。门窗做假壁柱，楣子有装饰，建筑庄重典雅。2013 年，由国务院公布为第七批全国重点文物保护单位。

陆洪涛旧居（民国）　市文物保护单位

位于和平区建设路 80 号。陆洪涛（1866—1927），字仙槎，江苏铜山人，毕业于天津武备学堂，清末在甘肃任新军督操官。1913 年任陇东镇守使，1921 年任甘肃督军，1924 年兼任甘肃省省长，1925 年辞职后寓居天津。旧居为砖混结构，公馆式建筑，局部 3 层带有地下室，建筑面积 1958 平方米。外檐入口处由方柱、圆柱搭配支撑多角门厅，上筑阳台。平屋顶中央建八角形的坡顶全封闭凉亭，楼内房间装修豪华。现基本完好。2004 年 8 月被和平区人民政府公布为和平区文物保护单位。2013 年 1 月被天津市人民政府公布为天津市文物保护单位。

龚心湛旧居

张作相旧居（民国）　全国重点文物保护单位

位于和平区重庆道 4 号。张作相（1881—1949），奉天（今辽宁）义县人，著名爱国民主人士，奉系重要成员。1919 年任奉天警备司令、27 师师长等职。1924 年任军长。1929 年任吉林省省长。九一八事变后，任华北第二集团军总司令兼第六军团总指挥，热河沦陷去职。1933 年寓居天津。

旧居是一座 2 层砖木结构小楼，带地下室，建筑面积 1370 平方米。外檐为浅黄色水泥墙面，二层局部

陆洪涛旧居

那桐旧居（民国） 市文物保护单位

位于和平区新华路176号。那桐（1857—1925），叶赫那拉氏，满洲镶黄旗人，清末重臣，清光绪十一年（1885）举人，历任鸿胪寺卿、内阁学士、总理各国事务衙门大臣，清光绪二十九年（1903）任户部尚书、步军统领，光绪三十一年（1905）任体仁阁大学士，后两度任军机大臣，加太子少保，署直隶总督等职。清帝逊位后，寓居天津。旧居为砖混结构，2层欧式楼房，建筑面积1380平方米。首层中部由6根方圆立柱支撑，成"八"字形弧券大门厅。上部为阳台，做有花饰护栏。顶层为大坡顶，造型精美。2004年8月被和平区人民政府公布为和平区文物保护单位。2013年1月被天津市人民政府公布为天津市文物保护单位。

那桐旧居

孟氏旧居（民国） 市文物保护单位

位于和平区常德道26号。章丘孟家1919年定居天津。在京、津、沪等大城市，开办绸布庄，均以"祥"字命名，统称"八大祥"，天津有4家分店。旧居为西

孟氏旧居

式2层楼房，清水墙，坡瓦顶，四周出檐。首层右侧前凸，上撑一条状阳台，阳台左侧探出，下方做敞开式门厅，自成院落。2013年1月被天津市人民政府公布为天津市文物保护单位。

陈祝龄旧居（民国） 市文物保护单位

位于和平区保定道4号。陈祝龄（1870—1930），广东高要人，天津四大买办之一。清光绪十六年（1890）进入英商怡和洋行，经同乡梁炎卿提携任副买办，清宣统元年（1909）兼任出口部买办，1929年遭绑票被害。旧居为砖木结构，主体2层、局部3层西式楼房，建筑面积2166平方米。多面坡顶，开有一排天窗，外檐红砖清水墙体，局部水泥雕花饰面。主楼中部入口做券门，扇形高台阶入口。二层为内廊柱式阳台，窗口有弧形、方形两种。两座建筑连为一体，平面布局呈曲尺状。建筑造型富丽典雅，外观豪华庄重。2013年1月被天津市人民政府公布为天津市文物保护单位。

陈祝龄旧居

马占山旧居（民国）市文物保护单位

位于和平区湖南路11号，马占山（1885—1950），字秀芳。1931年九一八事变后，任黑龙江省代主席兼军事总指挥。1934年来到天津寓居。其间曾参与推动西安事变的和平解决。1937年卢沟桥事变后任东北挺进军司令，率部在晋绥抗日。马占山旧居为砖木结构、局部三层的楼房，带地下室，顶层设露台。立面为对称式布局，门窗等做西式细节。另有一附楼，二层通过过街连廊与主楼连接，室内为木制地板、楼梯、

马占山旧居

空间划分合理。2013年1月被天津市人民政府公布为天津市文物保护单位。

张志潭旧居（民国）市文物保护单位

位于和平区大理道4号。始建于民国时期，建筑面积1013平方米，三层（带半地下室）西式住宅楼。建筑主体呈L形布局，正立面三层为红瓦坡顶，局部出檐。左侧二层顶做平台，筑有水泥护栏。中部设扇形高台阶入口，两侧立有2根圆柱，上托一弧形阳台，下为门厅过廊。外檐水泥饰面，局部配以红砖点缀，使整栋建筑呈现出小巧玲珑、典雅别致的西洋建筑风格。2013年1月被天津市人民政府公布为天津市文物保护单位。

张志潭旧居

王占元旧居（民国）市文物保护单位

位于和平区大理道60—64号。王占元（1861—1933），毕业于天津武备学堂，直系军阀，曾任湖北督军兼省长，后寓居天津，从事工商业。马占元旧居建于民国时期，占地面积1187.77平方米。砖木结构，主体二层、局部三层楼房。红瓦坡顶，琉缸砖墙面，高台基入口，正立面局部外凸，一层顶设露台。建筑端庄典雅，错落有致，具有西洋别墅式风格。宽敞幽雅的院落内，另有三幢造型一致，并具有现代主义建筑风格的二层（局部三层）砖木结构楼房，系王占元为其子所建。2013年1月被天津市人民政府公布为天津市文物保护单位。

王占元旧居

潘毓桂旧居（民国） 市文物保护单位

位于河北区民族路47号，建于民国时期。潘毓桂（1884—1961），字燕生，河北盐山人，清末举人，日

潘毓桂旧居

本早稻田大学法科毕业。1938年出任伪天津市市长，1939年去职赴日。1945年抗战胜利后被捕。其子潘铁铧，号骏千，日本庆应大学医学博士，著名农药毒理专家。他曾利用这所宅子开办"骏千医院"。此宅原系鲍贵卿房产。砖木结构，平顶出檐，3层带半地下室，半圆形门厅，青灰色外墙，外观华丽，内装饰考究，设施齐全。2013年1月被天津市人民政府公布为天津市文物保护单位。

王卓然旧居（民国） 市文物保护单位

位于河北区博爱道22—24号。建于民国初年。王卓然（1893—1975），辽宁抚顺人，爱国民主进步人士。曾为张学良幕僚及家庭教师，东北大学教授、代理校长。九一八事变后任东北民众抗日救国会和东北救亡总会理事，"东北救亡七杰"之一，九三学社发起人之一。1955年任国务院参事。1951年在此宅创办天津首家私立儿童文化服务馆。旧居为砖木结构，3层带半地下室。楼顶有瓶式围栏，属意式风格建筑。2013年1月被天津市人民政府公布为天津市文物保护单位。

王卓然旧居

卢鹤绂旧居（民国） 市文物保护单位

位于河北区胜利路403号。建于民国时期。卢鹤绂（1914—1997），核物理学家，中科院院士，我国核科学技术先驱者之一。学术成就享誉海内外，因揭示原子弹爆炸秘密被誉为"中国核能之父"，他在流体力学领域的研究成果，还被命名为"卢鹤绂不可逆性

卢鹤绂旧居

方程"。旧居3层带地下室，局部2层。红砖混水墙，平顶出檐，顶部饰有瓶式围栏，整体外观简洁、典雅，为欧式古典风格建筑。2013年1月被天津市人民政府公布为天津市文物保护单位。

袁克定旧居（民国） 市文物保护单位

位于河西区台北路6号。袁克定（1878—1958），字云台，别号慧能居士，河南项城人，为袁世凯嫡长子，通晓德文。袁世凯死后，他将其父遗留下的古玩玉器、昂贵钟表、字画等运到旧居，以"寓公"身份生活。旧居为砖木结构，2层带地下室，上筑阁楼，坡顶出檐。建筑面积665平方米。外墙为水泥拉毛饰面，双层方窗，拱券大门，室内门、护墙板边缘雕有花纹，属德式建筑风格。2013年1月被天津市人民政府公布为天津市文物保护单位。

袁克定旧居

徐朴庵旧宅（民国） 市文物保护单位

位于南开区东门里大街 202 号（现鼓楼东街）。为清末民初英商麦加利银行买办徐朴庵旧宅，建于民国初期。该建筑门楼坐北朝南，位于大院东南角。大院由中部三进四合院、东西两箭道及东西两跨院构成。整体占地面积 1920.5 平方米，中部正院正房、厢房各面阔 3 间，进深 1 间。中后院正房面阔 5 间，进深 1 间，厢房各面阔 3 间，进深 1 间，四面檐廊环绕相连。2000 年在此处筹建全国首家捐赠博物馆，定名为天津老城博物馆。1998 年 5 月被南开区人民政府公布为南开区文物保护单位。2013 年 1 月被天津市人民政府公布为天津市文物保护单位。

徐朴庵旧宅

第四节 宗教建筑

紫竹林教堂旧址（清） 市文物保护单位

位于和平区营口道 16 号。北京教区主教田嘉壁（L.G.Delaplace）用清同治九年（1870）天津教案所获赔款 90 000 两白银，在法租界紫竹林建圣路易教堂，俗称紫竹林教堂，同治十一年（1872）落成。建筑面积 668.74 平方米，砖木结构，平面呈长方形，为三通廊、十字穿顶。正立面用 4 根立柱支撑，中部入口做拱券形门，上做三角形门楣，腰线为小出檐带状花饰砖雕，做工精细。首层两侧设拱券式小门。顶部装修已被震毁，改为简易顶。堂内一端设圣坛，一端设 2 层楼台，供唱诗班使用。2004 年 8 月被和平区人民政府公布为和平区文物保护单位。2013 年 1 月被天津市人民政府公布为天津市文物保护单位。

基督教会仓门口堂（清） 市文物保护单位

位于南开区鼓楼东街原东门内大街 186 号。清同治元年（1862）由外国传教士修建，焚于清光绪二十六年（1900）。清宣统二年（1910）六月，教会名流杨宝慈倡议创办天津基督教自立会，并集资重建教堂。同年 10 月 19 日，仓门口基督教堂在原址落成，是天津第一座由华人自建的教堂，是由华人自立、自养、自传的"三自"爱国教会。基督教会成立时，圣堂临街而建，随着教会日益壮大，乃于 1934 年对圣堂

紫竹林教堂旧址

基督教仓门口堂

215

进行了重新翻建，移至教会后部。

教堂坐北朝南，占地面积1241平方米，建筑面积1126平方米，有大门、侧房和圣堂等建筑。圣堂为2层楼高的近代宗教建筑，青砖尖顶，瓦楞铁屋顶，造型别致，可容纳400余人。教会院内配房多为2层楼房，外院有楼房2层共18间，其中2间为办公和接待用，其他16间供教牧及信徒居住。临街建有副堂1间，可坐五六十人，对外布道用。圣堂东侧有跨院2层小楼1所，有房5间。教堂房屋建筑全部为砖木结构，门窗高大。2013年1月被天津市人民政府公布为天津市文物保护单位。

西开天主堂（1916）　市文物保护单位

位于和平区西宁道11号，始建于1916年，教堂始称"圣味增爵堂"，后易名"圣约瑟堂"，因其坐落地旧称西开，故津人习称"西开教堂"。整体建筑庄重典雅，是市区最高大的天主教堂。主体结构完整，外观及内部结构均保持原貌，正立面朝向西北，石砌台基，墙体用红、黄两色缸砖砌筑。正立面和后部筑有3座穹隆顶塔楼，用铜片镶包，顶端竖十字架标志，仰视呈"品"字形。教堂大厅由14根并排双向主柱支撑，成通廊式，一端设主祭台，一端设唱诗台。

教堂建筑在1976年震损严重，于1979年进行全面修缮，内部彩绘油饰一新。1991年8月被天津市人民政府公布为天津市文物保护单位。

西开天主堂

首善堂旧址（1919）　市文物保护单位

位于和平区承德道21号。是法国巴黎天主教圣味增爵会在中国北方设立的管理教会财产的机构，以经营房地产业为主，亦为天津一大财团。占地面积998.39平方米，为砖木结构，2层西式楼房（带地下室）。外檐水泥饰面。多坡瓦顶，两翼对称，中间突出，是一座风格稳重的法式建筑。2004年8月被和平区人民政府公布为和平区文物保护单位。2013年1月被天津市人民政府公布为天津市文物保护单位。

首善堂旧址

圣心堂旧址（1922）　市文物保护单位

位于河北区建国道25号。由意大利天主教会援助传教会兴建。占地面积1200平方米。为砖木结构2层楼，局部3层。东、西、北3面外凸，檐口山花下为弧形窗。堂内大厅上层呈八角形，每边各开一个圆形窗。保存尚好。2013年1月被天津市人民政府公布为天津市文物保护单位。

圣心堂旧址

基督教女青年会旧址（1933）　市文物保护单位

位于和平区大沽北路200号。清光绪十六年（1890），女青年会由美国传入中国。清光绪二十九年（1903），天津女青年会建立，内设查经、祷告、妇童识字班、家政，及音、体、英、汉语教育班，并有劳工、教育等部。会址曾数次变迁。此旧址由开滦矿务局捐赠土地，工程师关颂坚设计，姜隆昌营造厂承建，于1933年建成。地下室部分为砖混结构，地上为砖木结构的2层楼房。正立面底部做水泥饰裙，中央为长方形入口，首层、二层设平窗和砖砌壁柱。2013年1月被天津市人民政府公布为天津市文物保护单位。

基督教女青年会旧址

冈纬路教堂（1935）　市文物保护单位

位于河北区冈纬路27号。由美国传教士兴建。占地面积325.2平方米，建筑面积643.34平方米。为砖木结构，3层带半地下室。由礼拜堂、圣堂和钟楼组成。墙体皆以窑口砖砌筑，两坡式顶，尖拱状门窗。正面顶上竖有十字标志。2013年1月被天津市人民政府公布为天津市文物保护单位。

冈纬路教堂

原安里甘教堂（1936）　市文物保护单位

位于和平区浙江路2号。安里甘教堂为基督教圣公会（也称安里甘会）创办，是天津的安里甘会信徒礼拜之所。教堂历任牧师都是英国人。初建于1903年。1935年发生火灾，房屋几乎全部被烧毁，1936年重建大、小礼拜堂各一座，均为砖木结构。大礼拜堂主体建筑正立面有花边形装饰，其正面和两侧面墙身上端均呈三角

状，为双坡顶起脊屋面。屋顶中央部位有一尖形塔亭耸上云端，南侧建有钟楼，并有地下室。小礼拜堂平面呈"丁"字形。建筑装饰简洁大气，颇具哥特式建筑特征，是天津地区典型的宗教建筑之一。

该建筑于第二次全国文物普查时被定名为诸圣堂旧址。1997年6月被天津市人民政府公布为天津市文物保护单位。

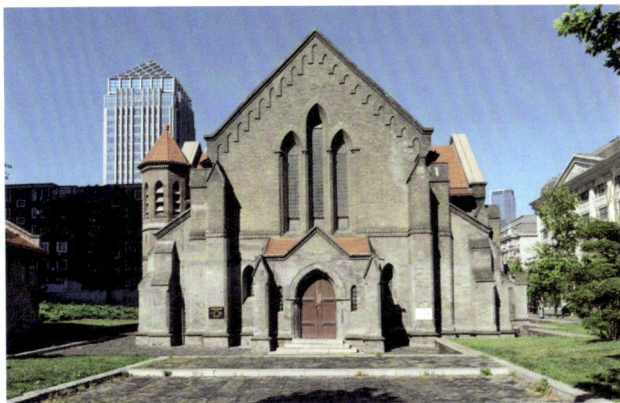

原安里甘教堂

犹太会堂旧址（1940）　市文物保护单位

位于和平区南京路55号。犹太教天津社团——宗教公会成立于1905年。十月革命后，犹太人纷纷从俄国来津，人数骤增。为解决旅津侨民对宗教生活的需求，犹太会堂于1939年开始兴建，次年4月23日落成，成为犹太人礼拜、结婚、举行宗教典礼的场所。会堂为砖木结构的厅堂建筑，平面呈长方形，建筑面积1071平方米。外檐做清水墙，前立面中央砌尖券式入口，有14级台阶。2013年1月被天津市人民政府公布为天津市文物保护单位。

犹太会堂旧址

第五节 烈士墓及纪念设施

魏士毅女士纪念碑（1929） 市文物保护单位

位于河北区中山公园路 3 号中山公园内西南侧。现存纪念碑高 2.05 米，碑身呈塔状，正面镌刻"魏士毅女士纪念碑"，碑座为方形。1926 年 3 月 18 日，北京各界群众游行示威，向段祺瑞政府请愿，抗议日本帝国主义侵略中国。政府卫队公然向游行群众开枪，打死打伤多人，造成举世震惊的三一八惨案。燕京大学学生魏士毅（天津籍）饮弹罹难。1927 年，燕大在未名湖畔为魏士毅立碑纪念。1929 年，平津各界人士在天津中山公园立此碑纪念。天津沦陷后，此碑下落不明，1983 年被挖掘出土。1991 年 8 月被天津市人民政府公布为天津市文物保护单位。

魏士毅女士纪念碑

天津十五烈士纪念碑（1931） 市文物保护单位

位于河北区中山公园路 3 号中山公园内南侧。1931 年立。碑通高 6.6 米，碑身呈塔状，以豆青石刻制。方形基座采用白色大理石砌筑，周长 20 米，纪念碑庄严肃穆。1927 年 4 月 18 日，中共党员江震寰和国民党左派共 15 位同志，惨遭军阀褚玉璞杀害。1931 年，天津各界人士在中山公园内立碑公祈。此碑在"文化大革命"中被埋入地下。1984 年，天津市人民政府复立此碑。1991 年 8 月被天津市人民政府公布为天津市文物保护单位。

天津十五烈士纪念碑

盘山抗日烈士陵园（1956） 市文物保护单位

位于蓟县官庄镇营房村北 1500 米。占地面积210 000 平方米。1956 年建成。1938 年夏，宋时轮部在冀东建立抗日根据地，展开持久的游击战争，盘山成为晋察冀抗日根据地的重要组成部分，直至 1945 年配合主力部队解放蓟县，大批抗日志士在此献出生命。中华人民共和国成立后，在盘山东麓修建了烈士陵园，主要有革命烈士纪念碑、革命烈士纪念馆、盘山抗日斗争事迹陈列馆、烈士墓区、骨灰堂等。纪念碑高 27.5 米，有李运昌、宋劭文等题字。烈士墓区安葬烈士 205 名，包括冀东军分区副司令员兼十三团团长包森、中共冀东西部地区分委书记兼蓟（县）宝（坻）三（河）联合县县委书记田野等。1982年 7 月被天津市人民政府公布为天津市文物保护单位。

盘山抗日烈士陵园

第六节 工业建筑及附属物

北洋水师大沽船坞遗址（清） 全国重点文物保护单位

位于滨海新区塘沽大沽船坞路 27 号，现为天津市船厂所在地，与大沽口炮台相距仅 1.5 千米。1880 年由清朝直隶总督兼北洋大臣李鸿章根据北洋水师修理舰船的需要而建，共有甲、乙、丙、丁、戊、己 6 坞，最大的可容 2000 吨级船只进坞修理。1890 年后，除修造舰船外，开始生产军火。在震惊中外的甲午海战期间，它在承修损坏的部分船舰的同时，继续赶制军火，为抗击外来侵略者、捍卫民族尊严做出了不可磨灭的贡献。1913 年，船坞更名为"海军部大沽造船所"。1954 年 8 月，为适应国民经济和水运事业的发展，便于集中生产指挥，遗址划归新河船厂，取消大沽船坞的建制。

遗址沿海河呈"一"字形分布排列，现存甲坞、轮机厂房各一处，占地面积 46 000 平方米。乙、丙、丁、戊、己 5 个船坞现已淤塞被填埋。北洋水师大沽船坞是继福建马尾船政、上海江南船坞后中国近代第三所造船厂，是北方最早的船舶修造厂和重要的军火生产基地，也是北方近代工业文明的发祥地。它是中华民族抗击外侮、保家卫国的历史见证。

2013 年，北洋水师大沽船坞遗址由国务院公布为第七批全国重点文物保护单位。

北洋水师大沽船坞遗址轮机厂房

比商天津电车电灯股份有限公司旧址（清） 市文物保护单位

位于河北区进步道 29 号。建于清光绪三十年（1904）。原为比商天津电车电灯股份有限公司总部办公楼，1937 年为日伪控制的华北电力公司天津分公司，

1945 年为南京国民政府冀北电力有限公司天津分公司，1949 年后由人民政府电力部门使用。该楼为砖木结构，2 层带地下室。两侧为 3 层平顶塔楼，装有瓶式围栏。中间 2 层为回廊式结构，由 4 组多立克柱均匀分布支撑。门窗造型多样，一层为圆拱，二层为尖拱，三层为平拱。建筑造型规整，典雅大方。2008 年修复，辟为天津电力科技博物馆。2013 年 1 月被天津市人民政府公布为天津市文物保护单位。

比商天津电车电灯股份有限公司旧址

津浦路西沽机厂旧址（清） 市文物保护单位

位于天津市河北区南口路 22 号，始建于清宣统元年（1909）。由德国人设计并承建，伴随津浦铁路修建而设置和兴建的天津机厂，名"津浦路西沽机厂"，俗称"津浦大厂"，是当时中国机车车辆配件生产的重要

津浦路西沽机厂旧址

基地。中华人民共和国建立初期,在工业大调整时厂区扩增,将原属津浦铁路管理局的机务段等处划入该厂,占地面积达 36.86 万平方米,名为铁道部天津机车车辆机械工厂,现为天津机辆轨道交通装备有限责任公司。现存一座德式老厂房和一座水塔,均有百年历史。德式老厂房占地 672 平方米,通高 12.72 米,1 层砖木结构,混水砖墙,坡顶出檐,脊上有贯通天窗。开窗为大型连拱式,每一大窗又嵌套三联拱小窗,采光效果良好。山墙下部开门,山花处设两个圆拱窗。水塔原为蒸汽机车加水之用,塔高 21.5 米,塔尖处设置风向标,风标板上镂空字为"1910",现贮水容量 98 吨,用于生产及花木浇灌。另有扇形厂房一座,硬山顶,平面呈弧状。2013 年 1 月被天津市人民政府公布为天津市文物保护单位。

亚细亚火油公司塘沽油库旧址（1915） 市文物保护单位

位于滨海新区塘沽区海河北岸三槐路 86 号。现保留有 1 座英式 2 层楼房和两个清光绪三十一年（1905）所建的圆形储油罐,占地 13 745 平方米。建于 1915 年,是英国、荷兰两国在中国转运、经营石油产品的专门机构。2013 年 1 月被天津市人民政府公布为天津市文物保护单位。

亚细亚火油公司塘沽油库旧址

黄海化学工业研究社旧址（1922） 全国重点文物保护单位

位于滨海新区塘沽解放路 338 号,现天津碱厂俱乐部东侧。1922 年 8 月,为打破当时西方国家的技术垄断,著名爱国实业家范旭东先生个人出资 10 余万银圆在原久大精盐厂化验室的基础上创建黄海化学工

业研究社,孙学悟任社长,张子丰任副社长。该社人才济济,聚集了张克思、徐应达、聂汤谷等大批化工专业人才,出版了《海王星》等专业刊物,研究成果累累。黄海化学工业研究社在成立之初,主要是协助久大精盐公司、永利碱厂调查和分析原燃物料,对长芦盐场盐卤的应用进行实验,其次是为永利碱厂开发新产品在技术上打下基础。1931 年,研究社成立菌学研究室,开展对酒精原料和酵母的研究,推动了中国菌学及酒精工业的发展。1935 年,研究社试炼出中国第一块金属铝样品,并将其铸成飞机模型以纪念。1937 年七七事变以后,天津塘沽沦陷,黄海化学工业研究社在战时随久大精盐、永利碱厂一同迁往内陆地区并继续开展研究直至抗战结束。1950 年迁址北京,1952 年并入中国科学院。

旧址为英国别墅式砖混结构灰色 2 层楼房,坐北朝南,占地面积 440 平方米。现为黄海化学工业研究社纪念馆。2013 年,黄海化学工业研究社旧址由国务院公布为第七批全国重点文物保护单位。

黄海化学工业研究社旧址

久大精盐公司大楼（1924） 市文物保护单位

位于和平区赤峰道 63 号。由中华兴业公司设计,1924 年作为久大精盐公司驻津办事处。1941 年 12 月,该大楼被日军接管。1945 年 8 月 15 日,日本投降后仍由久大精盐公司继续使用。1956 年,久大与永利合并,1970 年改名为天津碱厂。大楼占地 2087.16 平方米,建筑面积 2242.57 平方米。砖混结构,3 层楼房。平面呈"V"形布局,水泥基座,红砖墙体,上做水泥条框装饰,平顶,立面入口为三开间的爱奥尼柱式门廊,上承三角形山花装饰。2004 年 8 月被和平区人民政府公布为和平区

久大精盐公司大楼

文物保护单位。2013 年 1 月被天津市人民政府公布为天津市文物保护单位。

天津电报总局旧址（1924） 市文物保护单位

位于和平区赤峰道 65—69 号。清光绪六年（1880），李鸿章在津开设了中国第一条电报线路（天津—上海）。清光绪七年（1881），设津沪电报总局。光绪八年（1882），津沪电报总局改官办为官督商办。而后天津电报局也改为官督商办。光绪二十八年（1902），天津电报总局改归官办。1924 年后在法租界丰领事路法国花园旁自建新址办公。该址是一座砖混结构的 3 层楼房，带地下室。建筑平面呈长方形，建筑立面为简化的古典主义建筑风格，上下分为三段，分别是基座、墙身和檐部，左右分为五段。中部大门和建筑转角处做重点装饰，其余均为红砖清水墙。主入口处有附壁柱，柱头为简化的变体爱奥尼柱式，以强调入口。该建筑整体结构基本完整，盔顶钟塔楼损坏，内部结构保存较好。2013 年 1 月被天津市人民政府公布为天津市文物保护单位。

天津电报总局旧址

天津电话六局旧址（1927） 市文物保护单位

位于河北区月纬路 11 号。1925 年 11 月，河北大经路（今中山路 117 号）设电话河北临时分局。1927 年，建新楼于月纬路。1928 年 11 月，开局通话，时称北局。1929 年改称六分局。天津沦陷后，为日本人占有。该楼为砖混结构，2 层带地下室，平顶出檐，正立面中心对称，扇形门厦，上筑山花，以高大爱奥尼式立柱支撑。现为中国联通天津河北分公司，保存完整。2013 年 1 月被天津市人民政府公布为天津市文物保护单位。

天津电话六局旧址

日本新港港湾局办公厅旧址（1940） 市文物保护单位

位于滨海新区塘沽新港办医街 20 号。坐东朝西，为砖木结构的单层式建筑群，双坡起脊式屋顶，呈中轴线布局，共有大小房间 60 余间，东西长约 135 米，南北宽约 100 米，占地 12 000 多平方米。日本侵占华北以后，1940 年，为加速掠夺中国的战略物资，在塘沽建设新港的同时，修建了港湾局办公厅，作为其驻新港港口的管理机构。旧址是目前天津港地区仅存的一处保留比较完好的历史建筑，是日本发动侵华战争、

日本新港港湾局办公厅旧址

掠夺中国物资的历史见证。2013年1月被天津市人民政府公布为天津市文物保护单位。

国营天津无线电厂旧址（1946） 市文物保护单位

位于河北区新大路185号。1936年始建于湖南长沙，为湖南电器厂。1946年迁现址，称中央无线电器材厂天津厂。1949年，改称中央无线电器材厂第二制造厂。1953年，改称国营天津无线电厂，即712厂。1985年，称天津通信广播公司。2000年，称天津通信广播集团有限公司。2002年更名为"天津712通信广播集团有限公司"。1958年3月，在该厂诞生了中国第一台电视机，被誉为"华夏第一屏"。同时该厂也是中国航空电台、铁道电台、战术电台的定点生产厂。现存中华人民共和国成立初期所建办公楼1座和旧厂房2座。办公楼为砖木结构，3层坡顶出檐，檐角有中国特色，正立面中心对称，方形门厅，其规模较大，保存较好。旧厂房皆为硬山顶，开窗宽敞简洁。2013年1月被天津市人民政府公布为天津市文物保护单位。

国营天津无线电厂旧址

福聚兴机器厂旧址（民国） 市文物保护单位

位于红桥区三条石大街塘子胡同中段。以生产各类农具和水车为主，销往华北各城乡，产量、质量均居于同行之前列。现存原有的经理室、柜房、仓库、车间和机器设备等。占地面积630平方米，建筑面积380平

方米，现为三条石历史博物馆之一部分，展示机器厂的复原陈列。1997年被红桥区人民政府公布为红桥区文物保护单位。2013年1月被天津市人民政府公布为天津市文物保护单位。

福聚兴机器厂旧址加工车间

港5井（1964） 市文物保护单位

位于滨海新区大港古林街道马棚口村北。是华北地区的第一口发现井，是华北平原的第一口出油井，也是中华人民共和国成立初期的一口"功勋井"，它为中国石油写下了辉煌的一笔。港5井的发掘是对我国著名地质学家李四光关于华北平原、渤海湾蕴藏石油学术观点的有力证明。港5井保护区为东西长45米，南北宽20米的长方形，面积为900平方米。现港5井保护区内有采油树1座，浮雕墙和简介碑各1座。2013年1月被天津市人民政府公布为天津市文物保护单位。

港5井

第七节 金融商贸建筑

太古洋行旧址（清） 市文物保护单位

位于和平区解放北路 165 号。太古洋行于清嘉庆十七年（1812）在英国利物浦创建，后总行迁至伦敦。天津分行成立于清光绪七年（1881），曾和怡和洋行共同垄断中国的航运业，后兼营糖业、油漆、保险、驳船等业务。该行初设于英租界河坝道，清光绪十二年（1886）在英租界中街建太古大楼。该建筑占地面积 862.07 平方米，为砖木结构 2 层楼房，清水墙，高石阶入口，上部收分做平台。门窗均做拱券形，首层窗楣做放射状花饰。平顶带女儿墙。临街设半封闭金属护栏。2004 年 8 月被和平区人民政府公布为和平区文物保护单位。2013 年 1 月被天津市人民政府公布为天津市文物保护单位。

太古洋行旧址

原华俄道胜银行大楼（清） 市文物保护单位

位于和平区解放北路 123 号。华俄道胜银行总行设于彼得堡，清光绪二十二年（1896）在上海成立总

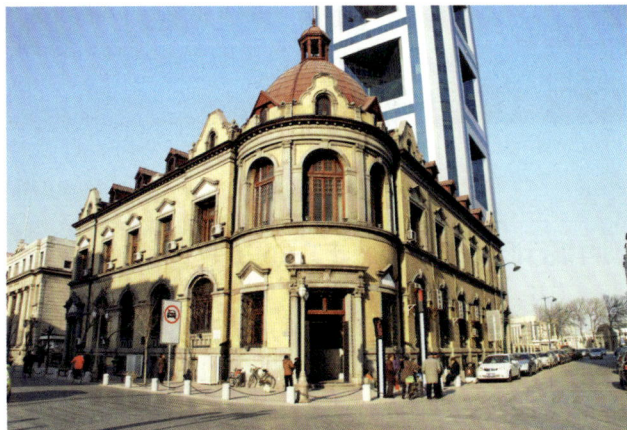

原华俄道胜银行大楼

管理处，次年在天津设立分行。首任买办王铭槐，继任者孙仲英。1900 年兴建此楼，建筑为 2 层砖木结构，外墙水泥饰面，券形窗口，上饰"人"字形山花的平窗，转角是弧形，檐口周边以波迭式六角装修女儿墙，顶部设穹隆顶，平面呈"L"形布局，室内装修考究，木饰精美，是具有浓郁俄罗斯风格的古典主义建筑。

该建筑在第二次全国文物普查中定名为原华俄道胜银行天津分行大楼。1997 年 6 月被天津市人民政府公布为天津市文物保护单位。

北洋保商银行旧址（清） 市文物保护单位

位于和平区解放北路 52 号，建于 1910 年。清末为筹款偿还外商债务，由华洋商人集白银 4000 万两设立北洋保商银行。该建筑是一座砖木结构的 2 层楼房，红瓦大坡顶，外檐为水泥抹灰墙面，内部设木制楼梯，主入口设于楼转角处，入口顶部设塔楼。建筑整体造型简洁大方。2013 年 1 月被天津市人民政府公布为天津市文物保护单位。

北洋保商银行旧址

东方汇理银行大楼旧址（1912） 市文物保护单位

位于和平区解放北路 77—79 号。法国东方汇理银行成立于清光绪元年（1875），总行设在巴黎。天津分行设于清光绪三十三年（1907），利用差价倒卖外汇，牟取暴利。1912 年由比商仪品公司按照东方汇理银行

总行提供的设计图纸，建造砖木结构3层楼房（带地下室）。占地面积1326.86平方米，采取巴洛克及后期集仿主义建筑造型。首层外檐抹水泥面做横线条处理，二、三层原为红砖墙面并砌各种图案点缀。女儿墙用西洋古典宝瓶式

东方汇理银行大楼旧址

栏杆，屋顶转角处原设四坡顶亭子（1976年被震毁拆除）。外檐窗均设有花饰铁栏杆，对建筑立面起到装饰作用。2013年1月被天津市人民政府公布为天津市文物保护单位。

盐业银行旧址（1915）　全国重点文物保护单位

位于原天津法租界的水师营路，今和平区赤峰道12号。盐业银行由长芦盐务使、河南都督、项城人张镇芳创办，1915年开业，总行设于北京，同年天津分行开业。分行由张松泉和王志卿主持，活动中心在天津，其宗旨拟办一个官商合股银行，曾得到袁世凯的赞许，投资者多为官僚。盐业银行是中国著名的商业银行，与金城、大陆、中南三家银行并称为"北四行"，是中国华资银行的翘楚。

该大楼1915年由华信工程公司沈理源设计，整体建筑平面近似矩形，入口两侧采用爱奥尼式巨柱支撑，檐部阁楼使用方柱，上下呼应，为罗马古典复兴的建筑风格。建筑入口门廊采用希腊山门手法，由山花、倚柱、台基等装饰物组成。内廊柱为罗马科林斯柱式。

盐业银行旧址

一层为科林斯柱廊的八角形大营业厅。窗户上是由比利时彩色玻璃拼成的"盐滩晒盐"图案，呼应了盐业主题。大厅内部的地面、廊柱、营业台都由大理石砌成，富贵典雅。整个建筑采用三段式构图，具有典型古典主义特征，气势宏伟，装饰丰富，富丽堂皇。

2006年5月，盐业银行旧址由国务院公布为第六批全国重点文物保护单位。

原花旗银行大楼（1921）　市文物保护单位

位于和平区解放北路90号。该行创办于1812年，总行设于美国纽约，原为民营商业银行。1926年美国政府加入股本，改为官商合办，被指定为代理国库银行。天津分行于1916年开业，该行初设于英租界中街道济洋行旧址。1918年7月23日以45768两纹银自英侨娄利司处租得地皮，动工兴建新址，由穆菲达那建筑师设计，1921年建成，同年迁入营业。主楼3层，设有地下室，为西洋古典式建筑，门前由四根爱奥尼式立柱撑托，构成开放式柱廊，廊前铺砌欧式石阶。营业大厅立有7根方柱，内墙面有壁柱，顶部花雕精细。现为中国农业银行天津支行使用。1997年6月被天津市人民政府公布为天津市文物保护单位。

原花旗银行大楼

朝鲜银行旧址（1918）　市文物保护单位

位于和平区解放北路97—101号。朝鲜银行创办于1911年，由日本投资，总行设于汉城（今称首尔），总裁加藤。天津支行于1918年开业，经理野崎，初设于英租界中街93号（今解放路101号），该建筑为砖

混结构3层大楼，平面呈梯形。顶部为坡顶，出檐。主入口位于转角处，设菲律宾木雕花大门，内部设木质楼梯，部分地面铺彩色瓷砖。入口两侧立14根多立克式砖柱，采用磨砖对缝的传统建筑手法。二层窗台部位做瓶式列柱水泥装修，二层上端以牛腿做支点出檐，形成护栏式回廊。2004年8月被和平区人民政府公布为和平区文物保护单位。2013年1月被天津市人民政府公布为天津市文物保护单位。

朝鲜银行旧址

仁记洋行天津分行旧址（1920）　市文物保护单位

位于和平区解放北路127—129号。英商仁记洋行成立于第二次鸦片战争之前，总行设在上海，天津设立分行，居"四大洋行"之列，经营轮船、火车、古玩玉器、毛发，兼营保险、海陆运输、招募华工等。该行初设在英租界河坝路的一幢小房里，清光绪二十六年（1900）被义和团焚毁，后利用庚子赔款迁址至英租界中街，1920年建成仁记大楼。旧址为2层西式建筑，带有地下室，建筑面积1230平方米。首层中部入口做

仁记洋行天津分行旧址

券门，一层至二层之间点缀了水泥花饰，平顶带女儿墙。立面布局左右对称，二层窗楣雕有兽头图案。2013年1月被天津市人民政府公布为天津市文物保护单位。

原怡和洋行大楼（1921）　市文物保护单位

位于和平区解放北路155—157号。怡和洋行是最早向中国贩卖鸦片的英国洋行。经营航运、军火、仓储、保险等业务，收购猪鬃、羊毛、棉花、大豆、油脂出口英国，牟取暴利。除远洋航运外，亦有客、货轮，定期往返津穗、津沪之间的两条航线，并借助子口税的特权，垄断中国的航运。1867年在天津设分行，是天津最大的外商洋行。其买办是广东帮开创者、买办中的巨头梁炎卿。1921年，改组后的怡和有限公司在津永租到现址地皮，建怡和大楼。该建筑为2层西式楼房，入口位于立面中央，左右各立一根科林斯式巨柱，门楣上方有三角形山花，经石阶进入门厅。外檐墙水泥饰面，开有平窗，平顶出檐。1997年6月被天津市人民政府公布为天津市文物保护单位。

原怡和洋行大楼

大陆银行旧址（1921）　市文物保护单位

位于和平区哈尔滨道68号。北洋政府财政部次长谈荔孙于1919年在津创办大陆银行，并任董事长，冯国璋、李纯、齐燮元等均有大量投资。冯国璋以此行作其金融基地，先后在京、津、沪、汉等地设分行。1921年同金城、盐业、中南银行联营与外商竞争，形成著名的"北四行"。该建筑建于1921年，砖混结构，3层带地下室楼房。占地面积901.37平方米，平顶，上筑女儿墙，外檐通体水泥砂石饰面，上配矩形木质门窗。二层局部出台，护栏做瓶式列柱装饰，窗楣形状各异，门楣柱头精美。左侧楼顶还建有一多坡顶小塔楼。2004

年 8 月被和平区人民政府公布为和平区文物保护单位。2013 年 1 月被天津市人民政府公布为天津市文物保护单位。

大陆银行旧址

原浙江兴业银行大楼（1922） 市文物保护单位

位于和平区和平路 237 号。浙江兴业银行创立于 1907 年，初期总行设于杭州，1915 年迁往上海。1915 年天津分行成立，该行除经营各种存放款和汇兑业务外，还发行带有天津地名的兑换券。1952 年 12 月 15 日，与天津市其他银行合并成立公私合营银行天津分行，浙江兴业银行天津分行业务正式结束。该楼由华信工程公司沈理源建筑师设计，混合结构，局部 3 层。平面近似倒三角形，入口设于转角处。门前建有 6 根爱奥尼式立柱，白色大理石料 10 级高台阶采用内缩后退的方式修砌而成。室内过厅两侧树立大理石方柱 4 根。通过

原浙江兴业银行大楼正面

过厅进入圆形交易大厅。大厅周围建有大理石圆形列柱 14 根，汉白玉柱头，上有交圈的环形梁，其内侧为汉白玉和大理石饰面，上雕中国古钱币图案，与西方柱式巧妙融合。厅顶为半球形钢骨架，镶装玻璃来采光。整座建筑做工精美，具有古典主义风格。1997 年 6 月被天津市人民政府公布为天津市文物保护单位。

原汇丰银行大楼（1925） 市文物保护单位

位于和平区解放北路 82 号。英商汇丰银行成立于 1865 年，总行设在香港，曾在内地 20 余个城市开设分行。天津分行筹设于 1880 年；1882 年正式开业，是租界内最早的外资银行，首任买办吴调卿，继任者郭矩卿。该行用高利率向清政府提供借贷，以关税、盐税作抵押，并拥有在中国发行纸币的特权，当时天津的每日外汇牌价均以汇丰银行为准。该行初设于宝士徒道与河坝道（今营口道与台儿庄路）交口，1925 年迁至此处。此楼建于 1924 年至 1925 年间，由英商同和工程司设计。为 3 层钢混结构大楼，外檐正立面花岗石饰面。石砌基座，高台阶，入口两侧置 4 根爱奥尼式高柱，上作三角形山花，重檐形檐口。两侧各设旁门，以 2 根圆柱支撑冰盘门楣，各门均为花饰铜门。营业大厅内四周沿墙立 16 根圆形大理石柱，富丽堂皇。其建筑具有极高的历史和艺术价值。1997 年 6 月被天津市人民政府公布为天津市文物保护单位。

原汇丰银行大楼

原中央银行天津分行大楼（1925） 市文物保护单位

位于和平区解放北路 115—117 号。1927 年 10 月，国民政府颁布《中央银行条例》，1928 年 10 月，国民政府制定了《中央银行章程》，明文规定中央银行为

国家银行,并于 1928 年 11 月 1 日于南京宣布正式成立中央银行,宋子文、孔祥熙先后出任总裁。1931 年 4 月,天津分行在此成立并开业。此楼建于 1925 年,原为中华汇业银行,由华信工程公司建筑师沈理源设计。砖混结构,带地下室 3 层楼房。正入口设于首层中央,石阶同半地下室等高,门楣过梁,上饰三角形图案。两侧各排列 4 根爱奥尼式柱直抵二层顶端,承托钢混带状横檐。三层略显简化,平顶,中央做波浪形山花,以强化垂直轴线布局。另于底层左侧开券洞式旁门,为职员进入楼内的通道。1997 年 6 月被天津市人民政府公布为天津市文物保护单位。

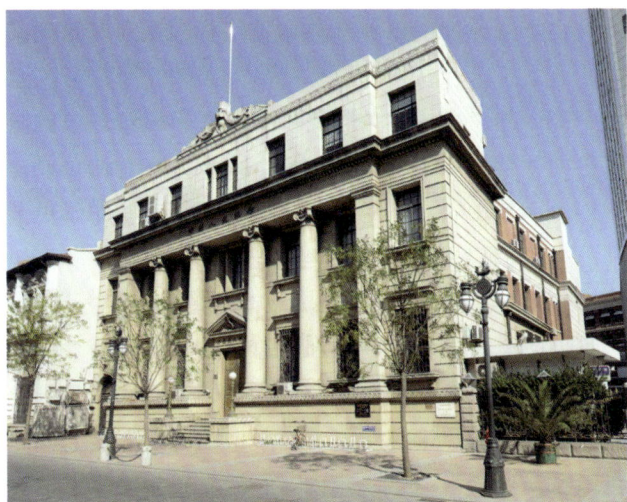

原中央银行天津分行大楼

原麦加利银行大楼（1925） 市文物保护单位

位于和平区解放北路 151—153 号。麦加利银行为英国皇家特许的英国殖民地银行,总行 1853 年创办于伦敦,初在大洋洲及东南亚地区设有分支机构,1858 年在上海设分行,1896 年又在天津设分行。在天津的分行是继汇丰银行后开设的第二大英资银行。徐朴庵、邓仰周先后担任该行买办。1925 年兴建该楼,由英商

原麦加利银行大楼

景明工程公司设计、监理完成。大楼为 2 层钢混结构,平面布局近似平行四边形。台基由花岗岩砌筑,正门两侧分立 6 根高大西洋古典圆柱,并设附壁柱。主楼内部采用天井采光。外墙面做仿西洋古典长方形水刷石断块,钢门窗,旋转门。台阶两翼分设混凝土西式大花盆,其外缘立短柱以铁索相连,内植花草。楼内大厅地面施意大利大理石,经理室施橡木席纹地板,盥洗室、衣帽间均为水磨石地面。地下层设钢混保险库。整体建筑宏伟庄重。

1937 年后,原中国营造学社迁往四川宜宾李庄时,将业务档案转移至该行,存入地下室。1997 年 6 月被天津市人民政府公布为天津市文物保护单位。

原横滨正金银行大楼（1926） 市文物保护单位

位于和平区解放北路 80 号。总行设于日本横滨,清光绪二十五年（1899）在天津设分行,充当日本中央金库代表,以支付日本华北驻屯军的军费。抗日战争期间,该行通过向伪中国联合准备银行透支,支持在华日商向中国华北地区大量输出廉价原料、资源,牟取暴利,掠夺军需物资,支持侵华战争。天津分行大楼建于 1926 年,由英商同和工程司设计施工。3 层,局部 4 层,混合结构,建筑面积 3150 平方米。入口设在首层,中央为金属板大门。正立面设 8 根贯通一、二层的科林斯式巨柱,构成柱廊,柱头花饰精细,墙面用花岗岩砌筑。建筑稳重、华丽,整体造型颇具罗曼式建筑风格。1997 年 6 月被天津市人民政府公布为天津市文物保护单位。

原横滨正金银行大楼

花园大楼旧址（1927） 市文物保护单位

位于和平区大沽北路 176—192 号。1927 年,由英

商先农公司出资建造，为西洋建筑风格的公寓式建筑，供旅津外商租用。因地处英租界维多利亚花园右侧，故称"花园大楼"。平面呈"L"形布局，砖混结构5层楼房。外檐通体水泥饰面，局部配水泥方格图案。门厅顶部做"人"字形山花，首层挑檐呈"一"字形。楼内房间组合配套，自为单元，木制地板，装修良好，设施齐全，配有电梯。2013年1月被天津市人民政府公布为天津市文物保护单位。

花园大楼旧址

基泰大楼旧址（1928） 市文物保护单位

位于和平区滨江道109—123号。建于1928年，由华人建筑师事务所——基泰工程司建筑师关颂坚、杨廷宝设计。砖混结构，主体为5层的大楼。立面对称，主入口上为过街楼，下为通道，两侧设高台阶入口。钢混条状基础，钢框构造柱基承重。外檐立面壁柱与清水墙面疏密相间，凹凸有致，青红砖砌圆、方、菱形花饰图案，窗形各异。女儿墙上装点传统古钱花饰。券式洞门内卧，由两对绳纹立柱承托。大楼集中西建筑手法于一体，是基泰工程司的代表作。2013年1月被天津市人民政府公布为天津市文物保护单位。

天津劝业场大楼（1928） 全国重点文物保护单位

位于原天津法租界杜总领事路和福煦将军路交叉的十字路口，今和平区和平路280—290号、滨江道152—166号。大楼由井陉煤矿买办高星桥集股资，法籍工程师慕乐（P.Muller）设计，法商永和营造公司建造，1928年12月落成。匾额由津门著名书法家华世奎书写。该建筑为钢混框架结构，建筑面积21 000平方米。大楼主体5层，转角部分8层，由五层起分三段逐节收分，顶端有穹隆塔顶，上面装有旗杆针、避雷。临街首层上部出钢混大挑檐，以方柱支撑，构成风雨走廊。入口做大拱连檐贯通，立面阳台凹凸相间，护栏式层顶花园，辟"天外天"游乐场。楼内营业大厅为中空回廊式，两端设双向楼梯，以过桥连接。整体建筑石材饰面，窗户形式多样，建筑形式带有折中主义色彩。

天津劝业场是当时华北地区规模最大的百货商场，场内设有天华景戏院、天宫影院、天乐评戏院等8个娱乐场所，合称"八大天"。集购物、娱乐、休闲于一体，是中华著名商业老字号，并一度成为天津的象征。

2001年6月，天津劝业场大楼由国务院公布为第五批全国重点文物保护单位。

基泰大楼旧址

天津劝业场大楼

原东莱银行大楼（1930）　市文物保护单位

　　位于和平区和平路 289 号。东莱银行成立于 1918 年 2 月，是一家民营独资金融机构。天津分行于 1919 年 3 月成立，初在天津老城东门外宫北大街信成里；1921 年迁址宫北大狮子胡同。1926 年，东莱银行总行移设天津，1930 年，东莱银行总部大楼建成，遂从旧址迁入新楼。该建筑由德国工程师贝伦特（Brentt）设计。平面呈倒梯形，建筑为 3 层混合结构，并设地下室及顶层塔楼。主入口在大楼转角处，另在和平路上设一过街楼，将整个建筑分成两部分，中间则为庭院。建筑入口处前凸，两侧各有双柱承托门厅，上做三角形山花，形成柱廊。顶层设有重檐坛式塔楼。室内为木楼梯，扶手栏杆刻有精细的图案。半圆形窗户用彩色玻璃镶嵌。建筑外檐采用壁柱式，并有许多西洋雕饰，是一座典型的折中主义风格建筑。1997 年 6 月被天津市人民政府公布为天津市文物保护单位。

原东莱银行大楼

惠中饭店（1930）　市文物保护单位

　　位于和平区华中路 2 号。惠中饭店建于 1930 年，位于天津市繁华商业中心的和平路与滨江道交口，惠中饭店、交通饭店、劝业场、原兴业银行等各踞一角，饭店名称取自成语"秀外慧中"之含意。由天祥股东李魁元和周振东、康振甫等人合资兴建，1931 年开业。店内有客房 100 余间，设有中餐、西餐部，及舞厅、露天影院。为框架结构，主体 5 层，局部 6 层。平面布局呈梯形，建筑面积 11 940 平方米。主立面底层做基础处理，台阶、立柱、墙面镶嵌大理石。二层至四层采

用附墙水刷石壁柱，四层出檐，四层以上做收分，穹隆顶塔楼。其建筑形态高大，造型古朴端庄。剧作家曹禺曾以 20 世纪 30 年代的惠中饭店为背景，写出名剧《日出》。2013 年 1 月被天津市人民政府公布为天津市文物保护单位。

惠中饭店

大阔饭店旧址（1931）　市文物保护单位

　　位于和平区浙江路 15 号。1931 年由犹太人崔柏夫出资兴建。砖混结构，主体 4 层楼，含地下室，建筑面积 3792 平方米。平面为条状，弧形转角。入口设有 4 根多边角柱，五层建盔形塔楼，首层转角设钢混模板雨厦，二层转角设金属花饰护栏阳台。楼内大餐厅立有 10 根塔司干柱子，地面铺设"人"字形地板，并设大理石面壁炉。店内功能齐备。2013 年 1 月被天津市人民政府公布为天津市文物保护单位。

大阔饭店旧址

原中法工商银行大楼（1933） 市文物保护单位

位于和平区解放北路 74—78 号。中法工商银行前身是中法实业银行，创办于 1913 年，为中、法合办金融机构，总行在巴黎。1921 年宣告歇业，改组为中法工商银行。天津分行 1925 年开业，张鸿卿、陈及三、王采丞、张晋卿、阎治华等人曾先后出任该行买办。分行大楼建筑始建于 1919 年，1932 年由法商永和营造公司设计改造，1936 年再次增建成今之规模和形制。该建筑为混合结构，砖砌墙体。主楼为 4 层，另有 1 层半地下室。首层设营业大厅，右侧为经理室，左侧为接待室。二层为办公室，三层为普通职员住房，四层为高级职员住房。地下室有保险库 2 间。大楼沿街立面运用了西洋古典主义建筑的造型要素。整个外饰面为仿水刷石，以正门入口为中心向两侧沿弧线对称排列 10 根科林斯式巨柱，形成前廊。沿解放路一侧立面设有扁方形壁柱。四层内卧，外侧设置一排列柱，支撑檐部形成柱廊，其外形为罗马塔司干柱式。两层柱廊比例悬殊、对比强烈，使建筑立面显得十分丰富。1997 年 6 月被天津市人民政府公布为天津市文物保护单位。

原中法工商银行大楼

原新华信托储蓄银行大楼（1934） 市文物保护单位

位于和平区解放北路 10 号。新华信托储蓄银行前身为新华储蓄银行，由中国银行、交通银行两家银行于 1914 年联合创办，总行设于北京，1917 年改组为商业储蓄银行。1918 年春，天津分行开业。因对外信誉欠佳，1931 年再次改组，将信托作为主营业务，更名为"新华信托储蓄银行天津分行"。1934 年在此辟建新楼，由华信工程公司沈理源设计。框架结构，6 层建

筑，正立面顶部设塔楼。主入口位于首层转角处，小门、旁门均用铜板包饰，外檐由下至上以纵向壁柱做线条，使整座建筑纵向感明显。正立面顶端做断檐折叠山花，保留了欧式古典风格。1997 年 6 月被天津市人民政府公布为天津市文物保护单位。

原新华信托储蓄银行大楼

渤海大楼（1934—1936） 市文物保护单位

位于和平区和平路 277 号。渤海大楼由法商永和营造公司设计，是一座具有现代风格的高层建筑，建楼地皮为高星桥与庆亲王载振（钟锐铨名义）合股购买，大楼建成后，高星桥交予其子高渤海经营管理，故名渤海大楼。大楼主体 8 层，局部 10 层，顶上有方形云亭（八层至顶层逐层缩小），共 11 层（内部结构为 13 层），大小房间 137 间，建筑高度 47.47 米，建筑面积 476.30 平方米。大楼坐北朝南，基底平面呈不规则的五边形。主体为现浇钢筋混凝土全框架结构。首层正立墙面镶嵌浅色大理石，在一、二层之间设 3 道腰线，二层以上正面镶贴褐色麻面砖，背面是琉缸砖清水墙。建筑基础坚实、结构牢固、造型优美壮观，是天津早期现代高层建筑杰作之一。1997 年 6 月被天津市人民政府公布为天津市文物保护单位。

渤海大楼

原金城银行大楼（1937） 市文物保护单位

位于和平区解放北路 108—112 号。1917 年，中国近代银行家周作民，联合倪嗣冲、王郅隆、任凤苞、胡笔江等发起人开办金城银行。该行先后在京、沪、汉等地设分行。1936 年总行由津迁至沪。1939 年其存款居私人银行之首。该建筑建于 1937 年，由著名的中国第一代建筑师、华信工程公司的沈理源设计，为砖混结构，2 层西式楼房，正立面有 8 根西洋古典爱奥尼式立柱承重，形成柱廊，外跨半圆形阳台。建筑精美，别具一格。1997 年 6 月被天津市人民政府公布为天津市文物保护单位。

原金城银行大楼

利华大楼（1938） 市文物保护单位

位于和平区解放北路 114—116 号。该楼由法籍犹太人李亚溥（Marcel Leopold）投资兴建。李亚溥在第一次世界大战时应征入伍，潜逃后买得瑞士护照游荡欧洲，经海参崴来津，借为法商利威洋行销售珠宝之机，经营军火、钟表等业务，成为暴发户，开设利华洋行，并使其由小商行发展成为经营金融、保险、放款、房地产的公司。

利华大楼

利华大楼初建于 1936—1938 年，由法商永和营造公司工程师保罗·慕乐（P.Muller）设计，总建筑面积 6193 平方米。钢混框架结构，主楼 10 层，副楼 2 层至 3 层，钢混方桩基础，现浇地梁。主楼平面呈"凸"字形，与副楼之间成方形庭院。为一集办公、高级公寓及金库等多种功能于一身的办公楼，也是天津最早采用现代技术，具有现代功能的高层建筑之一。主楼用深棕色麻面砖贴面，镶大玻璃钢门窗。楼内中央设两部电梯，并设两跑式宽敞楼梯。室内护墙、门窗均以优质菲律宾木材精工制成，主要房间铺设"人"字纹地板。整体设计为非对称式，方圆结合，高低错落，轮廓清晰，是典型的现代主义风格的高层建筑。1997 年 6 月被天津市人民政府公布为天津市文物保护单位。

原中南银行大楼（1938） 市文物保护单位

位于和平区解放北路 86—88 号。中南银行是 1921 年由印尼侨商、福建泉州人黄奕柱联合原交通银行北京分行经理、银行家胡笔江在上海共同投资开办的股份制银行，取中国与南洋华侨合作之意，故名中南银行。1922 年在天津设分行，主营存放款业务。该建筑原为钢混结构 2 层建筑，1938 年经华信工程公司沈理源设计，增建为 3 层。建筑中央以钢混金属花饰穹顶为轴，做对称布局。扇形石阶上置伞罩式门厅。外墙用花岗岩贴砌，外檐端以横线条为主线，配以高大壁柱，两侧设有旁门。楼内格局以回廊式营业大厅为主。建筑整体简洁明快。1997 年 6 月被天津市人民政府公布为天津市文物保护单位。

原中南银行大楼

四行储蓄会旧址（民国） 市文物保护单位

位于和平区解放北路 149 号。近代中国盐业银行、金城银行、中南银行和大陆银行四家北方著名的私营银行,统称"北四行",是民国时期北方金融集团之一。第一次世界大战期间,帝国主义无暇东顾,民族工业得以发展。为与外商储蓄会相抗衡,急需资金,北四行于1923年1月在上海创办四行储蓄会。天津分会设在四行准备库内,占地面积574.62平方米,为砖混结构,3层(带地下室)建筑。外檐为红缸砖清水墙面,局部点缀灰色石材。首层中部扇形高台阶在入口处前凸,分设3个拱券门窗。二层至三层分立4根立柱,顶部出檐,装修精美。2004年8月被和平区人民政府公布为和平区文物保护单位。2013年1月被天津市人民政府公布为天津市文物保护单位。

四行储蓄会旧址

第八节 中华老字号

瑞蚨祥绸布店旧址(清) 市文物保护单位

位于红桥区估衣街44号。始建于1908年,是山东籍孟氏在估衣街开设的棉布庄之一。店址初在北门外竹巷内。清光绪三十四年(1908),孟雒川在锅店街开设瑞蚨祥鸿记门市部。1921年,瑞蚨祥在估衣街东口开设西号。1932年在估衣街西口开设瑞蚨祥庆记。1953年,鸿记、庆记并入西号,1956年公私合营后转为国营。1986年瑞蚨祥在估衣街又恢复了其字号,经营品种有所增加。建筑坐北朝南,砖木结构,由前院、营业厅和后楼组成,建筑面积1320平方米。前院为天井式,顶部为钢制大罩棚,前檐饰铁花护栏。营业厅为2层外廊式,楼上正中空间上设隔扇式天窗。后楼为经

理室、账房等。店堂宽宏,内外装修古朴典雅,具有中国传统商业建筑的风格。地面到顶棚高10.21米,建筑宽14.22米(包括外墙),门市内通面阔11.056米,建筑长53.4米(包括外墙),进深26.28米。每年加以维修,现状残破。1997年6月被天津市人民政府公布为天津市文物保护单位。

谦祥益绸缎庄旧址(1917) 全国重点文物保护单位

位于红桥区估衣街94号。谦祥益(保记)绸缎庄开办于1917年,为山东章丘孟广宦(字养轩)创办,是中国历史悠久,以信誉著称的老字号之一。该建筑坐北朝南,由东西两部分组成,占地面积2246平方米,建筑面积4100平方米。

旧址为砖木结构,叠梁式屋架。砖砌高墙大门,入

瑞蚨祥绸布店旧址

谦祥益绸缎庄旧址

口为西式圆形立柱，上承连弧拱券，两侧墙面饰巨幅浮雕仙鹤图。前院为天井式，顶部设钢架大罩棚，前檐饰铁花栏杆和云子。店内西半部营业大厅为两层外廊式楼房，楼上中部空间装大罩棚，回廊木柱、栏杆、檐板、楣子等花饰精致。东半部为办公用房，纵向分3个院落，均为两层外廊式楼房，开间以木隔扇相隔，内外装修具有中国传统商业风貌特色。

谦祥益绸缎庄旧址具有近百年历史，是我国重要的近代商业遗产，其中西合璧式的建筑形式反映了天津民国时期建筑的历史风貌，是该时期商业繁荣的历史见证。

2013年，谦祥益绸缎庄旧址由国务院公布为第七批全国重点文物保护单位。

起士林餐馆（1940） **市文物保护单位**

位于和平区浙江路33号。最初为德国厨师起士林（Kiessling）开办。据说他曾是德皇威廉二世的宫廷厨师，清光绪二十六年（1900）随八国联军来到中国，退伍后留津，曾任袁克定（袁世凯长子）的西餐厨师。清光绪三十四年（1908）与妻弟在法租界中街合办起士林餐馆。1940年义顺和糖果店投资在现址兴建维格多利西餐厅，1954年，起士林店迁入并经营至今。建筑为现代式、钢混结构4层楼房，建筑面积4756平方米，平面呈扇形，外观为弧形，大理石镶面，大玻璃窗。楼内设有餐厅、酒吧。2013年1月被天津市人民政府公布为天津市文物保护单位。

起士林餐馆

第九节 水利设施及附属物

九宣闸（清） **市文物保护单位**

位于静海县唐官屯镇靳官屯村南，马厂减河与南运河交汇处。始建于清光绪七年（1881）。保存较好。闸总宽12.4米，全部由细加工块石砌成。开敞式结构，共分5孔，每孔各高5.8米，宽4.75米，机架桥宽3.8米。平板钢闸门，钢缆电动卷扬启闭，启闭机5台。闸上有交通桥，长43米，宽8.6米，1975年更换钢筋混凝土板梁，铺沥青。闸旁立碑，碑文为清直隶总督李鸿章书写。2013年1月被天津市人民政府公布为天津市文物保护单位。

海河防潮闸（1958） **市文物保护单位**

位于滨海新区塘沽区渤海湾天津港航道外端，海河干流入海口处，北距新港船闸13.3海里。闸体结构

九宣闸

海河防潮闸

为开敞式，共 8 孔闸门，两岸控制楼为仿古建筑，气势宏伟，占地近 13 000 平方米。建于 1958 年，主要目的是实现海河水"咸淡分家，保水泄洪"，是一座泄洪、挡潮、蓄淡等综合利用的大型水闸，自建成以来贡献突出。是中华人民共和国成立后首批重点水利工程，是"塘沽三闸"之一。2013 年 1 月被天津市人民政府公布为天津市文物保护单位。

引滦入津工程纪念碑（1983） 市文物保护单位

位于红桥区子牙河、南运河、海河交汇的"三岔河口"处。是天津市委、市政府为纪念党中央、国务院解决天津城市用水问题，兴建的一项跨省市、跨流域的综合性供水工程——引滦入津而建造的一座纪念碑。立于 1983 年 9 月，由邓小平题写"引滦入津工程纪念碑"。通高 24 米，分碑座及人物塑像两部分，碑座为三角形大理石质地，高 18 米。上立汉白玉雕刻的妇女抱婴儿塑像。2013 年 1 月被天津市人民政府公布为天津市文物保护单位。

引滦入津工程纪念碑

第十节 文化教育建筑及附属物

天津印字馆旧址（清） 市文物保护单位

位于和平区解放北路 189 号。由英商肯特建立，是英国人在天津创办的首家铅字印刷厂。从清光绪二十年（1894）开始承印英文版的《京津泰晤士报》，并翻译国外科技书刊，印刷各种精致的中英文书籍，是与路透社天津分社、英文《京津泰晤士报》三位一体的英国文化机构办公地点。建筑面积 3020 平方米，砖木结构，由英国工程师库克（Cook）和安德森（Anderson）设计。红砖外墙，正面的外墙饰以麻石表面，并用上升感极强的白色直线条纹装饰。整栋大楼红白相间，色彩活泼，具有浓郁的巴伐利亚建筑风格，保存状况良好。2013 年 1 月被天津市人民政府公布为天津市文物保护单位。

南开学校旧址（清） 全国重点文物保护单位

位于南开区南开四马路 20 号、22 号。学校始建于清光绪三十年（1904）。创办人为著名教育家严修（严范孙）、张伯苓，初名"私立中学堂"，后改名为"敬业中学堂"。光绪三十一年（1905），学校改名为"私立第一中学堂"。后因学生日众，校舍难容，邑绅郑菊如捐赠南开田地 6670 平方米，严修、王益孙、徐菊人（徐世昌）、卢木斋、严子均诸人捐银两万六千两以建新校舍。光绪三十三年（1907），新校舍建成，因地处南开洼，后更名为私立南开中学堂。

南开学校旧址现存东楼（伯苓楼）、北楼、范孙楼、

天津印字馆旧址

南开学校旧址

瑞廷礼堂 4 幢文物建筑。伯苓楼建于 1906 年，为当时南开学校的中心建筑，1976 年震损，1977 年依原貌复建。北楼建于 1913 年，两楼均为砖木结构 2 层楼房。范孙楼始建于 1929 年，由阎子亨设计，是为纪念严修先生，在张伯苓的倡议下，由海内外校友捐建的。瑞廷礼堂建于 1934 年，由天津实业家章瑞庭捐建，故名瑞廷礼堂。该建筑为砖木结构，体量厚重敦实，造型庄重雄伟，建筑手法具有中西合璧的特色。南开学校是天津最早的私立中学，历史悠久，学风优良，1913 年至 1917 年周恩来曾就读于此。

1996 年 11 月，南开学校旧址由国务院公布为第四批全国重点文物保护单位。

大公报社旧址（1906）　市文物保护单位

位于和平区和平路 169 号。大公报为天主教徒英敛之于清光绪二十八年（1902）5 月 12 日在津创办，社址原设于法租界，清光绪三十二年（1906）迁址日租界旭街（今和平路）。1916 年售与皖系政客王郅隆，成为安福系喉舌。1926 年 9 月由金融界吴鼎昌接办，抗战前夕，增开上海版和汉口版。1938 年开办香港版和重庆版。1956 年 10 月迁至北京，1966 年终刊。旧址为砖混结构，2 层普通楼房，建筑面积 1620 平方米，平顶，外檐墙水泥饰面，上檐雕饰精美，下配多个白色矩形窗。首层入口原为券形洞门。排版印刷均在楼内。2004 年 8 月被和平区人民政府公布为和平区文物保护单位。2013 年 1 月被天津市人民政府公布为天津市文物保护单位。

大公报社旧址

直隶第一女子师范学校旧址（1906）　市文物保护单位

位于河北区天纬路 4 号。建于 1906 年，是中国较早的新型女子学校，简称"女师"，邓颖超、刘清扬、郭隆真等均曾在此校就读。1937 年天津沦陷，学校迁到兰州，因校址被日军占用，造成一定程度损坏。抗战胜利后，女师迁回天津旧址复校。中华人民共和国成立之初为综合类艺术院校。1980 年，经国务院批准为天津美术学院，延续至今。现分南北两院，北院遗存一座罗马式混合结构 3 层带地下室教学楼（习称北大楼），坡顶出檐，爱奥尼式立柱支撑 3 层高门厅，上筑山花，坡顶正中有八角形拱顶阁楼。2001 年仅存早期 2 层砖木结构教学楼。随着学校的发展和需要，2001 年整修后改建为混合结构 3 层楼。1997 年 6 月被天津市人民政府公布为天津市文物保护单位。

直隶第一女子师范学校旧址

北洋大学堂旧址（清）　全国重点文物保护单位

位于红桥区光荣道 2 号。北洋大学创建于清光绪二十一年（1895），是中国第一所现代大学，初名"天津北洋西学堂"，后改名"北洋大学校""国立北洋大学"。庚子之役后，北洋大学于 1902 年迁至西沽武库新校址，改名为"北洋大学堂"。1928 年改名国立北洋学院。抗日战争胜利后恢复国立北洋大学，校址在原址。1951 年 9 月，北洋大学与河北工学院合并，定名为天津大学（校址迁至南开区七里台）。1958 年河北工学院复校后，与天津工学院合并，改称天津工学院。1969 年，天津工学院划归河北省，改名河北工学院。1995 年改为河北工业大学，校址即北洋大学堂旧址。

旧址现存有南楼、北楼、团城 3 座建筑。南楼、北楼分别建于 1933 年和 1937 年，南楼占地面积为 2336 平方米，北楼占地面积为 2315 平方米，均为砖混结构 3 层楼房，建筑布局对称，体形简洁大方，红砖墙面。

团城建于1930年左右，占地面积939.42平方米，为砖木结构平房，青瓦坡顶，青砖墙面，外墙上装饰有雉堞，房间内设有壁炉，曾为北洋大学办公地。著名桥梁专家茅以升1945年8月任北洋大学校长时曾在此居住、办公。南楼现为河北工业大学校史馆，门上悬挂"北洋工学院"牌匾。北楼现为河北工业大学第五教学楼，门上"北大楼"牌匾残破，字迹剥落。

北洋大学堂是中国最早培养工程技术人才的专业大学，历史悠久，闻名中外，经济学家马寅初、革命活动家张太雷等均毕业于此校。它是我国近代大学历史的开端，其办学章程、学科设置、教学内容和思想等都"为继起者规式"，是中国近代高等教育的起点，对中国近代社会的发展起到了重要作用。

2013年，北洋大学堂旧址由国务院公布为第七批全国重点文物保护单位。

北洋大学堂旧址

扶轮中学旧址（1918） 市文物保护单位

位于河北区吕纬路93号。现存石砌的南、北楼2幢，

扶轮中学旧址

均用青石条砌筑。南楼为教学楼，北楼为礼堂、实验室等，建筑面积8562平方米，现保存完好。是中国创建最早的一所铁路职工子弟学校。著名的数学家陈省身曾于该校就读。曾名"交通部第一中学""交通部立天津扶轮中学""铁道部立扶轮中学"。1950年改称天津铁路职工子弟中学。1963年改称天津铁路职工子弟第一中学（铁一中）。2005年恢复"天津扶轮中学"校名。1993年5月被河北区人民政府公布为河北区文物保护单位。2013年1月被天津市人民政府公布为天津市文物保护单位。

原光明社（1919） 市文物保护单位

位于和平区滨江道143号。1919年由英籍印度人巴厘建造，名"光明社"。1927年转由上海联华影片公司罗明佑接管经营，更名为"光明电影院"。天津沦陷后，改由日商华北影片公司经营。建筑为钢混结构，4层。门厅3开间，观影厅置于其后。立面3段对称设计，中轴线顶部筑3层楼阁式塔亭，两侧作山花状女儿墙陪衬。首层为横排玻璃门窗，山花门楣上有"光明社"字样。二层至四层为纵向玻璃窗，外窗抱框周边饰浮雕，外廊饰以几何形琉璃砖面。造型匀称美观，细部装饰丰富，具伊斯兰建筑特征。1997年6月被天津市人民政府公布为天津市文物保护单位。

原光明社

南开大学建筑群（1919） 市文物保护单位

位于南开区卫津路94号。创办于1919年，创办人是著名爱国教育家张伯苓（1876—1951）和严修（1860—1929）。南开大学部成立时，设文、理、商三科，招收学生96人。早期的南开大学作为私立大学，其经费除政府少许补贴和学费及校产收入外，基本赖于基金团体和私人捐赠。

南开大学主楼位于南开大学中南部，建于1961年。该建筑由天津工业建筑设计院刘润身、庞瑞主持设计，占地面积18 212平方米，是当时天津市规模最大的高校建筑。该建筑坐北朝南，松香石墙面，砖混结构6层，局部12层，屋顶上设塔楼，造型轴线对称，雄壮宏伟，朴素大方。立面上做出凹进凸出的"垂直体量"划分，利用高低层结合，局部做成塔楼形式，突出了中心教学楼的位置。入口门厅由6根方形立柱支撑，门前为广场，广场正中立有周恩来雕像。主楼已成为南开大学的标志。

南开大学校内现存历史最久的思源堂，以及芝琴楼、秀山堂主楼、木斋图书馆、学生第三食堂、北村教职工宿舍楼、学生宿舍楼都具有一定的历史价值及建筑艺术价值。2013年1月被天津市人民政府公布为天津市文物保护单位。

南开大学主楼

北疆博物院旧址（1922）　市文物保护单位

位于河西区马场道119号。北疆博物院是法国动物学博士、地质学家、古生物学家、考古学家、神甫桑志华于1914年创办的。它收集了中国北方各省及西藏东侧等地区的岩矿、古生物、古人类化石，及动物、植物标本20余万件，其中有许多标本为世界独有的。该院出版物共51期，出版的刊物、著作有很多已列入世界动物学、植物学、古生物学文献宝库。自1914年至1922年，桑志华将采集的标本都放在位于天津法租界圣路易斯路18号（今营口道20号）的崇德堂，随着科考规模的扩大和采集标本的增多，崇德堂已经无法容纳。1922年，在法国天主教会献县教区的支持下，在马场道南侧建立了北疆博物院。它曾吸引许多外国专家来此工作，被誉为当时世界上的"第一流博物院"。1922年建成北楼，用于办公、库房和科学研究。1928年在北楼西侧建成陈列室，并对外开放，1929—1930年，在北楼南侧建成南楼，用作图书室、实验室和古生物库房。建筑平面呈"工"字形，建筑面积2840平方米，砖混结构，北楼3层，陈列室3层，南楼2层，南北两楼之间用跨空封闭式天桥相连。陈列室首次采用具有美观外形的中心牛腿柱框架结构，具有罗马式建筑风格。现保存完好。1991年8月被天津市人民政府公布为天津市文物保护单位。

北疆博物院旧址

天津工商学院主楼旧址（1924—1926）　全国重点文物保护单位

位于河西区马场道117号。天津工商学院为法国天主教会献县教区耶稣会在天津创办的中国第二所天主教大学。建筑群包括主楼、宿舍楼和办公楼。主楼由法商永和工程公司设计，1926年建成投入使用。天津最早的建筑教育事业始于该院建筑系，该系是中国近代建筑师、工程师、建筑教育家的摇篮，从这里走出了诸如沈理源、陈炎仲、华南圭、高镜莹、谭真、张镈、阎子亨、冯建逵等一大批中国早期著名建筑师、工程师和建筑教育家，该院建筑系教学体系、课程设置、学术风格，以及所培养的人才的学术造诣都奠定了天津工商学院建筑系在中国建筑教育发展中的重要地位。抗日战争爆发后，天津大部分高等院校南迁，一些留津的知名学者，如物理学家马沨、地理学家侯仁之、语言学家朱星等都应聘到该校任教，使之成为华北地区有较大影响的学校之一。1970年，该建筑由天津外国语学院使用，现为天津外国语大学主楼。

主楼坐南朝北，正面面对马场道，总建筑面积为4917平方米，为3层混合结构，带地下室，平面呈"H"形，用封闭式外廊连接所有教室。立面富于变化，首层为大块蘑菇石墙面，正中设"凸"字形大平台，下做4组塔司干双柱组成门廊。屋顶为曼塞尔式，前后各设大圆钟一座，用巴洛克式券罩和断山花予以保护并突出，有拱券形门洞。一层为弧券窗，二、三层为矩形窗。室内装修讲究，门厅、大厅、内廊均采用彩色马赛克美术图案，建筑主门厅居于正中，正厅内悬有利玛窦、南怀仁画像，墙壁正中悬挂着南怀仁绘制的巨幅《坤舆万国全图》。地面、教室、办公室为"人"字形地板。钢筋混凝土楼梯装带铁护角，黑漆方铁花饰透孔栏杆木扶手。建筑西翼设单独出入的教堂，教学楼内是教堂的做法，在国内罕见。天津工商学院主楼见证了20世纪初西方文化在天津的传播，其欧式建筑的风格，造型独特，具有极高的历史艺术价值。

2013年，天津工商学院主楼旧址由国务院公布为第七批全国重点文物保护单位。

天津工商学院主楼旧址

英国文法学校旧址（1926） 全国重点文物保护单位

位于和平区湖北路59号。英国文法学校初创于19世纪末，校址设于今马场道南安立甘教会内，又称"安立甘教会学校"。1926年建此新校舍，为砖混结构，3层西式大楼，建筑面积3800平方米。主楼平面呈飞机造型。墙体水泥饰面，顶部做坡瓦顶。建筑风格既受西洋古典主义思潮影响，又有英国地方传统技法。2013年，由国务院公布为第七批全国重点文物保护单位。

英国文法学校旧址

耀华学校礼堂（1927） 市文物保护单位

位于和平区南京路106号。由津门著名实业家、英国工部局华人董事庄乐峰倡议并捐资筹建，为中国的纳税人子弟设立的一所学校，1927年6月建成，定名为天津公学（Tientsin Kung Husueh）。初址设在现今的湖北路，又迁至新华路，1929年因学生增多，故选今址新建校舍，由英国工程师库克、安德森设计，1934年，由中国建筑师陈炎仲设计建成体育馆。1935年，由该校校董樊圃提名改为"耀华中学"，即"光耀华人"之意。礼堂利用地形条件和特点，在平面上采用扇形布局，与第一、三校舍相连接，围合成一封闭的庭院。礼堂外檐入口处为红砖清水墙面，入口处两侧为混水饰面罗马柱，与整体墙面对比鲜明，颇具特色。该建筑具有折中主义特征，是继承西洋古典传统的精华而加以发展的成功范例，具有较高的艺术价值。1997年6月被天津市人民政府公布为天津市文物保护单位。

耀华学校礼堂

南开学校范孙楼（1929） 市文物保护单位

位于南开区南开四马路22号，南开学校院内东南部，为纪念近代著名教育家、南开学校创办人严修（字范孙）先生的兴学之功，由校长张伯苓倡议，海内外校友捐资，中国工程司著名建筑师、校友阎子亨设计，1929年建成。该建筑占地1568平方米，建筑面积4649平方米。为砖混结构3层，局部4层，带地下室，平台屋顶。坐西朝东，平面呈"主"字形。首层中部为大厅，沿内廊四周设教学和办公用房。大讲堂平面做扇形阶梯式，前面为讲台，后部墙面做弧形，有大玻璃窗。楼门前设塔司干式柱廊，墙体角部饰以壁柱，布局合理、实用。建筑造型具有中西融合的特色。1997 年 6 月被天津市人民政府公布为天津市文物保护单位。

南开学校范孙楼

天津普通中学堂旧址（1933）　市文物保护单位

位于红桥区铃铛阁大街 1 号。庚子之役后，由津邑绅高凌雯、王世芸等人倡议，于清光绪二十七年（1901）将稽古书院改建为"普通中学堂"，是天津较早的学校之一。清光绪二十九年（1903）更名为"天津府官立中学堂"。现为铃铛阁中学。旧址原为稽古寺，寺内的藏经阁人称"铃铛阁"，故名。校内现存早期的建筑有礼堂、图书馆各 1 座，均为砖混结构的 2 层楼房，建筑面积 2700 平方米。原稽古书院碑现尚存。2013 年 1 月被天津市人民政府公布为天津市文物保护单位。

天津普通中学堂旧址

中国大戏院（1934）　市文物保护单位

位于和平区哈尔滨道 104 号。始建于 1934 年，竣工于 1936 年，由当时的外交部部长顾维钧捐赠地皮，法工部局翻译周振东、商贾孟少臣等出资兴建。乐利工程司的洛普（Loup）和英国工程师杨（B. C. Yong）设计。建筑为混合结构，局部 5 层。外檐立面为朴素简练的现代建筑形式，局部加以装饰，驼色水刷石饰面，大块分格，中部以竖直线为主，以突出入口。采用大跨度钢屋架，且有防火设施。有弧形台口，舞台区设有三道天桥，墙身、舞台、顶棚的形状设计合理，音响效果良好。该戏院 1936 年 8 月建成开幕，当时的市长张自忠出席了开幕式。由京剧表演艺术家马连良领衔的"扶风剧社"在此首演，盛况空前。中国京剧的"四大名旦""四小名旦""四大须生"等各派名家不断光顾，使中国大戏院成为戏曲名流必到之地，又有"评剧皇后"白玉霜，名家刘翠霞、新凤霞，河北梆子名家金宝环、银达子，豫剧名家马金凤，以及越剧、川剧、晋剧、汉剧、吕剧等众多名家、名流到此献艺，行内趣话说"唱红中国，中国唱红"，体现了中国大戏院在戏曲艺术表演交流和传播中的重要地位，中国大戏院也由此享誉海内外。它和上海天蟾戏院（现逸夫舞台）、北京长安大戏院在当时成为我国戏曲艺术活动的重要场所和品牌代表，在全国近现代戏曲艺术文化发展中占有十分重要的历史地位。

在建筑艺术方面，中国大戏院同样具有重要的价值。在天津，20 世纪 30 年代，新建筑运动影响所及，改变了天津近代建筑的面貌，向现代主义建筑过渡成为这一时期天津近代建筑的主流。中国大戏院立面朴素简练的现代建筑形式，是这一时期天津近代建筑作品的代表。1997 年 6 月被天津市人民政府公布为天津市文物保护单位。

中国大戏院

中央音乐学院旧址（1950）　市文物保护单位

位于河东区十一经路 57 号。现在的天津音乐学院第四教学楼——音乐厅是中央音乐学院在津成立时的教学楼。最初是日本占领天津时建立的一所中学，名为"天津大和日本国民学校"。1948年东北解放，这个地方成立了所谓"流亡学校"，天津解放后成为华北职工干部学校。1949年9月该校迁出。1950年6月17日，中央音乐学院在此处正式筹建成立，著名小提琴演奏家马思聪为首任校长。1958年，迁往北京，同年10月4日，在原地组建天津音乐学院。位于该楼一、二层东北角的音乐厅是日本人设计并建造的，至今保存完好，用以教学、演出等。内部设计科学合理，充分利用声学原理，不用电子设备，使每个角落都有很好的听觉效果。原楼址是西南方向开口的马蹄形建筑，后因拓宽十一经路，部分楼体被拆除，剩余部分呈"L"形。因地震时受损做了外部加固，增筑了扶壁柱和圈梁，使原状有较大程度改变。音乐厅除在灯具照明方面做了稍许改动，其余均保持了原貌。2013年1月被天津市人民政府公布为天津市文物保护单位。

中央音乐学院旧址

天津市总工会第二工人疗养院旧址（1956） 市文物保护单位

位于河西区柳林路3号，初为天津市总工会第二工人疗养院。现存主要建筑四幢，门诊楼建在院内正面，建筑占地面积1040平方米，砖混结构，二层楼房，坡顶，人字山墙有花纹雕饰，探檐，具有典型的民族歇山式屋顶建筑特色，墙体外部上、下部分为理石饰面，方窗多边窗兼有。正门入口处上方和楼体南面筑有外跨式大型阳台，石柱栏杆，柱头雕有叶式花纹，该楼为中国传统风格建筑。主体结构完整，内部结构基本保持原貌。

该址为20世纪50年代天津重要的医疗卫生场所，其规模较大，由四幢建筑回廊组合。造型为仿古歇山式大屋顶，大型阳台，雕花石柱栏杆，质量较高，为中国传统式楼房建筑的典范，极为珍贵。是"民族的形式，社会主义的内容"建筑思潮在我市的代表作品之一。

天津市总工会第二工人疗养院旧址

天津市第二工人文化宫建筑群（1954、1957） 市文物保护单位

位于天津市河东区光华路4号。该建筑群是中华人民共和国成立后天津建立的第一个公园式工人文化宫。由剧场、图书馆、展览馆构成。剧场1954年1月落成，为"工"字形，建筑面积7142平方米。一楼设1137个座席，二楼设432个座席。

图书馆1957年10月投入使用，为砖混三层建筑，有9个中小型办公室，4个大型活动室和1个书库。展览馆1957年落成，为"工"字形建筑，1958年8月，毛主席曾在这里参观"天津市增产节约成就"展览。1968年在原址上扩建为毛泽东思想胜利万岁展览馆。1973年9月，天津市历史博物馆迁入并使用。2002年11月，天津市总工会迁此办公。该建筑群是新中国成立以来工人文化建设的历史见证，其功能齐全，设施完备，建筑造型和功能结合巧妙。2013年1月被天津市人民政府公布为天津市文物保护单位。

天津市第二工人文化宫建筑群

天津大学建筑群（1954）　市文物保护单位

位于南开区卫津路 92 号。前身为北洋大学，校园占地面积 1 465 700 平方米，总建筑面积 120 万平方米。始创于中日甲午海战之后。天津海关道盛宣怀通过直隶总督王文韶，禀奏清光绪皇帝设立新式学堂。光绪二十一年八月十四日（1895 年 10 月 2 日），光绪皇帝御笔钦准，成立天津北洋西学学堂，并由盛宣怀任首任督办，校址在天津北运河畔大营门博文书院旧址。次年更名为北洋大学堂。光绪二十六年（1900），八国联军入侵津京，学校被迫停办。至光绪二十九年（1903）四月在西沽正式复课。分设法律、土木工程、采矿冶金三个学门，后应外交需要附设法文班、俄文班。光绪三十三年（1907）开办师范科。至此，北洋大学已成为包括文、法、工、师范教育诸科，初具综合性的新式大学。1912 年 1 月，改名为北洋大学校，直属教育部，1913 年又改称国立北洋大学，1928 年更名为国立北平大学第二工学院。

天津大学主楼又称第九教学楼，1954 年由设计师

天津大学建筑群

徐中设计。坐北朝南，砖木 4 层结构，灰色水泥板瓦歇山顶，屋顶正中为十字交叉歇山屋脊，鸱吻为飞翔的白鸽，琉缸砖清水墙面。建筑分台基、主体、屋顶 3 段，建筑前月台台阶直通位于第二层的建筑入口。檐头处理较简单，仅在关键部位模仿古建筑设"霸王拳"加以装饰。在总平面布局上，该楼位于第五和第六教学楼之间偏北方向，三建筑呈"品"字布局，山顶、屋脊及比例精确的门窗等建筑风格洗练端庄，奠定了该建筑为天津大学群楼之首的地位。2013 年 1 月被天津市人民政府公布为天津市文物保护单位。

第十一节　军事建筑及设施

大沽口炮台（清）　全国重点文物保护单位

位于滨海新区塘沽大沽口海河南岸。明朝中叶即在此构筑炮台，清嘉庆二十一年（1816）始建炮台 2 座，分别位于海河入海口南北两岸，称"南炮台"和"北炮台"。道光二十一年（1841），又于北岸增建炮台 1 座，南岸增建炮台 2 座。咸丰八年（1858），僧格林沁全面整修大沽口炮台，并分别以"威""镇""海""门""高"五字命名，寓意炮台威风凛凛地镇守在大海门户的高处。在北岸另建石头缝炮台，此外还建小炮台 25 座。

大沽口炮台

大沽口炮台均为砖木结构，有方、圆两种，外用三合土夯实包裹，一般高 10 ~ 17 米，周围建堤墙，于海河入海口两侧构成一个庞大而完备的防御体系。1901 年，庚子事变后，根据《辛丑条约》规定，炮台被迫拆除。现仅存"威""镇""海""石头缝"4 处炮台遗址。

大沽口炮台作为中国近代史上重要的海防屏障，是第二次鸦片战争及八国联军入侵中国的主要战场，在中国近代战争史上占有举足轻重的地位。它不但是清朝北方海防设施的代表性遗存，更是中华民族抗击侵略、不畏强暴的历史见证。

1988 年，大沽口炮台由国务院公布为第三批全国重点文物保护单位。

北塘炮台遗址（清）　市文物保护单位

位于滨海新区塘沽区北塘镇永定新河（蓟运河旧河道）入海处的南北两岸。明朝嘉靖年间，为防倭寇骚扰，在北塘河口东、南两隅各筑高垒 1 座，上置铁炮，史称"北塘双垒"。鸦片战争爆发后，为加强海口防御，

清道光二十一年（1841），直隶总督讷尔经额来北塘设防，把北塘炮台扩建为 5 座，与大沽口炮台相互呼应，形成严密的防卫格局。道光、同治、光绪年间多次维修北塘炮台，至庚子事件前，建有义胜营、仁副营、右营、左营、仁正营 5 座营盘。清光绪二十七年（1901）根据《辛丑条约》，北塘炮台被迫拆毁，弃置至今。2013年 1 月被天津市人民政府公布为天津市文物保护单位。

北塘炮台遗址

紫竹林兵营旧址（1915） 市文物保护单位

位于和平区赤峰道 1—5 号。1900 年八国联军侵占天津，法国远征军海军陆战队第十六团司令部驻扎于此。因营盘地处紫竹林，故称"紫竹林兵营"。整体分为两部分：一部分为兵营，平面布局似大四合院，院内设有操场，单体建筑有 2 层、4 层两种楼房。2 层楼房为砖木结构，立面首层前面以方形砖柱作支承，槽钢、扁铁作支架，上筑木质平台，形成上、下两层外廊，一端设铁架木制楼梯通达二楼。4 层建筑为砖混结构，正立面各层均出大跨度水泥浇筑檐廊，铁楼梯可达顶端，为典型兵营式建筑。另一部分为两幢 2 层法国风格的军官宿舍，砖木结构，红砖清水墙，坡顶，院内原设有花池、网球场和亭子，现已拆除。2013 年 1 月被天津市人民政府公布为天津市文物保护单位。

紫竹林兵营旧址

美国兵营旧址（1917） 市文物保护单位

位于河西区广东路 1 号。原属德国租界地，第一次世界大战爆发后的 1917 年，美国兵营由始建于 1910 年的烟台道旧址迁至此址，1925 年由美军第十五联队司令马歇尔、魏德迈等驻扎。院内原有大操场和 13 座仿英式楼房，建筑风格各异。砖木结构，占地 28 000 平方米。现存一号、七号、八号楼，占地面积 2241.1 平方米，主楼 3 层，带有地下室，大开间，大进深，高台阶入口。立面突出半圆形的塔楼，开老虎窗。盔式屋顶，挑檐，外墙为水泥饰面。建筑体量变化复杂多样，给人以厚重敦实感，现保存较好。2013 年 1 月被天津市人民政府公布为天津市文物保护单位。

美国兵营旧址

意大利兵营旧址（1925） 市文物保护单位

位于河北区光明道 20 号。建于 1925 年。原为意大利驻津军队营房，1940 年后侵华日军曾盘踞恣肆。抗战胜利后，美国海军陆战队曾在此驻扎。是西方列强侵华的标志性建筑之一。建筑面积 6400 平方米。为典型的古罗马风格建筑，平面呈"凹"字形，砖木结构 3 层楼房，后增建为 4 层，风格变化较大，清水墙体，前外檐为大拱券式通廊，虚实变化丰富，造型别致，规模宏大。2013 年 1 月被天津市人民政府公布为天津市文物保护单位。

意大利兵营旧址

第十二节　交通道路设施

塘沽火车站旧址（清）　全国重点文物保护单位

位于滨海新区塘沽新华路 128 号、新华路立交桥东南夹角处。清光绪十四年（1888），英国人金达主持建造完成塘沽火车站，原称"塘沽站"，是开平煤炭和北洋海防线军队、军火调运的重要站点。其后成为中外航商和日本侵华的物资枢纽。1958 年根据运输生产和行政管理方面的需要，塘沽站与新河站合并，塘沽站改称"塘沽南站"，新河站改称"塘沽站"。改名后塘沽南站划归塘沽站领导，现用于货运。旧址占地面积 25 930 平方米，现存主体建筑为砖木结构欧式单层建筑群，坐东朝西，与铁轨平行。除双坡铁楞瓦顶改为灰瓦外，木质门窗等其他构件依旧，其中一房内保持原装饰风格。建筑群南侧有一砖混结构的小二楼，东侧水泥圈梁上刻有"TANG KU"（塘沽）站名标志。该楼原为青砖墙、水泥顶平房，后经改造加层成今貌。塘沽火车站是中国最早自主修建的标准轨距铁路——塘津铁路上的一座车站，不但见证了中国铁路事业的发展历史，也见证了近代中国发生的一系列重大历史事件，是洋务运动留在塘沽的印记。

2013 年，塘沽火车站旧址由国务院公布为第七批全国重点文物保护单位。

塘沽火车站旧址

天津西站主楼（清）　全国重点文物保护单位

位于红桥区西站前街 1 号。主楼始建于清光绪二十八年（1902），清政府向德国借款修建。宣统二年（1910）十二月十四日，西站落成启用。主楼为砖混结构 2 层楼房，带地下室。建筑面积 1900 平方米。大楼坐北朝南，正立面中部前突，呈"凸"字形。正门立面间置四根圆形立柱，两侧有阶梯走道，瓶式护栏，均由青石构筑。楼内门厅与圆形候车大厅相连。墙体以红砖砌筑，长方形窗，上边有"人"字形或连弧线脚花饰。大坡顶，舌形瓦，房屋正中筑方形二层塔楼，设老虎窗，是一座具有典型折中主义风格的德式新古典主义建筑。

2010 年，天津西站主楼因车站的改扩建工程而整体平移至现址，成为西站城市副中心的主要标志之一。天津西站是津浦铁路上的重要枢纽，它的设立折射出地区经济的发达与繁荣，同时也是中国铁路枢纽站中保存完整、独具特色的德式建筑，是中国铁路发展史的见证。

2013 年，天津西站主楼由国务院公布为第七批全国重点文物保护单位。

天津西站主楼

天津新站旧址（清）　市文物保护单位

位于河北区中山路 2 号。建成于清光绪二十九年

天津新站旧址

（1903）。初称新开河火车站，后改称天津新站。清宣统二年（1910），京奉铁路与津浦铁路在天津新站举行联轨典礼。1912 年更名为天津总站，1938 年始称天津北站，沿用至今。站舍分布面积 866 485 平方米，有站台 3 座。现存钢架天桥、礼堂、候车大厅各 1 座。候车大厅为砖混结构，坡顶出檐深远，以遮阳避雨，檐下由铁架支撑。礼堂为单层硬山顶，现状尚好。2013 年 1 月被天津市人民政府公布为天津市文物保护单位。

静海火车站（清）　市文物保护单位

位于静海县静海镇联盟大街。主体站房始建于清光绪三十四年（1908），为德国人建造的日耳曼风格 2 层小楼，朝向正东。结构为德式马尾枋架建筑，面阔 6 间，四面均有门窗，建筑面积 910 平方米。砖木结构，用枋桷挑出四面廊檐，一楼二楼间为旋转式木梯，主体站房后面为一个长方形小院，有房面阔 7 间，进深 44 米，窗户 8 个。津浦铁路静海站见证了津浦铁路的历史和发展，是外国建筑在乡村保存较好的特例。1978 年兴建了新的车站后，老站房不再对外开放，成为人员办公用房。主体站房房顶因年久失修，黑檀腐蚀严重，挑檐变形，屋顶异形筒瓦风化严重，漏雨。1993 年，对老站房进行了维修。2013 年 1 月被天津市人民政府公布为天津市文物保护单位。

静海火车站

唐官屯火车站（清）　市文物保护单位

位于静海县唐官屯镇军民南街，津浦铁路线西侧。清光绪三十四年（1908）至宣统二年（1910）建成使用。坐东朝西，一层建筑。长 20 米，宽 10 米，占地面积约 200 平方米。候车室为砖木结构马尾枋建筑，"人"字

坡顶，红色板瓦，绿色门窗。门原为 4 个，现堵死 2 个，门上方正中写有"唐官屯站"4 个字。两侧共有通顶窗户 8 扇，各有稍低的耳房同主站房相连，南侧屋顶有烟囱 1 个，北侧耳房门窗已堵死，其余门窗仍在正常使用中，保存较好。2013 年 1 月被天津市人民政府公布为天津市文物保护单位。

唐官屯火车站

杨柳青火车站（1912）　市文物保护单位

位于西青区杨柳青镇十一街柳溪苑小区北门对面。始建于 1912 年，京浦铁路竣工时建造。占地面积 575 平方米，砖混 2 层德式建筑，平面成"口"字形，屋面盖红色筒瓦，陡坡开天窗，正面 4 间木制月台，两侧拱券式边门，保存基本完好。2013 年 1 月被天津市人民政府公布为天津市文物保护单位。

杨柳青火车站

直隶全省内河行轮董事局旧址（1914）　市文物保护单位

位于红桥区小辛庄街 19 号。直隶全省内河行轮董事局正式成立于 1914 年 9 月 16 日，是由直隶省行政公

署和北洋政府海军部、大沽造船所各出官银 5 万两合资创办的。1928 年改名为"天津特别市政府内河航运局"，1930 年改称为"河北省内河航运局"，1949 年华北内河航运管理局由德州迁往天津，1960 年又更名为"河北省交通厅航运管理局"，1964 年河北省与天津市航运机构合并，1972 年河北省交通厅航运管理局改名为"河北省航运管理局"。2013 年 1 月被天津市人民政府公布为天津市文物保护单位。

直隶全省内河行轮董事局旧址

原万国桥（1923） 市文物保护单位

位于和平区解放北路西端。该桥初建于 1902 年，前身为老龙头铁桥，取名"万国桥"，即国际桥之意，因为当时天津有所谓"国中之国"的九国租界。后于 1923 年在此桥下游不远处重建，先后耗资达 190 万两白银，是一座用电力启动、中间可以开合的铁桥，也是中国近代史上造价最为昂贵的桥梁之一。该桥长 97.64 米，桥面总宽 19.5 米。此桥正处于海河两岸的各租界之间，不论哪国轮船通过此桥都得经过管桥单位开启桥梁。又因它是由法租界工部局主持建造，因此民间又称此桥为"法国桥"。1948 年，国民党天津市政府曾以

原万国桥

蒋介石的字将其改名为"中正桥"。1949 年天津解放后，此桥更名为"解放桥"，沿用至今。此桥是沟通天津站地区的重要交通枢纽。1997 年 6 月被天津市人民政府公布为天津市文物保护单位。

大红桥（1937） 市文物保护单位

位于红桥区子牙河北路。原为木桥，清光绪十三年（1887）改建为单孔拱式钢桥。1924 年被洪水冲毁。1933 年筹建新桥，4 年后竣工，仍称"大红桥"，为开启式三孔铁桥。主跨为杆拱结构，右岸一孔为人工启闭的单叶立转开启桥跨。拱跨与引跨均以沥青混凝土铺设。下部台、墩为钢混结构。全长 80.24 米，宽度 12.66 米。1964 年因开启制动系统失灵，将开启钢架及平衡铊拆除。2013 年 1 月被天津市人民政府公布为天津市文物保护单位。

大红桥

独流木桥（民国）市文物保护单位

位于静海县独流镇兴业大街运河上，是运河上唯一一座老木桥。长 31.8 米，宽 5 米，木质结构。两侧

独流木桥

有护栏 19 根，材质为黄花松，护栏原涂有绿色油漆，现已基本剥落，桥两侧木板腐蚀严重，现已禁止机动车通行，桥面铺有沥青路面，下有桥墩 5 个，桥墩南侧有迎凌柱 5 根。由于年代久远，风吹日晒，木质已渐腐朽。属京杭大运河遗产的一部分。2013 年 1 月被天津市人民政府公布为天津市文物保护单位。

第十三节 典型风格建筑与构筑物

原英国俱乐部（清） 市文物保护单位

位于和平区解放北路 201 号。该建筑建于清光绪三十年（1904），为砖混结构 2 层楼房。台基之上立有 10 余根高大石柱，扇形高石阶入口。正门上方筑弧形阳台，并饰巴洛克式山花，窗楣做盾形雕花装饰。楼内设网球厅、台球厅、舞厅、客厅、餐厅、酒吧及浴室。各厅均有希腊式立柱、古典吊灯，屋顶、走廊及护栏均有精美花雕，属巴洛克式建筑风格。内装修豪华，建筑面积 2633.32 平方米，占地面积 4397.35 平方米，是供英租界上层人物议事及娱乐的场所。1997 年 6 月被天津市人民政府公布为天津市文物保护单位。

达文士楼

达文士楼（清） 市文物保护单位

位于河西区马场道 121 号。清光绪三十一年（1905），由英侨达文士修建，为典型的西班牙式建筑。砖木结构，2 层楼带阁楼花园式建筑，占地面积 1868 平方米，建筑面积 576 平方米，立面呈几何状，水泥拉毛的外墙，瓦陇铁坡顶，层次错落。山墙设老虎窗，尖、圆兼作，外表色彩强烈，造型独特，内装修豪华，设备齐全，现保存较好。2013 年 1 月被天津市人民政府公布为天津市文物保护单位。

原英国俱乐部

马可·波罗广场建筑群（1908—1916） 全国重点文物保护单位

位于河北区民族路和自由道交会处，为原意租界中心建筑。1902 年 6 月，意大利公使与天津海关道正式签订《天津意国租界章程合同》，至此意大利在海外设立了唯一的租界。意租界是九国租界中面积较小的一块，它南临海河，东接俄租界，北沿铁路，西与奥租界接壤，占地面积 51.4 万平方米。1908—1916 年，在意租界的中心地带，逐渐建成马可·波罗广场建筑群。马可·波罗广场建筑群占地面积 2200 平方米。位于广场中心的和平女神雕塑始建于 1923 年，是为纪念第一次世界大战胜利而建的，由意大利著名雕塑家朱塞佩·博尼设计，建成后由意大利途经上海运至天津。雕塑包括喷泉水池、基座、科林斯式罗马柱、和平女神像，高 13.6 米，全部采用花岗岩石材。其中基座上部装饰了 4 个人物雕像，下设有喷水口，可向四面喷水。柱基外圈是一个直径 10 米的喷水池，设有 3 组不同高度的喷泉，交叉的水花形成独特的景观。柱顶为展翅飞翔的和平女神铜像，手拿一橄榄枝，象征着"友谊和平"这一永恒的主题。西、南面分别是民族路 46 号楼、自由道 25 号楼，两楼形制相似，均为砖木结构，2 层带地下室，局部 3 层。平顶出檐，上筑瓶式围栏，设正门和侧门。二层有露天阳台，上筑方形平顶塔楼，瓶式围栏，由爱奥尼式立柱支撑。窗口上部与檐下以浮雕花饰点缀。楼前有草坪、假山和花坊等。西北面位于民族路 40 号、42 号和自由道 40 号，两楼造型基本相同，均属意大利风格的砖木结构 2 层楼，带半地下室。平面为方形，平顶出檐，上筑瓶式围栏。设正门和侧门，扇形门厅，爱奥尼式立柱主支撑。楼顶筑尖拱券式凉亭。2013 年，由国务院公布为第七批全国重点文物保护单位。

马可·波罗广场建筑群

原开滦矿务局大楼（1921） 市文物保护单位

位于和平区泰安道 7 号。该建筑建于 1919 年至 1921 年，由英商同和工程司美籍工程师爱迪克生和达拉斯设计。总建筑面积 9180 平方米，平面呈矩形，建筑风格为希腊古典复兴式，3 层带地下室混合结构，外形庄严肃穆，门前设有坡道，高石台阶两侧筑有水磨石古典式花盆 4 座。外檐立面一、二层为高 10 米的 14 根爱奥尼式巨柱支撑的空廊，空廊两端略突出，墙面转角做壁柱装饰。三层为带阁楼层的檐部，檐口饰齿状。楼内中部是贯通 3 层的大厅，以爱奥尼柱式大理石立柱支撑，柱头均以紫铜板制成，做工精细。一楼原设有

原开滦矿务局大楼

舞厅，南北两侧走廊各向东西两端延伸组成二楼内廊通道，走廊顶部为半圆正拱券，与厅顶的半圆形极为协调，大厅顶做"井"字分格镶彩色玻璃，顶拱上有精美雕饰。厅内地面饰彩色马赛克，周围做大理石墙裙。办公用房沿周边设置。主房间内设有木质古典壁柱，并装有古典式壁炉。室内外装修雍容华丽，其整体是欧洲古典建筑形式。该建筑形态高大挺拔，造型古朴端庄，具有较高的艺术价值。1997 年 6 月被天津市人民政府公布为天津市文物保护单位。

国民饭店（1923） 市文物保护单位

位于和平区赤峰道 58 号。由美丰洋行的买办李正卿出资，瑞士乐利工程司设计，1923 年建成，原称"国民大饭店"。为钢混框架结构，3 层，平顶。建筑面积 5188 平方米。底层平面基本上是直角梯形。大楼内设两个采光天井。每层有客房 49 间，其中包括带卫生间的单间或双人间高级客房，还设有会议室、会客厅，以及公厕浴室等。主立面横向做古典主义分段：底层按基座处理，饰以横向线脚，有拱券窗，墙面凹槽大块分格；二、三层为中段，以方形倚墙列柱控制，上下窗户之间饰以窗楣山花。南立面对称设计，采用纵横三段式，中间部分往里凹进，正门居中。上有从中间突起的女儿墙，在回形断山花的中间嵌入盾饰纹章，顶部大挑檐。

大楼前有宽阔的院落，院内有 2 座半球形盔顶凉亭。院子入口是塔司干柱式的古典门楼，门楼券顶放射形凹槽分块，并镶嵌着雕刻精美的锁石，门楼的挑檐和盾饰与大楼前后呼应，使总体建筑和谐统一。国民饭店是经营餐旅业的高级饭店，也是当时上流社会人员留宿和聚会的场所。中国共产党的地下组织也曾以饭店为掩护，在此开展革命工作。1926 年 2 月 9 日，出席中华全国

国民饭店

铁路总工会第三次大会的 58 名代表在该饭店二楼举行会议。大会通过了《中华全国铁路总工会报告决议案》等 28 项决议草案。1934 年 11 月 9 日，抗日爱国将领吉鸿昌在饭店第 45 号房间会晤李宗仁代表时被国民党特务刺伤被捕，不久在北平遇害。1936 年至 1937 年间，中共天津市委秘密机关和联络站——"知识书店"也曾设在这里，吴砚农、叶笃庄、林枫等曾在此从事革命工作。2004 年 8 月被和平区人民政府公布为和平区文物保护单位。2013 年 1 月被天津市人民政府公布为天津市文物保护单位。

美国海军俱乐部旧址（1924） 市文物保护单位

位于和平区解放北路 113 号。英国人罗士博开办的美国海军俱乐部，为专供外国驻军娱乐的场所。建于 1924 年，建筑面积 2460 平方米。砖木结构的 2 层楼房，平面中部为弧形。首层做拱券式门窗，二层由 10 余根圆柱支撑出檐，成敞开式外廊，并配有牛腿花饰护栏，门窗上部饰有多种花式浮雕，具有英国建筑风格。楼内曾设有酒吧、球房、餐厅、赌场、咖啡厅、弹簧地板舞厅等。2004 年 8 月被和平区人民政府公布为和平区文物保护单位。2013 年 1 月被天津市人民政府公布为天津市文物保护单位。

美国海军俱乐部旧址

百福大楼旧址（1926） 市文物保护单位

位于和平区解放北路 3 号，建于 1926 年，由比商仪品公司法籍工程师门德尔松（L. Mendelssohn）设计。是专供出租的商业综合写字楼。主体为钢混全框架结构，5 层，局部带地下室，建筑面积 3913 平方米。一层为混凝土墙体，一层以上均为红缸砖清水墙。拱券形

和大小矩形窗上均配有精美铁艺护栏。该建筑造型平、立面均呈船形，檐部、顶部处理独特。檐部做断开式檐口，间以高突梯形山花相隔，间设天窗，均与折坡状屋顶相交。屋顶不同部位，相应设置若干金属杆，用以装饰及避雷。这是一座象征主义表现风格的北欧式建筑。2013 年 1 月被天津市人民政府公布为天津市文物保护单位。

百福大楼旧址

法国俱乐部旧址（1932） 市文物保护单位

位于和平区解放北路 29 号。兴建于 1931 年。砖混结构，单层含半地下室，建筑面积 2941 平方米。正门设于临街转角处，竖向线条分 5 段退缩，呈波纹状。正门内设有角形壁灯柱，2 扇金属镂空门，上半部是金属花饰玻璃，立面处理简洁，局部点以装饰。门厅内有十几级大台阶，通向八角形大厅，顶子中央为彩色玻璃窗。

法国俱乐部旧址

大厅内 2 条通道可进入舞厅、酒吧、球房、休息厅等。一层地面铺设木地板或大理石地面。后院有露天舞台、小广场及花园。是外国人在租界开设的重要文化娱乐场所。建筑为西洋风格平房，内部各项娱乐设施齐全。保存完好。2013 年 1 月被天津市人民政府公布为天津市文物保护单位。

安乐邨公寓楼（1933）　全国重点文物保护单位

位于和平区马场道 98—110 号（双号），原为英国教会首善堂所建。公寓楼共有 3 栋建筑，呈"品"字形布局。建筑为砖木结构 4 层西式公寓住宅楼，总建筑面积 10 525 平方米。首层为高台阶券洞门，上筑铁护栏阳台。二层为"一"字形连券门，局部为敞开式过廊。红砖墙，红瓦坡顶，周边出檐。里弄亦规划入建筑群内，构成封闭式小区。2013 年，由国务院公布为第七批全国重点文物保护单位。

安乐邨公寓楼

疙瘩楼（1937）　全国重点文物保护单位

位于和平区河北路 283—295 号（单号）。疙瘩楼

疙瘩楼

是英商先农公司建造的商品住宅。意大利建筑师鲍乃弟设计。为砖木结构的 4 层联体公寓式住宅楼，建筑面积 6449 平方米。大楼设 6 个券洞式入口，由院墙分隔形成独立的单元。建筑墙体采用的疙瘩砖为天津本地砖窑生产，因烧制过火而出现疙瘩。建筑师以此为立面材料，形成该建筑的特色。2013 年，由国务院公布为第七批全国重点文物保护单位。

香港大楼旧址（1937）　市文物保护单位

位于和平区马场道 10 号。高级公寓式 5 层住宅楼，始建于 1937 年，奥地利建筑师盖苓设计。为砖混结构，缓坡顶（带地下室）。建筑面积 4248 平方米，平面呈"L"形，各单元平面布局紧凑，功能合理，立面构图简洁大方，韵律之中富于变化。清水与混水墙面相互比照，比例适中，形成立面独特的肌理。室内为水磨石地面，设有壁炉。各单元均有居室、厨房、餐厅、储藏室、卫生间，及封闭式内廊。2013 年 1 月被天津市人民政府公布为天津市文物保护单位。

香港大楼旧址

茂根大楼旧址（1937）　市文物保护单位

位于和平区常德道 121 号。为砖混结构，中部 4 层（带地下室），两翼 3 层的西式高级住宅楼。由茂根堂投资，中国工程司经理、总工程师阎子亨、陈炎仲设计。琉缸砖清水墙，局部抹灰饰面，配有平、联角、圆形等双槽钢窗。每层阳台、露台呈对称布局。高台阶入口，上设水泥板雨厦。建筑整体错落有致，厚重，立体感强。内装修考究，功能齐全。2013 年 1 月被天津市人民政府公布为天津市文物保护单位。

茂根大楼旧址

总领事馆，其官邸旧址建于 1937 年，占地面积 536.69 平方米，为砖木结构，主体 3 层、局部 2 层楼房。"人"字木屋架，大筒瓦坡顶，设有天窗，外檐红缸砖清水墙。门厅前筑有爱奥尼式立柱雨厦，上筑阳台。三层顶部原有六角凉亭，1976 年地震后拆除。外观层次感强，具有英国别墅式建筑风格。2013 年 1 月被天津市人民政府公布为天津市文物保护单位。

英国领事官邸旧址

英国领事官邸旧址（1937） 市文物保护单位

位于和平区浙江路 1 号。英国驻天津领事馆设于清咸丰十年（1860），清光绪二十五年（1899）升格为

第十四节 其他近现代重要史迹及代表性建筑

原日武德殿（1941） 市文物保护单位

位于和平区南京路 228 号。1941 年，由日本武德会天津支部集资兴建，亦称"演武馆"，是日本侵华人员习武健身及娱乐的场所，内有柔道、击剑、拳击等健身习武设施。砖木结构，2 层，仿日式古典宫殿建筑，用 14 根通柱支撑，建筑面积 2200 平方米。外檐为白色墙饰，用釉面瓷砖镶砌，四坡深灰色瓦顶，正脊用黑色布瓦堆筑。正立面入口处，2 根圆柱上撑灰制雨厦，其上形成露台，下为贯通式坡道。殿内一层作公寓式用房，

二楼为演武厅。1997 年 6 月被天津市人民政府公布为天津市文物保护单位。

抗日标语石刻（民国） 市文物保护单位

位于蓟县官庄镇玉石庄村北。占地面积约 25 000 平方米。抗日战争时期，冀东人民和八路军凭借盘山石多、洞多的有利条件，对日本侵略军开展了持久的游

原日武德殿

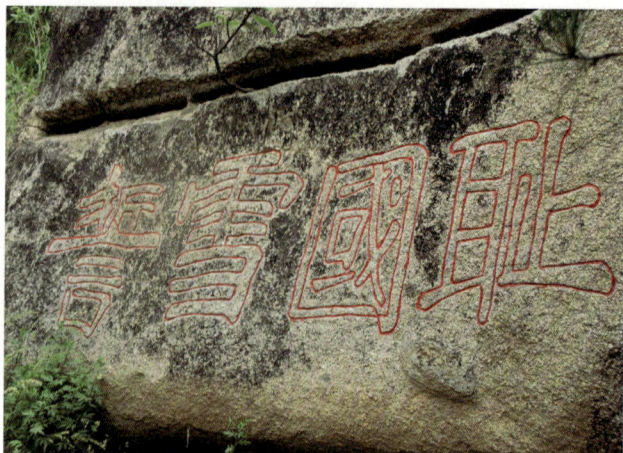

抗日标语石刻之一

击战争，在盘山的岩石上留下了许多抗日标语。比较集中的玉石庄北山石上的石刻，内容有"打倒日本""给日本人做事可耻""誓雪国耻""欢迎满洲军兄弟投诚反正""欢迎满洲队参加抗日军""中国人不打中国人""反正过来的有重赏"等，字径 0.2 ～ 0.6 米，晋察冀军分区十三团政治部制。这些石刻反映了活跃在蓟县盘山抗日根据地的军民们，开展抗日斗争的决心和士气，他们为打击和牵制日军在华北的行动做出了艰苦的努力和巨大贡献。1982 年 7 月被天津市人民政府公布为天津市文物保护单位。

第六章　其他

作为天津市文物保护单位，滨海新区大港崔庄古枣园是明代初期山东人刘洪始创，至乾隆年间已成规模，被钦定为"贡枣园"，所产作为贡品至清末。在崔庄庄内亦发现清代古井及残存的汉元时期的残砖，说明远在汉代这里就有人类活动，这些遗迹成为古冬枣园存在的佐证。崔庄古枣园是明代古果树的重要实物遗存，它的发现丰富了天津市文物保护单位的类别和内涵。

崔庄古枣园（明）　市文物保护单位

位于滨海新区大港太平镇崔庄村，南临娘娘河，北接津港公路，西临津汕高速（津汕高速与荣乌高速在大港段为同一条高速）。原整个村庄坐落在枣园内，1958 年砍伐了部分古枣树。枣园现占地 100 万平方米。其中古枣园 61.9 万平方米。园中 600 年的枣树 168 棵，400 年的枣树 3232 棵，100 年的枣树 13 000 棵。枣园是明代初期山东人刘洪始创，至乾隆年间被皇帝钦定为"贡枣"，年年朝贡至清末。枣树的间隔、嫁接技术等都反映了符合冬枣生长规律的特点，每棵古枣树都留下了历史上各次"开甲"的痕迹，是我国古代果树栽植的重要实物遗存。2013 年 1 月被天津市人民政府公布为天津市文物保护单位。

崔庄古枣园

第二篇
可移动文物

可移动文物是中华民族历史文化和民族精神的实物见证。明清以降，城市经济的发展使文化随之勃兴，注重收藏文物成为津沽之地重要的文化传统。近代开埠以来，天津一跃发展成为中国北方的经济中心与文化重镇。特殊的地理位置与城市地位，使众多卓有建树的文物鉴藏家、博物学家云集津门，历代珍品亦与津门结缘。天津的可移动文物种类丰富，数量庞大，价值突出，序列完整，涵盖从距今万年以上的旧石器时代文物到距今不过百年的近现代文物。同时，天津还拥有大量的自然标本。天津历代文物艺术品自成体系，品类齐全，与大量反映天津地区晚清以来社会发展变迁的近现代历史文献、照片、地方史料等历史类文物相得益彰。在历代文物艺术品收藏中，书法、绘画、瓷器、玉器、砚台、玺印、敦煌文献、甲骨、钱币、邮票、地方民间艺术品等颇具特色，彰显了天津深厚的文物集藏传统。

第一章　古代文物

天津古代文物集藏极为丰富，最显著的特点是传世文物多。

本章选入甲骨、玉器、青铜器、玺印、钱币、铜佛造像、敦煌遗书、碑帖书法、绘画、瓷器、漆木匏竹牙角器、紫砂鼻烟壶、文房用品及其他古代文物14类，共计230余件，是从天津各博物馆精选出来，具有代表性的藏品，展示了天津地区丰富的文化底蕴。

第一节　甲骨

商　月有食牛骨卜骨

质地为牛胛骨，重27.9克，长15.2厘米，宽2.5厘米，下方残缺。武丁时期卜骨，属甲骨文断代第一期。正面刻辞26字："辛卯，癸丑贞旬亡祸。癸亥贞旬亡祸。癸酉贞旬亡祸。癸卯贞旬亡祸。"意为占卜旬日内凶吉。背面刻辞7字，"旬壬申夕，月有食"记载壬申夜出现月食的情况。甲骨卜辞中，迄今很少发现有月食记录的，故此片甲骨是研究殷商天文历法的珍贵资料。1953年王襄出售给国家，1956年天津市文化局拨交天津市历史博物馆。

商　月有食牛骨卜骨

商　妇好冥牛骨卜骨

质地为牛胛骨，重123克，长23.8厘米，宽14厘米。四周残缺，断为五块，黏合复原。武丁时期卜骨，属甲骨文断代第一期。正面刻辞三条，无背刻。骨上所刻："己丑卜，殸贞，翌庚寅妇好冥。贞，翌庚寅妇好不其冥，一月。辛卯卜，㕧贞，乎多羌逐兔。"记述了商王武丁的妻子妇好生育以及商王命多羌族狩猎的情况，是研究商代生育和田猎的重要资料。1953年王襄出售给国家，1956年天津市文化局拨交天津市历史博物馆。

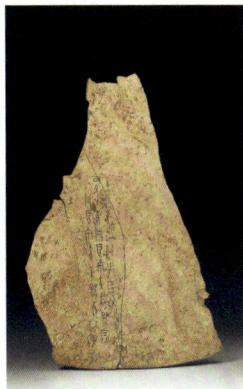

商　妇好冥牛骨卜骨

商 周祭牛骨卜骨

质地为牛胛骨,重19.7克,长11.5厘米,宽3.6厘米,上下方残缺,右方残。帝乙、帝辛时期卜骨,属甲骨文断代第五期。正面刻辞两条,无背刻。骨上刻辞:"癸酉王卜贞旬亡畎,王占曰大吉在十月,甲戌祭羌甲祼戈甲。癸未王卜贞亡畎,王占曰大吉在十月,甲申祭象甲祼羌甲协戈甲。"该片甲骨刻辞记录了商王祭祀祖先河亶甲、沃甲、阳甲之事,是研究商代世系及祭祀方法的重要史料。1953年王襄出售给国家,1956年天津市文化局拨交天津市历史博物馆。

商 周祭牛骨卜骨

商 在上虞卜旬牛骨卜骨

质地为牛胛骨,重74.2克,长25厘米,宽10.5厘米,骨臼残,下方残缺,断为九块黏合。帝乙、帝辛时期卜骨,属甲骨文断代第五期。正面刻辞七条,无背刻。骨上刻辞:"癸巳卜在上虞贞王旬无畎在十月又一。癸未卜在上虞贞王旬无畎在十月又一。癸酉卜在上虞贞王旬无畎在十月。癸亥卜在上虞贞王旬无畎在十月。癸丑卜在上虞贞王旬无畎在十月。癸卯卜在上虞贞王旬无畎在十月。癸巳卜在上虞贞王旬无畎在十月。"记录了商王在上虞卜旬之事,对研究殷代地理十分重要。1953年王襄出售给国家,1956年天津市文化局拨交天津市历史博物馆。

商 在上虞卜旬牛骨卜骨

商 洹祸牛骨卜骨

质地为牛胛骨,重55.7克,长18.3厘米,宽11.1厘米,四周残缺,上方有断纹一道长4.8厘米,中有断纹一道长17.7厘米。武丁时期卜骨,属甲骨文断代第一期。

正面刻辞:"……贞吴弗乍兹邑□。……殷贞洹其乍兹邑祸。……□贞乎□取卟任伐氏。乙酉卜殷贞勿乎吴取。卟任伐弗其□。甲子卜殷贞妇媒冥妫四月。"意为占卜洹水是否给商邑造成灾祸和商王妃嫔妇媒分娩是否顺利。背面刻辞:"□洹隹之□。勿隹洹隹之□灾。"此片甲骨是研究洹水灾害的珍贵资料。王襄逝世后,1965年9月15日家属遵遗愿,将其捐献给国家,天津市文化局拨交天津市历史博物馆。

商 洹祸牛骨卜骨

商 令多子族比犬侯扑周牛骨卜骨

质地为牛胛骨,重67.4克,长14.7厘米,宽7.8厘米,下方残缺。武丁时期卜骨,属甲骨文断代第一期。正面刻辞五条,无背刻。骨上刻辞:"己卯卜□贞令多子族比犬侯扑周协王事五月。贞勿乎归五月。五牛。己卯。癸酉。"记录商王命令多子族会同犬侯伐周并协理王室事务之事,是研究殷代氏族和殷周关系的重要史料。1953年王襄出售给国家,1956年天津市文化局拨交天津市历史博物馆。

商 令多子族比犬侯扑周牛骨卜骨

本节记述6件甲骨,均藏于天津博物馆。原为王襄旧藏,并经陈邦怀、胡厚宣鉴定。相关著录分别见于王襄《簠室殷契征文》、岛邦男《殷墟卜辞综类》、罗振玉《殷墟书契续编》、郭沫若《甲骨文合集》《殷代社会生活》、李圃《甲骨文选注》、陈梦家《殷墟卜辞综述》。

第二节　玉器

新石器时代红山文化　玉猪龙

高 14.1 厘米，宽 10.4 厘米。黄绿色透闪石玉琢成，材质温润。体型肥硕，首部有竖立大耳，大圆眼，鼻梁有多道皱纹，嘴部紧闭前突，嘴与尾相对，头尾间留有缺口，背颈部有一对钻孔。

龙是古人心目中的神物。中国人素有崇龙信龙的文化传统，故称为"龙的传人"。在封建社会，龙又被比作拥有至高无上权力的帝王。在距今五六千年的内蒙古赤峰红山文化遗址，出土有数件玉龙，其中猪首蛇身的玉猪龙是其代表。

此件玉猪龙形制肥硕，质色纯润，刻线流畅，雕琢精细，是出土及传世同类型器物中较大且精美的一件。1960 年，天津市文物公司收购于辽宁锦州，后归天津艺术博物馆收藏。

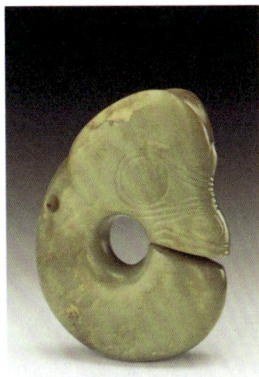

新石器时代红山文化
玉猪龙

新石器时代红山文化　兽面形玉佩

高 5.4 厘米，宽 16.5 厘米。青绿色，边缘带褐色沁。器体呈长方形，片雕，双面纹饰，边缘磨薄，整体均饰瓦沟纹。上部中间钻一圆孔，中部镂空雕对称的两个勾云形孔以示眉眼，下部磨制七对兽齿，四角各琢一朵不规则勾云。雕琢工艺技法具红山文化玉器典型特征。

整体造型独特，器形极为罕见，牛河梁遗址出土过一件与其相似度极高的兽面形佩。

新石器时代红山文化　兽面形玉佩

新石器时代龙山文化　鹰攫人面玉佩

高 6.8 厘米，宽 4.7 厘米。青玉材质，工艺技法为镂空和浅浮雕，作展翅雄鹰，爪下攫持人面，其下连接一兽面。此器造型奇特，雕制技艺精湛，造型和纹饰隐意深奥。

山东龙山文化的鸟纹玉器，多以鹰纹为主。因为远古时期，从东北地区经燕山南到山东直达江浙一带，均属东夷族所居地，他们都是鸟崇拜族群。这些部族中有少昊一支，是鹰图腾氏族（详《左传·昭公十七年》），鹰攫人面佩可能是少昊人的图腾崇拜物。

此玉佩反映了少昊人以鹰的矫健凶猛之力，来降服敌族，标榜战绩，并将之作为族徽之用。

新石器时代龙山文化
鹰攫人面玉佩

商　龙形玉玦

直径 4.6 厘米，厚 0.6 厘米。灰青色玉质，器表面有朱砂。上唇勾翘，张口露齿，"臣"字眼形，角紧贴颈项，边缘出脊齿。纹饰完全用阴线刻双钩技法，刀法刚劲，属商晚期的精品之作。

玉玦自新石器时代初现后，就一直连续不断地发展。商、周各代，即是玉玦的发展高潮期。商代玉玦同红山文化玉玦在形式上有明显继承关系。殷墟妇好墓出土 18 件玉玦，其中有 5 件皆为团身龙形，龙首与红山文化龙形玉玦近似，说明红山文化玉龙为商代玉龙造型提供了范式。

该器表面涂朱砂，说明其原是商王或贵族享用的玉器。

商　龙形玉玦

商　凤形玉佩

高8.4厘米，宽3.6厘米。由葵黄色玉质琢成。侧身形，高冠羽，其边缘出脊齿，圆眼，尖喙下弯成钩状，身上有阴线双勾云纹，短翅，长丰尾，立爪。此器雕琢精美，是一件典型的玉凤精品。

凤是古人想象中的祥瑞神鸟。《尚书·益稷》："箫韶九成，凤凰来仪。"说凤凰飞来伴着舜乐而舞。《左传·庄公二十二年》记载："凤凰于飞，和鸣锵锵。"说凤凰飞舞并发出美妙的鸣声。凤凰古来就被尊为能歌善舞的羽族至灵。

凤纹形象在商代多种文物上屡见不鲜，仅妇好墓就出土10余件玉凤，可见凤在商人心目中是何等尊贵。商代玉鸟可分为两种：一种为写实型（如鸽、鸭、鹰等）；另一种为神鸟型。如鸟的头部有高冠羽，身琢勾云纹，还有长尾，体形雄健，神采奕奕，这种鸟多属凤。

玉凤的仪态佼佼而尊贵，因为它是神鸟，"见则天下大安宁"。

商　凤形玉佩

商　绿松石蛙形饰

长3.8厘米，宽2厘米，质量8克。采用绿松石雕琢而成，局部有土沁。厚片状，蛙呈卧式，浅浮雕圆眼，利用宽窄阴刻线兼"双阴挤阳"技法雕琢，蛙嘴部至下颌钻一孔，底平。工匠利用绿松石表现出青蛙的肤色，使其形象生动并具艺术感染力，给人带来巧妙风趣的艺术享受。

商代动物形装饰品极为丰富，殷墟妇好墓出土了非常多的动物形玉雕。安阳小屯出土的一件商代玉鳖，更与该文物有异曲同工之妙，均是成功的俏色作品。商代玉器在色彩运用及创意构思方面均超越了前朝，开俏色工艺之先河。

该文物为徐世章后人捐赠。

商　绿松石蛙形饰

商　青玉戈

长43.5厘米，宽8.9厘米，质量543.6克。土黄色，玉质光泽细腻，局部有褐色沁，一面近锋处有一块深褐色浸斑，局部微残。直内戈，援呈长条三角形，前锋尖锐，有边刃和中脊。内与援间出上下阑，两阑间有一单面钻孔，一面援部有蠤及蚀化痕迹，一面援部有纵向切割痕，近锋处有一块深褐色浸斑，无使用痕迹。

商王朝因对外征战无数，从而出土了很多象征"兵权"的玉礼器，例如戈、钺、刀等，这些玉制兵器不但是统治者用以战前誓师、鼓舞士气的礼仪器，更是其权力等级的象征。此器琢磨规整精细，造型大气俊美，完整无缺，堪称商代礼仪器中的典型佳作。

商　青玉戈

该文物为徐世章后人捐赠。

西周　龙虺纹管形饰

高5.7厘米，宽2.3厘米，质量40克。白玉，玉质细腻温润，局部有浅褐色沁。器呈扁圆柱体，一端稍宽。器表运用阴刻技法琢旋转式龙纹及虺纹，龙纹圆眼，眼角出梢，身饰勾云纹及鳞纹；虺纹椭圆眼，体短嘴尖，身呈勾云状，整体线条清晰流畅。器自上而下钻一通孔。

西周贵族盛行佩带组玉佩，《礼记》记载："行步则有环佩之声"。这说明佩组佩有约束人的行为、表现佩者仪态风度美的作用，西周晋侯墓、虢国墓等在墓主身上都出土了大型的组玉佩。此器应是组佩构件之一，具重要的文物研究价值。

西周　龙虺纹管形饰

该文物为张叔诚捐赠。

春秋　云纹龙首纹玉璜

高4.6厘米，宽10.9厘米，质量31克。青玉，局部有褐色沁。该璜造型独特，由中部的似椭圆形璧及两侧的近梯形器三部分组成，璜两端上方琢龙首，阴刻椭圆形龙眼，唇上卷，吐舌，耳后翻。器表浅浮雕细密均匀、排列有序的卷云纹、束丝纹。整体纹饰密而不乱、繁而不杂、圆润敦厚。

春秋　云纹龙首纹玉璜

东周玉器较西周由注重礼仪性转为偏向装饰审美性，在保留前朝遗风的同时又呈现出很多新变化。此璜的造型与纹饰特征均较前朝有了显著不同。

春秋　云龙纹玉玦

高 3.4 厘米，直径 1.8 厘米。玉质黄色，局部有红褐色沁斑，质地温润，有光泽。圆柱体，中有圆孔，一侧有缺口，器表通体阴刻双钩龙首纹和卷云纹，碾琢精致，线条刻画流畅。

春秋　云龙纹玉玦

此种圆柱体玉玦，为春秋、战国时期所特有。玦表面多碾琢弦纹、兽面纹、龙纹、蟠虺纹等纹饰。因多出土于墓主人的头骨两侧，故推测此类玉玦应为耳饰。

战国　龙纹螭纹玉佩

高 5.3 厘米，宽 11.4 厘米。呈片状，细雕镂空双龙双螭形。该器采用传统的对称造型，镂空并阴线刻双龙双螭盘绕交错，龙和螭

战国　龙纹螭纹玉佩

身上饰有典型的战国时期勾云纹和束丝纹。此佩造型独特，在战国时期玉佩中极少见。

战国时期玉佩的种类和数量繁多，用途也各不相同。有的戴在颈部作项饰，有的戴在手腕上作手镯，有的作耳饰，还有佩挂在胸部的玉串饰或组玉佩。最常见的玉佩有龙形佩、虎形佩、螭纹佩、龙凤佩等。其上的纹饰亦很丰富，有谷纹、束丝纹、涡纹、云纹、勾连云纹、龙纹、螭纹、龙首纹等。纹饰满密繁缛，具有柔美灵秀的艺术风格。

这件玉佩传为安徽寿春（今寿县）出土，应属战国楚国器。材质优良，色彩斑斓，琢制极为精湛，镂雕技艺完美，堪称战国玉佩的代表作。

战国　行气铭玉杖首

高 5.2 厘米，底径 3.4 厘米。玉苍绿色，有杂斑。器呈 12 面棱筒状，中空，内顶部留有钻凿痕迹，器身下部有一穿孔与中空部相通。器表磨制光滑，阴刻篆体文字，每面 3 字，凡 36 字，另有重文符号 8 个。按文理分析，在第七行首字下漏刻一重文符号，故总计 45 字。

战国　行气铭玉杖首

根据器物本身外部有晶莹光泽，中空部顶端不透，而且内壁异常粗糙的情况推断，它应当是套在圆柱状物体上的。据帛画《导引图》中两幅以杖行气图推知，这个圆柱状物体当为专用手杖之类，而此器则应是杖首的玉饰。

行气铭玉杖首是迄今所见战国时期玉器中不可多得的精品，它不仅有精湛的制作技巧，而且那俊秀挺健的篆书文字，以及优美流畅的文体，也都是历代古玉文中首屈一指的。铭文记述了行气的要领，这是我国古代关于气功修炼养生的最早记录，有极高的科学价值和文字学价值。

西汉　蒲纹兽面纹玉璧

直径 25.3 厘米。玉质青绿色，有褐色沁和墨斑，器呈扁平圆形，中心有一圆孔。璧两面纹饰相同，外区采用"汉八刀"与"游丝刻"技法，雕琢

西汉　蒲纹兽面纹玉璧

四组形式相同的一首双身兽面纹，内区采用减地隐起技法雕琢蒲纹，内外区之间以阴线饰绳索纹相隔。

《尔雅·释器》曰："肉倍好谓之璧。"玉璧是

我国玉制礼器之一，其制作和使用始于新石器时期，一直延续至清代。汉代大型玉璧，除作为祀神的礼器外，还用作敛尸的葬玉。蒲纹兽面纹璧始于战国，盛行于两汉时期。

东汉　青玉双螭谷纹璧

高 15.7 厘米，直径 13.9 厘米。青玉，多处有黑褐色沁。出廓部采用镂雕技法，螭首相对，伏于璧上。螭圆眼、耸耳、独角，身以圆圈纹及细阴线饰鳞毛。

东汉　青玉双螭谷纹璧

螭身造型繁复，器表饰乳钉纹，纹饰琢磨规整统一，地子打磨平整光滑，极显工匠完美的雕琢技艺和高超的治玉水准。

早期玉璧作为礼仪祭祀器，只有部族最高权力者才可使用。汉代出廓璧出廓部多以龙螭纹饰夹有求福祈祥的祝语，而此件谷纹璧出廓部不但没有文字，且与汉代高大的出廓造型相比较为狭长低矮，因此极为独特。玉璧表面雕琢的乳钉纹是谷纹的简化，反映出中国玉文化与古代先民在现实生活中祈求粮谷满仓、丰衣足食愿望的紧密结合。

辽金　白玉迦楼罗

高 4.3 厘米，宽 4.3 厘米。玉质白色，圆雕。头戴羽冠，人面鸟身。面部丰满圆润，粗眉，眼睛镶嵌有宝石，后一宝石脱落仅存圆洞，尖鼻，嘴呈空洞状。背生羽翅，

辽金　白玉迦楼罗

上身裸露，身披飘带，双手置于胸前，脚踏祥云，作振翅欲飞状。采用了镂雕、高浮雕、镶嵌等多种技法，雕琢精致。

迦楼罗神鸟也叫"金翅鸟"，出自古代印度神话，是佛教护法中的护法神，属佛教天龙八部之一。此器是辽金时期佛教题材作品，具有一定的研究价值。

元　翼龙纹双耳玉壶

高 15.5 厘米，口径 5.9 厘米，底径 8.3 厘米。玉质青色，有黑褐色沁斑。椭圆扁体，直口，云纹双耳，椭圆圈足。颈部饰浅浮雕变形莲瓣纹和草叶纹，腹部浮雕海水纹、翼龙纹。龙首为鹿形角，上唇长而上翘，张口，飘长鬣，鸟形翼，身有鳞纹，三爪，鱼形分枝尾，尾后有火珠，下腹部饰莲瓣纹。

玉雕翼龙形象始于汉代，但汉以后的玉器中罕见。此玉壶的翼龙纹由唐代赶火珠形象变为尾后加火珠，构思奇巧，器身装饰图案繁缛复杂，具有典型的元代粗犷的制玉风格。

元　翼龙纹双耳玉壶

明　墨玉直线纹簋

高 10.6 厘米，宽 19.4 厘米，口径 11.5 厘米。玉质呈灰黑色，多墨斑。质地均匀。造型系仿西周青铜簋之型制。腹饰直线纹，双耳饰兽头，颈及圈足饰夔龙纹。器形厚重，堪比西周青铜礼器之雄风；纹饰工美，琢磨精致。当时明代社会兴起一股赏玩之风，形成一个收藏古玉的热潮，这在一定程度上促进了仿古玉的发展。此器即是明代仿古玉雕的佳作。

明　墨玉直线纹簋

清乾隆　白玉鹰熊纹合卺杯

高 8.6 厘米，宽 7.5 厘米。白色，质地洁净温润。做两筒相连，两筒间雕鹰熊。瓶身阴线刻龙纹、卷云纹，其接口处有阴刻篆文"子孙宝之"方

清乾隆　白玉鹰熊纹合卺杯

章。瓶间一侧镂雕展翅立鹰，爪踏卧熊，寓"英雄"意；或称"鹰"即女、"熊"即男，二者象征儿女蕃昌之吉意。

另一侧有兽面。二圈足。造型设计独具匠心，纹饰秀雅稠密，层次分明，可能是清代宫廷御用玉品。

合卺杯的基本造型均为连体双筒形，其寓意与"并蒂莲""比翼鸟""连理枝"有同样的祝福之妙，即祈愿夫妻恩爱、百年好合、尊卑同亲、永不分离，是"并蒂同心"的婚庆吉祥文化观念在艺术美学方面的延伸。

此器为清乾隆时期玉器精品。

清乾隆 黄玉龙首座四系方瓶

高 18.5 厘米，宽 9.1 厘米，口径 5.3 厘米。系用上等的新疆黄玉雕制而成，质地晶莹温润，光泽映人。圆口方瓶，颈部镂雕四云纹耳，瓶身阴线刻细勾云纹。底座前部为圆雕龙首，圆形凸眼，如意头鼻，座后部雕琢翻卷云纹，仿佛龙头穿云而出，龙尾似掩映在密云之中，气势恢宏。此器造型新异，风格瑰玮，是一件典型的乾隆时期作品，可称之为清代宫廷用玉之佼美者。清乾隆 黄玉龙首座四系方瓶

在乾隆年间，玉瓶造型繁复多样，有圆形、方形、竹节形、莲瓣形等不同样式，其工艺精美，每件器物都充满帝王气和贵族气，会给人增添崇玉与赏玉的审美情趣。此器充分体现了清乾隆年间玉器的艺术特点。

清乾隆 白玉凤螭纹双联盖瓶

高 16.3 厘米，宽 16.7 厘米。选用优质新疆和田白玉雕琢而成，器体抛光极好，有玻璃光泽。立凤驮小瓶且与大瓶相连，凤翼丰满、姿态端丽。大小瓶皆圆雕螭钮，直口，瓶身浮雕神态各异的四螭。大瓶为椭圆圈足，其底阴刻"乾隆年制"篆书款。设计巧妙。该玉瓶材质纯润，纹饰华丽繁缛，造型端庄大方，刻款字体端正文秀。应属造办处制作，是乾隆玉器的代表性作品。此瓶纹饰为凤纹螭纹，即龙凤纹，寓龙凤呈祥之意。

清乾隆 白玉凤螭纹双联盖瓶

本节收入 20 件玉器均藏于天津博物馆。

第三节 青铜器

二里头文化 平底爵

通高 19.7 厘米。窄长流，流口间口沿基本平直，无柱，短尖尾，上腹部略细做深筒状，横截面为椭圆形，一侧有两个细条状弧形鋬，下腹部外鼓，与上腹间形成折棱，为圈形假腹，有 3 个不规则的圆孔，薄壁，平底，三棱形柱足，外撇，其中一足在鋬下。铜爵始见于二里头文化，是目前所知最早出现的酒器，流行至西周，西周中期后基本不见。20 世纪 60 年代，文物工作者从天津电解铜厂废旧杂铜中拣选出此件珍贵的文物。

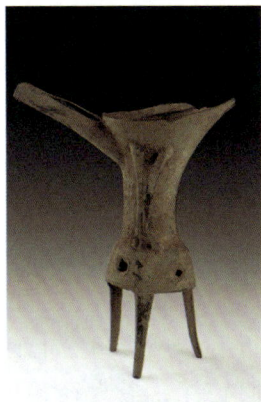

二里头文化 平底爵

商 贮爵

高 19.4 厘米，流至尾长 18.6 厘米。窄长流，流口沿平直，流尾近口缘处立有 2 个高伞状柱，卵状深腹，横截面为圆形，腹部一侧有弧形鋬，下腹部有 3 个三棱形高足，外撇，足底尖。柱顶部饰卷云纹，口沿及流下装饰蕉叶纹，内填云雷纹衬底。腹部饰兽面纹，有 3 个扉棱，均以云雷纹为底。鋬内铸有铭文"贮"字。此爵的纹饰体现了商代晚期青铜器所流行的三层花的装饰手法，纹饰细腻繁缛，美轮美奂。

商 贮爵

商　兽面纹铙

通高 47.5 厘米，铣间 35.5 厘米。腔体呈合瓦形，口沿做浅弧形，舞部正中有管状甬，与腔体相通，甬部有旋。腔体两面各饰一组浮雕变形兽面纹，旋部是粗线条变形兽面纹，甬部其他部分及鼓部、兽面纹凸起部分均饰云雷纹。整体纹饰平面立体结合，线条粗细相间，精美生动。铙是主要流行于商代晚期到西周早期的打击乐器。此件属于大型铙，使用时铙口朝上，甬部安置木柄插在器座上敲击。

商　兽面纹铙

西周　太保鼎

通高 57.6 厘米，口长 35.8 厘米，宽 22.8 厘米。清咸丰年间（一说道光年间）山东寿张县梁山出土。此鼎为方形，四柱足，口上铸双立耳，耳上浮雕双兽。鼎腹部四面饰蕉叶纹与兽面纹，四角饰扉棱，最为显著的是柱足上装饰的扉棱和柱足中部装饰的圆盘，这在商周青铜器中是独一无二的，非常奇异。从器型和纹饰特点来看，太保鼎的铸造年代应为西周早期。鼎腹内壁铸"大保铸"三字。"大保"即"太保"，太保为官职名，西周始置，为监护与辅弼国君之官。《尚书·君奭》载："召公为保，周公为师，相成王左右。"《史记·燕召公世家》记载："召公奭与周同姓，姓姬氏，周武王之灭纣，封召公于北燕。"据学者考证，这件太保鼎是西周成王时的重臣召公奭铸造的。

1958 年，徐世昌孙媳张秉慧将此鼎捐献给国家。

西周　太保鼎

西周　夔纹铜禁

高 23 厘米，长 126 厘米，宽 46.6 厘米。传 20 世纪 20 年代出土于陕西宝鸡斗鸡台戴家沟。此禁呈扁平立体长方形，中空无底，禁面上有 3 个微凸起的椭圆形子口，中间的子口略小于两边子口，禁前后两面各有两排镂空的长方形孔，每排 8 个，左右两面各有两排镂空的长方

形孔，每排 2 个，禁的四周都饰有精美的夔纹，纹饰生动，制作精良。《仪礼·士冠礼》记载："两庑有禁。"郑玄注："禁，承尊之器也。"禁是西周前期的承尊器，是古代贵族在祭祀、宴飨时摆放卣、尊等盛酒器皿的几案。传世铜禁仅见 3 件，此为其一，极其珍贵。

1968 年，天津文物管理处在清查文物时发现了这件残损的铜禁，加上文物工作者在物资回收部门找到的部分铜禁碎块，经过原中国历史博物馆工作人员一年多的修复，此件铜禁才恢复了其昔日的风采。

西周　夔纹铜禁

西周　克镈

高 63 厘米，口横 35.3 厘米，口纵 29.2 厘米。克镈呈椭圆体，平口，四面有透雕夔纹凸棱装饰，鼓部有铭文 79 字，叙说了克接受周王的赏赐及命令，沿泾水东到京师巡查，圆满地完成了任务，又接受车辆和马匹的赏赐，因而做此器，以追念逝去的祖先，并祈求幸福。

克原为姬姓，是周王室的宗族，其所任官职为膳夫，《周礼》所记载的膳夫乃是食官："掌王之食饮膳羞，以养王及后、世子。"他还有一个职能是出纳王令及其回复，在地方进行军事巡查。西周厉王时期贵族克所铸造的青铜器，称为"克氏青铜器"。这批克氏青铜器是研究西周晚期政治制度及军事活动的重要史料。清光绪十六年（1890）陕西省扶风县法门寺任家村出土。

1981 年，张叔诚将克镈捐献给国家。

西周　克镈

西周　兽面蕉叶纹鼎

高 50.5 厘米，口径 39.5 厘米。无盖，敛口平折沿，方唇，口沿上有一对立耳，略外撇，鼓腹斜垂，腹较深，最大径接近腹底，圜底下设 3 个蹄足，足部中间略细。立耳外侧饰有对称的立式夔龙纹，颈部有六条扉棱，饰三组由夔龙组成的下卷角兽面

纹，腹部饰变形蝉纹，足跟饰以扉棱为鼻梁的兽面纹，颈部、腹部及足跟均以云雷纹衬底。整体造型高大雄浑，纹饰精美细腻，是西周早期较典型的形制。

西周　兽面蕉叶纹鼎

西周　太师鼎

高49.8厘米，口径44厘米。无盖，口微敛，窄平沿，方唇，口沿上有一对立耳，微向外撇，鼓腹较深，腹部向下内收，圜底，底部设3个蹄形足，足部内侧中空，呈半蹄状，中部略细。立耳外侧饰两道弦纹，颈部有由上、下两条细弦纹和重环纹组成的纹带，其下有一圈凸起的粗弦纹。腹内壁铸有铭文3行12字："太师人口乎作宝鼎其子孙用。"重环纹约出现于商末周初，盛行时期则在西周晚期至春秋早期。综合器型和纹饰的特征，其年代应为西周晚期。

西周　太师鼎

西周　百乳雷纹簋

口径24.4，高17.2厘米。侈口，圆腹，腹壁较直，高圈足稍撇，两侧对称二兽头耳，耳下部有小方珥，珥上饰有夔龙，兽头生动形象。颈部饰一周火龙纹，间以凸起的兽头。腹部纹饰以斜方格状雷纹为底纹，其上饰有尖突状的乳钉纹，圈足饰有以云雷纹为底的兽面纹与两道短扉棱。

西周　百乳雷纹簋

西周　克鼎

高35.1厘米，口径32.8厘米。此鼎立耳，平唇，颈部有6个短扉棱，颈饰窃曲纹，腹略鼓而垂，下承三条兽蹄形足，蹄足上饰兽面纹。腹内壁铸铭文8行72字，记述周厉王二十三年（前855）九月，王命兼管军事的近臣膳夫克去巡视厉王驻屯在成周的军队并进行整饬。此器对研究西周的军事组织有重要历史价值。该鼎是清光绪十六年（1890）在陕西省扶风县法门寺任家村出土。当时该地出土了一批由贵族克铸造的青铜器。

西周　克鼎

1958年徐世昌孙媳张秉慧将此捐献给国家。

西周　克钟

高51.1厘米，口径29.4厘米。上有甬柱，柱下部有旋，甬中空，鼓部宽大。舞部、篆间饰窃曲纹，鼓部饰夔纹，钲部、左铣部皆铸有铭文。克钟全篇铭文共计79字，分刻两器上，每钟半篇，此件克钟铭文为下半篇。上海博物馆、日本奈良宁乐美术馆藏器铸有上半篇铭文。铭文记载克接受周厉王的命令，到指定的地方巡查，完成任务后得到周王赏赐，特铸此钟，以追念先辈并祈福。该钟是清光绪十六年（1890）在陕西省扶风县法门寺任家村出土。

西周　克钟

1958年徐世昌孙媳张秉慧将此捐献给国家。

春秋　芮太子伯鼎

高30.1厘米，口径35.8厘米，宽41厘米。敛口，斜折沿，方唇，附耳，双耳接于颈部，上部向外弯曲，腹较浅,腹壁圆曲向底部内收,圜底较平,下腹部设三个兽蹄形足,蹄掌肥大。颈部装饰一周窃曲纹,下为一周凸起的粗弦纹,腹部饰有垂鳞纹。器口内壁铸铭文"芮太子伯作鼎其万年子孙永用"13字。该鼎与现藏于上海博物馆的芮太子鼎形制相同,纹饰也接近,二者应为同一人铸。结合该鼎的形制和纹饰特征,其年代应在春秋早期。

春秋 芮太子伯鼎

战国 楚王鼎

通高53厘米,口径45.5厘米,腹围148厘米。该鼎附耳,直腹,兽蹄形足,并附盖,盖上有环和3个变形的鸟状钮,共有铭文60字,分布在鼎盖内、口沿、腹部等处。铭文记载了楚幽王为庆贺胜利用缴获的兵器铸成此鼎的经过并用于祭祀的史实。

楚幽王,熊(写作酓)姓,名悍(即忎),公元前237—前228年在位。楚王鼎出土于安徽寿县朱家集(今属长丰县)李三孤堆。李三孤堆是传说中的楚王陵所在。寿县铜器,是楚国器物的第一次大规模出土,震撼了中国文化界。其中楚王鼎、铸客豆、铸客匜、铸客簠、铸客勺等10件铜器流至天津宝楚斋李氏。

楚王鼎造型雄浑敦厚,气魄宏大,是这批楚器中形体较大、铭文较多的一件重要文物,是出土楚器中的重要代表,被誉为"南北楚器之冠"。同一形制、相同大小、铭文一样的楚王鼎同时铸造了两件,另一件藏于国家博物馆。

战国 楚王鼎

秦 始皇诏量

高4.4厘米,口径18.2厘米,底径9.5厘米。此量平口,椭圆形,长方形短柄,平底。器壁外有秦始皇统一度量衡的40字诏书,诏书为秦代流行的小篆。内容为"廿六年皇帝尽并兼天下诸侯,黔首大安,立号为皇帝,乃诏丞相状、绾,法度量,则不壹歉(嫌)疑者皆明壹之"。

其中"黔首"系指当时的人民,"状"即丞相隗状,"绾"是丞相王绾,"法度量,则不壹歉(嫌)疑者皆明壹之"是指以法律确定质量等衡规范之前杂乱不一致的情况。由此诏书看来,秦始皇当年应该相当注重在全国推行统一度量衡这一措施。公元前221年秦朝建立,为了保证国家的赋税收入,秦始皇制造标准的度量衡器,要求全国统一施行。此器容量为502毫升,与国家博物馆所藏始皇诏量二升半器形相同,为同一时期器物。

秦 始皇诏量

秦 旬邑权

高6.5厘米,口径8.3厘米,底径9.5厘米。铭文102字,分布于横梁左右两侧及权体八面。此权为八角棱体,正视截面呈梯形,中空,器顶口有一长方形横梁。横梁左右两侧有阳文篆书"旬邑",权体八面有秦始皇和秦二世的诏书"廿六年皇帝尽并兼天下诸侯,黔首大安,立号为皇帝,乃诏丞相状、绾,法度量,则不壹歉(嫌)疑者皆明壹之","元年,制诏丞相斯、去疾,法度量,尽始皇帝为之,皆有刻辞焉。今袭号而刻辞不称始皇帝,其于久远也,如后嗣为之者,不称成功盛德。刻此诏故刻左,使毋疑"。旬邑在陕西,此权是秦始皇统一全国衡制,由政府颁发的标准衡器。其上镌刻的诏书书体为小篆,古朴劲健,两诏铭文在秦权中较少见。秦统一度量衡改变了战国以来度量衡制度的混乱局面,便利了经济交往和发展。

秦 旬邑权

西汉 平都犁斛

高6.5厘米,口内径长18.5厘米,宽9厘米。西汉时期的量器。由于锈蚀折损已不太规整。扁椭圆形,器腹壁直而深,器柄短,上为方形,下部为半圆形,呈管状,底平,外腹部有小篆刻铭三处,一侧刻"元年十月甲午平都戌承纠仓亥佐葵犁斛",旁刻"容三升少半升重二斤十五两"，另一侧刻"平都"二字。平都，见《汉书·地理志》，属上郡，故城在陕西子长县境内。平都令名戍，丞名纠，仓吏名亥，仓佐名葵，是经营督造量器的各级官吏。此犁斛是称量戍卒口粮的专用器皿，传世稀有，是研究汉代量制的宝贵资料。此器是20世纪60年代文物工作者从天津冶炼厂废旧杂铜中拣选出来的。

西汉　平都犁斛

字。镜铭中的"吴"指吴县。"向里"是吴县内或近郊的一个"里"。"柏"为作镜工匠的姓氏。

在秦代，秦始皇始置会稽郡，治所在吴县。楚汉之际，分会稽郡北部之地为吴郡，吴县成为吴郡的郡治。特别是东汉以后，经汉末、三国，至于西晋时期，吴县始终是江南地区铜镜铸造的一个中心。

东汉　吴向里柏氏镜

东汉　阳燧

直径 8.3 厘米。此阳燧外观似斗笠，有鼻钮。表面铸阳文铭文两周，书体为汉隶，内周为"宜子先（孙），君子宜之，长乐未央"，外周为"五月五丙午，火燧可取天火，保死，祥兮"，均属吉祥用语。铭文中"五月五丙午"，应是指农历五月初五这天的 11 点到 13 点，古人认为此时正值端午节阳气最盛的时间。《左传·昭公十七年》中有："丙是火日，午是火位……故丙午为火。"可见该阳燧应该是东汉时期流行的阴阳五行等方术思想的体现。阳燧形似凹面镜，是周代始用的利用太阳能取火的工具，也是中国古代的伟大发明。从《周礼》至北宋沈括《梦溪笔谈》等都有关于阳燧取火的记载。此器是传世仅见的有铭阳燧，并且有使用过的痕迹，科学和历史价值都极高，极为珍贵。

东汉　阳燧

东汉　吴向里柏氏镜

直径 14.1 厘米。镜呈圆形，圆钮，三角纹缘。内区饰浮雕四兽，外区饰两周锯齿纹夹一周复线波状纹，铭文带在内区的外围一周，镜铭为"吴向里柏氏作镜，四夷服，多贺国家人民息，胡虏殄灭天下复，风雨时节五谷熟，长二亲得天力，传告后世乐无极兮呆有"47

唐　羽人葡萄纹镜

直径 11.3 厘米。镜体呈银白色，伏兽钮，花叶纹缘，内区饰葡萄枝叶缠绕，四瑞兽攀缘旋绕于枝蔓丛中，四只小兽穿插其间，相互嬉戏；外区有一带翅膀的羽人追逐瑞兽，瑞兽均作同向奔跑状，羽人身后有一匹飞奔的天马，葡萄枝叶繁茂，雀蝉禽鸟环绕其中。纹饰繁复华美，铸工精良，且羽人生动形象，在唐代瑞兽葡萄纹铜镜中极为罕见，全国也仅见几面。

瑞兽是原始人群体对亲属、祖先、保护神的一种图腾崇拜，是人类历史上最早的一种文化现象。羽人，顾名思义是身长羽毛或披羽毛外衣能飞翔的人，最早出现在《山海经》，称"羽民"。王充称其"身生羽翼，

唐　羽人葡萄纹镜

变化飞行，失人之体，更受（爱）异形"。张华说"体生毛，臂变为翼，行于云。"道教将道士称"羽士"，将成仙称"羽化登升"。羽人因身有羽翼能飞，因此与不死同义。

本节收入 19 件青铜器均藏于天津博物馆。

第四节　玺印

春秋　壬戎兵器铜玺

高 1.9 厘米，长 4.8 厘米，宽 3.3 厘米。秦国官玺。绞索状半圆形钮，钮上有绳纹，印体扁平，印背铸有对称的蟠虺纹。菱形印面，被两条凸起的交叉直线分成四格，格内铸阳文大篆"壬戎兵器"4 字，玺文顺时针旋读。从纹饰来看，此玺的蟠虺纹与流行于春秋时期的青铜器和漆器上的纹饰相似；从字体上看，玺文为秦大篆；从文字内容上看，可以断定此玺应属春秋时期的秦国官玺。这是传世玺印中唯一的一枚春秋铜玺，极为珍贵。

"壬"字有学者释为"王"。此玺可能是封缄军中发放兵器的文书用玺，是晚清著名金石学家、文物收藏家陈簠斋（陈介祺）旧藏古玺之冠。此玺辗转后为周叔弢购藏，并于 1981 年捐献给国家。

春秋　壬戎兵器铜玺

战国　䣓（长）坓（平）君伹室玺玉玺

高 1.7 厘米，长 2.2 厘米，宽 2.2 厘米。赵国官玺。覆斗钮，两面对穿。方形印面，印文外有边栏，文字镌刻精美，为阴文大篆"䣓坓君伹室玺"6 字。"䣓坓"即"长平"，为赵地，在今山西高平西北，"长平君"应为赵国之卿，封地在长平。"伹室"即文献中的"相室"，是家相、室老。此玺是典型的三晋印式，较为珍稀。玺曾经火煅，呈鸡骨白色。

此玺于 1981 年由周叔弢捐献给国家。

战国　䣓（长）坓（平）君伹室玺玉玺

战国　勿正闉玺铜玺

高 1 厘米，长 3.3 厘米，宽 3.3 厘米。楚国官玺。窄边半圆形鼻钮，印体扁平。方形印面，印文为阳文大篆"勿正闉玺"四字。玺文中的"勿正"即"勿征"，

古代"正""征"通用。"闉"字从"门"从"串"，可释为"关"，意为关卡，与安徽省寿县出土的楚器鄂君启铜节铭文中的"闉"字同，具有楚国文字的特征，故此玺当为楚国官玺。据陈邦怀先生考证："'勿正关'者，谓此关只讥异服，识异言，而不征税也。"玺文内容与《管子·小匡》所载货物通关时不征税的内容相对照，是通过关卡时免征货税的官方凭证，是研究楚国税制的珍贵资料。

战国　勿正闉玺铜玺

此玺于 1981 年由周叔弢捐献给国家。

秦　文路、路两面玉印

高 0.6 厘米，长 1.6 厘米，宽 1 厘米。秦代私印。侧面有一椭圆形穿孔，可穿带佩于腰间，方便使用。印身扁薄，长方形印面，有边框，一面阴刻"文路"2 字，有日字界格，一面阴刻"路"字。"文"是姓氏，"路"是人名，书体是秦摹印篆。秦穿带玉印极为少见，相当珍贵。玉质呈现白色。

此玺于 1981 年由周叔弢先生捐献给国家。

秦　文路、路两面玉印

西汉元朔三年　铜印范

长 5.2 厘米，宽 5 厘米，高 2.7 厘米。正方形，侈口，抹角。内底中间有一桥钮印形凸出体，旁有一个半漏斗形凸出体与之连接。外侧左、

西汉元朔三年　铜印范

右壁凿铭文 8 行 15 字"元朔三年叔坚工仆,上郡工褒夫立戍",外底凹凸不平,通体褐色,口沿微残。此物系西汉时期铸造铜印用的母范,其上的铭文显示出此印范的铸造时间及铸造工匠的姓名,体现了当时"物勒工名"的铸造原则。此印范揭示了汉代铜印的铸造方法,对研究我国古代冶炼技术有很高的史料价值,弥足珍贵。

汉 阳成婴玉印

高 1.6 厘米,长 2.3 厘米,宽 2.3 厘米。汉代私印。覆斗钮,横穿孔。方形印面,印文为阴文小篆"阳成婴"3 字,笔画纤细挺拔。印文由 3 个字组成,布局本不易平稳,但将"婴"字上下两部分加长,与"阳成"2 字对应,显得流畅匀称,且意态生动。玉质青色,有沁色,表面光滑。

汉 阳成婴玉印

新莽 中垒左执奸铜印

长 2.3 厘米,宽 2.3 厘米,高 2.1 厘米。铜质、龟钮,龟呈半立状,背部甲形清晰,饰六角形纹,纹饰刻铸较深,方形印面,铸阴文汉篆"中垒左执奸"5 字,文字纤细坚挺。

新莽朝(8—23),是中国历史上继西汉之后出现的朝代,为西汉外戚王莽所建立。《汉书·百官公卿表》载:"中垒校尉掌北军垒门内,外掌西域。"又《王莽传》云:"天凤四年置执法左右刺奸。"翟中融著《集古官印考证》认为:"'左执奸'即王莽所置执法刺奸之官。""中垒"为官职名,"执奸"有执法刺奸之义,此印为中垒校尉之属官,是罕见的新莽时期的官印,对于研究当时的法制及官制有重要史料价值。

此印 1981 年由周叔弢捐献给国家。

新莽 中垒左执奸铜印

东汉 君侯之玺铜印

高 1.3 厘米,长 1.8 厘米,宽 1.8 厘米。东汉时期官印。龟钮,方形印面,印文为阴文汉篆"君矦之玺"4 字。"君矦(即侯)"一词有两种解释:《汉书·刘屈牦(氂)传》注引如淳曰:"《汉仪注》列侯为丞相,称君侯。"而颜师古则认为,"君侯"是对列侯的尊称(列侯为爵位名,秦制二十等爵之最高级,汉沿用),印文称玺应为列侯用印。印钮及印文铸作极精。

此玺于 1981 年由周叔弢捐献给国家。

东汉 君侯之玺铜印

汉 赵诩子产印信三十字铜印

高 1.7 厘米、长 2.3 厘米、宽 2.3 厘米。汉代私印。薄边瓦钮,印体扁平。方形印面,印文为阴文汉篆"赵诩子产印信。福禄进,日以前,乘浮云,上华山,饲玉英,饮礼泉,服名药,就神仙"30 字。"赵诩"为人名,"子产"是其字号。此类印为汉代的韵语印,印文属道家学道求仙方面的内容,与当时的铜镜铭文相呼应,这与汉代社会崇尚神鬼文化有关,反映了当时的时代风气,表达了古代人对于升仙过程的描述和美好向往。此印是迄今所知文辞最长的一枚古代铜印,弥足珍贵。

汉 赵诩子产印信三十字铜印

此印于 1981 年由周叔弢捐献给国家。

晋 曹氏六面铜印

长 2.3 厘米,宽 2.3 厘米,高 3.6 厘米。私印。印体为晋时流行的六面体形制,整体呈凸字形,上面凸起缩小铸成印钮,钮上有穿,钮上凿阴文"曹氏"二字。底面为阴文"曹氏印信",印体四面为"女言疏""曹新妇白疏""官"和"印

晋 曹氏六面铜印

完"。除"官"字为汉篆，其余印文书体皆为悬针篆。悬针篆印文上部笔画结合紧密，下部体势伸展自如，收笔尖细，形成疏密有致的结体特点，与魏《正始石经》的字体相似，是研究玺印字体流变的重要资料。

一枚印章上的印面数可有不同。魏晋时期，出现了六面印，形如一"凸"字，上部有穿，可供系绳。这种"凸"字六面印在魏晋以后就消失了。六面印各面印文内容不同，使用较为便利，传世极少。此印印主姓曹，名女，字新妇。

此印于 1981 年由周叔弢捐献给国家。

隋 观阳县印铜印

高 3.5 厘米，长 5.3 厘米，宽 5.3 厘米。官印。半圆形扁柱钮，左右贯一穿，印体扁平。方形印面，有窄边，印文为阳文小篆"观阳县印"4 字，字口极深。印背刻楷书款"开皇十六年十月五日造"。观阳县西汉始置，属胶东国，治所在今山东海阳县西北发城镇，以在观水之阳为名。东汉时属北海国，西晋废，北魏兴和中复置，属东牟郡，北周废，隋开皇十六年（596）复置为牟州治。

隋唐时期的官印体积普遍增大，为了更好地管理印章和防伪，印背还凿刻官印制作的年月，这也是最早凿在印章上的款识。且一部分印章采用了一种新的铸印形式，称为"蟠条印"，其线条一般都是圆转弧形的。此印从其蟠条印的制作模式和印文的字体及形制上看，应为隋时官印。

隋 观阳县印铜印

五代 元从都押衙记铜印

高 2.3 厘米，长 6 厘米，宽 4.8 厘米。五代官印。鼻钮，钮顶呈半圆形，片状。长方形印面，有窄边，印文为阳文楷书"元从都押衙记"6 字。"元从"始于唐高祖的"元从禁军"，凡被授予者，皆享有一定的特权。"都押衙"是官名，安史

五代 元从都押衙记铜印

之乱后，藩镇割据，皆擅设衙官，于是衙将、衙官、都押衙等官名日渐繁杂。"元从都押衙"系军帅亲重之官，多见于五代史书。五代时期官印传世极少，此印是我国最早的楷书实用官印，是研究我国五代时期有关史实不可多得的历史物证。

西夏 有神圣位铜印

高 4 厘米，长 5.5 厘米，宽 5.5 厘米。西夏文宗教印。钮上宽下窄，顶部刻西夏文"上"字，圆形穿，印体扁平。方形印面，铸阳文西夏文篆书 4 字。印文字义为"有神圣位"，字口深。印背浅

西夏 有神圣位铜印

刻有西夏文楷书款两行 8 字，释为"正首领嚼，毗曲国成"。此印是传世西夏印中唯一的一件带西夏文背款的阳文印，弥足珍贵。

此印于 1981 年由周叔弢捐献给国家。

金大定十八年（1178） 和拙海栾谋克之印铜印

高 6 厘米，长 6.1 厘米，宽 6.1 厘米。金代官印。矩形直钮，钮顶铸一"上"字以决正倒。钮右背凿"大定十八年八月"，钮左凿"礼部造"。上侧面凿"和拙海·谋克"，

金大定十八年（1178）
和拙海栾谋克之印铜印

皆汉文楷书阴刻款。方形印面，印文为宽边朱文九叠篆书"和拙海栾谋克之印"8 字，印左侧面凿女真文款一行，译文为"和拙海栾毛毛可（谋克）"。

此印是金代兵民合一的政权机构"谋克"的印鉴。"和拙"即"合扎"，是金语"亲军"的意思。"海栾"是驻地，即今图们江支流海兰河。带有女真文边款的金代印章极少，史料价值很高，是研究我国金代兵制、政治组织等各方面不可多得的历史证物。

清 提督湖北总兵官印银印

高 10 厘米，边长 10.5 厘米。印面呈正方形，宽边，印文为朱文兼镌满汉两种文字，三种书体。左为满文篆书，中为满文楷书，右为汉文小篆"提督湖北总兵官印"两行 8 字。背铸三台虎钮，钮右镌汉文楷书款两行："提督湖北总兵官印礼部造"。钮左镌满文楷书三行释文。右侧边镌汉文楷书"咸字九号"，左侧镌"咸丰三年四月日"。此印是清朝政府授予湖北总兵向荣的官印，向荣于咸丰三年（1853）正月廿日接任湖北提督，曾任剿灭太平天国的江南大营的首脑。清代传世银质官印很少，非常珍贵，此印对研究我国近代史有着重要的历史价值。

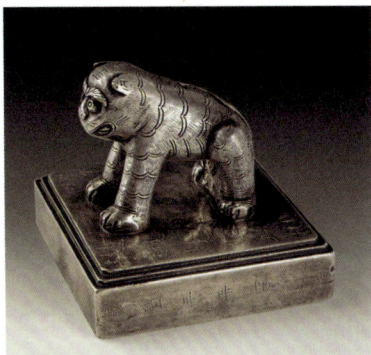

清 提督湖北总兵官印银印

清 祺皇贵太妃之宝银印

高 10 厘米，长 12.7 厘米，宽 12.7 厘米。妃嫔用印。蹲龙钮，铸造精良，龙体刻画精细，龙形威武庄严。印面呈正方形，铸满、汉两种文字："祺皇贵太妃之宝。"此印是清溥仪为皇祖重制玉册，改镌玉宝时所制。祺皇贵太妃原本是清文宗（咸丰）的端恪皇贵妃，系满洲镶黄旗头等侍卫裕祥之女，咸丰八年（1858）进宫，咸丰十一年（1861）被清穆宗（同治）封为"皇考祺妃"，卒于宣统二年（1910），溥仪尊她为"皇祖祺皇贵太妃"。

清 祺皇贵太妃之宝银印

清 山水人物山子形如南山之寿寿山石章

高 11 厘米，宽 8 厘米，为私印，石质纯净细润。该如南山之寿寿山石章章体随形而刻，浮雕、浅浮雕技巧并用，雕刻有仙山楼阁、祥云、灵芝、仙鹤、神道人物等祥瑞图案，工艺高超，并在章身刻"紫气东来""瑶池得瑞""鹿衔灵芝倚南山""倬彼云汉，介尔景福"等吉祥语，将文字、纹饰与天然石料巧妙地融为一体，栩栩如生，是难得的寿山石雕作品。该寿山石章底刻阳文"如南山之寿"五字，寓意长寿，与印体纹饰相互呼应。"如南山之寿"，出自《诗经·小雅·天保》。寿山石是中国传统四大印章石料（巴林石、青田石、鸡血石和寿山石）之一。此枚如南山之寿寿山石章随形而刻，将自然之美与艺术之美交相融合，形成自身的独特意蕴，是寿山石章中难得的佳品。

清 山水人物山子形如南山之寿寿山石章

清 和硕庆亲王宝鎏金银印

长 12.7 厘米，宽 12.5 厘米，高 12 厘米。亲王用印。龟身、龙首、独角罣龙钮。方形印面，有宽边，印文为满汉合文，右为汉阳文、篆脚呈燕尾式的芝英篆书"和硕庆亲王宝"，左为相同内容的满文篆书，篆脚也为燕尾式。此印为光绪二十年（1894），慈禧太后六十寿辰时，晋封庆郡王奕劻为和硕亲王时颁给他的鎏金银印。宣统三年（1911）十二月，溥仪逊位，奕劻及全家避居天津直到去世，此印遂留在津城。

奕劻（1838—1917）晚清重臣、宗室，满洲镶蓝旗，爱新觉罗氏。清高宗（乾隆）第十七子永璘之孙，辅国公绵性长子。光绪十年（1884）任总理各国事务衙门大臣，封庆郡王，十七年（1891）迁总理海军事务大臣，二十年（1894）进爵亲王，二十四年（1898）晋封世袭罔替，成为铁帽子王，二十九年（1903）任领班军机大臣，宣统三年（1911）任首任内阁总理大臣。溥仪逊位后，避居天津。1917 年 1 月 28 日病死，谥号为"密"。

清 和硕庆亲王宝鎏金银印

本节收入的 18 件玺印均藏于天津博物馆。

第五节 钱币

战国 安阳三孔布

长 5.2 厘米，宽 2.6 厘米。铜质，布首与足部各有一个小圆孔，因而得名"三孔布"。三孔布正面铸有地名，背面铸有数字，如一、二、廿、四十、七十等，背的腹部铸有记重文字。三孔布分大小两种：大者背铸"一两"2字，小者背铸"十二铢"3 字，形制整齐。该三孔布正面铸阳文"安阳"2 字，背文为记值文字"十二铢"。

三孔布是我国战国晚期赵国为加强与邻国商业交往新铸造的货币，在币值上有所改革，其币值"铢两"与秦国或其他铢两制的国家相对应，便于跨国、跨城邑之间的贸易。三孔布传世极少，出土更少，是先秦货币中最为珍贵的品种，是现今钱币界公认的名珍之一，这枚三孔布是国内仅存的几件实物中的一枚极品。

战国 安阳三孔布

战国 梁𥅆权钱

长 2.6 厘米，宽 1.8 厘米。铜质，扁方形，方首上有穿，权钱正面为币文"梁𥅆"二字，权钱背为素面。权钱方首上的穿可以系绳悬吊，既可像砝码一样称重，又可在秤杆上使用，一身兼有砝码和秤砣的两种职能，是战国时期极为少见的货币形制。

"梁"是战国时期魏国都城所在地。上海博物馆所藏的"咸阳亭"半两权，已证实是秦都城咸阳用以检验半两钱的专用砝码，由此推断"梁𥅆"权应是战国时魏惠王九年（前 361）迁都大梁，钱币督造机构验布的专用砝码。还有一枚现藏于天津博物馆的权钱也能说明这一点，这枚权钱正面铸"半"字，与三晋钱币中半釿接近，并保持了平首形制，重量等于"梁𥅆"

战国 梁𥅆权钱

的一半，它是称量半釿布的专用砝码。这种权钱对研究我国战国时期货币的称量制度及使用方法都具有十分重要的参考价值。

新 中泉三十圆钱

直径 2 厘米。方孔圆钱，正背面皆有内外廓，钱文对读"中泉三十"，背面无文。"中泉三十"是王莽于新始建国二年（10）改革币制新发行的"六泉十布"中"六泉"的一种，在传世钱币中比较罕见。王莽在摄政和执政（6—23）期间，进行了四次币制改革。新始建国二年（10），王莽进行了第三次币制改革，实行"五物六名二十八品"的"宝货制"。"五物"分别是金、银、铜、龟、贝五种币材。"六名"为金货、银货、龟货、贝货、泉（钱）货、布货六大钱币类型。"二十八品"指不同质地、不同形态、不同单位的二十八品钱币。泉（钱）货六品按照形制及重量，从小到大分别为小泉直一、幺泉一十、幼泉二十、中泉三十、壮泉四十、大泉五十。

新 中泉三十圆钱

东晋十六国 大夏真兴圆钱

直径 2.3 厘米，孔径 0.8 厘米。钱文真书旋读，字体秀美，制作精整，内外廓清晰。公元 407 年赫连勃勃建夏国，公元 419 年改元真兴，铸"大夏真兴"钱。真兴时是大夏国国势最强盛的阶段。钱文"大夏"是国号，"真兴"是年号，开创了钱文同铸国号、年号的先例，寓意国运昌盛。"大夏真兴"钱是研究东晋十六国时期政治、经济甚至丝绸之路货币不可多得的珍贵资料，同时又是五铢重量钱向年号钱过渡的中间类型，在我国货币史上占有一定地位。因传世及出土都极稀少，非常珍贵。

东晋十六国 大夏真兴圆钱

明　西王赏功方孔圆钱

　　直径 4.8 厘米。铜质，方孔圆钱，钱体较大，为当十大钱，面文楷书，正面币文直读"西王赏功"四字，背素面。公元 1643 年，明末农民起义军攻陷武昌，此钱币为大西农民政权改元大顺后铸造。除"大顺通宝"之外，还铸造了"西王赏功"钱，分金、银、铜三品。此枚铜币为当十大钱，以"西王赏功"为文，是一种目的在于奖励有功者而铸造的钱形奖章，这是一枚非流通的货币，是研究农民起义政权、军事、经济方面的重要资料，存世罕见。

明　西王赏功方孔圆钱

清　光绪丙午年造大清金币

　　直径 3.8 厘米，重 37.2 克。机制币，钱币面由圆珠纹连成内环，环内币文直读"大清金币"，环外有币文"光绪丙午年造库平一两"。钱背面有龙纹与云纹组成的图案。此币于光绪三十二年（1906）在当时大清户部造币厂铸造。中央户部造币厂设在天津。机制币，即用机器而非手工制作的各种金属货币。机制币大多是西方钱币管理体系刚刚引入中国时首次采用西方机械印制和铸造的。此枚金币是试样币，并没有流通，传世不多，为珍贵品。

清　光绪丙午年造大清金币

　　此金币为魏伯刚捐献。魏伯刚早年在天津金融界工作，用毕生精力收集了一批近代很有价值的金银币，后来将其部分收藏捐赠给国家，此币即是其中之一。

　　本节收入的 6 件钱币均藏于天津博物馆。

第六节　铜佛造像

东魏武定八年（550）　铜观音像

　　高 13.2 厘米，宽 4.6 厘米。观音呈站姿，头戴莲瓣状三瓣宝冠，面部清秀，表情庄严持重，身着通肩天衣，宝缯下垂，左手施无畏印，右手持净瓶。跣足立于圆形台上，下承双层四足高床，身后有舟形背光，背光上阴刻火焰纹，四足高床左、右侧及后面刻铭文"武定八年五月十四日佛弟子高青雀造观世音像一区（躯）为亡世父母法界众生一时成佛"35 字。此造像是东魏清秀飘逸风格造像的典型代表，纹饰造型简洁流畅。

东魏武定八年（550）　铜观音像

隋开皇五年（585）　吴士良造观音像

　　高 13.6 厘米，宽 6.8 厘米。此像是一铺三身像，为一观音二菩萨胁侍立像。主像观音头戴莲花状三瓣宝冠，宝缯垂至臂，面方圆，身着天衣内着僧祇支，披长巾，饰璎珞，手施无畏与愿印，下着长裙，赤足立于圆台上，圆形莲瓣纹头光，火焰纹背光，左右胁侍菩萨束髻，面方圆，火焰状项光，披长巾，双手合十，下着及膝长裙，立于从主像背光底部延伸出来的卷草、云气之上，下承莲台。圆台下为四足方座，正、背、左侧刻铭"开皇五年十月十日佛弟子吴士良为家口平安告（造）像一区息乾子息季宁"29 字。

　　隋开皇年间流行的铜佛造像样式，既保留了北朝遗风，又有向唐代过渡的特点，具有承上启下、继往开来的时代特征，形成了具有鲜明时代特色的开皇造像模式。

隋开皇五年（585）
吴士良造观音像

隋开皇十二年（592）　铜鎏金观音像

　　高 12.6 厘米，宽 4.2 厘米。头戴高冠，脸庞圆润，双眼、双唇微微张开，右手持莲，身着天衣，宽衣下着百褶裙，跣足站立于圆形底座上，座下有单层四足高床，身后饰火焰状舟形背光，线条流畅简洁。高床四足上刻铭文"开皇十二年二月十八日张皈卿母子造观音像壹坄（躯）上为皇帝下为边地"29 字。隋朝的佛教造像既有北朝的清秀遗风，又有圆润安详的时代特色，是佛教造像发展的过渡时期。由于隋朝统治者崇信佛教，小型的佛造像也逐渐成为普通百姓供养的对象，如此尊观音像，它体现了融合在百姓世俗生活中的宗教信仰。

隋开皇十二年（592）
铜鎏金观音像

明　永乐款铜鎏金四臂文殊菩萨像

高21厘米，宽15厘米。此像头戴高冠，面庞圆润，双眼垂附，颜面端庄，耳珰垂肩，肩搭宝缯绕肩而过，胸佩宝珞，左手施说法印，右手上举持剑，左后臂持弓、右后臂应持莲茎（莲茎缺失），结跏趺坐于莲台上。台上刻"大明永乐年施"6字铭文。四臂文殊菩萨是雪域西藏的守护神，在西藏地区的信仰中有着崇高的地位。此尊造像是宫廷赐给西藏地区的，整体造型完好，题材独特，工艺精湛，是明代宫廷造像中的精品，存世量稀少。

明　永乐款铜鎏金四臂文殊菩萨像

明　宣德款铜鎏金释迦牟尼像

高26.7厘米，宽19.2厘米。此佛像通体鎏金，头部饰螺发，顶有肉髻，面部宽平，双目微闭。身着袒右式袈裟，下着长裙，左手施禅定印，右手扶膝做触地印，结跏趺坐于莲花宝台上，莲座前刻有"大明宣德年施"6字铭文。刻款为倒书方式，这样刻写主要是为了迎合藏民族文字的读写习惯。此尊佛像为宫廷铸造的释迦牟尼成道像，造型庄重，衣纹线条流畅，底座莲花瓣饱满，工艺精细，存世量稀少。

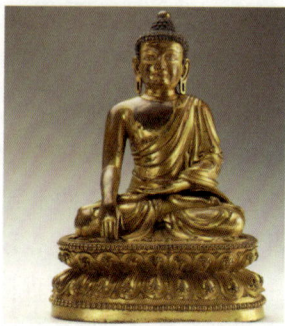

明　宣德款铜鎏金释迦牟尼像

清　铜鎏金达赖五世像

高10.9厘米，宽13.5厘米。此像头戴格鲁派的桃形僧帽，身穿袈裟，外罩大氅，盘坐在方形坐垫上。右手施触地印，左手施禅定印托经箧。座

清　铜鎏金达赖五世像

后有藏文题款两行，其中"阿旺洛桑嘉措"即五世达赖名。五世达赖为格鲁派确立在西藏的统治地位发挥了重要作用。清顺治九年（1652）赴京觐见皇帝，正式得到中央政府册封。此像工艺精美，历史价值极高，是20世纪70年代文物工作者从天津电解铜厂废旧杂铜中拣选而来。

本节收入的6件铜佛造像均藏于天津博物馆。

第七节　敦煌遗书

南朝　《成实论疏》

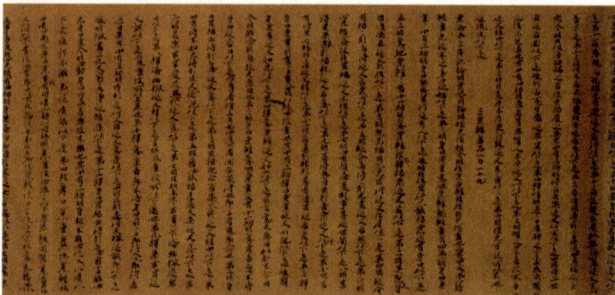

南朝　《成实论疏》（局部）

潢棉纸。17纸，每纸24行，每行字数不等。乌丝栏，楷书。卷首尾缺残。卷中有十善道品、过患品、三业轻重品、业因品、烦恼论初烦恼相品、贪相品、无明品、慢品、疑品、身见品、边见品、耶见品、二取品、随烦恼品、三不善品、杂烦恼品、九结品、杂问品等品题，与鸠摩罗什译本卷九至卷十一诸品题近似。诃梨跋摩所作《成实论》是一部佛学总纲式著作，曾盛极一时，注疏颇多，惜唐以后无人研习，旧注无传世本，今所

得见敦煌本《成实论疏》，虽未录撰疏者，也极为难得。首纸 10 行，捺笔肥大，六朝笔意尤浓。南朝书法极富特色，具有较大研究价值，然流传写本不多，敦煌南朝写本可以填补南朝书法史研究的空缺。

南朝　《佛门问答》

作于南朝陈天嘉六年（565）。潢棉纸。12 纸，纵 28 厘米，横 478 厘米。每纸 23 ～ 24 行，行 23 ～ 24 字，乌丝栏，楷书，捺笔肥厚，仍具隶意，用笔纯熟整肃，平正妍美。卷首缺残。卷尾正文下落款"天嘉六年四月十二论记竟"。又有题记 3 行"法师道安据法师智顺流通遐代化，化不绝披揽之徒发平等，融解之心"。钤有李盛铎鉴藏印："木斋真赏""德化李氏凡将阁珍藏"。卷背写《三佛五门义记》。本卷十二论记问答，敦煌写本中不多见。敦煌南朝写本使我们得以窥见书法的隶变过程，弥补了传统书法史南朝时期史料之不足。

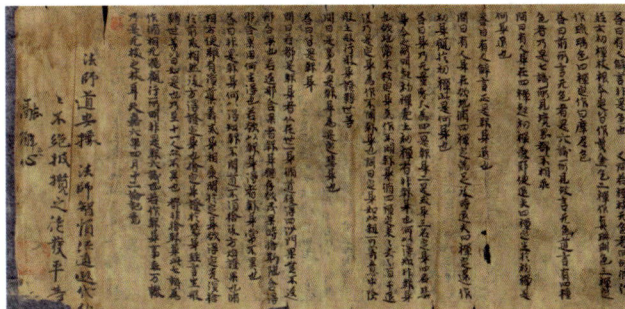

南朝　《佛门问答》（局部）

隋　《禅数杂事下》

作于开皇十三年（593）。厚潢写经纸。纵 27.4 厘米，横 448 厘米，存 213 行，每纸 22 行，每行 17 字。乌丝栏，楷书，书法佳。卷首缺。卷尾题"禅数杂事下"，尾题后有 6 行题记"开皇十三年十二月十八日经生郑颋书，用纸十八张，一校经东阿育王寺僧辨开、教事学士郑颐、王府行参军学士丘世秀"。此本各藏均未收，内容大都取自《安般守意经》有关事数诸条，也有与习禅无关者。题记为系统研究写经制度提供参考。周叔弢捐赠。

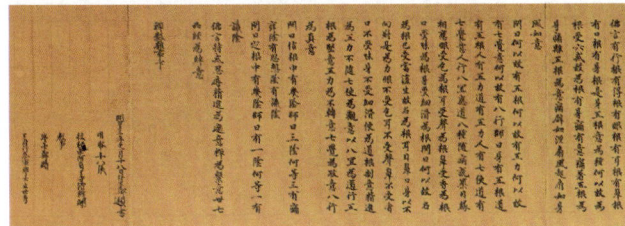

隋　《禅数杂事下》（局部）

唐　《妙法莲华经卷第四》

唐朝写卷。经卷质地为厚潢砑光麻纸，共 17 纸。纵 28 厘米，横 770 厘米，每纸 28 行，每行 16 或 20 字不等。有乌丝栏，楷书，墨色浓匀。书写法华部《妙法莲华经卷第四》经文。卷首残缺，卷中有"法师品第十""见宝塔品第十一""提婆达多品第十二""持品第十三"等品题。卷尾题"妙法莲华经卷第四"。后有款"咸亨三年五月二日经生田无择写""用纸廿二张""装经手解集""初校经生田无择""再校醴泉寺僧文璟""三校醴泉寺僧玄静""详阅太原寺大德神符""详阅太原寺大德嘉尚""详阅太原寺主慧立""详阅太原寺上座道成""判官少府监掌治署令向义感""使太中大夫守工部侍郎永兴县开国公虞昶监"十二行题记。并钤有朱文印"敦煌石室秘笈"和"木犀轩珍藏印"两方，可知此卷曾被藏书家李盛铎收藏。

这部写经乃唐代官写经本，出自门下省的楷书手或称群书手的宫廷写经生之手。通篇字体在严谨的楷书结字运笔的法度之中，尽展清雅秀逸之美，略带牵连的娴熟运笔，使适中的笔法骨肉，意态飞动，端严而具妩媚，平易又绝不流俗。表现出宫廷经生高超的书法水平，大有直逼欧颜褚虞之势，是盛唐书法空前发展的体现。

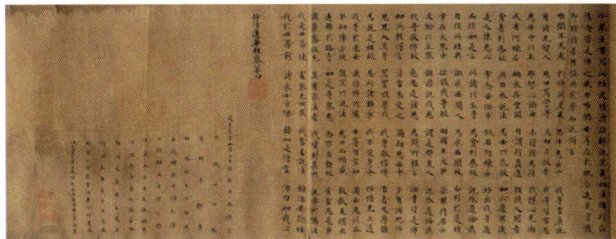

唐　《妙法莲华经卷第四》（局部）

唐　《曲子词》

唐　《曲子词》（局部）

唐代《曲子词》，纵 26.1 厘米，横 394 厘米，纸本。敦煌遗书中除了宗教典籍外，还有大量的社会文书，内容涉及百家经典、史学著述、官私档案、医药天文、诗词俗讲等，包括自然和社会科学及文学艺术等中古社会的各个方面，是研究中古社会生活的重要资料。曲子词就是歌词的意思，是隋唐时期一种配合音乐用以歌唱的诗体，敦煌遗书中发现有数百件。敦煌曲子词属民间通俗曲词，作者众多，题材广泛，曲式多样，是中国文学遗产中珍贵的一部分。天津博物馆所藏《曲子词》，抄录曲子词14首，书写于《维摩诘所说经》卷下的背面，楷体，墨色较淡。全卷字体老成，流畅圆熟，可见书者的笔墨功力。如此长的曲子词很少见，文献价值极高。

唐 《法华经义疏》

薄楮写经纸。34纸，首缺尾残，有水渍印，纵28.4厘米，横1369厘米，每纸27行，每行22～30字。首起"圣众之疑如象没泥非大象而不拔久乃宣说"，尾末2行残，共85行。乌丝栏，书体介于章草向今草的过渡，点画中仍部分保有隶书笔法的行迹。墨色中匀，文中有朱笔批校。卷背为五代写本《历代法宝记》（与《大正藏》校之，有异文）。在中国佛教史上，《法华经》广为流传，历代高僧相继对此经注疏。此写本释疏《方便品第二》，与隋代吉藏（549—623）疏注的《法华义疏·方便品》相较，多有异文，应是有渊源的注疏，是研究《法华经》经义及佛教学派在敦煌流行情况的重要文献，同时也是研究敦煌草书写本的宝贵资料。周叔弢捐赠。

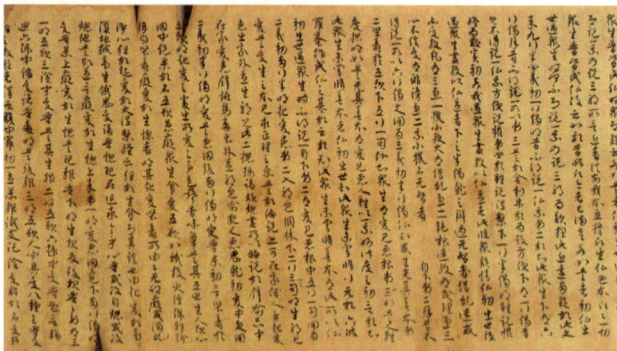

唐 《法华经义疏》（局部）

唐 《太上妙法本相经·东极真人问事品第九》

潢楮纸。14纸，纵25.8厘米，横655.5厘米，每纸28行，每行16字或17字。乌丝栏，楷书。卷首题"太上妙法本相经东极真人问事品第九"，卷尾题"太上本相经卷第九"，卷尾背面有"十四"二字。《太上妙法本相经》为道教经典，此卷《东极真人问事品》，

首尾完整，且卷次明确，对"因缘""夷狄""慈悲""修道"诸问题进行论述，极为珍贵。

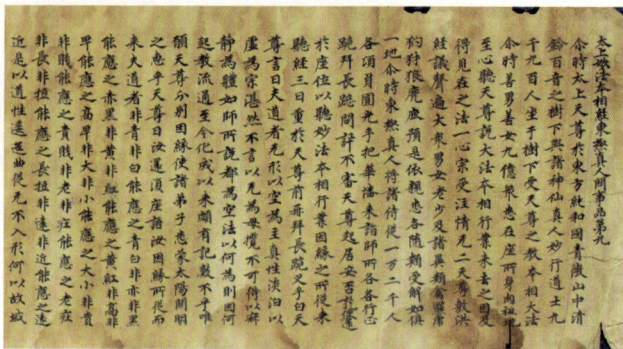

唐 《太上妙法本相经·东极真人问事品第九》（局部）

唐 《解深密经卷第三》

厚潢麻纸。16纸，纵26.8厘米，横745厘米，每纸28行，每行17字或14字。乌丝栏。楷书，字体饱满方肥，右竖粗，当为唐高宗、武后时风格。卷首缺。有朱笔校勘。卷尾题"解深密经卷第三"。《解深密经》为玄奘译，共五卷，敦煌遗书中稀见此经，此为第三卷。另有《解深密经·卷二》（S.2519）、《解深密经·卷四》（S.4486）二件藏大英博物馆，国家图书馆藏一件（北图8513）。周叔弢捐赠。

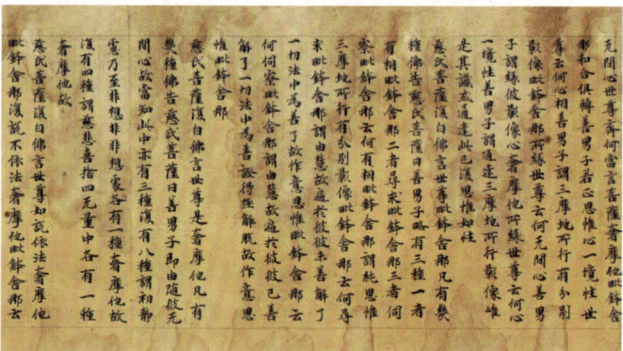

唐 《解深密经卷第三》（局部）

唐 《文选注》

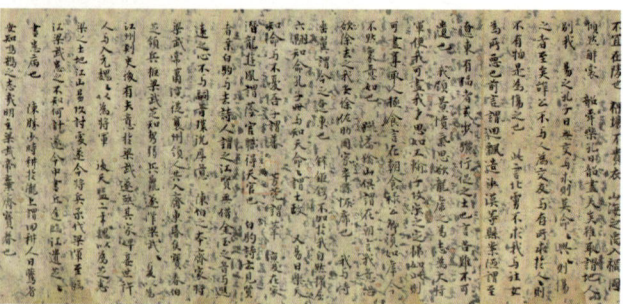

唐 《文选注》（局部）

薄白麻纸。10 纸，纵 27.5 厘米，横 435 厘米，每纸 22 行，每行 18 ～ 21 字。乌丝栏，楷书，书法工整。卷首尾缺，卷首上方钤"周暹"（白文方印）。存赵景真《与嵇茂齐书》、丘希范《与陈伯之书》、刘孝标《答刘秣陵诏书》等篇注。此卷多有与诸刻本不同的字，可见写本底本不同于李善、五臣所用本。卷背为草书《大乘百法明门论开宗义记》。周叔弢捐赠。

五代　《佛说水月光观音菩萨经》

厚潢麻纸。9 纸，纵 26.4 厘米，横 330 厘米，每纸 31 行，每行字数不一。乌丝栏，楷书。包首题签"佛说无常经等七卷"，下小字"为亡母追福，每斋一卷"。此卷首全尾缺，与北图冈字 44 号、P.2055 号均系五代著名历法家翟奉达为亡妻马氏营斋而写。其作品现存有《佛说无常经一卷》《佛说水月光观音菩萨经》《佛说咒魅经》《佛说天请问经》。其中《佛说水月光观音菩萨经》经文共 17 行，有题记 2 行："十四日二七斋

追福供养，愿神生净土莫落三涂枝难，马氏承受福田。"此经因是截取自《千手千眼观世音菩萨广大圆满无碍大悲心陀罗尼经》的发愿文而成为伪经，就目前所知，未见于其他敦煌写本，可谓难得。此写本是研究五代时期敦煌丧葬仪礼的重要文献。周叔弢捐赠。

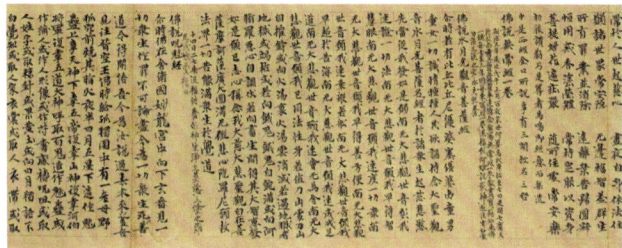

五代　《佛说水月光观音菩萨经》（局部）

本节收入 10 件敦煌遗书，主要来自著名收藏家周叔弢的捐赠。写本上起南朝，下至五代。内容以佛教典籍为主，多数写本首尾俱全。这些珍贵的敦煌写本是研究经义及佛教学派在敦煌流行情况的重要文献，同时也是研究书法史的宝贵资料。现藏天津博物馆。

第八节　碑帖、书法

一、碑帖

东汉　《党锢残碑》

又名"纪弹残碑""济乡邑"等字残碑。长 22 厘米，宽 15.5 厘米，厚 20 厘米。斜梯形，灰色。正面存隶书 6 行 24 字，背面存隶书 2 行 7 字。民国初年福山王汉章购此石于洛阳，1918 年经丹徒陈邦福考证，定为汉党锢碑残石。1922 年原天津博物院曾将其刊印发行，并附陈邦福证文及华石斧跋文。1932 年《河北第一博物院院刊》第 28 期再发表，后归王竹林，1954 年天津市历史博物馆从王氏后人处购得。此石文字虽少，但反映了东汉党锢之祸这一历史事件，具有重要的历史价值。碑文两种隶书风格迥异，碑阳笔致劲健，郑重严谨，碑阴笔画粗细不拘，字体潇洒飘逸，为研究隶书提供了很有价值的资料。

东汉　《党锢残碑》

宋拓　《怀仁集王羲之书圣教序》册

原碑唐咸亨三年（672）刻，每半开纵 25.2 厘米，横 12 厘米。裱本 25 开，半开 4 行，每行约 10 字。全帖墨色浓郁，字迹肥润，锋芒犀利，行笔转折和牵丝清晰可见。"慈"字完好，"缘"字不与石花泐连，"重"字仅左中损，故应为北宋后期拓本。清崇恩首题"墨皇"两隶字，后附长跋，故世称墨皇本或崇恩长跋本。帖后还有清何绍基题诗及孙仲祥等人跋语，孙利津、项子京、永祥、崇恩等鉴藏印记。1954 年，徐世章的亲属将其捐赠给国家。

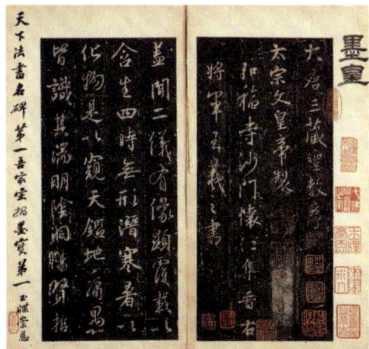

宋拓　《怀仁集王羲之书圣教序》册之一

宋拓　《西楼苏帖》册

南宋乾道四年（1168）刻，纵 30.6 厘米，横 23.5 厘米，裱本，共 88 开半。南宋汪应辰于乾道四年（1168）摹

刻上石。内容为苏轼与亲友的书信和制文等 60 余篇，包括其早、中、晚年的楷、草、行书，为苏轼书法之大成。拓本字口清晰，墨色古厚，接近原迹，其中一部分书札是《东坡七集》中未曾载录的，所以它是研究苏轼的重要历史资料。帖后有清代张维屏、何绍基、陈其锟、高士奇、永瑆、梁同书及近代郑孝胥、杨守敬等人的题跋和鉴赏印记。清吴荣光、端方等人收藏。1954 年，徐世章的亲属将其捐赠给国家。

宋拓 《西楼苏帖》册之一

宋拓 《度人经》册

《度人经》为一册精致的宋拓小楷帖，旧锦面册页装，纵 12.7 厘米，横 6 厘米，每开 5 行，每行字不等，共 9 开半。传为唐代褚遂良所书（应为宋人所书），帖后有清翁方纲、今人朱鼎荣的题跋。纵观此帖，书法潇洒峭厉，深得钟、王遗意，墨拓浓郁，小字题跋与袖珍拓本相映成趣，令人赏心悦目。《度人经》为道教经典，全称《元始无量度人上品妙经》，或称《太上洞玄灵宝无量度人上品妙经》，为东晋后期葛巢甫（葛洪重孙）所"造构"，原经文只 1 卷，至宋后竟衍至 61 卷。天博藏本属 1 卷本之体系。此帖曾经清代著名画家罗聘收藏，1791 年转赠翁方纲，后辗转至北京庆云堂。天津古碑帖鉴定专家朱鼎荣以 200 元从北京庆云堂张彦生处购得，20 世纪 50 年代末入藏天津市艺术博物馆。

宋拓 《度人经》册之一

南宋拓 《佛遗教经》册

此帖为南宋拓，一册，共 17 开，纵 20.8 厘米，横 9.4 厘米，原为天津著名文物鉴藏家韩慎先所藏，近人张伯英题签，帖后有明郭偲跋："黄庭、遗教并书家大乘，而此拓清润疏朗更是善本。得之玩谛难释，当永作吾家临池羔雉。时万历庚戌夏日记，叔鲁。"《佛遗教经》

就是讲述释迦牟尼在拘尸那迦城娑罗树下入涅槃之前对弟子们所做的关于四谛佛理与持戒修行方面的教诲。《佛遗教经》又名《佛垂涅槃略说教诫经》《佛临般涅槃经》《遗教经》。共一卷，后秦鸠摩罗什译。因其文句利达，陈义平易，故而成为禅僧学佛的入门读物。此帖通篇静气迎人，稳重规整，墨色古厚，诚为宋末善拓。

南宋拓 《佛遗教经》册之一

本目所述的 5 件碑帖，1 件为汉碑原石《党锢残碑》，其余 4 件皆为宋本善拓，大多是国家珍贵文物，特别是《西楼苏帖》为传世孤本，享誉海内外。现藏天津博物馆。

二、书法

唐摹 王羲之《草书寒切帖》卷

唐代勾填本。纵 25.6 厘米，横 21.5 厘米，纸本，有乌丝栏。王羲之字逸少，东晋时期著名书法家，有"书圣"之称，祖籍琅琊（今属山东临沂），其书法兼善隶、草、楷、行各体，精研体势，自成一家，影响深远。《草书寒切帖》5 行，共 50 字。内容为："十一月廿七日羲之报：得十四、十八日二书，知问为慰。寒切，比各佳不？念忧劳，久悬情。吾食至少，劣劣！力因谢司马书，不具。羲之报。"此卷较完好地保存了王羲之晚年书法高度纯熟、不激不厉的风貌。全帖笔墨斑斓，笔意神采奕奕。书体遒美俊逸，骨肉和畅，沉着流动。曾收刻于《淳化阁帖》卷七、《大观帖》卷七、《澄清堂帖》《二王帖》《宝贤堂集古法帖》《玉烟堂帖》《邻苏园帖》，《清河书画舫》著录，上海书画出版社《王羲之传本墨迹》选印。卷尾有明代董其昌、娄坚题记，经南宋绍兴内府，

唐摹 王羲之 《草书寒切帖》卷

明代韩世能、王衡、王锡爵，清王时敏、李蔚等人鉴藏，流传有序。

款署"大德九年十月八日吴兴赵孟頫书"，下钤朱文方印"赵孟頫印"。

元 赵孟頫《行书洛神赋》卷

元赵孟頫书。纵29.2厘米，横193厘米，纸本，行书。赵孟頫字子昂，号松雪，南宋宝祐二年（1254）生，元至治二年（1322）卒，吴兴（今浙江湖州）人。他博学多才，能诗善文，工书法，精绘画。书法上兼善篆、隶、真、行、草书，结体严整，笔法圆熟，书风平和、秀媚、雅逸。《行书洛神赋》卷作于元大德四年（1300），赵孟頫47岁。此作结体严谨，行中兼楷，圆转流美，为赵氏行书的代表作。全卷妍美洒脱，结构端正匀称，布局密中有疏，运锋飘逸中有内敛，气势端美中具俯仰起伏，深得"二王"遗意的同时，也显示出赵孟頫博采众长而自成一家的艺术特色。款署："大德四年四月廿五日为盛逸民书子子昂"。卷尾有何心山、倪瓒题记，清代英和观款。曾经明代项元汴，清代陈淮、陈崇本、孙尔准、崇恩，今人张叔诚等人收藏。1981年，张叔诚将其捐赠给国家。

元 赵孟頫《行书为隆教禅寺石室长老疏》卷

元赵孟頫作。纵47.7厘米，横333.5厘米，纸本，行书。此书作于至治元年（1321），赵孟頫时年68岁，第二年即

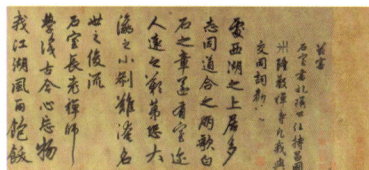

元 赵孟頫《行书为隆教禅寺石室长老疏》卷（局部）

辞世。故此卷呈现的是赵孟頫晚年书风，且为较少见的大字行书作品。整幅作品更像是即兴之作，无拘无束，信笔书来，行中夹草，方圆并用，雄强纵逸而不失法度，圆活道媚而不落轻浮，笔墨娴熟而又张弛有度，深沉儒雅而又平易近人。

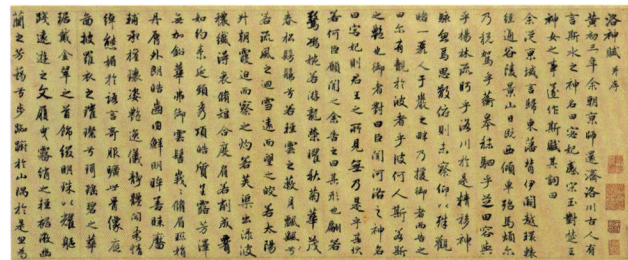

元 赵孟頫《行书洛神赋》卷（局部）

元 赵孟頫《楷书高上大洞玉经》卷

元赵孟頫书。纵29.7厘米，横457厘米，纸本，楷书。此作书于元大德九年（1305），赵孟頫52岁，正值壮年，小楷结体妍丽，用笔遒劲，神采飘逸，备极楷则。全卷近4700字，无一笔懈怠，字字工整秀丽，笔法稳健而又气息相通，无滞涩之感，可见赵孟頫书法之纯熟。

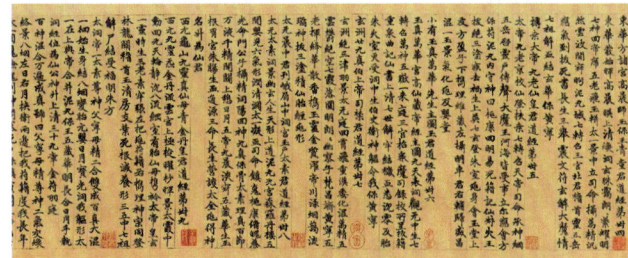

元 赵孟頫《楷书高上大洞玉经》卷（局部）

元 杨维桢《行书梦游海棠城记》卷

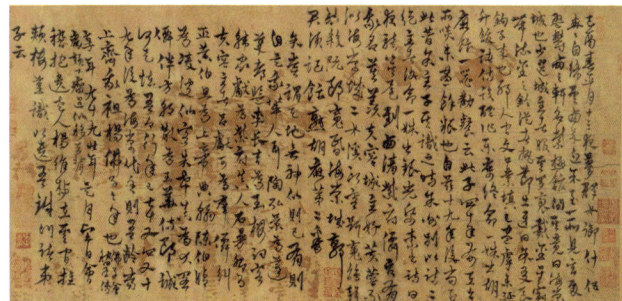

元 杨维桢《行书梦游海棠城记》卷

元末明初杨维桢作。纵31厘米，横67厘米，纸本，行书体，共32行，401字。杨维桢字廉夫，号铁崖，元元贞二年（1296）生，明洪武三年（1370）卒，会稽（今浙江诸暨）人，著名诗人、文学家、书法家和戏曲家。其书法功力深厚，远追汉魏两晋，融合了汉隶、章草、行书的古拙笔意，又汲取了二王行草的风韵和欧字劲峭的方笔，再结合自己的艺术个性，最后形成了他骨力雄健、汪洋恣肆的独特风格。《行书梦游海棠城记》卷记述了作者于己酉即洪武二年（1369）春正月十三日夜，梦游海棠城遇仙时的情景，借梦游仙境以寄寓其遁世避俗的情怀。卷尾自识："是月望日，会稽抱遗老人杨维桢在云间拄颊楼谨识，以遗吾铁门诸弟子云。"作品笔法豪健遒爽，体势矫捷峭劲，有章草之古拙，清奇跌宕，正是杨维桢奇崛峭拔、狷狂不羁书风的代表体现。引首有清代书家王文治行书题："杨铁崖先

生梦游海棠城记"，卷尾有清代彭绍升、许乃钊题跋。曾经明代项元汴，清代毕泷、周锡圭、吴云、陆兰，近人汪士元、徐世昌等鉴藏。

明　宋克《章草急就章》卷

明初宋克作。纵 13.8 厘米，横 232.7 厘米，纸本。《急就章》内容为西汉史游编撰的儿童识字课本，因篇首有"急就"二字而得名。它自诞生时起，就以"解散隶体"的章草体书写。宋克字仲温，自号南宫生，元泰定四年（1327）生，明洪武二十年（1387）卒，长洲（今江苏苏州）人。其书出于魏晋，深得钟、王之法。擅长楷书、草书，尤精工章草。此卷《急就章》共 149 行，卷首残，自第七章中部至第三十一章完结。宋克一生临写皇象所书《急就章》多本，此其一。此卷署款"洪武丁卯六月十日临于静学斋"，钤有朱文"仲温"印，得知为宋克 61 岁卒年所作。全卷章法严谨，行笔劲健而气韵贯通。卷尾钤董其昌"画禅室"印及清乾隆、嘉庆、宣统等内府收藏印。曾经《石渠宝笈三编》著录。1952 年，周叔弢捐赠。

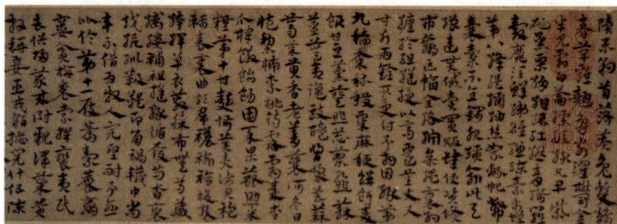

明　宋克《章草急就章》卷（局部）

明　张弼《草书苏轼太白仙诗》卷

明张弼作，纵 25 厘米，横 354.5 厘米，纸本，草书。张弼，明洪熙元年（1425）生，成化二十三年（1487）卒，字汝弼，号东海，松江华亭（今上海）人，明代"云间书派"的代表书家。擅草书，多作狂草，学张旭、怀素，笔势迅疾，纵横跌宕，不拘绳墨，为当时最流行的狂草一派。此作品用笔奇崛，线条流畅，牵丝带笔处挥洒自如，使转生动活泼，气势贯通，变化丰富，反映

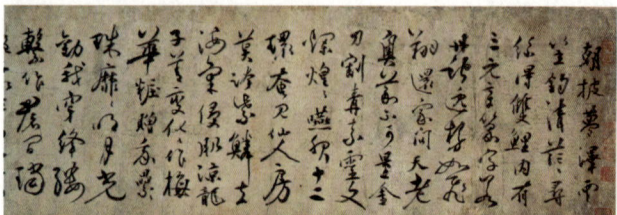

明　张弼《草书苏轼太白仙诗》卷（局部）

了张弼草书的典型面貌。此作作于成化十九年（1483），时张弼 58 岁。

明　沈周《行书五言诗》轴

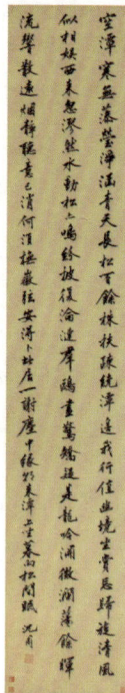

明沈周作。纵 136 厘米，横 25.5 厘米。纸本，行书。沈周，明宣德二年（1427）生，正德四年（1509）卒，字启南，号石田、白石翁等，长洲（今江苏苏州）人，明代杰出的书画家。不应科举，专事诗文、书画，是明代中期文人画"吴派"的开创者，与文徵明、唐寅、仇英并称"明四家"。沈周行书学黄庭坚，书法和画法相近，结体严谨，笔法沉着稳健，风格浑厚，有自己的面貌。此作书法有黄庭坚意态，笔触生动，结体、用笔皆个性张扬，笔墨间意趣横生，流露出难以掩仰之才情。署款"沈周"，钤朱文方印"启南"。

明　沈周《行书五言诗》轴

明　李东阳《行书长江行诗》卷

明李东阳作。纵 33 厘米，横 528.8 厘米，绢本，行书。李东阳，明正统十二年（1447）生，正德十一年（1516）卒，字宾之，号西涯，茶陵（今湖南茶陵）人。擅篆、隶、行、草书，其行书融合篆书笔意，用笔方式与明代其他书家不同，是明初"台阁体"书法向明中期"吴门"书法过渡期间的书法家，对明代篆刻文字有一定的影响。李东阳的书法已摆脱明初"台阁体"的束缚，对明中期书风起承前启后的作用。此作结体宽博疏朗，与圆转瘦硬、骨力雄健的用笔互相生辉，形成自己的风格。署款"西涯李东阳"，钤朱文印"西涯"。

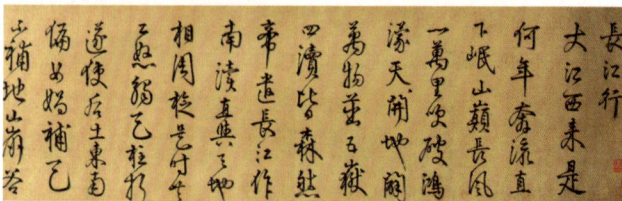

明　李东阳《行书长江行诗》卷（局部）

明　祝允明《草书杜甫山水嶂歌》卷

明祝允明作。纵 30.9 厘米，横 554.8 厘米，纸本，

草书。祝允明，明天顺四年（1460）生，嘉靖五年（1526）卒，字希哲，号枝山，因右手有六指，自号"枝指生"，长洲（今江苏苏州）人。能诗文，工书法，狂草颇受世人赞誉，与唐寅、文徵明、徐祯卿并称为"吴中四才子"。此作作于弘治七年（1494），时祝允明35岁。祝允明的草书来自怀素、张旭，更多的是接近黄山谷。此作结体奇纵，运笔豪纵狂放而法度严谨，行笔沉着痛快，一气呵成。款署"弘治七年岁在甲寅秋八月望日，枝山"。下钤"祝允明印""希哲"。

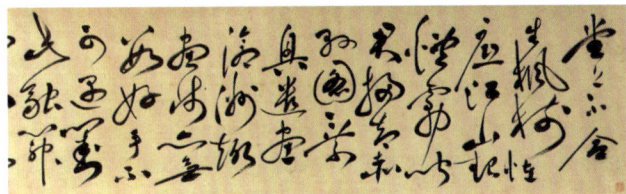

明 祝允明《草书杜甫山水嶂歌》卷（局部）

明 文徵明《行书春晓春夜二曲》卷

明文徵明作。纵37.5厘米，横553厘米，纸本，行书。文徵明，明成化六年（1470）生，嘉靖三十八年（1559）卒，原名壁，字徵明。四十二岁起以字行，更字徵仲。因先世衡山人，故号衡山居士，世称"文衡山"，明代画家、书法家、文学家，汉族，长洲（今江苏苏州）人。在诗文上，与祝允明、唐寅、徐祯卿并称"吴中四才子"。在画史上与沈周、唐寅、仇英合称"吴门四家"。此卷书法一反文徵明行书劲秀之态，而以古拙取胜，大开大合，好似泼墨书写，运笔老辣，线条浑厚有力，气势磅礴。钤朱文方印"徵仲"。

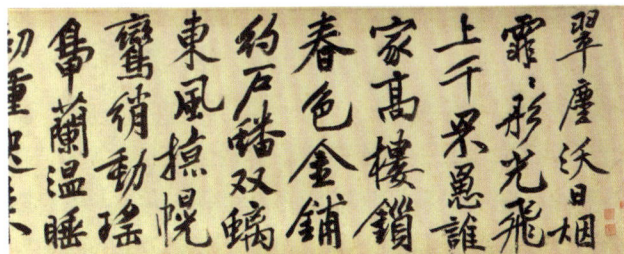

明 文徵明《行书春晓春夜二曲》卷（局部）

明 唐寅《行书七律四首》卷

明唐寅作。纵23厘米，横286厘米，纸本，行书。唐寅，明成化六年（1470）生，嘉靖二年（1523）卒，字伯虎，一字子畏，号六如居士、桃花庵主、鲁国唐生、逃禅仙吏等，据传生于庚寅年寅月寅日寅时，故名唐寅。汉族，吴县（今江苏苏州）人。与祝允明、文徵明、

徐祯卿并称"吴中四才子"，画史上，与沈周、文徵明、仇英并称"吴门四家"。此行书卷笔势清丽劲爽，婉畅多姿，生动萧散，别有韵致。

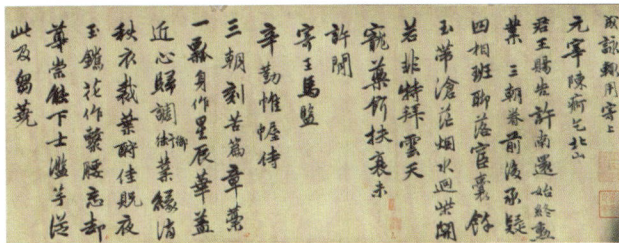

明 唐寅《行书七律四首》卷（局部）

明 王守仁《行书自书诗》卷

明王守仁作。纵27厘米，横129.5厘米，纸本，行书。王守仁，明成化八年（1472）生，嘉靖七年（1528）卒，字伯安，号阳明子，世称阳明先生，故又称王阳明，浙江余姚人。明代著名的思想家、哲学家、文学家和军事家。"陆王心学"之集大成者，亦工书法。此件作品用笔雄健，迅捷如刷。行笔轻重缓急，使转灵活自如。线条刚劲而有张力，气势连绵，前后呼应，无拘无束，单字牵丝不断，苍润相杂，整幅有一种奇崛纵逸的气势和风韵。

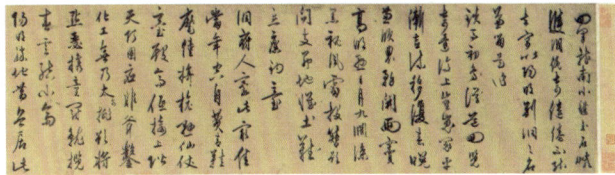

明 王守仁《行书自书诗》卷（局部）

明 王宠《行书西苑诗》卷

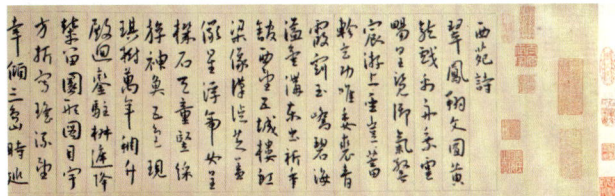

明 王宠《行书西苑诗》卷（局部）

明王宠书。纵25厘米，横236厘米，纸本，行草书体。王宠生于明弘治七年（1494），卒于嘉靖十二年（1533），字履仁，号雅宜山人，吴县（今江苏苏州）人。博学多才，工诗善画，精于书法，小楷、行草尤为精妙。其小楷结字空灵，气息高古而典雅。而行草风格多变，或旷适疏宕，矫矫不群，或婉丽遒劲，平易近人，或姿态横出，飘飘欲仙。该卷《行书西苑诗》，取法王献之、

虞世南笔意，但善于掺拙，用笔清劲秀雅，温润含蓄，结体安排精巧流走。看似疏散，却在古拙之气中饱含风华俊丽、外柔内刚的韵味。此卷作于庚寅即嘉靖九年（1530），作者时年37岁，属其晚期作品。曾经明代袁枢、袁赋谌，清代李葆恂，近代胡若愚等鉴藏。

明　董其昌《行草书临十七帖》卷

明董其昌作。纵24.6厘米，横216厘米，纸本，行草书。董其昌，明嘉靖三十四年（1555）生，崇祯九年（1636）卒，字玄宰，号思白、香光居士。华亭（今上海松江）人。官礼部尚书，卒后谥文敏。书法初师颜真卿《多宝塔碑》，又改学虞世南，后又仿《黄庭经》及钟繇《宣示表》等，以行楷称名一代，对明清书风影响巨大。与邢侗、米万钟、张瑞图并称"晚明四家"，有"南董北米"之称。此卷临王羲之《十七帖》，书于万历三十六年戊甲（1608），虽为临习之作，但并不拘泥于原作，而是"以意背临，未尝对古刻"，运笔方圆并用，寓方于圆，藏折于转，而圆转处，含刚健于婀娜之中，行遒劲于婉媚之内，外表冲融而内含清刚，简洁练达而动静得宜。

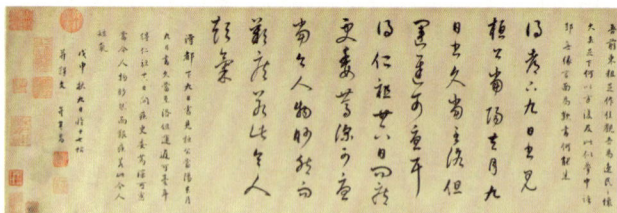

明　董其昌《行草书临十七帖》卷（局部）

明　米万钟《行草书唐人诗》轴

明米万钟作。纵354厘米，横102厘米，纸本，行草书。米万钟，明隆庆四年（1570）生，崇祯元年（1628）卒，字仲诏、子愿，号友石、湛园、文石居士、勺海亭长、海淀渔长、研山山长、石隐庵居士。关中（今陕西）人，居燕京（今北京），米芾后裔，行、草书俱学米芾，又与董其昌齐名，时有"南董北米"之誉。此作为米万钟行草书唐耿沣诗《早朝》。全作气势浩瀚，运笔流畅迅疾，沉着爽利，一气呵成，牵丝萦带，若断

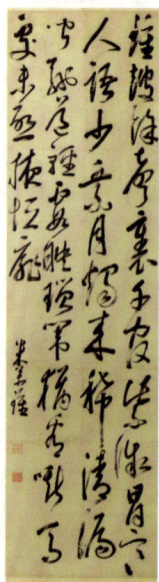

明　米万钟《行草书唐人诗》轴

若连，若有若无，似于有意无意之间。结字学得米芾险劲，字形跌宕多姿，而用笔粗拙丰厚，不似米芾峭厉，另具沉郁风韵。章法如鳞羽参差，富有优美和谐的韵律感。款署"米万钟"，下钤白文方印"米万钟印""仲诏"。

明　黄道周《行书临王羲之誓墓文》卷

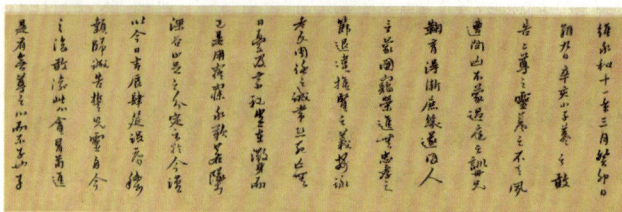

明　黄道周《行书临王羲之誓墓文》卷（局部）

明黄道周作。纵24.6厘米，横297厘米，绢本，行书。黄道周，明万历十三年（1585）生，清顺治三年（1646）卒，字幼玄，一作幼平或玄度，号石斋，福建漳浦铜山（现东山县）人。明末学者、书画家。其书法真、行、草、隶兼擅。以晋人为宗，尤以取法钟繇、索靖为多。此卷书法作于崇祯九年（1636），通篇沉着厚重，风格古拙瑰丽。字字利落，充溢着刚毅之气势。钤白文方印"黄道周印"，朱文方印"幼玄"。

清　王铎《行书自作诗》轴

清王铎书。纵173厘米，横50.2厘米，绫本，行书。王铎，字觉斯，号十樵，明万历二十年（1592）生，清顺治九年（1652）卒，孟津（今河南孟津）人。明末清初著名书家，虽在明末天启和崇祯朝、南明王朝乃至清王朝都做过官，但仕途并不得意。唯有书法是其天赋和寄托所在。王铎工真、行、草书，得力于钟繇、王献之、颜真卿、米芾，笔力雄健，长于布局。其书风远离元明两代绝大多数书家追求的典雅蕴藉之风，而有"野道"之格。王铎的书法在康乾年间，因"贰臣"之嫌和赵、董书风的风行而遭冷落，但他将"二王"一脉的优秀传统与革新精神结合，为其在书法史上占得一席要地。此幅行书笔力刚健，结字变

清　王铎《行书自作诗》轴

化多端，千姿百态。体现跌宕有致，酣畅淋漓的风格。署款："十樵王铎书"，下钤白文方印："王铎之印""烟潭渔叟"二印。

清　傅山《草书读传镫诗》轴

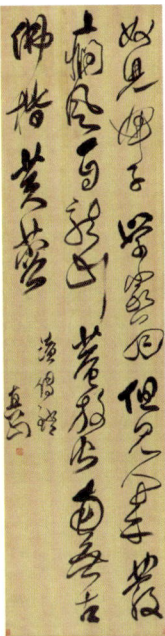

清傅山作。纵 178.6 厘米，横 48.7 厘米，绫本，草书。傅山，明万历三十五年（1607）生，清康熙二十三年（1684）卒，明清之际思想家。初名鼎臣，字青竹，改字青主，山西太原人。明诸生，明亡后为道士，隐居土室养母。此幅作品为傅山草书的典型代表，用笔圆转而略具金石意味，笔画潇洒灵动，单字结构似乎各具特色，颇为散乱，实则完美地构成一个有机的整体，通篇只见灵动之气，毫无雷同之感，实是作者匠心独运之处。钤白文方印"傅山印"。

清　傅山《草书读传镫诗》轴

清　郑簠《隶书唐韦庄对酒诗》轴

清郑簠作。纵 127 厘米，横 56.7 厘米，纸本，隶书。郑簠，明天启二年（1622）生，清康熙三十二年（1693）卒，字汝器，号谷口。江苏上元（今南京）人。学汉碑达三十余年，为访河北、山东汉碑，倾尽家资。他倡学汉碑，对后来汉碑之学的复兴起了重要作用。包世臣《艺舟双辑》将其隶书列为"逸品上"。后人称之为"清代隶书第一人"。此作横画多重顿，而收笔处用笔放纵，出锋，既保持了《曹全碑》的特点，又融入草书笔法，形成疏宕纵逸、顿挫飞扬的独特风格，是郑簠"草隶"的代表作。钤白文方印"郑簠之印"。

清　郑簠《隶书唐韦庄对酒诗》轴

清　八大山人《行书程子四箴》轴

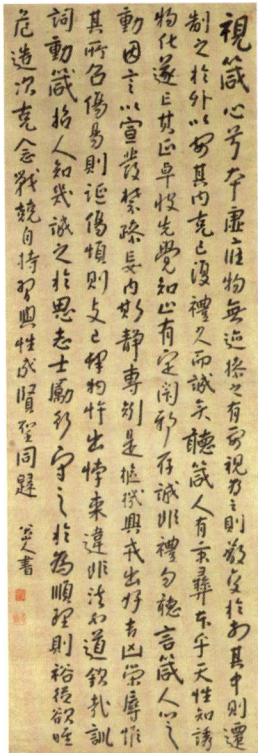

清八大山人作。纵 209 厘米，横 73.2 厘米。纸本，行书。八大山人，明天启六年（1626）生，清康熙四十四年（1705）卒，明宗室后裔，江西南昌人。明亡后为僧，法名传綮，号八大山人、雪个等，工诗文，善书画。此作品用行楷书写程颢注《论语》句，将篆书笔法融入行书之中，用藏锋、直笔写出藏头护尾、粗细相对匀称的笔画，在端正中通过字与字之间的连带和字形的简化来求得通幅书法的变化，整幅书法均衡、工整而又婉约多姿。署款"八大山人书"，钤白文方印"八大山人"。

清　八大山人《行书程子四箴》轴

清　金农《隶书司马温公语》轴

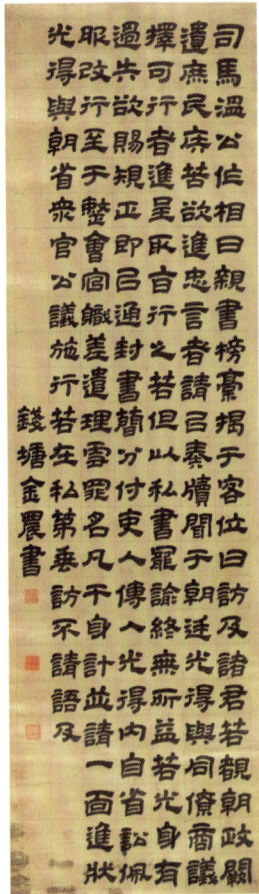

清金农作。纵 144.5 厘米，横 42.8 厘米，绫本，隶书。金农，清康熙二十六年（1687）生，乾隆二十八年（1763）卒，字寿门、司农、吉金，号冬心先生、稽留山民、曲江外史、昔耶居士等，清代书画家，"扬州八怪"之首。钱塘（今浙江杭州）人。书法创扁笔书体，兼有楷、隶体势，时称"漆书"。《司马温公语》是金农多次书写的作品，此作书法隶中有楷，结体规整严密，笔画圆润朴实，淳厚凝重，多内敛之势，而少外拓之姿，具有朴素简洁风格。钤朱文方印"金农印信"、白文方印"冬心先生"、朱文方印"己卯以来之作"。

清　金农《隶书司马温公语》轴

清 郑燮《行书怀素自序》轴

清郑燮作。纵 105.8 厘米，横 63.5 厘米，纸本，行书。郑燮，清康熙三十二年（1693）生，乾隆三十年（1765）卒，字克柔，号板桥，江苏兴化人。乾隆元年（1736）进士，曾任山东潍县知县。常居扬州。书法隶、楷参半，自称"六分半书"。此幅作品笔法中侧、方圆、曲直、粗细无不毕备，而又妙在以"画法行之"，其章法正斜疏密，错落自然，用"乱石铺街""雨夹雪"来形容可谓形象而生动。郑板桥的生花之笔奇秀雄逸，正是他狂放不羁的个性流露，使他的书法具有"真气、真意、真趣"。署款"板桥道人郑燮"，钤白文方印"郑燮之印"，朱文方印"二十年前旧板桥"。

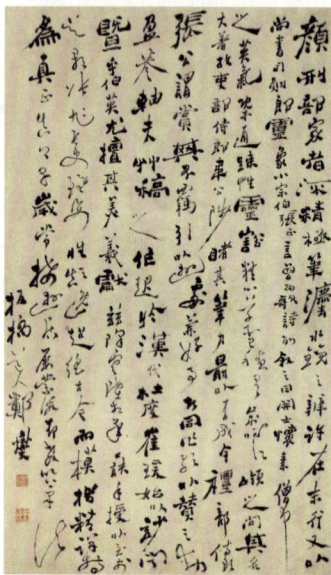

清 郑燮《行书怀素自序》轴

清 刘墉《行书临帖》轴

清刘墉作。纵 127.5 厘米，横 83.5 厘米。纸本，行书。刘墉，清康熙五十八年（1719）生，嘉庆九年（1804）卒，字崇如，号石庵，山东诸城人。清乾隆十六年（1751）进士，官至内阁大学士。刘墉擅长行、楷，书法融合了赵孟頫的圆润、董其昌的生拙、苏轼的丰肥、颜真卿的浑厚，形成独具一格

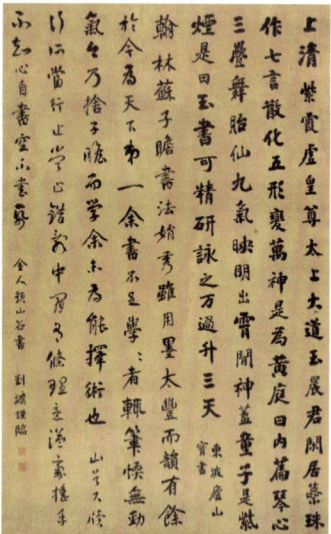

清 刘墉《行书临帖》轴

的风貌。传世书法作品以行书为多。此作貌丰骨劲，拙中藏巧，外似丰圆软滑，不露筋骨，实则内涵刚劲，骨肉兼备，墨色浓重而沉郁，富有"静"趣，反映了刘墉书法风貌。署款"金人题山谷书，刘墉谨临"。钤朱文方印"果武"、白文方印"刘墉之印"。

清 王文治《行书再酬梁山舟诗》轴

清王文治作。纵 133 厘米，横 64 厘米，纸本，行书。王文治，清雍正八年（1730）生，嘉庆七年（1802）卒，字禹卿，号梦楼，丹徒（今江苏镇江）人。工诗、书，书法得董其昌神髓，与梁同书齐名，又得力于李邕，晚年学张即之。此书法俊朗疏秀，精妙妍美，秀逸天成，得董其昌神髓。结字中宫收紧，法度谨严，撇捺纵横恣肆，字体精神抖擞，处处流露出倜傥风流的才气与胸襟。款署"心耕学长兄属抄近作为录再酬梁山舟前辈长句请正，己亥春正十有九日，文治"。下钤"王文治印""曾经沧海"。此作作于乾隆四十四年（1779），作者时年 50 岁。

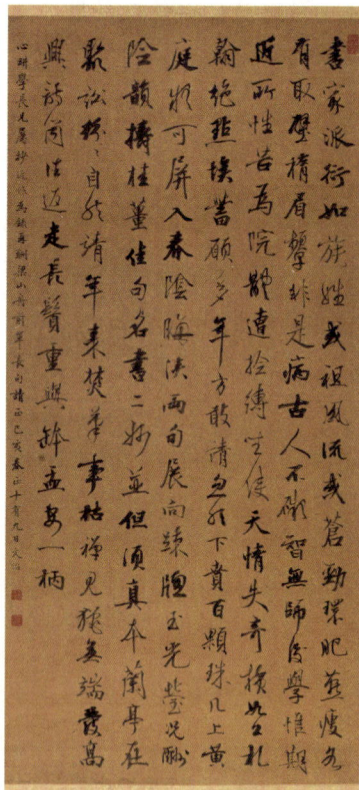

清 王文治
《行书再酬
梁山舟诗》轴

本目记述 25 件书法作品均藏于天津博物馆。

第九节 绘画

宋 范宽《雪景寒林图》轴

北宋范宽作。纵193.5厘米，横160.3厘米，绢本，水墨。范宽，生卒年不详，主要活动于北宋前期，名中正，字仲立，华原（今陕西耀县）人。擅画山水，师法造化，得山之骨法，为北宋山水画三大家之一。《雪景寒林图》为三拼大幅立轴。皑皑白雪中，群峰屏立，山势高耸，有冒雪出云之势。山麓水际边密林重重，深谷寒林间，萧寺掩映，流水无波。峰峦沟壑间云气万千，真实生动地表现了秦陇山川雪后的磅礴气象。全画布置严整，笔墨浓重润泽，层次分明而浑然一体，皴擦、渲染并用，尽显山石和枯木锐枝的质感。画面前景的树干中，隐约可见"臣范宽制"的署款。清安岐《墨缘汇观》著录中未见署款。此画作历经清代梁清标、安岐、乾隆内府鉴藏。1860年，英法联军侵入北京，洗劫圆明园时流落民间，后为张翼、张叔诚父子收藏。1981年，张叔诚将其捐赠给国家。

宋 范宽《雪景寒林图》轴

宋 张择端《金明池争标图》页

北宋张择端作。纵28.5厘米，横28.6厘米，绢本，设色。张择端，生卒年不详，字正道，东武（今山东诸城）人，宋徽宗时任画院待诏。工于界画，刻画精细，存世名作为《清明上河图》卷。金明池是北宋都城汴梁（今河南开封）西郊的名御苑——琼林苑的一部分，是北宋四园之一。每年由皇帝赐令士大夫、庶民于此共赏龙舟争标。此图描绘的正是金明池龙舟争标的场景。楼台亭榭、桥梁、龙舟小艇及众多人物汇聚图上，虽然人小如蚁，但仔细观察，比例恰当，姿态各异，神情生动，颇具艺术魅力。《宋史》及《东京梦华录》中有关于金明池争标的记载，恰与此图描绘的景象相吻合。此图界画严整，笔触细致。画面左侧的粉墙上有楷书"张择端呈进"五字款。曾经明代安国、项元汴等人鉴藏。

宋 张择端《金明池争标图》页

宋 苏汉臣《婴戏图》页

宋苏汉臣作。纵18.2厘米，横22.8厘米，绢本，设色。苏汉臣，北宋末南宋初画家，先后在两宋画院中任待诏。生卒年不详，汴梁（今河南开封）人。擅长佛道、仕女、货郎

宋 苏汉臣《婴戏图》页

等人物画，尤善画儿童。《婴戏图》中绘两个童子，其一在凝神捕蝶，轻手轻脚状；另一小童手持团扇扑倒欲起状，回首凝视。所绘童子神态可掬，天真可爱。小童轻纱裹体，肌肤和轻纱质感逼真。该画设色鲜润，

用笔简洁劲利，造型生动传神，风格俊美。右下角楷书款署"苏汉臣"三字。此为迄今国内唯一一件题有苏汉臣名款的作品。

宋 李唐《濠梁秋水图》卷

南宋李唐作，又名《濠濮图》卷。纵24厘米，横114.5厘米，绢本，设色。李唐，生卒年不详，北宋徽宗时画院待诏，精于山水和人物故事，其画古朴苍劲，积墨深厚，开南宋画院水墨苍劲一派。此图描绘的是安徽凤阳县濠水、濮水风光，故事取材自《庄子·秋水》，表现的是庄子和惠子论辩时的情景。画面右起山石丛林，二长者于林下平台上相向而坐，作交谈状。向左近水远山，峡口飞泉直泻，水中矶石兀立，落叶点点，呈现深秋清幽之象。大石用斧劈皴，勾勒劲健，以表现山石坚硬的质感，树叶用双钩填色法。人物造型准确，衣纹简练，神态刻画细致。全画运笔苍劲工整，墨色浑厚，气韵生动。明画家范允临在卷尾题跋中评述："观此图，林木蓊郁，山川浩渺，展阅一过，恍令人神游其间。至于着意之潇洒，运笔之雄健，全无画工习俗。"此图经明代安国、项子京，清代宋荦、李凤池、陈定等人鉴藏，曾入藏清乾隆内府。1949年后购自天津市文物公司。

宋 李唐《濠梁秋水图》卷（局部）

宋 马远《月下把杯图》页

南宋马远作。纵25.7厘米，横28厘米，绢本，设色。马远，生卒年不详，约活动于南宋光宗、宁宗年间。

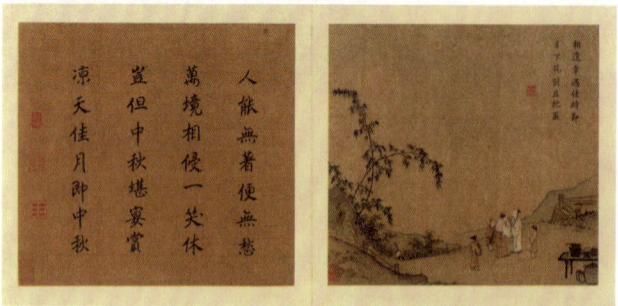

宋 马远《月下把杯图》页

字遥父，号钦山，河中（今山西永济）人。出生于绘画世家，擅山水、人物、花鸟，喜作边角小景，世称"马一角"。与李唐、刘松年、夏圭合称"南宋四家"。此图绘园林人物，一轮明月高挂空中，人物勾描自然生动，设色清丽淡雅。本图无作者款识。画面及对开有南宋宁宗杨皇后楷书诗句，钤有朱文坤卦印。

宋 赵孟坚《水仙图》卷

宋 赵孟坚《水仙图》卷（局部）

南宋赵孟坚作。纵24.5厘米，横647.2厘米，纸本，墨笔。赵孟坚，南宋庆元五年（1199）生，景定五年（1264）卒，字子固，号彝斋居士，宋宗室后裔，宝庆二年（1226）进士，官至朝散大夫。修雅博识，以擅长白描水仙、梅、兰而著称于画史。此图以挺劲细密线描，层次分明地把水仙临风摇曳、婀娜多姿的情态表现得无比生动。用笔尖细、流利，坡草尤其飘洒飞舞，正如《图绘宝鉴》所言"清而不凡，秀而雅淡"。原无款字，仅钤朱文方印"彝斋"，卷首赵孟坚一题系后人抄录作伪。拖尾有元潘纯及刘筠、张伯纯等四人诗题，潘纯题为真迹，另三人诗题系伪作。与此图画法、风格类似，亦题为赵孟坚所作的水仙图，美国纽约大都会博物馆也藏有一件。赵孟坚传世绘画真迹很少，如此精美的长卷更是极其珍贵。此图经《石渠宝笈初编》著录，系清宫佚出的书画名迹之一。

宋 无款《中兴瑞应图》卷

纵26.7厘米，横397.3厘米，绢本，设色。此图是根据宋代太尉、提举皇城司曹勋编撰的宋高宗赵构中兴故事拟意而作。全图书画相间，共计应有十二幅，用来歌颂赵构即位时的"上天祥应"。本卷现存三幅，即

宋 无款《中兴瑞应图》卷（局部）

第七幅《黄罗掷将事》、第九幅《射中台匾事》、十二幅《脱袍见梦事》。画作运笔遒劲，色彩厚重，构图严谨，山石以斧劈皴，楼阁以界画表现，具有典型的南宋绘画风格。此图是宋代历史故事题材绘画中的精品。

交代清楚，以深浅不同的色彩表现竹叶的阴阳向背，结构层次和空间处理恰当。李衎主张画竹要师法自然又严守法度，在本图中这两点都得到了充分的表现。画面左下署款"息斋道人笔"，钤有白文印"李仲宾印"。

元　钱选《花鸟图》卷

元钱选作。纵 38 厘米，横 316.7 厘米，纸本，设色。钱选，浙江吴兴人，入元后不仕，流连诗画以终其身。他性情孤傲，才华横溢，为宋末元初花鸟画的代表人物。《花鸟图》全画分三段，分别描绘桃花翠鸟、牡丹、梅花。钱选画花鸟善于捕捉实景中最生动自然的情形，形态逼真，富有情趣，此卷正是钱选这一画风的充分体现。图画设色淡雅清丽，精巧传神，洋溢着隽秀清高之美，构图虽简，但更显画家的技法精湛。每段均有自赋诗一首，据诗文可知此图为作者晚年得意之作。卷尾署款："至元甲午画于太湖之滨并题，习懒翁钱选舜举"。"至元甲午"即1294年，每段画面首部都有乾隆皇帝和钱选诗原韵而作的七言诗一首。明代黄姬水、王穉登、陈汝言、李应荐等人题跋。《石渠宝笈续编》著录。1981年，张叔诚将其捐赠给国家。

元　钱选《花鸟图》卷（局部）

元　李衎《双钩竹图》轴

元李衎作。纵 75.5 厘米，横 29.5 厘米，绢本，设色。李衎，南宋淳祐四年（1244）生，元延祐七年（1320）卒，字仲宾，号息斋道人，燕（今北京）人。官至集贤大学士、荣禄大夫。擅画竹，师法文同、王庭筠，墨笔、双钩设色均佳。曾入竹乡观察各种竹类的生长形色情状，著有《息斋竹谱》，是他画竹的经验总结。双钩绘翠竹一株倾斜于画面中，用笔沉着稳健，笔笔

元　李衎《双钩竹图》轴

元　吴镇《古木竹石图》轴

元吴镇作，又名《多福图》轴。纵96厘米，横28.5厘米，纸本，墨笔。吴镇，元至元十七年（1280）生，至正十四年（1354）卒，字仲圭，号梅花道人、梅道人、梅沙弥等，浙江嘉兴人。擅山水、墨竹，山水宗巨然，墨竹效文同，俱臻妙品。与黄公望、倪瓒、王蒙合称"元四家"。图绘树石丛竹，格调简率遒劲，信笔挥洒，墨色淋漓，布局错落有致。画面右上草书自题五言诗一首，"长忆古多福，三茎四茎曲。一叶动机春，清风自然足。"署款"梅花道人戏墨"。钤朱文方印"梅花盦"，白文方印"嘉兴吴镇仲圭书画记"。裱边处有近代吴湖帆题诗并钤有多方收藏印。

元　吴镇《古木竹石图》轴

元　陈选《岩阿琪树图》轴

元陈选作。纵 66.6 厘米，横 27.5 厘米，绢本，墨笔。陈选，生卒年不详，工山水。图绘翠峰叠嶂，古寺楼阁隐现丛林之中。画面构图疏朗有致，山石多皴点，描绘细腻生动，给人以山高气爽，幽深静谧之感。画面左上自题七言诗"□提居胜出烟萝，云尽山高爽气多。流水小桥人不到，西风琪树满岩阿。至正丁酉□七月陈选制。"钤白文长方印"举善"，迎首钤白文方印"长"。作品绘于元至正十七年（1357）。画面另有冯中、陈温、鲍敬、元宗、贺与文等人题诗。此图为陈选传世孤品。

元　陈选《岩阿琪树图》轴

元 边鲁《起居平安图》轴

元边鲁作。纸本，墨笔，纵 118.5 厘米，横 49.6 厘米。边鲁，史料记载不足，只说他"善墨戏花鸟，名重江湖间"。该图画面中心的奇石上，站有一只雄鸡，两爪紧抓着石头，俯身向下，做凝视且鸣叫状。石上下均生有成簇的竹叶，还有兰草、干枝和怪石环绕周围。左上角行书署款"魏郡边鲁制"，下钤"边鲁""边氏鲁生"两方白文印。此图画面工写结合，皴染勾勒相得益彰。雄鸡造型准确，姿态生动，形神兼备。画家仅以墨色的浓淡深浅变化和

元 边鲁《起居平安图》轴

适度留白，即将雄鸡五彩斑斓的羽毛表现得淋漓尽致。石头的勾勒翻转流畅，尽显其圆浑坚硬的质感。双勾竹子工整古雅，兰草劲健，杂而不乱，用笔爽利飘逸。整个画面朴素而充满生机。该作取"鸡鸣将旦，为人起居"和"竹报平安"之意，寓意平安吉祥，故取名"起居平安"。它是边鲁的唯一传世画作。1981 年，张叔诚将其捐赠给国家。

明 王谦《冰魂冷蕊图》轴

明王谦作。纵 186 厘米，横 111 厘米，绢本，设色。王谦，生卒年不详，画史记载其"约活动于明永乐至正德年间。字牧之，号冰壶道人，浙江杭州人。作梅花清奇可爱，落笔雄逸，有苍龙出岫之势"。《冰魂冷蕊图》以墨笔截取倒垂的老梅，枝干劲健挺拔，梅花双钩而成，繁花密蕊，清奇可爱。以淡墨晕染绢地，更衬托出梅花奇丽冷艳的姿色。细枝与花瓣精工细写，草石则写意描绘，二者对应，相得益彰。画幅右下方画家自题："山路雪盈尺，梅花独领春。

明 王谦《冰魂冷蕊图》轴

冰魂琼作佩，冷蕊玉为神。诗到骑驴客，清分放鹤人。黄昏寒月下，香影伴吟身。钱塘王谦牧之为伯礼清友写并题。"钤"牧之""吴山旧隐"二印。

明 刘俊《四仙图》轴

明刘俊作。纵 172 厘米，横 119.8 厘米，绢本，设色。刘俊，生卒年不详，字廷伟，明宣德画院中人。善山水，人物亦佳。《四仙图》所绘四仙为：背葫芦者、赤足头顶金蝉者、手展素卷者及挥袍冠带者。四仙皆注视山岩上一白色黑尾猫，上方为悬崖老树。通幅线条流畅有力，

明 刘俊《四仙图》轴

人物形态各异。所绘山石远宗南宋马远、夏圭之斧劈皴而又有变化。人物线描熟练，亦极洒脱。

明 吕纪《四喜图》轴

明吕纪作。纵 194 厘米，横 107.8 厘米，绢本，设色。吕纪，字廷振，号乐愚，成化十三年（1477）生，卒年不详，鄞州（今浙江宁波）人。明弘治年间为宫廷作画，擅画临古花鸟，呈两种面貌，一作工笔重彩，精工富丽，又富生气；另一类为水墨写意画，粗笔挥洒，简练奔放。《四喜图》画面山石峭立，瀑布如带直泻峡谷。两只羽

明 吕纪《四喜图》轴

毛丰满的猛禽立于石上相对视。画下方松干虬曲，四只喜鹊立于松干之上鸣叫声声，雪后幽静的山谷遂有了盎然生机。此画构图巧妙得当，画艺工细，用笔瘦硬老辣。所绘禽鸟简括传神，栩栩如生。山石用斧劈皴，笔墨爽劲。画面左侧署款"吕纪"，下钤"四明吕廷振印"。

明 朱端《松院闲吟图》轴

明朱端作。纵 230.2 厘米，横 124.3 厘米，绢本，

设色。朱端，生卒年不详。画史记载其"字克正，海盐（今属浙江）人。正德（1506—1521）间以画仕直仁智殿，授指挥俸。赐一樵图书，遂号一樵。画山水宗马远，人物学盛懋，花鸟效吕纪，墨竹师夏昶，亦善书"，可见也是书画全才。《松院闲吟图》绘远景巨峰突兀，峰下劲松挺拔，与楼台亭阁分置其间，山道上有樵夫荷担而行。近景以松下院落为中心，画参天古松和小桥流水。院中高士正执笔展卷，却回转身来，似在倾听。全幅构图严谨，远近兼得，笔力工稳遒劲，山、石、松的画法均来自马远一路。画中人物各尽意态，生动自然，展现了文人优雅闲适的生活场面。整幅画面继承南宋院体的遗风。画面上方钤有"钦赐一樵图书"印。画面左侧中部自署"朱端"，其下钤"克正""辛酉征士"二印。

明　朱端《松院闲吟图》轴

明　吴伟《谈道图》卷

明　吴伟《谈道图》卷

明吴伟作。纵30厘米，横97厘米，纸本，墨笔。吴伟，字士英，号小仙，江夏（今湖北武昌）人，明英宗天顺三年（1459）至武宗正德三年（1508）在世。吴伟天赋擅画，山水人物俱佳。人物画有"细笔""粗笔"两种面貌。所谓细笔，即承继顾恺之、李公麟的工笔白描传统。所谓粗笔，源于吴道子、梁楷的简劲写意画法，又融合了马远、夏圭劲健豪爽的笔法，画风激情四溢。《谈道图》以白描法绘老松两株，顶天立地，苍劲古朴。树下两位长者，坐而论道。这是取材于轩辕黄帝在崆峒山向广成子问道的故事，故又名《崆峒问道图》。画面右侧双手合掌者为广成子，娓娓而谈；左侧戴冠之人是轩辕黄帝，洗耳恭听。树木双勾，略加皴擦；人物五官和衣纹以细劲线条勾勒，并施以淡墨润染，生动传神。从画风上看，

此画是吴伟早年之作，属细笔一路风格。卷末自题"江夏吴伟拜画"，旁押"小仙"白文方印。

明　张路《人物故事图》卷

明张路作。纵25.7厘米，横153.5厘米，绢本，设色。张路，字天驰，号平山，大梁（今河南开封）人。约为明英宗天顺八年（1464）至世宗嘉靖十七年（1538）在世。画史言其"喜吴伟之豪迈，山水树石之飘逸，而自加浑厚""传伟法，弘治间名亚于伟"。画风近于吴伟的"粗笔"一路，行笔迅捷外露，笔墨粗劲简逸。《人物故事图》取材淮南王求仙故事。画分两段，第一段描绘天下道术之士会于淮南，与刘安共同求仙术炼仙丹。第二段描绘"王遂得道，举家升天"的情形。全图共画人物19个，其中或倚靠于榻上，或搬运物品，或几人围在一起席地而坐，谈论并摆弄什么，或几人围在一起淘洗什么，或坐于席上往长卷上书写什么，旁有书童研墨，或执竹杖前行，后有仆人背鸡抱狗，肩扛行囊。图中人物用细笔勾面部和衣纹轮廓后填色，线条细劲流畅，人物形态生动鲜明。画面简单，人物之外只以山石、小树、芭蕉等衬景，富于故事性。简劲写意，劲健豪爽的笔法，激情四溢的画风，正呈现了以吴伟、张路为代表的浙派人物画的风格。

明　张路《人物故事图》卷（局部）

明　沈周《虎丘送客图》轴

明沈周作。纵173.3厘米，横64.2厘米，纸本，设色。沈周生于明宣德二年（1427），卒于明正德四年（1509），享年83岁。字启南，长洲（今江苏苏州）人，明代中期文人画"吴派"的开创者。在绘画上博采众长，在师法宋元先贤的基础上有自己的创造，善用粗笔，圆润挺劲，厚重凝练，发展了文人水墨写意山水、花鸟画的表现技法。《虎丘送客图》系沈周为送别友人徐源而作。画面墨笔绘山水，只有人物衣服设淡褐色。远山险峻，树木葱郁。山间泻出的泉水由远而近湍急

流过。近岸石台上两棵古松挺立，松下一高士抚琴端坐。全图笔墨精良，点染皴擦皆显功力，布图虽满，但氛围空旷苍然，是沈周中年经典之作。画面上方有沈周自题十行和吴宽题跋五行。署款："庚子灯夕前三日，沈周识"。"庚子"为明成化十六年（1480），沈周时年54岁。此图曾经清人卞永誉、清内府和近人张叔诚收藏。1981年，张叔诚将其捐赠给国家。

明　沈周《虎丘送客图》轴

明　周臣《香山九老图》轴

明周臣作。纵177厘米，横89厘米，绢本，设色。周臣，生卒年不详，约活动于明成化至嘉靖年间，擅长画人物和山水，画法严整工细。该图描绘唐代著名诗人白居易晚年退居香山（今河南洛阳龙门山之东），与胡杲、吉旼、刘贞、郑据等八位耆老结成"九老会"，常于香山聚会宴游的情景。图中远景绘高峰，白云翳其山脚，采用勾云法，略涂白粉，有阴阳虚实，活动如真。近景古松耸立，杂树峥嵘，

明　周臣《香山九老图》轴

山坳间长方桌旁，三老围坐，一老拨琴，小童侍立。坡石上二老交谈，峭壁之上二老作远眺状，山路上一老者偕书童健步而来。水面绘鱼鳞纹，微风细浪，环境幽静。烘托九位老人远离世俗，忘情山水，耽于清淡的情怀。此画用笔精细纯熟，色彩淡雅，山石坚凝。九老仪态生动自然，洒脱有致。画面右下角行书署款："东村周臣"。

明　文徵明《林榭煎茶图》卷

明文徵明作。纵25.7厘米，横114.9厘米，纸本，设色。文徵明，名壁，字徵明，明成化六年（1470）生，嘉靖三十八年（1559）卒，长洲（今江苏苏州）人。明代中期诗文书画大家，"吴门"书坛画坛领袖，绘画上工笔、写意兼善，山水、人物、花卉各科无一不能，书法上行、楷、草、隶、篆诸体无一不精。画风呈粗、细两种面貌。粗笔苍劲淋漓，于粗简中见层次和韵味；细笔布景繁密，造型规整，用笔细密，稍带生涩，于精熟中见稚拙。他高寿九十，身后留有大量传世佳作。《林榭煎茶图》右起青山耸立，取中远景观，一泓江水环绕其间，水平如镜，一高士执杖前行。渐向左为近景，茂林围绕两间草堂，以竹篱围成院落。主人倚窗远眺，童子檐下煮茶。画中山石用牛毛皴，近树精勾细琢，远树概括取景。全图画面清新，用笔秀润，勾点结合，秀逸天成。画尾自题："徵明为禄之作"。禄之即苏州著名画家、吴门画派传人王穀祥。画卷中钤有清内府和著名收藏家张叔诚的鉴藏印，《石渠宝笈续编》著录。张叔诚捐赠。

明　文徵明《林榭煎茶图》卷

明　陈淳《罨画山图》卷

明陈淳作。纵55厘米，横498.5厘米，纸本，墨笔。陈淳，字道复，号白阳，明成化十八年（1482）生，嘉靖二十三年（1544）卒，长洲（今江苏苏州）人。他少年作画以元人为法，以水墨写意见长。其绘山水，效法米友仁、高克恭，烟云之中极具氤氲之气。写意花卉用墨设色，富有疏朗轻健的风姿。对后世影响深远。《罨画山图》中绘群山起伏，山中寺院楼台隐现于涌动的云雾之中，林木葱郁，小草如茵。此图点染皴擦，技法娴熟；笔法灵活纵逸，收放自如，墨色淋漓，苍劲浓郁。卷尾陈淳大字题跋，笔墨豪放。自识："嘉靖甲辰寓荆溪之法藏寺，远眺山色，遂效米家笔法写此卷。时九月望后二日也，道复记。""嘉靖甲辰"为明嘉靖二十三年（1544），画家时年63岁，为其最晚年之笔。拖尾有明代文彭、王穀祥、罗作光、郭第、吴良止，清代张晞、周寿昌等人题跋。卷中分别钤有清代韩泰华、

周寿昌和近人张叔诚等人鉴藏印。1981 年，张叔诚将其捐赠给国家。

明　陈淳　《罨画山图》卷（局部）

明　仇英　《桃源仙境图》轴

明仇英作。纵 175 厘米，横 66.7 厘米，绢本，设色。仇英，字实父，生年说法不一，卒于明嘉靖三十一年（1552），江苏太仓人，"明四家"之一。擅长画人物、山水，尤长于临摹。他功力深厚，画法主要师承赵伯驹和南宋"院体"画，山水多作青绿重彩，人物造型准确，工细雅秀，尤善于用粗细不同的笔法表现不同的对象，或圆转流畅，或顿挫劲利，设色白描兼能。《桃源仙境图》绘满幅山水，林木繁茂，楼台高耸，远景云气缥缈，近景溪水湍急。三位身着白衣的高士临流坐于近处的石台上，一人抚琴，一人挥手，一人作低吟静思状。全图设色浓丽，构图繁复，技法纯熟。所绘山水气象万千，人物生动传神，楼阁界画严整。整幅画面骨力峭劲，华美精致，实属难得之巨制。款署："仇英实父为怀云先生制"。本图曾经明代陈观、清代安岐、清内府及近人杨曾、张翼、张叔诚等人收藏，安岐所著《墨缘汇观》著录。1981 年，张叔诚将其捐赠给国家。

明　仇英　《桃源仙境图》轴

明　徐渭　《鱼蟹图》卷

明徐渭作。纵 29 厘米，横 79 厘米，纸本，墨笔。徐渭，字文长，号天池、青藤老人等，明正德十五年（1520）生，万历二十一年（1593）卒。山阴（今浙江绍兴）人，善诗文，工书法，擅花卉、山水、人物。其绘花鸟以水墨写意为之，用笔狂放，笔墨变化多端，对后世影响巨大。此卷分两段，第一段绘一蟹，作钳芦苇状，第二段绘鲤鱼戏水。画家不拘泥于形似，而是以狂草、泼墨之法直接绘出物象，用笔纵意狂放，水墨淋漓，构图简洁。整卷以物托志，寓意深远，耐人寻味。第一段后题"钳芦何处去，输于海中神"，署款"文长"，下钤"天池山人"白文方印。第二段后题"满纸寒鲤吹鬣风，素鳞飞出墨池空。生憎浮世多肉眼，谁解凡妆是白龙"，署款"渭宝"，下钤"文长"白文方印。

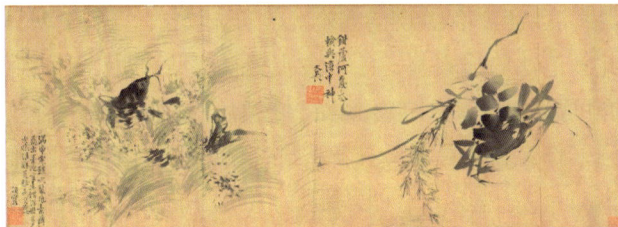

明　徐渭　《鱼蟹图》卷

明　曾鲸　《王时敏小像》轴

明曾鲸作。纵 64 厘米，横 42.7 厘米，绢本，设色。曾鲸字波臣，明隆庆二年（1568）生，清顺治七年（1650）卒，福建莆田人。一生往来江浙一带，专门从事肖像画创作，并开创了肖像画"波臣派"。在强调"墨骨"和"传神"的传统基础上，结合西洋画的技法，形成了重渲染和立体感的"凹凸法"，所画人物惟妙惟肖。《王时敏小像》绘清初著名山水画家王时敏 25 岁时的肖像。图中人物头戴冠巾，身着宽袖长袍，手执拂尘，盘膝端坐在蒲团上。面庞俊秀，神情自如，肃穆端庄。先勾出清晰的墨线，再用淡色渲染，衣纹线条遒劲流畅。全图设色清雅，质感突出，充分表现了一位青年才俊的儒雅。画面上方有顾秉谦题写的篆书："逊之尚宝二十五岁小像"。王时敏字逊之，24 岁时荫官就任尚宝丞，掌管皇帝印玺。画面右下角署款"万历丙辰五月曾鲸写"，并钤有"曾鲸之印"和"波臣氏"二印。"万历丙辰"为万历四十四年（1616），画家时年 49 岁。此画经王时敏孙王原祁收藏。1965 年购自天津市文物公司。

明　曾鲸　《王时敏小像》轴

明 蓝瑛 《溪山秋色图》卷

明蓝瑛作。纵 23.8 厘米，横 180 厘米，绢本，设色。蓝瑛，明万历十三年（1585）生，清康熙三年（1664）尚在，字田叔，号蝶叟，晚号石头陀，钱塘（今浙江杭州）人。山水初从黄公望入门，上窥唐、宋、元诸家，兼能花鸟兰竹，风格秀润。中年自立门户，落笔纵横，气象峻嶒，自成一格。其绘画对明末清初浙江地区的绘画影响很大。此图右起大片水域，远山朦胧，云气蒸腾。中部山石突起，溪水潺潺蜿蜒从山间流过，坡石上零星分布着树木。整幅画面水墨饱满，用淡墨淡彩渲染出一派澄明清润的南国初秋景象，气韵生动。此图笔法简清爽利，色彩浓淡相宜，具透明感。从中亦可看到蓝瑛此时的绘画受"松江派"画风影响的痕迹。画末作者自署："癸丑新秋日，仿松雪溪山秋色图兼大痴笔法。蓝瑛"。"癸丑"为万历四十一年（1613），画家时年 29 岁，此图是蓝瑛传世最早的山水画作品之一。卷中钤"雨楼珍玩"鉴藏印和近人徐世昌藏印。

明 蓝瑛 《溪山秋色图》卷（局部）

明 陈洪绶 《蕉林酌酒图》轴

明陈洪绶作。纵 156.2 厘米，横 107 厘米，绢本，设色。陈洪绶字章侯，号老莲，明万历二十七年（1599）生，清顺治九年（1652）卒，浙江诸暨人。晚明杰出画家，尤工人物画。所画的人物体格高大，造型怪诞、变形，衣纹细致、流畅，勾勒有力度。《蕉林酌酒图》绘一位高士在蕉林之下悠然独酌的情形。高士右手微举

明 陈洪绶
《蕉林酌酒图》轴

杯，做沉思状，优雅闲适。不远处的两位侍女温酒浣花，神情专注。全图勾线染色不用皴法。人物衣纹、湖石、芭蕉均以细劲流畅的线条勾画，再以色彩涂染其间，线条清圆细劲中又见疏旷散逸。描摹传神，充分表现了中国画的线条之美和画家深厚的功力。画面成像略

有夸张，色调清雅，装饰性强。右上方款署"老迟洪绶"，并有"陈洪绶印""章候"二印。1961 年，天津市艺术博物馆购自天津市文物公司。

清 王鉴 《云壑松荫图》轴

清王鉴作。纵 161 厘米，横 46.5 厘米，纸本，墨笔。王鉴，明万历二十六年（1598）生，清康熙十六年（1677）卒，字圆照，号湘碧，自称染香庵主，江苏太仓人。王世贞曾孙。明末官廉州知府，故有"王廉州"之称，入清后不仕。善画山水，笔法圆浑，墨色浓润，摹古功力深厚。其山水画对清代正统派绘画影响较大。画仿王蒙《云壑松荫图》，深远法构图，意境幽深。山石取法王蒙作披麻皴加解索皴，布局繁密却不失灵动。笔墨苍楚，沉稳有力，有雄浑之气。自识"仿叔明云壑松阴，王鉴"。下钤"圆照"朱圆文印、"染香庵主"白文印。另钤"唐宇昭印"白文方印、"蒙泉秘笈"朱文方印、"春草堂印"朱文方印、"松岩秘玩之章"朱文方印、"小山曾观"白文方印等收藏印。

清 王鉴《云壑松荫图》
轴

清 弘仁 《松溪石壁图》轴

清弘仁作。纵 118 厘米，横 50 厘米，纸本，设色。弘仁，明万历三十八年（1610）生，清康熙三年（1664）卒，俗姓江，名韬，字六奇，明亡后出家为僧，字渐江，号梅花古衲，安徽歙县人。工诗画，画从宋元各家入手，力崇倪瓒画法。山水笔法清刚简逸，境界开阔，笔墨凝重，意趣高洁俊雅，自成面目。以画黄山著称，为新安画派奠基人。与髡残、石涛、八大

清 弘仁《松溪石壁图》轴

山人并称"四僧"。著有《画偈》等。此图绘山势雄奇，古木苍郁，飞泉挂壁直泻而下。笔墨苍劲简洁，浅绛设色，淡雅清俊。多干笔焦墨，营造出清寂冷逸的山川画面，寓伟峻沉重于清淡简远之中，意趣高洁。画面右上作者自题"渐江学人画寄伯行居士"，下钤朱文圆印"弘仁"、白文方印"渐江僧"。画面左下部署年款"丙申"，即清顺治十三年（1656），弘仁时年47岁。

清 八大山人《河上花图》卷

清八大山人作。纵47厘米，横1292.5厘米，纸本，水墨。八大山人，明天启六年（1626）生，约康熙四十四年（1705）卒，江西南昌人。明宗室后裔，入清后为僧。擅书画，长于水墨写意。《河上花图》卷绘荷、岩石兰竹、坡石流泉。全卷起伏跌宕，浑然一体，宛若一首华美的乐章。作者以澎湃的激情，纯熟的技法作写意荷花，笔墨交叠，浓淡互破，洇润渗化，清气满纸。荷花用笔清圆，荷茎以中锋写出，笔力内含，如棉里裹铁。坡石用秃笔枯墨勾皴，苍润浑厚。此幅荷花，概括而传神，笔墨纵逸蕴藉相兼，可谓将中国水墨写意技法发挥到极致，堪称八大山人的传世杰作。画尾行书长题《河上花歌》三十七行。后记："惠岩先生属画此卷，自丁丑五月以至六七八月荷花落成，戏作河上花歌仅二百余字呈正。"落款"八大山人"。按丁丑为康熙三十六年（1697），作者时年72岁。拖尾有清代永理、近人徐世昌跋语，卷中钤有清许乃普、近人徐世昌的鉴藏印多方。1958年，天津市文化局购自陈亦候处。

清 八大山人《河上花图》卷（局部）

清 王翚《云山竞秀图》卷

清王翚作。纵36.5厘米，横438.5厘米，纸本，设色。王翚，明崇祯五年（1632）生，清康熙五十六年（1717）卒，字石谷，号耕烟散人、清晖老人等，江苏常熟人。

清初著名画家，"四王吴恽"之一，其画笔墨功底深厚，长于摹古，几可乱真，善把临古与写实相结合，笔墨生动，构图多变，勾勒、皴擦、渲染得法，格调明快。此图绘于乙未年（康熙五十四年，1715），是为清代著名书画鉴藏家安岐三十寿诞所绘，时年王翚84岁。图中峰峦万变，烟云吞吐，草木映发。在郁密苍润的气氛中，又极尽楼阁、舟桥、行旅、放牧的描绘之工。如此取境宏富之作，墨彩出众，设色淡雅，笔触灵活多变，堪称王翚晚年杰作之一。款署"康熙乙未九秋奉祝麓村先生嵩诞并祈教正。乌目山中人王翚"。

清 王翚《云山竞秀图》卷（局部）

清 髡残《松阴共话图》轴

清髡残作。纵133厘米，横30.8厘米，纸本，设色。髡残，明万历四十年（1612）生，清康熙十二年（1673）卒，俗姓刘，字介丘，号石溪、白秃、残道者等，晚署石道人，武陵（今湖南常德）人，寓居南京。善画山水，与石涛并称"二石"，因与程正揆友善，合称"二溪"。画面远山层峦叠嶂，近处山石之上苍松傲然挺立，松下二人相谈，不远青坪处有院落一座，山涧溪水流淌，一派田园风光。画法细密，山石结构繁复，淡墨为主，稍加渲染，意境奇辟悠长。上有自题，末识"乙巳冬中月，石道人"，下钤"髡残道者""石溪"白文印。"乙巳"为清康熙四年（1665），作者时年54岁。右下钤"田溪书屋"朱文印等。

清 髡残《松阴共话图》轴

清 吴历 《为唐半园作山水图》轴

清吴历作。纵 63.5 厘米，横 38 厘米，纸本，设色。吴历，明崇祯五年（1632）生，清康熙五十七年（1718）卒，号渔山，江苏常熟人。擅山水，师法黄公望、王蒙，喜用焦墨干笔。与"四王"、恽寿平同被称为清初画坛"六大家"。此作构图紧结，平中有奇。作者用淡、焦墨以小笔触点擦，层层积墨，笔墨绵密厚重。自识"廿

清 吴历
《为唐半园作山水图》轴

载心怀积未倾，拟将图画寄茸城。思君文字清宵宴，侯府杯中月最明。诗画寄怀半园先生。墨井道人。"钤朱文方印"墨井"。按半园即唐宇昭。图中及裱边钤有"兰陵文子收藏""李佐贤收藏书画之印""通州张文孚珍藏"等鉴藏印，可知此图先后为清缪日藻、李佐贤，近人渠本翘、张叔诚等人递藏。

清 恽寿平 《瓯香馆写生图》册

清 恽寿平 《瓯香馆写生图》册之一

清恽寿平作。纵 22.8 厘米，横 28.5 厘米，纸本，设色。恽寿平名格，字寿平，明崇祯六年（1633）生，清康熙二十九年（1690）卒，江苏武进人。清代著名画家。其绘画特点是以潇洒秀逸的用笔直接点蘸水墨颜色敷染成画，山水、花鸟画皆善，有文人画的情调、韵味。在花卉画方面，兼取各家之长，极大地发展了没骨写生画法，对清代花卉画创作影响深远。《瓯香馆写生图》册即以没骨法分别绘桃花、石榴花、竹、萱草、芍药、枇杷、菊花、松梅、海棠、凤仙等花卉十开。以潇洒秀逸的用笔直接点蘸颜色敷染成画，花叶筋脉向背清晰，形神兼备，天趣盎然。每开题诗一首，与画作交相辉映，更为增色。该画册为恽寿平传世作品中不可多得的精品。其中菊花一开，有清初著名画家王翚题跋，正所谓世称"恽画王题"双绝，弥足珍贵。1981 年，张叔诚将此画册捐赠给国家。

清 王原祁 《山水图》册

清王原祁作。纵 49 厘米，横 31.2 厘米，纸本，墨笔。王原祁，明崇祯十五年（1642）生，清康熙五十四年（1715）卒，字茂京，号麓台、石师道人，江苏太仓人，王时敏孙，清初"四王"之一。擅画山水，继承家法，力学元四家，又长于绘画理论，从学者众，对清代山水画创作影响深远。此册共 12 开，分别临仿董源、荆浩、关仝、米芾、赵令穰、李成、赵孟頫、倪云林、黄公望、吴镇、高克恭、王蒙等宋元名家笔意。笔墨精妙，设色古雅。既能传达各家特征，又见自己风貌。此册作于壬辰春至癸巳清和朔日，时间达一年余，可谓画家晚年精心之作。如《赵令穰江村花柳图》页，绘平远小景，笔法柔润，设色雅丽，充满优柔平静之情趣。末开自识"癸巳清和朔日仿古十二帧为云征年道契作。王原祁"，钤"苍润"朱文长圆印、"王原祁印"白文方印、"麓台"朱文方印、"画图留与人看"朱文长方印。"癸巳"为清康熙五十二年（1713），作者时年 72 岁。

清 王原祁 《山水图》册之一

清 原济 《巢湖图》轴

清原济作。纵 96.5 厘米，横 41.5 厘米，纸本，设色。原济，本姓朱，后出家，释名原济，字石涛，号大涤子。明崇祯十五年（1642）生，清康熙四十六年（1707）卒，广西人。擅画山水及花果兰竹，兼工人物，笔意纵恣，脱尽窠臼，声震大江南北。《巢湖图》绘安徽巢湖的动人景色。湖面水光潋滟，一望无际，数只小船停泊岸边。岸上垂柳依依，树木蓊郁，房屋村舍相映成趣。湖中小岛，云雾缭绕，楼阁工整

清 原济 《巢湖图》轴

秀丽。画面构图新颖，意境苍茫，色调润雅。上方以隶书、行书自题诗三段，点明作画缘由，全图诗书画相得益

彰。钤"前有龙眠济""头白依然不识字""清湘石涛"白文长方印，"小乘客"朱文长方印等。自识此图作于乙亥夏月，即康熙三十四年（1695），作者时年54岁。此图曾经清金传声、黄钺，近代徐世昌、徐世纲、周叔弢等人鉴藏，后由周叔弢将其捐赠国家。

清 黄鼎《长江万里图》卷（两卷）

清黄鼎作。两卷纵68厘米，横8000厘米，纸本，设色。黄鼎，清顺治十七年（1660）生，雍正八年（1730）卒，字尊古，号旷亭、独往客、净垢老人，江苏常熟人。师事王原祁，为娄东派山水画家。长江发源于青海省，流经云南、四川、湖北、江西、安徽、江苏等省，东入东海，全长6300千米，是中国第一大河流。本图自下而上，画长江干流的沿途景象，画幅恢宏，上下卷总长80米，以绘制于康熙六十一年（1722）的四卷草图为基础完成。上卷画河口附近的江苏焦山至湖北巴河一段，下卷画湖北黄州至四川成都一段。如此巨制的山水画作品，在中国山水画史上也是较为罕见的。下卷卷尾有黄鼎题款"雍正甲辰十月虞山黄鼎写"，下钤白文方印"黄鼎之印"及朱文方印"尊古"。"甲辰"为雍正二年（1724），本图为黄鼎65岁时所作。

清 黄鼎《长江万里图》卷（局部）

清 华嵒《山雀爱梅图》轴

清华嵒作。纵216.5厘米，横139.5厘米，绢本，设色。华嵒，字秋岳，号新罗山人等。清康熙二十一年（1682）生，乾隆二十一年（1756）卒，福建临汀（上杭）人，后居杭州，往来扬州卖画为生。精工山水、人物和花鸟，尤以花鸟画水平最高。笔墨纵逸驰荡，构思奇

清 华嵒《山雀爱梅图》轴

巧，一扫泥古之习，为清中期扬州画派主要画家之一。图绘两只锦鸡立于山石之上，专注地仰视一树盛开的梅花。梅花斗艳吐芳，几只燕子栖于其间，似在喁喁私语。整幅画设色清妍，笔致秀逸。鸟儿生动活泼，栩栩如生。山石用披麻皴，梅花双勾填色，山鹊翎羽刻画精细，神态逼真，不愧为华嵒画作中的精品。左侧作者自题七言诗一首"望去壁间春似海，半株僵铁万花开。莫奇林叟情耽冷，山鸟亦知解爱梅。"款署"新罗山人诗画"。下钤"华嵒""秋岳"白文印。题前钤"空尘诗画"朱文印。

清 无款《散秩大臣咯喇巴图鲁阿玉锡像》轴

纵185.3厘米，横94.7厘米，绢本，设色。画幅为阿玉锡全身戎装立像，无作者款印，应出自宫廷画家之手。诗堂上有清高宗（乾隆）所题赞语，赞语以汉文、满文分别书写，左右并列。阿玉锡为雍正年间归附清朝廷的准噶尔部蒙古族武士，乾隆二十年（1755）春天，随军远征，平定达瓦齐的武装叛乱。五月十四日夜晚，阿玉锡率领二十四名武士偷袭达瓦齐的营地，获得全胜，立下功劳。凯旋后，其画像被悬挂在紫光阁内。后因八国联军侵入北京，紫光阁功臣像丢失散佚，或流散国外，或被战火损毁，绝大多数下落不明。该图是平定西域的前五十功臣像中，国内仅存的一件，足见其珍贵。曾著录于《国朝院画录》等。

清 无款《散秩大臣咯喇巴图鲁阿玉锡像》轴

清 无款《万笏朝天图》卷

清 无款《万笏朝天图》卷（局部）

清人作，未署作者名款。纵56.3厘米，横1706.7厘米。磁青绢，泥金笔，设色。此图卷描绘清高宗（乾隆）

南巡到达苏州一带，万民欢庆，迎接圣驾的盛大场景。图中山川、树木、屋宇、良田等均用泥金笔勾画，再加以石青、石绿点染，景象辉煌壮观。全卷场面宏大，人物众多，情节精细，刻画生动传神。画卷再现了苏州一带民众的生活起居、生产劳作、街市集会，大到为皇帝护驾的严格阵容，小到屋内陈设及小动物，是苏州地区民风民俗和清廷礼仪的全景复原，历史价值极高。画

卷为进贡之作，故用料考究，制作一丝不苟，实属精致。卷尾落款"恩给知府职衔臣范瑶贡进"。画卷包首有范瑶篆书题签"万笏朝天图"，卷首钤"宣统御览之宝"印玺。此图原为清宫旧藏，后辗转流落民间。20世纪50年代后期，天津收藏家陈大有、徐国端将其出让给国家。

本节收入40件绘画作品均藏于天津博物馆。

第十节 瓷器

东晋 青釉蛤蟆渣斗

高20.5厘米，口径17.4厘米，腹径20.3厘米，足径13.4厘米。此渣斗敞口，直颈，斑点，扁圆形鼓腹，平底。颈部置对称双系，腹部塑

东晋 青釉蛤蟆渣斗

蛙头、蛙足等，口沿饰等距褐色斑点是东晋时期典型特征，这是釉上彩瓷的早期发展形式。渣斗又称"唾盂"，为古代贵族宴饮唾鱼刺或兽骨的承器，瓷质唾盂始自东汉，三国、两晋颇为流行。

隋 白釉双龙柄联腹传瓶

高18.5厘米，口径5.2厘米，底径2.5厘米。此瓶胎体白中泛黄，白釉下施护胎釉，釉不到底。盘口，单颈，双腹相连，连接处有两个环形系。肩左右两侧各塑一条修长的龙形柄，龙头探入瓶口内，似在贪婪地吸吮着瓶中的玉液琼浆。双平底刻有铭文："此传瓶，有并"。这件传瓶，造型新颖别致，是隋代创新的器型。1977年，天津市文物公司拨交给天津市艺术博物馆。

隋 白釉双龙柄
联腹传瓶

唐 白釉辟雍砚

高5.5厘米，直径12.5厘米，足径15.5厘米。圆形，砚面上凸，四周为环形水槽，底有26根蹄状柱形圈足。造型规整，砚面、底无釉，露胎处白净，砚体及水槽均施白釉，釉薄光润。此砚是唐代瓷砚的典型器。瓷砚最早见于魏晋时期，多圆形，以三足、五足为多见，隋唐时期演变为由多足组成的圈底圆形砚。

唐 白釉辟雍砚

辽 定窑白釉贴花瓜棱形提梁壶

高13.1厘米，口径1.8厘米，足径4.7厘米。定窑为宋代五大名窑之一，窑址在河北曲阳。创烧于唐代，盛于辽、北宋及金代，止于元代。以烧白瓷为主，兼烧黑釉、酱釉、绿釉及白釉剔花器，其产品深受世人喜爱。如这件提梁壶，即为定窑精品。此壶失盖，壶口内凹呈桃形，瓜棱形腹，圈足。肩部一侧有一短流，口上横一绳状提梁。流上端两侧贴花两组纹饰。通体牙白色釉。器物尺寸虽小，但造型与工艺甚为精巧，可谓小品大样。

辽 定窑白釉贴花瓜棱形提梁壶

宋 汝窑天青釉盘（两件）

其一高2.8厘米，口径17.2厘米，足径9.2厘米；其二高2.5厘米，口径16.7厘米，足径9.2厘米。口沿

均外撇，曲壁，浅腹，圈足外卷。胎质细腻，通体施天青色釉，釉汁肥厚莹润，釉面上布满了细碎的冰裂纹，如冰似玉，清雅高洁。两盘都是上满釉裹足支烧。一件外底有3个细小的支钉痕，器型完整；另一件外底有5个支钉痕，外足有三处崩缺。两盘支钉痕都很细小，是公认的"芝麻"支钉，是典型的北宋汝窑天青釉瓷器的特征。汝窑瓷器现今传世不足百件，故弥足珍贵。

宋　汝窑天青釉盘（两件）

宋　官窑青釉龙纹圆洗

高5.6厘米，口径19.5厘米，足径12.3厘米。官窑为宋代五大名窑之一，现存窑址在浙江杭州南郊的乌龟山一带，亦即常说的郊坛官窑。烧造年代仅限于宋代。器型除盘、碗、碟、洗等常见品种之外，还有一些仿铜器和玉器的造型。此洗口部微撇，镶铜口，直壁，宽底，矮圈足。通体施灰青色釉，釉汁肥厚凝重，釉面布满纵横交错的开片纹。洗内底印一条苍龙，因釉层厚只有在强光照射下才能显现，更增添了"神龙见首不见尾"的神秘之感。

宋　官窑青釉龙纹圆洗

宋　哥窑青釉盘

高3.2厘米，口径18.6厘米，足径5.6厘米。哥窑为宋代五大名窑之一，其窑址迄今未发现，因此有"哥窑之谜"之说。器型以各式瓶、炉、洗、盘、碗和罐为主。此盘造型古朴大方，土黄色胎骨，油灰色釉面，釉润而失透，布满纵横交错的纹片，俗称"金丝铁线"，为南宋哥窑典型器。

宋　哥窑青釉盘

宋　定窑白釉刻划萱草纹玉壶春瓶

高16厘米，口径4.3厘米，足径5.5厘米。此瓶胎骨白色微黄，较坚致，釉如象牙白色，腹部刻划二组萱草纹。纹饰线条简练，刀锋流畅。萱草又叫"忘忧草"，最早文字记载见于《诗经·卫风·伯兮》："焉得谖草，言树之背。"意思是说我到哪里找到一支萱草，种在母亲堂前，让母亲乐而忘忧呢？此瓶造型十分优美，名曰：玉壶春瓶。玉壶春瓶是北宋时期创烧的瓶式，撇口、细颈、垂腹、圈足，由诗句"玉壶先春，冰心可鉴"得名。

宋　定窑白釉刻划萱草纹玉壶春瓶

宋　钧窑玫瑰紫釉葵口三足洗

高6.5厘米，口径22.2厘米，底径13.5厘米。此洗为葵花口式，折沿，浅腹，腹呈六瓣葵花式，底承三个如意云头形足。胎质坚致，呈灰褐色，器内壁及内底施天蓝色釉，釉面上有"蚯蚓走泥"纹，外壁施玫瑰紫色乳浊釉，釉汁肥厚，色彩绚丽，外底抹有深褐色护胎釉，且有16个支钉痕，并刻"六"字铭记。钧窑中的宫廷用瓷，都刻有一到十的数目字，用来表示器物的大小，以一号器物最大，十号器物最小。此洗不仅釉色优美，造型也浑厚端庄不失优雅，是北宋官钧中的精品。

钧窑，即钧台窑，窑址在河南省禹县城关钧台，初创于唐，盛于北宋末年，衰落于元，明代停烧，是宋代五大名窑之一，以铜红釉最为著名。

宋　钧窑玫瑰紫釉葵口三足洗

北宋　耀州窑青釉刻花莲瓣纹碗

高7.2厘米，口径13.5厘米，足径4.4厘米。口微侈，弧壁渐收，圈足。

北宋　耀州窑青釉刻花莲瓣纹碗

通体施青色釉，釉面莹润光亮，碗内壁满釉无纹饰，外壁通体刻莲瓣纹。其装饰方法独具特色，多采用刻、划结合的技法，以增加纹饰的层次和立体感。此碗纹饰简练，线条流畅，刀法犀利，有浅浮雕的艺术效果，充分体现了北宋早期耀州窑的艺术风格。

耀州窑窑址位于陕西省铜川市黄堡镇，旧称"铜官"，因宋时属耀州，故名"耀州窑"。始烧于唐代，盛于北宋，终于民国，是宋代六大窑系之一，是北方青瓷的代表。

宋 磁州窑张大家枕款白地黑彩题诗八方枕

前高 7.9 厘米，后高 10.4 厘米，长 30.3 厘米，底对角线长 27.6 厘米。八方形，前低后高，枕面沿突出枕体，枕面有一粗一细两道墨彩边线，内书"楼台侧畔杨花舞，帘幕中间燕子飞"的诗句，书法线条流畅。枕四周是磁州窑常见的卷叶纹，色彩是酱黑彩，黑白分明。枕底平面无釉，灰白色胎底中心印有"张大家枕"长条形阳文款，字的上下有荷叶、荷花纹。

磁州窑是我国北方最大的一个民窑体系，创烧于北宋初年，金代中晚期达到鼎盛，元代开始衰落，但影响深远，明清时期仍有生产。它以河北邯郸彭城窑和磁县的观台窑为中心窑场，并向周边地区扩散形成著名的磁州窑系。

宋 磁州窑张大家枕款白地黑彩题诗八方枕

宋 建窑黑釉兔毫盏

高 4.3 厘米，口径 12.5 厘米，足径 6 厘米。此盏敞口，深腹，斜壁，小圈足，底无釉，胎质坚致，多呈黑褐色。盏内壁满釉，外壁施釉

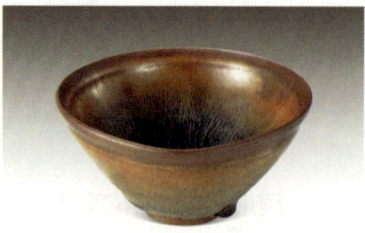

宋 建窑黑釉兔毫盏

不到底，腹下部釉面垂流如泪痕，内外壁釉面析出棕褐色斑纹，流畅均匀，犹如丝丝兔毫，故称"兔毫盏"。

宋人崇尚斗茶，以茶汤面上浮起的白沫多且持久

者为胜。用黑盏来盛茶，便于观察茶沫的状况，因此黑釉茶盏大受欢迎，也兴起了不少专烧黑瓷的瓷窑，尤以福建的建阳窑最具特色。宋徽宗《大观茶论》："盏色贵青黑，玉毫条达者为上，取其焕发茶采色也"，即指黑釉兔毫盏，可见兔毫盏之名贵，为宋代上等茶具，一度作为地方贡品进贡朝廷。

宋 吉州窑剪纸贴花三凤纹碗

高 6.2 厘米，口径 16 厘米，底径 4.6 厘米。敞口，弧腹，圈足。内外壁施不同色釉，外壁施玳瑁釉，在黑釉地上以黄褐色釉随意点洒成大小不一的斑点，内壁施淡黄色结晶釉，釉下以等距的形式装饰飞凤纹，3 只飞凤展翅飞舞，首尾相望，跃然于釉面，具有强烈的运动感。内底微凹，中心饰梅花一朵，布局和谐，动静相宜。吉州窑工匠借鉴民间剪纸的装饰手法，巧妙地将施釉与贴花两种装饰技法合为一体，具有极佳的装饰艺术效果。

吉州窑位于江西吉安市永和镇境内，因隋至宋，吉安称"吉州"，故名为"吉州窑"，又称为"永和窑"。创烧于唐代晚期，盛于两宋，衰于元末。以黑釉瓷（亦称"天目釉瓷"）产品著称于世。

宋 吉州窑剪纸贴花三凤纹碗

宋 龙泉窑粉青釉刻花莲瓣纹碗

高 5.2 厘米，口径 20.3 厘米，足径 7.6 厘米。敞口，弧腹，小圈足。足根露胎，修削规整，外壁刻凸起的莲瓣纹，呈大小瓣里外交叠状，瓣脊出筋。通体施粉青釉，釉色肥厚莹润，青翠沉静，犹如美玉一般。

龙泉窑窑址在今浙江龙泉县，故名，以烧制青瓷而闻名，是中国制瓷历史上延续时间最长的瓷窑体系，属我国南方青瓷系统。创烧于北宋早期，南宋中晚期臻于鼎盛，粉青釉和梅子青釉达到青瓷釉色之美的顶峰，产品畅销于世界，影响十分深远。

宋 龙泉窑粉青釉刻花莲瓣纹碗

元 钧窑天青釉塑兽面三足炉

高19.2厘米，口径16.5厘米，腹径19.8厘米。鼎式，圆口，鼓腹，圜底，三足。香炉的两侧置对称的长方耳各一。在长方形耳下，各附一鱼形耳，连接于炉的颈、腹之间，亦称"四耳炉"。在炉的颈部环贴有6朵凸起的梅花纹。前后腹部各贴塑一双角兽面铺首衔环纹，圜底下承接3个小兽形足。炉内施半釉，炉外施满釉。足尖露胎处呈酱黄色、口沿、耳边、铺首衔环及梅花凸出部位呈淡黄色。胎体厚重，造型雄浑华美，釉面滋润，釉色呈天青色。

元 钧窑天青釉塑兽面三足炉

明洪武 釉里红松竹梅纹罐

高54厘米，口径27厘米，底径24厘米。撇口，鼓腹，造型纯朴浑厚，釉下用铜红料进行绘画。口、肩部分别绘如意垂云、变体莲瓣、缠枝纹，腹部绘松、竹、梅，并以坡石、蕉叶点缀，胫部绘二组变体莲瓣纹，整个画面繁而不乱，主题突出。文人们将四季常青的松竹、傲霜斗雪的梅花誉为"岁寒三友"，并常以此抒发胸中的意气。此罐器型硕大，红色鲜艳，是十分难得的珍品。

明洪武 釉里红松竹梅纹罐

明永乐 甜白釉梅瓶

高34.5厘米，口径5.5厘米，足径12厘米。此瓶小口，短颈、丰肩，肩下渐敛，平底，通体施甜白釉，胎质细腻，釉面洁净温润。瓶外壁压印暗花，因釉凝厚肥腴，纹饰仅隐约可见。此梅瓶保持了宋代梅瓶器身修长挺拔的特点，适当压缩了瓶身的高度，将肩部及足部稍放宽，使各部位比例更趋协调。甜白釉是明代永乐时期创烧的一种白釉，其釉料经过反复加工，釉中的含铁量大幅降低，烧成后釉质洁白，温润似玉，肥厚如凝脂，光洁无棕眼，给人以甜净之感，因而得名。永乐甜白釉瓷器的胎体较薄，部分器物可达到半脱胎的程度，能够光照见影，

迎光透视，胎釉呈现肉红或粉红色，器型以碗、盘、小壶、高足杯、梅瓶为多见。甜白釉的烧制为明代彩瓷的发展创造了有利条件。此瓶是永乐甜白瓷中的优秀作品。

明永乐 甜白釉梅瓶

明永乐 青花枇杷绶带鸟图盘

高9.7厘米，口径50.5厘米，足径34.8厘米。菱花口，板沿，细白砂底，有火石红斑。通体施白釉，内外满绘青花纹饰。内口沿绘一周青花缠枝莲纹，外口沿绘一周青花海水纹。内壁绘青花折枝花果，外壁绘青花折枝菊纹，盘内底绘枇杷绶带鸟图。整个画面纹饰布局疏朗明快，运笔顿挫有致。绶带鸟自古被作为仁爱宽厚的象征，传达统治者"仁布天下"的思想。"绶带"原用来系帷幕和官印，后来用于系勋章。古代常用不同颜色的丝带，标识官吏的身份和等级。所以，绶带鸟即成为官吏身份和品级的标志，也就成为富贵的象征。

明永乐 青花枇杷绶带鸟图盘

明 宣德款洒蓝釉暗花云龙纹钵

高12.5厘米，口径26.7厘米，底径13.2厘米。敞口，弧壁，腹下渐收，圈足。此钵胎体厚重，造型规整。钵外壁口沿处弦纹间暗刻海水纹边饰，钵腹部暗

明 宣德款洒蓝釉暗花云龙纹钵

刻云龙纹，近足部暗刻变形莲瓣纹。钵内无纹，施透明釉，底心青花双圈内书"大明宣德年制"6字双行楷书款。钵外壁施洒蓝釉，此种釉色是宣德时期首创的品种，之后停烧，至清代康熙时期恢复。洒蓝釉的施釉方式较为特殊，先在瓷胎上施透明釉，再以竹管蘸取钴料

吹于器表,形成厚薄不匀、深浅不同的斑片,浓重处釉层较厚,薄处则露出白地,似雪花洒在蓝色的水面,因而又被称为"雪花蓝釉"。相较于单色釉,洒蓝釉更富于变化,颇为独特。因洒蓝釉烧造工艺较为复杂,成功率较低,传世的宣德款洒蓝釉器物极为少见,有暗刻龙纹者更为稀有。

明 成化款青花填绿彩云龙纹盘

高4.5厘米,口径20厘米,底径12.3厘米。撇口,弧壁,盘内底下塌,圈足。盘内素面无纹,釉面细润。外壁以青花填绿彩工艺绘双龙赶珠纹,龙发竖起,龙目圆睁,平视前方,为明成化龙纹典型画法。龙爪呈轮状,五爪中均有一指被人为有意磨损,意为避讳官窑,得以民用。盘底施透明釉,中心处青花双方框内书"大明成化年制"6字双行楷书款。成化时期是瓷器发展的鼎盛时期,瓷器质量极高,以青花与斗彩最负盛名,青花填绿彩为斗彩工艺的一个品种,先用青花料勾勒纹饰的轮廓线,施透明釉高温烧成后,再在轮廓内填绿彩,入窑二次烧成。此盘胎体轻薄坚致,釉面细腻莹润,纹饰纤巧工整,色调淡雅和谐。成化官窑青花填绿彩器物,国内博物馆收藏极少,此器堪称国之珍品。

明 成化款青花填绿彩云龙纹盘

明 德化窑何朝宗款白釉观音

高20.9厘米,底宽15厘米。此观音塑像通体施白釉,发髻高耸,眼帘低垂,身着羊肠裙,左臂下垂,手扶经卷,右手置于左膝上,双膝交叉,呈交腿坐态,跣足。神态肃穆,衣纹简练洒脱,线条优美流畅,体现了娴熟的瓷塑技艺,将观音超凡脱俗的神态表现得淋漓尽致。塑像背面有一阴文葫芦形"何朝宗"款。德化窑为我国古代以白瓷著称的著名瓷窑,位于福建省德化县,其所产瓷器胎质洁白细腻,可塑性强,呈现温润光亮的象

明 德化窑何朝宗款白釉观音

牙白色。其中最负盛名的是生动传神、栩栩如生的瓷塑像,题材多为佛教、道教人物。何朝宗,又名何来,是明代嘉靖、万历年间的瓷塑名家。其塑造出的人物肌肉线条准确生动,衣纹流畅飘逸,眼神、指尖等细部刻画一丝不苟,能够表现出人物的内心世界,极富神韵。此尊瓷观音温婉端庄,为何朝宗的代表之作。

清 康熙款青花圣祖得贤臣颂笔筒

高16.3厘米,口径19.3厘米,底径19厘米。此器呈圆筒形,直口,直壁,玉璧形底足。外壁有青花楷书《圣主得贤臣颂》文一篇,共46行。文字笔画工整,笔法娟秀清晰。文章结尾处钤"熙朝传古"阳文篆书方款。器底心施白釉,以青花书"大清康熙年制"楷书款。清代康熙时期政通人和,文化昌盛,瓷制笔筒大量生产,有青花、釉里三色、五彩、豆青釉等众多品种。其装饰纹样也极为丰富,除常见的山水人物等题材外,还出现了以楷书题写长篇诗词歌赋的题材,除《圣主得贤臣颂》外,还有《赤壁赋》《出师表》《滕王阁序》等。《圣主得贤臣颂》一文为西汉著名辞赋家王褒应汉宣帝刘询之诏所作,以良御御骏马比喻圣主得贤臣,歌颂汉宣帝礼贤下士,人才各安其位,从一个侧面反映了汉宣帝励精图治的景象。此文在康熙时期笔筒上出现,体现了清圣祖康熙对汉学的重视,有着借古喻今之意。

清 康熙款青花圣祖得贤臣颂笔筒

清 雍正款青花九龙闹海图天球瓶

高50.8厘米,口径11.1厘米,腹径37.8厘米,底径18.2厘米。直口,长颈,溜肩,球形腹,圈足。瓶体以青花绘九龙闹海图,间绘火云纹。口沿下四条青花弦线内绘海水纹,且在一面留有长条形空白,内书有"大清雍正年制"横式6字楷书款。瓶近底处绘波涛汹涌的海水纹,与口部相呼应。瓶身九龙体态矫健,龙爪雄劲,姿态各异地奔腾于天海之间,仿佛呼风唤雨,翻搅起四海云水,威力无边。天球瓶始烧于明代永乐、宣德年间,造型受西亚文化影响,因腹部浑圆似球而得名。清代雍正、乾隆年间将天球瓶的瓶颈稍延长,肩部略改大,

造型更为宏伟稳健，品种以青花为多见，其中尤以海水云龙纹最为珍贵。此瓶造型饱满端庄，绘工精细，青花发色稳定深沉，釉面光洁莹润，为宫廷大型陈设用瓷，是雍正青花瓷中的精品。

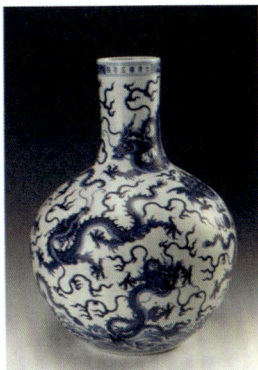

清 雍正款青花九龙闹海图天球瓶

清 雍正款粉彩五蝠八桃过枝纹盘

高4厘米，口径20.5厘米，足径13.2厘米。此盘成对，胎薄釉润。造型工整，构图典雅。盘心粉彩绘一枝桃自盘里延伸至盘外，盘里5枚桃子、3只飞蝠，外壁3枚桃子、2只飞蝠。枝叶硕果累累，摇曳生姿，蝙蝠翩然起舞，寓意福寿双全。构图色彩淡雅柔丽，阴阳层次分明，如同一幅没骨花卉画，是雍正粉彩中的珍品。

清 雍正款粉彩五蝠八桃过枝纹盘

清 乾隆款珐琅彩芍药雉鸡图玉壶春瓶

高16.3厘米，口径4厘米，足径5厘米。撇口，细颈，球形腹下收，圈足。此瓶胎质细腻、洁白，胎体轻薄，釉面莹润如玉，造型优美，色彩艳丽。颈部用珐琅蓝料彩绘上下两组蕉叶纹，精细规整。腹部珐琅彩绘芍药雉鸡图，周围衬以芍药花及花草。背面空白处墨彩题诗："青扶承露蕊，红接出阑枝。"引首朱文题椭圆形"春和"印，句尾钤有白文"翠铺"

清 乾隆款珐琅彩芍药雉鸡图玉壶春瓶

和朱文"霞映"二方印。瓶底赭彩"乾隆年制"4字楷书方款。此瓶集诗、书、画、印于一身，有如一幅展开的花鸟画卷。经查考，所题诗句出自明代诗人、画家黎民表所作的《苏子川宅观芍药》。珐琅彩瓷是宫

廷御用瓷，极为珍贵，此瓶原为潘芝翘旧藏，1960年由天津市文化局收购。

清 乾隆唐英敬制款白釉观音

高19.5厘米，宽21厘米，厚13厘米。观音像呈半跏趺坐，头戴风帽，束黑发高髻，眼帘自然下垂，眉目清秀，形象端庄，身体比例匀称，衣纹线条流畅。袒胸，胸前佩戴璎珞，身上交补襟披袈裟，给人以娴静、端庄、肃穆、安详之感。背部竖式长方框内暗刻阴文"唐英敬制"4字篆书款。唐英是清代著名督窑官，于雍正六年（1728）始至乾隆二十一年（1756）主持江西景德镇御窑厂督陶事宜，因成绩显著深得当朝皇帝的垂青。此观音像原被供奉于皇室佛堂，是清高宗（乾隆）内宫礼释的圣物。传世品见有2件，一落天津，一落上海，后者由故宫征集入藏。

清 乾隆唐英敬制款白釉观音

清 乾隆款斗彩八吉祥夔凤纹盘

高9.1厘米，口径50.8厘米，足径30.7厘米。侈口，弧形壁，底内凹，圈足。口沿内是斗彩的海水、杂宝边饰一周，有连钱、方胜、火珠、犀角、银锭和珊瑚等宝物。盘内壁是彩云环绕的八吉祥纹，有"轮、螺、伞、盖、花、罐、鱼、肠"佛教中的八种吉祥宝物。盘内底青花三圈内有红、黄、紫、蓝四朵番莲纹，围绕着双凤呈祥图。盘外壁青花弦纹间是斗彩的缠枝莲纹一周，圈足外有青花弦纹三道，圈足内施白釉，外底中心有青花"大清乾隆年制"篆书款。此盘尺寸硕大，纹饰繁缛，胎质洁白，釉色纯净，釉下青花与釉上粉彩争奇斗

清 乾隆款斗彩八吉祥夔凤纹盘

艳，是清乾隆官窑斗彩瓷中的杰作。

本节收入的27件套瓷器均藏于天津博物馆。

第十一节　漆器、木器、匏器、竹器、牙器、角器

明　宣德款人物图雕漆盘

直径 33.5 厘米，高 4.5 厘米。雕漆盘为莲瓣形，菱花口，呈枣红色，盘心随形开光，并以天、地、水纹三种不同的锦地衬托。盘内雕楼台殿阁、庭院、小景，松下有三老者正在悠然自得地叙谈，另有两老者全神贯注地在对弈，形象逼真。盘外壁剔雕缠枝牡丹、芍药、荷莲，分为八种纹饰。它以剃雕整株大朵花为主，花朵肥厚，枝叶茂盛。此盘明显表现出明代早期作品堆漆肥厚、刀工圆润丰腴、构图精美的特点。盘底左侧用细刀刻楷书"大明宣德年制"单行款，金粉填嵌款，表明是明代宫廷监制的。此件雕漆盘经有关专家鉴定，确是明代宣德时期的珍品。

明　宣德款人物图雕漆盘

明　云纹雕漆盒

高 4.5 厘米，直径 11.6 厘米。此圆形雕漆盒分上盖下底。枣红色，通体剔犀，间五道乌丝，漆面雕凹约 3 毫米。盖为三组云纹图案，每组由三片卷云构

明　云纹雕漆盒

成，三组图案外弧相切，攒成中央弧边三角形图案。底壁饰三组带状云纹图案，每组由长短两根带状云钩组成。盖里及盒底呈黑色，底里至口沿呈茶褐色。此漆盒雕琢精美，纹样简洁大方，线条流畅，为明代早期雕漆高手精心制作的传世佳作。

剔犀系漆器工艺的一种，一般情况下都是两种色漆（多以红黑为主）刷制，有规律地使两种色层达到一定厚度，然后用刀以 45 度角雕刻出回纹、云钩、剑环、卷草等不同的图案。由于在刀口的断面显露出不

同颜色的漆层，与犀牛角横断面层层环绕的肌理效果极其相似，故得名"剔犀"。这种独特的效果灿然成纹，流转自如，回旋生动，取得了比纯色雕漆更富于变化的装饰效果。

明　剔红山水人物图长方盒

长 13 厘米，宽 10.2 厘米，高 9 厘米。盒体为长方形，盒盖深度与盒体高度相差无几。以剔红的技法，盖面雕山水人物，秋水涟涟，青山绿水间有三人似是刚刚由船及岸，其中一人手指前方并与身旁老者对话，后跟一人怀抱一张古琴，河边小船上有一船工。地面雕锦纹，两侧有古柏翠柳、山石亭台。远处水面上亦有山石树木、亭台楼阁。盒盖侧边为锦地上雕喜鹊登梅图。盒底侧面为一周回纹。盒内分二屉，黑退光漆。盒底面阴刻填金楷书"大明嘉靖年制"6 字横行款。整件作品图案构图疏密有致，雕工细腻，刀法圆熟，漆面包浆温润，色呈暗红，端庄雅致，属明代雕漆器中的精品。

明　剔红山水人物图长方盒

清　锦地剔彩开光人物寿春圆捧盒

高 12 厘米，口径 31 厘米。此件清乾隆锦地剔彩开光人物寿春圆捧盒是一件雕刻极佳的艺术珍品，该盒为扁圆形，盖面上有开光"春"字，"春"字里坐一寿星，字两旁有二龙飞舞。盒四周有开光人物山水图花纹，圈足，盒里通体黑地无花。该盒纹饰雕刻流畅，精美华丽，是清代宫廷御用工艺品中的佳作。

雕漆是中国传统民族艺术。雕漆器的制作，至少有1400 余年历史。其也是皇家宫廷工艺

清　锦地剔彩开光人物寿春圆捧盒

器物，横跨唐、宋、元、明、清5个朝代，历来具有崇高的社会地位和艺术价值。它是把天然漆料在胎上涂抹出一定厚度，再用刀在堆起的平面漆胎上雕刻花纹的技法。由于色彩的不同，亦有"剔红""剔黑""剔彩"及"剔犀"名目。

清 剔红雕漆开光三龙戏珠海棠式盖盒

高9.5厘米，长31.4厘米。剔红是我国漆器装饰工艺的一种，其技法成熟于宋元时期，发展于明清两代，清代剔红具有纹饰繁缛、雕刻层次较多、工艺精湛的特点。

此盖盒为一对，海棠式花口，盖面中心开光。光内以剔红方式雕三龙戏珠图案，三条五爪巨龙凌空飞舞，发须飞扬，探爪夺珠，神态各异。光外雕满海花水朵。整个构图代表皇权的至高无上，传达着清王朝长久兴盛的吉祥寓意。底为圈足并雕一周回纹。

乾隆年间养心殿造办处设有"油漆作"负责制作皇家使用的各种漆器用品。这一对盖盒就是"油漆作"制造，为宫廷用品。

清 剔红雕漆开光三龙戏珠海棠式盖盒（其一）

清 彩漆银里攒盘方盒

高7.5厘米，宽28厘米。紫色漆方盒，盖面中间为蝙蝠、花卉图案，周围绘暗八仙，四角为变形夔龙纹，侧面有蝙蝠、桃。整体构图寓意吉祥。盒内有银质攒盘一套，以五个盘组成，中央是一圆形主盘，上面绘五福捧寿，为吉祥纹样。围绕主盘的是四个多边形小盘，分别绘有梅、兰、竹、菊，图案具有清雅淡泊的文人气息。画工娟秀精细，有中国工笔画的特点。攒盘里的小盒可以单用，亦可合为一体。整个造型即盖、攒盘、盘托，既具有实用性也有观赏价值。无论从任何角度观之皆完美无瑕，匠心独运，体现了清代人们的生活态度和情趣。

清 彩漆银里攒盘方盒

清 赵之谦桦木雕"清供"笔筒

高15厘米，口径13厘米。这件笔筒取天然桦木随形挖制而成，作者充分利用树根的自然形态，不事雕琢，而凸显瘿瘤的形态和黄褐栗色之间的色彩变化，如同云龙海水，气势非凡。筒上部刻楷书"清供"二字，沉着劲健，用笔流畅，结构匀称，生动活泼，侧面阴刻"同治乙丑六月九日，扨叔赵之谦"款，刀法娴熟，其书体风格跃然其上。大自然的鬼斧神工与艺术家的巧妙构思浑然一体，堪称文人参与雕刻艺术的典型作品。

清 赵之谦桦木雕"清供"笔筒

赵之谦（1829—1884），字益甫，号扨叔、悲庵、无闷等，会稽（今浙江绍兴）人，清末著名书画家、雕刻家，海派重要画家、代表人物，诗文、书法、绘画、篆刻无所不精。工楷隶书，并以书法、笔法入画，作花卉敦厚沉雄，水墨交融，开清末写意花卉之先河。

清 紫檀木雕如意

长34.5厘米，宽9厘米。此如意以紫檀木雕而成，配黄杨木座，如意头部雕成一大棵灵芝，柄雕成一段树干，其上瘿节遍布，纹理尽现，形态曲折扭转，生动自然，宛若天成。整器雕刻工艺精湛，线条流畅，造型精巧，意境仙古。

如意是从古代"痒痒挠"演变而来。清代《事物异名录》记载："如意者，古之爪杖也。""爪杖"即今之"痒痒挠"，为古代汉族民间实用品，柄端做成手指状，用以挠痒。因可如人意，因而得名。后来随着形制的变化，逐渐演化为陈设品，为吉祥之物。

清 紫檀木雕如意

清 紫檀百宝嵌人物纹长方盒

长25厘米，宽15.7厘米，高11厘米。长方形盒，子母口，紫檀木色黝黑泛红。盒体光素。盒面百宝镶嵌，画面为祝寿图，在松树、山石环绕中，有四小童手捧礼物向老寿星祝寿，一只小鹿作回头状。人物神态各异，栩栩如生。作品取材考究，与紫檀木的组合相得益彰，具有乾隆时期工艺的特点。

清　紫檀百宝嵌人物纹长方盒

清乾隆　折方开光印八仙图葫芦瓶

高 23.5 厘米，上部腹宽 7.5 厘米，下部 10.2 厘米。此葫芦瓶，人工模印八仙图案，并用团寿字点缀整个瓶身，瓶底模印有"乾隆赏玩"阳文楷书款，瓶体工整，八仙神像模压非常清晰逼真，神态怡然，是匏器中一件罕见的传世珍品。

匏器，也称"葫芦器"，匏制瓶就是用葫芦制作瓶，是我国特有的一种民间传统工艺。匏制器物是将雕好花纹、文字的木模，分块包在嫩葫芦外面，让葫芦长成各式各样的器型，就成了具有印成浮雕式阳文花纹的各式葫芦器。在明代已经有制作的记载，于清康熙、乾隆朝达到顶峰，制作最为精巧，出现了一批宫廷督造、专供皇室玩赏的贡物。

清乾隆　折方开光印八仙图葫芦瓶

明　濮仲谦竹刻扇骨（两件）

长 31 厘米，宽 2 厘米。扇骨均为 16 骨，一为圆角，一根边骨上部刻梅花一枝，花下刻行书七言诗两行："雪满山中高士卧，明月林下美人来"，另一根边骨近中部刻一枝梅花，其上刻行书款"壬戌中秋月制，仲谦"，款下阴刻阳文篆书"可登"印一方。一为方脚，一根边骨上部刻一簇盛开的水仙花，花下刻行书七言诗句："明月阶下窗纱薄，多少清香透入来"，另一根上部刻行书款"壬戌秋八月制，仲谦"，并刻一阴文篆书"可登"方印，款下刻兰花。刀工简练纯熟，游刃自如。所刻诗句字体潇洒飘逸，俊俏秀丽。扇骨竹质纹理细密，竹面平滑，色泽光润，且每根薄厚轻重似等量。扇骨所刻"可登"一名不见著录。壬戌为明天启二年（1622），

作者时年 41 岁。两件扇骨所雕画面布局相似，仅内容不同。所雕水仙、兰花，寥寥数刀，却栩栩有生意，给人以香远益清的高雅美感，充分表现出濮仲谦精妙绝伦的竹雕技艺和深厚的书画功力。这两件扇骨同出于河北省一座明墓内。

明　濮仲谦竹刻扇骨（其一）

清　周芷岩竹刻书画臂搁

长 32.5 厘米，宽 7 厘米。周颢（1685—1773），字晋瞻，号雪樵、芷岩，晚号髯痴。嘉定（今属上海）人，以薄浮雕与浅刻为主，开创了将山水画的皴法融入竹刻中的技法，他能书擅画，尤好画竹，是清代极负盛名的竹刻家。此件书画臂搁正面阴刻梁诗正行书七言绝句一首："竹前槐后午荫繁，壶领华胥屡往还。雅兴欣为十客具，人和端使一身闲。"款署"芗林"。臂搁背面附刻石崖、溪水、山石。一竹倒悬于石崖之上，迎风摇曳，一派江南瑰丽景色。所刻景物，刀法灵活，将风吹竹叶的婆娑之态，表现得生动之至。署款"芷岩"，当为周颢精绝之作。

清　周芷岩竹刻书画臂搁

梁诗正（1697—1773），字养仲，号芗林，钱塘（今浙江杭州）人，雍正八年探花，官至东阁大学士，擅书法，此臂搁上的书体当系他宗法赵孟𫖯、文徵明书风所写。

清　王梅邻竹刻折枝芙蓉花笔筒

高 23.1 厘米，口径 9.5 厘米。此笔筒筒身刻低垂的芙蓉花，花如含露，叶若迎风，以阳刻手法刻枝叶，叶筋则用阴刻技法，使花卉枝叶层次分明，犹如一幅小写意花卉，生动传神。空白处刻篆书七绝一首："种处雪消春始冻，开时霜落雁初过。谁栽金菊丛相近，织

清　王梅邻竹刻折枝芙蓉花笔筒

出新番蜀锦窠"，署款"梅邻"。刻随形章一方："石瘦松肥"。所刻篆书中规中矩，俱合法度，线条刚劲挺拔，颇似书法中的铁线篆，彰显出王梅邻精湛的竹雕技艺。

清　竹雕白菜香熏

高 26.8 厘米，口径 6 厘米。作品取一整节竹材，平滑圆直，筒两端用紫檀木做盖，刻镂空寿字。筒身表面用陷地深刻法刻白菜一棵，茎叶逐层深刻，菜心深卷，叶脉毕现，叶片翻卷自然，草虫藏于叶间，似在吸吮白菜的汁液，另有两只蝴蝶在飞舞。所刻形象逼真，栩栩如生，显现出自然界生机勃勃的景象。

此香熏整体雕饰协调大方，层次分明，玲珑剔透，集中体现陷地深刻技法的装饰效果。

清　竹雕白菜香熏

清　醉竹款竹刻石榴纹圆盒

高 9 厘米，口径 10.5 厘米。此圆盒盒身为竹制，盒盖、底及口沿为紫檀木制，整体色泽深沉雅致，包浆柔和温润。盒身深刻折枝石榴，枝、叶、果皆为写实风格，所刻石榴裂开一口，露出满满的籽实，刻工细腻生动。盒身另有阴刻行书"满房蜂酿蜜，一腹蚌含珠"，署款"醉竹"。"榴开百子"作为传统吉祥图案，取其子孙繁衍绵延不断的寓意，历来深受大众喜爱。

清　醉竹款竹刻石榴纹圆盒

明　象牙雕梅花图笔筒

高 11.5 厘米，口径 8.2 厘米。此笔筒用象牙雕制，色微黄，象牙纹理清晰。筒身整体雕刻为一段树干形状，上以高浮雕手法雕一梅枝自下而上伸展，枝干遒劲，枝头数朵梅花，或含苞，或半开，或盛放，花蕊根根分明。作品形象生动，

明　象牙雕梅花图笔筒

刻工精细流畅。留白处阴刻题诗"晓日东楼路，林端见早梅。独凌寒气发，不逐众花开。素彩风前艳，韶光雪后催。蕊香沾紫陌，枝亚拂青苔。止渴曾为用，和羹旧有才。含情欲攀折，瞻望几裴回"，诗款："桦林园早梅，唐郑述诚"。此诗见于《全唐诗》。

明　象牙雕寿星像

高 9.5 厘米，宽 4.7 厘米。此寿星为象牙雕成，呈坐姿，一腿盘膝，一腿屈膝，面带微笑，表情和善，神态安详，低眉长须，额头所占面部比例甚大，颇为夸张。其右手握放于膝上，左手持一物。此作品色泽古朴，形象生动，雕工精湛，体现了明代牙雕匠人的高超技艺和艺术品位。

明　象牙雕寿星像

寿星，亦称作"南极老人"，本是恒星名，为福禄寿三星之一，后寓作长寿之神，从古至今都是人们喜闻乐见的题材，常见于各类艺术品及日用品中。

清　象牙雕"凌云"砚

长 19.5 厘米，宽 10.8 厘米，高 11.2 厘米。此砚以象牙为材质，作竹节形。砚池里面精雕一小蜘蛛，相映成趣。砚身刻有"凌云"二字款。

清　象牙雕"凌云"砚

上有一紫檀木盖，与砚身合而为一截竹筒形状，上雕有竹枝及竹叶，下有一紫檀木雕成的竹枝盘曲样式的底托。整件作品做工考究，造型精巧。

传统的砚台注重实用性，应具有"益发墨，不损毫"的品质。因此古往今来，以象牙为砚者极为罕见。此砚原为著名文物收藏家徐世章旧藏。

明　犀角雕兽面纹匜形杯

高 8.4 厘米，宽 18.4 厘米。此杯仿古青铜匜之形。流为荷叶形，带茎花叶为鋬，叶面上伏有一蝙蝠，圈足外撇，器腹雕一周带状饕餮纹饰。整器器型端庄，

雕工细致，犀角质润，包浆细腻如玉，既有仿古器的稳重之感，设计上又带有一丝飘逸灵动，古香古色，充分显示其艺术魅力。

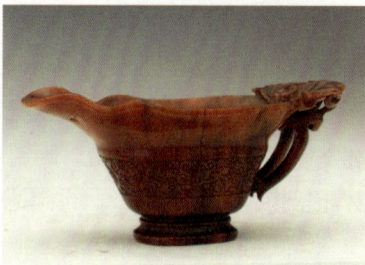

明　犀角雕兽面纹匜形杯

明　犀角雕莲叶形荷花口杯

通高 30 厘米，口径 14.9 厘米。此杯通体呈深杏黄色，包浆自然，由一整根犀角雕刻而成。犀角根部雕成一片凹陷的荷叶状作为杯身，其下为透雕成花束

状的杯柄，该"花束"由六枝各不相同的花枝组成，有荷花、兰花、梅花等。整只杯造型别致，设计巧妙，雕工精美，生趣盎然，是明代犀角雕件中的精品。此杯下配一紫檀透雕海水纹木托，纹饰繁复，刻工精细，与犀角杯浑然一体，更增添了此件器物古香古色的韵味。

明　犀角雕莲叶形荷花口杯

本节收入的 20 件漆、木、匏、竹、牙、角器均藏于天津博物馆。

第十二节　紫砂、鼻烟壶

清　陈鸣远制仿生果品紫砂摆件

花生长 3.9 厘米，栗子长 3.5 厘米，茄子长 7 厘米。此套紫砂仿生摆件包含 1 枚栗子、1 枚茄子及 2 枚花生，其纤巧精细，栩栩如生，使人莫辨真假。茄根

清　陈鸣远制仿生果品紫砂摆件

和栗子腹部分别刻有阳文"雀村""鸣远"方形小印，刻工精细，字体流畅。

陈鸣远，号鹤峰，又号石霞山人、壶隐，江苏宜兴人，清康熙年间紫砂名家，是时大彬之后清初第一制壶高手。他继承了明代造型朴素、高雅大方的形式，通过发展创新，形成了自己独特风格，所制紫砂器雕镂兼长，式样翻新，精妙绝伦。其所制紫砂器以文玩博古、仿生器物为基本造型，并开创了壶体镌刻诗铭为装饰，署款以刻铭和印章并用之先河，将高超紫砂技艺和风雅的文人翰墨相结合，使其作品超凡脱俗。此件亦是他成功的经典之作。

清乾隆　描金山水八卦纹紫砂壶

高 10.7 厘米，通长 17.6 厘米。通体呈竹节形，圆足，灵芝蟠螭作盖钮，壶上面有浮雕八卦纹饰，壶腹中部

饰有竹节纹，壶流与把成对称形，并衔嵌套环。腹部一面绘有描金山水、树木、宝塔，另一面描金篆书"吸之两腋风生，玩之四周香拂。郎岑铭"。此壶运用描金、堆贴二种装饰手法，纹饰繁复，线条规矩方正，描金书画富丽堂皇，当为进贡宫廷的御用器物。

清乾隆　描金山水八卦纹紫砂壶

清　杨彭年制钱杜画紫砂寒玉壶

高 8.8 厘米，通长 16 厘米。此壶为杨彭年制，钱杜画。壶呈半圆形，平底，通体榴皮色，腹部刻一株梅花，右下阴文刻"叔美为云

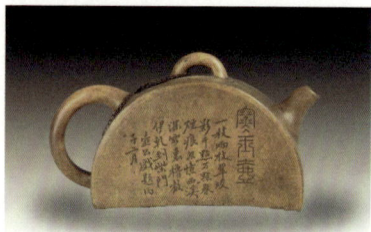

清　杨彭年制钱杜画紫砂寒玉壶

如作"，另一面刻篆书"寒玉壶"，并刻行书"一枝两枝翠蛟影，千点万点春烟痕，忽忆西溪深雪里，橹声伊轧到柴门。壶公戏题丙子二月"，下有"彭年"方印。杨彭年，字二泉，号大鹏，清嘉庆、道光年间制宜兴紫砂壶名艺人，浙江省桐乡人。钱杜，字叔美，号松壶，是清代著名画家，善画人物、山水，工诗。丙子是嘉

庆二十一年（1816）。钱叔美与杨彭年联袂，物尽其美，诗画融情，犹如锦上添花，此壶实为不可多得之妙品。

清嘉庆　陈曼生套环钮紫砂壶

高 10.5 厘米，腹径 11 厘米。此壶器身洒冷金斑，壶腹阴刻行书"为惠施，为张苍，取满腹，无湖江"，署"曼生铭"，柄下有"彭年"方印，壶底钤"阿曼陀室"方印。壶体造型新颖，壶流直而短，壶盖有套环钮。陈曼生、杨彭年二人默契配合制壶，可谓珠联璧合，其作品为鉴赏家视为钟爱之物。

清嘉庆　陈曼生套环钮紫砂壶

清　乾隆款料胎画珐琅人物鼻烟壶

此件鼻烟壶为长方形，高 7.1 厘米，腹宽 2.8 厘米，用珐琅彩在料胎上作画，融入了西洋画法，正反面所绘仕女，一为渔妇，一为农妇，蓝料底款"乾隆年制"。画工精细，典雅华丽，达到了艺术效果与实用效果的完美统一。为宫廷造办处承制，是珐琅彩鼻烟壶中的精品。

鼻烟壶盛行于清康熙朝，乾隆时期达到了顶峰。康熙年间，清宫造办处制造的料胎、铜胎画珐琅彩鼻烟壶开辟了一个工艺美术的新门类。乾隆时期的料胎画珐琅彩鼻烟壶，色彩艳丽，工艺高超，从一个侧面反映了当时的中西文化交流，又展现了清宫造办处制作珐琅彩鼻烟壶所取得的成就。料胎画珐琅彩鼻烟壶是烧制难度最大的品种，据统计从康熙年间始烧，至乾隆年间烧制成品仅二三百件。传世品数量有限，故其十分珍贵。此器正是一件玻璃与珐琅彩结合的精绝之作。

清　乾隆款料胎画珐琅人物鼻烟壶

清　乾隆款铜胎画珐琅西洋人物鼻烟壶

高 5 厘米，腹宽 4 厘米。这件鼻烟壶壶身呈扁圆形，内为铜胎，外施珐琅釉彩，画面以西洋画法绘制了一幅西洋人物风景画，画了四位西洋女性人物，其中两人坐于树下观赏风景，另外两人于石台、石凳处聊天，四人均身着洋服，其中一人还牵有一条宠物狗，背景中有一条河，河对岸绘有形似教堂的建筑物。整幅画面呈现出油画效果，色彩艳丽，工艺高超。此鼻烟壶底部有"乾隆年制"款。

清　乾隆款铜胎画珐琅西洋人物鼻烟壶

"铜胎画珐琅"，又称"珐琅画"，时称"洋瓷""佛郎"或"广珐琅"，是珐琅器中一个重要的类型。早期的作品大多是表现中国传统题材的陈设品等，至乾隆时期，由于皇帝对西洋文化的浓厚兴趣，铜胎画珐琅器也出现了很多描绘西洋风物题材的作品。这件鼻烟壶即是当时铜胎画珐琅器的代表作之一，为宫廷御用品，出自清宫造办处的珐琅作。

清　乾隆款料胎画珐琅花鸟鼻烟壶

高 5.5 厘米，宽 4 厘米。此款鼻烟壶呈扁圆形，椭圆形圈底，壶体两面开光，开光内各以描金花卉为地，一面绘以鸟、梅花、牡丹，另一面绘菊花、兰花、彩蝶。画面构图得法，色彩艳丽，画工精细，方寸之间将花草丛叶描绘得栩栩如生，飞舞的彩蝶更使画面增添了几分生机。颈部有锦文图案，底书"乾隆年制"四字。

清　乾隆款料胎画珐琅花鸟鼻烟壶

鼻烟是明代传入中国的，鼻烟壶盛行在康熙年间，在乾隆时期是人们最注重的用品之一。烟壶本来是盛烟用的，但是在当时制作烟壶已经超出用来盛烟的意义，含有夸富斗奇的性质，这样一来只要是能制作烟壶的奇珍异宝无不拿来使用，使得烟壶的质料丰富，款式奇特，也成就了鼻烟壶今日的精美程度。该鼻烟壶是乾隆时期的作品。

本节收入的 7 件套紫砂、鼻烟壶均藏于天津博物馆。

第十三节　文房用品（笔、墨、纸、砚）

清　青花釉里红云龙纹瓷杆羊毫提笔

长 34.5 厘米，斗径 4.8 厘米。笔杆为瓷质，上端微粗，青花釉里红绘两条巨龙腾跃出没于祥云中，色泽鲜艳，纹饰生动，笔头为羊毫制作。

清　青花釉里红云龙纹瓷杆羊毫提笔

明　方于鲁妙歌宝轮墨

直径 9 厘米，厚 1.6 厘米。墨作圆形，正面彩绘佛教宝轮图案，中间上部阳文楷书"妙歌宝轮"4 字，两侧描金篆书"天宝"2 字，左下阳文楷书"画一墨"。背面描金模印各种乐器，寓意美妙的歌舞，侧面阳文楷书"方于鲁制"款。此墨工艺精良，艺术水平极高，是传世明代彩墨珍品。

明　方于鲁妙歌宝轮墨

方于鲁，安徽歙县人，明代万历时期制墨名家，得程君房墨法，所制墨品繁多，质地坚细，晶莹如玉，著有《方氏墨谱》六卷。其墨模雕刻皆出自高手，尤其注重墨的装饰效果。首创为墨赋彩，使墨成为精美的艺术品，其彩绘图案的画稿为著名画家丁云鹏所绘。其墨肆约歇业于明天启年间，清初方于鲁墨已极珍稀，今日方于鲁制传世彩墨不足十锭。此墨样式见于《方氏墨谱·法宝》，著录于清《四家藏墨录》。1952 年，南开大学杨石先教授将其捐献给国家。

明　汪中山经之墨

直径 10 厘米，厚 2 厘米。墨作圆形，四周浮雕龙纹，中间篆书阳文"经之墨"，右侧"嘉靖"2 字款，背面作团龙纹。此墨坚如石，黝如漆，双龙神采焕然，

栩栩如生。墨下端磨去少许，从磨过的地方看没有气孔，可见其原料细腻，且墨模雕刻精细，虽已磨用过，仍不失为一件珍贵的墨品。

明　汪中山经之墨

该墨为休宁汪中山所制。汪中山，明代嘉靖时期制墨名家，是明代制墨休宁派的创始人之一，文献记载汪中山所制墨品以"经之墨"最为人称道。古墨鉴赏家尹润生先生在《明清两代的集锦墨》一文中曾述及此墨："休宁汪中山所制的墨品目繁多，至今流传下来的只见一锭，正圆形，下端磨去少许，名叫'经之墨'，并署有嘉靖年款。顾名思义，当为经、史、子、集四种丛墨之一。"1952 年，南开大学杨石先教授将其捐献给国家。

明　龙香御墨

直径 8.7 厘米，厚 1.7 厘米。圆形绿色彩墨，一面有描金双龙戏珠图案，龙的形式与明代瓷器上的龙纹具有一致的时代风格。中间楷书"龙香御墨"，背面阴刻"大明隆庆年制"楷书款。此墨质坚如玉，光泽如漆，传世很少，是难得的明代彩墨珍品。

明　龙香御墨

中国古代制墨时常加入麝香、冰片等天然香料及药材，改善墨香，防腐防蛀；加入金箔等原料增光增色，增强墨的耐久性，这些添加物在文献中被称为"龙香剂"。御墨即专为皇帝制作的宫廷用墨。《涉园墨萃》收录的《中舟藏墨录》中记有赭墨两件，形制、尺寸与此墨完全一样。明代麻三衡《墨志·稽式》中列有"龙香御墨"一种，为嘉靖御墨。此墨为隆庆年款，说明嘉靖至隆庆年间均有制作。1952 年，南开大学杨石先教授将其捐献给国家。

清 仿澄心堂描金山水腊笺

纵 42.2 厘米，横 48.2 厘米。一套两张，这两件纸的颜色一面为红色，另一面分别为蓝、

清 仿澄心堂描金山水腊笺

绿色。纸质匀洁厚实，表面砑蜡，有光泽。每张纸绘以描金山水，一幅一画，故而一张纸实则为一张描金山水画，画的右下角印有："乾隆年仿澄心堂纸"。此腊笺为清宫廷如意馆所制，是珍贵的宫廷造纸。

明 荷鱼朱砂澄泥砚

长 24 厘米，宽 15.4 厘米，厚 2.2 厘米。砚作鱼形砚身，呈朱红色，泥质细腻，色泽鲜艳。砚背衬以荷叶，荷叶及鱼于烧制前均着黑色，黑红相映，荷鱼交辉，浓艳与沉着相得益彰。

砚背上方隶书："给谏公赏"，中间另刻楷书小字铭："离尘垢，伴文人，腹中书满，同上龙门"，落款"宋开藻"，下方刻有铭文两行："初颐园大司马赠，宋开莱藏"。"谏公"乃宋澍，与初彭龄（颐园）同为清代乾嘉时期官员、学者，亦为同乡好友。宋开藻为宋澍长子，所作砚铭寄托出文人满腹经纶、期待携手出仕的美好愿景。荷叶之衬托，象征出淤泥而不染，亦如君子超凡脱俗、洁身自好的高贵品质，使得砚的文人气息浓郁。1954 年，徐世章的亲属将其捐献给国家。

明 荷鱼朱砂澄泥砚

明 顾从义摹刻石鼓文石砚

直径 18 厘米，厚 10 厘米。此砚呈石鼓形，石色黑，似山东淄川石。砚面、底、周刻石鼓文，不计残字、重字，共计 434 字。砚面有"内府之宝"4字印，底部隶书"石鼓"2字，篆书"子子孙孙用之永保"

明 顾从义摹刻石鼓文石砚

以及"东海顾从义摹勒上石"三行九字楷书款。顾从义（1523—1588），字汝和，松江（今上海）人。平生博雅好古，曾摹刻许多法帖，此石鼓文砚之摹刻亦系重要之作。此砚之石鼓文，字体虽小，但书写严谨，刻工精细，是按照宋拓本的字数及原石鼓上的字形、字位排列顺序摹刻的，拥有珍贵的文字研究价值。此砚流传有序，屡见著录。1954 年，徐世章的亲属将其捐献给国家。

明 十八罗汉洮河石砚

长 26.5 厘米，宽 20.2 厘米，厚 8.4厘米。砚呈椭圆形，质润纯净，色泽黄绿雅丽，造型浑厚凝重，纹饰雕刻精细流畅，构图得法，为明砚中的精品。

明 十八罗汉洮河石砚

砚面上部阴刻仙山庙宇，中间以旭日作砚堂，环以海水蛟龙，呈现出一派生机勃勃的奇幻景象。砚底内凹，砚背浮雕海水鱼龙纹饰。砚体四周浮雕十八罗汉渡海的胜景，人物刻画古拙生动，神态各异，栩栩如生。砚体内侧刻七言绝句诗一首。

明 曹学佺铭凌云竹节端砚

长 19.8 厘米，宽 12 厘米，厚 4.7 厘米。此砚作竹节形，材质细密，制作精良。砚面左上端雕一蟠螭，伏身凝望"凌云"2 字。砚背上端刻有竹叶及"何可一日无此君"印。中部刻"香山养竹记"9 行楷书，署款曹学佺，下有二印。左侧刻李馥草书铭"观石仓此砚可想见当年君子风度，令人眷怀而不能已"。

明 曹学佺铭凌云竹节端砚

清 黄任铭墨雨端砚

长 22.7 厘米，宽 18.3 厘米，厚 5.3 厘米。砚作随形，砚面为一井字砚堂，笔画深雕为水池，砚面石内还有墨

色纹点，徐徐斜下，宛如细雨绵绵，故名"墨雨"。砚上端有周绍龙楷书铭"莘田二丈令四会时，搜三洞石制砚不下数十方，拔其尤者有十，号为十砚翁，此其一也，镌形于阴，书铭其右，有取乎砚耕之意也，后之览者犹可想其丰采云，瑞峰题"，印"绍龙"。砚面左下方有"困学""冻井山房"二印。砚背浅浮雕一老翁肖像，旁有黄任篆书铭"非仙非儒，其形则癯。宜丘宜壑，带经而锄，莘田任"，下有"黄任"印。砚侧尚有篆书"石髓"二字。1954年，徐世章的亲属将其捐献给国家。

清 黄任铭墨雨端砚

清 老子清静经端砚

长19.4厘米，宽13.7厘米，厚3.6厘米。砚作长方形，体式厚重，为端溪老坑佳石所制。砚面涸池，三边刻夔龙纹，两侧精刻"李馥"款小楷《清静经》，末署："康熙岁次丁卯桂月望日，后人馥敬书。"下有"鹿""山"两方篆印。砚背刻老子像，并附"赵国麟"款铭曰："余持节闽中时得此，为李鹿山中烝枕祕，老坑质朴，静寿永贞。旁系清静经，可知衣钵瓣香，不遗祖训，珍诵之余，直令人追慕道纵于涵谷间耳。敬镌像于砚阴，并记其缘起。"落款"乾隆戊午（1738）跋道人麟"，并有两篆字印"国""麟"。

此砚砚体敦厚，造型端庄，刻工精湛，所刻《清静经》字体虽小，却清晰而无疏漏，可谓刀笔高妙。1954年，徐世章的亲属将其捐献给国家。

清 老子清静经端砚

清 高兆铭赤壁图端砚

长27.2厘米，宽21.6厘米，厚4.5厘米。砚作随形，依石材天然之式，就石皮的凹凸态势琢成赤壁图，山石层叠错落之感跃然眼前。砚面四周环刻高山流水，左上方开大小不一的2个圆形水池，宛若明星伴月。砚首正中高起处镌篆书"高风千古"4字。砚背雕赤壁泛舟图，峭崖激湍，气势磅礴。山天交接处镌刻两首铭文。左上楷书铭"个是苏公赤壁，千古英雄陈迹。聊供几案卧游，珍重端溪片石。固斋高兆"。右为隶书铭"守其静也如仁，而动则惟水。扩其动也如知，而静则惟山。得仁知之乐者，善其用于山水之间。壬辰长至吴秉钧铭"。其右阴刻"山阴吴氏珍玩"篆印一方。左下镌"琰""青"二印。旁刻"庚申季冬归于退耕堂"。

清 高兆铭赤壁图端砚

清 王岫君山水端砚

长24.5厘米，宽20.1厘米，厚4.8厘米。砚作随形，依天然璞石稍加修琢而成。砚面取中部琢为微凹砚堂，砚堂中有蕉叶白等石品，环周按其自然形态雕山水小景。砚背亦循石势刻山峦、树木、人物。砚侧镌"岫君"二字款。此砚石质细润，构图优美，刻工娴熟精到，展现了清代高超的制砚水平。

清 王岫君山水端砚

清 乾隆御铭八方金星歙砚

直径10.4厘米，厚3.3厘米。砚作八角形，砚面正中琢圆形砚堂，四周环状凹沟为水池，边沿刻鱼、马、畜等，侧面刻有"仿唐八棱澄泥砚"7字。砚背刻楷书铭六行，落款"乾隆御铭"及"比德""朗润"二方印。石中布满眉纹、金晕、金星等名贵石品，古拙厚重，做工精致。御铭书体端庄规范，此砚质、工、铭均极精到，应是清宫御用品。

清 乾隆御铭八方金星歙砚

清 思谦铭月雨余云端砚

长 19.8 厘米，宽 17 厘米，厚 3.2 厘米。砚作随形，正面左边镌一株芭蕉，右上端刻流云映日，以日为水池，云下刻"结邻"二篆字，右边刻"孝甫"二篆字葫芦印。砚背右侧刻思谦铭"不可以风霜后叶，何妨于月雨余云"，下有"子子孙孙"篆字印。旁刻思谦楷书以表对高祖警示之语的敬重和怀念，署款"五梅草堂"，旁有"思""谦"二篆印，下有"曾氏珍藏"一印。此砚质坚色黝，构图意境安谧，是为上乘之作。

清 思谦铭
月雨余云端砚

本节收入的 15 件套文房用具均藏于天津博物馆。

第十四节 其他古代文物

东汉 贤良方正残石

高 0.41 米，宽 0.57 米。1913 年出土于河南安阳。经前人考证，此石为清嘉庆三年发现、现存滑县之"允字子游"等字残碑的上

东汉 贤良方正残石

段，故金石家将二石合称为"汉子游残碑"，并列为"安阳残石四种"之一。碑缺题额，不知碑主之姓。上、下两段碑铭，记子游以贤良方正举荐于朝及广延术士之事迹。这里介绍的贤良方正残石，据载由姚贵昉购入天津，残石中部有一道纵向裂痕，碑文隶书 12 行，存 93 字，有 3 字损泐不可识。刊刻时间当如碑文所载为汉安帝元初二年，即公元 115 年。碑刻隶字古朴，结体凝整，用笔含方蓄圆，拙中蕴秀，富于变化。康有为在《广艺舟双楫》一书中对此碑隶书评价甚高，谓"有拙厚之形，而气态浓深，笔颜而骏，殆《张黑女碑》所从出也"。

北朝 沧州重合人赵文玉妻郑丰姒墓砖铭

铭为砖质。长 0.29 米，宽 0.14 米，厚 0.06 米。铭文 3 行，每行 3～12 字不等。正书。周边略有残损。北齐天保八年（557）八月二十九日葬。2006 年天津市武清区泗村店镇齐村遗址出土。是天津市目前仅见的出土砖铭。

北朝 沧州重合人赵文玉妻郑丰姒墓砖铭拓片

金 宝坻区延庆寺功德记碑

高 1.78 米，宽 0.96 米，厚 0.22 米。周边缠枝花卉纹。首、座佚。碑文正书，题《大金宝坻县延庆寺功德记》，记述在辽代时，南仁垺村即是居住几千余户的大村落，村人孙士严倡修庙宇，始自辽圣宗、兴宗，历辽重熙、金天会、天德、正隆，直到大定年间，不断增修的经过。任夫泽撰。大定二十年（1180）四月立。原立宝坻区南仁垺村，现藏宝坻区文化馆。

金 宝坻区
延庆寺功德记碑拓片

元 蓟州御衣局记碑

高 0.83 米，宽 0.37 米，厚 0.21 米。碑额篆书横题"御衣局记"4 字。碑文正书，碑阳记述蓟州达鲁花赤涅斜，将寿州拜降人数内童男女 500 户迁移蓟州，教习刺绣等工艺，购置静安寺北库，创办御衣局的经过。邵权撰文。碑阴镌刻购置静安寺文契。碑阴左下部泐蚀剥落。大德八年（1304）九月立。现藏蓟县独乐寺。

元 蓟州御衣局记碑拓片

元　打捕鹰房总管府总管田公墓碑

高 0.93 米，宽 0.62 米，厚 0.15 米。碑文正书，题"王府位下管领平滦路等处打捕鹰房总管府总管田公之墓"一行。至元三年（1337）二月，承事郎丰润县尹孙男田茂立石。蓟县发现，辗转至宝坻区南苑庄村。

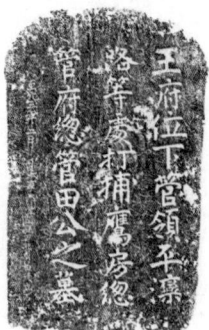

元　打捕鹰房总管府总管田公墓碑拓片

明　故明威将军天津左卫指挥佥事黄公（溥）暨配封恭人龚氏合葬墓志铭

志、盖均长 0.63 米，宽 0.63 米，厚 0.08 米。盖文 5 行，篆书 25 字。志文正书，志载黄溥世袭"指挥佥事，注天津左卫"，授明威将军，执掌天津卫印，修城治学，断争讼，"创造军器局房，督征屯田子粒"等生平。周边为单线框。志轻度泐蚀，志文略有残损。翁洪撰文，于桂书丹，谢珊篆盖。嘉靖二年（1523）闰四月九日葬。1954 年河西区浦口道与南京路交口处天津市煤建公司小楼外出土，现藏天津博物馆。

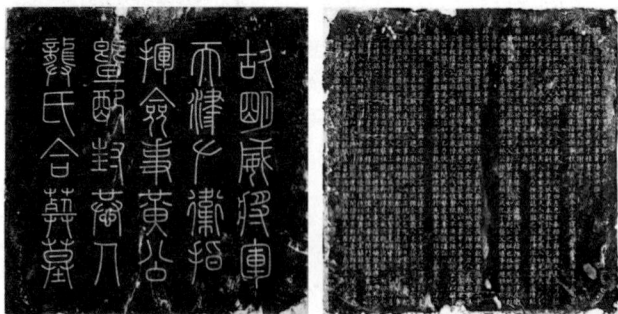

明　故明威将军天津左卫指挥佥事黄公（溥）暨配封恭人龚氏合葬墓志铭的拓片

明　重修天津三官庙记碑

高 2.44 米，宽 0.76 米，厚 0.2 米。螭首，额文篆书"重修天津三官庙碑" 8 字。碑文正书。周边花卉纹饰。记述"我朝成祖文皇帝入靖内难，圣驾尝由此济渡沧州，因赐名曰天津"，以及天津设卫建城、三官庙的始建和重修的经过。碑阴镌刻天津卫地方

明　重修天津三官庙记碑拓片

官员、学生、举人，以及众信士、助善人、比丘和工匠官阶与姓名 260 余个。王舜章撰文，倪云鹏书丹。嘉靖二十九年（1550）四月立。三官庙早年被毁，碑出土于庙宇原址，现藏天津博物馆。

明　兵部职方清吏司主事任天祚为故显考诰封承德郎兵部职方清吏司主事任公（铎）买地券

券长 0.41 米，宽 0.4 米。券文 17 行，满行 21 字。正书。周边为单线框。券文略有残损。买地券沿袭传统的格式书写。先是立券的年月日时，买地后嗣的姓名、墓主人姓名等内容、而后是标明墓地方位、四至，钱财的墓地交割；最后是道教咒语，并由年直符河魁之神、月直符登明之神、日直符天罡之神作为中保。万历三年（1575）四月十七日立。西青区小稍口村南出土，是目前天津市发现并保存的唯一一方买地券。

明　兵部职方清吏司主事任天祚为故显考诰封承德郎兵部职方清吏司主事任公（铎）买地券

明　重修崇寿寺记碑

通高 2.46 米。螭首，高 0.83 米，宽 0.97 米，厚 0.23 米。篆书"重修崇寿寺记" 6 字。碑身高 1.63 米，宽 0.89 米，厚 0.23 米。赑屃座。碑文正书，记载崇寿寺位于宝坻县南，因年久倾圮，于明隆庆四年（1570）重修，并追记勒石立碑的经过。袁黄（了凡）撰文，苑时葵篆额，刘邦谟书丹。万历二十年（1592）十二月立。现藏宝坻区双王寺村村委会。

明　重修崇寿寺记碑拓片

明　重修大觉寺碑记

高 1.46 米，宽 0.69 米，厚 0.2 米。首、座佚。底部边角及右侧中部略有残损。碑阴泐蚀严重，文字漫漶不清。碑文正书，题《重修大觉寺碑记》，记载在

宋庆历年间，大觉寺已为宝坻大观，与广济寺齐名。因受灾害，艰于修葺，"数百年胜迹竟摧残剥落"。明天启年间，由住僧河仑倡修的经过。碑阴镌刻宝坻官吏及信众姓名。张奇勋撰文，吴可愿篆额，薛之垣书丹。王时初镌刻。崇祯二年（1629）六月立。原立宝坻区渔阳镇中学。现藏宝坻区文化馆。

明《重修大觉寺碑记》拓片

清　导流济运碑

清　导流济运碑拓片

通高 4.68 米。螭首，高 1.24 米，宽 1.2 米，厚 0.55 米，篆书"御笔" 2 字。碑身高 2.54 米，宽 1.09 米，厚 0.45 米。碑阳正书，镌刻清圣祖（康熙）题写"导流济运"榜书 4 大字，上有"康熙御笔之宝"印章一枚。碑阴正书，记载牛钮等奉旨修筑堤坝的经过及承修官员名录。周边浮雕龙纹。赑屃座，高 1.2 米，宽 1.15 米，长 2.56 米。康熙四十九年（1710）四月十二日立，五十九年（1720）重修。立碑人牛钮、孔古礼。承修官喻成龙、庸爱、朝奇、觉罗巴哈布、巴图善。原立于武清区徐官屯镇筐儿港八空闸疗养院，修有碑亭。现藏武清博物馆。

清　杨村天齐庙碑记

通高 1.64 米。方首，高 0.49 米，宽 0.64 米，厚 0.21 米。碑额正书"万古流芳"4 字。雕刻云石纹饰。碑首左上边略残。碑身高 1.15 米，宽 0.62 米，厚 0.19 米。周边缠枝花卉纹。碑身局部残损。座佚。清嘉庆十九年（1814）三月立。碑文正书，记述杨村天齐庙住持僧源福、三义庙僧履中和村民王慎修，历 14 年共举重修庙宇的经过。候选知县王世昌撰文，生员贾宗翰书。现藏武清博物馆。

清《杨村天齐庙碑记》拓片

清　建立曾国藩专祠碑记

高 2.16 米，宽 0.87 米，厚 0.25 米。碑文正书，文字略有漫漶。周边云纹。右侧及右下角残缺。首、座佚。碑文记述曾国藩主政直隶期间，治河、练兵、饬吏、清讼狱、减徭役、劝农桑等功绩，以及天津道丁寿昌、天津府知府马绳武奏请恳建曾国藩专祠，并朱批照准的经过。天津河间兵备道丁寿昌、天津府知府马绳武、天津县知县任尔会同立。清同治十三年（1874）九月立。原立曾公祠内（红桥区南运河北路），现藏红桥区吕祖堂义和团纪念馆。

清　建立曾国藩专祠碑记的拓片

清　怀庆会馆重修记略碑

高 0.45 米，宽 0.95 米，周边雕刻回纹。碑文正书，题《怀庆会馆重修记略》，记述怀庆药商于天津贸易，购置曲店街公所一处，作为怀庆同乡公所并重修的经过。光绪元年（1875）九月嵌于怀庆会馆墙壁（红桥区小伙巷曲店街 26 号），现藏红桥区吕祖堂义和团纪念馆。

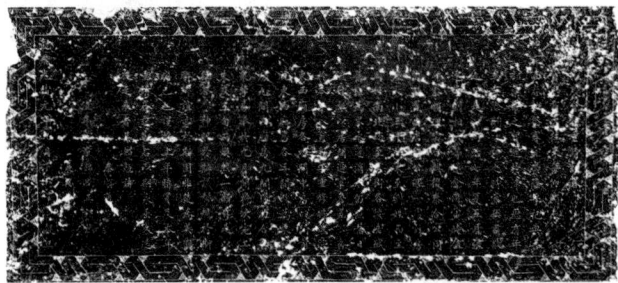

清　怀庆会馆重修记略碑拓片

清　重修河神庙碑

高 1.27 米，宽 0.71 米，厚 0.23 米。碑阳上部及两侧雕刻缠枝花卉纹，底边山石纹饰。碑阴周边雕刻回纹。首、座佚。清光绪十五年（1889）九月立。碑文正书，记述当时的北运河"两岸民生凋敝特甚"，"及谒河神庙宇，又极颓败"的情形，重修河神庙起因和经过，以及皇上御书"流安岁稔"的

清　重修河神庙碑拓片

史实。张恩霈撰文并书丹。碑阴镌刻捐廉及监修人官阶与名讳。此碑是目前天津市域发现并保留下来的唯一一通记载有关河神庙的碑刻实物。发现于武清区河西务，现藏武清博物馆。

清 钦差大臣太子太傅文华殿大学士兵部尚书直隶总督部堂一等肃毅伯李公德政碑

高 1.62 米，宽 0.57 米，厚 0.22 米。碑文正书。碑面磨损，文字略有漫漶。首、座佚。碑文记载清同治四年（1865），军粮城西开渠三道，分地成排，招募农民种植稻田纳捐。后因累年河溢沙淤，饱受碱碛之困。歌颂李鸿章开新河，疏浚河渠，蠲免钱粮，发帑赈抚的功绩。光绪十一年（1885）正月天津城东排地户等同立。现藏东丽区文广局。

清 钦差大臣太子太傅文华殿大学士兵部尚书直隶总督部堂一等肃毅伯李公德政碑拓片

清 新开卫津河碑记

清 《新开卫津河碑记》拓片

碑残，仅存上半部，残高 1.16 米，宽 0.73 米。周边雕刻缠枝葫芦纹。光绪十八年（1892）十一月立。碑文正书，叙述光绪十六年（1890）夏，淫雨为虐，运河溃溢之水建瓴而注，统领北洋淮军盛营，驻防新农镇的周盛传兄弟开拓"卫津"河渠，修建桥梁水闸的过程。陈泽霖撰文，华学澜书丹。发现于津南区原南洋镇南洋村南，现藏津南区咸水沽镇镇政府。

清 大直沽粮乱记碑

高 1.55 米，宽 0.63 米。方首，额题"阖乡公建"4字。碑文正书，记载庚子年（1900）夏，八国联军和租界军入大直沽村纵火掠夺，被杀死或死于逃难者多达数千人。后在村人王聘三等人的召集下，禀请设立巡捕，成立洋枪队保护村庄，重建家园的经过。碑阴镌刻绅董、首事人等名录。周边回纹纹饰。座佚。光绪二十九年（1903）五月立。原立河东区大直沽观音堂，现藏天津博物馆。

清 大直沽粮乱记碑拓片

清乾隆 缂丝《明皇试马图》轴

纵 93.5 厘米，横 41.9 厘米。此件为绢本质地，兰青地设色，以缂丝摹拟韩干《明皇试马图》。画面上半部有缂金色清高宗（乾隆）御题行书 11 行，"我曾见赵霖六马传，贞观立石像，人人拔箭。数骑尝寇陷阵中，凛凛英风千载羡……"。落款"戊子（巳）新春月御题"。中部缂拟宋徽宗瘦金题名及清高宗（乾隆）御题"子子孙孙，永保鉴之"，以及内府鉴藏印文二十方。御题大意为唐代开创江山是何等的英雄，守江山又是何等的软弱，令人感叹不已。追思古人，要子孙引为借鉴。画面为唐明皇骑着一匹骏马，侍从在前面开道，监牧官牵着马的缰绳，明皇准备亲自试马的情景。画面缂工精细工整，人物栩栩如生，形象逼真，色彩淡雅，当系清乾隆时期的经典之作。

清乾隆 缂丝《明皇试马图》轴

缂丝《明皇试马图》不仅是一件

传世的艺术精品，而且是研究唐代韩干艺术成就的重要参考资料。1954年徐世章后人将其捐赠给国家。现藏天津博物馆。

高的艺术水平。清康熙、雍正、乾隆年间雕刻名家辈出，如杨璇、尚均，都是当时刻石名手，所刻精品多为宫廷收存。该像为尚均刻石精品，现藏天津博物馆。

清　缂丝《贡獒图》轴

纵125.2厘米，横58.5厘米。此件作品为绢本立轴，设色缂丝。画面上亭台中有一袒胸披氅的人物坐于榻上，身后立一山水屏风，榻上方有帷幔，下有脚踏，陈设布置均较为华丽。台阶下有一番人牵一蓝色獒兽，另一赤脚番人正为獒兽披挂璎珞。画面整体色彩庄重，做工精细，既汲取了元代画作的元素，又辅以清代的装饰风格，展现出了与众不同的西域风情。其不仅具有极高的艺术性和观赏性，且对研究古代家具及服饰有一定的参考作用，可谓是一件清代缂丝的精品之作。现藏天津博物馆。

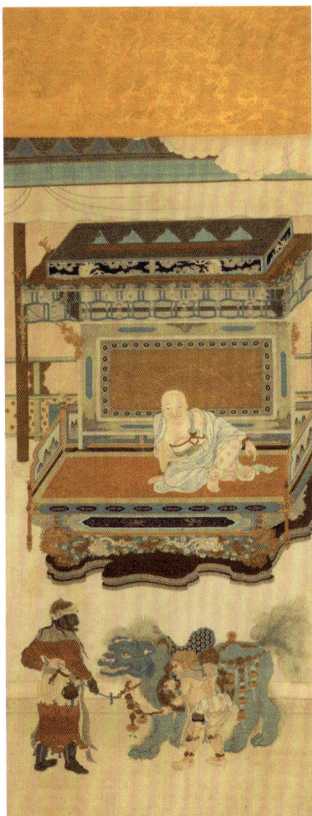
清　缂丝《贡獒图》轴

清　尚均款寿山石弥勒像

高6.6厘米，宽9.58厘米。此件弥勒像，呈盘坐式，面带微笑，左手扶膝，右手挽串珠，头部雕刻有细细的发丝，衣服上刻有龙凤及

清　尚均款寿山石弥勒像

勾莲纹，雕刻精细。作者抓住了人物的体态及容貌特征，形象生动。弥勒像背部阴刻隶书"尚均"款，确为尚均精品，弥足珍贵。

寿山石雕，因其所用石材产于福建福州市郊寿山而得名。历史悠久，早在南朝就有以寿山石雕作明器出现，到了明清时期，寿山石雕刻十分兴盛，且达到较

清　汪洙刻白寿山石山子

高13.3厘米，长21.2厘米，宽8厘米。此作品由一块白寿山石依势雕成。前山巅出峰三座，山坳处雕精舍两重，枕双峰而设。山左缘级而上有瓦舍三层，形式各异，半掩门扉。树木重叠处，一湾溪水倾泻而下穿过一座木桥，桥边一老翁持扇闲坐，肘下压书两函。山右有竹楼矗立于深潭边，旁藏一茅舍通向山后。后山院落整齐，山石嶙峋。山背左下角镌一方形小印，上有朱文汉篆"汪洙"二字。整座石山造型优美，意境深邃，巧夺天工，是寿山石雕中的杰出作品。汪洙，清乾隆时期民间艺人，精于雕刻，作品秀润生动，雕工精细。现藏天津博物馆。

清　汪洙刻白寿山石山子

南宋　玉壶冰琴

长123.9厘米，肩宽22厘米，尾宽15.1厘米。此琴为递钟式，鹿角灰胎，外髹朱漆，通身有蛇腹纹及冰断纹，蚌徽。琴为无角圆

南宋　玉壶冰琴

头，直项垂肩至三徽，腰作小型内收半月形，琴面弧度较平。龙池凤沼均为长方形，龙池内有"金远制"款，池上刻草书"玉壶冰"铭，其下刻篆文"绍兴"（南宋高宗赵构年号）印。玉壶冰琴属金远一派的斫琴风格，该琴体薄且轻，是传世南宋琴中的精品。

古琴，亦称"瑶琴""玉琴""七弦琴"，为中国最古老的弹拨乐器之一，在春秋时期就已盛行，有文字可考的历史有4000余年，据《史记》载，琴的出现不晚于尧舜时期。古琴以其历史悠久、文献浩瀚、内涵丰富和影响深远为世人所珍视，湖北曾侯乙墓出

土的实物距今有 2400 余年。历代都有古琴精品传世，此件南宋玉壶冰琴即为其一。现藏天津博物馆。

明 潢南道人制益藩琴

明 潢南道人制益藩琴

长 124.2 厘米，肩宽 19 厘米，尾宽 13.2 厘米。明代宗室造琴甚多，《琴学丛书》中载："明宁、衡、益、潞四王皆斫琴，潞琴最多，益次之，宁、衡最少。"益藩王自明嘉靖、隆庆至万历间，数代斫琴，量多且精，潢南道人即朱翊鈏。

"益藩琴"是传世的明琴之一。此件腹款署"益国潢南道人"。为仲尼式造型，琴形制修长，作平首，腰作小型内收半月形，宽肩与内收狭尾，为桐木所制，鹿角灰漆胎，髹以黑漆，琴面有蛇腹断纹，7 弦，13 个蚌徽（是古琴上弹奏泛音时的位置标志）。琴背有 7 个白玉琴轸，2 个木质雁足（调节琴弦松紧，控制音高的附件）。龙池凤沼均为长方形，即出音孔。龙池上方刻行书"玉韵"；两侧刻行书"圆润静芳铿玉韵""翁纯皦绎契韶音"；下方有圆形款一方刻篆文"益藩雅制"，及一方形款刻篆文"存诚养德"；龙池内腹款"大明万历七年岁次己卯孟冬之吉，益国潢南道人获古桐材雅制"。凤沼腹款："南昌琴士涂桂命按式监斫"。现藏天津博物馆。

清 乾隆景泰蓝"万寿无疆"碗

口径 16.6 厘米，高 4.9 厘米。外壁饰以缠枝莲纹样，并有"万""寿""无""疆"4 字，口沿处饰以一圈变形夔龙纹，底部刻有"子孙永保"四字吉语。

所谓"景泰蓝"，即是"铜胎掐丝珐琅器"，仅于这一点而言，其制造工艺当属舶来品无疑。然

清 乾隆景泰蓝"万寿无疆"碗

历经数百年的工艺积淀，加之与中华传统工艺的融会贯通，其早已达到了"青出于蓝而胜于蓝"的审美境界，成为中华传统文化中一颗璀璨的明珠。

清代中期，国力强盛，这一时期的景泰蓝的制作工艺与前朝相较，早已取得了长足的进步。总体风格大致可概括为"圆润坚实，细腻工整，金碧辉煌，繁花似锦"。此件器物便为其代表：胎身极其厚重，金色圆润，纹饰细腻，色彩艳丽，当属一件手工艺品的上佳之作。现藏天津博物馆。

清 景泰蓝印盒

直径 6 厘米，高 3.2 厘米。通体天蓝色，饰以缠枝花卉，小圈足，底有"乾隆年制"4 字款识。整件器物器型不大，既有宫廷御用器的奢华之美又兼具文房用具的玲珑小巧，实属难得。

这一时期的宫廷做掐丝珐琅器，多是胎体厚重，纹饰繁缛且色彩绚丽，此件器物便是其一：胎体厚重却形制规范，工艺无可挑剔；纹饰线条流畅，极尽细腻工巧；料彩配制亦是各色纷呈；手工打磨更是精细圆润，镀金更是熠熠生辉。可谓是集工艺、美术、雕刻、镶嵌、冶金、绘画等诸多艺术典范于一身，极具鲜明的民族工艺特色。现藏天津博物馆。

清 景泰蓝印盒

第二章 近现代文物

天津作为近现代发展起来的沿海城市，在政治、经济、文化、教育、卫生、科技等领域引领风气之先；许多重大历史事件、重大变革发生在天津；诸多著名人物也曾在天津活动过。天津历来重视反映近现代历史史实的文物文献、历史照片，以及反映民俗、民间艺术等方面的实物资料。这些馆藏构成了天津的博物馆、纪念馆馆藏的一大特色。

第一节 文献与实物

一、文献

清乾隆四十三年 章学诚殿试卷

一折，纵48.1厘米，横13.3厘米。章学诚，字实斋，浙江绍兴府会稽人，乾隆四十三年（1778）39岁由举人应戊戌科会试中试，应殿试得二甲五十一名。该殿试卷墨笔手书，共13开。卷首开具个人科举履历及所习经书等，后为8开殿试对策。郑孝胥、苏曼殊、沈曾植等15人，于清末民初鉴赏该试卷时，在卷后签字钤章。1921年刘承干得此卷"敬读"，时正编辑章学诚文集，于卷后留下一段阐述章学诚学术思想精华的文字。

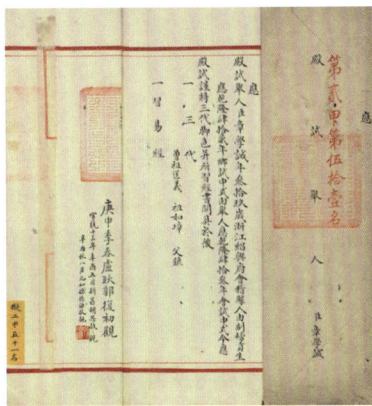

清乾隆四十三年 章学诚殿试卷

清 陈伦炯绘《沿海全图》卷

清 陈伦炯绘《沿海全图》卷（局部）

纵30.6厘米，横948厘米。作者陈伦炯，福建同安人，雍正初年台湾总兵。图卷纸本设色，分为四海总图、沿海全图、澎湖图、台湾图、台湾后山图、琼州府图六类。长洲（今苏州）彭启丰序，作者自跋。卷后有"长洲""清苑王氏藏书画印"两枚朱印。题跋中详尽记述了我国海岸线及附近岛屿情况，特别注明了具有战略意义的地形、航船停泊避风地点。

清乾隆 《漕运图》卷

纵57厘米，横746厘米。绘制于乾隆年间疏浚漕运河道后，绢本设色，右起北京，左至杭州。以写实的手法详尽

清乾隆 《漕运图》卷（局部）

描绘了以运河为中心，用于漕运的各个水道（大运河、黄河、淮河、长江、各大湖泊）及两岸风物，漕运水道各闸口、各河工地段均有明确标识，尤以里下河处最为细致。漕运沿途所经州、府、县、镇之间的距离均用里数标明，以推算漕船到达日期。

清咸丰十年至同治元年 奕䜣致奕譞函

27通。光绪丙子孟冬退潜居士题笺"六兄赐函"。信函是清咸丰十年（1860）至同治元年（1862）奕䜣写给七弟奕譞的。咸丰十年，英法联军侵入北京，奕譞随皇帝避居承德。恭亲王奕䜣留守京师，任全权大臣与

英法联军周旋。信中反映了英法联军占领下的京城情况，讨论了清文宗（咸丰）病况，通报陵工进展速度。这些信的落款除**"訢"**外，尚有"乐道兄""宝光道人""葆光道兄""鉴园兄"几种。是研究第二次鸦片战争和"祺祥政变"的重要史料。

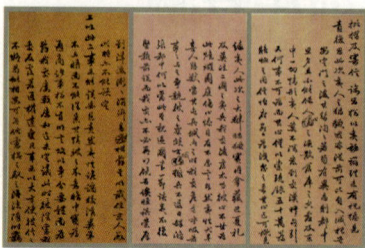
清咸丰十年至同治元年
奕訢致奕譞函

清光绪　大沽炮台军事布防图

纵 67 厘米，横 92 厘米。绘于清光绪年间，纸本设色。南岸有"威""镇""海"三座主炮台，北岸有"门""高"两座主炮台。南岸营盘内的水雷直镜房、斜镜房、电钟房等设施，表明水雷营已创办成功。图中还详细标出河口内外拦港沙、暗沙线、红表、黑表及河道内防御设施的具体位置，同时还用文字说明河口宽度、涨潮落潮时水深。图中尚有 25 处"贴说"，注明领兵将领、驻防兵种、人数和武器配备情况。

清光绪　大沽炮台军事布防图

清光绪年间　《直隶海防各营及朝鲜旅顺金州防营月饷数目图说》

一折，展开纵 64.2 厘米，横 109 厘米。该图绘于光绪年间，纸本设色，黄绫托裱。上南下北，红线画成经纬方格，每方百里。有"贴说"21 处，上注明将领、兵种、人数、武器装备、每月饷银及何处拨发等项内

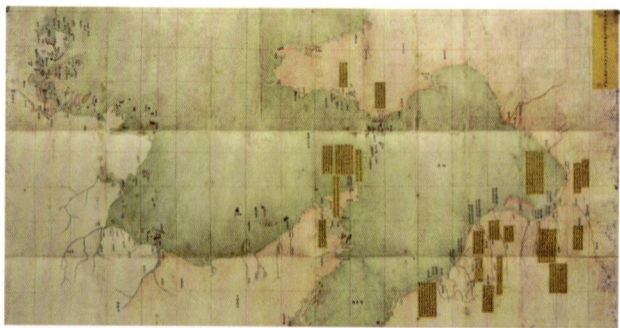
清光绪年间　《直隶海防各营及朝鲜旅顺金州防营月饷数目图说》

容，贴于驻扎地点。据统计，海防营每月共需饷银 25 万 4800 两，由海防支应局、淮军行营银钱所、保定练饷局、北洋会办支应局、河南粮台等处拨发。图中还有一些其他信息，如各河入海处均有涨潮时河道宽度及深度的文字说明。此图又是一幅海防军事地图。

清光绪三年　英翰西行日记

一折，纵 32.4 厘米，横 18.2 厘米。墨笔手书于蓝竖条格纸内，后裁开贴裱，共 45 开。此为英翰（字西林）赴任乌鲁木齐都统途中所记，为其亲笔所书，原题为"西路记程单"。起清光绪三年（1877）正月廿日，迄八月初五。主要为天气、行程路线、驿站应酬、沿途自然风光、观赏名胜古迹等情况的记录。"记程单"前有手书"召见问答"一份，记录英翰赴两广总督任前，受慈禧太后召见的对话内容；"记程单"后附英翰绝笔七言诗一首。

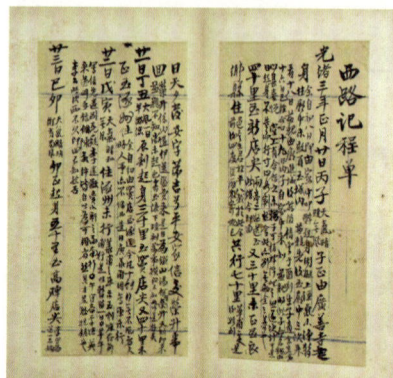
清光绪三年　英翰西行日记

清光绪十二年至 1927 年　华世奎日记

28 本。华世奎，号璧臣，1885 年拔贡，1893 年中举，1902 年入仕。清帝退位后隐居津门，始终效忠皇室。与津域名流士子、官场要员交往密切，参与地方教育及公益事业，是津门四大书法家之一。日记多以干支纪年，最早为丙戌年（1886），最晚为丁卯年（1927）。另外尚有以专题笔记命名的，如《粤游笔记》《丙甲随笔》《曲江日记》等。日记记录其日常生活、交往、办差、游历以及一些重大历史事件。

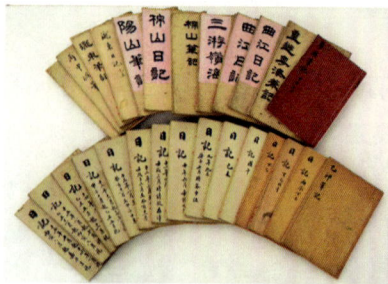
清光绪十二年至 1927 年　华世奎日记

清光绪二十七年　荫昌出使德国荷兰敕谕

纵 64 厘米，横 116 厘米。该敕谕为纸质，四周饰以红色蟠龙戏珠纹，墨笔手书，钤"敕命之宝"朱文印信。光绪二十七年（1901），清政府任命侍郎衔、正白旗汉军副都统荫昌为"钦差大臣、出使德国荷国大臣"。清帝于八月二十日发下敕谕，告诫他慎重从事，以讲信修睦为首务，并随时随事设法保护和约束在德荷两国从事贸易或居住的华人。

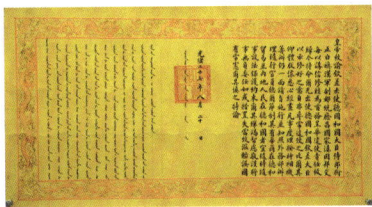

清光绪二十七年　荫昌出使德国荷兰敕谕

清光绪三十四年　秋操报告

纵 28.3 厘米，横 18.7 厘米。呈于光绪三十四年（1908），墨笔手写，用纸为东三省教练处红线竖格纸。报告分为图表和文字两种形式，

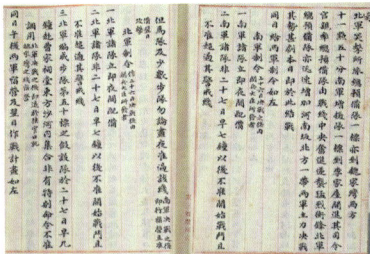

清光绪三十四年　秋操报告

主要为阅兵处编制表、大操前陆军部发给南北两军训令、演习实施。后附此次演习的总方略、两军战斗序列、特别方略及演战实记等。此外尚有演习预定计划图和演习实施图。这次秋操由荫端任阅兵大臣，张彪为南军统制官，徐绍桢为北军统制官。演习时间为 10 月 25—27 日，演习地点在安徽太湖县观音寺附近。

1912 年　孙文致章太炎函

纵 29.3 厘米，横 32 厘米。墨笔手书，为红框竖条中华民国总统府普通用纸。中华民国成立后，章太炎被孙文聘为枢密顾问。1912 年 3 月 31 日，孙文在民国大总统任内最后一天，致函感谢章太炎"荷先生不弃，肯为政府顾问……文兹解职，谨倩溥全兄（张继）赍致顾问薪金三千元"。信后有孙文亲笔签名。

1912 年　大总统孙文致章太炎函

1913 年　袁世凯当选民国正式大总统证书

纵 46.6 厘米，横 56.7 厘米。1913 年 10 月 6 日，袁世凯当选为中华民国正式大总统。该证书由总统选举会签发，钤"总统选举会之章"朱印。上书"兹依大总统选举法选举袁世凯为中华民国大总统"。影印收于《北洋军阀史料·袁世凯卷》。

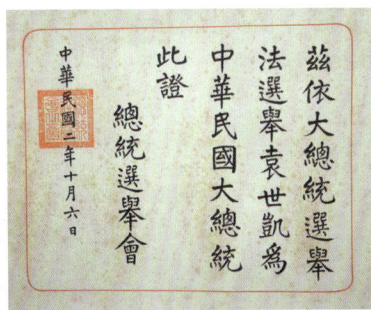

1913 年　袁世凯当选民国正式大总统证书

1914 年　巴拿马赛会直隶出品展览会临时日报

纵 46 厘米，横 37.2 厘米。1914 年 6 月，直隶为参加在美国旧金山举办的巴拿马万国博览会，在天津河北公园举办了一次预展会。为配合宣传，展览会特别出版一份临时日报，自 6 月 14 日至 7 月 24 日，每天一张，公开出售，每份铜圆 5 枚。临时日报以与社会各界交流沟通意见为宗旨，特设 14 个栏目，分别为"馆内纪事、馆外纪事、社会评判、外宾评判、演说速记、出品说明、将来希望、余兴小录、冷眼观、答客问、谐谭、寓言、触今感古、竹头木屑"。

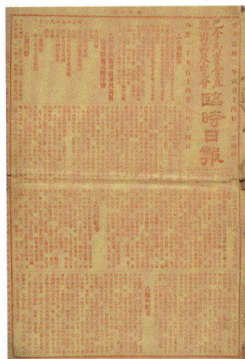

1914 年　巴拿马赛会直隶出品展览会临时日报

1914 年　《约法会议记录》

一函七册，纵 29.5 厘米，横 18.1 厘米。主要内容为 1914 年约法会议制定和通过新约法的文件记录。其中，第三部分是重要法案讨论经过和最终条款，分别为《约法会议议事规则》《中华民国约法》《参议院组织法》《审计院编制法》《立法院组织法》《大总统选举法》《国民会议组织法》。

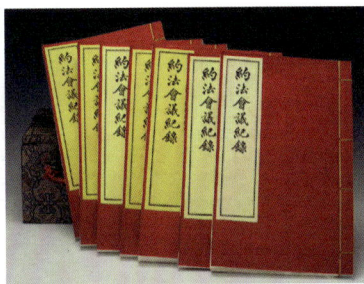

1914 年　《约法会议记录》

1915 年　天津同升号泥人张获巴拿马博览会金质奖状

纵 47.8 厘米，横 60.5 厘米。1915 年，天津同升号泥人张参加美国旧金山举办的巴拿马万国博览会，展品获金质奖状。中上方为英文"美利坚合众国庆贺巴拿马运河开通，巴拿马太平洋国际博览会授予'中国，直隶，天津，泥人张，陶制玩具及艺人陶人'优等奖章"等字样。

1915 年　天津同升号泥人张获巴拿马博览会金质奖状

1915 年　袁世凯朱批"二十一条"汉译文本

一册，纵 28.4 厘米，横 16.8 厘米。为民国总统袁世凯于 1915 年 4 月 26 日至 5 月 7 日之间批改的"二十一条""二十四款""觉书"（最后通牒）"觉书附说明""答觉书附说明"等中日交涉文件的汉译文本。墨笔抄写在红竖条格稿纸上，稿纸版框左下方有"第四号 × 稿"的字样，两页装订线之间用中文大写数目字编号，盖有红色骑缝章，为阳文"恕其乎"。袁世凯用朱笔在以上文件上眉批、旁注、圈点、勾画，标注各种记号，表达其个人意见。另外在"觉书"上有大段墨笔批示。

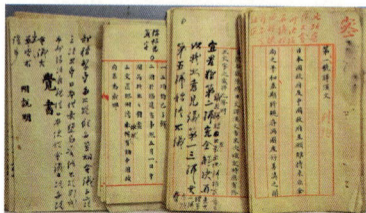

1915 年　袁世凯朱批"二十一条"汉译文本

1915 年　梁启超劝阻袁世凯称帝函

一通五页，纵 23.2 厘米，横 12.5 厘米。该函为梅红信笺，墨笔，1915 年 10 月 7 日写于天津，通过邮电局发往北京大总统府。梁启超以讨论国体的方式"苦辞力谏"，规劝袁世凯放弃帝制。首先，询问是否收到《异哉，所谓国体问题者！》一文并解释写作动因；其

1915 年　梁启超劝阻袁世凯称帝函

次，进一步阐述"国本的安危不系于国体，而系于政象"的政治观点；最后，表达自己"忧国之诚，末由自制"的急切心情。是梁启超反对复辟帝制的历史佐证。

1916 年　梁启超致龙济光函

纵 24.8 厘米，横 15.4 厘米。1915 年 12 月护国运动在云南爆发，1916 年 1 月 18 日，梁启超在上海亲笔致函广东都督龙济光，劝说、争取他响应护国运动。在这封信里，梁启超从国家命运、粤省民众、龙氏个人前途等方面，劝告他不要贪图功名利禄而"附逆"，态度十分诚恳。

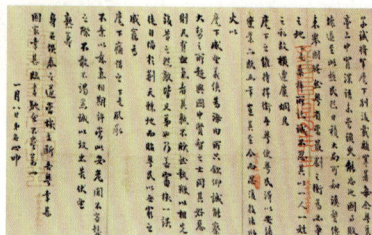

1916 年　梁启超致龙济光函

1916 年　天津边守靖等人召集公民大会的通知

纵 27.5 厘米，横 20.8 厘米。1916 年 10 月 20 日，驻天津的法国领事亲率法国巡捕，强行霸占觊觎已久的海光寺洼一带，并私自拘留华警。为保卫领土维护国权，10 月 25 日下午 1 时，边守靖、王秉吉、卞荫昌、孙凤藻等 1642 人共同发起，在荣业大街大舞台召开公民大会。本批通知为油印件，一式十一份，是发给各女子小学的。

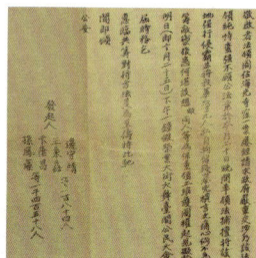

1916 年　天津边守靖等人召集公民大会的通知

1917 年　孙文聘吴景濂为大元帅府顾问的信函

一通两页，纵 25.8 厘米，横 17.4 厘米。1917 年 9 月 10 日中华民国军政府成立，孙文为大元帅。9 月 13 日，孙文致函吴景濂"军府初置，万务纷纭，文以浅薄谬膺艰巨，任重力微……执事迈德重望，海内瞻依，时艰方殷，尤待劻勷，特聘为大元帅府高等顾问。"用"大

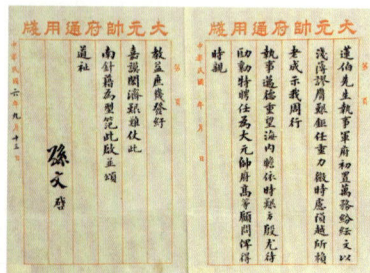

1917 年　孙文聘吴景濂为大元帅府顾问的信函

元帅府通用笺"红竖条信纸，孙文亲笔签名。吴景濂，字莲伯，曾任北洋政府参议院议长，1916 年 3 月率部分国民党议员南下反袁（世凯），时任广州非常国会议长。

1919 年　五四运动时天津商会致北洋政府"蒸电"电稿

　　纵 26 厘米，横 38.4 厘米。五四运动中，天津商会配合各界行动，6 月 9 日开始罢市。6 月 10 日午后，会长叶兰舫、副会长卞月庭签署"蒸电"，告知政府"息于津埠之劳动者数十万众，现已发生不稳之象。倘牵延不决演成实事，其危厄之局，痛苦有过于罢市"，敦促政府"俯顺舆情，急以明令并惩曹陆章及保护学生以谢国人"。

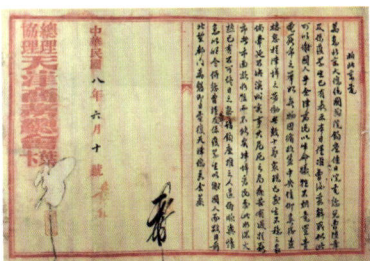

1919 年　五四运动时天津商会致北洋政府"蒸电"电稿

章炳麟题记之黄兴信札

　　纵 19.1 厘米，横 12.8 厘米。黄兴复景瞻兄信函，左下角钤"襄阳周氏珍藏"朱文。内容一为感谢代拟稿件更正法纪维持会人名，二为请求传递北京消息。章炳麟题记，书"此克强手札也，字亦不俗。今乃不可多得矣。然计其年尤小余四岁"。后钤"章炳麟"朱印。

章炳麟题记之黄兴信札

1925 年　华氏宗谱

　　一函十二册，纵 30.1 厘米，横 18.2 厘米。1925 年刊印，函套上为华世奎题字"通四晴云支华氏宗谱"。华保真、华云阶担任采访事宜，华世堂编并序。14 卷，卷一上为祠图记，卷一中为墓图记、今律图，卷

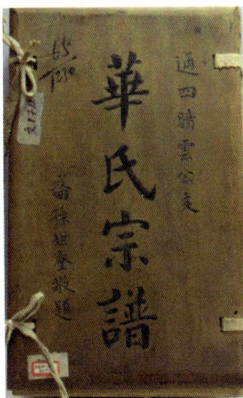

1925 年　华氏宗谱

一下为传芳集，卷二世表西房派，卷三世表后房派，卷四世表南房派，卷五世表东房派，卷六至卷九世表东房派一至四，卷十世表姚墅派，卷十一世表天津派，卷十二世表金汇塘派，卷十三世表中桥派，末卷世表备考。对华氏一族源流考证较为系统。另有一册《华氏晴云派天津支宗谱》，宣统元年（1909）续辑，为天津分支单行谱。

1935 年　何应钦致程克函

　　一通两页，纵 30 厘米，横 20.2 厘米。1935 年，国民政府为适应日方"华北政权特殊化"的要求，成立"冀察政务委员会"。程克（字仲渔）为该会委员。12 月 12 日，何应钦南旋时亲笔函示程克"先生才华典瞻，声望崇隆，素为中央所钦佩。国事艰危至此，端赖群贤共策匡济"，敦促其积极配合，早日就职。信用红竖条"军政部用笺"，由专人送至程克在北平的寓所。

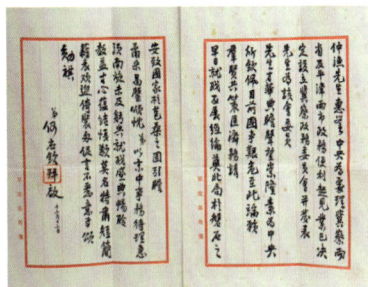

1935 年　何应钦致程克函

　　本目记述 24 件近现代文献均藏于天津博物馆。

二、实物

北洋水师大沽船坞制造并使用的水泵

　　高 172 厘米，长 156 厘米，厚 102 厘米。该水泵为卧式离心泵，用生铁和熟铁混合制成，主要由泵壳、叶轮和转轴三大部分组成。水泵的侧面铸有单行阳文"北洋水师船坞制造"字样。该水泵是当时国内最先进的通用机械之一，代表了 19 世纪 80 年代天津铸造机械工业的工艺水平，是研究天津近代修造船业和机械制造业的重要实物资料。

北洋水师大沽船坞制造并使用的水泵

天津机器局制造的火枪

枪长214厘米，重约13.9千克。此枪是目前仅存的有确切纪年的天津机器局南局的产品，比现代步枪重几倍，枪管内径1.6厘米，射程1000～2000米，比现代步枪射程远，枪上有来复线（枪管内膛线）。在枪管上部标尺后方刻有"光绪丙申年天津南局造"字样，清光绪丙申年为1896年。该枪使用的时候，需要二人同时操作，一人在前，把枪身前部扛在肩上，另一人在后把握枪托，扣动扳机，射出子弹，俗称"二人抬"火枪。

天津机器局制造的火枪

1901年美国芝加哥生产的电话机

长25厘米，宽24厘米，高65厘米。1879年，美国人贝尔（1847—1922）发明电话后的第三年，轮船招商局在天津大沽码头与紫竹林货栈之间架设了中国第一条电话线。此为1901年美国芝加哥生产的电话机。

1901年美国芝加哥生产的电话机

英商隆茂洋行打包厂打包机上的电动机

长220厘米，宽110厘米，高133厘米。直接服务于对外贸易的打包行业是天津最早的外资企业之一。1888年英商隆茂洋行打包厂在天津海大道（今大沽路）建立，后规模逐渐扩大。此为1920年该厂购置的打包机上的电动机。

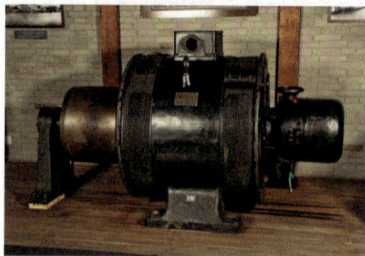

英商隆茂洋行打包厂打包机上的电动机

日本水泵和电机

水泵高约2.85米，长约2.85米，宽约2.45米。电机长约2米，宽约1.7米，高约1.8米。水泵与电机共重约10吨。

2005年9月，为配合海河综合治理，实施北安桥抬升改造工程，北安桥泵站被拆除，5号水泵也同时拆除。该水泵为1935年日本制造，由水泵与电机两部分组成，其中水泵由东京荏原制作所制造，电机由三菱公司制造。从1935年至2005年，该套设备使用了70年。

日本水泵和电机

为保护具有天津特色的近代工业文明的遗物，努力处理好城市建设与文化遗产保护的关系，天津市排水管理处将这组文物赠给天津博物馆永久保存。

丰田织布机

长224厘米，宽148厘米，高125厘米。1937年5月，日商上海裕丰纺织株式会社天津工场第一厂开工。拥有纱锭10万枚、布机2028台，是当时天津最大的纺织厂。此为该厂使用过的丰田织布机。

丰田织布机

天津三条石工业区生产的轧花机

长110厘米，宽85厘米，高102厘米。1860年前后，"秦记铁铺"在三条石地区落户，主要生产铸锅，是三条石第一家铁业作坊。到20世纪上半叶，以铸铁、机器制造为主导的三条石工业区逐渐形成。此为三条石工业区生产的轧花机。

天津三条石工业区生产的轧花机

美国产唱筒式留声机

长50厘米，宽30厘米，高40厘米。该留声机上标有金色"Edison"字样，在一小金属铭牌上标有"USA""Edison

美国产唱筒式留声机

Phonograph Company"及编号"SM—22655"字样。通过摇动手柄转动发条，为机器提供动力。该唱筒式留声机是珍贵的工业遗产。

本目收入 8 件近现代文物均藏于天津博物馆。

<h1 style="text-align:center">第二节　革命文物</h1>

皖南事变时期盛放过周恩来邓颖超重要纪念物的瓷盒

纵 11 厘米，横 11 厘米，高 4.4 厘米。这个小瓷盒是周恩来在日本留学期间购买的。1941 年皖南事变之后，邓颖超来到周恩来的化学老师伉乃如家，将这个瓷盒交给伉乃如。盒内装有斯大林奖给周恩来的勋章和邓颖超母亲杨振德生前留给邓颖超的手表。局势好转

后，邓颖超专程去伉乃如家，取走勋章和手表，将小瓷盒送给伉乃如留念。现藏于周恩来邓颖超纪念馆。

皖南事变时期盛放过周恩来邓颖超重要纪念物的瓷盒

1916 年天津南开学校敬业乐群会发起人周恩来、张瑞峰、常策欧合影

纵 13.7 厘米，横 9.7 厘米。周恩来、张瑞峰、常策欧于 1913 年 8 月均考入天津南开学校，他们志趣相投，经常在一起切磋学业，并于 1914 年 3 月 14 日组成敬业乐群会。该会活动内容丰富，是拥有学生最多的团体。张瑞峰任会长，常策欧任副会长，周恩来任智育部部长。此为 1916 年张瑞峰离开南开学校返乡前，三人在天津鼎章照相馆拍摄的合影，亦为迄今发现的唯一一张。周恩来还写了《送蓬仙兄返里有感》诗三首，表达了他们之间的友情与志向。现藏于周恩来邓颖超纪念馆。

1916 年天津南开学校敬业乐群会发起人周恩来、张瑞峰、常策欧合影

1919 年 8 月 9 日发行的《天津学生联合会报》

纵 54 厘米，横 38.5 厘米。1919 年五四运动爆发后，天津学界立即成立天津学生联合会，并发行《天津学生联合会报》。此为五四时期天津著名的报刊之一，创刊于 1919 年 7 月 21 日，周恩来任该报主编。其社论和主要文章大都由周恩来主笔。它及时反映广大群众反帝反封建的斗争情况，不但在天津广泛发行，而且行销全国各地，在社会上拥有很高的影响力。现藏于周恩来邓颖超纪念馆。

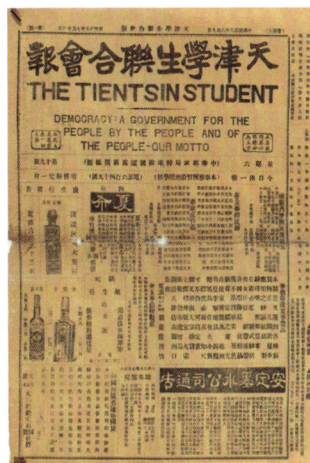

1919 年 8 月 9 日发行的《天津学生联合会报》

南开大学开学典礼合影

纵 21.7 厘米，横 29 厘米。1919 年 9 月 25 日南开大学举行首届开学典礼。首届共录取 96 人，周恩来、马骏都在其中。这是本次典礼上来宾、董事、教职员等与第一届同学的合影，现藏于周恩来邓颖超纪念馆。

南开大学开学典礼合影

1920 年为声援福州惨案，天津被捕的爱国代表公推周恩来为难友尚墨卿筹划并书写的生日礼物

纵 41.5 厘米，横 51 厘米。1920 年 1 月，因抵制日货，周恩来等多名爱国代表被捕。通过狱内外的斗争，拘押代表被由警厅送至检厅。被捕人员稍获自由便开展多种形式的活动。为对难友表示关怀，每逢难

友生日，被捕人员都要举行庆贺活动。4月18日是尚墨卿的20岁生日，周恩来受大家的委托筹划了一个镶有五色国旗的镜框作为生日礼物，并用毛笔亲自书写为尚墨卿庆祝生日的有关内容。现仅存镜芯，藏于周恩来邓颖超纪念馆。

1920年为声援福州惨案，天津被捕的爱国代表公推周恩来为难友尚墨卿筹划并书写的生日礼物

1920年为声援福州惨案，周恩来等天津被捕爱国代表出狱后合影

纵14.9厘米，横20.9厘米。1920年1月间在天津因抵制日货，周恩来等20余名爱国代表被捕，经过半年多的斗争，反动当局不得不予以释放。此为他们于7月17日胜利出狱后在天津总商会召开欢迎大会之后的合影，由天津鼎章照相馆拍摄。现藏于周恩来邓颖超纪念馆。

1920年为声援福州惨案，周恩来等天津被捕爱国代表出狱后合影

1920年周恩来赴欧勤工俭学前在津留影

纵9.6厘米，横4.5厘米。经过五四运动战斗锤炼的周恩来出狱后，经南开大学校董严范孙、校长张伯苓的推荐和严范孙奖学金的资助，赴欧留学。这张照片是周恩来在离津赴欧前所摄，赠给李愚如的，同时他还将此照送给许多挚友、战友们作为临别纪念，但因年代较久，保存下来的已寥寥无几。现藏于周恩来邓颖超纪念馆。

1920年周恩来赴欧勤工俭学前在津留影

为声援福州惨案，天津被捕爱国人士王墨林保存的周恩来编写的《警厅拘留记》

纵18.5厘米，横13厘米。1920年1月，周恩来等多名爱国代表因抵制日货被捕，他们被关押在警厅拘留所。同年5月开始，周恩来根据被拘代表所谈的情况，汇总编成《警厅拘留记》一书。11月临出国时，将书稿交给《新民意报》主编马千里。12月该书在报上连载，发表时马千里写了序。其单行本是之后由新民意报社印成发行的。现藏于周恩来邓颖超纪念馆。

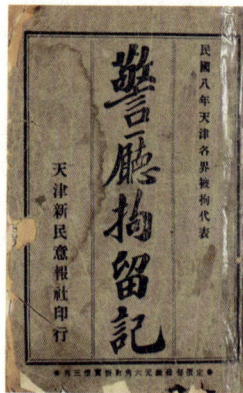

为声援福州惨案，天津被捕爱国人士王墨林保存的周恩来编写的《警厅拘留记》

周恩来邓颖超保存的《觉悟》杂志

纵23厘米，横15.5厘米。1919年五四运动爆发后，周恩来等学生运动的骨干为推动反帝爱国运动和新文化运动进一步发展，于同年9月16日成立觉悟社，并出版不定期刊物《觉悟》，由周恩来主编。1920年1月20日出版的第一期登载的《"觉悟"的宣言》和《觉悟》，是觉悟社两篇纲领性文章，是经全体社员集体讨论后，由周恩来执笔写成的。该刊仅出过一期，第二期未能编成付印。这册《觉悟》由周恩来、邓颖超保存在中南海西花厅，是反映五四运动时期天津青年爱国进步团体斗争情况的重要物证。现藏于周恩来邓颖超纪念馆。

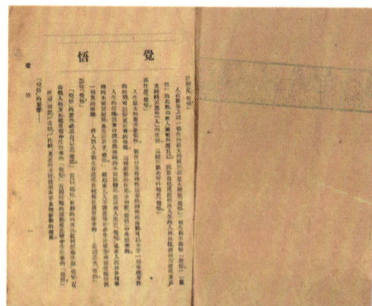

周恩来邓颖超保存的《觉悟》杂志

1920年8月天津觉悟社部分社员合影

纵4.1厘米，横6.1厘米。1919年9月16日，先进青年的革命团体、天津五四运动的领导核心——天津觉悟社成立，会后参加会议的十四人合影留念。前排从左至右依次为：谌志笃、薛撼岳、郑季清、周之廉、

邓颖超、刘清扬、李震瀛；后排从左至右依次为：谌伊勋、潘世纶、马骏、李锡锦、郭隆真、胡维宪、周恩来。现藏于周恩来邓颖超纪念馆。

1920年8月天津觉悟社部分社员合影

周恩来青年时代用过的铜笔架

宽2.3厘米，长20.2厘米，高2.3厘米。铜笔架的原收藏人常策欧是周恩来在南开学校的同学。在校时，两人经常一起到唐山耿家营常家小住，关系甚好。1920年周恩来赴欧勤工俭学，动身前夕将一些在南开学校时常用的书籍、报刊及文具（包括铜笔架）等存放在常家。后来常家迁居北京，就将周恩来存的东西转存在常策欧的外甥田逢春处。现藏于周恩来邓颖超纪念馆。

周恩来青年时代用过的铜笔架

1922年3月12日周恩来自柏林寄给在伦敦留学的南开校友常策欧的明信片

纵9厘米，横13.8厘米。常策欧是周恩来在南开学校时的同窗与挚友，毕业后周恩来赴日本留学，常策欧考入北京清华学校，并于1919年赴英留学。1920年周恩来赴欧，在法、英、德等国进行考察与革命活动。这张明信片是周恩来于1922年3月由巴黎迁至柏林后写给常策欧的。现藏于周恩来邓颖超纪念馆。

1922年3月12日周恩来自柏林寄给在伦敦留学的南开校友常策欧的明信片

1922年3月25日周恩来自柏林寄给在伦敦留学的南开校友常策欧的明信片

纵9厘米，横13.8厘米。1922年3月12日，周恩来迁至柏林后曾寄了一张明信片给常策欧，常策欧收到明信片后及时复信给周恩来，周恩来收到信后，于3月25日又给常策欧寄了这张明信片。这是周恩来在欧洲刻苦求学和考察革命运动的历史见证。现藏于周恩来邓颖超纪念馆。

1922年3月25日周恩来自柏林寄给在伦敦留学的南开校友常策欧的明信片

1922年4月6日周恩来、刘清扬、赵光宸、谢承瑞在柏林战线塔下合影

纵13.9厘米，横8.8厘米。是周恩来送给旅欧好友佟宝铭的照片，照片自左至右依次为谢承瑞、周恩来、刘清扬、赵光宸，照片背面有蓝色钢笔字迹：6.4.1922于柏林战线塔下并外文签名。佟宝铭是周恩来在南开学校的同学，于1920年到法国留学，在国外旅居12年。1932年从法国回国时将照片带回。这是周恩来在欧洲勤工俭学的重要历史遗留物。现藏于周恩来邓颖超纪念馆。

1922年4月6日周恩来、刘清扬、赵光宸、谢承瑞在柏林战线塔下合影

1922年周恩来在德国的照片

纵14厘米，横8.9厘米。周恩来在欧洲勤工俭学的重要历史遗留物。照片右下方有周恩来的亲笔签名并日期，并有钢印的照相馆标识。佟宝铭是周恩来在南开学校的同学，于1920年到法国留学，在国外旅居12年。1932年，回到天津与倪闰静结婚。这张照片是他从法国回国时带回来的，一直被珍藏着。现藏于周恩来邓颖超纪念馆。

1922年周恩来在德国的照片

1922 年 10 月 23 日周恩来自德国科隆市寄给留法南开同学、旅欧中共党团组织成员赵光宸的明信片

纵 9 厘米，横 14 厘米。周恩来在旅欧期间，是中共党团组织的主要负责人之一。因工作需要，他经常往返于德国与法国之间。这张明信片就是 1922 年 10 月 23 日

1922 年 10 月 23 日周恩来自德国科隆市寄给留法南开同学、旅欧中共党团组织成员赵光宸的明信片

他由巴黎返回柏林途经科隆时写给留法南开同学赵光宸的，当时赵光宸也是中共党团组织成员，与周恩来交往十分密切。他二人同为南开学校学生，通过五四运动，接触更为广泛，赵光宸曾担任由周恩来主编的《天津学生联合会报》的记者，也是觉悟社的首批成员，于 1924 年回国。现藏于周恩来邓颖超纪念馆。

1922 年周恩来、赵光宸、谢承瑞在柏林万赛湖公园划船的照片

纵 8.5 厘米，横 13.5 厘米，是周恩来在欧洲勤工俭学的重要历史遗留物。照片中的人物自右至左依次为周恩来、谢承瑞、赵光宸，照片背景为柏林万赛湖。现藏于周恩来邓颖超纪念馆。

1922 年周恩来、赵光宸、谢承瑞在柏林万赛湖公园划船的照片

1923 年 5 月 8 日周恩来给旅欧中国共产主义青年团直属巴黎支部书记傅烈的明信片

纵 8.7 厘米，横 13.8 厘米。1923 年 2 月，旅欧中国少年共产党临时代表会议在巴黎召开，会议决定旅欧少年共产党改称"旅欧中国共产主义青年团"，

1923 年 5 月 8 日周恩来给旅欧中国共产主义青年团直属巴黎支部书记傅烈的明信片

并归属团中央领导。当时周恩来任执行委员会书记，傅烈任直属巴黎支部书记。会议还决定继续出版《少年》月刊。1923 年 5 月 8 日，周恩来为写社评之事给傅烈写了这张明信片。现藏于周恩来邓颖超纪念馆。

1923 年天津女星社创办的女星第一补习学校开学师生合影

纵 13.9 厘米，横 20 厘米。周嘉瑛保存的女星补习学校的甲种第一届学生开学时全体师生的合影。前排右起第三人为邓颖超，

1923 年天津女星社创办的女星第一补习学校开学师生合影

三排右起第一人为周嘉瑛。1923 年 4 月，以邓颖超为首的一批青年马克思主义者联合其他进步知识分子在天津创办女星社。1923 年 7 月 15 日，在邓颖超等人倡导下，天津女星补习学校成立。邓颖超担任教务长，并亲自授课。现藏于周恩来邓颖超纪念馆。

1924 年 6 月天津女星社创办的女星第一补习学校甲种第一届毕业师生合影

纵 14.1 厘米，横 19.2 厘米。1923 年以邓颖超为首的一批青年马克思主义者联合其他进步知识分子在天津创办了女星社。1923 年 7 月 15 日，在邓颖超等人倡导

1924 年 6 月天津女星社创办的女星第一补习学校甲种第一届毕业师生合影

下，女星第一补习学校成立。邓颖超担任教务长，并亲自授课。1924 年 6 月 29 日，该学校甲种第一班举行毕业式，校长李峙山致开会辞，邓颖超代表教师讲话，周嘉瑛代表学生答词。仪式结束后，师生合影留念。现藏于周恩来邓颖超纪念馆。

周恩来保存的由他 1920 年编著的《检厅日录》

纵 19.2 厘米，横 13.2 厘米。1920 年 1 月因抵制日货，周恩来等 20 余名爱国代表被捕，被关押在警厅拘

留所，同年 4 月 7 日被移送至地方检察厅。《检厅日录》是 1920 年 4 月 7 日至 7 月 17 日周恩来在天津地方检察厅关押期间，根据被拘代表的日常生活记录下来的日志。1920 年 11 月 7 日，周恩来由上海乘坐"波尔多斯"号邮轮赴法勤工俭学，在轮船航行到印度洋时，写成《〈检厅日录〉的例言》。到法国后，《检厅日录》全部脱稿，邮寄回天津，托马千里修正、补充，于 1921 年春在天津《新民意报》上连续刊登，1926 年天津新印字馆又刊印成书。现藏于周恩来邓颖超纪念馆。

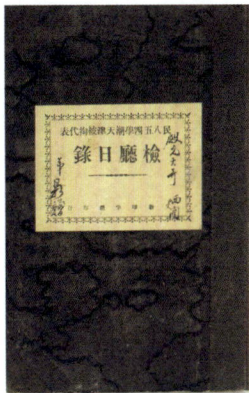

周恩来保存的由他 1920 年编著的《检厅日录》

1928 年邓颖超列席共产国际第六次代表大会的列席证

纵 8.4 厘米，横 12.6 厘米。1928 年 7 月 17 日至 9 月 1 日，共产国际第六次代表大会在莫斯科召开，周恩来出席了大会，邓颖超列席会议。该会议在国际共运史和中国共产党历史上都具有重要意义。现藏于周恩来邓颖超纪念馆。

1928 年邓颖超列席
共产国际第六次
代表大会的列席证

1938 年 11 月 13 日周恩来致邓颖超信

纵 29 厘米，横 20.7 厘米。1938 年 11 月 12 日午夜，长沙国民党军警负责人奉蒋介石"焦土抗战"之电令，下令军警 300 余人纵火焚烧长沙城，使长沙城陷入一片火海之中。此次大火被称为"长沙大火"，之后，周恩来曾同国民党当局交涉，并提出几项紧急处理措施。这是长沙大火后的第二天，周恩来写此信致邓颖超介绍长沙大火的情况。现藏于周恩来邓颖超纪念馆。

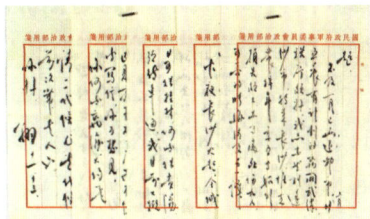

1938 年 11 月 13 日周恩来致邓颖超信

1938 年邓颖超、刘韵琴等人与张伯苓在重庆的合影照片

纵 14.8 厘米，横 10 厘米。抗日战争时期，为宣传我党的团结抗日主张，邓颖超经常和周恩来一起到重庆沙坪坝南开中学教职员宿舍——津南村看望师长张伯苓，并通过各种渠道接触联络各界妇女，以扩大抗日民族统一战线的阵容。现藏于周恩来邓颖超纪念馆。

1938 年邓颖超、刘韵琴
等人与张伯苓在重庆的
合影照片

1939 年周恩来到苏联治伤时的旅馆出入证

纵 10.9 厘米，横 8.6 厘米。出入证上的左上角有一张周恩来的一寸照片，照片中的周恩来为平头，这在其历史照片中非常少见。1939 年，在延安的周恩来骑马到中央党校做报告，途中马受惊，周恩来坠地，右臂骨折。经中央决定，周恩来到苏联的莫斯科治疗伤臂，下榻于柳克斯饭店（共产国际公寓）。这个证件就是周恩来在苏联治伤时的旅馆出入证，并一直由周恩来、邓颖超保存。现藏于周恩来邓颖超纪念馆。

1939 年周恩来到苏联治
伤时的旅馆出入证

1939 年江纲为周恩来篆刻的"周翔宇"印章

长 1.5 厘米，宽 1.5 厘米，高 4 厘米。这枚印章是江纲为周恩来篆刻的，周恩来经常使用它并一直将其保存在中南海西花厅。印章为长方体，正面雕刻行书"宇公老师雅命，己卯三月江纲谨录"。己卯为 1939 年，宇公指周恩来（字翔宇）。印章底部正面雕刻阴文"周翔宇"三字。该印章年代久远、使用频繁，具有极高的历史研究价值和收藏价值。现藏于周恩来邓颖超纪念馆。

1939 年江纲为周恩来篆
刻的"周翔宇"印章

邓颖超母亲杨振德留给邓颖超的遗物——手表

表盘长 2.5 厘米，宽 1.5 厘米，厚 0.6 厘米。这块手表是邓颖超的母亲杨振德留给邓颖超的遗物。1941 年邓颖超将这只手表和周恩来的一枚勋章放在一个

邓颖超母亲杨振德留给邓颖超的遗物——手表

小盒中，送至周恩来的老师、挚友伉乃如处保存，局势好转后才将手表和勋章取回。装着这只手表的小纸盒的盖上有邓颖超的手书："杨振德手表，妈妈的。"现藏于周恩来邓颖超纪念馆。

1942 年 8 月南方局工作人员赠给周恩来的纪念南昌起义十五周年的"艰难缔造"旗

纵 35 厘米，横 72 厘米。1942 年 8 月，为了纪念南昌起义十五周年，中共中央南方局机关的工作人员制作了这面"艰难缔造"旗，"艰难缔造"四个大字由董必武亲笔书写。他们将这面锦旗赠送给当时在南方局主持工作，同时也是南昌起义领导人之一的周恩来。周恩来一直珍藏着这面锦旗，直至逝世。现藏于周恩来邓颖超纪念馆。

1942 年 8 月南方局工作人员赠给周恩来的纪念南昌起义十五周年的"艰难缔造"旗

邓宝珊用毛泽东 1943 年赠送的狐皮做成的狐皮大衣

长 130 厘米，胸围 104 厘米，裤子长 175 厘米，宽 100 厘米。抗日战争爆发后，蒋介石调邓宝珊任晋陕绥边区总司令，驻榆林。邓一直与共产党保持友好往来。1943 年 11 月下旬，邓宝珊抵达延安后，下榻延安交际处。毛泽东专门把在延安养病的续范亭接到交际处。帮助做邓宝珊的思想工作，并安排邓宝珊等参观边区军民大生产成果展览会，出席劳动英雄大会和文艺晚会等。邓宝珊因长期劳顿，偶感风寒，突然患病，毛泽东对其病况非常关心，亲自送来一条狐皮褥子。考虑时冬将至，邓宝珊衣着不备，特函告延安交际处的金城同志把 10 张最好的狐狸皮作为大衣料赠送给邓宝珊将军。当年，

邓宝珊将军的夫人将这 10 张狐狸皮缝制成大衣，北平和谈期间，邓宝珊穿的就是这件大衣。原存邓宝珊故居，现藏平津战役纪念馆。

邓宝珊用毛泽东 1943 年赠送的狐皮做成的狐皮大衣

刘亚楼在解放战争时期穿的皮大衣

长 98 厘米，胸围 110 厘米。1945 年刘亚楼随苏军阻击日军，回国后任东北民主联军参谋长。因东北气候十分寒冷，东北民主联军后勤部特地为刘亚楼定做了这件皮大衣。

刘亚楼在平津战役期间任天津战役前线总指挥，无论是在前线指挥战斗还是在后方研究作战方案，这件皮大衣始终穿在他身上，并已成为人们心中的一个形象。

20 世纪 80 年代末，八一电影制片厂在拍摄电影《大决战》时曾借这件大衣给扮演刘亚楼的演员穿用过。电影拍摄后，摄制组还给刘亚楼夫人翟云英。现藏平津战役纪念馆。

刘亚楼在解放战争时期穿的皮大衣

刘亚楼、肖华、吴富善等人研究"缓攻塘沽，改打天津"作战计划后休息时合盖的毛毯

长 200 厘米，宽 140 厘米。毛毯是 1946 年一位俄国老太太赠送给中国人民解放军齐齐哈尔卫戍司令员吴富善的礼物。1948 年底，遵照中共中央军委下达的协同九纵、二纵攻打天津塘沽的作战指令，东北野战军第七纵队政委吴富善与司令员邓华率队入关，参加平津战役。12 月 24 日，经过多次侦查和试攻后发现攻打塘沽会损失很大，还可能影响整个战役的进程。遂以七纵名义，向东北野战军总指挥部反映情况和意见。25 日，东北野战军总参谋长刘亚楼、特种兵司令员肖华一起来到北塘商讨对策，最后向平津战役总前委提出"缓攻塘沽，攻打天津"的建议。时至深夜，刘亚楼、肖华、吴富善、曾克林、宋时轮等人盖此毛毯，挤在一个炕

上和衣而睡。此毯是刘亚楼、肖华、吴富善等人提出"缓攻塘沽，改打天津"作战计划的见证物。1995年10月，由吴富善捐给平津战役纪念馆建馆办公室。现藏平津战役纪念馆。

刘亚楼、肖华、吴富善等人研究"缓攻塘沽，改打天津"作战计划后休息时合盖的毛毯

1947年5月31日邓颖超致周恩来信

纵22.1厘米，横17.3厘米。1947年2月28日，蒋介石部署进攻延安，中共中央得到情报后，决定从延安紧急疏散。3月18日，毛泽东、周恩来等人撤离延安，转战陕北。此时邓颖超为中共中央后方委员会委员，负责后方委员会和城市工作部的工作。这是邓颖超在此期间写给周恩来的信，信中反映了中共转战陕北及土地改革工作的历史。现藏于周恩来邓颖超纪念馆。

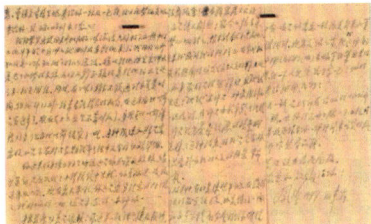

1947年5月31日邓颖超致周恩来信

1947年9月29日周恩来致邓颖超信

纵26.2厘米，横20.3厘米。1947年9月29日，周恩来给邓颖超写亲笔信，信的内容为其对土地改革工作、农村工作的指导意见。现藏于周恩来邓颖超纪念馆。

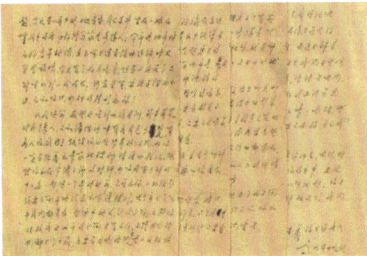

1947年9月29日周恩来致邓颖超信

1948年2月2日周恩来致邓颖超信

纵27.4厘米，横20.8厘米。周恩来1948年2月2日接到邓颖超1月22日的来信后，写给她的回信。信的内

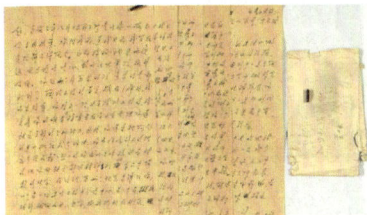

1948年2月2日周恩来致邓颖超信

容为周恩来对邓颖超的土地改革工作的指导性意见。现藏于周恩来邓颖超纪念馆。

罗瑞卿在平津战役和"文化大革命"期间穿的军大衣

长126厘米，胸围124厘米。军大衣是1948年11月华北野战军配发给华北第2兵团政治委员罗瑞卿的一件冬装，也是他当时最贵重的一件衣服。在平津战役期间，罗瑞卿穿着这件大衣指挥了新保安战役。在"文化大革命"期间，罗瑞卿将军在北京经历了7年的"炼狱"生涯，一直穿用这件大衣。这是罗瑞卿在战争年代辉煌经历和"文化大革命"期间坎坷遭遇的重要证物。1996年，由罗瑞卿夫人郝治平捐赠给平津战役纪念馆建馆办公室，现藏平津战役纪念馆。

罗瑞卿在平津战役和"文化大革命"期间穿的军大衣

朱德在抗日战争和解放战争时期使用的皮箱

长38厘米，宽66厘米，高20厘米。这只皮箱是朱德在抗日战争后期和解放战争时期随身携带的皮箱。里面曾装着他的衣物、书籍及办公用品。1951年其女儿朱敏从苏联回国，1953年朱德将这个皮箱作为永远值得保存与怀念的财富送给了朱敏。朱敏一直非常爱惜地珍藏。现藏平津战役纪念馆。

朱德在抗日战争和解放战争时期使用的皮箱

刘后同在北平和平解放期间的日记《北京古城和平纪略》

纵27厘米，横20.4厘米。刘后同是傅作义的密友、智囊，受傅作义邀请前往北平。到北平后，北平地下党便与刘后同取得联系，希望可以劝说傅作义将军走和平之路。刘后同欣然应允，力劝傅作义应该认清形势，下决心继续走和谈之路，确保北平文化古都免遭炮火摧残。在刘后同的劝说下，傅作义派代表出城谈判。后

在多方努力下，1949年1月31日人民解放军进入北平，北平宣告和平解放。

自1948年10月30日至1949年1月22日，刘后同共在傅作义身边待了85天，他每天都将发生的主要事件记录下来。中华人民共和国成立后，刘后同将这些日记整理成册，命名为《北京古城和平纪略》，一直珍藏在身边。现藏平津战役纪念馆。

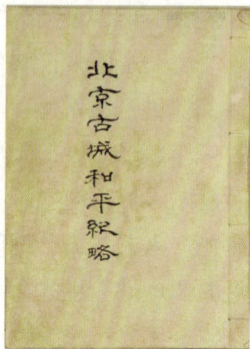

刘后同在北平和平解放期间的日记《北京古城和平纪略》

林彪在解放战争时期使用的帆布箱

宽35厘米，长66厘米，高23.6厘米。平津战役期间，林彪任总前委书记。此帆布箱是当时他用来存放文件和随身用品的装具，也是平津战役的重要见证物。现藏平津战役纪念馆。

林彪在解放战争时期使用的帆布箱

罗荣桓在1948—1949年使用的手表

纵4.3厘米，横3.5厘米。这块手表是人民解放军的战利品，部队配发给罗荣桓使用。平津战役时，罗荣桓任平津战役总前委委员，在参与指挥的过程中一直使用这块手表。北平和平解放后，他参加北平入城式及接管北平市的一系列工作中也一直使用这块手表。1996年，由罗荣桓夫人林月琴同志捐赠给了平津战役纪念馆。现藏平津战役纪念馆。

罗荣桓在1948—1949年使用的手表

聂荣臻在平津战役期间使用的手枪

长11.5厘米，宽7.8厘米，厚2.2厘米。这支手枪是聂荣臻同志在战争年代使用的，是其最心爱的武器之一。平津战役期间，聂荣臻曾将这支手枪作为自卫武器携带在身边。后上交中央军委办公厅警卫局武器库。现藏平津战役纪念馆。

聂荣臻在平津战役期间使用的手枪

聂荣臻在平津战役期间使用的望远镜

纵15.5厘米，横17.5厘米。这架望远镜是聂荣臻在抗日战争和解放战争时期使用的，天津解放后一直保存在身边。望远镜的目镜是根据聂荣臻的特点固定的（即其瞳孔间距），别人无法改动，聂荣臻一拿起望远镜不用调眼距即可使用。现藏于平津战役纪念馆。

聂荣臻在平津战役期间使用的望远镜

苏静在《关于和平解放北平问题的协议》上签字时用的钢笔

长13.5厘米。1948年底至1949年1月平津战役期间，时任东北野战军司令部参谋处处长的苏静，参与了东北野战军前线司令部与国民党北平傅作义军团的和平谈判，用这支钢笔记录谈判经过、整理谈判纪要、起草协议条文，代表天津前线司令部在《关于和平解放北平问题的协议》上签字。见证了平津战役双方北平和谈的全过程，是北平和平解放的重要物证。1995年，由苏静捐赠给平津战役纪念馆建馆办公室，现藏平津战役纪念馆。

苏静在《关于和平解放北平问题的协议》上签字时用的钢笔

北平联合办事处就华北总部结束办事处关于释放战俘电致平津前线司令部的函

纵29.8厘米，横20.9厘米。此函是1949年3月24日，北平联合办事处转发华北总部结束办事处要求释放剩余

187 名新保安、张垣、怀来、天津等战役中被俘国民党官兵指令，给中国人民解放军平津前线司令部的公函，随函附送《天津张垣新保安怀来各战役被俘未释回官佐名册》和《天津张垣战役被俘未释回行政人员名册》两册，记录了未释放人员的原所在机关名称、职别、姓名及改造学习地点等内容，由北平联合办事处主任叶剑英、副主任郭宗汾签署。是中国人民解放军优待战争俘虏政策的重要物证。1996 年，由原第四野战军政治部保卫部部长钱益民捐赠给平津战役纪念馆建馆办公室，现藏平津战役纪念馆。

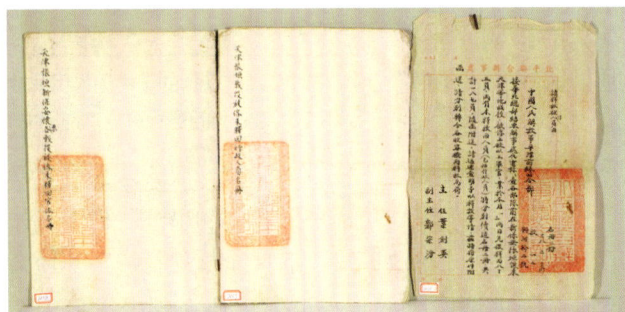

北平联合办事处就华北总部结束办事处关于释放
战俘电致平津前线司令部的函

董其武送给苗玉春的庆祝绥远起义所作的诗文手稿

纵 29 厘米，横 19.8 厘米。国民党绥远省政府主席兼保安司令董其武冲破重重阻挠，于 1949 年 9 月 19 日率绥远军政各界领导人及近十万国民党军通电起义。随后，起义部队接受改编，列入人民解放军建制，绥远和平解放。董其武曾赋诗一首。后来，他将诗的前两句和最后两句抄写给了好友、部下苗玉春。现藏平津战役纪念馆。

董其武送给苗玉春的庆祝绥远起义所作的诗文手稿

人民解放军天津市军事管制委员会军字第一号布告

纸，70.5 厘米 ×54.8 厘米，1949 年 1 月 15 日。天津解放初期成立的军事管制委员会，特发军字第一号

布告。其内容：天津境内的敌军全部歼灭，为稳定社会，在天津地区东至塘沽、大沽，西至杨柳青，南至静海，北至杨村，组织军事管制委员会实行军事管制，任命黄克诚为主任，谭政、黄敬为副主任。包括黄克诚、谭政、黄敬、黄火青、许建国等 9 人为军事管制委员会委员，于 1949 年 1 月 15 日就职行使职责。现藏天津博物馆。

人民解放军天津市军事管
制委员会军字第一号布告

中国人民解放军天津市军事管制委员会关防印

木，9 厘米 ×6 厘米 ×3.5 厘米，1949 年。阳文，镌刻"中国人民解放军天津市军事管制委员会关防"19 字，仿宋体。天津解放初期，由军事管制委员会发布的命令、布告、训令、通告等重要文件，均加盖这方印。对研究天津解放初期政府机构具有一定的历史价值。现藏于天津博物馆。

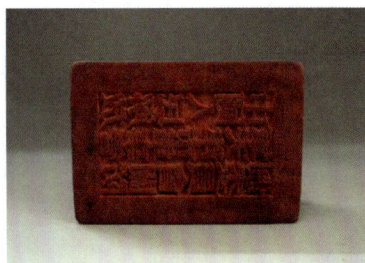

中国人民解放军天津市
军事管制委员会关防印

天津市人民政府印

铜，7 厘米 ×7 厘米 ×11.7 厘米，印文仿宋体，阳文，双行。1949 年 1 月 15 日天津解放，人民政府宣告成立，正式办公。从 1950 年 1 月 4 日至 1955 年 3 月 23 日，使用中央人民政府颁发的"天津市人民政府印"（铜质）。现藏天津博物馆。

天津市人民政府印

天津市人民政府为庆祝开国大典升起的第一面五星红旗

布，235 厘米 ×150 厘米，1949 年。红色布料，浅黄色布剪成一个大五角星和四个小五角星。五个五角星

用机器缝扎在红旗的左上角。现藏天津博物馆。

天津市人民政府为庆祝开国大典升起的第一面五星红旗

毛泽东主席在开国大典上穿过的绿呢制服

上衣 72 厘米 ×126 厘米，下衣 102 厘米 ×94 厘米，1949 年。苏联进口的呢子，上衣为四口袋制服，下衣是制服裤，是为了开国大典，特意为毛泽东主席定做的。1949 年 10 月 1 日举行的开国大典上，毛泽东主席即身穿此套制服登上天安门城楼，宣布"中华人民共和国中央人民政府今天成立了"。此后主席还经常穿这套制服接见外宾及出外视察。直到 1954 年改换灰色制服后，他才把此套制服赠送给他的卫士长李银桥。1976 年 9 月 9 日，毛泽东主席逝世后，李银桥将此套制服捐赠给天津市历史博物馆，作为革命文物保存。现藏天津博物馆。

毛泽东主席在开国大典上穿过的绿呢制服

1949—1992 年一直挂在周恩来卧室里的周恩来、邓颖超合影照片

宽 26 厘米，长 33.2 厘米，厚 2.5 厘米。1949 年秋，建国伊始，周恩来、邓颖超在颐和园排云殿前拍摄了这张照片。该照片是由同游的摄影师侯波夫妇拍摄的。周恩来、邓颖超二人非常喜欢这张照片，周恩来将它命名为"瞻望未来"，一直把它挂在西花厅卧室的墙上。1992 年 7 月邓颖超逝世后，遵照她的遗愿，这张照片被移交给中

1949—1992 年一直挂在周恩来卧室里的周恩来、邓颖超合影照片

共中央文献研究室。1997 年 10 月 9 日，中共中央文献研究室将这张照片拨交给周恩来邓颖超纪念馆。

傅泽国 1950 年获得的《中国人民解放军中南军区兼第四野战军立功证明书》

纵 13.6 厘米，横 9.6 厘米。傅泽国在 1949 年 1 月的天津攻坚战中和战友王义凤在副排长邢春福的带领下，活捉了国民党天津警备司令陈长捷，战后被授予"战斗英雄"称号，立功一次，荣获此立功证书。这一功绩在立功证书的"立功事迹"栏中有如下明确记载，"解放天津，活捉匪首陈长捷"。1992 年傅泽国去世。1996 年，证书由傅泽国夫人关瑞荣捐赠。现藏平津战役纪念馆。

傅泽国 1950 年获得的《中国人民解放军中南军区兼第四野战军立功证明书》

邢春福 1950 年获得的《中国人民解放军中南军区兼第四野战军立功证明书》

纵 13.6 厘米，横 9.6 厘米。邢春福曾在 1947 年 5 月 4 日三战四平战斗中荣立三大功，又在 1949 年 1 月带领傅泽国等人俘虏国民党天津警备司令陈长捷等，被评为二大功，战后还被授予"战斗英雄"称号。在他的立功证书的"立功事迹"栏中有如下记载：在天津作战中，自己带领三人任投机任务，把敌人总司令部拿下，俘虏总司令、参谋长两名，俘虏兵 418 名，得武器短枪一大袋、卡宾枪 45 支、电台一个，评二大功。现藏平津战役纪念馆。

邢春福 1950 年获得的《中国人民解放军中南军区兼第四野战军立功证明书》

有周恩来签字的周恩来与卓别林合影照片

纵 29.4 厘米，横 24 厘米；封套：纵 32.3 厘米，横 24.8 厘米。1954 年 7 月 18 日，周恩来在出席日内

瓦会议期间，宴请英国艺术家卓别林及夫人。周恩来应卓别林的请求，介绍日内瓦会议的情况和中国革命的历史进程，并请他欣赏中国影片。临行前，与其合影留念。周恩来在照片上写上"卓别林先生惠存，周恩来"的字样并将照片赠送给卓别林。由于周恩来不满意自己的签名，又重新签了一张送给他，之前的照片就留在了中南海西花厅。现藏于周恩来邓颖超纪念馆。

有周恩来签字的周恩来与卓别林合影照片

1954 年周恩来总理参加日内瓦会议期间穿过的中山装

上衣宽 76 厘米，长 137 厘米；裤子腰围 88.6 厘米，裤长 102 厘米。这套衣服是在周总理 1954 年出席日内瓦会议前制作的。日内瓦会议是中华人民共和国第一次走向国际舞台，周总理在会前做了充分准备，包括服装的衣料都是由他亲自挑选的。会议期间，周总理以他那温文尔雅、落落大方的风度，赢得了世界各国的交口称赞。后来，这件中山装周恩来又穿过多次。2000 年 11 月 15 日由纪东捐赠，现藏周恩来邓颖超纪念馆。

1954 年周恩来总理参加日内瓦会议期间穿过的中山装

1955 年 4 月 10 日邓颖超致周恩来信

纵 26.8 厘米，横 19.6 厘米。1955 年 4 月 10 日邓颖超给周恩来写的信，信的内容为提醒周恩来在亚非会议上注意安全。现藏于周恩来邓颖超纪念馆。

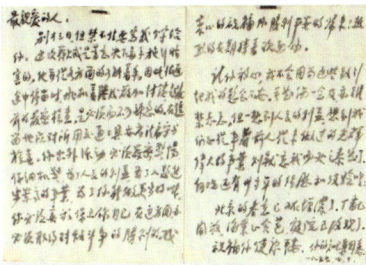

1955 年 4 月 10 日
邓颖超致周恩来信

1955 年 4 月 12 日周恩来致邓颖超信

纵 22.7 厘米，横 12.4 厘米。1955 年 4 月 10 日，邓颖超致信周恩来。4 月 12 日，周恩来回信，信的内容为飞机失事后，周恩来不顾危险，决定出席亚非会议。现藏于周恩来邓颖超纪念馆。

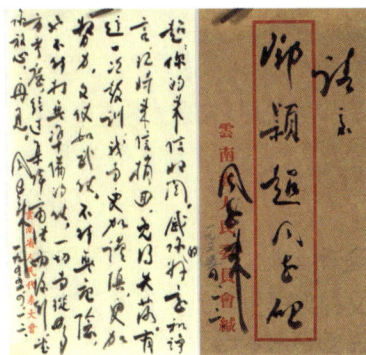

1955 年 4 月 12 日
周恩来致邓颖超信

1957 年 8 月苏联政府赠给周恩来的伊尔 -14 型 678 号专机

宽 21.3 米，长 31.7 米，高 7.8 米。1956 年，苏联研制的伊尔 -14 型飞机开始投入生产。1957 年 4 月，苏联伏罗希洛夫主席到中国访问，目睹周恩来总理日理万机的工作状态，深受感动，准备赠送一架伊尔 -14 型飞机给周恩来总理作专机。1957 年 8 月，张瑞霭从苏联驾驶这架飞机回国。周总理决定：这架飞机虽然是苏联政府送给自己的专机，但国务院其他领导也可使用。此后，周总理在国内乘坐过这架专机多次。这架飞机先是以"600"的编号飞行了一段时间，后来按照周总理的指示，飞机的编号改为"678"。20 世纪 70 年代初期，该飞机不再作为总理的专机使用。1998 年 10 月 29 日，中国民航总局将该飞机拨交周恩来邓颖超纪念馆。

1957 年 8 月苏联政府赠给周恩来的伊尔 -14 型 678 号专机

1959 年 6 月齐燕铭为周恩来篆刻的"周恩来""周恩来藏书印"两面印

长 1.8 厘米，宽 1.8 厘米，高 6.8 厘米。齐燕铭曾任总理办公室主任、国务院副秘书长，后被任命为文化部副部长。这是 1959 年 6 月齐燕铭为周恩来篆刻的两面印。周恩来经常使用这方印章，并一直将其保存在中南海西花厅。印章正面刻有阴文楷书"一九五九年六月为周总理作两面印，齐燕铭"；印章的两端，一端为阳文篆书"周恩来"3 字，另一端为阳文篆书"周恩来藏书印"6 字。现藏于周恩来邓颖超纪念馆。

1959 年 6 月齐燕铭为周恩来篆刻的两面印："周恩来""周恩来藏书印"

周恩来邓颖超逝世后盛放骨灰的骨灰盒

宽 20.3 厘米，长 35.5 厘米，高 23 厘米。1976 年 1 月 8 日周恩来总理逝世，遵照他的遗嘱，遗体火化，骨灰全部撒掉。1 月 14 日遗体火化后，他的骨灰就盛放在这个骨灰盒中。15 日晚，一架农用飞机执行了播撒周总理骨灰的任务。周总理的骨灰撒完后，工作人员要把骨灰盒上交。出于节省的想法，邓颖超要工作人员好好保存，她去世后也要用这个骨灰盒。就这样，这个骨灰盒在西花厅被精心保存了 16 年。1992 年 7 月 11 日，邓颖超与世长辞，17 日遗体火化后，将骨灰收入这个曾盛放过周总理骨灰的骨灰盒中。根据邓颖超的遗嘱，她的骨灰被撒在了天津海河。现藏于周恩来邓颖超纪念馆。

周恩来邓颖超逝世后盛放骨灰的骨灰盒

邓颖超穿过的天津红桥区天虹服装厂 73 名工人为之缝制的丝绵袄

纵 61 厘米，横 144 厘米。1976 年 1 月 8 日周总理逝世，全国人民处于悲痛之中。当电视中出现邓颖超扶着周总理的灵柩痛哭的场面时，天虹服装厂的工人们再也忍不住了。为了抚慰邓颖超，该厂的 70 余名工人为她缝制了这件丝绵袄。棉袄几经周折，通过一位《人民日报》记者，送到邓颖超手中。此后几年，邓颖超穿着这件丝绵袄出席会议、会见来宾，逢人就讲这是天津的儿女们为她缝制的。1984 年邓颖超来津特意会见了他们，同他们每人握手，并题词对他们进行勉励。现藏于周恩来邓颖超纪念馆。

邓颖超穿过的天津红桥区天虹服装厂 73 名工人为之缝制的丝绵袄

日本创价学会会长池田大作赠给邓颖超的由石田闲三创作的《周恩来、邓颖超肖像画》

内：纵 159 厘米，横 128 厘米；外：纵 189.5 厘米，横 158.1 厘米，厚 10.4 厘米。为金色边缘玻璃镜框镶嵌的油画，依据 1970 年周恩来、邓颖超在西花厅的合影创作而成。1989 年，日本创价学会会长池田大作在中华人民共和国成立 40 周年国庆之际访问中国，邓颖超会见了他。池田大作将日本油画家石田闲山创作的这幅油画赠送给邓颖超。此后，这幅油画就由邓颖超保存，并被挂在中南海西花厅的前厅东墙上，直至 1994 年西花厅重新装修。现藏于周恩来邓颖超纪念馆。

日本创价学会会长池田大作赠给邓颖超的由石田闲三创作的《周恩来、邓颖超肖像画》

第三节 民间艺术与民俗文物

一、民间艺术

清 张明山作彩塑《孙夫人试剑》

分别高 33.5 厘米、35 厘米、37 厘米，作品表现了三国故事中的情节，张明山借助了戏曲里的亮相动作，塑造了孙夫人、刘备、侍女的形象。三个人物迥然不同的内心情感，通过各自的形体动作、面部表情表现得淋漓尽致，给人栩栩如生、呼之欲动的感觉。据清宫史料记载：光绪三十年（1904），内务府大臣庆宽为慈禧七十大寿进贡了张明山创作的"巧捏泥人八匣"作为寿礼。《孙夫人试剑》就是其中的一匣。

清 张明山作彩塑《孙夫人试剑》

清 张明山作彩塑《严仁波像》

高 26.5 厘米。张明山的人物塑像在他的全部作品当中，占有非常重要的地位，《严仁波肖像》就是其代表性作品。他塑造的严仁波，身穿长袍马褂、朝鞋，左侧有一个方桌摆书，神态安详，面貌清癯，俨然理学家的风度，不难看出他塑造的人物不仅仅是外形毕肖，而且有内涵，有深度，神情生动，真切感人。

清 张明山作彩塑《严仁波像》

徐悲鸿在《过津购泥人记》中说："严仁波像，比例之精确，骨骼之肯定与其传神之微妙，据吾在北方所见美术品中，只有历代帝王像中宋太祖、太宗之像可以拟之，若在雕塑中虽杨惠之不足多也。"

清 张明山作彩塑《白蛇传》

高35厘米，清末泥人张彩塑创始人张明山所作。《白蛇传》最早见于《清平山堂话本·西湖三塔记》。作品即取断桥相会的情节，小青锁眉怒目，白娘子爱恨交织的心情和许仙的惊骇之态，构成了动人心弦的场面，耐人寻味。此作品原是清内务府大臣庆宽为慈禧七十寿辰进贡的"巧捏泥人八匣"之一，原藏北京颐和园，20 世纪 50 年代转拨给天津市艺术博物馆。

清 张明山作彩塑《白蛇传》

清乾隆 《抚婴图》杨柳青年画

纵 61 厘米，横 109 厘米。作于乾隆年间，画两仕女抚婴儿在炕上吃饭的情景。此图以特写的形式仅画卧室的局部。两仕女也只画半身，着重于对精神的刻画，尤其是两婴儿互让食品的神情更为生动，气氛欢乐、融洽，生活气息浓厚。

清乾隆 《抚婴图》杨柳青年画

用整张横幅粉纸印刷的画样统称"贡尖"，是杨柳青木版年画中最普通的体裁之一。

清光绪 高桐轩《瑞雪丰年》杨柳青年画

纵 63 厘米，横 110.5 厘米。此图是著名民间艺人高荫章的代表作品。高荫章字桐轩，天津西郊杨柳青人。生于道光十五年（1835），卒于光绪三十二年（1906）。他的作品受宫廷艺术的影响较深，也融合了一些传统绘画的长处。他善于点景布局，并用写实手法来刻画人物形象。图中楼阁、庭院被雪覆盖，几个儿童做堆雪狮子的游戏。作者通过对雪景的描绘以及对儿童欢乐情绪的刻画，表达了人们对来年丰收的期望。

清光绪 高桐轩《瑞雪丰年》杨柳青年画

清 光绪十五年版《南村访友》杨柳青年画

纵 122 厘米，横 65.5 厘米。此图作于光绪十五年（1889），为国画家钱慧安 57 岁时的作品。钱慧安字吉生，号青溪樵子，上海宝山人，生于清道光十三年（1833），卒于宣统三年（1911），善画人物，间作花卉、山水。光绪、宣统间卖画于上海，名重一时。他曾应杨柳青年画作坊爱竹斋之请，为其出样稿粉本，一经刻版发行，读者争购，对杨柳青年画吸取传统绘画的特点影响很大，出现了一些诗书画相结合，取材于典故或前人诗句，用色淡匀中和的年画。此图画一中年人至南村访一老者，老者携孙迎，情调闲适、恬静，富有田园风情。

清 光绪十五年版《南村访友》杨柳青年画

清乾隆 《仕女婴戏图》杨柳青年画

纵 106 厘米，横 55 厘米。杨柳青年画的早期作品，仕女着束山形髻饰，穿高领团花宽袖袄、长褶裙的典型清代服饰。儿童持石榴、笙、莲花，象征"连（莲）生（笙）贵子"，寓意吉祥。

清乾隆 《仕女婴戏图》杨柳青年画

清嘉庆 《苏小妹三难新郎》杨柳青年画

纵 59 厘米，横 108 厘米。内容取材于小说集《醒世恒言》。苏小妹系宋代文学家苏洵之女，苏东坡之妹。苏洵将小妹许嫁于词人秦少游。洞房花烛夜，小妹出题，"闭门推出窗前月"令少游对下联，少游几为所窘，苏东坡暗助少游，向湖中投石，少游顿悟，吟出"投石击

清嘉庆 《苏小妹三难新郎》杨柳青年画

破水中天"之句。此幅画生动地描绘出苏、秦联句的情景。随着杨柳青年画印制技术的发展，多人物的繁华场面和通过背景烘托气氛的作品出现了。此图中幽静的院落内竹木环合，清秀的湖水映着皎洁的月光，为作品增添了诗情画意，是杨柳青年画中的杰出作品。

清光绪 钱慧安《桃源问津图》杨柳青年画

纵 62.8 厘米，横 110 厘米。清钱慧安作于光绪十六年（1890）。钱慧安在清末参与杨柳青年画画稿的创作，此图取材于陶渊明的《桃花源记》。线描活泼流畅，色彩明快艳丽，有文人画风格。款署："庚寅清和月之吉，仿桃华盦主笔法写为聚享号大雅之正，清溪樵子钱慧安。"

清光绪 钱慧安《桃源问津图》杨柳青年画

清 朱竹萱制风筝《鹰》

天津是著名的"风筝之乡"，清末至民初艺人辈出。朱竹萱是清道光时期的著名风筝艺人，

清 朱竹萱制风筝《鹰》

他对市场上出售的风筝作了改进，创造了折叠式风筝。所谓"折叠式风筝"，即风筝的身躯和首、尾、翅不是扎在一起的一个整体，放飞时可以用翎毛管衔接骨架，平时可以拆卸折叠，便于存放，形成了天津风筝的独特风格。风筝《鹰》头部用纸浆，扣模制作，立体感强，以绫做面，骨架用丝线代替纸捻，改二根或三根顶线为一根顶线，使风筝放飞后还可以向下俯冲，表现苍鹰自由翱翔于天空的意境。此风筝色彩素雅，样式大方，反映出部分文人参与了民间艺术创作。

民国 魏元泰制风筝《哪吒闹海》

纵 68 厘米，横 101 厘米。魏元泰（1872—1961），天津人，以制作风筝享名，人称"风筝魏"。民国初年，天津风筝制作空前鼎盛。魏元泰先后研制风筝二百余种，包括平拍式、立体式、串式和整体式、组合式、折叠式风筝，形成了"风筝魏"造型多变、彩绘逼真、

飞行平稳、便于携带的特点。1915 年，魏氏风筝被送到美国举行的巴拿马—太平洋地区万国博览会参展，获金牌奖章和奖状。

《哪吒闹海》取材于《封神演义》。该作品为绢质，由四部分组成，为软翅风筝。

民国 魏元泰制风筝《哪吒闹海》

民国 张玉亭作彩塑《袭人》

高 53.5 厘米。泥人张第二代张玉亭作。此作品取材于古典文学名著《红楼梦》。袭人身穿浅蓝色花袄，黑坎肩，红地花腰裙，系刺绣飘带。负手而立，身微前倾，面目娟秀，形容俏丽，衣着色彩丰富华丽，体现了袭人的身份和性格。

民国 张玉亭作彩塑《袭人》

民国 张玉亭作彩塑《钟馗嫁妹》

高约 36 厘米。泥人张第二代张玉亭作。传说钟馗为唐代书生，与好友杜平入京考试，途中误入鬼窟被鬼怪戏弄，容貌变丑。因此考试落第，愤而自杀。死后誓除天下鬼魅。杜平为友打抱不平，上书唐皇。钟馗被封为终南山进士，为感谢杜平，遂将妹嫁之。作者取材以上传说，创造性地增加了二十二人仪仗队，把社会上作恶多端的坏人都视为现实生活中的妖魔鬼

民国 张玉亭作彩塑《钟馗嫁妹》

怪，表现出对黑暗社会的强烈不满。

作品人物众多，神态各异，既夸张又具个性，充分显示出作者出众的艺术本领和创作才能。

民国 张玉亭作彩塑《吹糖人》

高 13.5 厘米。张玉亭作。"吹糖人"是作者善于表现的"三百六十行"之一，作品塑造作艺者吹糖人时的情景，反映了张玉亭熟练地

民国 张玉亭作彩塑《吹糖人》

掌握了人物面部、手部肌肉的结构及运动变化的规律，并在此基础上加以夸张。由于吹时用力，人物的眼睛瞪得非常大，两腮鼓鼓的，手上暴着青筋，徐悲鸿先生说这件作品："信乎写实主义之杰作也。"

刘杏林木雕四季花卉挂屏

纵 134 厘米，横 35 厘米。刘杏林（1879—1972），天津著名木雕艺人，人称"木雕刘"。其木雕作品多以花鸟为题材，融南北风格于一体，既保持了北方

刘杏林木雕四季花卉挂屏

艺术气势磅礴、浑厚凝重、概括性强的特点，又吸收了南方工艺细腻、玲珑剔透的技法，形成了鲜明的风格，又被世人誉为"花活刘"。

此作品以硬木雕成，雕刻春夏秋冬四季花卉，构图典雅，富立体感，线条流畅，刀工雄健有力，所刻一花一叶形象生动，栩栩如生。

伊德元剪纸《萱草》

天津剪（刻）纸，大都是妇女绣花时用的底样，或春节装饰居室的窗花、吊钱等。

天津剪纸以"进宝斋"艺人伊德元的作品最精致。伊德元（1895—1965），河北涞水县人。他的作品受文人美术的影响较多，构图既用了民间剪纸常用的对称、

均衡等方法，又用了文人画清新活泼的构图方法，同时还将皮影、彩绘艺术的精华与剪纸艺术结合在一起，赋予了天津剪纸新的风格和风貌。此幅《萱草》是他的代表作。作者运用线条粗细度自如，巧妙地把叶子的向背关系表现出来，通过小小的刻纸，让我们领略了民间艺术家高超的艺术手法。

伊德元剪纸《萱草》

刘凤鸣刻砖《九狮图》

刻砖是天津民间的一种艺术形式，艺人在砖上刻出各种人物、花卉、鸟兽图案，作为建筑物的装饰品。

刘凤鸣（1889—1978），天津著名砖雕艺人，马顺清外孙。15岁从外祖父学艺，发展了马氏的贴砖法。马顺清只贴一块砖，而刘凤鸣则根据构图需要在一块底砖上分贴多处，使画面凹凸起伏，富于变化，增加立体感，使作品更加生动，被人们誉为"刻砖刘"。

刘凤鸣刻砖《九狮图》

本节记述 17 件民间艺术品均藏于天津博物馆。

二、民俗文物

清　绣花响铃裙

女性服饰。束于腰间，与其他裙、裤搭配使用。宽裙腰，无裙幅，由 24 条细长飘带及两片形似马面的宽长绣片组成。飘带共 12 色，分为前后两组，飘带下部绣有吉祥寓意的花果纹样，末端制作成如意云头形状，如意云头下方坠细小铃铛。马面状绣片以红缎

清　绣花响铃裙

为底，蓝缎镶边，底边缘饰红色流苏。红缎末端分别绣蟠龙和凤凰，蓝缎上绣石榴、桃子、佛手以及花卉，寓意龙凤呈祥、福寿多子。清代中期，天津女性时兴在出嫁当天穿着这种裙装。

清　绣花云肩

女性服饰。披围在颈、肩、胸、背之间，与其他上衣搭配使用。云肩自金代已经出现，其后各朝代沿用，只是样式有所变化。这件云肩呈传统的四合如意云头样式，加领，从上至下共分四层，分别为红、蓝、紫、白四色，每层绣花鸟、蝴蝶等纹样。另有四条细长绣花飘带以及六条绿色加穗长丝绦垂下。云肩底边坠有璎珞以及彩色流苏。整件服饰绚丽华美，非常耀目。清代中期，云肩也是天津女性出嫁当天穿着的服饰之一。

清　绣花云肩

清　达仁堂药店算盘

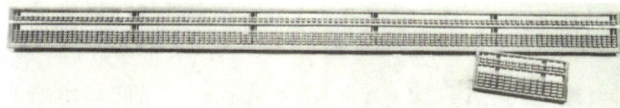

清　达仁堂药店算盘

这是一件具有普通算盘样式的木质算盘，但因其 3.06 米的长度以及 107 位珠位数而显得不那么寻常。它归属于达仁堂药店。达仁堂 1914 年创立于天津，创始人为乐达仁。乐达仁是北京同仁堂乐氏家族第 12 代孙，其创办的达仁堂开创了中国制药行业工商一体的先河，创制出安坤赞育丸、安宫牛黄丸、牛黄清心丸、乌鸡白凤丸等多种知名中成药。"达仁堂清宫寿桃丸传统制作技艺""安宫牛黄丸制作技艺"还成为国家级非物质文化遗产代表性项目。

冯氏家祠

祠堂建筑的木质模型，内设木质牌位，是祭祀祖

先的用具，一般安放于家中特定房间内，于年节或特定的祭祀日，摆设香烛等祭祀用品祭祀祖先。这种家祠是因土地受限不能建设实体建筑而变生

冯氏家祠

出的替代用品。类似的用具在 20 世纪 60 年代中期以后就彻底消失了。这件家祠是由冯文潜捐赠。冯文潜（1896—1963），字柳猗，著名教育家、哲学家。中华人民共和国成立前，曾任教于南京中央大学、南开大学、西南联合大学，教授哲学。中华人民共和国成立后，历任南开大学外文系教授兼图书馆馆长、天津市历史博物馆馆长等职。

灯亭、花亭大座

民国以前，大出殡讲究八大抬，即诰封亭（民国后取消）、

灯亭、花亭大座

铭旌、影亭、官轿、花亭、灯亭、灵亭（或家庙）、香炉，每个大座前有一堂与亭绣片相同颜色的八顶绣花大伞，八挂香谱。天津博物馆馆藏灯亭、花亭大座，分为三层，可拆卸，做工精美，为旧时葬礼所用。

水机子

水机子

水机子又叫"水龙"，是旧时民间消防组织"水会"所使用的消防器材。工作原理类似抽水机，将水不停倒入机器前的斗内，斗与机身有管道相连，中有活塞，以气压将水抽出，上接水管，喷向着火处。

本节记述 6 件民俗文物均藏于天津博物馆。

第四节　邮品

清　大龙邮票（薄纸）

清光绪四年（1878），海关试办邮政时期发行的中国第一套邮票。由上海海关造册处用凸版印刷印制，邮票的图案是龙。全套 3 枚。面值分别为 1 分银（绿，2.8 厘米 ×2.5 厘米）、3 分银（红，2.9 厘米 ×2.5 厘米）、5 分银（黄，2.9 厘米 ×2.6 厘米）。

清　大龙邮票（薄纸）

清　小龙邮票（毛齿）

第一次小龙邮票发行于清光绪十一年十一月二十

日（1885 年 12 月 25 日），承印仍为上海海关造册处，图案为龙，面值仍为 1 分银（绿，2.6 厘米 ×2.2 厘米）、3 分银（紫，2.6 厘米 ×2.2 厘米）、5 分银（黄，2.6 厘米 ×2.2 厘米），分别比"大龙邮票"小，故称"小龙邮票"。全套 3 枚，有水印纸，因用旧机打孔，齿孔参差不齐，通称"小龙毛齿"。

清　小龙邮票（毛齿）

清　台湾官用邮票

清光绪十四年二月十日（1888 年 3 月 22 日），台

湾巡抚刘铭传在台湾改驿为邮，创办近代邮政。该种邮票是由台湾邮政总局发行的一种免费供衙门公务贴用的邮票。木版、白土纸印刷，无水印，无齿孔，无面值。票幅5厘米×6.5厘米，票上印有篆文"台湾邮票"四字。

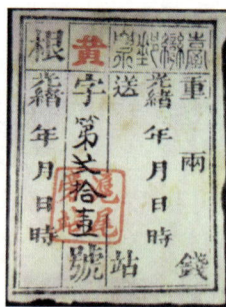
清　台湾官用邮票

清　台湾邮政商票

清光绪十四年二月十日（1888年3月22日），台湾邮政总局发行的一种供公众邮件贴用的邮票。木版，无水印，有纹纸印制，无齿。票幅4.3厘米×8.3厘米，票有"沪尾旁站"的骑缝印，又填明重量、数目和存根号码。

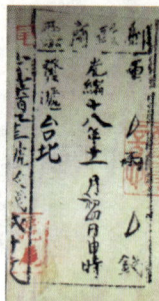
清　台湾邮政商票

清　台湾龙马图邮票

大清台湾邮政局邮票。光绪十四年（1888）印成后因故未正式发行，一部分在台北改作铁路火车票使用。由英国伦敦维尔金生公司用雕刻版印刷。全套2枚。主图为飞龙奔马，龙在上、马在下。面值分别为20文（绿，3.4厘米×3.2厘米）、20文（红，3.9厘米×3.2厘米）。

清　台湾龙马图邮票

清　台湾独虎图邮票

清光绪二十一年三月（1895年4月），中日《马关条约》割台湾给日本，台湾人民奋起反抗，镇守台南的将领刘永福于光绪二十一年六月十日（1895年7月31日）在台南成立台湾抗日民主国，同时创办邮政，发行邮票。全套3枚，主图为溪流虎啸图，面值分别为30钱（绿，3.1厘米×3.1厘米）、50钱（橘红，3厘米×3.3厘米）、100钱（蓝，3.2厘米×3.1厘米）。

清　台湾独虎图邮票

清　慈禧六十寿辰小字改值部分邮票

清光绪二十三年（1897）1月发行，由上海海关造册处加盖，因加盖的阿拉伯数字较小，通称"万寿小字改值邮票"。全套10枚，3分银（黄）加盖暂作洋银半分（黑，2.8厘米×2.1厘米），主图为龙；1分银（朱红）加盖暂作洋银1分（黑，2.7厘米×2.3厘米），主图为五福捧寿；2分银（绿）加盖暂作洋银2分（黑，2.8厘米×2.2厘米），4分银（浅洋红）加盖暂作洋银4分（黑，2.7厘米×2.4厘米），以上两枚主图为龙；5分银（橘）加盖暂作洋银5分（黑，2.7厘米×2.2厘米），主图为跃鲤；6分银（棕）加盖暂作洋银8分（黑，2.7厘米×2.3厘米），6分银（棕）加盖暂作洋银1角（黑，2.7厘米×2.2厘米），以上两枚主图为龙；9分银（绿）加盖暂作洋银1角（黑，2.7厘米×3.5厘米），主图为篆书"大清邮政"；12分银（棕黄）加盖暂作洋银1角（黑，2.7厘米×3.5厘米），主图为龙；24分银（红）加盖暂作洋银3角（黑，2.7厘米×3.5厘米），主图为帆船。

清　慈禧六十寿辰小字改值部分邮票

清　第三版"加紧信件"快信邮票

清光绪三十三年九月四日（1907年10月10日）发行，本票3联，主图为龙，龙头上昂。1角（浅绿，6.1厘米×15.7厘米），齿口印黑线。

清　第三版"加紧信件"快信邮票

1912年　加盖"临时中立"邮票

武昌起义后，中华民国创立。于1912年由上海邮政供应处将伦敦版蟠龙无水印邮票加盖"临时中立"字样后售用。因加盖文字意义欠妥，在福州邮局售出少量的面值邮票，随即停用。3分（蓝，2.5厘米×2.2厘米），加盖红字，主图为蟠龙。

1912年　加盖"临时中立"邮票

1912 年　加盖"临时中立""中华民国"邮票

1912 年 3 月由上海邮政供应处将伦敦版蟠龙无水印邮票加盖"临时中立"和"中华民国"字样成十字形，因加盖文字意义欠妥，随即停售。3 分（蓝，2.5 厘米 ×2.2 厘米），加盖红字，主图为蟠龙。

1912 年　加盖"临时中立""中华民国"邮票

1917 年　意大利加盖"天津"改值欠资邮票

1917 年意大利在北京、天津两地设立军邮局，专收寄军事邮件。发行的邮票只加盖意大利语"北京"或"天津"字样。1922 年遵照华盛顿会议通过的撤销所谓中国"客邮"的决议，全部撤销。全套 3 枚，有齿，橘红色，主图阿拉伯数"20"（2 厘米 ×2.4 厘米），阿拉伯数"30"（2 厘米 ×2.4 厘米），阿拉伯数"40"（2 厘米 ×2.4 厘米）。加盖黑色外文。

1917 年　意大利加盖"天津"改值欠资邮票

1932 年　苏维埃邮政邮票

1932 年 5 月由中华苏维埃邮政总局发行，瑞金财政部印刷厂印制。黄亚光设计，手版，无齿孔。面值为 3 分（绿，2.9 厘米 ×2.4 厘米），主图为党徽。

1932 年
苏维埃邮政邮票

1932 年　苏维埃邮政油印邮票

1932 年由湘赣省邮政管理局发行。1982 年在江西省莲花县征集到一整版油印的苏维埃邮政油印邮票，6×5 共 30 枚。无齿孔誊写版，蓝色油印在手工革纸上。纸质略黄而较薄，是把地球图 1 分和五角星图 3 分合印在一版之内的，上两排是 1 分，下三排是 3 分。由于手工刻写，每枚的图案和文字都有许多不同，苏字有"蘇、苏、茉"三种写法。维字有"维、維"两种写法。为中国区票中最早发行的誊写版邮票。

1932 年　苏维埃邮政油印邮票

1933 年　苏维埃邮政花卉图邮票

1933 年，闽浙赣省邮政管理局发行，石版，白纸印刷，无齿孔，2 分（红）横连两枚，4.5 厘米 ×3 厘米，主图是花卉。上书"苏维埃邮政"。是中国珍邮之一。

1933 年　苏维埃邮政花卉图邮票

1938 年　抗战军人纪念邮票

1938 年 9 月，晋察冀边区临时邮政总局发行。全套 1 枚。无面值。主图为一位八路军战士持枪跑步前进，红色，石版白纸印刷，无齿孔。图幅 3.7 厘米 ×3.1 厘米。1938 年 12 月停用。这枚邮票专供战士免费寄家信贴用。是中国人民革命战争时期的邮票中第一套纪念邮票和第一套军人贴用邮票。

1938 年　抗战军人纪念邮票

本节记述 15 件邮品均藏于天津博物馆。

第五节 其他近现代文物

清　清宫升平署八仙衣

清宫升平署八仙衣是清末宫廷为帝后贺寿时的演出戏装，1932年，由著名京剧表演艺术家尚小云购得。1936年，尚小云以包括八仙衣在内的全份戏箱参股中国大戏院。

清　清宫升平署八仙衣

八仙衣一套八件，整体规格一致。其式样统一，均为对襟素缎绣花开氅，衣摆、袖口、领口处嵌入上窄下宽如意状镶边，底边为荷叶边状，袖口未置水袖；尺寸相同（何仙姑氅略短），通长143厘米左右，袖长68厘米左右，袖肥54厘米左右；图案一致、数量相等，每件绣衣均绣有十个蝠寿如意团花主题图案，周围点缀着衔着鲜桃、灵芝、竹叶、天竺、卍字绶带的蝙蝠，每件八仙衣后领下方绣有人物绣像。八件戏装颜色搭配深浅不一，冷暖相济，集体呈现时是一场视觉盛宴。现藏天津戏剧博物馆。

1927年　梅兰芳《梅竹图》图轴

梅兰芳于1927年所作，通长102厘米，通宽34厘米，1989年入藏。画面笔法细腻，设色雅致，疏密相宜，竹叶严谨有致，枝干道劲蜿蜒，朵朵红梅绽放。画面左下方题有"智镜先生雅令"等字，带有两枚印章。梅兰芳，名澜，又名鹤鸣，字畹华，京剧表演艺术大师，创立梅派，京剧"四大名旦"之首，代表作品《贵妃醉酒》《嫦娥奔月》等。现藏天津戏剧博物馆。

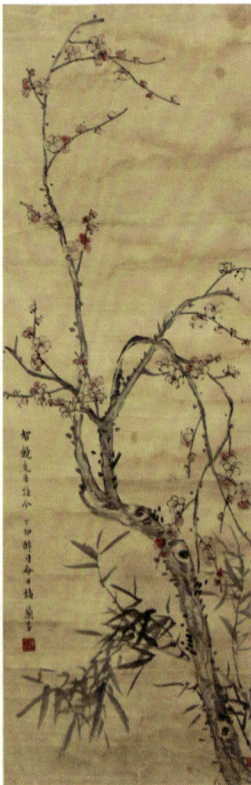

1927年　梅兰芳《梅竹图》图轴

1933年　敬镌佛像碑

高1.22米，宽0.6米，厚0.17米。上部镌刻帷幔内坐佛一尊，左右二侍。在左右镌刻小佛龛数个，上镌刻飞天。下部隶书碑文，记述张母刘太夫人，以及佃户王永志等150余人敬镌佛像，祈祷"国祥隆昌，兵灾休息，五谷丰登"，众生"普辞苦海，永乐升平"愿望。滔金书撰文，杨昭伟书丹。周边席纹纹饰。碑周边略有残损。碑阴镌刻捐资人姓名，文字漫漶。座佚。1933年4月12日立。现藏滨海新区汉沽文化馆。是目前天津发现的唯一镌刻佛像的碑刻。

1933年　敬镌佛像碑

1936年　南运河下游疏浚委员会纪念碑

方首，高0.93米，宽0.94米，厚0.3米。碑额正书"宋公德政"4字，浮雕云纹。碑身高1.98米，宽0.88米，厚0.25米。碑阳、碑阴碑文皆正书，碑阳周边雕刻祥云纹饰，碑阴周边雕刻回纹纹饰。座佚。李廷玉撰文，陈钟年书。1936年6月24日立。主要记述民国初期南运河九宣闸至金刚桥段河道岁久淤塞，航行阻滞，农事困难的状况，历经多次谋划，直到1936年春疏浚河道的过程，

1936年　南运河下游疏浚委员会纪念碑碑文

以及对冀察政务委员会委员长宋哲元德政的褒扬，同时刊刻"河北省南运河下游疏浚委员会重要职员衔名"，从常务委员主席到段长，共43人。名录中从工程委员会委员、顾问、总务处、工程处，到稽核、文案、会计、监工，以及各工段长，构成现代工程管理的基本框架。原立河北区金刚桥桥头，现藏天津博物馆。

1936年 南运河下游疏浚委员会纪念碑碑额

民国 尚小云用过的"聚宝盆"满金守旧

"守旧"是对中国传统戏曲舞台上门帘、台帐的称谓，京剧繁盛时期，守旧为私房行头的一部分，并成为名角的品牌符号。

"聚宝盆"满金守旧是20世纪30年代尚小云演出使用过的，现只留存台帐部分，又称"背靠"，宽3米，高4米。红色缎面中间用金线绣成一个高3米、宽1.5米的聚宝盆，盆中摆着三排层层落落的金元宝和铜钱等吉祥物，14条绣金如意绶带环绕在聚宝盆两侧；守旧左、右、下三边装饰有单行金色回字纹，四周嵌蓝缎浅色绣花镶边；顶边蓝色镶边花纹绣在守旧背面，上面为三层绣金回字纹，底端饰有绿松石紫色流苏，折过来后形成流苏垂幔。挂在舞台上，华美绚丽，金碧辉煌。现藏天津戏剧博物馆。

民国 尚小云用过的"聚宝盆"满金守旧

民国 尚小云《竹石花鸟图》轴

此为1946年尚小云来天津时感念友人热心照拂而作，通长99.4

民国 尚小云《竹石花鸟图》轴

厘米，通宽28厘米。画面布局紧凑，怪石林立，竹叶斑驳，石畔斜生花枝，双鸟鸣唱花间，整幅画面清新灵动。画面右上方题有"竹石饶清意，枝颈鸟语新"等字，共有"绮霞"等四枚印章。尚小云，名德泉，字绮霞，京剧尚派艺术创始人，"四大名旦"之一，代表作品《昭君出塞》《三娘教子》等。现藏天津戏剧博物馆。

民国 小盛春的猴改良靠

20世纪40年代小盛春的猴改良靠，包含4件，通长162厘米，通宽144厘米，重2.667千克。猴改良靠手工精美，纹绣立体灵动，色彩明丽，排穗简洁轻便。小盛春，京剧武生，擅演猴戏，创造了"三平棍"（两头银色中段黄色，直径比一般金箍棒粗两三倍）来表现孙悟空的神力。其代表作品除《西游记》剧目外，还有《八仙斗白猴》《棒打十二蛟》《黄风岭》等。现藏天津戏剧博物馆。

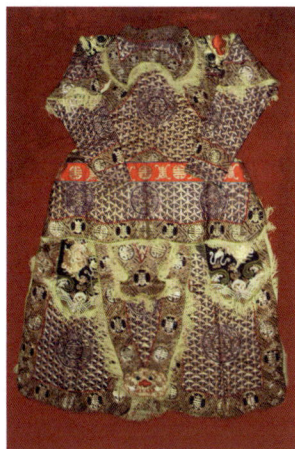

民国 小盛春的猴改良靠

民国 马连良用过的黄竹衣

黄竹衣为著名京剧表演艺术家马连良在民国年间演出用过的，穿在戏装里面，起到透气和隔汗的作用。

竹衣为圆领、对襟、通袖，身长61厘米，通肩袖长110厘米，重0.66千克，由19万根左右的单枝竹竹管穿制而成，每根竹管直径约1毫米，长约2毫米。其主体图案为细小渔网，腰间饰三行几何图案，中间为一行外圆内方的铜钱纹，寓意"无规矩不成方圆"。竹衣的开襟、领口、袖口处用与竹衣颜色相仿的麻布绳边，对襟饰有扣祥儿和疙瘩祥。为了契合体型，以小竹管的增减凸显衣服的腰身，使竹衣与身体更加贴合。通观整件竹衣，其制作精细，巧夺造化，是一件不可多得的中国传统手工艺珍品。现藏天津戏剧博物馆。

民国 马连良用过的黄竹衣

民国 马连良演出时穿过的绣金紫蟒袍

民国 马连良演出时穿过的绣金紫蟒袍

马连良演出时穿过的绣金紫蟒袍是由清廷王爷蟒袍改制而成的戏装。民国年间马连良来津演出时，由庆亲王奕劻之子载振相赠。

此蟒袍通长132厘米，右襟，紫色缎面。10条五爪金龙戏珠为上身的主体图案，用纯金线绣成，五爪金龙之间穿插金线绣成的73个寿字图案，另有各色蝙蝠飞舞其间，底色为连绵不绝的蓝色"卍"绣图。下半部分为彩线满绣"海水江牙"，蕴含着"福山寿海，山河一统，江山永固"的美好寓意。袖口处的图案与白色水袖为后来配置，绣线颜色、绣工与原蟒极其相似，达到以假乱真的地步；为了增加舞台演出效果，在紫蟒两侧开襟处，增加了与金色领子相配的侧摆。通过微调，五爪金龙紫蟒袍成为一件雍容华贵的戏装。现藏天津戏剧博物馆。

天津市军事管制委员会的牌子

木，270.5厘米×33厘米，1949年。白漆涂地，红漆素书"天津市军事管制委员会"10字。1949年1月15日天津解放，当日军管会对外宣告成立，在机关驻地悬挂此牌子。军管会驻地先后主要有3次迁移：和平区承德道22号、和平区鞍山道46号、和平区鞍山道65号。现藏于天津博物馆。

天津市军事管制委员会的牌子

天津市抗美援朝分会制作的和平纪念章

铜，2.6厘米×1.5厘米，1950—1953年。天津在抗美援

天津市抗美援朝分会制作的和平纪念章

朝时期成立了抗美援朝分会，特制作了一款长方形的和平纪念章，上有"保卫世界和平"的字样，及代表和平的和平鸽图案。现藏于天津博物馆。

杨连弟烈士生前使用的军用工具挎包

布，33厘米×25厘米，1952年。这一黄绿色布挎包是杨连弟烈士在朝鲜战场上为抢修铁路大桥放工具使用的。1952年5月15日，杨连弟与战友再次抢修清川江大桥时，被敌机投下炸弹爆炸击中头部，壮烈牺牲。被追记特等功，授予"一级人民英雄"称号，他生前所在连队被命名为"杨连弟连"。现藏于天津博物馆。

杨连弟烈士生前使用的军用工具挎包

天津公私合营钟表厂试制成的第一只国产手表

金属，直径3厘米，1955年。是一款老式15钻机械表，圆形表盘，橘红色皮质表带，为我国自行研制、生产的第一只手表。此表代表了我国20世纪50年代轻工业产品的水平。现藏于天津博物馆。

天津公私合营钟表厂试制成的第一只国产手表

毛泽东主席手书题写的"人民公园"园名并复章士钊函

纸，26.8厘米×20.2厘米，1956年9月19日。1954年张学良将军的胞弟张学铭先生任人民公园园长时，委托爱国人士章士钊先生致

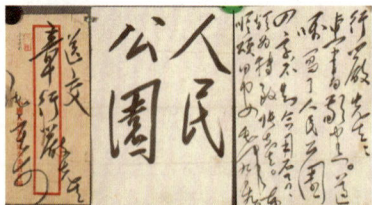

毛泽东主席手书题写的"人民公园"园名并复章士钊函

函毛泽东主席为该园题写园名。毛泽东主席亲笔复函并题写了"人民公园"四个大字。毛泽东主席题写园名的公园在国内仅此一座。现藏于天津博物馆。

七一二厂生产的国产黑白电视机

48.6厘米×49厘米，1958年。外形似正方形，是我国自行试制生产的第一台电子管黑白电视机。作为献礼送给毛泽东主席。现藏于天津博物馆。

七一二厂生产的国产黑白电视机

毛泽东主席视察天津正阳春鸭子楼所用餐具

84厘米×84厘米，108厘米×28厘米，5.2厘米×11.1厘米，1958年。该套餐具为1958年8月13日，毛泽东主席来津视察工作时，在正阳春鸭子楼就餐时所使用的。饭后接见了该店经理吴言全和烤鸭师傅张寅龄，听取了店里工作的汇报，并鼓励他们"好好为人民服务"。现藏于天津博物馆。

毛泽东主席视察天津正阳春鸭子楼所用部分餐具

近云馆主演出时用过的水钻头面

该水钻头面是20世纪50年代著名票友杨慕兰即近云馆主演出使用过的。

"头面"是戏曲旦角头饰总称，水钻头面是硬头面的一种，由多件头饰组成，是戏曲舞台上青春少女的头饰。此副水钻头面为绿色水钻，上面点缀白色水钻及各色锆石，现存有26件，其中蝴蝶式顶花1件、后顶兜1件、后兜1件、后中梁1件、耳挖子2件、六角斜花2件、压条4件、泡子12件。

近云馆主演出时用过的水钻头面

蝴蝶顶花最为精美，绿色水钻为蝴蝶翅膀，中间深绿色锆石为蝴蝶身体状，红水钻做眼，圈状金属做喙管，上下两端伸出金属触角和翅尾，其顶端各嵌有红色锆石。所有锆石皆以白色水钻镶边，色泽艳丽，流光溢彩。现藏天津戏剧博物馆。

第三章 自然标本

天津自然博物馆前身为始建于1914年的北疆博物院，是中国历史最悠久，最具影响力的自然博物馆之一，收藏了各类自然标本逾38万件，其中包括动物标本近28万件，植物标本8万余件，古生物及古人类标本2万余件，地质及岩矿标本2000余件。其中一、二级珍品1282件，同时还藏有大量的模式标本。天津自然博物馆的标本收藏具有门类齐全、时间跨度大、藏品质量高、科研价值大等特点。这些丰富的藏品为天津自然博物馆的科学研究、科普展览和教育传播提供了基础支撑。

古生物藏品中最具特色的是从北疆博物院时期一直保存至今的5000余件古哺乳动物化石标本，以甘肃庆阳、内蒙古萨拉乌苏、河北泥河湾、山西榆社的动物群化石最为著名，开创了中国古哺乳动物学研究的先河，为古生物学研究提供了珍贵的实物佐证。此外，还有来自中国西北、华北、东北等地区的3000余件古人类化石和石制品，以20世纪20年代初甘肃庆阳出土的中国境内最早发现的旧石器时代石片和宁夏水洞沟遗址出土的旧石器为代表，开启了中国旧石器时代考古学研究的序幕。中华人民共和国成立后，为了弥补古生物藏品类别相对单一的缺陷，从20世纪50年代至今，通过大量的野外采集发掘、征集和少量的交换接收等方式，共收藏古植物、古无脊椎动物、古鱼类、古两栖动物，以及包括恐龙化石骨架在内的古爬行动物、古鸟类标本等共计4000余件（套）。这些藏品大部分来自各地质时代典型的动物群，如云南的寒武纪澄江动物群和早侏罗世禄丰恐龙动物群、四川的侏罗纪中晚期恐龙动物群、辽西的侏罗纪晚期至白垩纪早期的热河生物群、内蒙古和山东的白垩纪恐龙动物群等。

动物标本近28万件，其中北疆博物院时期收藏的就有15万件。作为了解中国华北自然的窗口，北疆博物院时期的动物标本采集地北到内蒙古，南至河南，东达胶东半岛，西抵青藏高原；动物标本类群也随着不同学科专家的加入，由开始的陆生昆虫，延伸到海洋动物，从低等的软体动物、无脊椎动物到高等的哺乳动物，几乎涉及所有的类群，反映了北疆博物院收藏之广泛。之后，在已故老馆长肖采瑜及后任几位馆长的带领下，业务人员从1952年开始，先后采集标本40余次，足迹遍布全国大部分省、自治区、直辖市。尤其是在1952—1993年期间，先后共收集海洋无脊椎动物、昆虫、鱼类、两栖动物、爬行动物，以及鸟兽类标本近12万件，这些标本中有许多珍、稀、奇的标本，包括阳彩臂金龟、鹦鹉螺、文昌鱼、中华鲟、白鲟、水中兽类儒艮（美人鱼）、扬子鳄、小鳁鲸、金雕、白尾海雕以及大熊猫等。从标本类型上说，既有生态标本，又有假剥制标本，还有浸制标本、骨骼标本、动物角以及卵和卵巢等。在该馆的馆藏一、二级标本珍品中，973件为动物标本。

植物标本共有8万余件，其中北疆时期的标本6万余件，包括馆藏一、二级标本149件。主要以种子植物为主，还包含了菌类、苔藓、蕨类，以及木材、种子、果实等。这些标本全部由北疆博物院创始人、法国古生物学家桑志华带队的，包括当时国外各个分类研究领域的多名知名专家及中国雇工等人，从1914年3月到1935年间在中国的北部地区黄、白河流域，内蒙古地区，以及西藏附近等地区考察时采集。另外，天津自然博物馆还珍藏了采自法国北部地区的植物标本7300余件，其中种子植物约6900件，其余为藻类、菌类、苔藓、蕨类植物，均为19世纪至20世纪初期采集。中华人民共和国成立后，天津自然博物馆本着"先沿海，次华北，再次全国，最后国外的步骤"积极开展了各类采、征集工作，采集不断由三北向江南推进，由随机朝定向系统发展，使植物藏品种类逐步齐全，新入藏植物标本2万余件。种子植物标本收藏由原来北疆博物院时期的150科增加到202科，馆藏标本也包容了寒温带针阔叶混交林、温带落叶阔叶林、亚热带常绿阔叶林、热带雨林等的生态类型。

天津自然博物馆的藏品中还有一重要类型——岩石矿物标本。该馆珍藏了一套老西开自流井岩屑标本，这是20世纪30年代中国唯一一套完整的地下实物标本，对研究天津的水文地热等具有重要意义。另外，馆藏的陨石、南极石、大港岩芯标本、新矿物大青山矿和黄河矿等极具代表性。

本章记录了天津自然博物馆珍藏的200余件自然标本，标本排序依据自然分类系统和拉丁学名顺序。

第一节　动物

一、无脊椎动物

鹦鹉螺 *Nautilus pompilius* Linnaeus

头足纲 Cephalopoda　鹦鹉螺目 Nautiloids
鹦鹉螺科 Nautilidae

鹦鹉螺壳厚大呈螺旋状，壳面光滑淡黄色或灰白色，布有红褐色放射状斑纹，壳口后侧呈黑色，整体造型酷似鹦鹉的头而得名。分布广泛，白天多在珊瑚礁间或海底栖息，以短腕爬行，夜间通过一根贯穿隔板的体管排出海水而短暂游泳，以蟹类、底栖虾类和海胆等为食。鹦鹉螺类在志留纪达到全盛，但现存3种，是海洋中的活化石。

鹦鹉螺

龙宫翁戎螺 *Pleurotomaria rumphii* Schepman

腹足纲 Gastropoda　原始腹足目 Archaeogastropoda
翁戎螺科 Pleurotomariidae

龙宫翁戎螺壳圆锥形质薄，壳表面有颗粒状雕刻纹，壳口有较深的细长裂缝，壳内珍珠层厚，富有光泽。翁戎螺科动物种类较少，大部分已灭绝，目前世界海洋中仅有20余种，多数栖息于较深海底，不易被发现和采集。龙宫翁戎螺是5.7亿年前寒武纪出现在地球上的海洋生物，历经数亿年演变，依然保留了和祖先相同的形态，生物学家称之为海洋贝类中的"活化石"。

龙宫翁戎螺

黄金宝贝 *Cypraea aurantium* Gmelin

腹足纲 Gastropoda　中腹足目 Mesogastropoda
宝贝科 Cypraeidae

黄金宝贝是较稀有种类，贝壳卵圆平滑富有光泽，壳面金黄色。一般生活于热带和亚热带暖海区水深 8 米至 30 米浅海的岩礁或珊瑚礁质海底，主要以藻类或珊瑚动物等为食。因其美丽的外形，具有较高观赏和收藏价值。

黄金宝贝

东北田螺 *Viviparus chui* Yen

腹足纲 Gastropoda　中腹足目 Mesogastropoda
田螺科 Viviparidae

东北田螺壳高 25 毫米，壳宽 23 毫米。田螺属淡水螺类，外形为圆锥形或陀螺形的贝壳，壳面光滑或有棱、棘等凸起，一般生活在水流缓慢或静止的湖泊、池塘、沟渠的底层。

此标本是桑志华 1929 年 5 月采集于吉林，1937 年我国著名贝类学家阎敦健对其进行研究时定为新种，保存在天津自然博物馆。

东北田螺

李氏巴蜗牛 *Bradybaena licenti* Yen

腹足纲 Gastropoda　柄眼目 Stylommatophora
巴蜗牛科 Bradybaenidae

李氏巴蜗牛壳宽 15 毫米。此标本是桑志华 1927 年 6 月采集于山西武乡县新州镇，1935 年经阎敦健研究定为新种，保存在天津自然博物馆。

李氏巴蜗牛

轮状巴蜗牛 *Bradybaena trochiformis* Yen

腹足纲 Gastropoda　柄眼目 Stylommatophora
巴蜗牛科 Bradybaenidae

轮状巴蜗牛壳宽 9 毫米，壳质厚，坚固，呈圆球锥形。

此标本是桑志华采集于河北张家口，1938 年经阎敦健研究定为新种，保存在天津自然博物馆。

轮状巴蜗牛

石口华蜗牛 *Cathaica shikouensis* Yen

腹足纲 Gastropoda　柄眼目 Stylommatophora
巴蜗牛科 Bradybaenidae

石口华蜗牛壳宽 10 毫米，喜阴暗潮湿，昼伏夜出，最怕阳光直射，对环境反应敏感。

此标本是桑志华 1916 年 7 月采集于山西石口，1935 年经阎敦健研究定为新种，保存在天津自然博物馆。

石口华蜗牛

稷山粒螺 *Grabauia tsishanensis* Yen

腹足纲 Gastropoda　柄眼目 Stylommatophora
巴蜗牛科 Bradybaenidae

稷山粒螺壳宽 9 毫米。此标本是桑志华采集于山西南部稷山，1935 年经阎敦健研究定为新种，保存在天津自然博物馆。

稷山粒螺

安氏平瓣蛇蜗牛扁平亚种

Platypetasus andersoni depressa Yen

腹足纲 Gastropoda　柄眼目 Stylommatophora
巴蜗牛科 Bradybaenidae

扁平安氏平瓣蛇蜗牛壳宽 21 毫米，贝壳稍大，壳质厚，坚实，无光泽，呈扁圆盘形。

此标本是桑志华采集于山东张店，1935 年经阎敦健研究定为新种，保存在天津自然博物馆。

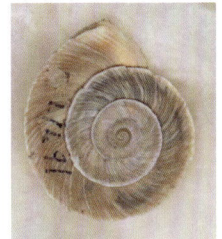

扁平安氏平瓣蛇蜗牛

梯状土螺 *Galba laticallosiformis* Yen

腹足纲 Gastropoda　柄眼目 Stylommatophora
椎实螺科 Lymnaeidae

梯状土螺壳高 12.1 毫米，壳宽 7 毫米。壳呈长卵圆形，壳薄而半透明，具有较高的塔形尖顶及狭窄的膨胀型螺纹；壳后部宽度迅速增加，从中心向周边延展。

此标本是桑志华 1914 年 7 月 25 日采集于山西北部马家堡。1937 年经阎敦健研究定为新种，保存在天津自然博物馆。

梯状土螺

二、昆虫

五指山栖螽 *Eoxizicux wuzhishanensis* Liu *et* Zhang

昆虫纲 Insecta　直翅目 Orthoptera　螽螽科 Meconematida

淡绿色。头顶钝圆锥形，背面具沟。前胸背板后缘狭圆状。各足股节缺刺；前足胫节听器开放型；后足胫节背面内缘和外缘各具18～20个刺和3对端距。雄性尾须较直，内腹侧近中部具1个齿状叶，雌性尾须圆锥形。

该种模式标本为天津自然博物馆专业人员刘胜利于1964年4月在海南岛五指山采集。刘宪伟和张伟年对我国的蛩螽族昆虫进行了研究，2000年在《昆虫分类学报》第22卷第3期中发表该物种，正模和1副模保存在天津自然博物馆。

五指山栖螽

犀角蝉 *Jingkara hyalipunctata* Chou

昆虫纲Insecta　半翅目Hemioptera　角蝉科Membracidae

体背面黄褐色至黑褐色，多刻点及白色或黄白色的毛，腹面黑色。前胸背板褐色或黑褐色，前角正面观狭，具1条明显的中纵脊及几条不规则横脊。复翅褐色，具透明斑点。后翅完全透明，腹部各节黑色，后缘及侧缘褐色。

该种标本为我国著名昆虫学家周尧于1937年7月21日采自陕西太白山蛟龙寺，1964年进行了研究并发表于《昆虫学报》第13卷第4期。1副模标本保存在天津自然博物馆。

犀角蝉

褶角蝉 *Zigzagicentrus bannaensis* Chou

昆虫纲Insecta　半翅目Hemioptera　角蝉科Membracidae

头面褐色，眼褐色，单眼红褐色。前胸背板灰褐色。复翅黄褐色，臀褶前具1条白色透明纵宽带，外缘具1透明的三角形纵斑，翅前缘中央具几个透明小点。后翅白色透明。

1976年周尧对云南省的角蝉科昆虫进行了研究，在《昆虫学报》第19卷第4期中发

褶角蝉

表了该物种。1副模标本由天津自然博物馆业务人员程汉华采自云南西双版纳勐腊，保存在天津自然博物馆。

红眼脊唇蜡蝉 *Gaetulia rubiocellata* Chou *et* Lu

昆虫纲Insecta　半翅目Hemioptera　广翅蜡蝉科Ricaniidae

体蜡黄色。额具3条明显的纵脊和2条褐色带纹，与唇基交界处有1条中断的黑色横带。前胸背板具1条中脊及2褐色纵带，在眼后方具2个明显黑点。中胸盾片具3条纵脊及4条褐色纵带。翅透明，前翅前、后缘及前缘脉黄褐色，其余脉纹黑褐色；前缘斑三角形，黑褐色从基室发出三条纵脉。后翅近臀角具一黑褐色点。

1977年周尧对我国的广翅蜡蝉科昆虫进行了研究，在《昆虫学报》第20卷第3期中发表该物种。2副模标本由天津自然博物馆专业人员于1964年8月在广西龙胜采集，保存在天津自然博物馆。

红眼脊唇蜡蝉

可可广翅蜡蝉 *Ricania cacaonis* Chou *et* Lu

昆虫纲Insecta　半翅目Hemioptera　广翅蜡蝉科Ricaniidae

头和胸部背面黄褐色到褐色；额具3条纵脊；中胸盾片除3条长的纵脊在前端互相会合外，外侧各有1条独立的短脊。前翅前缘斑黄色，斑前具横脉约七条，横脉间各有1条向外倾斜的黑色带纹。翅前缘与外缘呈波状弯曲，顶角明显突出。

1977年周尧对我国的广翅蜡蝉科昆虫进行了研究，在《昆虫学报》第20卷第3期中发表该物种。1副模标本由天津自然博物馆专业人员刘胜利于1964年4月13日在海南岛保亭采集，保存在天津自然博物馆。

可可广翅蜡蝉

甘肃直同蝽 *Elasmostethus kansuensis* Hsiao *et* Liu

昆虫纲Insecta　半翅目Hemiptera　同蝽科Acanthosomatidae

头黄褐色，刻点较少。触角第1、2节浅褐色。前胸背板前部具一个黄褐色光滑横带，侧缘平直。小盾片黄绿色，基部中央具一模糊黑棕色大斑。革片内缘及

顶缘红棕色，中部浅黄褐色或黄绿色。膜片超过腹部末端。

该种模式标本由桑志华于 1919 年采集于甘肃天水，萧采瑜研究并于 1977 年发表在《中国蝽类昆虫鉴定手册》中。正模、配模及副模均保存在天津自然博物馆。

甘肃直同蝽

刺颊胡扁蝽 *Wuiessa spinosa* Liu

昆虫纲 Insecta　半翅目 Hemiptera　扁蝽科 Ardidae

头前端尖刺状，约伸达触角第 1 节的 2/3 处，触角基外角尖，稍向上翘折。眼后刺指状，不伸达眼外缘。前胸背板前叶中具 2 个突起，近前角各有一斜脊。小盾片边缘具隆脊，近顶端中央屋脊状。前翅垫状，不超过小盾片顶端。

该种模式标本由天津自然博物馆专业人员刘胜利于 1977 年 7 月 1 日采集于湖北神农架红坪，并进行研究，于 1980 年在《动物分类学报》第 5 卷第 2 期中发表。正模和部分副模保存在天津自然博物馆。

刺颊胡扁蝽

绿竹缘蝽 *Cloresmus pulchellus* Hsiao

昆虫纲 Insecta　半翅目 Hemiptera　缘蝽科 Coreidae

红棕色，前胸背板、小盾片及前翅带橄榄绿色。小盾片具横皱纹，刻点不规则，侧缘隆起。中胸及后胸腹板光滑，前者前端突起，中央具短纵沟。该种栖于竹笋中，为害其幼嫩部分，须将竹笋的包皮剥开，才可发现。

该种是著名昆虫学家萧采瑜对我国的竹缘蝽族昆虫进行研究时发现的，1963 年发表于《昆虫学报》第 12 卷第 4 期。其模式标本由天津自然博物馆专业人员程汉华在西双版纳的竹林中采集，正模、配模及副模均保存在天津自然博物馆。

绿竹缘蝽

月斑同缘蝽 *Homoeocerus (Anacanthocoris) meniscus* Hsiao

昆虫纲 Insecta　半翅目 Hemiptera　缘蝽科 Coreidae

暗黄色，前胸背板及前翅带赤褐色。前胸背板中央有一条纵细纹，直贯小盾片。小盾片刻点清楚，基半

部具横皱纹。前翅达腹部末端，前缘黄色，革片上的浅色斑点横列，两端较窄，中间向后弯曲，略成半月形。

该种由天津自然博物馆专业人员 1958 年 7 月 18 日及 1958 年 8 月 6 日采集于云南西双版纳，萧采瑜研究并于 1962 年 12 月在《昆虫学报》上发表。正模及配模保存在天津自然博物馆。

月斑同缘蝽

长棘玉蝽 *Hoplistodera longispina* Hsiao *et* Cheng

昆虫纲 Insecta　半翅目 Hemiptera　蝽科 Pentatomidae

红褐色，密布大型刻点。前胸背板前缘及中部的波状纹黄色，具一条隐约的淡色纵中线，侧角色较淡，呈棕红色带橘黄色，甚长，向端部渐尖，末端略向上翘起。小短片具黄色粗网格状纹。革片红褐色，膜片淡黄褐色。

该种模式标本由天津自然博物馆专业人员程汉华于 1958 年 5 月 17 日采集于云南西双版纳勐阿，并和萧采瑜合作研究于 1977 年发表在《中国蝽类昆虫鉴定手册》中。正模和副模均保存在天津自然博物馆。

长棘玉蝽

斑同龟蝽 *Paracopta maculate* Hsiao *et* Jen

昆虫纲 Insecta　半翅目 Hemiptera　龟蝽科 Platespididae

黑色，光亮。头前缘中部较直，背面两侧靠近眼的前内角处常具一极小红色斑点。前胸背板具 8 个橘红色斑点，前边各侧的 2 个斑点常连接；小盾片基部 4 个斑点横长，外侧 2 个常与红色的侧缘相连。

该种模式标本由天津自然博物馆专业人员于 1958 年 7 月至 8 月采集于云南西双版纳勐养，萧采瑜与任树芝共同对其进行研究并于 1977 年发表在《中国蝽类昆虫鉴定手册》中。正模、配模及部分副模保存在天津自然博物馆。

斑同龟蝽

圆斑荆猎蝽 *Acanthaspis geniculata* Hsiao

昆虫纲 Insecta　半翅目 Hemiptera　猎蝽科 Reduviidae

黑色，被浅褐色毛。触角基部、单眼两侧、前胸背板侧角及后叶均具 2 个纵长形斑点，小盾片端刺，各

足转节、股节基部、胫节大部分及跗节均为红色，前翅革片基部及端部的一个圆斑和膜片翅脉污黄色。

该种模式标本由天津自然博物馆专业人员刘胜利于 1964 年 5 月 5 日采集于海南岛尖峰南岸，萧采瑜对其进行了研究并于 1976 年在《昆虫学报》第 19 卷第 1 期中发表。正模保存在天津自然博物馆。

圆斑荆猎蝽

丽勺猎蝽 *Cosmolestes pulcher* Hsiao

昆虫纲 Insecta 半翅目 Hemiptera 猎蝽科 Reduviidae

黄色，被稀疏短毛。触角、前翅及各足胫节橙黄色。头后叶背面两侧、前叶的"V"形花纹，触角第一节基部、各足股节顶端和三个环纹，后胸侧板背部、小盾片两侧及腹部腹板缝及侧接缘一、四、七节基部均为黑色。

该种模式标本由天津自然博物馆专业人员刘胜利于 1964 年 7 月 13 日采集于广西龙州水口关，萧采瑜对其进行研究并于 1976 年在《动物分类学报》第 4 卷第 2 期发表。正模、副模及配模保存在天津自然博物馆。

丽勺猎蝽

黄脊壮异蝽 *Urochela tunglingensis* Yang

昆虫纲 Insecta 半翅目 Hemiptera 异蝽科 Urostylidae

赭色，腹面土黄色或浅赭色。前胸背板及小盾片的中脊土黄色。身体背面具黑色刻点，头部刻点细小，前胸背板、小盾片及革片外域刻点密，内域刻点稀疏；各胸侧板、腹部以及各足基节均有细小黑色刻点。

我国著名昆虫学家、院士杨惟义对中国的异蝽科昆虫进行了研究，1939 年发表于《静生生物调查所汇报》第 9 卷第 1 期中。标本由桑志华于 1928 年 9 月 23 日采集于山西，1 副模标本保存在天津自然博物馆。

黄脊壮异蝽

甘肃真龙虱 *Cybister kansou* Feng

昆虫纲 Insecta 鞘翅目 Coleoptera 龙虱科 Dytiscidae

整体卵形，两侧凸。体橄榄黑；头部两侧角褐色；背面观头部前缘黄色、前胸背板及鞘翅两侧缘分别具黄色宽带。腹部黄色，各节边缘褐色；基节突短圆。足黄色，后足颜色深，具金黄色长毛。

该种模式标本仅有 1 件，由桑志华于 1919 年 6 月 30 日在甘肃至宁夏途中采集。我国著名昆虫学者冯学棠于 1936—1937 年间对保存在北疆博物院的龙虱科标本进行研究时发表了该物种。

甘肃真龙虱

文信草天牛 *Eodorcadion*（*Ornatodorcadion*）*wenhsini* Yang et Danilevsky

昆虫纲 Insecta 鞘翅目 Coleoptera 天牛科 Cerambycidae

触角黑色，雌虫触角基瘤基部具白色毛环。雄虫前胸侧刺突十分短钝，雌虫则较长。雄虫前胸背板白斑较宽，雌虫前胸背板白斑相当宽。鞘翅均匀卵形，具较粗糙的刻点和宽阔的白条纹。足大部分红色或淡红色，腿节端半部黑色。

该种模式标本系桑志华于 1937 年 7 月 9 日在内蒙古采集。天津自然博物馆专业人员杨春旺于 2013 年对其进行研究并发表在《林文信纪念文集》中。3 副模标本保存在天津自然博物馆。

文信草天牛

黑星斑天牛 *Psacothea nigrostigma* Wang，Sun et Zheng

昆虫纲 Insecta 鞘翅目 Coleoptera 天牛科 Cerambycidae

体黑色，被浓密灰白色短绒毛。头顶具 3 条灰白色纵带，中央具 1 条黑色纵脊。前胸背板横阔，具三条灰白色纵纹，侧刺突角状，基部两侧具稀疏刻点。鞘翅稍拱凸，端部微凹截，散布不规则黑点。前足基节窝后方关闭。

黑星斑天牛

该种模式标本仅有 1 件，系天津自然博物馆专业人员朱志彬于 1958 年 5 月 19 日在云南西双版纳勐啊勐康采集。王文凯等人于 2002 年对其进行了研究并在《昆虫分类学报》第 24 卷第 3 期中发表。正模标本保存在天津自然博物馆。

阳彩臂金龟 *Cheirotonus jansoni* Jordan

昆虫纲 Insecta　鞘翅目 Coleoptera　臂金龟科 Euchiridae
国家二级保护动物，中国特有种。

我国最大的甲虫种类。前胸背板绿色有金属光泽，鞘翅棕色，基部和侧缘具棕黄色斑。雄虫前足极度延长。生活于常绿阔叶林中，成虫产卵于腐朽木屑土中。卵圆形乳白色，初孵幼虫头淡黄色，胸、腹部白色 C 型。分布于中国福建、江苏、浙江、江西、湖南、四川、广东、广西、海南等地。

天津自然博物馆馆藏阳彩臂金龟雄、雌各一只，采自四川。

阳彩臂金龟

斑胸突鳃金龟 *Hoplosternus maculatus* Chang

昆虫纲 Insecta　鞘翅目 Coleoptera
鳃金龟科 Melolonthidae

体长椭圆形。头部两复眼间及两侧密布乳白色鳞片呈一对宽阔纵带。前胸背板两侧密被褐色鳞片，前缘具 1 对大的乳白色四边形斑，后方各具 1 对圆斑和三角形斑。鞘翅大部滑亮，基部具乳白色斑 2 对，外侧的小，近椭圆形。

该种模式标本仅 1 件，由天津自然博物馆业务人员刘胜利于 1979 年 10 月 10 日在云南景洪采集。我国著名昆虫学家章有为于 1983 年对其进行了研究并发表于《动物分类学报》第 8 卷第 4 期。正模保存在天津自然博物馆。

斑胸突鳃金龟

拉步甲 *Carabus lafossei* Feisthamel

昆虫纲 Insecta　鞘翅目 Coleoptera　步甲科 Carabidae
国家二级保护动物，中国特有种。

体长 30 ～ 40 毫米。体色变异大，多种色型。通常全身金属绿色，前胸背板及鞘翅外缘泛亮红色光泽。触角细长。足部细长，善于行走。常栖息于砖石、落叶下或较浅土层。成虫一般夜晚捕食。其多捕食鳞翅目、蝇类幼虫和蚯蚓、蜗牛等小型软体动物。分布于中国江苏、浙江、福建、江西、贵州、西藏等地。天津自然博物馆馆藏有拉步甲雄、雌各一只。

拉步甲

硕步甲 *Carabus davidis* (Deyrolle *et* Fairmaire)

昆虫纲 Insecta　鞘翅目 Coleoptera　步甲科 Carabidae
国家二级保护动物。

又叫"大卫步甲"，体长 33 ～ 40 毫米。头部、触角和足都为黑色；鞘翅绿色闪金属光辉，后半部具红铜光泽；足细长。成虫不善飞翔，多在地表活动，行动敏捷，或在土中挖掘隧道，喜潮湿土壤或靠近水源的地方。昼伏夜出，白天一般隐藏于木下、落叶层或洞穴中；有趋光性和假死现象。多捕食鳞翅目、双翅目昆虫及蜗牛、蛞蝓等小型软体动物。分布于浙江、福建、江西、广东等地。天津自然博物馆馆藏硕步甲雄、雌各一只。

硕步甲

拟凹唇步甲 *Catascopus similaris* Xie *et* Yu

昆虫纲 Insecta　鞘翅目 Coleoptera　步甲科 Carabidae

头、前胸背板暗绿色。额沟较深，眼大，眼内沿具脊 1 条。前胸背板盘区隆起，前角短不锐，基角近直角。鞘翅肩胛较圆，外侧刺状，缝角发达且具外齿。鞘翅沟 9 行，翅凹深。

该种模式标本仅 1 件，1964 年 3 月 26 日采集于海南岛吊罗山。谢为平和虞佩玉于 1992 年对其进行研究，并发表于《动物学集刊》第 9

拟凹唇步甲

卷中。正模保存在天津自然博物馆。

五刺叉趾铁甲 *Dactylispa quinquespina* T'an

昆虫纲 Insecta　鞘翅目 Coleoptera　铁甲科 Hispidae

体近长方形，黑色，全身密布刺突；头、触角、腹部及足棕黄至棕红。前胸背板及胸刺棕红，盘区中部具两个长方形大黑斑。小盾片宽三角形，中央具一小红斑。鞘翅具 10 行刻点，敞边暗红色，宽，背刺粗大。

该种模式标本仅 1 件，系天津自然博物馆业务人员程汉华于 1958 年 5 月 23 日在云南西双版纳勐啊勐康采集。我国著名昆虫学家谭娟杰对其进行了研究，并于 1982 年发表在《动物分类学报》第 2 卷中。正模保存在天津自然博物馆。

五刺叉趾铁甲

金斑喙凤蝶 *Teinopalpus aureus* (Mell)

昆虫纲 Insecta　鳞翅目 Lepidoptera　凤蝶科 Papilionidae

一种大型凤蝶。雌雄异形。雄性前翅具一条弧形金绿色的斑带，后翅中央有几块金黄色的斑块。雌性后翅中域大斑呈灰白色或白色。一年 2 代，成虫多见于 5—9 月。寄主植物为木兰科桂南木莲、深山含笑等。分布于海南、广东、广西、福建、浙江、江西等地。此外还见于老挝、越南等地。

我国"国蝶"，因稀少而珍贵，故有"梦幻蝴蝶"和"世界动物活化石"之美誉。中国《国家重点保护野生动物名录》中列为一级保护对象。天津自然博物馆馆藏有金斑喙凤蝶雄、雌各一只，雄性采自广西大瑶山，雌性采自福建武夷山。

金斑喙凤蝶

阿波罗绢蝶 *Parnassius apollo* (Linnaeus)

昆虫纲 Insecta　鳞翅目 Lepidoptera　凤蝶科 Papilionidae

珍贵的大型绢蝶，翅背面白色，翅脉黄褐色。雄蝶前翅中室有 2 个呈方形的大黑斑，后翅中部有 2 个外围黑环、内有白心的大红或橙红斑。雌蝶翅面斑纹似雄蝶，黑色鳞片较密，后翅红斑较雄蝶大而鲜艳。栖息于海拔 750 米至 2000 米的高山区。耐寒性强，常常生活在雪线上下。一年发生 1 代，以卵越冬。成虫多见于 6—8 月。幼虫以景天科植物为寄主。分布于新疆。此外见于欧亚各国。

最早被纳入《濒危野生动植物种国际贸易公约》附录 Ⅱ 的昆虫种类，中国《国家重点保护野生动物名录》中列为二级保护对象。天津自然博物馆馆藏有阿波罗绢蝶雄、雌各一只，采自新疆。

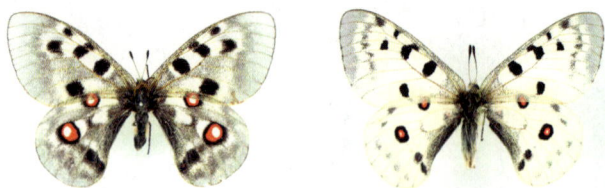

阿波罗绢蝶

青球箩纹蛾 *Brahmaea hearseyi* White

昆虫纲 Insecta　鳞翅目 Lepidoptera
箩纹蛾科 Brahmaeidae

翅展 112 ~ 115 毫米，体青褐色，前翅中带底端球形，中带外侧有 6 ~ 7 行箩筐行纹，排列成 5 垄，翅外缘有 7 个青灰色半球形斑。后翅中线曲折，内侧棕黑，有灰黄色斑，外侧有箩筐行条纹 9 垄，呈水浪纹状。半球形卵，直径 2.0 ~ 2.5 毫米，初产时乳黄色，卵壳表面有许多纵横脊纹，呈网状。老熟幼虫在地面土块下做土室化蛹越冬。幼虫寄主是女贞属植物。分布：河南、湖北、湖南、福建、广东、四川、贵州。

该种标本由桑志华于 1926 年采集于山西运城。

青球箩纹蛾

榆凤蛾 *Epicopeia mencia* Moore

昆虫纲 Insecta　鳞翅目 Lepidoptera　凤蛾科 Epicopeiidae

翅展为 80 毫米左右，形态似凤蝶。体翅灰黑或黑褐色。触角栉齿状，腹部各节后缘为红色。前翅外缘为黑色宽带，后翅有 1 个尾状突起，有两列不规则的红色或灰白色斑。成虫白天飞翔与交配，晚上休息，无趋光性。卵散产在叶片上，卵期约8天。初孵幼虫只食叶肉，大龄幼虫蚕食叶片。幼虫白天静伏在枝上，夜间大量取食。寄主植物为各种榆树。分布于沈阳、丹东、北京、济南、青岛、南京、杭州、河南、河北、武汉和贵阳等地。

榆凤蛾

该种标本由桑志华于1928年采集于东北帽儿山。

长角瘤虻 *Hybomitra longicorna* Wang

昆虫纲 Insecta 双翅目 Diptera 虻科 Tabanidae

头部、前额黄灰色，两侧平行并覆盖长灰毛。盾片、小盾片及翅前胛褐色。翅透明，翅脉棕色。前足胫节基部2/3红棕色，具浅色毛；中后足胫节红棕色，覆白色长毛。平衡棒黑棕色。腹部背板黑色，近第2背板两侧具棕色小斑。

该种模式标本为天津自然博物馆业务人员熊江于1963年6月25日采集于四川宝兴硗碛。王遵明对其进行了研究并于1984年发表在《动物分类学报》第9卷第4期。正模保存在天津自然博物馆。

长角瘤虻

褐蜻茧蜂 *Aridelus fuscus* Wang

昆虫纲 Insecta 膜翅目 Hymenoptera 茧蜂科 Braconidae

头黄褐色，具密生的银白色细毛，额中央具一褐色薄片状纵脊。整个胸部具有如同蜂房之网状隆脊。胸部及柄后腹褐黑色。翅透明，前缘脉及翅痣褐色；前翅径室长度约为翅痣长度的2/3。腹部长于头胸之和，光滑无毛。

该种标本由桑志华于1933年8月13日在山西五寨采集。王金言对其进行了研究并于1981年在《动物分类学报》第6卷第4期中发表。正模和1副模保存在天津自然博物馆。

褐蜻茧蜂

三、鱼类

中华鲟 *Acipenser sinensis*

硬骨鱼纲 Osteichthyes 鲟形目 Acipenseriformes

鲟科 Acipenseridae

国家一级保护动物，现存鱼类最原始的种类之一，被誉为水生物中的“活化石”，是研究鱼类演化的重要参照物。

中华鲟生活在大江和近海中，有“长江鱼王”之称，为底层鱼类，具有洄游性或半洄游性。体呈纺锤形，背部狭窄，腹部平直。体表具1纵行骨板，背面1行，体侧和腹侧各2行，每行有棘状突起。侧骨板以上为青灰、灰褐或灰黄色，侧骨板以下逐渐由浅灰过渡到黄白色；腹部为乳白色，各鳍呈灰色且有浅边。歪尾型。北起黄海北部海洋岛，南至珠江、海南省万宁市近海均有分布，溯长江可到金沙江下游、沿珠江可达广西浔江。国外见于朝鲜西南部和日本九州西部。

中华鲟

白鲟 *Psephurus gladius*

硬骨鱼纲 Osteichthyes 鲟形目 Acipenseriformes

长吻鲟科 Polyodontidae

国家一级保护动物，我国特有大型濒危珍贵鱼类。

白鲟家族的出现可以追溯到距今1亿年前的白垩纪，目前存活在地球上的该科鱼类只有北美密西西比河流域的长吻鲟。体长梭形，口下位，口裂大，上、下颌均具尖细的齿。吻延长呈圆锥状。皮肤裸露无鳞，仅尾鳍上缘有一列硬鳞，背部浅紫灰色、腹部及各鳍略呈白粉色。海、淡水洄游，春季溯江产卵。历史上分布于海河、黄河、淮河、长江、钱塘江和黄海、渤海、东海等。沿长江上溯可达乌江、嘉陵江、渠江、沱江、岷江、金沙江等。现已绝迹。

1921 年 11 月 12 日，桑志华在沿渤海考察中采集到一尾白鲟，体长 1.12 米，后期制作成生态标本，藏于天津自然博物馆。

白鲟

东方旗鱼 *Histiophorus orientalis*

硬骨鱼纲 Osteichthyes　鲈形目 Perciformes
旗鱼科 Histiophoridae

东方旗鱼又称"芭蕉鱼"，为热带、亚热带海洋上、中层大型凶猛鱼类。一般体长 2 米至 3 米，呈圆筒形，稍侧扁；背、腹缘钝圆，较平直。吻尖长，呈枪状。眼小，侧位。口裂大，近于平直。上颌骨及鼻骨向前延长，形成枪状吻部。体被圆鳞，多埋于皮下。侧线完全，自鳃孔后上方直达尾鳍基。尾鳍分叉较深。头及体背侧青蓝色，背侧有横排列的灰白色圆斑，腹部银白色，除臀鳍灰色外各鳍为蓝黑色，第一背鳍鳍膜上密布黑色圆斑。分布于印度尼西亚、夏威夷、中国南海及东海、日本。

东方旗鱼

翻车鱼 *Mola mola*

硬骨鱼纲 Osteichthyes　鲀形目 Tetraodontiformes
翻车鱼科 Molidae

又称"翻车鲀""曼波鱼"。体高而侧扁，亚圆形。头高而侧扁。吻圆钝。眼小，上侧位。口小，端位。

上下颌牙愈合，各具一喙状牙板，无中央缝。鳃孔小，侧位，位于胸鳍基底前上方。体表及鳍均粗糙，具刺状或粒状突起。无侧线。背鳍尤为高大，呈镰刀形。臀鳍与背鳍相似，较短小。无腹鳍。尾鳍消失。背侧面灰褐色，腹侧面银灰色。各鳍灰褐色。

大型大洋性鱼类，体长可达 3 ~ 5.5 米，重达 1400 ~ 3500 千克。单独或成对游泳，有时十余尾成群，小个体鱼较活泼，常跃出水面，大个体鱼行动迟缓，常侧卧于水面，或背鳍露出水面，也能潜入百余米深水中。分布于全球温带及热带海域。中国沿海均有分布。

翻车鱼

多棘小公鱼 *Stolephorus shantungensis*

硬骨鱼纲 Osteichthyes　鲱形目 Clupeiformes
鳀科 Engraulidae

又称"山东小公鱼"。体长，较侧扁。头较长。吻突出。眼大。体被薄而大的圆鳞，鳞片极易脱落。腹缘具棱棘 7 ~ 8 个。无侧线。胸鳍侧下位，腹鳍腹位，尾鳍叉形。体侧中部有一条银色纵带，从鳃盖后缘伸达尾鳍基。目前仅见于我国山东惠民、烟台。

1978 年，天津自然博物馆专业人员李国良在《动物学报》发表该新种。标本采自山东惠民、烟台，模式标本现存于天津自然博物馆。

多棘小公鱼

小眼金线鲃 *Sinocyclocheilus microphthalmus*

硬骨鱼纲 Osteichthyes　鲤形目 Cypriniformes
鲤科 Cyprinidae

小眼金线鲃为我国鲤科鱼类中较为原始的种类，世界罕见的盲鱼种群。体长 80 ~ 200 毫米。吻突出。头前部平扁如鸭嘴状，后部隆起；头后背部拱起成弓形，腹部较平直。眼很小，有的个体眼部覆盖皮膜。吻须和口角须各 1 对，约等长，发达，以维系该物种在阴暗环境中的生存及弥补视觉功能退化的缺陷。分布于广西红水河支流及右江水系的岩溶洞穴中。

1986 年 3—4 月，天津自然博物馆专业人员李国良、郭旗在广西进行鱼类资源调查时采集到 10 余尾"盲眼鱼"，经研究鉴定为鱼类新种，1989 年 在 《动物分类学报》第 1 期发表，定名为小眼金线鲃。模式标本保存于天津自然博物馆。

小眼金线鲃

双吻前口蝠鲼 *Manta birostris*

软骨鱼纲 Chondrichthyes　鲼目 Myliobatiformes
蝠鲼科 Mobulidae

体盘极宽且角尖，体盘宽为体盘长的 2.2 ～ 2.4 倍。头前具有一对喇叭状的鳍状肢。眼睛位于侧边，微向腹面倾斜，眼球很大，比喷水口约大 2 倍。眼间隔很宽，比喷水孔后缘至头鳍前端之距离大。喷水口小，横椭圆形，宽比长大约 2 倍。尾短如鞭，无棘刺。皮肤粗糙，表皮上面呈橄榄色或黑色，偶具白色肩纹，下面呈白色。体盘有灰色边缘。

属暖水性中上层大型鱼类。行动敏捷，有时浮于水面晒太阳，有时降于底层栖息。喜成群游泳，雌雄偕行。成鱼体盘宽 6 米有余，重逾 2 吨。为鲼类中最大者。我国沿海次要经济鱼类。分布于热带和温带各海域。中国沿海均见。

该标本极其珍贵，目前藏于天津自然博物馆。

双吻前口蝠鲼

噬人鲨 *Carcharodon carcharias*

软骨鱼纲 Chondrichthyes　鼠鲨目 Lamniformes
鲭鲨科 Isuridae

体呈纺锤形，躯干较粗壮。头较长。吻较短而尖突。眼中大，圆形，无瞬膜。口裂宽，弧形，下颌极短，口闭时露齿。颌齿大型，边缘具锯齿。喷水孔微小，有时消失。背鳍 2 个，第一背鳍稍大，第二背鳍很小。胸鳍宽大型，镰刀状。尾鳍宽短。体背侧青灰色，或暗褐色，或近黑色；腹侧淡色至白色。胸鳍腋上具一黑色斑块；腹鳍白色，前部具一青灰色斑块；背鳍、胸鳍和尾鳍后部暗色。

属冷温和暖温区近海上层大型凶猛鱼类，活动在海洋表层下至大陆坡水深 1280 米处。善游泳，平均巡游速度 3.2 千米 / 小时。性凶猛，捕食各种鱼类、海龟、海兽等。见血性狂，常有袭击渔船和噬人记录，故称"噬人鲨"，为现存最凶残鲨类之一。

分布于各大洋沿岸海域。中国见于东海和台湾东北海域、南海。

噬人鲨

四、两栖动物

中国大鲵 *Andrias davidianus*

两栖纲 Amphibia　有尾目 Urodela
隐鳃鲵科 Cryptobranchidae

国家二级保护动物，列入 CITES 附录 I。

我国特有种，主要分布在华北、华中及华南等省。是世界上体型最大的两栖动物，体长最长可达 2 米，馆藏标本体长 1.1 米。因叫声似婴儿啼哭俗称"娃娃鱼"。生活在海拔 100 米至 1200 米的山区，水流较缓的河流、溪流的岩洞或深潭中。捕食各种水生动物。白天很少活动，偶尔上岸晒太阳，夜间活动频繁。7—9 月为繁殖盛期。饲养条件下可存活 55 年。

中国大鲵为我国及世界的濒危物种，在全球范围被评估为极危。我国已建立了多个大鲵自然保护区，开展了人工繁育和野放工作，人工饲养的种群数量很多，但野外种群由于人类过度捕捞、生态环境质量下降和栖息地的丧失呈下降趋势。

中国大鲵

五、爬行动物

蟒蛇 *Python bivittatus*

爬行纲 Reptilia 蛇目 Serpentes 蟒科 Pythonidae
国家一级保护动物，列入 CITES 附录 Ⅱ。

分布在我国南部及东南亚各国。无毒，我国体型最大的蛇类，体长可达 6～7 米。头较小，通身棕褐色，有镶黑边的浅黄褐色豹斑，腹面黄白色。蟒蛇栖息在林木茂盛的低山或中山地区，营树栖和地面生活，喜欢浸泡在水中，夜间活动。捕食有蹄类等动物。卵生，一次产卵数十枚。

馆藏的蟒蛇骨骼标本全长约 2.5 米，为蟒蛇在树上缠绕攀缘的自然姿态，展示了其在森林中的生活习性。

蟒蛇

扬子鳄 *Alligator sinensis*

爬行纲 Reptilia 鳄目 Crocodylia 鼍科 Alligatoridae
国家一级保护动物，列入 CITES 附录 Ⅰ。

扬子鳄是我国特有种，野外种群仅分布在安徽、浙江境内的狭小地区。体型较小，体长 1.5 米左右。全身覆盖角质鳞片，眼大，瞳孔纵裂。栖息地在江河、湖泊附近，主要在水中生活，营造复杂的洞穴系统。捕食水禽和其他水生动物。每年 6 月繁殖，用杂草筑巢产卵。

扬子鳄对环境的适应性十分特化，气候变化、人类的捕猎和对土地的利用使其分布区不断退缩。其中栖息地破坏是野生种群濒临灭绝的主要因素。扬子鳄是我国及世界濒危物种，种群在全球范围被评估为极危，受国际贸易公约的保护。

扬子鳄

六、鸟类

白琵鹭 *Platalea leucorodia*

鸟纲 Aves 鹳形目 Ciconiiformes 鹮科 Threskiornithidae
国家二级保护动物，列入 CITES 附录 Ⅱ。

大型涉禽。全身羽毛白色，眼先、眼周、颏、上喉裸皮黄色；嘴长直、扁阔似琵琶；胸及头部冠羽黄色（冬羽纯白）；颈、腿均长，腿下部裸露，黑色。

栖息于沼泽地、河滩、苇塘等处，涉水啄食小型动物，有时也食水生植物；飞行时颈和脚伸直，交替地拍动翅膀和滑翔。繁殖于欧亚大陆和非洲西南部的部分地区，在非洲、印度半岛、东南亚，以及中国东北、华北、西北越冬。

该标本藏于天津自然博物馆。

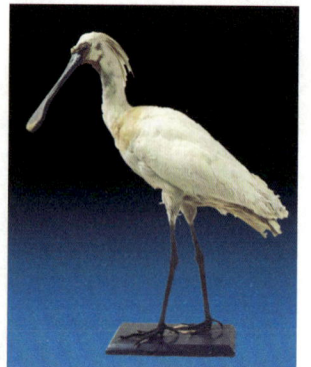

白琵鹭

朱鹮 *Nipponia nippon*

鸟纲 Aves 鹳形目 Ciconiiformes 鹮科 Threskiornithidae
国家一级保护动物，列入 CITES 附录 Ⅰ。

古称"朱鹭""红朱鹭"，为中国特有种。中等体型，体羽白色，后枕部有长的柳叶形羽冠，额至面颊部皮肤裸露，呈鲜红色。

留鸟，曾广泛分布于中国东部、日本、俄罗斯、朝鲜等地，环境恶化等因素导致野生种群数量仅剩7只，后经人工繁殖，野外种群数量有所恢复。现分布地域已经从陕西南部扩大到河南、浙江等地。

该标本是2009年由陕西省珍稀野生动物抢救饲养研究中心捐赠动物死体，后制作为标本，为珍稀标本。

朱鹮

东方白鹳 Ciconia boyciana

鸟纲 Aves　鹳形目 Ciconiiformes　鹳科 Ciconiidae

国家一级保护动物，列入 CITES 附录Ⅰ。

大型涉禽，嘴长而坚硬，呈黑色，基部较厚，往尖端逐渐变细，并且略微向上翘。身体上的羽毛主要为纯白色。翅膀宽而长，上面的大覆羽、初级覆羽、初级飞羽和次级飞羽均为黑色，并具有绿色或紫色的光泽。腿、脚甚长，为鲜红色。

常在沼泽、湿地、塘边涉水觅食，主要以小鱼、蛙、昆虫等为食。性宁静而机警，飞行或步行时举止缓慢，休息时常单足站立。在我国东北部繁殖，越冬于长江下游及以南地区。

东方白鹳

该标本为2012年于天津北大港湿地自然保护区采集，后制作成标本，藏于天津自然博物馆。

秃鹳 Leptoptilos javanicus

鸟纲 Aves　鹳形目 Ciconiiformes　鹳科 Ciconiidae

一种大而笨重的涉禽，嘴粗而长，脚亦甚长，上体黑灰色，具蓝黑色金属光泽。下体白色，头和颈具稀疏而短的毛发状羽、近似裸露，红黄色。飞行时头缩至肩上，主要通过两翅缓慢扇动、鼓翼飞行。

以鱼、蛙、爬行类、软体动物、蟹、甲壳类、蝗虫、蚱蜢、蜥蜴、啮齿类、雏鸟等动物性食物为食。分布于中国、斯里兰卡、印度东部和南部、尼泊尔、孟加拉国、缅甸、泰国、老挝、越南、马来西亚和印度尼西亚的苏门答腊、爪哇和加里曼丹。

该物种标本由贝林于2009年捐赠，藏于天津自然博物馆。

秃鹳

小白额雁 Anser erythropus

鸟纲 Aves　雁形目 Anseriformes　鸭科 Anatidae

腿橘黄色，环嘴基有白斑，腹部具近黑色斑块。极似白额雁，冬季常与其混群。不同处在于体型较小，嘴、颈较短，嘴周围白色斑块延伸至额部，眼圈黄色，腹部暗色块较小。

主要栖息于北极苔原和苔原与灌木覆盖的亚北极地区，以及亚平原泰加林地区。常结群活动，可见于湖泊、沼泽、鱼塘、虾池以及河流平缓水面开阔处，栖息于近水的草地农田等处。分布于整个欧洲和亚洲的北部地区。越冬在欧洲东南部、埃及、土耳其、印度、朝鲜、日本和中国。

该标本为2011年于吉林征集购得，藏于天津自然博物馆。

小白额雁

大天鹅 Cygnus cygnus

鸟纲 Aves　雁形目 Anseriformes　鸭科 Anatidae

国家二级保护动物。

候鸟，体型高大，嘴黑，嘴基有大片黄色，黄色延至鼻孔下端。

栖息于开阔的、水生植物繁茂的浅水水域。除繁殖期外成群生活，昼夜均有活动，性机警、胆怯、善游泳。迁徙时以小家族为单位，呈"一"字、"人"字或"V"

形队伍。是世界上飞得最高的鸟类之一，能飞越世界最高峰——珠穆朗玛峰，最高飞行高度可达 9000 米以上。分布于亚洲，冬季分布于中国长江流域及附近湖泊；春季迁徙经华北、新疆、内蒙古而到黑龙江、蒙古国及俄罗斯西伯利亚等地繁殖。该标本藏于天津自然博物馆。

大天鹅

疣鼻天鹅 *Cygnus olor*

鸟纲 Aves　雁形目 Anseriformes　鸭科 Anatidae

国家二级保护动物。

疣鼻天鹅，是一种大型的游禽，脖颈细长，前额有一块突起的瘤疣，因此得名。全身羽毛洁白。栖息于湖泊、江河或沼泽地带。飞行时也将头部伸直，但很少发出叫声，故又得名"无声天鹅"。

以水生植物为主要食物，包括水草的根、茎、叶、芽及种子等；偶吃软体动物和昆虫及小鱼。在芦苇丛中营巢，由水生植物和泥土构成，内铺杂草和绒羽。分布于欧洲、北非、亚洲中部与南部。

该标本于 1963 年 2 月采集，后制作成标本。该标本藏于天津自然博物馆。

疣鼻天鹅

灰鹤 *Grus grus*

鸟纲 Aves　鹤形目 Gruiformes　鹤科 Gruidae

国家二级保护动物，列入 CITES 附录 Ⅱ。

大型涉禽，颈、脚均甚长，全身羽毛大都灰色，头顶裸出皮肤呈鲜红色，眼后至颈侧有一灰白色纵带，脚黑色。栖息于开阔草地、沼泽、河滩、旷

灰鹤

野、湖泊以及农田地带。主要以水生昆虫、软体动物及水生植物的球茎、块根和果实为食。

在世界范围内，繁殖在欧亚大陆北部；越冬在法国、阿拉伯半岛、非洲西北部和东北部、巴基斯坦、印度，以及中国的东部和南部。

该标本于 2002 年采集于天津于桥水库，藏于天津自然博物馆。

丹顶鹤 *Grus japonensis*

鸟纲 Aves　鹤形目 Gruiformes　鹤科 Gruidae

国家一级保护动物，列入 CITES 附录 Ⅰ。

大型涉禽，颈、脚较长，通体大多白色，头顶鲜红色，喉和颈黑色，耳至头枕白色，脚黑色，站立时颈、尾部飞羽和脚黑色，头顶红色，其余全为白色。

常成对或成家族群和小群活动。主要以水生昆虫、软体动物及水生植物的球茎、块根和果实为食。分布于中国东北，蒙古东部，俄罗斯乌苏里江东岸，朝鲜，韩国和日本北海道。

该标本 2003 年 8 月 9 日采集于河北省保定，后制作成标本，藏于天津自然博物馆。

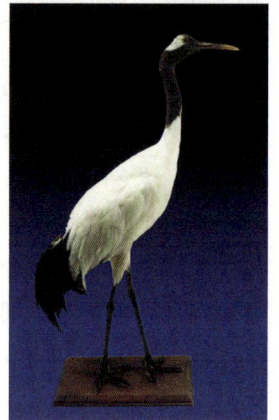

丹顶鹤

白枕鹤 *Grus vipio*

鸟纲 Aves　鹤形目 Gruiformes　鹤科 Gruidae

国家二级保护动物，列入 CITES 附录 Ⅰ。

体形与丹顶鹤相似，上体为石板灰色。尾羽为暗灰色，末端具有宽阔的黑色横斑。取食时主要用喙啄食，或用喙先拨开表层土壤，然后啄食埋藏在下面的种子和根茎，边走边啄食。

主要繁殖在黑龙江、吉林等省或更北的广大地区，冬天部分迁徙到江苏、安徽、江西等省的湿地越冬。

该标本于 2012 年 3 月由天津市宝坻县林业局捐赠，藏于天津自然博物馆。

白枕鹤

白腹锦鸡 Chrysolophus amherstiae

鸟纲 Aves　鸡形目 Galliformes　雉科 Phasianidae
国家二级保护动物。

雄鸟头顶、背、胸为金属翠绿色；羽冠紫红色；后颈披肩羽白色，具黑色羽缘；下背棕色，腰转朱红色。飞羽暗褐色。尾羽长，有黑白相间的云状斑纹。腹部白色。嘴和脚蓝灰色。雌鸟上体及尾大部棕褐色，缀满黑斑。胸部棕色具黑斑。

栖息于海拔 2000 ～ 4000 米的山地，活动于多岩的荒芜山地、灌丛及矮竹间。以农作物、草籽、竹笋等为食，兼食昆虫。分布于中国和缅甸。

该标本为 2012 年于四川征集购得，为珍稀标本，藏于天津自然博物馆。

白腹锦鸡

红腹锦鸡 Chrysolophus pictus

鸟纲 Aves　鸡形目 Galliformes　雉科 Phasianidae
国家二级保护动物，中国特有种。

又名"金鸡"，中型鸡类，雄鸟羽色华丽，头具金黄色丝状羽冠，上体除上背浓绿色外，其余为金黄色，后颈被有橙棕色而缀有黑边的扇状羽，形成披肩状。下体深红色，尾羽黑褐色，满缀以桂黄色斑点。

野外特征极明显，全身羽毛颜色互相衬托，赤橙黄绿青蓝紫俱全，光彩夺目，是驰名中外的观赏鸟类。栖息于海拔 500 ～ 2500 米的阔叶林、针阔叶混交林和林缘疏林灌丛地带。分布的核心区域在中国甘肃和陕西南部的秦岭地区。

该标本藏于天津自然博物馆。

红腹锦鸡

蓝鹇 Lophura swinhoii

鸟纲 Aves　鸡形目 Galliformes　雉科 Phasianidae
国家一级保护动物，列入 CITES 附录 I。

又名"蓝腹鹇""台湾蓝腹鹇""华鸡"，是一种大型雉类。雄鸟全长 72 ～ 81 厘米，羽色深蓝，有白色短羽冠，上背、中央尾羽为银白色；肩羽暗紫红色。雌鸟体型较小，羽色大致为灰褐色规则斑纹。

蓝鹇是台湾特有鸟种；栖息在海拔 2000 米以下中低海拔的阔叶林或混生林中，行动谨慎，常常悄然无声地活动，不易见到。以植物的果实、种子为食，也吃一些无脊椎动物。

该标本为 1999 年由天津动物园捐赠，后制作成标本。为珍稀标本，藏于天津自然博物馆。

蓝鹇

白鹇 Lophura nycthemera

鸟纲 Aves　鸡形目 Galliformes　雉科 Phasianidae
国家二级保护动物。

大型雉类。头顶具冠。嘴粗短而强壮，上嘴先端微向下曲，但不具钩；鼻孔不为羽毛所掩盖着。翅稍短圆，尾长。雌雄异色。雄鸟上体白色而密布黑纹，长而厚密、状如发丝的蓝黑色羽冠披于头后；脸裸露，赤红色；尾长、白色，两翅亦为白色。下体蓝黑色，脚红色。雌鸟通体橄榄褐色，羽冠近黑色。

栖息于森林茂密，林下植物稀疏的常绿阔叶林和沟谷雨林。食昆虫、植物茎叶、果实和种子等。分布于中国、缅甸、泰国和中南半岛。

该标本为 1983 年采集于浙江丽水，为珍稀标本，藏于天津自然博物馆。

白鹇

白颈长尾雉 Syrmaticus ellioti

鸟纲 Aves　鸡形目 Galliformes　雉科 Phasianidae
国家一级保护动物，列入 CITES 附录 I。

中国特有物种。雄鸟头灰褐色，颈白色，脸鲜红色，其颈上后缘有一显著白纹，上背、胸和两翅栗色。上背和翅上均具 1 条宽阔的白色带，极为醒目；下背和腰黑色而具白斑；腹白色，尾灰色而具宽阔栗斑。

主要栖息于海拔1000米以下的低山丘陵地区和林缘灌丛地带，分布于中国长江以南的江西、安徽南部、浙江西部、福建北部、湖南、贵州东部及广东北部的山林。

白颈长尾雉

该标本为1991年4月于浙江开化采集，后制作成标本，藏于天津自然博物馆。

红腹角雉 Tragopan temminckii

鸟纲 Aves　鸡形目 Galliformes　雉科 Phasianidae
国家二级保护动物。

雄鸟体羽及两翅主要为深栗红色，满布具黑缘的灰色眼状斑，下体灰斑大而色浅。雌鸟上体灰褐色，下体淡黄色，杂以黑、棕、白斑。雄性较雌性更为美丽。

喜欢居住在有长流水的沟谷、山涧及较潮湿的悬崖下的原始森林中，在海拔1000～3500米之间均有分布。主要以乔木、灌木、竹，以及草本植物和蕨类植物的嫩叶、幼芽、嫩枝为食。主要分布于亚洲地区，包括中国南部及印度等地。

红腹角雉

该标本是2011年于四川征集购得，为珍稀标本，藏于天津自然博物馆。

斑嘴鹈鹕 Pelecanus philippensis

鸟纲 Aves　鹈形目 Pelecaniformes　鹈鹕科 Pelecanidae
国家二级保护动物。

又名"淘河""塘鹅"。嘴长而粗，呈粉红色，上下嘴的边缘具有一排蓝黑色的斑点。喉囊紫色，脚黑褐色。夏季的羽毛上体为淡银灰色，后颈的羽毛为淡褐色，较长而蓬松，像马鬃一样，

斑嘴鹈鹕

到枕部羽毛则更长，形成短的冠羽。翅膀和尾羽为褐色。下体均为淡褐色。

栖息于海岸、江河、湖泊和沼泽地带，以鱼类等为食，也吃蛙、甲壳类、蜥蜴、蛇等。分布于中国华东及华南沿海从江苏至广西、海南岛等地区。

该标本为珍稀标本，藏于天津自然博物馆。

非洲鸵鸟 Struthio camelus

鸟纲 Aves　鸵鸟目 Struthioniformes　鸵鸟科 Struthionidae
世界上最大的一种鸟类，成鸟身高可达2.5米，雄鸵鸟体重可达150千克。主要特点是龙骨突不发达，不能飞行，也是世界上现存鸟类中唯一的二趾鸟类，后肢粗壮有力，适于奔走。

生活于非洲的沙漠草地和稀树草原地带，因其羽、皮及肉等都有很高的经济价值，且有生长快、繁殖力强、易饲养和抗病力强等优点，在许多国家被广泛驯养。

非洲鸵鸟

该标本制作精致，由贝林于2009年捐赠，藏于天津自然博物馆。

金雕 Aquila chrysaetos

鸟纲 Aves　隼形目 Falconiformes　鹰科 Accipitridae
国家一级保护动物，列入 CITES 附录 II 。

北半球一种广为人知的猛禽。金雕以其突出的外观和敏捷有力的飞行而著称。成鸟的翼展平均超过2米，体长则可达1米，其腿爪上全部都有羽毛覆盖。

多栖息于高山草原、荒漠、河谷和森林地带，冬季亦常到山地丘陵和山脚平原地带活动，栖息地最高海拔高度可达4000米以上。以大中型的鸟类和兽类为食。分布于北半球温带、亚寒带、寒带地区。

金雕

该标本为1986年于秦皇岛采集，后制作为标本，藏于天津自然博物馆。

南非兀鹫 *Gyps coprotheres*

鸟纲 Aves　隼形目 Falconiformes　鹰科 Accipitridae
列入 CITES 附录 II。

体羽为奶油色，与其翅膀上黑色的飞行羽和尾羽及黑色的鸟喙形成鲜明的对比。成鸟有蜜色的眼睛和赤裸的蓝色喉咙。当这些巨大的清道夫在空中飞行时，可以看到苍白的、几乎为银色的侧翼羽毛。

主要以腐肉为食。集群鸟类，在悬崖上的繁殖地筑巢和栖息。分布于南非、莱索托、博茨瓦纳和莫桑比克。

南非兀鹫

该标本制作精致，由贝林于 2009 年捐赠，藏于天津自然博物馆。

七、兽类

亚洲象 *Elephas maximus*

哺乳纲 Mammalia　长鼻目 Proboscidea　象科 Elephantidae
国家一级保护动物。

亚洲象是亚洲现存的最大陆生动物，长达 1 米多的象牙，是雄象上颌突出口外的门齿。眼小耳大，耳朵向后可遮盖颈部两侧。四肢粗大强壮，尾短而细，皮厚多褶皱，全身被稀疏短毛。

野生象现已很少，在东南亚一些国家驯养的家象、役象很多。中国的野生象仅分布于云南省南部与缅甸、老挝相邻的边境地区，数量十分稀少，屡遭猎杀，栖息地破坏十分严重。

亚洲象

由于该物种的稀有性，标本也极为珍稀，该标本藏于天津自然博物馆。

非洲象 *Loxodonta africanna*

哺乳纲 Mammalia　长鼻目 Proboscidea
象科 Elephantidae
列入 CITES 附录 I。

世界上现存最大的陆生哺乳动物。生活于从海平面到海拔 5000 米的多种自然环境中，包括森林、开阔草原、草地、刺丛以及半干旱的丛林。

主要分布于非洲东部、中部、西部、西南部和东南部等广大地区。因为象牙，无数的非洲大象被杀害。

非洲象

该标本由贝林于 2009 年捐赠，藏于天津自然博物馆。

藏羚羊 *Pantholops hodgsonii*

哺乳纲 Mammalia　偶蹄目 Artiodactyla　牛科 Bovidae
国家一级保护动物，列入 CITES 附录 I。

头形宽长，吻部粗壮，鼻部宽阔略隆起。雄性具黑色长角。栖息于海拔 3700 米至 5500 米的高山草原、草甸和高寒荒漠地带，早晚觅食，善奔跑。可结成上万只的大群。夏季雌性沿固定路线向北迁徙。由于常年处于低于零摄氏度的环境，通体被厚密绒毛。

主要分布于中国以羌塘为中心的青藏高原地区（青海、西藏、新疆），少量见于克什米尔地区。

藏羚羊

该物种标本极为珍稀，藏于天津自然博物馆。

扭角林羚 *Tragelaphus strepsiceros*

哺乳纲 Mammalia　偶蹄目 Artiodactyla　牛科 Bovidae
雄性具有壮观的螺旋角，上体有 6～10 条细细的苍白色条纹。头部颜色较深，眼间有山形白色斑纹。雄羚的喉咙有大簇的鬃毛。两性背部都有一溜鬃毛，沿着背部中间延伸。

扭角林羚栖息在丛林、岩山、干涸的河床，只要有足够的水源就可以生活。主要吃叶子、草、芽，有时也会吃块根、果实。分布地东至埃塞俄比亚、坦桑尼亚及肯尼亚，南至赞比亚、安哥拉、纳米比亚、博茨瓦纳、津巴布韦及南非。也有被引进到美国新墨西哥州的。

该标本制作精致，栩栩如生，由贝林于2009年捐赠，藏于天津自然博物馆。

扭角林羚

河马 *Hippopotamus amphibius*

哺乳纲 Mammalia 偶蹄目 Artiodactyla 河马科 Hippopotamidae

列入 CITES 附录 II 。

一种大型食草性哺乳类动物，淡水物种。体型巨大，躯体粗圆，四肢短，脚有4趾，头硕大，眼、耳较小，嘴特别大，尾较小，下犬齿巨大，皮较厚，40～50毫米，除吻部、尾、耳有稀疏的毛外，全身皮肤裸露，呈紫褐色，胃三室，不反刍。生活于非洲热带水草丰盛地区，寿命30～40年。

该标本由贝林于2009年捐赠，藏于天津自然博物馆。

河马

黇鹿 *Dama dama*

哺乳纲 Mammalia 偶蹄目 Artiodactyla 鹿科 Cervidae

鹿科的一种反刍动物，头上的鹿角一般有60厘米长。全身毛黄褐色、有白色条纹，角的上部扁平或呈掌状，尾略长，性温顺。普通的黇鹿身上长有斑点，很容易与梅花鹿混淆。

一般生活在欧洲南部地中海的树林中，喜欢群居，以草、嫩枝和树叶为食，特别擅长奔跑。历史上最初分布于欧洲的大部分地区。全新世分布区缩小至中东和地中海沿岸地带。在罗马时代，黇鹿又逐渐扩展到中欧。目

黇鹿

前世界很多地区都有驯养的黇鹿。

该标本制作精致，栩栩如生，由贝林于2009年捐赠，藏于天津自然博物馆。

长颈鹿 *Giraffa camelopardalis*

哺乳纲 Mammalia 偶蹄目 Artiodactyla 长颈鹿科 Giraffidae

世界上现存最高的陆生动物。站立时由头至脚可达6～8米，体重约700千克；颈长；体较短；四肢高而强健；具短角，角上被有毛的皮肤覆盖。

生活于非洲稀树草原地带，是食草动物，以树叶及小树枝为主食。主要分布在非洲的南非、埃塞俄比亚、苏丹、肯尼亚、坦桑尼亚和赞比亚等国。是南非的国兽。

该标本制作精致，栩栩如生，由贝林于2009年捐赠，藏于天津自然博物馆。

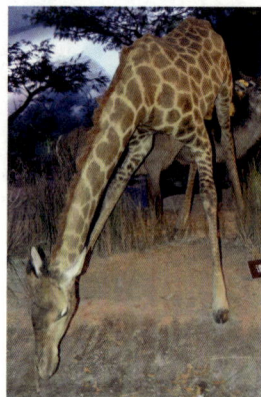
长颈鹿

大熊猫 *Ailuropoda melanoleuca*

哺乳纲 Mammalia 食肉目 Carnivora 熊科 Ursidae

国家一级保护动物，列入 CITES 附录 I 。

体型肥硕似熊、丰腴富态，头圆尾短，黑白相间。栖于中国长江上游的高山深谷，是一种喜湿性动物。大熊猫生活的6块狭长地带，包括岷山、邛崃山、凉山、大相岭、小相岭及秦岭等几大山系，横跨川、陕、甘3省的45个县（市），栖息地面积达20 000平方千米以上。大熊猫已在地球上生存了至少800万年，被誉为"活化石"和"中国国宝"，世界自然基金会的形象大使，是世界生物多样性保护的旗舰物种。

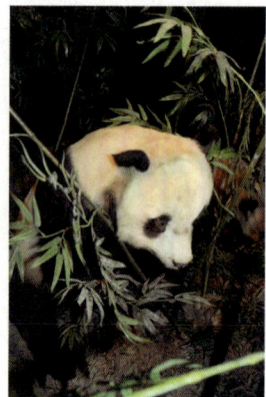
大熊猫

由于大熊猫的稀有性，大熊猫标本也极为珍稀，该标本藏于天津自然博物馆。

北极熊 *Ursus maritimus*

哺乳纲 Mammalia 食肉目 Carnivora 熊科 Ursidae

列入 CITES 附录 II 。

世界上最大的陆地食肉动物，又名"白熊"。皮肤为黑色，由于毛发透明故外观上通常为白色，也有黄色等颜色，体型巨大，凶猛。

北极熊是一种能在恶劣的环境下生存的动物，其活动范围主要在北冰洋附近有浮冰的海域。由于全球气温的升高，北极的浮冰逐渐开始融化，北极熊昔日的家园已遭到一定程度的破坏，在不久的未来很可能灭绝，需要人类的保护。

该标本制作精致，栩栩

北极熊

如生，由贝林于 2009 年捐赠，藏于天津自然博物馆。

川金丝猴 Rhinopithecus roxellanae

哺乳纲 Mammalia　灵长目 Primates　猴科 Cercopithecidae
国家一级保护动物，列入 CITES 附录 I。

中国特有珍贵物种。典型的森林树栖动物，常年栖息于海拔 1500 ~ 3300 米的森林中，其植被类型和垂直分布带属亚热带山地常绿、落叶阔叶混交林、亚热带落叶阔叶林和常绿针叶林以及次生性的针阔叶混交林等四个植被类型，随着季节的变化，它们不向水平方向迁移，只在栖息的环境中作垂直移动。

川金丝猴

该物种标本极为珍稀，藏于天津自然博物馆。

白眉长臂猿 Hylobates hoolock

哺乳纲 Mammalia　灵长目 Primates　长臂猿科 Hylobatidae
国家一级保护动物，列入 CITES 附录 I。

白眉长臂猿，雌雄异色，雄性褐黑色或暗褐色，具白色眼眉；雌性大部灰白或灰黄色，眼眉更为浅淡。无尾，前肢明显长于后肢。白眉长臂猿是长臂猿中体型较大的一类，头很小，面部短而扁。

栖息于热带或亚热带的高山密林之中。觅食、休息都在树上进行。以多种野果、鲜枝嫩叶等为主要食物，亦食昆虫和小型鸟类。分布于孟加拉国、中国、印度、缅甸。全球种群处于下降趋势。

由于该物种的稀有性，标本也极为珍稀，该标本藏于天津自然博物馆。

白眉长臂猿

非洲狮 Panthera leo

哺乳纲 Mammalia　食肉目 Carnivora　猫科 Felidae
列入 CITES 附录 II。

非洲最大的猫科动物。躯体均匀，四肢有力，趾行性。头大而圆，吻部较短，视、听、嗅觉均很发达。有"兽中之王"的美誉，是非洲顶级的猫科食肉动物。

野生非洲雄狮，体色为浅灰、黄色或茶色，有很长的鬃毛，鬃毛有淡棕色、深棕色、黑色等，鬃毛可一直延伸到肩部和胸部。非洲狮广泛分布于非洲撒哈拉沙漠以南的草原上。

非洲狮

该标本制作精致，栩栩如生，由贝林于 2009 年捐赠，藏于天津自然博物馆。

非洲豹 Panthera pardus pardus

哺乳纲 Mammalia　食肉目 Carnivora　猫科 Felidae
列入 CITES 附录 I。

肌肉发达，脖子和头部结实有力。头小尾长，四肢短健；尾尖粗重，有助于其在高速奔跑时，保持身体的

非洲豹

平衡。被毛黄色，满布黑色环斑。

生活于森林、灌丛、湿地、荒漠等环境，其巢穴多筑于浓密树丛、灌丛或岩洞中。营独居生活，常夜间活动。捕食各种有蹄类动物，也捕食猴、兔、鼠类、鸟类和鱼类。分布于非洲大部分地区。

该标本制作精致，栩栩如生，由贝林于2009年捐赠，藏于天津自然博物馆。

西伯利亚虎 *Panthera tigris altaica*

哺乳纲 Mammalia　食肉目 Carnivora　猫科 Felidae
国家一级保护动物，列入 CITES 附录 I。

又称"东北虎"，虎的亚种之一。是现存体重最大的肉食性猫科动物。野生西伯利亚虎体色夏毛棕黄色，冬毛淡黄色。背部和体侧具有多条横列黑色窄条纹。头大而圆，前额上有数条黑色横纹。

栖居于森林、灌木和野草丛生的地带。分布于亚洲东北部，即俄罗斯西伯利亚地区、朝鲜半岛和中国东北地区。

由于栖息地被破坏与偷猎，至2015年初统计，世界上仅存野生西伯利亚虎约500头。由于其稀有性，标

西伯利亚虎

本也极为珍稀，该标本藏于天津自然博物馆。

小鳁鲸 *Balaenoptera acutorostrata*

哺乳纲 Mammalia　鲸目 Cetacea　须鲸科 Balaenopteridae
国家二级保护动物，列入 CITES 附录 I。

又称"小须鲸""尖嘴鲸"，为小型须鲸的一种。

小鳁鲸

体短粗，头部较小，正面形似等腰三角形。背部与体侧呈带有浅蓝色的暗灰或黑灰色，腹面白色，尾鳍腹面也呈白色，主要以虾类及小型鱼类为食。成年体长9米，最大体重13.5吨。

小鳁鲸主要分布于太平洋及大西洋，在中国主要分布在渤海、黄海、东海、南海海域。

该标本采集于辽宁，藏于天津自然博物馆。

儒艮 *Dugong dugon*

哺乳纲 Mammalia　海牛目 Sirenia　儒艮科 Dugongidae
国家一级保护动物，列入 CITES 附录 I。

儒艮嘴吻向下弯曲，前端成为一个长有短密刚毛的吻盘。鼻孔位于吻端背面，具活瓣。尾叶水平位，其后缘中央有一缺刻。桨状的鳍肢无指甲。

主要分布于西太平洋及印度洋，因雌性儒艮偶有怀抱幼崽于水面哺乳之习惯，故儒艮常被误认为"美人鱼"。因人类对儒艮的大量捕杀，迄今儒艮数量已极为稀少。

由于该物种的稀有性，标本也极为珍稀，该标本藏于天津自然博物馆。

儒艮

斑鬣狗 *Crocuta crocuta*

哺乳纲 Mammalia　食肉目 Carnivora　鬣狗科 Hyaenidae
又名"斑点鬣狗"，体长95～160厘米，体重40～86千克，雌性个体明显大于雄性。毛色土黄或棕黄色，带有褐色斑块，鬃毛短或无。上额犬齿不发达，但下颌强大，能将90千克重的猎物拖行100米。

成群活动，性凶猛，可以捕食斑马、角马和斑羚等大中型食草动物，可和狮群抗衡。主要分布于非

斑鬣狗

洲撒哈拉沙漠以南的广大地区，生活在热带、亚热带草原和半荒漠地区，数量众多。

该标本制作精致，栩栩如生，由贝林于2009年捐赠，藏于天津自然博物馆。

北极狐 *Vulpes lagopus*

哺乳纲 Mammalia　食肉目 Carnivora　犬科 Canidae

颜面窄，嘴尖，耳圆，尾毛蓬松，尖端白色。冬季全身体毛为白色，仅鼻尖为黑色；夏季体毛为灰黑色，腹面颜色较浅。具有很密的绒毛和较少的针毛，可在零下50摄氏度的冰原上生活。足底毛特别厚。

单独或结群活动。食物主要为旅鼠，也吃鱼、鸟、鸟蛋、贝类、北极兔和浆果等。为珍贵毛皮兽，已人工繁殖，称"蓝狐""白狐"等。野生北极狐分布于北极地区，活动于整个北极范围，以及亚北极和高山地区。

北极狐

该标本制作精致，栩栩如生，由贝林于2009年捐赠，藏于天津自然博物馆。

河狸 *Castor fiber*

哺乳纲 Mammalia　啮齿目 Rodentia　河狸科 Castoridae

国家一级保护动物。

躯体肥大，雌、雄无明显差异，头短钝，眼小，颈短，四肢短宽，前肢短，足小、具强爪，后肢粗壮有力，尾大、扁平。

河狸夜间活动，白天很少出洞，善游泳和潜水，不冬眠，自卫能力很弱，胆小，喜食多种植物的嫩枝、树皮、树根。栖息于寒温带和亚寒带森林河流沿岸，主要分布于欧洲，其他地区数量较少。

该标本采集于新疆，十分难得，藏于天津自然博物馆。

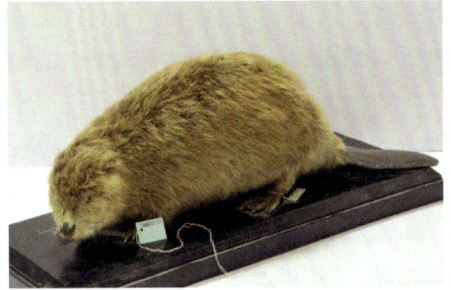
河狸

南非豪猪 *Hystrix africaeaustralis*

哺乳纲 Mammalia　啮齿目 Rodentia　豪猪科 Hystricidae

又称"开普敦豪猪"，是南非最大的啮齿动物，也是世界上最大的豪猪，体长63～81厘米。体型肥大，头小、眼小、四肢短粗；背部与尾部生有长而硬的棘刺，系防御天敌的重要器官；头骨较细小，颧弓不外扩，而鼻腔却甚膨大；有20枚齿根很浅的牙齿。

栖息于干燥的沙漠地区，食物以植物为主，包括水果、块根、块茎、球茎和树皮。分布于南非和非洲中部，如肯尼亚、乌干达、刚果南部等。该标本制作精致，

南非豪猪

栩栩如生，由贝林于2009年捐赠，藏于天津自然博物馆。

第二节　植物

一、菌类

灵芝 *Ganoderma lingzhi S.H.Wu, Y.Cao et Y.C.Dai*

层菌纲 Hymenomycetes　多孔菌目 Polyporales

灵芝科 Ganodermataceae

外形呈伞状，菌盖肾形、半圆形或近圆形，菌柄侧生，极少偏生，长于菌盖直径，紫褐色至黑色，有漆样光泽，坚硬。灵芝子实体的大小及形态变化很大。灵芝具有补气安神、止咳平

灵芝

喘的功效，天津自然博物馆这件灵芝标本个体较大，形态完整。

二、苔藓

三角叶护蒴苔 *Calypogeia trichomanis*（L.）Card.

苔纲 Hepaticae　叶苔目 Jungermanniales
护蒴苔科 Calypogeiaceae

生于岩面薄土上。植物体平铺丛生，深绿色。茎匍匐，具少数分枝。侧叶多数成斜角状着生，阔心脏形，基部宽，向上渐尖。腹叶较小，略宽于茎，阔圆形，长短于宽；裂瓣三角形，全缘无齿。分布于西藏、四川、广西、湖南、浙江、福建、江苏、吉林。日本、欧洲、北美洲也有。此件标本 1903 年 5 月采自国外，为北疆博物院旧藏。

三角叶护蒴苔

燕尾藓 *Bryhnia novae-angliae*（Sull. *et* Lesq.）Grout

藓纲 Musci　灰藓目 Hypnales
青藓科 Brachytheciaceae

植物体稍硬，浅绿色或黄绿色，老时带黄棕色。主茎长约 5 厘米，匍匐伸展，呈不连续的羽状分枝。生长于海拔 1500 米至 2700 米林下潮湿林地上、溪边石上或腐木上。我国长江流域以南和青藏高原有分布。该标本是桑志华于 1916 年 8 月 20 号在陕西省中部喂子坪采集，由英国植物学者狄克逊（H.Dixon）鉴定。

燕尾藓

三、蕨类

冷蕨 *Cystopteris fragilis*（L.）Bernh.

蕨纲 Filicopsida　真蕨目 Eufilicales　蹄盖蕨科 Athyriaceae

生于高山林下湿石上。植株高达 30 厘米。根茎短而直立。叶簇生；基部被褐棕色、卵圆形鳞片；叶下面灰绿色，叶轴及叶背均疏被鳞毛。孢子囊群圆形，褐色。该标本为北疆博物院旧藏，1862 年 7 月 22 日采自法国北部地区，历经 100 多年，保存完好。

冷蕨

玉龙蕨 *Sorolepidium glaciale* Christ

蕨纲 Filicopsida　真蕨目 Eufilicales
鳞毛蕨科 Dryopteridaceae

中国特有的珍稀蕨类植物，分布于西藏、云南及四川三省毗邻的海拔 4000 米至 4500 米的高山上。生长环境存在强烈的寒冻和物理风化作用，环境恶劣，仅有短暂的暖季，故玉龙蕨常生长于冰川边缘及雪线附近，呈零星分布。该标本是云南大学植物学家朱维明 1957 年采于云南丽江玉龙雪山，后由云南大学捐赠而来。

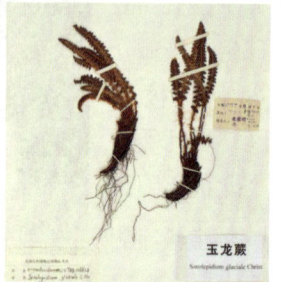

玉龙蕨

狗脊 *Woodwardia japonica*（L. f.）Sm.

蕨纲 Filicopsida　真蕨目 Eufilicales　乌毛蕨科 Blechnaceae

狗脊有镇痛、利尿及强壮之效，为我国应用已久的中药，早在《神农本草经》已有记载。狗脊根状茎富含淀粉，可酿酒，亦可作土农药，防治蚜虫及红蜘蛛。广布于长江流域以南各省区，生疏林下，也分布于朝鲜南部和日本。该标本为天津自然博物馆专业人员 1982 年 9 月 5 日在福建省武夷山黄竹楼采集。

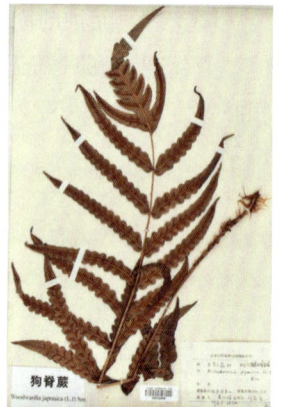

狗脊

桫椤 *Alsophila spinulosa*（Wall. ex Hook.）R. M. Tryon

蕨纲 Filicopsida　真蕨目 Eufilicales　桫椤科 Cyatheaceae
国家一级保护植物。

馆藏桫椤标本是树形蕨类植物，是植物界一类较古老的类群，渐危种。中生代曾在地球上广泛分布，因此有"蕨类植物之王"的赞誉。对重现恐龙生活时期的古生态环境，研究恐龙兴衰、地质变迁具有重要参考价值，有"活化石"之称。桫椤孢子体生长缓慢，孢子萌发和配子体发育以及配子的交配都需要温和湿润的环境，由于人为砍伐或自然枯死，现存种类分布区缩小，存世数量已十分稀少，世界自然保护联盟（IUCN）将桫椤科的全部种类列入《国际濒危物种保护名录》（红皮书）中，成为受国际保护的珍稀濒危物种。

桫椤

四、裸子植物

银杏 *Ginkgo biloba* L.

银杏纲 Ginkgopsida　银杏目 Ginkgoales

银杏科 Ginkgoaceae

国家一级保护植物，IUCN-CR（世界自然保护联盟－极危）。

落叶乔木。中生代孑遗的稀有树种，有"活化石"之称，系我国特有，仅浙江天目山有野生状态的树木。银杏的栽培区甚广，以生产种子为目的，或作园林树种。银杏树的果实俗称"白果"，供食用（多食易中毒）及药用。银杏树形优美，春夏季叶色嫩绿，秋季变成黄色，颇为美观，可作庭园树及行道树。该标本是天津自然博物馆专业人员 1984 年 6 月 19 日在青岛第五招待所采集。

银杏

银杉 *Cathaya argyrophylla* Chun *et* Kuang

松杉纲 Coniferopsida　松杉目 Pinales　松科 Pinaceae

国家一级保护植物。

一种高 10 ～ 20 米的常绿乔木。银杉是我国特有，

属于第三纪残遗下来的珍稀植物，被称为植物中的"活化石"。该种类是 20 世纪 50 年代由我国植物学家首次发现并定名。树干高大通直，挺拔秀丽，枝叶茂密，尤其是在其碧绿的线形叶背面有银白色的气孔带，每当微风吹拂，便银光闪闪，更加诱人，银杉的美称便由此而来，该标本由天津自然博物馆专业人员于 1964 年采自广西龙胜，此地点也是银杉首次被发现的标本采集地。

银杉

华南五针松 *Pinus kwangtungensis* Chun *ex* Tsiang

松杉纲 Coniferopsida　松杉目 Pinales　松科 Pinaceae

国家二级保护植物，IUCN-NT（世界自然保护联盟 – 近危）。

中国特有树种，分布于中国湖南南部、贵州独山、广西、广东北部及海南五指山海拔 700 米至 1600 米地带。树皮褐色，厚，鳞状开裂；针叶 5 针一束，边缘有疏生细锯齿；球果柱状长圆形。标本 1989 年 10 月 25 日采自海南琼中五指山海拔 1400 米处，由天津自然博物馆委托海南林业局符国瑗代为采集。

华南五针松

翠柏 *Calocedrus macrolepis* Kurz

松杉纲 Coniferopsida　松杉目 Pinales　柏科 Cupressaceae

渐危种，主要分布于云南中部及西南部，间断分布于贵州、广西及海南的个别地区。中性偏阳树种，幼年耐荫，以后逐渐喜光，耐旱性、耐瘠薄性均较强。花期 3—4 月，果熟期 9—10 月。翠柏属仅两个古老残遗的种，间断分布于北美与中国，我国台湾还有其变种——台湾翠柏，对研究植物区系有重要的价值。翠柏林质优良。

翠柏

生长快，枝叶茂密而浓绿。可作为荒山造林和城市绿化与庭院观赏树种。此标本为天津自然博物馆专业人员采自海南。

水杉 *Metasequoia glyptostroboides* Hu *et* Cheng

松杉纲 Coniferopsida　松杉目 Pinales　杉科 Taxodiaceae

国家一级保护植物，IUCN-CR（世界自然保护联盟－极危）。

世界上珍稀的孑遗植物，有"活化石"之称，我国特有。远在中生代白垩纪，地球上已出现水杉类植物，并广泛分布于北半球。冰期以后，这类植物几乎全部绝迹。20世纪40年代中国的植物学家在湖北、四川交界的磨刀溪发现了幸存的水杉巨树，树龄约400余年。自水杉被发现以后，我国各地普遍引种。国外约50个国家和地区引种栽培。该标本是天津自然博物馆专业人员1981年9月5日在天津西沽公园采集。

水杉

陆均松 *Dacrydium pierrei* Hickel

松杉纲 Coniferopsida　罗汉松目 Podocarpales

罗汉松科 Podocarpaceae

常绿乔木，株高可达30米。大枝轮生，多分枝；小枝下垂，绿色。叶二型，螺旋状紧密排列；幼树、萌生枝或营养枝上叶较长，镰状针形；老树或果枝之叶较短，钻形或鳞片状。渐危种，分布于海南中部以南山区，生于海拔300米至1700米地带的山坡，是海南热带山地雨林较早的树种。该标本是天津自然博物馆专业人员1987年10月31日在海南万宁县兴隆热作站采集。

陆均松

长叶竹柏 *Podocarpus fleuryi* Hickel

松杉纲 Coniferopsida　罗汉松目 Podocarpales

罗汉松科 Podocarpaceae

我国热带和亚热带的珍稀树种，木材纹理直，结构细而均匀，材质较软轻，切面光滑，不开裂、不变形。主要分布在广东、广西、海南和云南，除个别地区分布较集中外，多为零星散生，由于长期砍伐而不保护、不种植，现存资源甚少。据《中国植物红皮书》记载，为我国渐危种。该标本于1989年采自海南陵水吊罗山，现藏天津自然博物馆。

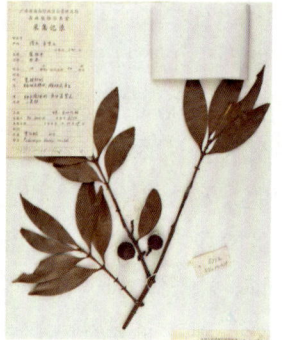

长叶竹柏

五、被子植物

马尾树 *Rhoiptelea chiliantha* Diels *et* Hand.-Mazz.

双子叶植物纲 Dicotyledoneae　荨麻目 Urticales

马尾树科 Rhoipteleaceae

国家二级保护稀有种。

落叶乔木，高可达20米，树皮灰色或灰白色，小枝褐色或紫褐色，单数羽状复叶，互生，第三纪孑遗单种属植物。木材坚实，耐用，可作建筑、家具、器具等用材；叶及树皮富含单宁，可提取栲胶。生长快，可作造林树种。马尾树对研究被子植物系统发育、植物区系以及古植物学等方面，有重要的科学价值。此标本采自于20世纪80年代的贵州。

马尾树

见血封喉 *Antiaris toxicaria* Lesch.

双子叶植物纲 Dicotyledoneae

荨麻目 Urticales

桑科 Moraceae

又称"箭毒木"，是世界上最毒的植物之一。乔木，高达30米，生长在广西、云南、海南部分地区海拔1000米以

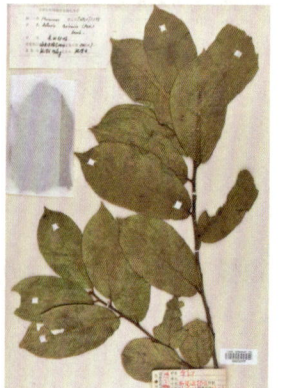

见血封喉

下的常绿林中，具乳白色树液，树皮灰色，春季开花。是我国珍稀保护植物，也是一种剧毒植物和药用植物。箭毒木的乳白色汁液含有剧毒，一经接触人畜伤口，即可使中毒者心脏停搏，血管封闭，血液凝固，以至窒息死亡，所以人们称它为"见血封喉"。该标本由天津自然博物馆专业人员采自海南五指山热带雨林地区。

细叶石头花 Gypsophila licentiana Hand.-Mazz.

双子叶植物纲 Dicotyledoneae 中央种子目 Centrospermae
石竹科 Caryophyllaceae

多年生草本，叶片线形，顶端具骨质尖，边缘粗糙，基部连合成短鞘。聚伞花序顶生，花较密集，花瓣白色，三角状楔形；种子圆肾形。生于海拔 500 米至 2000 米山坡、沙地、田边。此标本为桑志华于 1925 年 8 月 22 日在山西省右玉县桑干河畔采集，后经韩马迪（Hand Mazz）依据标本发表了新种，为模式标本。

细叶石头花

鹅掌楸 Liriodendron chinense（Hemsl.）Sargent.

双子叶植物纲 Dicotyledoneae 毛茛目 Ranales
木兰科 Magnoliaceae
中国特有的珍稀植物。

乔木，高可达 40 米。叶马褂形，树干挺直，树冠伞形，叶形奇特，古雅，为世界最珍贵的树种之一。鹅掌楸为古老的孑遗植物，在日本、意大利和法国的白垩纪地层中均发现化石，到新生代第三纪本属尚有 10 余种，广布于北半球温带地区，到第四纪冰期才大部分灭绝，现仅残存鹅掌楸和北美鹅掌楸 Liriodendron tulipifera L. 两种，成为东亚与北美洲际间断分布的典型实例，对古植物学和植物系统学有重要科研价值。该标本由天津自然博物馆专业人员王雪明从贵州生物研究所征集而来。

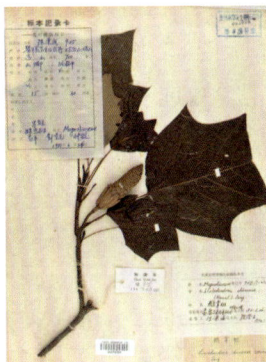

鹅掌楸

囊瓣木 Saccopetalum prolificum（Chun et How）Tsiang

双子叶植物纲 Dicotyledoneae
毛茛目 Ranales
番荔枝科 Annonaceae
国家二级保护植物。

番荔枝科囊瓣木属常绿乔木，海南岛特有树种，高可达 25 米，树干挺直。叶互生，纸质，椭圆形或长椭圆形。生于海拔 500 米以下的山谷密林中。是囊瓣木属植物分布于我国的唯一代表种，对研究热带植物区系有一定的价值。由于长期砍伐，森林面积日益缩小，生境恶化，影响天然更新，致使天然植株大为减少，分布区狭窄。目前在各个林区仅有零星植株。标本为 20 世纪 80 年代采于海南省。

囊瓣木

阜平侧金盏花（亚种）Adonis ramose Franch. Subsp. fupingsis W.T.Wang

双子叶植物纲 Dicotyledoneae 毛茛目 Ranales
毛茛科 Ranunculaceae

多年生草本植物。叶羽状深裂，花单性，黄色，果实为瘦果。该标本是法国学者沙耐特（Lonis Chanet）于 1929 年 5 月 26 日在河北省阜平县境内海拔 1500 米至 1600 米处采集到的。1993 年 5 月，中国科学院植物研究所王文采院士来天津自然博物馆研究毛茛科植物时，发现了这个亚种。1994 年，王文采在《植物分类学报》发表研究论文，指定此号标本为主模式标本。

阜平侧金盏花（亚种）

甘青侧金盏花 Adonis bobroviana Simon.

双子叶植物纲 Dicotyledoneae 毛茛目 Ranales
毛茛科 Ranunculaceae

多年生草本植物。茎高达 30 厘米，常自下部分枝，叶卵形或狭卵形，2～3回羽状细裂，花瓣黄色，外面带紫色，瘦果倒卵球形。分布于甘肃中部、青海东北部。该标本是桑志华于1918年6月13日在甘肃省北部采集。1993年5月中国科学院植物研究所王文采院士到天津自然博物馆研究毛茛科植物时鉴定为 *Adonis bobroviana* Simon。指定此件标本为模式标本。

甘青侧金盏花

安泽翠雀花（变种）*Delphinium grandiflorum* L. var. *deinocarpum* W.F.Wang.

双子叶植物纲 Dicotyledoneae 毛茛目 Ranales
毛茛科 Ranunculaceae

多年生草本。叶掌状分裂，总状花序，花蓝紫色，果实为蓇葖果。这份标本为完整花果期植株，由桑志华于1919年6月27日，在宁夏银川西北部采集到的。1993年5月，王文采到天津自然博物馆研究毛茛科植物标本时，发现了这个变种，并在1994年《植物分类学报》32卷5期《中国毛茛科植物小志》一文中指出，这个种与《中国植物志》9卷记载的两个其他变种区别在于，本变种心皮、花序不被黄色短腺毛。从而确立了它的新变种地位，同时指定此号标本为主模式标本。

安泽翠雀花（变种）

八角莲 *Dysosma versipellis*（Hance）M.Cheng et Ying

双子叶植物纲 Dicotyledoneae 毛茛目 Ranales
小檗科 Berberidaceae

中国特有种，国家二级保护植物。

多年生草本，其茎单出直立，高约30厘米，还具有匍匐的地下茎。其盾状圆形的叶子一般是两枚叉生在茎顶，直径约30厘米，裂成6到8个三角形裂片。分布在中国大陆中部及中南部、台湾岛北部及中部山区，中亚热带到南亚热带，生长于海拔600米至2000米的森林内。可作为观赏植物，其根状茎及根入药。此标本为天津自然博物馆专业人员从贵州采集而来。

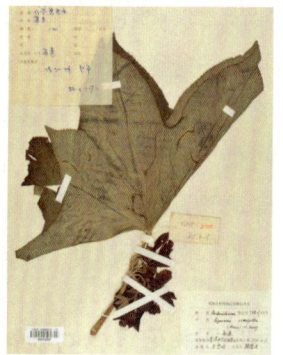

八角莲

青梅 *Vatica mangachapoi* Blanco

双子叶植物纲 Dicotyledoneae 侧膜胎座目 Parietales
龙脑香科 Dipterocarpaceae

国家二级保护植物，IUCN–VU（世界自然保护联盟–易危）。

乔木，具白色芳香树脂，树高约20米。小枝被星状绒毛，叶片革质，长圆形至长圆状披针形。圆锥花序顶生或腋生，花萼裂片镊合状排列，卵状披针形或长圆形；花瓣白色，有时为淡黄色或淡红色，芳香，长圆形或线状匙形；果实球形；标本是天津自然博物馆专业人员1987年11月9日在海南尖峰岭热带林站采集。

青梅

北艾 *Artemisia vulgaris* L.

双子叶植物纲 Dicotyledoneae
桔梗目 Campanulales
菊科 Compositae

多年生草本。主根稍粗，侧根多而细；根状茎稍粗，斜向上或直立，有营养枝。茎少数或单生；叶纸质，上面深绿色，初时疏被蛛丝状薄毛，后稀疏或无毛，背面密被灰白色蛛丝状绒毛；无叶柄。头状花序长圆形，在分枝的小枝上排成密穗状花序，而在茎上组成狭窄或略开展的圆锥花序，花冠狭管状，紫色，瘦果倒卵形或卵形。

北艾

1846 年 8 月 6 日采自法国北部地区。标本采自一百多年前，保存完好，鉴定完备，具有很高的收藏和科研价值。

委陵菊 *Dendranthema potentilloides*（Hand.-Mazz.）Shih

双子叶植物纲 Dicotyledoneae　桔梗目 Campanulales
菊科 Compositae

多年生草本，高 30 ～ 70 厘米。茎直立，或基部弯曲，粗壮，且有粗壮分枝，茎枝灰白色，被稠密厚实贴伏的短柔毛。中国的特有植物。产山西南部、陕西东部和西北部，生于低山丘陵地。该标本为桑志华 1935 年 8 月 23 日在山西省南部采集。

委陵菊

秦岭金腰 *Chrysosplenium biondianum* Engl.

双子叶植物纲 Dicotyledoneae　蔷薇目 Rosales
虎耳草科 Saxifragaceae

多年生草本，不育枝出自叶腋，其叶对生，叶片近扇形、阔卵形至近扁圆形，花单性，雌雄异株，雌花黄绿色。

此种产自陕西南部和甘肃南部。生于海拔 1000 米至 2000 米的林下阴湿处。标本为桑志华于 1919 年 4 月 17 日在甘肃省徽县黄家河附近采集，后韩马迪依据标本发表了新种。

秦岭金腰

小果黄芪 *Astragalus tataricus* Franch.

双子叶植物纲 Dicotyledoneae　蔷薇目 Rosales
豆科 Leguminosae

多年生草本，被灰白色的伏贴柔毛。根粗壮，直伸。茎多数，基部分枝，平卧或上升，高 15 ～ 45 厘米。奇数羽状复叶，具 13 ～ 25 片小叶；总状花序，花冠淡红色或近白色；荚果近椭圆形。花期 6—7 月，果期 7—

8 月。小果黄芪为中国的特有植物，产自辽宁西部、内蒙古、河北、山西，生于海拔 1000 米至 1500 米间的山坡草地或沙地上。该标本由桑志华于 1924 年 8 月 21 日在山西省北部采集。

小果黄芪

西藏锦鸡儿 *Caragana spinifera* Kom.

双子叶植物纲 Dicotyledoneae　蔷薇目 Rosales
豆科 Leguminosae

锦鸡儿属灌木，高 0.7 米至 1 米，多分枝，针刺密。树皮黄褐色、红褐色或绿褐色，不规则开裂，有光泽。托叶硬化成针刺，小叶长圆形或长圆状披针形；花冠黄色，旗瓣常带紫红色，菱状倒卵形；荚果长约 3 厘米。产自西藏、青海，生于山坡灌丛、山前。该标本是天津自然博物馆专业人员李欣 1992 年 5 月随中科院植物研究所古植物组前往西藏珠穆朗玛峰自然保护区进行考察时在定日县至吉隆县途中采集。此标本采自人迹罕至的地区，非常珍贵。

西藏锦鸡儿

白毛锦鸡儿 *Caragana licentiana* Hand.-Mazz.

双子叶植物纲 Dicotyledoneae　蔷薇目 Rosales
豆科 Leguminosae

灌木，老枝绿褐色或红褐色，稍有光泽；托叶披针形，硬化成针刺，密被灰白色短柔毛；叶假掌状；花冠黄色，旗瓣宽倒卵形或近圆形，中部有橙黄色斑。荚果圆筒形，被白色柔毛。产自甘肃(兰州、定西、永登)，是兰州地区特有种。

此标本为桑志华于 1918 年 6 月 16 日在甘肃采集，花经多年仍保存颜色。韩马迪依据标本发表了新种，为模式标本。

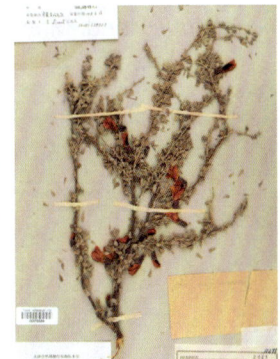

白毛锦鸡儿

降香黄檀 *Dalbergia odorifera* T. Chen

双子叶植物纲 Dicotyledoneae　蔷薇目 Rosales
豆科 Leguminosae

又名"花梨木"。渐危种。生于中海拔山坡疏林中、林缘或林旁旷地上。为海南特有的珍贵树种，半落叶乔木。树冠广伞形。心材极耐腐，切面光，纹理美致，且香气经久不灭，是名贵家具的首选。木材的蒸馏油香气不易挥发，可作定香剂。因木材珍贵，成年植株几乎被砍伐殆尽，有些树桩都被连根挖起，天然资源急剧减少。馆藏标本采于20世纪80年代的海南尖峰岭。

降香黄檀

野大豆 *Glycine soja* Sieb. *et* Zucc.

双子叶植物纲 Dicotyledoneae　蔷薇目 Rosales
豆科 Leguminosae

国家二级保护植物，中国特有种。

一年生缠绕草本。野大豆在中国从南到北都有生长，但都是零散分布。野大豆具有许多优良性状，如耐盐碱、抗寒、抗病等，可用野大豆进一步培育优良的大豆品种。野大豆又是牛、马、羊等各种牲畜喜食的牧草。此标本是天津自然博物馆专业人员1979年8月11日在河北省北戴河南大寺火车站附近沼泽地采集。

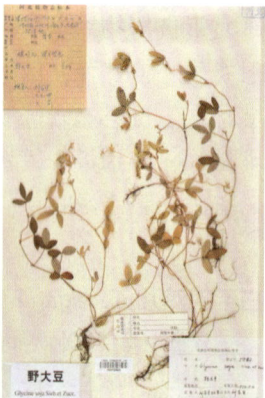
野大豆

甘肃黄芪 *Astragalus licentianus* Hand.-Mazz.

双子叶植物纲 Dicotyledoneae
蔷薇目 Rosales
豆科 Leguminosae

多年生草本。羽状复叶基生，荚果狭椭圆状或长圆形，先端尖，稍膨胀，果颈与萼筒近等长；种子5～6颗，褐色，

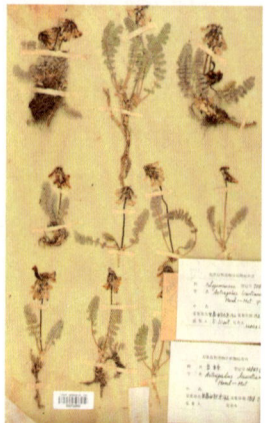
甘肃黄芪

卵形。产自甘肃、青海。生于海拔3000米至4500米的高山沼泽草地。

此标本为桑志华于1918年7月14日在甘肃省兰州市东南部马衔山采集，韩马迪依据标本发表了新种，为模式标本。

秦岭凤仙花 *Impatiens linocentra* Hand.-Mazz.

双子叶植物纲 Dicotyledoneae　无患子目 Sapindales
凤仙花科 Balsaminaceae

一年生草本，高30～60厘米，全株无毛。茎细，直立，上部有分枝，下部无叶，具短匍匐根。叶互生，具柄，最上部叶密集，近轮生；花粉红色，干时紫色，蒴果线形，种子少数（约10枚），长圆形，褐色，光滑。

此件标本为桑志华于1916年8月17日在陕西省西安南部喂子坪采集，后韩马迪依据标本发表了新种，标本保存完整，花特征明显。

秦岭凤仙花

刺参 *Oplopanax elatus* Nakai

双子叶植物纲 Dicotyledoneae　伞形目 Umbelliflorae
五加科 Araliaceae

渐危种，又名"东北刺人参"。落叶灌木，株高1米至2.5米，茎粗大，节上生根。叶纸质，近圆形。珍贵药用植物。刺参分布区较窄，在我国主要分布于吉林长白山区、辽宁千山山脉主峰等地，多生于海拔1000米至1870米的林中。由于其药效与世界驰名的人参相仿，近年来，人们大量采挖刺参作为中药原料，致使野生资源受到严重破坏。此标本为1963年采于吉林长白山。

刺参

短柱茴芹 *Pimpinella brachystyla* Hand.-Mazz.

双子叶植物纲 Dicotyledoneae　伞形目 Umbelliflorae
伞形科 Umbelliferae

多年生草本，株高30～80厘米。茎直立，圆管

状，2～4个分枝。基生叶和茎下部叶叶片2回三出分裂，或三出式2回羽状分裂；茎中、上部叶较小，2回三出分裂或羽状分裂，裂片长卵形、披针形或线形；小伞形花序，花瓣较小，宽卵形，白色；果实卵形。产自内蒙古、甘肃、山西、河北。生于海拔500米至2000米的潮湿谷地、沟边或坡地上。该标本是法国植物学家塞尔（H.Serre）于1929年7月27日在山西大五台山海拔1800米处采集。

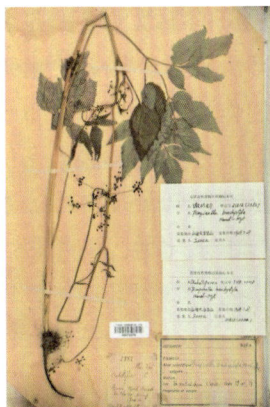

短柱茴芹

太行阿魏 *Ferula licentiana* Hand.-Mazz.

双子叶植物纲 Dicotyledoneae 伞形目 Umbelliflorae
伞形科 Umbelliferae

多年生草本，高120～180厘米，全株无毛。基生叶有柄，叶柄基部扩展成鞘，叶片轮廓为广卵形，三至四回羽状全裂。复伞形花序生于茎枝顶端，花瓣黄色，分生果长圆形或长圆状倒卵形，果棱丝状突起；产自陕西、山西、河南等省，分布于秦岭北坡东部及太行山、河南北部山地。生长于山地阳坡。

此标本为桑志华1915年6月19日在山西省长治县东南太行山土孤喂采集，韩马迪依据标本发表了新种，为模式标本。

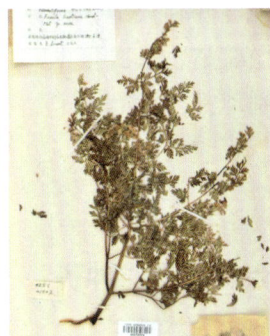

太行阿魏

牛皮杜鹃 *Rhododendron aureum* Georgi

双子叶植物纲 Dicotyledoneae 杜鹃花目 Ericales
杜鹃花科 Ericaceae

常绿小灌木，枝横卧呈垫状。叶厚革质，卵状长椭圆形；花多朵集生于枝顶，花冠合瓣，漏斗形，花初开时米黄色，开后渐转白色。东北稀有的常绿植物和观赏花卉。生长于高山冻原和石质山坡，水土保持植物。牛

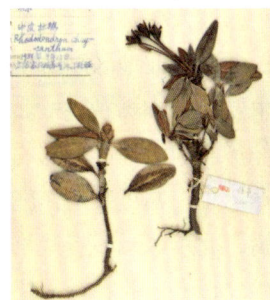

牛皮杜鹃

皮杜鹃叶内含有芳香油，可用作调香原料，根、茎、叶含鞣质，可提制拷胶，叶又可代茶用。牛皮杜鹃在我国的分布范围狭窄，因为破坏较为严重，目前呈渐危状态。馆藏牛皮杜鹃标本采于1984年吉林长白山海拔1700米处。

苞叶龙胆 *Gentiana licentii* Harry Sm. *ex* C. Marquand

双子叶植物纲 Dicotyledoneae 捩花目 Contortae
龙胆科 Gentianaceae

一年生草本，高3～5厘米。茎紫红色，光滑，基部双分枝；花多数，花冠内面淡蓝色，外面黄绿色，宽筒状。产自四川东部、甘肃（徽县）、陕西南部、湖北西部。生于山坡草地、林缘草地、林下、山坡路旁、沟谷及灌丛中，海拔750米至2800米的地区。

此标本为桑志华于1919年4月17日在甘肃省徽县黄家河附近采集，瑞典植物学家史密斯（H. Smith）依据标本发表了新种，为模式标本。

苞叶龙胆

大齿黄芩 *Scutellaria macrodonta* Hand.-Mazz.

双子叶植物纲 Dicotyledoneae 管状花目 Tubiflorae
唇形科 Labiatae

多年生草本。茎自根茎顶端生出，常多数，直立，高30～35厘米；叶坚纸质，长圆形或卵圆形至长披针形；花对生，排列成顶生长4～8厘米的总状花序，花冠紫红色；未成熟小坚果具瘤。可入药，主要治疗以恶心、呕吐、腹痛、腹泻、发热等为主要症状的急性胃肠炎等。

此标本为桑志华于1930年7月17日在河北省赤城县白塔村采集，韩马迪依据标本发表了新种，为模式标本。

大齿黄芩

甘肃黄芩 *Scutellaria kansuensis* Hand. -Mazz.

双子叶植物纲 Dicotyledoneae 管状花目 Tubiflorae
唇形科 Labiatae

多年生草本；根茎斜行，上部不分枝或具分枝，自根茎基部或其分枝顶端生出少数茎。总状花序，顶生。花冠粉红色、淡紫色至紫蓝色，雄蕊4，前对较长，下半部具稀疏柔毛。花柱细长，先端尖锐，微裂。花盘环状，前方稍隆起。子房无毛。花期5—8月。产自甘肃、陕西、山西；生于海拔1300米至3150米山地向阳草坡。

此标本为桑志华于1918年7月10日在甘肃省兰州市东南部马衔山采集，韩马迪依据标本发表了新种，为模式标本。

甘肃黄芩

毛药忍冬 *Lonicera serreana* Hand.-Mazz.

双子叶植物纲 Dicotyledoneae 茜草目 Rubiales
忍冬科 Caprifoliaceae

落叶灌木，高达3～4米，除萼筒外几全体被短柔毛；叶纸质，倒卵形至倒披针形，两面被灰白色弯曲短柔毛，下面毛常较密，花冠黄白色、淡粉红色或紫色，筒状或筒状漏斗形，花药与花冠裂片等长或稍超出，有短糙毛；果实红色，圆形；种子淡褐色，近卵圆形，有4条纵棱。

此件标本由北疆博物院工作人员塞尔于1929年6月19日在山西省五台县大五台山海拔1800米处采集，后经韩马迪依据标本发表了新种，并以采集人塞尔命名。

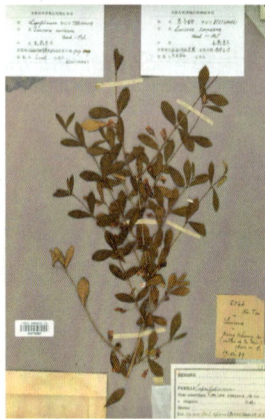

毛药忍冬

平贝母 *Fritillaria ussuriensis* Maxim.

单子叶植物纲 Monocotyledoneae 百合目 Liliflorae
百合科 Liliaceae

渐危种，多年生草本。高达1米。鳞茎扁圆形，具2～3枚肥厚鳞片，白色，花单生于上部叶腋，下垂，共着花1～3朵，顶端的花具4～6枚叶状苞片。平贝母又名"坪贝""贝母""平贝"，为百合科植物平

贝母的干燥鳞茎，是名贵中药。有清热润肺，止咳化痰的作用。平贝母分布于温带针阔叶混交林区，多生于红松针阔叶混交林下。主要分布于东北地区的长白山脉和小兴安岭南部山区，馆藏标本1963年采于长白山地区。

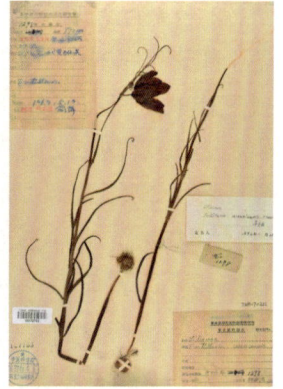

平贝母

无喙兰 *Holopogon gaudissartii*（Hand.-Mazz.）S.C.Chen

单子叶植物纲 Monocotyledoneae 兰目 Orchidales
兰科 Orchidaceae

该标本为6个完整植株。由塞尔于1935年9月3日采于山西南部沁源县至安泽县以西的太岳山海拔1500米处。据《中国植物红皮书》记载，无喙兰为我国特有种，现已濒临灭绝，该标本又是馆藏植物模式标本，因而特别珍贵。

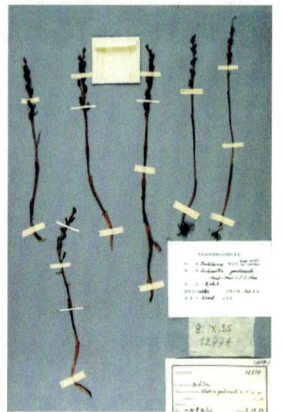

无喙兰

六、果实、种子

白扦果实 *Picea meyeri* Rehd. *et* Wils.

松杉纲 Coniferopsida 松杉目 Pinales 松科 Pinaceae

白扦为我国特有种。乔木，高达30米，球果多为长圆状圆柱形，种子倒卵圆形。球果成熟前绿色，成熟后褐黄色。分布在中国山西五台山、河北小五台山、管涔山等地，生长于海拔1600米至2700米的地区，常生于山坡云杉林中或阴坡。白扦为华北地区高山上部主要的乔木树种之一。宜作华北地区高山上部的造林树种。亦可栽培作庭园树，北京庭园多有栽培，生长很慢。此标本采集于1918年6月9日。

白扦果实

红松果实 *Pinus koraiensis* Siebold *et* Zucc.

松杉纲 Coniferopsida 松杉目 Pinales 松科 Pinaceae

国家二级重点保护野生植物。

常绿乔木，高可达 40 米。球果卵状圆锥形，种鳞先端钝，向外反曲，成熟时种子不脱落。种子大，长 1.2 ～ 1.6 厘米，无翅。产于中国东北长白山区、吉林山区及小兴安岭爱辉以南海拔 150 米至 1800 米，气候温寒、湿润，棕色森林土地带。常同鱼鳞松、红皮云杉组成混交林。

红松木材轻软、细致、纹理直、耐腐蚀性强，为建筑、桥梁、枕木、家具优良用材；树皮可提取栲胶，树干可采松脂；种子供食用或药用，又可榨油供食用及工业用。此标本采集于 1926 年。

红松果实

瓠瓜 *Lagenaria siceraria*（Molina）Standl. var. *depressa*（Ser.）Hara

双子叶植物纲 Dicotyledoneae 葫芦目 Cucurbitales

葫芦科 Cucurbitaceae

一年生草本植物，老熟后可剖制成器具。由于成熟的瓠瓜果实对半剖开后可以做水瓢使用，所以很多地区专门种植瓠瓜做水瓢，也叫它"瓢葫芦"。瓠瓜是棚架式种植的蔬菜，既可食用，又可遮阳纳凉，各地均有栽培。此标本采集于 1922 年。

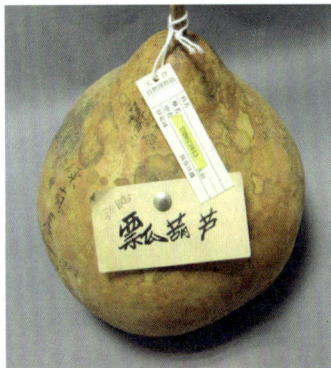

瓠瓜

薰衣草种子标本 *Lavandula angustifolia* Mill.

双子叶植物纲 Dicotyledoneae 管状花目 Tubiflorae

唇形科 Labiatae

薰衣草原产于地中海地区及非洲东北部、欧洲南部等地，后被广泛在世界各地栽培。我国伊犁是世界重要的薰衣草产地。栽培薰衣草主要用来观赏和提取制作精油、花蜜、香料等。2014 年 8 月，天津自然博物馆植物部接收了一份特殊的礼物——由天津市科协赠予的太空育种薰衣草种子标本，约 2 克。这是于 2011 年搭载我国天宫一号目标飞行器的第一批薰衣草种子。中国科协将种子分为 15 份，分发给各个地区。天津自然博物馆作为天津地区科普教育基地得到了其中一份，用于收藏和展示。

薰衣草种子标本

七、木材标本

大果榉 *Zelkova sinica* Schneid.

双子叶植物纲 Dicotyledoneae 荨麻目 Urticales

榆科 Ulmaceae

国家二级保护植物。

落叶乔木。高达 20 米。小枝通常无毛。叶卵形或卵状长圆形，有锯齿。生长速度快，寿命长，抗性强，是良好的园林绿化树种。特产于中国，分布在甘肃、陕西、四川北部、湖北西北部、河南、山西南部和河北等地。可做景观、药用。本种的核果较大叶榉、榉树大，顶端不凹陷，具果梗，叶较小，故易于识别。木材色鲜艳，弦面上花纹美丽，

大果榉木材

光泽性强，是高级家具及装饰用材。此标本 1916 年 7 月 24 号采集于山西南部虞乡。

领春木 *Euptelea pleiospermum* Hook. f. *et* Thoms.

双子叶植物纲 Dicotyledoneae

毛茛目 Ranales

领春木科 Eupteleaceae

国家三级保护植物。

别名云叶树、正心木和木桃。落叶小乔木，为典型的东亚植物区系

领春木木材

成分的特征种，第3纪孑遗植物和稀有珍贵的古老树种，对于研究古植物区系和古代地理气候有重要的学术价值。领春木在世界许多地方已灭绝，在中国种群数量也很少，已处于濒危的境地，花果成簇，红艳夺目，为优良的观赏树木。多分布于海拔720～3600米的湿润沟谷地两侧。木材射线较宽较密，径面上射线斑纹美丽，可以刨切贴面用微薄木。

该标本于1916年8月18日在中国陕西秦岭喂子坪采集。

第三节 古生物

一、古植物

叠层石 *Chihsienella chihsienensis*

地质时代：震旦纪

产地：天津蓟县

叠层石为前寒武纪最常见的一种标准化石，由蓝藻等微生物生命活动和沉积作用联合形成的一种生物沉积构造。该标本采自天津蓟县中元古代蓟县系铁岭组，距今约10.5亿年。叠层石的研究对于进行地层划分与对比，以及探索地球早期的生命活动有重要意义。

叠层石

鳞木 *Lepidodendron* sp.

地质时代：石炭纪

产地：河北

鳞木为蕨类植物，高可达30米以上。叶座通常呈纵的菱形或纺锤形，中部或偏上有叶痕。该类植物出现于石炭纪，二叠纪灭绝。是重要的造煤植物之一。

鳞木

轮叶 *Annularia* sp.

地质时代：二叠纪

产地：辽宁

古生代木贼目芦木类的枝叶化石，枝对生，两侧对称。叶轮生，与末级枝几乎在一个平面上呈辐射状直伸排列，每轮叶6～40枚，互相分离，大多数长短相等，叶形多种多样，线形、倒披针形或匙形等。分布于世界各地，二叠纪灭绝。

轮叶

栉羊齿 *Pecopteris* sp.

地质时代：二叠纪

产地：山西

多次羽状复叶，小羽片大多数为两边平行顶端钝圆的舌形，小羽片全缘。基部全都附着于羽轴，羽状脉。二叠纪灭绝，分布于世界各地。

栉羊齿

拟银杏 *Ginkgoites* sp.

地质时代：早侏罗世

产地：湖北

叶扇状，半圆形至宽三角形。叶片常或多或少地分裂为舌形的裂片。银杏植物出现于二叠纪早期，在侏罗纪和早白垩世达到极盛阶段，分布广，几乎遍及全球。早白垩世晚期突然衰退，现代仅存一属一种。现代银杏是植物界著名的"活

拟银杏

化石"，野生状态的银杏仅发现于浙江天目山。

硅化木 Silicified Wood

地质时代：中侏罗世

产地：辽宁

硅化木又称"石化木"，指已石化的植物次生木质部，其物质成分多已变成氧化硅、方解石、白云石、磷灰石、褐铁矿或黄铁矿等，如主要是氧化硅则称为硅化木。木化石多保存原物的微细构造。

硅化木

晚泥盆世以后地层中常有发现。我国中生代陆相地层中木化石很多，主要是松柏类的硅化木。新生代的木化石则以被子植物为主。

二、古无脊椎动物

拖鞋珊瑚 Calceola sp.

地质时代：中泥盆世

产地：广西南宁

拖鞋珊瑚因外形似拖鞋而得名，个体外部有一半圆状的萼盖，是泥盆纪的重要标准化石。在我国云南、广西、贵州、四川、广东等地都有发现。

拖鞋珊瑚

鸮头贝 Stringocephalus sp.

地质时代：泥盆纪

产地：广西

鸮头贝为腕足动物门穿孔贝目的一个属。壳体巨大，卵圆形，壳面平滑无饰纹。因其腹壳的壳喙弯曲如钩，形似鸮喙而得名。鸮头贝全部海生，营底栖群居生活。鸮头贝分布于世界各地中泥盆世的地层中。

鸮头贝

颠石燕 Acrospirifer sp.

地质时代：泥盆纪

产地：广西

颠石燕为腕足动物。腕足动物是海生底栖动物，都有两瓣外壳。大多数腕足动物生活在温暖的浅海环境。

颠石燕

喇叭角石 Lituites sp.

地质时代：奥陶纪

产地：湖南

喇叭角石外壳始部卷曲成平面螺旋外形似喇叭。喇叭角石出现的地质时代非常短暂，仅仅见于晚奥陶世早期大田坝组，因而是一个典型的"标准化石"，是奥陶纪壳相碳酸盐地层对比的一个十分重要的化石。

喇叭角石

震旦角石 Sinoceras sp.

地质时代：奥陶纪

产地：湖北

又名"中华角石"，壳体圆形或直锥形，一头尖一头宽。壳长可达 2 米以上，因其外形如同一个宝塔或竹笋，所以又叫"宝塔石""竹笋石"等。震旦角石是我国特有的头足类化石，常见于我国晚奥陶世地层中。

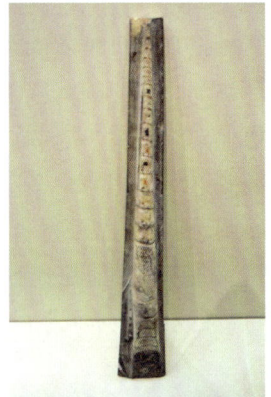

震旦角石

棱菊石 Goniatitida sp.

地质时代：二叠纪

产地：广西

菊石拥有螺旋形的外壳，因其表面通常具有菊花的线纹或横肋而得名。菊石在地球演化

棱菊石

历史中存在了近 3.5 亿年，到了白垩纪末期菊石全部灭绝。中生代菊石广泛分布在深 200 米以内的浅海区域，以其他小型生物为食，过着游泳或者底栖生活。

王冠虫 Coronocephalus sp.

地质时代：早志留世

产地：湖南

王冠虫是三叶虫的一种，因头部边缘有一列突起的小瘤，状似王冠而得名。王冠虫是志留纪常见化石，多发现于湖南。三叶虫在早寒武世出现，以寒武纪和奥陶纪最为繁盛，直至二叠纪末灭绝。因其身体有两条纵沟把背甲分为中轴和左右两个侧叶而得名三叶虫。三叶虫为寒武纪地层中常见化石，寒武纪也因此被称为"三叶虫的时代"。

王冠虫

蝙蝠石 Drepanura sp.

地质时代：晚寒武世

产地：山东

晚寒武世特有的种类，化石以尾甲居多，完整个体极为罕见。因其尾甲前侧向后伸出一对刺，两刺之间的尾缘具多对小刺，形似蝙蝠而得名。古人用蝙蝠石制作砚台，名为"多福砚"。

蝙蝠石

蜡蝉（琥珀）Fulgoridae sp.

地质时代：白垩纪

产地：缅甸

琥珀是亿年前松柏类植物的树脂滴落并掩埋在地下，经过复杂的地质作用，最终石化成一种天然的有机宝石。松脂在滴落的过程中可能会包裹微生物、植物、昆虫、蜘蛛或其他脊椎

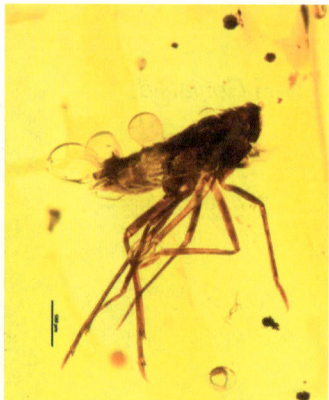

蜡蝉（琥珀）

动物等。该琥珀标本为蜡蝉，其腹部末端有气泡产生。这可能是蜡蝉在被树脂包裹后，由于松脂的挤压，体内的气体被排出所形成。

海笋（琥珀）Formicidae sp.

地质时代：白垩纪

产地：缅甸

缅甸琥珀中，常常可以看到一些水滴状的内含物，它们曾被误认为真菌的孢子，但其实是一类小型的软体动物，它们十分喜欢琥珀，并将"家"建在琥珀中。

海笋（琥珀）

美丽修长蠊 Graciliblatta bella

地质时代：中侏罗世

产地：内蒙古道虎沟

美丽修长蠊为蜚蠊目昆虫。蜚蠊俗称蟑螂，最早出现在中石炭世（距今约 3.2 亿年），在整个地质时期中，蜚蠊并没有明显的变化，因此被称为"老不死昆虫"。与大部分杂食性蜚蠊不同，美丽修长蠊具捕食行为，为肉食性昆虫；其头暴露于前胸背板外、前口式，前足特化为捕捉足。该标本为模式标本。

美丽修长蠊

西顺井假雕饰叶肢介 Pseudograpta xishunjingensis

地质时代：早白垩世

产地：河北滦平

叶肢介壳分左右两瓣，被一条窄韧带固定在躯体上，还有一对闭壳肌与壳的两瓣相连。在我国侏罗纪和白垩纪的叶肢介化石分布更为广泛，除了台湾尚未报道外，其余各地均有发现，而且种类繁多，数量丰富。叶肢介主要产于陆相地层，少数见于海陆交替相地层。

西顺井假雕饰叶肢介

创孔海百合 *Traumatocrinus* sp.

地质时代：三叠纪

产地：贵州

海百合分为根、茎、萼和腕等部分，附着在漂浮的木头上生活，也有一些种类固着在海底生活，以腕摇动获取水中的浮游生物为食。因其形态酷似盛开的百合花，被称为海百合。海百合最早出现在奥陶纪，现在深海中仍然还有其美丽的"身影"。

创孔海百合

四川叉笔石 *Dicellograptus szechuanensis*

地质时代：中奥陶世

产地：浙江江山

笔石是一类已灭绝的群体海生动物。最早出现在中寒武世，历经2亿多年，在早石炭世灭绝。起初笔石动物固着在海底生活，到了奥陶纪，绝大多数笔石由底栖转为漂浮生活，依靠笔石虫体的触手摆动，滤食海水中悬浮的有机物。笔石在我国广泛分布，是奥陶纪、志留纪和早泥盆世地层的重要标准化石之一。

四川叉笔石

三、古鱼类

刘氏原白鲟 *Protopsephurus liui*

时代：晚侏罗世至早白垩世

产地：辽宁凌源

热河生物群中的刘氏原白鲟，是1994年订立的新属种，也是已知最古老的匙吻鲟科化石。最大的个体全长可达1米以上，最小的仅100毫米。其主要特点是具有长的吻部及一系列纵向分布的吻骨片。鲟科和匙吻鲟科都是大中型鱼类，现生的种类更是水中的庞然大物，我国四川渔民早有"千斤

刘氏原白鲟

腊子万斤象"的说法，"腊子"指鲟科的中华鲟，"象"指匙吻鲟科的白鲟。从刘氏原白鲟骨骼发育状况看，它在匙吻鲟科已知属种中是个体较小的种类。现今，匙吻鲟科仍有匙吻鲟和白鲟两个种，分别分布于美国密西西比河和我国长江流域。

师氏中华弓鳍鱼 *Sinamia zdanskyi*

时代：晚侏罗世至早白垩世

产地：辽宁义县

师氏中华弓鳍鱼是1935年瑞典学者根据山东蒙阴采集到的化石建立的新属种。"弓鳍"是因其背鳍呈弯弓形。师氏中华弓鳍鱼体形细长呈梭形，头较大，口中有尖锐的牙齿，背鳍很长，体表有菱形硬鳞，硬鳞后缘带有锯齿，是生活在淡水中的肉食鱼类。化石在中国辽宁、山东、内蒙古、甘肃、宁夏、安徽和浙江等地区中生代后期地层中分布较广，但数量较少，在北美、南美、欧洲和亚洲都有所发现。现生弓鳍鱼与中生代时期的类型相比，在外形上基本没有变化，凶猛异常，捕食各种昆虫、青蛙、虾、蟹等小型动物，也有同类相残的嗜好，体内的鱼鳔除了具有漂浮作用外，还具有呼吸功能，因此离水后，仍能生存较长时间。

师氏中华弓鳍鱼

长背鳍燕鲟 *Yanosteus longidorsalis*

时代：晚侏罗世至早白垩世

产地：辽宁义县

北票鲟科鱼类是完全淡水生活的鱼类，我国发现的北票鲟和燕鲟是典型的化石代表。1995年金帆等中科院古脊椎动物与古人类研究所研究人员根据河北丰宁森吉图发现的鱼类化石建立了新属种，属名"燕鲟"是因为化石产地为战国时期燕地。长背鳍燕鲟最突出的特征是背鳍非常长，几乎达到鱼体全长的1/3。最大的个体全长可达1米左右，最小的约200毫米。燕鲟的体形侧扁，体内有不少软骨已经骨化，体表裸露

长背鳍燕鲟

无鳞，但在鳍的末端仍残留了一些细小的硬鳞。

丰宁北票鲟 *Peipiaosteus fengningensis*

时代：晚侏罗世至早白垩世

产地：河北丰宁

丰宁北票鲟是1983年于河北丰宁森吉图乡白石砬村附近发现，是一种淡水鱼类。丰宁北票鲟的外部形态与潘氏北票鲟基本相同，区别在于丰宁北票鲟体形较为侧扁，躯干和尾部较长，头部较短，背鳍和臀鳍的位置变化较大，尾鳍上叶背缘有一列完整的纤细棘鳞。目前丰宁北票鲟化石数量较少，专家推测其成年个体较潘氏北票鲟大。

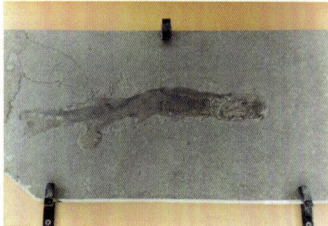

丰宁北票鲟

东方肋鳞鱼 *Peltopleurus orientalis*

时代：中三叠世

产地：贵州兴义

东方肋鳞鱼由贵州博物馆工作人员于1957年在贵州兴义顶效大寨浪幕海相地层发现，1959年，由中科院古脊椎动物与古人类研究所鱼类专家苏德造命名。东方肋鳞鱼是同类中体型较小的，全长仅4厘米左右，其主要特征是侧鳞较高，鳞片具有较厚的闪光质，表面非常光滑，臀鳍比背鳍大，胸鳍长，腹鳍很小，是2.3亿年前，生活在海洋中的小型鱼类。

东方肋鳞鱼

潘氏北票鲟 *Peipiaosteus pani*

时代：晚侏罗世至早白垩世

产地：辽宁凌源

潘氏北票鲟是中科院古脊椎动物与古人类研究所鱼类专家刘宪亭于1965年建立的新属种，种名以发现者的姓氏命名，属名以化石产

潘氏北票鲟

地命名。北票鲟科鱼类为完全淡水生活的鱼类，我国发现的北票鲟和燕鲟是典型的化石代表。北票鲟是鲟形鱼类中最早发现的，个体较小，其区别于其他鲟形鱼类的显著特征是体表完全裸露无鳞，尾鳍上叶的菱形硬鳞也完全退化，它的体型与现在的鲟科鱼类相近，身体腹面较为扁平，表明它是靠近水底生活的鱼类。

戴氏狼鳍鱼 *Lycoptera davidi*

时代：晚侏罗世至早白垩世

产地：辽宁义县

19世纪60年代，一名叫戴维的法国神甫在辽宁凌源小城子乡大新房子村发现了一种鱼化石，交给法国鱼类学家索瓦士进行研究，1880年索瓦士将这种鱼定立为新种，以戴维的姓氏建立种名，1901年，英国著名鱼类学家伍德华（Woodward）将其归入狼鳍鱼属，从此得名戴氏狼鳍鱼。狼鳍鱼属是1848年德国著名解剖学家穆勒（Müller）建立的，目前世界已发现16个种。狼鳍鱼是中生代后期东亚地区特有的淡水鱼类，广泛分布于西伯利亚、蒙古、朝鲜、中国北部水域，是热河生物群的主要成员。戴氏狼鳍鱼体小，呈纺锤形，上下颌骨都有小而尖的牙齿，尾正型，鳞片圆形。

戴氏狼鳍鱼

四川渝州鱼 *Yuchoulepis szechuanensis*

时代：中侏罗世

产地：四川内江凌家场

四川渝州鱼属于古鳕目，褶鳞鱼科，渝州鱼属，它是体型中等大小的鱼类，头小，身体呈纺锤形，胸鳍和腹鳍都非常发达，背鳍和臀鳍呈三角形，尾鳍为半歪型，体表具有较长的鳞片。四川渝州鱼生活在距今约1.6亿年前的中生代中侏罗世。

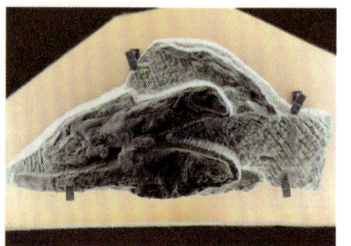

四川渝州鱼

四、古两栖动物

奇异热河螈 *Jeholotriton paradoxus*

　　时代：早白垩世

　　产地：内蒙古宁城道虎沟

　　内蒙古自治区宁城县山头乡的道虎沟与辽西地区的凌源相毗邻，历史上曾是辽西的一部分。1998年古脊椎动物与古人类研究所研究人员在道虎沟考察时发现一些蝾螈化石，2000年古脊椎动物与古人类研究所两栖类专家王原将其命名为"奇异热河螈"。奇异热河螈具有明显的外鳃，尾巴侧扁，说明它是水生的种类。它头骨特征十分奇特，犁骨齿长在腭面中间，形成一个齿板，并有一个向后延伸的具齿的后突，另外它们的翼骨不像其他蝾螈那样指向上颌骨的后端，而是指向腭面中部。正因为这些奇特的头骨特征，才有了"奇异"的种名。再有，奇异热河螈具有典型的幼态持续现象，即成年个体保存了幼体的形态特征。奇异热河螈的地质时代为早白垩世，距今约1.3亿年。近年来，我国辽西热河生物群中已发现五种蝾螈类化石，不仅地质时代早，保存状态好，而且数量多，是化石界珍贵的财富，尤其它们与现生种类有密切的亲缘关系，使之成为世界上已知最早的现代蝾螈类的代表。

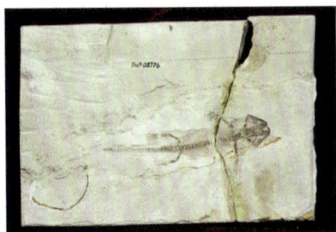

奇异热河螈

玄武蛙 *Rana basaltica*

　　时代：中新世中期

　　产地：山东临朐山旺

　　玄武蛙化石是在我国山东临朐县山旺地区硅藻土地层发现的，地质年代为中新世中期，距今约1300万年。我国已知的无尾两栖类化石有4科6属12种，其中，玄武蛙是1936年由著名古生物学家杨钟健鉴定并命名的，玄武蛙的个体比亚洲蛙小，但肢骨较粗壮，腰带宽大，头骨较尖。

玄武蛙

五、古爬行动物

棘鼻青岛龙 *Tsintaosaurus spinorhinus*

　　时代：白垩纪晚期

　　产地：山东莱阳

　　棘鼻青岛龙是一种模样奇特的鸭嘴龙，在它的头顶上长着一根竖直细长的骨质管状物，但至今没有人知道这根管子到底能起什么作用，可能是用来抵抗侵略的装备，也可能是用来扩大叫声的器具……然而有人曾经指出这个管棘或许是一个移位了的鼻骨，被误放在头骨的前方垂直立起的位置。若果真如此，那么青岛龙可能就属于一只扁平头颅的鸭嘴龙类了。

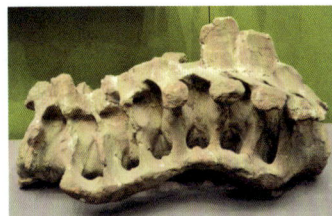

棘鼻青岛龙完整肠骨化石

鹦鹉嘴龙 *Psittacosaurus* sp.

　　时代：白垩纪早期

　　产地：辽宁义县

　　一件非常完整的鹦鹉嘴龙原始埋藏标本，形态安详、自然。

　　鹦鹉嘴龙的最大特征是有像鹦鹉的嘴啄，由于它独特的嘴啄和颊齿构造，可吃其他草食恐龙无法消化的植物。鹦鹉嘴龙的胃内有胃石，用以帮助将植物磨碎，类似于现代的鸟类。四肢有粗短的爪子。

鹦鹉嘴龙

中国猎龙 *Sinovenator* sp.

　　时代：白垩纪早期

　　产地：辽宁义县

　　一件非常完整的中国猎龙类原始埋藏化石。中国猎龙身长不过1.4米多，奔跑极快，具有小型动物的灵敏性。它们具有大脑袋和大眼睛，视觉灵敏，立体感强，能准确测量判断距离，有毛，

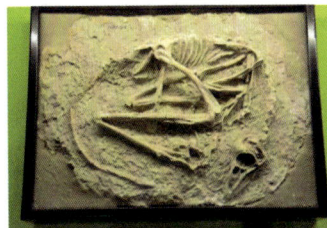

中国猎龙

爪子尖利，食肉，比其他恐龙也要聪明许多，脑容量也要大得多。群居生活。

许氏禄丰龙 Lufengosaurus huenei

时代：中侏罗世早期

产地：云南禄丰

禄丰龙是中国发现的最早的原蜥脚类恐龙之一。体型中等，有小而不太伸长的头骨，眼眶圆大，尾巴健壮，手和足的第一指特别发达；口中上下至少有25颗牙齿，牙齿形状与树叶相似，前后边缘有微弱的锯齿。禄丰龙前肢并不很短小，不像典型的两足行走的恐龙，它可能具有有限的四足行走的能力。

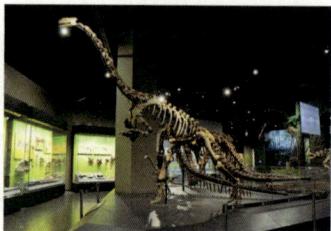
许氏禄丰龙

井研马门溪龙 Mamenchisaurus jingyanensisi

时代：中侏罗世晚期

产地：四川井研

马门溪龙是中国恐龙群中最闪亮耀眼的明星，也是世界上最著名的恐龙之一。它们身躯庞大，四足行走，具有恐龙世界中最长的脖子，有19节颈椎，长度占整个身体长度的一半。马门溪龙性情温和，主要生活在植被丰富的湖泊、河流岸边，利用长长的脖子采食树梢顶端的枝叶，就像长颈鹿一般。

井研马门溪龙

峨眉龙 Omeisaurus sp.

时代：中侏罗世晚期

产地：四川自贡

峨眉龙在外表上看起来很像马门溪龙，但比马门溪龙稍小，也是一种非常奇特的巨型恐龙。它有一条像蛇一样细长的脖子，由17块中空的椎骨组成。靠这个长长的脖子，它能吃到10

峨眉龙

米高的树梢叶子。

巨型山东龙 Shantungosaurus giganteus

时代：白垩纪晚期

产地：山东诸城

巨型山东龙是世界上最大的鸭嘴龙，身长有16米，三层楼那么高。它长着一张扁平的大嘴，很像鸭嘴，口中有上千颗牙齿，用来咀嚼坚韧的植物。它的前肢很小，后腿强健，生活在湖泊的岸边。

巨型山东龙

原角龙 Protoceratops sp.

时代：白垩纪早期

产地：山东诸城

原角龙是一类原始的、小型的角龙类恐龙，也是后期如三角龙、五角龙等大型角龙的直接祖先。它们的头上并没有角，但具有角龙类恐龙的典型特征：宽阔的头后骨质颈盾和锋利的嘴喙。骨质颈盾随着年龄的增长逐渐长大、长宽，以保护柔弱的脖子免受敌人的攻击；锋利的嘴喙可以切断植物的茎和叶，然后用牙齿把食物咬碎。原角龙一般生活在半荒漠化的丘陵地带，有较丰富的水源和植物，喜群居。

原角龙

幻龙 Nothosauria sp.

时代：中三叠世

产地：贵州关岭

幻龙在外观上和贵州龙很相似，但体型比贵州龙大得多，有尖尖的三角形脑袋、排列紧密的锐利牙齿、长长的脖子、粗大的脊椎骨和强健的四肢。

幻龙生活在当时海滨环境中，以鱼类和各种小动物为食，偶尔也可能爬上海岸活动。

幻龙

六、古鸟类

孔子鸟 Confuciusornis sp.

时代：白垩纪早期

产地：辽宁北票四合屯

孔子鸟是世界上已知最早的有喙的鸟类，是特化的原始鸟类。与绝大多数的中生代早期鸟类不同，孔子鸟牙齿已经完全退化，这和现生的鸟类相同；但是在其他特征上孔子鸟却相当原始，例如翅膀上的利爪还相当发达，而且手指的指节数量也没有减少等，在这些特征上，其原始性都可以和德国的始祖鸟相比。孔子鸟的飞行能力比始祖鸟要强，后肢也已经更适合于攀缘树木。目前孔子鸟可能已经成为知名度仅次于始祖鸟的化石鸟类。这不仅归功于其特有的原始和进步特征的组合，而且还由于在短短的20年间，发现了极其大量的保存完整的化石。

孔子鸟

七、古哺乳动物

贺风（近）三趾马 Hipparion（Plesiohipparion）hufenense

地质时代：保德期末至泥河湾早期

产地：山西榆社银交

该标本是国内发现该种的第一个完整头骨。该种是德日进和杨钟健于1931年所定的一个种。从一开始这个种就受到地层和古生物工作者的重视。这件完整的头骨化石标本的发现解决了长期未解决的疑难问题，使人们第一次确切了解贺风（近）三趾马头骨和上牙的构造，并有可能对其系统位置进行讨论。

贺风（近）三趾马头骨化石

意外（笨重）三趾马 Hipparion（Baryhipparion）insperatum

地质时代：高庄期至泥河湾

产地：山西榆社白海

一种特大型三趾马（眶前窝特别长而高，而且呈裂状），上、下颊齿构造原始。这个种仅在山西榆社一地发现。

意外（笨重）三趾马头骨化石

双叉四不像鹿 Elaphusus bifurcates

地质时代：更新世早期

产地：河北阳原泥河湾

这是一件保存比较完整的右角附部分颅顶部，发现于泥河湾大水沟。双叉四不像鹿与现生麋鹿有共同起源，但它不是现生麋鹿的直接祖先，而是同一进化线上的一个侧枝。它也是我国目前所知的最早有记录的四不像鹿化石。

这种鹿的角为完整的双分角，主枝大，圆柱状，成一大弯曲，在顶端分成二叉。只有现生四不像鹿有此特征，原研究者把它放在麋鹿这个属内。该标本为模式标本。

双叉四不像鹿右角

布氏真枝角鹿 Euclodoceros boulei

地质时代：更新世早期

产地：河北阳原泥河湾

它是泥河湾动物群中的一组鹿类。这种鹿过去在亚洲其他地区出现较少，而在桑干河地区则显得非常丰富。它有六种不同类型的角。研究者认为这一组鹿与欧洲的鹿类有着密切关联。由于它在中国发现，增加了在动物学和古生物学方面的重要性，扩大了鹿科学的地理分布。该标本为模式标本。

布氏真枝角鹿头及角化石

中间中国乳齿象 Sinomastodon intermedius

地质时代：上新世晚期

产地：山西榆社杏杨村

该标本是德日进等人记述的一件乳齿象下颌骨，

根据它的下颌骨特征，认为具有典型的旧大陆乳齿包氏象和美洲乳齿象的中间性质，将它定了一个新种：中间乳齿象（*Mastodon intermedius*）。种名由此而来。托宾（H.Tibien）等人1980年对我国研究过的乳齿象化石进行了重新评价。建立一个新属，中国乳齿象属（*Sinomastodon*），把中间种（*intermedius*）作为本属的属型种。将此标本修订为中间中国乳齿象，（*Sinomastodon intermedius*）指定该标本为模式标本。

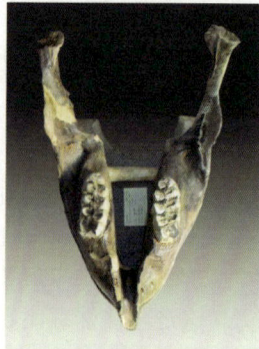

中间中国乳齿象下颌骨化石

古中华野牛 *Bison palaeosinensis*

地质时代：更新世早期

产地：河北阳原泥河湾

它是我国最古老的牛科动物。它是小牛科的一种非常原始的类型，是泥河湾地层中最普通的动物之一。小牛科介于丽牛和野牛之间，而接近野牛，古中华野牛有可能是我国第四纪的指示性化石。该标本为模式标本。

古中华野牛完整头骨和两角心

师氏剑齿象 *Stegodon zdanskyi*

地质时代：上新世晚期

产地：山西榆社白海村

师氏剑齿象是长鼻类中个体最大的象，上门齿直而长，主要分布于我国黄河中上游地区，如山西、陕西、甘肃等地，南方仅见于云南元谋和保山地区。该头骨化石标本由桑志华于20世纪30年代在山西榆社发掘。

师氏剑齿象头骨化石

似锯齿似剑齿虎 *Homotherium cf. crenatidens*

地质时代：更新世早期

产地：河北阳原泥河湾

剑齿虎最大的特点是其长而侧扁弯曲的上犬齿，形同匕首一般，也是其名称"剑齿"的来源。锯齿虎的门齿、犬齿，以及中间颊齿的齿缘在未磨耗时都有锯齿，四肢比较细长。似锯齿似剑齿虎是泥河湾动物群的重要成员，在泥河湾地层中是比较常见的一种化石。如此完整的头骨化石标本在我国亦属罕见。

似锯齿似剑齿虎头骨化石

重现祖鬣狗 *Palinhyaena reperta*

地质时代：上新世中期

产地：甘肃庆阳

更接近于现生鬣狗，吻短，眶前孔位于上第三前臼齿中线稍后水平，前腭孔细长，左右两孔不平行，前端逐渐趋近，后腭孔位于上第二前臼齿前半部水平；门齿前缘平直，上第二前臼齿相对更小，上第二前臼齿长轴与上颌外缘一致。该标本在1979年被邱占祥等人订为新属新种：重现祖鬣狗（*Palinhyaena reperta*），并指定该标本为模式标本，它极可能是现生鬣狗的共同祖先。

重现祖鬣狗头骨化石

河套大角鹿 *Megaloceras*（*S.*）*ordosianus*

地质时代：更新世晚期

产地：陕西榆林

河套大角鹿角粗大，角节部圆而大。主枝靠近角节的部分，因眉枝向前分出而特别粗壮，为角的最大直径所在。主枝的圆柱部分呈强S形弯曲，掌状部分几乎沿头的冠面延伸。眉枝扁平，沿头骨的矢状面延伸，与主枝垂直相交，彼此不平行；眉枝位置很低，直接与角基部接触。

河套大角鹿完整头骨及两角化石

披毛犀 *Cocodonta antiguitalis*

地质时代：更新世晚期

产地：内蒙古萨拉乌苏

披毛犀和猛犸象一样，身体巨大，体外披毛，头上一前一后长有两支角，以草原上的灌木为食。主要分布在华北、东北各地。该标本由桑志华于 20 世纪 20 年代在内蒙古萨拉乌苏地区发掘。

披毛犀完整骨架化石

野驴 *Equus hemionus*

地质时代：更新世晚期

产地：内蒙古萨拉乌苏

野驴脸部较短而高，额鼻部有一显著的凹处，间颌骨上有一结节。上颊齿原尖长，马刺一般缺失，即使存在，也很短。驴是耐力极强的动物，野驴化石在中国东北、西北更新世晚期至全新世都有发现，蒙古野驴至今仍然生活在中国。该标本由桑志华于 20 世纪 20 年代在内蒙古萨拉乌苏地区发掘。

野驴完整骨架化石

中国羚羊 *Gazella sinensis*

地质时代：更新世早期

产地：河北阳原泥河湾

中国羚羊在羚羊中为粗壮的一种，个体大。角心长大，表面有深沟，横切面圆形或椭圆形。它是第四纪的代表化石之一。

中国羚羊完整头骨及两角心化石

包氏玛姆象 *Mammut borsoni*

地质时代：上新世早期

产地：山西榆社泥河村

该标本是包氏玛姆象完整下颌骨及全部下臼齿列化石，在下颌接

包氏玛姆象下颌骨化石

合部前端生长了一对下门齿。该标本由桑志华于 20 世纪 30 年代在山西榆社泥河村发掘。

诺氏古菱齿象 *Palaeoloxodon nawmanni*

地质时代：更新世晚期

产地：天津蓟县

该标本是诺氏古菱齿象完整下颌骨及全部下臼齿列化石，下颌骨水平支短高，无门齿，上升支较宽，相当于下颌骨全长的 1/2。联合部上方的沟槽窄而深，下颌吻突短。该标本于 2005 年 9 月在天津蓟县杨津庄镇发掘，这是近几年天津地区发现最为完整的诺氏古菱齿象下颌化石。

诺氏古菱齿象下颌骨化石

八、古人类

"北京人"头盖骨（模型）

时代：更新世中期

产地：北京周口店

1929 年 12 月 2 日，裴文中在北京周口店首次发现猿人头盖骨化石，轰动世界。"北京人"头盖骨的发现为研究从猿到人所丢失的缺环提供了实证，意义重大。不幸的是，"北京人"头盖骨化石在 1941 年向美国秘密转移过程中神秘失踪，下落不明。天津自然博物馆藏的"北京人"头盖骨化石模型，是当年依据原标本复制而成。经著名古生物学家胡承志鉴定，很可能是目前在我国保存的制作最早的一批模型之一，尤为珍贵。

"北京人"头盖骨（模型）

"河套人"牙齿（模型）

时代：更新世晚期

产地：内蒙古萨拉乌苏

1923 年，法国古生物学家德日进在北疆博物院研究室整理标本期间，意外地从桑志华于 1922 年在内蒙古萨拉乌苏河河岸砂层中采集到的一堆羚羊牙齿化石

和鸵鸟蛋片中发现了一颗小小的门齿化石。经在北京协和医院工作的加拿大解剖学家步达生鉴定，确认其为人类的左上外侧门齿化石，地质时代为更新世晚期，定名为"河套人"。这是中国境内首次发现的有准确出土地点和地层记录的古人类化石，就此拉开了中国乃至亚洲古人类学研究的序幕。

"河套人"牙齿（模型）

禄丰古猿桡骨（近端一段）

时代：中新世晚期

产地：云南禄丰石灰坝

禄丰古猿是发现于中国的古猿化石，生存的地质时代为晚中新世，距今约 800 万年。1985 年 3 月 21 日，天津自然博物馆古生物组在云南发掘到几件古生物化石，其中就包括这件禄丰古猿桡骨（近端一段）。当时我国发现的禄丰古猿肢骨标本极少，桡骨标本属于首次发现，至今为止还未有其他新的发现，国内仅此一件。该化石标本的发现，填补了肘关节化石的部分空白，具有重要的研究意义。

禄丰古猿桡骨（近端一段）

石片

时代：旧石器时代

产地：甘肃庆阳赵家岔

桑志华于 1920 年 8 月 10 日在甘肃庆阳赵家岔发现了两件旧石器时代石片，现保存于天津自然博物馆。这两件石片和同年 6 月 4 日在甘肃庆阳幸家沟采集到的一件石核，是中国境内发现的第一批有确切地点和层位的旧石器，具有重要的历史价值和意义。其发现打破了 1882 年德国地质学家李希霍芬提出的中国北方不可能有旧石器的论断，揭开了中国旧石器时代考古学研究的序幕。

石片

锯齿刃器

时代：旧石器时代

产地：宁夏灵武水洞沟

1923 年，桑志华和德日进组成"法国古生物考察团"，首次发现宁夏水洞沟旧石器遗址，并在水洞沟第一地点进行了第一次系统发掘。天津自然博物馆现藏的宁夏水洞沟旧石器标本，均为此次发掘所得。水洞沟出土的旧石器器型精致多样，可与欧洲、西亚等地出土的史前文化遗物相媲美，是研究旧石器时代晚期工业的重要对比材料。水洞沟遗址的发现为中国旧石器时代考古学研究翻开了崭新的篇章。

锯齿刃器

手斧

时代：旧石器时代（阿舍利期）

产地：法国

天津自然博物馆藏有桑志华当年与法国自然历史博物馆交换得来的出土于欧洲、西亚等地的史前石器标本若干件，年代范围从旧石器时代到新石器时代均有涵盖，器型丰富多样且颇为典型，与馆藏中国国内尤其是宁夏水洞沟出土的石器标本进行比较，对于探讨东西方早期人类之间的文化异同以及迁徙、交流模式等具有重要的研究价值。这件手斧就是其中一件。

手斧

石斧

时代：新石器时代

产地：辽宁北票巴图营子

该标本是 1919 年 10 月，桑志华在辽宁北票巴图营子采集得到的新石器时代石斧标本。这批新石器标本有明确的出土地点，虽然不是我国境内最早发现的新石器，但也属于较早出土的。

石斧磨制而成，是远古人类用于砍伐等多种用途的石制工具。斧体较厚重，一般呈梯形或近似长方形，两面刃。

石斧

石矛

时代：新石器时代

产地：河北围场小湾湾沟

1927 年 6 月，桑志华在河北围场小湾湾沟采集得到的新石器时代石矛标本。石矛是远古人类制作并使用的一种石制兵器，其后部捆绑长木柄，使用者或持矛柄刺杀敌人，或举矛柄投刺敌人。

石矛

石耜

时代：新石器时代

产地：河北承德

该标本是 1927 年 7 月，桑志华在河北承德采集得到的新石器时代石耜标本。石耜，是一种石制锹形农具，

石耜

由旧石器时代的片状刮削器或砍砸器演变而来，其最初形状是不固定的，以后逐渐采用近似圆形的石片，或略带小柄的圆形石片等，石片的一侧有刃口。石耜主要出土于中国北方地区的考古遗址，南方出土骨耜较多。

石镞

时代：新石器时代

产地：河北崇礼高家营小沟梁

1931 年 6 月至 9 月，桑志华在河北省崇礼县高家营遗址发掘出土了大量的石制品。这批标本分别出土于十多个具体地点，石制品类型复杂多样，既有细小石器，又有磨制石器；既有农业生产工具，又有生活用具和狩猎工具。此外，还有石制兵器，如：石矛、石镞和石钺等。石镞即石制箭头，其杀伤力虽不及后来的青铜和铁制箭头，却是后者的原型。

石镞

第四节 岩 矿

茶晶

产地：河北省杨家坪

茶晶又称烟水晶、墨晶，茶晶又按色彩的深浅，分成茶、墨、烟，统称为茶晶，主要成分为二氧化硅。茶晶大部分呈六角柱体，里面有冰裂、云雾等的包裹体。该标本是桑志华于 1917 年 7 月 20 日在河北省的杨家坪采集。

茶晶

水胆水晶

产地：四川省

水胆水晶是指在水晶晶体内部的气泡能像液体般流动的水晶，在大自然中形成的概率极低。水胆水晶在地底下、岩

水胆水晶

洞中由富含二氧化硅的地下水形成，在其形成的过程中，由于二氧化硅的供应不充分，晶体中的空隙被水、气或其他微粒所填充。透明的水晶中，可见明显的内部液态包裹体，水胆较大则与晶体界限明显。我国的水胆水晶主要产自河南、辽宁、四川、云南、内蒙古等地。

海蓝宝石

产地：阿富汗

海蓝宝石由于含有的铁和钛在每个宝石中的含量和比例不同，所以呈现出多种颜色，有蓝色、绿色、黄色、紫色或无色。包裹体少，通明，六方柱晶体外形。世界上最著名的海蓝宝石产地在巴西，其次是俄罗斯、中国。我国海蓝宝石主要分布在新疆、云南、内蒙古、湖南、海南等地，

海蓝宝石

尤其是广阔的山麓，蕴藏有丰富的海蓝宝石资源。

绿松石

产地：湖北郧县

绿松石又称"土耳其玉"，是含水的铜铝磷酸盐矿物，因形似松球，色近松绿而得名，它多呈蔚蓝色，有黑色或褐色的铁线，在绿松石上形成美丽的黑色花纹，受到人们的喜爱，由于其晶体微小、质地细腻，优质品抛光后好似上了釉的瓷器，有蜡状光泽，常被作为装饰品。我国鄂西北地区岩层中普遍富含铜、铝、磷等元素，成矿物质来源丰富，湖北郧县是绿松石的重要产地。

绿松石

铁陨石

产地：广西南丹

陨石是人类直接认识太阳系、小行星和行星形成与演化过程中的珍贵稀有实物标本。据文献记载，南丹陨石于1516年（明正德十一年）陨落，南丹陨石量大面宽，是非常罕见的天外"来客"。

南丹铁陨石

该陨石为铁陨石，2004年11月19日广西自然博物馆将该标本赠予天津自然博物馆。

尖晶石

产地：缅甸

尖晶石常含铁、铬、锰、锌等矿物元素，晶体常呈八面体及八面体与菱形十二面体的聚形。常有红、绿、褐、黑等色，玻璃光泽。常见于酸性侵入体与白云岩或白云质石灰岩的接触交代带中，也见于火成岩或变质岩中，在砂矿中也常出现。透明、色泽美丽的尖晶石可作宝石。红色尖晶石常被误认为红宝石，产地为缅甸、斯里兰卡、坦桑尼亚、泰国，其中以缅甸的最为著名。

尖晶石

符山石

产地：河北省邯郸涉县

符山石是硅酸盐矿物，晶体呈四方柱和四方双锥聚形，柱面有纵纹，常见柱状、放射状、致密块状集合体。颜色多样，常呈黄、灰、绿、褐等色，玻璃光泽。色泽美丽透明的符山石可作宝石。符山石主要产于接触交代的夕卡岩中。中国河北邯郸是符山石重要产地。

符山石

闪长玢岩

产地：南极

这块带地衣的南极石，是2007年10月至2008年4月我国第24次南极科考期间采集到的，由雪龙号极地考察船带回国。2014年3月26日南开大学生科院教授石福臣赠予天津自然博物馆，2014年10月15日中国地质调查局天津地质调查中心研究员王惠初鉴定为闪长玢岩，属于中性次火山岩，在该南极石上还生长着低等植物——枝状地衣。

闪长玢岩

硅化英安岩

产地：南极

硅化英安岩采集于南极，是一种中酸性喷出岩，其矿物成分和化学成分与花岗闪长岩或石英闪长岩相当。主体（基体）呈灰色，脉体呈灰白色。具斑状结构和流纹状构造，该标本系国家海洋局极地办赠予天津自然博物馆，1997年12月18日由中国地质调查局天津地质调查中心鉴定为硅化英安岩。

硅化英安岩

大青山矿

产地：内蒙古白云鄂博

大青山矿是一种锶稀土磷酸盐碳酸盐矿物。呈扁平状晶体，偶见菱面。淡灰黄色，透明，玻璃光泽到油脂光泽。1980 年，原冶金部地质研究院教授级高工任英忱等人在内蒙古白云鄂博铁 – 稀土矿床发现了大青山矿，1982 年 3 月经国际新矿物及矿物命名委员会（IMA）审议获全票通过，确认该矿物是一种新矿物。该标本由任英忱赠予天津自然博物馆。

大青山矿

黄河矿

产地：内蒙古

黄河矿晶体常呈板状，蜜黄色或黄绿色，透明，油脂光泽，具极完全解理。产于热液矿床中以及受热液作用的白云岩中。是我国 1961 年发现的新矿物。

该标本是原冶金部地质研究院教授级高工任英忱捐赠。黄河矿和大青山矿也是《中国矿物志》记载中的原始样品，属稀土矿物。稀土矿物是发展尖端和国防工业必需的战略矿产资源，我国稀土矿产资源在世界上占有绝对优势。

黄河矿

白钨矿

地点：四川省平武县

白钨矿是一种钨酸钙化合物，炼钨的主要原料，无色、黄色、褐色、橘红色或紫色。呈透明至半透明，金刚光泽至油脂光泽，部分有星光效应。大部分白钨矿用于工业炼钢，少部分用作矿物标本收藏，极少部分被切割成刻面。白钨矿的产地有中国的四川省平武县、德国、英国、玻利维亚北部、美国、加拿大等地。

白钨矿

蓝铜矿

产地：广东阳春

蓝铜矿又名石青，是一种含铜的碱性铜碳酸盐矿物，常呈现深蓝色或浅蓝色，有玻璃光泽，晶体有板状、簇状、放射状、钟乳状等。深蓝色有玻璃光泽，质优的还可制作成工艺品。蓝铜矿经研磨的粉末可以作蓝色颜料。蓝铜矿常与孔雀石共生，是寻找铜矿的标志矿物。广东省阳春的蓝铜矿也是最早出现在国际市场的中国矿物标本之一，中国矿物第一次和国际矿物界进行交流。

蓝铜矿

辉锑矿

地点：湖南省冷水江市

辉锑矿是锑的硫化物矿物。晶体呈长柱状，柱面具纵条纹，集合体呈块状、放射状或粒状，颜色和条痕均为铅灰色，晶面常带暗蓝锖色，金属光泽。性脆易熔，常与雄黄、雌黄、辰砂等共生。中国是世界上最主要的产锑国。湖南、贵州、广西、云南等省都有辉锑矿床分布。湖南冷水江的辉锑矿床闻名于世。

辉锑矿

老西开自流井岩屑标本

地点：天津

天津第一眼地热井是老西开自流井，打井过程中的岩屑标本现保存于天津自然博物馆（北疆博物院）。老西开地热井坐落在旧法租界老西开教堂附近，是当时由法工部局所开凿的自流井，该自流井于 1935 年 9 月开凿，到 1936 年 5 月结束，整个凿井工程历经 8 个多月，井深 861 米，出口温度 29 ~ 30℃，时为"中国最深之淡水井"。开凿之后整日出水淙流不息、热气腾腾，在当时天津也是一个景观。这些资料对研究区域地质、地下水、地热等有着极其重要的科研价值和实用价值。

老西开自流井岩屑标本

第四章 民间收藏文物与流通

天津是中国北方最大的工商业城市，是文物艺术品的集散中心。由于地缘和区位的优势，天津流散文物（传世、出土）资源丰厚，清宫散失的文物很多流入津门，集藏文物天津有着得天独厚的条件。中华人民共和国成立前，文物盗掘、走私、贩卖猖獗，大量文物流散于民间，不能得到有效的保护和利用。中华人民共和国成立后，人民政府颁布政策，坚决、及时制止文物的散失，并将流散文物保护与博物馆发展相结合，加强流散文物征集，充实博物馆馆藏。改革开放后，随着市场经济的逐步形成，天津城市地位也不断提升，文物收藏热随之升温，与此同时改革开放的政策亦为民间收藏提供了适宜的法治环境。

第一节 中华人民共和国成立前文物收藏与流通

古玩旧物的收藏和流通在民国时期就十分活跃，古玩店铺成为主要的流通渠道。当时许多大城市都有古玩业比较集中的地方，如北京的琉璃厂、上海的古玩市场、天津的大罗天及后来的天祥、劝业、泰康三大商场等。

一、民国初年古玩收藏与流通

民国初年，古玩收藏与流通主要集中在估衣街、锅店街、北门里及东马路一带。当时，大小古玩店约有70～80户。比较有名的有锅店街的万昌古玩店，北门里的福兴成、德昌祥，估衣街的仲盛公，官北大街的义兴号、春生祥、汇珍祥、源丰永。这些古玩店资本雄厚，都以经营珠宝、瓷器、玉器为主。设在东马路一带的古玩店有珍昌泰、德盛成、祥瑞兴、巨成祥等，除巨成祥经营大件瓷器和硬木家具外，其他几户经营仿古新瓷、岫岩玉件和铜器等，此外还有一些仿造的假货，专卖给租界里的外国人。以经营字画为主的有昆德玉、博丛馆、集墨山庄、张陶古等古玩店。还有一批以家庭产业为主的古玩店铺，如鉴古山庄、翟记、周瑞峰、焕宝斋、庆记、荣记等20～30户，这些古玩店经营数十年、几代人的也为数不少。他们主要的经营方式有门市收购、买行、串行、搂货和伙货。

门市收购就是坐等上门，有时遇到一些卖主急需用钱，他们视情况而定价格，比原价低点也会出售，以解决资金问题；有的或是卖方不明行情，或是卖前辈留下来的遗物，随便给点钱便可成交。买行就是买同行的货，低价买进，加价售出。串行即卖给同行。有些资金有限或鉴别能力较低的店主一旦遇到珍品就转手卖给资金雄厚的大户，从中赚取利润。搂货即遇到顾客想买而店里无货时，店家就设法到存有这种古物的同行或住户中，凭着多年的信用，将货取来代卖，从中得利，交易不成时，将原物退回。当时，古玩行业中多采用此方法。伙货即经营规模较小的古玩店遇到朋友介绍来的贵重珍品，由于本店资金有限，不能成交，就把有资金、有鉴别能力的大户请来，当面洽谈，成交后，由资金雄厚的大户出资收购，待以后卖出再得利均分。

二、民国时期的古玩市场

（一）大罗天古玩市场

民国时期，天津曾被海内外收藏家誉为"聚宝盆"，特别是天津的"大罗天古玩市场"堪称民国时期中国古玩市场的代表。1921年，巴西洋行经理莫三，出资在张园对面圈了一块空地，盖起两个简陋的影剧院，起名"大罗天游艺场"（花园式综合游艺场），后来由于巴西洋行业务不振，把游艺场转卖给曾做过天津海关道的蔡绍基。

1925年春，珍昌泰古玩店老板提议在"大罗天"办个古玩展览会。最初，资本雄厚的大古玩店源丰永和仲盛公两户参加，中小古玩店铺积极响应，将自己货底全部搬出，无处消遣的军阀政客、前清遗老、民国新贵及文人墨客接踵而至，展品很快售罄。这时，其他资本雄厚的大古玩店也设法挤进来。一年后，北京的古玩大量运到天津，品种全、价格低、质量好，对"大罗天"冲击不小，业务每况愈下，只得摘下展览会的牌子，把内设的剧院隔成一家一户的门市部，继续营业。其中，经营字画的古玩店有：晖云阁、云山阁、道谷斋等；经营珠宝、古玩、杂项的有：燕利号、珍昌泰、源丰永、致古斋、仲盛公、天兴斋、隆兴号、福盛德、同好斋、古香斋等大小古玩店30户。此时各店大都凭信用搂货，货卖后立即付款。顾客所选中的货可带回去摆几天再议价付款，不如意可以退回。燕利号、珍昌泰、仲盛公等兼作买行、串行业务。大罗天古玩市场遂正式形成。

"九一八"事变以后，日军逼近华北，觊觎平津，日本的长泰洋行欲将大罗天古玩市场作为日本的军用仓库。1943年春天，长泰洋行派人来丈量地基，要求一年内迁移完毕，一些殷实的大户搬进了法租界的劝业场、天祥商场和泰康商场，至1944年，古玩店全部搬出，大罗天古玩市场遂告结束。

（二）三大商场中的古玩店

1924至1928年，坐落在法租界的天祥、泰康和劝业三大商场先后开业，经营品种有珠宝、金银首饰等，二楼古玩店有翠文斋、瑞增源和仲盛公。三楼有经营字画的培生斋，经营玉器珠宝的纯明山房，经营字帖的藻玉堂，经营鼻烟壶为主的复兴店，经营象牙器皿的天利店，经营铜器、玉器的集萃馆，荣宝店、文记、养正轩、大观书画社，俊久斋，致古斋、珍昌泰、珍宝斋等，到1931年劝业场三楼便成了古玩业的天下。

此外，在英租界有怡古斋、德兴斋、新月古玩社、毓隆、天昌厚等几家由来自北京的回民经营的古玩店，地处小白楼附近的朱家胡同，经营玉器、瓷器、料器、珐琅钟表等。当时英租界中街一带大部分是外国人经营的银行和洋行，并有皇宫、泰来、利顺德三大饭店，外国人往来较多，因此，这些古玩店的销售对象主要是外国人，古玩店的人都能说简单的外语，生意很兴旺，加上经营的品种符合外国人的口味，各家古玩店日渐发达，形成了朱家胡同古玩街。

第二节 中华人民共和国成立后文物收藏与流通

一、流散文物管理

文物流散到民间后具有一定的分散性和隐蔽性，无法直接统计和掌握其具体的分布、数量、价值等，这无疑为保护和管理流散文物增加了难度。根据我国的文物国情和当时的文物形势，党和政府一方面制定出相关的制度和措施，另一方面天津文物管理部门通过多方渠道，广泛开展文物征集，使流散文物集中到博物馆陈列、收藏，使其免遭损坏和流出国门，从而最大限度地保护和利用流散文物。

为贯彻文物专营的政策，20世纪50—60年代，私有文物店逐渐被要求退出市场，合并成立天津市文物公司，此为中华人民共和国成立后，较之前的文物流通市场发生的巨大变化。天津市文物主管部门将文物作为特殊商品，贯彻执行国家对文物流通制定的"归口经营、统一管理"的方针，确保珍贵文物免遭流失。对于文物流通领域，文物行政管理部门配合工商、公安、海关等部门，坚决打击非法文物交易和文物走私，加强对国营文物商业和旧货市场中属于文物监管范围物品的整顿，并且规定文物只能由国家专营。天津市文化局于1990年8月1日颁布了《天津市内销文物管理暂行规定》（津文物字〔1990〕第17号）。为满足国内各界人士对文物的需求，开展内销文物业务，保证本市文物流通的相对稳定。内销文物系指文物经营单位向国内各界人士销售的历代各类传世文物，包括：铜器、瓷器、玉器、竹木雕刻、字画、笔墨纸砚、紫砂陶器、杂项等。内销文物业务由文化局指定的单位经营，经批准经营内销文物的单位，须向本局管理部门登记注册，未经批准，任何单位或者个人均不得经营；内销文物不得批量销售，仅限零售，零售价格依照按质论价、一视同仁的原则标定；内销文物只限向国内各界人士（在大陆定居的中国公民）出售，购买者在购买内销文物时，均须持户口簿、居民身份证或其他能证明本人身份的证件，凡出售的内销文物，文物经营单位须向购买人出具"内销文物证明书"，并登记、存档备查；内销文物严禁倒卖牟利，严禁私自卖给外国人，严禁私自携带出境；公民出售购得的内销文物，必须持身份证件，到经过批准的文物收购单位出售。

20世纪90年代以来，随着社会主义市场经济快速发展和人民生活水平不断提高，文物市场的内外环境和条件发生深刻变化，国内私家收藏文物和国际市场对中国文物的需求迅速增长，文物市场日益活跃，除原来经国家批准的文物商店外，文物监管物品、文物艺术品拍卖等经营活动也相应出现，在经济大潮冲击下，原先文物销售以内销为主，仅有少数国营内销点的状况，远不能满足国内文物爱好者正当的收藏、转让、调剂的要求，加上货价攀升，文物商店陷于购销不畅的局面，许多文物交易在私下进行，文物黑市和文物走私活动十分猖獗。为防止珍贵文物流失，制止文物非法经营，保护文物爱好者的正当权益，凡从事与文物经营相关的活动，必须报经行政管理部门审核、许可，统一实行经营许可证制度，并限定其经营范围和场所。同时加强文物管理部门与公安、工商、海关等国家执法部门之间的合作。对全市文物流通秩序实行有效监控，使文物市场逐步走上健康有序的发展轨道。

二、拣选文物

20世纪50年代，由于人们对文物的保护意识和辨别能力不强，在各地废品回收过程中，夹杂有大量文物。为此，文物主管部门发出通知，要求杜绝文物被熔炼的现象，各收购单位在收购、入库、加工时，如果发现文物，要妥善保存，不得任意破坏、转移或销售。此后，文物部门与金属冶炼工厂、物资回收站、银行等相关机构建立密切联系，从大批废旧杂铜、贵金属原料中

拣选抢救出不少重要文物，使这些历经沧桑的宝贵遗产免遭焚毁。

天津文物拣选工作始于1955年，1958至1959年为拣选工作的高潮时期。从1958年起共拣选重要历史文物4000余件，鎏金造像数千件。当时拣选工作是由天津市文化局文物组负责组织全市的文物拣选。所谓"拣选"，就是抢在投入熔炉之前，将那些被当作废铜的文物从废铜中甄别出来。拣选所得文物根据来源可分为两大类。一类来自本市民间，从各区废品回收站的回收物品中拣出；另一类则来自外省市。天津是工业生产的重要基地，电解铜厂、冶炼厂、翻砂厂等部门的原材料，在计划经济年代，是从河北、内蒙古、河南甚至西藏、青海物资部门调拨。这些废杂铜原料中掺杂了不少青铜器或其他金属类文物，当年是把古物按斤卖给信用社废品收购点，然后集中调运来天津，外地调运到津的杂铜很多，作为原料，运到金属冶炼厂，天津市文化局文物组工作人员在运来的废铜中，沙里淘金。

其中珍贵文物有夏代二里头文化的青铜素爵、商兽面纹异形盉、商兽面纹斝、西周翔簋簋盖、西周龙柄匜、春秋窃曲纹龙柄匜、战国寿春鼎、西汉平都犁斛、金代官印、元代四臂观音像、明永乐七年（1409）火铳等文物。

当时在电解铜厂发现夏代青铜素爵时，拣选人员觉得它年代非常早，这种平底薄胎的爵，传世稀见，只在郑州、安阳等地出土几件，而唯独天津发现的这一件为素面，无纹饰，更具原始古朴之趣。后来，河南偃师二里头遗址的考古发现，印证它为夏代或商代早期文物，是中国青铜器中最早的容器。

由冶炼厂拣选出的平都犁斛，为西汉时期的量器。其铭文记载了制作年月、地区和职官，标明了容量和重量，并且保留了一个不见于史籍的量器名称——犁斛，对研究古代度量衡制度有重要历史价值。

来自贵金属冶炼部门和银行金银收兑部门的拣选人员拣选出金元时代的平阳路银锭、乾隆宝藏银币、清代湖北总兵银印等有文物价值的银器、带款的银锭和1932年苏维埃银币。在造纸厂，拣选人员从将被化为纸浆的废纸中寻找有价值的古籍。

列入天津市文化局视线的拣选点，全市有数十个

单位，其中电解铜厂、金属冶炼厂、翻砂厂、天津市物资回收公司所属的废品回收站等重点的拣选点。

文物拣选工作还得到相关工厂的大力支持，工人们平时看到一些古色古香的东西，自觉地拣出来，放在一旁，待拣选人员最后筛选，在拣选现场，请拆包的工人读包装袋上的标签，"商丘""偃师"的包装袋是拣选的重点。

1983年国家文物局在北京举办"全国拣选文物展览"，天津市艺术博物馆、天津市历史博物馆参展的拣选文物就达300余件，展览对社会公开开放，历时23天，观众达8000余人。20世纪80年代末期，文物拣选工作暂告停止。在文物观念普遍较低的历史时期，文物拣选工作拯救了簋、罍、盂、匜、铜爵、古印、古钱币等珍贵文物。

三、民间收藏

天津的民间收藏有着悠久的历史和广泛的群众基础，从古至今涌现出了一批非常有实力的收藏家、鉴赏家，其藏品数量、质量均在全国居于前列。改革开放后，民间收藏作为国家收藏的重要补充，受到《中华人民共和国文物保护法》等法律法规的保护。民间流散文物的收藏与流通日益火爆，文物流通多元化格局开始形成并巩固。民间收藏逐步走向平民化，老百姓逐渐构筑自己的收藏体系；收藏的种类大大增加，各种新兴收藏层出不穷。一些实力雄厚的收藏家不满足于"藏宝于家"，他们希望把自己的珍藏拿出来，让更多的人和他们一起分享，民间藏品从私有化向社会化转变。

天津市文物主管部门在建立健全执法机制和法规的同时，先后派员对所有古玩市场进行监管，对场内流通文物进行审核，加强对文物艺术品收藏流通的引导。1998年天津市文物博物馆学会民间收藏专业委员会成立，至2012年共举办9届民间收藏展览，进一步推动了天津民间文物收藏与交流活动的开展。

2012年3月，"中国·天津首届民间收藏与文化软实力研讨会"在天津举行。研讨会围绕文化软实力是综合国力的重要组成部分、民间收藏的品相与藏量是文化软实力的具体体现、民间收藏与区域软实力提升和建设天津国家级民办博物馆群示范园区等议题展开研讨。

四、文物经营单位

（一）天津市文物公司

坐落于和平区四川路2号是天津市文化局下属自收自支事业单位。下设艺林阁、萃文斋、文苑阁精品店等3个门市部。

天津市文物公司成立于1961年。1962年5月1日，天津市文物公司艺林阁文物商店开业，地址在和平区辽宁路175号。1963年10月25日，天津市文物公司文苑阁正式成立并开业，地址在和平路268号。1969年9月，天津市文物公司与市文化局文物组、市文化局考古队及市文物图书清理组等单位合并成立天津市文物管理处。1970年10月，艺林阁、文苑阁重新营业。1975年2月，市文物管理处所属文物商店由文物管理处内分出，恢复市文物公司建制。1985年9月，天津市文物公司在古文化街建萃文斋和艺湛坊两个文物店，地点在宫前大街。1998年4月，天津市文物公司"文物展示中心"大楼竣工，地址在和平区和平路183号。

天津市文物公司从1968年至1979年，协同市文化局文物管理处组织文博单位的有关人员共同深入到物资回收站、电解铜厂、废旧杂铜冶炼工厂等部门，采取以铜锭交换的方法抢救了数千件金铜佛像等文物。公司还充分发挥向博物馆等国有文物机构输送藏品的职能。据统计，入藏天津博物馆的重要文物如红山文化黄玉兽形玦、红山文化马蹄形箍、战国青玉龙形佩、宋李唐《濠梁秋水图》卷、明曾鲸绘《王时敏小像》轴、隋白釉双联腹传瓶、明洪武釉里红松竹梅纹罐、明永乐青花无档尊、宋嘉祐年款银铁斧等。征购、留购的商兽面纹大铙、宣德款青花云龙纹天球瓶、明象牙坐佛、宋钧窑洗了、清乾隆珐琅彩雉鸡芍药玉壶春瓶、明陈宪章《梅花图》等。天津市文物公司还曾经向北京、上海、辽宁、吉林、河北、山西、陕西、浙江、安徽、重庆、湖南、福建和广东等地的200余个单位提供约7000件（套）文物艺术品。这些单位中，既有博物馆、图书馆，也有大专院校、科研机构、机关、部队和文艺团体等。天津市文物公司还支持兄弟省市文物商店的建设和我市文化事业的发展。对西藏自治区和海南省文物商店的建立提供了帮助。积极投身社会公益事业，举办各种公益展览等活动。先后举办了"中国金铜佛像和敦煌写经"特展、"近百年中国画坛与津门画家精品展""中国扇艺术展"等数百个展览。

（二）天津市古籍书店

天津市文物局《关于同意天津市古籍书店经营文物监管品的批复》（津文物字〔1993〕第29号）文件规定：根据《中华人民共和国文物保护法实施细则》和国家文物局等联合颁发的《关于加强文物市场管理的通知》（文物字〔1992〕第209号）精神，同意天津市古籍书店自1993年10月15日起经营文物监管物品。具体范围如下：1911年以后生产、制作、创作的，具有一定历史、艺术、科学价值的旧字画和文房用品。对批准经营的旧字画和文房用具，应履行售前审核手续。经审核不能销售的物品，由天津市文物局指定的部门进行收购。经营文物监管品的专柜，应在店堂明显处张贴公告，说明所经营的文物监管物品仅在国内流通。如需携带出境，出境人须持本人护照及物品到市文物出境鉴定组办理文物出境手续，经海关查验后方可放行。

（三）天津市友谊商店

天津市友谊商店是涉外单位，也是大型国有企业，已有多年经营古玩的历史。自1996年开业以来，各项业务持稳步上升趋势，特别是友谊商厦古玩组根据自己的特性，吸引了众多的中外宾客。但随着社会文化的发展，古玩商品已处于供不应求的发展势态。友谊商厦在20世纪90年代末向天津市文物局提出书面申请，申请办理文物经营许可证，天津市文物局报国家文物局批准。2002年1月1日，国家文物局审核批准了天津一商发展有限公司友谊商厦为文物商品经营单位，并颁发"文物经营许可证"。经营项目是：书画、陶瓷、玉器、杂项等文物商品。

（四）天津市信托贸易公司

根据天津市文化局《关于典当服务行经营文物业务问题的批复》（津文物字〔1991〕第36号）文件精神，于1991年2月26日同意天津市信托贸易公司所属天津市典当服务行经营典当文物业务，在工商行政管理局核发的营业执照上注明"典当文物"字样。典当行拟当进文物时，须弄清文物来源，并对其进行详细登记。不论

什么品种，一律须经文物局指定的鉴定人员确认年代、真伪、价值后，方可办理入当手续。出土文物或来历不明的文物严禁典当。入当后的文物须专人专柜保存，并配备必要的防盗、防火、防震设施，确保文物安全。市文物局和公安局将不定期检查文物安全情况。死当文物应一律交文物局酌情处理，典当行不得自行处理和销售。

天津市文物局于1993年10月4日同意天津市信托贸易公司外宾专柜自1993年10月15日起经营中国文物监管物品。"津文物字〔1993〕第28号"文件中规定天津市信托贸易公司外宾专柜经营具体范围是：1911年以后生产、制作、创作的，不具有一定历史、艺术、科学价值的文物类旧货（字画、古籍、碑帖等除外），所经营的中国文物监管物品，应履行售前审核手续，经审核不能销售的物品，由市文物局指定的部门收购，另外规定经营文物监管物品的专柜，应在店堂明显处张贴公告，说明所经营的文物监管物品仅在国内流通，如需携带出境者，出境人须持本人护照及物品到市文物出境鉴定组办理文物出境手续，经海关查验后方可放行。

天津市文物局《关于同意市信托贸易公司所属古典艺术品有限责任公司经营文物监管物品的批复》（文物字〔1996〕第1号）文件精神，同意该公司自1996年1月1日起经营文物监管物品。经营具体范围是：1911年以后生产、制作、创作的不具有一定历史、艺术、科学价值的文物监管物品，如瓷器、玉器、书画、木器、钟表等。天津市信托贸易公司所属天津古典艺术品有限责任公司于1997年5月5日经国家文物局、天津市文物局的批准，作为文物外销定点商店经营文物监管物品，并办理登记手续，原经营范围和经营方式不变。

（五）中国工艺品进出口公司天津分公司

中国工艺品贸易性出口规模大、数量多。北京、上海、天津、广东四家工艺品进出口公司允许组织销售旧工艺品出口。全国29个省市、自治区划分为4个大的区域，每个区域由一家公司负责收购。天津公司是经国务院批准允许经营旧字画及各类工艺品的口岸专业公司。成立后负责收购出口文物，组织出口换取外汇，支援社会主义建设。多年来，中国工艺品进出口公司

天津分公司组织建立了国内货源收购渠道，并在国际旧工艺品市场的开发方面建立了广泛的销售网络。1986年根据国务院文件精神，文物及旧工艺品统一由文物公司经营，为此该公司终止了旧工艺品的业务，并与文物局密切配合顺利完成了旧工艺品移交工作。随着改革开放形势的发展，作为原旧工艺品经营单位——中国工艺品进出口公司天津分公司于1993年向市文物局提出申请，申请恢复旧工艺品经营业务，该公司认为有必要、有义务在文物部门的直接监管下，参与旧工艺品经营，并协助文物部门在整顿和加强旧工艺品市场管理中发挥应有的作用，为国家建设增收创汇。

根据《中华人民共和国文物保护法实施细则》和国家文物局等联合颁发的《关于加强文物市场管理的通知》（文物字〔1992〕第209号）的文件精神，天津市文物局于1993年10月6日同意中国工艺品进出口公司天津分公司所属艺文斋艺术品公司经营文物类旧货，该公司外宾专柜自1993年10月15日起经营中国文物监管物品。其具体范围是：1911年以后生产、制作、创作的，不具有一定历史、艺术、科学价值的文物类旧货。具体类别、品种，由市文物局文物处指定。对批准经营的文物监管物品，应履行售前审核手续，具体办法是：由中国工艺品进出口公司天津分公司所属艺文斋艺术品公司填报物品清单，市文物局文物处派鉴定人员进行鉴定。凡准予经营的物品，粘贴统一标识；经审核不能销售的物品，由市文物局指定的部门进行收购。中国工艺品进出口公司天津分公司所属艺文斋艺术品公司应在店堂明显处张贴公告，说明获准经销的文物监管物品仅在国内流通，如需携带出境者，出境人须持本人护照及物品到市文物出境鉴定组办理文物出境手续，经海关查验后方可放行。

为了加强文物市场的管理，国家文物局于1993年对经营文物的单位进行了审核，并于1993年8月1日起开始启用由税务部门监发印制的"全国文物古籍外销统一发票"，使用"全国文物古籍外销统一发票"的只能是国家文物局批准的经营文物外销单位。我市获准经营文物外销的单位是：天津市文物公司、天津市信托贸易公司、天津市古籍书店、天津市友谊商店。获批准的外销文物商店在销售文物前需经市文物出境鉴定组的审核，经审核允许出境的文物，铃盖带有出

境标识的火漆，并设专柜销售，海关凭火漆标识和发票放行。

五、文物拍卖企业

近年来，文物艺术品市场取得长足发展，市场规模不断扩大，拍卖经营活动日趋规范与活跃，每年举办春、秋两季文物展销活动，文物艺术品市场在吸引海外中国文物的回流、不断满足人民群众多层次文化需求方面发挥作用。

20世纪90年代后期，天津市先后成立天津国际拍卖有限责任公司、海天国际拍卖（天津）有限公司、天津蓝天国际拍卖行有限责任公司、天津福信国际拍卖有限公司、天津同方国际拍卖行有限公司等拍卖企业，这些文物拍卖企业是天津文物艺术品经营拍卖业的重要企业，其业务辐射已达全国各地，使天津形成了文物艺术品经营和拍卖市场，成为各种藏品跨地域交流的重要市场。

六、民间藏品交流

改革开放振兴了天津的古玩业，天津市文物市场交易活跃。为贯彻、落实1992年国家文物局、国家工商行政管理局、公安部、海关总署《关于加强文物市场管理的通知》和1997年天津市人大通过的《天津市文物市场管理条例》的精神，我市文物行政管理部门于20世纪90年代后期先后批准了沈阳道旧物市场、鼓楼淘宝轩古玩城、古文化街古玩城等民间藏品交流市场。

沈阳道旧物市场是最具影响力的民间藏品交流市场，该市场是天津最大的旧物市场，也是全国首家涉外古物市场。沈阳道旧物市场位于市中心的沈阳道与山东路交会处，始建于1987年6月。20世纪80年代中期为家庭旧物调剂市场，以经营旧工艺品为主，20世纪90年代初更名为"沈阳道古物市场"。1994年9月，经天津市文物局批准为专营文物监管物品的市场，该市场有店堂120余家，台案和临时摊位400余个，经营面积达2000余平方米，各种古玩、玉器、瓷器、书画、钟表、家具、竹木牙雕、古币、文房用具、古旧书籍

等都受到了鉴赏、收藏者的青睐。天津市沈阳道古物市场一度成为北方规模最大、享誉全国、驰名海外的古物市场。

鼓楼淘宝轩古玩城、古文化街古玩城等处，也是天津销售古玩、旧书比较集中的市场，在经营品种、经营时间等方面与沈阳道古物市场互为补充。

天津市馆藏一级文物一览表

表2-1

序号	文物名称	年代（时代、时期）	所属单位
1	新石器时代龙山文化鹰攫人面玉佩	新石器时代	天津博物馆
2	新石器时代红山文化玉猪龙	新石器时代	天津博物馆
3	新石器时代红山文化兽面形玉佩	新石器时代	天津博物馆
4	王□于□牛骨卜骨	商	天津博物馆
5	在商亡□牛骨卜骨	商	天津博物馆
6	□□人祈雨牛骨卜骨	商	天津博物馆
7	在上虞卜旬牛骨卜骨	商	天津博物馆
8	周祭牛骨卜骨	商	天津博物馆
9	妇好冥牛骨卜骨	商	天津博物馆
10	凡□□牛骨卜骨	商	天津博物馆
11	葬我于有师龟腹甲卜甲	商	天津博物馆
12	田猎获兽龟腹甲卜甲	商	天津博物馆
13	□□牛骨卜骨	商	天津博物馆
14	雀受□牛骨卜骨	商	天津博物馆
15	连续占卜是否下雨牛骨卜骨	商	天津博物馆
16	三百羌用于丁龟腹甲卜甲	商	天津博物馆
17	卜旬牛骨卜骨	商	天津博物馆
18	征伐□方牛骨卜骨	商	天津博物馆
19	□方不至于朕牛骨卜骨	商	天津博物馆
20	旨协王事牛骨卜骨	商	天津博物馆
21	□方来侵牛骨卜骨	商	天津博物馆
22	征伐牛骨卜骨	商	天津博物馆
23	王步田猎龟腹甲卜甲	商	天津博物馆
24	"爕大禹至于相京"龟腹甲卜甲	商	天津博物馆
25	牙病牛骨卜骨	商	天津博物馆
26	黄尹作崇牛骨卜骨	商	天津博物馆
27	令多子族比犬侯扑周牛骨卜骨	商	天津博物馆

续表

序号	文物名称	年代（时代、时期）	所属单位
28	祭东方牛骨卜骨	商	天津博物馆
29	征伐四个边境方国牛骨卜骨	商	天津博物馆
30	"来□自方" 牛骨卜骨	商	天津博物馆
31	伐□方牛骨卜骨	商	天津博物馆
32	多鬼梦牛骨卜骨	商	天津博物馆
33	征伐牛骨卜骨	商	天津博物馆
34	求年于上甲牛骨卜骨	商	天津博物馆
35	立中无风牛骨卜骨	商	天津博物馆
36	伐下危牛骨卜骨	商	天津博物馆
37	农业牛骨卜骨	商	天津博物馆
38	"命戉从□" 牛骨卜骨	商	天津博物馆
39	获兽二百六十九牛骨卜骨	商	天津博物馆
40	获虎牛骨卜骨	商	天津博物馆
41	乎鸣从戉史牛骨卜骨	商	天津博物馆
42	卜疾病龟腹甲卜甲	商	天津博物馆
43	"有来□" 牛骨卜骨	商	天津博物馆
44	征伐牛骨卜骨	商	天津博物馆
45	卜旬记验牛骨卜骨	商	天津博物馆
46	大□风牛骨卜骨	商	天津博物馆
47	农业和战争牛骨卜骨	商	天津博物馆
48	卜雨牛骨卜骨	商	天津博物馆
49	伐□方牛骨卜骨	商	天津博物馆
50	"来岁受年" 牛骨卜骨	商	天津博物馆
51	立中无风牛骨卜骨	商	天津博物馆
52	受稻年牛骨卜骨	商	天津博物馆
53	"小多马羌臣" 牛骨卜骨	商	天津博物馆
54	易黄兵牛骨卜骨	商	天津博物馆
55	"余一人" 龟腹甲卜甲	商	天津博物馆
56	"福告于丁" 龟腹甲卜甲	商	天津博物馆
57	田猎获兽二百零五龟腹甲卜甲	商	天津博物馆
58	"乍□方□" 牛骨卜骨	商	天津博物馆
59	征伐牛骨卜骨	商	天津博物馆

序号	文物名称	年代（时代、时期）	所属单位
60	卜雨牛骨卜骨	商	天津博物馆
61	"用五百宰"牛骨卜骨	商	天津博物馆
62	"今夕师不□"牛骨卜骨	商	天津博物馆
63	祭祀先公牛骨卜骨	商	天津博物馆
64	易牛牛骨卜骨	商	天津博物馆
65	擒获五人牛骨卜骨	商	天津博物馆
66	"沚□禹册王从"牛骨卜骨	商	天津博物馆
67	"自丁陟自唐降"牛骨卜骨	商	天津博物馆
68	"夕□死"牛骨卜骨	商	天津博物馆
69	用象祭祖乙龟腹甲卜甲	商	天津博物馆
70	炆女奴祈雨牛骨卜骨	商	天津博物馆
71	告土方于先祖牛骨卜骨	商	天津博物馆
72	"雀只虎"牛骨卜骨	商	天津博物馆
73	"史人于□"牛骨卜骨	商	天津博物馆
74	帚媒冥牛骨卜骨	商	天津博物馆
75	"在□卫酒祝"牛骨卜骨	商	天津博物馆
76	"白□典执"牛骨卜骨	商	天津博物馆
77	获麋二雉十七龟腹甲卜甲	商	天津博物馆
78	朱书龟腹甲卜甲	商	天津博物馆
79	月有食牛骨卜骨	商	天津博物馆
80	"王宾□"龟背甲卜甲	商	天津博物馆
81	洹祸牛骨卜骨	商	天津博物馆
82	"□虎方"牛骨卜骨	商	天津博物馆
83	□方土方牛骨卜骨	商	天津博物馆
84	有来□牛骨卜骨	商	天津博物馆
85	王梦白牛牛骨卜骨	商	天津博物馆
86	人祭龟腹甲卜甲	商	天津博物馆
87	"三祀"牛骨卜骨	商	天津博物馆
88	商青玉戈	商	天津博物馆
89	商代龙纹玉佩	商	天津博物馆
90	商代玉虎	商	天津博物馆
91	商代玉虎	商	天津博物馆

序号	文物名称	年代（时代、时期）	所属单位
92	商代乙亥铭玉节	商	天津博物馆
93	商龙形玉玦	商	天津博物馆
94	商白玉龙纹璧	商	天津博物馆
95	商凤形玉佩	商	天津博物馆
96	商青玉鳖	商	天津博物馆
97	商绿松石蛙形饰	商	天津博物馆
98	商青玉兽面纹勒	商	天津博物馆
99	商黄玉弦纹筒式勒	商	天津博物馆
100	商白玉蝉纹勒	商	天津博物馆
101	商黄玉螳螂	商	天津博物馆
102	商饕餮蕉叶纹觚	商	天津博物馆
103	商婞铙	商	天津博物馆
104	商贮爵	商	天津博物馆
105	商兽面纹铙	商	天津博物馆
106	铜罍	商	南开大学博物馆
107	西周兽面蕉叶纹鼎	西周	天津博物馆
108	西周夔龙纹穿带盖壶	西周	天津博物馆
109	西周卿鼎	西周	天津博物馆
110	西周夔纹铜禁	西周	天津博物馆
111	西周逆钟（一号）	西周	天津博物馆
112	西周逆钟（二号）	西周	天津博物馆
113	西周逆钟（三号）	西周	天津博物馆
114	西周逆钟（四号）	西周	天津博物馆
115	西周白玉兽面纹扁勒	西周	天津博物馆
116	西周白玉人形佩	西周	天津博物馆
117	西周龙虺纹管形饰	西周	天津博物馆
118	西周父已爵	西周	天津博物馆
119	西周太师鼎	西周	天津博物馆
120	西周太保鼎	西周	天津博物馆
121	西周克钟	西周	天津博物馆
122	西周克鼎	西周	天津博物馆
123	西周伯尊	西周	天津博物馆

序号	文物名称	年代（时代、时期）	所属单位
124	西周克镈	西周	天津博物馆
125	春秋东周空首布	春秋	天津博物馆
126	春秋东周空首布	春秋	天津博物馆
127	春秋东周空首布	春秋	天津博物馆
128	春秋东周空首布	春秋	天津博物馆
129	春秋齐"莒邦"残刀	春秋	天津博物馆
130	春秋云纹龙首纹玉璜	春秋	天津博物馆
131	春秋云龙纹玉玦	春秋	天津博物馆
132	春秋白玉云纹玦	春秋	天津博物馆
133	春秋白玉云纹勒	春秋	天津博物馆
134	春秋饕餮纹钮钟	春秋	天津博物馆
135	春秋壬戎兵器铜玺	春秋	天津博物馆
136	战国灰陶鱼鸟纹盖壶	战国	天津博物馆
137	战国燕公孙遥铜玺	战国	天津博物馆
138	战国三晋鼻钮肖牤铜玺	战国	天津博物馆
139	战国三晋厣城旅二台鼻钮铜玺	战国	天津博物馆
140	战国巴蜀桥钮铜印	战国	天津博物馆
141	战国齐陈王玉玺	战国	天津博物馆
142	战国燕栗痼覆斗钮白玉玺	战国	天津博物馆
143	战国人物肖形鼻钮铜印	战国	天津博物馆
144	战国三晋佃氏抈鼻钮铜玺	战国	天津博物馆
145	战国玉人	战国	天津博物馆
146	战国涌肯珉佩	战国	天津博物馆
147	战国行气铭玉杖首	战国	天津博物馆
148	战国楚王鼎	战国	天津博物馆
149	战国楚勺	战国	天津博物馆
150	战国楚勺	战国	天津博物馆
151	战国铸客豆	战国	天津博物馆
152	战国铸客豆	战国	天津博物馆
153	战国铸客簠	战国	天津博物馆
154	战国铸客簠	战国	天津博物馆
155	战国相邦肖戟	战国	天津博物馆

序号	文物名称	年代（时代、时期）	所属单位
156	战国铸客匜	战国	天津博物馆
157	战国"口阴君库"戈	战国	天津博物馆
158	战国榆乡方首尖足布	战国	天津博物馆
159	明字刀币（右）	战国	天津博物馆
160	明字刀币（右）	战国	天津博物馆
161	战国安臧圆钱	战国	天津博物馆
162	战国重珠二十两圆币	战国	天津博物馆
163	战国重珠四十两圆币	战国	天津博物馆
164	战国阕圆币	战国	天津博物馆
165	战国離石圆币	战国	天津博物馆
166	战国渔阳圆首三孔布	战国	天津博物馆
167	战国安阳三孔布	战国	天津博物馆
168	战国鲁阳圆首三孔布	战国	天津博物馆
169	战国垂二釿平首方足布	战国	天津博物馆
170	战国右明平首方足布	战国	天津博物馆
171	战国颍半釿平首方足布	战国	天津博物馆
172	战国晋半釿平首方足布	战国	天津博物馆
173	战国梁耸权钱	战国	天津博物馆
174	战国权钱	战国	天津博物馆
175	战国八朱权钱	战国	天津博物馆
176	战国卢氏湟金平首方足布	战国	天津博物馆
177	战国颍半釿平首方足布	战国	天津博物馆
178	战国卢金平首方足布	战国	天津博物馆
179	齐建印刀币（博山刀）	战国	天津博物馆
180	战国小尖刀	战国	天津博物馆
181	战国小尖刀	战国	天津博物馆
182	战国小尖刀	战国	天津博物馆
183	战国晋化刀币	战国	天津博物馆
184	战国阕元币	战国	天津博物馆
185	战国阕元币	战国	天津博物馆
186	战国西周元钱	战国	天津博物馆
187	战国楚郢金	战国	天津博物馆

序号	文物名称	年代（时代、时期）	所属单位
188	战国甘丹园币	战国	天津博物馆
189	战国黄玉谷纹璧	战国	天津博物馆
190	战国白玉云纹龙首璜	战国	天津博物馆
191	战国青玉谷纹璧	战国	天津博物馆
192	战国青玉谷纹勒	战国	天津博物馆
193	战国青玉谷纹出脊璧	战国	天津博物馆
194	战国白玉谷纹勒	战国	天津博物馆
195	战国黄玉谷纹璜	战国	天津博物馆
196	战国龙纹螭纹玉佩	战国	天津博物馆
197	战国邯郸右库戟	战国	天津博物馆
198	战国玉螭钮陈邑玺	战国	天津博物馆
199	战国铜鼻钮旅佑左司马玺	战国	天津博物馆
200	战国铜鼻钮畋玺	战国	天津博物馆
201	战国铜长柄钮专易都丞玺	战国	天津博物馆
202	战国铜鼻钮孙成玺	战国	天津博物馆
203	战国铜鼻钮长郦玺	战国	天津博物馆
204	战国铜鼻钮公嫚卜玺	战国	天津博物馆
205	战国铜鼻钮潜敬玺	战国	天津博物馆
206	战国铜鼻钮迅之骄玺	战国	天津博物馆
207	战国松石鼻钮郾炅玺	战国	天津博物馆
208	战国玉鼻钮肖形玺	战国	天津博物馆
209	战国铜鼻钮巂均玺	战国	天津博物馆
210	战国玉鼻钮訃玺	战国	天津博物馆
211	战国铜鼻钮盛固玺	战国	天津博物馆
212	战国铜鼻钮郾𦫖玺	战国	天津博物馆
213	战国铜鼻钮鬵玺	战国	天津博物馆
214	战国铜鼻钮宋裦玺	战国	天津博物馆
215	战国银鼻钮君痻玺	战国	天津博物馆
216	战国银鼻钮西方疾玺	战国	天津博物馆
217	战国银鼻钮司寇勋玺	战国	天津博物馆
218	战国铜鼻钮匀阴司寇玺	战国	天津博物馆
219	战国铜事武穿带玺	战国	天津博物馆

序号	文物名称	年代（时代、时期）	所属单位
220	战国铜东方絧穿带玺	战国	天津博物馆
221	战国铜鼻钮萦遂玺	战国	天津博物馆
222	战国铜鼻钮王宵玺	战国	天津博物馆
223	战国铜鼻钮王陞玺	战国	天津博物馆
224	战国铜鼻钮枯成戍玺	战国	天津博物馆
225	战国铜鼻钮右将司马玺	战国	天津博物馆
226	战国长平君相室玺玉玺	战国	天津博物馆
227	战国银鼻钮鄄眷玺	战国	天津博物馆
228	战国铜鼻钮平阿左稟玺	战国	天津博物馆
229	战国铜鼻钮醫和迖关玺	战国	天津博物馆
230	战国铜筒钮左廪桁木玺	战国	天津博物馆
231	战国勿正关玺铜玺	战国	天津博物馆
232	秦始皇诏量	秦	天津博物馆
233	秦旬邑权	秦	天津博物馆
234	秦第一圆权钱	秦	天津博物馆
235	秦第十圆权钱	秦	天津博物馆
236	秦第七重六两圆权钱	秦	天津博物馆
237	秦第十八圆权钱	秦	天津博物馆
238	秦半两铜范	秦	天津博物馆
239	秦铜鼻钮右司空印印	秦	天津博物馆
240	秦文路、路两面玉印	秦	天津博物馆
241	西汉鲁都乡桥钮铜印	西汉	天津博物馆
242	西汉元朔三年铜印范	西汉	天津博物馆
243	西汉白玉刚卯严卯	西汉	天津博物馆
244	西汉蒲纹兽面纹玉璧	西汉	天津博物馆
245	西汉白玉严卯	西汉	天津博物馆
246	西汉初元三年上林共府升	西汉	天津博物馆
247	西汉铜瓦钮燕枝女印印	西汉	天津博物馆
248	东汉党锢残石	东汉	天津博物馆
249	东汉子游残石（上截）	东汉	天津博物馆
250	东汉青玉双螭谷纹璧	东汉	天津博物馆
251	吴太平元年神兽纹镜	吴	天津博物馆

续表

序号	文物名称	年代（时代、时期）	所属单位
252	东汉吴向里栢氏镜	吴	天津博物馆
253	汉鲜于璜碑	汉	天津博物馆
254	汉周衍坛钮玉印	汉	天津博物馆
255	汉刘氏壶	汉	天津博物馆
256	汉陈仓匜	汉	天津博物馆
257	汉平都犁斛	汉	天津博物馆
258	汉桓帝永寿二年造铜弩机	汉	天津博物馆
259	汉和帝永元八年造弩机	汉	天津博物馆
260	汉五铢方铜钱范	汉	天津博物馆
261	新小泉直一八角铜钱范	汉	天津博物馆
262	新中泉三十圆钱	汉	天津博物馆
263	新壮泉四十	汉	天津博物馆
264	汉榆荚小钱范	汉	天津博物馆
265	汉长安园钱	汉	天津博物馆
266	汉白玉刚卯	汉	天津博物馆
267	汉阳燧	汉	天津博物馆
268	汉羊灯	汉	天津博物馆
269	汉铜羊首刀	汉	天津博物馆
270	汉铜羊首刀	汉	天津博物馆
271	汉铜环钮龚辅印	汉	天津博物馆
272	汉玉覆斗钮菜缭印	汉	天津博物馆
273	汉阳成婴玉印	汉	天津博物馆
274	汉玉鼻钮归阜印	汉	天津博物馆
275	汉玉龟钮大富印	汉	天津博物馆
276	汉琥珀龟钮政丰印	汉	天津博物馆
277	汉琥珀龟钮李君之印章印	汉	天津博物馆
278	汉琥珀龟钮杨禁私印印	汉	天津博物馆
279	汉赵诩子产印信三十字铜印	汉	天津博物馆
280	汉铜驼钮汉破虏羌长印	汉	天津博物馆
281	汉铜驼钮汉匈奴破虏长印	汉	天津博物馆
282	汉铜龟钮大富贵昌十六字印	汉	天津博物馆
283	六朝大般涅槃经卷第四	六朝	天津博物馆

序号	文物名称	年代（时代、时期）	所属单位
284	建武八年陶砚	十六国赵	天津博物馆
285	魏晋乌丸仟长铜印	魏	天津博物馆
286	晋曹氏六面铜印	晋	天津博物馆
287	东晋青釉蛤蟆渣斗	晋	天津博物馆
288	晋鼻钮千人督印铜官印	晋	天津博物馆
289	东晋十六国大夏真兴圆钱	晋	天津博物馆
290	隋白釉双龙柄联腹传瓶	隋	天津博物馆
291	隋开皇九年大楼炭经第六卷	隋	天津博物馆
292	隋大般涅槃经卷第十七	隋	天津博物馆
293	隋观阳县印铜印	隋	天津博物馆
294	隋唐铜桑干镇印印	隋唐	天津博物馆
295	唐四分戒本	唐	天津博物馆
296	唐摩诃般若波罗蜜道行经卷	唐	天津博物馆
297	唐代刻花铜尺	唐	天津博物馆
298	唐开元通宝银币	唐	天津博物馆
299	唐羽人葡萄纹镜	唐	天津博物馆
300	唐妙法莲华经卷第四	唐	天津博物馆
301	唐摹王羲之草书寒切帖卷	唐	天津博物馆
302	唐贞观二十二年转轮圣王经卷	唐	天津博物馆
303	唐妙法莲华经卷	唐	天津博物馆
304	五代越窑青釉刻"合九"字款瓷碗	五代	天津博物馆
305	五代或宋烈山深泽厢记铜印	五代	天津博物馆
306	五代元从都押衙记铜印	五代	天津博物馆
307	五代佛说佛名经卷第九	五代	天津博物馆
308	五代十国唐国通宝	五代	天津博物馆
309	五代乾德元宝（前蜀）	五代	天津博物馆
310	五代十国天策府宝	五代	天津博物馆
311	五代十国天策府宝	五代	天津博物馆
312	五代十国天策府宝	五代	天津博物馆
313	五代十国乾封泉宝	五代	天津博物馆
314	五代永通泉货	五代	天津博物馆
315	五代十国大蜀通宝	五代	天津博物馆

序号	文物名称	年代（时代、时期）	所属单位
316	五代天成元宝	五代	天津博物馆
317	五代十国应圣元宝（刘守光）	五代	天津博物馆
318	五代十国开元通宝反文钱	五代	天津博物馆
319	五代十国唐国通宝	五代	天津博物馆
320	北宋骑射第一指挥第四都朱记铜印	北宋	天津博物馆
321	北宋褒贤阁方柄钮铜私印	北宋	天津博物馆
322	北宋崇宁通宝	北宋	天津博物馆
323	北宋靖康通宝铁钱	北宋	天津博物馆
324	北宋宋元通宝银币	北宋	天津博物馆
325	北宋宋元通宝金币	北宋	天津博物馆
326	北宋拓怀仁集王羲之书圣教序册	北宋	天津博物馆
327	北宋摩诃般若波罗蜜经卷第三十四	北宋	天津博物馆
328	南宋建炎泾原路第七将印铜印	南宋	天津博物馆
329	南宋太平州采石驻扎御前水军第二将印铜印	南宋	天津博物馆
330	南宋绍兴元宝	南宋	天津博物馆
331	南宋绍定元宝	南宋	天津博物馆
332	南宋临安府行用准叁百文省铜钱牌	南宋	天津博物馆
333	南宋临安府行用准伍百文省铜钱牌	南宋	天津博物馆
334	南宋无款泥马渡康王图卷	南宋	天津博物馆
335	南宋无款高阁凌空图页	南宋	天津博物馆
336	宋版妙法莲华经	南宋	天津博物馆
337	宋磁州窑系白地褐彩珍珠地划花卉纹灯	宋	天津博物馆
338	宋元龙钮玉押	宋	天津博物馆
339	宋宝庆元年汪文德卖地契约	宋	天津博物馆
340	宋元祐通宝	宋	天津博物馆
341	宋政和通宝	宋	天津博物馆
342	宋政和通宝	宋	天津博物馆
343	宋宣和通宝银币	宋	天津博物馆
344	宋元祐通宝	宋	天津博物馆
345	宋庆历重宝	宋	天津博物馆
346	宋熙宁通宝	宋	天津博物馆
347	宋元丰通宝	宋	天津博物馆

序号	文物名称	年代（时代、时期）	所属单位
348	宋钧窑葵式三足洗	宋	天津博物馆
349	宋汝窑天青釉盘（两件）	宋	天津博物馆
350	宋哥窑青釉盘	宋	天津博物馆
351	宋官窑盘	宋	天津博物馆
352	宋定窑白釉刻划萱草纹玉壶春瓶	宋	天津博物馆
353	宋定窑印花纹盘	宋	天津博物馆
354	宋钧窑玫瑰紫釉葵口三足洗	宋	天津博物馆
355	宋官窑青釉龙纹圆洗	宋	天津博物馆
356	宋定窑弦纹三足奁	宋	天津博物馆
357	宋白玉云纹卮	宋	天津博物馆
358	宋拓西楼苏帖册	宋	天津博物馆
359	宋拓度人经册	宋	天津博物馆
360	宋赵孟坚水仙图卷	宋	天津博物馆
361	宋苏汉臣婴戏图页	宋	天津博物馆
362	宋杨无咎墨梅图页	宋	天津博物馆
363	宋张择端金明池争标图页	宋	天津博物馆
364	宋无款山水图页	宋	天津博物馆
365	宋无款花卉草虫图页	宋	天津博物馆
366	宋马远月下把杯图页	宋	天津博物馆
367	宋无款松泉高士图卷	宋	天津博物馆
368	宋无款松溪泛舸图页	宋	天津博物馆
369	宋无款中兴瑞应图卷	宋	天津博物馆
370	宋无款盥手观花图页	宋	天津博物馆
371	宋李唐濠梁秋水图卷	宋	天津博物馆
372	宋范宽雪景寒林图轴	宋	天津博物馆
373	宋鹦鹉石砚	宋	天津博物馆
374	宋长方形抄手式洮河石砚	宋	天津博物馆
375	辽清宁元年圆钱	辽	天津博物馆
376	辽清宁二年圆钱	辽	天津博物馆
377	辽统和元宝	辽	天津博物馆
378	辽巡贴直万金币	辽	天津博物馆
379	西夏静州粮官专用铜印	西夏	天津博物馆

序号	文物名称	年代（时代、时期）	所属单位
380	西夏有神圣位铜印	西夏	天津博物馆
381	金大定十八年（1178）和拙海栾谋克之印铜印	金	天津博物馆
382	金河头胡论河谋克印铜印	金	天津博物馆
383	金熟伽泊猛安印铜印	金	天津博物馆
384	金泰和通宝	金	天津博物馆
385	元钧窑天青釉塑兽面三足炉	元	天津博物馆
386	元克苦倍库押螭钮玉印	元	天津博物馆
387	元无款五清图轴	元	天津博物馆
388	元杨维祯行书梦游海棠城记卷	元	天津博物馆
389	元木刻填色草衣文殊图轴	元	天津博物馆
390	元龙凤通宝	元	天津博物馆
391	元玛瑙龙钮押	元	天津博物馆
392	元赵孟頫楷书高上大洞玉经卷	元	天津博物馆
393	元赵孟頫行书为隆教禅寺石室长老疏卷	元	天津博物馆
394	元赵孟頫行书洛神赋卷	元	天津博物馆
395	元陈选岩阿琪树图轴	元	天津博物馆
396	元马婉青山红杏图页	元	天津博物馆
397	元吴镇多福图轴	元	天津博物馆
398	元李衎双钩竹图轴	元	天津博物馆
399	元钱选花鸟图卷	元	天津博物馆
400	元无款锁谏图轴	元	天津博物馆
401	元无款千岩万壑图轴	元	天津博物馆
402	元边鲁起居平安图轴	元	天津博物馆
403	明宣德青花轮花扁腹绶带葫芦瓶	明	天津博物馆
404	明弘治款娇黄釉盘	明	天津博物馆
405	明宣德款洒蓝釉暗花云龙纹钵	明	天津博物馆
406	明初青花云龙纹瓷盘	明	天津博物馆
407	明宣德款青花鱼藻纹菱花口瓷洗	明	天津博物馆
408	明云纹雕漆盒	明	天津博物馆
409	明刘俊四仙图轴	明	天津博物馆
410	明曾鲸等金诚甫、金明甫像诸家题赞册	明	天津博物馆
411	明文徵明林榭煎茶图卷	明	天津博物馆

续表

序号	文物名称	年代（时代、时期）	所属单位
412	明文徵明真草二体千字文卷	明	天津博物馆
413	明文徵明墨竹图卷	明	天津博物馆
414	明文徵明草书五律二首诗卷	明	天津博物馆
415	明文徵明剑浦春云图卷	明	天津博物馆
416	明沈周金山梦游诗画合璧卷	明	天津博物馆
417	明沈周江山卧游图卷	明	天津博物馆
418	明沈周仿古山水人物册	明	天津博物馆
419	明沈周虎丘送客图轴	明	天津博物馆
420	明徐渭鱼蟹图卷	明	天津博物馆
421	明张弼草书苏轼太白仙诗卷	明	天津博物馆
422	明陈淳花卉图卷	明	天津博物馆
423	明杨文骢秋山憩游图卷	明	天津博物馆
424	明吴应卯草书唐韦应物诗四首卷	明	天津博物馆
425	明无款江山万里图卷	明	天津博物馆
426	明万历通宝小钱（背矿银）	明	天津博物馆
427	明西王赏功方孔圆钱	明	天津博物馆
428	明宣德款霁红釉盘	明	天津博物馆
429	明珐华花鸟纹罐	明	天津博物馆
430	明成化款青花淡描花篮纹碗	明	天津博物馆
431	明永乐甜白釉梅瓶	明	天津博物馆
432	明宣德款霁兰釉盘	明	天津博物馆
433	明宣德款青花狮戏球纹盘	明	天津博物馆
434	明隆庆款青花人物图长方盒	明	天津博物馆
435	明成化款青花填绿彩云龙纹盘	明	天津博物馆
436	明洪武釉里红松竹梅纹罐	明	天津博物馆
437	明永乐青花枇杷绶带鸟图盘	明	天津博物馆
438	明永乐青花阿拉伯文无挡尊	明	天津博物馆
439	明永乐青花勾莲纹碗	明	天津博物馆
440	明正统青花楼阁人物图五峰笔架	明	天津博物馆
441	明宋克章草急就章卷	明	天津博物馆
442	明王宠行书西苑诗卷	明	天津博物馆
443	明胡正楷行草书临帖卷	明	天津博物馆

序号	文物名称	年代（时代、时期）	所属单位
444	明杨涟行书轴	明	天津博物馆
445	明丰坊草书孤山观梅诗卷	明	天津博物馆
446	明钱贡城南雅逸图卷	明	天津博物馆
447	明项圣谟且听寒响图卷	明	天津博物馆
448	明周臣香山九老图轴	明	天津博物馆
449	明吕纪四喜图轴	明	天津博物馆
450	明蒋嵩秋江归棹图轴	明	天津博物馆
451	明王谦冰魂冷蕊图轴	明	天津博物馆
452	明孙兆麟水斋禅师像轴	明	天津博物馆
453	明朱端松院闲吟图轴	明	天津博物馆
454	明倪元璐松石图卷	明	天津博物馆
455	明陈录梅花月色图轴	明	天津博物馆
456	明周之冕仿陈道复花卉图卷	明	天津博物馆
457	明陈洪绶蕉林酌酒图轴	明	天津博物馆
458	明莫是龙山水花卉册	明	天津博物馆
459	明夏昶淇澳清风图卷	明	天津博物馆
460	明陈淳花卉图卷	明	天津博物馆
461	明曾鲸王时敏小像图轴	明	天津博物馆
462	明陆治梨花双燕图轴	明	天津博物馆
463	明陆治桐荫高士图轴	明	天津博物馆
464	明周之冕花鸟图册	明	天津博物馆
465	明祝允明草书杜甫山水障歌卷	明	天津博物馆
466	明王榖祥春雏得饲图轴	明	天津博物馆
467	明仇英桃源仙境图轴	明	天津博物馆
468	明陈淳罨画山图卷	明	天津博物馆
469	明曹学佺铭凌云竹节端砚	明	天津博物馆
470	明荷鱼朱砂澄泥砚	明	天津博物馆
471	明十八罗汉洮河石砚	明	天津博物馆
472	明顾从义摹刻石鼓文石砚	明	天津博物馆
473	明方于鲁妙歌宝轮墨	明	天津博物馆
474	明程君房仿古玉妙品墨	明	天津博物馆
475	明汪中山经之墨	明	天津博物馆

续表

序号	文物名称	年代（时代、时期）	所属单位
476	明龙香御墨	明	天津博物馆
477	明剔红山水人物图长方盒	明	天津博物馆
478	明天启元年银币（徐寿辉）	明	天津博物馆
479	明清名家集册	明、清	天津博物馆
480	明程幼博墨苑	明	天津博物馆
481	明程君房玉杵玄霜墨	明	天津博物馆
482	清乾隆款粉青釉印夔凤纹如意耳瓷尊	清	天津博物馆
483	清提督湖北总兵官印银印	清	天津博物馆
484	清和硕庆亲王宝鎏金银印	清	天津博物馆
485	清汪洙刻白寿山石山子	清	天津博物馆
486	清曹素功蒲璧墨	清	天津博物馆
487	清曹素功榖璧墨	清	天津博物馆
488	清吴宏春山游侣图轴	清	天津博物馆
489	清郑燮墨竹图轴	清	天津博物馆
490	清康熙首征噶尔丹命福全出师图轴	清	天津博物馆
491	清恽寿平瓯香馆写生图册	清	天津博物馆
492	清翁方纲字册	清	天津博物馆
493	清励宗万临恽寿平花卉册	清	天津博物馆
494	清王武梅花水月图卷	清	天津博物馆
495	清王原祁仿倪黄山水卷	清	天津博物馆
496	清王原祁山水图册	清	天津博物馆
497	清王原祁浮峦暖翠图轴	清	天津博物馆
498	清五德山水图卷	清	天津博物馆
499	清王时敏山水册	清	天津博物馆
500	清髡残松阴共话图轴	清	天津博物馆
501	清萧云从墨笔山水图卷	清	天津博物馆
502	清梅清憺园图卷	清	天津博物馆
503	清乾隆元年单德谟奉命巡视台湾图卷	清	天津博物馆
504	清陈靖采芝图轴	清	天津博物馆
505	清朱岷秋庄夜雨读书图卷	清	天津博物馆
506	清张霭小楷自书诗卷	清	天津博物馆
507	清郭尚亭章武拯溺图卷	清	天津博物馆

序号	文物名称	年代（时代、时期）	所属单位
508	中俄边境调查报告	清	天津博物馆
509	庚子年战役前北塘炮台全图	清	天津博物馆
510	庚子战役前大沽炮台图	清	天津博物馆
511	清郡筹防濠墙全图	清	天津博物馆
512	光绪二十三年刘瑞清画天津城厢图	清	天津博物馆
513	清同治元年三口通商大臣崇发给天主教传教士永租执照	清	天津博物馆
514	清漕运图	清	天津博物馆
515	盛字军屯田图	清	天津博物馆
516	咸丰十一年法国租用崇禧观出租契及地图	清	天津博物馆
517	清同治九年兼管天津关崇厚关于教案事给税务司札	清	天津博物馆
518	清大沽海口营盘全图	清	天津博物馆
519	山海关至古冶铁路平面图册	清	天津博物馆
520	沿海全图卷	清	天津博物馆
521	方永茂绘巡视台湾图卷	清	天津博物馆
522	乾隆五十年集义堂合同	清	天津博物馆
523	美国传教士请求在京设立尚贤堂	清	天津博物馆
524	清乾隆五十九年祁门县吴有寿同妻儿卖身为奴给盛尚礼等所立的还领文书	清	天津博物馆
525	清乾隆五十九年吴有寿同妻儿给盛尚礼等立的领得养身田房世为孺仆的文书	清	天津博物馆
526	清嘉庆十八年郜仁宠等出卖孺仆吴姓全家及庄房基地与盛浤济为业之契证和契尾	清	天津博物馆
527	清张淇第一次鸦片战争徐荣抗英草檄图片	第一次鸦片战争	天津博物馆
528	于恒吉就与俄美英法交涉情况事给醌卿的信	清	天津博物馆
529	清胡家玉给沈桂芬关于反映陕甘回民起义军活动及太平天国后期军事情况的信	清	天津博物馆
530	清胡家玉给沈桂芬关于反映捻军及太平天国军事的信	清	天津博物馆
531	清胡家玉给沈桂芬反映捻军 蓝军 回民军及太平军情况的信	清	天津博物馆
532	清胡家玉给沈桂芬反映僧格林沁被捻军击毙陈国玉收集溃兵的信	清	天津博物馆
533	清新疆饷金二钱金币	清	天津博物馆
534	清乾隆款斗彩农耕图扁壶	清	天津博物馆
535	清乾隆款仿古铜釉三足三系壶	清	天津博物馆

序号	文物名称	年代（时代、时期）	所属单位
536	清雍正釉里红山水纹笔筒	清	天津博物馆
537	清雍正款窑变釉鱼篓尊	清	天津博物馆
538	清雍正款窑变釉如意耳瓶	清	天津博物馆
539	清雍正款粉彩八桃过枝纹盘	清	天津博物馆
540	清康熙五彩人物图棒槌瓶	清	天津博物馆
541	清康熙款豇豆红太白尊	清	天津博物馆
542	清乾隆款珐琅彩芍药雉鸡图玉壶春瓶	清	天津博物馆
543	清乾隆款珐琅彩轧花勾莲纹瓶	清	天津博物馆
544	清乾隆白玉素圆盒	清	天津博物馆
545	清乾隆黄玉龙首座四系方瓶	清	天津博物馆
546	清乾隆白玉鹰熊纹合卺杯	清	天津博物馆
547	清乾隆白玉凤螭纹双联盖瓶	清	天津博物馆
548	清乾隆御用款白玉题诗碗	清	天津博物馆
549	清鸡血石印料	清	天津博物馆
550	清弘仁山水图册	清	天津博物馆
551	清张兆祥花卉图册	清	天津博物馆
552	清傅山、傅眉山水图合册	清	天津博物馆
553	清王翚仿董北苑夏景山口待渡图卷	清	天津博物馆
554	清王翚溪山深秀图轴	清	天津博物馆
555	清王翚山窗对雪图轴	清	天津博物馆
556	清王翚山水图册	清	天津博物馆
557	清李方膺花卉图卷	清	天津博物馆
558	清八大山人河上花图卷	清	天津博物馆
559	清高翔山水图册	清	天津博物馆
560	清袁耀蓬莱仙境图通景屏	清	天津博物馆
561	清无款万笏朝天图卷	清	天津博物馆
562	清黄易得碑十二图册	清	天津博物馆
563	清华嵒山雀爱梅图轴	清	天津博物馆
564	清赵之谦柏树图轴	清	天津博物馆
565	清黄鼎长江万里图卷	清	天津博物馆
566	清王鉴云壑松阴图轴	清	天津博物馆
567	清王鉴仿梅道人山水图轴	清	天津博物馆

序号	文物名称	年代（时代、时期）	所属单位
568	清王鉴仿古山水图册	清	天津博物馆
569	清叶欣山水图册	清	天津博物馆
570	清高岑等十二家山水图合册	清	天津博物馆
571	清石涛人物花卉山水图册	清	天津博物馆
572	清石涛山水花卉图册	清	天津博物馆
573	清石涛荷塘游艇图轴	清	天津博物馆
574	清石涛巢湖图轴	清	天津博物馆
575	清华嵒白云松舍图轴	清	天津博物馆
576	清吴历为唐半园作山水图轴	清	天津博物馆
577	清李鱓花鸟草虫册	清	天津博物馆
578	清龚贤桂壁飞泉图轴	清	天津博物馆
579	清老子清静经端砚	清	天津博物馆
580	清思谦铭月雨余云端砚	清	天津博物馆
581	清康熙林佶铭海天浴日端砚	清	天津博物馆
582	清黄任铭墨雨端砚	清	天津博物馆
583	清康熙龙壁腾辉集锦墨	清	天津博物馆
584	清康熙知白斋墨	清	天津博物馆
585	清嘉庆开光人物花卉图年画	清	天津博物馆
586	清光绪踏雪寻梅图年画	清	天津博物馆
587	清光绪携琴访友图年画	清	天津博物馆
588	清光绪灯下课子图年画	清	天津博物馆
589	清光绪上苑仕女图年画	清	天津博物馆
590	清乾隆抚婴图年画	清	天津博物馆
591	清嘉庆苏小妹三难新郎图年画	清	天津博物馆
592	清光绪瑞雪丰年图年画	清	天津博物馆
593	清光绪钱慧安桃园问津图年画	清	天津博物馆
594	清张明山制严仁波像	清	天津博物馆
595	清张明山制白蛇传	清	天津博物馆
596	清张明山制品箫仕女	清	天津博物馆
597	清张明山制孙夫人试剑	清	天津博物馆
598	清尚均款寿山石弥勒像	清	天津博物馆
599	清锦地剔彩开光人物寿春圆捧盒	清	天津博物馆

序号	文物名称	年代（时代、时期）	所属单位
600	清乾隆折方开光印八仙图葫芦瓶	清	天津博物馆
601	清剔红雕漆开光三龙戏珠海棠式盖盒	清	天津博物馆
602	清乾隆缂丝《明皇试马图》轴	清	天津博物馆
603	清缂丝《贡獒图》轴	清	天津博物馆
604	清乾隆款料胎画珐琅人物鼻烟壶	清	天津博物馆
605	清乾隆美人戏婴图年画	清	天津博物馆
606	清光绪二十年晋封奕劻和硕亲王金册	清	天津博物馆
607	清光绪三十四年赐奕劻亲王世袭金册	清	天津博物馆
608	清光绪元宝江南省造伍角银币	清	天津博物馆
609	清光绪元宝壹两银币	清	天津博物馆
610	清光绪元宝广东省造壹元银币	清	天津博物馆
611	清光绪丙午年造大清金币	清	天津博物馆
612	清光绪丁未大清一两金币	清	天津博物馆
613	清光绪丁未年造金币	清	天津博物馆
614	清宣统三年大清壹元银币	清	天津博物馆
615	陆宗舆向徐世昌报告中日交涉情况的信	民国	天津博物馆
616	陆宗舆给徐世昌力主对日屈服的信	民国	天津博物馆
617	孙中山聘用吴景濂为大元帅府顾问的信	民国	天津博物馆
618	何应钦函程克任冀察政务委员会委员及成立此会通知	民国	天津博物馆
619	民国三年袁世凯朱批民元临时约法	民国	天津博物馆
620	天津商务总会关于劳动者数十万现已发生罢工，罢市拍北京电文	民国	天津博物馆
621	东亚毛呢纺织有限公司资方宋棐卿所作之《我的梦》	民国	天津博物馆
622	章炳麟统一党宣言书稿	民国	天津博物馆
623	梁启超就劝其反袁事给龙继光的信	民国	天津博物馆
624	民国二年"中俄关于外蒙古'自治'条约"之说帖	民国	天津博物馆
625	民初伪选委会给袁世凯当选大总统证书	民国	天津博物馆
626	梁启超劝阻袁世凯称帝的亲笔信	民国	天津博物馆
627	袁世凯亲批阅还杨文彬给顾巨六的信	民国	天津博物馆
628	袁世凯亲批交政事堂筹安会宣言书原稿	民国	天津博物馆
629	古德诺著新约法论	民国	天津博物馆
630	黄兴信札	民国	天津博物馆

序号	文物名称	年代（时代、时期）	所属单位
631	孙文致章太炎函	民国	天津博物馆
632	袁世凯朱批"二十一条"	民国	天津博物馆
633	天津十五烈士殉难情形	民国	天津博物馆
634	第二次国内革命战争时牺牲的安体诚烈士在天津工余补习学校开学纪念中之留影	民国	天津博物馆
635	五四运动天津学生围堵伪警察厅门外痛斥反动当局之照片	民国	天津博物馆
636	民国翡翠菊花纹环耳扁盖瓶	民国	天津博物馆
637	民国张玉亭制袭人像	民国	天津博物馆
638	民国张玉亭制吹糖人	民国	天津博物馆
639	民国张玉亭制钟馗嫁妹	民国	天津博物馆
640	周恩来同志与陈文瑗在天津南开中学时照片	1916 年	天津博物馆
641	1916 年天津南开学校敬业乐群会发起人周恩来、张瑞峰、常策欧合影	1916 年	周恩来邓颖超纪念馆
642	周恩来青年时代用过的铜笔架	20 世纪初	周恩来邓颖超纪念馆
643	民国六年黎元洪赐奕劻长子载振承袭世袭金册	1917 年	天津博物馆
644	1917 年周恩来与南开同学赵敏等九人在天津李善人花园（今人民公园）合影	1917 年	周恩来邓颖超纪念馆
645	周恩来同志在天津南开中学毕业留影	1917 年 6 月	天津博物馆
646	周恩来同志在日本留学时照片	1918 年	天津博物馆
647	孙中山先生致国会非常会议函	1918 年	天津博物馆
648	孙中山函复吴景濂表明自己虽不就政务总裁但对西南方面仍当尽力援助函	1918 年	天津博物馆
649	1918 年日本画家保田龙门为周恩来画的素描画像	1918 年	周恩来邓颖超纪念馆
650	天津学生联合会报	1919 年 8 月 5 日	天津博物馆
651	天津学生联合会报第十六号	1919 年 8 月 6 日	天津博物馆
652	天津学生联合会报第十八号	1919 年 8 月 8 日	天津博物馆
653	民国八年袁世凯像贰拾元金币	1919 年	天津博物馆
654	1919 年 8 月 9 日发行的《天津学生联合会报》	1919 年 8 月 9 日	周恩来邓颖超纪念馆
655	南开大学送给北洋政府前总统黎元洪的南开大学开学典礼合影	1919 年 9 月 25 日	周恩来邓颖超纪念馆
656	周恩来邓颖超保存的《觉悟》杂志	1920 年 1 月 20 日	周恩来邓颖超纪念馆
657	天津公教救国团等团体赠爱国金句镜心	1920 年 1 月 27 日	天津博物馆
658	周恩来同志在《新约全书》上的题词	1920 年 4 月 25 日	天津博物馆
659	周恩来同志在伪天津检察厅看守所写给李愚如的信和诗	1920 年 6 月 8 日	天津博物馆

续表

序号	文物名称	年代（时代、时期）	所属单位
660	1920 年 8 月天津觉悟社部分社员合影	1920 年 8 月	周恩来邓颖超纪念馆
661	觉悟社社员合影	1920 年 8 月 15 日	天津博物馆
662	周恩来同志赴法旅途中寄给周同宇的信	1920 年 11 月 10 日	天津博物馆
663	周恩来同志赴法前在天津留影	1920 年	天津博物馆
664	周恩来同志与天津被捕各界代表出狱后合影	1920 年	天津博物馆
665	周恩来同志赴法勤工俭学时写给赵丹文的明信片	1920 年	天津博物馆
666	1920 年为声援福州惨案天津被捕的爱国代表公推周恩来为难友尚墨卿筹划的生日礼物——镜框（现只存镜芯）	1920 年	周恩来邓颖超纪念馆
667	1920 年为声援福州惨案周恩来等天津被捕爱国代表出狱后合影	1920 年	周恩来邓颖超纪念馆
668	1920 年为声援福州惨案天津被捕爱国代表出狱时乘车列队从地方审判厅出发时的照片	1920 年	周恩来邓颖超纪念馆
669	1920 年为声援福州惨案天津被捕爱国代表出狱时乘车列队行进在天津街市中的照片	1920 年	周恩来邓颖超纪念馆
670	1920 年周恩来赴欧勤工俭学前在津留影	1920 年	周恩来邓颖超纪念馆
671	为声援福州惨案天津被捕爱国人士王墨林保存的周恩来编写的《警厅拘留记》（出版物）	1920 年	周恩来邓颖超纪念馆
672	周恩来同志在英国伦敦与同学的合影	1921 年 2 月 4 日	天津博物馆
673	周恩来同志赴法勤工俭学时给赵丹文的明信片	1921 年	天津博物馆
674	1921 年周恩来同志寄给谌志笃的艺术画片	1921 年	天津博物馆
675	民国十年徐世昌纪念金币	1921 年	天津博物馆
676	1922 年 3 月 12 日周恩来自柏林寄给在伦敦留学的南开校友常策欧的明信片	1922 年 3 月 12 日	周恩来邓颖超纪念馆
677	1922 年 3 月 25 日周恩来自柏林寄给在伦敦留学的南开校友常策欧的明信片	1922 年 3 月 25 日	周恩来邓颖超纪念馆
678	1922 年 4 月 6 日周恩来、刘清扬、赵光宸、谢承瑞在柏林战线塔下合影	1922 年 4 月 6 日	周恩来邓颖超纪念馆
679	1922 年 10 月 23 日周恩来自德国科隆市寄给留法南开同学旅欧中共党团组织成员赵光宸的明信片	1922 年 10 月 23 日	周恩来邓颖超纪念馆
680	周恩来同志在德国柏林与同学的合影	1922 年	天津博物馆
681	1922 年周恩来在德国的照片	1922 年	周恩来邓颖超纪念馆
682	1922 年周恩来、赵光宸、谢承瑞在柏林万赛湖公园划船的照片	1922 年	周恩来邓颖超纪念馆
683	1922 年周恩来旅欧时期与友人赵光宸、谢承瑞、佟宝铭等五人在柏林合影	1922 年	周恩来邓颖超纪念馆
684	《二七工仇》专刊	1923 年 2 月 7 日	天津博物馆

序号	文物名称	年代（时代、时期）	所属单位
685	周恩来同志在法国巴黎旅欧支部办公室门前的留影	1923 年	天津博物馆
686	中华民国十二年造壹圆（龙凤）金币	1923 年	天津博物馆
687	1923 年（民国十二年）天津女星社创办的女星第一补习学校开学师生合影	1923 年	周恩来邓颖超纪念馆
688	京汉工人流血记	1923 年 05	天津博物馆
689	1923 年 5 月 8 日周恩来给旅欧中国共产主义青年团直属巴黎支部书记傅烈的明信片	1923 年 5 月 8 日	周恩来邓颖超纪念馆
690	1924 年 6 月（民国十三年六月）天津女星社创办的女星第一补习学校甲种第一届毕业师生合影	1924 年 6 月	周恩来邓颖超纪念馆
691	1925 年周恩来和邓颖超在广州合影，周恩来同志在广州留影	1925 年	天津博物馆
692	民国十四年的上大五卅特刊第二期	1925 年	天津博物馆
693	周恩来保存的由他 1920 年编著的《检厅日录》	1926 年 7 月 21 日	周恩来邓颖超纪念馆
694	何叔衡烈士的罗大裰	1927 年	天津博物馆
695	毛泽东讲授：抗日军政大学讲义之一《唯物论辩证法》	1928 年 5 月 1 日	天津博物馆
696	1928 年邓颖超列席共产国际第六次代表大会的列席证	1928 年	周恩来邓颖超纪念馆
697	毛泽东同志关于"一党专政"与延安新中华社记者其光先生的谈话	1938 年 2 月 23 日	天津博物馆
698	1938 年 11 月 13 日周恩来致邓颖超信	1938 年 11 月 13 日	周恩来邓颖超纪念馆
699	1939 年周恩来到苏联治伤时的旅馆出入证	1939 年	周恩来邓颖超纪念馆
700	1939 年江纲为周恩来篆刻的印章"周翔宇"	1939 年	周恩来邓颖超纪念馆
701	1942 年 8 月南方局工作人员赠给周恩来的纪念南昌起义十五周年的"艰难缔造"旗	1942 年 8 月	周恩来邓颖超纪念馆
702	毛泽东 1943 年在延安送给邓宝珊的狐皮褥子	1943 年	平津战役纪念馆纪念馆
703	邓宝珊用毛泽东 1943 年赠送的狐皮做成的狐皮大衣	1943 年	平津战役纪念馆纪念馆
704	《天津导报》创刊号	1945 年 9 月 30 日	天津博物馆
705	天津市学生联合会成立宣言	1945 年	天津博物馆
706	天津市学生联合会的章程	1945 年	天津博物馆
707	1946 年 5 月天津棉纺厂的警笛	1946 年 5 月	天津博物馆
708	天津市青年学生为抗议美军暴行而写的英文标语	1947 年	天津博物馆
709	天津青年学生为抗议美军暴行而写的标语："撤退驻华美军"	1947 年	天津博物馆
710	南开大学反内战反饥饿大字报	1947 年	平津战役纪念馆纪念馆
711	1947 年 3 月 25 日周恩来致邓颖超信	1947 年 3 月 25 日	周恩来邓颖超纪念馆
712	1947 年 4 月 16 日邓颖超致周恩来信	1947 年 4 月 16 日	周恩来邓颖超纪念馆

序号	文物名称	年代（时代、时期）	所属单位
713	1947 年 4 月 21 日邓颖超致周恩来信	1947 年 4 月 21 日	周恩来邓颖超纪念馆
714	1947 年 5 月 31 日邓颖超致周恩来信	1947 年 5 月 31 日	周恩来邓颖超纪念馆
715	1947 年 6 月 15 日邓颖超致周恩来信	1947 年 6 月 15 日	周恩来邓颖超纪念馆
716	1947 年 9 月 29 日周恩来致邓颖超信	1947 年 9 月 29 日	周恩来邓颖超纪念馆
717	1947 年 11 月 11 日邓颖超致周恩来信	1947 年 11 月 11 日	周恩来邓颖超纪念馆
718	1947 年 12 月 31 日邓颖超致周恩来信	1947 年 12 月 31 日	周恩来邓颖超纪念馆
719	刘后同在北平和平解放期间的日记《北京古城和平纪略》	1948—1949 年	平津战役纪念馆纪念馆
720	中国人民解放军平津前线司令部布告	1948 年	天津博物馆
721	罗瑞卿在平津战役和"文革"期间穿的军大衣	1948 年	平津战役纪念馆纪念馆
722	杨得志在 1948 年学习并批注的《战术思想与作战经验》	1948 年	平津战役纪念馆纪念馆
723	1948 年 2 月 2 日周恩来致邓颖超信	1948 年 2 月 2 日	周恩来邓颖超纪念馆
724	1948 年 2 月 9 日周恩来致邓颖超信	1948 年 2 月 9 日	周恩来邓颖超纪念馆
725	刘少奇给东亚企业公司资方宋斐卿的信	1949 年 5 月 3 日	天津博物馆
726	林彪罗荣桓给陈长捷等的劝降信	1949 年	天津博物馆
727	天津市军事管制委员会牌子	1949 年	天津博物馆
728	解放军天津市军事管制委员会印章	1949 年	天津博物馆
729	天津市人民政府庆祝开国大典升起的第一面国旗	1949 年	天津博物馆
730	天津市军事管制委员会关防印章	1949 年	天津博物馆
731	天津市人民政府铜印	1949 年	天津博物馆
732	苏静在北平和谈和签署"关于和平解决北平问题的协议"时使用的钢笔	1949 年	平津战役纪念馆纪念馆
733	董其武送给苗玉春的庆祝绥远起义所做的诗文手稿	1949 年	平津战役纪念馆纪念馆
734	北平联合办事处就华北总部结束办事处关于释放战俘电致平津前线司令部的函	1949 年	平津战役纪念馆纪念馆
735	杨得志在 1949 年学习并批注的《炮兵的使用问题》	1949 年	平津战役纪念馆纪念馆
736	1949 年 7 月 19 日周恩来致邓颖超信	1949 年 7 月 19 日	周恩来邓颖超纪念馆
737	天津市抗美援朝志愿医疗队队旗	1950 年	天津博物馆
738	天津市抗美援朝志愿医疗队队旗	1950 年	天津博物馆
739	天津市人民委员会印章	1950 年	天津博物馆
740	中央人民政府人民革命军事委员会 1950 年 12 月 12 日委任董其武为中国人民解放军第二十三兵团司令员的委任令	1950 年	平津战役纪念馆纪念馆
741	天津市人民法院枪决汉奸袁文会的布告	1950 年 12	天津博物馆
742	1950 年 1 月 12 日周恩来致邓颖超信	1950 年 1 月 12 日	周恩来邓颖超纪念馆
743	杨连弟烈士生前所用的书包	1952 年	天津博物馆

序号	文物名称	年代（时代、时期）	所属单位
744	有周恩来签字的周恩来与卓别林合影照片	1954 年 7 月 21 日	周恩来邓颖超纪念馆
745	天津公私合营钟表厂 1955 年试制成的第一只国产手表	1955 年	天津博物馆
746	1955 年 4 月 10 日邓颖超致周恩来信	1955 年 4 月 10 日	周恩来邓颖超纪念馆
747	1955 年 4 月 12 日周恩来致邓颖超信	1955 年 4 月 12 日	周恩来邓颖超纪念馆
748	毛泽东手书"人民公园"题字及致章士钊信	1956 年 9 月 19 日	天津博物馆
749	周恩来同志给天津第十五中学的复信	1957 年 5 月 4 日	天津博物馆
750	1959 年 6 月齐燕铭为周恩来篆刻的两面印："周恩来""周恩来藏书印"	1959 年 6 月	周恩来邓颖超纪念馆
751	周恩来同志题《根治海河为民造福》手迹	1963 年	天津博物馆
752	1965 年 6 月阿拉伯联合共和国总统纳赛尔送给周恩来的电视机	1965 年 6 月	周恩来邓颖超纪念馆
753	1969 年 3 月 12 日邓颖超致周恩来信	1969 年 3 月 12 日	周恩来邓颖超纪念馆
754	周恩来邓颖超逝世后盛放骨灰的骨灰盒	1976 年 1 月 14 日、1992 年 7 月 17 日	周恩来邓颖超纪念馆
755	周恩来遗体火化时未焚化的皮鞋弓子和拉链扣	1976 年 1 月 14 日	周恩来邓颖超纪念馆
756	邓颖超穿过的天津红桥区天虹服装厂 73 名工人为之缝制的丝绵袄	1976 年 1 月	周恩来邓颖超纪念馆
757	日本创价学会会长池田大作赠给邓颖超的由石田闲山创作的"周恩来、邓颖超肖像画"	1989 年 11 月	周恩来邓颖超纪念馆
758	何叔衡烈士的怀表	第二次国内革命战争	天津博物馆
759	皖南事变时期盛放过周恩来邓颖超重要纪念物的瓷盒	20 世纪 10 年代	周恩来邓颖超纪念馆
760	邓颖超母亲杨振德留给邓颖超的遗物——手表	抗日战争时期	周恩来邓颖超纪念馆
761	周恩来同志和邓颖超同志在抗日战争时期的合影	抗日战争时期	天津博物馆
762	朱德在抗日战争和解放战争时期使用的皮箱	抗日战争和解放战争时期	平津战役纪念馆纪念馆
763	林彪在解放战争时期使用的帆布箱	解放战争时期	平津战役纪念馆纪念馆
764	罗荣桓在平津战役期间使用的手表	平津战役期间	平津战役纪念馆纪念馆
765	聂荣臻在平津战役期间使用的手枪	平津战役期间	平津战役纪念馆纪念馆
766	聂荣臻在平津战役期间使用的望远镜	平津战役期间	平津战役纪念馆纪念馆
767	二十世纪六十年代胡志明赠给邓颖超的镶有胡志明像的项链坠	20 世纪 60 年代	周恩来邓颖超纪念馆
768	现代董必武行书毛泽东《人民解放军占领南京》轴	现代	天津博物馆
769	现代董必武楷书毛泽东《卜算子·咏梅》轴	现代	天津博物馆
770	现代郭沫若行书毛泽东《沁园春·雪》轴	现代	天津博物馆
771	现代朱德行书毛泽东《七律·长征》轴	现代	天津博物馆
772	现代朱德行书毛泽东《十六字令·第三首》轴	现代	天津博物馆
773	现代徐悲鸿松鹤图轴	现代	天津博物馆

天津市馆藏一级文物（标本）一览表

表 2-2

无脊椎动物

序号	学名	采集时间	采集地点
1	轮状巴蜗牛 *Bradybaena trochiformis* Yen	不详	张家口
2	轮状巴蜗牛 *Bradybaena trochiformis* Yen	不详	张家口
3	东北田螺 *Viviparus chui* Yen	1929 年 5 月 5 日	吉林
4	李氏巴蜗牛 *Bradybaena licenti* (Yen)	1927 年 6 月 22 日	山西武乡县新州镇
5	李氏巴蜗牛 *Bradybaena licenti* (Yen)	1927 年 6 月 22 日	山西武乡县新州镇
6	李氏巴蜗牛 *Bradybaena licenti* (Yen)	1927 年 6 月 22 日	山西武乡县新州镇
7	李氏巴蜗牛 *Bradybaena licenti* (Yen)	1927 年 6 月 22 日	山西武乡县新州镇
8	李氏巴蜗牛 *Bradybaena licenti* (Yen)	1927 年 6 月 22 日	山西武乡县新州镇
9	正定平瓣蛇蜗牛 *Platypetasus chentingensis* Yen	不详	河北正定
10	正定平瓣蛇蜗牛 *Platypetasus chentingensis* Yen	不详	河北正定
11	正定平瓣蛇蜗牛 *Platypetasus chentingensis* Yen	不详	河北正定
12	正定平瓣蛇蜗牛 *Platypetasus chentingensis* Yen	不详	河北正定
13	正定平瓣蛇蜗牛 *Platypetasus chentingensis* Yen	不详	河北正定
14	泰氏华蜗牛 *Cathaica teilhardi* Yen	不详	内蒙古河套南盐池
15	泰氏华蜗牛 *Cathaica teilhardi* Yen	不详	内蒙古河套南盐池
16	泰氏华蜗牛 *Cathaica teilhardi* Yen	不详	内蒙古河套南盐池
17	闵氏华蜗牛 *Cathaica mengi* Yen	不详	山西武乡县
18	闵氏华蜗牛 *Cathaica mengi* Yen	不详	山西武乡县
19	闵氏华蜗牛 *Cathaica mengi* Yen	不详	山西武乡县
20	闵氏华蜗牛 *Cathaica mengi* Yen	不详	山西武乡县
21	闵氏华蜗牛 *Cathaica mengi* Yen	不详	山西武乡县
22	稷山粒螺 *Grabauia tsishanensis* Yen	不详	山西南部稷山
23	稷山粒螺 *Grabauia tsishanensis* Yen	不详	山西南部稷山
24	稷山粒螺 *Grabauia tsishanensis* Yen	不详	山西南部稷山
25	稷山粒螺 *Grabauia tsishanensis* Yen	不详	山西南部稷山
26	稷山粒螺 *Grabauia tsishanensis* Yen	不详	山西南部稷山
27	稷山粒螺 *Grabauia tsishanensis* Yen	不详	山西南部稷山
28	扁平安氏平瓣蛇蜗牛 *Platypetasus andersoni depressa* Yen	不详	山东张店
29	扁平安氏平瓣蛇蜗牛 *Platypetasus andersoni depressa* Yen	不详	山东张店

序号	学名	采集时间	采集地点
30	扁平安氏平瓣蛇蜗牛 *Platypetasus andersoni depressa* Yen	不详	山东张店
31	扁平安氏平瓣蛇蜗牛 *Platypetasus andersoni depressa* Yen	不详	山东张店
32	扁平安氏平瓣蛇蜗牛 *Platypetasus andersoni depressa* Yen	不详	山东张店
33	侧旋正定平瓣蛇蜗牛 *Platypetasus chentingensis latispira* Yen	不详	河北正定
34	侧旋正定平瓣蛇蜗牛 *Platypetasus chentingensis latispira* Yen	不详	河北正定
35	宝石状华蜗牛 *Cathaica orithyiformis* Yen	不详	山西洪洞县
36	宝石状华蜗牛 *Cathaica orithyiformis* Yen	不详	山西洪洞县
37	宝石状华蜗牛 *Cathaica orithyiformis* Yen	不详	山西洪洞县
38	宝石状华蜗牛 *Cathaica orithyiformis* Yen	不详	山西洪洞县
39	宝石状华蜗牛 *Cathaica orithyiformis* Yen	不详	山西洪洞县
40	罗氏华蜗牛 *Cathaica robertsi* Yen	不详	内蒙古河套东南
41	罗氏华蜗牛 *Cathaica robertsi* Yen	不详	内蒙古河套东南
42	奈氏华蜗牛 *Cathaica leei* Yen	不详	山东泰安县泰山
43	奈氏华蜗牛 *Cathaica leei* Yen	不详	山东泰安县泰山
44	奈氏华蜗牛 *Cathaica leei* Yen	不详	山东泰安县泰山
45	奈氏华蜗牛 *Cathaica leei* Yen	不详	山东泰安县泰山
46	石口华蜗牛 *Cathaica sikouensis* Yen	1916 年 7 月 2 日	山西石口
47	石口华蜗牛 *Cathaica sikouensis* Yen	1916 年 7 月 2 日	山西石口
48	石口华蜗牛 *Cathaica shikouensis* Yen	1916 年 7 月 2 日	山西石口
49	扁平宝石华蜗牛 *Cathaica orithyia depressa* Yen	不详	山西太原
50	扁平宝石华蜗牛 *Cathaica orithyia depressa* Yen	不详	山西太原
51	泰氏华蜗牛 *Cathaica teilhardi* Yen	不详	内蒙古河套南盐池
52	泰氏华蜗牛 *Cathaica teilhardi* Yen	不详	内蒙古河套南盐池
53	具点土螺 *Galba punctata* Yen	不详	吉林通化
54	梯状土螺 *Galba laticallosiformis* Yen	1914 年 7 月 25 日	山西北部马家堡
55	侧旋萝卜螺 *Radix latispira* Yen	1924 年 6 月 17 日	内蒙古东部
56	婴形豆螺 *Bulimus paeteliformis* Yen	不详	山西北部
57	李氏豆螺 *Bulimus licenti* Yen	1923 年 7 月 10 日	鄂尔多斯
58	瑞氏琥珀螺 *Succinea reevei* Yen	不详	天津
59	秉氏松螺 *Bensonia ping* Yen	不详	山西
60	李氏华蜗牛 *Cathaica licenti* Yen	不详	北京南口八达岭
61	黑山虹蛹螺 *Pupilla hersiana* Yen	不详	山西

序号	学名	采集时间	采集地点
62	同旋小粉华蜗牛 *Cathaica pulveratrix conispira* Yen	不详	内蒙古河套东南
63	曾氏巴蜗牛 *Bradybaena zeei* (Yen)	不详	甘肃王家湾

昆 虫

序号	学名	采集时间	采集地点
1	*Laccophilus uniformis* Feng	1915 年 9 月	山海关
2	*Bidessus licenti* Feng	1933 年 8 月 29 日	陕西
3	*Bidessus licenti* Feng	1929 年 9 月 22 日	天津
4	*Bidessus trasaerti* Feng	1929 年 9 月 22 日	天津
5	*Bidessus trasaerti* Feng	1929 年 9 月 22 日	天津
6	*Bidessus trasaerti* Feng	1929 年 9 月 22 日	天津
7	*Coelambus trilineatus* Feng	1933 年 8 月 29 日	陕西
8	*Coelambus trilineatus* Feng	1933 年 8 月 29 日	陕西
9	*Coelambus distinctus* Feng	1922 年 9 月 4 日	北京
10	*Agabus（Gaurodytes）kokooson* Feng	1931 年 9 月 4 日	山西
11	*Platambus kansouis* Feng	1919 年 4 月 23 日	甘肃徽县
12	*Platambus kansouis* Feng	1919 年 4 月 23 日	甘肃徽县
13	*Ilybius intermediatus* Feng	1915 年 5 月 17 日	北京
14	*Ilybius intermediatus* Feng	1915 年 5 月 17 日	北京
15	*Colymbetes magnus* Feng	1915 年 9 月 26 日	天津
16	*Cybister kansou* Feng	1919 年 6 月 30 日	甘肃
17	*Dytiscus distantus* Feng	1931 年 7 月 23 日	黑龙江尚志帽儿山
18	拟壮异蝽 *Urostylis agan* var. *caudatus* Yang	1935 年 6 月 28 日	山西七里峪
19	光华异蝽 *Tessaromerus licenti* Yang	1916 年 6 月 25 日	山西隰县北桥石
20	光华异蝽 *Tessaromerus licenti* Yang	1933 年 8 月 9 日	山西中部黑叶平
21	*Tessaromerus licenti* var. *stigmatellus* Yang	1916 年 8 月 24 日	西安附近观音庙
22	阔肩同缘蝽 *Homoeocerus（Anacanthocoris）humenalis* Hsiao	1958 年 7 月 3 日	云南西双版纳勐遮勐满 870m
23	阔肩同缘蝽 *Homoeocerus（Anacanthocoris）humenalis* Hsiao	1958 年 7 月 4 日	云南西双版纳勐遮勐满 870m
24	素同缘蝽 *Homoeocerus（Anacanthocoris）impictus* Hsiao	1958 年 6 月 9 日	云南西双版纳勐啊伐木场 1050m
25	月斑同缘蝽 *Homoeocerus（Anacanthocoris）meniscus* Hsiao	1958 年 7 月 18 日	云南西双版纳勐养
26	月斑同缘蝽 *Homoeocerus（Anacanthocoris）meniscus* Hsiao	1958 年 8 月 6 日	云南西双版纳勐养
27	双斑同缘蝽 *Homoeocerus（Anacanthocoris）bipunctatus* Hsiao	1958 年 7 月 25 日	云南西双版纳勐养

序号	学名	采集时间	采集地点
28	双斑同缘蝽 *Homoeocerus*（*Anacanthocoris*）*bipunctatus* Hsiao	1958 年 5 月 14 日	云南西双版纳勐啊 1050m
29	显脉同缘蝽 *Homoeocerus*（*Anacanthocoris*）*cletoformis* Hsiao	1958 年 6 月 9 日	云南西双版纳勐啊 1050m
30	显脉同缘蝽 *Homoeocerus*（*Anacanthocoris*）*cletoformis* Hsiao	1958 年 5 月 28 日	云南西双版纳勐往 800m
31	钩缘蝽 *Grypocephalus pallipectus* Hsiao	1958 年 4 月 9 日	云南西双版纳勐龙 650m
32	光锥缘蝽 *Acestra yunnana* Hsiao	1958 年 6 月 2 日	云南西双版纳勐往 800m
33	肩异缘蝽 *Derepteryx humeralis* Hsiao	1958 年 5 月 23 日	云南西双版纳勐啊 1050m
34	云南竹缘蝽 *Cloresmus yunnanensis* Hsiao	1958 年 8 月 10 日	云南西双版纳攸乐山
35	云南竹缘蝽 *Cloresmus yunnanensis* Hsiao	1958 年 8 月 10 日	云南西双版纳攸乐山
36	云南竹缘蝽 *Cloresmus yunnanensis* Hsiao	1958 年 8 月 10 日	云南西双版纳攸乐山
37	云南竹缘蝽 *Cloresmus yunnanensis* Hsiao	1958 年 8 月 10 日	云南西双版纳攸乐山
38	小竹缘蝽 *Notobitiella elegans* Hsiao	1958 年 6 月 6 日	云南西双版纳勐啊 1050m
39	绿竹缘蝽 *Cloresmus pulchellus* Hsiao	1958 年 8 月 11 日	云南西双版纳攸乐山
40	绿竹缘蝽 *Cloresmus pulchellus* Hsiao	1958 年 8 月 10 日	云南西双版纳攸乐山
41	怪缘蝽 *Cordysceles turpis* Hsiao	1958 年 6 月 7 日	云南西双版纳勐啊伐木场 1050m
42	怪缘蝽 *Cordysceles turpis* Hsiao	1958 年 6 月 7 日	云南西双版纳勐啊伐木场 1050m
43	拟希缘蝽 *Hydarella longirostris* Hsiao	1958 年 5 月 21 日	云南西双版纳勐啊勐康 1000m
44	拟希缘蝽 *Hydarella longirostris* Hsiao	1958 年 5 月 22 日	云南西双版纳勐啊勐康 1000m
45	*Petillia insignis* Hsiao	1958 年 4 月 23 日	云南西双版纳勐龙勐宋 1600m
46	点棘缘蝽 *Cletomorpha simulans* Hsiao	1958 年 4 月 16 日	云南西双版纳勐龙曼兵 650m
47	点棘缘蝽 *Cletomorpha simulans* Hsiao	1958 年 4 月 15 日	云南西双版纳勐龙曼兵 650m
48	黄边同缘蝽 *Homoeocerus*（*Anacanthocoris*）*limbatus* Hsiao	1958 年 8 月 16 日	云南西双版纳攸乐山
49	黄边同缘蝽 *Homoeocerus*（*Anacanthocoris*）*limbatus* Hsiao	1958 年 5 月 28 日	云南西双版纳勐往 800m
50	锈赭缘蝽 *Ochrochira ferruginea* Hsiao	1958 年 4 月 24 日	云南西双版纳勐龙勐宋 1600m
51	锈赭缘蝽 *Ochrochira ferruginea* Hsiao	1958 年 4 月 27 日	云南西双版纳勐龙勐宋 1600m
52	凸腹侏缘蝽 *Pseudomictis brcricornis* Hsiao	1958 年 8 月 10 日	云南西双版纳攸乐山
53	付侏缘蝽 *Paramictis validus* Hsiao	1958 年 7 月 7 日	云南西双版纳勐遮勐满 870m
54	黄胫侏缘蝽 *Mictis serina* var. *fuscipes* Hsiao	1957 年 7 月 2 日	四川峨眉山大峨寺
55	离缘蝽 *Chorosoma brevicolle* Hsiao	1915 年 7 月 5 日	山西海家洼（Hai Kia oua）
56	黄边迷缘蝽 *Myrmus lateralis* Hsiao	1930 年 8 月 25 日	河北白塔（Pai ta）
57	黄边迷缘蝽 *Myrmus lateralis* Hsiao	1915 年 9 月 30 日	石河（Chen ho，山海关南）
58	离缘蝽 *Chorosoma brevicolle* Hsiao	1920 年 8 月 12 日	甘肃庆阳府（King yang Fou）
59	角蛛缘蝽 *Alydus angulus* Hsiao	1963 年 8 月 14 日	四川小金新街 2350m

序号	学名	采集时间	采集地点
60	角蛛缘蝽 *Alydus angulus* Hsiao	1963 年 9 月 18 日	四川金川城关
61	刺剑猎蝽 *Lisdarda spinosa* Hsiao	1958 年 6 月 30 日	云南西双版纳勐遮勐满 870m
62	垢猎蝽 *Caunus noctulus* Hsiao	1965 年 5 月 21 日	福建邵武城关
63	垢猎蝽 *Caunus noctulus* Hsiao	1965 年 5 月 23 日	福建邵武城关
64	圆斑前猎蝽 *Acanthaspis geniculate* Hsiao	1964 年 5 月 5 日	海南岛尖峰南崖林场
65	圆斑前猎蝽 *Acanthaspis geniculate* Hsiao	1964 年 5 月 6 日	海南岛尖峰南崖林场
66	圆斑前猎蝽 *Acanthaspis geniculate* Hsiao	1964 年 5 月 5 日	海南岛尖峰南崖林场
67	红荆猎蝽 *Acanthaspis ruficeps* Hsiao	1958 年 4 月 15 日	云南西双版纳勐龙曼兵 650m
68	槽斑荆猎蝽 *Acanthaspis fuscinervis* Hsiao	1958 年 6 月 4 日	云南西双版纳勐啊 1050m
69	黄脊壮异蝽 *Urochela tunglinensis* Yang	1928 年 9 月 23 日	辽宁铁岭东（Kaochantoun）

植 物

序号	学名	采集时间	采集地点
1	疏花针茅 *Stipa penicillata*	1918 年 9 月 21 日	青海省青海湖
2	伞花繁缕 *Stellaria wutaica*	1929 年 7 月 8 日	山西省五台县大五台山临河北界处
3	细叶石头花 *Gypsophila licentiana*	1925 年 8 月 22 日	山西省右玉县桑干河畔
4	湿地勿忘草 *Myosotis caespitosa*	1932 年 7 月 25 日	陕西省横山县雷龙湾
5	狭叶甜茅 *Glyceria spiculosa*	1924 年 6 月 19 日	内蒙古自治区戈壁白音库勒淖与石同勒之间
6	拂子茅 *Calamagrostis licentiana*	1930 年 8 月 12 日	河北省赤城县白塔村
7	亚马景天 *Sedum almae*	1917 年 9 月 26 日	河北省遵化马兰峪西北九堡子
8	甘南景天 *Sedum ulricae*	1918 年 7 月 14 日	甘肃省兰州市东南部马衔山
9	互叶金腰 *Chrysosplenium serreanum*	1929 年 6 月 17 日	山西省五台县大五台山
10	秦岭金腰 *Chrysosplenium duplocrenatum*	1919 年 4 月 17 日	甘肃省徽县黄家河附近
11	秦岭金腰 *Chrysosplenium duplocrenatum*	1919 年 4 月 19 日	甘肃省徽县黄家河附近
12	毛药忍冬 *Lonicera serreana*	1929 年 6 月 19 日	山西省五台县大五台山
13	*Lonicera licentii*	1919 年 3 月 30 日	甘肃省天水县
14	秦岭凤仙花 *Impatiens linocentra*	1916 年 8 月 17 日	陕西省西安喂子坪
15	马衔山黄芪 *Astragalus mahoschanicus*	1918 年 7 月 10 日	甘肃省兰州市东南部马衔山
16	白毛锦鸡儿 *Caragana licentiana*	1918 年 6 月 16 日	宁夏回族自治区同心县七营锁附近
17	秦氏黄芪 *Astragalus chingianus*	1919 年 6 月 29 日	宁夏回族自治区银川市西北贺兰山
18	甘肃黄芪 *Astragalus licentianus*	1918 年 7 月 14 日	甘肃省兰州市东南部马衔山

序号	学 名	采集时间	采集地点
19	单叶黄芪 *Astragalus efoliatus*	1920 年 5 月 23 日	甘肃省东南红岑口
20	华黄芪 *Astragalus chinensis*	1919 年 7 月 28 日	内蒙古自治区土默特右旗黄河畔
21	紫喙薹草 *Carex serreana*	1933 年 6 月 23 日	山西省太原西部赫赫岩
22	太行山镳草 *Trichophorum schansiense*	1915 年 6 月 20 日	山西省长治县太行山头沟堆附近
23	川陕风毛菊 *Saussurea licentiana*	1916 年 9 月 07 日	陕西省太白山南
24	窄翼风毛菊 *Saussurea frondosa*	1935 年 8 月 29 日	山西省
25	柳叶风毛菊 *Saussurea leucota*	1918 年 7 月 29 日	甘肃省永登县乌鞘岭
26	秦岭风毛菊 *Saussurea tsinlingensis*	1916 年 8 月 22 日	陕西省秦岭
27	窄翼风毛菊 *Saussurea frondosa*	1935 年 7 月 22 日	山西省南部七里峪
28	秦岭蟹甲草 *Cacalia tsinlingensis*	1916 年 8 月 20 日	陕西省中部秦岭山麓
29	毛暗花金挖耳 *Carpesium tristiforme*	1916 年 8 月 20 日	陕西省中部喂子坪附近
30	秦岭蟹甲草 *Cacalia tsinlingensis*	1916 年 8 月 20 日	陕西省中部秦岭山麓
31	蛛毛蟹甲草 *Cacalia adenocauloides*	1918 年 8 月 20 日	甘肃省兰州市东南大通河
32	蛛毛蟹甲草 *Cacalia adenocauloides*	1918 年 7 月 17 日	甘肃省兰州市
33	委陵菊 *Chrysanthemum potentilloides*	1935 年 8 月 29 日	山西省太行山
34	委陵菜 *Chrysanthemum potentilloides*	1935 年 8 月 23 日	山西省太行山
35	黄山小山菊 *Chrysanthemum licentianum*	1916 年 9 月 06 日	陕西省头磨口和房相寺
36	疏齿亚菊 *Chrysanthemum remotipinnum*	1916 年 9 月 06 日	陕西省头磨口和房相寺
37	长托叶石生堇菜 *Viola rupestris* Subsp. *licentii*	1919 年 4 月 27 日	甘肃省天水市
38	山西赤瓟 *Thladiantha dimorphantha*	1916 年 7 月 22 日	山西省虞乡县
39	短柱茴芹 *Pimpinella brachystyla*	1929 年 7 月 27 日	山西省五台县大五台山
40	短柱茴芹 *Pimpinella brachystyla*	1929 年 7 月 27 日	山西省五台县大五台山
41	太行阿魏 *Ferula licentiana*	1915 年 6 月 19 日	山西省长治县东南太行山土孤喂
42	太行阿魏 *Ferula licentiana*	1915 年 6 月 19 日	山西省长治县东南太行山土孤喂
43	大齿黄芩 *Scutellaria macrodonta*	1930 年 7 月 17 日	河北省赤城县白塔
44	甘肃黄芩 *Scutellaria kansuensis*	1918 年 7 月 10 日	甘肃省兰州市东南部马衔山
45	苞叶龙胆 *Gentiana licentii*	1919 年 4 月 17 日	甘肃省徽县黄家河附近
46	挺枝银藓 *Anomobryum validum*	1915 年 6 月 20 日	山西省长治县
47	苔藓 *Homalia spathulata*	1916 年 8 月 18 日	陕西省西安喂子坪
48	密枝粗枝藓 *Gollania densepinnata*	1919 年 9 月 06 日	陕西省中部太白山以南

古 生 物

序号	学 名	时代	采集地点
1	榆社原大羚 Protaryx yushensis Teilhard et Trassert	上新世早期	山西榆社盆地第 2 地点张村沟
2	中国互棱齿象 Anancus sinensis(Hopwood)	上新世早期	山西榆社盆地第 27 地点申村
3	中国互棱齿象 Anancus sinensis(Hopeood)	上新世早期	山西榆社盆地第 27 地点申村
4	三角小羚羊 Dorcadoryx triquetricornis Teilhard et Trassaert	上新世早期	山西榆社盆地第 30 地点台曲村
5	厚额中华大羚 Sinoryx bombifrons Teilhard et Trassaert	上新世早期	山西榆社盆地第 30 地点台曲村
6	扁角羊角羚牛 Tragocerus laticornis Teilhard et Trassaert	上新世早期	山西榆社大平沟
7	重现祖鬣狗 Palinhyaena reperta Qiu, Huang et Guo	上新世中期	甘肃庆阳
8	叠齿祖鬣狗 Palinhyaena imbricata Qiu, Huang et Guo	上新世中期	甘肃庆阳
9	麛后麂 Metacervulus capreolinus Teilhard et Trassaert	上新世晚期	山西榆社盆地第 45 地点大平沟
10	细角旋角羚羊 Antilospira gracilis Teilhard et Trassaert	上新世晚期	山西榆社盆地第 15 地点赵庄村
11	中间中国乳齿象 Sinomastodon intermedius (Teilhard et Trassaert)	上新世晚期	山西榆社盆地第 14 地点杏杨村
12	师氏旋角羚羊 Antilospira zdanskyi Teilhard et Trassaert	上新世晚期	山西榆社第 67 地点棉则沟
13	布氏原大羚 Protoryx bohlini Teilhard et Trassaert	上新世早期或晚期	山西榆社盆地第 45 地点大平沟
14	紧旋角羚牛 Sinoreas cornucopia Teilhard et Trassaert	上新世晚期或更新世早期	山西榆社盆地第 64 地点岩良村
15	短头牛羊 Boopsis breviceps Teilhard et Trassaert	更新世早期	山西榆社盆地第 68 地点张口
16	扇角黇鹿 Dama sericus Teilhard et trassaert	更新世早期	山西榆社盆地第 52 地点北村
17	粗壮旋角羚羊 Antilospira robusta Teilhard et rassaert	更新世早期	山西榆社盆地第 46 地点青羊平村
18	撒旦琴角羚牛 Lyrocerus satan Teilhard et Trassaert	更新世早期	山西榆社盆地第 20 地点里玉村
19	山西轴鹿 Axis shansius Teilhard et trassaert	更新世早期	山西榆社盆地第 4 地点赵庄村
20	低枝祖鹿 Cervaviitus demissus Teilhard et Trassaert	更新世早期	山西榆社盆地第 52 地点北村
21	古中华野牛 Bison palaeosinensis Teilhard et Piveteau	更新世早期	河北阳原泥河湾
22	中国羚羊 Gazella sinensis Teilhard et Piveteau	更新世早期	河北阳原泥河湾
23	似锯齿似剑齿虎 Homotherium cf. crenatidens (Fabrini)	更新世早期	河北阳原泥河湾
24	华丽黑鹿 Cervus (Rusa) elegans Teilhard et Piveteau	更新世早期	河北阳原泥河湾
25	布氏真枝角鹿 Eucladoceros boulei Teilhard et Piveteau	更新世早期	河北阳原泥河湾
26	布氏真枝角鹿 Eucladoceros boulei Teilhard et Piveteau	更新世早期	河北阳原泥河湾
27	布氏真枝角鹿 Eucladoceros boulei Teilhard et Piveteau	更新世早期	河北阳原泥河湾
28	双叉四不像鹿 Elaphurus bifurcatus Teilhard et Piveteau	更新世早期	河北阳原泥河湾
29	王氏水牛 Bubalus wansjocki Bolule et Teilhard	更新世晚期	内蒙古萨拉乌苏
30	翁氏转角羚羊 Spirocerus wongi Teilhard et Piveteau	更新世早期	河北阳原泥河湾

第三篇
博物馆　纪念馆

天津是中国较早出现博物馆的城市之一。1904年，由英国基督教伦敦海外布道会创建的华北博物院，是天津地区出现的第一家博物馆。次年2月，由早期博物馆的提倡者陈宝泉筹建的天津教育品陈列馆正式开放。1918年，天津博物院开放。1925年，天津社会教育广智馆建成。1928年，法国动物学博士、古生物学家、神甫桑志华创办的北疆博物院对外开放。1930年，天津市立美术馆建成。1942年，天津日本居留民团建立天津日本教育博物馆。

到1949年1月14日，天津仅存4座博物馆，即河北省立天津博物院、天津广智馆、天津市市立艺术馆和北疆博物院。

1949年1月15日，天津解放。不久，经市人民政府批准，天津市教育局接收了河北省立天津博物院、天津广智馆、天津市市立艺术馆，并将河北省立天津博物院更名为"天津市市立博物馆"。

1950年3月，天津市文化事业管理局成立。同年11月，根据市人民政府关于将市教育局接收的博物馆移交给市文化事业管理局的决定，天津市市立博物馆、天津广智馆、天津市市立艺术馆改属市文化事业管理局。市文化事业管理局将天津市市立博物馆更名为"天津市市立第一博物馆"、将天津广智馆更名为"天津市市立第二博物馆"。

市文化事业管理局接收三个博物馆后，按照文化部"暂继现状，逐步改革"的方针，对各博物馆进行整顿和改造，对博物馆的专业队伍也进行了整顿和充实。

1951年2月，法国天主教会暂时委派法国籍神甫、私立津沽大学教授明兴礼（P. Jean Monsterleet）兼任北疆博物院主任。北疆博物院遂由一个独立的单位变为津沽大学的附属单位。不久，津沽大学改由中国人管理，法国天主教会的势力退出学校。同年9月26日，津沽大学派地理学教授董绍良任北疆博物院主任。

1952年7月，天津市文化事业管理局正式接收北疆博物院，并在此基础上建立天津市人民科学馆。当时，该馆有各种自然标本20余万件，这在当时全国博物馆中名列前茅。同年10月初，天津市市立第一博物馆和天津市市立第二博物馆合并的工作基本就绪，随即迁至新拨的馆址——南开二纬路办公，馆名为"天津市历史博物馆"。该馆定性为地志性博物馆。同年12月，市文化事业管理局将天津市市立艺术馆并入天津市历史博物馆。至此，接收并改造原有博物馆的工作完成。

1953年5月，天津市历史博物馆正式对外开放。同年11月，天津市人民科学馆的基本陈列"古生物及矿物岩石陈列""脊椎动物陈列""无脊椎动物陈列""农业专室"开幕并对外开放。

1955年3月，在原华北城乡物资交流展览会基础上建立的华北人民博览馆并入天津市历史博物馆。

1956年6月，天津市历史博物馆迁至原华北人民博览馆旧址（今河西区马场道335号）。同年8月1日，天津市艺术博物馆筹备处成立，办公地点移至和平区解放北路77号，并在此举办了历代绘画、天津地方民间艺术等展览的试展。

1957年6月11日，经市人民委员会批准，天津市人民科学馆更名为天津市自然博物馆。同年12月10日，经市人民委员会批准，天津市历史博物馆艺术部独立，正式成立天津市艺术博物馆。

1959年，红桥区人民委员会在三条石聂公祠前街建立博物馆。同年9月底，周恩来总理为该馆题写了馆名"天津市红桥区三条石历史博物馆"。该馆是全市第一家区（县）属博物馆。

1961年7月1日，中国共产党诞辰40周年，经中共天津市委和天津市人民委员会批准，成立"中共天津建党纪念馆"（和平区长春道普爱里21号，现已拆）。

1966年5月后，天津市历史博物馆停办（不久恢复），中共天津建党纪念馆关闭，天津市红桥区三条石历史博物馆也改成"三条石阶级教育展览馆"。

1968年8月，天津市历史博物馆、天津市艺术博物馆、天津市自然博物馆、天津"泥人张"彩塑工作室合并，组建成"天津市博物馆"。1969年4月，天津市"革命委员会"决定原天津市历史博物馆脱离天津市博物馆，并入天津市生产指挥部所属的天津市工业展览馆，馆址、建筑、设备、物资均划归天津市工业展览馆，工作人员编为天津市工业展览馆第六连。同年，市"革命委员会"通知天津市博物馆搬迁到天津医学院内。1971 年 7 月，天津市毛泽东思想胜利万岁展览馆并入天津市博物馆，其馆址（河东区光华路 4 号）划归天津市博物馆。1973 年 12 月，天津市"革命委员会"第 34 次主任会议批准调整天津市博物馆体制，分别恢复天津市历史博物馆、天津市艺术博物馆、天津市自然博物馆（1974 年 1 月更名为"天津自然博物馆"）的原建制。

1978 年 3 月 5 日，在南开中学东楼建立了"周恩来同志青年时代在津革命活动纪念馆"。

20 世纪 80 年代，天津博物馆事业得到飞速发展。平津战役天津前线指挥部旧址陈列馆、天津觉悟社纪念馆、天津戏剧博物馆、天津文庙博物馆、天津民俗博物馆、天津义和团纪念馆、天津黄崖关长城博物馆等博物馆和纪念馆陆续建成。20 世纪 90 年代，国家和地方政府先后投资近 8 亿元，新建成天津杨柳青博物馆、大沽口炮台遗址博物馆、平津战役纪念馆、周恩来邓颖超纪念馆，原址重建了天津自然博物馆等一批设备完善的博物馆、纪念馆。进入 21 世纪，天津相继成立了中共天津历史纪念馆、元明清天妃宫遗址博物馆、天津梁启超纪念馆、天津杨柳青年画馆、天津古林古海岸遗迹博物馆、蓟县文物博物馆、天津博物馆、天津老城博物馆、中共中央北方局旧址纪念馆、天津市滨海新区塘沽博物馆、李叔同故居纪念馆、天津自然博物馆新馆、天津美术馆等博物馆和纪念馆，构成了天津地区博物馆体系的骨干。天津市拥有市属文物系统博物馆与纪念馆、区（县）属博物馆与纪念馆、国有行业博物馆与纪念馆以及非国有博物馆 50 多座。

几十年来，天津各博物馆、纪念馆不断推出新的陈列（展览），在选题上具有开拓性和学术性。注重对地方史陈列和自然标本陈列体系的研究，注重吸收学术研究的新成果，不断开阔视野，办展水平日渐提高。自 1997 年国家文物局在全国文物博物馆系统组织实施陈列展览"精品战略"以来，"天津自然博物馆新馆陈列"获"1998 年度全国博物馆十大陈列展览精品"精品奖、"周恩来邓颖超生平陈列"获 1998 年度提名奖。新改陈的"周恩来邓颖超纪念馆基本陈列"获 2010 年度十大精品奖。天津博物馆"中华百年看天津"基本陈列获 2012 年度"全国博物馆十大陈列展览精品"精品奖。天津各博物馆在陈列展览形式上不断创新，丰富展示手段，增强展示效果。

自 2007 年 12 月 28 日起，天津成为全国率先免费开放博物馆的城市。各馆在科研出版等方面也取得了丰硕成果。2008 年，天津博物馆、天津自然博物馆、周恩来邓颖超纪念馆被评为国家一级博物馆。2009 年，元明清天妃宫遗址博物馆被评为国家二级博物馆。

本篇所述博物馆、纪念馆以各馆开馆时间为顺序。

第一章　中华人民共和国成立前的博物馆

天津的博物馆事业发轫于 1904 年，截至 1949 年 1 月 15 日，共有 7 座博物馆。外国人兴办的博物馆有华北博物院、北疆博物院和天津日本教育博物馆。中国人创建的博物馆有天津教育品陈列馆、天津博物院、天津广智馆和天津市立美术馆。

第一节 外国人兴办的博物馆

华北博物院

华北博物院

（一）建馆经过

该院由英国基督教伦敦海外布道会在1904年创办。该博物院附设于新学书院之中，院址在法租界海大道（今和平区大沽路）。1902年新学书院建校伊始，院长赫立德曾多次组织英国教员以游历为名，深入我国的山西、陕西、直隶（今河北省）、山东、河南、内蒙古等地，猎获了一些飞禽野兽，采集了一些植物标本，并收集到我国部分地区的人文地理风貌等资料，如在陕北发现了许多遭到破坏后尚未修复的庙宇遗迹；在彰德府发现了许多甲骨，并在其中发现一件珍品，经著名收藏家方若鉴定是周朝的，后来方若又送给赫立德一片甲骨，并写了一篇有关甲骨的文章。

华北博物院与书院北楼同时建筑，和大礼堂相连，楼上楼下有4间展室，另有实习室1间。大礼堂的楼下划入博物院内，作为动物标本陈列室。其藏品主要包括文物、动植物及地质、土壤、矿产标本，以及南洋群岛和非洲土著居民使用的物品，另外还有海南岛一些民族学资料。文物主要有周代鼓、范增剑和数十片甲骨（其中25片经专家鉴定是珍品）。南洋群岛和非洲土著居民使用的物品，包括标枪、棍棒、盾、弓箭等武器，瓢、碗、盆等食具，以及麻织或草编的衣物等。在动植物标本中，有鲸鱼骨骼标本和南美洲亚马孙河森林中的翠兰蝴蝶、南洋群岛的甲虫等昆虫标本。该馆还有300多个装有泥土的玻璃瓶，泥土是由赫立德和英国教员从华北各地采集而来，并用标签说明哪种土壤适合种植何种农作物。

（二）主要业务

赫立德的考察队曾沿京奉铁路到达沈阳、铁岭、新民、宽城子等处进行考察，并深入吉林，对东北各地农业生产以及风俗习惯做了调查。他们的猎获物由英国教员苏尔比（A.C.Sowerby）剥制成标本，作为华北博物院的展品。

为增加效果，展示动植物标本时在展室四周的大玻璃柜中配以山岩、草木装置。

清末民初，华北博物院在旅居天津的外国人中曾轰动一时，这与赫立德对此注入很大的精力是分不开的。由于华北博物院附设于教会学校——新学书院之中，社会上的普通中国人无法自由地出入该校，因此参观该博物馆的观众很少，社会影响也不大。1928年，赫立德退休，因继任者栾嘉立（C.H.B.Longman）保管不善，大部分动植物标本霉烂，展室也改作大教室，该院即停办。其藏品中的鲸鱼骨骼标本被送往河北省种植园展出，其余藏品下落不明。

北疆博物院

（一）建馆经过

该院是由法国天主教耶稣会神甫、动物学博士、古生物学家桑志华创建的。他在1912年就谋求探索黄河流域、内蒙古地区以及西藏附近地区。他认为在那些地区，"不论从科学还是从经济学的角度，人们对它的地质和动植物区系还一无所知，有许多待发现的宝藏，仍留在那里"。要做这件事就要在中国北方建立一座博物馆。他的设想得到法国北方耶稣会省会长步烈

（L.Pollier）神甫和耶稣会总会长魏伦兹（X.Wernz）神甫，以及当时法国在中国直隶省东南教区（设在河北献县）的耶稣会会长戈迪萨尔（R.Gaudissart）神甫的赞同与支持。

北疆博物院

1914 年 3 月，桑志华从法国出发，经西伯利亚铁路于 3 月 21 日到达中国的满洲里，25 日到达天津，开始了他对中国北方的探察。耶稣会献县教区指定坐落于天津法租界内的圣路易斯路（今营口道）18 号的崇德堂（教会前财务管理处）为桑志华的活动基地，并作为他在天津筹办博物馆——黄河、白河博物馆的筹备处。桑志华经过一番准备后，于同年 7 月开始了他在中国北方的考察工作。他孤身一人在中国北方进行考察，遍布中国北方各个角落的天主教堂与传教士为其提供方便，其考察经费主要由设在献县的华北教区、法国尚柏涅教省和法国外交部提供。

1919 年 6 月，桑志华在甘肃庆阳以北约 55 千米的辛家沟发现了大量的上新世动物化石。

1922 年 8 月至 9 月，在今内蒙古自治区的萨拉乌苏河河谷发掘出了大量第四纪中期的脊椎动物化石。

桑志华经 8 年发掘所采集标本众多，崇德堂已无法容纳。其时法国教会拟在天津建工商学院，遂由耶稣会献县教区划拨马场道南侧空地一块（今马场道 117 号）并募集资金兴建工商学院与北疆博物院。

1922 年建成了北疆博物院的第一座办公楼（即北楼），由比商仪品地产公司工程部的建筑师毕奈（M.Binet）设计并监造。该楼共三层，砖混结构，总高 21 米，占地面积 300 多平方米，配有防盗门及双槽窗户。楼内设有 3 个实验室（可兼存标本）、1 间办公室、1 小间暗室、2 大间藏品库和 1 大间作业室。北疆博物院宣告正式成立，桑志华任院长。

1929 年，南楼正式动工兴建，为二层，总体设想与北楼一致，窗户采用陈列厅设计的式样，北楼与南楼以二楼封闭的空中通道相连接。

（二）主要业务

随着标本的不断增加，尤其是一些大型动物标本的增加，将收藏的标本陈列出来是对广大参观者愿望的满足。1925 年北疆博物院与工商学院协商，决定在办公楼西侧建一座陈列厅，并与办公楼相接。

陈列厅的建筑工程委托给法商永和营造公司。陈列厅分为三层，第一、二层用于陈列，第三层为临时性库房。

北疆博物院的创立并未影响桑志华继续考察。1925 年 8 月，他前往直隶省阳原泥河湾地区进行考察与发掘，在这里发现了早更新世地层动物群化石，再次震动了国际古生物界。

北疆博物院的陈列厅经过 2 年多的筹备，于 1928 年对外开放。桑志华任院长，德日进任副院长。一楼陈列厅陈列着矿物学、岩石学、地层学、古生物学、史前史学和工业地质学的各种标本，另有很多大型动物化石骨架，如披毛犀、象、鹿的骨架等。二楼陈列厅主要陈列着植物学、动物学和人类学的各种标本，其中鸟类标本近 400 种；展厅中间的大玻璃柜中陈列着大型的鱼类和兽类标本；墙上或天花板上还悬挂着许多大件的标本。整个陈列厅中展品的标签均为法文，为了使一些物品更为醒目，有的还在纸面上使用了中文和英文标题。

该院建成后，桑志华等人经常出外进行考察与发掘。最有名的一次发掘是 1934 年他在山西榆社地区的发掘，此次发掘中收获了大量的晚新生代哺乳动物化石，其中三趾马类、象类化石最为突出。

1937 年 7 月底，天津被日军侵占。燃遍华北大地的战火使桑志华再也不能外出考察和采集了，只能留在北疆博物院整理、研究所收藏的标本。1938 年桑志华回国。至 1949 年 1 月 15 日，北疆博物院处于停滞阶段。

天津日本教育博物馆

（一）建馆经过

随着天津日租界内日本人的增多，为便于管理，1902 年，日本驻天津总领事决定成立"天津日本租界行政委员会"（1907 年更名为"天津日本居留民团"）。居留民团主要机构有总务、财务、工务、业务、金融、学务、卫生等部门。其中，学务部主管文化教育和公共文化事业。

天津日本教育博物馆

1940年，为了让居住在天津的日本人更加了解天津及中国北方地区的情况，也为了使占领区的天津人民感受到所谓的"中日亲善""王道乐土"，3月26日至28日在天津日本高等女子学校礼堂召开的居留民团第33次会议上，决定成立天津日本教育博物馆，归天津日本居留民团学务部管理。

该馆坐落于日租界福岛街（今和平区多伦道）18号（旧址已无），占地面积308.61平方米，使用面积410.69平方米，总造价46 632.42日元，为一座二层砖楼。该馆舍于1941年6月20日施工，同年10月20日竣工。1942年2月11日正式开馆，每年经费500日元。

（二）主要业务

为顺利开展工作，该馆制定了一系列规章制度，主要有：《天津日本教育博物馆筹备委员会规程》《天津日本教育博物馆馆则》和《天津日本教育博物馆工作规程》。

该馆设馆长1名、总务1名、办事员及候补办事员若干名、技术员及候补技术员若干名、雇员及佣人若干名。其中，馆长为居留民团长臼井忠三委派的丸山英一。

该馆藏品近4000件，包括文物类、民俗类、动植物标本类、工业品类、农副产品类等。先后举办"花与生活——纪念本馆开馆一周年特展""天津港模型展""贝类标本展""华北农村民间工艺品展""青少年科学创作作品展""中国民间玩具展""毛织物展""棉织物展""烟草工业展""天津风景全景画展""海河水系地图及照片展""战时食物展"等展览，观众共计3万多人。

该馆先后主办了三期观察实习班，并举办"黄土时代""害虫的生物防治与清除"等学术演讲。

为达到宣传与教育的目的，也为了保存资料，该馆出版了《博物馆的使命》《昭和十七年（1942）度天津日本教育博物馆年报》《学术演讲会记录》《本馆主办第三次学术演讲会速记记录》等。

1945年8月15日，日本帝国主义战败投降，该馆随之闭馆。藏品全部散佚，其馆舍后被拆毁。

第二节 中国人创建的博物馆

天津教育品陈列馆

（一）建馆经过

为挽救濒亡的统治，光绪二十六年十二月初十（1901年1月29日），逃至西安的慈禧太后，以光绪皇帝的名义颁布《变法上谕》。清末新政正式开始。

光绪二十八年七月十二日（1902年8月15日），直隶总督兼北洋大臣袁世凯从"都统衙门"手中收回对天津的管辖权。天津正式进入新政时期。天津的新政重点在于兴办实业和创建新式教育。

光绪二十九年（1903）九月，袁世凯成立直隶工艺总局以全权负责天津的经济及发展事宜，并管辖附属于天津的各官办学堂，委派天津候补道周学熙为总办。为提高教育质量，光绪三十年（1904）十月，周学熙上书袁世凯正式提出创办天津教育品陈列馆，得到批准。周学熙将天津旧城东门外的道观玉皇阁后殿腾空并加以改建，使之成为该馆馆舍。在建设馆舍过程中，周学

天津教育品陈列馆

熙与教育家严修商定该馆的试办章程，将开办费定为2万两白银，并委派天津各小学教务长陈宝泉赴日考察教育品陈列馆事宜。陈宝泉回国后，上《天津教育品陈列馆议绅陈宝泉上周总办意见书》，这份意见书从博物馆建筑、分类、陈列、参观对象到设留学生委员和开放方式等都有所考虑。根据陈宝泉的建议，经过一番筹备，光绪三十一年二月初十（1905年3月15日），该馆正式开馆。

（二）主要业务

该馆展厅分为楼上、楼下2个展场共6个陈列室，主要展出教学用具、玩具、实验仪器、建筑模型、学生毕业后状况调查表、学生成绩表、获奖证书及毕业证等。

该馆主要陈列和收藏中外各种教科书籍、仪器、标本、模型、图表。

该馆每年农历三月至八月为上午九点半至下午五点开放，四点停止售票。每年农历九月至次年二月上午九点至下午四点开放，三点半停止售票。每天中午十二点至下午一点，停止售票。每年腊月二十一至次年正月初五下午、上元节下午、端午节下午和中秋节下午，以及每月逢五日下午闭馆。

该馆人员分为管理人员和业务人员两部分，还聘请品行端正、科学素优，并有留学经历的士绅四五人，随时参与会商馆中重要事宜。

该馆的维持经费由直隶工艺总局支付，常年经费白银8000两。

该馆开放后，受到社会各界人士好评。据统计，光绪三十一年九月初一（1905年9月29日）至九月二十九日（10月27日）的29天内，共接待观众7121人，其中女性观众2251人。扣除闭馆时间，平均日接待观众259人。

光绪三十三年（1907）夏，该馆被并入教育品制造所，迁至劝业会场，并更名为"教育品参观室"，成为教育品制造所的一部分。天津教育品陈列馆在建成2年多后即告终结。

天津博物院

天津博物院

（一）建馆经过

该院创办人为教育家严修次子严智怡。严智怡于1912年任天津劝工陈列所所长，1913年将劝工陈列所改为直隶省商品陈列所。同年，该所组织全省商品调查，在一次会议上，严智怡与华学涑等人都谈到"在天津应该自己建设博物院，以辅助教育"的事情，并且认为应在现有商品陈列所的基础上筹建博物院。1914年冬，严智怡赴美国旧金山参加"巴拿马万国博览会"，随员有乐采澄（时任直隶省商品陈列所陈列课主任）、陆文郁（时任直隶省商品陈列所干事）等人，他们在去美国前即拟订了为筹备博物馆征集资料的计划。在美期间，严智怡等人有意识地调查学习了美国各博物馆的陈列方法和组织机构等，并且还搜集到一批美国印第安人的民俗文物，包括货币、巫术器物、食具、织物及住房模型等（这些物品后成为天津博物院的藏品）。1915年，严智怡归来，在直隶省巡按使公署教育课主任李金藻的赞助下，着手筹建博物院。1916年2月，直隶省巡按使公署教育科主任、天津10余所著名学校校长，就筹建博物院事由会商，并获直隶省巡按使朱家宝批准。同年4月，省署委托直隶省商品陈列所筹建博物院。天津博物院筹备处设在天津公园（今中山公园）内，经费由省署教育科、天津劝学所及各学校解决，由严智怡总理其事，华学涑负责具体筹建事宜，直隶省商品陈列所全体职员兼办这一项工作。1917年秋，直隶省设实业厅，严智怡任厅长，商品陈列所隶属于实业厅，严智怡兼陈列所所长，继续进行博物院筹建工作。天津博物院筹备处原定于1917年10月10日正式成立"天津博物院"，由于同年9月直隶省闹水灾，天津公园（今中山公园）内住满灾民，开幕式被迫延期。1918年3月，实业厅呈明省署，由实业厅划出位于今宁园以东的旧劝业道署西偏房，拨归天津博物院筹备处，用作未来天津博物院固定馆舍。"自筹备之日起至1918年，为时不过二年，用款不满八千，所征集的物品，天然、历史两部总共约四千多种。"1918年6月1日，天津博物院正式成立。1922年，实业厅制定了《天津博物院简章（草案）》和《天津博物院董事会简章（草案）》。同年8月，经省署核准备案；9月，举行第一次董事会，会议通过了《天津博物院简章》和《天津博物院董事会简章》，推举严智怡为院长，华学涑为副院长，并照章派定职员。1923年2月25日，天津博物院正式对外开放。

（二）主要业务

天津博物院成立后，举办了展览会。该展览会完全仿照"巴拿马万国博览会"的格局，内分陈列馆、演说坛、武术馆、游艺馆和余兴部（演出杂剧），还附设茶社，并出售3套藏品明信片，又发行临时日刊小报。展览会开放至同年7月31日。在两个月展期中，陈列馆的参观人数达28 900人，游艺馆也有15 000人光顾，社会反响较大。展览会结束后，陈列品运入新拨的固定馆舍，并派专人保管。因馆舍正在修缮，展览开放时间尚不能固定，但可随时接待学校、机关团体观众及特别介绍者。其日常业务是征集物品、整理物品、编写说明、布置陈列、出版图书。1919年，天津博物院还在金华商场举办"观鲸会"，展出是年3月发现于宁河蛏头沽村海岸边，经解剖整形制作成的座头鲸标本，其身长13.5米（现藏于天津自然博物馆）。

1924年，因院内驻军，停止对外开放。1928年，国民党军队占据平、津，直隶省改为河北省。此时，严智怡任国民党河北省政府委员兼教育厅长，天津博物院遂请教育厅向省政府申请到每月367元的经费，并更名为"河北第一博物院"。1929年冬，驻军迁出博物院。经过一年多的准备，1931年河北第一博物院正式对外开放。1934年又更名为"河北博物院"。20世纪30年代前期，正值中国博物馆事业发展阶段，河北博物院

的业务活动也开展得十分活跃。该院职员曾陆续到北平、南京、山东、上海等地的博物馆、大学和研究机构参观学习，汲取经验，并开展了大量的调查征集活动。在此期间博物院举办了很多展览，如在1934年7月举办"全国铁路沿线出产品第三届展览会"和"全国矿冶地质展览会"，还在1933年参与了天津市立美术馆举办的"岐阳世家文物展"、1934年参与了"河北省救济黄河水灾书画物品展"等。博物院在1931年创办了半月刊画报和《河北第一博物院半月刊》，其他的出版物有数十种之多，其中就有古文字学家王襄的2部代表作《簠室殷契类纂》和《簠室殷契征文》，文物学家和文学家刘鹗的《铁云藏陶》，以及《巨鹿宋器丛录·第一编：瓷器题字》等。博物院还经常举办通俗讲演，题目如"益农动物""从简册说到线装书""传拓方法""古代皇帝概说"等。到1936年，博物院的藏品增至38 000余件，陈列室有36间，分自然、历史两部分。自然部包括植物类、动物类、矿物岩石类；历史部分为文字类、陶器类、瓷器类、骨器类、石器类、玉器类、礼品类、武器类、掌故类、科举类、巨鹿出土宋代文物类、货币类、纪念类、宗教类、人种风俗类、古迹风景类、交通类等。在自然部陈列中，陆文郁与李贯三（时任编辑课员）运用了"帕诺拉玛"式陈列法，设计了狮、豹、野猪、海底鳞介等巨型的生态景观陈列。当时博物院仅有11名职员和3名工友，人员精干，业务水平较高，活动能量也较大。

1937年，七七事变爆发，7月28日，日军进攻天津，河北博物院大部分职工和难民一同出走，只带出了部分簿册和印记。天津沦陷后，博物院被日军封闭。1938年5月，博物院迁至河北区宙纬路32号的一座楼房和8间平房内办公。1940年，博物院由伪天津市署派员接收，改为"天津特别市市立博物馆"。1945年日本投降后，博物馆更名为"河北省立天津博物院"。1949年1月15日天津解放后，河北省立天津博物院由天津市人民政府教育局接管，改名为"天津市市立博物馆"。

天津广智馆

（一）建馆经过

1914年，经直隶省民政厅长朱家宝倡议，成立了天津社会教育办事处。该机构性质类似于文化馆，主

持人为天津绅士、清末廪生林墨青。

1921年，为了广泛宣传科学知识，提高民智，林墨青率领办事人员赴山东济南广智院考察参观学习。济南广智院为英国浸礼会教士萨瑟兰(J.S.Whitewright，汉名怀恩光)于1904年创办，陈列品的种类主要有动物、地理、人文风俗、科技模型、历史文物等，受到当地人民的欢迎，对提升民智发挥了较大作用。受其启发，林墨青与天津名流严修、张少元、赵元礼、韩补庵、陶孟和等人商议，决定仿照济南广智院在天津创建社会教育广智馆（因规模较小，故名之为馆），馆址在天津社会教育办事处内（今大丰路西北角回民小学东侧）。

天津广智馆

1923年，林墨青率领办事人员再次赴济南广智院考察学习，并聘请济南广智院的雕塑师时松亭来津传授技艺，为广智馆制造各式各样的泥塑模型。

1925年1月，天津社会教育广智馆董事会正式成立，延请天津地方绅商和各界知名人士为董事，共73人，推选严修为董事长。董事会任命林墨青为馆长，李金藻为副馆长。该馆的宗旨为"依照社会教育实施方案，以广开民智"，其经费由政府按月拨给。天津社会教育广智馆从此成立。

1928年，天津社会教育广智馆更名为"天津广智馆"，由国民党天津市教育局领导。

（二）主要业务

该馆内部组织完备，职掌分明。馆内设有总务部、征集调查部、陈列部、技术部、编辑部、图书部。总务部负责财务、庶务、交际、宣传、收发文件、筹备临时召开会议等项工作；征集调查部负责征集和寄托陈列品，计算陈列品价值和对陈列品进行鉴定，调查研究陈列品的

来源及对其进行分门别类等工作；陈列部负责陈列物品的登记保管工作，并负责设计物品陈列、引导观众参观、讲解说明陈列品等项工作；技术部负责工程设计、泥工、木工、摄影、绘画，以及制造各种模型标本等工作；编辑部负责编写陈列品说明、陈列品标题，以及编辑陈列品特刊等工作；图书部负责组织准备各种新旧图书，以供馆内各部学习参考及馆外群众阅览使用。

该馆设1名襄理，协助馆长处理日常馆务工作；各部设主任1人，负责本部的事务性工作，并为各部配备事务员8人，分别承担各部的日常事务性工作。

该馆共有5个陈列室。第一陈列室主要陈列自然现象类和动物类。观众进入后，便可看到数丈长的玻璃罩，其中陈列着各种模型，如台风、旋风、雷、电、雹等。墙上挂有图画，用来解释其形成的原因，使观众对展品有清楚的了解。第二陈列室主要陈列名人字画及艺术作品，如李采繁、陆文郁等人的绘画作品，又如泥塑的李世民、朱元璋、玄烨等历代皇帝肖像，再如纸拓的"天下第一关"5个大字，颇能吸引观众的注意。还有天津"八大家"的长源杨家出殡时的纸人，等等。第三陈列室主要陈列物理实验的器具及艺术作品，如天平、抽水机、农民使用的各种器具等。室内悬有古代灯具，上面雕有个人喜爱之物，如陶渊明所爱之菊、苏东坡所爱之石、李太白所爱之酒等。第四陈列室主要陈列各种各样的泥塑作品，如运动姿势、练武招式、一百种兵器、十八般武器等，这些泥塑作品做工精细、栩栩如生，很受观众欢迎。第五陈列室为迎宾接待室，室内悬挂孙中山先生遗像、南京中山陵内外景照片、世界名人照片、天津慈善家小像等。

广智馆还出版《广智星期报》（该报原由天津社会教育办事处创办，1928年办事处撤销后，该报改由广智馆继续出版），内容主要是表扬好人好事、抨击社会不良现象，当时很受天津市民欢迎。

1937年7月底，天津沦陷。该馆在常务董事陆文郁、俞品三等人的大力帮助下勉力维持。1940年，伪教育局以停发经费相威胁，要求接管该馆，由于诸董事均不赞同而未得逞。伪教育局遂停发了该馆的经费，该馆以过去之赢利独力支撑。不久，日本宪兵征用该馆前院，1个多月后日军撤出。陆文郁想方设法将5个陈列室的展览恢复起来，勉强撑持到日本投降。日本投降后，天津物价飞涨，拨付的经费根本不够用。该馆采用出租房屋、

义卖字画等措施筹集资金，继续坚持开放。1948 年年底，国民党军队要求馆方立即腾房，该馆只好关门停业。

1949 年 1 月 15 日，天津解放。同年 5 月 1 日，该馆重新对外开放。后经董事会决议，将该馆移交市人民政府。经市人民政府批准，天津市教育局接收了该馆。

天津市立美术馆

天津市立美术馆

（一）建馆经过

1929 年，严修第五子、画家严智开向当时任国民党天津特别市市长的崔廷献提出在天津创立美术馆的主张。严智开认为："昔法国拿破仑战争时代尚设美术馆二十余处，今吾国建设方新，津埠中外具瞻，盍先举行。"这一想法颇得崔氏首肯，并得到时任国民党天津特别市教育局长的邓庆澜，以及教育家、市府参事陈宝泉的赞许。崔廷献委派严智开任天津市立美术馆筹备主任。1929 年 12 月，位于河北公园（今河北区中山公园）的天津市立美术馆馆舍建设动工，1930 年 9 月竣工。1930 年 10 月 10 日，天津市立美术馆正式对外开放。

（二）主要业务

该馆归属教育局领导，月拨经费 1000 元。

筹建之初，严智开便函请中外美术团体及专家做建馆顾问，并再次东渡日本考察，拟出了《天津美术馆计划大纲》16 条；又依据大纲第十二条的规定，订出《天津美术馆组织规程》和《天津美术馆美术研究组简则》等规章性文件，从组织构成到活动经费、从陈列展览到人才培养都做了极为详尽的计划和设想。

该馆开馆后收到来自社会各界，包括故宫博物院、北平古物陈列所、北平历史博物馆、河北第一博物院、东三省博物馆、清华大学，以及丁懋瑛、徐世昌、赵幼

梅、齐白石等 117 个团体和个人向美术馆捐赠的美术作品 1527 件，以充实馆藏。藏品涉及古今中外各类艺术品，如：《故宫图说》《唐昭陵六骏图赞拓片》《北魏元显儁墓志拓片》《汉伏女传经》《汉田猎画像拓片》《汉武祠拓片》，以及《美术杂志》（*LEBULLETIN DELA VIE ARTIS TIQUE*）、*EIGHTH EXHIBITION OIL PAINTINGS BY AMERICAN ARTISTS* 等。自 1930 年 10 月 25 日至 1931 年 8 月 16 日，该馆先后举办了多次展览，展览内容依次为：①中国画、西洋画、西洋石刻、中国古建筑模型；②美术摄影；③图案画；④中国画及古石刻；⑤西洋画；⑥图案画；⑦本市名人书画；⑧中外广告画；⑨美术摄影。累计展览 89 天，观众人数达 35 950 人。1930 年，天津市人口总数为 106.81 万余人，观众人数约占全市人口的 4%，这种情况反映了社会的进步和发展，收到了启发民智、教育民众的良好社会效果。天津市及全国各界知名人士沈观准、张冠儒、刘孟扬、周少希、王梓仲、许太谷、周庭旭、饶斌森、裘芝园、张聿光、王明甫、李超士等先后到馆参观和指导工作。美国底特律博物院亚洲艺术馆馆长马尔智（Benjamin March）偕美术家 L.C.S.Sickmam 等西方学者曾到馆参观。特别是我国艺术大师和美术教育家徐悲鸿、女画家潘玉良也曾率学生到馆进行参观和写生教学。该馆起到培养中国美术人才的重要作用。

1930 年至 1932 年，该馆先后开办了中国画研究会、西画研究会、摄影研究会、邮票研究会等专门机构，并为各研究会员举办个人作（藏）品展览提供展出条件和场地。同时，各研究会开设培训班，举办美术讲座，为天津及全国培养了相当数量的美术人才。例如国画家孙克纲、李济才等人即在这里接受了艺术的启蒙教育。该馆还发行《美术丛刊》（后更名为《美术》）刊物。

1930 年 2 月，南京国民政府设立北平古物保管委员会，该委员会天津支会即设在天津市立美术馆内，并曾截留走私六朝及盛唐石刻 70 余件。

1937 年，七七事变爆发，天津沦陷，馆舍被日军占领，该馆被迫迁至河北宙纬路河务局旧址办公。但该处无可用于陈列的展室，被迫停止开放。同年 12 月 17 日，伪天津特别市公署成立，派员接收该馆，并更名为"天津特别市市立美术馆"。

1939 年 9 月，该馆迁至西北角文昌宫，租用严修

旧宅西院（共有平房 46 间）作为馆舍。1940 年，经紧张筹备，将基本陈列重新开放。当时，该馆共有馆员 11 人。

1945 年 8 月 15 日，日军投降后，该馆迁至河南路重新开放，并更名为"天津市市立艺术馆"。

由于物价飞涨，无法支付职工工资，1948 年年底，该馆被迫停止开放，仅留绘画班进行活动。

第二章　中华人民共和国成立后的博物馆、纪念馆

天津解放时仅存 4 座博物馆，即河北省立天津博物院、天津广智馆、天津市市立艺术馆和北疆博物院。经数十年发展，截至 2012 年底，共有市属文物系统博物馆和纪念馆、区（县）属文物系统博物馆和纪念馆、国有行业博物馆和纪念馆以及非国有博物馆 50 多座。

第一节　市属文物系统博物馆、纪念馆

天津市历史博物馆

天津市历史博物馆

（一）历史沿革

1949 年 1 月 15 日，天津解放。不久，经中共天津市人民政府批准，天津市教育局接收了河北省立天津博物院、天津广智馆、天津市市立艺术馆，并将河北省立天津博物院更名为"天津市市立博物馆"。1950 年 3 月，天津市文化事业管理局成立。同年 11 月，根据天津市人民政府关于将市教育局接收的博物馆移交市文化事业管理局的决定，天津市市立博物馆、天津广智馆、天津市市立艺术馆改属市文化事业管理局，市文化事业管理局决定将天津市市立博物馆更名为"天津市市立第一博物馆"，天津广智馆更名为"天津市市立第二博物馆"。

天津市文化事业管理局接收三个博物馆后，按照文化部"暂继现状，逐步改革"的方针，对各博物馆进行整顿和改造，对博物馆的专业队伍也进行了整顿和充实。同时，着手进行天津市市立第一博物馆和天津市市立第二博物馆合并的工作，并决定将合并后的博物馆更名为"天津市历史博物馆"。

1952 年 10 月初，天津市市立第一博物馆和天津市市立第二博物馆合并工作基本就绪，随即迁至新拨的馆址——南开二纬路办公，天津市历史博物馆正式成立。同年 10 月下旬，市文化事业管理局决定将天津市市立艺术馆并入天津市历史博物馆。至此，接收并改造原有博物馆的工作完成。1953 年 5 月，天津市历史博物馆正式对外开放。1955 年，华北人民博览馆并入，该馆迁到河西区马场道 335 号。1966 年 5 月后，一度并入天津市工业展览馆，之后不久又与天津市艺术博物馆、天津市自然博物馆、天津"泥人张"彩塑工作室合并，成立天津市博物馆。1974 年，天津市历史博物馆恢复原建制，馆址迁往河东区光华路 4 号。建筑面积 15 800 平方米，展厅面积近 7000 平方米。该馆主要由展览区、业务工作区和园林区构成。园林区名曰邃园，位于馆舍的东南隅，有水池、石桥、水榭，环绕水池的长廊内陈列有馆藏石碑多通。有复原的汉代砖室墓及馆藏古钟，为天津仅有的文物园林景区。北部是业务工作区，有办公研究用楼房 2 座：1 座为 3 层楼房，内有文物库房和书库、阅览室；1 座为 2 层楼房，是陈列人员和考古人员的工作室。

2004 年 12 月 20 日，由天津市历史博物馆与天津市艺术博物馆合并组建的天津博物馆正式建成后，天津市历史博物馆撤销。

（二）展览介绍

该馆基本陈列有"天津历史陈列""近代天津民俗展"，并设有"天津考古标本陈列室"和文物园林——遂园。基本陈列以展示地方历史、民俗为特色。历史陈列在拟定陈列主题的过程中，先后经历了"全国为纲、突出地方""正确处理地方和全国的关系""压缩全国性的内容""增加地方展品""向地方历史过渡"等几次变化。20 世纪 90 年代中期，该馆按照"以人带史、以史托人"的思路，在全国博物馆界率先将真人蜡像艺术引入基本陈列，将"天津历史陈列"中的"天津近代史陈列"改建成"天津近代人物蜡像馆"，概括介绍了天津近代历史的全貌。

自 20 世纪 50 年代起，该馆利用馆藏文物资料，先后举办多项文物展。20 世纪 50 年代的展览主要有"古代历史文物综合展""中国通史（夏、商、周及秦汉）展览""东郊出土文物展""天津地方历史素材展""中国货币展览""天津市抗美援朝运动展览""海河改造工程展览""郊区农业合作化成就展览"等。20 世纪 60 年代的展览主要有"打倒苏修新沙皇展览""'中美合作所'罪证暨殉难烈士遗物展"。20 世纪 70 年代的展览主要有"革命传统教育展览""天津人民反帝斗争展览""农业学大寨展览""收租院""毛主席纪念展览""天津解放三十周年纪念展览"等。20 世纪 80 年代的展览主要有"中国古代简史陈列""中国邮驿史及邮票展览""汉字字体的演变展览""中国历代货币展览""天津考古成果汇报展""近代杨柳青年画展""清代八旗服饰展""考古标本陈列室""刘少奇同志纪念展览""勿忘国耻　振兴中华展览""延安精神永放光芒展览""祖国在我心中——云南、广西边防部队英模事迹展""抗日战争和世界反法西斯战争胜利四十周年展览""纪念孙中山先生诞辰一百二十周年展览"等。20 世纪 90 年代的展览主要有"馆藏明清书法精品展""馆藏陶明器展览""馆藏近百年名家书画展""天津考古四十年成果展""卫画流年——馆藏杨柳青年画展""孔繁森同志事迹展览""中国共产党在天津——纪念建党七十周年展览""中国出了个毛泽东——纪念毛泽东诞辰一百周年展览""前事不忘后事之师——天津市纪念抗日战争胜利五十周年展览""新民主主义革命时期中国共产党在天津革命活动遗址遗迹展览""纪念邓小平视察天津十周年暨改革开放成就展""纪念中国工农红军长征胜利六十周年展览""中华人民共和国国旗颂"等。1984 年至 1985 年举办的"中国历代货币展""中国天津市文物展"曾赴日本展出。此外，该馆还连续举办了 5 届民间收藏展。

（三）馆藏文物

该馆藏品主要为传世文物、天津地方出土的考古发掘品、近现代文物和民俗文物。共计 10 万余件，一级品 397 件。根据"以藏品的质地为主，兼顾性质、功用"的藏品分类原则，将全部藏品划分为 72 类，如甲骨、钱币、玉石器、陶瓷器、青铜器、书画、近代史文献、邮品、玺印、民俗文物等类。

在藏品管理和保护方面，该馆先后制定 20 余部规章制度，主要有《天津市历史博物馆文物登记保管办法》《文物出入库暂行办法》《馆内外人员出入库暂行办法》《入库须知》《保管部工作细则》《库房钥匙、对外接待、新旧账册凭证管理办法》《库保工作纪律》《天津市历史博物馆馆藏文物整理办法》《保管部文物整理初步方案》《天津市历史博物馆文物定名办法》《文物分类表》《文物征集保管各项工作暂行办法》《天津市历史博物馆馆藏文物提取制度》《保管部保管组工作细则（初稿）》《天津市历史博物馆文物统计暂行办法》《保管部人员及文物管理制度》《天津市历史博物馆库房藏品安全管理制度》《关于藏品登记工作规定》《藏品登记规格及要求》。1956 年，确定该馆向地志性博物馆方向发展，把收藏、研究、展出有关地方古代史、近代史、革命史方面的文物作为主要任务，将所藏部分古代艺术品、地方民间艺术品转拨天津市艺术博物馆筹备处。

（四）其他业务

20 世纪 80 年代初，天津市文化局筹建"文物保护实验室"设在该馆，及时处理文物的自然损坏（如金属的锈蚀和纸质文物发黄、变脆、出现霉斑，以及陶器片状剥落、酥粉等），并相继开展了文物保护的研究工作（主要是化学与物理方面），进行了"调湿材料""酥松陶器及粉彩层的加固""微气氛对青铜器的腐蚀"等项目实验。此外，该馆还设有文物修复室和书画装裱室。

1999 年，天津市历史博物馆编制出《博物馆藏品信息编码标准及使用规则》，同年开始筹建电脑室，初步建成局域网。

该馆先后编辑出版各类著述 20 余种,主要有《中国历代货币》《汉鲜于璜碑》《馆藏汉碑三种》《天津市历史博物馆馆藏古私印选》《秘籍录存》《北洋军阀资料——南北议和部分》《近代天津图志》《〈觉悟〉〈觉邮〉周恩来诗文集》《五四运动在天津》《五四前后周恩来同志诗文选》《校风敬业总目录》《天津地方历史资料联合目录》《天津革命史话》《平津战役图片集》《津门考古》、The Growth and Changes of Tianjin、《天津市历史博物馆馆藏北洋军阀史料》(4 卷 33 册),相关研究人员在各类刊物发表学术文章 100 余篇。此外,该馆还编辑出版 4 期《天津市历史博物馆馆刊》。

该馆设办公室、政工科、陈列部、保管部、群工部、考古部、制作部、保卫科。

历任馆长: 冯文潜、柳心、张映雪、金克选、王宜恭、李经汉、李家璘。

天津自然博物馆

20 世纪 90 年代天津自然博物馆

1998 年—2012 年 5 月天津自然博物馆

(一) 历史沿革

该馆前身是北疆博物院,由法国动物学博士、古生物学家、神甫桑志华于 1928 年创建。1949 年天津解放后,北疆博物院由私立津沽大学代管。1952 年 5 月,天津市人民政府批准组建天津市人民科学馆筹备委员会,同年 7 月由天津市文化事业管理局接收北疆博物院,正式成立天津市人民科学馆,1957 年更名为"天津市自然博物馆"。1968 年天津市自然博物馆与天津市历史博物馆、天津市艺术博物馆、天津"泥人张"彩塑工作室合并,建立天津市博物馆,1971 年天津市博物馆又与天津市毛泽东思想胜利万岁展览馆合并,1973 年 12 月恢复各馆建制。1974 年 1 月,天津市自然博物馆更名为"天津自然博物馆"。

该馆是我国为数不多的涵盖动物、植物、古生物、地质、古人类等多学科的综合性自然博物馆,重点收藏中国西北、华北地区,及世界范围内具有代表性、典型性的自然科学标本。

该馆馆舍分布于两个地点,分别为北疆博物院旧址与马场道 206 号。

1974 年,该馆移至马场道 206 号。馆舍是由跑马场马厩改建的,展厅面积 3300 平方米,库房面积 860 平方米,展厅简陋、库房窄小,没有通风设施,防潮、防尘条件差,防火等级低。1997 年 7 月,原址改建正式启动,1998 年 6 月底竣工。改建后的馆舍占地面积 2 万平方米,建筑面积 1.2 万平方米,包括展厅 6400 平方米、藏品库 3400 平方米、业务用房 2200 平方米,以及植物园 3000 平方米,另设有前广场、贵宾厅、会议室,还有多功能厅等附属设备。

总体设计创意与构思采用中国传统文化"天圆地方"之说,平面与立面构图均以"方"与"圆"为构图母体进行功能与形式的组合,并以流畅的曲线穿插于"方"与"圆"之中,塑造建筑与环境的内在联系。圆形中心展厅高 26 米、直径 36 米,位于建筑的主导位置,采用半球形造型,透明白球体和与之相称的白色壳状体构成"海贝含珠"的形象,寓意天津自然博物馆是渤海之滨的一颗明珠。

(二) 展览介绍

该馆基本陈列采用主题单元式陈列,陈列展示分为序厅、古生物一厅、古生物二厅、水生生物厅、两栖爬行动物厅、动物生态厅、世界昆虫厅、海洋贝类厅、热带植物温室厅、热带植物电教厅,集中表现物种的多样性、生态的多样性、人与自然的和谐,在寓教于乐的展示形式中,进行爱国主义及环境保护教育。

其展示设计从单一的平铺直叙式的展示陈列，转变为普通社会观众尤其是青少年观众喜闻乐见的科普型展示。采用当时国际上流行的单元式陈列设计，在展示方法上强调"以人为本"，运用活体与标本的有机结合，达到展示的动静和谐。

为了让观众更深刻地了解地球生物的多样性，该馆与新加坡亚美观赏水族昆虫有限公司共同举办"世界昆虫厅""海洋贝类厅""水生生物厅"与"两栖爬行动物厅"4个专题陈列，开创了文博领域长期与国外合作办展的先河。

此外，该馆为了填补当时天津市没有海洋馆的空白，与福建石狮海洋世界有限公司达成合作协议，将一层展厅改建为一座"海洋馆"，其中分为热带雨林区、红树林区、潮间带、浅海区以及深海区，既有大型亚克力缸体，又有海底隧道，通过海洋生物活体展示的引入，丰富了展览展示类型和内容。

1998年，该馆基本陈列获得国家文物局、中国博物馆协会、中国文物报社联合授予的"全国博物馆十大陈列展览精品"称号。

（三）馆藏标本

该馆是以收藏动物、植物、矿物、岩石标本，以及古人类、古生物化石为基础的自然科学博物馆，共收藏各类自然标本38万余件，其中包括动物标本28万件，植物标本8万余件，古生物及古人类标本2万余件，地质及岩矿标本2000余件。其中一、二级珍品1282件，同时还藏有大量的模式标本。该馆的标本收藏，门类齐全、时间跨度大、藏品质量高，科研价值亦相当可观。

古生物藏品中最具特色的是从北疆博物院时期一直保存至今的5000余件古哺乳动物化石标本，以及3000余件古人类化石和石制品，包括甘肃庆阳、河北泥河湾、宁夏水洞沟等地出土的大量化石标本，为古生物学研究提供了实物佐证。中华人民共和国成立后，该馆又通过大量的野外采集发掘、征集和少量的交换、接收等方式，共收藏古植物、古无脊椎动物、古鱼类、古两栖类，以及包括恐龙化石骨架在内的古爬行动物、古鸟类标本等共计4000余件（套），基本涵盖了各地质时代典型的动物群。

该馆收藏的动物标本约28万件，其中北疆博物院时期的藏品就有15万件。中华人民共和国成立后，该馆业务人员先后采集标本40余次，收集海洋无脊椎动物、昆虫、鱼类、两栖动物、爬行动物以及鸟兽类标本近12万件，包括生态标本、假剥制标本、浸制标本、骨骼标本、动物角，以及卵和卵巢等多种类型。

该馆植物标本共有8万余件，其中北疆博物院时期遗留的标本6万余件。以种子植物为主，还包含了菌类、苔藓、蕨类、木材、种子、果实等，另外还珍藏有采自法国北部地区的植物标本7300余件，均为19世纪至20世纪初期采集。中华人民共和国成立后，该馆的采集工作不断由三北向江南延伸，新入藏植物标本近3万件，馆藏标本包含寒温带针阔叶混交林、温带落叶阔叶林、亚热带常绿阔叶林、热带雨林等生态类型。

此外，该馆还收藏有岩石矿物标本，包括老西开自流井岩屑标本、陨石、南极石，以及大港岩芯标本、新矿物大青山矿和黄河矿等，有很高的科研和收藏价值。

（四）其他业务

该馆在科普工作中，始终以阵地宣传为主线，在更新基本陈列的同时，努力探索科普教育的新途径，通过内容新颖、形式多样的科普教育活动来拓展视角、提升质量。

在开展科普教育活动的过程中，该馆依托中国科学技术协会、天津市文化广播影视局、天津市科学技术委员会等单位，举办各类大型公益科普活动，利用一切机会对公众进行科普宣传，带动、吸引更多的人一起来关注自然、保护环境，营造"人人参与、人人行动"的社会化环保氛围，从而推动整个社会的可持续发展。

在科普教育的内容和形式上，利用科普日、科技周、地球日、环境日等主题日开展不同形式的科普主题教育活动，让"低碳"一词真正地走进民众的生活；关注社会热点，针对受教群体，组织专业性的科普互动讲座、访谈；开展一系列的助残、助学活动，让特殊群体的孩子们"亲近自然、放飞梦想"。2012年，该馆被环保部宣教中心确认为首批13家中日技术合作环境教育基地试点单位之一，成为国家首批环境保护教育实践基地。此外，该馆的专业人员还积极开拓思路，参与各项科普项目。近几年来，先后承担了"变暖的地球——我们如何面对""绿色环境，生态城市"等多项科普项目。创办《天津自然博物馆论文集》和《自然风》科普报，在报刊上发表论文、资料和科普文章290余篇。

该馆研究人员先后主持、参与了3项国际项目、

14 项国家级项目和 18 项省部级项目。这些项目仅有 4 项属于 20 世纪，其余 31 项都是 21 世纪以来的项目。其中，该馆主持、参与了国家自然科学基金重大项目《中国动物志》的编研工作。

该馆先后设办公室、政工科、保卫科、资料部、财务科、行政科、陈列部、保管部、动物部、植物部、古生物部、技术部、群工部等。

历任馆长：肖采瑜、綦秀蕙、常洛南、陈锡欣、孙景云、董玉琴。

天津市艺术博物馆

（一）历史沿革

1956 年 8 月 1 日，天津市艺术博物馆筹备处成立。办公地点移至和平区解放北路 77 号，并在此举办了"历代绘画""天津地方民间艺术"等展览的试展。

1956—1995 年
天津市艺术博物馆

1995—2004 年天津市艺术博物馆

该馆于 1957 年 12 月 10 日正式开馆，馆址先后位于和平区解放北路 77 号（1956—1995 年）和和平区承德道 12 号（1995—2004 年）。

和平区解放北路 77 号是建于 1921 年的原法国东方汇理银行天津分行大楼，占地面积 1326.86 平方米，巴洛克及后期折中主义建筑造型。

和平区承德道 12 号是建于 1931 年的原法租界公议局办公大楼。占地面积 3600 平方米，展厅面积 2900 平方米。中央大厅和三楼为文物陈列室，西侧为办公区。

该馆是在天津市历史博物馆艺术部的基础上组建的。天津市历史博物馆将馆藏部分传世历史艺术类文物调拨该馆。2004 年 12 月 20 日，该馆与天津市历史博物馆合并组建的天津博物馆正式建成开放后，该馆撤销。

（二）展览介绍

该馆先后多次举办馆藏书法、绘画、瓷器、青铜器、玉器、古砚等陈列展览和具有地方特色的天津民间工艺（杨柳青年画、"泥人张"彩塑、木雕、砖雕、风筝、剪纸）等基本陈列。馆藏基本陈列，每年分专题轮换展出。

该馆因馆藏书画较丰富，每年举办书画展览三四个。如"历代绘画精品展览""明清绘画展览""近代绘画展览""宋元明清绘画展览""扬州画派作品展览""岭南画派作品展""宋元明清人物画展览""明清书法展览""历代书法展览""四王吴恽画展""齐白石、黄宾虹、徐悲鸿、张大千画展""清代花鸟画展""明清扇面展览""南张北溥画展""二十世纪中国画回顾展""百年书法回顾展"等。这些展览或按时代或按艺术派别或按题材分别展出。

除书画展览外，该馆还举办了"馆藏青铜器陈列""中国玉雕陈列""文房用具展览""中国陶瓷史陈列""馆藏玺印展览""明清青花瓷器展""清代玉器瑰宝展""砚史陈列""天津杨柳青年画陈列""天津'泥人张'彩塑陈列"等。

该馆每年举办近 20 个不同类型和艺术风格的临时展览，如"周叔弢、张叔诚先生捐献文物图书展览""徐世章先生捐献文物展览""何启君先生捐献文物展览""刘奎龄、刘子久遗作展""陈少梅画展""华夏五千年文物精品展""天津市职工画展""华北五省市优秀作品展""天津八画家联展""天津民间手工艺作品展""西蜀花鸟画展""黄山印象山水画展"等。

在做好陈列的同时，该馆先后举办"清代近现代绘画展览""中国天津文物展""现代书法展览""十八—十九世纪中国传统绘画展览""中国明清名画展""帝王的中国"（文物展）、"中国书法艺术展览""竹与园林石——中国明代艺术展""中国文物展"等展览，前往南斯拉夫、日本、德国、澳大利亚、芬兰、韩国等国展出。此外，还从国外引进"日本书法家川上景年作品展""日本平山郁夫版画展""以色列摄影展""日本挂历展""朝鲜绘画、图片、手工艺展""俄罗斯当代经典油画展"等展览。

（三）馆藏文物

该馆共有藏品 40 000 多件，主要分为绘画、书法、碑帖、陶瓷、铜器、玉器、砚墨、工艺品、民间美术品等类，其中绘画 15 255 件、碑帖 6192 件、金属器 2247 件、玉器 2153 件、瓷器 2850 件、玺印 2328 件、纺织品 326 件、石器石刻 428 件、陶器砖瓦 756 件、文房四宝 3545 件、民间艺术 2885 件、杂项 1797 件。著名藏品有商甲子表残玉版、西周太保鼎、西周克镈、春秋王兵戎器铜玺、西汉白玉刚卯严卯、北宋范宽《雪景寒林图》、明顾从义摹刻石鼓文石砚、清乾隆款珐琅彩芍药雉鸡玉壶春瓶等。

（四）其他业务

依据 1986 年文化部颁布的《博物馆藏品管理办法》，该馆制定了《博物馆保管工作条例》。1999 年在完善原有制度的基础上，重新界定了保管部的职责范围。

该馆每年进行 1 次一级藏品的账、物、卡三核对，每 3 年进行 1 次全部藏品的账、物、卡三核对，并专设总账室及总账管理人员。

1994 年 5 月，中共天津市委员会和天津市人民政府联合授予该馆"天津市爱国主义教育基地"和"天津市青少年教育基地"称号。

该馆设保管部、群工部、陈列部、技术部、办公室、政工科、保卫科、行政科，编制 87 人。

历任馆长：云希正、崔锦、陈卓。

周恩来同志青年时代在津革命活动纪念馆

周恩来同志青年时代在津革命活动纪念馆

（一）建馆经过

位于南开区四马路 20 号南开学校东楼旧址。占地面积 1386 平方米，建筑面积 960 平方米。1978 年 3 月 5 日，周恩来诞辰 80 周年纪念日建成开放。

该馆馆舍为南开学校旧址建筑之一，位于南开中学北院东部，是当年南开学校的中心建筑。砖木结构 2 层楼房，仿罗马式但又具有中式装饰的特点。

南开学校东楼建于清光绪三十二年（1906），是该校建设最早的教学楼。1913 年 8 月至 1917 年 6 月，周恩来在南开学校学习期间，曾在这里上理化课和开展社会活动。1976 年，周恩来逝世后，为了缅怀他的光辉业绩，中共天津市委、市人民政府报请中共中央批准，在他青年时代读书和从事社会活动的东楼建立了纪念馆。1998 年，该馆撤销建制，整体并入周恩来邓颖超纪念馆，原址移交南开中学。

（二）展览介绍

该馆展厅面积 360 平方米，基本陈列为"周恩来青年时代业绩"，分 4 个展室，展线长约 70 米，复原陈列有东四讲室和理化讲室。基本陈列共分 3 个部分：第一部分，探索革命真理的青年先锋；第二部分，反帝反封建的英勇战士；第三部分，坚定的马克思主义者。

1991 年，为纪念中国共产党建党 70 周年，该馆对基本陈列进行修改，按时间和空间分为 4 个部分，每个展室一部分。第一部分"中学时代"，第二部分"留学日本"，第三部分"五四时期"，第四部分"旅居欧洲"。整个陈列有历史图片、实物、文献 400 余件，其中有"五四"时期的珍贵历史照片，以及周恩来在中学时代、"五四"运动期间主编的报刊等珍贵文物。

该馆举办专题展览 4 个：1994 年 4 月"群英结党救中华"、1996 年"辽沈战役文物史料展"、1996 年"周恩来同志在上海"、1997 年"毛泽东同志遗物展"。

（三）馆藏文物

该馆藏品着眼点放在了周恩来青年时代，共有藏品近 200 件，其中一级品 21 件。实物包括：周恩来在南开学校和留学日本时用过的铜笔架；其四伯母为资助他上学给商人编织的线袋袋（一种墨盒袋）；刻有他给好友赠言"泛舟沧海、立马昆仑"的铜镇尺和牙章；五四运动中天津人民为表彰他们的爱国行动而制作的"为国牺牲"纪念章；他们为答谢律师，而赠送的景泰蓝瓶；五四运动中"天津学生联合会职员证章"，天津"女界爱国同志会"证章等。照片包括：周恩来在南开学校毕业前与同班部分同学在李善人花园（今人民公园）的留影，当时演出新剧的剧照，觉悟社活动的照片，与邓颖超、马骏、刘清扬等人的合影。此外还有周恩来当年主编的《敬业》《觉悟》《天津学生联合会报》，参与编辑的《校风》和有关的南开校刊，旅欧期间发表在天津《益世报》的文章，周恩来撰写的《警厅拘留记》《检厅日录》等珍贵文物。藏品按照《博物馆藏品保管手册》登记录入了《博物馆藏品总登记账》，做了分类卡片，文物库房制定了《文物库房管理制度》。

（四）主要业务

该馆以"为中华之崛起而读书的周恩来"和"周恩来青年时代基本陈列"为题材，为中小学校和企事业单位做专题讲座和报告会数十场。建馆20年共接待观众200万人次。1992年被市人民政府授予"天津市青少年教育基地"；1994年，中共天津市委、市人民政府授予"天津市爱国主义教育基地"。1995年，联合国教科文组织向该馆颁发了"国际科学与和平特别贡献奖"。1996年被国家教育委员会、文化部等六部委授予"全国中小学爱国主义教育基地"。

1996年10月10日至11月10日，该馆主办的"周恩来青年时代业绩展"在日本东京展出，后又在千叶、群马等地进行了巡展。

该馆从1980年5月创办了不定期的内部刊物《周恩来青年时代》，至1992年12月前后共出版8期。该刊主要栏目有：回忆录、访问记、人物志、缅怀篇、史实考证、工作研究、资料，以及本馆简讯。

1993年，为纪念周恩来诞辰95周年，该馆与天津电影制片厂联合摄制电视专题片《周恩来与天津》。该片曾在中央电视台、天津电视台多次播放。

1994年，为纪念邓颖超诞辰90周年，该馆与天津电影制片厂联合摄制电视专题片《情系海河》。该片曾在中央电视台、天津电视台多次播放。

该馆设办公室、陈保部、群工部、后勤科。编制30人。

历任馆长：黄钰生、张新生、廖永武、王绪周。

天津戏剧博物馆

天津戏剧博物馆

（一）建馆经过

位于南开区东门内大街257号。是在原天津广东会馆建筑基础上建立起来的全国第一座以戏剧为主题的专题性博物馆。1986年1月1日开馆。

广东会馆是清末旅津广东人为联络乡谊、共谋发展而组建的社会组织，也是广东同乡进行祭祀、集会、赏戏娱乐等活动的馆所。清光绪二十九年（1903），时任津海关道的唐绍仪（广东中山县人）等人倡议旅津广东人捐资购置原盐运使署旧址土地，耗资白银9万余两，于4年后建成广东会馆。1956年，广东会馆董事会将全部房产交给国家，其主体建筑作为天津市立第三女子中学（现天津市第九中学）的校舍。

1985年1月，天津市文化局组成"抢修广东会馆成立戏剧博物馆"领导小组。同年6月，中共天津市委批准建立天津戏剧博物馆。1986年元旦，博物馆正式对外开放。曹禺任名誉馆长。2000年与天津文庙博物馆合并成立"天津戏剧博物馆文庙博物馆管理办公室"。

该馆占地面积5100余平方米。由于历史原因，广东会馆仅留存了主体建筑——四合院和戏楼，为戏剧博物馆的主要展区。其外围以青砖墙封护，南向开大门，东西两侧各有三扇矩形便门和一条箭道，融合了我国南北两地的建筑特点。瓦顶和墙体为北方建筑风格，内檐装修雕梁画栋，具有广东潮州建筑特色。正房山墙正中塑大型蟠龙砖雕。

门前东西两侧有蹲踞石狮一对，门额镌刻"广东会馆"四个金字。后檐明间设置木制雕花屏门，上悬津海关道梁如浩捐赠的"岭海珠辉"四字木匾。正房宽敞，面阔三间，进深三间。前檐接卷棚顶前廊。明间悬挂建馆初期镇江会馆捐赠的匾额"岭渤凝和"。东西厢房面阔五间17米，前院各房已辟为展室。门厅、正房和厢房的廊厦连成一体，组成接连式回廊，绕过正房两侧的天井通向戏楼。

广东会馆落成之后，会馆院内的广场上经常有大型集会活动，成为民国时期天津市三大群众集会广场之一。1912年及1924年，民主革命先驱孙中山先生先后两次来到天津广东会馆，发表"我中国四万万同胞同心协力，何难称雄世界"等著名演说。1919年"五四"运动时期，邓颖超与爱国女界同志会成员在戏楼舞台演出新剧《安重根刺杀伊藤博文》，宣传革命进行募捐。

1925年五卅运动期间，中共天津地下党组织在广东会馆成立天津市总工会。

（二）主要业务

该馆围绕本馆特色设有5个基本陈列："中国戏曲发展简史""中国京剧发展简史""梨园拜师堂""中国戏剧人物造型展""中国古典剧场复原陈列"，并举办"曹禺戏剧活动展""纪念辛亥革命80周年孙中山、黄兴在津革命活动展览""中国戏曲剪纸艺术展""中国北方戏剧文物精品展""天津戏剧发展简史陈列""京剧脸谱展""戏曲文物精品展""中国戏剧脸谱展""纪念中日邦交正常化30周年——天津、千叶旅游风情摄影交流展""'百老颂津城'大型书画展""迎国庆颂金秋书画展"等临时展览。

该馆藏品以戏剧文物为主，共4564件（套）。包括戏剧家书画作品519件、戏装头饰51件（套）、皮影986件（套）、戏单396张、剧本曲谱279件（套）、唱片453张、剧照424幅、乐器4件、历史文物89件（套）、杂项34件、其他1329件（套）。其中有京剧艺术家王瑶卿、梅兰芳、余叔岩、尚小云、荀慧生、时慧宝、姜妙香、杨宝森等，评剧艺术家新凤霞、马泰、北京曲剧艺术家魏喜奎等书画作品。此外还有剧作家郭沫若、曹禺、书法家兼奚派名票欧阳中石的书法作品。戏装藏品中的清宫升平署戏装和京剧名家马连良的紫蟒袍是留存至今的珍品。

该馆于2001年3月建成"中国戏剧音像资料文库"，藏有国家一级和二级著名演员、演奏员、获得国家级大奖的中青年演员的音像资料和个人艺术档案，同时征集全国各院团的简史文字资料及音像资料。藏有全国各地83个剧种、19个曲种的唱片380件（套），各类戏剧光盘总数3810件。

建馆以来，该馆举办多场学术报告会及专业讲座，并制作电视短片面向社会宣传播放。

该馆归天津戏剧博物馆文庙博物馆管理办公室管理，管理办公室编制42人，在编39人。下设1室（综合办公室）、2科（保卫行政科、财务科）、1部（保管资料研究部）、3馆（天津戏剧博物馆、天津文庙博物馆、天津鼓楼博物馆）。

历任馆长：黄殿祺、王璧、邹连和、王同立。

天津文庙博物馆

天津文庙博物馆

（一）建馆经过

位于南开区东门内大街2号。占地面积12 107平方米，建筑面积3243平方米。

天津文庙主要建筑有过街牌坊和府、县二庙，分别设置万仞宫墙、泮池、棂星门、大成门、大成殿和崇圣祠。这些建筑基本呈对称排列，分别贯穿在南北中轴线上，呈现中国传统的建筑风格。二庙布局结构略同。府庙建筑体量较大，覆盖黄琉璃瓦；县庙建筑体量较小，均为青砖瓦。

天津文庙是明、清两代天津地方官员祭祀孔子的庙宇，也是天津学宫所在。明正统元年（1436），天津左卫指挥使朱胜将住居一所施为学宫，首建堂斋、公廨。明正统十二年（1447）大成殿落成，始称卫学。后在卫学西侧扩建明伦堂。清顺治九年（1652），清廷将天津左卫、天津右卫和天津卫合并为天津卫。雍正三年（1725），将天津卫改为天津州。雍正九年（1731），天津州升为府，附郭设天津县。卫学经由州学升为府学，文庙亦随之升为府庙。雍正十二年（1734），在府庙西侧另建县庙，形成天津文庙府县并列的格局。

清光绪三十一年（1905），清政府废除科举，天津府、县学不复存在。但文庙祭孔活动一直沿袭到民国时期。

民国初年，严修创办的教授国学的学术团体——天津崇化学会设于天津文庙（中华人民共和国成立后天津崇化学会改为天津市第三十一中学）。此后，天津文庙先后由德善里小学、少儿图书馆、东门里中学、东门里煤店、第二纸盒厂、新华书店古籍门市部等单位使用。

1985年，天津市政府拨款修葺并重建县庙照壁、泮池和棂星门。1987年设立天津市文庙保管所，1989年9

月 2 日正式对外开放，1991 年 10 月 28 日更名为"天津文庙博物馆"。2000 年与天津戏剧博物馆合并成立"天津戏剧博物馆文庙博物馆管理办公室"。2007 年，市人民政府拨款，对天津文庙实施大修工程。2010 年 8 月 1 日重新对外开放。

（二）主要业务

该馆基本陈列有"府庙祭祀复原陈列""大哉孔子"及"孝德展"。"府庙祭祀复原陈列"设于大成殿，陈列面积 318 平方米。按照历史排列位次，在原有孔子塑像的基础上，增塑"四配""十二哲"塑像，复制先贤先儒 156 位，以及名宦、乡贤 37 位之牌位，添置供桌、铜炉、蜡钎、爵、笾、簋、豆、簠、篚等系列祭孔青铜礼器。孔子塑像两侧展出乐器，包括琴、瑟、特磬、编磬、编钟、篪、镈钟、鼍鼓，及指挥乐舞的麾与节等文物。殿内上方悬挂清代帝王赞孔尊孔的"御题"贴金匾额 9 块（复制），分别为康熙"万世师表"、雍正"生民未有"、乾隆"与天地参"、嘉庆"圣集大成"、道光"圣协时中"、咸丰"德齐帱载"、同治"圣神天纵"、光绪"斯文在兹"、宣统"中和位育"。明间金柱悬挂清高宗（乾隆）题抱柱联一幅："气修四时，与天地日月鬼神合其德；教垂万世，继尧舜禹汤文武作之师"。"大哉孔子"和"孝德展"，以图片、文字说明为主，介绍孔子生平、思想、影响，以及儒学中的"孝德"体系。

此外，该馆还独立或与相关单位联合举办专题展览 22 个。如"津沽旧影——迎接天津建卫筑城 600 周年图片展览""孔子文化展""天津百年教育展""纪念孔子诞辰 2556 周年书画笔绘及作品展示""天津市第八届民间收藏展""中国古代科举制度与天津近现代考试文化展""中国孔庙建筑特色图片展""全国孔庙优秀书画作品展""天津市首届中国古代碑刻拓本收藏展"等。

该馆藏品主要为祭孔礼器遗存，共 376 件（套）。分为祭器、乐器、其他文物及杂项。其中祭器 166 件（套），乐器 75 件，衣帽（其他）43 件（套），杂项 92 件（套）。

该馆先后开展开笔礼、成人礼，以及春、秋两季祭孔大典等活动；共举办两届"天津市国学文化节"，邀请知名学者举办国学文化讲座；承办中国孔庙保护协会第六届（2000）及第十五届（2012）年会；2004 年 4 月 25 日与天津儿童心理学研究中心、天津艺术教育进修学院联合举办"弘扬民族文化传承儒家思想"

公益讲座；2006 年录制《天津故事·文庙专辑》。

该馆不定期举办临时展览和"祀孔大典暨乐舞主题表演"。

该馆先后编辑出版《中国孔庙保护协会第六届年会论文集》《中国孔庙保护协会第十五届年会论文集》《中国孔庙建筑特色图片集萃》和《全国孔庙优秀书画作品选》。

2009 年 5 月被授予"天津市爱国主义教育基地"。

历任馆长：周学谦、文启明、邹连和、朱立柱、王同立。

平津战役纪念馆

平津战役纪念馆

（一）建筑布局

位于红桥区平津道 8 号，是全面展现解放战争时期平津战役内容的专题性纪念馆。1994 年 8 月 23 日，第十四届中共中央政治局常务委员会第 67 次会议决定在天津修建平津战役纪念馆，责成北京军区牵头，会同北京、天津两市共同完成建馆工作。总投资 2 亿元。1997 年 7 月 23 日正式开馆。

该馆占地面积 4.7 万平方米，建筑面积 1.4 万平方米，分为胜利广场、主展馆、多维演示馆和军威园 4 个展区。

胜利广场由前广场和主广场组成。前广场和两侧反映军民同庆胜利的弧形花岗岩浮雕构成胜利之门，象征着东北、华北军民携手并肩夺取平津战役的胜利；主广场中心高 64 米的枪刺形胜利纪念碑，象征着军民奋战 64 天，枪刺与柄交接处的上下各 3 个巨型钢环，标志着辽沈、淮海、平津三大战役和人民推翻"三座大山"，枪刺的 3 个镂空血槽象征着"天津""北平"和"绥远"三种解放方式；纪念碑下面是能变换 20 多种造型的大型音乐喷泉。广场东、西两侧，分别布置象征东北、华北两军并肩作战和军民情深的锻铜群雕，以及火炮、坦克、装甲车等大型兵器布列。主展馆为高22米的3层建筑，暖灰色花岗岩饰面，主要展出基本陈列。

（二）展览介绍

基本陈列总面积5100平方米，展线总长740米，由序厅、战役决策、战役实施、人民支前、伟大胜利、英烈业绩6部分组成，共陈列文物2018件，照片515幅，图表35张，油画9幅，国画2幅，壁画1幅，景观3处，沙盘2个，浮雕1幅，雕塑4座。多维演示馆为直径50米的球体建筑，通过全景式环幕电影、战场微缩景观，配合声、光、电等视听手段，展示平津战役的战争场景。军威园占地面积7000平方米，呈长方形。模仿航空母舰外形的整体布局设计，陈列"62丙"护卫艇和"轰五"飞机等16件大型兵器。

除基本陈列以外，自开馆至2012年底，该馆共举办各类临时性展览40个，如"关东抗日英烈珍闻展""新中国从这里走来——三大战役系列展""警钟长鸣——世界现代兵器大型图片展""警钟长鸣——世界现代海军舰船大型仿真模型展""百年国耻——八国联军侵华史实展""中国命运的决战——解放战争三大战役历史展""人民不会忘记——平津战役英烈事迹展""邵云环、许杏虎、朱颖烈士展""战火中的莫斯科——俄罗斯专题展""天津抗战纪实"等。

（三）馆藏文物

该馆藏品主要来源于平津战役纪念馆建馆领导小组办公室移交和多年来社会各界的捐赠。现有文物藏品4219件（含一级文物16件）。其中，纸质文物1017件、纺织文物307件、瓷杂文物131件、金属文物2180件、竹木文物130件、皮革文物150件、书画文物304件。重要文物主要有：刘后同在北平和平解放期间写的日记《北京古城和平纪略》，苏静在《关于和平解放北平问题的协议》上签字时用的钢笔，邓宝珊用毛泽东1943年赠送的狐皮做成的狐皮大衣，董其武送给苗玉春的为庆祝绥远起义所作诗文手稿，聂荣臻在战争年代使用的勃朗宁手枪，刘亚楼在解放战争时期穿的皮大衣等。

该馆现已建立文物档案2600余件。2005年，以Delphi语言为平台，建立了藏品电子档案管理系统。馆藏文物实行分类、分库管理，由专人负责检查藏品状况，定期对藏品进行消毒、除尘、投药、通风晾晒。制定了《平津战役纪念馆藏品管理办法》《平津战役纪念馆藏品征集工作条例》《藏品出入库制度》等规章制度。2010

年9月，新文物库房投入使用，总建筑面积2428平方米，建筑为二级耐火等级标准，内设完备的消防系统和监控报警系统。

（四）其他业务

自1997年开馆至2012年底，该馆先后接待了中央领导和各军政领导，以及国内外各界观众1200多万人次。从2007年底开始，向社会免费开放。2009年，开辟了与毛主席塑像合影的服务项目，增加了向英烈献花项目。2010年，与天津市全民国防教育协会和天津市兵人俱乐部合作，以军威园为国防教育载体，成立了天津市国防教育拓展培训中心，增加了CS真人实弹模拟对抗互动项目。

从1997年7月至2012年底，该馆业务人员先后在《文物天地》《文物春秋》《军事史林》《党史纵横》《兵学大观园》《中国纪念馆研究》《图书馆工作与研究》《天津博物馆论丛》《天津文博》等国内省级以上刊物共发表文章110余篇，编辑出版《军民建馆铸丰碑》《平津战役纪实》《走进最后的决战》《平津战役纪念馆》《巍巍丰碑励后人》《光荣与使命》《文物图集》等图书。

该馆先后荣获"全国爱国主义教育示范基地""全民国防教育工作先进单位"等20余项荣誉称号。

馆内设8个部室：办公室、宣教部、陈列保管部、信息资料研究部、设备技术部、业务发展部、财务后勤部和保卫部。编制110名，在编人员90人。

历任馆长：张世增、寇士恺、王培军。

周恩来邓颖超纪念馆

周恩来邓颖超纪念馆

（一）建馆经过

位于南开区水上公园西路9号。1995年10月，中共天津市委、天津市政府报请中央批准，建立周恩来邓颖超纪念馆。该馆建设总投资 7800 万元，其中，国内外社会团体、企事业单位、各界群众及港澳台同胞、海外侨胞自愿捐赠 1200 万元。该馆于 1996 年 2 月 23 日奠基开工，1998 年 2 月 28 日开放，原周恩来同志青年时代在津革命活动纪念馆整体并入。该馆是目前世界上唯一一座两位政治家、一对夫妻并建一处的纪念馆。

该馆占地面积 70 000 平方米，建筑面积 13 000 平方米。由主展馆、仿建的中南海西花厅、周恩来专机停机坪、纪念广场组成。主展馆呈"工"字形，坐北朝南，东西宽 72 米，南北长 97 米。主体 2 层，局部 3 层，建筑最高点 21 米。屋顶采取重檐庑殿形式，南北入口屋面斗形四坡顶，东西两翼为两坡顶。外檐通体镶嵌银灰色花岗岩。仿建的中南海西花厅以 1∶1 比例仿建而成，分前后两院。前院有水榭、不染亭和盟鸥馆。后院北面为一排平房，东西为厢房。院中有喷水池。

（二）展览介绍

建馆之初，该馆基本陈列为"周恩来邓颖超生平业绩展"，由瞻仰厅、生平厅和情怀厅组成，荣获第四届（2000 年度）"全国博物馆十大陈列展览精品"提名奖。2010 年 1 月 1 日始，对基本陈列进行更新改造，6 月 12 日重新对外开放。新的基本陈列由瞻仰厅、人民总理——周恩来、邓颖超——20 世纪中国妇女运动的先驱、伟大的情怀组成。该基本陈列荣获 2010 年度"全国博物馆十大陈列展览精品"精品奖。

此外，该馆在搞好基本陈列的基础上，还举办临时展览 72 个。如"周恩来邓颖超珍藏书画展""周恩来邓颖超纪念馆建馆一周年回顾展""为中华之崛起——周恩来邓颖超与五四运动""人民的怀念——馆藏艺术品展""党风楷模周恩来""20 世纪中国妇女运动的先驱——纪念邓颖超诞辰 100 周年展""周恩来与万隆会议——纪念亚非会议召开 50 周年展""世界瑰宝——周恩来国务礼品特展""伟大的情怀——周恩来邓颖超专题文物展""至尊国礼——中华人民共和国国务礼品展""中国共产党的光辉历程——从一大到十七大""魅力·智慧——美国人眼中的周恩来""回顾历史，追忆伟人——周恩来邓颖超遗物特展"等。

（三）馆藏文物

该馆藏品主要来源于原中共中央文献研究室、中共中央办公厅警卫局、国务院机关事务管理局、国务院

办公厅行政司、人民大会堂管理局等单位拨交，周恩来邓颖超身边工作人员、亲属、同学捐献，中央有关部门托管。现有藏品、文献、照片及其他资料 7179 件，其中一级文物 57 件。主要有：周恩来邓颖超保存的《觉悟》杂志、周恩来保存的由他于 1920 年编著的《检厅日录》、皖南事变时期盛放过周恩来邓颖超重要纪念物的瓷盒、20 世纪 60 年代胡志明赠给邓颖超的镶有胡志明像的项链坠、1942 年 8 月南方局工作人员赠给周恩来的纪念南昌起义十五周年的"艰难缔造"旗等。该馆制定了《文物库房管理制度》《藏品出入库登记制度》《文物库房日查记录表》《周邓馆消防安全责任书》等规章制度。藏品设立总账、分类账，入藏藏品分类、分库保管。文物库房由专人管理。

该馆现为全国爱国主义教育基地、全国廉政教育基地、国家一级博物馆。从 2007 年 12 月 27 日起免费对公众开放。

该馆设有办公室、陈列保管部、宣传教育部、信息资料部、保卫部、后勤保障部和财会科。编制 80 人。

历任馆长：李孔椿、康金凤。

元明清天妃宫遗址博物馆

（一）建馆经过

位于河东区大直沽中路，占地 5800 平方米，建筑面积 3000 余平方米，总投资 3655 万元。2001 年 12 月建成，2002 年 5 月 1 日正式对外开放，是天津市内唯一一座遗址类博物馆。主体建筑采用 3 层船形设计，前广场中央矗立一通柱式妈祖像。

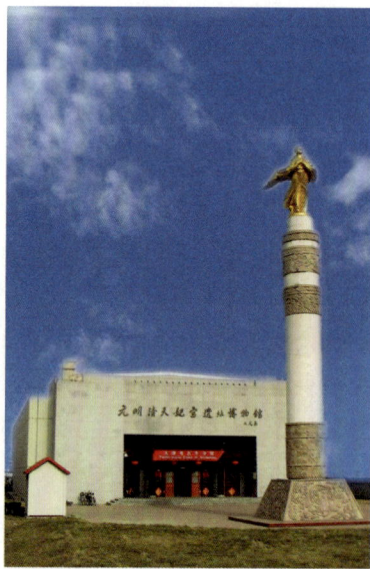
元明清天妃宫遗址博物馆

通柱象征桅杆，采用浮雕手法，自下而上雕刻着代表元、明、清三代不同的海洋图案。馆名由中华人民共和国全国人民代表大会原副委员长王光英题写。

元代至元八年（1271）至至元十二年（1275）在大直沽修建的天妃灵慈宫（以下简称"天妃宫"），是

中国北方地区年代最早的妈祖庙。1998年底，为配合城市建设，天津市历史博物馆考古部对天妃宫遗址进行发掘，发掘出元代建筑基址与明、清时期天妃宫的大殿基址，出土了大量的元、明、清时期建筑构件和生活用品。这是天津市第一次在市区范围内发现地层关系明确的元代遗存。该遗址文化内涵丰富，层次清晰，是天津市区内堆积最厚的古代文化遗存。

2000年9月，国家文物局专家组对该遗址进行了鉴定，确认"大直沽是天津的原生点，天妃宫遗址则是这个原生点的标志"。为了对天妃宫遗址进行科学的保护与研究，向世人展示天津的历史文化内涵，天津市人民政府决定以天妃宫遗址为基础建立元明清天妃宫遗址博物馆。2002年3月，该遗址被天津市人民政府公布为天津市文物保护单位。2006年6月，被国务院公布为第六批全国重点文物保护单位。

（二）主要业务

该馆基本陈列名为"海洋的旋律"，以中央大厅的元代建筑基址和明、清时期天妃宫大殿基址为依托，展示"浩瀚的海洋""神奇的妈祖""河与海的城市""永恒的遗址"4个部分，展出文物200余件、图片300余幅。紧密结合考古、遗址向观众展示天津城市的起源与发展、妈祖文化现象等内容。该馆还举办专题展览"天津出土汉代文物特展""天津卫寻踪摄影展""探索明长城——明长城资源调查成果展""共和国与十大元帅展""走进世界遗产"等，受到媒体的关注和社会的广泛好评。

该馆馆藏玉器、石器、陶器、铁器、铜器、石刻砖瓦、钱币、碑帖拓本等文物5800余件。

2009年，该馆被国家文物局评定为国家二级博物馆。

机构设置：办公室、考古部、文保部、宣教部、行政保卫部、财务部。

历任馆长：陈雍、梅鹏云。

天津鼓楼博物馆

（一）建馆经过

天津鼓楼是天津卫三宗宝之首，修建于明弘治六年至七年（1493—1494），历经两拆两建。鼓楼四面辟有4个券洞门通道，通向东南西北4条大街。鼓楼初建时高3层，顶层悬一大钟，每日早晚2次敲钟，每次各敲54响，作为城门晨昏启闭的信号。鼓楼北面楼阁外

檐原挂有清代天津诗人梅小树撰写的楹联"高敞快登临，看七十二沽往来帆影。繁华谁唤醒，听一百八杵早晚钟声"。清光绪二十六年（1900），八国联军入侵天津，拆除天津城墙。鼓楼虽然保留下来，但楼基塌陷，梁柱倾斜。1921年，照原样重新修建鼓楼，4座城门题额由书法家华世奎先生书写镌刻，分别为：镇东、拱北、安西、定南。1952年11月7日，因旧城中心交通不畅，鼓楼遂被拆除。

天津鼓楼博物馆

1998年，中共天津市委、天津市政府决定结合老城厢危陋房屋改造重建鼓楼。2000年11月25日开始施工，2001年9月28日竣工，鼓楼成为天津"世纪危改"工程的标志性建筑。

该馆坐落于天津老城厢中心，占地面积6561平方米，建筑面积2423.1平方米。2002年9月正式对外开放。重新修建的鼓楼采用明清建筑风格，弥古而不拘古，外形比原来更高大。东西长27米，南北宽27米，高27米，增加了须弥基座、绿琉璃卷边、汉白玉栏杆，重檐歇山绿瓦顶，脊上飞檐走兽，砖城四面拱形穿心门洞，四拱门上方恢复汉白玉门额，镌刻"镇东""拱北""安西""定南"字样。顶楼仍悬钟一口，钟高2米，下口径1.5米，重3吨。现为天津市爱国主义教育基地。

（二）主要业务

该馆一、二层基本陈列有"天津市危陋平房改造成果展"，展厅面积798平方米。五层基本陈列有"古钟图片展"，展厅面积约50平方米，正中悬挂复制铜钟一口，四周配以全国各地古钟图片。

该馆三、四层为临时展厅，展厅面积254平方米，先后举办"天津设卫筑城600年——饮水思源图片展""海河——辉煌的母亲河图片展"等数十个临时展览。

该馆归属天津戏剧博物馆文庙博物馆管理办公室

管理,设综合办公室、保卫行政科、财务科、保管资料研究部、天津戏剧博物馆、天津文庙博物馆、天津鼓楼博物馆。编制42人,在编39人。业务人员26人,其中高级职称4人、中级职称13人、初级职称9人。

馆长:王同立。

天津博物馆

(一)建馆经过

该馆是由天津市历史博物馆、天津市艺术博物馆合并组建的历史、艺术类综合性博物馆。位于河西区友谊路31号,占地面积57 000平方米,建筑面积35 032平方米,总投资32 711万元。外形为展翅欲飞的天鹅造型。2000年3月开始筹建,2004年12月20日对外开放。

2009年,中共天津市委、天津市政府开始筹建天津文化中心,将天津博物馆迁往河西区平江道62号的文化中心,占地面积63 883万平方米,本体建筑面积54 888平方米,地下1层,地上5层,建筑高度30米,总投资83 258万元。2012年5月19日,正式对外开放。

2004—2012年天津博物馆

今天津博物馆

(二)展览介绍

该馆在河西区友谊路31号馆址有"中华百年看天津""天津人文说由来""百年集珍——馆藏文物精品陈列""国瓷华彩——中国古代瓷器装饰艺术陈列""书法掠踪——中国古代书法艺术陈列""画中有诗、诗中有画——明清绘画陈列""砚寓儒雅——中国古砚艺术陈列"等基本陈列。迁至河西区平江道62号后,有"天津人文的由来""中华百年看天津""耀世奇珍——馆藏文物精品陈列""线走丰姿——馆藏明清书法陈列""寄情画境——馆藏明清绘画陈列""聚赏珍玉——馆藏中国古代玉器陈列""青蓝雅静——馆藏青花瓷器陈列""沽上风物——天津民间艺术陈列""安和常乐——吉祥文物陈列""器蕴才华——文房清供陈列""志丹奉宝——天津收藏家捐献文物展"等基本陈列。

该馆还举办了"山水堂藏玉古玉特展""秦始皇兵马俑大型国宝文物珍品展""纪念抗日战争胜利60周年展览""'北京猿人'与天津——探寻头盖骨之谜""中国古代金铜造像艺术展""光辉的历程——庆祝中国共产党成立85周年中共天津历史展览""大千厚意,渤慰浓情——王渤生先生捐赠张大千书画暨馆藏张大千作品展""汉风湘韵——长沙马王堆汉墓出土文物珍品展""荆楚之光——湖北出土文物精粹展""大漠上消逝的文明——西夏文物特展""东方慧光——法门寺地宫出土文物珍宝展""清宫散佚书画国宝展""永远的长征——纪念红军长征胜利70周年展览""国家宝藏——中国国家博物馆精品展""一世润润——民国瓷器特展""天香飘渺——沉香及中国古代香器特展"等临时展览。

(三)馆藏文物

该馆藏品主要来自征集、社会捐赠、考古发掘品移交,以及海关、公安部门罚没移交等,共计20余万件(包括文物136 535件、资料23 512件、天津市考古队拨交4万余件),珍贵文物近4万件。主要分为青铜器、陶瓷器、书法、绘画、玉器、玺印、砚台、甲骨、钱币、历史文献、地方民间工艺等多个门类。重要藏品有北宋范宽《雪景寒林图》轴、北宋张择端《金明池争标图》页、南宋李唐《濠梁秋水图》卷、南宋萧照《中兴瑞应图》卷、南宋赵孟坚《水仙图》卷、南宋马远《月下把杯图》页、元代钱选《花鸟图》卷、元代边鲁《起居平安图》轴、隋白釉双龙柄联腹传瓶、唐白釉辟雍砚、宋汝窑天青釉盘、宋官窑龙纹洗、元龙泉窑瓷塑观音、明永乐青花阿拉伯文盘座、明永乐青花枇杷绶带鸟图盘、明宣德款青花云龙纹钵、明宣德款青花云龙纹天球瓶、明隆庆款青花仕女抚婴图长方盒、明万历款青花百寿文盖罐、明崇祯青花官上加官图花觚、明成化青花填绿彩龙纹盘、明嘉靖五彩鱼藻纹盖罐、清雍正款粉彩五蝠八桃过枝纹盘、清乾隆款珐琅彩芍药雉鸡图玉壶春瓶、商玉笄、商青玉甲子表残版、西周巂事燕形玉佩、春秋黄玉云纹龙首璜、战国青玉行气铭饰、汉白玉云纹龙首带钩、唐黄玉骆驼、宋青玉鹅形盒、元青玉龙纹壶、清乾隆款墨玉描金经文佛像钵、清末碧玉兽面纹提梁卣、清末翡翠蝈蝈白菜、明荷鱼朱砂澄泥砚、西周太保鼎、西周夔纹铜禁、西周克镈、战国楚王盦鼎、西汉平都犁斛、西汉上林共府升、东汉阳燧，等等。此外，该馆还藏有300余件敦煌文书以及千余片甲骨。该馆很多珍贵文物由文物收藏家周叔弢、张叔诚、徐世章、王襄、王懿荣、陈邦怀、顾得威等人或其家属捐献。

该馆制定了严格的出入库人员登记制度及文物出库制度，库房由保卫部门的专人负责管理。藏品按质地不同分别存放于45个文物库内，分库、分类、分柜保存。每个库房由至少两名保管员负责文物保管和日常维护工作。根据不同质地藏品对环境的不同要求，采取相应的保管、保护措施，做到放置科学、合理、规范，使藏品既处在一个安全、合理的位置又取用方便。文物库房内温湿度设施完善、设备齐全，按藏品质地控制温湿度，并采用防爆、防紫外线冷光源照明，符合设计规范要求。文物库房保持恒温、恒湿，全部文物柜均采用金属制作以防腐蚀，定期为库房通风、除尘，文物入库前须经过风淋除尘等措施以防霉变，书画、碑帖、甲骨等有机质文物库房采用樟木板做膛底的文物柜以防虫，所有文物柜内均定期投放防虫药物。

该馆还引进了放射性元素钴60照射消毒文物，使文物在入新库前得到彻底消毒，取得显著效果；引进风淋除尘消毒设备，使文物在入库前彻底除尘；在书法绘画厅采用光导纤维照明，并使用声控装置，最大限度地减少长时间光照对文物的损毁。

该馆设有专门的科研实验室（包括常规实验室、仪器室、修复室、裱画室、摄影室），保证文物藏品得到良好保护。目前，文保技术团队共计11人，承担了天津地区大部分文物保护工作。2004年至2012年底，共计修复书画、纸质文献、陶器、青铜器、玉器、杂项等馆藏文物500余件（套）。尤其是2008年，承担了国家文物局"武清出土明代铜人"的抢救修复课题，完成了除锈、清洗、缓蚀防腐等保护处理和修复。在

做好文物保护工作的同时，还向天津周边基层文物单位及兄弟博物馆提供技术帮助。

2005年，该馆被评为省级爱国主义教育基地。2006年，被评为全国爱国主义教育基地。2008年，被评为首批国家一级博物馆。基本陈列"中华百年看天津"获第十届（2012年度）全国博物馆十大陈列展览精品奖。

（四）其他业务

该馆成立后，注重与国内外文博界的交流与合作。主要合作项目有：2005年，该馆在意大利举办中意交流史回顾国际研讨会；同年，与台南市文物协会共同主办"中国古代玉器学术研讨会"；2006年举办"城市空间与人"国际学术研讨会；2010年举办"天津博物馆新馆功能设置及展陈方案专家论证会""刘奎龄学术研讨会"；2011年举办"一世朗润——民国瓷器学术研讨会"等。同时，还多次派人参加国内外学术研讨会。在学术交流的同时，该馆还着眼于展览交流，先后引进国内外临时展览130余个。在引进展览的同时，还积极推出馆藏文物精品赴意大利、日本、芬兰、菲律宾、俄罗斯等国展出。该馆还注重与国内兄弟馆的交流，先后组织馆藏文物精品赴山西、河南、北京、湖北、山东、海南、浙江、辽宁、广东等省市展出。

该馆具大学以上学历的科研人员占全部科研人员的60%以上，分别从事近代史、古书画、古文献、古器物方面的研究。该馆设有专门的学术研究机构——天津博物馆学术委员会，负责全馆的业务研究工作。2004年开馆以来，该馆出版图录《天津博物馆文物精华》《天津博物馆精品系列图集》（一套五册），历史类书籍《中华百年看天津》、中英文版《天津博物馆》，期刊类专刊《中华文化遗产——天津博物馆专刊》《天津博物馆论丛（2008—2012）》。业务人员在国内省级以上刊物发表文章千余篇。另外，该馆的《博物馆智能化与信息化管理系统》《天津博物馆业务运行机制》等多项科研成果荣获国家级、省市级奖励。

该馆设管理部门和业务部门两部分。管理部门包括：党委办公室、人事部、办公室、财务部、保卫部、设备行政部、经营部。业务部门包括：历史研究部、器物研究部、书画研究部、宣传教育部、文物保护部、图书资料中心、图像信息中心、展览设计中心。编制218人，现岗职工202人，其中专业技术人员152人（高

级职称人员 32 人，其中正高 5 名；中级职称人员 68 人；初级职称人员 52 人），本科以上学历人员 137 人，40 岁以下人员 93 人。另有社会化用工 74 人。

历任馆长：陈卓。

李叔同故居纪念馆

李叔同故居纪念馆

（一）建馆经过

位于河北区海河东路与滨海道交口处。

李叔同故居始建于清光绪八年（1882），系李叔同父亲李世珍（同治乙丑科进士）所建。原址位于河北区粮店后街 60 号。李叔同 3 岁时随全家迁入，19 岁后离去赴上海。1991 年，李叔同故居被公布为天津市文物保护单位。

21 世纪初，因李叔同故居原址年久失修、地面下沉，河北区文化局于 2002 年 7 月拟异地重建。2007 年 6 月，天津市人民政府确定由天津市文化广播影视局负责该建筑修复工程并成立李叔同故居纪念馆。2011 年 12 月 30 日，该馆正式对外开放。

该馆总占地面积 4000 平方米，分为园林和故居两部分。园林部分占地面积 2600 平方米，建有纪念亭、太湖石假山和人工湖等；故居部分占地面积 1400 平方米，建筑面积 872 平方米，由 4 组院落、48 间房屋组成，呈"田"字形布局，并复原了桐达钱庄、佛堂、起居室、洋书房、中书房、意园等。

（二）主要业务

该馆基本陈列为"李叔同生平业绩展"，并举办 8 个专题展览，如"大德共仰——著名书画家纪念李叔同书画展""弘裔书韵——李莉娟女士弘体书法展""有情世界——丰子恺书画艺术展""李叔同书法、信札展""芳草长亭——李叔同油画珍品研究展"等。

该馆共有藏品 93 件，主要分为两类：书画类藏品 64 件，主要有李叔同师友书法作品等；器物类藏品 29 件，主要有李叔同用过的佛珠、19 世纪末美国产钢琴等。

该馆组织宣教人员开展教育延伸活动，传承李叔同人文精神。如开设美育教室，举办"美之育讲座"，与《每日新报》合作建立小记者新闻实践基地，开展"李叔同人文精神进百校"活动，携"中国近代文化先驱——李叔同"展览与"永远的怀念"宣讲报告会走进大中小学校。

该馆与"弘学"团体、李叔同学习和工作过的单位交流合作，联合举办"纪念弘一大师圆寂 70 周年研讨会""华枝春满——纪念李叔同创作春游歌曲百年演唱会""纪念陈诵洛先生诞辰 115 周年——陈诵洛与城南诗社学术研讨会"等，并编辑出版《华枝春满——李叔同书法、信札集》等。

该馆编制 8 人。

馆长：沈岩。

天津美术馆

天津美术馆

（一）建馆经过

位于河西区平江道 60 号，2012 年 5 月 19 日正式开馆。属天津博物馆。

该馆占地面积 26 942.9 平方米，总建筑面积 28 065 平方米，建筑层数为 5 层，建筑高度为 29.7 米，总投资 4.3 亿元。场馆建筑以空间交换为设计理念，融合了多种设计元素。其中二楼展厅面积 1800 平方米，高 8 米，是全国美术馆中最高的展厅之一。全馆开放区、服务区的总面积达到 7000 平方米。馆内还配备报告厅、研讨室、人文美术图书资料中心、美术创作室、绘画装裱修复室和贵宾室等辅助设施。

该馆一楼至三楼设有临时陈列展厅，均安装有滑动自如的活动展板及活动展墙，能变化出多种不同的空间布置，满足不同展览的要求。四楼设有基本陈列展厅。

（二）展览介绍

2012年5月19日至2012年12月31日，该馆先后举办了"馆藏天津近代书画作品展（1860—1949）""面向现代——馆藏20世纪中国画展（1900—1950）"两个基本陈列展览。其中，"面向现代——馆藏20世纪中国画展（1900—1950）"入选2012年"全国美术馆馆藏精品展出季"项目。此外，还举办了34个临时展览，如"2012非洲文化聚焦"系列活动、"多彩坦桑——坦桑尼亚挺嘎挺嘎绘画艺术展"等。

（三）馆藏文物

在筹建之初，该馆共收藏全国134位艺术家无偿捐赠的134件作品。截至2012年底，共有藏品140件。

（四）其他业务

2012年，为帮助观众解读展览作品，结合展览内容，该馆举办"美术讲堂"系列公益讲座9场。自2012年6月1日起，美术馆儿童活动教室向公众开放，先后举办"小画笔大梦想""美术馆探秘寻宝""未知的精彩——儿童刮画""色彩的魅力——儿童DIY手工"等少儿活动。7月14日、7月28日和8月11日，该馆在儿童活动室开设少儿美术夏令营的体验课程。

开馆以来，该馆志愿者团队逐渐壮大，对志愿者的纳新、培训、考评、表彰等各项活动的实施也日益完善。2012年志愿者们累计参与了3000余小时的服务工作。

2012年，该馆开通了"天津美术馆网站"，发布展览预告、社教活动信息、新闻快报等内容。

2012年，该馆出版了《馆藏20世纪中国画精品集》《共和国美术之路——中国美术馆馆藏作品集》《中国当代美术名家捐赠展作品集》《孙其峰中国画精品集》《孙克纲中国画精品集》《萧朗中国画精品集》。

该馆设有综合办公室、学术典藏部、展览统筹部、保卫行政部4个部门。在编及社会化工作人员共36人。

馆长：陈卓。

第二节　区（县）属文物系统博物馆、纪念馆

天津市三条石历史博物馆

位于红桥区三条石小马路16号。创建于1958年10月，1959年10月1日正式对外开放，馆名为"天津市红桥区三条石历史博物馆"，后使用现名。

建馆初期的三条石历史博物馆馆舍

今三条石历史博物馆所在地

该馆由主展馆和福聚兴机器厂旧址两部分组成。主展馆坐落于聂公祠前街5号（后改为博物馆街34号），原为清末直隶提督聂士成的祠堂，为二进式建筑。1976年唐山地震，展厅部分房屋损坏，1977年在原址重建，1979年竣工。主体建筑为环形展厅，占地面积1690平方米，建筑面积2423平方米（2008年被拆除）。福聚兴机器厂旧址建于1926年，四合院建筑，占地面积643.17平方米，建筑面积476.92平方米，包括前柜房、后柜房、机器车间、仓库、工棚等，是三条石地区唯一兴建于中华人民共和国成立前的工厂遗存。1968年8月，天津市"革命委员会"政治部批准对其进行修复，1970年5月对外开放。1990年福聚兴机器厂旧址库房倒塌，1991年天津市文化局拨专款对福聚兴机器厂旧址进行修缮。2008年1月，实施落架大修工程。2011年1月竣工并通过天津市文物局验收。2012年5月，该馆在福聚兴机器厂旧址重新对外开放。

该馆是以三条石地区机器、铸铁民族工业发展史为基本陈列的地方性专业博物馆。三条石地区是对由南、北运河和河北大街构成的三角形地带的总称，毗邻天津早期商贸、物资集散地——三岔河口地区。清光绪十八年（1892），直隶总督兼北洋大臣李鸿章为使其妻出殡通行便利在此地铺设三条通街青石，因此得名"三条石"。19世纪中叶，这里开始出现为船家、客商和居民生活服务的铁匠作坊，打制船钉、铁锚、浇铸犁、铧等农具，20世纪初逐渐形成以铸铁和机

械制造为主的工厂和手工作坊聚集地。20世纪30年代，三条石地区机器制造、铸铁业发展到顶峰，拥有300多家机器和铸铁业工厂，是当时华北地区机器、铸铁工业的中心，亦为天津近代城市经济的重要组成部分。

1958年，河北省天津市人民委员会提出"各区建立博物馆"的号召，同年10月，由中共天津市红桥区委宣传部、红桥区工业部、天津市历史博物馆等单位负责人组成建馆筹备委员会。1959年9月，周恩来总理为该馆题写了馆名，同年10月1日正式开馆，基本陈列"三条石今昔历史展览"采用今昔对比的手法，展现三条石地区机器、铸铁工业发展的历史。1964年4月，该馆闭馆修改陈列。1965年5月，修改后的"三条石地区民族工业史"陈列开放。

1966年5月后，该馆停止展出。1968年10月，"三条石阶级教育展览"对外开放，1969年，日接待观众最高达8000人次。1973年至1976年间，曾对陈列内容进行多次修改，重点增加了工人斗争史及"继续革命"部分。中共十一届三中全会以后，以历史唯物主义、实事求是为原则，将基本陈列调整为"两业史"，推出"三条石地区机器、铸造业民族工业发展史"，着重反映清咸丰十年（1860）以来三条石地区民族机器、铸铁业发展史。1981年9月，对外开放。1987年，中共天津市红桥区委、区政府决定将该馆由县团级单位降为科级单位，隶属区政府文化办公室主管。1992年，"三条石地区机器、铸造业民族工业发展史"陈列从主展馆迁出，浓缩到福聚兴机器厂旧址内。同年7月，"三条石地区机器、铸造业民族工业简史陈列""福聚兴机器厂旧址复原陈列"布展，11月30日对外开放。2003年，三条石地区重新规划，将馆址列为拆迁范围。2012年5月9日，该馆使用福聚兴机器厂旧址作为博物馆馆舍，重新对外开放，推出"三条石地区机器、铸造业变迁史陈列"和"福聚兴机器厂旧址复原陈列"。展览通过文物和史料，反映三条石地区机器制造业、铸铁业形成和发展的历程，尤其是近代天津民用机器制造业，以及三条石地区工业成为天津工业生产支柱的历史成因和特征。

该馆馆藏文物以三条石地区近代民族工业发展为主线，收集本地区近百年来机器、铸铁工厂生产的具有代表性的产品，以及反映生产力发展史中有代表性的劳动工具，并征集、收藏与该地区民族工业发展相关的工业史料和资料。征集的藏品主要有早期手工作坊使用的劳动工具和产品，如：铸铁业使用的小风箱，以及型炉、枣核钉、船钉、马镫；发展时期的产品及劳动工具，如四人拉的大风箱，以及座炉、弹花机、切面机、轧花机、车床、刨床等。共有藏品5900件（套）。

该馆隶属于红桥区文化和旅游局，馆内设办公室、宣教组、保管组、财务组。该馆1993年被红桥区教育局青少年教育办公室命名为"红桥区青少年教育基地"，1994年被中共天津市委员会、天津市人民政府命名为"天津市爱国主义教育基地"。1997年，红桥区人民政府将福聚兴机器厂旧址列为红桥区文物保护单位。

平津战役天津前线指挥部旧址陈列馆

位于西青区杨柳青镇药王庙东大街4号，1984年1月15日正式建成并对外开放。后重新布展，2011年7月1日对外开放。

平津战役天津前线指挥部旧址陈列馆

"平津战役天津前线指挥部旧址"原为杨柳青戴记钱铺，1948年底，中国人民解放军平津战役前线司令部参谋长兼天津前线总指挥刘亚楼在此设立指挥部。1962年，河北省人民政府将"平津战役天津前线指挥部旧址"定为河北省文物保护单位；1982年，天津市人民政府公布"平津战役天津前线指挥部旧址"为天津市文物保护单位；1984年修缮后辟为"平津战役天津前线指挥部旧址陈列馆"。

该馆占地面积384平方米，建筑面积278平方米。传统抬梁式结构，青砖砌墙，门口上方有"平津战役天津前线指挥部旧址陈列馆"馆名。

该馆展览分为4部分：东侧警卫室、南侧陈列室、西侧参谋室、北侧作战指挥室。南侧陈列室以图文展板及实物展示的方式对平津战役做简要的介绍；东侧警卫室、西侧参谋室、北侧作战指挥室为复原陈列，重现刘亚楼指挥解放天津的历史场景。

该馆是天津市爱国主义教育基地、天津市国防教育基地、西青区青少年爱国主义教育基地。

天津觉悟社纪念馆

位于河北区宙纬路三戒里49号，占地面积780平方米，建筑面积550平方米。1982年开始筹建"觉悟社旧址陈列馆"，1984年9月16日正式对外开放。1985年更名为"天津觉悟社纪念馆"。

天津觉悟社纪念馆

该馆由三个格局大致相同的三合院组成，均为青砖灰瓦硬山顶民居建筑，砖木结构。

觉悟社是五四运动时期由周恩来、邓颖超、马骏、郭隆真等人创办的进步青年团体，在北方的革命社团中享有很高的声望。该馆馆舍原为民宅，建于清末民初。1919年觉悟社成立后，作为固定社址之一开展活动。该馆基本陈列面积共约260平方米，分为复原陈列和辅助陈列。复原陈列室根据社员的回忆，在原"觉悟社"活动的房间里布置了民国时期的家具、用品，以及社员抓阄用的铁盘和纸阄等，再现了社员们当年活动的场景。辅助陈列分为"奠定基础——经受五四风暴洗礼""觉悟诞生——寻索社会改造之途""大浪淘沙——选择不同人生道路"三部分。复原陈列与辅助陈列相结合，全方位展示了"觉悟社"的产生与发展历程。此外，该馆还举办了"中华魂——中国共产党革命英烈事迹展览""周恩来、邓颖超在天津的足迹"两个专题展览。

该馆藏品以捐献和征集为主，珍贵文物有周恩来1920年旅欧期间使用的公文包。

天津民俗博物馆

位于南开区古文化街80号，馆舍为天后宫旧址。天后宫是中国北方最有影响的天后庙宇，是中国北方妈祖文化传播与研究的中心。天后宫始建于元泰定三年（1326），是天津市区现存历史最久远的古建筑。1985年，天津市人民政府对天后宫进行居民动迁、文物修缮，并在竣工的天后宫基础上建立天津民俗博物馆。1986年1月1日正式对外开放。

该馆占地面积5350平方米，建筑面积2233平方米，由戏楼、幡杆、山门、牌坊、前殿、正殿、凤尾殿、藏经阁、财神殿、关帝殿、启圣祠、钟楼、张仙阁和4座配殿组成。

天津民俗博物馆

该馆有"天后宫复原陈列""漕运习俗""商业习俗""婚俗""妈祖文化摄影展""妈祖文化历史文物精品展""妈祖文化展"等基本陈列，并举办了"国际影星图片展""藏传佛教展""第三届金秋书画展""今晚报、津美乐杯抓拍摄影比赛作品展""清代帝后御用珍品展览""著名书法家哈佩先生诗书画展""中国民间神话百图展""张家界风情书画摄影展""天津美术剪纸作品展""欧洲风情摄影展""刘树田摄影展""津门20姐妹书画展""妈祖文化摄影展""妈祖文化历史文物精品展""妈祖文化展"等专题展览。

该馆共有藏品1143件（套），分为书籍字画、木器类、瓷器类、泥陶类、金属类、服饰类等6类。

该馆设馆长室、办公室、研究室、文保部、群工部、《天津卫》杂志编辑部。

天津义和团纪念馆

天津义和团纪念馆

位于红桥区芥园道与怡华路交口吕祖堂内，占地面积约1600平方米，建筑面积600平方米。1986年1

月1日开馆。

该馆馆舍使用吕祖堂内原有建筑。吕祖堂原为供奉道教仙人吕洞宾的道观，始建于明宣德八年（1433），时为永丰屯中祠堂。清康熙五十八年（1719）修葺后改为道观，定名为"吕祖堂"。后于清乾隆六十年（1795）、道光十九年（1839）、1930年三次对其进行修葺。现存建筑坐北朝南，由山门、前殿、后殿、西侧殿、东西回廊组成。其中山门面阔3间，进深1间，青瓦悬山卷棚式屋顶；前殿面阔3间，进深2间，原供奉吕洞宾；后殿面阔5间，进深2间，硬山瓦顶，前接卷棚作勾连搭式，原供奉道教北斗元君、药王和药圣；殿前月台较宽敞，为义和团运动时期团民练拳习武的场地；西侧殿，即五仙堂，面阔3间，进深1间，平面为锁头式，硬山"人"字脊，原供奉道教北五祖，义和团运动时期团民曾于此屋内设坛议事。清光绪二十六年（1900）义和团运动兴起，各地的义和团纷纷进入天津。义和团"乾"字团首领曹福田率静海、盐山、庆云等县数千名义和团战士到达天津，因当时吕祖堂毗邻南运河，津西各县义和团民来津时大多落脚于此，又因曹福田作战勇敢、指挥有方，深得直隶总督裕禄的器重，命其统领天津各支义和团及部分清军，遂将吕祖堂设为天津地区义和团的总坛口。义和团首领张德成、刘呈祥、林黑儿等常来此拜坛聚义，与曹福田共商拒敌大计，许多作战方案都是在吕祖堂制定的，如：截杀西摩尔联军、西沽武库争夺战、攻打老龙头火车站、攻打紫竹林租界地及天津城保卫战等。义和团吕祖堂坛口在义和团运动中发挥了巨大的作用，在天津义和团运动史上占有重要的地位。中华人民共和国成立后，义和团吕祖堂坛口受到各级人民政府的保护，1962年被列为天津市市级文物保护单位，1982年被列为全国重点文物保护单位。

1985年4月，经天津市文化局批准建立天津吕祖堂义和团纪念馆（后改为天津义和团纪念馆），馆址设在"义和团吕祖堂坛口遗址"内。同年5月搬迁吕祖堂内原有居民25户，并开展古建筑维修工程。维修并加固了前殿、后殿、五仙堂及东西回廊，还由古建筑学家杜仙州重新设计了山门形制，并进行了复建。工程于1985年10月竣工。

1985年7月，从天津市三条石历史博物馆抽调部分人员，组成"天津义和团纪念馆建馆筹备小组"，并立即展开文物文献征集、历史资料调查、展览陈列设计、

展品复制等工作。1985年12月"天津义和团纪念馆建馆筹备小组"进驻吕祖堂，开始基本陈列布展工作。1986年1月1日布展完成后正式对外开放。

该馆馆舍于2003年进行改扩建工程，重新设计修建了围墙护砌，复建了东配殿，建设了600平方米的前广场，以及南、西、东侧5000平方米草坪绿地。2005年在广场西侧塑造了铜制义和团战士群雕像。该馆于1994年被中共天津市委、天津市人民政府命名为"天津市爱国主义教育基地"。

该馆展厅面积430平方米，主要是利用"义和团吕祖堂坛口遗址"内的殿堂、回廊建筑，展线130米左右。东廊，陈列1985年吕祖堂重修碑记；西廊，陈列清道光十九年（1839）吕祖堂重修碑记；前殿，陈列吕洞宾及弟子塑像、吕祖堂出土石狮及旧城城砖等；后殿前月台，陈列石墩、石锁、抱石、大刀、长矛及旗帜；五仙堂，复原陈列曹福田、张德成、林黑儿、刘呈祥等4位义和团首领拜坛议事时的场景和塑像。基本陈列为"义和团运动史"，分为：①义和团运动爆发的历史背景；②义和团运动在山东兴起；③天津地区义和团抵抗八国联军侵略斗争；④全国义和团抵抗帝国主义侵略。

该馆还举办"红桥区碑碣石刻展""红桥区文物普查成果展""红桥区国庆60周年书画、摄影展""红桥区碑碣拓片展""文物法规宣传展"等临时展览。

该馆藏品总数450件（套），共分8类。其中金属类282件（套），石质类53件，瓷质类14件（套），砖瓦类65件（套），木质类27件，复合类1件，纸质类1件，其他类7件。藏品电子档案和纸质档案完备。重要藏品有：义和团首领赵三多使用的刀、剑、枪（3件），纪庄子义和团使用的大刀（1件），王庆坨义和团使用的铁叉（1件），廊坊军芦村义和团使用的乐器（5件），杠子李村义和团使用的大刀（1件）。

2000年，为纪念义和团运动100周年，该馆编辑出版了《纪念义和团运动100周年论文选集》一书，并依据"义和团运动史陈列"内容编写宣传讲稿，到12所学校做了13场报告，直接听众近万人。业务人员还担任5所中小学的校外辅导员，培养了数名学生讲解员。

天津杨柳青博物馆

位于西青区杨柳青镇估衣街47号，占地面积7500平方米，建筑面积3552平方米，1991年12月31日开馆。

天津杨柳青博物馆

该馆馆舍为原"石家大院"。"石家大院"始建于清光绪元年（1875），是清朝中晚期天津"八大家"之一的石府宅第。石家后代因家道中落和逃避战乱，于1925年迁到天津市当时的英租界，北洋军阀军队和国民党军队曾驻扎于此。1948年底，杨柳青镇解放，当时的河北省天津地委曾在此办公，中华人民共和国成立后肃贪第一大案就发生于此。1952年天津地委迁出大院，后来作为杨柳青一中、教师进修学校校舍使用。

1987年，西郊区人民政府公布"石家大院"为区级文物保护单位，并拨款修缮。1991年，"石家大院"被天津市人民政府公布为市级文物保护单位。2006年6月，"石家大院"被国务院公布为第六批全国重点文物保护单位。

馆舍"石家大院"是一处典型的北方四合院，共有18个院落，278间房屋。当年杨柳青石氏家族于清中叶析产为四大门，分别称"福善堂""正廉堂""天锡堂""尊美堂"，各堂门均建有一座颇具规模的建筑，现仅存"尊美堂"一处宅院，原主人为曾任工部郎中的石元俊。"尊美堂"建造时花费白银30万两，耗时3年。

馆舍门前是京杭大运河的南运河，院内的房屋建筑均为砖木框架式结构，以砖实墙隔扇来围护分隔空间。各院落纵向、横向分布，以围墙封闭，所有院落都是正偏布局，四合连套，院中有院，长廊相连。院落由堂屋贯通，内外有别，尊卑上下界线分明。戏楼处于整个宅院中心位置，也是整个大院最高建筑。戏楼正北有穿山游廊院和佛堂院贯通相连，正南接南花厅院和候客厅院，戏楼以及正南、正北4个院落构成了石家大院主体建筑群，其南北垂直线就是整个宅院的中心线（中轴线）。中心线上主体建筑群东邻百米长的甬道，西邻百米长的风雨长廊。甬道和长廊相对平行，并且经戏楼、花厅院、佛堂院、游廊院内的东西侧门后相互连通。因而甬道、长廊起着连接前后左右院落的作用，是全院主要交通线，同时也是内部防火隔离通道。甬道东邻5层院落，从南至北依次为外账房院、女花厅院、内宅2院及内账房院。除外账房院外，其他4院为四合连套、相互贯穿。这5层院落以东还设有3个跨院，并通过便门与之相通。东跨院最南端便是"石家大院"东大门。长廊西侧从北往南分别是学堂院、家丁把式院及石府花园，这几个院落西侧还有小甬道，小甬道西侧配有附房12间。院内装点建筑的砖木石雕随处可见，且无一雷同。构件上的图案有"辈辈封侯""平升三级""福在眼前""松鼠葡萄"等。

院内的排水、取暖等设施完善，整座大院北高南低，南北落差2.08米，中间甬道下面是用青石筑成的深及1米的水沟，雨水从沟内由北往南泄到正门对面的南运河中，使院内无存水。院内建筑在地基和地面之间均设一层宽8厘米的柏木防潮层和由青砖雕成葵花图案的透气砖。透气砖的下面是20厘米高用于隔碱的条石层，这样碱木、透气砖层与条石层共同组成墙体的防潮层、防碱层。大院内的戏楼和客厅，冬天均是用地炉设施取暖，室内地面的方砖都是架在梅花垛上的，底下是纵横交错的烟道，西房山处有一个地炉灶口，为地炉烧火处，入炭100千克燃烧一昼夜，然后热气顺烟道穿过，烘热地面，而后顺着东北角处暗藏的烟道，从屋顶排出。

展厅面积2571平方米，开设了戏楼、垂花门、佛堂、花厅、书房、花园、内账房、主人卧室、闺房等石府复原陈列，以及杨柳青婚俗、商俗、砖雕艺术、灯箱画、剪纸、水局、民间花会、二十四孝年画、西青历史拓片、石挥生平、漕船轿车、全景沙盘、中华人民共和国成立后肃贪第一大案等22项陈列展览。

藏品总计2500件，其中包括灯箱画、画版、砖雕、书画、古器皿、古钱币等。重要藏品有：灯箱画《于公治狱大兴驷马之门》《窦氏济人高折五枝之桂》《救蚁中状元之选》《埋蛇享宰相之荣》《正直代天行化》《慈祥为国救民》《济急如济涸辙之鱼》《救危如救密罗之雀》《措衣食周道路之饥寒》《施棺椁免尸骨之暴露》《斗称须要公平不可轻出重入》《舍药材以拯疾苦》《施茶水以解渴烦》《举步常看虫蚁》《禁火莫烧山林》《勿登山而纲禽鸟》《勿宰耕牛》《文昌帝君》；砖雕《福寿三多》《五福捧寿》《八骏图》等。

2004年12月19日，馆藏年画在中国现代文学馆举办"天津杨柳青木版年画展"。2006年1月10日，馆藏年画在韩国首尔中国文化中心举办"中国魅力名镇——杨柳青年画民俗展"。2007年1月19日，馆藏年画在澳门博物馆举办"'迎新接福，一纸万象'杨柳青年画展"。（均与天津杨柳青年画馆合办）

2007年6月，出版杨柳青系列丛书杨柳青石家大院。

该馆被国家文物局评为"全国文物系统优秀爱国主义教育基地"，被国家文化部、人事部授予"全国文化先进集体"称号。

大沽口炮台遗址博物馆

大沽口炮台遗址博物馆

位于滨海新区塘沽东炮台路1号。1997年7月1日正式对外开放。新馆于2009年5月筹建，2011年4月正式开放。占地面积54 000平方米，建筑面积3900平方米。建筑外形呈不规则的放射状，犹如炮弹爆炸，取义于"东西方文化的碰撞，民族精神的迸发"。

大沽口炮台始建于明嘉靖年间（1522—1566），清光绪二十七年（1901），按《辛丑条约》的有关条款被拆毁。大沽口炮台遗址即被迫拆毁的大沽口炮台遗存。

该馆主要由基本陈列展厅、临时展厅、3D影厅等组成。基本陈列包括"京畿海门""沽口御侮""国门沦陷"等部分，讲述1840—1900年间大沽口炮台的历史。该馆临时展厅面积170平方米，展线100米。先后举办了"科技强军""炮台建设过程展览""中国古炮台"等展览。

共有文物藏品56件，其来源主要有捐赠、考古发掘、购买、海关查没移交等。重要藏品有大沽铁钟、明代铁炮、清代铁炮、炮弹、克虏伯炮炮轮等。其中大沽铁钟在光绪二十六年（1900）石头缝炮台保卫战中被英军掠至英国朴次茅斯，2005年回归故里。

该馆建立了炮台历史资料档案数据库，并搜集到咸丰十年（1860）费力斯比托拍摄的大沽口炮台全部资料，以及美国杜克大学网站上源自德国人弗里德里希·卡尔·培兹（Friedrich Carl Peetz）影集中关于大沽口炮台的历史图片。

该馆根据参观者的不同需求，设计不同类型的教育活动。一是关注学生群体，打造学生实践基地；二是走进社区，普及历史知识；三是面向大型企事业单位，为企业提供职工教育活动策划；四是聘请市内、区内文博专家举办近代史知识讲座；五是承办企业文化巡展等。

出版《大沽口炮台》画册，发表《大沽口炮台遗址本体保护工作探索》《19世纪中叶侵华西洋火箭技术及其在华传播研究》等论文。

1988年大沽口炮台遗址被国务院公布为全国重点文物保护单位，2005年被中共中央宣传部命名为全国爱国主义教育示范基地。

中共天津历史纪念馆

位于和平区山西路98号，占地面积933平方米，主体建筑面积1742平方米，附属建筑面积309平方米。2001年7月1日开馆。

中共天津历史纪念馆

该馆馆舍分为2部分：前楼为3层砖混结构；后楼为4层框架结构。纪念馆内设5个展厅，1个声像厅。建筑为西式楼房。

该馆前身是中共天津建党纪念馆。原址在和平区长春道普爱里 17—23 号。它是在中共天津地委成立旧址的基础上建立的。1961 年开放，1966 年 5 月后闭馆。

1991 年，中共天津市委、天津市政府将恢复重建中共天津建党纪念馆列为当年为群众办的"二十件实事"之一，1991 年 7 月 1 日中共天津建党纪念馆重新对外开放。

1997 年，为解决滨江道两侧摊位退路进厅问题，和平区政府决定征用中共天津建党纪念馆所处地块，中共天津建党纪念馆于当年 7 月再次闭馆。

2000 年底，为迎接建党 80 周年，中共和平区委、区政府决定将原中共天津建党纪念馆迁至和平区山西路 98 号（和平区图书馆原址），扩建为中共天津历史纪念馆。2001 年 6 月 24 日，该馆迁移扩建工作如期完成，2001 年 7 月 1 日正式开馆。

该馆展厅面积约 790 平方米。开馆时，该馆基本陈列为"中共天津地方党史通史"，主要展示五四运动以来，中共天津地方党组织产生的历史背景和过程，以及天津地方党组织成立后领导天津人民进行新民主主义革命、社会主义改造和建设的光辉历程，时间跨度从五四运动至 2004 年。展览分为 3 部分：第一部分，展出新民主主义革命时期，天津地方党组织的创建、发展及其革命活动；第二部分，展出天津解放后，在社会主义建设时期艰苦创业的过程；第三部分，展出中共十一届三中全会以后，改革开放给天津带来的巨大变化。整个展览向人们展示"只有共产党才能救中国，只有开放才能强国富民"。

2007 年，为庆祝中国共产党成立 86 周年，迎接党的十七大胜利召开，七一前夕，该馆基本陈列更换为"红色足迹遍津门——中国共产党在天津革命历史旧址"图片展。内容共分"海河怒潮""革命曙光""风起云涌""白区斗争""抗日烽火""迎接解放""领袖关怀"7 部分，介绍了五四运动以来天津各个历史时期的中央直属机关所在地，革命团体活动场所，学运、工运发祥地，以及与这些革命旧址有关的历史人物、事件等史实，展现了天津人民在党的领导下，为民族独立、人民解放和国家富强前赴后继顽强拼搏的历程。

该馆先后举办"和平区'三五八十'成果图片展""'天津人民抗日斗争'图片展""纪念天津建卫 600 周年扑克文化展""民间书画展""和平区劳模展""'红旗飘飘'国旗知识图片展""走进博物馆"等临时展览。

出版和参与出版了《天津市和平区革命遗址》《天津市和平区历史印迹》《红色印迹》等书籍，业务人员在省级专业刊物发表学术论文 9 篇。

该馆先后开展了"纪念红色七月、回顾红色征程"系列活动，"红旗飘飘、庆七一、迎国庆和平区爱国主义教育"系列活动，"寻访革命遗迹，缅怀革命先烈"清明祭扫活动，"红色讲堂"系列活动，"党史进校园"活动，"寻访红色足迹、重温党的历史"走基层、下农村活动。

天津梁启超纪念馆

天津梁启超纪念馆

位于河北区民族路 44、46 号，总占地面积约 2500 平方米。2003 年 4 月 18 日正式开馆，由"梁启超旧居"和"饮冰室"书斋两栋砖木结构的意式风格建筑组成。2006 年，"梁启超旧居"被公布为全国重点文物保护单位。

梁启超（1873—1929），字卓如，号饮冰室主人，是近代中国著名的思想家、政治家、社会改革家和百科全书式的学术大师。1915 年定居天津。

该馆展览面积约 1500 平方米，分基本陈列和复原陈列两部分。梁启超旧居基本陈列为"梁启超与近代中国"，展现梁启超的生平及不同时期的思想变化、政治主张以及学术成就。饮冰室书斋举办复原陈列，再现梁启超当年工作及生活情景。该馆还举办"梁启超和他的儿女们"流动展览，深入学校、社区进行巡展。

该馆共有藏品 400 余件，主要为图书、墨品、书画和杂项。其中"饮冰室"特制毛笔和特制墨品较为珍贵。

该馆与天津师范大学、河北区房管局团委、中共天津市河北区光复道街道委员会等 10 余家单位、团体结成共建单位，延伸博物馆社会教育功能。

天津杨柳青年画馆

位于西青区杨柳青镇估衣街施医局胡同2号，占地面积631平方米，建筑面积441平方米，2003年9月28日开馆。

天津杨柳青年画馆

该馆馆舍原为"安氏祠堂"，始建于清光绪年间，因"赶大营"而发家的安文忠于1935年购此民居用以祭祀祖先，改建成安氏祠堂，后几易其主。中华人民共和国成立后，安氏祠堂先后作为杨柳青文化馆、图书馆、少年宫、启智学校等办公使用。2002年，中共西青区委、区政府对安氏祠堂进行了大规模修缮，基本恢复原貌，并成立杨柳青年画馆。

安氏祠堂东与石家大院相距100米，南临南运河，交通便利。安氏祠堂为一座两进四合院，由24间房屋组成，中间有穿堂，整座建筑分为南北2个院落，布局相同，皆为四合院式，建筑形式均采用小式硬山做法。正房为7檩前出廊5开间，东西厢房3栋为3开间，均为布瓦屋面、马鞍脊。所有房屋明间采用四扇五抹隔扇门，次间和稍间下部为海棠池式槛墙，上部为支摘窗，地面为仿古青砖做法。东南角开金柱大门，门内有一字影壁，院内保存有安氏家祠记事碑一通，主要记述了安文忠的生平及修建家祠的初衷。安文忠（1852—1942），字荩臣，是杨柳青人到新疆"赶大营"的首倡者。

该馆基本陈列以杨柳青木版年画从起源、兴盛、衰落到复兴的历史沿革为主线，展出百余幅精品年画，代表各个时期的不同作品，展示了杨柳青年画贡尖、板屏、条屏、横三裁、立三裁、炕围、门画、历画、灯画、斗方、缸鱼、窗花纸、格景、选仙图、洋片、月光、天地家堂、祖师神等多种体裁。观众可通过展室中的触摸显示屏了解杨柳青木版年画的绘画秘诀，还可了解全国其他年画产地不同品种的代表作品并可加以比较。杨柳青年画非物质文化遗产传承人在馆内设有2个年画店铺，画师们现场作画，展示年画的勾描、刻版、套印、彩绘、装裱五大工序。

2004年12月19日，馆藏年画在中国现代文学馆举办"天津杨柳青木版年画展"。2006年1月10日，馆藏年画在韩国首尔中国文化中心举办"中国魅力名镇——杨柳青年画民俗展"。2007年1月19日，馆藏年画在澳门博物馆举办"'迎新接福，一纸万象'杨柳青年画展"。（均与天津杨柳青博物馆合办）

天津古林古海岸遗迹博物馆

天津古林古海岸遗迹博物馆

位于滨海新区大港迎宾街131号。占地面积6万平方米，建筑面积2200平方米。2003年10月1日开馆。

该馆馆舍外形呈扇贝状，建筑坐北朝南，建筑外形北高南低，平面呈扇形。四周是花草绿化带，院内设置了景观河、景观木桥，南部是天津古海岸与湿地国家级自然保护区，种植多种树木。

该馆馆舍分为3层，地下1层、地上2层。地下部分为贝壳堤剖面展示区，地上一层为贝壳标本展区，地上二层为科普教育展区。

该馆展厅面积2000余平方米，另设能容纳100余位观众的多媒体功能厅。基本陈列包括"古海岸遗迹（古贝壳堤）剖面展区""贝壳标本展区""科普教育展区"3个部分，展示天津地区海陆变迁的历史遗迹。另外，该馆还举办"爱护湿地、保护海洋"临时展览。

藏品共有3637件，重要藏品有砗磲、唐冠螺、万宝螺、鹦鹉螺、大法螺等。

该馆被列为天津市爱国主义教育基地、天津市科普教育基地、天津市青少年海洋知识教育基地，被中国共产主义青年团天津市委员会、天津科技大学等单位列为科普教育、教学实习、实践基地。该馆利用网络、报纸、无线电广播和电视台等新闻媒介进行宣传。

该馆先后与国土资源部中国地质调查局天津地质矿产研究所、天津古海岸与湿地国家级自然保护区处、天津科技大学、天津大学、天津师范大学、天津自然博物馆等单位进行交流，不定期更新、增添标本。

蓟县文物博物馆

蓟县文物博物馆

位于蓟县渔阳镇武定街 41 号。2004 年 6 月 19 日，蓟县机构编制委员会同意蓟县文物保管所加挂"蓟县文物博物馆"牌子。

该馆由独乐寺、白塔寺、鲁班庙 3 部分组成，总占地面积 20 094 平方米，总建筑面积约 2320 平方米。

独乐寺位于蓟县渔阳镇武定街 41 号，始建于唐（一说隋），观音阁和山门为辽统和二年（984）重建，其余附属建筑均为明清以后所建。主体建筑观音阁和山门上承唐代遗风，是我国现存最古老的木结构楼阁，依宋代《营造法式》建造而成，是中国古代木结构建筑的代表作。附属建筑具有明清时期和现代建筑风格，明清建筑特点鲜明，现代建筑为仿清式硬山式建筑。整个院落由三路组成。东路由清代乾隆年间辟建的行宫和碑苑组成；中路由照壁、山门、观音阁、韦驮亭、御井、报恩院、文物库房等建筑组成；西路由清代民居、2 座垂花门等 50 余间清式和仿清式建筑组成。整个院落占地面积 16 500 平方米，建筑面积 1630 平方米。

白塔寺位于蓟县渔阳镇西南隅。白塔始建于唐（一说隋），与独乐寺为同时期建筑，辽代重修，具有辽代建筑特征；其余附属建筑为近现代仿古建筑。白塔寺由山门、东西配殿、正殿、蓟州白塔、天仙宫和僧房组成，占地面积约 2808 平方米，建筑面积约 380 平方米。四合院式布局。

鲁班庙位于蓟县渔阳镇东北隅，始建于清康熙年

间，光绪年间和 1986 年重修，具有典型清代建筑特点。由山门、正殿、东西配殿、东西厢房组成，占地面积 786 平方米，建筑面积 310.34 平方米。四合院式布局。

该馆先后举办"蓟县历史文物陈列""白塔建造艺术、维修和出土文物展""鲁班庙展览""蓟县抗日战争时期革命活动事迹展""一分利文具店旧址陈列""走进古蓟州——蓟县文化专题陈列展"和"独乐寺维修展"等。2004 年，该馆建成专题陈列——碑苑。碑苑位于独乐寺院内东侧，面积 2400 平方米。乾隆行宫回廊墙壁镶嵌有清高宗（乾隆）御笔碑刻 28 块，在行宫前集中摆放征集和出土的碑刻、经幢、墓志铭、石构件等 150 件。

此外，该馆还先后举办"蓟县民俗展览""蓟县出土文物展""蓟县剪纸展""独乐寺发现八十周年纪念展"等 10 余个临时展览。2012 年 10 月，"独乐寺发现八十周年纪念展"赴台湾大学展出。

1996 年，独乐寺文物库房建成。文物库房位于独乐寺报恩院正殿东侧，仿清代民居式建筑，面积 40 平方米。收集各类文物藏品 3265 件（套）。主要为：石器、陶器、铜器、金银器、铁器、瓷器、玉器、其他。

藏品均经过专家鉴定，并有明确入藏时间与分级，均造册登记，建有档案。

馆内安装有红外线监控、影像监控、烟感自动报警等系统，并配备监控平台。设有疏散指示标志、应急出口等。

该馆先后到学校举办文物知识普及和文物法规及文物保护专题讲座，宣传、贯彻党和国家文物保护的政策法令。在全县各镇乡悬挂宣传横幅，发放宣传材料，解答群众咨询；到重点施工工地，向建筑施工单位宣传《中华人民共和国文物保护法》。利用各种展览和每年的"5·18"国际博物馆日和文化遗产日进行宣传，还采用制作宣传展板、印制宣传材料等形式，到重点镇的大集和各中小学校进行巡回展览，宣传文物法规，开展向社会公布在册不可移动文物名单等形式的宣传活动。通过宣传活动，征集到多件传世文物。

2006 年 7 月，该馆被命名为"中华传统文化教育基地"。

天津老城博物馆

位于南开区城厢中路鼓楼东街 202 号，馆舍原为

英麦加利银行买办徐朴庵家宅。占地面积1920.5平方米，建筑面积711平方米。坐北朝南，由中部三进四合院、东西两侧箭道和跨院组成。砖木结构，硬山瓦顶，墙体磨砖对缝。在全国文联副主席、天津市文联主席冯骥才等众多有识之士的倡

天津老城博物馆

议和论证下，南开区政府决定将徐家大院辟为以捐赠文物为藏品基础的博物馆，隶属天津民俗博物馆，并斥资300万元，于2000年5月12日将区环卫局置换，成立天津老城博物馆筹备处，接受市民捐赠。2004年12月23日对外开放。2008年3月17日，南开区文化和旅游局决定该馆独立，2009年9月将一道院辟为小梨园。

该馆先后举办"民间捐赠文物精品展""门墩儿及图片展""近代天津民间互动游戏陈列'童年寻梦'展""民间儿童游戏图片展""近代天津婚俗陈列""近代天津民间闺房复原陈列""近代天津居住生活习俗复原陈列""老城照片回顾展""精品陈列"等展览，并举办"叩响老城历史之门——天津近代民居建筑砖雕艺术展""皇会亮宝展""《沽上民戏图》长卷暨民间花会器物展""'飞雪迎春'书画摄影展""花甲新人艺品集萃展"等临时展览。此外，该馆还举办了"看沙盘、寻故居""年画亲手制""玩游戏、忆童年、寻旧梦""经典童年——父辈眼中的传统游戏""老城梨园会""万民赛灯会"等活动。

该馆共有藏品2777件，其中2275件为上级调拨海关查没走私文物，502件为各界人士捐赠的文物。主要有砖雕、木雕、石雕，及其他有艺术历史价值的建筑构件、饰物，名人遗留物品，名人字画；代表天津老城居民生活的典型民俗器具、服饰、日常生活用品，及陶、瓷、铜、玉等。其中重要文物有张仲捐赠乔耿甫书法作品1件、王春林捐赠铜床1件、郑俊兴捐赠德国造录放机1台、冯骥才捐赠石狮1对。

该馆出版作品有《妈祖情缘》《中国民俗大系·天津民俗》《皇会》《中国砖雕》等。

中共中央北方局旧址纪念馆

中共中央北方局旧址纪念馆

位于和平区黑龙江路隆泰里19号，占地面积121平方米，建筑面积202平方米。2005年9月8日开馆。

1936年春至1937年春，为贯彻中共中央瓦窑堡会议精神，刘少奇同志受党中央委托到津担任中共中央北方局书记，领导华北地区的抗日救亡运动。1936年4月初，在刘少奇主持下重新组建了北方局。重组后，将中央的正确路线传达到北方的白区。1982年，中共中央北方局旧址被天津市人民政府公布为市级文物保护单位。

馆舍为里巷式砖木结构2层楼房中的1个院落，设有前门、后门和通往屋顶之门。

展厅面积110平方米，由"序厅""惠兴德成衣局复原陈列""照片、文献展览""中共中央北方局旧址复原陈列"4部分组成。

藏品共有15件，来源于馆际调拨和民间征集，重要藏品有：惠兴德成衣局内缝纫机、工作台、熨斗，刘少奇卧室内衣柜、桌子、藤椅、床等。

天津市滨海新区塘沽博物馆

位于塘沽区中心路塘沽河滨公园内。2003年底筹建，2007年11月26日正式开放。

该馆占地面积8300平方米，建筑面积7700平方米。主体建筑坐南朝北，建筑外形南高北低，平面呈橄榄状。内外部布局均为中轴式，序厅居中，东西两侧各一展厅。另在东厅二楼设有塘沽版画陈列馆。

天津市滨海新区塘沽博物馆

该馆基本陈列分布在东、西两个展厅中，展厅面积6600平方米，展线长800米，展出藏品1200件。主题陈列包括"沧海桑田""盐兴漕畅""海门古塞""工业兴邦""沽口曙光""明珠璀璨"6部分，展现了塘沽地区自宋代成陆至今800多年的历史变迁与风土人情。专题陈列有塘沽版画陈列馆，展厅面积300余平方米，展出90余幅不同时期具有代表性的塘沽版画优秀作品，全面展示了塘沽版画50多年来的艺术成就。在2009年6月1日推出"童趣大观"，采用泥塑的形式汇集了20世纪七八十年代流行于塘沽地区的36种儿童游戏，选用泥塑的形式来表现早年经典的儿童游戏在国内博物馆中尚属首例，是塘沽非物质文化遗产保护与挖掘的一次尝试。

该馆将序厅用作临时展厅，承接各种文物、美术、艺术品的临时展览。开馆以来举办了73个临时展览。例如2009年引进"传统文化的载体——天津的乡土建筑及其保护""探索名长城"2个临时展览，2010年引进"我们身边的文化遗产""勿忘国耻、振兴中华"图片展。

该馆藏品共4182件，包括捐赠类藏品711件、考古发掘类藏品48件、购买类藏品508件、海关查没移交类藏品2734件、借展类藏品60件。其中重要藏品有20世纪50年代末塘沽盐场运盐专用的蒸汽小火车，体现了当时盐场运输工具的更新换代。

该馆每天进行两场免费讲解，时间为上午10点和下午3点。同时设计、制作了宣传册，免费发放给参观者，并利用网络、报纸、无线电广播和塘沽电视台等新闻媒介进行宣传。专门制作了"知家乡文化遗产，爱塘沽历史传承——塘沽区文博系列专业人员摄影展""2009年塘沽区第三次全国文物普查工作图片展"2个展览，送展到全区中、小学校，增强公众对塘沽历史发展的了解，提高其文物保护的意识。

该馆是爱国主义教育基地。2012年7月31日荣获"天津市第三次全国文物普查突出贡献先进集体"称号。

第三节 国有行业博物馆、纪念馆

盘山烈士陵园

盘山烈士陵园

位于蓟县官庄镇北，隶属于蓟县民政局，占地面积21万平方米。

1956年12月，在盘山南麓兴建了烈士陵园。1957年11月，盘山抗日斗争事迹陈列馆和烈士纪念馆建成。1979年重建烈士纪念馆。1980年，重建盘山抗日斗争事迹陈列馆。1989年8月20日，盘山烈士陵园被民政部列为全国重点烈士纪念建筑保护单位。1994年5月，被中共天津市委、市政府命名为"天津市爱国主义教育基地"。1995年1月，被民政部公布为"全国爱国主义教育基地"。1996年，被天津市国防教育委员会命名为"天津市国防教育基地"。1997年6月，被中共中央宣传部批准为"全国首批百家爱国主义教育示范基地"之一。2004年12月被中共中央宣传部等11

部委确定为"全国红色旅游经典景区"。2005年9月2日，在烈士纪念馆原址建成"盘山革命纪念馆"，并将盘山抗日斗争事迹陈列馆和烈士纪念馆文物移至"盘山革命纪念馆"展出。2007年10月，被北京市高校国防教育委员会确定为"北京高校国防教育基地"。

盘山烈士陵园是天津市唯一的抗日战争遗址烈士陵园。整个园区呈南低北高走势，建筑物依山势从低到高依次排列，分别为：牌楼、园门、烈士纪念堂、盘山革命纪念馆、烈士骨灰堂、蓟县革命斗争简史碑廊、烈士墓区、烈士纪念碑。

该馆馆舍为仿古建筑，上下二层，建筑面积1158.88平方米。一层陈列面积320平方米，正中是毛泽东的亲笔题词。题词两侧分别介绍了抗日战争时期在蓟县和冀东从事抗日工作的53位烈士，其中包括冀东军分区副司令员包森、冀东西部地委书记田野、冀热辽第一专署专员杨大章、抗日支队副司令员白乙化和蓟县党组织的主要负责人李子光等并依次悬挂烈士遗像以供瞻仰，并介绍了烈士的生平事迹。一层同时展出基本陈列"盘山抗日根据地斗争历史陈列"，展品281件（套）。其内容以地方革命史为主线，以抗日烈士事迹为重点，展现了由李子光、包森、田野、莲花峰七勇士、子弟兵母亲杨妈妈等众多盘山英烈组成的英雄群体，热情讴歌了盘山根据地的抗日军民忠于理想、热爱祖国的崇高精神和前赴后继、百折不挠的斗争精神。基本陈列内容分为前言、盘山抗日根据地的创建、盘山抗日根据地的坚持与发展、盘山抗日根据地的巩固与抗战胜利、结束语5部分。二层为临时展室，面积约580平方米。

该馆先后举办了"毛泽东主席的贴身卫士——王宇清图片展""踏寻雷锋足迹图片展"。

该馆共有藏品361件（套），已建立档案。藏品来源为捐献。重要藏品有：李子光的怀表、文件袋、十三团缴获的日军军刀、钢盔，盘山民兵班用过的提灯、干粮袋、竹碗，杨妈妈用过的拐杖、烟袋、图章、肥皂盒，包森用过的茶壶、饭盒、碗，等等。

天津黄崖关长城博物馆

位于蓟县黄崖关长城八卦城内（即黄崖关提调公署），隶属于天津黄崖关长城风景游览区管理局，占地面积1805.37平方米，1986年10月11日开馆。

天津黄崖关长城博物馆

该馆是长城沿线第一座历史博物馆，馆舍为清式仿古四合院，由照壁、门厅、东西配殿、大堂和走廊组成。照壁位于门厅前，门厅后为东西配殿，大堂与二堂间修建连廊，使主体建筑呈"工"字形。

该馆展厅第一部分位于东、西配殿，为万里长城的历史回顾展和摄影作品展；第二部分位于大堂和走廊，分别为蓟县长城史料展和文物展；第三部分位于二堂，为修复黄崖关长城的有关资料展。

该馆展厅面积291.45平方米。展出藏品353件。基本陈列为"万里长城历史回顾展"和"蓟县长城文物展"，主要展示万里长城的历史沿革、蓟县长城的始建与重修年代，以及在1984—1987年"爱我中华，修我长城"活动中，重修黄崖关长城的有关文件和资料。展品主要有：邓小平题词、名人信件、证书、通知、照片、长城维修简报、修复工程时使用的工具、万里长城百关图和"明代的长城"示意图、黄崖关长城微缩模型，及出土的枪、矛、刀、箭、铁炮、石炮、瓷火蒺藜、佛郎机中样铜镇筒、佛郎机中样铜铳、戚继光生前用过的战刀等文物与陶器、石器和石磨等生活遗物。

该馆临时展览有"蓟县摄影家协会会员和摄影爱好者摄影作品展"。

该馆藏品已建立档案，来源为出土和捐献等。类别有兵器类（石弹丸、铁弹丸、铁镞等）和生活用品类（杯、碗、油灯、顶针、象棋等），以及长城历史资料、碑文拓片等。

该馆采取多种形式讲解、宣传长城的历史和价值，教育游客爱护长城、保护长城。

该馆消防、监控设施齐全。

天津市蓟县中上元古界地质陈列馆

位于蓟县迎宾路 2 号，隶属于天津市环境保护局，占地面积 650 平方米，1989 年 10 月 20 日正式开馆。

天津蓟县国家地质公园之中上元古界地质自然保护区石碑

蓟县中上元古界典型剖面位于蓟县城北。北起下营乡常州村，南至渔阳镇府君山，南北长 24 千米。1931—1934 年，地质学家高振西等对其群、组进行划分以后，此剖面一直为我国"震旦系"和中、上元古界的标准剖面。现在采用的常州沟、串岭沟、团山子、大红峪、高于庄、杨庄、雾迷山、洪水庄、铁岭、骆驼岭、井儿峪、府君山等组名都是蓟县城北山区的地理名称（青白口系、下马岭组、长龙山组等则为北京西山的地理名称）。在 20 世纪 50—60 年代，苏联地质学家曾用其作为俄罗斯乌拉尔地区和西伯利亚相当地层的统一名称，之后才改为里菲系。因此，蓟县剖面曾一度成为国际上该时期地层的标准剖面。1976 年在澳大利亚悉尼第二十五届国际地质大会和 1978 年美国盐湖城国际地质合作计划（IGCP）118 项"晚前寒武纪对比计划"会议上，我国学者李廷栋和张惠民全面介绍了我国蓟县剖面。它以地层出露连续、厚度巨大、构造简单、地质时限长（18 亿～ 8 亿年前）、未经变质、交通方便而易于考察，以及风景秀丽等特色，引起了全世界地质学界的关注和兴趣。1981 年，IGCP118 项主席特伦佩特将其推荐为晚前寒武纪国际层型候选地区之一。自 1978 年以来，先后有英、美、俄罗斯、加拿大、澳大利亚、德、日、波兰、巴西、瑞士、瑞典等国地质学家前来考察参观，并进行古生物、古地磁、同位素年代等的合作研究，多次作为国际会议考察地点，如 1983 年 IGCP179 项晚前寒武纪地质国际讨论会、1992 年 IGCP62 项叠层石国际讨论会、1996 年第三十届国际地质大会（北京）和 1999 年第七届国际化石藻类会议。

1984 年，国务院以"国函字 148 号"文批准将天津市蓟县中上元古界地层剖面列为国家级地质自然保护区。1985 年，天津市人民政府以"津政发 123 号"文批准建立"天津市蓟县中上元古界国家自然保护区管理所"。1991 年 4 月，经天津市人民政府批准，管理所更名为"天津市蓟县中上元古界国家自然保护区管理处"，并下设该馆。

该馆展厅面积 560 平方米，展出 300 块标本，共分 5 部分：综合馆、长城系、蓟县系、青白口系、古生物和矿产资源馆。

该馆藏品总数为 800 块，均为岩石标本。重要藏品有：宏观多细胞生物化石，该化石的发现使多细胞生物出现的年代从国际公认的 9 亿年前提到 17 亿年前；形成于距今 12 亿～ 13 亿年间的沉积海泡石矿床和世界上最古老的喷气孔构造，该矿床和构造得到第三十届国际地质大会与全国内外地质专家、学者的广泛关注。还有页岩相（少量碳酸盐相）微古植物化石、燧石相微体藻类化石、碳酸盐相叠层石化石、宏观藻类和动物遗迹化石等。

天津科学技术馆

天津科学技术馆

位于河西区隆昌路西侧，隶属于天津市科学技术协会。占地面积 2 万平方米，建筑面积 1.8 万平方米，常设展厅面积 1 万平方米，临时展厅面积 1000 平方米。1995 年 1 月 1 日正式开馆。

该馆分三大区域：A、C 两区为行政办公区，设有办公室、会议室、多功能厅、展品库房、设备间等；B 区为展示区，常设展厅采用大空间构造，分上、下两层，五大主题展厅依次分布其中，展出集科学性、知识性、趣味性、参与性、艺术性于一体的科技展品。展厅首层还设有序厅、问询接待处、贵宾厅、梦想剧场和临时展厅，展厅二层上行可直达主体建筑上方的球形宇宙剧场。

该馆主体建筑为桥形，其上方直径 30 米的球形建筑为宇宙剧场。宇宙剧场装有从美国引进的穹幕电影放映设备和数字式电子天象仪放映设备。

该馆是中共天津市委、天津市政府在"八五"期间投资兴建的，已故国际数学大师陈省身教授曾任名誉馆长。建馆之初，该馆隶属于天津市政府办公厅。2010 年 11 月，隶属关系由市政府办公厅调整为天津市科学技术协会。2002—2006 年，相继改造扩建了"数学厅""人体与健康"和"机械与机器人"3 个展区。2008 年 9 月 20 日起，该馆向社会免费开放。2010 年底，该馆对外檐建筑、系统设施和常设展厅等进行了全面提升改造。2012 年 4 月 29 日改造完成并重新对公众开放。

该馆展品共 286 件（套）。常设展厅以"人与自然"为主线，有"探索发现""智慧结晶""认识自我""和谐发展"和"梦想天地"五大展区，运用多种展示技术，将科学原理与综合应用相结合，向观众展示人与自然的和谐与统一。

除常设展览外，该馆每年推出四五个公益性科普展览，如"追寻创新的足迹——天津工业遗产展""和谐能源之旅——全国科普巡展天津站""话说低碳——中国科技馆主题巡展""放飞青春梦想，科学助我成长——青春期教育主题展"等。

该馆的绝大多数展品来源于自主研发与合作开发，也有一少部分是委托制作。该馆展品管理制度健全，全部展品实行动态网络化管理。

该馆库房设专人专岗进行监督管理，并设有消防、监控等防火防盗设备。展品按类别、功能分类保存，重点展品及其附属设备设有专库专柜保存。

该馆设有专门的展品研发设计室、主题展览开发制作室、天文科普研究室，并拥有一支专业的展教队伍和展品研发队伍。

该馆常年举办主题展览、科普报告会、科学表演、科学实验和科普剧等科普活动。《谁是凶手》科普剧、"身边的科学""眼见一定为实吗""塑料的秘密""奇妙的声音"互动科学表演、"好玩的数学"体验课、"认知食品添加剂""揭秘 PM2.5——保护环境从我做起"科普展览和科普课，以及《认星空》《四季的形成》《太阳与太阳系》等天文节目深受观众喜爱。

北洋水师大沽船坞遗址纪念馆

北洋水师大沽船坞遗址纪念馆

位于滨海新区塘沽大沽坞路 27 号。隶属于天津市船厂，2000 年 10 月 28 日正式对外开放。

北洋水师大沽船坞始建于清光绪六年（1880），1913 年更名为海军部大沽造船所，是继福建马尾船政、上海江南船坞之后我国第三座近代修造船厂，也是我国北方第一座近代修造船厂。不仅解决了北洋水师的修造船问题，而且成为当时北方修造船的中心，同时培育了我国北方第一代修造船技术工人。

北洋水师大沽船坞是洋务运动的产物。清光绪元年（1875），直隶总督兼北洋大臣李鸿章奉命筹建北洋水师。北洋水师的舰船每有损坏，只能到福建、上海修理。为能就近修理，光绪六年（1880），李鸿章奏准在大沽海神庙附近建造大沽船坞。

从光绪七年（1881）至光绪二十年（1894），因大沽船坞吃水较浅，北洋水师中除两艘铁甲舰（"定远"号、"镇远"号）、一艘近海防御铁甲舰（"平远"号）、三艘穹甲巡洋舰（"致远"号、"济远"号、"靖远"号）和两艘装甲巡洋舰（"经远"号、"来远"号）因吨位超过 2000 吨无法进坞外，其余舰只均曾在大沽船坞进行修理。

为加强海防，大沽船坞在光绪十七年九月（1891 年 10 月）仿制成功 90 余门德国克虏伯一磅后膛炮。次年，从国外购置机器增建炮厂。光绪十九年（1893），因局势紧张，停止扩建炮厂，将部分机器运往天津机器局。甲午战争期间，大沽船坞不仅昼夜赶修损坏的舰船，而且为北洋水师水雷营日夜赶制水雷。此时的大沽船坞不仅是中国北方最早的舰船修造厂，也是中国北方重要的军火工厂。

该馆占地面积 22 000 平方米，建筑面积 2000 平方米，整体为长方形，馆前山墙平面结构上部有裙板，酷似船坞坞门，山墙两侧的墙面上各有一幅浮雕船锚。前广场耸立着一座重 7 吨、高 10 米的铸铁船锚。

该馆基本陈列由"北洋水师大沽船坞的建立""大沽船坞不可磨灭的贡献""大沽船坞的艰辛与曲折""大沽船坞的新生与发展" 4 部分组成，主要展示从清朝末年、民国时期到中华人民共和国成立以来船舶制造和兵器制造的发展过程。

该馆藏品共有 31 件，重要藏品有首任总办罗丰禄办公用的太师椅、光绪八年（1882）购于德国的三用汽冲床、光绪十五年（1889）购于英国道格拉斯公司的剪床、光绪十八年（1892）购于英国伯明翰厂的保险箱、在浙江衢县出土的 1919 年大沽造船所制造的马克沁重机枪等。

大沽船坞至今保存着建造于清光绪六年（1880）的中国第一座板基泥坞遗址——甲坞以及轮机厂房。

2002 年 12 月，该馆被命名为"第三批天津市爱国主义教育基地"。

近代天津博物馆

近代天津博物馆

位于和平区河北路 314 号，隶属于天津市社会科学界联合会，占地面积 573.5 平方米，2002 年 10 月正式对外开放，2011 年 3 月因落架大修闭馆。

该馆由主展厅、藏品库、办公区 3 个功能区组成，另设有会议室、展卖部、多功能厅等附属区域。

该馆陈列面积 1000 平方米，基本陈列为"近代中国看天津——百项中国第一"，并先后举办"铭刻1900""各国兵营""西洋史话中的天津""各国历史文化遗存在天津"等临时展览。

该馆藏品共有 388 件，主要分为名人遗物、徽章证件、文献、手稿、书刊传单、历史照片、货币票据、杂项和书画作品等共 9 大类。其中名人遗物 2 件、徽章证件 12 件、文献 50 件、手稿 19 件、书刊传单 171 件、历史照片 65 件、货币票据 35 件、杂项 31 件、书画作品 3 件。重要藏品有 1864 年普鲁士赴东亚考察队绘制的石版画——"德配天地"牌楼、1864 年普鲁士赴东亚考察队绘制的石版画——天津海关税务司、1864 年普鲁士赴东亚考察队绘制的石版画——天后宫戏楼等。

该馆所有文物柜内均定期投放防潮、防湿、防虫药物，使文物资料得到有效保护。

该馆先后出版《近代中国看天津——百项中国第一》《天津的桥》《往事》《扛龙旗的美国大兵》《李鸿章的军事顾问——汉纳根》等专著。

天津一二·九抗日救亡运动纪念馆

天津一二·九抗日救亡运动纪念馆

位于西青区李七庄街王兰庄花园 7 号别墅，隶属于西青区李七庄街王兰庄村委会，经费自筹。占地面积 500 平方米，建筑面积 350 平方米。

1936 年夏，在天津市学联组织下，南开大学、北洋工学院（天津大学前身）、三八女中（全称为"三八女子职业中学校"）等校学生选择以津郊王兰庄及周边地区为基地开展义务民众教育，进行抗日救亡宣传。此举唤起了当地农民群众的爱国热情，培养了一批抗日骨干力量。

该馆前身是成立于1985年的"天津学生抗日救亡义务教育点陈列馆"，2003年迁入现址并将馆名更名为现名，同年12月9日正式开馆并对外开放。

该馆展览分为"'一二·九'和'一二·一八'大示威""'五二八'运动""到农村去开展义务教育进行抗日救亡宣传""进步学生在斗争中成长""王兰庄党支部在抗日救亡浪潮中诞生""发扬革命传统、振兴中华"6个单元。馆内陈列品由照片、报刊资料、老同志回忆文章和音像资料等组成，再现了当年进步学生在农村开展义务教育、进行抗日救亡宣传、发展革命力量的历史。

天津美术学院美术馆

于方舟烈士纪念馆

于方舟烈士纪念馆

位于宁河县芦台镇芦汉路46号，隶属于宁河县民政局。占地面积5000平方米，建筑面积802平方米，钢筋混凝土仿古式建筑。2005年12月开馆。

该馆负责全县烈士事迹的收集整理和褒扬以及对全县人民进行爱国主义教育和革命传统教育工作。展厅面积700平方米，基本陈列分为"宁河人民革命斗争史"和"于方舟革命烈士生平事迹展"两部分，分别讴歌了宁河县革命烈士在抗日战争和解放战争时期的革命斗争历史及于方舟烈士革命事迹。

该馆共有藏品122件，来源于烈士家属捐献和迁移烈士墓时出土。主要有解放战争时期的战斗纪念章、水壶、纺车、手枪、子弹、烈士牺牲证明书等。

天津美术学院美术馆

位于河北区中山路与天纬路交口，隶属于天津美术学院。占地面积约6900平方米，2006年9月开馆。

该馆展厅面积约4200平方米，共有5层10个展厅，各自独立，每个展厅可分别举办不同规模、类型的展览。自2006年开馆以来，先后举办了"第一届天津油画双年展""写给中国的信——昆特·约克纸上作品展""中间——中澳当代艺术展""山东石刻艺术展""内丘神码艺术展""掇英——天津美术学院藏传统绘画精品展""隐秘的精神世界——吕楠摄影15年""千里之行——全国重点美术学院优秀毕业生作品展""怒吼——北京鲁迅博物馆藏抗战版画展""义成永年画艺术文献展""主人——姜健摄影艺术展"等展览。为配合重要展览的展出，该馆还邀请国内外学者举办了多次学术研讨会和学术讲座。

该馆库房面积500平方米，有藏品3800余件，主要来源为学院历年购买与接受捐赠，主要包括中国画、书法、油画、版画、雕塑、摄影及设计艺术作品。

天津港博览馆

天津港博览馆

位于滨海新区塘沽新港路 99 号，隶属于中共天津港（集团）有限公司委员会宣传部和天津港文化传播中心，2008 年 10 月 17 日正式开馆。

该馆建筑面积 25 980 平方米，主体建筑采用对称式格局，中央大厅由 4 个以石墙面为主的体块围绕而成。

该馆展厅面积 1.1 万余平方米（其中临时展厅 800 平方米），基本陈列分为"规划图展示区""天津港古代史""天津港近代史""天津港现代史""天津港未来发展"等部分。在展览中，采用触摸屏的方式，在中国地图上以灯光显示天津港通往世界的航线以及友好港、欧亚大陆桥、无水港的位置。

该馆还举办了"中国奥林匹克美术大会优秀作品巡展暨中国杰出艺术家作品邀请展""中国奥林匹克大型画展""维度美术作品展""中国当代书画展""中国当代名家大师精品拍卖艺术展""中国共产党成立九十周年大型图片展""中国八大院校学生优秀作品展""翰墨滨海——中国书协第五届全体理事书法精品展""国际大师美术作品展""翰墨巾帼书画展""首届天津滨海国际版画展""天津新港重新开港 60 周年大型图片展"等临时展览。

该馆藏品库房面积 120 平方米，有藏品 600 余件。在藏品管理方面，一是做好藏品的征集，主要途径有社会征集、收购、接收捐赠等；二是进行藏品登记、分类、编目、入库排架、统计、建档，做到制度健全、账目清楚、编目鲜明、保管妥善、查用方便。

天津电力科技博物馆

天津电力科技博物馆

位于河北区进步道 29 号，占地面积约 6000 平方米，隶属于天津市电力公司。2008 年 10 月开馆。

该馆馆舍始建于 1904 年，原为比商天津电车电灯股份有限公司总部办公楼，是一座局部三层的砖木结构欧式建筑。1937 年，由日本"满铁株式会社华北电力公司天津分公司"使用。1945 年，由南京国民政府冀北电力有限公司天津分公司使用。1949 年后，由人民政府电力部门使用。2005 年，国家电网公司领导莅津提出建设专题博物馆构想，随即开始筹划。2008 年 10 月完成建筑整修和布展，正式开馆，成为国内第一家电力专业博物馆。2010 年，被授予"全国科普教育基地"。

该馆展厅面积约 3000 平方米，分为常设展览和临时展览两部分。常设展览通过 6 个常设展厅，展现天津电力百年发展历程。馆内还利用触摸屏、声光电、幻影成像等多媒体手段，展示电力科学原理和前沿科技。

该馆现有藏品百余件，来源主要为历史遗留和捐赠，藏品大多为电力生产用具和杂项等。

该馆与天津市各区（县）中小学及街道委员会等单位、团体建立联系，定期组织团体来馆参观学习。

天津市蓟县地质博物馆

天津市蓟县地质博物馆

位于蓟县城北府君山南麓，隶属蓟县国土资源分局，占地面积 17 023 平方米，建筑面积 5373 平方米，总投资 4000 万元，2009 年 8 月 16 日开馆。

该馆地下半层为地质公园构造模拟微缩景观沙盘。一层有影像报告厅、办公及附属用房和地质展馆。其中影像报告厅面积 254 平方米，办公及附属用房面积 1686 平方米。地质展馆设有 7 个展厅，分别为序厅、中上元古界剖面介绍厅、地球厅、八大景区厅、化石厅、矿物岩石厅和奇石厅，面积 3433 平方米。二层展厅为蓟县历史陈列展厅（未对外开放），面积 667

平方米。

该馆整体建筑用钢筋水泥依山势而建，外层用毛石贴砌而成。建筑物为地下半层，地上二层。各个展厅错落有致，室内呈螺旋式，通过楼梯、坡道等环绕而上，大台阶与曲状的岩石墙交错穿插，体现了建筑与自然的有机融合。该馆是我国唯一记录中上元古界地球演化地质历史的博物馆，还是国内同类展馆中规模最大的一个。2009年8月被国土资源部列为"国土资源部科普基地"。

该馆基本陈列为"天津市蓟县地质公园地质遗迹图片展""蓟县地层剖面展"和"天津蓟县国家地质公园地学科普展"，内容以天津蓟县国家地质公园内大量地质遗迹为主，突出蓟县区域地质矿产资源特点，通过地球科学、中上元古界地层剖面、矿产资源，向观众展示地球的地质历史、地质事件及形成过程。

该馆陈列设计特点是集中展现蓟县地层剖面在地球10亿年间的演化过程。

该馆藏品共有920件，以化石标本、蓟县国家地质公园岩石标本、奇石、矿物岩石标本等为主。其中蓟县国家地质公园岩石标本505件、化石101件、矿物岩石214件、奇石100件。

该馆与天津地质调查研究院等单位合作，先后编写《天津蓟县地质公园简介》《天津蓟县国家地质公园导游图册》《天津蓟县国家地质公园地质遗迹景点集》《天津蓟县地质公园》（光盘）、《蓟县地质博物馆解说词》《矿物化石标本解说辅导材料》和《普通地质参考资料》等科普宣传材料。

自2009年以来，以该馆为主要科普平台，在蓟县国家地质公园主题广场和该馆馆内开展"世界地球日""全国土地日"和"防灾减灾日"等科普宣传。累计制作各类条幅80余套，设置宣传咨询台32处，摆放展板70余块（套），发放各类科普宣传资料9万余份。免费开放博物馆和影视厅，播放相应的多媒体光盘等影视资料60次。

该馆先后与天津大学、天津职业大学、河北科技学院等院校开展合作，在天津蓟县国家地质公园内开展地学夏令营和科普考察活动。先后选派12名讲解员到天津大学、河北科技学院选修地质基础理论课程，选派1名英语讲解员到天津职业大学进行地质专业再深造。这些院校的地质系学生先后分6批，在校领导和相关专家教授的带领下，对中上元古界地层剖面、府君山古生界寒武系、府君山组黑灰色沥青质灰岩等地层剖面进行了考察，并开展了地学夏令营活动，该馆为其提供教学场地，在影视厅多次举办科普讲座。

该馆消防和安全防卫等设备设施完备，建立和完善了火灾自动报警、自动喷水灭火、机械排烟、应急广播等系统，配备监控平台2座，设有应急照明、疏散指示标志、应急出口等，馆内部及周边安装监控探头36处。

天津纺织博物馆

天津纺织博物馆

位于天津空港经济区中心大道东九道高新纺织工业园天纺大厦二层，隶属于天津纺织集团（控股）有限公司，占地面积3000平方米，建筑面积2000平方米，2010年5月8日正式开馆。

该馆展厅面积1861平方米，其主体建筑呈半圆形，灰色花岗岩贴面，圆心相抱处有25米宽、5米高、35层主阶梯直抵展馆。对面是一组由水池、喷泉、绿化带组成的3000余平方米大型水榭花园。内外均呈平面式布局，序厅居前，"古代纺织""近代纺织""现代、当代纺织"和"专题展"等4部分依次环绕排列于展示大厅内。展示大厅中区为博物馆办公区域。

该馆基本陈列包括"古代纺织""近代纺织""现代、当代纺织""专题展"等4部分，集知识性与科普性于一体，充分运用声、光、电等现代科技手段，集中展示天津纺织的形成和发展历程，彰显了天津纺织在中国工业发展过程中的地位和作用。

该馆共有藏品2000余件（接受捐赠1200余件、购买200余件），主要涉及纺织机器设备、器件原料、图片文档、原始资料、实物等。重要藏品有北洋纱厂使用的美制粗纱头机、20 世纪 30 年代北洋纱厂的《职工花名册》等。

为唤起公众对文物事业的关注，该馆设计、制作了宣传图册并免费发放，同时利用报纸、广播和电视等新闻媒介进行广泛宣传。

天津利顺德博物馆

天津利顺德博物馆

位于和平区台儿庄路 33 号天津利顺德饭店地下一层。隶属于天津利顺德饭店，2010 年 8 月 28 日开馆。

该馆陈列面积 675 平方米，"利顺德历史展"为其基本陈列，分为"百年时空""百年老屋""百年肇基""百年风韵""百年探秘""百年沧桑""百年殊荣""百年回响""百年传承"等 9 个展厅，以不同场景将文物、人物、历史事件结合在一起。其开放式陈列使游客如身历其境。

该馆现有藏品 103 件（套），其中一级品 6 件（套）、二级品 3 件（套）、三级品 14 件（套）。该馆对全部藏品进行拍照建档。藏品库房、展厅、陈列柜装有防潮防火等器械，安装有红外线、闭路电视等防盗装置。

天津曹禺故居纪念馆

天津曹禺故居纪念馆

位于河北区民主道 5—7 号，占地面积 1200 平方米，建筑面积 827 平方米，隶属于天津市发展海河经济领导小组办公室和天津市海河建设发展投资有限公司。2010 年 9 月 22 日正式开馆。

该馆馆舍为意式建筑风格，始建于清宣统二年（1910）。为 2 座砖木结构 2 层小楼，有前后庭院及小花园。前院为独立小楼，坐南朝北，有 2 层过道，连接后院的独立 2 层建筑。该建筑建成后，曹禺（万家宝）的父亲万德尊率全家搬入，曹禺在此度过了他的童年和青少年时期。曹禺创作的《雷雨》《日出》《原野》《北京人》等经典戏剧中的许多人物和故事或多或少隐含着这段经历。后因万家逐渐败落，生活拮据，将前楼出租，1945 年又将其变卖。2004 年之前，有 10 余户居民租住于此，院内均为住人和放杂物的违章建筑。

2003 年始，天津市人民政府实施海河综合开发改造建设。2007 年，天津市发展海河经济领导小组办公室和天津市海河建设发展投资有限公司对曹禺故居实施腾迁和"修旧如旧"式整修。2010 年 1 月，天津市发展海河经济领导小组办公室和天津市海河建设发展投资有限公司成立筹建曹禺故居纪念馆、曹禺剧院项目指挥部。2010 年 9 月 22 日，曹禺先生诞辰 100 周年之际曹禺故居纪念馆正式对外开放。

该馆前楼以 14 个版块组成展览内容，通过照片、手稿、书籍等展示了曹禺童年、青少年的经历，以及他对天津的特殊情感和对戏剧事业的杰出贡献。后楼"万公馆"主要为曹禺青少年时期家庭环境的复原陈列。

曹禺剧院紧邻曹禺故居纪念馆，一楼大厅有"曹禺戏剧生涯纪念展""曹禺戏剧史料收藏展""《日出》手稿陈列展"，三楼为"纪念曹禺百年诞辰天津百位书画名家为曹禺故居纪念馆捐赠馆藏作品陈列展""天津百位书画名家书写曹禺百句箴言百米书法长卷展"。

该馆共有藏品 3100 余件（套），重要藏品有《日出》手稿，为镇馆之宝。

该馆与英国威廉·莎士比亚故居、法国雨果故居纪念馆等名人故居纪念馆有合作交流，2010 年该馆组织了一次国际学术研讨会，并将论文集出版。该馆每年都与鲁迅、郭沫若、茅盾、巴金、老舍、冰心、傅斯年、林语堂、莫言等 40 余家文学名人纪念馆、文学馆、博物馆进行交流、研讨、合作。

该馆为天津市爱国主义教育基地。

天津邮政博物馆

天津邮政博物馆

位于和平区解放北路 109 号，隶属于天津市邮政公司，2010 年 10 月 9 日开馆。

该馆占地面积 1114 平方米，建筑面积 2425.05 平方米。始建于清光绪十年（1884），原为清代津海关邮局、大清邮政津局、直隶邮务管理局的所在地，为中国近代邮政史上仅存的清代建筑。该建筑为砖木结构，二层带半地下室，主楼沿街平面呈"L"形。南端转角有一个八角形的角楼。整体建筑形式为罗马券柱式与中国传统青砖外墙相结合。除局部窗户用半圆形拱券及入口用椭圆形拱券外，一般用弧形拱券。柱子为青砖方壁柱，柱头上大下小，用罗马古典花式砖雕，拱券上用甘菊花饰砖雕。该建筑将中国传统砖木建筑美学与罗马建筑艺术特色、巴洛克装饰风格熔铸一炉，在天津小洋楼中独树一帜。1997 年 6 月 2 日，天津市人民政府公布该建筑为天津市级文物保护单位。

该建筑原系比利时义品地产公司所有，1949 年 1 月 15 日后，该公司向天津市人民政府申请了外侨房地产登记，由天津市房管局代管，市房产总公司负责经营。1962 年为天津市化工轻工材料总公司租用。2001 年 12 月 28 日，原天津市邮政局与天津市化工轻工材料总公司举行购置"大清邮政津局"旧址使用权转让签字仪式，为筹建天津邮政博物馆奠定了基础。

该馆展厅面积为 1500 平方米，基本陈列"天津邮政史"分为序厅、邮驿与其他通信组织厅、邮政厅、集邮厅等 4 个展厅共 14 个展室。内容分为古代通信时期、近代邮政创办时期、大清邮政时期、中华邮政时期、人民邮政时期。

该馆共有藏品 2000 余件（套），来源以社会征集、邮政员工捐献、邮品拍卖为主。如秦始皇时期古驿道车辙石、黑便士邮票实寄封、总理衙门电报封、大龙邮票印样、大龙邮票（五分银、三分银、一分银整版）、大龙邮票实寄封、小龙邮票、慈禧万寿邮票、印花税票、万里邮路使用的马车、宫门倒印珍邮、周恩来总理签发的任命书、梅兰芳小型张、"全国山河一片红"、庚申猴票整版等。

该馆设天津邮政博物馆邮政所，免费加盖纪念戳。

天津杨柳青木版年画博物馆

位于河西区佟楼三合里 111 号（现天津杨柳青画社院内）。隶属于天津杨柳青画社。天津杨柳青木版年画始于明末，因源于杨柳青镇而得名，清乾隆、嘉庆年间发展到了全盛时期。天津杨柳青木版年画以品种丰富、题材广泛、印绘结合为特点，堪称年画之冠。2008 年 9 月，该馆主体工程破土动工，2011 年 7 月 22 日正式对外开放。建筑面积 3535 平方米，展览面积 1724 平方米。主体为双层钢筋混凝土结构的仿古建筑，采用环绕式天井设计。

天津杨柳青木版年画博物馆

该馆展线总长 446 米，共展示杨柳青木版年画及实物 600 余件。首层为主陈列区，设有"历史传流""戏曲故事""古版藏珍""仕女娃娃""世俗生活"5 个展厅。二层设"戴齐画坊——保护发展"展厅以及临时展厅。

该馆自开馆以来举办了多场专题展览，如 2012 年春节期间，举办"赏年画，观民俗"大型年画展览；2012 年 4 月举办"水墨情怀——木版水印画展"专题展览。同时在每年的端午节、中秋节、重阳节等传统节日举办特色展览，普及年画文化内涵。此外，还举办了多场针对少年儿童的专题宣讲活动，并定期接待老年团体，深入军营和社区宣讲年俗文化。

该馆藏品分为年画古版、套版、传统年画彩稿、现实年画、年画线坯、中国各地年画、收购年画、杂项8类，主要通过捐献、收购、调拨等方式征集而来。其中年画古版6400余块，年画藏品20 000余件。从明代到中华人民共和国成立前各时期的木版年画均有涉及。重要藏品有：《绢地门神》，采用堆金沥粉画法绘制，尺幅较大，人物生动传神，极富立体感；宫廷画师高桐轩创作的《庆赏元宵》《瑞雪丰年》，首次将西方透视学融入年画；海派画家钱慧安创作的年画《抚琴图》《携壶南村访旧识》，为文人气息注入年画；潘忠义善绘仕女，所绘《红楼梦》系列人物造型生动，形态逼真，为年画精品；《琴棋书画》为清朝国丧期间诞生的素色年画，为杨柳青年画特有风格，是年画中一道独特

的风景；《绣龙衣》《绣马褂》《三字经》《九九图》年画将卖货郎的唱词与画面结合，具有浓郁的民俗风情；《穆家寨》《捉放曹》《春秋配》《牧羊圈》《狄青招亲》等戏出年画采用"真假虚实，宾主聚散"的构图法，将戏台上演出的剧目表现于宣纸之上，足见年画创作艺人的深厚功底。该馆设有年画库房和木版库房。

2011年，该馆应邀参加美国洛杉矶长滩州立大学举办的"第二届中国文化周"活动；2012年，该馆遴选馆藏精品参加了"韩国丽水世博会天津周""中国非物质文化遗产生产性保护成果大展""首届中国国际出版装备博览会""第二届全国非遗展示会"等各类展会。

第四节　非国有博物馆

天津泉香阁钱币博物馆

位于河东区卫国道163号一品家园3-1-902，1999年9月正式对外开放。2009年4月，该馆在天津市文化局和天津市社会团体管理局注册登记，为天津市第一家以个人收藏为主体挂牌成立的非国有博物馆。

该馆占地面积146.3平方米，展厅面积80平方米，库房面积60平方米。

天津泉香阁钱币博物馆

该馆基本陈列"中国历代货币"系统展示了中国历代货币及与钱币文化相关之物品和史料。此外，还先后举办"权——泉香阁百权精品展""第43届世界乒乓球锦标赛专题展""人民币反假专题展"等临时展览。

该馆收藏10 000余枚钱币，以及与钱币文化相关

的物品和史料。包括殷商时期的贝币、战国时期的刀币、西汉时期的小五铢钱、清光绪三十年（1904）广东铸造的寿字半两币、中国人民银行发行的3元面值人民币等。

该馆先后荣获"河东区科普教育基地"和"河东区青少年教育文化艺术家庭展室"等荣誉称号。

天津宝成博物苑

天津宝成博物苑

位于津南区双桥河镇海河二道闸，由天津宝成机械集团有限公司建成。占地面积173 420平方米，建筑面积38 112平方米，展厅面积38 112平方米。2004年9月开馆。

该苑展览分为两馆、十厅、一林、一长廊,两馆分别为宝成博物苑、宝成民俗博物馆,十厅分别为灵璧宫、陶展厅、化石展厅、汉画像石展厅、青铜器展厅、兵马俑展厅、名人字画展厅、明清家具展厅、性文化展厅、根木雕展厅,一林即木化石林,一长廊即百米石文化长廊。

该苑主题展览通过"回"字形设计陈列不同品类的文物,揭示中华石文化、民俗文化在不同历史时期的特点、功能、价值、造型、纹饰以及文化内涵。

该苑共有藏品2989件(套)。其中包括古植物化石、钟乳石、灵璧石、画像石、陶器、原始瓷、石刻、明清字画、现代名人字画、明清家具、磁州窑酒坛、清象骨刻千里马、清代马车、明代铁钟、清代瓷瓶、清代牌匾、清代龙袍、清代坤轿、清代汉白玉狮子、现代大型瓷笔筒、现代钧瓷瓶、景德镇制大许愿瓷缸、清代影像等。

该苑于2004年制定《关于藏品征集、入库、保护的有关规定》,对藏品的征集办法、入库标准,以及藏品的鉴定、建档、分级、保护等都做出明确规定。

该苑通过报刊、电视、广播等新闻媒体进行宣传,并建立了宝成博物苑景区网站,广泛开展科普活动。自2004年9月以来,先后有150多个中小学组织20余万名学生到此观赏、开展直观教学。同时,还有2万多名解放军官兵来此进行爱国主义教育。

该苑于2009年5月,被中共天津市委、天津市人民政府命名为"天津市爱国主义教育基地";同年12月,被中国科学技术协会命名为"全国科普教育基地"。

天津祈年湾奇石博物馆

天津祈年湾奇石博物馆

位于南开区水上北路26号,2004年1月筹备,2004年12月正式对外开放。

该馆展厅面积4000平方米,举办"奇石陈列"展出数千块奇石,包括红河石、戈壁石、九龙璧玉石、太湖石、各种化石等30余个品种。

该馆藏品总数5000件,主要分为奇石、化石、矿物石等类。

天津西洋美术馆

天津西洋美术馆

位于和平区解放北路77号,馆舍为原法国东方汇理银行旧址,建成于1921年,巴洛克式建筑风格。占地面积1326.86平方米,内部装饰保留了20世纪初法国的特色。2007年7月正式开馆。

该馆自开馆以来,已举办了近百场中外美术展览及文化艺术交流活动。2008年、2009年连续两年获得文化部现当代文化艺术发展推广扶持项目表彰并获奖,2010年被评为文化部诚信单位,2011年被选为天津市人民对外友好协会理事单位,2012年被天津市民政局、天津市社会团体管理局评为4A级社会组织单位。

该馆先后举办了"聚焦可爱的白俄罗斯和其他国家——中国前驻白俄罗斯大使于振起摄影展""俄罗斯列宾美术学院油画展""德国PARADOX艺术团体作品展""朴实·浓郁·优美——朝鲜现实主义油画展""百年欧洲——油画、艺术品展""中德艺术作品展""期待·向往——法国风情摄影展""德国charlief·kohn摄影展""中韩悟动展""俄罗斯油画精品展""全国美术学十博士书画展""全国首届著名美术学博导、博士生书画大展""瀚博·渤海之子——孙其峰及弟子书画展""瀚博·渤海之子——李翔龙遗作精品展""天津当代中青年国画精品展""新视线——天津、上海美术精品展"“唯美写实，大家风范——中国油画名家作品邀请展"“运河的记忆——邓家驹画展"“拜门求教——首都师范大学中国书法文化研究院作品展"“后笔墨计划：延伸与转向——中国画邀请展"等展览。同时，编辑出版了系列图册。

天津应大皮衣博物馆

天津应大皮衣博物馆

位于空港经济区西十一道 135 号，占地面积 1500 平方米，建筑面积 3000 平方米，2008 年 10 月 18 日正式开馆。

该馆馆舍共分两层，博物馆设在二层。从序厅开始，呈"回"字形。共设 4 个展厅，即序言、中国厅、世界厅、应大厅。主要展出中外皮衣发展史和应大皮衣发展史。

该馆共收藏了从古代到现代、从中国到欧洲的 220 余件皮衣，以及多种皮衣制造工具和皮料。

2009 年，该馆举办中国皮衣高峰论坛。2010 年，该馆举办皮革行业专家研究皮衣博物馆未来发展目标研讨会。

天津大港奥林匹克博物馆

天津大港奥林匹克博物馆

位于滨海新区大港官港湖南侧博物馆路 236 号，国际奥委会执行委员、国际拳击联合会主席、2008 北京奥运会协调委员会工程建设组召集人吴经国创建。占地面积 10 万平方米，建筑面积 4858 平方米。2009 年 9 月 27 日正式开馆。

该馆主体建筑分上下两层。一层大厅为公共区，设有办公区、咖啡休闲厅、餐厅、环幕影院，以及中国唯一一家可以经营国际奥林匹克和历届奥运题材的特色纪念品商店；二层由 3 个展厅构成，分别是"奥林匹克之路"“奥林匹克之树"和"奥林匹克之魂"。一层入口处有国际奥委会终身名誉主席萨马兰奇先生的亲笔题词。

该馆是由国际奥委会和中国奥委会批准成立的中国第二家奥林匹克博物馆，国际奥林匹克博物馆联盟成员之一。

该馆展厅面积 3000 平方米，展线长 500 米。基本陈列包括"奥林匹克之路"“奥林匹克之树"“奥林匹克之魂"三部分，展现了奥林匹克从古到今的发展历程。

该馆还先后举办"北京奥运会专题展"“天津与奥林匹克运动展"“新加坡青奥会特展"“缅怀萨翁特展"“2012 年伦敦奥运会特展"等临时展览。

该馆共有藏品 1371 件，主要来源于该馆馆长吴经国自行收藏以及接受捐赠等。其中，该馆馆长自行收藏 1349 件，受捐 22 件。重要藏品有"现代奥林匹克之父——顾拜旦亲笔手稿"“奥林匹克火炬"（包括 1936 年柏林奥运会第一次圣火传递至 2012 年伦敦奥运会期间历届奥运会中绝大部分火炬）。

该馆定期举办奥运科普知识讲座、奥林匹克专题竞赛活动、竞技体育知识讲座，邀请不同年龄的学生参加。

为弘扬"更快、更高、更强"的奥运精神，该馆不定期地邀请奥运冠军来馆交流，鼓舞和感染下一代。

该馆自开馆以来，分别与韩国首尔奥林匹克博物馆、何振梁与奥林匹克陈列馆、厦门奥林匹克博物馆等进行交流，增强博物馆的专业性和吸引力。

天津沉香艺术博物馆

位于和平区常德道 37 号，2010 年 1 月 1 日正式对外开放。

该馆占地面积 585 平方米，展厅面积 400 平方米。一层为主展区，二层为茶室和办公室，三层为产品展示区和香室。

该馆基本陈列"走进沉香——沉香知识科普展"

天津沉香艺术博物馆

分为"沉香样本""中国古代香器""沉香雕刻艺术"等部分,按照沉香的形成原因、存在状态和主要产地分别进行陈列。此外,还先后举办"沉香艺术品名家雕刻展""沉香精品展""茶与沉香"等临时展览,并举办"沉香文化艺术周"活动。

该馆分别于 2010 年和 2011 年参加了"首届广东东莞沉香文化艺术博览会"和"第二届中国(东莞)沉香文化艺术博览会",受到国内外众多专家及观众的关注和喜爱,日参观量数千人次。2012 年在天津、北京、上海、杭州等地举办了"香满中华"雅集活动。同年 11 月 25 日至 28 日在北京国际饭店会议中心举办"首届中国沉香文化博览会暨沉香文化论坛"。

该馆藏品共有 200 余件,包括各类沉香香品、沉香艺术品、历代香具、与中国香文化相关器物等。已完成建卡、拍照、建档等基础工作,并建立了藏品总账和登记表。藏品库房、展厅以及陈列柜内采取防盗、防潮、防尘、防火、防蛀、防霉等措施,安装了录像监控系统。

天津华夏鞋文化博物馆

天津华夏鞋文化博物馆

位于南开区古文化街海河楼 166 号,占地面积 1770 平方米,2010 年 5 月 18 日开馆。

该馆是我国首家鞋文化专题博物馆,展厅面积约 900 平方米,展出内容分为七大版块,即:鞋发展史、鞋履民俗、民间鞋品、三寸金莲、精品特展、场景复原、制鞋技艺。七大版块中包含 60 多个有关鞋的专题,以及 1000 多件有关鞋的展品。

该馆以编年史的形式展现中国五千年的鞋履文化史,展柜内的图版和文字对各个鞋类的起源、用途、习俗作了介绍。

鞋履文化是我国的非物质文化遗产,该馆设置了"非物质文化遗产交流研究室",旨在与鞋业同行、老字号企业交流学习。同时在馆内设置鞋的制作现场,展示制鞋的传统手工技艺流程。

天津金融博物馆

天津金融博物馆

位于和平区解放北路 29 号,2010 年 6 月 9 日正式开馆。

该馆馆舍原为法国俱乐部,初建于 19 世纪 90 年代,后由法国公议局出资于清宣统三年(1911)及 1931 年两次重建,是具有现代主义风格的法式建筑。

该馆占地面积 1102 平方米,建筑面积 2941 平方米,展厅面积 2400 平方米,基本陈列分为 4 部分,包括"历史与现状""金融与我们""中国金融史""次贷与金融危机"。

该馆是由 12 个国家组成的金融博物馆全球协会的创始成员,亦为由 19 家机构组成的中国货币与金融博物馆联盟的创始成员和秘书长机构。

该馆设立学术委员会和金融启蒙委员会,分别由中国人民银行前副行长吴晓灵和中国保监会前副主席魏迎宁担任主席。

2011 年 7 月，该馆成立"金融博物馆书院"，定期举办读书会、江湖沙龙、金融会客厅、大家讲论、博物馆下午茶、金融故事会等。

天津可乐马古典家具博物馆

天津可乐马古典家具博物馆

位于武清开发区泉发路 18 号，由可乐马家具（天津）有限公司建立。占地面积 1850 平方米，共设 2 层，每层面积均为 670 平方米。2011 年 10 月 29 日开馆。是国内首家以中国古典漆木家具收藏为主体的非国有博物馆。

该馆基本陈列为"漆木古风——可乐马古典家具博物馆藏品展"，共分两部分，第一部分为"宋金时期家具"，第二部分为"明清时期家具"。

该馆展品包括桌、椅、案、床、灯、盒、柜子、架、屏风、杂项等。藏品共 208 件，其中盒类 32 件，柜类 36 件，案类 35 件，椅类 24 件，架类 23 件，床类 6 件，灯类 37 件，杂项类 15 件。馆内设有消防、除湿、监控等设备，每件藏品均有详细的记录。

该馆馆长马可乐于 1999 年出版英文版《山西传统家具·可乐居选藏》，是一本系统介绍中国古典柴木家具的专著，由王世襄作序。

2010 年，该馆与清华大学合作，举办古典家具工艺制作研讨会。

天津名车苑汽车文化博物馆

位于河东区龙潭路中山门西里 5-1-103 号，占地面积 102 平方米，2012 年 5 月 22 日开馆。

该馆展厅面积 60 平方米，基本陈列为"汽车造型的演变"，主要展出马车形汽车、箱形汽车、甲壳虫形汽车、船形汽车、鱼形汽车、楔形汽车等 200 辆汽车模型，向观众展示了百年汽车造型的演变。

天津名车苑汽车文化博物馆

该馆举办的临时展览主要有"中国汽车六十年特展""德国'西姆斯'汽车模型展""汽车火花标艺术展""美国汽车牌照展""中国工艺美术大师韩学谦'世界汽车文化名人瓷刻艺术展'""馆藏汽车钥匙链精品展""速度与激情——运动赛车模型展""四驱帝国——越野汽车模型展"等。

该馆共有藏品 3000 件，均为个人购买及接受捐赠，类别分为汽车模型、实物汽车及汽车文化周边藏品。主要有：河南殷墟出土的古战车，1：10 比例的秦始皇陵铜车马 1 号和 2 号车，中国西汉指南车，清代篷车、水车、春秋战国时期云梯车、攻城车、抛石车，诸葛亮发明的木牛流马，中国第一辆"东风"牌轿车，中华人民共和国第一辆"解放"牌卡车，周恩来总理乘坐的大红旗特种保险车，国庆 35 周年阅兵式上邓小平同志乘坐的"红旗 CA770TG"检阅车，1：24 比例的 1911 年奔驰林宝迪特木头车，1974 年英国生产的火柴盒系列，德国"西姆斯"系列汽车，美国富兰克林、MBI 生产的汽车模型等。

该馆藏品按类分架保存，有专人负责日常维护工作，库房内有空调及温湿度仪，安装有远红外线监控防盗系统和录像监控系统。

该馆每月出版《博物馆通讯》，并在《世界汽车》《车空间》等刊物刊登有关汽车文化文章。

该馆与天津市关心下一代工作委员会、中国共产主义青年团天津市委员会等单位联合举办青少年汽车科技夏令营，将展览、讲座送进社区、车展及各种国际展会，与天津交通广播等新闻媒体联合举办各种公益活动。

第三章 陈列展览（1949—2012）

陈列（展览）是指在一定空间内，以文物（标本）为基础，配合适当辅助展品，按照一定的主题、序列和艺术形式组合成的，进行直观教育、传播文化科学信息和提供审美欣赏的展品群体。

本章主要介绍获奖陈列、基本陈列、出国展览，以及赴中国港、澳、台地区展览等内容。

第一节 获奖陈列

1997年，为提高博物馆陈列展览和社会服务水平，由国家文物局指导，中国博物馆学会、中国文物报社联合开展"全国博物馆十大陈列展览精品"评选活动。天津自然博物馆、周恩来邓颖超纪念馆和天津博物馆分别获得奖项。

天津自然博物馆基本陈列获得第2届（1998年度）"全国博物馆十大陈列展览精品"精品奖。获奖理由：天津自然博物馆基本陈列在指导思想上摒弃了以专业学科分类的单一模式，采用了较先进的主题单元展示法，在"地球与生命"的主题下，集中表现了生物的多样性，以及人与自然的和谐。在展厅内设有观众动手动脑的参与项目。

周恩来邓颖超纪念馆基本陈列获得第9届（2010年度）"全国博物馆十大陈列展览精品"精品奖。获奖理由：周恩来邓颖超纪念馆对博物馆本质特征的深入理解，以及用最质朴也是最有效的手段突显博物馆

真实性的做法是他们成功的利器。展览以卡片档案的形式介绍展品的来龙去脉，以组合小单元的形式展示其使用经过的做法，令人印象深刻，值得我国近现代题材博物馆学习和借鉴。

天津博物馆"中华百年看天津"展览获得第10届（2012年度）"全国博物馆十大陈列展览精品"精品奖。获奖理由："中华百年看天津"展览是展示天津近代历史的基本陈列，是继国家博物馆"复兴之路"后又一个反映中国近代历史的大型陈列，经过初评、专家考察、观众网上投票等程序后，展览获得由15位评审专家组成的评审组的一致认可。

此外，周恩来邓颖超纪念馆基本陈列获得第2届（1998年度）"全国博物馆十大陈列展览精品"提名奖，周恩来邓颖超纪念馆情怀厅陈列获得第4届（2000年度）"全国博物馆十大陈列展览精品"提名奖。

第二节 基本陈列

从中华人民共和国成立至2012年底，天津市各博物馆、纪念馆共举办数百个基本陈列。本节收录的为主要基本陈列。

历代绘画展览、铜玉专室展览、天津地方民间艺术展览

1957年10月，天津市艺术博物馆筹备处在和平区解放北路77号举办"历代绘画展览""铜玉专室展

览""天津地方民间艺术展览"并对外开放。

中国通史（夏商周及秦汉部分）陈列

1958年8月，在天津市历史博物馆展出"中国通史（夏商周及秦汉部分）"，展出文物、模型3000余件。

天津地方革命史陈列

1959年9月20日，在天津市历史博物馆展出"天津地方革命史陈列"。展厅面积3170平方米，展品

5000 余件。展示了在中国共产党领导下，天津人民长期进行反对帝国主义、封建主义、官僚资本主义的斗争，以及中华人民共和国成立十年来天津所取得的成就。

三条石历史博物馆基本陈列

1959 年 10 月 1 日，三条石历史博物馆开馆。先后推出"三条石今昔历史展览""三条石地区民族工业史""三条石地区机械铸铁业变迁史陈列"和"福聚兴机器厂旧址复原陈列"等。

近代天津人民反帝斗争史陈列

1975 年 5 月，天津市历史博物馆举办"近代天津人民反帝斗争史"展览，该展览作为其基本陈列展出。

周恩来同志青年时代业绩陈列

1978 年 3 月 5 日，周恩来同志青年时代在津革命活动纪念馆建成开馆。基本陈列为"周恩来同志青年时代业绩"。

天津地方古代史陈列

1980 年 10 月 1 日，天津市历史博物馆举办的"天津地方古代史陈列"展出。

天津地方近代史陈列、天津现代革命史陈列

1981 年 7 月 1 日，天津市历史博物馆举办的"天津地方近代史陈列""天津现代革命史陈列"展出。两个陈列展览面积 1710 平方米，展线长 336 米，展出文物 412 件，文献（包括复制品）432 件，照片 615 幅，图表 83 幅，美术作品 20 幅。近代部分，展现天津作为我国北方重镇、首都门户，在中国近代史中的重大历史事件，以及政治、经济等发展状况。首次将近代经济的兴起和文化教育事业的发展内容表现在陈列中。现代部分，主要展出中国共产党在天津的革命活动，特别展现老一辈无产阶级革命家和革命先烈，坚持马克思主义真理，前仆后继、百折不挠地为天津人民和全国人民的解放事业所建立的不朽功勋。

觉悟社复原陈列

1984 年 9 月 16 日，觉悟社旧址陈列馆"觉悟社复原陈列"展览开展。该展面积共约 260 平方米，分为复原陈列和辅助陈列。复原陈列根据社员的回忆，在原觉悟社活动的房间里布置了民国时期的家具、用品，以及社员抓阄用的铁盆和纸阄等，再现了社员们当年活动的场景。辅助陈列分为"奠定基础——经受五四风暴洗礼""觉悟诞生——寻索社会改造之途""大浪淘沙——选择不同人生道路"三部分。复原陈列与辅助陈列相结合，全方位展示了觉悟社的诞生与发展历程。

近代天津民俗陈列

1985 年 2 月 20 日，天津市历史博物馆"近代天津民俗"展览开展。以馆藏清代地方民俗文物为主，运用景观复原、展品组合、主体装饰等新颖手法，展示清末民初时期天津城区民间生活习俗，如居住、服饰、民间艺术、城市经济、婚姻礼仪等诸多民俗风情，为恢复民俗学科后国内第一个民俗陈列。

天津戏剧博物馆基本陈列

1986 年 1 月 1 日，天津戏剧博物馆开馆。推出"中国戏曲发展简史""中国京剧发展简史""中国古典剧场复原陈列"等基本陈列。

天津民俗博物馆基本陈列

1986 年 1 月 1 日，天津民俗博物馆开馆。推出"天后宫复原陈列""漕运习俗""商业习俗"和"婚俗"等基本陈列。2003 年 5 月 1 日，推出"妈祖文化摄影展"。2008 年 2 月 9 日推出"妈祖文化历史文物精品展"。2009 年 10 月 1 日推出"妈祖文化展"等基本陈列。

义和团运动时陈列

1986 年 1 月 1 日，天津义和团纪念馆利用"义和团吕祖堂坛口遗址"，推出"义和团运动史"基本陈列。

天津黄崖关长城博物馆基本陈列

1986 年 10 月，天津黄崖关长城博物馆建成开馆。基本陈列为"万里长城历史回顾展"和"蓟县长城文物展"，主要展示万里长城的历史沿革、蓟县长城的始建与重修年代，以及在 1984—1987 年"爱我中华，修我长城"活动中，重修黄崖关长城的有关文件和资料。

天津市蓟县中上元古界地质陈列馆基本陈列

1989 年 10 月 20 日，天津市蓟县中上元古界地质陈列馆建成开馆。基本陈列分为综合馆、长城系、蓟县系、青白口系、古生物和矿产资源馆五部分。

天津文庙博物馆基本陈列

1991 年天津文庙博物馆开馆。推出"府庙祭祀复原陈列""大哉孔子"及"孝德展"等基本陈列。

石府复原陈列

1991 年，天津杨柳青博物馆开馆。展出"石府复原陈列"，以及杨柳青婚俗、商俗、砖雕艺术、灯箱画、剪纸、水局、民间花会、中华人民共和国成立后肃贪第一大案等展览。

天津科学技术馆常设展

1995 年 1 月 1 日，天津科学技术馆建成开馆。常设展厅展出集科学性、知识性、趣味性、参与性、艺术性于一体的科技展品。

天津近代人物蜡像馆陈列

1995 年 4 月 29 日，天津市历史博物馆内设的"天津近代人物蜡像馆"开展。通过人物蜡像与天津近代史的有机结合，在天津开埠与租界的设立、洋务运动在天津、八国联军入侵和义和团运动、小站练兵和北洋军阀、北洋实业和民族工商业、近代教育、文化艺术、体育卫生、革命先驱、抗日救亡、天津解放等专题中展示天津近代历史发展中各个方面的代表人物。首次运用"以人为主，以史托人"的设计思路，将人物置于天津近代历史进程中。

平津战役纪念馆基本陈列

平津战役纪念馆基本陈列由北京军区负责完成。1997 年初，中国人民革命军事博物馆杨谷昌研究员担任陈列工艺总设计师，沈尧宜、陈坚、潘鹤、程允贤、王克庆、张德华、何坚、袁运生等艺术家负责雕塑、油画等辅助展品的制作，开始平津战役纪念馆陈列的布展工作。

平津战役纪念馆基本陈列由序厅、战役决策厅、战役实施厅、人民支前厅、伟大胜利厅、英烈业绩厅六部分组成。

战役决策厅展示了战役发生的历史背景及与全国战场的关系，战役实施厅展示了平津战役的全过程，人民支前厅展现了东北、华北解放区广大人民群众踊跃支前的历史场景，伟大胜利厅展现了平津战役所取得的辉煌战绩及其重大意义，英烈业绩厅介绍了在平津战役中涌现出的战斗英雄及牺牲烈士的事迹。

陈列总面积 5100 平方米，展线总长 740 米，共陈列文物展品 2018 件。另设多维演示馆，利用全景式球形屏幕和现代的声、光、电技术，辅以雕塑、模型、坦克等布景，再现了平津战役的战争场面，具有强烈的艺术震撼力。

大沽口炮台遗址博物馆基本陈列

1997 年 7 月 1 日，大沽口炮台遗址博物馆开馆。2011 年 4 月，新馆开馆。基本陈列由"京畿海门""沽口御侮""国门沦陷"等部分组成，反映 1840—1900 年间大沽口炮台的历史。

周恩来邓颖超生平业绩展陈列

1998 年建馆之初，周恩来邓颖超纪念馆基本陈列为"周恩来邓颖超生平业绩展"，展厅面积共计 3000 平方米。由瞻仰厅、生平厅和情怀厅组成。瞻仰厅正面耸立着周恩来和邓颖超汉白玉雕像，题为"情满江山"，背景是大型壁毯"海阔云舒"。两侧青石浮雕墙展示五四运动、南昌起义、红军长征、西安事变、开国大典、四化建设等历史场景。生平厅按照历史顺序和专题，以照片、文物、文献、复原场景、微缩景观、沙盘模型、大屏幕电视等展示手段，全面展现周恩来、邓颖超的一生。情怀厅介绍周恩来、邓颖超的爱情、亲情、友情、乡情及人民情。

2010 年 1 月 1 日始，纪念馆主展厅闭馆，对基本陈列进行更新改造，同年 6 月 12 日重新对外开放。

新的基本陈列共分为 4 个展览，除保留了原陈列中的瞻仰厅之外，其他 3 个展览分别为"人民总理——周恩来""邓颖超——20 世纪中国妇女运动的先驱""伟大的情怀——中南海西花厅复原陈列"。

天津自然博物馆基本陈列

1998 年 10 月 28 日，天津自然博物馆基本陈列正式开展，分为序厅、古生物一厅、古生物二厅、水生生物厅、两栖爬行动物厅、动物生态厅、世界昆虫厅、海洋贝类厅、热带植物温室及电教厅。

序厅为螺旋渐开式大厅，生命之路巨幅铜雕、高山流水景观与巨大地球模型共同勾勒出生命历程的辉煌与艰辛以及自然家园的美丽与多姿。

古生物厅，16 架恐龙高聚龙台，穿顶翼龙翱翔其间，并展示披毛犀、师氏剑齿象、三趾马等，中国北方独有的古哺乳动物化石。

动物生态厅以生态景观的展示方式，展现我国从南到北、从东到西的动植物种群分布，如从南部的热带雨林到北部的蒙新草原、东北森林，以及珍贵稀有的熊猫、朱鹮、羚羊等国宝级动物标本。

海洋贝类厅，以头足类动物作为参观路线的指引标志，贝壳嵌于透明玻璃地板之中，展柜中所展示的砗磲、鹦鹉螺、珍珠贝等展品种类繁多、瑰丽斑斓。

昆虫厅以"会唱歌的昆虫""身披盔甲的昆虫"等多个富有趣味性的主题对现生昆虫进行分类展示。

天津自然博物馆在展示方法上强调以人为本、动静结合，注重展示内容的科学性、知识性、趣味性与参与性。

中国历代货币陈列

1999 年 9 月，天津泉香阁钱币博物馆开馆。基本陈列为"中国历代货币"，系统展示中国历代货币及与钱币文化相关的物品和史料。

北洋水师大沽船坞遗址陈列

2000 年 10 月 28 日，北洋水师大沽船坞遗址纪念馆开馆，基本陈列由"北洋水师大沽船坞的建立""大沽船坞不可磨灭的贡献""大沽船坞的艰辛与曲折""大沽船坞的新生与发展"四部分组成。

中共天津地方党史通史陈列

2001 年 7 月 1 日，中共天津历史纪念馆"中共天津地方党史通史"开展。主要展示五四运动以来，中共天津地方党组织诞生的历史背景和过程，以及天津地方党组织成立后领导天津人民进行新民主主义革命、社会主义改造和建设的光辉历程，时间跨度从五四运动至 2004 年。展览分为三部分：第一部分展出新民主主义革命时期，天津地方党组织的创建发展及其革命活动；第二部分展出天津解放后，在社会主义建设时期艰苦创业的过程；第三部分展出中共十一届三中全会以后，改革开放给天津带来的巨大变化。整个展览内容向人们展示"只有共产党才能救中国，只有开放才能强国富民"的观点。

海洋的旋律陈列

2002 年 5 月 1 日，元明清天妃宫遗址博物馆"海洋的旋律"开展。该展以中央大厅的元代建筑基址和明、清时期天妃宫大殿基址为依托，展示"浩瀚的海洋""神奇的妈祖""河与海的城市""永恒的遗址"4 部分内容，展出文物 200 余件，图片 300 余幅。紧密结合考古、遗址向观众展示天津城市的起源与发展、妈祖文化现象等内容。

近代中国看天津——百项中国第一陈列

2002 年 10 月，近代天津博物馆开馆。基本陈列为"近代中国看天津——百项中国第一"。

梁启超与近代中国陈列

2003 年 4 月 18 日，天津梁启超纪念馆开馆。基本陈列为"梁启超与近代中国"和"饮冰室书斋复原陈列"。

杨柳青年画陈列

2003 年 9 月 28 日，天津杨柳青年画馆开馆。陈列内容以杨柳青木版年画起源、兴盛、衰落到复兴的历史沿革为主线，展出百余幅精品年画。

古海岸遗迹（古贝壳堤）陈列

2003 年 10 月 1 日，天津古林古海岸遗迹博物馆开馆。推出"古海岸遗迹（古贝壳堤）剖面展区"和"贝壳标本展区"，揭示天津地区海陆变迁的历史。

天津一二·九抗日救亡运动陈列

2003 年 12 月 9 日，天津一二·九抗日救亡运动纪念馆开馆。基本陈列再现了当年进步青年学生以津郊王兰庄及周边乡村为基础，开展民众义务教育、进行抗日救亡宣传、发展革命力量的历史。

蓟县历史文物陈列

2004 年 6 月 19 日，蓟县文物博物馆由蓟县文物保管所加挂牌子，推出"蓟县历史文物陈列"等。

天津宝成博物苑陈列

2004 年 9 月，天津宝成博物苑开馆。陈列不同品类的展品，揭示中华石文化、民俗文化在不同历史时期的特点、功能、价值、造型、纹饰以及文化内涵。

中华百年看天津陈列

2004 年 12 月 20 日，"中华百年看天津"在天津博物馆（河西区友谊路 31 号）开展。展览面积 2600 平方米，展品（包括文物、文献、史料、照片等）700 件。展览共分为"天津的历史积淀""英勇悲壮的抗争""工业文明的启蒙""北洋新政的诞生""中西文化的交汇""北方经济的中心""日本侵华的基地"和"红色风暴的雷鸣"等部分，比较全面地展示了近代天津的历史。

2012 年 5 月 19 日，"中华百年看天津"在天津博物馆（河西区平江道 62 号）重新布展并正式对外开放。展览面积 2400 平方米，共分为"抵御外辱——从三次大沽口之战到抗战枪声""外患深重——租界的建立""政治变革——从三口通商衙门到特别市的建立""经济中心——北方最大的工商业和港口城市""中西交汇——城市文化与社会变迁""奔向光明——中国共产党领导的新民主主义革命实践"等部分。该展览通过文物、文献、史料、照片等 900 件展品，以中国近代史为主线，以党史为指导，集中反映中华民族为救亡图存进行的种种探索，特别是天津人民为中华民族的伟大复兴做出的贡献。通过展示近代天津发生的重大历史事件和人物活动，突出天津"全国影响、影响全国"的历史地位。

百年集珍——馆藏文物精品陈列

2004 年 12 月 20 日，天津博物馆开馆。推出"百年集珍——馆藏文物精品陈列"，"国瓷华彩——中国古代瓷器装饰艺术陈列""书法掠影——中国古代书法艺术陈列""砚寓儒雅——中国古砚艺术陈列"等。

近代天津居住生活习俗复原陈列

2004 年 12 月 23 日，天津老城博物馆开馆。展出"近代天津居住生活习俗复原陈列"和"近代天津民间闺房复原陈列"等。

盘山抗日根据地斗争历史陈列

2005 年 9 月 2 日，盘山烈士陵园在烈士纪念馆原址建成"盘山革命纪念馆"，并将盘山抗日斗争事迹陈列馆和烈士纪念馆的文物移至盘山革命纪念馆展出，更名为"盘山抗日根据地斗争历史陈列"。

该展览面积 320 平方米，以地方革命史为主线，以抗日烈士事迹为重点，通过 189 件珍贵的革命文物、110 张历史照片，以及蜡像景观、雕塑、影像窗、油画等，向观众展现了由李子光、包森、田野、莲花峰七勇士、子弟兵母亲杨妈妈等众多盘山英烈组成的英雄群体，讴歌了盘山抗日根据地军民的抗日斗争精神。此外还有群雕"浴血抗战""白草洼战斗"蜡像景观、杨妈妈蜡像景观等。

奇石陈列

2004 年 12 月，天津祈年湾奇石博物馆开馆。基本陈列为"奇石陈列"，展出红河石、戈壁石、九龙璧玉石、太湖石、各种化石等 30 余个品种。

中共中央北方局旧址复原陈列

2005 年 9 月 8 日，中共中央北方局旧址纪念馆开馆。推出基本陈列"中共中央北方局旧址复原陈列"。

于方舟烈士纪念馆基本陈列

2005 年 12 月，于方舟烈士纪念馆建成开馆。基本陈列为"于方舟革命烈士生平事迹展"和"宁河人民革命斗争史"。

塘沽博物馆基本陈列

2007 年 11 月 26 日，滨海新区塘沽博物馆开馆。基本陈列由"沧海桑田""盐兴漕畅""海门古塞""工业兴邦""沽口曙光""明珠璀璨"6 部分组成，展现塘沽地区成陆以来的历史变迁与风土人情。

天津港博览馆基本陈列

2008 年 10 月 17 日，天津港博览馆开馆。基本陈列分为"规划图展示区""天津港史""天津港未来发展"等。

天津电力科技博物馆基本陈列

2008 年 10 月，天津电力科技博物馆开馆。基本陈列主要展示天津电力百年发展历程。

中外皮衣和应大皮衣发展史陈列

2008 年 10 月 18 日，应大皮衣博物馆开馆。主要展出"中外皮衣和应大皮衣发展史"。

天津市蓟县地质博物馆基本陈列

2009 年 8 月 16 日，天津市蓟县地质博物馆建成开馆。基本陈列为"天津市蓟县地质公园地质遗迹图片展""蓟县地层剖面展"和"天津蓟县国家地质公园地学科普展"，内容以蓟县国家地质公园内地质遗迹为主，突出蓟县区域地质矿产资源特点，通过地球科学、中上元古界地层剖面、矿产资源，向观众展示地球的地质历史、地质事件及形成过程。

天津大港奥林匹克博物馆陈列

2009 年 9 月 27 日，天津大港奥林匹克博物馆开馆。基本陈列为"奥林匹克之路""奥林匹克之树""奥林匹克之魂"。

走进沉香——沉香知识科普展

2010 年 1 月 1 日，天津沉香艺术博物馆"走进沉香——沉香知识科普展"开展。该展分为"沉香样本""中国古代香器""沉香雕刻艺术"等部分，按照沉香的形成原因、存在状态和主要产地进行介绍。

天津纺织博物馆基本陈列

2010 年 5 月 8 日，天津纺织博物馆建成开馆。基本陈列包括"古代纺织""近代纺织""现代、当代纺织"等，展示天津纺织的形成和发展历程，彰显天津纺织业在中国的地位和作用。

鞋文化专题展

2010 年 5 月 18 日，天津华夏鞋文化博物馆开馆。基本陈列为"鞋文化专题展"，介绍各个鞋类的起源、用途、习俗等。

金融的历史与现状陈列

2010 年 6 月 9 日，天津金融博物馆开馆。基本陈列为"金融的历史与现状"。

利顺德历史展陈列

2010 年 8 月 28 日，天津利顺德博物馆开馆。基本陈列为"利顺德历史展"，分 9 个展厅，按不同场景将文物、人物、历史事件结合陈列。

天津曹禺故居纪念馆基本陈列

2010年9月22日，天津曹禺故居纪念馆开馆。前楼展示曹禺童年、青少年生平，以及曹禺对天津的特殊情感和对戏剧事业的杰出贡献。后楼"万公馆"为其家庭环境的复原陈列。附设曹禺剧院，展出"《日出》手稿陈列展""曹禺戏剧史料收藏"等。

天津邮政史陈列

2010年10月9日，天津邮政博物馆开馆并推出"天津邮政史"基本陈列。内容分为古代通信时期、近代邮政创办时期、大清邮政时期、中华邮政时期、人民邮政时期。

平津战役天津前线指挥部旧址陈列馆基本陈列

2011年，平津战役天津前线指挥部旧址陈列馆重新布展后开馆。基本陈列为"平津战役简况"和复原陈列，复原陈列再现了刘亚楼指挥天津城市攻坚战的历史场景。

漆木古风——可乐马古典家具博物馆藏品展陈列

2011年10月29日，天津可乐马古典家具博物馆开馆。基本陈列为"漆木古风——可乐马古典家具博物馆藏品展"，分为"宋金时期家具"和"明清时期家具"两部分。

李叔同生平业绩展陈列

2011年12月30日，李叔同故居纪念馆开馆。推出"李叔同生平业绩展"基本陈列。

天津人文的由来陈列

2012年5月19日，"天津人文的由来"作为天津博物馆的基本陈列正式对外开放。展厅面积800平方米，以730件考古发掘文物、馆藏文献、照片、史料为主要内容，以漕运、筑城、商贸、盐业、文化、人口等为重点，按历史发展脉络展示天津地区的历史渊源和文化底蕴。

耀世奇珍——馆藏文物精品陈列

2012年5月19日，天津博物馆迁至河西区平江道62号新馆后开馆。推出"耀世奇珍——馆藏文物精品陈列"，以及"线走丰姿——馆藏明清书法陈列""寄情画境——馆藏明清绘画陈列""聚赏珍玉——馆藏中国古代玉器陈列""青蓝雅静——馆藏明清青花瓷器陈列""沽上风物——天津民间艺术陈列""安和常乐——吉祥文物陈列""器蕴才华——文房清供陈列""志丹奉宝——天津收藏家捐献文物展"等。

天津美术馆基本陈列

2012年5月19日，天津美术馆开馆。推出"馆藏天津近代书画作品展（1860—1949）"，以及"面向现代——馆藏20世纪中国画展（1900—1950）"等。

汽车造型的演变陈列

2012年5月22日，天津名车苑汽车文化博物馆新馆开馆。基本陈列为"汽车造型的演变"，展出马车形、箱形、甲壳虫形、船形、鱼形、楔形等汽车模型，展示百年汽车造型的演变以及相关资料。

第三节 赴中国港、澳、台地区及境外展览

中华人民共和国成立至2012年底，天津市各博物馆、纪念馆多次赴我国港、澳、台地区及境外举办展览。本节收录的为主要出境展览。

清代近现代绘画展

1979年11月7日至1980年2月8日，天津市艺术博物馆在南斯拉夫的贝尔格莱德、萨格勒布市举办了"清代近现代绘画展"，展出本馆所藏绘画作品20幅，观众达25 000人次。

明清现代书法展览

1980年2月14日至5月17日，天津市艺术博物馆在日本东京、福冈、大阪举办"明清现代书法展览"，展出本馆所藏明清书法作品20件，观众达27 000人次。

中国书法艺术展览

1985年3月，天津市艺术博物馆举办的"中国书法艺术展览"在芬兰赫尔辛基开幕，共展出明清书法作品10件。

中国天津文物展

1985年6月29日至8月24日，由天津市人民政府、天津市文化局等主办，天津市艺术博物馆、天津市历史博物馆承办的"中国天津文物展"在日本神户市展出，观众达51 000人次。

十八—十九世纪中国传统绘画展

1985年9月至12月，天津市艺术博物馆主办的"十八—十九世纪中国传统绘画展"在德国柏林展出，展出本馆馆藏绘画作品80余件，观众达5000人次。

中国恐龙展

1985年11月，天津自然博物馆参加中国科学院古脊椎动物与古人类研究所举办的"中国恐龙展"赴日本展出。

中国天津市文物精品展

1985年11月3日至12月5日，天津市历史博物馆与天津市艺术博物馆在日本神户市立博物馆联合举办的"中国天津市文物精品展"。

天津市艺术博物馆明清名画展

1992年2月至5月，天津市艺术博物馆与中国日本友好协会、日本东京日中友好会馆联合举办的"天津市艺术博物馆明清名画展"在日本东京、神户展出。适值中日邦交正常化20周年，在东京、神户两地引起了强烈的反响，观众达2万人次。双方新闻传播媒体也做了大量报导，出版了展览图录、专刊，对增进日本人民了解中国传统文化起到了良好的作用。

中国侏罗纪恐龙真迹大展

1993年8月20日，由中国文物交流中心和天津自然博物馆举办的"中国侏罗纪恐龙真迹大展"在台湾展出。共展出天津自然博物馆馆藏自贡峨眉龙、披毛犀等化石标本43件。

天津历史文化展

1997年7月20日至8月31日，由天津市历史博物馆、天津市艺术博物馆、周恩来同志青年时代在津革命活动纪念馆及天津民俗博物馆联合举办的"天津历史文化展"在日本四日市展出，是为天津与四日两市缔结友好城市以来首次在该市举办的大型文物展。

明清书画精品展

为迎接香港回归，1997年3月29日至4月5日，天津市艺术博物馆举办的"明清书画精品展"在香港华润大厦中国文物展览馆展出。共展出明清绘画精品80件（套），这是该馆藏品首次赴香港展出。香港各界知名人士出席了展览开幕式。该展览开幕后观众如云，盛况空前。

中国恐龙暨古动物展

2002年，天津自然博物馆与韩国金钥匙文化发展公司达成合作协议，从2003年1月起，"中国恐龙暨古动物展"赴汉城、春川、釜山等地进行巡回展出。展览以化石标本为主，仿真恐龙为辅，采用现代高科技、多媒体手段，展出馆藏珍品70余件。展览以独特的魅力吸引了数百万韩国观众，假日日参观量最高达到3万人次，汉城首展观众数就已超过100万人次。韩国展的成功举办，是天津自然博物馆与国外文化公司合作，开展国际展览交流、拓展博物馆发展空间的一次成功尝试。韩国展览获得成功后，天津自然博物馆又先后前往荷兰、法国举办巡展，都在当地引起了轰动。

文物珍品展

2005年10月12日，天津博物馆举办的"文物珍品展"在意大利罗马国家东方艺术博物馆布展，10月23日开幕。该展览是天津市政府在意大利罗马举办的"中国天津周"的重要内容。此次展览是天津博物馆珍品第一次在意大利展出。天津博物馆从20万件馆藏文物中遴选出青铜器、陶瓷器、绘画、玉器、工艺品、文房用品、玺印、甲骨等108件珍品，不仅充分体现了天津博物馆的馆藏特色，更是中国古代艺术的一次集中展示。

为中华之崛起——周恩来青少年时代

2005年12月22日，周恩来邓颖超纪念馆举办的"为中华之崛起——周恩来青少年时代"在香港潮州会馆礼堂展出。展览以近百张珍贵历史照片和文献，全面翔实地介绍了周恩来总理青年时代的思想变化与成长经历。展览中有周恩来少年时代书写的"为中华之崛起"书法作品、在南开大学就读时赠与同学的"愿相会于中华腾飞世界之时"临别赠言，以及他在天津参与创办"觉悟社"，赴法留学并走上革命道路的许多珍贵史料。

中国魅力名镇——杨柳青年画民俗展

2006年1月10日，天津杨柳青博物馆和天津杨柳青年画馆在韩国首尔中国文化中心举办"中国魅力名镇——杨柳青年画民俗展"。

"迎新接福，一纸万象"杨柳青年画展

2007年1月19日，天津杨柳青博物馆在澳门博物馆举办"'迎新接福，一纸万象'杨柳青年画展"。

中国恐龙化石展览

2007年10月16日，天津自然博物馆举办的"中

国恐龙化石展览"在荷兰 Hortus 植物博物园开幕。

为中华之崛起——周恩来生平业绩展

2008 年 9 月 4 日至 9 月 8 日，周恩来邓颖超纪念馆举办的"为中华之崛起——周恩来生平业绩展"在澳门旅游活动中心展出。展览共分 6 部分，包括"少年立志，追求真理""为求解放，不懈奋斗""开国总理　功盖千秋""心系百姓，与民同乐""模范夫妻，挚爱情深""鞠躬尽瘁，死而后已"，以近 200 幅珍贵历史照片和大量文献，全面翔实地介绍了周恩来清廉无私、全心全意为人民奉献的光辉一生。

中国茶文化展

2008 年 10 月 8 日至 2009 年 1 月 11 日，由芬兰艾斯堡市博物馆和中国对外艺术展览中心主办，中国茶叶博物馆和天津博物馆承办的"中国茶文化展"在芬兰艾斯堡市博物馆展出。

罗聘艺术大展

2009 年 7 月，由中国文物交流中心主办，由故宫博物院、上海博物馆、天津博物馆等多家博物馆共同举办的"罗聘艺术大展"在瑞士利特伯格博物馆开幕。

周恩来与日本

2009 年 10 月 28 日至 11 月 8 日，周恩来邓颖超纪念馆举办的"周恩来与日本"在日本早稻田大学孔子学院展出。展览按历史年代分为"从留学日本到反抗日本""以国民外交促政府邦交""从缅怀到继承"三部分，通过百余幅历史照片，数十件文物、文献、模型、图表等，再现了周恩来为发展中日友好关系，促进中日邦交正常化所做的贡献。

中国恐龙暨古动物展

2011 年 6 月 24 日至 2012 年 2 月 19 日，由韩国 Art & Bridge 株式会社及天津自然博物馆、重庆自然博物馆、内蒙古博物院、四川自贡恐龙博物馆共同举办的"中国恐龙暨古动物展"在韩国高阳国际会展中心展出。

第四章　藏品征集（采集）（1949—2012）

藏品征集（采集）是指博物馆、纪念馆根据其性质、特点的需要，通过各种途径，有目的地不断补充文物或标本的基本业务工作。

本章主要介绍征集与拨交、捐赠、购买与标本采集等内容。

第一节　征集与拨交

中华人民共和国成立至 2012 年底，通过接收、购买、拨交、采集等途径，天津市各博物馆、纪念馆的藏品得到补充。本节收录的为主要征集和拨交的文物。

一、征集

1954 年，天津市文化事业管理局接收周肇祥旧藏印章一批。

1955 年 1 月 26 日至 5 月 15 日，天津市历史博物馆举办"天津市抗美援朝运动展览"。通过展览征集到天津抗美援朝文物资料 3556 件，其中文物有 124 件。

1960 年 4 月 10 日，天津市历史博物馆社建部和历史部开始下乡征集文物。此次共征集文物 3576 件。

1976 年 8 月 26 日，天津市历史博物馆首批深入地震灾区征集文物小分队返回，征集各种文物、文献（资料）100 余件。

1982 年 12 月，天津自然博物馆派员赴重庆自然博物馆征集自贡峨眉龙骨架化石。

1983 年 4 月底至 7 月初，天津市历史博物馆派人赴河南、陕西、甘肃、内蒙古、山西、河北等地开展文物征集工作。此次共征集文物 182 件。

1991 年 10 月 9 日，"王心刚中国画展"开幕。天津市艺术博物馆征集其作品两件。

1994 年 9 月 21 日，天津市历史博物馆征集到天津人民公园出土石碑 1 通。

1994 年 9 月 24 日，第二中心医院出土石刻文物 4 件，由天津市历史博物馆征集。

1999 年，天津自然博物馆征集恐龙和哺乳动物化石骨架 15 具，以及恐龙蛋、鱼龙、贵州龙等珍稀古生物化石 765 件，珍稀动物标本大熊猫、滇金丝猴、绿孔雀、白尾海雕、蓝鹇等 107 件，世界观赏昆虫标本 807 件。

2000 年 2 月 16 日，天津市历史博物馆征集天津华新纺织公司义地界碑 1 通。

2002 年，天津自然博物馆共征集各类标本 803 件（入藏 794 件）。

2003 年，天津自然博物馆征集到一级保护动物"金斑喙凤蝶（雌蝶）""丹顶鹤"和南极特有种类"阿德雷企鹅"、天津最大的鲶鱼、中国最大的柳珊瑚、长达 1.8 米的贵州龙化石、地球上第一朵花——中华古果的化石、中生代蛙类化石、翻车鱼等珍稀标本 310 件（入藏 280 件），填补了馆藏空白。

2004 年，天津自然博物馆征集标本 119 件。包括噬人鲨、双吻前口鲾鲼、豹纹鲨、大青鲨、鹦鹉嘴龙、驰龙等标本。

2007 年 1 月 9 日，天津博物馆征集到 1932 年北疆博物院桑志华撰写的调查报告（法文版）1 本。

2009 年 9 月—2010 年 3 月，天津博物馆征集到美国产胜家（singer）牌手摇缝纫机 2 件、英国产帝国（imperial）牌英文打字机 1 件、日资裕丰纱厂（天津市棉纺一厂前身）厂房部分钢结构、爱迪生留声机 1 部、爱迪生蜡筒 3 个、汉白玉壁炉 1 组、天津宫南大街双元兴记瓷 2 件、美国芝加哥生产"KELLOGG"壁挂式电话机 1 部、民俗书籍 2 册、天津地方志图书 1351 册。

二、接收外贸单位移交的不许出口的文物

天津外贸工艺品公司历年留存了不许出口的文物（"文留"）2 万余件。根据国务院〔1974〕132 号文件的规定，这部分文物应移交文化部门保管。天津市外贸局、天津市文化局及所属单位，经多次研究协商，自 1979 年 2 月 19 日至 4 月 26 日完成移交。包括瓷器、玉器、铜器、书画、旧墨、杂项等，总计 18 000 件。

三、拨交

1958 年，天津市艺术博物馆接收天津市文化局、天津市图书馆等单位拨交的文物 3744 件。

1989 年 8 月，天津市历史博物馆接收调拨文物 70 余件。

1992 年 12 月 13 日，天津铁路局边防查获倒卖文物案，将已查获的 300 多件文物拨交给天津市文物部门。这批文物后来被相关博物馆收藏。

1993 年 10 月，周恩来同志青年时代在津革命活动纪念馆收藏中共中央办公厅特会室拨交的盛放周恩来邓颖超骨灰的骨灰盒。

1994 年 2 月 25 日，中南海西花厅向周恩来同志青年时代在津革命活动纪念馆拨交周恩来保存的由他 1920 年编著的《检厅日录》。

1995 年 5 月，中共中央文献研究室向周恩来同志青年时代在津革命活动纪念馆拨交 20 世纪 60 年代胡志明赠给邓颖超的镶有胡志明像的项链坠。

1997 年 10 月 9 日，中共中央文献研究室向周恩来同志青年时代在津革命活动纪念馆拨交 1942 年 8 月南方局工作人员赠给周恩来的纪念南昌起义 15 周年的"艰难缔造"旗。

2002 年 1 月 31 日，国家文物出境鉴定天津站在天津海关查获一批禁止出境文物，共 987 件，时代从西周至清，这批文物后来移交到天津市文物局并由天津市文物局拨交各有关博物馆。

2002 年 12 月 27 日，天津市艺术博物馆接收天津市公安局河西分局拨交的铜器等 63 件（套）。

2003 年，天津海关向天津市文物局移交文物 8691 件，天津市政府、国家文物局、海关总署有关领导出席交接仪式。仪式上天津市文物局和天津海关共同签署了《关于加强对进出境文物监管的合作备忘录》。这批文物后来被拨交至各博物馆、纪念馆。

2004 年 1 月 14 日，天津市文物局向天津市艺术博物馆拨交天津海关罚没瓷器、铜器、木器等文物 222 件。

2004 年 6 月 11 日，天津民俗博物馆接收天津市文物局拨交天津海关罚没的文物 1900 余件。

2004 年 7 月 28 日，天津市历史博物馆接收天津市文物局拨交天津海关罚没的古钱币 4964 枚。

2006 年 7 月 4 日，天津市文物管理中心向天津博物馆拨交书画 34 件、玉器 28 件、瓷器 28 件、中外文书 34 本，以及钱币、杂项 27 件。

2006 年 9 月 11 日，天津市文化遗产保护中心向天津博物馆拨交陶器、铜器、玉器、金银器、钱币等文物 4591 件。

2007 年 9 月 18 日，天津海关拨交天津博物馆瓷器、家具、木器等共计 144 件。

2007 年 9 月 27 日，天津海关罚没的猛犸象上门齿化石、石燕化石、腕足类动物化石、珊瑚化石、狼鳍鱼化石等 12 件古生物化石，由天津市文物局移交天津自然博物馆。

2009 年 5 月 15 日，天津市文化广播影视局向天津博物馆拨交天津海关罚没文物 16 件，其中二级文物 2 件、三级文物 5 件。

2010 年 9 月，天津博物馆接收天津市财政局拨交的文物 1071 件。

2012 年 4 月，天津博物馆接收天津市文物管理中心拨交的玉器、印章等文物 542 件（套）。

2012 年 5 月，天津博物馆接收天津市文物管理中心拨交的书画类文物 647 件（套）。

第二节　捐赠

自中华人民共和国成立至 2012 年底，通过单位捐赠、个人捐赠、国际友人捐赠和其他捐赠等途径，天津市各博物馆、纪念馆的藏品得到补充。本节收录的为主要捐赠。

一、单位捐赠

1957 年，故宫博物院将瓷器等 221 件文物捐赠给天津市艺术博物馆。

1990 年 4 月，天津市历史博物馆接收天津市文化局文物处转交的天津师范高等专科学校杨村分校中文系讲师戎鹏捐赠的石器 4 件。

1996 年 12 月 13 日，北京人民大会堂管理局向周恩来邓颖超纪念馆捐赠周恩来在人民大会堂处理九一三事件时使用过的办公用品 23 件。

1997 年 4 月 16 日，中共中央警卫局向周恩来邓颖超纪念馆捐赠文物，其中《第三个五年计划重大项目示意图》，是全国唯一一幅关于第三个五年计划重大项目的手绘地图。

1997 年 6 月 16 日，天津市历史博物馆向周恩来邓颖超纪念馆捐赠 1919 年 8 月 9 日出版的《天津学生联合会报》。

1997 年 10 月 9 日，中共中央文献研究室向周恩来邓颖超纪念馆捐赠珍贵文物 113 件，其中周恩来、邓颖超亲笔书信 58 封。

1998 年 7 月 21 日，中国人民解放军总装备部复函天津市人民政府，同意向平津战役纪念馆提供退役的歼 5、歼 6 飞机各 1 架和红旗 2 号地空导弹及发射架 1 套。

1998 年 9 月 7 日，中国民航总局向周恩来邓颖超纪念馆捐赠周恩来专机。

1998 年 12 月 10 日，天津市历史博物馆接收自来水一站捐赠的消防栓 1 个。

1999 年 4 月 6 日，周恩来邓颖超纪念馆举行“邮票印制局捐赠纪念邮票”仪式。邮票印制局将周恩来逝世一周年、诞辰一百周年的特制纪念邮票捐赠给周恩来邓颖超纪念馆，作为永久收藏。

2000 年 12 月 14 日，天津市历史博物馆接收深圳博泰公司捐赠的中华腾龙宝刀 1 套。天津市人民政府外事办公室捐赠给天津市历史博物馆“2000 中国友好城市国际大会”的“中国第一对友好城市结好纪念——天津·日本神户”首日封及明信片 1 套。

2001 年 10 月 9 日，平津战役纪念馆“军威园”举行开园仪式。军威园位于平津战役纪念馆西侧胜利花园内，占地面积 7000 平方米。总体呈长方形，四周护栏按船舷形式设计制作，共陈列中国人民解放军海军首次向地方捐赠的大型兵器 16 件。

2004年9月27日，利顺德大饭店捐赠给天津市历史博物馆"天津利顺德大饭店百年旧影明信片"1套（8张）。天津市集邮公司捐赠给天津市历史博物馆《邓小平邮票珍藏大系》1套（3册）。

2005年3月23日，天津海鸥表业集团将为纪念"中国第一块手表"在津诞生50周年特制的"海鸥陀飞轮玫瑰金表"（编号50），捐赠给天津博物馆收藏，并举行了捐赠仪式。

2005年12月13日，天津博物馆接收由天津市文史研究馆捐赠的《王襄作品选集》。

2007年2月2日，天津自然博物馆接收天津干部俱乐部捐赠的珠颈斑鸠标本1件。

2008年5月，天津自然博物馆接收天津动物园捐赠的金丝猴、小天鹅标本各1件。

2009年3月25日，天津自然博物馆接收天津市林业局捐赠的巨蜥标本1件。

2009年8月1日，天津自然博物馆接收天津市野生动物救护中心捐赠的鸬鹚标本1件。

2009年9月17日，天津美术学院向天津博物馆捐赠20世纪80年代天津美术学院临摹独乐寺壁画25张。

2009年9月28日，天津市人民政府办公厅向天津博物馆捐赠2008年北京奥运会金牌、2008年北京奥运会银牌、2008年北京奥运会铜牌、2008年北京残奥会金牌、2008年北京残奥会铜牌、2008年北京残奥会银牌各1枚。

2009年11月6日，天津市排水管理处向天津博物馆捐赠日本造水泵1台、日本三菱公司造电机1台。

2009年11月16日，天津日报报业集团向天津博物馆捐赠"1949—2009天津日报珍藏版"1套。

2012年3月31日，天津自然博物馆接收天津市野生动物驯养繁殖中心捐赠的东方白鹳、小天鹅标本各1件。

2012年4月13日，天津自然博物馆接收天津市野生动物驯养繁殖中心捐赠的豆雁、黑天鹅、苍鹰等动物标本共8件。

2012年4月15日，天津自然博物馆接收七里海湿地自然保护区捐赠的东方白鹳标本1件。

2012年6月12日，天津自然博物馆接收天津市野生动物驯养繁殖中心捐赠的眼镜蛇、尖吻蝮标本各1件。

2012年8月，天津博物馆接收中国人民解放军总参谋部捐赠的近现代武器13件。

2012年11月15日，天津自然博物馆接收天津北大港湿地自然保护区管理中心捐赠的东方白鹳、绿头鸭、绿翅鸭等标本共118件。

二、个人捐赠

1952年，文物收藏家周叔弢将清宫旧藏敦煌遗书宋治平四年（1067）《摩诃般若波罗蜜经》、明宋克《急就章》卷、明项圣谟《且听寒响图》卷、明钱贡《城南雅逸图》卷等7件文物捐赠给天津市文化事业管理局。

1952年，文物收藏家杨石先向天津市文化事业管理局捐赠明代古墨、扇面、明版无量寿经等文物15件。

1952年，藏书家章钰家人将四当斋（今河北区三马路求是里）1937年寄存在燕京大学的书籍和章钰遗存的书画、玉石、印章全部捐赠给国家。

1953年，文物鉴定专家顾得威向天津市文化事业管理局捐赠新石器时代、商周、两汉玉器，战国肖形印，错金银带钩等文物23件。

1954年，文物收藏家徐世章夫人杨立贤及其子女将徐氏生前所藏文物2749件捐赠给天津市文化事业管理局。这批文物包括鸟形玉佩在内的"濠园"藏玉600余件，藏砚900余方，以及名画、法帖、缂丝、竹雕、印章等，时任中央文化部部长的沈雁冰签署并颁发了褒奖状。

1958年8月27日，徐世昌孙媳张秉慧向天津市文化局捐赠太保鼎、小克鼎、克钟、太师鼎等西周铜器4件，其他铜器、砚、墓志380余件。

1958年9月24日，教师方长宜向天津市文化局捐赠宋萧照绘《中兴瑞应图》卷（全图12段，方捐其中第7、9、12段）。

1959年7月，市民陈澂记署名将陈宝琛旧藏的汉陈仓匜、刘氏壶等文物捐赠给天津市文化局。

1961年初夏，中学教员王福重将祖父王懿荣所藏殷墟甲骨350余片全部捐赠给天津市人民政府。

1962年3月，徐世章后人徐绪开代表家属将其父徐世章生前所藏清黄鼎《长江万里图》6卷（正本2卷，稿本4卷）捐赠给国家。

1964 年，文物收藏家王襄家属将其文稿、遗墨、印章，及生前收集的部分甲骨、砖瓦石刻、砚台、陶瓷器、写经等文物捐赠给天津市文化局。

1979 年 8 月 5 日，市民张同夏向天津市历史博物馆捐赠孙中山先生于 1912 年 3 月 1 日给章太炎先生的书信 1 封（1 页附信封）。

1981 年 3 月 8 日，文物收藏家周叔弢、张叔诚将其珍藏的文物 1717 件捐赠给天津市艺术博物馆。其中周叔弢捐赠文物 1262 件，包括历代玺印、历代书画、敦煌遗书、旧墨及杂项等类。张叔诚捐赠文物 455 件，其中北宋范宽《雪景寒林图》、宋人无款《锁谏图》轴、元边鲁《起居平安图》、元钱选《花鸟图》等珍贵书画 250 件，商周汉玉器 130 件，西周克镈、战国错金银壶 4 件，图书碑帖 54 件，其他类 17 件。当天，天津市人民政府在友谊俱乐部召开授奖大会，中共天津市委书记、市长胡启立和国家文物事业管理局副局长马济川及周叔弢、张叔诚在会上讲话。中共天津市委、市人大常委会、市人民政府、市政协负责同志出席了大会。

1981 年 4 月，文物收藏家曹秉铎向天津市文化局捐赠文物 29 件，其中包括战国错金松石铜带钩、商代墨玉牛、宋代白玉飞天等珍贵文物。

1981 年，文物收藏家吴雅安捐赠青铜器 212 件，文物收藏家韩瑾华捐赠书画、瓷器 159 件，文物收藏家高文翰捐赠唐人写经 2 卷，文物收藏家曹秉铎捐赠陶瓷器、玉石器等 77 件。

1982 年，市民王志宜捐赠民国《宪法草案》1 份，市民刘冠英捐赠刘墉字卷 1 件，市民侯殿伯捐赠字画 812 件。

1982 年，文物收藏家何启君将清代官窑瓷碗、清康熙年间版画《耕织图》，以及徐悲鸿、齐白石、张大千等的瓷器、书画共 82 件，捐赠给天津市艺术博物馆。

1983 年 7 月，文物收藏家陆骊、徐宝善、徐宝慈将元杨维桢《梦游海棠城诗卷》行草卷、明《徐达画传》、唐人写经等 4 件文物捐赠给天津市历史博物馆。

1984 年，市民刘祖泰向天津市艺术博物馆捐赠刘子久先生遗作 260 件。

1985 年 10 月，天津自然博物馆派工作人员赴香港接收香港爱国人士林勇德和叶奇思赠予我市的猛犸象牙化石。

1986 年 4 月 9 日，文物收藏家张叔诚将珍藏的郑燮隶书轴、清高宗（乾隆）御笔行书轴等 3 件文物捐赠给天津市艺术博物馆，中共天津市委副书记吴振、市政府及市文化局领导出席捐赠仪式。

1986 年 5 月 12 日至 14 日，中国人民解放军原第四野战军特种兵副司令苏进（天津战役天津前线指挥部主要领导成员）参观天津市历史博物馆和平津战役天津前线指挥部旧址陈列馆后进行座谈，并将珍藏 37 年的《天津战役作战图》和《天津守敌布防图》捐赠给天津市历史博物馆。

1986 年 7 月 21 日，天津市历史博物馆举行文物收藏家杨健庵先生捐赠文物表彰仪式。杨健庵为市人大代表、市工商联常委，此次共捐赠文物 25 件，其中较珍贵的有清代"扬州八怪"之一黄慎的《人物图册》及多件汉代嵌金银丝铭文铜带钩等。

1986 年 11 月 30 日，文物收藏家靳蕴清家属将先人珍藏的王羲之《干呕帖》、清章声《花卉》卷等文物捐赠给天津市历史博物馆。

1987 年 2 月 8 日，画家范曾将其 5 幅作品捐赠给天津市艺术博物馆。

1987 年 4 月 15 日，"津门二孙画展"在天津市艺术博物馆开幕，画家孙其峰、孙克纲向馆里捐赠 8 件作品。展览期间，该馆与有关单位还联合召开了二孙艺术及特点座谈会。

1987 年 6 月 2 日，文物收藏家张叔诚第三次向天津市艺术博物馆捐赠文物，其中古书画有刘墉、孙星衍字对和工艺品共 22 件。姚峻副市长出席了捐赠仪式。

1989 年 3 月 20 日，上海名票何时希向天津戏剧博物馆捐赠杨宝森书、俞振飞画扇面 1 幅，姜妙香画、俞振飞书扇页 1 幅，及各种戏曲剧本、曲谱、音带、照片等文物史料和所得奖金 2 万元。

1989 年 4 月 12 日，天津市保温瓶容器厂退休干部徐广中，将家中珍藏多年的天津书法家孟广慧、李叔同、华文宰、徐思作品 8 件，捐赠给天津市艺术博物馆。

1989 年 9 月 27 日，原河北省美术师范学院党委书记兼院长、天津美术学院顾问、书画家高镜明把他的绘画作品赠送给天津市艺术博物馆。

1991 年 4 月 6 日，周恩来的南开中学同学兼好友常策欧的夫人高春华代表其祖孙三代捐赠给周恩来同志青年时代在津革命活动纪念馆12张有关周恩来在中学及旅欧时期照片（原版）的交接仪式在北京大学举行。

1991年6月24日，陈云夫人于若木向天津市艺术博物馆捐赠老一辈革命家陈云书写的唐诗绝句一幅，作为天津市艺术博物馆永久珍藏。

1991年7月27日，钱币学家马定祥之子马咏春、马传德将5枚"义和团团钱"捐赠给天津市义和团纪念馆。

1992年4月11日，天津市历史博物馆接收钱币学家邱思达捐赠的两宋铁钱1套。

1996年12月8日，全国政协提案委员会副主任赵炜向周恩来邓颖超纪念馆捐赠邓颖超1928年在莫斯科列席中国共产党第六次代表大会的证件。是为目前发现的唯一中共六大出席证件。

1997年12月22日，国家领导人向周恩来邓颖超纪念馆捐赠邓颖超送给朱琳用于外事活动的手包。

1998年2月17日，天津市政协原副主席优铁隽向周恩来邓颖超纪念馆捐赠4件珍贵文物。

1998年4月27日，市民倪闺静向周恩来邓颖超纪念馆捐赠记录周恩来在德国革命活动的3张明信片。

1999年12月10日，"紫砂传承精艺展"在天津市艺术博物馆开展。台湾收藏家李经将2件紫砂珍品捐赠给天津市艺术博物馆。

2002年11月8日，全国政协提案委员会副主任赵炜向周恩来邓颖超纪念馆捐赠周恩来邓颖超保存的《觉悟》杂志。

2005年8月31日，为纪念抗日战争胜利60周年，天津博物馆举办接收张家臣、王定祥、王文兴、康敏、王来抗日文物捐赠仪式。市民张家臣捐赠"华北交通会社"日军桥梁碉堡铸铁牌、日本收银箱、日军碉堡用砖。钱币学家王定祥捐赠日本侵华海军军官专用墨盒。市民王文兴捐赠日本军用头盔。市民康敏捐赠日军使用的防毒面具。市民王来捐赠抗战时期日本出版的图书（《华北建设的现阶段》）和地图（《新中华地图》《中国分省图》）。

2006年2月10日，曹锟之孙曹继信向天津市政府捐赠《中华民国宪法（草案）》手写本（后入藏天津博物馆）仪式在天津市文化局举行。

2008年1月2日，博物馆学家楼锡祜向天津自然博物馆捐赠图书315册。

2008年8月3日，天津博物馆举办"天津奥运圣火传递第一棒火炬"捐赠收藏仪式。该火炬由全国劳动模范、全国优秀共产党员、"中华技能大奖"获得者孔祥瑞捐赠。

2008年12月9日，华北油田职工王桂芬向天津博物馆捐赠八国联军中日本军队镇压义和团宣传画1幅、大陆银行行员录1件、有关吉林省驻津官银分号经营情况的报告1件、天津扶轮中学自行编印的美术课本1件。

2009年2月17日，市民陈大刚向天津博物馆捐赠现代帽筒器型瓢器葫芦1件。

2009年2月27日，平津战役纪念馆举行纪念平津战役胜利60周年参战老首长书法作品展暨捐赠仪式，共获捐68幅书法作品。

2009年3月4日，市民纪梅先向天津博物馆捐赠近代民间使用熨斗4件。

2009年3月5日，市民吕丽娟向天津博物馆捐赠清光绪番禺凌福彭（曾任天津府知府）光绪戊申孟秋吉旦题写"万国作义"牌匾1块。

2009年6月16日，市民卢济珍向天津自然博物馆捐赠鸟类画稿、资料共计432件。

2009年9月8日，市民郑杰向天津博物馆捐赠现代剪纸巾帼英雄四条屏1件、现代剪纸百骏图长卷1卷。

2010年12月1日，天津书画家邢蕴莹向平津战役纪念馆捐赠书法作品10米长卷《中国人民解放军赋》。

2012年5月，天津博物馆接收个人捐赠20世纪60—70年代上海录音器材厂生产的录放机L601型1件。

2012年7月，天津李叔同故居纪念馆受赠李岚清素描作品《弘一大师像》。天津美术馆受赠李岚清"美丽天津、特色都市"书法作品和同名篆刻艺术品。

2012年11月28日，高级工艺美术师顾跃鸣将获得"第六届中国（合肥）国际文化博览会暨2012中国工艺美术精品博览会"优秀作品评比金奖的紫砂作品《抱朴壶》（刻"金凤玉露"文字）捐赠给天津美术馆。

三、国际友人捐赠

1975年5月20日，美国古人类学考察组一行10人在天津自然博物馆考察，赠送给该馆狒狒、猕猴、长臂猿等灵长类模型9种13件，该馆回赠剑齿虎头骨模型1件。

1990年11月10日，美籍华人吴雅安，委托国内亲属吴佩裘（吴颂平侄女，吴雅安堂姐），将其父吴颂平（文物收藏家）生前珍藏的198件文物捐赠给了天津市艺术博物馆。其中包括汉、三国至隋唐的铜镜，明宣德铜炉和清代官窑瓷器。

1998年10月13日，美籍华人吴健向天津文庙博物馆捐赠清代孔子遗像1幅。

1999年3月14日，日本三友文化协会会长铃木忠雄向周恩来邓颖超纪念馆捐赠1组中日建交时珍贵照片。

2001年5月22日，德国柏林电力公司技术专家约根·包克及其夫人莫尼卡·包克，将其祖辈在1900—1918年拍摄的天津历史照片捐赠给平津战役纪念馆。

2006年6月7日，法国外贸部部长级代表拉加尔德捐赠给天津博物馆"TIEN-TSIN-Temple de Li-Hong-Chang"明信片，该明信片发行于1913年前后，照片内容为李鸿章祠堂。

2006年7月24日，天津博物馆派员赴美接收旅美华人王渤生捐赠的张大千书画作品，画作10幅、书信10封。

2009年2月26日，天津自然博物馆接收环球健康与教育基金会主席、美国野生动物标本收藏家、天津市荣誉市民贝林捐赠的第1批标本87件。

2009年11月6日，贝林向天津自然博物馆捐赠非洲、美洲、澳大利亚、欧洲动物标本共计117件。

2010年3月，贝林向天津自然博物馆捐赠非洲豹动物标本1件。

2011年3月3日，贝林向天津自然博物馆捐赠来自美洲、澳大利亚的珍稀野生动物标本25件。

2011年12月2日，贝林向天津自然博物馆捐赠非洲马赛族人文物品共计28件。

四、其他捐赠

1958年，天津市艺术博物馆接收群众捐赠文物37件。

1981年，天津市文化局代表市人民政府接收捐赠文物（标本）2291件，图书1827种9196册。

1987年3月10日，"前北平国立艺专校友联谊画展"在天津市艺术博物馆开幕，并将4件作品捐赠给天津市艺术博物馆。

2000年1月14日，天津市艺术博物馆接收捐赠书画、紫砂等文物24件。

2001年2月27日，天津市历史博物馆接收捐赠民国家具3套7件。

2001年7月11日，天津市历史博物馆接收捐赠的日本军用地永久界桩1件、昭和十三年（1938）日本军用大衣1件。河北省博物馆捐赠给天津博物馆的《中山靖王墓文物》纪念邮折1套。

2001年10月，天津市艺术博物馆接收捐赠的《东坡诗意图》《紫砂百龙图》文物2件。

2002年3月5日，天津市艺术博物馆接收捐赠文物粉彩刘海戏金蟾观音瓶、《柳溪秋月图》文物2件。

2002年4月22日，天津市艺术博物馆接收捐赠的吕宝珠作《傲霜图》、俞飞鹏石砚文物2件。

2002年10月，天津市艺术博物馆接收捐赠砚台8件。

2002年12月10日，天津市艺术博物馆接收捐赠的孙其峰书画作品29件。

2007年2月7日，天津博物馆接收捐赠的清乾隆年间、清道光年间、民国时期地契4张，《新天津报》《民众报》2张。

2012年11月，天津博物馆接收个人捐赠的现代紫砂作品13件。

2007年1月至2012年8月，天津自然博物馆接收其他捐赠（包括古生物、动物、植物标本）共计633件。

第三节 购买与标本采集

一、购买

1951年，天津市文化事业管理局筹资3000万元（旧币）收购天祥商场代售甲骨800余件。

1960年6月，天津市文物管理委员会以1.32万元留购北京韵古斋购自原北洋军阀曹锟属下军医潘芝翘家存清乾隆款珐琅彩芍药雉鸡图玉壶春瓶1个。

1988年5月13日，天津市艺术博物馆为增加馆藏，该馆购买了碑帖、玉器、铜器、瓷器、早期木版年画、印谱等103件。

2000年5月11日，天津市历史博物馆购买2件香港、澳门回归纪念卡。

2001年7月11日，天津市历史博物馆购买《天津学生联合会报》16号、45号、48号。

2002年10月，天津市艺术博物馆购买唐海兽葡萄镜1件。

2007年1月9日，天津博物馆购买《天津督宪行馆并水师营全图》1轴。

2012年3月，天津博物馆征集购买清末民初怀表2块。

二、标本采集

1956年8月，天津市人民科学馆考察队，奔赴青岛海滨、崂山等地采集无脊椎动物和种子植物标本。此次考察采集到了许多有意义的标本，如盐肤木（*Rhus chinensis*）、锦带花（*Weigela florida*）等，并将采集时间、采集地点、采集人等重要的标本信息作了详细的记录。

1959年5月，天津市自然博物馆派员赴辽宁省海洋岛采集小鳁鲸标本。

1977年2月，天津自然博物馆组织了第一支大型的综合科学考察队，奔赴位于我国南海、地处热带的西沙群岛进行综合科学考察。考察历时97天，主要目的是采集当地的鱼类、贝类、珊瑚、海鸟、昆虫和植物等。共采集到鱼类、昆虫、动植物标本6000余件，还有大量的贝类以及其他海洋无脊椎动物。

1982年8月中旬到9月底，天津自然博物馆再次组队前往武夷山自然保护区进行科学考察，先后对三港、二里坪、先锋岭、大竹岚、坳头、挂墩、麻粟、坑上等13个地点进行了考察，共采集到植物标本2500余件、动物标本1550余件。

1984年5月至8月，为了筹备植物展览，天津自然博物馆成立4支科学考察队。在海南岛，采集到昆虫标本2000余件、植物标本500余件，特别是采集到了奇异的食虫植物猪笼草、茅膏菜和孑遗植物树蕨等。在长白山采集到植物标本600余件。在青岛，不仅采集到了海藻，还采集到植物种子近百份。在西北地区采集到了荒漠植物70余件。

1987年10月，受天津市人民政府委托，天津自然博物馆承接塘沽渤海儿童世界展览的任务，并组织馆内人员分两路到南方进行科学考察。共获取植物标本200余种600件，保证了展览的完成，同时也征集到了大量的珊瑚和贝类标本。

1991年，天津自然博物馆派员赴湖北省石首市征集中华鲟标本。

2005年9月24日至9月27日，天津自然博物馆技术部专业人员赶赴蓟县杨津庄挖掘古菱齿象化石。该古象化石象牙长2米左右，头宽1米左右，鼻窝较浅，呈三角状。该发现填补了馆藏蓟县象头骨化石的空白。

2005年，天津自然博物馆采、征集标本74件。其中爬行动物胚胎化石、三叶虫等多件标本填补了馆藏空白。

2007年1月至2008年1月，天津自然博物馆和八仙山管理局联合成立科学考察团，进行了为期一年的综合科学考察。这是进入21世纪后的第一次大型的综合性科学考察，完成了八仙山苔藓、菌类、维管束植物、昆虫、蜘蛛、鱼类、两栖类、爬行类、鸟类和兽类的调查。

天津市博物馆、纪念馆主要陈列展览一览表（1949—2012）

表 3-1

展览时间	展览名称	展览地点
1953 年 9 月	动物标本展览会	天津市人民公园
1953 年 11 月	古生物及矿物岩石陈列、脊椎动物陈列、 无脊椎动物陈列、农业专室	天津市人民科学馆（天津自然博物馆前身）
1954 年 8 月	爱国捐献文物展览	天津市历史博物馆
1954 年 12 月	解放台湾展览会、自然发展史陈列	天津市人民科学馆（天津自然博物馆前身）
1955 年 1 月至 1955 年 5 月	天津市抗美援朝运动展览	天津市历史博物馆
1955 年	天津民间艺术展	天津市历史博物馆
1956 年 4 月	根治与开发黄河展览	天津市人民科学馆（天津自然博物馆前身）
1956 年	中国原始社会、古代历史文物综合展	天津市历史博物馆
1957 年 10 月	历代绘画展览、铜玉专室展览、 天津地方民间艺术展览	天津市艺术博物馆筹备处
1958 年 8 月	中国通史（夏商周及秦汉部分）	天津市历史博物馆
1958 年	海河改造工程展览、东郊出土文物展、 天津地方史素材展、夏商周秦汉展、 中国货币展览、延安革命文物展	天津市历史博物馆
1958 年	历代艺术展览、天津地方艺术展览、 明清绘画展览、近代绘画展览	天津市艺术博物馆
1958 年	历代国画展览、工艺美术展览、民间艺术展览	北宁公园、人民公园
1959 年 2 月至 1959 年 4 月	邮票展	天津市历史博物馆
1959 年 9 月	天津地方革命史陈列	天津市历史博物馆
1959 年 10 月	古生物陈列、动物陈列	天津市自然博物馆
1959 年 10 月	历代艺术展览、全国工艺品展览、 天津地方艺术展览	天津市艺术博物馆
1959 年 10 月	三条石今昔历史展览	天津市红桥区三条石历史博物馆
1959 年 12 月	革命文物图片展	天津市历史博物馆
1959 年	宋元明清绘画展览、近代绘画展览	天津市艺术博物馆
1960 年 1 月	庆祝天津解放 11 周年展	天津市历史博物馆
1960 年 4 月	技术革命中的一面红旗——肖德顺同志的 先进事迹图片展览	天津市历史博物馆
1960 年	历代绘画展览、清代绘画展览	天津市艺术博物馆

展览时间	展览名称	展览地点
1960 年	天津民间艺术展览、青年工艺创作展览、明清扇面展览	南开文化宫、北宁公园
1961 年	生物进化	天津市自然博物馆
1961 年	扬州画派作品展览、近代名画家作品展览	天津市艺术博物馆
1962 年 1 月	鸟的演化展览	天津市自然博物馆
1962 年 2 月	宋元明清人物画展	天津市艺术博物馆
1962 年 3 月	现代革命史展	天津市历史博物馆
1962 年 5 月	清代花鸟画展、泥人张彩塑展	天津市艺术博物馆
1962 年 6 月	上海实用美术展览	天津市历史博物馆
1962 年 8 月	明清扇面展览	天津市艺术博物馆
1962 年 9 月	历代书法、篆刻、文房用具展览	天津市艺术博物馆
1962 年	天津书画三百年展览	天津市艺术博物馆
1962 年	彩塑、年画综合展览	宝坻县
1963 年 8 月	泥人张彩塑赴京展览	中国美术馆
1963 年 8 月	"中美合作所"罪证暨殉难烈士遗物展	天津市历史博物馆和塘沽区、河北省保定市和沧州市及山东省淄博市等 11 地
1963 年 10 月	历代绘画展览、历代陶瓷展览、天津泥人张彩塑师生新作展览	天津市艺术博物馆
1963 年	明清风俗画展	天津市历史博物馆
1963 年	剪纸、年画展览，近代国画展览	南开文化宫、人民公园
1963 年	洪水成因	天津市人民公园、市内各区及郊区文化馆
1964 年 10 月	历代绘画展览、杨柳青年画展览、泥人张彩塑新作、青铜器展览、琢玉工艺展览、全国历代工艺品展览	天津市艺术博物馆
1964 年 10 月	三条石工业发展史及工人斗争史	天津市三条石历史博物馆
1964 年 12 月	全国工艺美术展览	天津市艺术博物馆
1964 年	清代山水画展览、扬州画派书画展览、近百年画展	天津市艺术博物馆
1964 年	年画彩塑展览、俞剑华国画展览、毛主席诗词书画展览	蓟县
1965 年 5 月	全国工艺美术展览，近百年画展，毛主席诗词书画展览，现代国画展览，泥人、版画展览，唐山瓷器展览	天津市艺术博物馆
1965 年 5 月	三条石地区民族工业史	天津市三条石历史博物馆

展览时间	展览名称	展览地点
1965 年 7 月	天津地方历史民族学	天津市历史博物馆
1965 年 7 月	华北地区美术作品展、工农兵塑像展览	天津市艺术博物馆
1965 年 7 月	防治二化螟展、防治稻瘟病展	南郊区南洋公社、葛沽公社
1965 年 8 月	抗日战争时期版画展览	宁园
1965 年 10 月	现代国画展览，明清绘画展览， 文房用具展览，杨柳青、武强年画展览， 泥人张彩塑汇报展览	天津市艺术博物馆
1967 年	地震知识展、毛泽东思想万人宣传队展览	天津市自然博物馆
1968 年 10 月	三条石阶级教育展览	天津市三条石历史博物馆
1970 年	收租院、井冈山革命根据地展览	天津市博物馆
1971 年 7 月	毛主席创建井冈山革命根据地展	天津市博物馆
1972 年 1 月	农业学大寨	天津市博物馆
1972 年 5 月	纪念《讲话》三十周年历史资料展、 天津彩塑创作展、历代陶瓷展	天津市博物馆
1972 年 10 月	现代书画作品展	天津市博物馆
1972 年	中国陶瓷史展览、 纪念在延安文艺座谈会上的讲话资料展览	天津市博物馆
1973 年 2 月	人类的起源	天津市博物馆
1974 年 9 月	波兰工业展	天津市历史博物馆
1974 年	天津工艺品展览，天津美术作品展览，工艺美术 展览，现代国画展览， 现代书法、绘画、篆刻展览，汉字形体发展史展览	天津市艺术博物馆
1975 年 5 月	近代天津人民反帝斗争史展	天津市历史博物馆
1975 年	工艺美术展览、新国画展览、西沙摄影艺术展览、 天津工艺美术展览、中国画展	天津市艺术博物馆
1975 年	现代版画展览	市郊
1976 年 3 月	盘山抗日斗争事迹陈列	盘山烈士陵园
1976 年 5 月	广阔天地大有作为	天津市历史博物馆
1976 年	杨柳青年画展、天津泥人张彩塑展览、近代中国 画展、天津民间工艺展览、现代中国画展、毛泽 东诗词绘画展览、文房四宝展、工艺品展览	天津市艺术博物馆

续表

展览时间	展览名称	展览地点
1977 年 9 月	毛泽东主席纪念展览	天津市历史博物馆
1977 年	鲁迅战斗的一生展览、版画展览、中国画展览、毛主席诗词书画展览、云贵川藏少数民族绘画展览	天津市艺术博物馆
1978 年 6 月	意大利铜版画展	天津市历史博物馆
1978 年 9 月	毛主席纪念展、近代天津人民革命斗争史展	天津市历史博物馆
1978 年 9 月	古人类陈列	天津自然博物馆
1979 年 1 月	天津解放三十周年纪念展	天津市历史博物馆
1979 年 9 月	古生物陈列	天津自然博物馆
1979 年 11 月至 1980 年 2 月	清代近现代绘画展	南斯拉夫贝尔格莱德、萨格勒布
1979 年	中国陶瓷史展、馆藏青铜器展览、馆藏玺印展览、现代瓷器展览、现代绘画展览、扬州画派作品展览、明清书画展览、美国费城图片资料展览	天津市艺术博物馆
1980 年 2 月至 1980 年 5 月	明清现代书法展览	日本东京、福冈、大阪
1980 年 5 月至 1980 年 6 月	刘少奇同志纪念展	天津市历史博物馆
1980 年 10 月	天津地方古代史陈列	天津市历史博物馆
1980 年 10 月	古生物陈列	天津自然博物馆
1980 年 12 月	中国古代简史陈列	天津市历史博物馆
1980 年	四王吴恽画展，明清书法展览，周恩来青年时代诗作书法篆刻展览，天津书画三百年、折扇艺术展览，邓散木金石书法展览，全军版画展览，馆藏历代绘画精品展览，齐白石、黄宾虹、徐悲鸿画展，郭钧遗作展览，赴日本神户现代绘画书法预展	天津市艺术博物馆
1981 年 3 月	周叔弢、张叔诚先生捐献文物展览	天津市艺术博物馆
1981 年 6 月	天津近代史陈列、天津现代革命史陈列	天津市历史博物馆
1981 年 6 月	中国邮驿史及邮票展	天津市历史博物馆
1981 年 9 月	纪念鲁迅诞辰一百周年版画展、鲁迅诗作书法展	天津市艺术博物馆
1981 年 9 月至 1981 年 10 月	周叔弢、张叔诚先生捐献图书文物展览	故宫博物院
1981 年 10 月	动物陈列	天津自然博物馆

展览时间	展览名称	展览地点
1981 年 11 月	澳大利亚邮票展	天津市历史博物馆
1981 年	光辉的历程图片展	天津市历史博物馆
1981 年	四任画展、革命先烈诗词书法展览	天津市艺术博物馆
1982 年 1 月	杨柳青年画展览	河南省博物馆、新乡博物馆、安阳博物馆
1982 年 5 月	汉字字体的演变展览；延安精神永放光芒展览；勿忘国耻，振兴中华展	天津市历史博物馆
1982 年 6 月	何启君同志捐献文物展	天津市艺术博物馆
1982 年 9 月	周仲铮女士捐献作品展览	天津市艺术博物馆
1982 年 12 月	独乐寺壁画（摹本）展	天津市历史博物馆
1982 年	明清书画展览、天津八位画家作品展览、歌颂党美术书法作品展览、馆藏绘画精品展览、吴玉如书法展览、李昆璞遗作展览、年画泥人木雕展览、满城汉墓出土文物展览、承德离宫宫廷文物展览	天津市艺术博物馆
1982 年	革命烈士诗抄书法展览	北宁公园
1983 年 4 月	天津市十一届三中全会以来文化艺术成果展	天津市群众艺术馆
1983 年 5 月	中国历代货币	天津市历史博物馆、吉林市博物馆
1983 年 6 月	优秀共青团员张海迪事迹展	天津市历史博物馆
1983 年	刘奎龄画展、张大千画展、明清工艺品展览、岭南画派作品展览、馆藏绘画精品展览、历代书法展览、纪念毛泽东同志诞辰九十周年美术作品展览	天津市艺术博物馆
1984 年 1 月	优生知识展	天津自然博物馆
1984 年 1 月至 1984 年 3 月	清代帝后生活文物展	天津市历史博物馆
1984 年 2 月至 1984 年 4 月	内蒙古北方民族文物展	天津市历史博物馆
1984 年 4 月至 1984 年 5 月	秦兵马俑全国巡回展览	天津市历史博物馆
1984 年 5 月	徐悲鸿画展	天津市艺术博物馆
1984 年 7 月	太平天国历史展览	天津市三条石历史博物馆
1984 年 10 月	揭示古代天津的奥秘——建国以来天津考古成果汇报展	天津市历史博物馆
1984 年 10 月	江山多娇山水画展览、历代玉雕展览、泥人张彩塑展	天津市艺术博物馆

展览时间	展览名称	展览地点
1984 年 10 月	植物专题展览	天津自然博物馆
1984 年 10 月	周恩来同志青年时代在津革命活动陈列	周恩来同志青年时代在津革命活动纪念馆
1984 年 10 月	觉悟社旧址复原陈列、觉悟社辅助陈列	觉悟社旧址陈列馆
1984 年 10 月	新红桥摄影展览	天津市三条石历史博物馆
1984 年	清代花鸟画展览，陈少梅画展，北碑书法展览，日本刻字展，天津、四日市书法联展，古代玉雕展览	天津市艺术博物馆
1984 年	明清绘画展	广东美术馆
1985 年 1 月	黄胄新作展览	天津市艺术博物馆
1985 年 2 月至 1985 年 4 月	内蒙古北方民族文物展	天津市历史博物馆
1985 年 2 月	近代天津民俗展	天津市历史博物馆
1985 年 2 月	近代爱国武术家霍元甲生平事迹展	天津市历史博物馆
1985 年 3 月	中国书法艺术展览	芬兰赫尔辛基
1985 年 4 月至 1985 年 5 月	河北——战国中山王陵文物展	天津市历史博物馆
1985 年 6 月至 1985 年 8 月	中国天津文物展	日本神户
1985 年 8 月	纪念抗日战争和世界反法西斯战争胜利四十周年版画展览	天津市艺术博物馆
1985 年 8 月至 1985 年 10 月	抗日战争和世界反法西斯战争胜利四十周年纪念展	天津市历史博物馆
1985 年 9 月至 1985 年 12 月	十八—十九世纪中国传统绘画展	民主德国柏林
1985 年 11 月至 1985 年 12 月	中国天津市文物精品展	日本神户市立博物馆
1985 年	刘子久遗作展，中青年油画展览，八名画家作品联展，中青年国画展览，馆藏绘画精品展览，天津风筝剪纸展，齐白石、黄宾虹、徐悲鸿、张大千作品展览，穆仲芹、赵松涛绘画展览	天津市艺术博物馆
1986 年 1 月	中国戏曲发展简史、中国京剧发展简史、梨园拜师堂、中国戏剧人物造型展、中国古典剧场复原陈列	天津戏剧博物馆
1986 年 1 月	天后宫复原陈列、漕运习俗、商业习俗、婚俗	天津民俗博物馆

展览时间	展览名称	展览地点
1986 年 2 月	南极向你招手——南极考察展览	天津自然博物馆
1986 年 3 月	中华女英烈纪念展	天津市三条石历史博物馆
1986 年 3 月	台北"故宫博物院"馆藏画复制品展	天津市艺术博物馆
1986 年 7 月	吴昌硕书画篆刻展览	天津市艺术博物馆
1986 年 10 月	泥人张彩塑艺术名作展览	天津市艺术博物馆
1986 年 10 月	万里长城历史回顾展、蓟县长城文物展	天津黄崖关长城博物馆
1986 年 11 月	纪念孙中山先生诞辰一百二十周年展览	天津市历史博物馆
1986 年 12 月	王襄纪念展	天津市艺术博物馆
1986 年	张兆祥画展，任颐画展，文物公司藏画展览，砚史陈列，西洋雕塑展览，明遗民画家作品展，陈铫鸿书画篆刻摄影展览，日本书法家川上景年作品展，青年艺术节画展，溥佐、萧朗绘画展览，耄耋书法展览	天津市艺术博物馆
1987 年 2 月	范曾书画展	天津市艺术博物馆
1987 年 3 月	中华女英烈纪念展览	首都博物馆
1987 年 3 月	前北平国立艺专校友联谊画展	天津市艺术博物馆
1987 年 4 月	津门二孙画展	天津市艺术博物馆
1987 年 4 月	日籍华裔画家潘丽星作品展、北国书展	天津市艺术博物馆
1987 年 5 月	希望之星——中华少年成才之路	天津市三条石历史博物馆
1987 年 6 月至 1987 年 7 月	祖国在我心中——云南、广西边防部队英模事迹展	天津市历史博物馆
1987 年 7 月	魏晋南北朝书法展	天津市艺术博物馆
1987 年 8 月	长江第一漂流展览、秦始皇陵兵马俑展	天津自然博物馆
1987 年 9 月	南极考察珍藏展	天津自然博物馆
1987 年 9 月	中国戏剧家书画展	天津戏剧博物馆
1987 年 9 月	首届中国艺术节海河之秋齐白石作品展	天津市艺术博物馆
1987 年 10 月	吴作人画展	天津市艺术博物馆
1987 年 12 月	艺术博物馆馆藏珍品展	天津市艺术博物馆
1988 年 2 月	英国城市形象版画展	天津市艺术博物馆
1988 年 2 月	近代天津杨柳青年画展	天津市历史博物馆
1988 年 3 月	周恩来与天津图片展	周恩来同志青年时代在津革命活动纪念馆
1988 年 3 月	中国历代妇女书画家作品展	天津市艺术博物馆
1988 年 4 月	近代天津杨柳青年画展	天津民俗博物馆

续表

展览时间	展览名称	展览地点
1988 年 4 月	澳大利亚民族风貌摄影展、波兰武装英雄金属浮雕展	天津市艺术博物馆
1988 年 5 月	阎丽川书画展、加拿大画家黄硕瑜画展、张宗泽根雕展	天津市艺术博物馆
1988 年 6 月	渤海儿童世界自然馆及海底世界陈列	天津自然博物馆
1988 年 6 月	美国拉宾斯基版画作品展、文史馆三十五周年馆庆展	天津市艺术博物馆
1988 年 7 月	英国著名女摄影家费伊·格德温作品展、贵州酒文化展、蜡染艺术品展	天津市艺术博物馆
1988 年 7 月至 1988 年 8 月	清代八旗服饰展	天津民俗博物馆
1988 年 8 月	纪念杨柳青画社建社三十周年展	天津市艺术博物馆
1988 年 9 月	方纪书法、张映雪国画展，王玓面塑展	天津市艺术博物馆
1988 年 9 月	溥仪与天津	天津市历史博物馆
1988 年 10 月	清代八旗服饰展	天津黄崖关长城博物馆、蓟县文物保管所
1988 年 10 月	谢稚柳画展	天津市艺术博物馆
1988 年 11 月	宁志超收藏海外华人作品展、谢德萍书法展	天津市艺术博物馆
1988 年	敦煌吐鲁番资料展览	天津市艺术博物馆
1989 年 1 月	预防艾滋病知识展	天津自然博物馆
1989 年 1 月	纪念天津解放四十周年展	天津市艺术博物馆
1989 年 1 月	天津市第三届邮票展览暨林崧个人藏品展	天津市历史博物馆
1989 年 2 月	超凡的澳大利亚	天津市艺术博物馆
1989 年 3 月	上海名票何时希捐献文物展	天津戏剧博物馆
1989 年 4 月	津沽书法三百年、丹麦安徒生生平展览	天津市艺术博物馆
1989 年 5 月	天津市中年美术家作品展、刘止庸书画展	天津市艺术博物馆
1989 年 6 月	天津市文化局第二届文物标本征集成果汇报展	天津市艺术博物馆
1989 年 7 月	华非篆刻陶艺展	天津市艺术博物馆
1989 年 8 月	百将墨迹、拓片、将军印展，宋广兴泼彩油画展	天津市艺术博物馆
1989 年 8 月	发展中的中国公共图书馆事业图片展览	天津市历史博物馆
1989 年 9 月	孟加拉国绘画展览	天津市历史博物馆
1989 年 9 月	梁斌画展	天津市艺术博物馆
1989 年 9 月至 1989 年 10 月	蒙古人民共和国邮票展、天津市考古标本陈列	天津市历史博物馆

续表

展览时间	展览名称	展览地点
1989 年 9 月	中国历代陶瓷陈列、中国画名作特展	天津市艺术博物馆
1989 年 9 月	天津历史陈列	天津市历史博物馆
1989 年 11 月	刘文梁画展	天津市艺术博物馆
1989 年 12 月	剪纸展	天津市艺术博物馆
1990 年 1 月	弓彤轩画展	天津市艺术博物馆
1990 年 2 月	文史馆书画写生展	天津市艺术博物馆
1990 年 3 月	津沽绘画三百年展	天津市艺术博物馆
1990 年 4 月	全国剪纸藏书票展	天津市艺术博物馆
1990 年 4 月至 1990 年 5 月	馆藏现代中国画展	浙江省博物馆
1990 年 5 月	丰子恺画展	天津市艺术博物馆
1990 年 6 月	韩天衡书画篆刻展、土耳其现代绘画展	天津市艺术博物馆
1990 年 7 月	段博君国画展，单体乾书法、绘画合璧展	天津市艺术博物馆
1990 年 9 月至 1990 年 10 月	馆藏明清书画精品展	天津市历史博物馆
1990 年 8 月	王子明戏剧人物画展	天津市艺术博物馆
1990 年 9 月	刘双印、刘双民画展，天南海北粮食职工书画展，"求之实"艺术展	天津市艺术博物馆
1990 年 10 月	抗敌剧社、抗敌宣传队、孩子团史料展	天津戏剧博物馆
1990 年 10 月	明清人物画展	天津市艺术博物馆
1990 年 11 月	吴颂平遗赠文物展	天津市艺术博物馆
1991 年 2 月	杨柳青年画展	天津民俗博物馆
1991 年 2 月	华君武漫画展	天津市艺术博物馆
1991 年 3 月	全国三八剪纸展	天津市艺术博物馆
1991 年 4 月	张宗泽根雕艺术展、冯骥才画展	天津市艺术博物馆
1991 年 5 月	明清花鸟画展	天津市艺术博物馆
1991 年 6 月	珍稀动物展	天津自然博物馆
1991 年 6 月	纪念中国共产党建党七十周年集邮展、馆藏现代书画特展	天津市艺术博物馆
1991 年 7 月	中国共产党在天津——纪念中国共产党成立七十周年	天津市历史博物馆
1991 年 7 月	纪念周叔弢先生诞辰一百周年展	天津市艺术博物馆

展览时间	展览名称	展览地点
1991 年 8 月	青春期教育展	天津自然博物馆
1991 年 9 月	台北"故宫博物院"书画复制品展	天津市艺术博物馆
1991 年 10 月	王心刚中国画展	天津市艺术博物馆
1991 年 11 月	艺术博物馆馆藏风筝展	天津民俗博物馆
1991 年 11 月	范瑞华狂草书法展	天津市艺术博物馆
1991 年 11 月	旅法游踪——邓家驹赴法创作作品展	天津市艺术博物馆
1992 年 1 月	馆藏台北"故宫博物院"暨本馆书法绘画珍品复制品展、中国木版年画精品展	天津市艺术博物馆
1992 年 2 月至 1992 年 5 月	天津市艺术博物馆明清名画展	日本东京、神户
1992 年 2 月	中国戏曲剪纸艺术展	天津戏剧博物馆
1992 年 3 月	交通安全保险杯书、画、影大赛展	天津市艺术博物馆
1992 年 3 月	清代帝后御用珍品展	天津民俗博物馆
1992 年 5 月	勿忘国耻、振兴中华——两史一情教育专题展	天津市历史博物馆
1992 年 5 月	中国青铜器展	天津市艺术博物馆
1992 年 5 月至 1992 年 6 月	纪念毛主席在延安文艺座谈会上的讲话发表 50 周年馆藏书画精品展	天津市艺术博物馆
1992 年 6 月	天津民俗画展	中国美术馆
1992 年 6 月	明清扇面艺术展	天津市艺术博物馆
1992 年 7 月	草原风情——内蒙古剪纸艺术展	天津市艺术博物馆
1992 年 8 月	启功书画展	天津市艺术博物馆
1992 年 9 月	杨锡增书法展	天津市艺术博物馆
1992 年 9 月至 1992 年 10 月	勿忘国耻、振兴中华	四川省重庆市歌乐山烈士陵园
1992 年 9 月	何志华中国近代服饰收藏展	天津市历史博物馆
1992 年 10 月	赴日"中国明清名画展"汇报展	天津市艺术博物馆
1992 年 10 月至 1992 年 11 月	中国邮驿史暨邮票展览	四川省重庆市歌乐山烈士陵园
1992 年 11 月	余明善书法展、斯洛伐克插图展	天津市艺术博物馆
1992 年 11 月	打击文物走私犯罪展	天津民俗博物馆
1992 年 12 月	新征集的剪纸、皮影展	天津市艺术博物馆
1993 年 1 月	马翰章画展	天津市艺术博物馆
1993 年 2 月	世纪书画珍品展	天津市艺术博物馆

续表

展览时间	展览名称	展览地点
1993 年 2 月至 1993 年 3 月	歌乐忠魂、世代英华	天津市历史博物馆
1993 年 3 月	北朝书法展	天津市艺术博物馆
1993 年 5 月	全国首届刻字艺术展	天津市艺术博物馆
1993 年 6 月	高林小朋友水墨画展，田蕴章、田英章昆仲书法展，近百年画展	天津市艺术博物馆
1993 年 8 月	中国戏剧剪纸展	北京
1993 年 8 月	周恩来青年时代业绩展	北京正阳门
1993 年 10 月	扬州画派作品展	天津市艺术博物馆
1993 年 10 月	京剧脸谱展	天津戏剧博物馆
1993 年 11 月	中国出了个毛泽东——纪念毛泽东诞辰 100 周年展	天津市历史博物馆
1993 年 12 月	纪念毛泽东诞辰 100 周年金石书法展、馆藏书画作品展	天津市艺术博物馆
1993 年 12 月至 1994 年 1 月	方寸情深——纪念毛泽东诞辰 100 周年书法印章展览	天津市历史博物馆
1994 年 3 月	今日以色列、陈美澄艺术作品展、中华英魂——革命烈士诗抄书法展	天津市艺术博物馆
1994 年 4 月	群英结党救中华——中国共产党创建史展	周恩来同志青年时代在津革命活动纪念馆
1994 年 4 月	印度纺织品设计及手工艺品展览	天津自然博物馆
1994 年 5 月	张映雪国画展、日本绘画展	天津市艺术博物馆
1994 年 5 月	张天翼戏曲人物画展	中国大戏院
1994 年 5 月	印度手工艺品展	天津自然博物馆
1994 年 5 月	巴人水墨画展	天津市艺术博物馆
1994 年 6 月	陈海韶画展	天津市艺术博物馆
1994 年 6 月	近代名家画展	山西省博物馆
1994 年 7 月	神州书画进修学院建院十周年画展	天津市艺术博物馆
1994 年 8 月	'94 中韩友好交流书画展	天津市艺术博物馆
1994 年 8 月	少男·少女展	天津自然博物馆
1994 年 9 月	黄崖关长城修复十周年纪念展、十四世纪至十九世纪中国画展	天津市艺术博物馆
1994 年 9 月至 1994 年 10 月	近代名家画展	北京市艺术博物馆

展览时间	展览名称	展览地点
1994 年 10 月	中国侏罗纪恐龙真迹大展赴台展出回津汇报展	天津自然博物馆
1994 年 10 月	"人民保险杯"书法大奖赛展、 杜明岑山水画展	天津市艺术博物馆
1994 年 11 月	王铭、姗娣亚作品展	天津市艺术博物馆
1994 年 12 月	迎世乒风筝魏精品展、邓小平大型图片展览、 瓷器真伪辨识展	天津市艺术博物馆
1995 年 1 月	忘年交书画展、馆藏名人对联展	天津市艺术博物馆
1995 年 3 月	'95 首届天津格瑞民间收藏展	天津市历史博物馆
1995 年 3 月	龙山窑陶艺展	天津市艺术博物馆
1995 年 4 月	中国嘉德 '95 春季拍卖会巡展、香港今昔摄影展	天津市艺术博物馆
1995 年 4 月	天津近代人物蜡像馆陈列	天津市历史博物馆
1995 年 5 月至 1995 年 7 月	天津市历史博物馆馆藏历代货币展	天津市历史博物馆
1995 年 5 月	华夏五千年艺术珍品展，秘鲁摄影绘画展，太 平村镇农民书画展，周恩来、邓颖超遗物交接仪 式展，农民书画研究会首届会员作品展	天津市艺术博物馆
1995 年 5 月	天津民族民俗风情摄影展	天津自然博物馆
1995 年 6 月	孔繁森同志事迹展	天津市历史博物馆
1995 年 6 月	馆藏近代画坛二十大名家作品展，梁崎、臧欣、 谢梦书画展	天津市艺术博物馆
1995 年 7 月	贾才草书长卷展、徐悲鸿诞辰一百周年纪念展	天津市艺术博物馆
1995 年 8 月	孙本长中国画展	天津市艺术博物馆
1995 年 8 月	前事不忘后事之师——天津市纪念抗日战争胜利 五十周年展览	天津市历史博物馆
1995 年 9 月	巾帼翰墨情书法展	天津市艺术博物馆
1995 年 10 月	天津市历史博物馆馆藏明清书画精品展	天津市历史博物馆
1995 年 11 月	'96 天津迈向新世纪优秀美术、摄影作品展	天津市艺术博物馆
1995 年 11 月	恐龙科技世界科普展	天津自然博物馆
1995 年 12 月	书画拓片精品展、第十届天津市摄影艺术展	天津市艺术博物馆
1996 年 1 月	深深的怀念——周恩来生平图片暨美术 书法作品展	天津市艺术博物馆
1996 年 3 月	乾隆、刘墉、和珅书画真迹展	天津市艺术博物馆
1996 年 3 月	天津市第二届民间收藏展	天津市历史博物馆
1996 年 6 月	天津市禁毒大风暴展	天津市历史博物馆

展览时间	展览名称	展览地点
1996 年 6 月	白俄罗斯民族工艺品展	天津市艺术博物馆
1996 年 6 月	天津市防震减灾知识展	天津自然博物馆
1996 年 8 月	纪念邓小平视察天津十周年暨改革开放成就展	天津市历史博物馆
1996 年 10 月	长征、丰碑——纪念中国工农红军长征 60 周年展	天津市历史博物馆
1996 年 10 月	纪念中国工农红军长征胜利 60 周年书画展	天津市艺术博物馆
1996 年 11 月至 1996 年 12 月	孙中山与华侨美术巡回展·天津展	天津市历史博物馆
1996 年 12 月	书画拓片精品展	天津市艺术博物馆
1997 年 3 月	天津市第三届民间收藏展	天津市历史博物馆
1997 年 3 月至 1997 年 4 月	明清书画精品展	香港
1997 年 5 月	珍稀动物	天津科学技术馆
1997 年 5 月至 1997 年 7 月	香港的历史与发展——庆祝香港回归祖国特展	天津市历史博物馆
1997 年 7 月	中国当代版画艺术展，中国当代水彩画、宣传画艺术展	天津市艺术博物馆
1997 年 7 月至 1997 年 8 月	天津历史文化展	日本四日
1997 年 8 月	恐龙·古象·珍稀动物展	唐山博物馆
1997 年 8 月	清代名人书画展	天津市历史博物馆
1997 年 9 月至 1997 年 10 月	中华人民共和国国旗颂	天津市历史博物馆
1997 年 9 月	全国考古新发现精品展	天津市历史博物馆
1997 年 10 月	中国新西兰邮票展	天津市历史博物馆
1997 年 11 月	中国历代法书展	天津市艺术博物馆
1997 年 12 月至 1998 年 1 月	纪念建馆四十周年捐献文物展	天津市艺术博物馆
1998 年 1 月至 1998 年 2 月	刘奎龄绘画作品展	天津市艺术博物馆
1998 年 3 月至 1998 年 4 月	天津市第四届民间收藏展	天津市历史博物馆
1998 年 3 月至 1998 年 5 月	关东抗日英烈珍闻展	平津战役纪念馆

展览时间	展览名称	展览地点
1998 年 4 月至 1998 年 5 月	馆藏近现代名家书画作品展	天津市历史博物馆
1998 年月 5 至 1998 年 6 月	天津寻根——天津考古四十年特展	天津市历史博物馆
1998 年 8 月	馆藏天津地方民间艺术陈列	天津市艺术博物馆
1998 年 10 月	恐龙、古哺乳动物、水生生物、两栖爬行动物、动物生态、世界昆虫、海洋贝类、热带植物陈列	天津自然博物馆
1998 年 11 月	馆藏明清青花瓷器展览	天津市艺术博物馆
1998 年 12 月至 1999 年 4 月	馆藏新石器时代玉器陈列	天津市艺术博物馆
1998 年 12 月	刘少奇光辉业绩展览	周恩来邓颖超纪念馆
1998 年 12 月	天津市防震减灾知识展	天津自然博物馆
1999 年 1 月	纪念天津解放 50 周年大型书画展览	天津市历史博物馆
1999 年 2 月	贝类·蝴蝶·鸟类珍品展	蓟县文物保管所
1999 年 2 月至 1999 年 3 月	周恩来邓颖超珍藏书画展、周恩来邓颖超纪念馆建馆一周年回顾展	周恩来邓颖超纪念馆
1999 年 3 月至 1999 年 4 月	天津市第五届民间收藏展	天津市历史博物馆
1999·年 3 月	国旗颂	重庆
1999 年 5 月	馆藏清代玉器瑰宝展	天津市艺术博物馆
1999 年 5 月	卫画流年——馆藏杨柳青木版年画史料展	天津市历史博物馆
1999 年 5 月	为中华之崛起——周恩来邓颖超与五四运动	北京大学、北方交通大学、北京理工大学、北京广播学院
1999 年 5 月至 1999 年 6 月	小型馆藏精品鉴赏、天津首届连环画收藏展	天津市历史博物馆
1999 年 6 月	目击暴行——战地记者吕岩松摄影图片展	天津市艺术博物馆
1999 年 7 月	澳门自然与人文风光展	天津自然博物馆
1999 年 8 月	天津市书法艺术展、"共和国与十大元帅"大型摄影展	天津市历史博物馆
1999 年 8 月	告别愚昧科普漫画展	天津自然博物馆
1999 年 9 月至 1999 年 12 月	警钟长鸣——世界现代兵器大型图片展	平津战役纪念馆
1999 年 10 月	中国古代书画展、徐世章捐献文物四十五周年精品展	天津市艺术博物馆

展览时间	展览名称	展览地点
1999 年 10 月	京津澳百名书画家作品展、杜明岑澳门写生作品展、澳门的历史与发展——庆祝澳门回归祖国特展	天津市历史博物馆
1999 年 10 月至 1999 年 12 月	警钟长鸣——世界现代海军舰船大型仿真模型展	平津战役纪念馆、绍兴博物馆、津南区葛沽镇、万达影城
1999 年 11 月	充满活力的以色列摄影展	天津市艺术博物馆
1999 年 11 月	喜迎澳门回归，'99 老年书画百米长卷展	天津市历史博物馆
1999 年 12 月	紫砂传承精艺展、二十世纪中国画回顾展	天津市艺术博物馆
1999 年 12 月	庆澳门回归，南极考察珍藏展	天津自然博物馆
2000 年 2 月	中国恐龙蛋特展	天津自然博物馆
2000 年 3 月	为了明天——预防青少年违法犯罪展	天津市历史博物馆
2000 年 3 月	周恩来旅日肖像画特展	周恩来邓颖超纪念馆
2000 年 3 月	蓟州文物展	蓟县文物保管所
2000 年 4 月	恐龙与古哺乳动物、海洋动物、珍稀海洋贝类、水生生物、两栖爬行动物	连云港市博物馆
2000 年 4 月	世界蝴蝶、海洋贝类	兰州市博物馆
2000 年 5 月	南张北溥画展、二十世纪书法展	天津市艺术博物馆
2000 年 5 月	纸的自然、人体奥秘特展	天津自然博物馆
2000 年 6 月	天津市第六届民间收藏展	天津市历史博物馆
2000 年 6 月至 2000 年 7 月	百年国耻——八国联军侵华史实展	平津战役纪念馆
2000 年 6 月	天津市纪念建党 79 周年书画艺术展	天津市历史博物馆
2000 年 7 月	男孩、女孩青春期教育展	天津市历史博物馆
2000 年 8 月	友谊之光——国家博物馆珍藏各国礼品展	周恩来邓颖超纪念馆
2000 年 8 月	爱我中华，保护环境	天津自然博物馆
2000 年 8 月	地球在呼救、世界蝴蝶、珍奇贝类	山东诸城
2000 年 9 月	朝鲜图书图片以及手工制品展	天津市艺术博物馆
2000 年 9 月	金秋老年热爱自然书画联展	天津自然博物馆
2000 年 9 月	长城之光——津门名家书画展	天津市历史博物馆
2000 年 10 月	中国奇石（天津）巡回展	天津文庙博物馆
2000 年 10 月	世界蝴蝶、珍奇贝类	甘肃酒泉
2000 年 10 月	世界蝴蝶展、海洋贝类展、少男·少女展	河北保定

展览时间	展览名称	展览地点
2000 年 10 月	世界蝴蝶	浙江温州
2000 年 10 月	中国恐龙暨古动物、大型海洋动物、少男·少女展	江苏连云港
2000 年 10 月	世界蝴蝶、珍奇贝类	内蒙古乌海市科技馆
2000 年 10 月	人体奥秘特展	天津自然博物馆
2000 年 10 月	山西省博物馆藏寺观壁画（摹本）展	天津市艺术博物馆
2000 年 11 月	为了法纪的尊严——反渎职侵权犯罪展	天津市历史博物馆
2000 年 11 月	阳光·生命——俄罗斯教学观摩展	天津市艺术博物馆
2000 年 11 月	世界蝴蝶、珍奇贝类	宁夏银川科技馆
2000 年 12 月	东史郎诉讼案——一个侵华日本老兵的反省	周恩来邓颖超纪念馆
2000 年 12 月	少男·少女展	天津自然博物馆
2000 年 12 月	百年潮——天津世纪回顾展	天津市历史博物馆
2000 年 12 月	中国戏剧名家书画作品特展、百年沧桑天津老照片暨民间艺术制作展	天津文庙博物馆
2000 年 12 月	二十世纪书法展	天津市艺术博物馆
2000 年 12 月至 2001 年 1 月	为中华之崛起——周恩来邓颖超青少年时代业绩展	银川玉皇阁
2000 年 12 月	地球在呼救、海洋贝类展、少男·少女展	山东诸城恐龙博物馆
2001 年 2 月	宇宙与生命	天津自然博物馆
2001 年 3 月	周恩来邓颖超纪念馆建馆三周年社会各界捐赠文物特展	周恩来邓颖超纪念馆
2001 年 3 月	地球在呼救、珍奇贝类、天津地区鸟类	黑龙江哈尔滨
2001 年 4 月	地球在呼救、少男·少女展	天津自然博物馆
2001 年 4 月	二十世纪中国画精品展	广东省深圳市何香凝美术馆
2001 年 5 月	警钟长鸣——窃密泄密案例展	天津市历史博物馆
2001 年 5 月	中国命运的决战——解放战争三大战役历史展	平津战役纪念馆
2001 年 6 月	全国职工庆祝建党八十周年书画展	天津市艺术博物馆
2001 年 6 月	光辉的历程——纪念中国共产党成立 80 周年展览	天津市历史博物馆
2001 年 6 月	中小学生物知识展览	天津自然博物馆、天津市开发区第一小学

展览时间	展览名称	展览地点
2001 年 6 月	庆祝中国共产党建党八十周年——老年绘画艺术作品展	天津自然博物馆
2001 年 7 月	中共天津地方党史通史陈列	中共天津历史纪念馆
2001 年 7 月至 2001 年 10 月	踏着先进的足迹，实现跨越式发展——纪念中国共产党成立 80 周年天津市全国劳动模范事迹展	平津战役纪念馆
2001 年 7 月	地球在呼救、少男·少女展、宇宙与生命、人体奥秘特展、陨石之谜、中小学生物知识展览	天津日报大厦、天津自然博物馆、蓟县文物保管所
2001 年 7 月	天津市防震减灾知识展	天津自然博物馆
2001 年 9 月	陨石之谜	天津自然博物馆
2001 年 9 月	为中华之崛起——周恩来邓颖超青少年时代	内蒙古赤峰市博物馆
2001 年 9 月至 2001 年 10 月	"中华百年看天津"九馆文物精品联展	周恩来邓颖超纪念馆
2001 年 10 月	中小学生物知识展览	天津自然博物馆
2001 年 10 月	漕运·轿车陈列、水局复原陈列	天津杨柳青博物馆
2001 年 10 月	中国戏曲发展史、中国京剧发展史、中国京剧人物艺术造型展	天津戏剧博物馆
2002 年 3 月至 2002 年 4 月	人民的怀念——馆藏艺术品展	周恩来邓颖超纪念馆
2002 年 3 月	纪念周恩来诞辰 104 周年活动——陶小慧画展	周恩来邓颖超纪念馆
2002 年 3 月至 2002 年 6 月	图说《中华人民共和国宪法》展览	周恩来邓颖超纪念馆
2002 年 3 月	爱护鸟类、神奇的湿地	天津自然博物馆
2002 年 4 月	宇宙与生命、少男·少女展	内蒙古包头
2002 年 5 月	世界濒危动物	天津自然博物馆
2002 年 5 月	海洋的旋律	元明清天妃宫遗址博物馆
2002 年 6 月	台北"故宫博物院"珍藏书画展	天津市艺术博物馆
2002 年 6 月至 2002 年 11 月	党风楷模周恩来	周恩来邓颖超纪念馆、济南市、南京梅园新村纪念馆、中共武汉市委党校、辽宁省本溪市、黑龙江省革命博物馆
2002 年 6 月	宇宙与生命	浙江温州
2002 年 7 月至 2003 年 2 月	人民不会忘记——平津战役英烈事迹展	平津战役纪念馆
2002 年 7 月	世界昆虫、宇宙与生命	四川自贡
2002 年 7 月	世界蝴蝶、珍奇贝类、宇宙与生命、少男·少女展	广东广州

续表

展览时间	展览名称	展览地点
2002 年 8 月	少男·少女展	安徽寿县
2002 年 9 月	少男·少女展	河南濮阳
2002 年 9 月	世界昆虫、宇宙与生命、少男·少女展	四川泸州
2002 年 9 月	世界蝴蝶、珍奇贝类	广东中山
2002 年 9 月	关心下一代——预防青少年犯罪	天津自然博物馆
2002 年 9 月	天津市危陋平房改造成果展览、古钟图片展	天津鼓楼博物馆
2002 年 10 月	近代中国看天津——百项中国第一	近代天津博物馆
2002 年 11 月至 2002 年 12 月	继往开来的世纪伟业——从"一大"到"十六大"	周恩来邓颖超纪念馆
2002 年 11 月	我爱大自然、预防青少年犯罪、生殖与健康	天津自然博物馆
2002 年 11 月	世界蝴蝶、珍奇贝类	广东新会
2002 年 11 月	少男·少女展、地球在呼救、世界蝴蝶、神奇的湿地、中华传统美德、珍奇贝类	福建福州
2002 年 12 月	海底奇葩——珊瑚	天津自然博物馆
2003 年 1 月至 2004 年 2 月	中国恐龙暨古动物展	韩国
2003 年 2 月至 2003 年 10 月	西花厅周恩来邓颖超遗物特展	周恩来邓颖超纪念馆
2003 年 2 月	中华传统美德	天津市 400 个居委会
2003 年 2 月	宇宙与生命、少男·少女展	陕西西安
2003 年 3 月至 2003 年 10 月	党风楷模周恩来	上海中共"一大"会址纪念馆、吉林省近现代史博物馆、张家港市图书馆
2003 年 3 月至 2003 年 4 月	雷锋精神永恒	平津战役纪念馆
2003 年 3 月	爱鸟护鸟	天津自然博物馆
2003 年 3 月	预防艾滋病、少男·少女展	江苏南通
2003 年 3 月	中华传统美德	山西祁县
2003 年 4 月	中国恐龙暨古动物展	浙江温州
2003 年 4 月	恐龙时代、海洋动物	河北正定
2003 年 4 月	少男·少女展、地球在呼救、世界蝴蝶、珍奇贝类	吉林长春

续表

展览时间	展览名称	展览地点
2003 年 4 月	少男·少女展	浙江海宁
2003 年 4 月	梁启超与近代中国	天津梁启超纪念馆
2003 年 5 月	妈祖文化摄影展	天津民俗博物馆
2003 年 5 月	中华传统美德、少男·少女展	浙江温州
2003 年 5 月	中华传统美德	湖北武汉
2003 年 5 月	极地科学考察	天津自然博物馆
2003 年 6 月	世界濒危动物、神奇的湿地	天津自然博物馆、河北衡水
2003 年 6 月	预防青少年犯罪、百大自然奇观	浙江萧山
2003 年 6 月	中国古生物展	广东顺德
2003 年 6 月	百大科学发明	河南巩义
2003 年 7 月	人体奥秘特展、中国恐龙暨古动物展	湖北赤壁市
2003 年 8 月	抗击"非典"事迹收藏展	天津自然博物馆
2003 年 8 月	恐龙时代、世界蝴蝶、 海底奇葩——珊瑚、 宇宙与生命	山东潍坊
2003 年 9 月至 2003 年 12 月	伟大领袖，光辉历程——毛泽东像章收藏精品展	平津战役纪念馆
2003 年 10 月	天津出土汉代文物特展	元明清天妃宫遗址博物馆
2003 年 10 月	中国恐龙暨古动物展	山东青岛
2003 年 10 月	中华传统美德、预防青少年犯罪	广东三水
2003 年 11 月	宇宙与生命、中华传统美德	湖北武汉
2003 年 12 月	纪念毛泽东诞辰 110 周年书画展	周恩来邓颖超纪念馆
2003 年 12 月至 2004 年 1 月	毛泽东与天津——纪念毛泽东诞辰 110 周年展览	周恩来邓颖超纪念馆
2004 年 1 月	为中华之崛起——周恩来邓颖超青少年时代	广东省潮州市东风镇
2004 年 2 月至 2004 年 5 月	20 世纪中国妇女运动的先驱——纪念邓颖超诞辰 100 周年展	周恩来邓颖超纪念馆
2004 年 3 月	中国古生物展	广东中山
2004 年 3 月	世界蝴蝶	广东深圳
2004 年 3 月	宇宙与生命、中华传统美德	广东广州

展览时间	展览名称	展览地点
2004 年 4 月	人体奥秘特展、大型海洋动物	山西晋城
2004 年 4 月	预防青少年犯罪、中华传统美德	广东东莞
2004 年 5 月	人体与健康，健康快车，地球在呼救，现代人健康活动，基因的故事，生殖与健康，拒绝毒品、关爱健康	天津各区县
2004 年 5 月	中华传统美德、中华传统文化大观	天津市津南区
2004 年 5 月	地球在呼救、宇宙与生命	天津市塘沽区
2004 年 5 月	预防青少年犯罪、中华传统美德、生物百科、百大考古发现	广东珠海
2004 年 5 月	中华传统美德、宇宙与生命	浙江宁波
2004 年 6 月	世界蝴蝶、生殖与健康	河北黄骅
2004 年 6 月	少男·少女展	湖北枝江
2004 年 7 月	海底奇葩——珊瑚	天津自然博物馆
2004 年 8 月至 2004 年 9 月	警卫秘书眼中的邓小平	周恩来邓颖超纪念馆
2004 年 8 月	人体奥秘特展	山东青岛
2004 年 9 月至 2004 年 12 月	红旗漫卷西风——红军长征、西征胜利革命文物展	平津战役纪念馆
2004 年 9 月至 2004 年 10 月	周恩来邓颖超珍藏书画展	周恩来邓颖超纪念馆
2004 年 9 月	生殖健康	天津自然博物馆
2004 年 11 月	中华传统美德	内蒙古乌兰察布
2004 年 12 月	画说天津 600 年，百年集珍——馆藏文物精品陈列，天津人文说由来陈列，诗中有画、画中有诗——明清绘画陈列，砚寓儒雅——中国古砚艺术陈列，书法掠踪——中国古代书法艺术陈列，国瓷华彩——中国古代瓷器装饰艺术陈列，中华百年看天津陈列	天津博物馆
2004 年 12 月	天津杨柳青木版年画展	北京中国现代文学馆
2004 年 12 月	民间捐赠文物精品展、门墩儿及图片展	天津老城博物馆

展览时间	展览名称	展览地点
2005 年 1 月至 2005 年 2 月	人体奥秘	天津自然博物馆
2005 年 1 月	近代天津民间互动游戏陈列 "童年寻梦"	天津老城博物馆
2005 年 1 月	杜明岑百米长卷 "寒秋津卫图" 专题绘画展 、津门八大画家画展	天津博物馆
2005 年 2 月	人体奥秘特展、预防青少年犯罪、少男·少女展	福建厦门
2005 年 3 月	岩壁上的精灵——艳红鹿子百合	天津自然博物馆
2005 年 3 月	海河名韵·大型名家楹联展	天津博物馆
2005 年 3 月	民间儿童游戏图片展	天津老城博物馆
2005 年 3 月	海底奇葩——珊瑚、世界蝴蝶	浙江绍兴
2005 年 3 月	世界蝴蝶	广东广州
2005 年 4 月至 2005 年 5 月	周恩来与万隆会议——纪念亚非会议召开 50 周年展	周恩来邓颖超纪念馆
2005 年 4 月至 2005 年 5 月	天津市第七届民间收藏展	天津文庙博物馆
2005 年 4 月	近代天津婚俗陈列、近代天津民间闺房复原陈列	天津老城博物馆
2005 年 4 月	地球在呼救、宇宙与生命、珍奇贝类、海底奇葩——珊瑚	天津市大港
2005 年 5 月	津派绘画—— "源与流" 天津青年画家优秀作品展	天津博物馆
2005 年 6 月	"黄埔老叟" 陆徽彰书法作品暨家属捐献珍藏书法、图书展，生命的火焰——百名共产党员英烈事迹展	天津博物馆
2005 年 6 月	世界蝴蝶	湖北武汉
2005 年 6 月	百大科学发明	浙江嘉兴
2005 年 7 月至 2005 年 8 月	中国大型恐龙、猛犸象真迹国际巡展	黑龙江省大庆市博物馆
2005 年 7 月	近代天津居住生活习俗复原陈列	天津老城博物馆
2005 年 7 月	党的光辉历程	安徽安庆
2005 年 7 月	党的光辉历程、中华魂	河南偃师

展览时间	展览名称	展览地点
2005 年 7 月	中华传统美德、党的光辉历程	辽宁盘锦
2005 年 8 月	法国艺术家的中国情——内在的远方	天津博物馆
2005 年 8 月	老城照片回顾展	天津老城博物馆
2005 年 9 月	天津人民抗日斗争——纪念中国人民抗日战争暨世界反法西斯战争胜利 60 周年展	天津博物馆
2005 年 9 月	中共中央北方局旧址复原陈列	中共中央北方局纪念馆
2005 年 9 月至 2005 年 11 月	秦始皇兵马俑大型国宝文物珍品展	天津博物馆
2005 年 10 月	叩响老城历史之门——天津近代民居建筑砖雕艺术展	天津老城博物馆
2005 年 10 月	天津博物馆文物珍品展	意大利罗马国家东方艺术博物馆
2005 年 10 月	红旗渠精神图片展	天津博物馆
2005 年 10 月	生命起源与进化、海洋动物、海底奇葩——珊瑚	安徽铜陵
2005 年 10 月	极地科学考察	陕西西安
2005 年 12 月	为中华之崛起——周恩来青少年时代	香港潮州会馆礼堂
2005 年 12 月	世界蝴蝶	黑龙江黑河
2005 年 12 月	于方舟革命烈士生平事迹展	于方舟烈士纪念馆
2006 年 1 月	纪念周恩来总理逝世 30 周年新创艺术作品展	周恩来邓颖超纪念馆
2006 年 1 月	中国魅力名镇——杨柳青年画民俗展	韩国首尔中国文化中心
2006 年 1 月至 2006 年 3 月	来自法兰西的贺岁礼物——卢浮宫馆藏版画·法国版画 400 年	天津博物馆
2006 年 1 月	"北京猿人"与天津——探寻头盖骨之谜	天津博物馆
2006 年 1 月	辽西化石生物群	天津自然博物馆
2006 年 4 月	天津市群众艺术馆建馆 50 周年书画、摄影展，孙克刚书画展，中法艺术联展，中国古代金铜造像展	天津博物馆
2006 年 5 月	欧洲古典家具艺术展	天津博物馆
2006 年 5 月至 2006 年 6 月	党风楷模周恩来	秦皇岛市广电中心、哈尔滨

续表

展览时间	展览名称	展览地点
2006 年 6 月	天津市商务系统首届文化艺术节"一商杯"书法绘画摄影展、天津市第 4 届农民艺术节非物质文化遗产暨农村民间艺术保护成果展、光辉的历程——庆祝中国共产党成立 85 周年中共天津历史展	天津博物馆
2006 年 8 月	汤传杰油画作品巡回展、改变世界的达·芬奇——达·芬奇艺术与科学发明文化展	天津博物馆
2006 年 9 月	天津市第二届"国粹紫砂"大师精品展,中国近现代名家仿真精品展,中、日、法国际当代美术作品展,外国摄影家看天津图片展,大千厚意渤慰情深——王渤生捐赠张大千书画暨馆藏张大千作品展,纪念红军长征胜利 70 周年,"一年又一年·岁月拾遗"摄影大展,汉风湘韵——长沙马王堆汉墓出土文物珍品展	天津博物馆
2006 年 10 月	河西区民间收藏文物展	天津博物馆
2006 年 10 月	德国托马斯化石收藏展	天津自然博物馆
2006 年 12 月	俄罗斯民俗巡礼展	天津博物馆
2007 年 1 月	"迎新接福,一纸万象"杨柳青年画展	澳门博物馆
2007 年 2 月	荆楚之光——湖北出土文物精粹展、大漠上消逝的文明——西夏文物特展	天津博物馆
2007 年 2 月至 2007 年 3 月	为中华之崛起——周恩来生平业绩展	香港浸会大学
2007 年 3 月	庆三八女书画家作品展、天津珍玩赏析田黄展、意大利罗马摄影展	天津博物馆
2007 年 4 月	清宫散佚书画国宝展	天津博物馆
2007 年 5 月	生旦净丑——戏剧人物艺术展、翰墨情——静海人书画展	天津博物馆
2007 年 6 月	近代文明的支点——工业遗产及其保护与利用,传统文化的载体——天津的乡土建筑及其保护,中国书画复制品展,藏风梵韵——唐卡艺术大展	天津博物馆
2007 年 6 月	红色足迹遍津门——中国共产党在天津革命历史旧址展	中共天津历史纪念馆

展览时间	展览名称	展览地点
2007 年 7 月至 2008 年 6 月	平津战役纪念馆建馆十周年"物载深情，丰碑永矗"新征文物展	平津战役纪念馆
2007 年 7 月	孙笑然绘画作品展	天津博物馆
2007 年 8 月	"滨海湿地与天津的鸟"摄影展	天津自然博物馆
2007 年 8 月	东方慧光——法门寺地宫珍宝展、天津市第三届国粹紫砂大师精品展	天津博物馆
2007 年 9 月	天津市教师美术作品展、河东区美术书法摄影展	天津博物馆
2007 年 10 月	原生态秘境——中国贵州陈卫中摄影艺术展、澳大利亚图片展、中老年书画作品展	天津博物馆
2007 年 10 月	中国恐龙化石展	荷兰 Hortus 植物博物园
2007 年 11 月	面对热点解读中国、中原文化天津行	天津博物馆
2007 年 12 月	情结·河西——油画群展、西青区摄影艺术展、毛泽东主席的贴身卫士——王宇清图片展	天津博物馆
2008 年 1 月	西班牙现代艺术大师雕塑展、金缕玉衣特展——汉代遗韵巡礼	天津博物馆
2008 年 1 月	中国民间艺术的瑰宝——天津博物馆藏杨柳青年画展	山东省博物馆
2008 年 1 月至 2008 年 2 月	世界瑰宝——周恩来国务礼品特展	周恩来邓颖超纪念馆
2008 年 2 月	妈祖文化历史文物精品展	天津民俗博物馆
2008 年 3 月	纪念周恩来诞辰 110 周年书画展	天津市政协书画艺术馆
2008 年 3 月至 2008 年 10 月	永远的怀念——纪念周恩来诞辰 110 周年画展	中国人民革命军事博物馆、武汉中南民族大学光谷美术馆、上海市美术馆、周恩来邓颖超纪念馆
2008 年 3 月	"抗击冰雪，心系人民"新闻摄影图片展、感受澳门图片展	天津博物馆
2008 年 4 月	走进世博会——中国 2010 年上海世博会暨世博会历史回顾展	天津博物馆
2008 年 5 月	西藏拉萨"3·14"暴乱和今昔摄影展，"节约能源、保护环境"大型科普展，近代文明的支点——工业遗产及其保护与利用，天津市第三次全国文物普查特展——天津小洋楼	天津博物馆
2008 年 5 月	我们在一起，抗震救灾	天津自然博物馆

续表

展览时间	展览名称	展览地点
2008 年 6 月	翰墨丹青绘盛世，皓首童心迎奥运展； 大地之子——梁冰文学艺术展；中国春天； 翰墨抒怀，共祝奥运书画展	天津博物馆
2008 年 7 月	迎奥运、唱和谐、颂天津优秀书法作品展，情系 奥运——张锡堃奥运历史名城彩墨巡展， 纪念爱新觉罗·溥佐先生诞辰九十周年书画展	天津博物馆
2008 年 7 月至 2008 年 10 月	丝路放歌，情系奥运——2008 年敦煌艺术大展	天津博物馆
2008 年 7 月	天津博物馆馆藏古代绘画精品展	辽宁省博物馆
2008 年 8 月	版画盛典，为奥运喝彩	天津博物馆
2008 年 9 月	为中华之崛起——周恩来生平业绩展	澳门旅游活动中心
2008 年 9 月	光荣与梦想——2008 年北京奥运会大型新闻图片 展、全国第三届钢笔画展、天津贵州两地摄影美 术作品联展、津沽大地——纪念天津农村改革开 放三十年摄影展	天津博物馆
2008 年 10 月至 2009 年 1 月	中国茶文化展	芬兰艾斯堡市博物馆
2008 年 10 月	奥运在我心中美术书法作品展、 天津市首届旅游纪念品大赛作品展览	天津博物馆
2008 年 11 月	大河之上——白庚延纪念展、 岁月如歌——北大荒知青摄影展、 天津市第四届国粹紫砂大师精品展	天津博物馆
2008 年 12 月	戴士和油画展、天津市反腐倡廉书画作品展、中 国中青年雕塑家试验肖像雕塑展、书法绘画摄影 动漫作品展、"滨海墨韵"天津首届中青年书画 邀请展、河西区纪念改革开放 30 周年摄影展	天津博物馆
2008 年 12 月	新中国反腐败第一大案展览	天津杨柳青博物馆
2008 年 12 月	潘玉良画展	天津博物馆
2009 年 1 月	李岚清篆刻艺术展	天津博物馆
2009 年 1 月至 2009 年 3 月	孙中山与北洋集团	广东孙中山大元帅府纪念馆
2009 年 3 月	最忆是总理——唐双宁书法作品展	周恩来邓颖超纪念馆

展览时间	展览名称	展览地点
2009 年 3 月至 2009 年 5 月	战火中的誓言——走近新中国诞生前夜的英雄们	平津战役纪念馆
2009 年 4 月至 2009 年 5 月	弹起我心爱的土琵琶——铁道游击队	平津战役纪念馆
2009 年 4 月	红桥区碑碣石刻展	天津市义和团纪念馆
2009 年 4 月	馆藏明清宫廷书画展	天津博物馆
2009 年 4 月	中国历代货币	天津泉香阁钱币博物馆
2009 年 5 月	"三普"特展"天津小洋楼"	天津博物馆
2009 年 5 月	传统文化的载体——天津乡土建筑及其保护展	元明清天妃宫遗址博物馆
2009 年 5 月至 2009 年 8 月	纪念平津战役胜利 60 周年参战老首长书法作品展	平津战役纪念馆
2009 年 6 月	探索明长城——天津市长城资源调查成果展	元明清天妃宫遗址博物馆
2009 年 6 月至 2009 年 12 月	开国领袖——毛泽东家事家史展	平津战役纪念馆
2009 年 6 月	为中华之崛起——周恩来青年时代	天津泰达枫叶国际学校
2009 年 7 月	罗聘艺术大展	瑞士利特伯格博物馆
2009 年 8 月	走进野生动物王国——肯尼斯·贝林捐赠标本专题展	天津自然博物馆
2009 年 8 月	红桥区第三次全国文物普查工作成果展	天津市义和团纪念馆
2009 年 8 月	蓟县地层剖面展、天津蓟县国家地质公园地学科普展	天津市蓟县地质博物馆
2009 年 9 月	天津政协 60 年	天津博物馆
2009 年 9 月至 2009 年 11 月	国家宝藏——中国国家博物馆馆藏珍品展	天津博物馆
2009 年 9 月至 2009 年 10 月	奠基——老一辈革命家与新中国的诞生	周恩来邓颖超纪念馆
2009 年 9 月至 2009 年 10 月	光辉历程——中国人民革命军事博物馆馆藏证章、锦旗展	平津战役纪念馆
2009 年 10 月	妈祖文化展	天津民俗博物馆
2009 年 10 至 2009 年 11 月	周恩来与日本	日本早稻田大学孔子学院

展览时间	展览名称	展览地点
2010 年 1 月	永远的达尔文	天津自然博物馆
2010 年 1 月	走进沉香——沉香知识科普展	天津沉香艺术博物馆
2010 年 4 月	"最后的巨人"大型恐龙展	天津自然博物馆
2010 年 4 月至 2010 年 5 月	2010 第二届法国暨欧盟 20 国当代艺术展	天津博物馆
2010 年 4 月	精品陈列	天津老城博物馆
2010 年 6 月至 2010 年 8 月	天津市第三次全国文物普查成果展	天津博物馆
2010 年 6 月	第二届中青年书画邀请展	天津博物馆
2010 年 6 月至 2010 年 9 月	人民公仆干部楷模——焦裕禄精神展	平津战役纪念馆
2010 年 7 月至 2011 年 8 月	西花厅记忆——杜修贤摄影艺术展	周恩来邓颖超纪念馆
2010 年 7 月	秘书眼中的邓颖超——赵炜、高振普摄影展	周恩来邓颖超纪念馆
2010 年 8 月	人民音乐家施光南生平图片展	天津博物馆
2010 年 8 月至 2010 年 11 月	丹青艺事越千年——天津博物馆馆藏宋元明清绘画精品展	湖南省博物馆
2010 年 8 月	利顺德历史展	天津利顺德博物馆
2010 年 9 月	消失与复活——三星堆、金沙遗址出土文物精华展	天津博物馆
2010 年 9 月	曹禺戏剧生涯纪念展	天津曹禺故居纪念馆
2010 年 9 月至 2010 年 12 月	写在党旗上的名字——红岩精神展	平津战役纪念馆
2010 年 9 月	"天津人民抗日斗争"纪实图片展	中共天津历史纪念馆
2010 年 10 月	第二届天津民间艺术展	天津博物馆
2010 年 10 月	天津邮政史	天津邮政博物馆
2010 年 10 月	天津·敦煌艺术交流展	天津博物馆
2010 年 12 月	吉光焕彩——纪念刘奎龄诞辰 125 周年特展、廉政文化图片展、天津市第五届国粹紫砂大师精品展、一世朗润——民国瓷器特展	天津博物馆

续表

展览时间	展览名称	展览地点
2011 年 1 月至 2011 年 3 月	周恩来邓颖超风采——刘洪麟国画作品展	周恩来邓颖超纪念馆
2011 年 3 月至 2011 年 8 月	承载曲折，谱写辉煌——中国共产党历届全国代表大会文件汇编稀见文版展	平津战役纪念馆
2011 年 4 月	天后文化展	天津民俗博物馆
2011 年 4 月	海上国门	大沽口炮台遗址博物馆
2011 年 4 月	天津市第八届民间收藏展	天津文庙博物馆
2011 年 5 月	齐镇宇 2010 上海世博建筑摄影展	天津博物馆
2011 年 5 月至 2011 年 6 月	刘少奇与中国共产党	周恩来邓颖超纪念馆
2011 年 6 月至 2011 年 7 月	走近大师——天津博物馆馆藏吴昌硕、张大千、齐白石、徐悲鸿、黄宾虹绘画精品展	海南省博物馆
2011 年 6 月	重温辉煌历程，共创和谐未来	天津博物馆
2011 年 6 月至 2011 年 9 月	延安精神永放光芒	平津战役纪念馆
2011 年 6 月至 2011 年 7 月	中国共产党的光辉历程——从"一大"到"十七大"	周恩来邓颖超纪念馆
2011 年 6 月至 2012 年 2 月	中国恐龙暨古动物展	韩国高阳国际会展中心
2011 年 6 月至 2011 年 7 月	天津市文广局职工庆祝建党 90 周年数码摄影作品展	天津博物馆
2011 年 6 月至 2011 年 7 月	永远的怀念——纪念建党 90 周年周恩来邓颖超纪念馆珍藏书画展	四川乐山市文化馆
2011 年 6 月	开天辟地九十年	天津博物馆
2011 年 10 月	为中华之崛起——周恩来生平图片展	北京市朝阳区实验小学
2011 年 10 月	漆木古风——可乐马古典家具博物馆藏品展	天津可乐马古典家具博物馆
2011 年 12 月	李叔同生平业绩展、大德共仰——著名书画家纪念李叔同书画展	李叔同故居纪念馆
2011 年 12 月至 2013 年 2 月	俗世雅趣——天津民间工艺品展	海南省博物馆
2012 年 1 月	京津书画名家名作展	平津战役纪念馆
2012 年 1 月	观年画赏民俗	天津杨柳青木版年画博物馆

展览时间	展览名称	展览地点
2012 年 2 月至 2012 年 5 月	战火中的莫斯科——俄罗斯专题展	平津战役纪念馆
2012 年 2 月至 2012 年 12 月	魅力·智慧——美国人眼中的周恩来	周恩来邓颖超纪念馆、北京第二外国语大学、天津海河教育园、陈云故居暨青浦革命历史纪念馆、南京梅园新村纪念馆、香港浸会大学、中国人民对外友好协会和平宫、福建石狮第一中学
2012 年 3 月	中国精神系列展——踏寻雷锋足迹展	平津战役纪念馆
2012 年 3 月至 2012 年 5 月	回顾历史，追忆伟人——周恩来邓颖超遗物特展	周恩来邓颖超纪念馆
2012 年 3 月至 2012 年 7 月	为中华之崛起——周恩来的青少年时代	天津科技大学、天津艺术职业学院、南市楼门文化展览馆、天津五十五中学、新兴南里社区、天津疗养院
2012 年 4 月	庆"五一"收藏家精品联展	天津文庙博物馆
2012 年 5 月	走进博物馆——公共博物馆发展简史图片展	天津市滨海新区塘沽博物馆
2012 年 5 月	天津人文的由来、中华百年看天津、耀世奇珍——馆藏文物精品陈列、天津市第九次党代会以来经济社会发展成就展	天津博物馆
2012 年 5 月至 2012 年 12 月	共和国美术之路——中国美术馆馆藏作品展，萍香清逸——萧朗中国画精品展，艺海双璧——孙其峰、孙克纲美术作品展，馆藏天津近代书画作品展（1860—1949），面向现代——馆藏 20 世纪中国画展（1900—1950）	天津美术馆
2012 年 5 月	三条石地区机械铸铁业变迁史陈列、福聚兴机器厂旧址复原陈列	天津市三条石历史博物馆
2012 年 5 月	汽车造型的演变	天津名车苑汽车文化博物馆
2012 年 6 月	京津民间收藏家联展	北京中华民族艺术珍品馆
2012 年 6 月至 2012 年 12 月	"二战序幕，抗战起点"——九一八事变史实展	平津战役纪念馆
2012 年 6 月	为中华之崛起——周恩来的青年时代、邓颖超青年时代	河南省济源市邵原镇实验小学
2012 年 7 月	首届津台书画名家名作交流展、2012 夏季达沃斯——首届天津青年国画作品展	天津美术馆
2012 年 8 月至 2012 年 10 月	前辈的身影——老一辈革命家精神风范展	平津战役纪念馆

展览时间	展览名称	展览地点
2012 年 8 月至 2012 年 9 月	中国俄罗斯旅游年暨圣彼得堡的艺术在天津——安德烈·卡尔塔晓夫个人油画展	天津美术馆
2012 年 9 月	多彩坦桑——挺嘎挺嘎绘画艺术展	天津美术馆
2012 年 9 月	聚赏珍玉——馆藏中国古代玉器陈列，青蓝雅静——馆藏明清青花瓷器陈列，寄情画境——馆藏明清绘画陈列，线走丰姿——馆藏明清书法陈列，沽上风物——天津民间工艺陈列，安和常乐——吉祥文物陈列，器蕴才华——文房清供陈列，志丹奉宝——天津收藏家捐献文物展	天津博物馆
2012 年 10 月	中国西藏唐卡艺术（天津）展	天津美术馆
2012 年 12 月	彩绘天津——文史研究馆馆员书画展	天津美术馆
2012 年 12 月	钟馗王——中国著名画家漓江雨书画展	李叔同故居纪念馆
2012 年 12 月	高举伟大旗帜，奔向美好未来——宣传贯彻党的十八大精神大型图片展	天津博物馆
2012 年	踏寻雷锋足迹图片展	盘山烈士陵园

第四篇
考古　文物保护

天津考古是以海河水系区和蓟运河水系区为重心的区域考古，天津特殊的地理区位，使天津考古成为中国北方长城地带与环渤海地区考古的结合点。近年来，天津考古工作在做好配合基本建设考古工作的同时，将注意力延伸到文化遗产保护领域，一方面积极参与国家级大型专项调查，另一方面积极配合规划部门的工作，为文物保护规划的制定提供科学依据。

天津的文物保护工作具有自身的特点。在中华人民共和国成立初期，专业机构的设立、相关法规的颁布和文物保护单位的公布等均走在全国的前列，为日后的工作奠定了较好的基础。在"文化大革命"期间各项工作近于停滞的情况下，仍然对独乐寺等重点保护单位进行了维修，并开展文物资源调查勘测。改革开放以后，各项工作逐步回到正轨，由于之前工作的扎实基础，天津文物工作稳步发展。市、区各级政府的文物管理机构进一步完善，开展了文物普查和"四有"工作，尤其是重点文物修缮工程，在全国产生了较大影响。不可移动文物保护技术和可移动文物保护技术，在继承传统技术手段的基础上，技术水平不断提高。

进入21世纪，天津文物管理机构设置不断优化，逐渐从直接参与文物工程转变为监督和指导。"四有"工作进一步完善，顺利完成了第三次全国文物普查，各级文物保护单位陆续公布，编制、落实天津《历史文化名城保护专项规划》，实现历史文化遗产保护工作的可持续发展。

第一章　考古调查与发掘

天津作为南北文化交汇地区，文化具有鲜明的地域性，考古工作者以"边角下料做文章"，使天津考古工作不断得到提升。中华人民共和国成立以来，天津考古经历了20世纪五六十年代调查试掘和以历史地理研究为主的阶段，20世纪七八十年代侧重于天津考古编年研究阶段，20世纪90年代天津考古研究体系形成阶段。进入21世纪，天津考古在做好基础工作的同时，向文化遗产保护领域拓展，天津市文化遗产保护中心的成立，是天津考古理念开始转变的标志，天津考古工作又有了新的视野。一些大型文化遗产保护项目，如千像寺石刻文物调查、京杭大运河天津段文物资源调查、第三次全国文物普查、天津明长城资源调查、蓟县清代皇家陵寝清理与测绘、塘沽大沽口炮台遗址与大沽船坞遗址整体保护规划编制等都留下了天津考古人的身影。通过几代考古工作者的努力，天津考古从"无古可考"的局面逐渐发展到今天，已初步建立起天津地区考古学文化编年，使天津考古学文化面貌清晰呈现在世人面前，为天津古代史、地方史研究提供了支持。

第一节　古遗址调查与发掘

一、考古调查与勘探

蓟县旧石器时代遗址调查

2005年3至5月，天津市文化遗产保护中心在蓟县北部地区开展了旧石器考古调查，共发现旧石器地点27处（经整理归纳后为13处），分布范围覆盖蓟县下营镇、孙各庄满族乡、罗庄子镇、官庄镇、邦均镇、渔阳镇6个乡镇，采集到各类石制品1000余件，包括各种刮削器、尖状器、钻器、砍砸器、石核、石片等，还发现有少数细石核和若干不典型的细石叶，表明该地区旧石器文化的多样性。从石器加工技术来看，除细石器以外，几乎都是直接打制的，修理方式主要为向背面加工，错向、复向、交互加工等较少。根据采集到的石制品标本及其出土地点的地貌特征初步推断，石制品的年代为旧石器时代晚期，距今10万～1万年，属于中国北方小石器传统。

此次天津旧石器地点群及人工制品的发现，不仅填补了天津地区旧石器考古的空白，还将天津市域内的人文史提前到距今1万年以前，也证明天津蓟县周围普遍存在古人类活动，保存着丰富的远古文化遗存。这使天津地区的古人类研究资源不再贫瘠，也为该地区旧石器研究揭开了新的篇章。在天津地区调查发现的旧石器地点奠定了建立天津地区旧石器文化序列的基石，对探讨该地区旧石器文化的来龙去脉和古人类在该地区演化、迁徙和技术发展的过程提供了重要线索。

此次旧石器考古调查表明旧石器时代的古人类在天津地区具有更大的分布区域，诸旧石器地点中文化遗物出露十分丰富。这些成为探讨天津地区旧石器文化创造者的生存活动空间、生存能力、对土地及原料资源的开发利用方式和推测史前人群大小的重要资料。天津蓟县地区旧石器地点群的新发现说明该地区是范围广大、内涵丰富、科学研究价值重大的区域。这也为该地区旧石器时代遗址的管理、保护规划和科研计划提供了更全面、更坚实的科学依据。

新发现的丈烟台、野沟、太子陵等地点，其地层清楚，剖面上出露的石制品等十分丰富，进一步工作

的潜力较大；这些地点的石制品中也不乏加工精细者，其为了解该区域旧石器文化序列、石器技术演变提供了重要线索。

蓟县东北部考古调查

此次调查范围及时间段包括：1979—1995年多次蓟县境内调查以及1990年冬和2004年春蓟县北部考古调查。发现和复查古遗址、堡寨遗址18处。

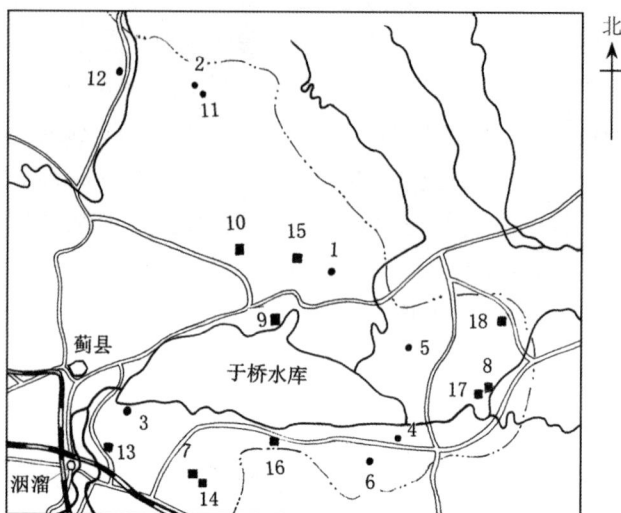

蓟县东北部考古调查新发现遗址分布示意图

1. 于各庄遗址；2. 云摩洞遗址；3. 西山北头遗址；4. 头道坡遗址；5. 北上坡遗址；6. 看花楼遗址；7. 东山城遗址；8. 小堡子遗址；9. 北堡子遗址；10. 英歌寨遗址；11. 常州遗址；12. 石炮沟遗址；13. 翠屏山遗址；14. 前寨遗址；15. 霸王城遗址；16. 南堡子遗址；17. 大堡子遗址；18. 铁磨顶遗址

蓟县东北部考古调查发现汇总表

表4-1

遗址名称	位置	年代	发现时间	遗迹、遗物
于各庄遗址	马伸桥镇于各庄村东，坐落在一座小山南坡坡顶和山前高地上	新石器时代、商周时期	2004年	新石器时代陶器残片，器形有筒形罐、红顶钵、支脚；商周时期陶器残片，器形有鬲、钵和盆
云摩洞遗址	下营镇九山顶风景区云摩洞内	新石器时代晚期至元、明时期	1995年	新石器时代夹砂陶饰斜向平行划纹陶片和泥质陶钵口沿，商周时期瓮口和鸡冠耳，战国时期铁斧和陶釜，元、明时期黑釉或白釉瓷片
西山北头遗址	蓟县别山镇西山北头村"寺坡子"台地上，北与于桥水库相临	商周时期	1979年初发现，同年10月及2004年复查	夹砂红褐陶、夹砂灰陶、泥质灰陶、泥质褐陶，器形有罐、叠唇口沿、鬲、盆等
头道坡遗址	五百户镇头百户村头道坡山顶，北临果河，南与二道坡相连	商周时期、辽代	2004年5月	商周时期鬲足、叠唇口沿、绳纹或压印纹陶片，辽代建筑构件、北宋祥符通宝及白瓷片

续表

遗址名称	位置	年代	发现时间	遗迹、遗物
北上坡遗址	出头岭镇原小稻地村西北，现南擂鼓台村正西，俗名"北上坡"	商周至汉、宋、元时期	1985 年首次发现，2004 年复查	商周时期陶鬲、陶罐等残片，战国、汉的砖瓦和陶器残片，宋元时期的钧瓷敛口钵和牙黄釉瓷片
看花楼遗址	五百户镇看花楼村西一块高台地上，东与看花楼村小学相邻	商周时期	1979 年初	陶片以夹砂红褐陶和泥质灰陶为主，夹砂灰陶和泥质褐陶较少。除素面外，有较细的绳纹、交叉绳纹、绳纹加划纹、绳纹加锯齿纹等。可辨器形有罐、鬲、网坠
东山城遗址	别山镇弥勒院村东约 1000 米的东山上	商周时期、辽代	1988 年发现	由内城、西瓮城、东瓮城组成，另发现一石砌建筑基址，商周时期鬲足、罐、陶片，宋、辽时期直领黑釉瓷罐和粗白瓷圈足碗
小堡子遗址	西龙虎峪镇藏山庄村北堡子山山顶东部，东临果河	商周时期、辽	2004 年	可见城墙，商周时期的堆积和陶器残片及石斧，辽代的青花瓷片
北堡子遗址	马伸桥镇崔各庄村北北堡子山上，淋河从东侧山脚下流过，南临于桥水库	商周时期、辽	2004 年	八角形的石砌建筑基础，商周时期的灰土、叠唇器口沿、饰交叉绳纹器底、鬲足，宋、辽时期内底有划刻纹或长方形支钉的白瓷碗片
英歌寨遗址	穿芳峪镇英歌寨村西北约 300 米处的一座孤峰上	商周时期、辽、明	2004 年	可见城墙，商周时期的鬲、罐残片，辽代陶罐口沿、青瓷执壶壶耳、玉璧碗底，明代青花瓷片
常州遗址	下营镇常州村内	西周时期	1990 年	夹砂红褐陶鬲、夹砂夹云母红陶粗绳纹鬲、泥质灰陶罐，多饰绳纹或交叉绳纹
石炮沟遗址	下营镇石炮沟村	东周时期	1990 年	夹砂红陶釜
翠屏山遗址	别山镇翠屏山（龟山）顶峰南部	辽、明	2004 年	可见城墙，地表分布有柱础、砖、瓦等，发现辽代沟纹砖、明万历二十二年（1594）残碑一通
前寨遗址	别山镇二里店村东 500 米的别山（截龙山）山顶西南部前沿处	辽代	2004 年	可见城墙，未发现遗物。据说出土过七星剑、牛腿炮、铁箭头等
霸王城遗址	马伸桥镇伯王庄村西北约 1000 米处的山顶上	辽代	2004 年	可见城墙，采集遗物有泥质灰陶盘
南堡子遗址	五百户镇七百户村东南方向约 1500 米处的南堡子山（九龙山）上	年代不明	2004 年	可见石墙基础，未发现遗物
大堡子遗址	西龙虎峪镇藏山庄村北堡子山西部高峰顶上	年代不明	2004 年	由内城和东、西瓮城组成，西瓮城内西北角有一水井。城墙残高 0.2～0.7 米，城内出土过铜剑、玉印和小件银器
铁磨顶遗址	出头岭镇出头岭村北约 1000 米处的铁磨顶山上	年代不明	2004 年	可见城墙。采集的遗物有酱釉或青花瓷片。据说铁磨顶上原有一碑，碑文记李自成因战乱曾避难于此，现已无存

调查中发现的 10 处堡寨遗址，均修建在山顶平缓处，多背靠陡峭群山，面临平川，近水源，视野开阔，既可俯控山口要道，又利于瞭望和传递情报，有进可攻退可守的特点。堡寨的方向皆依山形走势，其形状多按山顶原面而建，以不规则长椭圆形为主，近八角形或长方形的较少。只有内城的堡寨一般较小，面积为 1000～2000 平方米。另有具瓮城等设施的堡寨，面积多为 2000～5000 平方米。石墙均用石块垒砌，砌法一般是用大石块做基础，基础之上内、外墙均用较整齐的石块垒砌，中间添置少量不规则的碎石。墙体内、外壁皆有收分，厚 0.7～1.5 米。唯有穿芳峪镇英歌寨在城墙的中间大量添置碎石后又用三合土夯实，城墙厚 1.7～2.3 米。这类堡寨遗址的年代上限应不早于宋、辽时期。这与调查中在马伸桥镇北堡子、别山镇东山城、穿芳峪镇英歌寨、西龙虎峪镇小堡子等遗址中采集到的遗物年代特点也一致。另据西龙虎峪镇小堡子遗址出土的青花瓷片，别山镇翠屏山遗址发现的明万历二十二年（1594）的石碑，出头岭镇铁磨顶上既有关于李自成的传说，还有采集到的青花瓷片，可知这些堡寨遗址有的已延续使用至明代，甚至更晚些。

通过对蓟县东北部这批堡寨遗址的调查，基本弄清了这一区域内堡寨遗址的分布情况、保存现状及年代等。今后，若把对这类遗存的调查扩大到全市范围，并对其历史背景进行探讨，必将对推动我市上自辽、金，下至元、明时期的历史研究产生十分重要的作用。

蓟县于桥水库考古调查

天津市文化遗产保护中心分别于 2004 年 3 至 4 月及 2005 年 6 月，在蓟县于桥水库周边开展了考古调查工作。主要收获如下所述。

新石器时代至商周时期的古遗址 1 处——小东庄遗址，位于马伸桥镇于各庄村东，坐落在一座小山顶和山前台地上，总面积约 3 万平方米。山前台地上的文化层保存较好，分 2 层：上层是商周时期的堆积，黑灰色土，遗物有夹砂褐陶叠唇鬲、泥质灰陶敛口钵等；下层是新石器时代的堆积，褐色土较硬，出有夹砂褐陶筒形罐、泥质灰陶红顶钵、支脚等。

商周时期遗址 6 处，文化面貌与于各庄遗址上层相同，采集的遗物有陶片和石斧。其中除出头岭镇北

上坡遗址位于丘陵高地，面积达 3 万平方米外，余 5 处遗址均坐落在山顶或山坡上，面积不明。

辽金时期的堡寨遗址 10 处，均坐落在取水方便的孤立山顶上，既有独立防御功能，又具有遥相呼应的特点。方向依山形走势，多依山顶形状而建，均用石块砌墙。平面以不规则的长椭圆形为主，近圆形、八角形或长方形的均较少。只建一圈城墙的堡寨面积 1000～2000 平方米，另有瓮城或壕沟等设施的堡寨面积在 2000 平方米以上。墙体厚 0.7～1.5 米不等，一般是内外壁用较规整的石块砌成，中间填碎石。石墙一般残高 0.3～1.5 米。保存最好的英歌寨，城墙厚 1.7～2.3 米，大多残高在 1.5 米左右，局部残高 4 米，砌法是墙体中间填碎石后又加三合土夯筑。

战国至金元时期的古遗址或古墓葬 7 处。在古遗址地表采集有陶、瓷碎片等。辽金时期的古墓葬 2 处，采集的遗物有酱釉小口矮领圆肩罐和陶瓷残片。

宁河先秦遗址调查

1953 年 3 月，中国科学院考古研究所根据 1946 年发现的"四不像"鹿角线索，对宁河县相关区域进行了考古调查，发现几处先秦遗址。

赵学庄东大地位于宁河镇东 4000 米处，村东即为鹿角发现地，从鹿角的发现情形来看，其上有人工锯痕，可能这里是一个贮藏鹿角或制造角器的所在。根据附近其他的几个遗址来判断，它的年代可能是战国时代。

小杨庄位于宁河镇东北 1500 米处，靠近蓟运河的北岸，因掘土筑堤的关系，地面上暴露了灰土和大量的蛤壳，遗址范围约 400 平方米。海产的蛤蟹和淡水产的厚壳蚌共存，所有的蛤壳都是单扇，同时在灰土层中还有大量陶片，主要为泥质灰陶和夹砂粗红陶两种，遗址应属于战国时期的燕国文化。

田庄头位于小杨庄北约 500 米处，村前的耕地中散布着鱼骨盆质瓮棺碎片，同样的瓮棺在河北易县、唐山贾各庄，以及北京八里庄、清河镇等地都有发现。这种瓮棺的年代应早于战国，而且是集体葬埋，由此推测附近可能是一个瓮棺群的葬地。

庄伙地在田庄头西南约 1000 米处，又名蛤蜊横，但附近地面蛤壳很少，可能因为这里的地面未经翻动的关系，我们所采集到的只有魁蛤一种（Arca sp.）。据陶片的散布情况来推测，遗址的范围约 250 平方米。

这里鱼骨盆质的陶片遍地皆是，也有少量和小杨庄相同的陶片，如细柄豆、甑片等。并有三个泥质红陶的网坠，其中一个比较完整。还有一些汉代绳纹平瓦的碎片。这个遗址可能包含三个不同时代的遗存：战国以前、战国及汉代。遗物中的陶制网坠可能属于前两个时代，同时也可以肯定当时的人类居住在海滨，以捕鱼和采集蛤蜊为经济生活的主要来源。

宝坻、武清古遗址调查

为进行"西汉末年渤海海面波动"专题研究，1992年5月，考古队对武清、宝坻、宁河三地的部分遗址进行调查，并取土样作分析，其中三处遗址的情况如下。

大宫城城址，位于武清区后岗乡大宫城村。古城平面近方形，边长约500米，城垣西墙和东南角保存较好，地上夯土部分高出周围农田1～1.5米，垣宽约10米，黄土筑成，夯层明显；厚约10厘米。津蓟铁路、津围公路和黄沙河从城内穿过。城址北部为大宫城村，村南原为一片耕地。现在除黄沙河西和被铁路割开的东南角外，其余都被挖成了深2～3米的养鱼坑，文化层被破坏。城墙被用作养鱼池堤坝保存了下来。从城内东南角渠边可见地表下85厘米是汉代文化层，厚40～50厘米，内含夹砂红陶、绳纹灰陶残片等遗物。

桥头遗址，位于宝坻区高庄子乡桥头村西，现为窑厂，地面可见零星战国、汉、辽代的陶、瓷片。从南壁剖面见到两层文化层：1～1.5米为辽代遗存，夹有白瓷片、卷沿灰陶罐等；2～2.4米为战国至汉代文化层。辽和汉代文化层之间是一层黑黏土，含有红陶釜残片、蚌片等遗物。在深4米处，又有一层绿黑色土层，窑厂取土时，此层曾出土过成排的树根，并采集有石磨棒、石斧、圆饼状石器等遗物。现在遗址的主要部位多遭破坏，只存边缘部分。

程泗店遗址，位于宝坻区尔王庄乡程泗店村东，略高出周围平地，原面积10万平方米以上，现仅存一半。文化层裸露，厚约40厘米，地面暴露陶片极多，有夹砂红陶釜，灰陶罐、盆、豆等，及大量建筑材料，如绳纹筒板瓦和双龙纹、卷云纹半瓦当，皆属战国遗物。

军粮城海口汉唐遗迹调查

位于天津东丽区军粮城至津南区泥沽一线的贝壳堤，是战国至宋代的海岸线遗迹。这里的海河口是这一时期沤、沽等河流的入海地点。中华人民共和国成立以来，在这一地区不断发现与海口活动有关的古文化遗存。1987年文物普查时，天津市历史博物馆考古部在此做了重点调查，又发现了几处遗址。

西南翟遗址，位于东丽区小东庄乡西南翟村南500米处，南距海河1500米。贝壳堤自西南向东北方向延伸，略高于附近地面，遗址即位于贝壳堤上，面积约3万平方米，耕土下即为文化层。地面暴露有大量砖瓦、陶片、瓷器等遗物，年代涵盖东汉、魏晋及唐代。

务本二村城址，位于小东庄乡务本二村西300米处，南距海河2000米，城墙已被夷平，现为一略高于周围平地的方形高地，东距贝壳堤1500米，面积50多万平方米，南北两面城墙痕迹较为明显，成为两道平行的土垄。城墙东西长300米，南北宽170米，残存高度约1米。因没有发掘，城墙的夯土结构不明。地面暴露大量建筑材料和陶器残片，采集遗物有灰陶罐、红陶釜、板瓦、筒瓦、瓦当残片及红烧土块等。此城属西汉时期。

务本三村遗址，位于小东庄乡务本三村东500米处，面积75万平方米，地面暴露大量残陶片，采集遗物有陶盆、甑、石磨等，并发现大面积的红烧土。遗物皆属西汉时期。

刘台古城和墓葬，古城位于东丽区军粮城乡刘台村西南1000米处，东距贝壳堤500米，南距海河4000米，俗名"土城"，四面城墙已夷为平地，呈一略高出四周平地的土台，南北长320米，东西宽250米。东城墙现为一土道，城外是洼地；南、西、北三面较城外高0.5～1米不等。城内地面散布有陶、瓷残片和砖瓦等遗物。刘台古城址和周围墓葬出土遗物，除泥质灰陶和黄褐陶器以外，多为瓷器。瓷器以青瓷为主，白瓷较少。器形较单一，以碗、双耳罐为主。釉多施于器物的上半部，并有明显的垂釉。器底多为平底或饼状实足，个别有璧形足。皆具唐代前期特征。

静海南部考古调查

1999年6月，天津市历史博物馆考古部对静海县南部区域进行了考古调查。主要收获如下所述。

1. 后双战国、汉代、金元及明清遗址。

遗址位于静海县东滩头乡双楼村北，当地村民称其"后双疙瘩"。遗址原为一高出地表约5米的大土丘，平面呈长椭圆形，面积约32 000平方米。整个遗址已被辟为枣树林，个别地区被菜窖或坟墓破坏，从残存的菜窖壁上可以看出文化层至少有3.5米厚。采集的遗物有：战国时期的红陶釜、灰陶豆、细绳纹罐的残片及方格纹瓦片；汉代的红陶釜残片和绳纹砖块；金元时期的泥质红陶盆、泥质红陶瓮、白瓷碗、酱釉碗、白釉篦划纹碗等；明清时期的青花瓷片更是大量散布于遗址的地表。可见该遗址的年代跨度较大，至少可分为战国、汉代、金元、明清四个时期。

2. 王匡战国至魏晋及金元时期遗址。

遗址位于静海县东滩头乡王匡村西300米处。整个遗址为高出地表约0.5米的方形低缓土丘，面积约1万平方米。地表土质呈黑色，明显有别于周围的红褐土，南半部已被基地破坏，北部现为农田。地表散布的遗物极为丰富，共采集有：战国时期的红陶釜、灰陶豆；汉代的红陶釜、浅盘豆、敛口钵、施交错绳纹或细织纹罐等残片、小细绳纹砖、方格纹瓦片等，其中在一豆把上还残留半个模糊的戳记；魏晋时期的青釉瓷钵、瓷灯、青瓷盘等；金元时期的遗物以瓷碗为主，釉色有白釉、青釉、黑釉，个别饰有篦划纹，少数内壁留有涩圈，陶器中常见红陶沟沿瓮和外卷折沿盆，另外还有沟纹砖及素面大薄砖。

3. 杨家汉代及金元时期遗址。

遗址位于静海县陈官屯镇西2300米处，南距陈大公路约80米，俗称"杨家疙瘩"，现为一高出地表0.8米的低缓土丘，中间被一条水渠破坏，面积约1200平方米。地表可见的遗物较少，仅采集到西汉时期的饰三角纹泥质灰陶罐残片及外饰绳纹内饰方格纹的灰瓦，另外地表见有几块金、元时期的勾纹砖。

4. 袁家元明遗址。

遗址位于静海县陈官屯镇曹村西2000米处。俗称"袁家疙瘩"，现高出地表0.5米，已被平整为农田，面积约5600平方米。地表散见大量砖瓦，砖为素面，长残、宽14.5厘米、厚4.5厘米。采集的遗物以瓷片为主，其中龙泉窑系瓷片占绝大多数，少量钧窑系瓷器残片和白釉褐花及青花瓷片，在一青花瓷碗的底部有"福"字款，少见白瓷片。陶器极少见，仅有泥质红陶，器型单一，只见陶碗、陶盆。从采集的遗物看，推测该遗址的年代应为元、明两代。

5. 佛寺明代遗址。

遗址位于静海县陈官屯镇曹村西1500米处，东距前进渠500米。该遗址被当地村民俗称为"佛寺疙瘩"，表面平坦，高出地表约1.5米，现可分为上、下两级台地。第一台地平面呈长方形，面积约18 000平方米。第二台地于第一台地的正中，平面亦呈长方形，面积为4500平方米。在其西北有一块大条石露出地表，据当地农民讲，过去曾挖出砖墙和大量条石，估计此处应有一大型建筑。采集的遗物以建筑构件为主，青砖的尺寸均为宽14厘米、厚7厘米，瓦可分为灰瓦和琉璃瓦两种，其他建筑构件还有灰陶鸱吻、脊兽、龙纹瓦当、砖雕，以及绿色凤纹琉璃滴水、瓦当等，瓷器有龙泉青瓷、白釉褐花瓷和青花瓷。从出土的遗物看，应为一处明代建筑遗址。

6. 西长屯明代遗址。

遗址距静海县陈官屯镇西长屯村西约4000米处。现为一大致呈长方形的低缓土丘，高出地表约1.5米，土质呈黑色，明显有别于其周围土色，面积约8000平方米，当地农民称其"第二疙瘩"，地表随处可见砖瓦残块，砖为素面，宽15厘米、厚6厘米，瓦多饰布纹。采集的遗物有青花瓷片、龙泉窑系和钧窑系瓷碗残片、釉陶罐、韩瓶、盘残片等。根据遗物的特征可推断该遗址的年代为明代。

静海元代沉船考古调查

遗址位于静海县子牙镇子牙村西北约1000米处，西距子牙河堤约40米，东距子牙河约700米，与河北省大城县隔堤相望。此处为古河道，地势相对低洼。地表已被挖出两条长40米、宽3米、深3米的南北向与东西向的大沟。沉船遗迹即位于南北向大沟的中部，由当地农民取土时发现。1999年11月11日，天津市历史博物馆考古人员赴现场调查，发现船体破坏殆尽，只有一小部分挂在东侧的沟壁上。具体情况如下。

整个船体距现地表约3米，从地表往下分别为黄色细沙土堆积、暗红色胶土堆积、黄黑色淤土。整个船体即位于胶土层。此层应为当时河道的河底。船体由北向南倾斜，为敞口弧底，残长185厘米，船帮高30厘米、厚3厘米，船底宽150厘米、厚4厘米。在船舱内残留有一完整横梁，长150厘米、厚5.5厘米。船体方向为南偏西80°。在现场拾得一枚扁方形船钉。通过大沟两侧的黄黑色淤土堆积，可依稀辨出古河道的大致走向，方向大致为南偏东5°。

在沉船北约 20 米处，发现木桥墩遗迹两处，地表散见挖出的桥墩、条石。两排桥墩间距为 5.7 米，每排桥墩宽为 6 米，由数根粗细不等的木桩组成。主体木桩长约 3 米，底部削成尖状。细木桩直径 15 厘米左右，数量较多。青条石数块，长 98 厘米、宽 37 厘米、厚 29 厘米。从地层上看，桥墩之上为细沙土叠压。村民从木桩坑壁挖出 "康熙通宝" 铜钱 1 枚，推测该桥的始建年代为清代或晚于清代。

在沉船的东北部 50 米，发现一处水井遗迹，圆形，直径达 2 米，灰砖垒砌，砖厚 4.5～5 厘米、宽 15 厘米、长 31～32 厘米，未见有遗物。开口层位与沉船相同，井的形状结构、井砖的尺寸与静海东滩头清理的元代水井相似，推测年代也应相近。

沉船内未发现遗物，但水井与沉船开口层位相同，为沉船的年代判定提供了参照，所以此船的年代也不应晚于元代。另外，在遗址附近采集到兽骨、元代褐花瓷碗等。结合相关遗迹，推测此处应为元代以降临河聚落遗址。

北洋水师大沽船坞遗址考古勘探

北洋水师大沽船坞遗址，位于天津市滨海新区塘沽东南部的大沽坞路 27 号现天津市船厂内，海河入海口南岸，依河面海，东距全国重点文物保护单位大沽口炮台遗址约 3000 米。

2006 年 10 月，为编制大沽船坞遗址保护规划提供第一手资料，为大沽船坞整体保护提供科学依据，天津市文化遗产保护中心对大沽船坞遗址局部进行了全面的考古勘探。

在勘探前，天津市船厂提供了勘探区域的平面图。因船坞废弃时间并不久远，加之参考资料记载和相关人员记忆，故直接对该区域进行铲探。局部探孔因堆积坚硬，则采取发掘小型探沟方式以了解地层堆积。

在明确大沽船坞遗址地层堆积情况基础上，绘制出《天津市大沽船坞遗址考古勘探平、剖面图》，本次考古勘探结果显示，在勘探区域内普遍存在沙土层与砾石层堆积。沙土层应为现代船舶运沙铺垫所致；砾石层叠压在沙土层之下，含杂质较多，局部区域无法继续下探，应为遗迹废弃后堆积；砾石层下发现 2 处凹槽遗迹与 1 处平台遗迹，均为人工构筑物，凹槽与平台遗迹的开口层位与地层叠压关系排除了其为现代构筑物的可能。

根据 2 处凹槽遗迹及 1 处平台遗迹的地层叠压关系、分布位置、结构规模及文献资料记载综合推断：2 处凹槽（一号槽、二号槽）应为北洋时期大沽船坞修建的 2 处土坞遗存，为蚊炮船避冻之用；1 处平台可能为同期修建的小船台。

大沽口南炮台遗址考古勘探

大沽口炮台遗址位于天津市滨海新区塘沽东南部，东抵大沽口，西邻滨海大道，北至海河大桥，南面滩涂洼地，大体由北炮台遗址区、旧海河口及海河故道、南炮台遗址区三个主要部分组成。本次勘探的大沽口南岸炮台遗址位于海河大桥以南，海滨大道东侧。现地势较为平坦，遗址自南向北分布着 "威" "镇" "海" 字三座炮台遗存。其中 "威" 字炮台已进行了保护维修，并建炮台遗址纪念馆，"镇" "海" 字炮台破坏相对严重，地表残存部分建筑基础。

2003 年至 2004 年，为编制大沽口炮台遗址保护规划，天津市斯玛特科技发展有限公司与天津市文化遗产保护中心合作对南炮台遗址进行了地球物理探测、考古勘探和小规模试掘。此次工作确认了大沽炮台遗址地层堆积情况，南炮台的东、西侧围墙的大致走向、埋深、墙体结构，围墙内室外地坪的埋深，长炮台的局部平面形态、结构及埋深，"镇" 字炮台引道的具体部位。

2009 年 3 至 4 月，为配合大沽口炮台遗址博物馆新馆建设工程及遗址整体保护与展示需求，中心再次对大沽口南炮台遗址范围局部开展勘探，目的是对拟建博物馆区域进行勘探，明确地下遗迹埋藏情况。以 "威" 字炮台外围为重点作业区，寻找炮台护壕遗迹；在 2004 年考古勘探基础上，明确长炮台遗迹布局、范围；以 "镇" 字、"海" 字炮台周边为重点区域，探查历史建筑、兵营、墓葬等遗迹。

此次考古勘探工作，有针对性地加大了考古勘探的重点和作业面积，修正了 2004 年部分勘查成果，确定了大沽口南炮台遗址南部围墙的位置、埋深、分布范围，为拟建遗址博物馆工程施工提供地下文物埋藏资料。确定了 "镇" 字炮台的位置、埋深、形状、结构及堆积情况；确定了长炮台遗存整体的位置、形状、布局、结构等，发现了 2 处入口遗迹；在南炮台围墙范围以内发现了多处相关建筑基址遗存，及铁炮、火药等遗物。

本次考古勘探成果与清光绪年间（1895—1900）绘制的南炮台布局图基本吻合。上述工作为大沽口炮台遗址整体保护和展示利用提供了科学依据。

北塘仁正营炮台遗址勘探

北塘炮台位于天津滨海新区北塘街永定新河（蓟运河故道）入海口南北两岸及周边沿海地段，初设于明朝嘉靖年间，为大沽口防御体系的重要组成部分，在抵御外敌入侵的战争中发挥过重大作用，是明清时期北方的海防要塞。2011年6至8月受天津滨海新区文广局及北塘经济区管理委员会委托，天津市文化遗产保护中心对北塘仁正营炮台遗址进行考古勘探。

北塘炮台遗址现存5处，均为1901年拆除后的遗存，自南向北依次为：仁正营炮台、左营炮台、右营炮台、仁副营炮台及义胜营炮台遗址。本次勘探的仁正营炮台遗址位于东海路西侧，京津高速公路北侧，原南营储运场院内，地面残存部分夯土基础及炮塔。炮塔为混凝土浇筑，圆形无顶，内径约15米，塔墙高2.5米，厚1.65米，入口处两侧有台阶直通塔顶，内壁有大、小两种炮弹型储弹凹槽。该炮台破坏较严重，内部现存近现代军事设施若干。

在勘探区内共发现炮台、夯土墙体、护壕等遗迹多处。炮台与夯土墙体相连接，与外围护壕围合成相对封闭的防御体系。在炮台内部，通过考古勘探还发现炮台原始地表遗存。

此次勘探收获：明确了北塘仁正营炮台遗址的分布范围。勘探结果显示，北塘仁正营炮台遗址分布面积应在7万平方米左右，基本明确了其布局。明确了各炮台、夯土墙体、护壕等遗迹的分布情况及相互关系，这些遗迹共同构成北塘仁正营炮台防御体系，与清同治、光绪年间绘制的北塘营盘历史图中仁正营炮台布局大致吻合。因此，从考古工作方面验证了历史文献中关于北塘仁正营炮台的真实性与完整性，明确了部分遗迹的构筑方式与结构。勘探结果显示：炮台一般先采用三合土夯筑出炮台主体形状，内部留空，夯筑层向上逐渐错层内收，到达一定高度后形成平台，整体作覆盆状；平台上修建防御设施、架设大炮等；炮台内部亦可作防御之用。在炮台遗址内部勘探过程中，发现在现地表下约1.6米处，普遍存在一层厚约10厘米的渣土层，土质坚硬，包含物较杂，有白灰渣、烧土颗粒、黑草木灰、煤渣等，人工加工痕迹明显。因此，推测北塘仁正营炮台内部的当时活动地面在现地表下1.6米左右处。在考古勘探过程中，采集到铁质生产工具、铜饰件、铁炮弹丸，以及一批陶、瓷生活器皿残片等，遗物的年代与北塘炮台构筑及使用年代基本吻合。遗物大部分应为炮台内驻兵日常生活之用，而采集到的铁炮弹丸等遗物则体现了北塘炮台的军事防御性质。

清太子陵考古调查

清太子陵位于天津市蓟县东北约27.5千米的小港乡和孙各庄乡境内。北倚黄花山，东侧隔山与河北省遵化县清东陵相望。东起丈烟台，西至石头营，分布着7座清代皇子园寝。1973年公布清太子陵为蓟县文物保护单位。1981年6月，天津市考古队对陵园进行了勘查测绘。

黄花山南麓的支脉高地上，自东向西依次分布着荣亲王、理密亲王允礽、裕宪亲王福全、纯靖亲王隆禧、直郡王允禔、恂勤郡王允禵园寝。端慧太子永琏园寝在黄花山南谷的朱华山高地上。此外，清世祖（顺治）的悼妃曾葬于黄花山东南2000米处的虻朱山下高地，于康熙五十七年（1718）迁至孝东陵，现今遗迹犹存。

这处清太子陵，自民国以来，由于经济来源枯竭，其家族和看陵人开始拆殿卖木。1928年军阀孙殿英盗掘清东陵时，这里也遭洗劫。日伪时期又屡遭破坏和盗掘。中华人民共和国成立后受到政府的保护。但当地村民拆砖、拆石现象时有发生。1963年调查时，地面仍保留有围墙、享殿、地宫，但多已残破。在"文化大革命"期间，该处清太子陵遭受进一步的严重破坏。1973年因享殿残破过甚，经国家文物局批准，落架拆除，同时拆除围墙。至1981年，整个园寝地面建筑破坏殆尽，几乎夷为平地。仅存福全园寝的地宫和享殿前踏跺御道"龙凤石"，以及隆禧园寝中的"龙凤石"及墓碑、允禔的地宫和恂勤郡王的墓碑。

二、考古发掘

蓟县东营房旧石器时代遗址

2007年5月，天津市文化遗产保护中心与中国科学院古脊椎动物与古人类研究所组成联合发掘队对东营房遗址进行了发掘，获得了丰富的石制品。东营房遗址位于蓟县渔阳镇东营房村附近。考古发掘前，发掘队在遗址周围进行了较大规模的详细勘查，选取地层序列完整、石制品出露丰富的区域进行布方，发掘面积200平方米。在发掘过程中，每个探方以10厘米厚度为一个水平层，逐层向下发掘，对出土遗物保持原始状态，并进行三维坐标测量和产状测量，同时进行出土标本和地层剖面的绘图、照相、摄像和记录等。

遗址共出土石制品2000余件。主要类型有石核、石片、碎屑、断块等。石制工具类型复杂多样，主要有刮削器、尖状器、雕刻器、石钻等，所占石制品比例相对较少。据石制品面貌和出土地层推测，该遗址属于旧石器时代晚期。

东营房遗址是天津首次进行考古发掘的旧石器时代遗址，该遗址的发现与发掘为中国北方旧石器主工业增加了新的材料，扩大了其分布范围。遗址出土的石制品对于揭示晚更新世古人类占据该地区的行为特点以及环境动因，研究环渤海地区旧石器时代晚期以来人类生活的环境背景、旧石器文化内涵、东北亚地区旧石器文化之间的关系以及旧石器时代向新石器时代过渡具有重要的学术意义。

蓟县青池新石器、商周遗址

1997年10月，《中国文物地图集·天津分册》编辑组赴蓟县进行文物复查，在五百户乡青池村北1500米处发现一处古文化遗址，位于于桥水库南岸。1990年修建水库防浪护坡，鉴于水库工程对遗址的威胁，1997年天津市历史博物馆考古部对防浪护坡以上的坡下遗存进行试掘，确定这是一处埋藏在山坡沟壑内的新石器时代文化遗存。1998年在山顶处试掘，发现新石器时代和青铜时代文化遗存。1999年水库水位下降，防浪护坡以下部分滩地露出水面，于是清理1997年试掘的沟壑，并向下进行部分延伸，发现文化堆积继续向水下延伸，沟壑以外未见有文化堆积。三次发掘总面积约500平方米。新石器时代遗物以石器和陶器为主。石器有磨盘、磨棒、石斧和少量燧石细石器等。陶器以夹砂为主，夹云母和泥质陶次之。广泛流行"之"字纹，以及由"之"字纹带组成的绞结状图案，另有少量弦纹和网格状划纹。代表性器物有"之"字纹筒形罐、盆、圈足钵、碗、鸟首形支座、夹云母素面盆等，晚期出现了少量泥制素面陶器。青池遗址新石器遗存年代在距

今8000～6000年，与兴隆洼、赵宝沟等同期文化面貌很接近，属以筒形罐为炊器的燕山南麓文化系统，也是天津地区迄今为止发现的年代最早的新石器时代遗址。

蓟县弥勒院新石器时代遗址

遗址位于蓟县城东南约16千米处别山镇弥勒院村村南。面积约8万平方米，文化层厚0.2～0.5米。1988—1993年进行考古发掘，发掘面积约4000平方米，共发现房址3座、灶址30余座、灰坑或窑穴近200座、窑址2座、墓葬13座、灰沟4条，出土石、陶、铜、骨等小件器物约400余件。遗址主要包括仰韶时期、龙山时期、商末、周初四个阶段的遗存。新石器时代遗物有石磨棒、石刀，以及夹砂褐陶"之"字纹陶罐、夹砂褐陶素面红陶釜和支脚、泥质灰陶红顶碗等。龙山文化的遗物有泥质灰陶兰纹罐、泥质黑陶杯。商周时期遗物有夹砂褐陶绳纹瓶、鬲、盆、罐等。

蓟县下埝头新石器时代遗址

遗址位于蓟县李庄子乡下埝头村西北，1988—1992年发掘。新石器时代遗物以陶器为主，石器较少。陶器以夹砂陶为主，泥质陶较少。器类有釜、瓮、支脚、壶，以及红顶钵、碗等。在夹砂陶器的上腹部较流行饰数周旋纹，折肩处常见一周压印纹，下腹部多显粗糙。泥质陶多素面。发现石器70余件，以磨制石器为主，有磨盘、磨棒、石斧和凿等。细石器较少，有镞和刮削器等。共发现保存较好的新石器时代房址4座、灶址9座、窑穴和灰坑近百座，房屋均是直接挖破山皮或生土的半地穴式，以坑壁和坑底作为住宅的居住面和墙体的一部分，平面形状有扁圆形和椭圆形两种。

蓟县围坊新石器、商周遗址

遗址位于蓟县城东围坊村东北的高岗上，是1960年文物普查时发现的，分别于1977年和1979年进行发掘，发掘面积164平方米。文化层堆积共有5层，暂分三期。其中第四、五层为第一期，属新石器时代。第三层为第二期，属夏家店下层文化。第一、二层为第三期，是一种面貌比较新颖的文化遗存。在地表和一些探方的晚期坑中，虽有战国遗物发现，但不见战国和以后时代的文化层堆积，估计是遗址上部被破坏的缘故。该遗址二期遗存与三期遗存中商周时期遗物较为丰富。

二期遗存发现有房址、灰坑等遗迹，出土遗物有陶、石、骨、铜器，陶器以鬲、甗、罐、盆为主。三期遗存发现有残灶址等遗迹，出土遗物有陶、石、骨、铜器，陶器以鬲、甗、罐、盆、钵等为主。

围坊遗址的发掘，在天津地区首次发现了一、二、三期文化的叠压关系。其中一期文化的发现，填补了天津新石器时代考古工作的空白。三期文化内涵丰富，为搞清该时期的文化面貌提供了重要资料。

蓟县张家园商周时代遗址

遗址位于蓟县许家台乡张家园村北，燕山南麓的丘陵山地上，南面紧临沙河，1965、1979、1987年分别对其进行发掘，发掘面积累计441.5平方米。商周时期文化堆积主要分两层：下层发现有房址、窖穴等遗迹，出土有青铜刀、耳环，以及陶、石、骨、角等文物百余件；上层发现房址、窖穴等遗迹，出土铜器、陶器、石器数十件。

到目前为止，天津发现的属于商周时期的遗迹，以张家园遗址上层遗迹最为丰富，不仅有房址、窖穴和灰坑，还有墓葬。张家园遗址共发现了房址4座，1979年发掘的F1是一座圆形浅穴窝棚式建筑，门道设在东南部，呈舌形坡状，长1.1米、最宽处0.8米，居室呈圆形，东西直径3.2米、南北直径3.55米，穴壁残高0.2米，居住面和门道砸实后，又经火烤，十分坚硬。主室中间有一柱洞，直径16.5米、深0.5米。在室内西侧有5个浅槽状的柱洞和1个较深的柱洞；室内东侧有两个较大的椭圆形坑，坑底比居住面低，内壁成坡状，与居住面相连。在蓟县刘家坟和弥勒院遗址也发现与之形制完全相同的房址。

张家园遗址还发现4座随葬有青铜器的墓葬，皆为长方形竖穴土坑墓，俯身葬，头东向，随葬器物有青铜鼎、簋，及金耳环、绿松石串珠等。随葬品组合和铜器形制皆属商周之际到西周初年。从所有墓葬都随葬有贵重物品看，这里应是一处贵族墓地。

宝坻歇马台商周、战国遗址

遗址位于宝坻区城南约4000米处，津围公路以西约1000米处，一条古河道从遗址中部偏西处自北向南穿过。歇马台村就坐落在遗址上，与歇马台村隔古河道相望的路庄子村村南也有文化层分布。遗址略高出四周平地，总面积约5万平方米。该遗址发现于1977年，1984年进行发掘。发掘地点主要在歇马台村西，累计发掘面积250平方米。发现的主要遗迹有：灰坑4座、窑址2座、墓葬25座，出土了可复原陶器和石、铜、骨等不同质地的小件文物近百件。

歇马台遗址位于中原文化和北方草原文化的交汇地带，商周时期遗存主要分三期，每期遗存均程度不同地体现出多元文化特点。第一、二期遗存均属青铜时代，第三期遗存属于铁器时代。这三期考古遗存的发现，不仅对于研究我市青铜时代至铁器时代考古学文化的演变过程有着重要意义，而且有助于了解河北省南部和北方草原地带青铜时代至铁器时代考古学文化之间的区别与相互关系。

歇马台遗址发现的墓葬虽然随葬品组合极不一致，但是绝大多数墓葬流行使用的随葬品与战国时期燕文化礼俗一致，表明了此地在战国时期属于燕国辖域。

蓟县东大井西周、汉代遗址

2002年10月至2003年6月，为配合蓟县金盾花园小区和交通局家属住宅楼建设工程，天津市文化遗产保护中心对上述两项工程近8万平方米的征地范围进行了考古勘探和发掘。共清理了西周时期窑址3座、灰坑2个，汉代灰坑27个、水井3口，以及汉代和明清墓葬。

此次发掘的西周时期烧造陶器的窑址，在天津地区尚属首次发现。窑址的火道、窑室均保存完好。窑址中出土了大量夹砂绳纹灰陶片，丰富了天津地区西周时期考古学文化资料。本次发掘的地点距天津市文物保护单位围坊遗址不足500米。

津南巨葛庄战国遗址和墓葬

巨葛庄位于天津市东南20千米处，遗址分布在村子内外，面积为2万余平方米，以村西北干渠两侧内涵较为丰富。村东和村西北2000米处的商家岭子均为墓区。1958年此地不断发现文物，天津市文化局当即派人前往调查，收集了一部分出土遗物，并及时清理了一些墓葬。1959年4月，对村西干渠两侧遗址进行了发掘，共开探沟8条，发掘面积80平方米。发现灰坑1个，出土遗物主要是陶器，也有些铁器、铜器，以及少量的骨器、蚌器和一些兽骨。在遗址附近清理瓮棺葬2座；在商家岭子清理土坑墓2座，还采集到很多随葬品。

巨葛庄遗址和墓葬出土的遗物，与北京、唐山、易县（燕下都）等地出土遗物都有相似之处，在文化面貌上具有燕国文化的特色。关于遗址的年代，从出土遗物考察，应属战国中晚期，但采集到的鬲片具有更早年代的特征。因此整个遗址所包含的文化堆积，在年代上可能是有差别的。墓葬所出土的器物亦有同样情况，正式清理的2座土坑墓，从随葬器物形制看属战国晚期，可是在采集的随葬品中，与其他地方相比，有的也较早，但因组合关系不清，现在尚难做正确判断。

静海西钓台战国、宋代遗址

遗址位于静海县陈官屯镇西钓台村西约2000米处，地势平坦，原为林地。2005年4至6月，为配合京沪高速公路（天津段）二期工程建设，天津市文化遗产保护中心对遗址进行了发掘。

发掘面积900平方米，分南北两个区。南区发掘面积800平方米，遗迹以灰坑最多，共23个，此外还发掘出1个灶、1口水井和1条沟，出土一批白瓷碗、瓷盘等器物的碎片和大量灰陶片，均为宋代器物。北区发掘面积100平方米，出土战国时代的陶罐、盆、瓮等器物的残片，泥质陶和夹砂陶均有一定数量。

静海西钓台西汉古城址

西钓台古城位于静海县南15千米，西钓台村西北400米处，东靠津浦铁路和南运河。1978年4月，天津市文物管理处对古城址进行了调查和钻探，实测城垣的尺寸为：东垣518米、南垣510米、西垣519米、北垣508米，周长合计2055米，城垣约呈正方形，方向是北偏东8°。城内采集的遗物主要包括绳纹板瓦、素面半瓦当、卷云纹半瓦当、绳纹筒瓦、泄水瓦口等建筑材料，以及罐、豆、盆、釜、瓮等日用陶器。西钓台遗址（包括筑城以前的文化遗存）的延续时间很长。遗物属于战国和西汉两个时代。遗址的面积较大，含有战国遗存的范围稍偏西南，城内则以西汉遗存为主。在城址西垣附近采集到一块印有"陈和志左廪"圆形戳记的泥质红陶量器残片，陶文中"陈"作"墮"，这应是战国齐田仓廪所使用的家量。此外还有汉铜印一枚，印面方形，边长1.8厘米，纽作桥形，印高1.8厘米。印文为篆书"李柯私印"。

1983年秋，因港团引渠工程，市考古队和静海县文化馆在北城垣外侧进行了考古发掘，发现古代墓葬和古井。战国墓有瓮棺葬、土坑墓和贝壳墓三种，分布在城址东侧。瓮棺葬发现20余座，分布集中，瓮棺内均葬幼儿骨架一具，无随葬品。土坑墓和贝壳墓发现20余座，多为仰身直肢葬。少数墓内随葬青铜剑、戈、环等。均为战国中、晚期常见遗物。西汉墓分土坑木棺墓和砖室墓两种。土坑木棺墓内出土西汉早期的彩绘鼎、盘、盉、灶等陶器。砖室墓内主要随葬西汉中晚期的日用陶器和陶制明器。部分陶器表面施绿釉，以绳纹或弦纹及兽面作装饰。唐宋时期的砖室墓共发现7座，规模较小，随葬品亦不丰富，出土有唐代白瓷器和宋代白釉刻花瓷枕等物。

发现的战国、汉代井共50多口，以城址北侧分布最为密集，井距仅3～5米。战国井分陶圈井和土井两种，陶圈井一般由4～7节井圈构成。井内出土最多的是战国中晚期常见的方唇矮领圆底罐或平底罐，也有浅盘高柄豆、盆、钵，及纺轮、明刀币和铁镰等物。西汉井分陶圈井、砖井和土井三种，均为圆形，口径1～1.2米，深2～3.5米。其中有一口井在距井底1.63米处，接有一条伸入井内的陶管道。井内遗物多为直口长颈罐、盆、钵，及砖瓦残片。

西钓台遗址的延续时间较长，应属西汉的东平舒县。这次发现的较丰富的战国遗物，对研究古城及附近地层提供了新资料。

宝坻秦城遗址

秦城遗址位于天津宝坻区石桥乡辛务屯村村南500米处，潮白新河从西北流经城南。为划定保护范围，1977年考古队进行了勘探，重点勘探四面城垣外50米的范围，发现尚存的北、东、南三面城垣中段都有缺口，缺口外有近似方形的夯土遗迹，与城垣相连。城内主要有战国时期和汉代以后的遗存，文化堆积较薄。1989年秋和1990年考古队对该城进行试掘，发掘面积约1200平方米。解剖了四面城墙断面、两个城门口，了解了城内文化堆积状况，并发现夯土台基2座、灰坑1个、不同时期的儿童瓮棺葬47座、土坑木椁墓8座，基本摸清了该城址的年代和性质。

秦城遗址是天津地区唯一的一座战国时期城址，此城平面为不规则四边形，北墙长910米（中间磬折，东段长462米，西段长448米），东墙长658米，南墙长 820 米，西墙长 474 米，总面积近 50 万平方米。城内地面散布较多战国、汉代遗物，曾采集到燕国明刀币、秦印范、汉半两钱、铜矛、铜镞等，并在城墙坡上发现数座儿童瓮棺葬。

此城建于战国晚期当无疑问，发掘者将此城废弃年代定为西汉时期。此次发掘清理的三座瓮棺葬（W5、W6、W56），均打破夯土城墙，其中 W5、W6 应为战国晚期瓮棺葬，由此推断该城墙应毁于战国晚期，即秦王政二十一年（前 226）秦攻占蓟都不久，此城便被攻破废弃。西汉时期出现大量的瓮棺葬，说明至西汉时期此城已废弃良久，因此才出现如此大规模的瓮棺葬墓地。

蓟县大安宅村战国、汉水井群遗址

大安宅村原为天津市蓟县西部刘家顶乡的一个自然村落，后并入邦均镇，位于蓟县西南约 5000 米处，其北距京哈公路 2800 米，距燕山山脉 5000 米，南为县级公路，西距沟河 7000 米，东距宝平公路 3700 米。此地历史悠久，地下遗存丰富，在 1 平方千米的范围内，分布有青铜时代，以及战国、汉、唐辽、金元时期五处遗址，显示出此地文化传承的连续性。

2000 年 6 月，该村村民在村西北部取土时发现有古水井，并从井内掏出陶罐。天津市历史博物馆考古部接到报告后，与蓟县文保所立即派员赶到现场，发现数口残存的木结构水井，同时在当地公安机关配合下，在该村村民家中收集到了从水井内掏出的陶罐和铁钎等文物，初步判定为汉代遗物。鉴于发现的重要性，天津市考古工作队立即报告并请示天津市文化局，对出土现场进行了抢救性清理。

此次清理工作从 2000 年 6 月开始，至 8 月结束，历时 3 个月，共布 5 米×5 米探方 21 个，发掘面积 336 平方米，清理出战国、汉代水井 20 口，灰坑 1 个，灰沟 1 条，并清理出两组车辙遗迹，获得一批陶、石、铁、骨、木等质地的文物。

战国时期的文化遗存全部为水井，共清理 6 口。全部为土圹式水井，系直接在地上凿土坑渗水。平面形状有圆形、椭圆形、圆角方形等，腔体为筒状或喇叭状。汉代文化遗存包括灰坑 1 个、灰沟 1 条、车辙两组和水井 14 口。水井依据建造材质和结构，分为土坑式、砖木结构、砖结构三类。

此次清理的这批水井，是天津首次大规模清理的水井群，如此集中的水井出现，反映此地应有较大的居住遗址。经过调查，在大安宅以及相邻的小安宅、西四百户村庄周围约 1 平方千米的范围内，分布有商、战国、汉代、辽金时期的聚落遗址，说明自古以来就有人在此居住生活。此次清理的水井群，在时代、数量、类型上都是以往天津考古未见的。不同水井的结构，使我们对当时的凿井技术有了进一步认证，这对于研究古代对水井的利用及其发展演变有重要价值。

武清兰城战国、汉遗址

兰城遗址位于天津市武清区高村乡兰城村南。整个遗址近似一规整的方台，东西宽 500 余米，南北长 600 米，面积约 30 万平方米。地面暴露较多战国、汉代砖瓦碎片。遗址东侧与东干渠相隔，是汉代墓地，面积约 10 万平方米，曾发现数百座中小型砖室墓。1973 年出土东汉雁门太守鲜于璜墓碑一通，1977 年，天津市考古队发掘了此墓。20 世纪 70 年代，市考古队曾踏查该遗址，根据地理位置和地面采集遗物，推测其与东汉雍奴县治相当。20 世纪 80 年代，《北京市历史地图集》编绘组的同志们曾两次现场考察此城，提出"兰城是西汉雍奴县故城"的观点。上述几次调查，局限于地面考察，对该遗址的范围、全貌、年代和文化性质缺少确切的资料。

1991 年和 1992 年秋季，市考古队对该遗址进行了勘探和试掘，试掘总面积 349 平方米。这些试掘的探沟、探方根据钻探情况分布于遗址的不同方位。其中基本是空白探方（沟）的有 11 个；遗物少、地层单纯的探方（沟）有 13 个；实际重点探方仅有 7 个，面积共计 100 余平方米。清理出灰沟 1 条、灰坑 1 个、水井 2 口。出土遗物以陶器为主，亦有石、骨、铜、铁等材质遗物。此遗址主要为战国晚期至汉代的文化堆积。早期出土灰陶绳纹罐、豆、盆、甑，双兽纹、山字纹、饕餮纹半瓦当，以及明刀币等战国晚期遗物，并有"十年""廿五年"等纪年陶片多件。中期出土灰陶豆、盆、罐，以及绳纹筒板瓦、卷云纹瓦当、五铢钱等汉代遗物。晚期主要出土花边瓦、素面瓦、"大乐昌富"瓦当等遗物，约当汉魏之际。遗址内外皆未发现夯筑城墙遗迹，但从出土的大量瓦当、板瓦、筒瓦及大体量精美磨光陶器看，又绝非小型聚落址所能比拟。

静海古城洼东周遗址

遗址位于静海县陈官屯镇小钓台村西 1500 米处，陈官屯—大城公路南侧，整个遗址地势平坦。2005 年 4 至 6 月，因京沪高速公路（天津段）二期工程建设用地占压整个遗址的中部，天津市文化遗产保护中心对遗址进行了考古发掘，布正南北方向的探方 43 个，发掘面积 1075 平方米。

遗址的遗迹比较单一，只有道路和灰坑两种。道路遗迹分布于遗址的东南部，路土很薄，厚 2～4 厘米；灰坑主要分布在遗址的西、北部，一般较浅，呈圆形或椭圆形。遗址中出土的器物主要是陶器，以夹砂褐陶为主，另有部分泥质灰陶；器型有圜底釜、折肩尊、浅盘豆、敞口罐等；豆均为素面，釜、罐等器物表面多饰压印的粗绳纹。

出土的遗物所反映的时代特征明显，文化内涵比较单一，当为战国时期。据古代文献记载，今静海县境在战国时期被燕、齐、赵三国交替控制，通过与山东、河北等周边地区同类考古学文化的对比研究，初步判断古城洼遗址应属于战国时期齐国文化。

静海鲁辛庄东周遗址

遗址位于静海县唐官屯镇鲁新庄村西 2000 米处，南距后石门遗址 1500 米，遗址地势相对平坦。2005 年 4 至 7 月，为配合京沪高速公路（天津段）二期工程，天津市文化遗产保护中心对该遗址进行了抢救性发掘，共布探方 44 个，发掘面积 1100 平方米。

该遗址遗迹种类较少，仅见有灰坑和灰沟两种。但地层堆积较厚，出土遗物丰富。遗址上部文化层中出土的遗物以泥质灰陶为主，夹砂褐陶、夹蚌红陶占有一定的比例，器型主要有钵、罐、盆等，年代应为西汉时期；遗址下部文化层出土的遗物主要为日常生活所用器皿和建筑材料，主要有铜削、铜洗，以及陶纺轮、浅盘豆、罐、釜、板瓦、筒瓦等。陶器以夹砂褐陶为主，泥质灰陶较少。除豆为素面外，其余器物多饰粗绳纹，另外在釜的肩部、豆的口沿或柄部常见有戳记，这是战国、秦汉时期手工业十分流行的做法，即文献记载的"物勒工名，以考其诚"。

这些遗物与战国时期燕国文化具有明显的区别，而与古城洼遗址文化内涵相同，应同属于战国时期齐国文化。

蓟县七里峰汉代石刻

石刻位于蓟县渔阳镇七里峰汉代墓葬保护区的西北部，2002 年 4 至 5 月进行发掘。为石板围成的方台子，上部已残失，四边石板也残失过半，但仍能判断出平面呈正方形，边长 490 厘米，每边各用 4 块石刻围成，两块石刻之间有一块桩石加以固定。

所有石刻均采用剔地浅浮雕的形式，题材每边不同：东部残存的 3 块石刻题材为站立的人物，手持乐器，而中间桩石画面为一站立的门吏，左上角题有"宜禄"二字；北部残存的 2 块石刻题材为一马二禽，中间桩石刻有一披头散发、手舞足蹈的人物；西部残存的 2 块石刻题材为青龙和白虎，中间桩石刻有一站立的手执棍棒的门吏；南部 4 块石刻残损比较厉害，画面可以看出有杀牲、玄武等图案，桩石雕刻的是朱雀。角石均为剔地无图案。

石刻的年代，从填土中出土的铁镞、"大泉五十"以及雕刻风格看，应为东汉中晚期。从石刻的布局和题材看，该石刻极有可能为墓前祭祀建筑——祭坛。

蓟县七里峰东汉石刻的发现，填补了天津地区汉代考古的空白，石刻题材与山东、河南等地出土的画像石不同，不是青龙、白虎、朱雀、玄武四神各守四方，而是青龙、白虎放在西部，朱雀、玄武放于南部，这一反常的现象一定有其深刻的内涵。青龙、白虎以及舞蹈人物的雕刻，线条流畅，惟妙惟肖，具有很高的艺术价值，这些对于研究汉代葬俗制度以及当时的雕刻艺术有重要的意义。

蓟县独乐寺西墙外遗址

2003 年 10 至 11 月，蓟县渔阳镇独乐寺西墙外在修建停车场时发现墓葬 1 座。墓葬为东西向单室砖墓，长 2.88 米、宽 1.13 米。木棺已朽，棺长 1.98 米、头端棺宽 0.71 米、脚端棺宽 0.56 米。单人葬，人骨腐朽严重，仅存痕迹，无随葬品。据墓砖和木棺形制推测为汉魏时期墓葬。

在墓葬的西南部，试掘 5 米×5 米探方 1 个。在探方的第一层下发掘出一段壕沟，底部发掘出很多大块砾石，砾石间隙中出土唐代绳纹砖、辽代定窑系白瓷碗口沿残片、辽代沟纹砖等，推测为唐、辽时期壕沟。

在停车场北部，清理长 20.4 米、深 2.3 米的剖面一处。剖面上部为现代建筑基础堆积，在其下方由晚及早堆积着明清城墙基址及城壕遗迹、唐辽壕沟遗迹、两汉壕沟遗迹。明清城墙基址残宽 5.75 米、残高 0.5 米，明清城壕残宽 6.25 米、残深 2.3 米，唐辽壕沟残宽 5.5 米、残深 2.1 米，两汉壕沟残宽 9.5 米、残深 1.3 米。在汉代城壕上面，发现有汉魏时期儿童瓦棺葬 1 座。

此外，在明清城壕内和其他地点发现了燕式鬲残片和春秋战国时期灰陶罐、红陶釜残片。

静海杨家疙瘩汉至唐代遗址

遗址位于静海县陈官屯镇西 1800 米处，陈官屯—大城公路北侧，整个遗址地势中部高、四周低，一条南北向的引水渠将遗址分为东西两部分。为配合京沪高速公路（天津段）二期工程，天津市文化遗产保护中心对遗址进行了抢救性发掘，共布探方 51 个，其中水渠以西（以下简称西区）布探方 30 个，水渠以东（以下简称东区）布探方 21 个，发掘面积 1400 平方米。

西区文化层较厚，但遗迹现象较少，主要有灰坑、灰沟、道路等，遗物也不丰富，主要有泥质灰陶罐、灰陶绳纹瓦片、灰陶花边瓦片等。此区遗址的年代应为汉魏时期。另外在此区的北部发现 3 座墓葬：其中 2 座为土坑竖穴墓，均为南北向，单棺，尸骨已朽，无随葬品，开口于汉魏文化层之下；另 1 座墓为小型砖室墓，单砖垒砌，制作简陋，随葬品仅 1 件酱釉双系瓷罐。

东区文化层较薄，但遗迹现象较多，遗物丰富，主要有三彩罐、白釉瓷碗、泥质红陶罐等。此区遗址的年代为唐代。

宝坻西辛庄唐代遗址

遗址位于天津市宝坻区口东乡西辛庄村西北 500 米处，当地人称其“薄家坟”。2001 年 5 月，为配合津蓟高速公路工程建设，天津市历史博物馆考古部对遗址进行了考古勘探，并于 2001 年 6 月 9 月进行了抢救性考古发掘。从地表看，整个遗址微微隆起约 0.5 米，平面呈长椭圆形，面积约 15 000 平方米，津蓟高速公路从遗址南部穿过，本次发掘共布探方 20 个，发掘面积 500 平方米。

西辛庄遗址文化堆积单纯，仅唐代文化一种。共清理灰坑 15 座、灰沟 2 条，出土了陶、釉陶、瓷、铜、银等质地的文物 20 余件，其中以瓷器为主，釉陶器、

陶器次之，铜器、银器极少。瓷器器型有碗、钵两类，釉色均为白色，按釉质可分粗白瓷和细白瓷两种：粗白瓷釉面粗糙，灰白粗胎质；而细白瓷釉面细腻、莹润，似白玉一般，胎质亦洁白细腻。釉陶器胎质均为泥质红陶，器型有盆和钵，釉色有绿、黄、蓝三种颜色。陶器主要以泥质灰陶为主，泥质黑陶次之，器型有盆、研磨器等。铜、银器仅见于小件的发簪。通过与临近地区墓葬中出土的同类器相比较得知，西辛庄遗址的年代应为唐代晚期。

西辛庄遗址中出土了大量的贝壳，从统计种类看比较单一，仅有两三种，且均为海生贝类，说明天津地区在唐代已经有了捕食海洋生物的饮食习惯。西辛庄遗址的发掘，是天津地区首次对唐代遗址进行的考古发掘，出土的一批具有典型特征的陶瓷器为天津地区考古学文化编年提供了重要的标尺，对研究天津地区唐代考古学文化具有十分重要的意义。

宝坻辛务屯唐代遗址

遗址位于宝坻区渔阳镇辛务屯村与秦城遗址之间，西北距引滦明渠 200 米，距宝坻区渔阳镇 4000 米，南距天津市市级文物保护单位——秦城遗址 300 米。2003 年 5 月，为配合宝坻区潮阳大道的建设工程，天津市文化遗产保护中心对辛务屯遗址西北 100 米的大道路基地段进行了考古勘探和发掘，发现遗址一处，墓葬 105 座，水井 17 口。发掘面积共计 795 平方米。

唐代遗存有：砖结构水井 2 口，圆形竖穴，深 3 米左右，用长 34 厘米、宽 17 厘米、厚 5.5 厘米的僵直绳纹砖砌成。灰坑多为不规则形，少量圆形和长条形。出土遗物丰富，有泥质灰陶罐、盆、钵、盘，黄色釉陶盆，玉璧底白瓷碗，铜簪等，还有象拔、海蛎子等海贝壳。该遗址地层堆积单薄，地层中出土遗物较少，主要出自水井和灰坑中。出土遗物面貌较为一致，从遗址出土的“开元通宝”看，遗址堆积形成的年代不会早于唐开元年间，但出土的玉璧底圈足白釉碗为典型的唐代文化遗存，据此可以断定辛务屯为晚唐时期的聚落遗址。

辛务屯遗址的唐代水井和窑址都是天津考古首次发现，该遗址和西辛庄遗址同出的贝壳种类基本相同，说明唐代此地居民具有共同的饮食习惯。辛务屯遗址的发掘，丰富了天津地区唐代文化遗存的文化内涵，有助于天津地区考古序列的研究。

静海元蒙口宋船发现遗址

该船木质，出土于静海县东滩头乡元蒙口村村西公路南侧的大土坑内，这里原是古河道。1978年6月，天津市文物管理处进行发掘。

木船船口距地表约4米，方向220°，右舷低于左舷0.2米。出土时除左舷上半部腐朽无存、船尾在清理前遭到人为破坏外，其余部分保存较好，不少构件木质如新，纹理清晰。木船齐头，齐尾，平底。体长14.62米，船口首尾稍向上翘，两舷外凸呈弧形。底板从船首直贯船尾，船尾封以横向的木板。船口首尾的宽度分别为2.56米和3.35米；最大宽度在船口的中部，为4.05米。首尾皆底宽口窄，上下相差最大值分别为0.21米和0.15米，横断面近梯形；但中部船口比船底稍宽。船的中部深1.23米；船尾最深，为1.71米。船尾有舵，长3.9米。船构造较简单，使用铁钉和榫卯相结合的建造方法。船体主要由十二组横梁支撑，无隔舱，亦未发现有关桅杆遗迹。清理时，舵与船尾的连接部分已不存在。

船内第六、七组横梁的空梁中部凹进，有明显的火烧痕迹。两组梁间的舱底尚存黑色的炭灰。船首部的前三组横梁也有火烧痕迹。

船内遗物不多。在前半部舱底有一段麻绳和残存的席片，后半部舱底有杂草、麦秸和少量苇秆。另发现一些陶碗、瓷碗的残片，以及"开元通宝""政和通宝"等钱币。船内遗物虽少，却为沉船的断代提供了直接的依据。船内出土"政和通宝"钱，沉船年代的上限可视为北宋政和元年（1111）。所出白瓷碗经鉴定亦为宋代瓷器，所以推断静海木船是一只宋船。

木船出土地点为古河道的转弯处，进而推断木船可能是政和七年（1117）黄河泛滥时在河道的转弯处被黄河水吞没的。船出自俗称"运粮河"的古河道，而船内又是通舱，故估计其为内河货运船。船内主要构件如横梁、船肋等，选料粗糙，制作不精，应是民间所造。

宋代有舵木船的出土，过去尚未见报道。元蒙口宋船保存基本完好，使我们对宋代的造船技术得到更真切、更具体的了解。完整船舵的发现是这次考古发掘的重要收获。这一船舵是一种平衡舵。由于舵扇的一部分置于舵轴的前方，缩短了舵上压力中心与舵轴的距离，减小了转舵力矩，使用起来更为轻便。过去，只在绘画中见过类似的古代平衡舵，从未见过实物。这次船舵实物的出土，使古代造船技术的有关记录得到了印证。

蓟县鼓楼南大街唐至明清时期遗址

遗址位于蓟县鼓楼南侧，2004年2—4月，为配合蓟县鼓楼广场建设工程对其进行考古发掘。发掘面积近4000平方米，共分成Ⅰ、Ⅱ、Ⅲ三个发掘区。

此遗址唐辽时期文化层堆积被晚期活动扰动严重。发现了辽代房屋建筑基址，基址墙体残留最厚处有12层砖，在砖下还有石砌基础；出土文物有典型唐代黄釉饼形底瓷碗、辽代白釉瓷碗和沟纹砖，以及日用陶器等。发现金元时期较为完整的砖砌排水道等遗迹。出土文物数量大，以陶、瓷器为主，瓷器有定窑、钧窑、龙泉窑、磁州窑等窑系的产品。

发现明清时期保存较为完整的连排式建筑基址，这些基址的特点是均面向街道而建，具有典型商业店铺的特点。与商业和生活息息相关的水井、储藏食品和蔬菜的窖穴、排水系统、手工业作坊等遗迹在遗址也有发现，出土了大量青花瓷器、陶器、玉器、钱币，以及称量贵重物品用的衡器等。

此次考古发掘揭露出唐辽、金元、明清、民国时期依次叠压的地层堆积，是蓟县城区范围内首次通过考古发掘出有确凿证据的辽代以来的文化堆积，而且延续至今。出土各个时期瓷器、陶器、骨器、钱币、青铜器、玉器等各类文物300余件，文物标本数千件，为研究古代蓟州城市历史提供了重要的实物材料。

宝坻哈喇庄金元时期遗址和明清墓葬

遗址位于宝坻区霍各庄乡哈喇庄村东南约500米处，距宝坻区渔阳镇4000米，地势低平，中部略微隆起。津蓟铁路由东北向西南经过遗址北部边缘。遗址南部边缘为引滦进津明渠，西北为哈喇庄，西南为高八庄。其地处海河冲积平原，附近有鲍丘河、蓟运河等海河支流。遗址南北宽350米、东西长500米，总面积为17万余平方米。1997年5至7月，为配合京沈高速公路（天津段）修建工程，天津市历史博物馆考古部对该遗址进行了发掘。发掘由北向南分A、B、C三个区进行，共发掘探方26个，面积663.5平方米。清理出房址1座、灰坑60个、灰沟6条、墓葬4座。出土铜器、铁器、陶器、瓷器、骨器和铜钱等140余件。

此次清理的汉代文化层遗物较少，出有残陶片、砖等。金元时期文化层较厚，出有大量砖瓦及陶瓷残片，另有少量铜器、铁器和石器。出土的陶器多为泥质灰陶，有少量的黑陶和红陶，器型多为盆、罐。瓷器以白瓷为主，多为北方民窑产品，其中有少量定窑系、钧窑系的产品，器型以碗、盘为主。铁器多为刀、锥之类工具。另出有石球、陶球和铜簪等。明清文化层遗物稀少，出有青花瓷片。

此遗址的灰坑多为直壁平底，清理的房基为东北—西南向，仅剩下基槽部分，呈长方形，槽内侧有壁柱，转角有角柱，尺寸不详。

遗址中发掘明墓2座、清墓2座。明墓编号为M3、M4，两墓呈顺序排列，均为火化后合葬。墓圹为圆形竖穴土圹，墓室为长方形，墓口以素面青砖错落搭制，最上以素面大方砖封顶。M3为三人合葬，葬具为两个酱釉大瓷罐中夹一青黄釉瓷罐，三罐上均有青黄釉盖，酱釉罐上部饰旋纹，下饰涡状纹。M4为双人合葬，葬具为两个酱釉大罐，一罐上为青瓷盖，另一罐以青花瓷盘为盖，盘底书有"玉堂佳器"四字，两罐内除人骨外另放有木炭，概为防潮所用。从青花盘的款识分析此墓年代应为明末。M3则要稍早一些。这两座火葬墓形制独特，为天津地区首次发现，为研究北方地区的葬俗提供了新资料。

清墓均为长方形竖穴土圹结构。一墓有棺椁痕迹，葬两人，其中一人为迁葬，随葬青瓷钵、铜钱；另一墓葬一人，以板瓦覆面，只出有清代铜钱，无棺椁痕迹。

蓟县独乐寺塔

蓟县独乐寺塔俗名"白塔"，坐落在蓟县城内西南隅，在独乐寺南380米偏东9米处，是"渔阳八景"之一。1976年唐山地震时，独乐寺塔遭严重破坏，塔刹震落，覆钵开裂，相轮自十一天以上毁坏，整座塔身倾斜1°5'，岌岌可危。1983年春，文物管理部门决定将第一层檐以上拆除重修。同年3—5月，天津市文物管理处考古队负责重修工程中的考古工作。当拆至十三天相轮底部时，发现内部还包有一塔，包砖层厚0.6～1米不等。为弄清被包塔的面貌，便采取分段剥去包砖外皮的做法，逐段进行测绘、照相，然后再拆除。拆至第一层檐时，全部包砖砌体拆完，暴露出原塔。被包的为辽塔，除相轮和覆钵下的1.6米表层装饰残毁外，其余基本完好。辽塔由束腰须弥座、八角重檐亭式塔身、窣堵波（覆钵）和相轮等部分组成。塔外壁镶有大量仿木结构的雕砖斗拱、花卉和神兽等，种类繁多，

内容丰富。内部中空，分上、中、下三室，各有门窗，唯与外不通。上层塔室出土遗物169件（包括铜钱65枚），质地有金、银、铜、玉、玻璃、玛瑙、水晶、琥珀、瓷、木、石、泥12种。砌体里发现的遗物有白瓷罐、铜钱、铁钉，以及砖雕佛坐像等。出土佛龛内佛像5尊，经卷3册。上层塔室出土遗物均属辽代遗物，瓷器均属宋代定窑系和耀州窑，其中年代最明确的当属辽清宁四年（1058）石函，证明此塔建成绝不会晚于1058年。

拆塔过程中发现此塔历经3次大修。第一次大修，范围由覆钵向上，包砌覆钵、第三层檐，并重建十三天相轮。修缮时采用辽代常见的沟纹砖，规格不统一。第一次包砌，时间距内塔建成年代时间不长，且不晚于辽代。第二次修补，包括修补了残缺的砖檐，在原叠涩檐上挂筒瓦，以致檐面升高，将砖雕佛像和花卉下的两层叠砖盖住，补配了基座上残朽的栏板、拱眼壁、蜀柱和檐上的花卉雕砖。修补砖雕线条呆板，艺术水平远不如辽塔原件。第二次修补对塔的最大变动是开通了亭式塔身南面的假门。变假门为真门后，在下层塔室内立佛坛，门道东侧镶明嘉靖十二年（1533）"重修渔阳郡塔记"碑一通，此碑是这次修葺活动的明确记年。第三次大修，是由第一层檐向上，包砌了一、二层檐上残毁的雕砖部分，包括第二次大修时修补的砖雕，覆钵东半部第一次包砌部分被去掉重包，范围略超过一条纵贯覆钵南北的裂缝。在覆钵南面砌佛龛，在塔顶安铜铸塔刹，刻铭文："十方铸造渗金宝瓶永远供养，大明万历二十二年新春募化"，并以白粉通体粉刷。塔院内的两通碑文也记录了此次修葺年代为万历二十二年（1594）。万历大修后，此塔还有修葺，但都限于整饰墙面和修补瓦垄等活动。

此塔年代，文献无记载，从造型、用砖，以及砌体内出土的"太平通宝"钱等方面看，始建年代极可能为独乐寺重建年代，即辽统和四年（986）。第一次包砌的时间，从内塔表面不见风化，包砌用砖的特点和砌体中出土的铜钱、瓷器看，距始建年代不远，即石函所记的辽清宁四年（1058），包砌原因是清宁三年（1057）大地震的破坏。第二次修补是门道小碑所记的明嘉靖十二年（1533）。第三次大修年代为明万历二十二年（1594）。

蓟县白塔原貌和相关文物的发现，对了解该塔的历史和年代、与独乐寺的关系，以及辽代窣堵波式塔

的形制特点，都具有重要价值。

蓟县西大佛塔村唐辽时期塔基

塔基位于盘山南麓的山前高地、蓟县官庄镇西大佛塔村西侧，为一不规则形大土台，高于现地表约6米。2006年10月，当地村民发现塔基有盗掘现象，及时上报有关部门。2006年11月至2007年10月，天津市文化遗产保护中心对塔基进行了抢救性发掘，发掘面积810平方米。

塔基的大部分已被揭露，内部结构及构造方式基本清楚。塔基在平面上自外及内主要由方形基岩台基、方形夯土基座、八角形夯土基座等几部分组成。方形基岩台基边长39米，高1.4米，是在自然的山体上修整而成；方形夯土基座边长26.5米，高2.8米；八角形夯土基座边长3.6米，高4.6米。方形夯土基座和八角形夯土基座均以黄砂土为原料，采用排夯的方法人工夯制而成，其中八角形夯土基座经过解剖，夯窝直径4～8厘米，夯土坚实，夯层清晰。在塔基的上述组成部分（尤其是八角形夯土基座）的外部当初都包砌有青砖，由于1949年前后村民挖掘青砖盖房，绝大部分青砖已不存在，致使塔基各组成部分之间连接的重要信息大部分遗失。

从各遗迹的叠压打破关系看，该塔历经3次修建。目前，从塔基的填土中清理出磨砖、瓦当、铜钱、绿琉璃建筑构件、瓷碗残片、陶罐残片等文物。绿琉璃建筑构件的出土，表明该塔的建筑规格很高。从方形基岩台基及方形夯土基座的外部填土中出土了较多带有红、黑彩绘的白灰块，说明该塔的外部曾做有彩绘装饰。

塔基北部有一处寺庙遗址，从采集到的陶罐残片、瓦当、板瓦等遗物看，塔基和寺庙遗址为同一时期，即佛塔与寺庙的建造及使用年代相同。关于该塔的建造年代，不见于《蓟县志》《盘山志》等文献记载，故始建及重修年代不详。根据出土的青砖判断，修建年代为晚唐至辽代。

西大佛塔村唐辽塔基从其体量看，为天津地区目前已知最大的塔基，即使在我国北方地区也是十分少见的。西大佛塔塔基建造技法十分独特，其内部为八角形夯土基座，外部砌砖，重修时又在外部采取夯土加固的建造方法，为我国现存唐辽佛塔所不见，其对于我国佛塔建筑研究，具有重要意义。

蓟县小云泉寺金代遗址

遗址位于蓟县城东7.5千米的翠屏山南麓，面积约5000平方米。1989年春，修路取土时被发现，暴露文化层堆积1米左右，最厚处达1.5米，距地表深约0.5米。出土完整的六耳铁锅1口、泥质红陶大瓮1个、白瓷小碗1个、铁斧2把、铁镰1把，大量的素面板瓦残片和泥质灰陶残片，并出土铜钱438枚，其中主要是宋钱，有宋太平兴国、淳化、至道、咸平、景德、天禧、至和、熙宁、元丰、大观、政和、宣和等，亦有少量的正隆元宝、大定通宝等金代铜钱。据出土器物特征和铜钱年代分析，遗址为金代。

在该遗址西北约250米的山前台地上，曾发现金代墓葬，面积约1000平方米，现在地面仍暴露较多的素面青砖及残石羊1个。1967年出土墓志2方，其一上阴刻"大金口燕国夫人口口墓志铭"。这是天津地区发现较典型的金代遗址和墓葬，为区别辽代遗存提供了线索。

蓟县千像寺遗址

千像寺遗址位于蓟县城西北12.5千米处的盘山东麓，现属官庄镇联合村行政区划内。千像寺依地势在中轴线上修建有前、中、后三进大殿，中殿（正殿）和前殿之间左右两侧各有东、西配殿1座，在中轴线两侧还建有库厨和僧房，皆毁于日本侵华的战火。据现存的辽圣宗耶律隆绪统和五年（987）的《盘山千像祐唐寺创建讲堂碑铭》记，千像寺古名"长兴寺"，又名"祐唐寺"。唐末兵灾之后，寺院尽灭。另据明嘉靖十五年（1536）《盘山古刹祐唐寺重铭碑》记，"盘山境之千像寺名祐唐"，阐明了祐唐寺与千像寺的渊源。

2003年3至6月，天津市文化遗产保护中心对千像寺遗址进行了考古清理和发掘。发掘工作主要分两个阶段：第一阶段清理遗址上的废墟，清理面积1500平方米，揭露了各殿基址的现状和平面布局；第二阶段是在钻探的基础上进行发掘，发掘面积300平方米。主要收获有：第一，搞清了千像寺自明清以来中轴线的位置和其平面布局基本上未变，弄清了千像寺正殿和前殿及东、西配殿夯土基础以上的建筑经历了三次修建，新揭露出明清时期的钟楼基址1处；第二，此次金元时期文化层堆积的发掘和新发现的同时期的碑刻资料，填补了该遗址金元时期历史的空白；第三，此次发掘发现的开口于金元时期文化层下的建筑遗迹和 1 条石砌排水道中出土的遗物表明该处遗址年代可上溯至 1000 年，这与千像寺现存的讲堂碑铭所记的历史年代也相吻合；第四，在正殿发现的埋藏于铺地砖下的干电池和地线，为盘山抗日根据地革命史的研究增添了新的实证资料。

宝坻东辛庄金代遗址

遗址位于宝坻区东辛庄村北 500 米、俗称"鬼王庄"的高坡处。2001 年 5—9 月，为配合津蓟高速公路工程建设，天津市文化遗产保护中心对其沿线进行了文物普探，发现了此处金代遗址，面积约 4 万平方米。随后对其进行了重点钻探和抢救性发掘，共揭露面积 1000 余平方米，发现金代中晚期的文化堆积和少量元代文化遗存。清理房址 1 处、墓葬 1 处、灰坑 48 个、灰沟 5 条，出土陶、瓷、铜、鎏金、玉、骨等质料的小件文物 118 件。

此次清理的地层堆积内涵较为单纯，主要为金代中晚期文化遗存。出土的器物以瓷、陶器为主，瓷器主要有碗、盆、罐、盖，陶器有瓮、罐、盆、钵等，骨器主要以簪为主，玉器为环等饰品，铜钱多为北宋时期的，唐钱少见。

东辛庄遗址的灰坑形式多样，有圆形、长方形、不规则形等多种形状，剖面多呈锅底状。编号为 M1 的墓葬为土坑竖穴墓，无棺，无随葬品出土，墓主为一个五六岁的儿童。在 F1 中，发现了两座有"回"字形烟道的火炕遗迹，灶坑、灶眼、进火口、烟道等都基本保存完好，为研究金代取暖设施提供了重要资料。

大港上古林金代铜钱窖藏

1986 年 3 月，天津大港区上古林乡村民在建国村村南津歧公路西侧挖贝壳砂时，发现了一处铜钱窖藏。铜钱出土时分装在三个陶瓮中。随后，天津市历史博物馆考古队对此处进行了调查和清理。

经实地勘察和对窖藏铜钱的整理可知，铜钱窖藏位于渤海湾西岸大港区境内第二道贝壳堤上的灰土层中，窖藏开口距地表约 80 厘米。这批铜钱重约 115 千克，共 22 171 枚，其中锈蚀或残碎品约 2000 枚，余均保存完好。

此次出土的铜钱北宋以前的较少，主要是汉代、隋代、唐代和五代十国的钱币。其中，西汉时期"半两"4 枚，是窖藏中时代最早的钱币。西汉"五铢"1 枚。新

莽"货泉"4 枚。东汉"五铢"10 枚。隋代"五铢"4 枚。唐代"开元通宝"是这次出土钱币中除北宋钱外数量最多的一种，为 1358 枚。唐代"乾元重宝"64 枚。五代十国钱币有后汉"汉元通宝"2 枚、后周"周元通宝"1 枚、前蜀"天汉元宝"1 枚、南唐"唐国通宝"35 枚。

北宋钱币有 18 396 枚，占该窖藏铜钱总数 80% 以上。除未见宋仁宗时期"康定元宝"和"至和重宝"、宋神宗时期"熙宁通宝"、宋哲宗时期"元符重宝"、宋徽宗时期的"建国通宝""圣宋通宝""崇宁元宝""重和通宝"、宋钦宗时期"靖康通宝"外，其余北宋钱币不仅皆有出土，而且版别繁多。

南宋钱币只有 118 枚，均为南宋初年的年号钱。有"建炎通宝"49 枚、"绍兴元宝"55 枚、"绍兴通宝"11 枚、"乾道元宝"3 枚，多为真、篆两体的折二钱。

辽、金钱币共有 140 枚。辽代钱币有"重熙通宝"1 枚、"大安元宝"1 枚、"天庆元宝"2 枚，均为真书小平钱。钱体肉薄，钱文也不规整。金代钱币只有"正隆元宝"136 枚，均为楷书，字迹清晰，钱廓规整，棱角明显，多芒刺。

大港区上古林乡发现的窖藏铜钱中，年代最晚的铜钱是南宋的"乾道元宝"，年代次晚的铜钱是金代的"正隆元宝"。既未见继南宋"乾道元宝"之后，1174年始铸的"淳熙元宝"和"淳熙通宝"，也未见金代"正隆元宝"之后，金世宗大定十八年（1178）始铸的"大定通宝"和"大定元宝"。由此推知，该铜钱窖藏的年代应晚于南宋孝宗乾道元年（1165），早于金世宗大定十八年（1178）。

据文献记载，自 1141 年南宋与金订立"绍兴和议"之后，东起淮水，西至大散关（今陕西宝鸡西南）以北的土地归金朝统治，金定都燕京（今北京），而南宋王朝已偏安江南一隅，定都临安（今浙江杭州）。京、津地域相邻，我市大港地区在金代属清州会川、靖海县和沧州清池县管辖。上古林乡发现的这批铜钱中，虽然年代最早的是汉代"五铢"，最晚的是南宋"乾道元宝"，但以北宋钱为主，这一特点与《金史》记载的"金初用辽、宋旧钱"的历史吻合。因此推断上古林乡发现的这批铜钱应属金代窖藏遗迹。

上古林乡发现的金代窖藏铜钱年代为 1165—1178年。此时金世宗已罢黜了海陵王，改元大定；币制方面，金人已步入了以钱为主、钱钞并用的交易阶段。《金史》记，大定十年（1170），皇太子问山东来的使者："民

间何所苦？"使者曰："钱难最苦，官府钱满有露积者，而民间无钱，以此苦之。"近年来，在吉林省吉林市市郊、长春市九台卡伦、山东诸城以及河北省唐山等地陆续发现金代钱币窖藏，这些窖藏具有钱币品种相似、窖藏的规模大小相近、埋藏时间基本一致的特点，充分说明此时的金朝不仅地方府库大量藏钱，而且官豪之家也多积钱不散。这与《金史·食货志》多处记载的历史背景也相一致：金世宗继位后的十几年中，为缓解当时全国所面临的货币流通需要量大，而货币短缺，所造成的通货异常不足问题，即所谓的"钱荒"，曾一方面三令五申要求诸州府将所藏钱币投入市场，购买金银丝帛，促使流通，另一方面积极筹措铜源为铸钱作准备。

静海后石门宋金时期遗址

遗址位于静海县唐官屯镇鲁新庄村西南2500米处，南距京杭大运河2000米，整个遗址地势平坦。为配合京沪高速公路（天津段）二期工程，2005年4—7月，天津市文化遗产保护中心对该遗址进行了抢救性发掘，共布探方40个，发掘面积1000平方米。

此次发掘共发现5处宋金时期居住址。这些居住址均为长方形，南北向，保存基本完好，个别居住址甚至还保存着屋内居住面、灶、火炕，以及屋外道路、排水沟、渗水井等附属设施。在一处居住址内发现有陶网坠、铁犁、骨梳、狗形瓷玩具等遗物。房内居住面上发现一层灰烬，并伴有红烧土块，推断该房屋应毁于一场大火。整个居住址布局合理、设计科学，尤其是火炕的垒砌方法仍为现今中国北方农村所沿用。该遗址出土遗物极为丰富，质地有陶、瓷、石、铁、铜、骨等，器类主要有泥质红陶罐、泥质红陶盆、白釉碗、酱釉碗、石佛像底座、红陶网坠、骨梳、铁犁等，年代为宋金时期。

后石门遗址为京杭大运河沿岸重要遗址，其考古发掘所获对于研究大运河与运河沿线城市历史，探求古代大运河兴废原因和复原运河沿线聚落形态均具有较为重要的意义。

蓟县东营房金代窑址和明清墓葬群

东营房窑址及墓葬位于蓟县县城东北部渔阳镇东营房村东侧，翠湖东路西侧。2006年3月、9至10月，因蓟县万豪时代居民小区工程建设，天津市文化遗产保护中心分两阶段对东营房金代窑址和明清墓葬进行了考古发掘。共发掘金代窑址1处、水井1口，明清时期墓葬17座。出土完整或可复原的陶器、铜器、铁器、金银器、骨器、瓷器等数十件，以及不同时期的铜钱数百枚。

窑址位于东营房村东的山顶上。该窑为一座长方形土窑，由操作间、火道、窑室、烟道四部分组成，方向30°，约成东北—西南走向。开口于耕土层下，距地表0.4米。操作间位于窑体东部，为一长方形土坑结构，顶部被4条现代耕作沟破坏。操作间内填土为黑花土夹杂红烧土块，底部有青灰。火道位于操作间西部，从北向南共分布有13条火道，其中最南端的一条应为主火道。窑室位于火道西部，局部被现代耕作沟破坏。窑室底部有红烧土硬面，厚约0.1米。窑室四壁红烧土厚0.19～0.2米，窑室内填土为灰褐色土夹杂红烧土颗粒，内有少量细沟纹砖残块，窑室南端底部有大量青灰。烟道位于窑室北部，上口亦被现代耕作沟打破，烟道口上方有一块完整的长方形沟纹砖砌筑。砖规格为0.3米×0.12米×0.06米。排烟道呈坡状，残高0.5米。另外，窑址西侧有一平面呈长方形的竖穴土坑，方向60°。距地表深3.6米，南北长2.5米，东西宽1.3米。坑内填含石块五花土，土质较松，无遗物发现，底部有水印层，碎沙石块，另有一件残石柱。由于其紧邻窑址，且开口位置一致，推测其应为该窑的附属蓄水井。

从烟道垒砌的整块以及窑内填土中出土的沟纹砖看，该窑的年代应为金代。东营房金代窑址的形制较为特别，不同于我们所常见的窑址，为我们进一步了解金代的烧窑工艺提供了一个极为重要的例证。

此次发掘共清理明清墓葬17座，均为长方形竖穴土坑墓，分东西向和南北向两种；木棺，有的墓底铺有白灰；有单人葬、双人葬、三人葬和迁葬等。出土文物有素面铜镜、铁镜、灰陶双耳罐、瓷罐、瓷碗、铜簪以及铜钱等。出土的陶器多为素面，瓷器也以素面为主，仅白釉瓷碗底部饰花叶纹等。出土的铜、银饰件的局部直接铸成某种纹样，发簪的簪首为蛇首形、方球形等。

东营房明清墓葬的形制、葬俗与京津地区发现的同时期、同等级墓葬基本相同。从墓葬规模和随葬器物来看，所清理的17座墓葬均为中小型墓葬，级别不高，应为社会中等或一般阶层身份的墓葬。总之，该批墓葬的清理，为研究明清时期墓葬的形制特点、丧葬习俗及本地区的历史文化提供了重要资料。

静海谭庄子金元时期遗址

该遗址位于静海区东滩头乡谭庄子村东10米处，是当地村民取土时发现的，1999年6月，天津市历史博物馆考古部、静海县文化馆派员对其进行了抢救性发掘，共布探方7个、探沟3个，实际发掘面积149平方米。

发掘的遗迹主要为砖井2座（编号为J1、J2）、灰坑10座。两座砖井结构基本一样，均为先挖一圆形井坑，然后在坑内用青砖砌成井壁，青砖尺寸均为长29厘米、宽14.5厘米、厚4厘米，井底中心均内凹。J1发现时井口已遭破坏，部分井砖已被村民拆去，残存井口形状呈椭圆形，长径为176厘米、短径为154厘米、残深约260厘米，井内砖壁仅存124厘米高。该井结构较为独特，井底靠井壁处有一圆形木质井圈，厚约5厘米，腐朽严重，其上为青砖平砌，共残余29层。砖井外壁和坑壁之间用夹杂有黑斑的红花土回填，并经过夯实，井内堆积单一，包含物极少。J2形状较小，井口呈圆形，直径77厘米；井壁略向外倾斜，呈袋状，残深86厘米；井内堆积共有4层，出土遗物极少。

此次发掘共出土遗物100余件，主要有瓷器、陶器、釉陶器、石器、钱币等。其中以瓷器为主，釉色多为白色，装饰很少，器型以碗为大宗，盆、盘、罐次之。陶器以泥质红陶为主，相当多的器物内壁饰有红或黑陶衣，器型以罐为主。

从遗址的性质来看，该遗址属于金元时期的村落遗址。这次发掘进一步丰富了天津地区金元时期的考古学资料。

西青小甸子元代遗址

遗址位于西青张家窝镇小甸子村南1000米的台地上，此地西距南运河2000米，当地称为南大圪。1973年1月，天津市文物管理处对该遗址进行了清理。

遗址范围为东西约30米，南北约50米。从遗址北部钻探情况来看，表土层厚30厘米，第二层为厚20厘米的黄褐土，第三层是厚20～50厘米的红胶泥土（遗物包含层），再往下是黄沙生土层。

此遗址遗迹较少，零散分布不少碎砖瓦、红烧土块和木炭的灰烬。砖瓦灰色，素面。砖长方形，长29.5厘米、宽14.5厘米、厚5厘米。其中有一块一面捺有手印。板瓦长25厘米，宽16～18厘米，厚1～1.5厘米。遗址北部有两个袋状灰坑，口径80～82厘米，

深32～57厘米，内填碎砖和红烧土。

此遗址出土遗物多且完整。有农具、车马器和瓷器成堆出土。遗址中还发现一些牛骨、猪骨和蚌壳。在一口扣着的铁锅内，有鱼和鳖的骨骼碎片。大部分遗物为群众取土时收集，遗址北部的遗物是清理出来的。除钱币外，还出土81件较完整的器物，其中主要是铁器、瓷器和铜器，还有少量的石器和陶器。

小甸子遗址没有经过正式发掘，但从出土情况观察，遗址范围是清楚的，地层关系也较单一，遗物基本上分布在同一文化层中。出土的犁镜与内蒙古包头市郊麻池元代遗址所出的铜犁镜范形制类似。这里的马衔和马镫与辽宁新民县前当铺元代遗址出土的接近。瓷器的窑系、造型、釉色和花纹皆为元代所常见。白釉黑花盘与鞍山陶官屯元代遗址出土相同。磁州窑双凤罐与北京元大都出土的风格一致。出土的钱币以南宋"咸淳元宝"为最晚，相当于元代至元年间（1264—1294）。由此认为，小甸子遗址的年代当为元代前期。

共发现铁制农具及其附件35件，约占铁器的70%，这说明遗址的居民主要从事农业。出土的牛骨、猪骨、鱼骨、蚌壳、五齿鱼叉和铡刀等，是他们兼营家畜饲养和渔业的遗物。小甸子出土的农具，为研究我国古代农具的发展提供了新资料。从整地、播种、中耕、收获加工，一直到运输，农具种类较为齐全。其中，犁铧与犁镜边接一起的畜拉犁、用于除草的大型铲，以及耧车和砘车结合使用的下种器等，在机械构造、使用方法和生产效率上，是比较进步的。这说明当时农业生产力的水平已达到较高的程度，大体可以反映元代前期恢复和发展农业生产的一个侧面。

武清十四仓金元时期遗址

遗址位于武清河西务镇东西仓村南，沿北运河旧道两岸分布。南北长约1000米，东西宽500米，面积50万平方米，文化层厚1～2米。主要由3个岗子构成，以东岗子散布瓷片最多，北岗子地下掩埋有砖墙、下水道等遗迹。1982年试掘发现在元代地层之下还叠压有金代地层，包含瓷片以定窑系的白瓷为主。在北运河畔的小河村，出土六耳铁锅和银锭8笏，上有"榷场银"等錾刻文字，风格与陕西、山西等地出土的金代银锭铭文相似，应是金代漕运的遗物。在十四仓元代地层中，发现房基和下水管道等遗迹，下水管道用专门烧制的陶管敷设。

历年出土大量文物，有"皇甫""南京"等铭记的铜权、铁权、石砚、龙泉窑影青小狮、定窑小瓷人、铜镜，以及定、钧、磁州、龙泉等各窑系的碗、碟、盆、罐、炉、盏等各种瓷器。乾隆七年（1742）《武清县志》记此为元十四仓遗址，传说遗址东南侧的"海子"为停船处，海子附近的隆起高地为码头，未经正式发掘。元朝曾置漕运分司于此。

河东天妃宫遗址

遗址位于河东区大直沽中路，北临八纬路，东临大直沽宫前园，南临大直沽前街。1987年，天津市文物普查时对天妃宫遗址进行调查登记。1998年12月至1999年1月，天津市历史博物馆考古部配合危陋平房改造，对天妃宫遗址进行抢救性考古发掘。发掘面积近500平方米，出土文物现均藏于元明清天妃宫遗址博物馆。在已经发掘的范围内发现元代磉墩2个，正方形，灰砖垒砌，位于明清大殿建筑基址的西北侧。明清大殿基址保存基本完整，平面呈长方形，包括墙基、散水、磉墩、柱础、月台、踏步等。明代大殿建筑基址被叠压在清代大殿建筑基址之下，平面和清代大殿基本吻合。2001年12月，在遗址外围浇筑长8米的钢筋混凝土维护桩一周，并对砖质基础做了防潮处理。由于发掘时受天气寒冷和地下水位较高的影响，元代堆积以下未发掘。

从出土遗物分析，大致分为两个时期。早期未见钧窑瓷片，仅见磁州窑白瓷碗和龙泉窑青瓷片。晚期则钧窑、龙泉窑、磁州窑瓷器共出。在出土遗物中，还发现有金代建筑构件。在元代堆积之上，发现有明、清时期天妃宫大殿基址。该遗址文化内涵丰富，层次清晰，是天津市区内已发掘的堆积最厚的古代遗存，反映出元代海上漕运的兴盛。2000年9月，国家文物局考古专家组对遗址鉴定后认为，大直沽是天津历史文化名城的原生点，天妃宫则是这个原生点的标志。天妃宫遗址由考古发掘到整体保护与展示，并于2006年成功申报为第六批全国重点文物保护单位，是天津城市考古的成功范例。

武清八里庄元、明时期遗址

遗址位于武清区渔阳镇八里庄村东南300米处，2005年配合京津城际铁路建设工程调查时发现。遗址为东西并列的两个高台。2006年6至8月，天津市文化遗产保护中心对工程路基范围内的遗址部分进行了发掘，布5米×5米的探方72个，发掘面积1800平方米。经发掘得知，中间较高处为元代文化堆积层，堆积较厚，达2米余，基本上为水平堆积层；高地四周全部为坡向堆积，多为元、明时期流水冲击形成的次生文化堆积层。

元代遗迹较多，有灰坑、灰沟、水井等。灰坑多集中于高台上，有圆形、长条形及不规则形。水井、灰沟分布于高台四周。水井全部为圆形直壁平底，有的井壁有木井圈痕迹，多直接挖至黄沙层。灰沟多为排水沟。元代遗物以陶、瓷器为主。陶器有泥质灰陶罐、盆等；瓷器有龙泉窑、钧窑、定窑、建窑、磁州窑等窑系，有碗、盘、碟、盏等器型。其他遗物有沟纹砖、素面砖、布纹瓦、筒瓦、滴水、兽面纹瓦当等建筑构件，以及较多的动物骨骼、琉璃发簪、骨锥、铜钱，等等。另外遗址中还出土了大量的动物骨骼，主要是牛、马、猪骨骼，以及鱼骨等，说明此地畜牧业和养殖业发达。

明代遗迹较少，有少量灰坑。清理明代晚期土窑2座，位于遗址南部，由圆形窑室、烟道、火膛、火道、操作间组成，不见窑床。火膛与窑室不直接相连，有圆弧形隔火墙相隔，主要是为了控制进入窑室的热量。从窑室内大量黑炭灰推测，此类窑主要用于烧炭。明代遗物较少，主要有青花瓷片、陶盆残片等。

蓟县西庄户元代遗址

遗址位于蓟县东赵乡后牛宫村西，2001年3月中旬在津蓟高速公路蓟县段沿线考古调查工作中，在一块俗称"西庄户"的高台地上采集到了大量的辽、金、元时期的砖瓦和陶、瓷碎片，后经多次复查和勘探，确定此处是一大型的辽、金、元时期的村落遗址。2001年8—11月，天津市历史博物馆考古部在遗址中心偏西北的津蓟高速公路路基地段进行了抢救性考古发掘，发掘面积近1000平方米，新发现了少量春秋时期遗存，主要为元代遗存。共清理房址25座、灰坑或窖穴29个、灰沟10条，出土陶、瓷、铁、铜等不同质料的遗物近200件，其中以陶、瓷器为主。陶器以罐、盆类常见，瓷器以碗、盘多见。铁器较多，主要是生产工具和生活用具，武器较少，有镰刀、爪镰、剪子、铃、镞、剑等。铜器以簪为主，镜、带钩等少见。还出有砖、瓦、滴水、门轴等建筑构件。出土的铜钱多为北宋时期的小平钱，唐钱和金钱均少见。

此次清理的房址具有分布密集的特点，有的东西相邻，有的南北向排列，有的上、下叠压，有的经过改建。以单室房址为主，双室较少。单室房址平面形状以抹角长方形为主，进深多大于面阔，室内面积近20平方米，多坐北朝南，坐西朝东者次之。门道有的呈略凸出于室壁状，有的呈舌状，明显伸出于室壁。房址的穴壁和火炕的炕台及灶台均是先就地挖筑，而后再经加固修理。除在房址的拐角、炕台的炕面和炕沿以及灶门等处发现有用砖垒砌加固外，余均为土筑。单室房均为1炕1灶，室壁残高20～60厘米不等。土炕台多呈东西向长方形，灶台位于炕台的东南角。炕台上一般有平行的炕洞（烟道）3纵。灶台为抹角方形，灶膛凹壁、凹底。灶膛的火眼呈漫坡状通向炕台的烟道。灶膛内发现的灰烬呈白色，可知当时人们用的燃料是木材。室内居住面甚为坚硬。柱洞多发现在门道旁和灶址附近。在房址周围分布的灰坑中，发现有丰富的蚌类外壳和动物骨骼。

西庄户遗址出土的可复原的酱釉碗、白釉褐花内底有字（王、申等）碗、泥质灰陶盆和罐，以及夹砂灰陶敛口錾耳锅等，均属元代我国北方地区常见的生活器皿。已发掘出的元代房内的火炕设施，也是我国北方地区自汉代以来比较流行的取暖方式之一。

元代村落遗址考古目前尚属我国考古学较薄弱的环节。天津蓟县西庄户元代村落遗址的发掘，不仅为初步搞清这里元代民居的建筑特点和村落布局提供了重要的资料，而且必将对我国元代村落遗址考古起到积极的推动作用。

静海县袁家疙瘩元代窑址

窑址位于静海县陈官屯镇曹村西北1600米处，地势北高南低。拟建设的京沪高速公路（天津段）二期工程自西北向东南占压了窑址的南部。为了做好该工程的文物保护工作，在前期田野调查和考古勘探的基础上，2005年5—7月，天津市文化遗产保护中心对该窑址进行了抢救性发掘，共布正南北方向的探方40个，发掘面积1000平方米。

经过发掘，共清理出窑址5座。这些窑址均开口于耕土层下，保存完整，结构基本一致，一般由操作间、火膛、窑室、烟道构成。操作间位于窑室外侧，多呈长椭圆形，中间有一圆形小坑，从个别窑址发现的砖砌掏灰口看，这个小坑应为盛灰之用。窑门多为砖砌，起券，留有通风口。窑室呈圆形，窑壁规整，前部为火膛，呈梭形，后部为窑床，窑床上呈扇面状平铺青砖，个别窑址窑床上的青砖还留有缝隙，以利于窑内所烧器物均匀受热。烟道位于窑址的后部、窑室砖壁的外侧，砖砌，弧形。从构建窑壁的青砖尺寸及操作间出土的青瓷碗判断，窑址的年代应为元代。

北辰张湾明代沉船遗址

遗址位于天津市北辰区双街镇张湾村东南、北运河河道转弯处，2012年4月在北运河清淤整治过程中发现。天津市文化遗产保护中心获悉后立即赶赴现场进行调查，根据现场散落的大量韩瓶、城砖及残损的木质船板等遗物判断（后编号为1号沉船），此处应为一处明代沉船遗址。经考古勘探，在1号沉船点南侧约20米处又发现2号、3号两处沉船遗迹。经国家文物局批准，同年4至6月，对沉船遗址进行了抢救性考古发掘，发掘面积550平方米，发现明代沉船遗迹3处，出土与采集金元至明清时期铜、铁、瓷、陶、骨、木、竹、棕等各类器物及标本600余件。

1号沉船因施工机械破坏，残损严重，整体结构无存，仅在现场散落有较多不完整的船板。沉船点周围密集散布大量遗物，以城砖和韩瓶数量最多，还见有青釉瓷碗、盘残片，以及釉陶罐、棕绳、骨簪、船钉、铜钱等遗物，同时伴出有不少动物骨骼。

2号沉船发现于1号沉船南侧约20米处，结构保存较好，仅两侧舷板有损坏。船体木质坚硬、纹理清晰，呈东西向覆扣在北运河河道上，全长约12.66米，船底部最宽处达2.2米，船尾略宽于船头，整体形状为齐头、齐尾、平底，据船底纵向规律分布的九排铁质船钉推测，2号沉船应有8个船舱。该船修补痕迹明显，在船底板之间的缝隙处多用类似白灰的防水涂料填补，较大的缝隙则是先用碎瓷片填充，再用白灰涂补。在船体四周散落有大量各种形态的船钉，也见有瓷碗、陶罐、韩瓶、青砖、铜钱、骨簪、竹绳、麻绳及兽骨等遗物。

3号沉船位于2号沉船北侧约4米处，与2号沉船基本平行，也呈东西向覆扣在运河河道底部。该船首、尾残损无存，船体木质腐朽较为严重，但基本轮廓尚存，也为齐头、齐尾、平底，船体残长约11.8米，船底最宽处约2.8米，船舱内现存5个底部呈弧形、顶部平直的隔舱板。沉船内部及周围出土青釉瓷碗、盘、高柄杯，以及釉陶罐、韩瓶、城砖、骨篦、骨簪、船钉、动物骨骼等遗物。根据沉船所在堆积层位和出土器物推断，遗址内三艘沉船的年代为明代。

针对三艘沉船的不同保存状况，分别采取了不同的保护提取方式：对1号沉船残损船板全部进行采集包装；对3号沉船全部船板进行现场编号记录后，逐块拆解并分别包装，拟运回室内后进行脱水加固与复原；对木质保存最好、结构保存最完整的2号沉船，现场焊制钢结构骨架长方体吊箱，将2号沉船连同其船舱内的包含物整体提取并翻转箱体180°，使沉船舱口向上，吊装运回室内后，对船体内部进行二次发掘。2号沉船整体运回后，又进行了室内二次精细发掘，全面清理船舱内的遗物。

室内发掘表明，2号沉船舱体保存较差，仅在靠近船首处发现长方形带榫口木构件一处，隔舱板多有残损，其底部多有对称分布的方形排水孔。通过发掘又获取了包括陶瓷生活器皿、铁篙头、铁斧、棕绳、竹绳、人骨和动物骨骼等在内的丰富遗物。同时，对2号沉船船舱内的堆积全部按探方单位与堆积层位采用浮选法浮选，获得了大麦、小麦、水草、果核等植物遗存。

张湾遗址三艘明代沉船的集中发现，是大运河交通运输功能的重要体现，为大运河"申遗"工作提供了新的实物资料。遗址内呈倒扣状的2号、3号沉船，以及2号沉船内发现的人骨均为国内罕见，具有重要的研究价值。

明成祖朱棣定都北京后，其粮食供给主要靠内河漕运。北运河天津段是漕船的必经之处。三艘明代沉船的集中出土，很可能与沉船所处位置，即北运河天津段上蒲口村与下蒲口村之间弯多流急、易发生事故有关。

第二节 古墓葬发掘与清理

一、夏商周时期

蓟县张家园商周墓葬

张家园遗址自1957年发现以来，已先后于1965年和1979年进行了两次发掘。1987年5月，当地农民在遗址内发现青铜鼎、簋和金耳环等，经调查出土于墓葬。为搞清墓葬的文化性质及墓葬与遗址的关系，天津市历史博物馆考古部对遗址又进行了第三次发掘。发掘总面积300平方米。

此次发现墓葬共4座，其中正式发掘3座（编号为M2、M3、M4），皆位于遗址西部，土坑竖穴，方向北偏东，自南向北依次排列有序，间距3～5米，基本成一排。四座墓葬的共同特征是：土坑竖穴木椁、俯身葬、头向东，随葬铜鼎、簋和黄金耳环，皆不见陶器。位于最南边的M2，出土的铜鼎形制与殷墟（第三期M51：3）出土的铜鼎相似，应属晚商时期。中间的M3出土的蝉纹鼎和百乳雷纹簋在商末周初的墓葬中为常见器物，酷似宝鸡桑园堡西周早期墓的铜器，与长安沣西和甘肃崇信于家湾早周墓的铜器也颇接近。北面M4出土的分裆鼎近似于山东费县的商晚期分裆鼎和宝鸡竹园沟13号墓的西周初分裆圆鼎。因此墓葬的年代应在商代晚期至西周之际，最晚不过西周初年。M4墓葬出土的铜簋铸有"天"字族徽，此徽被认为是周人的一个氏族集团的族徽。目前所见，铸有此徽铭并有明确出土地点的铜器，多出现于陕西和山西北部。墓葬的头向东、俯身葬等习俗，也见于陕西长武碾子坡等墓地。燕山地区发现此类遗存，表明周人在灭商以前已和燕山地区建立了密切联系。

墓葬中出土的黄金耳环，皆出于头骨两侧，当为生前实用品。这种形式的耳环未见于中原地区。目前所见的几处，都在燕山南北的墓葬中，年代跨商周两代。如河北卢龙东闻各庄、北京平谷刘家河、辽宁喀左和尚沟、内蒙古宁城南山根等地，属燕山地区土著遗存。在此地区与之相应的只有围坊三期文化，其文化面貌也正介于大坨头文化与张家园上层文化之间，具有承前启后的性质。

蓟县刘家坟西周、战国墓葬

1986年春，蓟县修筑邦均至喜峰口公路时，在邦均镇东南方向约100米一块俗称"刘家坟"的高台地上取土时，发现了铜簋和铜鼎各1件，铜簋的腹底有铭文"戈父丁"三字。铜器出土时，鼎放置在簋内。出土铜器的地点土色发黑，黑土中有人骨渣，黑土周围皆是黄土。现场经清理找到了残存的墓圹，确定了铜器出土于墓中。这一发现立即引起了有关方面的关注，天津市历史博物馆考古部于当年春、秋两季和转年春季先后三次在此开展了发掘工作。发掘总面积3700多平方米，发现半地穴式房址2座、圆形水井1口、灰坑21个、墓葬52座。

墓葬皆为土坑竖穴，有南北向和东西向两种。南北向墓45座，只有9座墓内出土铜带钩、铜环、铜泡、料珠和素面泥质灰陶三足器等不多的随葬品，年代约为春秋至战国。东西向墓7座，只有1座墓出土铜簋、铜鼎各1件，绿松石珠4颗，死者口中含有白石片10块。年代约为西周前期。

遗址文化层厚1米左右。出土的陶器以夹砂灰陶和夹砂褐陶占多数，其次是泥质灰陶和泥质褐陶。纹饰以交叉绳纹为主，还有绳纹、绳纹加划纹、压印纹等，器型有鬲、甗、罐、盆、钵、鼎等。石器有石斧和石刀，另外还有铜镞和骨器等。所出陶器种类和器型，多与天津蓟县围坊遗址上层和张家园遗址上层的遗存相同。如陶鬲中多见花边鬲和迭唇深腹柱足鬲，纹饰中流行交叉绳纹等，属西周时期燕山地区土著族遗存。但这里有较多的弧裆鬲、灰陶簋，不见甗、豆和细石器，周文化因素较上述遗址突出。该遗址出土的部分泥质黑皮褐陶圈足簋，尖圆唇，束颈且具有腹饰绳纹加划纹的甗和罐等的某些特点，在天津地区夏家店下层文化层中能见到，表现了该遗址堆积的性质和特点。推断该遗址的年代为西周时期。对从该遗址采集的三个木炭标本进行14C测定，数据显示其年代多在公元前1200—公元前1000年。

二、春秋战国时期

张贵庄战国墓葬群

1956年10月，张贵庄南、崔家码头北修路时发现此墓葬群。经1956年、1957年两次发掘，共发掘战国墓33座。发掘的墓葬全是坐落在高过四周稻田的蛤蜊岗子上。墓壁上半部为蛤壳土、下半部为黏土。这种带有蛤壳土的墓室结构与中原地区土坑墓不同，与大连地区发现的贝墓也有所不同。大连营城子的贝墓是人们有意识地移运贝壳构筑墓室，只在墓底、墓壁铺砌贝壳，

天津这里是当时人们选择和利用了一条天然的蛤蜊岗子，在其上挖穴埋棺，然后再将所挖出的蛤壳土与黏土重新填入墓室。

古墓葬一般长2～3米，最长3.60米，最短为2.15米，宽1～2米，最宽2.44米，最窄0.81米，墓口离地表深1～2米。此次发掘的墓葬全属中小型，仅有竖穴式墓室无墓道，33座墓中有19座带有木椁，椁与墓壁间筑成二层台，置放殉葬品；墓葬皆为单身葬，每墓一具人骨，也与外地战国墓未见夫妇合葬情况相符。33座墓中成年人骨30具，儿童人骨3具，因骨骸残破过甚，性别未能识出。

随葬品以陶器为主，共出土灰陶鼎、豆、壶，红陶三足器等33件。这些陶器多是仿战国铜器的型式，是专为随葬而做的明器，其中一件陶壶颈部有鱼、鸟划纹和斜方格纹，斜方格纹居上，鸟纹5个居中，鱼纹7个居下，都呈带状排列。鱼、鸟为阴刻，朴拙有力。陶鼎大都附耳有盖，陶豆多系高柄带盖豆。鼎、豆、壶这三种陶器是一般战国墓常见的随葬品。除陶器之外，还出土小铜印1件、带钩2件、铜环3件、铜饰物1件、明刀币4枚、象牙质束发棍3支、水晶玛瑙珠3颗、白石细管7个。

宝坻牛道口东周、汉代墓葬群

1979年秋，宝坻县（今宝坻区）牛道口农民在烧砖取土时，发现一批石器和玉器。天津市历史博物馆考古队随即派员会同县文化馆的同志一起前往调查。

遗址距牛道口村西北100多米，是高于四周平地1米多的一个土丘，俗名"高家坟"，总面积约5000平方米。鲍邱河在遗址西南面200多米处由西北向东南流过。由于历年挖土烧砖，遗址遭到严重破坏。鉴于遗址已难保存，考古队于1980年对该遗址进行了抢救性发掘。发掘面积约2000平方米，共发现灰坑9个、墓葬27座。

牛道口遗址共清理墓葬27座，除3座汉墓外，多数墓葬年代属东周时期。东周墓葬中以土坑墓为主，瓮棺葬只有一座。土坑墓中除一座合葬墓外，余皆为单人仰身直肢葬，有随葬品的10座。出土遗物包括陶器、铜器和骨器等。随葬品中，编号为M2的墓葬内的铜戈，戈援平直，胡上二穿，属春秋战国之际形制。编号为M9的墓葬内出有尖首刀币，其流通的上限可

至春秋时期。陶盆、矮领罐、水晶珠、料珠等，见于唐山贾各庄战国墓。用作瓮棺的陶釜，是战国时期燕文化特有的遗物。从随葬品判断，这些墓葬的年代，当属春秋晚期至战国时期。另外13座无随葬品的墓葬，墓葬形制多与东周墓相同；17号墓在地层上又有被东周墓打破的迹象，因而推测这些无随葬品墓的年代，也应属东周时期。

墓葬中，随葬品十分贫乏，并且不见周代流行的鼎、豆、壶等礼器，和易县燕下都、北京怀柔等地的战国墓有所区别。而与出土的盆、罐形制相近者曾出现于天津北仓、唐山贾各庄、张家口白庙等地。牛道口发现的无随葬品墓较多，唐山贾各庄和张家口白庙也有类似现象。这些相似点，应是生活在这一地区人们的礼俗习惯和经济生活特点的反映。

蓟县西关战国至明清时期墓葬群

位于蓟县渔阳镇西关村西南，东起津围公路，西至津蓟铁路，南起人民西大街，北至武定西街，面积约25万平方米，含战国、汉、辽、明、清时期墓葬。

1973年，因配合津蓟铁路建设，考古队清理汉代砖室墓多座，均为绳纹砖砌筑，券顶，多数单室，少数有侧室。出土有罐、盆、盘、仓、奁、灯、灶等泥质灰陶器和五铢钱等。

1988年6月，为配合部队基建工程，考古队发掘墓葬5座。战国墓葬1座，土坑竖穴，长2米，宽1.3米，深0.4米。墓内骨架已朽。出土鼎、豆、壶、盘、匜、罐等陶器。汉代墓葬2座，砖砌，单室和多室墓各1座，两墓均被扰乱。单室墓中仅见五铢钱，多室墓由前、后室和耳室构成，随葬品有壶、盘、俑和猪、狗等陶器。辽代墓葬2座，均为单室墓，由辽代常见的长方形沟纹砖砌筑，未见随葬品。

2001年4至6月，配合吉华里小区建设，考古队发掘战国至清代不同时期墓葬63座，古窑址4座、灰坑4个。出土陶、瓷、玉、鎏金、银、铜、铁、铅、漆器等不同质料且时期不同的文物近千件。其中，战国青铜短剑墓，汉代积石墓，唐代圆形、船形砖室墓，辽代的八角形墓葬，均属天津考古首次发现。出土遗物丰富，为建立天津地区战国、汉唐时期考古学年代标尺提供了重要材料。

2006年10至11月，为配合蓟县人民医院西院建设，考古队发掘墓葬8座。汉墓6座，均为南北向多室砖墓，

长7～12米，宽3米。基底距地表2米，由斜坡墓道、前室、后室和耳室等组成，出土壶、罐、瓮、案、盘、耳杯、奁、灶、灯、井等陶器，及半两钱、五铢钱、铜带钩、龙首形铜饰件、银指环、骨饰件、滑石器、铁器等。明清墓葬2座，均为南北向竖穴土坑墓，其中1座为夫妻合葬墓，清理出骨架两具，出土随葬品有铁锅、铜簪，及北宋和金代钱币。

蓟县辛西战国、汉、辽墓葬群

墓葬位于蓟县白涧乡辛西村西北高地上。为配合大秦铁路建设工程，1988年3月至1989年12月，天津市历史博物馆考古部先后在此进行了3次发掘，共清理古墓葬72座。其中3座竖穴土坑墓，6座瓮棺墓，63座砖室墓。砖室墓中，5座双室墓，1座单室双耳室墓，56座单室墓，1座砖椁墓。砖室墓中墓顶基本全部崩塌，仅存一墓中的后室保存较好。这批墓葬只有10余座未被盗，其余均被盗或受到不同程度扰乱。

72座墓中除双室墓规模较大外，其余均属中小型墓。砖室墓中普遍采用斜坡式墓道。各墓随葬品参差不齐。多者达40余件，少者2～3件或无随葬品。多数墓中随葬陶质生活器皿。有盆、罐、盘、耳杯、勺等，少数殉有井、仓、厕所、猪圈及猪、马、车等。个别墓内殉有铁镰、铜镜、耳珰等。7座墓内殉有羊、鸡。6座墓中铺地砖，下有椭圆形或不规则的坑。这批墓中合葬墓占26座，下葬后被火焚烧的有24座。

据3座竖穴土坑墓考古现场和随葬品推断：2座属东西向埋葬，出土铜带钩1件，年代在春秋—战国之际；1座为南北向埋葬，并被汉代墓叠压，年代在东汉以前。63座砖室墓中，除1座为东西向，其余均为南北向。墓室结构和建筑特点，与天津地区两汉时期的墓葬相似。在发掘区北部还清理了2座辽代墓葬，1座圆形，1座长方形，墓内随葬品有罐、腰饰等。

在现有发掘材料中，该墓葬汉代墓中明显存在着两种不同葬俗，即"土葬"和"焚烧"。而具体归属和分期，还有待于进一步整理。

蓟县崔店子战国、汉代、明清墓葬群

2003年8至10月，为配合蓟县富裕家园住宅楼建设工程，天津市文化遗产保护中心对蓟县渔阳镇崔店子汉代墓葬保护区北部进行了考古发掘。共发掘战国、

汉代、明清各时期的古墓葬近百座,出土了铜、玛瑙、玻璃、陶、金、银等质地的文物200余件,铜钱500余枚。

战国时期的墓葬本次发现较少,均为长方形土坑墓,形制较小。其中2座战国墓形制独特,随葬的陶壶、陶鼎安放在距墓底0.9米的小壁龛内。这种墓葬形制在天津地区尚属首次发现,且在棺内出土有少量战国刀币。汉代墓葬均为土坑竖穴墓,规模较小,出土的随葬品也较少。大多数墓葬的随葬品安放于头部棺外,这与以往天津其他地区出土的两汉时期墓葬随葬品摆放的位置相同;但有2座平行排列的墓葬则恰恰相反,将随葬品摆放于足部棺外,从排列方式看,这两座墓葬应具有一定的亲缘关系,代表了当时一种异于常理的随葬习俗。这种反常的随葬方式,对于研究汉代安葬风俗具有十分重要的意义。

本次发掘还出土了天津地区最早的玻璃饰品。这些玻璃饰件有浅蓝、浅绿、乳白三种颜色,呈圆环形,直径6～8毫米,共计234件,均是从一座汉代土坑墓葬中出土的,出土时散落在墓主颈部周围,故推测其应为项饰。经过专家的初步认定,这些玻璃饰件属于铅钡玻璃。

蓟县西北隅战国至辽代墓葬群

墓葬位于蓟县县城西北隅砖厂内的高台上。1992年5—6月,天津市历史博物馆考古部在全面铲探的基础上,发掘了2座汉墓、4座辽墓、6座儿童瓮棺,并清理了3座战国墓。

两座汉墓(编号为M2、M6)皆为小型砖室墓,南北向,长方形麻纹青砖垒砌,墓壁砌法二横一竖。M2分前后两室,前室近方形,宽3.04米;后室长方形,宽2.1米;总长6.16米。出土有陶罐、奁、灶、井、盘和鸡、鸭、猪等陶动物,为东汉时期墓葬。M6为长方形单室,长3.9米,宽2.5米,南面开券门,有长4米的斜坡甬道,出土有陶罐、奁、耳杯、灶等,为西汉时期墓葬。

4座辽墓皆为圆形单室,直径2.5～3米不等,墓壁以沟纹砖三横一竖垒砌。按墓葬形制可分两种。一种以编号为M1的墓葬为代表,墓壁即以砖砌成,无装饰,券顶,室内西半部砌出棺床,门向东。在棺床下,门道东边,摆放着陶罐、漆盘、铜勺、三彩双耳罐等文物。另一种以编号为M5的墓葬为代表,墓室为砖仿木结构,墓壁上用砖砌出门、窗、圆柱、斗拱,斗拱上支撑着券顶。

地面北半部设棺床,南面开甬道,通过甬道在门外建有一门楼。门楼中间做小券门,可进入室内,券门上砌出五组斗拱承托小飞檐,檐、椽、脊具备。整个墓室的异形砖精心磨制,做工考究。墓室早年被盗,尚残存“开元通宝”钱数枚。从墓室结构和出土文物来看,其年代应为辽代中期以后。

6座儿童瓮棺葬,皆为土坑穴,南北向,东西排列,以夹砂红陶釜、夹砂灰陶瓮或灰陶盆口对口对套,组成棺,内葬幼儿尸骨,已朽。未发现随葬品。从器物形制分析,瓮棺葬年代应为战国时期。

清理的3座战国墓,皆长方形土坑竖穴,1座墓出土陶礼器鼎、豆、壶。另2座墓皆出土1对燕国鬲。

由此可知,此处从战国至辽,一直作为墓葬。这与近在咫尺的蓟县县城不无关系。

三、秦汉时期

北辰双口西汉墓葬

1972年5月,天津北郊疏浚永定河故道时,发现一座西汉墓。该墓位于北郊双口镇东北1500米处。墓北已被河道打破,墓南压于河堤之下,保存尚好。该墓为竖穴土坑,呈长方形,南部稍高,北部略向河道倾斜。方向北偏东16°。墓口距地面4.9～4.95米,宽1.95米,长约2.7米。

墓壁由一层筒瓦砌成。筒瓦子口朝上,层层竖立,四壁相连,上部用筒瓦和半瓦当覆盖。南壁中部有错缝,系两次筑造的连接痕迹。墓顶有筒瓦碎片,分布不规则。墓内填胶泥土和沙土,并夹有碎陶片。

室内木棺两口,并列。棺板已朽,灰痕明显。未发现棺钉。根据棺痕判断,东棺宽0.51米、长约1.8米、高约0.19米,西棺宽0.7米、长约1.9米、高约0.18米。人骨架两具,头向北。西部人架仰身直肢,东部人架下肢向西弯曲。棺底均铺垫陶片简瓦和板瓦碎片。东棺棺底并铺一层白灰。随葬品皆出自西部人架旁,包括铜带钩、陶罐、陶壶和陶碗。

此墓的随葬陶器,为京津地区西汉墓葬所常见。高领弦纹罐和长颈圈足彩绘壶,与北京昌平区和河北易县燕下都等地西汉早期墓内同类陶器较为接近。墓葬的年代应属西汉,在天津为首次发现,为研究天津历史提供了新的实物材料。

宁河田庄坨汉代墓葬群

1979 年 5 月，天津市文物管理处考古队在宁河板桥镇田庄坨村附近清理了一座西汉墓。该墓南北向，方向北偏东 20°，为长方形土坑竖穴墓。坑长 2.56 米、北宽 1.6 米、南宽 1.4 米，墓底距地表 60 厘米。在墓底东部发现有棺钉和一些腐朽的棺木痕迹。骨骼已朽。系单人仰身直肢。

随葬品有陶器 5 件。其中瓮 1 件，灰陶、羼蚌壳粉，口径 29 厘米、腹径 45 厘米、通高 50 厘米，小口，圆唇外折，强领，领外有凸弦纹 1 周，鼓腹，上印由绳纹组成的带状纹饰 3 周。罐 4 件，可分三式。Ⅰ式 1 件，灰陶、羼蚌壳粉，方唇。口沿外缘有 3 周凸起的弦纹，唇下有短颈，鼓腹，小平底。肩、腹部有小方格纹组成的带状纹饰 2 周，腹下部有拍打的条纹，小平底饰交叉纹。Ⅱ式 2 件，泥质灰陶，方唇，折腹，腹上部饰弦纹，下部和小平底印条纹。Ⅲ式 1 件，泥质灰陶，小口，圆唇短领，鼓腹，上部饰弦纹，下部和小平底有拍打的条纹。另，出土五铢钱 45 枚。此外，在人骨架的右侧，发现漆盘残片，系麻胎，外髹黑漆，用朱砂绘卷云纹图案。

从随葬陶器分析，瓮和Ⅰ式罐的器型类似于河北任丘西汉中期墓和北京怀柔西汉晚期墓出土的同类器物。出土的五铢钱与洛阳烧沟汉墓的Ⅰ、Ⅱ型五铢相同，其年代下限应在新莽以前。这座墓的发掘，为我们研究天津地区西汉考古文化增添了新的资料。

蓟县东大井汉代墓葬群

墓葬群位于蓟县文物保护单位——东大井汉墓群西部，2000 年 10 月，天津市历史博物馆考古部在新建大楼地基的西南角抢救性清理汉代墓葬 2 座，北距文昌街约 45 米，两墓相距约 2.5 米。出土盘口长颈圈足带盖壶、矮领鼓腹罐、陶盒、鼓腹瓮、漆耳杯、方銎铁斧、顶圆底方的小石器、带钩和货泉、五铢钱等。两墓相距较近，方向基本一致，陪葬的器物中陶器均为泥质灰陶，同类器的器型基本一致，组合也大致相同：均为瓮、罐、盒、壶，且陪葬的器物中均有盛放食物的痕迹，可见这两座墓的年代基本一致，从出土的陶器、铜镜、货泉钱及五铢钱看，年代应为新莽时期。蓟县东大井汉墓的发掘，进一步丰富了天津地区汉代考古学资料，为周边地区尤其是蓟县东关、邦均汉墓的年代断定提供了有利的佐证。

2002 年 10 月至 2003 年 6 月，为配合蓟县金盾花园小区和交通局家属住宅楼建设工程，天津市文化遗产保护中心发掘汉代墓葬 79 座、明清墓葬 28 座。本次发掘出土了包括金、银、铜、铁、陶、骨、玛瑙、玉、漆木器在内的各个时期文物 1500 余件，"五铢""货泉""万历通宝"等铜钱 1000 余枚，其中出土的汉代鎏金铜熏炉、铜豆、铜镇、铜镜、铜盘、铜带钩、带鞘铁剑、筒形器、铜印、鎏金铜车马饰件等器物，均具有极高的历史价值和艺术价值。

汉代墓葬在此次考古发掘中所占的比重较大，出土文物也最为丰富。其中编号为 M106 乙的墓葬为天津地区迄今发现的最大西汉土坑竖穴墓，全长 24 米，墓道长 14 米，墓室长 10 米、宽 5.5 米、深 6.5 米，墓圹和墓道内的填土经过逐层夯打，土质坚硬，椁板四周及顶部、底部填有用于防盗的陶片、瓦片。而编号为 M109 和 M106 甲的墓葬则为天津地区首次发现的汉代带陪葬车马坑的土坑竖穴墓。M109 的陪葬坑，长 4.5 米、宽 1.8 米，北侧有一小洞室，陪葬有两套木质明器车、马，明器铜马具、车具位置固定、配件齐全。M106 甲的陪葬坑已遭盗掘，陪葬品位置凌乱。

从整个墓地的墓葬排列布局看，早期（西汉时期）大中型墓葬（M89、M106 乙、M109 等）主要分布于西部，地势较高，排列有序，在其分布的范围内没有小型墓葬，且出土的随葬品多为精品，可看作是一有势力的家族墓群。与其相反，东部的墓葬多为东汉时期的小型墓葬，排列无序，墓主人应无亲缘族属关系。这在一定程度上反映了从西汉到东汉时期社会关系的变化——家族观念的逐渐被打破和人们的相互融合。

武清鲜于璜墓

墓葬位于武清区西北，高村镇兰城村东约 500 米处。1973 年 5 月，当地村民在村东平整土地时，发现东汉桓帝延熹八年（165）"汉故雁门太守鲜于君碑"一通。这通汉碑出土后，天津市文物管理处考古队于 1976 年、1977 年，先后对这座有墓碑的汉墓进行了勘查和发掘。兰城村以东地势略高，比较平缓，分布有微凸出地表的"岗子"，或称"坨子"。经勘查，村东一带所谓"岗子""坨子"高地，一般多为汉代墓葬，鲜于璜汉墓则属于其中之一。

鲜于璜墓葬淤积的黄土厚达 1.2 米。在这淤积的黄土层内，墓外夯筑封土犹存。其范围宽 20 余米，可见该墓原有高大封土。鲜于璜碑发现于该墓（正南）的前面，两者间距约 6 米。在鲜于璜碑出土时，尚有碑座、石盒之物，并发现以花纹方砖铺砌的残迹。据此来看，在鲜于璜墓葬树立的墓碑外，可能有"享堂"之类的祭祀建筑物。该墓以砖砌筑，坐北朝南，北偏西 4.5°。墓葬构造布局，从南至北序列，包括墓道、甬道、前室、中室和后室等部分。各室之间均以小券门过道相连，墓室全长 14 米、最宽 3.6 米。由于盗扰较重，墓室大部已残塌。墓道、甬道和前室有上下两层叠压"重建"的现象。墓内盗扰严重，随葬器物大多残缺不整，出土罐、奁、盒、盘、杯、仓楼、多盏托盘灯、四系青釉罐等陶器，盘、案、杯等漆器，以及铜熏炉、铜镜、鎏金扣饰、铅质车马饰、骨篦、骨梳、玉璏、五铢钱等遗物。

鲜于璜墓坐落于兰城村东的"岗子"高地。勘查发现"岗子"一带有不少汉墓。附近曾有汉阙顶石（长 40.5 厘米、宽 26 厘米）和"千秋万岁"瓦当（直径 15 厘米）等遗物出土。今兰城东南 30 千米的泉州故城遗址犹存。可见鲜于璜墓葬及此处汉墓区的形成，与汉泉州的建置有着密切关系。据碑文所载，墓主卒于东汉安帝延光四年（125）；而墓碑于桓帝延熹八年（165）立，其间相隔 40 年整。依此推断，此墓构筑的年代约当东汉中期。

出土的陶器大多为明器，以盒、盘、杯为代表。漆器已腐朽，如盘、案、杯等，也多为宴饮器具。这些随葬品的情况，与洛阳烧沟汉墓陶器第三种组合相似。这种丧制，仍属于"奠祭"的仪式。仓楼和多盏灯的造型，都比较高大而突出。此类器物在各地东汉晚期墓中较为多见。墓中出土的四系青釉罐，为天津地区汉墓首次发现。这种早期青瓷器（曾称"青釉"或"硬陶"），以往在中原地区汉墓中比较少见，其与南方早期青瓷窑系有着密切关系，为进一步探索我国南方与北方青瓷的发展及相互影响，提供了新的资料。

静海东滩头汉、宋代墓葬

墓葬位于静海县西南 15 千米的东滩头村东侧，村西为南北流向的黑龙港河。1982 年发现墓葬后，考古队先后进行了三次发掘，共清理墓葬 9 座，其中汉墓 7 座、宋墓 2 座，出土文物 200 余件。

墓葬早年被盗，地面封土皆已不存，有的墓室顶部坍塌或变形，墓室结构遭到不同程度的破坏。大部分墓葬坐北朝南，排列有序，一般间距为 5～14 米，均由墓道和砖砌墓室组成。按墓室多寡和结构异同，可分为砖砌徼道墓、多室墓、单耳室墓三种形制。

砖砌徼道墓 1 座，规模宏大，形制特殊，保存比较完整，南北长 39 米、东西宽 10.4 米，由 4 条墓道和 22 个墓室构成。墓室按庄园建筑的布局修成，在四周徼道的包围中分前、中、主、后四室和左、右耳室。顶部砌成后灌注白灰浆和碎砖块，使其更加牢固。墓室间以过道、券门相连通，墓道、券门和过道顶部大部分都有朱书或墨书题记，标明墓道方向和墓室用处。在围绕墓室四周"回廊"式建筑的券门上、大部分墨书"徼道"等字。

多室墓 2 座，由一条墓道和前、中、主、后室和四五个耳室构成，长 13 米、宽 6 米左右。墓壁和券门顶部施黑、白、红色几何形彩绘，色彩鲜艳。

单室墓 4 座，结构比较简单，一般在墓室的一侧建一耳室，墓室狭窄，只能容一人，长 2.7 米、宽 0.6 米左右。

各墓中出土的随葬品数量不等，徼道墓和多室墓内的随葬品制作精致，种类繁多，器型高大。单室墓内的随葬品比较少，制作粗糙，有的墓室内根本无随葬品。出土的随葬品一般放置在前室或耳室内，少部分置于棺木的周围。随葬品主要是陶器，包括灰陶、红陶、彩绘陶和釉陶，规模比较大的墓以釉陶为主。器类有方形楼、扁楼、瓮、罐、壶、盆、盘、鼎、钵、熏炉、案、耳杯、勺、连支凤鸟灯、镂孔堆塑车马人物灯座、碓、井、水磨、灶、厨夫俑、鸡、鸭、鹅、狗、猪、猪圈等。另外在棺木的周围还出土有"五铢钱"多枚，以及骨簪、玉珠、铜泡、蚌片等装饰品。器物形制与东汉晚期墓中的遗物基本相似。

蓟县别山汉代墓葬群

墓葬群位于蓟县别山镇西，面积近 1 平方千米，原地面有封土堆，号称"七十二台子"，初步探明大型砖室墓 21 座。1979 年试掘 3 座，墓室皆长达 15 米以上，分前、中、后三室和左、右耳室。其中一座墓的后室，内砌石室，外套砖室，顶部修成长方形藻井，浮雕莲花，墓门和门楣皆为石制。墓内随葬石榻、石供桌，并出土了一批铜、玉、银、鎏金、琥珀、陶质珍贵文物，因此将其列为天津市文物保护单位。

1988年3月，为配合大秦铁路二期工程建设，天津市历史博物馆考古部在墓地北部进行了钻探发掘，共清理墓葬11座。墓葬分布比较集中，间距一般为3～5米，由东向西排列，均为南北向。包括土坑墓和砖室墓两种形制。土坑墓2座，位于发掘区最北端。墓长2.6～3.2米、宽1.2米。墓中葬棺一口，棺木已朽，仅存残余板灰，人骨亦化为黄色粉末，但经仔细拨除之后尚能辨识原来位置。从形迹观察为仰身直肢葬。头前置灰陶罐、盘、钵等。另于死者右肩部放置以丝织品包裹着的五铢钱。从出土物看，其年代为西汉中晚期。砖室墓9座，多为长方形单室，一般长4～6米、宽2～4米。均坐北朝南。由墓道、墓门、墓室几部分构成。室内大多葬1人，头北脚南，主要随葬品有罐、盆、盘、耳杯、案、勺、奁、灯、镳斗、灶、井、鸡、鸭、猪等陶质生活用具和明器。少数墓内随葬五铢钱。墓室结构和随葬品与以往发掘的东汉晚期墓相似。

滨海新区窦庄子汉代瓮棺墓

窦庄子位于天津市滨海新区北大港西南部。1973年3月，天津市文物管理处根据当地村民提供的线索，调查清理了1座汉代瓮棺墓和2座隋墓。

瓮棺墓只发现1座，编号为3号墓。距地面约0.8米，瓮棺由三个"鱼骨盆"质的夹砂红陶瓮套合而成。方向为东西向。两端的瓮口对口，中间套接一个无底的瓮。陶质粗糙，陶土内羼入贝壳屑和砂粒。瓮棺内有幼儿骨架1具，口含铜钱7枚。铜钱中五铢钱5枚，货泉1枚。根据钱币的大小、形制和书体特点分析，出土的五铢钱接近洛阳烧沟汉墓的第Ⅰ型五铢钱。因此这座瓮棺墓的年代可定为东汉。

汉代瓮棺墓出随葬品甚少，此墓出五铢钱较多，有助于瓮棺墓的断代。同时它进一步证明，在我国北方，用所谓"鱼骨盆"质的陶瓮作葬具埋葬幼儿，不但战国时期流行，而且在汉代也有这种葬俗。

蓟县小毛庄汉至清代墓葬群

墓葬群位于蓟县渔阳镇小毛庄村，含汉、唐、明、清、民国时期墓葬。为配合基建工程，分别于1991年（原东关汉墓）、2002年、2004年、2009年和2011年，对此处墓葬群进行过多次发掘。清理墓葬270余座，其中汉墓140余座，唐墓1座，元、明及清代墓葬120余座。

汉代墓葬有土坑竖穴和砖室墓两种，其中土坑竖穴墓114座，墓圹均为长方形，砖室墓30余座，分单室和多室。出土有玉石器、银器、铜器、铁器、陶器、漆器、蚌器等。年代大致是西汉中期至东汉中晚期。其中2004年发掘的蓟县小毛庄东汉彩绘画像石墓为天津地区首次发现。该墓正南北方向，全长22.8米，由长坡式墓道、甬道、前室、中室、后室和4个侧室构成，每座墓室的门楣、立柱、门扉的内外两侧均刻有图案，题材主要有四神、日月、瑞兽、瑞禽、人物等。图案以线刻和减地浅浮雕两种手法刻成，并在细部施有红、黑、黄等颜色的彩绘。

2004年发掘的唐代墓葬为圆形砖室墓，墓室直径2米左右，南侧有短墓道，墓室北部和东部有棺床痕迹。该墓被现代水沟打破，残损严重，仅墓底残存灰砖数块，出土铜镜1面及少量陶器残片。

明、清及民国时期墓葬均为土坑竖穴，多为夫妻合葬墓。出土陶罐、瓷碗、银簪、铜镜、铜带钩、金耳环、银耳勺、鼻烟壶、琥珀珠、"养老"腰牌，以及宋、明、清时期钱币等。该墓葬群是2011年首次清理天津地区规模最大、序列最清晰、年代延续时间最长的明清时期家族墓地。

四、魏晋北朝时期

武清区齐庄商周至清代遗址和墓葬群

遗址位于武清区泗村店镇齐庄村西北约300米处，北与廊（廊坊）良（大良）公路相邻。2006年5—7月，因京津高速公路建设工程将从遗址中间穿过，天津市文化遗产保护中心对其进行发掘。此次发掘由南向北分Ⅰ、Ⅱ、Ⅲ、Ⅳ 4个区，发掘面积2500平方米。

商周时期遗存仅见零星陶鬲、陶罐残片，数量较少。

汉魏、隋唐时期遗存以墓葬为主，共发现6座：瓦棺墓3座、瓮棺墓1座、砖室墓1座、土坑墓（火葬）1座，随葬品有陶瓮、罐、壶、盒等。瓦棺墓皆以外表饰有绳纹的筒瓦和板瓦为葬具，未见棺木痕迹，较有特点。瓮棺墓由灰陶瓮与红陶釜扣合而成，内葬有3岁左右儿童骨骸及穿孔圆陶片1件。砖室墓南北向，夫妻合葬，墓室北宽南狭，随葬品有灰陶罐1件。火葬墓用灰陶罐做葬具，上压两块扣合的青砖与红砖，据红砖上的墓志铭知，墓主人葬于北齐天保八年（557），这是天津地区首次发现带有明确纪年的北朝时期墓葬。隋唐时期遗存仅见有少量瓷器，地层则被晚期地层严重破坏。

该遗址以金元时期文化堆积最厚，遗迹最为密集。共清理金元时期水井、灰坑等遗迹120余处，但是没有发现居住址，出土了这一时期大量建筑构件、生产工具、陶瓷生活器皿等文物。出土瓷器的窑系包括龙泉窑系、钧窑系、磁州窑系、定窑系等，并以磁州窑系产品为大宗。编号为H22的墓葬出土的金代釉上彩观音造像，造型生动，色彩艳丽，是磁州窑中的精品。

该遗址地表已经被工程建设推掉20厘米，故仅在地表散见有零星的明清时期青花瓷片。另清理清代土坑墓2座，皆打破元代地层。

齐庄遗址与墓葬延续时间长，根据考古发掘可知，遗址汉魏时期为墓地，金元时期变为规模较大的生活活动区，到清代早期又废弃为墓地。金元时期堆积厚，遗迹遗物丰富，对早期遗存破坏严重。这一时期村落活动址的产生很有可能与北运河的开凿与修建有关。

武清兰城北朝墓葬

2006年5至7月，因京津高速公路（天津段）工程，天津市文化遗产保护中心在兰城村西南1000米处进行考古发掘。为了便于资料整理，将遗址按照公路标段划分为三个区，发掘面积共计2900平方米。

Ⅰ区：发掘西汉时期道路1条、水井1口、灰坑3个，明代水井1口，清代墓葬15座。其中西汉时期水井为圆形，从中出土有外饰旋纹的灰陶板瓦残片、夹蚌红陶罐片、泥质灰陶罐片等。

Ⅱ区：发掘汉代陶窑1座、唐代陶窑1座、明清时期墓葬4座。汉代陶窑保存较好，发掘出完整的操作间、灶、火膛、窑床、排烟口。唐代陶窑呈馒头状，操作间、灶、火膛、窑床、排烟口等保存非常完整。

Ⅲ区：发掘北朝时期墓葬2座、唐代墓葬1座、明清时期墓葬31座，以及战国—汉时期灰坑、灰沟、陶井等遗迹。唐代墓葬为土坑砖室墓，斜坡状短墓道，墓室呈弧方形，墓顶已破坏，墓室北部为棺床，在南部靠近墓门处清理出1件完整的白釉瓷罐、夹砂褐陶罐、"开元通宝"铜钱及3件漆器。明清时期墓葬排列整齐，应为家族墓地，一些墓葬棺内填有黄沙或采用屈肢葬等，为以往天津地区明清墓葬所未见。

五、隋唐时期

滨海新区窦庄子隋代墓葬

窦庄子位于天津市滨海新区北大港西南部。1973年3月，天津市文物管理处根据当地村民提供的线索，先后在该村调查清理了2座隋墓和1座汉代瓮棺墓。

一号隋墓坐落在村西1000米的西南洼高地上，是闷顶砖室墓。墓顶距地表0.35米。墓室平面呈圆角长方形。墓底南北长3.16米，东西宽2.8～2.88米，高2.1米。墓室由单砖砌成。砖为长方形，单面饰绳纹，长28厘米、宽14厘米、厚5厘米。自墓底周壁向上，层层相叠，逐渐缩圈，收成圆顶。地面平铺一层砖。墓门在南壁，用单砖横向铺砌成券门。墓向为南偏东10°。墓室内壁抹有一层白灰泥，厚约0.5厘米。砖缝用泥黏结。棺床在墓室西北部，西、北边与墓壁连接。用砖平铺，砌成长方形平台。南北长2.2米、东西宽1.38米、高0.2米。棺床上有成年男性骨架一具，头向南。由于室内被泥水淤浸，葬具不明，但未见棺钉。随葬品置于棺床下，靠近头骨。出土泥质灰陶罐2件，均残。瓷碗1件。

二号隋墓位于村北七里台，系长方形砖椁墓。墓口距地表0.22米。土圹南北长3.04米、东西宽1.58米。砖椁南北长2.2米、东西宽0.88米、高0.27米，四壁与基底用单面绳纹砖砌成。砖缝用泥黏结。东西壁为单砖平砌，南北两端各以两块立砖封口。墓底平铺一层砖。墓南部已扰乱。墓向为南偏西4°。墓内有成年女性骨架一具，头向南，面向西，侧身直肢。左肱骨中部有一小块铁锈，深入骨质，未见棺钉和棺板痕迹。随葬品在头骨西侧。出土四系瓷罐1件，瓷碗1件。

一号墓的墓室结构和二号墓出土的四系瓷罐与河南安阳琪村隋墓出土的同物类似。一号墓和二号墓的瓷碗，其制法、器型接近河北磁县贾壁村隋青瓷窑址的Ⅲ型碗。因而这两座墓的年代应属隋至初唐。

静海张村隋代墓葬

墓葬位于静海县张村西北部的高地上，地表散布有战国时期的盆、罐、豆、釜等陶器残片。1982年修路时曾出土过盘口青釉瓶、直口双系罐、假圈足青釉碗及五铢钱等隋代文物。1990年8月，村民建房取土时又发现2座砖室墓。墓为单室圆角方形，坐北朝南，长约3

米，以绳纹砖砌筑而成，墓室南端砌拱形券门和甬道。墓底距地表约3米。因地下水位较高，人骨已腐，人骨四周有朽木痕迹和锈朽的铁钉。墓内随葬盘口长颈瓶、深腹平底碗、敛口平底钵各1件，均施青黄釉，施釉不到底。墓葬形制及随葬品特征与以往发掘的隋墓相同。

东丽刘台子唐代石棺墓

墓葬位于东丽区军粮城乡刘台子村西南1500米处。1957年，天津专区文化部门发现此墓，后军粮城划归天津市管辖，天津市文化局考古发掘队对此处墓葬进行了清理。

此墓早年曾受破坏，故墓室结构不详，仅知在墓室中部置一石棺，在石棺尾部的一侧又有一砖龛，随葬陶俑多出自龛内。墓砖为青灰色，长32米、宽14～16米、厚5厘米，一面有粗绳纹。南北向。石棺呈长方形，由6块大理石厚石板合成。棺墙连接处有榫眼。棺长2.4米，前端宽1米，后端宽0.63米，厚0.11米。棺墙高0.75米，厚0.08米。棺墙左右两边有浅浮雕，现存的一块上雕细腰长身、作行走状的龙形，这很可能是代表墓穴方位之一的青龙。石棺内人骨已遭扰乱，发现时仅存肢骨数段。随葬器物除一件青瓷壶外，其余均为陶质的俑或日常用具模型。陶俑呈米黄色，厚胎、质坚、合模制成，种类繁多，有武士俑、伎乐俑、人面兽身和人面鱼身俑、胡人俑，马、驼、羊、猪、鸡等畜禽俑。日用品模具包括灶、磨、碾、碓、车等模型明器。年代为唐代早期。

东丽塘洼唐代墓葬

墓葬位于东丽区军粮城乡塘洼村南，1958年发现。墓为圆形砖券墓室，墓口离地面70厘米，南北向，为合葬墓。随葬遗物有三彩陶罐和海兽葡萄镜各一件。三彩陶罐口径11厘米，高14厘米。海兽葡萄镜已残裂，直径15厘米。年代为唐代。

蓟县白马泉晚唐墓葬

白马泉村位于蓟县渔阳镇西北，1992年3月该村因烧砖取土，在村东南挖出一些绳纹砖。闻讯后，天津市历史博物馆考古部会同蓟县文保所前往调查，发现地面尽是散乱的汉、唐绳纹砖，后清理出2座残存的晚唐墓葬。此地北距府君山约1800米，处于山前的二级台地上。

两墓均为单砖室墓，由墓室、墓门、甬道、墓道

四部分组成，皆采用二平一竖的方法砌成。因破坏，两墓仅剩墓底部分，墓道已毁。

两墓随葬器物均残。编号为M1的墓葬出土有陶器、漆器、瓷器，以及铁、铜饰件等，散落于墓内，看不出摆放规律；编号为M2的墓葬出土有漆器、陶器、铜钱等，铜钱散落于西部棺床上下，漆器、陶器置于北部平台东北角。两墓漆器均朽。其他器物经复原后有：陶器15件，其中M2墓出土的3件全部复原器型有器盖、器座、杵、鼎、罐等；瓷器仅存残碗1件；铁饰件仅见带扣1件；铜饰件有发卡及带扣2种；钱币4枚，分铁、铜2种。

两座墓墓室破坏严重，随葬品多为残片，且无纪年文字，增加了断代的难度。从M1墓室内西北部设棺床的形制结构与室内布局形式以及器座器盖、杵鼎这种器物组合形式推断，M1墓的年代应为晚唐时期。M2墓为长方形砖墓，这种形制的墓葬也见于中唐时期的朝阳南大沟1号墓，但室内布局类似于M1，墓内出土的A式罐也见于唐山刘庄17号墓，另随葬的钱币中有"乾元重宝"，因此，M2墓的年代也应为晚唐。从墓葬形制看，M2墓应略早于M1墓，上限不过乾元元年（758）。值得注意的是，M2墓出土的B型敞口罐是早期契丹人使用的典型器物，说明在唐代中晚期，燕山南麓的津蓟地区已受到了早期契丹文化的影响。

天津地区唐墓发现不多，目前仅在军粮城发现1座，为唐代早期墓葬。白马泉晚唐墓的发现，为天津地区唐墓分期提供了素材。

蓟县上宝塔唐代墓葬

墓葬位于天津市蓟县渔阳镇东北上宝塔村西，翠湖东路东侧的台地上，东南距离翠屏湖2000米，地势北高南低。因建设工程需要，天津市文化遗产保护中心分别于2006年9至10月和2007年11至12月在施工区域内进行考古勘探及发掘，清理唐代墓葬1座，此外还有137座明清墓葬，4口水井。唐代墓葬为单室砖墓，全长7.4米，方向180°，由墓道、墓门及墓室构成。上部破坏严重，墓顶形制已无法判断。

墓道呈斜坡状，整体近长方形，长3.4米，连接墓门处较宽，约0.8米，逐渐收至0.7米。墓门为砖砌，位于墓室南部正中。与墓道连接处有封门砖，采用"人"字形垒砌，残高0.7米。墓道地表平整坚实，应经过拍

打或夯硪，两壁修整平齐，未发现铺砖及砌砖痕迹。

墓室呈圆角方形，地面未铺砖。棺床近"刀把"形，位于墓室西、北部，高出地面约 0.3 米，局部残存砖砌边框。北部棺床正中有一圆角长方形锥状坑，内填碎砖，推测为墓葬排水系统。未发现葬具及人骨。

墓壁采用"两平一竖"的方法垒砌，墓室东、西壁影作门窗结构，即用单砖突出墓壁以表现门框及窗框。出土器物有个别散落于墓室地面，其余均集中摆放于棺床西南部。另外在清理填土时还发现 3 块砖雕构件，均残。其中 2 件为砖雕花边板瓦，其为将整砖的一侧磨成弧形，再将外沿雕出凹凸状花边，另一侧不做处理，根据其形制推测应为用作墓门门楼处的板瓦。另一件为灯台，桃形，中心挖出圆形凹陷，用以承托灯碗，可推断墓壁处应有影作灯檠。墓砖规格一致，长 34 厘米、宽 17 厘米、厚 5.5 厘米，均为单面饰细绳纹，每砖有绳纹 26 ～ 28 条。

该墓葬出土器物摆放于地面及棺床之上，均为泥质灰陶，其中陶器 13 件，陶器残片 2 件，器型包括罐、钵、器盖、六鋬罐、杵臼、盆等。墓葬破坏较为严重，且无明确纪年文字资料出土。但从墓葬形制来看，墓室成圆角弧边方形，西、北部设"刀把"形棺床，墓门开于墓壁正中，影作木结构等，这在北方地区较为流行，相似的墓葬形制亦见于北京昌平唐墓、天津白马泉晚唐墓。出土随葬品均为泥质灰陶器，其中六耳铁锅、器盖、鏊子、六足盆在唐山陡河水库唐墓及河北沧县前营村唐墓 M1 墓也有出土。由此可初步推断该墓年代为唐代晚期。天津地区到目前为止发现的唐代墓葬数量不多，此次上宝塔唐代墓葬的发现，为天津地区唐墓的分期及研究提供了难得的资料。

静海西钓台唐宋墓葬

墓葬位于静海县陈官屯镇西钓台村西约 2000 米处，此处地势平坦，原为林地。2005 年 4 至 6 月，为配合京沪高速公路（天津段）二期工程建设，天津市文化遗产保护中心对此处墓葬进行了发掘。

此次发现墓葬 3 座，编号为 M1 ～ M3。M1 墓坐北朝南，单室墓，墓室呈圆形，顶部不存，四壁及地面保存较好，用青砖铺砌，墓室南部有一条墓道和一条甬道。墓室内有棺床，保存完好，棺床下有 12 个壶门。棺床巧妙地用锯齿状砖饰表示丝质的床幔，而砖雕的壶

门立柱则完全模仿木质的床榻，在床幔、壶门、立柱上施有朱、白或黑彩，制作精美。墓葬早期被盗，仅出土 1 件白瓷碗、1 件褐陶双耳罐及数枚铜钱。棺床上有部分残骨，棺床下有一头盖骨。M2 墓坐北朝南，单室墓，圆形，墓室南部有一条墓道。墓葬破坏严重，仅剩墓圹，有棺床，无随葬品。M3 墓形制与 M2 墓相同，破坏严重，仅墓底残留部分青砖，有棺床，填土中出土了白瓷碗、泥质红陶罐残片。从出土遗物及墓葬形制判断，M1 墓年代为唐代晚期，M2、M3 墓年代为宋代。

六、宋辽金元时期

静海东滩头宋金墓葬

墓葬位于静海县东滩头村东 500 米处。1982 年 7 月，村民发现古墓，天津市文物管理处闻讯后即刻派人清理。共清理古墓葬 10 座，其中东汉墓 7 座、宋墓 2 座、金墓 1 座。

2 座宋墓，一座平面呈圆形，另一座呈长方形。圆形墓编号 M3，由墓道、墓门、甬道、墓室四部分组成。方向 175°。棺床上木棺已朽，仅见板木灰，有男性人骨一具，仰身直肢，旁边另有女性尸骨一堆，应属合葬时迁此。随葬器物有陶器、瓷器和铜钱。长方形单室墓编号 M4，方向 224°。单砖砌成，底宽上窄，逐渐收缩。长 2.7 米、宽 0.76 ～ 1 米。无铺地砖。内有中年女性骨架一具，仰身屈膝。随葬品有陶罐、瓷碗和铜钱。

金墓 1 座（编号 M10），椭圆形砖室，由墓道、甬道和墓室三部分组成，墓道呈斜坡状。墓道和墓室之间有甬道，方向 22°。进入墓室处用四层侧砖封堵。墓室采用素面青砖平铺砌成，穹隆顶。墓室北设 1 个半圆形棺床，用两层平砖砌成。其余部分无砖。棺床上有女性骨架 1 具，棺已朽。棺床下另有男性人骨一堆，应为二次葬。随葬黑釉双系罐 1 件。

M3、M4 两墓出土的铜钱最晚为"祥符通宝"，出土遗物及墓室结构也为宋墓所常见，推断这两座墓的年代当属宋代。M10 出土的黑釉双系瓷罐同河北省唐山市陡河水库金墓所出相似，墓室呈椭圆状，具有金墓特征。清理时发现在宋墓上面覆盖有一层 40 厘米厚的细黄土，质地纯净，呈水平状分布，这层黄土在静海一带分布较广。据考证，是北宋政和七年（1117）河决时留下的遗迹，所以在当地常见此种黄土覆盖在宋墓上。

而 M10 恰打破这层黄土，亦可作为几座墓断代的佐证。

蓟县抬头村辽代早期墓葬

墓葬位于蓟县穿芳峪乡抬头村，是村民挖菜窖时发现的，1984 年 12 月，天津市历史博物馆考古部对其进行了发掘，该墓为 1 座辽墓，砖砌圆形仿木构建筑，分墓门、甬道、墓室三部分。墓门南向（偏西 5°），宽 0.7 米、高 1.3 米。甬道券顶，长 0.9 米，中间用方形和长方形浅沟纹砖封堵。墓室圆形，穹隆顶，顶部早期被破坏。直径 3 米、残高 2.1 米。在墓壁上砌出二窗、四柱、四朵斗拱和一圈屋檐。窗在墓室的东西两侧，直棂式，高 0.8 米、宽 0.4 米。柱在门的两侧对称排列，相距 0.8 米，由三块竖砖砌出，宽 0.18 米。柱头各承托单抄单下昂五铺作斗拱一朵，斗欹出颛，拱有卷杀。斗拱托屋檐一圈。檐上墓室由素面砖斜向平砌，逐渐内收成穹隆顶。此种造型为辽墓流行的形制。

随葬品仅见一组陶制明器，约 30 余件。有注壶、长盘、莲花口杯、三足炉、陶剪、盏托、灯台、陶匣、钵、桶形罐等。封门砖内侧出一件残瓷碗。其中注壶盘口、长颈、短流，长盘为花瓣口，均与辽代瓷注壶、长盘的造型相近。瓷碗白釉显黄，大敞口直壁厚圈足，平底，亦有宋辽早期同类器皿的特征。

蓟县营房村辽代墓葬

墓葬位于蓟县城西北 12.5 千米处，在营房村北 1000 米的盘山南麓，1986 年 6 月初，村民在村北山坡上挖沙子时发现 1 座砖室墓，天津市历史博物馆考古部赴现场调查并对其进行了清理。

该墓基本保存完好，由墓道、墓门、甬道和墓室 4 部分构成。墓道为斜坡状，残长 2.25 米、宽 1.08 米，底部夯实后填满积石。墓门朝东南，呈拱形，宽 1.08 米、高 1.24 米，以长方形沟纹砖封堵。雨道长 1 米，两壁涂朱，无铺地砖，内填满大块石头，近门处出土铁铃 1 件。墓室为圆形，直径 3.94 米、高 3.47 米，穹隆顶，外侧灌注白灰浆。室内周壁砌出 4 根倚柱，砖的边棱经打磨呈半圆形，柱头各有一斗三升斗拱 1 朵。整个墓室保存完整，无盗掘迹象。室内无棺床，木棺直接安置在铺地砖上，棺木均已腐朽，从残存的数十枚棺钉位看，棺长 2 米、宽 0.72 米。棺内葬一中年妇女，为仰身直肢葬，头向北，头部保留的部分头发已泛黄色。面部

有纺织品朽灰。头两侧各有鎏金铜耳环，颈部有坠饰，手部有手镯和指套，左脚下置铁熨斗一件，身侧置小铁削多件。在骨架西侧墓壁处用 6 块砖砌祭台，内置羊头一颗和四蹄骨。棺外左侧摆放绿釉鸡冠壶、白釉瓷盂、白釉莲花执壶、白釉莲花碗、白釉小碗、铁灯、小铁刀、铁剪、青铜荷花镜、骨笄、草编盒等 40 余件随葬品。

该墓为圆形、单室，用细沟纹砖砌筑，墓室内无任何雕饰，虽有仿木结构，但是斗拱、立柱的制作风格也比较古朴。由此可见，该墓具有辽代早期北方草原地区墓葬的特征，其单人葬也是辽前期比较流行的葬法。从墓内随葬器物推断，营房村辽墓的年代下限不会晚于辽开泰六年（1017）的韩相墓，其上限不会早于辽统和十三年（995）的韩佚墓。

营房村辽墓出土了两件鸡冠壶，这种器物已被公认为契丹民族特有的马上习用器，它保留了契丹族游猎生活的形迹。墓内出土的铁剪刀、小铁削，以及耳环、指套的形制，均与辽契丹墓出土的同类物相同。墓内的随葬品全部为实用器，不同于晚期的冥器墓。墓内出土的白瓷执壶、小碗，烧制水平较高。随葬的装饰品制作精巧且多数鎏金，说明该墓是具有一定社会地位的契丹人的墓葬。

《梦溪笔谈》记载："契丹坟墓皆在山之东南"，营房村辽墓恰建在盘山东南麓的山坡上，墓道方向亦朝东南，与文献所记相符。又《辽史仪卫志·舆服》记载："送终车，车楼纯饰以锦，螭头以银，下悬铎，后垂大毡，驾以牛。上载羊一，谓之祭羊，以拟送终之用。"蓟县营房村辽墓祭台中的羊和四蹄骨，当是史料中记载的"祭羊"。这正是契丹族的一种埋葬习俗。

蓟县弥勒院村辽代墓葬

弥勒院村位于蓟县东南，距县城约 8.4 千米，大秦铁路从村南东西向穿过。1992 年上半年，天津市历史博物馆考古部在发掘弥勒院新石器时代遗址时，在村北清理了 1 座辽墓。此墓因村民取土遭破坏，墓门被毁，并挖出陶罐 1 件，现场可见到被挖碎的白瓷盏残片等。

此墓为仿木砖结构墓，由墓道、甬道、墓门、墓室组成，墓向北偏东 60°，墓室平面呈圆形，直径 3.6 米。墓顶已塌，仅北部残留部分墓顶，残高 0.8 米。墓壁皆制作木结构，有立柱、斗拱、直棂、窗、桌、椅等。墓室北部为棺床，约占整个墓室的一半，棺床高 0.4 米。

棺床下为墓底，无地砖，为黄褐色生土地面。墓室结构特点为：立柱、斗拱、直棂窗均不凸出墓壁，而桌、椅凸出于墓壁，棺床位于墓室内，这应是代表住所和室内陈设两个空间层次。

墓内葬二人。棺床上出人骨架一具，男性，50～60岁，保存较差，仅剩头骨及部分肢骨，头向西，不见葬具痕迹。骨架周围放置瓷碗、陶罐、骨梳、骨坠等。棺床前墓底西侧发现头骨一个，女性，年龄不详。墓底东南部见有零碎的人肋骨、肢骨及陶罐、陶盆、陶炉、陶鏊、瓷碗等。墓内共出土随葬品25件，有陶器、瓷器、骨器等。

此墓形制为圆形砖结构，北置棺床，与北京辽韩佚墓、先农坛辽墓形制相同。墓壁雕砖形作桌椅的做法，显示出辽代晚期汉人墓葬特点。墓内随葬的瓷器为实用器，其中大口花式碗与辽宁建平朱碌科辽墓出土的白瓷花口大碗形制相同。陶器全部为明器，其陶盆与吉林同发辽墓、大同卧虎湾五号辽墓、北京先农坛辽墓陶盆形制相同。这些墓均为辽晚期墓葬。A型罐见于抚顺市光明街辽墓，在辽宁康平海州还发现了用这种罐作火葬骨灰罐的。在内蒙古和林格尔县前瓦窑沟遗址的辽代晚期遗存中，也见到此墓所出的A型罐和陶盆。所以此墓的年代当为辽晚期无疑。

天津地区发现的辽墓不多，材料零碎。从随葬品看，有两种情况：一种为实用器，如鸡冠壶、执壶、盂、碗等瓷器和熨斗、镶、剪刀、铎、削等铁器；另一种多为陶明器，有罐、盆、锅、缸等。前者如蓟县营房村辽墓，为典型的契丹人墓葬。后者如弥勒院辽墓、抬头村辽墓，为典型的汉人墓葬。两种不同族属的墓葬同在此地出现，说明此地在辽代为汉、契丹人杂居之地。

蓟县五里庄辽代墓葬

墓葬坐落在涧溜镇康庄和五里庄之间一块俗称"上台子"的高地上，总面积约4000平方米。这里原是一处高出周围3～5米的高岗地，多年来一直是村民取土的地点，曾多次发现圆形砖穴和陶、瓷器及铜钱。2001年春，天津市历史博物馆考古部在对津蓟高速公路沿线进行考古调查时，在取土坑周围发现了已被破坏殆尽的墓葬。于2001年4月17日至5月3日对其进行了抢救性的清理。共清理了墓葬5座，有砖室墓4座，其中3座单室墓（M1～M3），较集中地分布在取土坑北部，各墓相距约4米，1座（M4）有耳室的墓，坐落在3座单室墓的东南方向约50米处。土坑竖穴墓1座（M5），M5被M1叠压和打破。

3座单室墓发掘前均呈孤岛状，凸出于周围地表约1米，墓底周围裸露生土。M1墓室呈圆形，东西直径4米、南北残径3.70米。墓壁残高0.2～0.34米，用半头砖垒砌，砌法是两平一竖。室内北半部有一长方形砖砌尸床，长2.36米、宽1.2米，尸床与北、西、东三壁均间隔一定距离。在墓室北壁转角处，有用青砖磨制的仿木结构的装饰假柱。在尸床周围随葬有陶罐4件、白瓷碗1件、北宋钱11枚。在尸床以下又发现一长方形竖穴遗迹，其大小与尸床几乎相近，深0.4米。坑内填土中除含少量碎砖末儿和烧土渣外，无任何发现。但在坑的东部一个圆形似头箱的遗迹内，出有陶器5件、漆器1件。M1用砖均有沟纹，但沟纹有7纵、8纵、9纵之别，有纵和斜纵，还有少量绳纹砖。沟纹砖尺寸几乎相同，长34厘米、宽16.5厘米、厚4.5厘米。M2和M3与M1几乎相同。但M2墓底有并列状铺砖。用砖多素面，长39.2厘米、宽19厘米、厚6厘米。M4为多室墓，只存西耳室和主室一隅。主室残存圆形直径3.24米。西耳室保存较好，残高0.7米，直径1.5～1.6米，砌法与M1相同。耳室内有一半圆形尸床，尸床西贴西壁，南北砌成一条直线，直接连于南、北两壁。耳室内随葬有筒形罐5件，小口鼓腹罐2件。该墓用砖与M2一致。

五里庄M1内发现了假柱、砖础和砖斗拱及绘有黑色墨带的楔形砖，M2内发现了阴刻沟纹和彩绘三角形图案的砖，这种仿木结构的墓室建筑曾见于我市蓟县营房村和抬头村的辽墓中，应属按汉人习俗装饰的墓室。五里庄发掘的圆形砖砌单室墓，其外形似穹庐，墓室与近代草原上蒙古包相似，多见于辽代早期墓。据各墓中发现的人骨碎块被火烧过推知，这些墓葬的主人是焚尸后才埋葬的。这里出土的白瓷碗和泥质陶直口直腹罐及陶剪子等均与我市蓟县抬头村辽墓出土的同类器型相近，因此推知这些墓的年代也属辽代。根据墓葬中出土的随葬品判断，五里庄M5墓的年代约与辽代初期相当，M1和M2墓的年代约当辽代早中期，M3和M4墓的年代可能约当辽代中晚期。可知五里庄墓葬在辽代一直持续使用。

宝坻区辛务屯元、明、清墓葬群

墓葬群位于宝坻区渔阳镇辛务屯村，西北距引滦明渠 200 米，距宝坻区渔阳镇 4000 米，南距天津市文物保护单位——秦城遗址 300 米。2003 年 5 月，为配合宝坻区潮阳大道的建设工程，天津市文化遗产保护中心对辛务屯遗址西北 100 米的大道路基地段进行了考古勘探，发现墓葬 105 座。除现代墓未做发掘外，其余 96 座墓葬全部发掘，均在耕土层下开口。墓葬分布有集中也有分散。集中者排列紧密有序，其余均为零散分布。墓葬有砖石墓和土坑墓、火葬墓等，同时包含有与墓葬有关的龟镇坑等遗迹。

清理元代墓葬 3 座，编号 M101、M96、M95。位于墓葬最北部，均为长方形竖穴墓，皆用砖错缝平砌，墓壁下部直，每墓葬一人，头向均朝南。三墓墓底处理方式不同，M95 用半砖铺底，M96 无铺地砖，M101 仅头、腰、足部有横向铺地砖，可能是为垫支木棺所用。见有棺木痕，已朽。三墓随葬品不一。M95 无随葬品，M96 仅随葬黑釉瓷罐，M101 随葬韩瓶、酱釉瓷罐、铜钱、项链等。

此次清理的明代墓葬包括砖室墓、土坑墓和龟镇坑。砖室墓 2 座，分别编号 M7、M8。均为砖砌子弹头结构，一端圆弧、另一端平直，用素面碎砖及半块砖砌成，上部已残，底部用砖铺地，中间放置骨灰罐。土坑墓 79 座，均为竖穴土坑墓，多为夫妻异穴合葬墓，少量同穴合葬墓和同棺葬，同棺葬一般为迁葬。多仰身直肢，头向多略向西北，面向上，少量东西向，个别东南向。大多数为成人墓葬，少量小孩墓葬。葬具均为木棺，头宽尾窄，骨架的头部或腰部一般枕有瓦，有的瓦上有红符，一般都漫漶不清，个别可释读处有"杀鬼""煞口"等内容，头部有的枕有整砖。墓葬有的较为集中，有的较为分散。集中的墓葬多排列有序，应是家族墓地。大多无随葬品，部分随葬单件的罐或碗，放置于棺内头部或棺外头部，个别随葬有铜镜，普遍随葬有铜钱。龟镇坑 2 座，分别编号 M9、M88。明代墓葬出土遗物包括：瓷器、缸胎器、陶器、砚台、铜镜、银簪、骨簪、铁犁铧和铜钱等。

清代墓葬仅土坑墓一种。均为竖穴土坑墓，有同穴合葬墓、单葬墓。多仰身直肢，少量仰身曲肢，头向多略向西北，面向上，葬具均为木棺，头宽尾窄，骨架的头部覆瓦。大多无随葬品，少量随葬单件的罐或碗，放置于棺内头部或棺外头部，个别随葬有铜镜，普遍随葬有铜钱。

天津地区出土的元代墓葬不多，此次出土的元代砖室墓葬，为这一地区首次发现。尤其是这几座墓葬头向为南向，为该地区各时期墓葬所罕见。

明代墓葬数量较多。种类较为齐全，砖室墓、土坑墓、火葬墓等均有。由于墓葬出土遗物单一，种类较少，类型学组合研究不充分，给分期带来一定的难度。虽如此，依据器物形态的发展趋势，以及打破关系，结合出土的墓葬排列位置和墓葬出土铜钱的情况，大致可以把墓葬分为二期。第一期代表性墓葬有 M71、M69、M8 等。从出土的遗物及铜钱看，此阶段为明代早期到明嘉靖以前。此阶段家族墓地开始出现，排列自北向南，以早晚依次排列，家族墓地出现镇墓葬的龟镇坑，可能与巫术有关。第二期代表性墓葬有 M59、M66 等。随葬器物陶器、瓷器交替出现，器物种类开始丰富。此阶段为嘉靖以后的明代晚期。

清代墓葬数量较少，种类单一，仅见土坑墓一种，除少数出现随葬品外，大部分无随葬品。其器物特征基本上延续明代晚期风格。墓葬形制也为竖穴土坑墓，除单人葬外，流行夫妻合葬。清代墓葬器物基本继承了明代的风格。从墓葬排列看，有些清代墓葬与明代墓葬实为一个墓地的墓葬，即墓地的时代跨越明清两代。

从墓葬的排列看，一些墓葬为零散墓葬，一些则排列有序。依据墓葬排列顺序和时间，可划分出四个家族墓地。其余墓葬多为零散墓葬，或单人葬，或同茔异穴。

七、明清时期

蓟县渔阳镇明敦信墓

墓葬位于蓟县渔阳镇东北隅村东，1987 年 6 月进行考古发掘。地面封土已被铲平，墓葬由墓道和墓室两部分构成。墓室北偏西 30°，长方形券顶砖砌单室。墓室长 3.6 米、宽 2.56 米、高 2.5 米，墓道位于墓室南端，长 5.6 米、宽 3.2 米，呈斜坡状，墓道和墓室间有封门砖。墓底平铺砖两层，在墓室中部的棺下有一方形砖砌腰坑，边长 32 厘米，深 12 厘米，内有鸡骨。墓室中有木棺两口，皆已朽散，棺前置灰陶素面双耳罐 2 个，还出土宋"崇宁重宝" 3 枚、"崇宁通宝" 1 枚、"景祐元宝" 1 枚。墓室北壁正中砌有一壁龛，宽 64 厘米、高 54 厘米、深 50 厘米，用砖砌封，内立墓志 1 盒，买地券 1 方。墓志底和盖用两道铁匝紧固在一起。墓志正方形，边长 52 厘米、厚 10 厘米，志盖篆书"明故磁州学正敦信先生墓志铭"。志文楷书，记载了墓主人生平事迹和世系情况，风化较甚，字多不清。买地券为一块正方形砖，边长 38 厘米，朱色楷书，记载墓葬的面积、地望，以及镇魔去邪的吉祥语。

据墓志记载，墓主人敦信为顺天府蓟州人，生于明永乐十八年（1420），正统十年（1445）中举人，景泰四年（1453）任山西绛州学正，天顺二年（1458）因父卒回乡，成化二年（1466）又出任磁州学正，卒于明弘治八年（1495）。《磁州志》记载："敦信，江南苏州人。"《顺天府志》和《蓟州志》皆记为蓟州人。今墓志出土，可证《磁州志》的"苏州"系"蓟州"之误。

蓟县渔阳镇（西北隅）明代墓葬

墓葬位于蓟县渔阳镇西北隅砖瓦厂。1987 年 10 月，在修整道路工程中发现明墓 1 座，天津市历史博物馆考古部对该墓进行了发掘。墓葬距西城墙约 200 米，是一长方形三室砖墓，平面呈"四"字形，面积 15 平方米。墓底和墓顶均用长 1.5 米、宽 1 米、厚 0.1 米左右的石板铺盖，共计 24 块。四壁用素面青砖垒砌。东西二室隔墙上都有象征性的一门二窗与中室相通。门"圭"形，叠涩砌成，高 46 厘米、宽 30 厘米。窗高 46 厘米、宽 20 厘米。西室北壁另有一正方形小龛，高 30 厘米。每室各葬棺椁一具，受损严重。中室棺尚可见黑漆描金痕迹。骨架经鉴定，中室为男性，东、西两室都为女性。中室和东室仅发现铜钱 58 枚。西室随葬品较多，骨架左手上发现金戒指 3 枚，錾有"长""命""贵"三字，发髻上有 2 枚银簪，簪帽饰鎏金螺旋纹，发髻上还插有银耳勺一枚。壁龛中放置泥质红陶双耳罐 1 个。该墓出土铜钱 124 枚，年号从庆历至绍兴共 19 种。陶罐形制和蓟县东关明弘治八年（1495）敦信墓出土的陶罐形制相同，年代可定为明中期。

宝坻菜园村明代墓葬群

墓葬群位于大口屯镇菜园村南 500 米处，东临绣针河，隔河 250 米为长牌庄。1962 年 4 月中旬，当地群众取土时发现了一座明墓，经天津市历史博物馆考古队赴现场调查后，于 5 月 31 日至 6 月 8 日清理了墓葬 5 座（M1～M5）。M3 在北，M1 和 M4 居中，余 2 座在南，M1 与其余 4 座墓的间距各约 5 米。

这些墓上的封土均已无存，发掘至距地表 10～30 厘米处即发现墓砖，其顶部结构均有不同程度的塌陷，室内充满淤土和碎砖。根据墓形与结构的不同，可分为三种类型。M1、M4、M5 为四角攒尖砖室墓，以 M1 为例：方向 352°，顶部残高 1 米、壁高 0.4～0.5 米，墓门朝南，门券已坍落，残高 0.9 米、宽 1.1 米、门道长 0.35 米，内有横列之封门砖。墓底平面为方形，边长 2.6 米、距地表 2.35 米。M2 为圆形攒尖砖室墓，墓壁高 0.78 米，墓底平面呈圆形，直径约 2.65 米。墓门朝南，高 0.88～0.96 米，封门砖以两砖重叠斜向排列，一半砌在券门内，一半凸出门外。门道长 0.6 米、宽 0.8 米。连接墓门向两侧又砌出弧形墙两道，墓道呈斜坡形。M3 为竖穴土圹墓。5 座墓中除 M2 为单人葬，其棺东西向横陈外，余均为合葬墓。M4 因骨架已乱无法辨认，其余合葬者都有一具骨架为二次葬，其棺南北向放置；M1 的 2 具骨架置于一棺内；M3 直肢葬有棺，二次葬无棺。

一般随葬品多置于棺侧，铜钱置棺内，但有的墓在棺内放置陶罐或釉陶瓶。M2 在墓门外有殉葬狗骨架。5 座墓共出土器物 24 件，其中，陶器有陶罐 6 件、釉陶瓶 3 件、釉陶碗 2 件，瓷器有瓷炉 1 件、瓷罐 1 件、高足瓷杯 1 件、青瓷碗 2 件、黄瓷碗 1 件、白瓷碗 1 件，还有铜镜 2 件、残银饰 1 件、残锡瓶 1 件、铁器 2 件。此外，还出土有铜钱 165 枚。

根据墓中出土的铜钱可知，此墓为明墓，虽然有的墓未出明代铜钱，但各墓是按顺序排列的，因之均为明代墓。4 座砖室墓的墓室结构和随葬器物，可能代表着当时一般砖室墓的墓葬形制。

蓟县桃花园明、清墓葬群

墓葬群位于蓟县渔阳镇土楼村北，府君山南麓，桃花园村南。因配合蓟县房地产开发建设工程，天津市文化遗产保护中心分别于 2004 年 3 至 12 月、2005 年 3 至 6 月在此进行考古发掘，总计发掘明清墓葬 213 座。

墓葬多为夫妻合葬墓，土坑竖穴，头向北或西北，尸骨多保存较好。出土器物有墓志、陶罐、釉陶罐、瓷碗、铜镜，以及金、银、玉饰件，还有铁法器和大量宋代、明清钱币等，计 3000 余件。墓葬中多见有头枕板瓦或胸压朱字符咒板瓦的葬俗。从墓葬形制和规模大小判断，应为当时的平民墓葬。这些墓葬分布于相对集中的四个区域，推断其为按宗法辈分关系埋葬的家族墓地。

发掘出土的墓志和板瓦上被明确释读的朱砂文字为墓葬的准确断代提供了依据。

以桃花园墓群考古发掘为契机,自 2004 年考古发掘以来,对人体骨骼标本全部进行现场采集,并展开体质人类学、功能学、病理学等多方面科研工作,现已逐步建立起一个旨在为国内外学者提供研究资料的华北地区明清时期人骨标本库。

蓟县上宝塔明、清墓葬群

墓葬群位于天津市蓟县渔阳镇东北上宝塔村西,翠湖东路东侧的台地上,东南距离翠屏湖 2000 米,地势北高南低。因建设工程需要,天津市文化遗产保护中心分别于 2006 年 9 至 10 月和 2007 年 11 至 12 月在施工区域内进行考古勘探及发掘,共清理唐代墓葬 1 座、明清墓葬 137 座以及水井 4 口。

2006 年 9 至 10 月,因蓟县房地产开发工程建设,天津市文化遗产保护中心对上宝塔墓葬群进行了考古发掘。共发掘明清时期墓葬 18 座,水井 4 口。出土完整或可复原的陶器、铜器、铁器、金银器、骨器、瓷器等数十件(组),不同时期的铜钱数百枚。墓葬包括单室砖室墓 1 座、土坑竖穴墓 17 座。

清代长方形单室砖墓 1 座,南侧带有长斜坡墓道,体量较土坑墓大,该墓被破坏严重,尸骨不存,铺地砖已被取走,在墓室中部铺地砖之下发现有一个腰坑,坑内出有若干清代钱币。17 座土坑竖穴墓多数为夫妻合葬墓,头向北偏西居多,出土物有陶罐、铜簪、银戒指、铜扣及宋、明、清时期铜币等,共计 100 余件。

除了墓葬外,还在上宝塔北部墓区内发掘古井 4 口、扰坑 1 处。平面形状均为圆形,井壁整齐,底部平坦。井内堆积无明显层次,无包含物。开口位置均与周边墓葬开口位置一致,由此推断其年代应为清代。

上宝塔明清墓葬的形制、葬俗与京津地区发现的同时期、同等级墓葬基本相同。出土的陶器、瓷器多为素面。出土的铜器、银器等金属器物的数量较多,在铜冠、发簪、耳环、戒指等装饰物上常錾刻纹饰,有的器物的局部直接铸成某种纹样,这些纹饰均为京津地区明清墓葬中出土器物上常见的种类。尤其在清代中后期,纹饰的种类最为齐备、丰富。通过对本批墓葬的发掘清理,我们对该地区墓葬的年代及墓葬习俗、墓室构造情况有了进一步的认识。从墓葬规模和随葬

器物来看,所清理的 18 座墓葬,均为中小型墓葬,墓葬级别不高,应为社会中等或一般阶层身份者的墓葬。该批墓葬的清理,为研究明清时期墓葬的形制特点、丧葬习俗及本地区的历史文化提供了重要资料。

2007 年 11 至 12 月,因房地产开发建设需要,天津市文化遗产保护中心对用地范围进行考古发掘,共清理清代墓葬 119 座、唐代墓葬 1 座。清代墓葬均为竖穴土坑墓,其中发现人骨的墓葬有 106 座,尸骨整体保存较好。其中夫妻合葬墓居多,单人葬墓及三人以上合葬墓也占有一定比例。葬具多为木棺,腐朽较严重,瓮棺仅发现 1 处。出土随葬品包括灰陶罐、带流夹砂罐、双系及四系酱釉罐、瓷碗、釉陶瓮、簪子、耳环、玉佩、铜帽饰、铜扣,以及明、清时期钱币等。墓葬中常见有头枕板瓦或胸压朱砂符咒板瓦的葬俗,部分板瓦上的朱砂符咒及文字清晰可辨。

此次发掘清理出大量明清时期钱币,仅 M405 乙出土明"崇祯通宝",其余均为清代钱币,其中"康熙通宝""乾隆通宝""嘉庆通宝""道光通宝"为大宗,绝大部分墓葬均有出土,此外还有个别墓葬出土清晚期铜元。由此可推测上宝塔墓地主体形成于清代中期,沿用至清晚期。墓葬基本保存完好,从墓葬形制及随葬品判断,应为当时的平民墓葬。其中大部分墓葬呈现区域性集中分布,各区域内墓葬成行排列,宗法辈分关系清楚,应为数个家族墓地。大量的出土文物为研究当时蓟州的社会生活和经济状况提供了丰富的实物资料。

武清区太子务明、清墓葬群

墓葬群位于武清区泗村店镇太子务村东北 500 米处,南距龙河 1000 米。2004 年 6 至 7 月,因京沪高速公路(天津段)一期工程自北向南穿过该墓葬群,天津市文化遗产保护中心对其进行考古发掘。共清理明清时期墓葬 22 座,墓葬分布比较分散零乱,个别墓葬有打破现象,应为明清时期沿河聚落的一处公共墓地。这些墓葬均为小型墓葬,葬具为木棺,多为单人葬,偶见双人合葬。棺内随葬品很少,仅有几枚铜钱,棺外无随葬品,这与天津蓟县地区明清时期墓葬中棺外墓主头部随葬陶瓷罐(碗)的葬俗完全不同。

蓟县清允禵陪葬墓

陪葬墓位于蓟县下营镇石头营村西北部,黄花山南

麓清恂郡王允禵园寝主地宫东南侧。2007 年 2 月与同年秋季，该陪葬墓均遭盗扰，天津市文化遗产保护中心于 2007 年 12 月至 2008 年 1 月对该墓进行了抢救性发掘。

该墓地上建筑早年被拆除，现为耕地，清理中在墓室正南侧与西南侧发现盗洞 2 处。该墓为长方形砖室墓，四周夯砸三合土。开口距现地表约 0.8 米，墓顶由 20 块条石压缝铺就。墓室内壁东西长 8 米、南北宽 3.5 米、高 2.6 米，墓壁厚 1.15 米。墓底磨砖铺就，南北两侧各嵌一长条石；中部有一深约 0.4 米金井，上压方形镂花大理石；在墓底靠南壁处砌有东西向排水沟。墓室内发现木棺 4 口及零星人骨，均遭拆毁与盗扰，在各棺之间垫有木炭，每棺各由 4 个 "口" 字形石构件固定棺位。出土文物仅有残铅妆奁盒、银饰件、玉饰件、铜扣、铜钱、料珠等少量文物。据该园寝内碑文知，该陪葬墓墓主人为允禵第二子弘明。考古发掘后对该墓进行了保护性回填。

第三节　专项考古工作

一、渤海湾西岸古文化遗址调查

1956 年冬，天津市东郊张贵庄发现战国墓，引起了各方面的关注。这一发现，为研究渤海湾西部海岸线的变迁和天津地区的历史，提供了重要的资料。

为进一步了解渤海湾西岸古文化遗址的分布情况，天津市文化局文物组、天津市文化局考古发掘队自 1957 年至 20 世纪 60 年代初，在天津郊区，以及宁河、宝坻、黄骅（当时属天津）等地进行了多次调查，还选择了一些地点，并对其进行发掘或清理。通过几年来的工作，对这一地区的古文化遗址分布情况，有了初步的了解。在渤海湾西岸，全长 150 余千米、宽约 80 千米的狭长地区内，共发现古文化遗址 50 余处，其中战国、汉代遗址 43 处。这些遗址的文化面貌基本相同，堆积情况也大体类似。

渤海湾西岸的古文化遗址，其所在地点大多有贝壳分布。贝壳按堆积情况的不同可分为两种：一种以泥沽、巨葛庄等遗址的贝壳堆积为代表，通常成堤状，高出地面 1～2 米、宽 50～200 米不等；另一种堆积以天津西青区张家窝和宁河县的桐城、田庄坨等遗址为代表，仅在表土或文化层中有零星贝壳分布，不成堤状。以张贵庄、巨葛庄为中心的贝壳堤，文化遗址分布密集，部分遗址面积在 2 万平方米以上，有砖、瓦当等建筑材料出土，并发现有一定规模的墓地，由此表明在战国时期，这道堤附近已有人居住。从遗址的年代考察，遗物中较早的部分可上溯到战国早期或春秋晚期，则推断此堤的形成应早于这个时期。在以泥沽、邓岑子为中心的贝壳堤，发现的文化遗存以唐宋时期的居多，但在白沙岭、泥沽、邓岑子等地都采集到了战国和西汉时期的遗物。虽然这些地点的地表都受到严重破坏，没发现明确的文化层，但从采集品的数量和内涵看，此区域为居住遗址无疑。则这道堤在战国时期亦当已有零星的居民点出现。

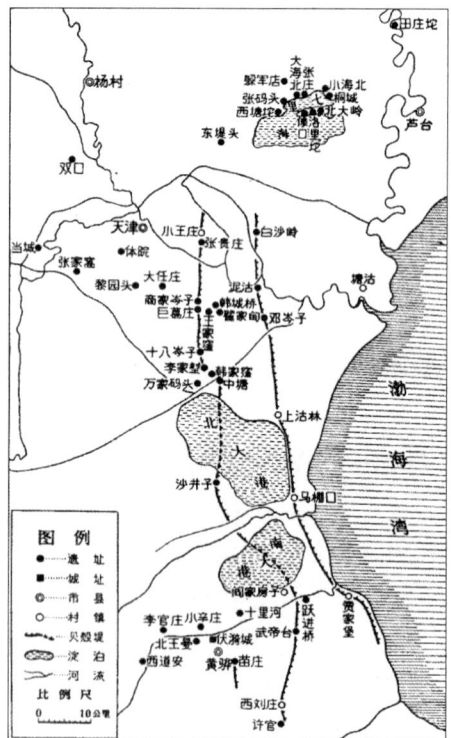

渤海湾西岸古文化遗址分布图

二、天津市碑刻调查

天津市的碑刻调查，经过普查和拓碑两个阶段，于 1984 年完成。此次调查共发现碑碣 180 通，墓志铭 36 方，塔记 4 块，幢记 8 件，其他 3 件，共 231 件。其中东汉时期碑刻 1 通，宋辽金元时期碑刻 22 通，明清民国时期碑刻 208 通。大部分墨拓。这批碑刻资料数量多，内容广泛，有些还是珍贵的史料。例如，明嘉靖二十九年（1550）《重修三官庙碑》记载了天津得名的缘起。碑载"我朝成祖文皇帝，入靖内难，圣驾尝由此济渡，因赐名曰天津，筑城凿池，而三卫立焉"。其是天津城市发展史的重要资料。蓟县元大德八年（1304）《御衣局记》记叙了在蓟县城内创办官营手工业作坊——御衣局的经过。其对工人来源、作坊规模、主要产品记载颇详，是研究天津手工业史不可多得的资料。现存碑刻资料对辽金以来市区县的学校教育、道路交通、商业活动、金融贸易、水患水利、公益事业、民俗及黑社会的猖狂活动，都有翔实的记载。特别值得提出的是，碑刻中保存了大量地名和人物资料。涉及的人物有 1000 多个，几乎包括了社会的各个阶层，其中大部分不见经传。碑刻的造型，如蓟县清嘉庆四年（1799）"关帝庙重修碑"独具特色。该碑为方柱状，由碑帽、碑身和碑座组成。碑帽为庑殿顶，雕出的枋、椽、瓦、脊、滴水、吻兽生动逼真。须弥座四面分别雕出莲花、菱花和狮子滚绣球。碑通高 3.31 米。

三、天津市地震考古调查

1976 年 9 月底至 11 月底，天津市文物管理处考古队在当地文教部门协助下，完成了蓟县、武清两县的地震考古调查。这次调查工作，吸取了山西省的工作经验，以地上文物为主要调查对象，发现和收集了两县 74 通古近代碑刻资料和 11 处古建筑抗震情况。在基本掌握两县历史地震实物资料的基础上，结合有关文献记载，进行了初步的整理研究。

这次调查的 11 处古建筑，有砖塔 4 座，楼阁 4 座，殿宇 2 座，较完整的建筑群 1 座，分属辽、明、清三个时代。它们经受了历史上多次地震，有的至今保存完好，如独乐寺大阁，以及盘山天成寺舍利塔和定光佛舍利塔，均为密檐十三层砖塔，唐辽始建，都经历了 1679 年和 1976 年两次破坏性地震。有的古建筑虽经受了 1679 年大震，但在 1976 年地震中受到严重破坏，如蓟县白塔、金庄子塔。这些为历史和现代地震考察提供了实物例证，是研究建筑结构和抗震性能关系的重要标本。在收集的 74 通碑刻中，有辽碑 2 通，金碑 1 通，

元碑 1 通，明碑 17 通，清碑 39 通，民国碑 4 通。其中蓟县城关道光十六年（1836）《重修鼓楼碑》中明确记载了"康熙十八年（1679）地震，鼓楼圮"，这是探求 1679 年地震情况的确切资料。

通过初步整理，对照地方志线索，根据通行的历史地震目录进行了检校，补充注录了个别历史地震，重点整理了 1679 年强震中两县震损情况。参照《地球物理学报》刊载的地震烈度表，综合各种因素，初步将两县 1679 年强震烈度定为十度。通过对 1976 年地震强烈区形成的武清县境内东西走向的带状分布的分析，提出了进一步研究的问题。

蓟县、武清两县的地震考古调查，为完成全市的调查工作打下了基础，也取得了一些经验，并为深入地进行全市大范围内地震震中、震级、烈度、探索地震规律性的研究提供了资料。

四、蓟县千像寺造像田野调查

蓟县千像寺造像群位于天津市蓟县官庄镇联合村北、盘山东麓白水峪南，西距盘山风景区 3000 米，东南距蓟县县城 12.5 千米。其地理位置处于盘山侵蚀丘陵区与平原交接地带。为了做好千像寺造像的文物保护基础性工作，全面采集造像本体信息，并为提高保护单位级别和编制保护规划提供科学依据，天津市文化遗产保护中心于 2003 年 6 月至 2005 年 11 月，历时三年，对千像寺造像进行了"地毯式"调查，共发现线刻佛教造像 124 处计 535 尊、浮雕造像 1 尊、题记 5 处。

千像寺造像集中分布在千像寺遗址西北、东北部，寺前西南、东南部，海拔高度介于 200～100 米，空间分布实测面积为 0.4 平方千米，最高处石刻与最低处石刻的高差为 95 米。造像均以阴线刊刻在花岗岩质的巨大孤石或崖壁上，依岩石的形状布局，或单尊或成辅，数目不等，成辅造像间存在组合关系。造像分为立姿、坐姿两种，其中立姿造像 398 座、坐姿造像 137 座，以立姿为主，不见卧姿。头部均有背光，莲座多为单层覆莲，少数为双层覆莲和须弥座。造像的高度不等，立姿高度一般为 1.1～1.5 米，最大者高 2.2 米，坐姿高度一般为 0.9 米，最小者高 0.6 米。少数造像有榜题。造像绝大部分为佛造像，可以辨认出释迦牟尼佛、大日如来佛、药师佛、弥勒佛、观音菩萨、地藏菩萨等。

菩萨可辨识的有7尊，均与佛造像刻于同一岩石表面。此类造像全部为立姿，单重头光，头戴宝冠，身体纤秀，衣纹疏朗，臂搭帔帛，宽衣博带，莲座均为单层覆莲，左手提净瓶者为观音菩萨，集中分布于千像寺遗址的东南和西南部。

比丘造像可辨的有10尊，均和佛、菩萨共存于同一块石块的平坦平面上，可以看出具有组合关系。此类造像全部为立姿，单重头光，体态挺拔，身披袒右式袈裟，下身着裙，赤足，单层覆莲莲座，所持法器可以辨识为宝珠的一尊。

另有一类特殊的造像，均为坐姿，从头部看为佛，刻画细致，发髻、肉髻、髻珠、白毫清晰可见，但颈部以下是圆弧形线条，简洁疏朗，不见手足，似用布裹身一般，集中分布于千像寺遗址西北方，应具有特殊的含义。许多造像旁刻有榜题，带栏框，文字大多漫漶不清，可辨识的文字多为"弟子某某为亡母敬造"或"弟子某某敬造"一类的内容。根据造像的特征分析，其刊刻时间集中于辽代。

造像群还包括与之相关的辽统和五年（987）盘山千像祐唐寺创建讲堂碑、辽天庆八年（1118）经幢，以及寺后洞窟内浮雕菩萨1尊和清高宗（乾隆帝）题诗石刻5处等附属文物。

盘山千像祐唐寺创建讲堂碑，辽统和五年（987）立于千像寺前，碑身为长方形，额身一体，长方形碑座，通高3.3米，宽0.96米，厚0.26米。碑额雕四螭，额题"盘山千像祐唐寺创建讲堂碑"2行12字，楷书。碑阳文字24行，每行字数不等，共1600余字，行书，间或有楷书、草书，李仲宣撰文，僧德麟书，潘延寿、李绪刻石。碑文中描述了盘山的形胜，祐唐寺的兴衰，石刻造像的由来，寺主希悟的功德，以及应历十二年（962）至统和五年（987）间寺庙修建经过。碑阴行书若干行，皆为捐修人题名，文字大都漫漶莫辨，但依然留下一些难得的职官名称。碑侧续刻重熙十五年（1046）《祐唐寺创建讲堂碑侧记》，为妙化寺和千像寺解决土地纠纷的协议，记录了千像寺的四至。《全辽文》所录的碑阳文字有误，未收碑阴、碑侧文字。此碑当推为辽代碑刻的上品。

千像寺遗址后有一洞窟，洞口上方有篆书"无量寿佛"四字，《钦定盘山志》称作"契真洞"，洞深4米、高2.2米、宽1.5米，洞内石壁上浮雕菩萨坐像1尊，高1.98米，具明代造像特征，造像右侧被后代灯龛打破。

清高宗（乾隆）游千像寺的4首诗作，均凿刻在寺前位置显要的石块上，有一处文字破坏了辽代造像。

关于千像寺造像的年代，可以从文献记载中找到一些线索，清康熙年间《蓟州志》说："祐唐寺，一名千像寺"，清乾隆年间《钦定盘山志》说："千像寺，一名祐唐寺"，似清代已分辨不清二名的先后。值得注意的是，辽统和五年（987）"盘山祐唐寺创建讲堂碑"的额题作"盘山千像祐唐寺"，碑阳作"盘山祐唐寺"，碑侧重熙十五年（1046）《祐唐寺创建讲堂碑侧记》或作祐唐，或作"千像"。据此推测，祐唐一名始自唐，千像一名始自辽，殆得名于石刻造像。

《盘山祐唐寺创建讲堂碑铭序》载："自昔相传，有尊者挈杖远至，求植足之所。僧室东北隅，岩下有澄泉。恍惚之间，见千僧泽钵，瞬息而泯，因兹构精舍宴坐矣。厥后于溪谷涧石之面，刻千佛之像，而显其殊胜也。虽雨渍苔班（斑），睿仪相而犹在"，故而石刻造像出现的年代，应当早于统和五年（987）。但刊刻的时间、原因、内容、数量等均于文献无征。

千像寺佛教石刻造像群规模宏大，所有造像均以阴线刊刻在花岗岩质的巨大孤石或崖壁上，依岩石的形状布局，或单尊或成辅，数目不等，成辅造像间存在组合关系。据造像的五官特征、发髻样式、衣纹与佛座的形态初步推断，造像群刊刻的时间集中于辽代，是全国迄今发现规模最大的辽代石刻造像群。

佛像面形方或方圆，面部大都朝向寺庙，额前肉髻与发髻之间的髻珠扁圆或近圆，菩萨多戴宝冠；体态挺拔，衣纹疏朗；佛座多为覆莲圆座，也有方形须弥座、仰莲须弥座；部分佛像手持法器。从目前调查结果初步推断，千像寺遗址东北部（洗钵池附近）、北部（摇动石附近）的佛像刊刻年代相对要早，而千像寺遗址东南、西南部的佛像刊刻年代相对晚些。

所有造像均为佛教题材，主要有释迦牟尼佛、大日如来佛、药师佛、弥勒佛、观音菩萨、地藏菩萨、弟子等。据大日如来佛等推断，造像表现的是佛教密宗的内容。这与蓟县城内同属于密宗的独乐寺可能有一定的联系。

千像寺辽代佛教造像群，全部采用阴线刻的技法，除少数造像略显繁复，大都造型简练，线条粗放，无论是表现形式、榜题内容，还是刊刻技法，都表现出较为明显的民间造像特点，应为民间佛教信众施资镌刻，具有浓郁的地方特色，与同时代的皇家寺院、豪族家庙中的造像迥然不同。

千像寺造像，以寺庙为中心，以山石为依托，集中刊刻于辽代，时间同一；造像皆为佛、菩萨、弟子，内容同一；全部采用阴线凿刻，技法同一；皆为民间信众捐刻，功德主身份同一。其艺术风格之独特，数量之多，规模之大，在全国辽代佛教造像中首屈一指，为辽代佛教考古、佛教美术、佛教史以及民间传统线刻技法的研究，提供了弥足珍贵的实物资料，具有极高的历史、艺术与科学价值。

第四节　重要出土（采集）遗物

一、旧石器时代

2005 年 3 至 5 月，天津市文化遗产保护中心对蓟县开展旧石器考古调查，后整理出旧石器地点 13 处，共采集到各类石制品千余件，包括各类刮削器、尖状器、雕刻器、砍砸器，以及石核、石片等，还发现少数细石核和若干细石叶。2005 年 5 月中下旬，天津市文化遗产保护中心与中国科学院古脊椎动物与古人类研究所对上述地点进行复查，确定石制品产生的原生层位以及周围的地貌情况。2007 年 5 至 7 月，因建设工程需要，天津市文化遗产保护中心和中国科学院古脊椎动物与古人类研究所组成联合发掘队，对其中一处旧石器地点——东营房遗址进行了发掘。共出土石制品 2000 余件（后经整理分析，认定典型石制品 90 件）。蓟县旧石器遗址的发现，改写了天津无旧石器的历史，是天津考古的重大发现，不仅填补了天津地区旧石器考古的空白，而且将天津市域的人文史至少提前到距今 1 万年。

蓟县旧石器地点采集（出土）石制品

表 4-2

序号	遗址名称	位置	数量（件）		石制品概况	石器工业类型
			地表采集	地层出土		
1	小平安	下营镇石炮沟村东南的黄土台地中	28	3	包括石核、石片、断块和工具等。原料以石英砂岩为主。大部分石制品表面棱脊清晰，未见有水冲磨的痕迹，但有不同程度的风化，严重者失去光泽	小石器工业是以小石器为主体的工业类型，主要文化特征是：剥片以锤击法为主，偶见砸击法；工具以刮削器为主，其次为尖状器，砍砸器等器形较少；工具修理较精致，并以小型为主
2	七区	下营镇下营七区村北部的黄土台地中	23	2	包括石核、石片、断块和工具。原料以燧石为主，石英砂岩等较少。石制品表面棱脊清晰，未见有水冲磨的痕迹，但有不同程度的风化，严重者失去光泽	
3	大星峪	渔阳镇大星峪村以南约 400 米的黄土台地上	25	5	包括石核、石片、断块和工具。原料均为燧石。石制品表面棱脊清晰，未见有水冲磨的痕迹，但有不同程度的风化，严重者失去光泽	
4	东大屯	渔阳镇郭庄子与黄土坡村以北约 250 米的黄土台地上	35	7	包括石核、石片、断块和工具。原料均为燧石。石制品表面棱脊清晰，未见有水冲磨的痕迹，但有不同程度的风化，严重者失去光泽	

序号	遗址名称	位置	数量（件）		石制品概况	石器工业类型
			地表采集	地层出土		
5	北台	下营镇北台村以北的黄土台地中	27	0	包括石核、石片、断块和工具。原料以燧石为主。大部分石制品表面棱脊清晰，未见有水冲磨的痕迹，但有不同程度的风化，严重者失去光泽	小石器工业是以小石器为主体的工业类型，主要文化特征是：剥片以锤击法为主，偶见砸击法；工具以刮削器为主，其次为尖状器，砍砸器等器形较少；工具修理较精致，并以小型为主
6	周庄	渔阳镇周庄村偏北部的黄土台地上	53	2	包括石片、断块和工具。原料均为燧石。石制品表面棱脊清晰，未见有水冲磨的痕迹，但有不同程度的风化，严重者失去光泽	
7	东营房遗址	县城东北部东营坊村附近的一处建筑工地内	0	90	主要包括石核、石片、石器及断块。原料应采自于附近河床和基岩，绝大多数为黑色或灰黑色燧石，硅质白云岩、石英岩等其他岩类所占比例很小	
8	太子陵	孙各庄乡清太子陵遗址东侧冲沟的黄土台地中	53	5	包括石核、石片、断块和工具。原料以燧石为主。大部分石制品表面棱脊清晰，未见有水冲磨的痕迹，但有不同程度的风化，严重者失去光泽	细石叶工业剥片技术除锤击法外，还使用了间接剥片技术。工具修理上采用了压制法、指垫法及间接法。工具类型以刮削器和尖状器为主，雕刻器、琢背小刀、石钻等较少，还出现了复合工具，整个器型加工规整，大多数工具小而精致
9	丈烟台	清太子陵遗址以东的河流阶地上	60	2	包括石核、石片、断块和工具。原料以燧石为主。大部分石制品表面棱脊清晰，未见有水冲磨的痕迹但有不同程度的风化	
10	杨家峪	罗庄子镇王庄子村南的黄土台地中	66	25	包括石核、石片、断块和工具等。原料以燧石为主。大部分石制品表面棱脊清晰，未见有水冲磨的痕迹，但有不同程度的风化，严重者失去光泽	
11	野沟	官庄镇小石佛村东南野沟以北的Ⅱ级阶地上	38	15	包括石核、石片、断块和工具；大部分石制品表面棱脊清晰，未见有水冲磨的痕迹，但有不同程度的风化	
12	闫子峪	渔阳镇闫子峪村西南约500米的黄土台地上	18	0	包括石核、石片和断块，除1件石片为霏细岩外，其余均为燧石	
13	大孙各庄	邦均镇东沿河村北桃庄村南的黄土台地	6	0	包括石片、细石叶、断块和石器，原料均为燧石	

续表

序号	遗址名称	位置	数量（件）		石制品概况	石器工业类型
			地表采集	地层出土		
14	营房	渔阳镇营房村西北的黄土台地中	276	3	包括石核、石片、断块和石器，除1件使用白色燧石外，其余均为黑色燧石	细石叶工业剥片技术除锤击法外，还使用了间接剥片技术。工具修理上采用了压制法、指垫法及间接法。工具类型以刮削器和尖状器为主，雕刻器、琢背小刀、石钻等较少，还出现了复合工具，整个器型加工规整，大多数工具小而精致

单台面石核

东营房旧石器遗址出土。原料为燧石，形状呈梯形，长 64.3 毫米，宽 55.2 毫米，厚 31 毫米，重 103.4 克。有疤台面长 62.2 毫米，宽 54.2 毫米，台面角 65°，工作面最大长 55.2 毫米，最大宽 64.2 毫米，其上可见 1 个剥片阴痕，片疤长 43.6 毫米，宽 54.9 毫米。

单台面石核

完整石片

在杨家峪旧石器地点地表采集。原料为燧石，长条形，长 35 毫米，宽 23 毫米，厚 12 毫米，重 9.9 克。台面为素台面，台面角 105°，台面宽 20 毫米、厚 9 毫米。腹面的打击点明显，半锥体微凸。

完整石片

不完整石片

在东大屯旧石器地点地表采集。原料为燧石，近似梯形，残长 16.3 毫米，宽 17.1 毫米，厚 1.4 毫米，重 3 克。腹面较平，背面为砾石面，为远端断片。

不完整石片

细石叶

在大孙各庄旧石器地点地表采集。原料为燧石，长 13.2 毫米，宽 4.3 毫米，厚 1.3 毫米，重 0.9 克。点

状台面，腹面半锥体微凸，放射线和同心波明显，下部较平滑。背面有一条纵脊。截面呈三角形。

细石叶

单直刃刮削器

出自周庄旧石器地点地层。原料为燧石，片状毛坯，长 38.2 毫米，宽 27.4 毫米，厚 8.1 毫米，重 14 克。刃缘采用锤击法正向加工而成，修疤连续，刃缘较为锋利，刃长 27 毫米，刃宽 11 毫米，刃角 43°。

单直刃刮削器

双刃刮削器

于北台旧石器地点地表采集。原料为燧石，毛坯为完整石片，长 36.4 毫米，宽 9.5 毫米，厚 6.1 毫米，重 7.3 克。腹面凸，左右两侧边有连续的细小疤痕，为使用的刃缘，刃长分别为 31.2 毫米、29 毫米，边刃角分别为 42°、43°。

双刃刮削器

石钻

于周庄旧石器地点地表采集。原料为燧石，毛坯以石片

石钻

为主，采用锤击法正向加工，布满规整浅平排列的压制修疤。器身长24毫米，宽15毫米，厚11毫米，重7克，尖刃角为53°。

琢背小刀

于大星峪旧石器地点地表采集。原料为燧石，以锤击石片为毛坯，长34.4毫米，宽22.1毫米，厚7.2毫米，重7.4克。石片背面微凸，较厚的一侧边琢出一列疤痕，薄锐的一侧边作为使用刃缘，可以清楚地看到使用后留下的细小疤痕，边刃角32.9°。推测其可能作为复合工具的刃部。

琢背小刀

二、新石器时代

筒形陶罐

1999年蓟县青池遗址发掘时出土，夹粗砂红陶，陶胎较厚，器表红褐色，色泽不匀。厚圆唇，敞口，深腹平底。口沿外侧加厚出棱。三段式纹饰，即在口沿下饰数周弦纹和一周凸起的附加堆纹带饰，压印密集短线纹，腹部饰斜线网格纹。残高11厘米、口径27厘米。为青池一期遗存典型器物。属分布于燕山南北的兴隆洼文化。

1997年蓟县青池遗址试掘时出土。夹粗砂红褐陶，如右图所示，器身上半部黑褐色，下半部红黄色。厚圆唇，微弧腹，平底。沿下横压竖排一匝"之"字纹，以下饰竖压横排"之"字纹，造型和纹饰皆规整严谨。高26.4厘米、口径23.4厘米、底径13.6厘米。为青池二期遗存典型器物。

筒形陶罐

陶豆

1997年蓟县青池遗址试掘时出土。夹砂红褐陶。圆唇，敞口，浅盘，斜腹，腰鼓形豆把高，圈足，底部外展出宽边。沿下横压整排一周"之"字纹，腹部

及豆把皆压印绞云纹。高15厘米、盘径21厘米。为青池二期遗存典型器物。

陶豆

圈足陶钵

1997年蓟县青池遗址试掘时出土。夹细砂红褐陶，内壁黑色。圆唇，敞口，斜腹，圈足，底平。磨光。口沿下横压竖排一周"之"字纹，腹部饰竖压横排"之"字带纹。高11.5厘米、口径26.5厘米、圈足径7.5厘米。为青池二期遗存典型器物。

圈足陶钵

红顶陶钵

1988—1993年蓟县弥勒院遗址发掘出土。泥质陶，在叠置烧制时由于氧化作用而使器口下形成一圈造红带，故称"红顶陶钵"，颇具特色，在器口偶见彩绘。为弥勒院一、二期遗存典型器物。

红顶陶钵

鸟首形陶支脚

1997年蓟县青池遗址试掘时出土。夹砂红陶，灰白色。前端出扁嘴，两侧雕椭圆形双眼，侧视近似鸟首，眼后有耳痕，下部圆筒体，四面各开长方形镂孔。饰弦纹，顶有"十"字沟槽，横沟前部饰羽状纹，后部饰席纹。高17厘米、底径12厘米。为青池二期遗存最具特征性器物。

鸟首形陶支脚

陶釜

1988—1993年进行多次发掘的蓟县弥勒院遗址出土。夹砂褐陶，素面。器表粗糙不平，属于太行山东

麓文化系统。为弥勒院一、二期遗存典型器物。

陶釜

石耜

1971 年出土于宝坻县北里自沽村。以板岩打磨制成，器身扁平，上部打制，下部边刃磨光，前后两面均有使用磨蚀痕迹，长 26.8 厘米。为新石器时代的生产工具。

石耜

石磨盘、石磨棒

1999 年蓟县青池遗址发掘时出土。黄色砂岩。为青池一期遗存中加工谷物用的生产工具。

石磨盘，琢磨。平面略呈长方形，端为圆角方形，另

石磨盘、石磨棒

一端为圆形，两端上翘，盘面中部平整。长 49 厘米、宽约 24 厘米、中部厚 3 厘米。

石磨棒，磨制。长 30.5 厘米、最大直径 6.6 厘米。

石斧

1987 年蓟县张家园遗址第三次发掘时出土。穿孔石斧，黑灰色，斧身上窄下宽，首端圆滑，有对钻圆形孔 1 个，孔径 0.8 厘米，横断面扁平，磨制精细。刃部锋利，有明显的使用痕迹。长 12.1 厘米、宽 5 厘米、厚 2.2 厘米。

石镞

1979 年蓟县围坊遗址发掘时出土。质料为燃石，等腰三角形，平底，琢制精良。为围坊一期遗存的典型器物。

人面形石雕

1999 年于蓟县青池遗址采集所获。叶蜡石化岩石。磨光。长圆形，面部略凸起，雕出眉骨、眼、鼻、嘴，背部磨平，横钻一长孔。长 3.8 厘米、宽 2 厘米、厚 1.1 厘米、孔径 0.2 厘米。为青池二期遗存中的小型石制艺术品。

三、夏商周时期

陶鬲

1979 年蓟县张家园遗址第二次发掘时出土。夹砂灰褐陶。卷沿，束颈，深裆，下加矮实足尖，器形瘦长。饰绳纹，后颈部抹掉。口径 22 厘米、通高 30.5 厘米。是张家园三期遗存的典型器物，年代为夏商时期。

夏商陶鬲 1

1979 年蓟县张家园遗址第二次发掘时出土。夹砂灰褐陶，矮领，口微侈，袋足圆鼓，加矮实足尖。器表色泽不匀，上半部黑色磨光，下部为灰褐色，饰浅绳纹，领部抹掉。口径 13 厘米、通高 18.5 厘米。是张家园三期遗存的典型器物，年代为夏商时期。

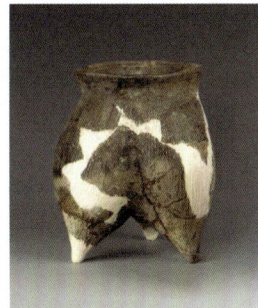
夏商陶鬲 2

1998 年蓟县青池遗址马头山山顶试掘时出土。夹砂红褐陶。微侈口，叠唇，高领，实足。饰交叉粗绳纹。高 47 厘米、口径 30 厘米、腹径 37 厘米。

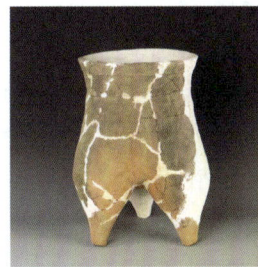
西周陶鬲

为青池五期遗存典型器物，年代为西周时期。

折腹陶盆

1977 年蓟县围坊遗址发掘时出土。口部残缺，其他部分大体完好。泥质褐陶。腹壁微曲，近底部锐折，平底。腹部素面磨光，折腹以下饰绳纹。残高 14.2 厘米。是围坊二期遗存典型器物，年代为夏商时期。

青铜刀

1965 年张家园遗址试掘时出土。刀尖上翘，刀把下垂，刀柄略残，铜锈上印满禾本植物痕迹。是早期青铜刀的常见形式。为张家园三期遗存代表性器物之一。年代为商代。

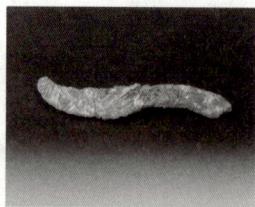

青铜刀

铜耳环

1965 年张家园遗址试掘时出土。上端为弯曲细柄，粗端锤成扁平三角形或喇叭口形，整体形似弯曲的豆芽，是张家园三期遗存的代表性器物之一。年代为商代。

青铜鼎

1987 年张家园遗址第三次发掘时 2 号墓葬出土。两立耳，深腹圆鼓，柱足，颈部饰由三对夔龙组成的花纹一周，回纹地，中间有三个扉棱相隔。器内壁铸"‖又"字。通高 22 厘米、口径 17 厘米。年代为晚商时期。

青铜鼎 1

1987 年张家园遗址第三次发掘时 3 号墓葬出土。两立耳，深腹，下腹微鼓，圜底，柱形足，略粗。口沿下饰一圈两对夔龙纹，中间夹以圆涡纹，回纹地。腹部饰蝉纹一周。高 26 厘米、口径 18 厘米。年代为西周时期。

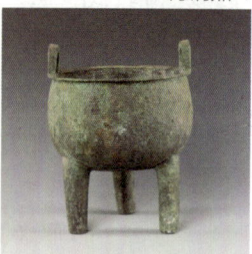

青铜鼎 2

1987 年张家园遗址第三次发掘时 4 号墓葬出土。大口，平折沿，立耳，圆浅腹，分裆柱足。口沿下饰一圈云雷纹，腹部分别在足的上方饰三组饕餮纹。通高 18.4 厘米、口径 15.5 厘米。年代为西周时期。

青铜鼎 3

青铜簋

1987 年张家园遗址第三次发掘时 3 号墓葬出土。折沿圆唇，腹壁较直，圜底，高圈足。口沿下均匀饰三个突起的兽头，兽头两侧各饰一对夔龙纹。腹饰百乳纹，

乳丁尖长，突出 5～6 毫米。雷纹地。圈足饰三对夔龙纹。口径 24.6 厘米、底径 17.9 厘米、高 26.5 厘米，圈足高 5 厘米。年代为西周早期。

青铜簋

"天"字青铜簋

1987 年张家园遗址第三次发掘时 4 号墓葬出土。敞口，束颈，两竖耳，耳下有垂珥。鼓腹圈足，颈部和圈足饰以夔龙纹，耳为龙首，腹部饰饕餮纹两组，无地纹。器底有铭纹"天"字，推测是周人的一个氏族集团的族徽。通高 20.8 厘米、口径 20.3 厘米。年代为西周时期。

"天"字青铜簋

金耳环

一对，1987 年张家园遗址第三次发掘时 3 号墓葬出土。用直径 2 毫米，分别长 19 厘米和 20 厘米的金丝弯曲而成。环内直径分别为 4.7 厘米和 5.2 厘米。年代为西周时期。

金耳环

四、春秋战国时期

陶鬲

1956 年张贵庄战国墓 M1 发掘时出土。陶质疏松，器壁较薄，表面呈砖红色，所加羼和料为贝末儿和砂。模制，表面留有绳纹，足为手捏后加，口沿多经修抹。口稍敛、短唇、平缘、深腹、平底，不分裆，实足。颈部饰相交横竖绳纹，腹部饰横行绳纹。陶器表面布满烟痕，为实用器。残高 20 厘米、口径 13 厘米、腹径 17 厘米。为战国时期燕国墓出土的典型器物，因此又称"燕式鬲"。

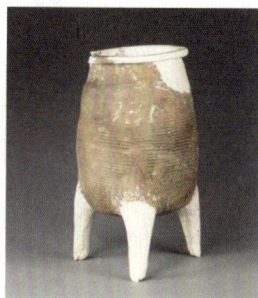

陶鬲

陶鼎

1957 年张贵庄战国墓第二次发掘时出土。泥质灰

陶，厚胎，表面呈青灰色，陶器表面未经精细修抹，略显粗糙。轮制，器壁均留有明显的轮旋痕迹。足为手捏，后经刀修，下端向内折曲。有盖，盖顶隆起，饰三钮，深腹，圜底，直立方形双耳，三泥条形足略呈蹄状。为战国时期土坑竖穴墓中出土的仿铜陶礼器之一。

陶鼎

陶豆

1956 年出土于张贵庄战国墓。泥质灰陶，厚胎，表面呈青灰色，轮制，器壁留有明显的轮旋痕迹。盘腹较浅，周壁较直，近平底，下接喇叭状底座，缺盖。素面。通高 24 厘米、口径 18 厘米、足高 16 厘米。为战国时期土坑竖穴墓中出土的仿铜陶礼器之一。

陶豆

陶壶

1956 年出土于张贵庄战国墓。泥质灰陶。轮制，器壁留有明显的轮旋痕迹，壶的双耳、壶盖之立钮均为手捏或再经刀削后附加的。侈口，敛颈，鼓腹，圜底，下接矮圈足，带盖，盖上残存了扁平形立钮，双耳三角形，作铺首状，置于腹二侧。腹以上以弦纹为间隔，中添以鱼鸟划纹、斜方格纹；斜方格纹居上，鸟纹五个居中，鱼纹七个居下，都作带状排列。高 46 厘米、腹径 23 厘米、口径 15 厘米。为战国时期土坑竖穴墓中出土的仿铜陶礼器之一。

陶壶

灰陶三足罐

1956 年出土于张贵庄战国墓。泥质灰陶，表面粗糙。轮制，足为手捏，后经刀修。敛颈，平口缘，深腹，口径接近腹径，

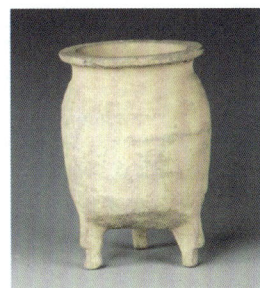

灰陶三足罐

近平底，下接三个扁平折曲状足。素面。高 19.5 厘米、口径 13 厘米、腹径 14 厘米。为战国时期墓葬的随葬器物。

红陶釜

1989—1990 年宝坻秦城遗址发掘时出土。夹云母红陶。敞口，口沿平出上折，尖圆唇，深直腹，圜底。口沿下饰一排不规则的竖向绳纹，沿面有二道弦纹，腹饰密集的细绳纹，印痕深。口径 36 厘米、高 34 厘米。为瓮棺葬的葬具之一，属战国晚期燕文化系统。

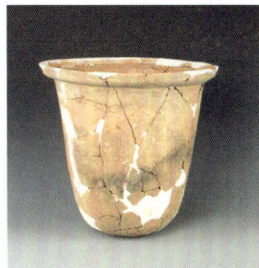

红陶釜

"陈和忎左廩" 陶量器残片

1978 年在静海西钓台古城址西垣附近采集到一块印有"陈和忎左廩"圆形戳记的泥质红陶量器残片，长 9.5 厘米、宽 4.6 厘米。推测其为战国齐田仓廩所使用的家量。为战国时期齐文化的代表性遗存。

"陈和忎左廩" 陶文拓片

瓦当

卷云纹半瓦当，1989—1990 年宝坻秦城遗址发掘时出土。泥质灰陶。当面正中以一道横线连接两侧卷云纹，底角填两朵小卷云纹，底边一排锯齿纹。瓦面饰细绳纹。当面宽 16 厘米、高 8 厘米。为战国晚期典型的建筑材料。

卷云纹半瓦当（左）、山云纹半瓦当（右）

山云纹半瓦当，1989—1990 年宝坻秦城遗址发掘出土。泥质灰陶。当面以两道几何形凸线组成重山图案，山峰两边饰小卷云纹。当面宽 12 厘米、高 7.5 厘米，边框宽 2 厘米。为战国晚期典型的建筑材料。

双龙纹半瓦当，1992 年武清兰城遗

双龙纹半瓦当

址发掘出土。泥质灰陶。双龙对首，皆作飞舞状，首尾摆动，曲身低首，前爪昂起，后爪伏地，姿态生动。当面宽19.8厘米、高10厘米。为战国晚期典型的建筑材料。

青铜短剑柄

青铜短剑柄

1985年秋，蓟县翠屏山乡西山北头村民挖菜窖时，在距地表140厘米的土层中发现1件青铜短剑。据发现者讲，短剑出土时完好，后从剑格处折断，剑身丢失，现只存剑柄，残长8厘米。柄首扁圆形，中间饰似双角倒卷镂空图案，角下有斜格交叉，镂空处原来似有镶嵌，现已脱落。剑茎扁圆、中空，上镂3行共18个长方孔。以往考古资料显示，这种形式的剑，一般通长25～27厘米，剑身单脊，两侧直刃横剖面呈菱形。属直刃匕首式青铜短剑，其年代约当春秋中、晚期。蓟县青铜短剑的发现，对探索东周时期活动于冀北山地的山戎部族的分布范围及相关历史提供了线索。

青铜戈

20世纪80年代，大港区沙井子村东战国墓出土了2件铜戈，皆有铭文，分别为"平舒戈"和"平阳戈"，第三字和传世的"陈散戈"同，字体风格也相似。扬雄《方言》云："散，杀也。东齐曰散。"也表明此铜戈是齐国之物。平舒是齐国西北边地重镇，亦称"舒州"。因此，"平舒"铜戈为战国时期齐文化的代表性遗存。

"平舒"铜戈

"平阳"铜戈

明刀币

1984年宝坻歇马台战国遗址发掘出土明刀币700

多枚。随着铁器的出现和农业的发展，燕国商业活动日趋活跃。燕国刀币通常在刀面铸一个"司"字，此字有释为"明""易""召"等多种读法，一般多读作"明"字，故称明刀币。标本长14厘米、宽1.8厘米。

明刀币

五、秦汉时期

石质印母范

1989—1990年在宝坻秦城遗址采集。石质双面印。扁方形。边长2.2厘米、高1.5厘米。双面阴文反书，田字格，有边框，一面刻"泉州丞印"，一面刻"范阳丞印"。具有秦印特征。"丞"这一官职是战国时秦国首先设置的，《史记·商君列传》记载："于是以鞅为大良造，将兵围魏安邑，降之……而集小都、乡、邑，聚为县，置令、丞。"

石质印母范及拓片

画像石

2004年小毛庄东汉砖室墓发掘出土。为石质墓门构件。三道墓门的门楣、立柱、门扉上均有浅浮雕或线刻，雕刻手法熟练，物象质感很强，

画像石1

内容涉及四神、瑞兽、瑞禽，以及天上世界和墓主人日常生活等，大部分浮雕和线刻描有红、黑、黄等颜色。该墓为天津地区首次发现的彩绘画像石墓。

画像石2

石刻

石刻于 2002 年蓟县七里峰出土。长 1.05～1.1 米、厚 0.08～0.12 米、画面高 0.6 米。刻有图案，均采用剔地浅

石刻

浮雕的形式，题材主要有门吏、伎乐、杀牲、侍女、青龙、白虎、朱雀、玄武、骏马、禽鸟等。从石刻的布局和题材看，该石刻极有可能为墓前祭祀建筑——祭坛的一部分。年代为东汉中晚期。

汉故雁门太守鲜于君碑

1973 年 5 月，天津市武清县高村公社兰城大队社员在村东约 500 米的苏家坟平整土地时，发现一通东汉桓帝延熹八年（165）雁门太守鲜于璜墓碑。与碑同时出土的还有碑座 1 件。

此碑首呈圭形，碑高 2.42 米、宽 0.81～0.83 米、厚 0.12 米。有穿，径 0.15 米。碑座为长方覆斗形，长 1.22 米、宽 0.72 米、高 0.24 米。碑座中间为竖碑之槽，长 0.9 米、宽 0.14 米。

碑两面均有铭文，碑首有篆额和画像，碑阳额旁阴刻青龙、白虎，碑阴穿上阴刻朱雀。碑阳额上有"凸"字形单线界框，框六角刻有卷云纹。框内剔地阳刻小篆"汉故雁门太守鲜于君碑"10 字。碑首画像和篆额形式为汉碑中所少见。碑文为隶书，阴刻。碑阳 16 行，满行 35 字。碑阴 15 行，满行 25 字。两面共 827 字，除个别字泐损外，余皆清晰完好。碑阳字间有细线方格，字体略小，一般为纵 3 厘米、横 4 厘米，纵横成行。碑阴字体大小不一，不及碑阳的隶字工整，界格不甚明显。

碑文记述了鲜于璜生平及上下七代家族成员名字、官职，在颂扬鲜于璜勋绩中，从侧面反映了当时东汉政府与我国北方少数民族的关系。其中，还记载了匈

汉故雁门太守鲜于君碑

奴和乌桓族的情况，有一定的史料价值。碑文字口清晰、书法遒劲古朴，为汉碑珍品。

"泉州"陶罐

1972 年，于北辰双口西汉墓葬附近采集。泥质灰陶。侈口，直沿，深腹，通体弦纹，颈部带有"泉州"戳记。年代为西汉时期。发现地距武清城上村古城即西汉泉州故城 10 千米，为佐证泉州故城的重要

"泉州"陶罐

出土器物。泉州当时是水运的要津，又是西汉政权设有盐官的郡县之一，地位比较重要。

陶井具

2000 年蓟县大安宅战国、汉代水井群遗址发掘时出土。泥质灰陶，长方形屋状，屋顶为庑殿顶式，平顶部两端各刻 1 个"吉"字，四面坡状屋顶中两侧长面屋顶上刻瓦楞，短

陶井具

面屋顶两侧刻有网状沟槽瓦楞，墙体两侧长边刻有网状纹。屋顶正中至底部正中穿 1 个长方形孔，两侧短边墙体对穿 1 个三角孔，长边墙体对穿两个圆形孔。陶井具长 12.9 厘米、宽 7 厘米、高 7.65 厘米。为汉代水井构件。

陶井圈

2000 年蓟县大安宅战国、汉代水井群遗址发掘时出土。夹砂灰陶，陶胎厚重。方唇，唇

陶井圈

面略凹。圆形，喇叭状。斜弧壁略直，上部饰滚印绳纹，下部成排压印斜向平行绳纹。上口直径 75 厘米、下口直径 90 厘米、高 27.5 厘米。为汉代水井构件。

"大富牢罂"戳记陶片

1953 年在宁河县田庄坨遗址调查时采集。泥质灰陶瓮残片。"罂"是器物名称，属坛子一类的陶器。"牢"，

据《史记·平准书》记："愿募民自给费，因官器作煮盐，官与牢盆。"如淳解释曰："牢，廪食也，古者名廪为牢也。盆者，煮盐盆。"则此陶文说明，这些陶器都是属于"大富牢"的器物，是为防止生产私盐，由官家发给的煮盐器具。这是西汉时期渤海盐业发展的重要佐证。

"大富牢罂"戳记陶片

瓦当

卷云纹圆瓦当，1992年武清兰城遗址发掘时出土。泥质灰陶。中心为一圆泡，双道界格线十字分，每一界格内填双线卷云纹或单线卷云纹。直径15.5厘米。为西汉时期常见的建筑材料。

"千秋万岁"圆瓦当，1987年于东丽西南峯遗址采集。泥质灰陶。上有篆书"千秋万岁"四字。直径17厘米。为西汉时期级别较高建筑所用材料。

"王门大吉"半瓦当，1987年于东丽西南峯遗址采集。泥质灰陶。中间以十字分开，有隶书"王门大吉"四字。宽16厘米、高10.4厘米。为西汉时期级别较高建筑所用材料。

1. 卷云纹圆瓦当拓片　2. "千秋万岁"圆瓦当拓片　3. "王门大吉"半瓦当拓片

瓦当拓片

陶灯

1982—1985年静海县西南15千米的东滩头村汉墓中出土。高48.5厘米，宽43.5厘米，为缠枝纹釉陶。出土时残缺，后修复。同时出土的主要为陶器。有方形楼、鸡、鸭、鹅、狗、

缠枝釉陶灯（静海东滩头）

猪、猪圈等。其中陶灯为东汉时期天津地区随葬品的典型器物。

陶楼

1982—1985年静海县西南15千米的东滩头村汉墓中出土。高158厘米，宽50厘米。为陶制品。东滩头汉墓规模宏大，形制特殊。由微道墓、多室墓、单室墓组成。微道墓和多室墓内的随葬品，制作精致，种类繁多，器形高大。其中陶楼即为典型器物。

陶楼（静海东滩头）

木牍

2000年蓟县大安宅战国、汉代水井群遗址J1发掘时出土。长21厘米，宽4.2厘米，出土时残断，经处理拼复，缀合成一方基本完整的木牍。木牍书于东汉建安十年（205），墨书文字6行138字，可释读出较清晰的85字。据内容推知，为国内首次发现的东汉道教方术文书。

木牍

六、魏晋北朝时期

C 型板瓦（俗称"花边瓦"）

1992 年武清县兰城遗址发掘时出土。泥质灰陶。一端有明显的压印花边，花边上压印绳纹。瓦面饰密集的弦纹和篮纹，背面为布纹和菱形方格纹。有花边的一端略高，弦纹上有划断。长 46 厘米。为曹魏时期的建筑材料。

青瓷器

青釉双耳罐，1987 年东丽区西南辇遗址采集。口部稍外侈并有一周凸起，肩部附双系，鼓腹，下腹急收，平底略内凹。器身施釉不到底，下腹近底处与底部无釉。口径 6.6 厘米、腹径 10.7 厘米、高 7.5 厘米。

同出的青釉勺，椭圆形，敞口，一侧有柄，柄首呈菱形。口径 4.9 厘米、高 3 厘米。均为西晋时期实用器物。

北魏铜佛造像

1974 年，大港区窦庄子村北出土了 10 尊铜造像，1978 年又在附近发掘出 2 尊。这些造像由佛像、背光、佛座构成。佛像血颊清癯，栩栩如生；背光一般有鎏金，正面为火焰纹，背面为线刻佛像图案；佛座为方形，多数刻有铭文，其中镌刻年款者 6 件，有延兴、永平、太和三种，皆属北魏年号。

北魏铜佛造像

其中最大的一尊释迦佛立像，通高 42 厘米。释迦头梳螺髻，身披通肩大衣，站于莲台之上，身后立背光。背光正面刻顶光、坐佛、舍利塔、火焰纹等图形，背面刻双塔和佛像，花纹繁缛细致，刀法洒脱流畅，工艺

北魏铜佛造像铭文拓片

精良，是一件不可多得的艺术精品。佛座上刻铭文："延兴五年正月十六日，王徐兄弟为亡父造像一区，居家大小现吉安，常值诸佛。易达六。"标明了造像的确切年代。

北齐天保八年（557）刻字砖

2006 年武清区齐庄火葬墓发掘时出土。火葬墓用灰陶罐做葬具，上压两块扣合的青砖与红砖，据红砖上的墓志铭知，墓主人葬于北齐天保八年（557），这也是天津地区首次发现带有明确纪年的北朝时期墓葬。

北齐天保八年（557）刻字砖

七、隋唐时期

青釉瓷碗

1973 年，大港区窦庄子隋代砖室墓内发掘出土。口略敛，口下有一道细弦纹。平底，底心微凹入。胎较厚重。釉色青黄，碗里满釉，外壁大部分施釉，近底部露白瓷胎。碗心有三个支烧痕。高 8.5 厘米、口径 14 厘米。为隋代墓葬的随葬器物。

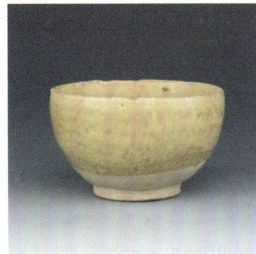

青釉瓷碗

玉璧底白釉瓷碗

2003 年宝坻区辛务屯唐代遗址发掘出土。敞口、叠沿、弧腹壁，玉璧底。白瓷胎质坚硬细腻，釉色乳白，施满釉，素面。口径 15.2 厘米，足径 6.1 厘米，高 4.1 厘米。为唐代晚期典型器物。

玉璧底白釉瓷碗

青釉瓷钵

1990 年出土于静海县张村隋墓。敛口内卷，弧腹，平底略内凹。外壁上半部施青釉，余处露胎，胎质较为粗糙。口径 18.5 厘米、高 9 厘米。为隋代墓葬的随葬器物。

青釉瓷钵

青釉高足盘

1959 年于东郊区军粮城白沙岭唐代墓葬附近采集。

敞口，浅腹，喇叭形圈足。盘心施两道旋削纹，并有三个支烧痕。整器除盘心、圈足外，满施豆青色釉，玻璃质感强，见有细小开片。胎体厚重，有脱釉现象。口径14.5厘米、高6厘米。为唐代早期墓葬的随葬器物。

青釉高足盘

青釉印花执壶

武清城关遗址出土。口残，喇叭形颈，颈肩间安有曲柄，肩部另一侧有圆柱形短流，鼓腹，下腹缓收，底部略外撇，平底，略内凹。器壁较厚，灰白胎，胎体紧密。器壁大部分施青釉，近底部露胎，腹部印满布纹。残高17.2厘米、腹径11.2厘米。

青釉印花执壶

红胎黄釉陶碗

2003年在宝坻区辛务屯唐代遗址发掘时出土。泥质红陶。敞口，圆唇，弧腹、假圈足，器内施黄釉至外沿。口径18.6厘米、足径8.8厘米、高7.6厘米。为唐代晚期典型器物。

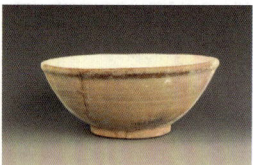

红胎黄釉陶碗

绿釉陶盆

2001年在宝坻区西辛庄遗址发掘时出土。细泥红陶。直口，叠沿，尖唇，束颈，折肩，直腹，平底。绿釉，沿部以下未施釉，内壁施全釉。口径27.6厘米、高13.3厘米、底径11.5厘米。为唐代晚期典型器物。

绿釉陶盆

三彩陶罐

1958年在东郊区军粮城塘洼唐代砖室墓发掘时出土。罐口微敞，卷唇，短颈，鼓腹，

三彩陶罐

平底。罐口沿内壁施黄色釉，口至腹部施黄绿色彩釉，腹下部及底无釉，露出白胎。三彩罐彩釉呈斑状，流动叠加。口径11厘米、腹径18.3厘米、高14厘米。为唐代墓葬随葬器物。

陶俑

人面鱼身俑

人面鱼身俑，1957年在东郊区军粮城刘家台子石棺墓发掘时出土。米黄色，厚胎，质坚，合模制成。体呈长条状，背上有脊，两边各有两个鳍。长26厘米，高10.5厘米。为唐代墓葬随葬器物。

胡俑，1957年在东郊区军粮城刘家台子石棺墓发掘时出土。所塑人物浓眉大眼，高鼻多须，穿翻领长袍，袒胸露腹，足着尖头靴，右手平执胸前，左臂下垂，手残，全高33厘米。为唐代墓葬随葬器物。

胡俑

八、宋辽时期

白釉刻花瓷枕

1983年静海县西钓台宋代砖室墓发掘出土。枕面下凹，两端凸起，呈束腰状。四面开光内划有钱纹和缠枝花卉纹，余处戳印珍珠状小圆圈。釉色白净。长26厘米、宽13厘米、高13厘米。

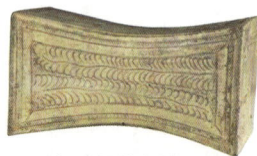

白釉刻花瓷枕

白釉瓷碗

1982年发掘静海东滩头宋墓时出土。尖唇，敞口，斜直壁，矮圈足。白釉，外壁釉不及底，胎较薄，泛灰色。口径19.2厘米、高5.8厘米。

白釉瓷碗

白釉印花方瓷盘

1964年发掘武清县大良塔基遗址时出土。花口略外撇，圆唇，斜直腹，平底，器内从边至底依次饰缠枝纹、

珠纹、牡丹纹。器壁薄，白胎，胎体紧密，制作精细，器壁施白釉，底无釉。高 2.5 厘米、口径 10.9 厘米。

白釉印花方瓷盘

白釉瓷盂

1986 年发掘蓟县营房村辽墓时出土。敞口微内敛，圆唇，上部呈漏斗状，束腰，扁圆腹，圈足。胎质粗厚，内含细砂粒，胎色白中泛灰。通体施白釉，厚薄不均，釉厚处泛青，底部露胎。口部、下腹部有明显的轮削痕，圈足内呈螺旋状，有块椭圆形垫烧痕。口径 20.4 厘米，高 14.5 厘米。为辽代中期带有宋文化特色的器物。

白釉瓷盂

绿釉鸡冠壶

1986 年发掘蓟县营房村辽墓时出土。塔式盖，管状口，整器呈扁方状，上宽下窄，上薄下厚。上部为马鞍形，有双孔，壶身仿皮囊式样，刻卷草纹，垂腹，底微凹，刀削痕明显。通体施茶绿釉，闪银白光泽，有脱釉现象，露胎处呈浅红色。口径 5 厘米、高 25.2 厘米。为辽代契丹民族特有的马上习用器。

绿釉鸡冠壶

白釉莲花注壶

1986 年发掘蓟县营房村辽墓时出土。塔式盖，管状口，直颈，斜折肩，上有三道凹弦纹，一侧有一曲流，另一侧有一弓形执柄，鼓腹，圈足稍外撇，有刀削痕。壶盖中心与肩部刻转轮菊花纹，腹部刻双重莲瓣纹。通体施白釉，微闪青色，胎体较薄，胎质纯净。口径 4 厘米、底径 8 厘米、高 22.4 厘米。为辽代契丹人墓葬中随葬的实用器物。

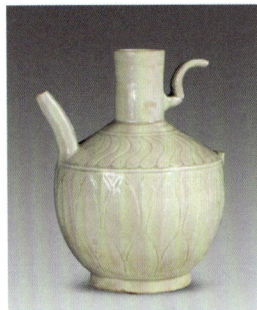

白釉莲花注壶

白釉刻花瓷塔模型

1964 年发掘武清县大良塔基遗址时出土。整器分为塔刹、塔身和塔基三部分，塔身与塔基连为一体，中空。塔刹为盖，由相轮、宝瓶、华盖组成。塔身分双层，上部为层凸棱，宛若层密檐，下部为筒状，光素无纹。塔基为双层束腰须弥座，束腰处有一道凸弦纹，座面刻双层覆莲纹。除塔盖和基座底部外，通体施白釉，釉色泛黄，胎质坚细，胎色白中闪灰。口径 6.5 厘米，高 48.5 厘米。

白釉刻花瓷塔模型

盘口短流陶注壶

1984 年发掘蓟县抬头村辽墓时出土。注壶盘口，长颈，短流，与辽代的瓷注壶造型相近，为辽早期汉人墓葬中的陶制明器。

赵氏夫人墓志

1988 年在武清县高村乡李老村发现。《燕京武清县张东周母天水郡故赵氏夫人之实录并序》，青石，方形，边长 51 厘米、厚 11 厘米。志文 20 行，共 497 字，楷书，辽应历十四年（964）刻。志文记述赵氏家居燕京铜马坊，由于宋辽对峙，一家人分散各地不得团聚的情况。在宋地的有：长子东周在真定府（今河北正定），长女、次子和次女在均州（今湖北省均县）。在辽地的有：长孙澶守在儒州缙山县（今北京市延庆县）；次孙惟叙在定州（今属河北保定），当时尚在辽控制之下。丈夫随长子在真定，死后难返故园，权葬元氏县。赵氏死后也只能返葬于武清李罗村故里。反映了宋辽对峙初期，战争给人民生活带来的影响。

赵氏夫人墓志

"骁骑"军官铜印

1977 年蓟县城关南门出土。长 5.5 厘米、宽 5.3 厘米、厚 1.9 厘米，近方形。背有扁平立纽，穿孔。印文篆书"骁骑右第二指挥第四都记"11 字。背面在纽两侧錾刻"咸平五年十月少府监铸"字样。咸平为宋真宗的年号，咸平五年即公元 1002 年，知此为宋印。"骁骑"是禁军驻卫京师的骑兵部队，当时在童贯率领下戍守蓟州。为宋朝统治燕山府的重要物证。

"骁骑"军官铜印

鎏金铜耳环、鎏金铜指套

1986 年发掘蓟县营房村辽墓时出土。

鎏金铜耳环，2 件。出于耳部。为半圆三棱体，实心，上端用细铜丝作穿耳，侧附一蘑菇状装饰，下部似鱼状。通长 4.3 厘米、直径 0.7 厘米。

鎏金铜耳环

鎏金铜指套，7 件。右手 4 件，左手 3 件，出土时分别套在拇指以外的指尖部。指套形制相同，内侧有纺织品痕迹，由铜片加工而成。正面有凸起的变形莲花一朵，并錾以小圆点衬托，背面对折成环状以便戴在手上。长 3.2 厘米、高 2.2 厘米、直径 2.5 厘米。

鎏金铜指套

铜镜

1986 年发掘蓟县营房村辽墓时出土。出土时置于草编盒内，器表有纺织品包裹的痕迹。圆形。镜体较薄，桥状钮，宝相花钮座，外饰折枝牡丹 3 朵，3 朵花间另加小花 1 朵，花纹清晰。系翻铸镜，制作规整，紫铜色。出土时镜面黏附一纺织品小袋，已朽成粉状，内有白色泥质物，似化妆品。直径 17 厘米、厚 0.15 厘米、钮高 0.4 厘米。

铜镜

宝坻大千佛顶遗址辽代器物

1988 年于宝坻县大千佛顶村村民宅院内出土。共发现铜器 7 件：云朵板耳洗 2 件，其中 1 件带流；素面铜钵 2 件；莲花口浅盘 1 件；瓜棱注壶 1 件；莲花镂空器座 1 件，子母口，钵形腹部为重莲，腰部镂空内各有一如意头装饰，底部有 5 个云头状足，造型别致、新颖，制作精巧，为辽代文物中少见。同时出土的还有沟纹砖和布纹瓦碎块，砖长 37 厘米、宽 18 厘米、厚 6 厘米。

这些砖瓦和铜器均属辽代遗物。该村曾建有千佛寺庙一座，不知何时荒废。此次出土的铜器，及沟纹砖、布纹瓦等建筑材料当与寺庙建筑遗存有关。

云朵板耳洗

素面铜钵

瓜棱注壶

莲花镂空器座

独乐寺塔上层塔室出土遗物

1983 年出土于蓟县独乐寺塔上层塔室。均属辽代遗物，瓷器都属宋代定窑系和耀州窑，铜佛像和苏州瑞光塔、大理三塔的出土物相同，琥珀和木塔模具有唐塔风格，玻璃瓶与乃沙尔（在今伊朗）出土的 10 世纪玻璃瓶相似。其中年代最明确的为辽清宁四年（1058）石函，证明此塔建成绝不会晚于 1058 年。

青釉刻花瓷碟，敞口，圆唇，斜直腹，小圈足。器壁薄，盘内由边至底依次饰莲瓣纹、缠枝菊花纹。灰白胎，胎体紧密，制作规整。器壁施青釉，圈足内露胎。陕西耀州窑烧造。高 2.1 厘米、口径 11.1 厘米。

白釉花口瓷盘，芒口，六瓣，呈莲花状，圆唇，斜直腹，平底。器壁薄，白胎，胎体紧密，制作规整。器壁施白釉，应属河北定窑烧造。高 2.4 厘米、口径 10.5 厘米。

阿弥陀佛鎏金铜造像，螺发，披袈裟掩右肩，身后立火焰纹背光，结跏趺坐于高 6.3 厘米的圆束腰座上。高 21.5 厘米。

玉碗，酱黄色软玉制成，平口深腹，小圈足，器表有开片断纹。口径 5.9 厘米、高 3.4 厘米、底径 3.4 厘米。

龟形水晶盒，卧龟形，背甲为盖，龟身为盒，以子母口相套。长 5.6 厘米、高 2.05 厘米。

琥珀塔模，七层小方塔模，高 6.95 厘米，由基座、塔身、檐和刹组成；五层小方塔模，残高 3.4 厘米，由基座、塔身和檐组成。

刻花玻璃瓶，无色透明，内含小气泡，表面附着黄白色风化层。平口外翻，细颈，折肩，桶形腹，平底。颈部和肩腹部刻菱形和带状图案。高 26.4 厘米、口径 7.8 厘米、颈高 10.5 厘米。经化学分析属钠钙玻璃，与一般伊斯兰玻璃成分相似。器形和刻花纹饰都与伊朗德黑兰考古博物馆现存乃沙不尔出土的 10 世纪水瓶相同，应为伊斯兰玻璃器。

舍利石函，二层，外层是棺形石函，内层为木棺。棺形石函，砂岩凿成，长 56 厘米、宽 38 厘米、头高 40 厘米、尾高 37 厘米，函底和尾部略有收分。函作盝顶，正中雕 1 朵莲花，花心是直径 7 厘米的圆孔直通函内。函内平底，正中亦雕 1 朵莲花。函外面三面刻字，棺首刻："守思空辅国大师沙门思孝葬，释迦佛舍利六尊。"一侧面（南）刻："中京留守兼侍中韩知白葬，定光佛舍利一十四尊。"棺尾刻："知州守太子太保秦鉴葬，定光佛舍利二尊。清宁四年岁次戊戌四月二日记。"木棺已朽，只残留鎏金镂孔银饰片两块。

青釉刻花瓷碟

白釉花口瓷盘

玉碗

龟形水晶盒

琥珀塔模

九、金元时期

钧釉瓷碗

1997 年发掘宝坻县哈喇庄遗址时出土。直口，圆唇，弧腹。釉厚重，釉色为天蓝略泛红，含小气泡，有开片。胎色泛灰，有孔隙。口径 22 厘米。为哈喇庄遗址三期的代表性器物，年代为金代晚期。

白釉瓷盘

2004 年发掘蓟县鼓楼遗址时出土。敞口，圆唇，圈足。器壁较薄，灰白胎，胎体紧密，制作规整。器外壁上部施白釉，下部及器底露胎，器内满施白釉。器内底有 7 个圆形支烧痕。高 5.3 厘米、口径 20.5 厘米。金代早期实用器物。

白釉瓷盘

三彩瓷器

1978 年宝坻县北台金代砖室墓出土。随葬品是一批三彩瓷器，包括碗、碟、瓶等，瓷胎淡黄，外挂白色粉衣，口沿施绿釉，器内刻画花卉，然后填色，釉层较薄容易脱落。这些三彩器的胎质、釉色、花卉图案，和辽三彩多有相似之处，唯技法简练，施釉淡薄而平，显示了金三彩的特点。

三彩碗、碟，内底纹饰为折枝牡丹花图案，填黄、绿、白、绛等色釉，外用不同色釉勾边。

三彩瓶，唇口，长颈，长圆腹，台座宽矮。腹部刻画腾龙纹饰，填黄色釉，以绛色釉画火焰纹与其缠绕相衬，釉色不匀，多有脱落。为黄、绿、白三彩。高 21.5 厘米。

彩瓷观音造像

2006 年在武清区齐庄遗址发掘出土。观音为男性形象，发式前分后髻，如意花冠压于发上，胸佩璎珞，肩披长巾，下体着长裙，随体起伏，右手置于弓起的右腿上，左手扶撑

彩瓷观音造像

于坐垫之上，坐于山形基座之上，右足踏坐垫，左足踏莲花，神情端详，体态丰满。用黑彩、红彩、绿彩分别描绘宝冠、发髻、五官、璎珞、衣纹、花卉。高32.2厘米、底径14.6厘米。年代为金代中晚期。

缸胎韩瓶

缸胎韩瓶

2003年发掘宝坻区辛务屯元代墓葬时出土。侈口，卷沿，尖唇，颈部有盘状凸棱，瓶口部呈滑轮状，溜肩，长筒腹，腹部近直，凹底。口径4.4厘米、底径6厘米、高23厘米。为元代典型遗物。

石碑

2003年在千像寺遗址发掘出土。为圆平首碑额和碑身残块。碑额高0.25米、宽0.82米、厚0.18米。正面饰云纹，上有"日月"二字。碑身边框饰缠枝莲花纹。碑身残块上有"至戊戌、增葺聚、以酬心、今较昔、官前车、延捐俸金、答大"等20余字。背面刻捐赠人姓名，其中汉人姓名只占四分之一，余均为"羊羔素、猛进忠、哈答丢、跌不哥、阿木赤、八代、答拜、虎喇气、班不赖、中亥、八浪、羊羔素、脑合大、他喇气、猛克赖、哈只害、莫料"，这些明显区别于汉人的姓氏，应与蓟县五代时被石晋割以赂辽，金又曾以蓟一度遗宋，不数年又复取之，金元时期也屡为中原和北部少数民族冲突之地有关。据碑额特点、碑身边框花纹和碑身背面捐赠人姓名等判断，此碑应属金元时期石碑。

石碑残块背面拓片

武清河西务十四仓遗址出土遗物

武清十四仓遗址作为重要的漕运遗迹，历年出土大量金元时期遗物，包括铜权、铁权、铜镜、瓷器、建筑瓦件等。

青釉带座瓷狮子，器物上部塑蹲踞顾首状狮子，形态矫健，下部塑须弥座，座下承四足，满施青釉，釉色光亮。灰白胎，胎体紧密，制作规整。应属江西景德镇窑烧造。高16.4厘米、座径7.8厘米。

青釉蔗段洗，直口，方唇，腹微鼓，器身呈蔗段状。器壁较厚，灰白胎，胎体紧密，制作规整。器壁满施青釉，底部无釉。浙江龙泉窑烧造。高3.8厘米、口径10.8厘米。

钧釉瓷尊，侈口，唇外翻，颈粗，腹部呈瓜体状，圈足。器壁较厚，白胎泛铁石红色，胎体紧密，制作规整。器身满施钧釉，以紫红为主，上有絮状白色、蓝色。圈足内无釉（有学者认为此器应属河南禹州钧台窑烧造，其年代应属元至明代）。高15.8厘米、腹径13.3厘米。

白釉黑彩瓷瓶，侈口，圆唇外翻，细颈，溜肩，肩部四系，鼓腹，圈足略外撇。器壁较厚，灰红胎，胎体紧密，制作规整。器口至腹部施白釉，以黑彩绘弦纹、羽纹。腹部以下及圈足内施黑釉，足底无釉。高24.5厘米、腹径11.5厘米。

青釉带座瓷狮子

青釉蔗段洗

钧釉瓷尊

白釉黑彩瓷瓶

大德七年铜权，方鼻纽，权身下部略大于上部。再下为束腰底座。权底座六面铸缠枝纹，权身六面均铸阴文。正面中部为两行汉字"大德七年大都路造"，右侧为察合台文"量秤"，左侧为回鹘式蒙古文"秤石"（即砣）。背面中部为汉字"二十五斤秤"和八思巴文"一斤锤"，右侧为回鹘式蒙古文"二十五"，左侧为察合台文"二十五"。其中"大德七年"的"七"

字系磨平原铸年号数字后，又錾刻上的。通高 10.5 厘米、底宽 5.3 厘米。实重 775 克。

铁权，圆形束腰。权身正立面近似圆形，束腰部分内收不十分明显。高度和宽度相近，方鼻纽宽大扁平，上有小圆孔，通体无纹饰和文字。自鼻纽两外侧一线向下有一道铸造时合模的凸棱。通高 13.5 厘米、底径 11 厘米，重 3692 克。

大德七年铜权

铁器

1973 年出土于西青小甸子元代遗址。元代前期生产、生活用具。

铁铲，刃部细长，呈月牙形。刃长 67.5 厘米。裤呈椭圆形，较粗大。形制特殊，似元代《王祯农书》所绘之"划"。

铁鱼叉，锻制，五齿，尖部已残，方裤，残长 28 厘米。

铁㙇叉，锻制，二齿，圆筒深裤，可接长柄，长 38 厘米。

铁刀，2 件，锻制。一件长方形，刀面宽，安木柄，长 30.5 厘米、宽 5.5 厘米；另一件刀面窄，铁柄，长 28 厘米、宽 2.5 ～ 3.5 厘米。

錾耳铁锅，铸造，子母口，微敛，鼓腹。腹上部外壁附有 6 个长方形平錾手，錾周围有一圈铸范接缝痕迹。锅底中央突出一平脐。口径 36 厘米、高 23.5 厘米、厚 0.8 厘米。

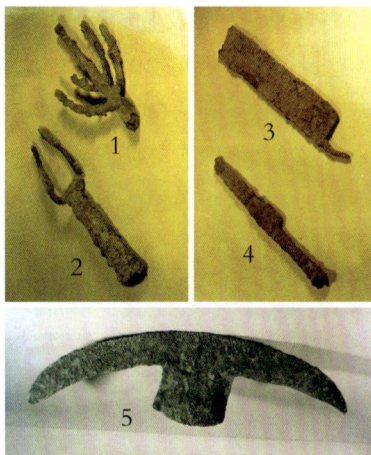
1. 铁鱼叉 2. 铁㙇叉 3. 铁刀（木柄）4. 铁刀（铁柄）5. 铁铲
铁器

錾耳铁锅

十、明清时期

《重修天津三官庙记》碑

1956 年在天津卫故城南门外大街一座旧房翻建中发现。明嘉靖二十九年（1550）碑文上记载："（明）成祖文皇帝，入靖内难，圣驾尝由此济渡，因赐名曰天津，筑城凿池，而三卫立焉。"说明了"天津"名字的由来，意即"天子经过的渡口"。碑高 245 厘米、宽 83 厘米、厚 22 厘米，为明代重要出土遗物。

《重修天津三官庙记》碑

城砖

1997 年在天津卫故城东门城楼基址考古调查中发现。修建东门城楼的大青砖尺寸为 39 厘米 ×19 厘米 ×7 厘米，为明代城砖。修建瓮城的砖是 49（或 50）厘米 ×25 厘米 ×12.5 厘米的大青砖，砖一侧多印有戳记，可辨认的有"乾隆九年临清砖窑户""乾隆八年临清"等，印证了《天津县志》记载的：天津旧城始建于明永乐二年（1404），明弘治年间（1488—1505）门甃以砖石，清雍正年间（1723—1735）建瓮城，清乾隆年间（1736—1795）多次修葺。

城砖

铜炮

1985 年在蓟县黄崖关长城修复工程中出土。为铜"佛朗机"。由筒、镗、手把和独脚支架组成，通长 1 米多，上有铭文"胜字二千五百七十六号佛朗机中样铜镇筒，嘉靖甲辰年兵仗局造，重五十五斤"。出土于黄崖关西北悬崖上的敌台内，附有铁子铳数枚。据《四镇三关志》记载："黄崖口自本口外，黄崖子一炮，铧咀二炮，平岭三炮，雁门四炮，佛山营五炮，寻思岭六炮，大岭七炮，花崖子八炮，大崖口九炮。"此铜炮为明长城防御体系的重要遗物。

第二章 文物保护与管理

　　天津的文物保护工作起点高、社会参与广。1913年，直隶省商品陈列所在全省开展实业（古物、水产）调查；1919年，武清调查县内古迹古物；1923年，严修创办文庙岁修办事处；1929年，天津特别市社会局、教育局奉命调查全市古物古迹；20世纪30年代，梁思成在天津进行文物调查和测绘（蓟县独乐寺、宝坻广济寺）；1933年，天津水西庄遗址保管委员会的成立，是天津文物保护工作有组织开展、社会广泛参与的重要标志之一。

　　中华人民共和国成立后，百废待兴，大规模基本建设全面兴起。如何处理好基本建设与文物保护的关系，如何将文物保护事业纳入政府管理体系，并使其有系统地开展，尚无先例可循。20世纪50年代，中央确立了"重点保护、重点发掘，既对文物保护有利，又对基本建设有利"的"两重两利"方针。天津的文物工作者不断调整和完善组织机构，组织文物普查，开展文物基础性工作和重点实施文物修缮工程等一系列工作。

　　近年来，在天津市委、市政府的正确领导与国家文物局的关心指导下，天津市的文物保护事业取得了长足的进展。经过第三次全国文物普查，天津全面系统地摸清了全市各类不可移动文物的家底，天津市工业遗产、长城、大运河、水下文物专项调查工作取得了显著成果；公布了第七批全国重点文物保护单位和第四批天津市文物保护单位，使全市文物数量和质量有了大幅提升；陆续组织实施了蓟县独乐寺、白塔、黄崖关长城修缮等一系列重要文物保护项目，使一大批具有重要历史、文化价值，但濒临危险的文物保护单位得到了合理修缮；启动实施《天津市境内国家级、市级文物保护单位保护区划》，合理划定重点文物保护单位的保护范围和建设控制地带，为进一步做好文物保护管理工作提供了法律依据；加强记录档案管理工作，完成全市全国重点文物保护单位和天津市文物保护单位记录档案的著录工作，进一步夯实了文物保护工作的基础。

　　可移动文物（标本）的日常养护、保护性处理和修复、剥制、化石模型制作等传统技术不断得到继承，并不断引入新的科技手段。在天津博物馆已建立起文物分析检测、保护、修复和咨询服务中心。在天津自然博物馆也建立了生物标本技术和化石模型制作中心。

第一节 地方法规

　　中华人民共和国成立以来，党和政府对文物保护工作十分重视，发布了一系列有关文物保护的法令、指示和办法。《中华人民共和国宪法》第二十二条规定："国家保护名胜古迹、珍贵文物和其他重要历史遗产。"《中华人民共和国刑法》第173条和174条，对违反保护文物法规，故意破坏国家保护的珍贵文物、名胜古迹的要追究刑事责任。1982年，在总结1949年以来正反两方面经验的基础上，参考世界各国的保护文物法规，由全国人民代表大会常务委员会制定并颁布了《中华人民共和国文物保护法》。天津市结合本市的实际情况，制定了相应的实施办法和细则。1987年12月，《天津市文物保护管理条例》实施；1997年1月，我市第一个关于文物市场管理方面的地方性法规《天津市文物市场管理条例》实施；2008年3月，《天津市文物保护条例》实施。以上法规的颁布和实施标志着文物保护工作纳入了法制管理的轨道。

一、《天津市文物保护管理条例》

　　为加强对文物的保护和管理，根据《中华人民共和国文物保护法》（以下简称《文物保护法》），结合本市的实际情况，制定《天津市文物保护管理条例》。

1987 年 12 月 10 日，天津市第十届人民代表大会常务委员会第三十九次会议通过了《天津市文物保护管理条例》，并于 1987 年 12 月 21 日实施。

本市行政区域内属于《文物保护法》第二条所列的文物，均按本条例的规定予以保护和管理。条例规定：本市行政区域内地下、水下遗存的一切文物，古文化遗址、古墓葬、石窟寺，国家指定保护的纪念建筑物、古建筑、石刻等，除国家另有规定的以外，属于国家所有。国家机关、部队、全民所有制企业事业组织收藏的文物，属于国家所有。属于集体所有和私人所有的纪念建筑物、古建筑和传世文物，其所有权受国家法律的保护。文物的所有者必须遵守国家有关保护和管理文物的规定。

各级人民政府统一负责保护本行政区域内的文物。各级人民政府的文化行政管理部门，主管本行政区域的文物工作。市级和文物较多的区（县）可以设文物保护管理机构，具体负责文物的保护管理工作；未设文物保护管理机构的区（县），文物的保护管理工作由文化馆设专人负责。街、乡（镇）的文化站负有保护管理文物的职责。一切机关、组织和个人都有保护国家文物的义务。文物保护管理经费，分别列入同级人民政府的财政预算，并由各级文化行政管理部门管理，不得挪作他用。文物事业单位开展有偿服务和举办经营性活动的收入，应当用于发展文物事业。

《天津市文物保护管理条例》这部地方性法规的立法依据是 1982 年颁布的《文物保护法》。2002 年第九届全国人大常委会第三十次会议审议通过了新修订的《文物保护法》。新的《文物保护法》不论是在章名上还是在内容上都较老法有重大修改。2004 年在《中华人民共和国行政许可法》（简称《行政许可法》）正式实施后，我市对行政法规、规章和行政许可事项进行了清理。由于我市文物保护的地方性法规与上位法冲突的地方较多，故于 2004 年 6 月 28 日将《天津市文物保护管理条例》废止。

二、《天津市文物市场管理条例》

1995 年，天津市文化局依据《文物保护法》，结合天津地区的具体情况，制定了《天津市文物市场管理条例》（以下简称《条例》）。1997 年 1 月 8 日，

经天津市第十二届人民代表大会讨论通过并批准实施。该条例成为我市第一个关于文物市场管理方面的地方性法规。《条例》规定，市文化局对申报经营文物和文物监管物品的单位，要认真审核，严格控制。对经批准并已核发文物和文物监管物品"经营许可证"的单位，以《天津市文物局公告》形式在《天津日报》上公布。20 世纪 90 年代已初步形成了以天津市文物公司为主的专营商店和以沈阳道、南开水阁两个监管品市场为主的文物监管品经销单位并存的文物市场格局。经市文化局批准的文物和文物监管物品拍卖和经营单位达 35 处。通过每年春、秋两季的文物展销活动和大型文物拍卖会，发挥天津文物公司和天津国际、天津蓝天等拍卖公司的主渠道作用，维护我市的文物市场秩序。一个具备一定规模的规范、守法、繁荣的文物市场正在形成。2004 年《中华人民共和国行政许可法》正式实施，天津市对行政法规、规章和行政许可事项进行了清理。因天津市文物保护的地方性法规与上位法冲突的地方较多，故《天津市文物市场管理条例》废止。

三、《天津市文物保护条例》

2007 年 11 月 15 日，天津市第十四届人大常委会第四十次会议表决通过了《天津市文物保护条例》（简称《文物保护条例》）并于 2008 年 3 月 1 日起开始实施。该条例就不可移动文物、考古发掘、馆藏文物、民间收藏文物、文物的利用等方面进行了规定，对上位法进行了细化，并在不违反上位法的前提下体现了天津的立法特点。

考虑到文物执法专业性比较强，《文物保护条例》规定了文物行政部门可以委托天津市文物管理中心履行行政执法职责。这对于天津市加强文物行政执法工作提供了执法队伍的保障，有利于开展文物行政执法工作。2009 年，我市将文物行政执法权划归市文化行政执法总队，故此条规定也亟待修订。

《文物保护条例》规定"文物保护单位非经法定程序不得撤销。因自然或者意外原因损毁的，应当实行遗址保护。确需原址重建或者撤销的，应当由市文物行政管理部门组织专家论证后，依法按原审批程序报批"。明确规定"在地下有可能埋藏文物的地方，未经考古发掘擅自施工的，由文物行政管理部门进行罚款等行

政处罚"，加大了文物保护的力度。

为切实保护不可移动文物，《文物保护条例》规定："对尚未核定公布为文物保护单位的不可移动文物，由所在地的区、县文物行政管理部门将其名称、类别、年代、位置、范围等事项予以登记和公布，并设立保护标志，向所有者或者使用者发出保护通知书，明确保护义务"。且明确规定："国有文物收藏单位与非国有文物收藏单位之间不得交换文物"。规定"文物鉴定委员会可以依法接受司法机关的委托，对涉案文物进行鉴定"，该条例明确规定了天津市文物鉴定委员会可以进行司法鉴定。这样就使文物鉴定委员会出具的鉴定意见，符合法律规定的形式要件。在《文物保护条例》实施之前，天津市没有一家文物鉴定单位取得司法鉴定资质。

《文物保护条例》在不违反上位法的情况下体现了天津特色，对上位法进行了细化和补充。如：委托天津市文物管理中心行使执法权、文物保护单位非经法定程序不得撤销、对擅自进行考古发掘行为的处罚、对未核定为文物保护单位的不可移动文物的保护措施、国有文物收藏单位与非国有文物收藏单位之间不得交换文物的规定、天津市文物鉴定委员会可以进行司法鉴定的规定等。除以上几点外，还规定了省级文物保护单位核定公布的程序、国有不可移动文物管理权和使用权发生变更的备案制度、不可移动文物所有人和使用人的权利与义务、对文物保护单位使用上的限制性规定以及违反法律规定应当承担的责任等。在依法行政和打击文物违法行为方面，起到了重要的作用。

第二节　文物调查

一、文物普查

文物普查是一个国家、一个地区对域内文物资源的普遍调查，是国情国力调查的重要组成部分，是确保国家历史文化遗产安全的重要措施。天津市按照全国文物普查的要求，结合文物工作实际，自20世纪50年代中后期，在全市范围内先后进行了4次文物普查，其中第二次文物普查为自查，其余三次为全国文物普查。

（一）天津市第一次全国文物普查

1950年11月，天津市人民政府在新成立的市文化事业管理局内设社会文化科，负责全市的文物管理工作。1952年6月，成立天津市文物管理委员会。1954年，天津市文化事业管理局社文科成立文物组，担负天津市郊区的考古调查发掘、古建筑调查和保护修缮以及文物征集工作。同年7月，天津市文化事业管理局遵照市人民政府《关于保护市内古文物建筑的规定》，对市内的古建筑进行普查鉴定，确定文庙、天后宫、玉皇阁、清真大寺4处为保护重点（第一批市级重点文物保护单位），列入天津市文物建筑保护名单，并由天津市人民政府明令公布。

1956年4月2日，国务院发布《关于在农业生产建设中保护文物的通知》。其中第三条提出："必须

在全国范围内对历史和革命文物遗迹进行普查工作。"要求各省市自治区文化局提出保护单位名单，报请上级批准公布，并通知县、乡，做出标志，加以保护。并在普查过程中逐步补充，置于国家保护之列。这是国务院第一次提出在全国范围内进行文物普查，是中华人民共和国成立后文物保护工作中一项十分重要的基础措施。同年，天津市文化局向郊区人民委员会发出《请大力宣传文物保护政策并调查历史和革命文物遗迹函》，并印发《保护文物，人人有责》宣传画发到基层。1958年市文化局文物干部与南开大学历史系的学生组成史迹调查队，对全市近代史迹、革命遗址做了调查，共考察天津义和团坛口、大沽口炮台、中共天津建党遗址等重要遗址140余处。1959年4月，天津市举办第一届文物工作人员考古训练班，组织学员到南郊巨葛庄战国遗址进行实地发掘，培训了天津市区县第一批文物骨干。与此同时，天津史编纂室李世瑜先生等，据张贵庄、巨葛庄战国墓坐落在蛤蜊堤上的实例开展渤海湾西部遗迹调查，也取得很大成绩。这些都为第一次全国文物普查奠定了基础。

1961年3月，国务院颁发《文物保护管理暂行条例》再次强调："各级文化行政主管部门必须进行经常性的文物调查工作。"1962年1月，天津市人民委员会第

五次（扩大）会议决定成立"天津市文物保护管理委员会"，天津市副市长周叔弢任主任委员。该会制定的《1962—1965年三年工作规划》中就进一步加强文物调查研究工作做出规划：对市域内地上的古建筑和革命遗址进行比较全面的调查，以便于今后有计划地做好维修和保护；组织各有关部门对市域内的古城址，滨海地区的古文化遗存，近郊古遗址，旧民主主义革命时期的革命史迹，以及对地方历史发展有重大影响的盐业、漕运、屯田、民间工艺等项目进行专题调查。1962年，天津市开展了第一次全国文物普查，这次普查的地域包括沧州和天津专区各县。时值经济困难时期，普查条件异常艰苦。同年9月5日，公布天津市文物保护单位29处，其中有革命遗址及革命纪念地12处、古建筑及历史纪念建筑物7处、古遗址7处、古墓葬3处。由于历史的局限，这次普查档案除简单登记之外大多没有完整保留下来，是历史的遗憾。

（二）天津市文物普查

1966年"文化大革命"开始，天津市的文物备受摧残。天津的文物事业经历了"文化大革命"时期的停滞，20世纪70年代中后期进入恢复和振兴阶段。1977年2月25日，国务院批转国家文物事业管理局《关于在农业学大寨运动中加强文物保护管理的报告》（国发〔1977〕13号），报告要求进一步加强对文物工作的领导，重点保护革命遗址、古墓葬和古墓群，广泛开展群众性的文物保护工作，巩固、健全和发展群众业余文物保护小组。在进行考古发掘和较大规模的文物普查时，要根据不同情况举办各种类型的亦工亦农文物考古短训班，逐步培养一支当地贫下中农的业余考古队伍。为贯彻落实国务院〔1977〕13号文件精神，加强文物保护工作，天津市文化局部署从1997年3月底至5月初对四郊五县进行一次全面性的文物考古普查。市文物管理处于1977年4月至6月在武清县举办"天津市第一期亦工亦农文物普查"短训班，参加人员有各县学员，市、县文物干部共34名。学员们联系天津的实际，学习文物政策法令、考古基础知识和文物普查方法，到武清县城上村泉州故城遗址进行教学实习。短训班以县为单位混合编组，分赴蓟县、宝坻、武清、宁河、静海对革命文物和历史文物进行全面、系统的文物普查工作。这次郊县文物普查调查五县公社152个、大队1144个，调查革命遗迹38处、古遗址166处、古

墓葬89处、古窑址2处、古建筑24处、古碑刻93处、古生物出土地53处，以及古河道、古桥梁、古钱出土地等文物线索16处。其中，新发现221处。摸清了各级文物保护单位和各县地上地下文物的现状，健全了文物档案，初步提出了各县、公社级文物保护单位名单。普查结束后，静海县举办"文物考古展览"、南郊区举办"文物考古汇报展"，起到了普及文物保护知识的作用。所培训的这批来自农业生产第一线的学员，壮大了文物考古队伍。

1979年，在1977年郊县文物普查的基础上开展了天津市文物普查，对地上地下不可移动文物进行了调查。

（三）天津市第二次全国文物普查

中共十一届三中全会开辟了中国走向现代化的崭新道路，在改革开放的新形势下，文物保护事业步入健康发展的轨道。

1980年5月26日，中共中央书记处第二十三次会议讨论了文物、博物馆、图书馆工作。会议要求文物部门"一定要以责任在身、当仁不让的精神做好工作，要知难而进，不要知难而退"。国家文物事业管理局同年6月召开全国文物工作会议，传达了中央的指示，国务院1981年1月15日发布《国务院批转国家文物事业管理局关于加强文物工作的请示报告》（国发〔1981〕9号）的通知，要求各省市自治区要分情况进行一次文物普查或文物复查工作。原已公布的各级文物保护单位名单，经过调整和补充后重新加以公布，切实落实保护、管理、维修的责任。要重新审查目前使用革命纪念建筑和古建筑的单位，凡有损于这些建筑安全的，必须限期迁出。这是国务院第二次提出在全国范围内开展文物普查工作。

1982年《文物保护法》颁布实施。在1979年天津市第二次文物普查的基础上，1982年天津市人民政府发布《关于重新公布天津市文物保护单位的通知》，对天津市文物保护单位做了调整和补充，确定了市级文物保护单位35处，包括第一批文物保护单位大沽口炮台、望海楼教堂等。

1983年8月，中华人民共和国文化部文物事业管理局在贵阳召开全国文物普查工作会议，第二次全国文物普查工作全面展开。为进一步总结、推动全国文物普查工作，1986年3月30日至4月4日，文化部文物局在昆明召开"全国考古发掘与文物普查工作会议"。

会后文化部《关于进一步做好文物普查工作的通知》（文物字〔1986〕第603号）要求要在1988年年底以前基本结束这次全国文物普查，编辑《中国文物分布图集》，争取在1989年中华人民共和国成立40周年时能先出版一部分省、自治区、直辖市的分册。

天津城市建设特别是旧区改造和乡镇建设规模大、进展快，迫切需要文物保护工作主动配合，及早抢救文物遗迹。1986年6月，天津市召开第二次文物工作会议，部署在全市开展第二次全国文物普查工作。计划从1986年9月开始至1988年全部完成，分三个阶段进行：动员培训阶段、实地调查阶段、整理普查成果阶段。为加强对文物普查工作的领导，经市人民政府批准，成立天津市文物普查领导小组，负责全市的文物普查工作，下设文物普查办公室，设在市文化局文物处。1987年2月，天津市郊区、县文物普查工作会议在天津市历史博物馆召开，市文化局副局长张新生传达了国家文物局《关于开展全国文物普查工作的通知》精神，就天津市文物普查工作进行了部署。1987年天津市完成了田野调查工作，这次普查不仅发现了大量文物点，使在册登记的文物点总数大幅上升，而且有力地宣传和普及了新公布的《文物保护法》。2002年编辑出版的《中国文物地图集·天津分册》，全面总结了天津市文物普查的成果。文集收录不可移动文物点1282处，其中古遗址312处、古墓葬125处、古建筑83处、古石刻123处、近现代重要史迹417处、近现代优秀建筑193处、其他文物点29处。

（四）天津市第三次全国文物普查

进入21世纪，城市化进程加速和大规模的城乡建设高潮，使城乡建设与文化遗产保护之间的矛盾异常尖锐。在城乡建设和文物调查中新发现了大量的不可移动文物，另有许多文物因人为或自然原因遭到损毁甚至消失。因此，前两次全国文物普查成果已很难准确反映文物保存的实际状况。

根据《国家"十一五"时期文化发展规划纲要》，国务院决定从2007年至2011年进行第三次全国文物普查，历时近5年。第三次全国文物普查是一项重大的国情国力调查，是改善和加强文化遗产保护的重要基础性工作，旨在摸清家底，全面掌握文化资源，提高文化软实力。按照国务院统一部署，天津市第三次全国文物普查于2007年4月启动。在国家文物局第三次全国文物普查领导小组办公室直接领导下，天津市委、市政府高度重视第三次全国文物普查工作，各级文物普查机构精心组织，周密实施。各成员单位和相关部门大力配合，认真履行职责，社会各界踊跃参与。经过全市普查工作者的艰苦努力，天津市第三次全国文物普查各阶段工作有序推进，圆满完成第三次全国文物普查各阶段的工作，取得了丰硕成果。

按照国务院《第三次全国文物普查实施方案》的要求，第三次全国文物普查从2007年4月开始至2011年12月结束，分普查准备、实地调查、资料整理三个阶段进行。此次文物普查的范围是我国境内（不包括港、澳、台地区）地上、地下、水下的不可移动文物，其中包括古遗址、古墓葬、古建筑、石窟寺及石刻、近现代重要史迹及代表性建筑和其他六大类文物。普查标准时点为2007年9月30日。

第三次全国文物普查以数字化、标准化、科学化为特点，国家文物局设计了系统的普查技术标准和规范，制定了新的不可移动文物认定与计量标准。采用传统调查方法和现代科技手段相结合，充分运用信息网络、遥感、地理信息系统和全球卫星定位系统等手段，提高了文物普查的时效性和数据采集的真实性、完整性。

1.普查机构的组建和工作。

此次普查涉及面广，时间紧，任务重，专业技术要求高。天津市人民政府按照国务院的统一部署和文物普查的各项要求，依照全市统一领导、部门分工协作、地方分级负责、各方共同参与的原则，确定普查的组织方式，按计划做好本地区文物普查的组织实施工作。

2007年9月21日，天津市政府下发了《关于成立天津市第三次全国文物普查领导小组的通知》（津政人〔2007〕38号），成立了由副市长张俊芳担任组长，市政府副秘书长张俊屹、市文物局局长成其圣担任副组长，市发改委、建委、交通委、文物局、财政局、公安局、民政局、国土资源和房管局、规划局、水利局、林业局、宗教局、旅游局、统计局、档案局、广电局、市政府参事室、天津港（集团）有限公司、测绘院及警备区后勤部等有关部门和单位为成员单位的天津市第三次全国文物普查领导小组，下设办公室，主任由市文物局副局长张志兼任。2007年11月初，为进一步加强全市文物普查工作的组织领导，贯彻落实各项工作任务，天津市文物局抽调精干专业人员5人，组建了第三次全国文物普查工作执行办公室(简称"三普办"),负责全市文物普查工作的日常组织和具体工作,监督、指导、协调各区县的工作开展。三普办下设文物普查直属队和专家组协助开展工作。

三普办成立后,及时开展工作,根据本地区文物资源的特点和实际情况,制定了《天津市第三次全国文物普查实施方案》,对全市文物普查各阶段工作做出具体部署和要求,进一步明确各部门职责,确保全市文物普查工作顺利展开。2007年9月26日,市政府下发《批转市文物局拟定的天津市第三次全国文物普查实施方案的通知》(津政发〔2007〕68号)。至2007年12月,全市18个区县相继组建了第三次全国文物普查工作领导小组,并成立了领导小组办公室,组建普查工作队及普查小组。各区县普查领导小组组长均由区县分管领导担任,区县相关委办局有关领导担任领导小组成员,文化、文物部门主要领导担任办公室主任。一些区县十分注重领导小组成员的全面性,由街道、乡镇分管领导及相关企事业单位领导担任领导小组成员,以保障文物普查工作更加有效、深入地开展。各区县结合实际情况制定了本地区第三次全国文物普查实施方案,明确各自工作目标和范围。

为推动三普各阶段工作的开展,天津市文物局发文53件,制定各阶段工作方案、制度和规范,如:《天津市第三次全国文物普查工作宣传方案》《天津市第三次全国文物普查工作信息报送制度》《天津市第三次全国文物普查宣传工作规范》等。

2008年5月,天津市人民政府组织召开天津市第三次全国文物普查工作推动会议,市第三次全国文物普查领导小组组长、副市长张俊芳出席会议并讲话,对天津市实地文物调查工作进行部署并提出具体要求。

2008年11月,鉴于人事变动和工作需要,天津市人民政府下发《关于调整天津市第三次全国文物普查工作领导小组成员的通知》(津政办发〔2008〕158号),对天津市第三次全国文物普查工作领导小组成员进行了调整。市政府办公厅副主任殷向杰、市文物局局长赵鸿友任领导小组副组长,市文物局副局长金永伟为领导小组办公室主任,新增市委党史研究室为领导小组成员单位。

2008年12月,天津市人民政府与18个区县政府签署《天津市第三次全国文物普查目标责任书》,落实普查工作责任,规定了各级政府的责任及奖惩办法,切实推动各项工作。

天津市财政局和区县政府结合《第三次全国文物普查实施方案》制定了2008—2011年普查经费预算,落实普查经费。市财政局将普查所需经费列入相应年度财政预算,并按时拨付,确保到位。截至2011年,天津市累计到位文物普查经费1297.28万元,市级财政280万元,县级财政1017.28万元。2008年,全市到位资金372.24万元,购置了笔记本电脑、数码相机、全球定位系统(GPS)、罗盘等比较全面、实用的普查设备,为普查队员购买了人身意外伤害保险,并尽最大努力提高队员的普查补助标准,为普查工作提供了物质保障。

天津市规划局、天津市测绘院密切配合文物普查相关工作,指定专人作为联络员,及时解决文物普查工作中所需基础测绘成果资料的实际问题。发挥技术优势,进行技术指导与服务,无偿提供文物普查所需涉密基础测绘成果数据,提供数字影像图、电子地形图(包括天津市域1:5000影像图、1:10 000地形图,天津市中心城区1:2000影像图、1:2000地形图)共计3832幅,约200GB,有力保障了实地调查与数据处理工作的需要。为做好涉密工作,三普办与各区县签订了《第三次全国文物普查涉密数据使用责任书》和《天津市第三次全国文物普查数字测绘成果使用协议书》。区(县)文化和旅游局领导非常重视保密工作,设立专人保管,禁止非涉密人员使用,涉密人员参加了保密知识和《保密法》的培训。普查期间全市未发现泄密和违规使用现象。

市民政局与市文物局合作开展天津市烈士陵园文物普查和附属可移动文物鉴定工作。深入挖掘、整理和研究天津市革命历史资源,促进革命历史文化遗产有效保护和合理利用。

领导小组成员单位形成合力,共同为第三次全国文物普查贡献力量。

2010年7月2日,为贯彻落实国务院第三次全国文物普查领导小组第三次(扩大)会议的精神,总结实地文物调查阶段工作,部署第三阶段工作,召开天津市第三次全国文物普查领导小组第三次(扩大)会议。天津市第三次全国文物普查领导小组组长、副市长张俊芳出席会议并做总结发言,充分肯定了天津市第三次全国文物普查第二阶段取得的重要成果,向一线普查队员表示感谢和慰问。要求再接再厉、精益求精、做好文物普查第三阶段工作，真正使天津市的第三次全国文物普查成为经得起历史和社会检验的基础资源调查。

2.普查队伍的组建和培训。

针对此次普查工作任务繁重、专业性强的特点，为解决各区县工作量和技术力量不平衡的状况，确保普查工作的进度和质量，2008年4月，天津市文物局抽调专业人员成立天津市文物普查直属队。直属队由天津市文化局文物处、天津市文物管理中心、天津市文化遗产保护中心、天津博物馆、平津战役纪念馆和天津自然博物馆等单位抽调相关专业人员16人组成，分为4个小组，包括地上组2个组和地下组2个组。天津市普查队伍达到370人，其中各级普查办成员135人，一线普查队员235人。形成了由天津市文物局文物处（2009年变更为文物保护处）为核心，天津市文物管理中心、天津市文化遗产保护中心、市属博物馆和资深专家为主要技术支撑的市级普查队伍，以及以区县文物保管所为主要成员的"区—乡镇街—村"三级普查队伍。许多区县充分调动退休文物工作者的积极性，发挥他们的文物学识专长，组建老、中、青三结合普查队伍，一些退休专家热忱投入文物普查工作，为顺利开展实地文物调查工作做出了无私贡献。静海县"娘子军"普查队克服重重困难，出色完成普查任务。全市文物工作者从讲大局、讲政治的高度，以对党和人民负责、对文物事业负责、对历史和子孙后代负责的责任心和使命感，积极投入第三次全国文物普查工作。

2007年9月18日，天津市第三次全国文物普查动员大会在蓟县召开。来自全市各区、县文物（文化）局主要负责人及文物普查工作培训班学员近200人参加了会议，国家文物局文保司副司长柴晓明出席会议并讲话。会后在蓟县举办了天津市第三次全国文物普查工作培训班，即将投入文物普查工作的市直属单位和各区县普查队员180余人接受培训。国家文物局文物普查业务指导组执行组长乔梁、顾问侯石柱等专家莅津讲授了不可移动文物认定标准、分类标准、计量标准，以及普查数据采集软件安装与操作、GPS使用方法等重点课程。培训班还开展了田野调查实地培训。通过一周的学习，学员基本掌握了文物普查的业务技能，获得了国家文物局颁发的第三次全国文物普查普查员资格证书。天津市积极开展普查培训工作，分层分批地组织普查人员参加

业务培训，大港、东丽、河北、红桥、宝坻、武清、北辰、蓟县等区县相继开展文物普查培训工作。普查队员拓宽了思路、统一了思想认识，增强了责任感和使命感；基本掌握了文物的认定、分类、定名、断代、测量、绘图，田野考古调查、勘探和发掘知识及GPS等仪器的使用和各类技术标准，具备普查必需的上岗条件。

在普查期间，天津市文物局适时举办"天津市第三次全国文物普查数据录入培训班""天津市水下文物普查工作推动会暨培训班"等提高普查队员的专业技术水平。全市共有200余人次参加了国家级培训，300余人次参加了市级培训，800余人次参加了区县级培训。合计共有1300余人次参加了各级各类的普查培训。

3.以区县为基本单元的文物普查工作。

天津市下辖18个行政区县，此次普查以区县为基本普查单元。按照国务院和国家文物局普查办的统一部署，天津市第三次全国文物普查实地文物调查工作于2008年4月启动，至2009年12月31日结束。根据国家文物局下达的规范和技术标准实地开展文物调查和信息数据登录工作，全面调查、登录新发现的不可移动文物，同时对天津市已登记的1282处不可移动文物（依据《中国文物地图集·天津分册》），包括各级文物保护单位进行复查。对普查数据资料边采集，边整理，边审核，边建档。

天津市三普办跟进开展了文物普查专项督导工作，开展专项检查和指导，现场勘察新发现文物点。直属队分赴各区县开展督导和协助实地调查工作，进行实地文物调查方法、设备使用、数据录入软件操作等业务指导，复核区县普查资料和信息数据，确保第一手普查数据的准确性和科学性。

实地文物调查阶段是文物普查的中心环节和关键性步骤。2008年初，天津市文物局先后10余次召开三普工作领导小组办公室工作会议，总结前段工作，研究、推动实地调查阶段的工作；召开实地文物调查阶段工作协调会议，研讨推动普查工作的开展。结合天津市文物资源实际情况，制定了以"四个二"为主体的工作体系，增强了普查实施方案的可操作性。

天津市实地文物调查阶段工作体系主要包括4个方面。一是分两条线全面开展普查工作。一条线是现场调查，采集信息数据；另一条线是征集原始资料，找专家、知情者现场采访等，原始资料征集和现场考

察相结合。二是调动两个积极性。既调动文物所在地区、县的积极性，又调动文物局普查专业人员的积极性。区县的普查由文物局派直属队进行指导，市区的重点普查工作邀请区县专业人员参与。三是确定两个试点，进行实地调查，摸索普查工作程序和方法。选择市区的河北区进行地上不可移动文物的调查，重点进行近现代重要史迹及代表性建筑、古建筑、工业遗产等方面的普查；选定静海县作为地下不可移动文物的调查实训地，重点进行古遗址、古墓葬的普查。城郊结合开展地上、地下实地调查工作。四是全面的文物普查与专项调查工作相结合，成立专家组，吸纳政协、文史馆、社科院、社联、高校等专家加入到普查队伍中来，开展工业遗产和大尺度线性文化遗产等重点课题的研究。建立文物普查志愿者队伍，组织高等院校、科研院所等社会力量积极参与普查工作，做到既有广度又有深度，力争让天津的普查工作走在全国前列。

在实地文物调查工作中，各区县开拓创新，根据实际情况想对策、出实招，积极开展普查工作，探索出了一些适合本地区的普查工作方法。河北区在全市率先完成实地调查阶段的工作任务，普查中本着"翔实普查、摸清家底、不留死角"的原则，采用拉网式普查的方法，对辖区内的文物进行深入细致的调查研究。重点做好工业遗产、大运河、传统老字号遗存、近现代重要史迹等专题调查。蓟县实地文物调查工作采取以乡镇为单位，分片普查的办法，对辖区内不可移动文物进行调查，确保各项原始数据真实完整。新发现寺庙遗址、皇家园寝遗址、古井、古桥、乡土建筑、抗日战争遗址等256处，丰富了蓟县文化遗产的种类和内涵。宝坻区根据文化遗产资源特点，制定了适合该区的"区—乡镇街—村"三级网络普查工作模式。组建老、中、青三结合普查队伍，充分发挥退休文物工作者的积极性和文物学识专长。西青区在及时保护不可移动文物工作中采取了有针对性的措施，并对面临消失的不可移动文物及时协调有关部门进行保护，实施抢救性修缮。

天津市委、市政府高度重视，各级文物普查机构精心组织，广大文物普查队员辛勤工作，较好地完成了实地文物调查阶段制定的各项任务和目标，取得了阶段性成果。截至2009年12月31日，全市实地文物调查普查完成率为100%，共调查242个乡镇，5013个自然村、里弄、街巷，登记不可移动文物2082处，其中复查929处、

新发现1153处，新发现占普查总量的55.4%。调查消失文物400处。此次普查结果中，六大类文物类型全部覆盖，古遗址745处（占总量的35.8%）、古墓葬157处（占总量的7.5%）、古建筑164处（占总量的7.9%）、石窟寺及石刻23处（占总量的1.1%）、近现代重要史迹及代表性建筑975处（占总量的46.8%）、其他18处（占总量的0.9%）。

天津市工业遗产、乡土建筑、20世纪遗产等新增文化遗产品类调查工作取得实质性进展。新发现的文物点在时代内涵上具有突破性的重要意义，许多文物点填补了本地区文物的时代或类别的空白。随着文化遗产内涵和外延的不断深化和拓展，文物普查对象的范围也在不断拓展，文物类别比第二次全国文物普查有了较大的丰富。新发现的古遗址、古墓葬、古建筑、石窟寺及石刻四大类中有六个小类（古遗址类的"驿站古道遗址"，古墓葬类的"其他古墓葬"，古建筑类的"店铺作坊""牌坊影壁""池塘井泉"，石窟寺及石刻类的"其他石刻"）填补了本地区文物类别的空白。新发现的旧石器时代古遗址、秦代古遗址在时代内涵上具有突破性的重要意义，填补了天津市旧石器时代、秦代不可移动文物的空白。

4. 普查数据质量控制。

在实地文物调查阶段，严格控制质量是普查工作的核心内容。进行普查数据的质量控制，确保普查质量是普查工作的关键环节。天津市认真贯彻落实国家文物局《关于印发〈第三次全国文物普查质量控制专题座谈会会议纪要〉的通知》要求，在组织管理、实地调查、数据整理、工作验收等各个环节进行严格的质量控制。坚持实事求是的原则，正确处理质量与进度的关系，纠正追求文物点数量而忽视工作质量的倾向。在收录文物点上坚持"宜宽不宜严"的原则，采取切合实际的计量方法，在计量上根据普查对象的内在联系和空间分布来科学把握。对调查对象的各项信息指标进行科学认定和准确表述。同时，保证普查人员的一贯性，始终如一地切实投入力量。要求普查队员要以高度的事业心和责任感，全面、认真、细致地进行实地文物调查工作，踏查每一块土地，保证普查到达率和调查区域覆盖率达到100%。

2008年5月，三普办开展了天津市第三次全国文物普查质量督导工作。督导工作内容包括：督察各区

县普查人员、资金、设备、培训到位情况；实地文物调查工作进展情况、县域基本单元覆盖率和行政村到达率；抽查复核文物的认定和计量方法、相关普查资料和信息数据的真实性和完整性；配合、协助区县普查队开展文物普查，负责实地文物调查方法、设备使用、数据录入软件操作等业务指导，为普查队员答疑解惑，解决实地文物调查中各类技术问题。

2008年9月3日，国家文物局普查办专家乔梁、北京文物研究所主任张志强来津检查、指导文物普查工作，给予普查技术和方法上的指导与帮助。全市积极参加国家文物局举办的"第三次全国文物普查数据采集系列培训班""第三次全国文物普查数据报送与接收软件培训班""第三次全国文物普查冬季轮训北方片区培训班""第三次全国文物普查实地文物调查阶段验收试点观摩会议""第三次全国文物普查实地文物调查数据误差率抽样检测试点观摩会"等培训，对指导、规范天津市的普查质量控制工作起到了重要的作用。

天津市文物局先后召开"天津市第三次全国文物普查工作座谈会""天津市第三次全国文物普查质量控制工作会议"，针对18个区县在普查中普遍存在的对文物认定标准理解偏差、普查数据录入不够规范等问题进行了研讨、培训座谈，切实解决普查工作中存在的技术问题，提高普查的准确性、完整性、规范性和安全性，确保普查工作的标准规范，加强第三次全国文物普查质量控制工作。培训班讲授了数据录入、计算机辅助设计（CAD）制图方法、CAD制图在文物普查登记表中的应用、位置图及平面图的绘制等专业课程，为即将开展的数据整理阶段工作打下坚实基础。三普办经常与国家文物局普查办公室、区县普查队沟通信息，积极利用现代电子信息技术，进行普查技术咨询、经验介绍和心得体会交流等，使得普查质量控制工作有显著提升。

根据国务院第三次全国文物普查领导小组办公室制定的《第三次全国文物普查实地文物调查阶段验收指导意见》，天津市三普办制定了《天津市第三次全国文物普查实地调查阶段验收管理办法》。为切实保证实地文物调查阶段工作质量，三普办严把验收质量关，采取统一组织、专家把关、试点先行、分组验收的办法，组成两个验收组和验收工作专家组，扎实推进验收工作。

2009年11月，国家文物局在天津市召开"第三次全国文物普查实地文物调查阶段验收工作北部片区座谈会"。来自黑龙江、吉林、辽宁、内蒙古、北京、天津、河北、山西8个省、市、自治区普查办同行相互传经送宝。国家文物局普查办、中国文物信息咨询中心的有关领导与专家现场解答验收工作的组织和技术问题，为验收工作的开展指明了方向。

2010年1月，天津市文物局成立验收工作专家组，由魏克晶、文启明、梁宝玲、王令强、程绍卿、梅鹏云等多年从事文保工作的专家组成。专家组对各区县填报的不可移动文物登记表进行初审，对登记表逐一审核、修改。三普办多次召开专家组会议，讨论登记表存在的问题和解决方案。认真组织验收自查工作，对18个普查基本单元数据包逐一进行技术校验。召开验收工作专题会，明确工作重点，提出"质量第一"的方针，有序开展实地文物调查阶段验收工作。

2010年3至5月，天津市第三次全国文物普查领导小组办公室验收组对天津市基本单元第三次全国文物普查实地文物调查阶段的工作成果进行了验收。塘沽区是实地文物调查阶段验收工作的试点区，也是率先通过市级验收的区县。验收组在专家组审核的基础上，对实地文物调查阶段工作成果进行组织管理、数据质量和现场抽查验收。验收内容包括纸质与电子文本内容的真实性、完整性、科学性、准确性，同时对实地文物调查到达率与覆盖率进行抽查。验收组本着认真、严谨的原则实地踏查了随机抽选的大沽口"威"字炮台、亚细亚火油公司塘沽油库旧址等六处不可移动文物，现场校验《第三次全国文物普查不可移动文物登记表》填报内容。

验收工作严格执行第三次全国文物普查不可移动文物的认定、分类、定名、年代和计量标准，把好质量关。对各区县普查队调查登记的不可移动文物进行定量抽查，实地核查。对于发现的问题，如：文物认定不准确、图纸未标注方向标、比例尺标注不准确、标本登记表填写不规范、文字描述不够准确和规范，图纸及照片需补充完善，其他资料登记表有遗漏和缺项，发掘相关资料不够，尚需查疑补漏，未将社会各界普遍关注的历史遗存纳入普查范围等，提出明确具体的书面整改意见，并通过验收结果通报会的形式及时反馈到各区县普查队。要求切实做好整改工作，明确责任，落实到人。

三普办跟踪整改情况，汇总各区县存在问题，对整改工作进行严格的督导，确保验收质量，迎接国家级验收。截至2010年5月，全市18个县级行政区域实地文物调查阶段工作经市级验收均为合格。

2010年6月2日至3日，国家文物局数据中心（国家文物局普查办数据接收组）对天津市第三次全国文物普查电子数据进行验收和接收。数据接收组核校内容包括普查数据清点、普查数据汇总、汇总管理系统三个方面。天津市18个区县普查基本单元数据经《第三次全国文物普查数据汇总管理系统》验证均为合格。

经校核，接收组认为天津市各普查基本单元数据填写规范，与自查报告数量相符，数据运行正常，整体数据质量符合第三次全国文物普查标准规范的要求。建议进一步做好普查数据汇总的软硬件环境建设。天津市文物局与国家文物局数据中心双方就普查电子数据办理了交接手续。

2010年6月9日至11日，国家文物局第三次全国文物普查办公室组织验收专家组对天津市第三次全国文物普查实地文物调查阶段进行整体验收。专家组听取了天津市第三次全国文物普查领导小组办公室就此次文物普查组织管理工作和取得的成果进行的汇报，使用《第三次全国文物普查数据汇总管理系统》对全市的文物登记数量、普查基本单元普查数据、电子地图等进行了查验，选取了河北区、塘沽区、大港区进行现场抽查、复核。经审慎研究，专家组形成验收意见如下：天津市的各级人民政府按照国务院要求，认真履行政府职责，如期完成实地文物调查阶段各项工作任务。普查机构执行有力，普查经费投入充足，普查宣传效果显著，组织协调、管理工作到位。市普查办结合本地的实际情况，组建市文物普查直属队，指导全市的文物普查工作，对保证普查工作的质量起到了保障作用。基本单元验收工作认真、严谨。经对河北区、塘沽区、大港区第三次全国文物普查实地文物调查阶段工作成果进行复核、抽查，三地的调查、登记情况属实。

天津市的普查工作得到国家文物局验收组的高度评价，专家组一致认为：天津市第三次全国文物普查实地文物调查阶段工作通过整体验收。继吉林省、浙江省之后，天津市在全国第三个通过整体验收。

为检验实地文物调查过程中的漏登、误登数量及比例，提高第三次全国文物普查统计数据准确率及公信力，天津市根据国家文物局《第三次全国文物普查实地文物调查数据误差率抽样检测指导意见》，制定了《天津市第三次全国文物普查实地文物调查数据误差率抽样检测工作实施方案》。2011年9月8日至11日，天津市第三次全国文物普查领导小组办公室组织开展了天津市第三次全国文物普查实地文物调查数据误差率抽样检测工作。市普查办组建检测工作组，配合国家文物局普查办选派两位专家——黑龙江省文化厅文物处处长盖立新、黑龙江省普查办研究员于汇力实施了实地文物调查数据误差率的抽样检测工作。

工作组遵循随机、客观、匿名、公平的原则，在全市18个县级行政区域内随机抽取了分属不同地区的两个街镇级区域单位——蓟县渔阳镇、和平区南营门街作为抽样检测工作的对象。蓟县、和平区是天津市此次实地文物调查登记文物类别最丰富和数量最多的地区，具有代表天津市行政区域普查基本情况的特点。工作组对普查所登记的青池遗址、西开天主堂等28处不可移动文物进行了认真检测，并实地踏查了相关区域。工作组认为：上述两单元所登录的不可移动文物类别齐全、数据准确，符合第三次全国文物普查相关标准、规范。没有发现漏查、误登情况，抽样检测为合格。

通过第三次全国文物普查较准确掌握了全市不可移动文物变化情况和保护现状，为制定文物事业发展战略和保护规划提供了科学依据；对于发掘、整合天津市的文物资源，促进经济社会全面、协调、可持续发展，具有十分重要的现实意义。

二、专项调查

（一）天津市明长城资源调查

天津市明长城全部分布在蓟县北部山区。据文献记载，天津市域的长城始建于明成化十二年（1476），东迄天津市蓟县与河北省遵化市交界的钻天峰，向东与河北省遵化市马兰关明长城相接，向西经赤霞峪、古强峪、船仓峪，折向西北的常州，经东山、刘庄子、青山岭、车道峪、小平安向西穿沟河，过黄崖关，经前干涧黄土梁大松顶出蓟县界，折向西北，与北京市平谷区将军关相连，地跨下营镇的赤霞峪、古强峪、船仓峪、常州、东山、刘庄子、青山岭、车道峪、小平安、黄崖关、前干涧11个自然村。

1978年7月，天津市开展长城调查工作，测定天津明长城为41千米，发现长城关城1座、寨堡6座、空心敌楼46座、烽燧9组。20世纪80年代，天津市文化局文物管理处组织相关业务人员，对明长城进行考古调查和部分相关遗迹的清理工作，调查成果见于《中国文物地图集·天津分册》和《天津黄崖关长城志》。

2007年4月，根据国家文物局统一部署，天津市文物局启动了明长城资源调查项目。该项目由天津市文化遗产保护中心承担，田野调查工作起止于2007年10月至12月。共调查明长城墙体176段、关城1座、寨堡9座、敌台85座、烽火台4座、火池13座、烟灶40座、居住址40座、水窖11个、水井3口。基本掌握了天津明长城的分布情况、类型类别、保存状况等资料。

天津明长城分布图　（图片来源：《天津市明长城保护规划》）

墙体：176段（其中主线墙体156段，二道边长城墙体20段）。依据自然地理情况，长城主线墙体自东向西划分为赤霞峪、古强峪、船仓峪、青山岭、车道峪、黄崖关、前干涧共7个段落，段落内部按照《全国长城资源调查工作手册》又详细划分了156个小段。上述7段长城主线墙体除黄崖段为砖质（1987年修复）外，其余6段墙体均为石质（未修复）。石质墙体多用块石干垒而成，外侧部分残存有垛口，内侧全部没有女墙，马道用相对平整的片石铺成，宽1.2～1.8米。内外壁用平整的石块干垒，三合土抹缝的现象少见，墙体收分在0.5～1.2米。在山势陡峭地段，墙体往往垒成台阶状。垒砌长城的石块应为就地取材。砖质墙体因修复过，保存有完整的垛口、女墙、瞭望口、射口等，墙体上还有修复的暗门。除长城主线墙体外，还发现多条二道边

长城，其宽度一般比主线墙体窄，并且不见垛口和女墙，墙体上部为平坦的马道，在墙体外侧有垒砌规整的排水口。这些二道边长城大部分位于主线墙体的外侧，它们一般修建于山势由陡到缓的半山腰或峡谷的隘口。这些二道边长城对长城主线的防御起到有效的补充作用。

关城：1座，为黄崖关城。位于沟河西岸，平面呈刀把形，由水关和关城两部分组成，关内有提调公署、玄武庙、八卦街等，是蓟县长城的重要关隘。1987年修复。

寨堡：9座。自东向西分别为赤霞峪、古强峪、船仓峪、青山岭、车道峪、小平安、大平安、中营、下营。寨堡均位于峡谷南侧相对平坦的山地上，除青山岭寨堡形状保存完整外，其余寨堡的大部分已被现代民房所占压。寨堡依地势而建，形状一般不规整，墙体用大石块干垒而成，宽4～6米，现存高度1～2米，寨堡内现存有角楼、马道、水井、居住址等。

敌台：85座。按质地可分为石质、上砖下石质和砖质三类，其中石质敌台在数量上占绝大多数，这些敌台平面多呈方形，大部分位于山顶或山谷旁居高临下的山包上，地理位置非常重要。

烽火台：4座。全部位于长城主线的外侧，多建于山谷旁半山腰上，依山体而建，居高临下。烽火台平面多呈半圆形，石块干垒而成，收分较大，上部平坦，不见其他遗迹。

火池、烟灶：共计53座，是天津地区明长城特有的报警遗存。多位于敌台的南侧，成组分布。火池平面多呈簸箕形，三面垒砌有石块，一面敞开。烟灶平面呈正方形，石块干垒而成，四壁平整，一面甚至四面的下部垒有灶门。在部分火池的内部和烟灶的灶门内发现有白色的灰烬，个别火池底部的石块、烟灶灶门附近的石块留有烟熏火燎的痕迹。

居住址、水窖、水井：共计54处，是此次调查新发现的长城相关遗存。居住址现仅存石块垒砌的墙基，它们形态复杂，大小不一，主要有以下几种：一种为单间，平面呈长方形，一般面积较小，多位于长城墙体内侧，距长城墙体不远或有一侧墙壁借助于长城内侧墙壁；一种为多间，平面呈长方形或方形，内部用石块垒砌的墙壁分隔成若干间，一般面积较大，多位于敌台分布较少的地段，距离长城墙体有10～20米的

距离；还有一种居住址比较特别，是在修建长城的过程中在墙体的内部垒砌成一个中空的空间，面积较小，发现也较少。水窖为石块垒砌，低于现地表，平面多呈长方形，深度一般在 1.5 米左右，面积较大的水窖还保存有上下汲水的台阶，水窖多位于敌台或居住址附近。水井均发现于寨堡内，深度在 5～10 米，井口呈圆形，为便于多人同时取水，井口上部覆盖凿有两孔或四孔的石板。坝台发现 1 处，位于一处居住址的南侧，沿山势用石块垒砌成 18 道坝台，形成了 18 块长条形平整的土地。

经天津市测绘院量测，天津市域内明长城表面长度为 40 283.06 米，投影长度为 37 004.3 米。2012 年 11 月，出版调查成果《天津市明长城资源调查报告》。

（二）京杭大运河（天津段）文物资源调查

天津是一个因运河而生、因运河而盛的城市，南北运河的交融，塑造并形成了天津独有的城市文化和城市性格。山东临清至天津的南运河和北京通州至天津的北运河，在天津市区三岔河口处交汇入海河，京杭大运河（天津段）的南运河南起静海县九宣闸，北运河北起武清区木厂闸，流经静海县、西青区、河北区、红桥区、南开区、北辰区、武清区共 7 个区县，全长 195.5 千米（含南运河故道），其中南运河 99.9 千米，北运河 95.6 千米。京杭大运河（天津段）在沟通南北经济、文化，促进天津古代城市起源和发展起到了极为重要的作用。天津市域内的大运河作为京杭大运河的重要组成部分，运河沿线隋唐至元明清时期的各类不可移动文物十分丰富。

2008 年 5 至 8 月，由天津市文化遗产保护中心组织开展的京杭大运河（天津段）文物资源调查工作，旨在通过基础田野调查，摸清京杭大运河（天津段）遗产资源的家底，包括京杭大运河（天津段）沿线不可移动文物的数量、类型、年代、分布、保存现状、保护需求等，从而摸清京杭大运河（天津段）全国重点文物保护单位文物资源的家底，为编制京杭大运河（天津段）文物保护规划提供基础依据。通过 2 个多月的野外调查工作，共发现包括古遗址、古墓葬、古建筑基址、古码头、沉船点、古窑址等不同类型地下古代遗存近 100 处：古遗址 37 处，古建筑 23 处，碑刻 12 处，古墓地 9 处，水利设施 3 处，桥梁 2 处，20 世纪遗产 2 处，窑址 1 处，纪念地 1 处，工业遗产 1 处，也有部分登记在册的文物

点在这次调查中已经消失。遗存年代涵盖战国至明清时期，最大的遗址面积达几十万平方米，其中大部分遗址属于首次发现，极大地丰富了天津市运河文化遗产资源的内涵。

作为中国大运河重要的组成部分和重要的运河节点城市，天津也全程参与了京杭大运河的申遗过程。2006 年 5 月，国务院公布京杭大运河为全国重点文物保护单位。同年 11 月，国家文物局将京杭大运河列入我国重新制定的《中国世界文化遗产预备名单》，申遗工作正式启动。2009 年天津市按照国家文物局的要求，成立京杭大运河保护和申遗工作领导小组，全面负责京杭大运河（天津段）保护和申遗的各项工作。其中天津市被列入世界遗产的河道遗产为北、南运河天津三岔口段，全长 71 千米，流经武清、北辰、河北、红桥、南开、西青 6 个区。其中，北运河部分自武清区筐儿港减河与北运河连接处至三岔河口，长 48 千米，南运河部分自三岔河口至西青区杨柳青镇镇区，长 23 千米，遗产区面积 975 公顷。

（三）水下文物调查

天津素有"九河下梢"之称，是北方重要的沿海城市。自有人类活动以来，由河、海、湖构成的天津水域就成为先民赖以生存的基础，发达的平原河湖水系和宽阔的渤海海域成为先民开发利用的对象。距今 3000 年前，天津就已成了转运"岛夷皮服"必经之地。魏武帝北征乌桓，凿泉州渠和新河，运送战争物质；唐时幽燕驻重兵，粮草自江南海运北上，天津军粮城是转输之地，蓟运河为必经之路；宋辽对峙，以海河为界，海河以北有萧太后运粮河存在，海河以南有静海元梦口宋船出土的古河道；金元以降，河、海两漕兴起，渤海、海河、南运河、北运河成为供给京师物质的主要航道。

天津主要水系由海河干流及南运河、北运河、子牙河、大清河、永定河、潮白河、蓟运河等诸多河流构成。水下文物调查范围包括 153 千米的海岸线、3000 平方千米的海域和内陆河道、水库等区域。近代以来，天津大沽口海域既是中国军民抵抗外来侵略的重要地段，也是中国对外经济交流的主要港口；第二次全国文物普查以后，陆续新发现沉船、古代器皿等水下文物遗存。这些情况表明，天津水域极有可能存在丰富的水下文化遗存，在全市境内水域开展水下文物普查工作十分

必要，是保护天津市水下文化遗产安全的重要措施和重要基础。

2009年，天津市根据国家文物局"水下文物普查工作会议"精神，制定《天津市水下文物普查工作方案》。2009年12月，天津市全面启动天津海域水下文物普查工作，天津市文物局在滨海新区召开了9个内陆区县和滨海新区文物主管部门领导和普查队员参加的"天津市水下文物普查工作推动会议"，并举办培训班，部署天津市水下文物普查工作；聘请中国国家博物馆水下考古研究中心、中国水下考古宁波基地专家讲授了我国水下考古发展简史和现状，水下文物普查的调查方法和技术手段。成立了由天津市文化遗产保护中心为主力的天津市水下文物普查陆上调查队，各区县普查队为区县水下普查组，开展普查动员及宣传工作，推进天津市水下文物普查工作的开展。

2010年，陆上调查队查阅了大量史籍文献、海事记录，并对天津沿海辖区塘沽、汉沽、大港区域进行陆上实地走访调查，通过向相关单位搜集线索、走访渔民、随渔船出海定位，确定水下遗存的疑点位置。2010年9月，完成了资料收集和陆上走访调查工作，为实地探测和探摸工作的顺利实施奠定了良好的基础。

2010年9月，由国家博物馆水下考古研究中心、天津市文化遗产保护中心联合组队开展的天津市水下文物普查探测、探摸工作在滨海新区启动。水下探测、探摸工作难度高、强度大，受气候环境、潮汐、航道等各种因素影响较大。此次普查采用国际上较为先进的水下物理探测设备和仪器，通过高精度GPS定位、多波束回声测深、旁侧声纳、浅地层剖面等高科技手段实行高精度探测，并由人工潜水进行探摸，进一步核实、确认前期陆上调查所发现的水下文化遗存线索，定位水下文化遗存点。已对大港区东部海域、大沽口散化锚地等区域重要疑点进行了探测、探摸，初步确认一处有价值的水下遗存疑点。开启了天津水域水下考古序幕，为该区域今后的水下考古工作积累了工作经验。

2009至2010年，历时一年的天津水下文物普查工作，重点进行了渤海天津海域和市域内陆河道、湖泊水下文物调查，调查对象包括现有水域、滩涂和原为水域现为陆地部分埋藏的文物，以及根基位于水底主体突出水面的文物。经过陆上调查和水上探测、探摸两个阶段的工作，共确定水下遗产55处，其中复查14

处，新发现41处。类型有古遗址、古建筑、近现代重要史迹及代表性建筑、其他4大类，包含水下遗址、聚落址、寺庙遗址、桥梁码头遗址、桥涵码头、工业建筑及附属物、交通道路设施、军事建筑及设施等多个小类。还发现疑似沉船遗址1处、疑似文物点31处。

2011年10月，国家水下文化遗产保护中心与天津市文化遗产保护中心联合展开了对疑似沉船遗址的进一步勘察。位于滨海新区大沽口散化锚地的沉船遗址调查取得重大收获。通过潜水、吹泥、采集标本、水下拍摄和测量绘图等方式提取沉船资料，确定该船为一艘民国时期的铁木质沉船，船形完整，长21.6米，宽5米，中部被淤泥覆盖，推测中部断裂。其详细的结构、用途及相关文物还在进一步调查中。

（四）工业遗产调查

天津是近代中国北方的经济中心，也是近代中国第二大工商业城市，其被迫开放的历史虽晚于上海等城市，但在引进以近代工业文明为标志的西方文化方面，不仅与上海等城市几乎同步，而且在许多领域后来居上。在工业领域以及建设工业化社会等方面，开创了多个全国第一，成为西方工业文明进入中国最重要的桥头堡之一。天津物质文化的建设与积累依托于近代工业文明，城市格局与居民的生活方式凸显出近代工业社会的特征，并为中国北方培养出最早的工人阶级队伍。天津工业发展历史悠久，工业生产门类齐全，工业化经历丰富，拥有丰厚的工业遗产。

2007年，文保专业人员及相关区县的文保部门开展工业遗产专项调查的试点工作，对全市重点工业遗产进行了编号、测量登记，以及资料整理和价值认定；同时举办"工业遗产认定标准与操作务实"专题讲座，对区县普查队员进行培训，积极推进工业遗产专项调查工作。此次天津工业遗产调查以西方工业文明进入天津，并与民族工业发生融合、碰撞为主线，科学评估工业遗产，确定工业遗产的对象和范围。

2007至2009年，天津市开展工业遗产专项调查，普查登记工业遗产总计156处：复查42处，包括古遗址（水利设施遗址、矿冶遗址、窑址）、古建筑（桥涵码头）、近现代重要史迹及代表性建筑（典型风格建筑或构筑物、文化教育建筑及附属物、金融商贸建筑、工业建筑及附属物、中华老字号、交通道路设施、水利设施及附属物），共3大类11个小类；新发现114处，包括古遗址（水利设施遗址、矿冶遗址、窑址）、古建筑（店铺作坊）、近现代重要史迹及代表性建筑（工业建筑及附属物、中华老字号、交通道路设施、水利设施及附属物、重要历史事件和重要机构旧址、其他近现代重要史迹及代表性建筑、军事建筑及设施）、其他，共4大类11个小类。此次调查新发现的不可移动文物有1个大类（其他）、4个小类（店铺作坊、重要历史事件和重要机构旧址、其他近现代重要史迹及代表性建筑、军事建筑及设施），填补了天津地区工业遗产的空白。通过了解保存状况，认定工业遗产价值，有重点地开展抢救性维护工作，逐步形成比较完善的工业遗产保护理论，建立科学、系统的界定确认机制和专家咨询体系，指导工业遗产保护与利用的良性发展。

2008年1月8日，国家文物局局长单霁翔到天津考察，对天津市重点开展工业遗产专项调查予以充分肯定，他希望天津市积累工业遗产普查工作的成功经验，成为第三次全国文物普查工作的重要成果。2008年4月，天津市文物局举办了"工业遗产与天津"学术论坛，邀请天津市文史界、博物馆界、城市规划和房管界、大专院校等20余位专家学者，就天津工业遗产的现状，以及工业遗产的认定与评估、保护途径与措施、开发与利用等问题进行了广泛而深入的探讨，对天津市工业遗产的调查工作具有指导意义。

天津市现存部分主要工业遗产如下所述。

1. 机械工业。

福聚兴机器厂。位于天津市红桥区三条石大街塘子胡同中段。1926年7月开业。占地643.17平方米，为四合院砖木结构建筑，采用我国北方传统的民宅建筑风格，由前、后柜房，机器车间，仓库，锻工棚，厨房，院落组成。其中前柜房四面开窗，每面窗户各有用途，体现了当年的管理方式。机器车间是核心建筑，110平方米。车间内天轴皮带悬挂，各种机器密布交错，整个机器车间的设备体现了20世纪三四十年代民族机器工业的概貌。建厂初期以加工零活为主，后期产品主要有：刨冰机、榨油机等近20多个品种。产品销往全国各地，是当时较有规模的机器厂之一，在早期三条石工业中享有较高声誉。福聚兴机器厂是三条石地区仅存的工业遗产。

天津汽车制配厂旧厂房。1937年7月天津沦陷后，日本对天津进行了"经济开发"。1938年，北支丰田自动车株式会社在天津南开区三马路一带成立，主要是将从日本和伪满洲国运来的发动机和底盘组装成军用卡车，还生产活塞、活塞环与活塞销之类的汽车配件。日本投降后，改为天津汽车制配厂。1947年曾仿制日本"马自达"三轮汽车。中华人民共和国成立后，改为国营天津汽车制配厂，并于1951年9月生产出第一批汽车——2辆吉普车和1辆旅行车。吉普车曾开赴北京中南海，受到国家领导人的嘉奖。

动力机厂。1935年，日本商人在河西小刘庄开办甲斐铁工厂。1939年，更名为兴亚铁工株式会社，生产纺织机和矿山机械。1941年，迁至河北区小王庄，1944年改组为华北机械工业株式会社，为日军生产枪、炮等武器。1945年8月日本投降后，由国民政府资源委员会接管，改名天津机器厂。1951年10月，试制成4146型80马力柴油机，1952年批量生产。1953年9月改名为天津动力机厂。1958年3月，试制成功我国第一台高速450匹马力柴油机，可供水陆两用。

第一机床厂。坐落于津塘路146号。始建于1951年，时称天津市公私合营示范机器厂。1953年12月，生产出我国第一台全齿轮IA62型（仿苏）车床。1956年1月，与天津拖拉机制造厂合并，改名为天津拖拉机制造分厂。同年7月，定名为天津第一机床厂。该厂先后建有铸造、锻造、木型、热处理、金工、装配、工具、机修等16个主要生产车间。

天津拖拉机制造厂。前身是1938年建立的日本丰田自动车工业株式会社，为侵华日军修理、装配汽车。1954年11月，天津汽车制配厂在生产汽油机的基础上生产拖拉机。1956年1月1日，更名为天津拖拉机制造厂。1958年4月，生产出我国第一台中马力轮式拖拉机——铁牛40型。1959年，由南开三纬路迁入新厂区——今南开红旗路278号。主要生产铁牛55马力、60马力各型轮式拖拉机。占地103万平方米。

天津重型机器厂。位于北辰区高峰路东侧，京山铁路西侧。1958年建，占地127万平方米，设有铁路专用线通南仓站，曾制造6000吨水压机。

2. 船舶工业。

大沽船坞。清光绪六年（1880）三月，李鸿章在大沽海神庙一带兴建占地约7.3万平方米的北洋水师大沽船坞，承修舰船，兼营造船，是我国北方第一座近现代化的船舶修造厂。大沽船坞先后建甲、乙、丙、丁、戊、己6个船坞，最大的可容2000吨船只进坞修理。清光绪十六年（1890）以后除修造舰船外，开始制造枪、炮、水雷等军械。光绪二十六年（1900）被八国联军侵占。从清光绪八年（1882）至光绪二十六年（1900），大沽船坞共装配轮船18艘，修理船舶70余艘。1913年更名为大沽造船所，归海军部管辖。现存"甲"字坞一处、轮机厂房旧址一处、旧码头一处。建于1880年的大沽船坞甲坞（一号坞）现仍在使用，1977年将建坞初期的板基泥坞改建为水泥坞，该坞至今保存完好。现为天津市船厂。

新河船厂。前身为大沽船坞，始建于清光绪六年（1880）。曾是我国最大的工程船舶修造厂。厂区占地50.8万平方米，码头沿岸长400米。目前厂区内遗有初创时期的船坞一座，沿用至今。

新港船厂。建于1940年，位于滨海新区塘沽机厂街1号，是天津最大的造船企业，最初主要从事机械修理和船舶修理，后来从事制造。是沦陷时期日本为配合塘沽新港开发而建，厂区面积115万平方米，其中的"二号船台""二号船坞"、厂部办公室房等具有文物价值。

3. 电子工业。

天津无线电厂（天津通信广播公司）。坐落在河北区新大路185号，1936年，始建于湖南长沙，为湖南电器厂。1946年迁至现址，称中央无线电器材厂天津厂。占地28.23万平方米。1951年4月，试制成功国内第一部702型步话机；1955年6月，试制成功中国第一代航空电台；1958年3月，试制成功中国第一台黑白电视机，被命名为"北京牌"；1972年，生产出中国第一台彩色电视机。

4. 化学工业。

原久大精盐公司市内办事处。建于1920年，位于天津市和平区赤峰道63号。占地2087.16平方米，建筑面积2242.57平方米，砖混结构，三层楼房。平面呈"V"形布局，水泥基座，红砖墙体。建筑现状良好。

天津碱厂。前身是范旭东建于1917年的永利碱厂，是中国第一家近现代化的制碱工厂，生产的红三角牌纯碱打破了西方国家的技术垄断，为中国化学工业的发展奠定了基础。20世纪50年代中期与久大精盐公司塘沽工厂合并，1968年改称天津碱厂。

黄海化学工业研究社。1922年8月，范旭东在塘沽久大精盐厂化验室的基础上创建，是中国首家民营科

研所。主持人为留美博士孙学悟。该所培养了大批专家，研制出藻类提钾碘、磷肥等。出版有《黄海》《化工汇报》《菌学双刊》等刊物。1950年迁至北京，并入中国科学院。

天津化工厂。前身为日商东洋化学工业株式会社汉沽工厂，始建于1939年（一说1938年），1942年投产，生产烧碱、盐酸、溴素、氯化钾、氯化镁等。装备有西门子水平隔膜电解槽。1946年1月为中国政府接收，更名为资源委员会天津化学工业公司汉沽工厂。汉沽解放后改称天津化工厂。该厂为国内大型氯碱企业，位于汉沽新开路南端，占地面积260公顷，建筑面积61万平方米。

大沽化工厂。前身为1939年日伪华北盐业公司在大沽兴办的氯碱厂，坐落在塘沽兴化道1号。1942年投产，产品为液碱、漂白粉、氯化钾、氯化镁、溴素等。1948年12月23日，被天津市军事管制委员会接管，定名为中国盐业公司华北分公司大沽工厂。

天津油漆厂。1957年，永明油漆厂、大成油漆厂、东方油漆厂等20余家油漆厂合并组成。永明油漆厂20世纪三四十年代开发的永明漆、三宝漆为誉满全国的名牌产品。天津油漆厂曾为全国第一辆汽车、第一台拖拉机、第一架飞机、第一颗人造卫星、第一枚运载火箭及武汉、南京长江大桥提供优质油漆。厂区占地33万平方米。

5. 医药工业。

天津华津制药厂。1938年在今河北区北站外水厂前街建立。该厂部分保存完好的建筑已被再利用为"3526艺术创意工场"。

6. 纺织工业。

华新纺织有限公司天津分厂。始建于1915年（一说1916年），1919年1月投产，是天津第一座大型纺织厂。1931年改名华新纱厂。1936年被日本钟渊纺织株式会社收买，更名为公大七厂，日本投降后，由中国纺织建设公司天津分公司接收，改为中纺七厂。1949年1月，大部分设备毁于天津战役。1950年转建印花车间。后逐渐建成天津最大的印染企业。

宝成纱厂。位于今河东区郑庄子，建于1922年。1930年2月，在中国第一个实行了八小时工作制，开创了中国近现代工业文明的新纪元。

上海纱厂。1937年，日商在今河西区大沽南路兴建上海纺织株式会社天津工厂，通称"上海纱厂"。

1949 年后曾更名为天津市第四棉纺织厂。

裕丰纱厂。1935 年，日商裕丰纺绩天津工厂筹建，1937 年开工。1945 年中国纺织建设公司接收，定名为中国纺织公司天津第一纺织厂。1949 年更名为天津第一棉纺织厂，曾是天津最大的纺织厂。坐落在河东区大直沽六号路东侧。

东亚毛纺厂。1932 年 4 月，宋棐卿创办的天津东亚毛呢纺织股份有限公司在意租界开业。该公司以"国人用国货"为号召，用"抵羊"做商标，寓意抵制洋货。1936 年 7 月，公司迁至今和平区云南路 2 号，全厂面积为 20 218 平方米，随后陆续添齐前纺、后纺、洗染三个工序的全部设备。1949 年后改称东亚毛纺厂。

天津针织厂。最初是由一批日资企业合并而成的国民政府联合勤务总司令部天津被服总厂第十分厂，厂址在南开区兴业里。1949 年改为天津针织厂。1951 年，在现址河东区十三经路建立新厂；1953 年投产，成为当时亚洲最大的针织企业。

7. 轻工业。

天津印字馆。初名天津印刷公司，由英国商人于清光绪十二年（1886）在英租界维多利亚路（今解放北路 189 号）开办，从清光绪二十年（1894）开始承印英文版的《京津泰晤士报》，还是路透社天津分社的所在地。是天津最早的铅字印刷厂。现址建于 1929 年，砖木结构，保存良好。

造币总厂旧址。清光绪三十一年（1905）夏，户部天津银钱总厂建成开工，铸造各种金银铜币，后更名为天津造币总厂，厂址在大经路（今河北区中山路）。清宣统元年（1909）清政府改组全国铜元局，铸币权归中央，并在各地确定了九个造币分厂，天津为总厂，颁布了《造币厂章程》。天津遂成为全国造币中心。造币总厂占地面积 3 万多平方米，布局原为多进四合院，砖木结构。现仅存平房数十间，门额有"造币总厂" 4 字，为吴鼎昌手书。

利生体育用品厂。建于 1921 年，是全国生产和经销体育用品历史最久、规模最大的专业厂家之一，是中国第一家从制革开始"一条龙"生产球类的专业厂家。1932 年，在现址河北区昆纬路购地建新厂。该厂生产各种球类、体育器械、运动鞋、球拍等。

天津人民印刷厂。又名天津环球磁卡股份有限公司，位于河西区解放南路 325 号，占地面积 6.14 万平方米，建筑面积 5.44 万平方米。该厂前身为 1938 年日商开办的协和印刷厂。天津解放后，定名天津市人民印刷厂。

中国人民解放军第三五二二厂。建于 1938 年，时称新华纽扣厂。1946 年为国民政府天津被服总厂装具分厂。1949 年后三次更名，1956 年定为第三五二二厂。坐落在南开三纬路 49 号。主要生产徽章符号，及军用纽扣、水壶、挎包等产品。

天津手表厂。1955 年 3 月 24 日，由 4 名老工人组成的天津钟表厂手表试制组试制成功全国第一只机械手表，定名为"五一牌"，并于当年投产。1957 年，全国最早的手表厂——天津手表厂开始筹建。1960 年，迁入现址南开区复康路。1966 年，自行设计试制成功全国第一支摆脱仿制机芯手表——"东风牌"手表。

8. 食品工业。

芥园水厂。清光绪二十九年（1903），济安自来水公司芥园水厂在南运河畔建成，这是天津最早的河水厂，供水区域为旧城的四个城门及东北角、西北角。1950 年 3 月，与天津自来水厂组建为天津市自来水公司。1954 年、1956 年和 1983 年进行三次扩建，曾开创中国城市给水工程自行设计、施工的先例。

中法葡萄酿酒有限公司酒厂。1980 年 5 月，天津第一家中外合资企业——中法合营王朝葡萄酿酒有限公司成立，这是中国最早的中外合资企业之一。公司采用法国"人头马"酿酒技术，生产"王朝"牌葡萄酒。厂址在北辰区小淀。

9. 能源工业。

开滦矿务局。清光绪四年（1878）在天津成立，对外名称为中国机矿公司（The Chinese Engineering and Mining Co.），开采唐山附近的煤。1881 年投产。1912 年，开平矿务局与滦州矿务局合并，在今和平区泰安道 5 号组建成开滦矿务局。

塘沽亚细亚石油公司办公楼。清光绪三十一年（1905），在塘沽（今天津市滨海新区塘沽三槐路 86 号）兴建，现存为一栋二层楼房，共有 14 间房屋，占地 252.45 平方米。并建有储油罐。

电车电灯公司。清光绪三十年（1904），比利时商人在天津成立电车电灯公司，经营电车、电力。该公司办公楼后来改建为天津电力科技博物馆。

法国电灯房。清光绪二十八年（1902），法租界当局在万国桥（今解放桥）旁建成了天津第一家发电所。

清宣统二年（1910），迁至法租界二十六号路（今滨江道）。该厂拥有发电机、电表、透平机3架，汽锅2个。

第一发电厂。1936年8月，日本兴中公司与国民党天津市政府签约成立了天津电业股份有限公司。1937年3月，建厂工程正式开工，安装了日本制造的1.5万千瓦发电机和80吨/时锅炉各两台。1938年3月，竣工投产，取名天津发电所。供电范围主要为厂区附近的日租界（今和平区多伦道、鞍山道一带）和特一区（今河西区马场道、大沽路一带）。1949年后改称为天津第一发电厂。厂址在今河东区六纬路。

大港油田。1964年1月5日，中共中央批准组织华北石油勘探会战。1964年12月20日，港5井喷出油气流。因港5井地处北大港构造带，大港油田因此得名。

10. 交通运输。

轮船招商局码头建筑。为打破外国人垄断中国海上运输的局面，清同治十一年（1872）十二月十六日，李鸿章策划成立了轮船招商局，总局设于上海，天津设分局。天津招商局在紫竹林南沿河建有栈房和码头。开办之始，以海运粮食为主，兼揽客货。甲午战争期间，全部资产分售给各国航运公司。抗战时期，招商局全部资产移交美商卫利韩公司代管。太平洋战争爆发后，被日本东亚海运株式会社接管。抗战胜利后，由中国政府接收。

太古洋行。其是英商施怀雅洋行的一个分支。清同治五年（1866）在上海设立太古洋行，1881年在天津设立分行。清同治十一年（1872）正式成立太古轮船公司。以天津为起点的航线有通往上海和广州的两条。清光绪三十年（1904），太古洋行还在天津成立了驳船公司。

怡和洋行。清同治六年（1867），英商怡和洋行在天津紫竹林码头设分行。是天津早期四大洋行之一，也是进入天津的第一家外国航运洋行，初期以代理船舶为主，由船务部经营。主航津沪线。同治十年（1871），将中国北清轮船公司的2条轮船并入自己的船队。同治十一年（1872），将所辖轮船改组为华海轮船公司。清光绪七年（1881），购买华海轮船的全部股份和中国扬子公司的船舶12艘，在上海正式成立怡和轮船公司，天津怡和洋行船务部也改组为轮船分公司。

天津新港港湾局。为了掠夺中国的人力、物力资源，1939年6月，日本在北平（今北京）设置"北支新港临时建设事务局"，进行新港建设的筹备工作。1940

年7月，该机构迁至塘沽。同年10月25日，新港工程举行开工典礼。1941年"北支新港临时建设事务局"改称"塘沽新港港湾局"，隶属于"华北交通株式会社"，塘沽新港工程建设逐渐开展起来。1939年10月落成的港湾局办公用房是天津港地区仅存的一处保留完好的历史建筑。

塘沽火车站（今称塘沽站）。始建于清光绪十四年（1888），位于中国第一条铁路线上，由詹天佑负责修筑，是他投身中国铁路事业的起点。清光绪二十六年（1900）八国联军攻陷大沽口炮台后占据此处，利用车站转运军需物资和战争人员。1919年毛泽东等人送赴法留学生，路经天津在此下火车。1933年5月，中日谈判《塘沽协定》期间，南京政府代表团驻在塘沽火车站。1937年日军占领该站，用作转运战争物资。塘沽火车站现存主体建筑约建于清光绪三十二年（1906）至清光绪三十四年（1908），至今保存基本完好。主体建筑以南180米处，在铁路西侧有1座长11米、宽6米，砖混结构的小二楼。上下层间的东侧水泥圈梁刻有"TANGKU"（塘沽）站名标志。该小楼首层为历史建筑物，原为青砖墙水泥顶平房。后加盖二层。

天津总站。清光绪二十九年（1903）一月，位于今河北区中山路上的天津新站建成，后称总站（今天津北站）。

天津西站。清光绪三十四年（1908），天津至浦口铁路的北段兴建。1912年，津浦铁路全线通车。天津西站是津浦铁路的重要枢纽。

杨柳青车站。清光绪三十四年（1908）建于津浦铁路线上。

静海火车站。始建于清光绪三十四年（1908），位于津浦铁路线上。建筑面积910平方米，使用面积533平方米。

津浦大厂。位于河北区南口东路1号，前身是津浦铁路天津机厂，始建于清宣统元年（1909），习惯上称"津浦大厂"或"西沽机厂"，清宣统三年（1911）由津郊陈塘庄迁至现址。天津沦陷后，改称"华北交通株式会社天津铁道工厂"，日本投降后又恢复原名。1949年后称天津车辆工厂。该厂是中国铁路工业生产机车车辆主要配件的重点企业，占地36.86万平方米，建筑面积26万平方米。

万国桥。1927年10月18日，由原法租界工部局主持筹建，具有当时先进水平的万国桥举行落成典礼。桥长97.64米，分3孔，中孔47米，桥宽19.5米，是当时天津最大的开启桥，也是目前天津尚能使用的一座双叶立转式可开启的钢桥，并成为天津的主要标志之一。1945年更名为"中正桥"，1949年改称"解放桥"。

大红桥。1937年建成，位于红桥区子牙河上。桥长80.24米，分3孔，桥面宽12.66米。大红桥为开启式桥梁，红桥区区名由此得来，是红桥区标志性设施。

11. 邮电。

邮政津局。清光绪四年（1878）三月，天津海关书信馆开始收寄中外公众邮件，这是中国最早出现的邮政机构。同年7月向全国发行了中国第一套邮票——大龙邮票。清光绪六年（1880）一月十一日，书信馆改名为"天津海关拨驷达局"（英语Post译音，即海关邮局）。清光绪二十三年（1897）二月二日改名为"大清邮政津局"。

天津电报局大楼。清光绪三年（1877）五月，由天津机器局东局至直隶总督署的电报线架设成功，这是中国首次自行架设电报线。光绪五年（1879），电报线架设至大沽、北塘炮台。光绪六年（1880），李鸿章奏请在天津设立电报总局，筹设天津至上海电报线，盛宣怀任总办，丹麦等国的大北电报公司承包。光绪七年（1881）十一月架通，沿线设有七个分局。同年，电报局正式成立。天津电报总局旧址位于东门里大街二道牌楼附近。据光绪三十四年（1908）邮政部第二次统计表记载，总局在天津东门里大街内有39间办公用房，总局建筑在1998年平房改造时被拆除。光绪八年（1882）三月电报局由官办改为官督商办，称商报局。局址初设于英租界海大道（今大沽路），后迁法租界"红楼"。1900年，在八国联军侵华战争中，红楼局址为法军所占。此后红楼房产易主，电报局只能在红楼附近另筑局舍。1924年，天津电报局大楼在法租界32号（今和平区赤峰道）落成。

12. 工业教育。

北洋大学遗留下来的建筑。原北洋大学保留的2座教学楼位于天津市红桥区光荣道2号河北工业大学院内，各为三层：北楼建于1936年，占地面积2315平方米，建筑面积为4805.11平方米；南楼建于1933年，占地2336平方米，建筑面积为4902.45平方米。

工商学院。筹建于1920年，是献县法国耶稣会在天津创办的一所专科大学。1921年在英租界马场道选定校址。1923年9月正式开学，分工、商两科。1933年改名为"河北省私立天津工商学院"。1943年，增加文学系、史地系等。1948年，改名为津沽大学。现为天津外国语学院。

天津市已被公布为各级文物保护单位的工业遗产有：天津广东会馆、北洋水师大沽船坞遗址、北洋大学堂旧址、天津西站主楼、黄海化学工业研究社旧址、天津工商学院主楼旧址、玉皇阁、大清邮政津局旧址、原万国桥、原太古洋行大楼、原开滦矿务局大楼、原怡和洋行大楼、福聚兴机器厂旧址、原久大精盐公司大楼、天津印字馆旧址等。

第三节 文物保护单位保护与管理

一、文物保护单位的公布

文物保护单位是各级人民政府按照法律程序审议公布的历史文化遗存，包括具有历史、艺术、科学价值的革命遗址及革命纪念建筑物、石窟寺、古建筑及历史纪念建筑物、石刻及其他、古遗址、古墓葬等一般不可进行整体移动的文物，及按照《文物保护法》的有关规定由国家进行保护的文物。截至2013年，全市文物保护单位共计395处，其中全国重点文物保护单位28处，天津市文物保护单位212处（消失4处），各区、县公布的文物保护单位155处。确定并公布文物保护单位，是加强文物管理的重要措施，文物保护单位的逐步增加，表明全市文物调查与研究工作不断深入，文物保护管理工作不断加强，文物保护单位的价值逐步被人们认识。为切实保护文物，充分发挥文物作用，天津市各级人民政府，特别是文化文物部门，按照《文物保护法》的规定，认真做好文物保护单位的保护管理和利用，取得了显著效果。

二、全国重点文物保护单位

中华人民共和国成立后，党和国家高度重视文物保护工作，国务院自1961年至2013年先后公布了七批全国重点文物保护单位。前三批全国重点文物保护单位分革命遗址及革命纪念建筑物、石窟寺、古建筑及历史建筑物、石刻及其他、古遗址、古墓葬6类，后四批分古遗址、古墓葬、古建筑、石窟寺及石刻、近现代重要史迹及代表性建筑、其他6类。天津市共有28处，包括古遗址、古墓葬、古建筑、石窟寺及石刻、近现代重要史迹及代表性建筑5类。

1961年3月4日，国务院发布《关于公布第一批全国重点文物保护单位名单的通知》，同意文化部提出的第一批全国重点文物保护单位共计180处的名单，予以公布。其中我市独乐寺被公布为第一批全国重点文物保护单位。

1982年2月24日，发布《国务院关于公布第二批全国重点文物保护单位名单的通知》，同意文化部提出的第二批全国重点文物保护单位共计62处的名单，予以公布。我市义和团吕祖堂坛口遗址被公布为第二批全国重点文物保护单位。

1988年1月13日，发布《国务院关于公布第三批全国重点文物保护单位名单的通知》，同意文化部提出的第三批全国重点文物保护单位共计258处，予以公布。我市望海楼教堂、大沽口炮台被公布为第三批全国重点文物保护单位。

1996年11月20日，发布《国务院关于公布第四批全国重点文物保护单位名单的通知》，同意文化部提出的第四批全国重点文物保护单位共计250处，予以公布。我市利顺德饭店旧址、南开学校旧址被公布为第四批全国重点文物保护单位。

2001年6月25日，《国务院关于公布第五批全国重点文物保护单位名单的通知》，公布了第五批全国重点文物保护单位共518处，以及与现有全国重点文物保护单位合并的项目23处。我市广东会馆、劝业场大楼被公布为第五批全国重点文物保护单位。

2006年5月25日，《国务院关于公布第六批全国重点文物保护单位名单的通知》，核定文化部确定的第六批全国重点文物保护单位共计1080处，以及与现有全国重点文物保护单位合并的项目106处。我市天妃宫遗址、石家大院、京杭大运河（天津段）、千像寺造像、盐业银行旧址、法国公议局旧址、梁启超旧居共7处文物保护单位被公布为第六批全国重点文物保护单位。

2013年5月3日，《国务院关于公布第七批全国重点文物保护单位名单的通知》，核定文化部确定的第七批全国重点文物保护单位共计1943处，另有与现有全国重点文物保护单位合并的项目47处，正式对外公布。我市蓟县白塔、天后宫、天尊阁、李纯祠堂、北洋水师大沽船坞遗址、塘沽火车站旧址、北洋大学堂旧址、马可·波罗广场建筑群、天津西站主楼、天津五大道近代建筑群（39处）、谦祥益绸缎庄旧址、黄海化学工业研究社旧址、天津工商学院主楼旧址共13处文物保护单位被公布为第七批全国重点文物保护单位。

全国重点文物保护单位一览表

表4-3

序号	名称	年代	位置
1	独乐寺	辽统和二年（984）重建—清	蓟县渔阳镇武定街41号
2	义和团吕祖堂坛口遗址	清光绪二十六年（1900）	红桥区如意庵大街何家胡同18号
3	望海楼教堂	清同治八年（1869）	河北区狮子林大街292号
4	大沽口炮台	清咸丰八年（1858）	滨海新区塘沽东南海河入海口两岸
5	南开学校旧址	清光绪三十二年（1906）	南开区南开四马路20、22号
6	天津利顺德饭店旧址	清光绪十二年（1886）	和平区解放北路199号
7	天津劝业场大楼	1928年	和平区和平路滨江道口
8	天津广东会馆	清光绪二十九年（1903）	南开区南门里大街31号
9	天妃宫遗址	元—清	河东区大直沽中路51号

续表

序号	名称		年代	位置
10	石家大院		清	西青区杨柳青镇估衣街 47 号
11	大运河		汉—今	武清、北辰、红桥、河北、南开、西青、静海
12	千像寺造像		辽	蓟县官庄镇联合村北 500 米
13	法国公议局旧址		1929—1931 年	和平区承德道 12 号
14	梁启超旧居		1914 年、1924 年	河北区民族路 44、46 号
15	盐业银行旧址		1915 年	和平区赤峰道 12 号
16	蓟县白塔		辽—清	蓟县渔阳镇白塔寺街 8 号
17	天后宫		明—清	南开区古文化街 80 号
18	天尊阁		清	宁河县丰台镇南村
19	李纯祠堂		清—民国	南开区白堤路 82 号
20	北洋水师大沽船坞遗址		清光绪六年（1880）	滨海新区海河南岸大沽船坞路 27 号
21	塘沽火车站旧址		清	滨海新区新华路 128 号
22	北洋大学堂旧址		清光绪二十八年（1902）	红桥区光荣道 2 号
23	天津西站主楼		清宣统二年（1910）	红桥区西站前街 1 号
24	谦祥益绸缎庄旧址		1917 年	红桥区估衣街 94 号
25	黄海化学工业研究社旧址		1922 年	滨海新区解放路 338 号
26	天津工商学院主楼旧址		1924 年	河西区马场道 117 号
27	马可·波罗广场建筑群	马可·波罗广场旧址	1924 年	河北区自由道与民族路交口处
		马可·波罗广场西南面楼	清光绪三十四年（1908）—1916 年	河北区民族路 46 号、自由道 25 号
		马可·波罗广场西北面楼	清光绪三十四年（1908）—1916 年	河北区民族路 40、42 号、自由道 40 号
		马可·波罗广场东北面楼	清光绪三十四年（1908）—1916 年	河北区自由道 38 号
28	天津五大道近代建筑群	英国文法学校旧址	1926 年	和平区湖北路 59 号
		张学铭旧宅	1925 年	和平区睦南道 50 号
		李叔福旧居	1938 年	和平区睦南道 28 号
		伪满洲国领事馆旧址	1943 年	和平区睦南道 26 号
		孙殿英旧居	1930 年	和平区睦南道 20 号
		周志辅旧居	1933 年	和平区河北路 277 号

序号		名称	年代	位置
28	天津五大道近代建筑群	孙氏旧居	1931 年	和平区大理道 66 号
		吴颂平旧居	1934 年	和平区昆明路 117 号
		顾维钧旧居	1927 年	和平区河北路 267 号
		庆王府旧址	1922 年	和平区重庆道 55 号
		陶氏旧居	1933 年	和平区成都道 14 号
		林鸿赉旧居	1935 年	和平区常德道 2 号
		张自忠旧居	1937 年	和平区成都道 60 号
		曹锟旧居	1927 年	和平区南海路 2 号
		孙季鲁旧居	1939 年	和平区郑州道 20 号
		潘复旧居	1920 年	和平区马场道 2 号
		张作相旧居	民国	和平区重庆道 4 号
		许氏旧居	1926 年	和平区睦南道 11 号
		纳森旧居	1928 年	和平区睦南道 70 号
		李勉之旧居	1937 年	和平区睦南道 74 号
		卞氏旧居	20 世纪 30 年代	和平区睦南道 79 号
		徐世章旧居	1922 年	和平区睦南道 126 号
		高树勋旧居	民国	和平区睦南道 141 号
		周叔弢旧居	1938 年	和平区睦南道 129 号
		曾延毅旧居	民国	和平区常德道 1 号
		蔡成勋旧居	1935 年	和平区大理道 1 号
		訾玉甫旧居	民国	和平区大理道 37 号
		陈光远旧居	1924 年	和平区大理道 48 号
		龚心湛旧居	民国	和平区重庆道 64 号
		金邦平旧居	民国	和平区重庆道 114 号
		徐氏旧居	民国	和平区马场道 42 号
		徐氏旧居	民国	和平区马场道 44—46 号
		雍剑秋旧居	1920 年	和平区马场道 60—62 号
		张绍曾旧居	1923 年	和平区河北路 334 号
		安乐邨公寓楼	1933 年	和平区马场道 98—110 号（双号）
		李氏旧居	1937 年	和平区河北路 239 号

序号	名称		年代	位置
28	天津五大道近代建筑群	疙瘩楼	1937 年	和平区河北路 283-295 号
		卞万年旧居	1937 年	和平区云南路 57 号
		关麟征旧居	民国	和平区长沙路 97 号

三、天津市文物保护单位

按照《文物保护法》的规定，省级文物保护单位由省人民政府核定公布，并报国务院备案。天津市文物保护单位公布于 20 世纪 50 年代，1954 年天津市人民委员会下发《关于保护市内古文化建筑的规定》和《确定文庙等四处古建筑为保护重点的通知》，明确市内"均应保护，严禁破坏"的范围和市级文物保护单位。确定了文庙、天后宫、玉皇阁、清真大寺 4 处为保护重点，列入天津市文物保护单位名单，并由市人民政府公布。1956 年，河北省公布的第一批文物保护单位，也包括天津现辖部分区县。

1982 年 7 月 9 日，由于行政区划变更，《天津市人民政府关于重新公布天津市文物保护单位名单的通知》确定了市级文物保护单位大沽口炮台、天津教案遗址望海楼、天后宫等共计 35 处。

1991 年 8 月 2 日，《天津市人民政府关于公布第二批天津市文物保护单位名单及将蓟县县城列为天津市历史文化名城的通知》发布，在全市文物普查登记的 700 余处文物保护点中，依其历史、艺术、科学价值，经过论证筛选，确定了第二批天津市文物保护单位，包括天津社会主义青年团旧址、石家大院、静园等，共计 24 处。

1997 年 7 月 20 日，在《天津市人民政府关于公布我市第三批市级文物保护单位名单的通知》中，天津市人民政府批准市文物局确定的第三批天津市文物保护单位，包括中国大戏院、天津劝业场等共计 60 处。

2013 年 1 月 5 日，《天津市人民政府关于公布第四批我市文物保护单位名单的通知》发布，在天津市第三次全国文物普查中登记的不可移动文物中，按照其历史价值、艺术价值和科学价值，经过论证筛选，确定了第四批天津市文物保护单位，包括清代皇家园寝、泰山行宫、安家大院等，共计 145 处。至此，天津市已先后将 216 处（消失 4 处）不可移动文物列为天津市文物保护单位。

天津市文物保护单位一览表

表 4-4

序号	名称	年代	位置
1	香港大楼旧址	1937 年	和平区马场道 10 号
2	王氏旧居	1941 年	和平区马场道 54 号
3	马占山旧居	民国	和平区湖南路 11 号
4	张志潭旧居	民国	和平区大理道 4 号
5	王占元旧居	民国	和平区大理道 60—64 号
6	茂根大楼旧址	1937 年	和平区常德道 121 号
7	孟氏旧居	民国	和平区常德道 26 号
8	陈亦侯旧居	1933 年	和平区西安道 93 号
9	张鸣岐旧居	1927 年	和平区贵州路 90 号
10	西开天主堂	1916 年	和平区西宁道 11 号
11	孙传芳旧宅	1931 年	和平区泰安道 17 号

序号	名称	年代	位置
12	原英国俱乐部	清光绪三十年（1904）	和平区解放北路 201 号
13	基督教女青年会旧址	1933 年	和平区大沽北路 200 号
14	陆洪涛旧居	民国	和平区建设路 80 号
15	起士林餐馆	1940 年	和平区浙江路 33 号
16	原开滦矿务局大楼	1921 年	和平区泰安道 7 号
17	英国领事官邸旧址	1937 年	和平区浙江路 1 号
18	大阔饭店旧址	1931 年	和平区浙江路 15 号
19	纳森旧宅	民国	和平区泰安道 5 号
20	吴重熹旧居	1912 年	和平区烟台道 56—58 号
21	耀华学校礼堂	1927 年	和平区南京路 106 号
22	那桐旧居	民国	和平区新华路 176 号
23	陈祝龄旧居	民国	和平区保定道 4 号
24	天津印字馆旧址	清光绪十二年（1886）	和平区解放北路 189 号
25	花园大楼旧址	1927 年	和平区大沽北路 176—192 号
26	美最时洋行旧址	民国	和平区大沽北路 174 号
27	中共中央在津秘密 印刷厂遗址	1929 年	和平区唐山道 47 号
28	原太古洋行大楼	清光绪十二年（1886）	和平区解放北路 165 号
29	利华大楼	1938 年	和平区解放北路 114—116 号
30	原金城银行大楼	1937 年	和平区解放北路 108—112 号
31	原花旗银行大楼	1918 年	和平区解放北路 90—92 号
32	美国海军俱乐部旧址	1924 年	和平区解放北路 113 号
33	原横滨正金银行大楼	1926 年	和平区解放北路 80 号
34	原中央银行天津分行大楼	1925 年	和平区解放北路 115—117 号
35	原汇丰银行大楼	1925 年	和平区解放北路 82 号
36	原华俄道胜银行大楼	清光绪二十三年（1897）	和平区解放北路 121—123 号
37	原中南银行大楼	1938 年	和平区解放北路 86—88 号
38	仁记洋行天津分行旧址	1920 年	和平区解放北路 127—129 号
39	原怡和洋行大楼	1921 年	和平区解放北路 155—157 号
40	原麦加利银行大楼	1925 年	和平区解放北路 151—153 号
41	天津电报总局旧址	1924 年	和平区赤峰道 65—69 号
42	犹太会堂旧址	1940 年	和平区南京路 55 号
43	吉鸿昌旧居	1917 年	和平区花园路 5 号

续表

序号	名称	年代	位置
44	章瑞庭旧宅	1922 年	和平区花园路 9 号
45	庄乐峰旧宅	1927 年	和平区花园路 10 号
46	田中玉旧居	1922 年	和平区营口道 42 号
47	张公撰旧居	1922 年	和平区花园路 2 号
48	李吉甫旧宅	1918 年	和平区花园路 12 号
49	原久大精盐公司大楼	1924 年	和平区赤峰道 63 号
50	国民饭店	1923 年	和平区赤峰道 58 号
51	渤海大楼	始建于 1934 年	和平区和平路 277 号
52	张学良旧宅	1924—1931 年	和平区赤峰道 78 号
53	北洋保商银行旧址	清宣统二年（1910）	和平区解放北路 52 号
54	东方汇理银行旧址	1912 年	和平区解放北路 77—79 号
55	原浙江兴业银行大楼	1922 年	和平区和平路 237 号
56	大清邮政津局旧址	清光绪十年（1884）以前	和平区解放北路 109 号
57	法国俱乐部旧址	1932 年	和平区解放北路 29 号
58	紫竹林兵营旧址	1915 年	和平区赤峰道 1—5 号
59	法国领事馆旧址	1923 年	和平区承德道 2 号
60	紫竹林教堂旧址	清同治十一年（1872）	和平区营口道 16 号
61	朝鲜银行旧址	1918 年	和平区解放北路 97—101 号
62	原中法工商银行大楼	1933 年	和平区解放北路 74—78 号
63	元隆孙旧宅	清光绪二十七年（1901）	和平区新华路 120 号
64	原东莱银行大楼	1930 年	和平区和平路 289 号
65	首善堂旧址	1919 年	和平区承德道 21 号
66	静园	1921 年	和平区鞍山道 70 号
67	原安里甘教堂	1936 年	和平区浙江路 2 号
68	比利时领事馆旧址	1921 年	和平区解放北路 102—104 号
69	四行储蓄会旧址	民国	和平区解放北路 149 号
70	原法国工部局	1934 年	和平区解放北路 34—36 号
71	中共北方局旧址	民国	和平区黑龙江路隆泰里 19 号
72	百福大楼旧址	1926 年	和平区解放北路 3 号
73	原新华信托银行大楼	1934 年	和平区解放北路 10 号
74	原万国桥	1923 年	和平区解放北路西侧
75	大陆银行旧址	1921 年	和平区哈尔滨道 68 号
76	中国大戏院	1934—1936 年	和平区哈尔滨道 104 号

序号	名称		年代	位置
77	基泰大楼旧址		1928 年	和平区滨江道 109—123 号
78	原日武德殿		1941 年	和平区南京路 228 号
79	孙中山北上在津期间居住遗址		1924 年	和平区鞍山道 59 号
80	大公报社旧址		清光绪三十二年（1906）	和平区和平路 169 号
81	原光明社		1919 年	和平区滨江道 143 号
82	惠中饭店		1930 年	和平区华中路 2 号
83	段祺瑞旧居		1920 年	和平区鞍山道 38 号
84	天津市第二工人文化宫建筑群	天津市第二工人文化宫展览馆	1957 年初建 1968 年扩建	和平区光华路 4 号
		天津市第二工人文化宫剧场	1954 年	河东区光华路 2 号
		天津市第二工人文化宫图书馆	1956 年	河东区光华路 2 号
85	俄国领事馆旧址		清光绪二十八年（1902）	河东区十一经路 88 号
86	中央音乐学院旧址		1950 年	河东区十一经路 57 号
87	原德国俱乐部		清光绪三十三年（1907）	河西区解放南路 273 号
88	张勋旧宅		1917 年	河西区浦口道 6 号
89	海河工程局旧址		1911 年	河西区台儿庄路 41 号
90	英商纽吗噜·勃尔顿旧宅		清光绪二十八年（1902）	河西区台儿庄路 51 号
91	袁克定旧居		民国	河西区台北路 6 号
92	吴毓麟旧宅		1921 年	河西区解放南路 292 号
93	王仲山旧宅		清光绪二十六年（1900）	河西区南京路 21 号
94	达文士楼		清光绪三十一年（1905）	河西区马场道 121 号
95	北疆博物院旧址		1922 年	河西区马场道 119 号
96	桑志华旧居		1923 年	河西区马场道 117 号
97	刘冠雄旧居		1922 年	河西区马场道 123 号
98	朱启钤旧居		1922 年	河西区马场道 164 号增 1 号
99	原英国乡谊俱乐部主楼		1925 年	河西区马场道 188 号
100	美国兵营旧址		清宣统二年（1910）	河西区广东路 1 号
101	义和团纪庄子战场		清光绪二十六年（1900）	河西区紫金山路卫津河纪庄桥西
102	徐朴庵旧居		民国	南开区东门里大街 202 号
103	基督教青年会旧址		1914 年	南开区东马路 94 号
104	天津文庙		明正统元年（1436）	南开区东门内大街 2 号

续表

序号	名称	年代	位置
105	王永泉旧居	1921 年	南开区三纬路 72 号
106	基督教会仓门口堂	清宣统二年（1910）	南开区鼓楼东街
107	聂士成殉难纪念碑	清光绪三十一年（1905）	南开区八里台聂公桥西侧
108	玉皇阁	明宣德二年（1427）	南开区古文化街北侧
109	南开学校范孙楼	1929 年	南开区南开四马路 22 号
110	杨以德旧居	1921 年	南开区南开二纬路 41 号
111	南开大学建筑群	1919 年	南开区卫津路 94 号
112	天津大学建筑群	光绪二十一年（1895）	南开区卫津路 92 号
113	汤玉麟旧宅	1930 年	河北区民主道 38 号
114	袁氏旧宅	1918 年	河北区海河东路 39 号
115	奥匈帝国领事馆旧址	清光绪二十八年（1902）	河北区建国道 153 号
116	冯国璋旧居	1912 年	河北区民主道 52—56 号
117	圣心堂旧址	1922 年	河北区建国道 25 号
118	刘髯公旧居	民国	河北区建国道 66 号
119	意国领事馆旧址	1930 年	河北区建国道 14 号
120	曹禺旧居	清宣统二年（1910）	河北区民主道 7—9 号
121	意大利兵营旧址	1925 年	河北区光明道 20 号
122	解放天津会师纪念地	1949 年	河北区建国道西端与水阁大街相连
123	潘毓桂旧居	民国	河北区民族路 47 号
124	王卓然旧居	民国	河北区博爱道 22—24 号
125	卢鹤绂旧居	民国	河北区胜利路 403 号
126	孟氏家庙	1912 年	河北区博爱道 12 号
127	顺直水利委员会旧址	1918 年	河北区自由道 24 号
128	比商天津电车电灯股份有限公司旧址	清光绪三十年（1904）	河北区进步道 29 号
129	天津新站旧址	清光绪二十九年（1903）	河北区中山路 2 号
130	女星社旧址	1923 年	河北区宙纬路三戒里 46 号
131	觉悟社旧址	1919 年	河北区宙纬路三戒里 49 号
132	魏士毅女士纪念碑	1929 年	河北区中山公园路 3 号 中山公园内西南侧
133	天津十五烈士纪念碑	1931 年	河北区中山公园路 3 号 中山公园内东南侧
134	中山公园	1928 年	河北区中山公园路 3 号
135	冈纬路教堂	1935 年	河北区冈纬路 27 号

序号	名称	年代	位置
136	金代石狮	金承安二年（1197）	河北区中山北路 1 号北宁公园内北侧（致远塔前）
137	津浦路西沽机厂旧址	清宣统元年（1909）	河北区南口路 22 号
138	扶轮中学旧址	1918 年	河北区吕纬路 93 号
139	大悲院	清康熙八年（1669）—民国	河北区天纬路 40 号
140	直隶第一女子师范学校旧址	清光绪三十二年（1906）	河北区天纬路 4 号
141	天津电话六局旧址	1927 年	河北区月纬路 11 号
142	国营天津无线电厂旧址	1946 年	河北区新大路 185 号
143	李叔同故居	清、民国	河北区海河东路与滨海道交口东南角
144	瑞蚨祥绸布店旧址	清光绪三十四年（1908）	红桥区估衣街 44 号
145	引滦入津工程纪念碑	1983 年	红桥区三岔河口处
146	红灯照黄莲圣母停船场	清光绪二十六年（1900）	红桥区归贾胡同北口
147	福聚兴机器厂旧址	民国	红桥区三条石小马路 16 号
148	大红桥	1937 年	红桥区子牙河北路
149	天津普通中学堂旧址	1933 年	红桥区铃铛阁大街 1 号
150	清真大寺	清	红桥区大寺前街
151	直隶全省内河行轮董事局旧址	1914 年	红桥区小辛庄街 19 号
152	北塘炮台遗址	清	滨海新区塘沽北塘镇永定新河（蓟运河旧河道）入海处的南北两岸
153	亚细亚火油公司塘沽油库旧址	1915 年	滨海新区塘沽三槐路 86 号
154	日本新港港湾局办公厅旧址	1940 年	滨海新区塘沽办医街 20 号
155	海河防潮闸	1958 年	滨海新区塘沽渤海湾天津港航道外端，海河干流入海口处，北距新港船闸 13.3 海里
156	崔庄古枣园	明	滨海新区大港太平镇崔庄村
157	南塘遗址	汉、唐、宋、元、明	滨海新区大港小王庄镇刘岗庄村东北侧约 3000 米
158	港 5 井	1964 年	滨海新区大港马棚口村北
159	泰山行宫	清	东丽区大毕庄村
160	安氏家祠	清	西青区杨柳青镇六街估衣街施医局胡同 2 号
161	平津战役天津前线指挥部遗址	1949 年	西青区杨柳青镇十一街药王庙东大街 4 号
162	安家大院	清	西青区杨柳青镇估衣街 28 号
163	文昌阁	清	西青区杨柳青镇十六街和平南大街 5 号

序号	名称	年代	位置
164	董家大院	清	西青区杨柳青镇八街猪市大街 19 号
165	当城寨址	宋	西青区辛口镇当城村西 800 米
166	霍元甲墓、故居	清	西青区精武镇小南河村村内
167	王兰庄天津学生抗日救亡义务教育点纪念地	1936 年	西青区王兰庄村
168	慈云寺	明	津南区辛庄镇高庄子村西公路旁
169	津东书院旧址	清同治十三年（1874）	津南区葛沽镇东大街 48 号
170	周公祠	清	津南区小站镇会馆村东
171	巨葛庄遗址	战国、汉	津南区八里台镇巨葛庄村东
172	大诸庄药王庙	明	北辰区大张庄镇大诸庄村村东
173	泉州故城	汉	武清区城上村北约 100 米
174	秦城古城址	战国	宝坻区辛务屯村西南，潮白新河北岸，西邻引滦入津明渠 0.32 千米，北邻朝阳大道 0.16 千米
175	宝坻大觉寺	明—清	宝坻区海滨街道办事处东街 12 号
176	石经幢	辽	宝坻区海滨街道办事处商业街北头十字路口
177	于方舟故居	1943 年	宁河县俵口乡解放村北区一排
178	田庄坨遗址	战国、汉	宁河县板桥镇田庄坨村西南 800 米
179	静海火车站	清光绪三十四年（1908）	静海县静海镇联盟大街
180	西钓台城址	西汉	静海县陈官屯镇西钓台村西北约 400 米
181	九宣闸	清	静海县唐官屯镇靳官屯村南，马厂减河与南运河交汇处
182	文化部静海"五七干校"旧址	1970 年	静海县团泊镇薛家房子村西侧
183	孙氏宗祠	1926 年	静海县台头镇幸福村
184	唐官屯火车站	清	静海县唐官屯镇军民南街
185	唐官屯铁桥	清宣统元年（1909）	静海县唐官屯镇烧窑盆村南 4 千米
186	独流木桥	民国	静海县独流镇兴业大街，运河上
187	蓟州关帝庙	清	蓟县渔阳镇西北隅村内
188	蓟州文庙	清	蓟县渔阳镇西北隅村
189	渔阳鼓楼	清	蓟县渔阳镇十字街口（鼓楼广场北侧）
190	鲁班庙	清	蓟县渔阳镇府后街 1 号
191	围坊遗址	新石器时代、商	蓟县渔阳镇围坊村东北（邦喜公路南侧）
192	盘山摩崖石刻	唐、明、清、民国	蓟县官庄镇官庄村北 2000 米

序号	名称		年代	位置
193	正法禅院遗址		清	蓟县官庄镇砖瓦窑村北
194	西大佛塔遗址		唐、辽	蓟县官庄镇西大佛塔村西
195	多宝佛塔		明崇祯十七年（1644）一清	蓟县官庄镇砖瓦窑村东，盘山少林寺东
196	别山墓群		汉	蓟县别山镇二里店子村西
197	定光佛舍利塔		明、清	蓟县官庄镇砖瓦窑村西北，盘山挂月峰顶
198	天成寺舍利塔		辽天庆年间	蓟县官庄镇莲花岭村北盘山风景名胜区
199	清代皇家园寝	端慧太子永琏园寝	清	蓟县孙各庄满族乡朱华山村西，朱华山南麓
		理密亲王允礽园寝	清	蓟县孙各庄满族乡丈烟台村西
		裕宪亲王福全园寝	清	蓟县孙各庄满族乡太平村北
		荣亲王园寝	清	蓟县下营镇石头营村北，黄花山下
		直郡王允禔园寝	清	蓟县下营镇石头营村
		纯靖亲王隆禧园寝	清	蓟县下营镇石头营村
		多罗恂郡王允䄉园寝	清	蓟县下营镇石头营村
		敬郡王永皓园寝	清	蓟县穿芳峪乡果香峪村西
200	张家大院		清	蓟县出头岭镇官场村北
201	南贾庄民居		清	蓟县西龙虎峪镇南贾庄村十五区 31 号
202	邦均墓群		汉	蓟县邦均镇后街北
203	邦均遗址		西周、战国	蓟县邦均镇前街村东南
204	天津广播电台战备台旧址		1966 年	蓟县下营镇青山岭村（东北 1000 米）
205	青池遗址		新石器时代、商、西周	蓟县五百户镇青池一村西北
206	福山塔		辽	蓟县五百户镇段庄子村东南福山顶上
207	平津战役前线司令部旧址		1948 年	蓟县礼明庄乡孟家楼村
208	静寄山庄遗址		清	蓟县官庄镇联合村北
209	盘山抗日根据地	遗址	1938—1945 年	蓟县官庄镇营房村北
		抗日标语石刻	民国	蓟县官庄镇玉石庄村北
		盘山抗日烈士陵园	1956 年	蓟县官庄镇营房村北 1500 米
210	蓟县古长城		明	蓟县下营镇
211	天津市总工会第二工人疗养院旧址		1956 年	河西区柳林街道二疗居委会柳林路 3 号
212	杨柳青火车站		1912 年	西青区杨柳青镇十一街柳溪苑小区北门对面
213	中共天津地委旧址		1924 年	和平区长春道普爱里 21 号（有址无存）
214	五村农民反霸斗争遗址		1926 年	河西区西楼前街 22 号（有址无存）

续表

序号	名称	年代	位置
215	天津社会主义青年团旧址	1920 年	河北区建国道 91 号（有址无存）
216	大革命前后天津革命基地之一	1924—1925 年	和平区南京路义庆里 21 号（有址无存）

四、区县文物保护单位

至 2013 年，天津市 16 个区县，公布区县文物保护单位共 155 处。

区县文物保护单位一览表

表 4-5

序号	名称	年代	地理位置
1	侵华日军华北驻屯军司令部	民国	和平区南京路 288 号
2	新生社旧址	民国	和平区建设路芸芳里 2 号
3	范竹斋旧居	民国	和平区赤峰道 76 号
4	靳少卿旧居	民国	和平区唐山道 54 号
5	靳云鹏旧居	民国	和平区四川路 2 号
6	李厚基旧居	民国	和平区赤峰道 90 号
7	乔铁汉旧居	民国	和平区赤峰道 70 号
8	任凤苞旧居	民国	和平区山西路 186 号
9	十八集团军驻津办事处旧址	民国	和平区彰德道 18 号
10	宋棐卿旧居	民国	和平区马场道 116 号
11	原蔡氏家祠	民国	和平区大理道 5 号
12	原老九章绸缎庄	民国	和平区和平路 47 号
13	原天津海关	民国	和平区营口道 2—4 号
14	卢永祥旧居	民国	和平区赤峰道 130 号
15	原佛照楼旅馆	民国	和平区哈尔滨道 48 号
16	南皮张氏两烈女碑	1920 年	河北区中山公园路 3 号中山公园内南侧
17	金家窑清真寺	明万历二年（1574）	河北区金海道金钟公寓小区内
18	东天仙戏园旧址	清光绪十六年（1890）	河北区建国道 121 号
19	意租界商店旧址	1915 年	河北区民主道 12 号
20	曹锐旧居	民国	河北区民主道 29 号
21	张廷谔旧居	民国	河北区民主道 35 号
22	易兆云旧居	民国	河北区民族路 52、54 号
23	北安道华世奎旧居	民国	河北区胜利路 389 号
24	张鸣岐旧居	民国	河北区自由道 21—23 号

序号	名称	年代	地理位置
25	回力球场旧址	1933 年	河北区民族路 47 号
26	程克旧居	1912 年	河北区进步道 80—84 号
27	进步道曹锟旧居	民国	河北区进步道 48—50 号
28	鲍贵卿旧居	1920 年	河北区平安街 81 号
29	造币总厂旧址	清光绪三十一年（1905）	河北区中山路 137 号
30	宁园	清光绪三十二年（1906）	河北区中山北路 1 号
31	华新纱厂旧址	1918 年	河北区万柳村大街 11 号
32	曹家花园旧址	1922 年	河北区黄纬路 60 号
33	耳闸	1919 年	河北区北运河与新开河交口
34	奥匈帝国俱乐部旧址	清光绪二十八年（1902）	河北区建国道北段东侧
35	曾氏祠堂旧址	民国	河北区光复道 37 号
36	龚心湛旧居	1920 年	河北区胜利路 20 号
37	安吉里旧址	民国	河北区光复道 21—29 号
38	荫华绸缎庄旧址	民国	河北区光复道 24 号
39	天津电话四局旧址	1926 年	河北区光复道 12 号
40	王一民旧居	民国	河北区民生路 48—52 号
41	大陆银行河东支行旧址	民国	河北区民族路 25 号
42	解放军第三五二六厂旧址	1938 年	河北区水产前街 28 号
43	北宁铁路管理局旧址	1936 年	河北区中山路 5 号
44	北宁铁路天津医院旧址	1935 年	河北区中山路 3 号
45	光复道公寓楼	民国	河北区光复道 39—41 号
46	光复道 22 号楼	民国	河北区光复道 22 号
47	阎家琦旧居	民国	河北区胜利路 401 号
48	荐福庵	1924 年	河东区四新东道小孙庄富贵里 26 号
49	官立模范两等小学堂旧址	1906 年	南开区旧城西门内中营前街 2 号
50	南门内四合院	1915 年	南开区鼓楼南街 30 号
51	中国人民解放军陆军三十八军天津战役烈士纪念碑	1949 年	南开区西营门外大街（烈士路）118 号
52	广仁堂旧址	清光绪八年（1882）	南开区南开五马路 18 号
53	孙氏旧宅	1932 年	南开区北门内大街 70 号
54	眺远亭	1970 年	南开区水上公园内
55	卞家大院	1914 年	南开区北门里沈家栅栏 3 号（现鼓楼北街）
56	估衣街	清代	红桥区北门外大街中段东侧

序号	名称	年代	地理位置
57	清真南大寺	清道光二年（1822）	红桥区西马路西门北
58	窑洼炮台遗址	明崇祯十二年（1639）	红桥区北营门东大街
59	曾公祠旧址	清同治十三年（1874）	红桥区南运河北路
60	东丽区老姆庙	清	东丽区老袁庄村1区3排1号
61	双港寨遗址	北宋太平兴国七年（982）	津南区双港镇双港村十字街中心处
62	观音寺	明	津南区咸水沽镇秦庄子村北
63	咸水沽老姆庙	清	津南区咸水沽镇建国大街3号
64	岑子肋遗址	战国	津南区八里台镇八里台村南4千米
65	泥沽寨遗址	宋	津南区双桥河镇西泥沽村北头海河故道南岸
66	屈家店水利枢纽	1930年始建	北辰区北仓镇屈店村东北侧永定河尾闾与北运河交汇处
67	紫竹禅林寺	清	武清区河西务镇孝力村村西
68	鲜于璜墓	东汉	武清区高村镇兰城村东南约200米
69	兰城遗址	战国至明清	武清区高村镇南（邻村）
70	东岗子遗址	汉、元	武清区高村镇牛镇村东2000米
71	武清县故城	明、清	武清区城关村内
72	八里庄遗址	元、明	武清区渔阳镇八里庄村东南约300米
73	武清旧县故城	唐至明	武清区泗村店镇旧县村中
74	齐庄遗址	商周、金元、明、清	武清区泗村店镇齐庄村西北约300米
75	杨村玄帝庙遗址	明	武清区杨村街道三街北运河西岸，光明桥北侧约5米
76	杨村清真寺	清末	武清区杨村街道七街村中心
77	筐儿港坝	清康熙	武清区大碱厂镇筐儿港村南约800米
78	程泗淀遗址	战国	宝坻区尔王庄镇程泗淀村西50米
79	打扮庄遗址	辽、元	宝坻区霍各庄镇打扮庄村南，津围公路北侧
80	赵各庄抗日斗争遗址	1945年	宝坻区牛道口镇赵各庄村西北100米处，南临曹三公路
81	小靳庄向阳桥	1975年	宝坻区林亭口镇小靳庄村东，横跨箭杆河
82	六各庄朝阳桥	清晚期	宝坻区王卜庄镇六各庄村
83	安家桥桥	1974年	宝坻区钰华街道安家桥村西
84	杨氏民居	清晚期	宝坻区林亭口镇林亭口九村一街29号
85	吉祥庵	清	宝坻区朝霞街道肖家堼村路东主街
86	下埝头古遗址	新石器	蓟县邦均镇下埝头村北

序号	名称	年代	地理位置
87	弥勒院古遗址	新石器	蓟县别山镇弥勒院村南
88	张家园古遗址	商、周	蓟县许家台镇张家园村南
89	南城子古遗址	周	蓟县许家台镇许家台村南
90	西草场汉墓	汉	蓟县邦均镇西草场村
91	辛西汉墓	汉	蓟县白涧镇辛西村北
92	白马泉汉墓	汉	蓟县渔阳镇白马泉村
93	小毛庄汉墓	汉	蓟县渔阳镇小毛庄村
94	东大井汉墓	汉	蓟县渔阳镇东大井村
95	崔店子汉墓	汉	蓟县渔阳镇崔店子村
96	西关汉墓	汉	蓟县渔阳镇西关村
97	七里峰汉墓	汉	蓟县渔阳镇七里峰村西
98	辛东墓葬群	汉	蓟县白涧镇辛东村
99	邦均石人造像	汉	蓟县邦均镇石人庄村
100	双峰寺遗址	唐	蓟县许家台镇东窝铺村
101	窦禹均墓	五代	蓟县西龙虎峪镇龙前村南西山
102	辽运河石桥	辽	蓟县杨津庄镇大扈家庄村
103	天仙宫	明	蓟县白塔寺院内
104	邦均关帝庙	明	蓟县邦均镇
105	万松寺普照禅师塔	明	蓟县盘山
106	万松寺太平禅师宝塔	明	蓟县盘山
107	黑石崖和尚塔	明	蓟县五百户镇黑石岩村南
108	府君山寺庙遗址	明、清	蓟县县城北府君山
109	东岳庙遗址	明	蓟县别山镇翠屏山上
110	中营盘遗址	明	蓟县下营镇中营村
111	赵鲁碑	明	蓟县杨津庄镇杨津庄村北
112	东马坊墓葬群	明、清	蓟县官庄镇东后峪村北
113	朝阳庵	清	蓟县官庄镇东后子峪村
114	果香峪石桥	清	蓟县穿芳峪镇果香峪村
115	岐山澜水洞	清	蓟县下营镇下营村南岐山下
116	盘谷寺旧址	清	蓟县盘山
117	城隍庙、火神庙	清	蓟县渔阳镇西北隅村
118	清代民居	清	蓟县城内武定街 41 号
119	渔阳镇摩崖石造像	清	蓟县渔阳镇东营房村北

续表

序号	名称	年代	地理位置
120	东甘涧观音庵	清	蓟县盘山东甘涧
121	傅恒、福康安墓葬遗址	清	蓟县马伸桥镇穆马庄村
122	西甘涧净土庵	清	蓟县盘山西甘涧
123	龙山革命暴动遗址	1938 年	蓟县马伸桥镇太平庄村
124	抗日干部训练班遗址	1939 年	蓟县盘山九华峪
125	包森休养遗址	1940 年	蓟县盘山豹窝沟
126	白草洼战斗遗址	1940 年	蓟县许家台镇东窝铺村
127	果河沿战斗遗址	1942 年	蓟县西龙虎峪镇果河沿岸
128	老虎顶战斗遗址	1942 年	蓟县罗庄子镇洪水庄村北老虎顶南沟
129	农职中学旧址	1943 年	蓟县马伸桥镇
130	爨岭庙烈士陵园	1956 年	蓟县下营镇
131	盘古寺旧址	清	蓟县官庄镇砖瓦窑村西
132	于方舟烈士纪念碑	近现代	宁河县芦台镇文化路方舟公园内
133	于方舟衣冠冢墓地	近现代	宁河县芦台镇芦汉路 46 号
134	北大岭遗址	汉	宁河县俵口镇洛里坨村东 750 米处
135	刘兆麒家族墓地	清	宁河县丰台镇西村西 50 米处
136	七郎墓	汉	宁河县潘庄镇西塘坨村西 100 米
137	起凤桥	近现代	宁河县丰台镇北村东北角新丰胡同
138	建国村石屋	元	宁河县芦台镇 7 号
139	西塘坨遗址	战国、秦、汉	宁河县潘庄镇西塘坨村西 1500 米处
140	双坨墓群	汉、辽	宁河县潘庄镇西塘坨村西 750 米处
141	大郝庄村北遗址	元、明、清	静海县唐官屯镇大郝庄村北约 1500 米,唐王 256 公路北侧约 1000 米
142	双楼北遗址	汉、元	静海县沿庄镇双楼村北
143	子牙大寺遗址	清	静海县子牙镇子牙村西约 700 米
144	曹村大佛寺遗址	明、清	静海县陈官屯镇曹村西约 1500 米,东临前进渠 500 米
145	台头行宫遗址	清	静海县台头东大营(今台头镇收购站)
146	元蒙口沉船遗址	宋	静海县沿庄镇元蒙口村
147	静海碑林	清	静海县静海教育基地
148	明代张简墓地	明	静海县良王庄乡白杨树村西
149	东滩头汉墓	汉	静海县沿庄镇东滩头村东
150	唐官屯大十八户王氏明代坟茔	明	静海县唐官屯镇大十八户村东北约 500 米

序号	名称	年代	地理位置
151	独流侯氏民居	清	静海县独流镇团结街村委会北侧
152	东贾口民居	清末民初	静海县梁头镇东贾口永盛大街 14 号
153	永利制碱厂旧址	1916 年	滨海新区新华路 87 号，新华路立交桥东北处
154	大沽关帝庙	清	滨海新区潮音寺南
155	塘沽日本"木材株式会社"炮楼	民国	滨海新区海河北岸海门大桥西侧，外滩公园文化墙"汉字大观"西段处

五、文物保护单位"四有"工作

"四有"是对文物保护单位划定保护范围，做出标志说明，建立记录档案和设置专门机构或专人管理 4 项主要基础工作的简称。从国务院 1961 年发布《文物保护管理暂行条例》到 1982 年公布《文物保护法》，均就"四有"工作做出明确规定。"四有"是国家依法对文物保护单位实施保护管理的基本措施和保证。

划定保护范围

保护范围是在文物保护单位之外，划出必要的区域，以保护文物保护单位及其周边环境。天津城镇街道纵横，房屋密集，城市建设日新月异，划定文物的保护范围，关键是控制建设的问题。1985 年，市规划局和市文化局在大量实地勘察的基础上，划定了天津市文物保护单位的控制建设范围，制成《天津市文物保护单位控制建设范围及控制要求一览表》和《天津市文物保护单位控制建设区规划图集》，经天津市人民政府办公厅批准，转发给各区、县城建局、文化局遵照执行，要求各有关部门和单位严格把关，以便在城市建设中妥善解决好文物保护与基本建设的矛盾。天津市划定的文物保护单位的保护范围，分"绝对控制区"和"控制建设范围"里、外两圈。绝对控制区是里圈，即重点保护范围，划在建筑群体的院墙以内，"不得进行其他建设工程"。控制建设范围是外圈，即建设控制地带，一般划在古建筑坐落里坊四周的街道，圈内"严格控制楼房建设，建筑高度不得超过古建筑的高度，周围民房应保持原有民居的特色，不得发展有害工业，竖高大烟囱"。大悲院、文庙、天后宫等还规划安排了一定的停车、绿化用地。

做出标志说明

各级文物保护单位的标志说明的制作样式均按文化部 1963 年发布的《全国重点文物保护单位标志制作说明细则样式》要求制作。天津市级以上古建筑保护单位的标志说明，1966 年以前为试制，做了统一规格的木质标志牌，是半永久性的。1982 年重新公布天津市文物保护单位之后，陆续按照要求和规格制作，发放给有关区、县安装。保护标志的内容为：保护单位的级别名称、公布机关、公布日期。其中名称一项，特邀天津著名书法家龚望、孙伯翔、冯星伯、耿仲敏、王颂余、李鹤年等书写，上、下款用仿宋字，用白色大理石精心刻制，镶嵌在建筑大门的门垛或院墙上。

记录档案

文物保护单位的科学记录档案，是对其进行保护管理、日常维修、科学研究，以及日后开展宣传教育的依据。按照国家文物局关于"四有"工作的规范要求，对每个项目的档案资料进行汇总，分类（分主卷、副卷、备考卷）、填表编目、装订成册。记录档案分别由国家、省、区（县）文物部门保管。天津市文物保护单位的档案，分为科学资料和行政文件两大类。前者建专档，存文物管理部门，后者系保护管理维修的请示和批复，按年月入行政档案保存。每份专档的内容包括表格、文字记录、文献摘抄、照片、拓本和实测图等。其中最重要的是实测图，一旦古建筑遭受损坏，可依据图纸进行修葺或复原。

设置专门机构和专人管理

文物保护单位的日常保护管理工作，由所在区、县文化行政部门负责。天津市在文物较多的区、县，如和平区、河北区、南开区、红桥区、蓟县、滨海新区建立了文物保管所。其他区、县则在文化部门设专职或兼职文物干部，负责日常保管工作。在各文物保护单位的所在地，建立文物保护小组，并聘请文物保护员。文物保护小组由有关单位的行政负责人、公安保卫人员3～5人组成。文物保护员由所在区、县颁发"天津市文物保护员证"，行使文物保护的职权。其主要职责是：认真宣传保护文物的政策法令；看管好文物保护标志，严禁污损；一切建设工程均不准在保护范围内动工；对破坏文物的活动，有权制止，并协助有关部门检查处理。以蓟县长城的文物保护为例，天津明长城全部集中在蓟县下营镇，横跨该镇的赤霞峪、古强峪、黄崖关、前干涧等11个自然村。其中部分段落位于相对独立的旅游管理单位内，故其直接的保护管理和维修养护由下营镇政府、八仙山风景名胜区管理局、梨木台旅游有限公司、黄崖关长城风景名胜区管理局4个行政、企事业单位负责。以上4个单位均按照规定成立了长城保护组织，单位法人为第一责任人，主管安全领导为直接责任人，安全保卫科科长或文化站站长为安全员。蓟县文物局作为业务主管部门，负责长城保护的指导、监督和检查。蓟县县政府还与长城所在乡镇政府和企事业单位签订了《文物保护责任书》，明确保护职责，将长城保护管理纳入全区安全生产网格化管理，落实区、镇、村三级管理体系。

为做好大运河保护和申遗工作，2009年，天津市按照国家文物局的要求成立由分管副市长任组长，市文物、财政、规划、国土房管、水务、环保、交通港口、测绘等部门负责人任组员的大运河保护和申遗工作领导小组，全面负责天津大运河保护和申遗的各项工作。大运河沿线区县也成立相应组织机构，负责该辖域内的大运河保护和申遗工作。由此，自上而下形成一整套大运河保护管理的行政体系。天津市的大运河保护管理的行政结构如下：

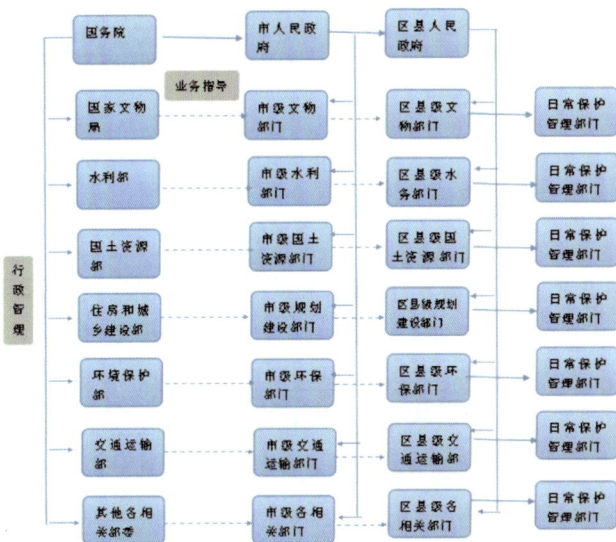

大运河保护管理行政体系
（→表示行政管理 --▶表示业务指导）

第四节 文物保护修缮工程

天津市对不可移动文物的保护修缮工作始于中华人民共和国成立初期，具有勘察先行、专家指导的特点。如1955年，天津市人民政府拨款对玉皇阁进行重点修缮，就是在对市内的古建筑进行普查鉴定的基础上实施的。1964年6月，为广东会馆进行修缮，8月维修文庙，以及1965年6月修缮玉皇阁，都是在事先邀请专家进行古建筑鉴定和古建筑修缮指导的基础上实施的。

1966年"文化大革命"开始后，天津的很多文物建筑不同程度受损。其一是人为因素，文物成为"破四旧"的主要冲击对象。如天后宫前殿、牌楼和戏楼被拆毁，大殿内办起黑白铁工厂；文庙的部分建筑被拆毁；望海楼教堂、大悲院等也被改作厂房使用。其二是自然

因素，1976年唐山大地震波及天津，使天津的文物建筑受损严重，如武清县无梁阁通体酥裂，清真大寺的砖砌体震损严重，蓟县白塔塔刹被震落，第一层塔檐严重震损。天津的文物工作者在特殊条件下保护文物，完成了一些重点文物建筑的测绘和维修。

1972年，天津市"革命委员会"批转天津市文化局《关于加强文物保护工作的意见》，强调天津市要加强文物古迹保护，对不可移动文物保护起到了重要作用。

天津文物修缮工程数量多、类别全、重点突出。从1983至1986年，天津先后维修了蓟县长城、白塔、独乐寺、天后宫、文庙、大悲院、天尊阁、清真大寺、广东会馆、义和团吕祖堂坛口遗址、南开学校旧址等文物古迹19处。1987年以后，福聚兴机器厂旧址、于方舟烈士故居、

墓，霍元甲故居等近现代建筑也得到了维修。

在调查研究的基础上，各级文物部门根据轻重缓急确定维修项目，组织专业人员科学论证保护方案，把好审批关，积极抢救维修了一批重要的古建筑、纪念建筑。完成了大沽口"威"字炮台整修工程，实施了广东会馆、梁启超旧居、望海楼教堂等全国重点文物保护单位的维修工程，以及文庙、孙中山北上在津期间居住遗址、觉悟社旧址等天津市文物保护单位维修工程。通过抢救维修工作，各级文物保护单位基本做到了没有险情，使文物得到了及时有效的保护，并向社会开放，成为群众了解历史，接受爱国主义教育和旅游观光的场所。

一、重点修缮工程

（一）黄崖关长城工程

黄崖关长城的修复是在历任天津市主要负责人直接领导、文物专家把关和社会各界的踊跃支持下进行的。

1984年9月1日，中共中央军事委员会主席邓小平为北京市修长城赞助活动题词，向全国人民发出了"爱我中华，修我长城"的号召。为响应党中央号召，中共天津市委、市人民政府决定修复天津境内的蓟县古长城，并将其列为天津市人民政府改善人民生活的二十件大事之一。1984年9月8日，天津市"爱我中华，修我长城"赞助活动指导委员会成立，指导委员会主任由天津市市长李瑞环担任，副主任由天津市委副书记谭绍文等领导组成。1984年9月29日，全市开展"爱我中华，修我长城"赞助活动。截至1988年1月，赞助活动指导委员会办公室共收到修复长城赞助基金1234万元。修复长城工程，分三期完成。每一期都是当年设计、当年施工、当年竣工。长城三期工程的复原设计，先作现状图，后绘复原图，总共完成图纸441张。黄崖关长城修复工程总投资1600余万元，共修复太平寨段和黄崖关段明长城3025米，敌台20座、黄崖关关城1座。总工程量8.13万立方米，总人工日40.4万个。

1984年10月至1985年9月为黄崖关长城修复第一期工程。

1985年1月，蓟县人民政府成立修复长城工程指挥部，县长于祥云任指挥。1985年3月1日，市长李瑞环聘请罗哲文、杜仙洲、祁英涛、朱希元、吴梦麟5

位专家为天津市修复长城顾问。1985年3月，修复古长城主体清基工程开始施工。同年4月26日，蓟县修复长城指导委员会召开修复蓟县长城第一期工程设计审定会，审查并通过全部设计方案。修复东起半拉缸山，西至寡妇楼的太平寨段长城，其中边墙873米，敌台7座，登墙便门1处；新修建登山公路4.7千米、停车场1处和太平寨配套管理用房。1985年10月2日，蓟县古长城第一期修复工程竣工剪彩在太平寨举行，天津市市长李瑞环剪彩，副市长李岚清讲话，天津市长城修复指导委员会秘书长方放主持大会。

1985年10月至1986年9月为黄崖关长城修复第二期工程。

1986年1月31日，蓟县修复长城工程指导委员会召开修复蓟县长城第二期工程设计审定会。同年4月15日，蓟县古长城第二期修复工程动工。修复东接寡妇楼，西抵王帽顶段长城，其中边墙2152米、敌台12座，还有正关城台及城楼；修复馒头山空心敌台（凤凰楼）。1986年10月11日，蓟县古长城第二期修复工程竣工典礼在黄崖正关举行，天津市市长李瑞环为活动剪彩，副市长李岚清参加。

1986年10月至1987年9月为黄崖关长城修复第三期工程。

修复包括角楼、门洞、水门、街道、提调公署的黄崖关城及牌楼等建筑。1987年10月5日，蓟县古长城第三期修复工程竣工典礼在黄崖关城举行。中共天津市委副书记吴振、文化部副部长高占祥剪彩，天津市长城修复工程指导委员会秘书长方放主持大会，天津市政府顾问毛昌五参加。

1987至1989年，天津市人民政府拨款1000万元，对蓟县古长城所有建筑进行揭瓦补漏。1987年10月，在黄崖关提调公署院内立题有《重修蓟县长城碑记》的石碑1通。

1992年3至9月，在沟河上修复黄崖水关，水关总长75.5米，上建雉堞马道，下设五孔水洞，旁架津围公路豁口便桥。1992年9月，在黄崖关长城黄崖水关内墙壁上镶题有《重修黄崖水关碑记》的石碑1通。其方法步骤为：

1. 勘察规划：1984年底，由蓟县交通局和天津市测绘处分别进行田野地形测量，绘制成太平寨长城和黄崖关关城1：500地形图。

1985 年，由市规划局制定《黄崖关长城风景名胜区总体规划》，划定出长城风景保护区和长城风景游览区。保护区考虑对景区资源的保护，包括山石、植被、大气、水源、乡土建筑等。游览区的总体布局，突出当地自然景观雄、险、秀的特色。近期开辟山脊景区和沟谷景区，即修复太平寨和黄崖关长城；中远期修复黄崖水关、古寨营盘、八仙洞和岐山澜水洞等名胜古迹，开辟下营游览区。

黄崖关关城由天津大学建筑系和天津市历史博物馆考古队规划设计。规划修复关城的瓮城、外城和内城城墙，四座城门和两座阵眼门。安排城内居民搬迁，整修八卦街。重点修复"黄崖口提调公署"，城内修建造型古朴的山区民舍，辟作度假村。

2. 复原设计：这段长城由于年久失修和"文化大革命"十年的破坏，城墙外包砖被拆毁，毛石墙心部分倒塌，敌楼亦大部坍塌为废墟。因此，修复工程大多为复原重建。由市园林局设计处和市文化局文物处组成设计组，严格遵照《文物保护法》的有关规定，组织复原设计。其主要设计依据是：

以长城现状实测为复原的基础，以城墙墙基的宽度、马道高度，敌楼一层地面高度和外包砖厚度等尺寸为基本数据；通过召集座谈会、走访老人、现场采风调查，了解到垛口墙的式样、每座敌楼的箭窗数，以及有没有铺房楼等具体情况，以此解决建筑立面造型问题；通过考古清理发掘，了解建筑构件的式样。在长城墙基周围的清理发掘中，获得了大条砖、大方砖、封顶砖、吐水嘴和铺房瓦件等实物，以此定制建筑构件；搜集北京八达岭、慕田峪、河北金山岭修复长城的图纸资料，以及地方志、《四镇三关志》《练兵实纪》等文献资料，作为复原设计的参考，以以上资料为基础进行综合排比研究；按照古代修建长城的级别，古蓟州长城与京师附近的八达岭长城有明显的等级差别，而与金山岭长城比较接近，此次长城修复工程强调保持地方特色。

3. 审定报批：为保证黄崖关长城的修复质量，修复长城顾问负责图纸审定和工程质量把关。每期长城复原设计完成后，都召开由顾问、专家参加的审定会，认真修改后，上报国家文物局审批、备案。

4. 修复施工：由蓟县人民政府组织乡以上建筑队分期施工。

在工程配套方面，1985 年军民共建，修筑了长 4.7 千米长的太平寨登山公路。建成停车场 2000 平方米。建成太平寨长城管理所管理、服务用房 450 平方米。1987 年，建成黄崖关长城风景区管理所，占地面积 2.3 万平方米，包括餐厅、招待所、会议室等配套服务设施。此外，在关城"乾"字卦区内，修建了门厅和回廊，建成我国第一座长城碑林，廊壁上镶嵌"百将"和"百家"为长城题书的壁碑 213 块。还在黄崖口提调公署创建了我国第一座长城博物馆。

（二）独乐寺工程

自 1958 年以来，独乐寺曾进行多次保护性修缮。是年 7 月，河北省文化厅拨款 1 万元，用于山门、观音阁瓦顶补漏，添配观音阁下层隔扇门。1963 年 5 月，河北省文化厅拨款 0.2 万元，维修独乐寺山门，安装观音阁隔扇门窗。古建筑工程师赵晖主持安装独乐寺观音阁网式避雷设施。

1972 年 3 月，河北省文化厅拨款 0.6 万元，用于山门、观音阁及附属建筑瓦顶补漏。1973 年 5 月，河北省文化厅拨款 0.95 万元，用于添配观音阁上层隔扇门窗、遮椽板，阁顶乳栿大木支顶加固，添置观音阁下层壁画保护栏杆、观音像须弥座栏杆。1974 年 11 月，天津市文化局拨款 4 万元，用于山门、观音阁揭瓦补漏，更换观音阁平座槽枋的斗拱，维修观音阁回廊地面。1975 年 1 月，国家文物局、天津市文化局请古建筑工程师祁英涛制定独乐寺 5 年维修规划。1976 年 3 月，天津市文化局拨款 3 万元，用于整修独乐寺附属建筑，建青砖东大墙，补配观音阁天花。1977 年 6 月，国家文物局拨款 2 万元，整修观音阁夹泥墙、拱眼壁，建青砖南大墙和保卫室。1978 年 6 月 15 日，天津市文化局拨款 5 万元，用于铺装院内 4 条青砖甬路和山门、观音阁台基地面，补配山门隔扇门窗。1979 年 5 月，天津市文化局拨款 5 万元，用于山门、接待室揭瓦补漏，安装山门四天王壁画保护栏杆，天津"泥人张"传人张铭等修补山门和观音阁内 8 尊塑像，天津美院师生临摹观音阁壁画，山东省文物管理委员会派工匠修整油饰观音阁和山门 4 块匾额。

1980 年，观音阁西北修建消防水池。1981 年，改造独乐寺消防水池，添配干粉灭火器。1982 年 8 月，天津市文化局拨款 1.1 万元，用于山门、观音阁瓦顶补漏，安装消防管道和电缆。

自 1986 年始，天津市文化局拨款 10 万元，由太原工业大学土木系对观音阁进行动力特性和变形观测，完成了《独乐寺观音阁动力特性实测报告》《蓟县独乐寺观音阁 16 米塑像抗震性能的探讨》和《蓟县独乐寺变形观测分析》；由山西省测绘局航空摄影测量大队对独乐寺进行近景摄影测绘，完成山门、观音阁四个主面，十一面观音像轮廓线图和等值线图。1989 年 11 月 25 日，天津市文化局上报国家文物局《关于独乐寺应尽快进行抢救性维修的请示》。同年 12 月 19 日，黄景略、罗哲文带领 20 位专家考察独乐寺。

1990 年 3 月，国家文物局批准独乐寺维修工程立项。1990 年 6 月 8 日，独乐寺维修工作领导小组举行第一次会议，天津市副市长钱其璈、国家文物局副局长黄景略、古建筑专家组组长罗哲文等出席。会议决定由国家文物局、天津市文物局和蓟县人民政府组建独乐寺维修工作领导小组。组长张新生，副组长余鸣谦、史永庚。决定成立由蓟县人民政府和文化局、公安局、供电局、物资局、城乡建设委员会、市容管理委员会组成的"独乐寺维修工作协调委员会"。

1990 年 7 月 9 日至 8 月 5 日，天津大学建筑系师生到独乐寺测绘，绘制了山门、观音阁现状实测图 64 张；天津市房屋鉴定勘测设计院对独乐寺主体建筑结构进行勘测鉴定，完成了《蓟县独乐寺现场测量报告》《蓟县独乐寺安全鉴定书》，此外还有鉴定工程、勘测工程图 45 张。维修前，通过观测、测绘、勘测，基本查清独乐寺山门、观音阁的变形损坏部位和构件损坏程度及整体偏移状况。山门的东、西山柱因包砌在山墙之内，柱根糟朽程度约占截面的三分之一。前后檐角柱各有不规则位移。其中东北、东南两角柱的中间直径大于上下两端，整个角柱呈梭柱状，现场查勘柱身，普遍有不同程度的纵裂。东侧三根柱头平均向东北位移 2.2 毫米，西侧三根柱头平均向西北位移 1.8 毫米，南北两侧平柱微向北倾斜 0.1 ～ 1.03 毫米。山门斗拱只有后檐补间铺作华拱劈裂，拱上抟枋有下垂变形现象。山门各缝抟架略有位移、变形。山门殿顶翼角面部略下垂，瓦顶漏雨严重。山门外檐装修灰皮剥蚀脱落，斗拱彩绘大部分脱落。

观音阁第一层共有外檐柱 18 根，里圈柱 10 根。外檐柱因包砌在墙内，柱根都有不同程度的糟朽，一般高度在 25 厘米以内，深度 2 ～ 10 厘米。其中后檐西数第二根糟朽深度达 17 厘米之多。外檐西侧 5 根檐柱柱头

均有向西位移的现象，平均向西北位移 1.4 ～ 1.6 毫米。一层屋盖的檐口有不规则的下垂之势。一层清乾隆十八年（1753）所添加的 4 根擎檐柱根部普遍糟朽，且有纵裂，高达 3 米。里面的圈柱后排西数第三、第四根根部糟朽，其中第三根糟朽高度达 45 厘米，深度达 10 厘米。里圈柱除后二排西数第四根外均向东南倾斜，特别是后排西数第三、第四根由于受十一面观音像的拉杆作用，柱头向南位移 11 ～ 14 厘米。这是第一层柱框存在的最大问题。第二层又称平座层（俗称暗层）。东侧柱头向东北方向偏移 0.29 ～ 0.87 毫米，西侧柱头向西南方向略有偏移，南北侧有微量北偏现象。其中西北角柱向西北偏移 1.9 毫米，西南角柱向西南偏移 5.82±3 毫米。和第一层一样，里圈柱后排西数第三、第四根因受十一面观音像拉杆作用，南倾严重，致使长方形空井的四根寻杖变形成弧状，这是二层构件变形最大的部位。第三层外檐柱外露部分多糟朽，柱身发生变化，有整体逆时针偏转之势。西侧向西北偏移 1.05 ～ 1.65 毫米，西南角柱向西南方向偏移 1.17 毫米，东北角柱向东南偏移 1.82 毫米，东南角柱也略向东南偏移。四翼角斗拱、椽飞多数糟朽，造成四翼角下垂，以东南下垂最为严重。顶层、梁架基本完好，大木构架表皮风化为绒毛状。顶瓦型号不一，顶部漏雨严重。

十一面观音像通体向西南倾斜。观音像头上最高处小佛头顶至莲台上皮高 14.87 米，莲台高 0.46 米，须弥坛高 0.7 米，通高 16.03 米，体宽 4.796 米，体厚 3.90 米。据动力特性实验报告估计，观音像总体重量为 3.41 吨，重心高度为 6.92 米。根据变形观测结果，像顶、像底点两年坐标差值，远小于坐标差值中的误差，观音像倾斜与倾斜角没有明显变化。观测的结果表明，观音阁有整体变形。以一层轴线为基准，二层纵轴平均南移 11 厘米，横轴平均东移 7 厘米，东西两侧柱框向东南扭曲近 10 厘米。三层角柱纵轴平均南移约 20 厘米，横轴平均东移约 10 厘米，并向东南方向相对扭转约 9 厘米。整体趋向是向东南倾斜，但主体结构基本完好。

根据独乐寺山门、观音阁现状，以及观测、实测、勘测的有关数据资料，依据《文物保护法》"不改变文物原状的原则"，经过多方征求有关专家的意见，由独乐寺维修工作领导小组副组长、国家文物局文物保护科学技术研究所古建筑专家余鸣谦和领导小组成员、国家文物局文物保护科学技术研究所专家杨新执

笔，制定了采取"局部落架，卸荷拨正"的维修方案。即观音阁二层柱头以上部分全部落架，对照测绘的数据拨正一层倾斜位移的外檐柱和里圈柱，重新调整二、三层柱网。

搭置维修保护棚架。为了保证落架后山门、观音阁的内部构件、壁画、塑像不受风霜雨雪的侵害，工程技术人员专门设计了一个独乐寺维修施工大棚（保护棚架），将长 26.81 米、宽 20.52 米、高 23 米的观音阁罩在棚架之内。保护棚内有施工架、观音像保护架、壁画保护架、马道、工作平台（二层柱头以上落架的构件，全部编号后按顺序放在工作平台上）。棚顶作两面坡式，上面覆盖新型防水布。整个保护棚架共使用钢管 200 吨，扣件 30 000 多个，脚手板 209 立方米。

观音像保护架。为避免维修施工中对观音像造成损害，搭设了观音像保护架。保护架内部用杉篙搭成双重"井"字架，斜撑连接，外围用木板封实。保护架接触观音像的部位，全部用棉被一一包裹、垫实，共用棉被 36 条。

壁画保护架。观音阁一层的十六罗汉壁画，是此次维修中的重点保护对象之一。为此，在维修方案中，一层墙体不动，不落架。和观音像一样，为了避免维修施工中对壁画产生碰撞和损害，特搭设了壁画保护架。为了防止湿热对壁画的影响，保护架搭成非密封状态，以保证壁画相对通风，保持小环境温湿度的相对稳定。保护架内分段设置 6 个温湿度表，由专人定期观测记录。

大木的修补、安装与复位。在卸荷落架后，对一层倾斜、移位的柱子进行拨正归位，修补墩接柱脚。将落架的各种构件，按照编号顺序进行复位。在此期间，将完好的构件原封不动地安放到原位，为保留原始信息，最大限度地保留构件完好的部分，将残损部分进行修补。对残破不能再用的构件，予以替换。对构件中修补黏结部分和替换的构件，为了区别于原构件，在修补的部位和替换的构件上标注年号。根据不同情况，对木构件分别进行涂刷、喷淋和滴注防腐处理。

观音像的拉接改造。观音像为木制骨架泥塑像，原本不与观音阁建筑相连接，而是大阁中央的一个独立像。清乾隆十八年（1753）重修独乐寺时，在观音像胸部和腰部高 8.2 米和 9.7 米处加上了两道铁箍，并用四根钢筋拉杆，固定于二层普柏枋和三层柱根。

1976 年 7 月 28 日，唐山大地震，上层拉杆脱钩，铁箍被震断。此次维修，将原拉杆改为钢筋加四组拉簧的弹性连接。

油漆彩画。为使修复后的独乐寺保持原有风貌，新补配木构件的油饰要求与旧构件色调相协调。从整体美观的角度考虑，对三处残损的拱眼壁进行了补绘。

1990 年 9 月 11—12 日，独乐寺维修领导小组举行第四次会议，天津大学、天津市房屋鉴定勘测设计院对独乐寺维修加固提出了建议，会议确定由天津市文化局委托中国文物研究所承担独乐寺维修设计任务。1991 年 5 月 17 日，北京古代建筑研究所、天津房屋鉴定勘测设计院专家来独乐寺，研究对十一面观音像无损勘测的办法。1991 年 10 月 15 日，独乐寺维修工作领导小组第六次会议在蓟县举行。会议决定成立独乐寺维修工作领导小组办公室，下设工程技术组、材料组、后勤组、资料组、保卫组；成立独乐寺维修工作协调委员会。1991 年 11 月 25 日，独乐寺维修办公室邀请水电部天津勘察设计院物探队，勘察十一面观音像的基础坚固情况。1992 年 3 月 4 日至 6 月 23 日，维修独乐寺北墙。1992 年 5 月 18 日，天津市文化局向国家文物局上报《关于独乐寺修缮工程第二方案的请示》。同年 11 月 17 日，国家文物局古建筑专家组通过《独乐寺维修方案》。1994 年 6 月 10 日，独乐寺维修工作领导小组第八次会议在国家文物局召开。会议通过了余鸣谦关于独乐寺维修第二方案扩充设计的说明，通过了工程技术组完成的设计图纸和说明书，维修办公室汇报了备料情况。1994 年 8 月 24 日，独乐寺维修棚架工程开工。同年 11 月 5 日，邀请天津大学土木系专家对保护、维修棚架作了技术鉴定。同年 11 月 15 日，观音阁棚架工程通过天津市文物局和国家文物局验收。1995 年 9 月 20 日至 11 月 6 日，实施观音阁瓦顶拆落工程。1996 年 2 月 13 日，观音阁瓦顶拆落工程通过了国家文物局验收。1996 年 8 月 8 日至 11 月 30 日，实施观音阁半落架工程。1997 年 3 月 26 日至 11 月 29 日，实施观音阁大木安装工程。1997 年 4 月 9 日，观音阁半落架工程通过了国家文物局验收。1997 年 8 月 30 日，中国林科院木材研究所对观音阁部分木构件防腐（虫）工作进行进场作业。1998 年 3 月 24 日至 8 月 18 日，清东陵古建筑工程有限公司实施观音阁瓦顶工程。1998 年 4 月 17 日，山西省古建筑工程有限公司彩画队对观音阁和山门进行油漆彩画。

1998 年 5 月 13 日，实施山门瓦顶揭瓦、地面修整工程。1998 年 9 月 20 日，安装观音阁避雷设施，观音像拉杆的弹性拉接完工，独乐寺维修工程全面竣工。1998 年 10 月 5 日，独乐寺维修工程通过现场验收。罗哲文、余鸣谦、崔兆忠、姜怀英、晋鸿逵、黄克忠、柴泽俊、张志、张建国参加。

此次维修是独乐寺千年历史上规模最大的一次。从 1990 年 3 月，国家文物局批准独乐寺维修工程立项，到 1998 年 10 月 5 日，独乐寺维修工程通过国家文物局古建筑专家组的现场验收，历时 8 年余。取得了可贵的经验，在施工中将保护架、脚手架、构件存放架相结合，使建筑构件"落架不落地"，减少了构件损坏，也节约了经费。维修期间，联合国教科文组织、国际木工组织、日本古建筑专家曾到现场观摩考察；中央领导、国家文物局领导及专家多次亲临现场指导；市、县有关负责人更是给予维修工作大力支持；整个维修工程国家财政部共拨专项款 765 万元。工程施工中的文物保护经验受到国内外专家的好评，罗哲文先生赞曰"庄严依旧、风韵长存""堪称古建筑保护维修最突出的范例之一"。

2000 年 5 月，独乐寺安装安防监控设施，设监控室。2004 年，独乐寺维修工程被文化部评定为科技进步二等奖。2007 年 8 月 20 日，国家文物局拨款 70 万元，完成独乐寺西大墙及东、西配殿维修工程。2008 年，蓟县人民政府拨款 15 万元，改造独乐寺安防监控设施。2009 年，投资 40 万元，恢复独乐寺"坐落"格局，维修附属建筑；对报恩院西配殿进行加固。2010 年 4 月，投资 20 万元，更换独乐寺院内部分地面青砖，改造地下排水系统。2011 年 9 月，国家文物局和蓟县人民政府拨款 210 万元，安装消防加压火灾报警系统，建 216 立方米消防水池 1 个，泵房 1 间，铺设高抗压管道 400 米，安装柴油加压泵 2 台。2012 年 7 月，更换独乐寺红外线报警系统。

（三）蓟县白塔工程

1976 年，唐山大地震波及蓟县，白塔震损严重。塔刹震落，塔体出现通身裂缝，整座塔身向东倾斜 1°5′，砌体严重松散。1981 年 1 月，国家文物局、天津市文化局和蓟县人民政府决定对白塔进行抢修，由国家文物局文物保护科学技术研究所制定维修方案，文物保护科学技术研究所专家崔兆忠主持维修工程。

维修工程总投资 35 万元。1983 年 3 月 15 日开始，天津市文物管理处配合白塔维修工程，拆除第一层檐以上松散塔体，清理出文物 71 件。维修工程开始后，当拆至十三天相轮底部时，发现内部还包有一塔，包砖层厚 0.6 ～ 1 米。为弄清被包塔的面貌，便采取分段剥去包砖外皮的做法，进行逐段测绘、照相，然后再拆除。拆至第一层檐时，全部包砖砌体拆完，暴露出原塔全貌。被包的辽塔，除相轮和覆钵下的 1.6 米表层装饰残毁外，其余基本完好。为研究白塔的历史和以后的维修提供了重要的依据。拆落工作结束以后，对白塔进行抗震加固修复。

白塔维修工程分四步进行。第一步，完成实测图。通过全能摄影经纬仪摄影，辅以水平距离测量，完成野外作业。在立体测图仪上完成室内绘图。结合徒手补测，同时做好拍照和文字记录。第二步，测试塔砖的年代和强度数据。经万能机测试，塔体外层包砖标号为 75 号至 100 号，回弹仪测试平均值为 80 号。灰浆外层白灰砂浆标号为 4 号，内层为素土浆，接近零号。因此，对新配塔砖的标号，最低要求达到 75 号。若按抗 7 度地震考虑加固，计算塔体重量为 3070 吨，重心高度为 11.98 米。第三步，制定修复方案。塔身刷浆修复方案确定为抗震加固，抗震设计按 7 度设防。采取了塔室顶部重砌，塔室以下加固的方案。在一层檐采用设置钢筋混凝土底盘、塔室内筒壁与锚杆相结合的结构，使底盘和筒壁结成一个整体，塔室周围的砖壁通过锚杆连接在筒壁上，结合压力灌浆。底盘以上内部结构为钢筋骨架结合混合砂浆砖砌体，外皮按原样包砌。十三天相轮由实心改为空心，塔腹腔尺寸也做了调整。调整后减轻了塔体自重，增强了抗震能力。对于塔室、塔基外皮的砖雕斗拱、拦板、壶门、幢塔等辽代原件，则采取修补办法，残坏严重或不存在的，修补时也不大拆大动，尽量保存原状。第四步，精心施工。由于震后的塔体已向东倾斜，为找到真正的中心点，将塔基中心用经纬仪交汇到塔室顶部，再把它垂到塔室底盘固定位置，整个塔体砌筑以此为准。

为了恢复白塔光洁的外貌，砌砖完成后，将外皮砖用砂轮磨光，用麻刀灰找平，再用生石灰水趁热涂刷，增加附着力。最后刷一道防水有机硅，略带黄色，达到了做旧的效果。

至 1984 年 7 月，白塔维修工程竣工。国家文物局文物保护科学技术研究所古塔专家崔兆忠撰写了《白塔工程总结报告》。此报告收入《独乐寺千年大庆论文集》。

2005年7月，白塔地宫被盗，地宫内的辽代石雕涅槃像、金属舍利塔、佛坐像、白釉瓷立狮、青铜法器、瓷器及水晶玉石、珠子等大量文物丢失。公安人员经过侦查，犯罪嫌疑人全部落网，追回涉案文物100余件，变卖赃款被收缴。2007年8月，天津市第一中级人民法院对这一案件做出一审判决，被告8人构成盗掘古文化遗址罪，被告2人构成倒卖文物罪，其中主犯被判处无期徒刑，剥夺政治权利终身。其他从犯均获刑。2006年5月31日至9月初，蓟县文物局对被盗后的白塔地宫进行回填处理。为使新砌部分与原有塔体紧密结合，对底部进行压力灌浆。

（四）天后宫工程

1985年，天津市人民政府决定修建古文化街。根据文物部门的意见，对天后宫等在"文化大革命"十年中拆毁的古建筑做复原重建。除修复山门、大殿、张仙阁、藏经阁、启圣殿、钟鼓楼和幡杆等现存建筑外，还对已被拆毁的牌楼和前殿进行复原重建。山门对面的戏楼，根据广场集会的需要，已建成一座仿古建筑。牌楼根据现存基址和历史照片复原为二柱一楼式。台基面阔6.3米，立柱中到4.08米，进深6.7米，戗柱中至立柱中2.43米。台基至扶脊木高5.85米，斗拱9踩，6攒，斗口6.4厘米。前殿也根据现存基础和历史照片复原。

（五）天津文庙工程

天津文庙创建以来，重修、增建20余次，据史料记载，明清两代多次对天津文庙进行修缮，逐渐形成现在的规模。有史可查的修缮包括：明景泰五年（1454）、天顺二年（1458）、弘治八年（1495）、正德十一年（1516）、嘉靖四十四年（1565）、万历二十九年（1601）、崇祯元年（1628），清朝顺治十年（1653）、康熙八年（1669）、康熙十二年（1673）、康熙四十七年（1708）、雍正十一年（1733）、乾隆三年（1738）、乾隆八年（1743）、乾隆十六年（1751）、嘉庆二十一年（1816）、光绪三十二年（1906）。此外，天津文庙在民国时期和中华人民共和国成立初期也都进行过修缮。

天津文庙由并列的府、县两庙及明伦堂组成，是天津市区内现存规模宏大、保存完整的明清建筑群。天津文庙主要建筑有过街牌坊和府、县二庙分别设置的万仞宫墙、泮池、棂星门、大成门、大成殿和崇圣祠，贯穿在南北中轴线上，两庑、两祠呈对称排列，具有典型的中国传统建筑风格。二庙布局结构大略相同，只是县庙规模略小。天津文庙是全国唯一一座保存比较完整的府、县合一的明清文庙建筑。

1985年，在天津市市长李瑞环的关心下，天津市人民政府拨款90万元修葺并重建县庙照壁、泮池和棂星门。府庙和县庙大成门以北的建筑保存较好，仅做全揭瓦和木构件局部更换加固、添配隔扇门窗。县庙大成门以南的棂星门、泮池和照壁均在"文化大革命"中被拆除，盖起了简易教学楼。此次大修前拆掉了简易教学楼，复原重建了3座建筑。照壁是在原址上重建的，长13.5米、宽1.67米、高5.65米。须弥座以大停泥砖干摆砌筑，做好下枋、下枭、束腰、上枭、上枋等线脚。照壁正身的边框砌干摆砖，墙外皮以白灰、青灰、麻刀灰罩面，抹平轧光。上砌两层砖檐，青瓦硬山屋面。泮池是在原址上重建的。半月形水池宽19.25米，上架拱券形石桥，长7.10米，宽2.65米。桥面用花岗岩，栏板、望柱用豆白石建造。石缝宽1厘米，白水泥勾缝。棂星门也是在原址上重建的。四柱二楼冲天式，台基面阔12.43米，进深7.26米，明间柱高7.5米，主楼高5.95米，次楼高4.1米。斗拱9踩，斗口5厘米。青瓦悬山顶。

2007年8月，由天津市人民政府拨款，天津文庙开始历时2年的大修工程。全部建筑按照"不改变文物原状"的维修原则，依传统方法进行科学维修，主体建筑府庙大成殿落架大修，整体抬升31厘米，仍使用原有木料及石料。按照传统做法，重做全部建筑油漆及外檐彩绘，9座建筑依原有痕迹退廊，整体院落下降30厘米，恢复原有地标，重做排水系统，解决了文庙多年来积水严重的问题。大修之后在府庙进行复原陈列，完整复原天津文庙的祭祀位次。

此次修缮，在府庙大成殿主脊和梁上发现6条千秋带，即历次重修的记录。6条千秋带中4条记载准确，分别是"康熙三十一年重建""嘉庆八年重修""道光二十八年重修"和"1985年维修"。还有两条经考证，分别为"康熙四十四年重建"和"康熙五十八年重修"。

（六）鲁班庙工程

1985年，国家文物局古建筑专家罗哲文给天津市市长李瑞环写信，提议对蓟县鲁班庙予以修缮和保护。1986年4月4日，天津市市长李瑞环派市政府顾问毛昌五、天津市文化局副局长陈日升，专程来蓟县与相关部门在鲁班庙召开现场办公会，商讨重修事宜。会上签署将鲁班庙由蓟县一中印刷厂移交给蓟县文化局的协议书。蓟县文化局聘请天津市文化局文物处专家制定鲁班庙修缮方案，提出了工程预算，组建了施工队伍。天津市人民政府拨维修专款6.5万元，开始施工修缮。按照古建筑专家的意见，正殿和山门的木构件、彩绘保持原样不动，并保持清代官式建筑的特点。只进行了揭瓦补漏，修建了围墙和东西配殿，重塑鲁班和弟子塑像。1986年6月，维修鲁班庙工程竣工。同年7月9日，市顾问委员会顾问毛昌五带领有关部门领导和专家到蓟县检查验收鲁班庙和鼓楼维修工程。2012年8至12月，蓟县发展和改革委员会拨款200万元，对鲁班庙进行维修，维修内容包括：屋顶揭瓦、外檐油饰彩绘、山门墙面剔补、挖防潮沟、改造排水系统、恢复正殿前月台。

（七）福山塔工程

由于1976年的地震，福山塔塔身从上至下出现一道长12米有余的通身裂缝，塔顶被震毁，塔体残高16米。1985年10月，天津市文化局邀请建设部综合勘察技术研究所对福山塔进行立体摄影测绘，完成南、西、西南、东北立面图4张，局部大样图4张。1990年10月18日至11月21日，北京建工学院对福山塔进行测绘。同年10月26日，天津市文化局文物处与市抗震办公室领导检查测绘工作。同年11月15日，天津古建筑专家及市园林局负责人检查测绘工作。1993年3月，国家文物局和天津市人民政府批准福山塔维修工程立项，拨款65万元。天津市文物局委托北京路通研究所进行加固方案设计，聘请中国文物研究所古塔专家崔兆忠担任维修工程的技术顾问。1993年12月23日，天津市文物局评审论证维修方案。会后，进行了补充设计，绘制复原设计图20余张。1994年9月，福山塔维修工程进入施工阶段，市文化局（文物局）文物处和蓟县文物保管所技术人员到现场，指导、监督、检查维修工作。施工人员根据设计要求，将松散的塔砖逐层拆下，技术人员依次编号、整理。拆落至一层塔檐（标高9.8米），对塔体进行加固整修和复原工作。1995年8月18日竣工，塔前立福山塔重修碑。

（八）石家大院工程

石家大院位于千年古镇杨柳青镇中心，原为清末津门八大家之一石元仕的住宅，宅名"尊美堂"。整个建筑群包含18个院落，是典型的四合连套，院中有院、轴线明确、气派宏大。其砖木石雕精美传神、寓意吉祥，而大院中的戏楼是我国保存最为完好、规模最大的封闭式民宅戏楼之一。

石家大院始建于清光绪元年（1875），曾不断改建、修缮。至1923年石家后代迁走，前后累计建设40多年。之后逐渐失修。国民党统治时期被驻军随意拆改，大院建筑群格局遭到很大破坏。中华人民共和国成立初期，中共河北省天津地委、《渤海日报》社等单位曾在此办公，之后主要作为校舍使用。在"文化大革命"期间，石家大院部分院落建筑及大量的砖雕、木雕、石雕等建筑装饰遭到严重破坏。

石家大院作为古镇历史遗存，经文物专家鉴定，确定为有保护和研究价值的我国优秀传统民宅建筑。为抢救这一民族文化遗产，在1987年7月10日西郊区政府第五次常务会议上，将石家大院列为区级重点文物保护单位，要求严格按照《文物保护法》和《天津市文物保护管理条例》等有关规定进行管理，决定将其由区教育局移交区文化局管理，并由市、区主管部门投入资金逐步开始进行保护性维修复原。

1987年，西郊区文化局在市、区财政大力支持下，投入资金200多万元用于石家大院修缮。复原及修缮工程主要项目有：戏楼、三座垂花门、后门楼、内账房院、内宅两套院落、佛堂院、游廊院、西院三套院落、男花厅、女花厅等。1990年，石家大院修复工程被列入区"为群众办十件好事"项目。其间，西郊区文化局多次采访和召集知情老年人召开座谈会，获得了许多宝贵的信息资料，为石家大院复原修缮工作提供了依据。同时，在有关单位大力帮助下，找回了石家大院过去流失的一些建筑构件及文物，主要有：木雕"四季花鸟"图案的八扇屏、数十扇大隔扇门及窗棂、"津西保障"匾额1件。在施工中，西跨院还出土了当年石府保镖练武用的"独占鳌头"石锁等物品。1991年初，石家大院前期修缮工程结束，同年辟为天津杨柳青博物馆，于12月31日对社会开放。

由于历史原因，石家大院在作为校舍使用时期，因教室不够用，1978年大院南端的男花厅院、女花厅院、外账房院等4套院落部分房屋被拆毁，新建为小二层教学楼（之后西郊区师范学校、西青区少年儿童图书馆等单位曾先后在此办公），极大地破坏了大院整体建筑布局。1993年，市政府、区政府将石家大院二期复原修缮工程列入"为群众办十件实事"项目。区政府又投入维修资金40余万元，完成石家大院二期复原修缮工程。通过两次大规模修缮工程，石家大院基本恢复了原来的面貌。

2003年石家大院修缮三期工程提上日程。2003年7月，西青区文化局向市文物局提交的《关于修缮天津杨柳青博物馆的请示》得到批准，杨柳青博物馆先后自筹资金500多万元。工程向东扩展，复原新建了3套四合院及星级厕所，对车大门、正门、外账房、客座房等12间房屋及院落进行了复原修缮工程，在石家大院西南角新扩建了石府花园，增加了新的景观。在修缮内账房后墙时又发现了2块"事事如意"石雕拴马石历史文物。在全面修缮工程进行的同时，还彻底完成了院内上下水、电路、消防栓、厕所改造等一系列工程。2005年年底，石家大院全面修缮扩建工程圆满结束。在石家大院第三期修缮扩建期间，杨柳青博物馆民俗陈列不断调整，新增了多项陈列内容。2006年6月，石家大院被国务院列为全国重点文物保护单位。同年10月，被国家旅游局批准为AAAA级旅游景区。

2007至2012年，杨柳青博物馆对石家大院建筑进行日常的维护，包括戏楼外檐油漆粉刷、长廊维修、安装消防、避雷设施等。

（九）天尊阁工程

天尊阁大修工程包括建筑修缮、消防照明和气象避雷三部分。施工单位均具备相应资质。总投资332.8万元，资金由国家文物局拨付。

施工内容包括：整座建筑群地仗、油饰；木结构（门窗、柱、檐、槛、框、地板、楼梯）更换；主体山墙拆除砌筑（更换山、檐柱16根）；院落地面青砖海墁铺路；局部树草绿化；所有墙体青灰粉刷、勾缝；增建了碑廊、值班室、厕所；新装气象避雷、消防安全照明（夜景灯光）设施等。大修工程自2009年5月18日开工，于2010年5月1日竣工，工期348天。

（十）大沽口炮台遗址工程

大沽口炮台始建于明嘉靖年间（1522—1566），重用于清鸦片战争期间。初以砖石砌就，后以三合土夯筑。第二次鸦片战争时期（1856—1860），炮台建制不断发展，配置千、万斤级铜、铁大炮及附属设施的强大海防防御体系渐具规模。在此期间，清政府对炮台进行全面整修加建，南岸3座大炮台和北岸2座大炮台分别以"威、镇、海、门、高"五字命名，在北岸另增建石头缝炮台1座，炮台数达到6座。清同光年间（1862—1908），受外国列强入侵的威胁，清政府继续加强炮台防御能力建设。经过历次修整，至光绪二十六年（1900），两岸共有5座营盘，其中南岸3座（南岸营盘、草头沽营盘、南滩新营盘），北岸2座（北岸营盘、石头缝营盘）；大炮台共6座，其中南岸营盘4座（"威"字、"镇"字、"海"字、长炮台），北岸营盘2座（"门"字、"高"字炮台）；平炮台62座。光绪二十六年（1900），八国联军侵略中国，以"剿灭义和团"为名夹击大沽口炮台，取胜后攻入北京。光绪二十七年（1901），清廷与八国签订《辛丑条约》，按条约的有关条款，炮台被拆毁。

大沽口炮台遗址位于天津市滨海新区塘沽东南部，东抵大沽口，西邻滨海大道，北至海河大桥，南至警备区民兵训练基地。大沽口炮台南岸炮台现存遗迹占地约16.08公顷。目前地表遗存自南向北分布着修复后的"威"字炮台、"镇"字炮台、"海"字炮台，长炮台、南岸营盘东侧、南侧围墙局部等遗迹均埋藏于地下，分布于大沽入海口两岸。其地理环境具有鲜明的海口要塞特征。

现存海河河口南岸"威"字炮台遗址残高13.8米，基座相对埋深为7米，平面呈圆形，底座周长约200米，直径63.5米。包括引道、女墙、雉堞、炮位等，为三合土夯筑。地表部分曾修复，台顶垛墙风化严重，台体上有垂直于地面的均布裂隙，炮台局部边缘坍塌，外表面只余局部，台面因部分风化而凹凸不平。"镇"字炮台遗址平面呈方形，底座周长约190米。包括引道、女墙、雉堞、炮位等，为三合土夯筑。地表迹象不明显，被严重破坏，发现引道局部。"海"字炮台遗址残高9.53米，基座相对埋深7米，平面呈方形，底座周长170米，边长42.5米。包括引道、女墙、雉堞、炮位等，亦为三合土夯筑。地表部分保存基本完整，台顶未见垛墙，台体上有垂直于地面的均布裂隙，台面因部分风化而凹凸不平。"威"字炮台和"海"字炮台台顶生长酸枣、杂草等植物，其根系会对炮台造成损坏。台体下部有灌木杂草，保存状况不明。

北岸遗址位于天津市滨海新区交通运输部北海救

助局天津基地西侧，与大沽口南炮台遗址隔海河相对。平面呈不规则长条形分布，地势由东南向西北倾斜，东西长约650米，南北宽30～130米不等。遗址东邻渤海石油路，其余三面为海河所包围。海河大桥及其附桥从遗址上方穿越。遗址现场大部分为水泥路面、现代临时建筑、天津海事局天津航标处临港航标管理站办公楼及树木等所覆盖或占压，保存现状较差。

2003年12月至2004年4月，为编制大沽口炮台遗址保护规划，委托天津市斯玛特科技发展有限公司和天津市文化遗产保护中心，分别对南炮台遗址进行了地球物理探测和考古勘探，基本上探明了大沽口南炮台遗址"威""镇""海"3座炮台和炮台东侧、南侧围墙的位置、形状、布局、尺寸、结构和埋深情况。编制完成了《天津大沽口炮台遗址勘测成果图》及《天津大沽口炮台遗址地球物理探测成果报告》，为大沽口炮台遗址保护规划方案的制定提供了科学依据。由于地下遗迹情况相对复杂，遗址所处环境恶劣，作业时间紧迫，南炮台遗址区西侧和北侧的遗迹情况尚不明了。

地球物理探测及考古勘探的成果，在一定程度上对遗址的总体概况进行了有效的剖析，但就遗址本体的保护尚需进一步的工程地质勘测和水文地质勘察，以便确定炮台地基是否需要加固，是否需要采取地基注浆方式对炮台本体进行加固。另外，要进行本体的修复工作，尚需对炮台掩体内部情况、炮台本体详细的"病害"加以勘测和分析，以便确定修复裂隙所需填补材料的体量。

为进一步统筹炮台遗址本体保护工作，在中国文物研究所的指导下，2007年编制了《大沽口炮台遗址本体保护工作计划书》。并形成《大沽口炮台土遗址保护关键技术试验研究报告》，初步解决了土遗址保护的相关问题。"威"字、"海"字炮台本体保护方案设计遵照文物保护法及实施条例、《中国文物古迹保护准则》《文物保护工程管理办法》等法律法规，以植被清理、土方清理、炮台地基加固、锚杆加固、裂隙注浆、构件残损修复、表面清洗、化学加固、防风化保护、抗生物保护等设计路线进行设计，保护工作以以下几个方面为侧重点。

1. 土遗址配比的确定。

土遗址由三合土夯筑而成。三合土由黄土、石灰和沙子三种材料按一定比例配制、夯实而得，具有较强的力学性能，是我国古代一种性能优良的建筑材料。准确解析三合土的配比，不但可以揭示古代的建筑工艺，还可为文物保护工作提供依据和借鉴。

2. 砌补技术。

对于一些墙体悬空或基础掏蚀凹进的土遗址保护，国内主要采用夯土补砌、土坯和土块砌补。根据《中国文物古迹保护准则》第二十二条规定"按照保护要求使用保护技术。独特的传统工艺技术必须保留"，对于大沽口炮台这种三合土夯筑的遗址保护，更应该严格遵循这一保护原则。经过实地取样和反复比对，在此基础之上，经过修补材料性能指标测试等程序，将各种模拟配比三合土的物理和力学性能作为主要评价指标，并将配比试验结果好的三合土材料在"海"字炮台缺失处进行修补。经过两年时间的考验，修补处模拟配比的三合土强度保持较高，无剥离现象，修补效果良好。

3. 灌浆材料的研究。

灌浆材料一般用于土遗址裂缝灌浆填充和破碎块的粘连。国外常用石灰粉、火山灰、石英砂与水混合，或者用黏土与石灰水混合；在国内，作为土遗址裂隙灌浆系列材料的PS-C、PS-F，在交河故城、高昌故城、玉门关、阳关等工程应用中已获得成功。

糯米灰浆三合土在我国古代建筑史上占有重要地位，在无机材料中添加有机材料是我国古代建筑胶凝材料的鲜明特点。在大沽口炮台土遗址中，糯米灰浆三合土就起到了加固和黏合的作用，在黏结强度、韧性和防渗性等方面具有优良性能。经过浆液凝固、干燥时间检测，观察其收缩变形性和不同阶段强度等测试，分别形成了"威"字炮台、"海"字炮台的灌浆工艺成果。

4. 防风化材料的研究。

防止土遗址表面风化材料的研制一直是土遗址保护研究的重点和难题。文物工作者曾尝试了多种材料：无机材料，如硅酸钠、硅酸钾、硅酸铝、氢氧化钙、氢氧化钡等；有机高分子材料，如有机硅树脂、有机聚合物材料（全氟聚醚、环氧树脂、聚氨酯树脂、醋酸乙烯酯、丙烯酸等）；无机－有机复合材料，如硅酸钾－甲基三乙氧基硅烷等。

炮台遗址本体经过表层清理、涂刷加固剂等工序后，进行强度回弹测试，对加固前和加固后的遗址本体进行性能比对后发现，采用弹性正硅酸乙酯材料加固后，本体构建的回弹强度发生了很大的变化。可见加固保护材料对遗址本体构件的加固作用是十分有效的；采用有机氟改性聚硅氧烷材料后，本体构件的吸水毛细系数发生了很大的变化，由厌水变成不透水。可见本体防风化材料对于遗址本体构建的防水保护是十分有效的。

本体保护试验研究的主要内容即针对遗址主要病虫害现状进行调查与分析影响因素；通过分析测试炮台原状三合土，了解其配比和制作工艺，从而模拟制作同原状三合土物理和力学性能指标相近的三合土材料，按照尽可能选用传统材料和修旧如旧的原则为大沽口"海"字和"威"字炮台土遗址本体提供需要的修补、灌浆材料和工艺支持；同时针对炮台表面因严重风化导致的脱落、粉化等情况，选择合适的表面加固与防风化材料。

至 2012 年年末，大沽口炮台遗址本体保护工作在保护规划的总体部署下，分步实施，所有前期工作均已完成，已具备《保护关键技术试验研究报告》等阶段性成果；根据当地地理环境及气象条件等因素，着手遗址现场勘探，分别进行遗址的原状三合土分析研究、遗址修补材料与工艺实验研究、遗址灌浆材料与工艺试验研究、遗址抗生物病害材料试验研究及遗址加固与防风化材料研究。下一步将依据前期实验成果进行本体保护工程设计方案的编制，根据国家文物局的具体工作指导，实施炮台遗址的本体保护工程。

（十一）平津战役前线司令部旧址工程

1969 年，天津市"革命委员会"，中国人民解放军 1639 部队、52891 部队，蓟县人民武装部共同维修了平津战役前线司令部旧址。2008 年 12 月，天津市人民政府接受天津市老区建设促进会建议，拨款 150 万元修缮平津战役前线司令部旧址。2009 年 11 月 17 日，在蓟县成立"蓟县平津战役前线司令部旧址维修工程领导小组"。同年 11 月 20 日，天津市文物局下发《关于对天津市文物保护单位平津战役前线司令部旧址维修方案的批复》。2010 年 4 月，平津战役前线司令部旧址修缮工程立项。同年 5 月 8 日，天津市风貌建筑保护委员会办公室召开蓟县平津战役前线司令部旧址整修设计方案研究会，确定整体维修方案。2010 年 6 月，

修缮工程正式开始，蓟县文物保管所派出专业技术人员实地参与整个修缮工作。按照蓟县平津战役前线司令部旧址整修设计方案，对原建筑进行了整体落架重建。2010 年 12 月 24 日，平津战役前线司令部旧址修缮工程通过竣工验收。

（十二）梁启超旧居工程

位于河北区民族路 44 号的梁启超旧居和 46 号的"饮冰室"书斋，中华人民共和国成立初期被收为国有。先有军属入住，后居民渐多。当地房管站曾在此办公。院内建有材料厂和许多临时建筑。2001 年天津市政府拨专款，腾迁了 91 户居民。经现场勘察，由于年久失修，地下室潮湿漏水，建筑勒脚损坏，墙面返碱严重，墙皮脱落，室内木地板塌陷较严重。本着"修旧如故"的原则，河北区房管局经过修缮、修复、加固、复原外墙装饰构件等，使其恢复了原貌。2003 年对外开放。

2011 年 9 月至 2012 年 6 月，再次对其进行修缮。由河北区文物管理所组织实施，主要修缮内容包括：旧居屋面木结构大修，一层地面木结构大修，二层外廊更换腐朽柱子，外廊木结构大修；饮冰室进行屋面减载、防水工程，及彩色玻璃藻井更换等主体建筑修缮。同时增加了化粪井、雨水井；对院内的排水系统进行改造，扩建卫生间，增加了冷、暖直燃机设备，进行了强弱电工程、安防消防等配套工程的安装。

（十三）望海楼教堂工程

望海楼教堂修缮工程由天津市宗教局组织实施，由于建筑建造年代久远，该建筑的材料、构件和结构的老化、风化、碱蚀损坏比较严重，结构整体安全性和耐久性严重不足。整体修缮内容主要包括对扶正堂内廊柱和柱墩进行纠偏扶正、更换部分糟朽的望板和瓦件、对木柱和梁架进行碳纤维加固、对外檐碱化严重的进行掏碱、对内檐进行加固、重新铺装地面等工程。修缮后的望海楼教堂既保留了历史沧桑感，又满足了宗教活动使用需求。维修工程自 2011 年 12 月开始至 2012 年 1 月完工。

（十四）觉悟社旧址工程

觉悟社旧址位于天津市河北区宙纬路三戒里 49 号（原 4 号），建于 1919 年。整体布局为三进三合院，民国初期民居建筑格局，青砖灰瓦，砖木结构，环境幽雅。

2012年7至12月进行修缮，工程由河北区文物管理所组织实施。主要修缮内容包括：旧址屋面、墙体、地面、门窗、院落及环境整治，调整觉悟社旧址建筑功能布局等；更新、完善觉悟社旧址安防、消防和上下水系统。修缮后的觉悟社纪念馆重新进行了布展，展览分为复原陈列和辅助陈列两部分。复原陈列根据邓颖超、管易文、李愚如等原觉悟社社员和社友的回忆结合相关文献考证，对东、西两个厢房进行复原性布展。辅助陈列利用三间联排正房打通为展室，形成贯通的展览路线。

（十五）大悲院工程

大悲禅院西院旧址、天王殿和释迦殿修缮工程（第一期）由大悲禅院组织实施。工程自2012年7月开工，截至2012年底，已经完成大悲禅院西院旧址的整体落架和部分建筑的主体复建，天王殿和释迦殿修缮工程尚未开展。

（十六）五大道近代建筑群工程

五大道近代建筑群的修缮工程有：

庆王府旧址，2010年进行建筑本体修缮，使用单位天津市历史风貌建筑整理有限责任公司自筹资金，制定《天津庆王府文物保护规划与修缮设计方案》。如期完工，达到设计方案效果。

张学铭旧宅，2011年进行建筑本体修缮，使用单位天津市房产总公司自筹资金，制定《天津张学铭旧宅修缮方案》。如期完工，达到设计方案效果。

詧玉甫旧居，2012年进行建筑本体修缮，使用单位天津市卫生局幼儿园自筹资金，制定《天津詧玉甫旧居维修工程勘察设计方案》。如期完工，达到设计方案效果。

李叔福旧居，2012年进行建筑本体修缮，使用单位天津市教育委员会自筹资金，制定《天津李叔福旧宅外檐修缮设计方案》。如期完工，达到设计方案效果。

伪满洲国领事馆旧址，2012年进行建筑本体修缮，使用单位天津华峰铭筑建筑装饰工程有限公司自筹资金，制定《原伪满洲国领事馆修缮设计方案》。如期完工，达到设计方案效果。

各区的维修工程还包括：

2009年，对天津市文物保护单位中共北方局旧址、犹太会堂旧址、原中法工商银行大楼、原安里甘教堂等进行修缮，工程范围为建筑本体。2010至2011年，

对天津市文物保护单位大阔饭店旧址、李吉甫旧居进行修缮，工程范围为建筑本体。2010年，对天津市和平区文物保护单位十八集团军驻津办事处旧址建筑本体进行修缮。

2010至2011年，对尚未核定公布为文物保护单位的不可移动文物大陆银行仓库旧址、公懋洋行旧址、泰莱饭店大楼旧址、中国实业银行旧址建筑本体进行修缮。

2012年，对天津市文物保护单位法国领事馆旧址、那桐旧居建筑本体进行修缮。

二、日常保养工程

（一）保养工程

文物保养内容包括：瓦顶除草、补漏，清除庭院杂草、杂树，检查整理避雷和消防设备，疏通上、下水道。为经常性的小型修整，不改动建筑的结构、色彩等原状。

加强文物的日常保养，会减轻或延缓维修任务，避免古建筑残毁情况扩大，较长时期保存现状，为科学研究提供第一手可靠例证。在天津市木结构建筑的保养工程中，主要是屋面保养，按其规模，可分为以下三种。

屋面清扫：木结构建筑屋顶由筒瓦和板瓦覆盖，瓦垄极易积存尘土和草籽。每年初春清扫屋面，疏通垄挡，防止瓦顶渗水和滋生杂草。

拔草匀抹：如果屋面清扫不细，就会长出杂草和小树。人工清除草木要连根拔除。瓦垄、瓦缝间的匀灰，甚至底瓦灰可能会出现松动，必须及时用新灰勾抹严实。

揭补漏：瓦顶漏雨，要及时揭补漏，能局部揭的，就不全揭。其工作顺序是：现状记录、瓦体编号、拆除瓦件、清理瓦件、苫背、铺瓦。

独乐寺的日常保养即按上述规范进行。首先，在观音阁安装网式避雷器，修整容量30吨的防火水池，修建口径10.1厘米的专用防火水管通，设立4座消防栓，出水嘴口径6.3厘米，扬程高度20米。每年春天，雨季到来之前，检查避雷针，清扫屋顶瓦垄和鸟粪，疏通院内大小水道，保持庭院环境整洁，防患于未然。小型维修项目有：观音阁添配隔扇门窗、遮椽板、支顶加固顶层乳栿梁架，更换平座斗拱中槽栿的小斗，翻

修上层回廊地面，瓦顶局部揭补漏等。山门添配隔扇窗，整修台基、地面等。

在独乐寺外檐木构件油饰方面，因辽代油漆彩绘早已无迹可寻，清光绪二十七年（1901）彩画又很粗陋。为了保护木构件，采用了慎重的处理方法，斗拱和内檐彩画不动，外檐柱和阑额一律断白，不画图案。断白，即在木构件外表通刷红土浆，俗称"单色断白"，色泽较暗，在观感上保持了与千年古刹相协调的艺术效果，博得中外游人的赞赏。

（二）加固工程

1976年唐山大地震波及天津，一些古建筑遭受到不同程度的破坏，有的濒临倒塌。由于当时财力、物力和技术条件的限制，不能及时进行大规模修缮，因而采取临时性加固措施，目的是既要达到加固目的，又不妨碍以后的彻底修复。天津市结合抗震加固工程进行维修的古建筑有16座。其中包括清真大寺、大悲院、蓟县鼓楼、鲁班庙、天尊阁、周公祠、文昌阁、石家大院、慈航禅林和大觉禅寺等木结构建筑13座，以及蓟县白塔、古佛舍利塔、定光佛舍利塔3座砖塔。

木结构建筑加固的工程措施有：

1. 临时性支撑。

独乐寺观音阁内槽的长方形空井，是全阁结构受力的一个薄弱环节。1960年1月7日和1975年2月5日，相隔15年的测量数据表明，暗层内柱柱根歪闪情况不断加剧，致使长方形空井栏杆严重变形。1976年唐山大地震，蓟县震级为7级，长方形空井栏杆内凹变形达20厘米。为了防止大阁倾斜，地震后立即在各明间内柱柱根处施加一根杉槁，支撑在佛坛之上，斜度45°～60°，形成稳定的三角形支点。此后的几次余震，均未发现柱根有较大的歪闪。地震过后，1978年两根斜撑木被拆除。

2. 梁枋的加固维修。

梁枋是木构架中的主要构件，常因荷载大或年久失修，出现弯曲劈裂或底部折断等现象。天津市采取的加固措施主要有：

文庙县庙启圣祠五架梁的加固。该梁发生干裂，长约2米。干裂处用扁铁打箍，用螺栓固定，梁截面35厘米×35厘米。每50厘长打一道，共打5道。

文庙府庙大成殿歇山顶的加固。歇山顶西北角翼角下沉，检查原因是挑尖顺梁糟朽，与金柱相交的榫头折断，下沉17厘米，歇山部位的交金墩、采步金、五架梁、三架梁和脊瓜柱，也随之下沉10～14厘米。过去曾用一根方柱附在金柱旁支顶挑尖顺梁根部。为了彻底解决翼角下沉，决定屋盖全揭，撤换挑尖顺梁，以松木按原样重新制作，使歇山各木件归位，更换残损的飞椽、连檐、瓦口、望板，以及山面的山花、博缝板。对天花板交条塌陷部位，用铁拉杆加固找平。

广东会馆戏楼大木节点加固。1985年，经对戏楼主体结构检查鉴定，木柱基本稳定，柱身无糟朽、虫蛀，只是由于失油，有不同程度风裂。南北向平行跨空枋、东西向额枋与立柱的节点，因屋顶漏雨糟朽，经核算木梁强度尚能满足要求，舞台藻井的悬臂拉杆强度差40%。因此，决定对梁枋与立柱、拉杆之间的六个节点，用槽钢、钢板和螺栓加固。对风裂的梁、柱，回灌黏结材料，用玻璃钢封护。

天后宫大木扶正。1976年11月15日，宁河发生6.7级地震。同年11月17日，检查天后宫大殿，庑殿顶西南角、西北角下沉，阑额与柱头拔榫，抱厦的后檐檩明间与次间拔开裂缝2～3厘米。1985年对屋顶全揭，更换损坏的木柱、梁、枋，把大木构件扶正。

3. 砖结构建筑的加固维修。

1981年为配合盘山景区修复天成寺，修葺天成寺舍利塔的十三层密檐，添配塔刹和风铎。

定光佛舍利塔因年久失修和地震损坏，塔基石雕残缺不全，塔身震裂，塔刹失落。1985年对其进行大修，补砌砖、石，修复塔刹。

第五节 文物保护技术

一、不可移动文物保护技术

文物建筑的测绘是贯穿于文物保护始终的记录工作的重要组成，涉及管理、文物建筑认知和理解以及测绘技术三个主要方面。

1932年，梁思成先生先后调查并测绘了蓟县独乐寺、观音寺白塔和宝坻广济寺三大殿，写成《蓟县独乐寺观音阁山门考》《蓟县观音寺白塔记》等报告发表在《中国营造学社会刊》。这些论文不仅是系统的调查报告，还提出了针对性的保护意见。

中华人民共和国成立后，天津文物工作者邀请专家做专业指导，做了很多古建筑测绘工作，为今后的文物修缮留下了宝贵资料。1972年4月，罗哲文先生到天津考察古建筑，对天津的古建筑提出了很多指导性意见。同年10月，邀请天津大学卢绳、杨道明会同市文物管理处测绘了天后宫平面图。1975年3月、11月，又分别测绘了独乐寺、吕祖堂总平面图，并做了保护规划。1976年，唐山地震后，国家文物局成立京津唐地震考古组，调查地震后文物受损情况。天津积极配合，针对地震后文物受损情况进行系统的勘察测绘，留下了很多珍贵资料。

1983年3月，天津市文物管理处配合白塔维修工程，为了尽快取得图纸资料，采取先进的立体摄影测量方法进行测绘。该方法的优点是不需搭脚手架，不用攀登建筑，通过全能摄影经纬仪摄影，辅以水平距离测量，就可以完成野外作业，然后在立体测图仪上完成室内绘图。误差可在1厘米以内，适合1∶200比例尺的古建筑制图。缺点是测图仪放大倍数有限，古建筑大样图比例一般为1∶1或1∶5。如果测图仪多次放大，准确性就差些。为了弥补这一缺陷，搭架子进行徒手补测，完成主体摄影难以解决的问题，如塔体的纵、横剖面图，砖雕花饰大样和节点大样等。

1990年7月9日至8月5日，天津大学建筑系师生来独乐寺测绘，绘制了山门、观音阁现状实测图64张。

天津大学是国家文物局在高校设立的首批重点科研基地之一。基地依托天津大学建筑学、城乡规划、计算机科学与技术、土木工程、软件工程、工程测量、仪器科学与技术、风景园林等优势学科群，致力于文物建筑测绘记录和信息管理领域中的理论、管理和技术等方面的基础研究和应用开发，提供相应的政策咨询和技术支撑，建构、充实和完善具有中国特色的文物建筑测绘与记录研究体系，谋求文物建筑信息记录和保存的可靠、完整、连续和规范。

基地的研究骨干主要是30余名来自以建筑历史和遗产保护学科为主导的具有不同专业背景的教师，绝大多数具有博士学位，其中高级职称17人、中级职称14人；同时数以百计的相关硕士、博士研究生和本科生也是科研和测绘实践一线的生力军。

近年来，基地完成、承担国家文物局、国家自然科学基金、国家社会科学基金等各类与上述领域相关的国家级、省部级以及国际合作研究项目共85项，完成论文数百篇；承担相关的文物保护单位测绘工作数十项，并在实践中开发了以国内第一个涡轮轴动力无人直升机摄影测量系统为代表的多项测绘技术设备，集成引进、开发了三维激光扫描、地理信息系统、建筑信息模型等测绘技术，编制了文物建筑测绘技术规程；在推动文物建筑领域由传统测绘向数字化测绘的转变和跨越中做出了重要贡献，并已将推动文物领域从数字化测绘迈向信息化测绘新阶段确定为今后发展的重点目标之一。

基地建设将在现有基础上，跨部门、跨地区、跨学科地调查和整合国内优势资源，并借鉴国外先进经验，针对文物建筑保护领域中相关管理、利用、工程、科研以至人才建设等多方面的实际需求，充分运用高新技术，以谋求文物建筑信息的真实性、完整性、可持续性为原则，制定文物建筑测绘与记录的信息采集、记录、加工、应用和管理的规范化建设方案，确立动态性体系化测绘和多媒体手段表达的指导思想，规范测绘分类、目标和深度要求，规范测量操作规程或指导手册、质量控制体系、计算机制图规则及可供研究和工程实践以至社会共享的信息平台等，为确立行业规范奠定基础，从而有效推进文物建筑保护的标准化进程。

二、可移动文物保护技术

采用必要的技术手段，抢救、保护受损文物是文博工作的重要内容。文物保护技术包括日常的科学养护、保护处理和修复技术。日常养护技术主要根据文物的特性，控制环境，使文物的质变降到最低限度，并采取一定技术措施降低或预防文物的自然和意外损坏。保护处理技术主要运用化学、物理等方法消除文物"病害"，如除锈、杀虫灭菌、去污、去霉、脱水、加固等。修复技术主要运用一定的技艺，将不同类型、不同质地文物的变形、残缺、破损等，经整形、焊接、钻接、黏结、补配、着色、托裱、加固等多种工艺技术，使文物恢复原貌或使其坚固而不易损坏。

（一）文物的保存、保养

适宜的环境是藏品长久保存的重要条件。影响藏品的环境因素包括温度、湿度、空气成分、光线辐射、生物危害等。藏品的损坏常是多种因素造成的。最基本并对藏品有影响的因素是空气的温度和湿度。不同质地的藏品有其最佳保存的相对湿度范围，如木漆类藏品库相对湿度宜在 55% ~ 60%，纺织品、纸质类藏品库相对湿度宜在 50% ~ 55%，铜器库相对湿度宜在 40% ~ 45%，铁器库相对湿度宜在 30% ~ 35%，相对湿度变化应在此数值范围内缓慢波动，波动不得大于 5%。

早期天津的博物馆藏品库如北疆博物院、广智馆、天津博物院等，保养藏品一般使用樟脑粉。从 20 世纪 50 年代开始，天津大多数博物馆对藏品的保护基本采取传统的和自然的保护方法。利用库房现有的条件，对文物进行分类存放。怕潮的、重量轻的存放在楼上，较重的、耐潮的放在一楼；根据文物器型定做适宜存放的木质箱柜及各种囊匣；在春季气候干燥时就开门开窗通风，并把怕潮的、易长霉菌的藏品拿到库道晾晒；夏季潮湿时如雨季尽量不开门窗，湿度大时用生石灰去湿，用后及时清理。

20 世纪 80 年代初，有些博物馆为观察温、湿度，购置了干湿球式温度计，1984 年后期逐步为藏品库配置了毛发式湿度计和温度表，在特殊库内添置了灵敏度高的自动记录温、湿度仪。

1984 年天津市文化局筹建文物保护实验室（设在天津市历史博物馆）面向全市各博物馆，对文物的保养采取了一些科学的手段和方法，促进了馆藏文物的科学保护。不仅在试验研究的基础上为天津市历史博物馆馆藏文物的保存环境进行改善，如创造小环境调节、使用研制的"调湿材料"改善珍贵文物的保存环境等，并对不同级别、不同类型、不同质地的受损文物进行保护处理、修复加固，还对考古队等单位的出土文物进行抢救性的保护处理及修复，如蓟县出土的辽代鎏金薄青铜器、武清出土的明代铜人、廖纪墓出土的明代彩绘陶器、宝坻千佛寺遗址出土的青铜器等。同时还为不同类型的博物馆、纪念馆的馆藏和出土文物做了大量的保护处理、修复、复制工作。保护处理、修复、复制的不同质地文物包括青铜器、铁器、银器、酥陶、釉陶、彩陶、瓷器、纸质文献档案、书画、木质革命文物、麻、丝、棉织文物、皮质文物等 2000 余件。

2004 年 12 月，由天津市历史博物馆、天津市艺术博物馆合并组建的天津博物馆（2012 年复迁新址）开馆。为了更好地开展各种类的文物保护工作，该馆设置了独立的消毒工作室、仪器室、文物保护处理室、器物修复室、书画装裱修复室、古籍修复室、文献复制和拓片室等。配备材料显微镜、生物显微镜、体视显微镜、盐雾腐蚀箱、远红外烘箱、培养箱、恒温恒湿箱、精密分析天平、低温冰箱、马福炉、通风柜、真空消毒设备、雕刻机、熔金器、切纸机、多用冲孔机、纸张测厚仪、誊影机、打印机、投影机等主要仪器设备。

天津博物馆文物科技保护部已成为天津市文博系统可移动文物分析、检测、保护、修复等工作的基地和咨询、指导、服务的中心。

（二）文物藏品保护技术

1. 铜质文物保护技术。

传世和出土青铜器中，有些由于外界环境的影响和自身结构的缺陷，会出现不同程度的腐蚀。对腐蚀青铜器做技术处理，应保留现状，清除危害青铜器的氯化亚铜和碱式氯化铜，根除氯化物对青铜器的危害。对被腐蚀的青铜器，在做保护处理之前，要先进行检测和分析，弄清"病因"，在试验的基础上，制定适宜的保护处理方法和配方。

天津博物馆馆藏青铜器绝大部分都是 20 世纪 50 年代或 60 年代入藏的传世品，由于存放的条件（室内潮湿的环境、存放的箱柜有"腐蚀气氛"等）和人为的一些原因,一些青铜器遭受到不同程度腐蚀。如商代父己解、兽面纹斝、方格百乳簋、绿锈戈、鋬戈、西周父丙卣、铜钟、汉代提梁壶、陈仓匜、双环耳铜壶、蒜头壶等几十件青铜器,它们有的在局部长出疏松膨胀的"粉状锈",有的则通体锈蚀严重。对这些被腐蚀的青铜器,首先对每一件青铜器上的"锈蚀物"进行测定、分析,并根据铜体的情况,分别制定出适宜的综合处理方案。有的先采用机械除锈,然后用氧化银法处理;对腐蚀较深的,先用超声波清洗震动除锈,再用氢氧化钠做局部电解,并配合缓蚀处理;对锈蚀部位较多的和通体锈蚀的,则使用化学试剂进行处理,如配制柠檬酸和硫脲混合溶液,以及碱性酒石酸钾钠和过氧化氢混合溶液等。经除锈处理后的青铜器,用蒸馏水反复清洗干净,用缓蚀剂苯骈三氮唑进行缓蚀处理,最后分别用聚乙烯醇缩丁醛、三甲树脂进行表面封护。

出土青铜器,由于其之前埋藏于地下,与土壤、地下水接触,如地下环境中既含氧又有氯化物存在,就会使青铜器被腐蚀,在表面形成多孔性锈蚀物。出土后,空气中的有害物质和潮湿环境,会立刻加速有害锈的蔓延,使整体腐蚀加剧。

1986年蓟县邦均墓出土4件西周青铜器,1987年蓟县张家园墓出土6件商周时期的青铜器。出土后带墓葬土送到实验室。首先取土样进行pH值测定,然后进行土样剥离,测定铜体腐蚀程度,查明受损原因,对出土文物实施保护措施。

蓟县邦均墓出土的青铜器腐蚀严重,残破成几十片。采用碱浴法,并对沉积物进行机械除锈和超声波清洗,用苯骈三氮唑做缓蚀处理和高分子材料封护。经整形焊接、做旧恢复器物原形。张家园墓出土的青铜器受损较轻,没采用整体处理方法,只做了局部电解去锈,经缓蚀处理后,用高分子材料封护。

1986年蓟县营房村辽墓出土15件鋬金铜器,都是妇女装饰品。鋬金层下面的铜质非常薄,有的仅0.2毫米,因随葬时都在死者身上,尸体腐烂的影响使这些鋬金薄青铜器大部分基体锈蚀严重,有的与包着的丝织物锈在一起,在实体显微镜下观察,有的部位因锈蚀穿孔、断裂,而且鋬金层被锈层覆盖,有的地方锈得凸起,有的轻轻一触金就脱落(鋬金层仅0.002毫米)。在处理时为尽量恢复器物原貌,得到最佳效果,采用以下保护步骤:在盛有蒸馏水的玻璃容器中通入氮气,

温度控制在40～45℃,水的轻轻震动使表面污垢、黏着物慢慢掉下来,并借助显微镜配以机械清洗,经一个月反复多次的清洗,比较易掉的锈层及污垢被清洗掉;配制10%抗坏血酸水溶液,用脱脂棉蘸溶液包住锈层,一点点把硬壳软化,再用手术刀、钢针、牙签等器械小心翼翼地去掉锈层,然后反复用40～45℃蒸馏水清洗(用软毛刷以免损坏鋬金层),而后放入远红外干燥箱中烘干;修补、黏结好穿孔及断裂部位;选择2,6-二叔丁基对甲酚、苯甲酸钠、苯骈三氮唑为缓蚀剂,与乙醇制成30%的溶液,把15件鋬金薄青铜器放入浸泡24小时后,放入干燥器内在60℃下烘干,这种混合缓蚀剂在器物上形成了不可溶解的络合物的屏障膜,这种膜抗老化能力强,耐腐蚀;配置2%三甲树脂丙酮溶液,采用减压渗透法对器物进行加固稳定。

2002年6月1日,在武清区杨村街内北运河修桥施工时,出土了两尊明代铜质造像,铜像与真人比例相似,均高178厘米,宽66～67厘米,厚35～36厘米。铜像形象生动传神,工艺精细,均身披重铠,为道教护法神。这两尊出土铜像有着极高的历史价值和艺术价值,它们的出土对研究我国北方道教活动,研究天津地区元明时期政治、经济、文化、旅游和宗教,特别对研究运河文化和申报世界文化遗产等,具有多方面的重要意义。由于两尊铜像多处残破,为进行抢救性保护,天津博物馆文物保护技术部于2005年设计《天津市武清出土明代铜像保护修复技术方案》,经天津市文化局向国家文物局申请立项。2006年国家文物局批准同意立项(文物博函〔2006〕198)。2007年底组建项目组,承担对两尊铜像的保护修复工作。

天津博物馆于2010年6月17日在武清区文化馆主持召开天津市武清出土明代铜像保护修复成果鉴定会,专家组听取了课题项目负责人的技术报告并查看了修复后的铜像,提出以下鉴定意见:

该铜像保护修复项目采用X射线荧光能谱、激光拉曼、X射线衍射、离子色谱、X射线探伤等分析检测技术,查明了铜像的基体合金成分、腐蚀产物和附着物的成分和结构、铜像铜壁的铸造痕迹等信息,为制定适宜的保护修复方法提供了科学依据。

武清出土明代铜像保护修复方案研究思路清晰,技术路线合理。利用铜像残片进行前期试验性保护修复研究,择优选定除锈、深洗、缓蚀、封护等成熟可靠

的保护修复工艺和材料。保护修复后的铜像效果良好，达到了预期的目标。

铜像保护修复操作规范，遵循文物保护不改变文物原状的原则，是现代科技和传统技术紧密结合的范例。

2. 陶质文物保护技术。

陶器的种类很多，有泥制灰陶、夹砂灰陶、夹碳黑陶、红陶（也有夹砂的）、白陶、掺蚌屑陶等。因陶器受损因素很多，损坏的情况也是多种多样。

在采取保护措施时，首先检查器物表面是否有考古遗存的信息：如纺织品的残迹，动、植物纹饰，文字，彩绘层（颜料），釉层等。其次要检查陶器整体的坚硬程度，器物上装饰物的牢固程度等，并在试验的基础上确定保护处理方法。

首先是表面污垢的清洗。

长期埋藏于地下的陶器，因表面都沾有泥土污物，或覆盖一层难溶的沉积物，有的可能是石灰质的，有的可能是石膏类的，也有可能是硅质类的。所以对这些物质的清除应先弄清是哪一种沉积物，然后根据保存的需要，有针对性地采取保护处理。

对石灰质类（碳酸盐）的沉积物，可先配制 4% 的盐酸溶液滴浸（或涂刷）在有石灰质的部分，然后用蒸馏水清除软化掉的石灰质。操作中可视情况将溶液调配至 1% ~ 2% 反复几次，当覆盖层变薄后，或有图案花纹出现时，可配制 3% ~ 5% 的六偏磷酸溶液，慢慢浸除掉剩余的石灰层，最后用蒸馏水反复清洗，清除残留溶剂。

对石膏类（硫酸盐）的沉积物用硫酸铵的热饱和溶液擦洗除去石膏层，再用蒸馏水反复清洗。有的沉积层厚而硬，也可将器物润湿后，将浓的硝酸滴加到沉积层上，使其软化，再用机械方法慢慢剔除。沉积层除去后，要用蒸馏水反复清洗，去除残留的硝酸，直至用试纸测到中性为止。

对于带釉的陶器，用盐酸清除沉积物，当带釉的陶器上有白色沉积层时，先要查明是碳酸盐层，还是腐败的釉层。如果形成的是一种腐败的釉层，则不需做清除处理。

硅质类（硅酸盐）的沉积物是最不易除去的，它与常用的酸很难起反应。一般用机械方法去除，也可用 1% 氢氟酸做局部浸除，涂几分钟后，就用水洗净，反复操作，直到沉积物清除掉。因氢氟酸有剧毒，操作时要在通风橱中进行。由于氢氟酸的酸性很强，对陶质亦有腐蚀性，通常不太使用。

除上述几种化学试剂外，对于一些难溶的沉积物可以用螯合剂来达到清除的目的。常用的螯合剂有：乙二胺四乙酸二钠盐、正一羟乙二胺三乙酸三钠盐、二乙烯三胺五乙酸钠盐等。螯合剂与沉积物中阳离子（如铁、钙、镁离子）螯合，变成螯合物溶液，沉积物中的阴离子与钠离子形成可溶性盐。反应通常在碱性条件下进行。处理后要用蒸馏水清洗干净。

其次是可溶性盐类的去除。

出土的陶器，大都吸附了大量的盐类（如氯化钠、氯化钾、硫酸镁及金属的氢氧化物），这些盐对陶器的保存十分不利，必须清除。去除的方法，通常采用水浸泡法或纸浆包裹的方法。

一般对素面陶的处理采用浸泡法。通常把器物放入流动的水中，经反复清洗 1 ~ 2 天，可除去大量可溶性盐，然后再用蒸馏水浸泡洗涤（也可适当加热），直至彻底除盐。可用电导仪测量导电率或用 2% 硝酸银测定氯离子浓度来判断除盐程度。

对于彩陶或脆弱陶器，可以先用高分子材料进行加固。然后再用浸洗去除盐类。有些陶器由于本身十分脆弱，虽经加固，仍不能用洗涤法脱盐，此时可采用纸浆包裹法。方法是：将滤纸或吸墨纸撕成碎片放入盛水的烧杯中，并加热搅拌使其成为纸浆，再把此纸浆慢慢敷在需除盐的陶器上，利用毛细管作用，使盐从器物内部转移到器物表面，被纸浆吸附后结晶。如此反复操作，即可除去可溶性盐类。

再次是加固保护表面疏松的陶器。

表面疏松的陶器不能轻易用水洗刷，有些甚至只能加固。酥陶的加固，绝不能局限于器物的表面，因为大多数都属于从内至外整体酥脆。因此必须根据陶质酥松的情况选择适宜的加固方式。其中：减压渗透加固是利用真空泵和真空干燥器及一些辅助设备，将加固剂依靠"真空"后的外力"填补"进酥陶器内部的"空穴"，使陶器的吸水性降低，不再出现盐类重结晶现象，整体结构疏松、没硬度、似粉状的陶器不再出现粉末脱落现象。

操作方法：先将酥陶的表面用软刷子慢慢清理干净，放在托盘上（太大的采用别的方式），放入远红外干燥箱内逐步升温至 75℃，烘烤 2 小时。取出放至没有热度，用宣纸将其包好，放入真空干燥器中，进行减压渗透加固。加固剂的配方和配比要根据陶质的疏松程度、颗粒的粗细、陶胎的薄厚等情况来配。而且加固烘干后不能让加固剂泛于表面、出现光泽，更不能改变陶质的颜色，所以在加固前一定要做选择性实验。

加固后的陶器取出后，放入通风柜中，用远红外灯烘烤至溶剂基本挥发掉（红外灯不要离器物太近），再放入烘箱烘至干透为止。烘烤温度要视所选加固剂的种类而定，一般烘2～3小时。

用这种方法加固保护了馆藏的36件酥松陶器和28件彩陶，加固后的陶器整体给人以结实感。用此法加固的被严重腐蚀的釉陶，不仅釉层牢固附在陶体上，而且颜色鲜艳。1986年，对营房村辽墓中出土的两件带釉马蹬壶的处理，采用了上述方法对易剥落的釉层进行了加固。

滴渗加固适合那些胎体较薄的酥松陶器和制坯粗糙，又因烧结温度低而形成层状剥落，因夹杂质较多，陶体酥松形成不规则状断裂、已不易随意拿起的陶器和不宜用减压法加固的陶器。加固前把表面和断裂部位清理干净，把陶器固定好。然后将配制好的加固剂，用不带针头的注射器，依陶器的酥松情况，逐渐滴渗到陶器需加固的部位。滴渗时根据陶器吸收情况慢慢进行，由局部到整体。加固后用远红外灯烘烤至溶剂挥发。视加固程度，对有些加固不牢的部位可再反复滴渗（达到满意效果），最后任其自然干透为止。

用这种方法加固了天津市艺术博物馆汉绿釉壶、战国红陶网纹罐、汉灰陶灶等，加固了义和团纪念馆的城砖、戏剧博物馆的砖雕等。

1960年天津市考古队从河北阜城县明代廖纪墓中发掘出土了一批成组的彩绘陶器。由于出土后没采取适宜的保护，又因多次的展出和外界环境中湿度变化等因素的影响，不少陶器受到不同程度损坏。有的陶质酥粉（底部酥粉较多），粉彩脱落严重，有的彩绘陶变成灰陶等。

抢救已损的彩绘陶，保留住尚存的粉彩层，采用了以下方法。

颜料检测：在实体显微镜下观察了粉彩层（有五种颜色）及牢固程度，用扫描电子显微镜分析了几种颜料的均匀程度和粒度。

固色实验：选择近似廖纪墓这样陶质的灰陶片，将用水调好的无机颜料（红、黄、绿、白、黑五种颜色，每种颜色各四片）涂在陶片上，干燥以后用注射器将配制好的4种固色剂（①聚乙烯醇＋水，②聚乙烯醇缩丁醛＋乙醇，③聚乙烯醇＋聚醋酸乙烯酯乳液＋水，④QZ－混合剂＋乙醇）注入颜料层，自然干燥后再涂一层，干后放入烘箱在55℃下烘2小时观察固色效果。从中筛选较好的进行耐候性能实验。

将实验加固的彩陶片放入潮湿箱中，温度20℃，相对湿度控制在90%，每次加湿3小时后放入烘箱，在65℃下烘2小时，然后再放入潮湿箱加温，如此反复10次，观察加固剂的固色效果。最后选择了对5种颜色固色均好，耐候性能强，加固后的表面无光泽，粉彩与陶片黏合牢固，用白布触及表面，平滑、不掉色的一种固色剂。

固色保护：加固前先将残留在粉彩上的沙质土用手术刀轻轻去掉，再用浓度为5%的聚乙二醇200（PEG-200）滴渗到粉彩上（粒度粗的颜料），以增加颜料的致密度，然后用2%的QZ－混合剂先进行一次固色，干燥后，用纸包法除盐，用硝酸银法测氯离子浓度，直到除净为止。除盐后，用烘箱在65℃下烘3小时，然后用浓度为5%的QZ－混合剂，再进行滴渗固色，在自然状态下干燥。经QZ－混合剂固色的粉彩层，表面不泛光泽、平滑、触及不掉色，保持了器物的原貌，给人以结实感。

关于陶器的修复：酥松陶器、残损的陶器等经加固后，要对残缺部位进行修复。传统的方法是使用石膏进行修复，这种修复技术一直沿用并且与其他材料和修复技术配合使用，如用聚乙烯醇或聚醋酸乙烯酯乳液调和石膏修复等。近年，对陶器的修复除用石膏外还采用陶补陶，环氧树脂修补，用白乳胶、三甲树脂调配其他材料修补等。如修复时将原陶器上掉下的残片（或块）对好碴口，选择适宜的黏合剂粘结好。如果掉下的残片很碎，不易对上碴口，无法粘接或残缺部位已不存在，这时就用原陶器的碎片或选择颜色和陶质接近原陶器的残片，将其敲碎、研磨（根据原陶器所用黏土的粗细情况）、过筛，筛出近似目数的陶粉，用黏合剂调和好，补配残缺部位；或用调和好的陶粉按残缺部位的形状进行复制，然后将复制出来的残片，粘结到残缺部位。

修复残缺部位小，直接在陶器上粘结和补配；残缺部位大或不好粘结，要在陶器与补配和粘结处加一些支撑材料或连接材料，可选用木、竹、塑料等。

修复补配后的陶器，根据需要选用矿物颜料做旧色。

3.铁质文物保护技术。

2005年，按照国家文物局下发的《馆藏文物腐蚀损失调查》（文物博函〔2004〕1103号），天津市文物局组成调查组，文博系统21个单位参与工作。在调查的基础上，天津市文物局上交了《天津市馆藏文物腐蚀损失调查报告》，并通过了国家文物局组织的该项目专家组的审核。在此前后，局属文物保护实验室、天津博物馆文物保护技术部先后开展了多项铁质文物的保护。

铁质文物保护技术专业性很强。对被腐蚀铁质文物的保护包括溶剂除锈、还原除锈、缓蚀保护。

对铁器文物腐蚀的产物——铁锈，一般应用带锈保护法，在清除污物沉积层和疏松锈后，保留内层锈，稳定强化它对铁基体的保护作用。再用表面处理技术，增强防水性，提高抗腐蚀能力。

蒸馏水是首选的清洗液，凡水溶性盐类及部分泥沙污垢等，可在水洗中被清除。对含氯化钠的铁器，可在水溶液中多次浸泡深洗清除，亦可用倍半碳酸钠溶液置换清除。

附着于铁器表面的油污，可用丙酮、石油醚等有机溶剂清除，也可用中性清洗剂、洗洁精等清除。

对经蒸馏水清洗后，仍黏附有泥沙等覆盖物者，若为石灰质沉积物，可用六偏磷酸钠水溶液浸泡刷洗清除。对不易去除的覆盖物或腐蚀物，可用化学试剂清除，即使金属表面不溶性的腐蚀物发生化学变化，形成可溶性物质，溶解于溶液中。用此方法处理过蓟县盘山脚下营房村辽墓出土的铁铃、铁熨斗，经材质检测后即选用乙二胺四乙酸（EDTA）溶液清除锈蚀物。去锈后用蒸馏水反复清洗干净。然后用2%磷酸溶液，再加入氢氧化钠，使溶液pH值调配至8～9进行化学钝化处理，溶液温度控制在60℃，从而形成磷酸盐保护膜。最后用0.3%蓖麻油乙醇溶液进行表面封护处理。

（1）还原除锈。

还原法可使处于氧化状态的腐蚀铁器恢复其原有状态。使用还原除锈对坚硬的铁器基本无伤害，而且能最大程度地彻底清除造成铁器腐蚀的因素，利于铁器的长期保存。还原除锈分为电化还原和电解还原两种。

电化还原是利用原电池产生自发电流，使腐蚀铁器得到还原。常用的是牺牲阳极保护法，依据金属活泼顺序的规律，将比铁活泼的金属或合金与被保护的腐蚀铁器相接触，置于配制的电解质溶液中，形成原电池。较铁活泼的金属成为原电池的阳极，失去电子而被腐蚀溶解。铁器则为原电池的阴极受到保护。一般选用的牺牲阳极材料有锌、铝及其合金。电解质溶液可选用碱性的碳酸钠、氢氧化钠水溶液，弱碱性溶液对铁有一定的缓蚀保护作用。

电解还原是一种利用直流稳压电源设备，借助外加电流的方式，通过电解质溶液对腐蚀铁器进行还原反应的方法。用来进行电解的装置称为电解槽或电解池，可选用耐酸碱的陶器、玻璃、复合塑料等材料制成。

（2）缓蚀剂防护。

能使金属的腐蚀速度大大降低的物质，称为缓蚀剂或腐蚀抑制剂。这种防止铁器腐蚀的方法，称为缓蚀保护。它的作用机理是能在铁器材料表面形成一种保护膜。文物保护实验室在对天津市义和团纪念馆收藏的铁炮及其他24件兵器进行除锈及保护处理时，就是采用缓蚀剂保护的方法，其工艺程序为：

第一，分析检测。对铁炮等24件兵器进行全面的分析测定。第二，清污除锈。先选用机械方法用锤、凿等小型工具，剔除炮膛内积满的铁锈、泥沙和石灰质土锈等不太坚硬的杂质。再配制3.5%柠檬酸和1.5%乙二醇酸的混合溶剂，并将混合溶剂加热至60℃左右，然后用纱布包脱脂棉浸入混合溶剂中浸饱。将饱含混合溶剂的纱布或脱脂棉，敷于坚硬的石灰质土锈等杂质上，浸软一点即剔除一点，直至清除干净为止。再用蒸馏水反复清洗内腔。然后用2%柠檬酸、0.5%硫代乙醇酸、0.5%抗坏血酸和2%六胺的混合溶液，清除炮体的鳞片状锈蚀物，然后用蒸馏水反复清洗，用红外线灯或吹风机进行干燥处理。第三，缓蚀封护。为防止铁炮等兵器表面再被腐蚀，在碱性溶液中加入2%六偏磷酸钠进行钝化处理4～6小时，然后再用蒸馏水清洗干净，并做干燥处理。最后使用3%苯甲酸钠、5%三乙醇胺、1%十二烯和2%十八胺的混合溶液做缓蚀处理，用2%三甲树脂和2%聚乙烯醇缩丁醛配制的封护剂进行表面封护。此铁炮等24件兵器经缓蚀处理后，未发现腐蚀现象。

（3）表面活性剂增强缓蚀效果。

研究实验表明两种或多种缓蚀剂混合加入介质中使用，其缓蚀效果会更有效。同时发现在缓蚀剂介质中加入与缓蚀剂相匹配的表面活性剂,会使缓蚀效果更佳。

表面活性剂在分子结构中,同时具有亲水基和疏水基部分。其特殊的化学结构,决定了它溶解在溶液中后,具有吸附在物体表面上的能力,并且降低表面张力,增加渗透力。表面活性剂的加入不仅可提高清洗和除锈效果,还对增加缓蚀能力起到了事半功倍的作用。表面活性剂按类型主要分为:阴离子型、阳离子型、两性离子型和非离子型等。应根据介质的性质及缓蚀类型进行有效选择,这样才能使复配的混合溶液的各组分之间发挥相互作用,从而提高除锈和清洗效果,也使铁器的表面得到有效缓蚀保护。如复配的碱性脱盐清洗液,主要成分是缓蚀剂钼酸钠和硅酸钠,表面活性剂是十二烷基二乙醇酰胺磷酸酯,助洗剂为磷酸盐和碳酸钠等。对出土铁器进行除锈去污,表面基本净洁后,再进行磷化、钝化、封闭和表面处理。使得出土铁器的原貌得以恢复,也使锈层得到稳定转化。

2000年3月,在北辰区韩家墅村出土的军用铁盔,经金相组织分析及对器物上所带的土样进行测试后,我们采用的保护方式是:

用机械工具除去包裹土和厚的锈蚀物,而后采用加热冷却的方式除去较硬的锈,将几个叠锈在一起的铁盔剥离开;将分离开的铁盔浸泡于蒸馏水中深洗,清洗表面的泥土、沙粒、污垢和浮锈,再加入配制的中性洗涤剂进行清洗,增加水对铁器内部的润湿和渗透性,将存于铁器内部微孔凹凸部位以及裂缝中的可溶性盐类清洗干净;再用蒸馏水反复进行清洗,之后用硝酸银滴定法进行氯化物测定;将清洗后的铁盔放入烘箱,在60℃下干燥1小时;表面缓蚀保护,在反复实验的基础上,选用有机酸、三乙醇胺复制成水溶性缓蚀剂,对铁盔进行缓蚀处理;表面风护,配制耐蚀性、透明度、光泽效果及可剥性较为理想的风护剂(成分有甲壳素、二甲基乙酰胺、1-甲基-2-吡咯烷酮和丙酮),对经过缓蚀处理的铁盔进行表面风护。

(4)鞣酸盐防护。

鞣酸与铁的作用,主要是鞣酸分子中的酚基和羧基与铁形成一层不溶性的络合物保护薄膜,从而达到防腐蚀的目的。

实施鞣酸盐保护,就是要在铁器表面形成鞣酸盐薄膜。工艺过程为,先将铁器表面的浮锈、油污清洗干净,在没有干燥的情况下,用配制好的鞣酸溶液反复多次均匀涂刷于铁器上。操作中要使用硬毛刷反复涂刷以促进反应,使鞣酸溶液与铁器表面充分接触。鞣酸溶液的配方为:200克鞣酸、150毫升乙醇、1000毫升蒸馏水。鞣酸与铁作用的最适宜pH值范围是2～3。鞣酸还可对铁器表面硬结的碳酸盐污垢或硬泥垢起分散解离作用,使厚硬的锈垢变得疏松而易于用机械法清除。若硬垢不易去掉,还可与磷酸配合使用。将配制的磷酸溶液直接加入到上述鞣酸溶液中,用此溶液将铁器上的锈浸湿,待干燥后用钢丝刷清除松散锈,可重复操作。然后再用鞣酸溶液反复涂刷,使铁器上直接形成鞣酸盐薄膜。

1986年天津市历史博物馆对现收藏在蓟县长城博物馆的一门出土大炮进行保护处理时,就采用了鞣酸盐保护技术。操作过程是:先对出土的大炮进行锈蚀情况的测定和分析,然后用手工工具去掉表面泥土和污垢,用上述配方配制的鞣酸溶液与磷酸配合使用,对表面硬泥垢和硬碳酸盐锈垢进行软化,用金属工具慢慢将其剔除,之后用蒸馏水清洗干净表面,趁湿用事先配好的鞣酸、乙醇溶液,用钢丝刷反复涂刷(重复4～5次)。经鞣化处理后,放在大气环境中保持2天,然后采用石蜡和石墨粉等对大炮进行全面的封护处理。这件经保护处理后的铁炮,一直在长城博物馆内展出,至今仍保存完好。

(5)减压渗透加固。

通过真空减压渗透装置,对铁器进行渗透加固。操作方法:将经去污、除锈、稳定、缓蚀等技术处理的酥松铁器,先用数层宣纸将其包裹起来,再用刷子蘸配制溶液用的溶剂把宣纸润湿,使其贴附在铁器上;将其放入真空干燥器中,再将配制好的溶液倒入,使整个铁器浸在加固溶液中;接通电源,开启真空阀,开始抽真空,这时会有很多气泡从铁器表面冒出,等到真空计测定的真空度达96%～99.9%时,气泡则消失,说明干燥器中的空气已基本排净,可关闭真空阀,然后切断电源;静浸10～20分钟,再缓慢地打开真空干燥器上的真空阀,使空气慢慢进入,这时借助新进入空气的压力将加固溶液压进铁器的孔隙裂缝中,然后关闭真空阀,保持2小时左右就可将铁器从真空干燥器中取出,放入通风厨中,使溶液自然挥发,切不可用加热烘干法让其快速干燥,因干燥过快加固剂便会被带至表面滞留；包裹的宣纸在晾干后用小刀切开剥去。

天津市艺术博物收藏的两件宋代铁人头像，一件高35厘米，重7780克；另一件高30.8厘米，重13 630克。均已严重腐蚀，头像面目模糊不清，整体龟裂并层状剥落。经对矿化程度、腐蚀情况等检测后，根据铁器的脆弱情况，采用复配的水溶液，加热进行浸泡处理。再加入缓蚀剂复配的碱性溶液处理，干燥后选用三甲树脂与聚醋酸乙烯酯丙酮溶液，对其进行减压渗透加固。自然干燥后，用三甲树脂和经处理的铁粉及颜料，对裂缝、残缺处进行修复。处理后，这两件宋代铁头像不仅恢复原状，锈蚀也得到控制，而且在现有库房温、湿度环境变动幅度很大的情况下，一直很稳定，从未出现新的锈蚀。

4. 纸绢书画保护技术。

天津的文物修复与保护以古书画为重点。古旧书画伴岁月的流逝，受自然和人为因素的影响，尽管许多书画都经过了精心的装裱，但由于缺乏必要的养护以及材料质地等方面的原因，不可避免地遭受不同程度的破损。一般情况下年代越远受损的概率越高，即使有些书画表面没有出现破损和污迹，存放时间久了，随着季节的更替，温差的变化，纸绢纤维会慢慢地老化，失去应有的韧性和拉力。同时，受到尘埃和各种不良气体的侵扰，质地会变得相当脆弱，画面局部脱落现象时有发生，断裂、空壳、脱浆现象更为常见，严重危及书画的寿命。因此书画出现破损，必须进行修复。

书画修复分为小修和大修两种，一般破损较轻的经过简单的补配就可达到长久保存的目的，如果受损严重就必须进行大修，大修即揭裱。揭裱是一项十分复杂且技术水平要求较高的综合性工作。古旧书画修复与装裱不同，由于每幅书画受损部位和程度不同，修复方法也不一样。古旧书画修复绝不是简单的揭补、加固与装饰，其最根本目的在于它能有效遏制破损部位继续损毁，在延长书画寿命的同时便于保管、鉴赏和展示，确保其长久流传。其中包括整理与加固、各种技术手段的清洗画心。重要的是揭补画心。揭补是古旧书画修复中两道不同工序，画心有纸本和绢本之分，这两种材料不仅质地不同，而且揭补方法也有所区别，一幅残破书画能否修复圆满，揭心是极为关键的一环，只有将画心揭好，后面的工作才能顺利进行。

"揭"就是揭掉原裱件上破损严重的背纸和托心

纸。对纸本画心，经过去霉、除污、淋洗干净后，无论画面是否残缺和糟朽，揭前都必须在台面上铺上一段衬绢或化纤纸。

残损纸本书画揭心，主要为"散揭"。散揭就是将画心的托纸化整为零分片揭取。纸本书画残损后揭心时工笔书画一般比较易揭，写意书画相对难一些，特别是糊中加入白芨的揭时会更加困难，稍不注意就有可能揭串层，尤其是质地糟朽的画心。因此揭时一定要根据画心受损情况的不同分别处理，具体方法如下：

拉：将平放在稀薄绢或化纤纸上的画心用下手纸或干毛巾吸去多余水分，先把背纸全部揭掉，一般这层纸比较容易揭，但需注意的是不要把命纸一同带起。揭时要先从画心不重要的地方开始，一般用食指或中指从边角或空白处先行搓起一角，顺势将其掀起，拉时用手压住画心并向斜向拉扯，这样做为的是便于观察揭纸的层数，同时也不容易将碎小的画心带掉，揭时如果纸片较小无法用手拉扯，可借助镊子。由于画心受损情况不同，采用整片揭时一定要找准方向，如果哪种方向都不顺，必须改变揭法。揭时如有不慎将画心一同带起，应立即停止，用毛笔蘸稀浆水涂在掀起处的四边，将揭起的部分还原并用下手纸吸去该处的多余水分，同时改变揭取方向，对于糨糊较厚的地方可用热毛巾覆盖其上，闷一会儿再揭。

搓：有些书画由于纸质老化无法成片揭取，此时可以采用搓捻的方法，搓时用食指或中指慢慢向一个方向轻轻地把背纸搓起，一旦搓成卷儿，立即停止并将其展开，而后再从该卷儿旁边1厘米左右的地方向回搓，直至把它搓掉为止，采用此法遇到质地糟朽的画时，搓动范围不要过大，注意揭取层。

绢本画与纸本不同，绢是丝织品，是用丝线采用经纬交织的方法织造而成的，故揭心前为了避免画面丝线出现错位变形的现象，一定要采取有效措施加以防护。传统方法一般多用"水油纸"对画面进行封固，然后才能揭裱补画心。传世古旧书画或多或少都存在不同程度的破损，且年代越久，品级越低，损坏情况越严重，修复时除要揭好画心，还需将残损部位补缀好。补缀方法具体分为散补法（将补纸依破洞大小直接补在画心上）和隐补法（补纸隐在托纸的背面，称为"整托隐补"）。

残损书画经过揭裱和补缀，重新托上了新的命纸，使脆弱的画心得到了有效的加固。但先前的折痕和断裂处仍然存在，这些地方如不处理，轻则会出现新的折痕，严重的将会出现再次折断的情况。尤其是裂纹较多的绢本画心，即使用绢作为命纸托后也不例外，因为这些地方只有一层命纸（绢），其余大部加上画心均为双层，如不做进一步的处理，折痕和断裂现象将不可避免地再次出现。为了使上述现象不再发生，一般多采取粘贴折条的方法进行处理。

揭补后的全色和接笔。

许多书画由于年代久远或保存不善以及受人为和自然因素影响，画面局部或大部分缺损，有的则被尘埃和霉菌覆盖使内容变得模糊不清。所有这些一经清洗和补缀，不仅面貌焕然一新，而且酥脆的画心还得到了有效加固。由于补上的纸、绢颜色均浅于原作底色，虽然破洞已经补好，但表面看上去还是残缺不全。为了使破损的画心恢复原有面貌和气韵，达到修补处与原画整体一致的效果，此时需用墨、色对残缺处进行补全，行语称其为"全色"。

画心经过全色后，虽然空白处已经达到与原画底色一致的效果，但有残缺处仅凭全色无法彻底改变画面残缺不全的现状。为了恢复画面原有神韵和生机，此时必须用色、墨依原画笔意把缺少的画意一同恢复上去，行语将此补绘过程称为"接笔"。

（三）自然藏品保护技术

1. 动物标本剥制技术。

动物剥制标本制作起源于欧洲。英文名为"Taxidermy"。中文译作"动物标本剥制术"。在国际上，"动物标本剥制术"这一术语也被广泛使用。大约100年前，西方的动物标本剥制术传入我国。当时，我国最早从事该项工作者，迫于生计受雇于外国传教士，他们随传教士做一些打猎、剥皮及简单的标本制作等工作。制作的标本主要供外国人搞生物研究。1949年以后，我国相继建立了许多博物馆、标本馆、生物科研机构，及各级、各类学校，动物剥制标本的需求更加广泛和迫切。

动物剥制标本适于脊椎动物的所有类群。如：鱼类、两栖类、爬行类、鸟类及哺乳类等均可制成剥制标本。动物剥制标本是将动物的真皮（包括毛发、羽毛或鳞片）剥下，去掉脂肪和肌肉等软组织，内涂防腐药品并填以各种支撑物（天然或人造材料），然后替换上义眼。

按其性质和作用可分为真剥制和假剥制标本两种类型。真剥制标本就是将死去的脊椎动物在剥制过程中模仿其生活时的姿态，经过制作后，从外表上看来像真的一样。真剥制标本又分为生相标本和姿态标本。

假剥制标本是指我们在做某一课题的科研时，有时要采集同种个体的脊椎动物，全都做成真剥制标本既费精力，又占据空间，且不便于保存；在野外工作中，为了在较短的时间内有效地保存标本，用比较简单的方法把动物皮剥下来，做成标本，谓之假剥制标本。

无论是真剥制标本还是假剥制标本，在制作前都应进行严格的测量和详细的记录。标本测量应在动物死亡后立即进行。标本制成后，因标本本身已脱水干燥无法随意伸展，会影响数据的测量。测量包括两方面内容：一是与分类相关的数据，二是标本制作时的参考数据。不仅要记录测量的数据，还要记录采集时间、地点、环境、采集人等，这些是动物剥制标本最具价值的部分。一件没有测量和记录的剥制标本将失去科研价值。

动物剥制标本按其使用目的的不同有整体标本和局部标本两种形式。整体标本用于展示动物整体外部形态特征，适于做动物个体之间的形态比较，这在分类学上极为重要。如我们在给一个物种定名时，应具备许多种类不同的动物标本，然后进行比较，最后确定物种名称。局部标本主要展示动物体的某一局部。通常用作动物习性的比较。如：当我们有许多类型鸟类的头部或腿部标本时，通过比较，就可以根据它们的各自特征推测出其生活习性，从而对它们进行生态研究。

每一件动物标本都是一个载体，承载着丰富的动物个体、群体，及其系统发生、发展的信息，这些信息为动物学研究提供了不可或缺的、最为直接的实物依据。在为动物学服务方面，它是新的物种发表和新分布区记述的最简捷、最直接的可供检查参考的证据之一。动物剥制标本被广泛应用于自然博物馆、学校、动物标本馆及动物科普展览中，一件制作精美的动物剥制标本不仅仅带给人们知识，同时还带给人们艺术享受。

动物剥制标本除制作时在标本内表面涂防腐剂外，在标本制成后通常对其进行脱水处理（室温下通风干燥处即可）以使其干燥，从而达到防腐的目的。在日常的维护、保养中要定期做防虫、防潮等处理。还要将标本置于避光、恒温、恒湿处，使标本的羽毛颜色、毛发颜色及体色长久保持，从而达到标本长期保存或永久陈列的目的。

制作、剥制标本的传统常用材料为草、木丝、木块、木屑、棉花及其他天然材料为主的辅料（如榆树皮粉、磁泥等），皮张的处理主要用盐、矾的水溶液或酒精溶液，制作工具为解剖刀、剪子和镊子等相对简单的工具。制作方法有假体法和填充法两种。按制作材料的性质不同又可将假体法划分为缠绕假体法和雕塑法。缠绕假体法即将天然的草或木丝等材料用绳子缠制出动物体模型，然后将动物皮披在模型上缝制。填充法是将天然的草、木丝、木屑等材料直接填入动物皮张内，然后缝合。在以天然材料制作标本的实际应用中，假体法和填充法并没有根本的界限，而经常是两种方法结合使用。比如：在以假体法制作兽类标本时，由于受工艺的限制，动物体的许多部位（指凹凸部）很难缠制出来，此时，就要用填充的方法表现；在用填充法制作鸟类标本时，标本的颈部、腿部通常采用缠绕假体法缠制，而身体的其他部位则用填充法。雕塑法主要指用人造材料雕塑动物模型，然后用胶水将皮张与模型黏合。假体法和填充法与雕塑法最重要的不同点是：假体法和填充法在皮张缝合干燥后，皮张与填充材料是相对分离的；雕塑法用胶水将皮张与模型黏合后，皮张与模型成了不可分离的整体。

由于受假体模型材料、皮张鞣制工艺及皮张黏合剂等限制，且标本的测量由人工完成，数据不够精确，标本技术的提高受到一定的影响。掌握动物标本剥制术应具备扎实的动物解剖知识，具备一定的专业技术（如动物表皮剥离与处理、皮张鞣制技术、木工工艺、模型铸造、铸模技术及力学等）及具有一定的艺术修养。

天津自然博物馆生物标本技术中心有近60年的标本制作历史，在国内自然类博物馆中占有重要的地位。制作的较有代表性的标本有陆生脊椎动物亚洲象、长颈鹿、犀牛等，海洋哺乳动物小鳁鲸、海豹等，爬行类的蟒蛇、棱皮龟等，鸟类的鸵鸟、金雕、丹顶鹤等，鱼类有体长超过60厘米的鲤鱼、白鲢等。天津自然博物馆曾是中国自然科学博物馆协会博物馆专业技术委员会挂靠单位，标本制作技术服务于社会，并通过交流不断提高标本剥制技术水平，举办"动物剥制标本制作"培训班，培训内容包括：鱼类、爬行类、鸟类、哺乳类的剥制标本制作方法和制作技术；设计、制作

以野生动植物为主要内容的展览、生物景观。

2. 化石模型制作技术。

化石模型制作技术是中国传统文物修复技术的重要组成部分，是博物馆行业发展不可缺少的一种技术手段。化石是留存在古代地质层中各类生物的遗骸、遗迹以及遗物的总称。它是生命历史的记录，通过研究化石，人们可以了解远古生命的形态、起源，以及发展变化的过程，为谱写生物进化的历史提供实证，而且还为人们研究古地理、古气候、古天文，以及寻找地下资源提供可靠的信息。据专家统计，大约只有2‰的古生物遗体变成了化石，其他的古生物由于各种原因未能形成化石，而被人类发现的化石又仅占这些化石的20%。因此，该项技术是藏品保护和展示所必需的，是博物馆中的一项重要工作。几十年的实践证明，化石模型制作技术的保护、继承、发展至关重要。

古代生物的遗骸，经过千百万年自然界矿物质的填充作用、交替作用和升馏作用，形成了我们现在看到的化石，它以独特的方式真实记录了地球生命发展的过程，是我们研究古代生物的主要依据。制作化石模型可以满足多方面的要求，有研究价值的化石标本翻制模型，能够为科学研究提供更多再现的实物依据。化石模型可以作为教学标本使用，多块模型可以满足众多学生同时观看，也避免化石在手中传来传去的危险，以保护珍贵的化石标本。模型可以替代化石标本在陈列室展出，以满足研究和展览的双方面需要。模型还可以用于整具动物骨骼化石的装架，由于我们发掘的化石不同程度地存在着某些部位的短缺，为对方短缺部位制作模型，进行交换或者调剂，双方都能满足彼此需要，这就增加了化石骨架的完整性，在陈列展览中，提高了观众的观赏兴趣。制作化石模型，是一项非常细致和富有耐心的工作，制作的化石模型要尽可能地再现化石的原貌。

制作化石模型大体可以分为以下几个步骤：前期准备工作、模具制作、模型制作。制作模具、模型的常用材料有石膏粉、硅橡胶、聚酯树脂和玻璃纤维布等。需要翻制化石标本模型时，要了解化石的等级、用途和牢固程度，以及模型的制作要求。对在制作模具时容易发生破碎的化石标本，要与专业人员共同商讨工作计划。在制作模具过程中尽量减少对化石标本的伤害，对于那些质地疏松的模式标本要格外小心，如果预感到

可能会因翻模而导致化石标本严重损坏而不能复原时，应暂时放弃翻模，保留化石标本的存在。

制作高质量的模具，是制作高质量模型的重要前提。模具质量的好坏，很大程度决定了模型的质量。因此，在制作模具的每一个环节上，都要仔细认真，以保证整体模具真实地反映出化石的本来面目，为制作高质量的模型打下良好的基础。

传统的化石模型大多选用石膏制作，利用了石膏凝固快、不变形的特点。但石膏模型有一个最大的缺陷，就是其硬度不够，怕磕、怕碰，就连轻微的摩擦也会损伤其原有的棱角。近年来，制作化石模型一般采用聚酯树脂，它凝固成形后的坚固程度远远超过石膏。采用树脂制作模型时，往往要在树脂中混入一定数量的添加材料，其主要目的是遮盖树脂的透明度。

半个世纪以来，特别是改革开放以来，我国自然科学类博物馆建设发展迅速，各种现代化手段在博物馆运用广泛，但博物馆传统文物修复技术因技术手段所限，没能步入现代化的行列。几十年来，化石模型技术的传承方式主要为师承制，其技术大多是口手相传，缺少科学的整理和总体的规划，处于学科的附属地位，

没有明确的定位。进入 21 世纪后，我国从事化石模型技术研究的人员不断增多，其专业技术水平日益提高，专业化趋势日益显著。

天津自然博物馆化石模型制作中心成立于 2000 年初，该中心由从事几十年化石修复、装架、模型制作的经验丰富的专业人员组成，他们曾与中科院古脊椎动物与古人类研究所合作制作真枝角鹿等标本模型，曾为美国纽约自然历史博物馆制作化石复制品，还于 2002 年为"中国恐龙暨古动物展"赴韩国展出制作霸王龙头骨等，并在短时间内成功装架 10 余具恐龙及哺乳动物化石骨架。该中心为安徽省地质博物馆、江苏连云港博物馆等单位制作巨型禄丰龙、霸王龙头骨、剑齿虎头骨等化石模型，并承担了天津自然博物馆新馆古生物陈列的修复、装架工作。

2002 年"国际博协亚太地区第七次大会暨博物馆无形文化遗产国际学术讨论会"，已把中国传统文物修复技术确定为无形文化遗产这一议题提上日程。化石模型技术将被列为保护范围，迎来继承和发展的"春天"，将为博物馆藏品的展示、保护发挥更大的作用，从而加速化石模型技术与国际博物馆界的接轨。

第三章　文物进出境管理

清末民国，珍贵文物流失海外的情况日趋严重，文物走私猖獗，当时的政府不能履行一个主权国家保护文物，避免珍贵文物流失国外的职责。众多中国文物精品不断亮相于国外博物馆、文物市场及私人藏家手中。中华人民共和国成立后，为做好文物进出境管理工作，禁止和防止文物非法进出口。国家颁布了相关政策，成立了文物进出境管理机构。20 世纪 50 年代初，中央政府即指示各大口岸成立文物出口鉴定机构，专门负责口岸地区的文物出境鉴定工作。天津是北方的重要港口城市，也是新中国最早成立出口鉴定机构的口岸之一，天津文物出境审核工作走过了六十余年的历程。经过几代人的努力，累计审核出境文物逾百万件，确定禁止出境文物数以万计，使大量珍贵文物免遭非法流失，为文物保护事业做出了贡献。

第一节　管理制度

1949 年 4 至 5 月，刚刚成立的华北人民政府先后颁发《为禁运古物图书出口令》《为古玩经审查鉴别后可准出口令》，对防止文物外流起到重要作用。1950 年 5 月中央人民政府政务院颁布了《禁止珍贵文物图书

出口暂行办法》（以下简称《暂行办法》），这是中华人民共和国第一部关于文物出境的法规。《暂行办法》将中国文物划分为11类，包括革命文献及宝物、古生物、史前遗物、建筑物、绘画、雕塑、铭刻、图书、货币、舆服、器具。同时该《暂行办法》中第三条和第七条分别提到"凡属于上述范围之文物图书，经由中央人民政府核准运往国外展览，或与其他国家交换及其类似情形，并发给许可执照者，准许出口。""文物出口鉴定委员会由中央人民政府文化部于天津、上海、广州各地邀请专家若干人，海关及邮局指派若干人为委员，共同组成之。"由此可见，出境文物的管理属于国家事权，由中央政府委派地方组建文物出口鉴定委员会专门负责这项工作，而且规定了准许文物出境的地点为天津、上海、广州海关，即最早的三大口岸城市。

天津作为最早准许文物出口的口岸城市之一，从中华人民共和国初期就致力于这项工作的开展。1951年天津海关、天津市人民政府文化局、天津对外贸易管理局下发《联合处理文物图书出口申请验放临时办法》，该办法明确规定出口文物需先向天津对外贸易管理局申报，凭外管局单据到文化局鉴定，由文化局给予可否出口的鉴定结论，将鉴定结果密封后送交外管局，由外管局发给出口许可证，海关凭许可证查验放行。

从1956年开始，全国掀起社会主义改造高潮，资本主义工商业实现了全行业公私合营，经营体制发生了重大变革，私人企业、古董商均被取消售卖文物商品的资质。20世纪60年代初期，全国开始兴建国营文物商店，作为经营文物商品的单位。同时，全国的外贸出口业也出现了整合局面，陆续成立了负责各类物品进出口业务的专业公司，其中天津国有外贸进出口公司的经营范围就包含有文物的出口业务。1961年，天津市文物公司成立，整合了全市的古玩店，负责收购流散在社会上的传世文物。

为了积极应对形势的转变以及调整现有出口鉴定的工作模式，国家文物局多次征询口岸城市文化部门有关出口文物鉴定工作中存在的问题。1959年，文化部召集上海、天津、广州三地出口鉴定委员会成员于北京，商讨修订文物出口鉴定标准，天津市文化局由韩慎先和云希正参加。1960年，文化部颁布了更利于实际工作的《文物出口鉴定参考标准》，该标准不仅对文物的分类更加详尽，将审核对象划分为绘画、书法、雕塑、铭刻、民间艺术等21项。而且按照不同分类规定了禁止出境文物的年限，确立了1795年、1911年、1949年三条文物出口鉴定的基准线，明确1795年以前生产和制作的一律不准出口，其中有关革命文献和实物、古人类化石、古生物化石一律不准出境，并确认火漆标识为全国统一的可出口文物的标识。国家文化部、对外贸易部还联合发布了《关于文物出口鉴定标准的几点意见》，确定北京、天津、上海、广州为全国文物出口的指定口岸。

《文物出口鉴定参考标准》的颁布使得全国各口岸的文物出口鉴定工作首次有了统一、全面的标准，更具可操作性，工作程序也更加规范严密，对这项工作的正规化建设意义重大。为全面贯彻执行国家文物出口鉴定新规范，天津市文化局、天津海关、中国茶叶土产进出口公司河北省公司天津分公司三家机构于1962年6月联合发布《关于旧工艺品出口鉴定的办法》，对天津口岸外贸公司贸易性出口文物的鉴定工作程序和办法做出了新的规定，以更好地执行新的出口鉴定标准。

20世纪70年代，随着我国国际地位的提高，中国文物在世界上享有极高声誉，携带文物出境的情况迅速增加。为防止珍贵文物流失海外，1977年10月，国家文物事业管理局颁布《关于颁发〈对外国人、华侨、港澳同胞携带、邮寄文物出口鉴定、管理办法〉和更换文物出口鉴定火漆印章的通知》，该通知进一步完善和加强对外宾、外侨携带文物出境的管理和监督，规定了火漆印章由国家文物事业管理局统一制作，更加详尽地规定了火漆印章的适用范围和使用权限，只准许北京、天津、上海、广东四口岸办理私人申报携带文物出境的鉴定事务。天津市文化局（文物局）对此高度重视，严格执行。文物鉴定组启用国家文物局颁发的1977版火漆印章，并对已鉴定过的文物进行重新复核和更换火漆标识。

第二节 依法管理

改革开放后，依法治国的进程逐步加快，1982年第五届全国人民代表大会常务委员会通过了《中华人民共和国文物保护法》，首次将文物出境鉴定上升到国家法律层面，昭示着文物出境鉴定工作不仅是中国文物保护事业的重要组成部分，而且纳入了法制的轨道。其中专门设有"文物出境"一章，为海关、文物部门开展文物进出境管理提供了有力的法律依据。其中，第二十七条，文物出口和个人携带文物出境，都必须事先向海关申报，经国家文化行政管理部门指定的省、自治区、直辖市文化行政管理部门进行鉴定，并发给许可出口凭证。文物出境必须从指定口岸运出。经鉴定不能出境的文物，国家可以征购。第二十八条，具有重要历史、艺术、科学价值的文物，除经国务院批准运往国外展览的以外，一律禁止出境。随着文物进出境工作法制进程的不断推进，国家开始规范这项工作从业人员的资质，规定从事文物商业工作的人员不得参与文物进出境鉴定工作，这一举措使得出境鉴定工作人员的身份更加明确，工作过程更加严谨。

1982年至1987年，《中华人民共和国文物保护法》和《中华人民共和国海关法》相继出台，不仅对文物出口和个人携带文物出境的申报与鉴定等作了详细规定，同时也明确了文物、海关等部门的法律责任与义务，为加强文物进出境管理提供了强有力的法律保障。此后陆续出台《中华人民共和国文物保护法实施细则》《关于加强文物出境鉴定机构建设的通知》《海关总署、国家文物局关于加强文物出口监管的公告》等一系列法规和政府规章。

出于对文物保护工作的长远考虑，1985年中央做出停止外贸部门经营文物出口业务的重要决策，文化部和外经贸部于1986年联合发布了《关于外贸、文物部门办理一般文物（旧工艺品）交接事宜的通知》，决定将外贸部门的库存文物全部移交文物部门。至此，外贸部门经营文物商品贸易性出口的业务宣告终止，天津口岸文物出口鉴定小组对中国工艺品进出口公司天津分公司的文物出口鉴定工作亦告结束。1987年天津工艺品公司在将库存文物移交文物部门的同时，亦将1979年至1985年积累下来的历年经鉴定不予出口的总计达25 029件各类文物移交给天津市文化局，由天津市文化部门暂时代国家文物局保管，其中包括许多珍贵文物，充分反映出20世纪80年代天津口岸文物出境鉴定工作的成就。

外贸部门停止经营文物后，有效地减少了文物的外流。天津口岸文物出境鉴定工作的主要任务以对文物公司外销文物的鉴定和对中外公民申报携带、邮寄文物出境的鉴定作为重点。随着对外开放的进一步扩大，中外交往的增多，天津文物公司申报外销文物商品的数量明显增多，个人申请携带文物出境的鉴定工作也明显增多。

文化部于1989年2月发布了《文物出境鉴定管理办法》，这是我国第一部专门为文物进出境鉴定工作制定的规章，对文物出境鉴定工作的程序做出了明确规定，它是文物进出境鉴定工作走向法制化的重要标志，天津文物出境鉴定工作进入新的时期。

第三节 天津口岸管理机构

天津市文物出口鉴定委员会成立于1952年7月，天津市文化部门管理，由熟悉文物鉴定、鉴赏的专家组成，其中吴颂平主鉴瓷铜玉石，顾得威主鉴金石瓷玉，陈邦怀主鉴甲骨、金石、碑帖，杨善荃主鉴瓷铜字画，王锡珍主鉴字画，王襄主鉴甲骨、金石。他们不仅是国家行政机构的工作人员，也是著名的文物鉴定专家。此外邮局、天津海关、对外贸易管理局、文化局都指定专人负责这项工作。日常工作由市文化局社会文化处负责，具体鉴定工作由社会文化处文物组韩慎先、张老槐主持。自此，天津口岸有专职的鉴定人员进行出境鉴定，从天津口岸出口的文物主要来自北京，如北京商户天瑞祥、元诚行、中西贸易行等，而报关行大多来自天津。报验出境的文物主要有瓷器、木器、家具等，货物出境以海运为主，邮寄次之。20世纪50年代初是外籍人士从天津出境的高潮阶段。1962年，原出口鉴定委员会负责人韩慎先先生去世，出口鉴定工作以顾得威为主，田凤岭负责具体事务，日常工作设于市文化局社会文化处内。天津市文化局为进一步充实鉴定力量，组建了"天津口岸出口文物鉴定小组"（以下简称文物鉴定组），成员达13人，划分为书画、金石杂项、化石等5个组。以文物组鉴定人员为常设组员，聘请博物馆、图书馆等相关专家为小组成员，以确保鉴定工作有坚实的专业支撑并保持较高的水准。文物鉴定组接受海关邀请，与海关共同负责，鉴定出口文物的范围包括成批次的贸易性质的出境、商业零售、旅客携带或市民邮寄出口。文物鉴定组以《文物出口鉴定参考标准》为工作标准，并由正式组员在鉴定书上签字盖章后才能生效。

1970年12月天津市文物管理处成立，天津口岸文物出口鉴定的日常工作改由该处内设的文物管理科承担。20世纪70年代前期的主要鉴定人员为田凤岭、刘光启，后期为田凤岭、云希正、刘光启。1973年，天津市文化局"革命委员会"批准恢复天津口岸文物出口鉴定小组。任命天津市文化局杨来福为小组组长，聘请陈邦怀、张老槐为顾问，聘请天津艺术博物馆、天津自然博物馆、天津图书馆的专业人员以及天津海关、新华书店、工艺品进出口公司的相关专业人员为小组

成员，以便于工作的开展。田凤岭、云希正、刘光启为承担日常鉴定工作的主要工作人员。其主要职能是：审核天津地区的进出境文物申请，对天津海关现场查验发现的文物及疑似文物进行鉴定，并承担天津地区文物司法鉴定等工作。1983年，天津市文化局文化处与天津市文物管理处合并为天津市文化局文物处，天津口岸文物出境鉴定的日常工作由文物处内设的文物管理科承担。

1994年国家文物局先后颁发了《关于审定文物出境鉴定机构团体资格的通知》《关于颁发〈文物出境许可证〉统一样式的通知》《关于增发文物出境鉴定九四版火漆印的通知》《关于启用国家文物出境鉴定站公章和鉴定专用章的通知》、与海关总署共同制定《关于发布〈暂时进境复出境管理规定〉的通知》。这一系列规章将各地的出口鉴定小组更名为国家文物出境鉴定站。天津口岸出口文物鉴定小组正式更名为"国家文物出境鉴定天津站"，负责日常出境鉴定业务和协助海关现场鉴定。

天津文物、海关等部门为了遏制禁止出境的文物流失海外，长期以来，双方密切配合，通力合作，并在实践中逐步形成长效的工作机制。对私人携运出境的文物认真鉴定，依法加强文物进出境管理，打击文物走私活动，确保国家文化遗产的长治久安。经抢救保护的珍贵文物，已成为天津各级博物馆的珍贵藏品。

天津文物出境鉴定组的主要鉴定人员顾得威、云希正、刘光启、田凤岭先后被国家文物局聘为国家文物鉴定委员会委员，显示了天津文物出境鉴定组的专业实力与水平。

第四节　新时期天津文物进出境管理

21世纪以来，随着我国经济社会的快速发展，广大民众对文物艺术品的收藏热情日益高涨，大批海外的中国文物回流，私人携运文物进出境激增，文物艺术品拍卖市场日趋繁荣。为适应这一形势，我国文物进出境管理工作进行了一系列新的调整，进一步完善了文物进出境管理的法规体系和工作机制，初步形成了既符合国际惯例又具有中国特色的文物进出境管理体系。

2004年，天津市文物管理中心成立，天津文物出

境鉴定站的专业人员由文化局文物处转为隶属于天津市文物管理中心。

2007年国家文物局适时颁布了新的《文物出境审核标准》，以1949年为主要标准线，1911年以前生产、制作的文物一律禁止出境，分类更加详尽，将少数民族文物、近现代文物也划分到不允许出境的范围内，加大了文物保护的力度。同年，文化部颁发了《文物进出境审核管理办法》，其中明确了文物进出境工作

为依法行政审核，"出境鉴定"的表述不再使用，确定了文物进出境审核机构的性质，"文物进出境审核机构是文物行政执法机构，依法独立行使职权，向国家文物局汇报工作，接受国家文物局业务指导"。

2008年，国家文物局颁布了《关于审定文物进出境审核资质的通知》和《关于加强文物进出境审核工作的通知》，据此，国家文物出境鉴定天津站更名为"国家文物进出境审核天津管理处"，进一步将文物进出境审核工作纳入法治的轨道。

天津文物、海关等部门根据国家法律赋予的管理职责，优化了文物进出境鉴定审核、通关的工作流程。创新监管手段，采用高科技检测仪器和信息化管理系统，通过告示板、宣传册、官方网站等媒介发布携带文物进出境所需办理的手续及相关事项，设立服务窗口和电话热线方便公众咨询等多种方式，提高了行政效率和政务公开的水平。大大强化了监管及对文物走私的打击力

度，为保护和抢救国家珍贵文化遗产建立了新的功勋。

六十年来，国家文物进出境审核天津管理处从申报出境的文物中鉴选出大量国家禁止出境的文物，其中包括很多珍贵文物如：红山文化黄玉兽、魏晋时期青玉兽、元代青玉龙纹扁壶、明成化青花瑞兽纹罐、明莫是龙《书画》卷、清萧云从《山水图》卷等。并长期协助天津海关现场查验鉴定，确定大量涉嫌违法走私的禁止出境文物。多次代表天津市文物局接受海关移交的查没文物，所移交文物已入藏天津博物馆、天津自然博物馆、天津民俗博物馆、南开大学博物馆、西青区文化局、塘沽区文化局等单位。增加了天津市的文物藏品数量，丰富了文物藏品门类。

国家文物局于2007年9月授予天津文物出境鉴定站"全国文物进出境审核工作先进集体"的荣誉称号。2008年天津市总工会授予文物进出境审核天津管理处2007年度"天津市五一劳动奖状"。

第四章　世界文化遗产　历史文化名城

天津的物质文化遗产从距今万年以上的旧石器到距今百年的近现代文物，序列完整，真实地记录了天津地区人类从山地向海洋不断拓展生产生活空间的历史过程。古代天津曾经是漕运中心，近代开埠以后逐渐发展成为北方的海陆枢纽、工商大埠。天津近代的九国租界留下了一大批具有欧洲风格的历史建筑。作为最早接受西方工业文明的城市，天津拥有中国早期的大批工业遗产。天津又是一个政治活跃的城市，许多具有影响力的要人曾在天津逗留、生活过，他们的故居、活动遗址至今均有较高的保存和纪念价值。天津还是拥有世界文化遗产长城（天津段），集长城、大运河、明清海防遗存为代表的三个跨区域、大尺度文化遗产于一身的直辖市，充分体现了天津山、河、海兼具的自然环境特点，这在全国也是屈指可数的。这些是天津成为历史文化名城的原因之一。

天津市因其历史悠久、文化底蕴深厚、文物资源丰富，1986年被国务院批准为第二批国家历史文化名城。1991年，天津市人民政府将蓟县县城公布为天津市历史文化名城。2008年，西青区杨柳青镇被国务院批准为第四批中国历史文化名镇。2010年，蓟县西井峪村被国务院批准为第五批中国历史文化名村。至此天津形成了国家级"一城一镇一村"的保护格局。2010年9月，"和平区五大道"被评为第二届"中国历史文化名街"。

1996年、2005年的天津市城市总体规划中编制了历史文化名城保护专项规划。2009年，天津组织开展了中心城区历史文化街区的确定及保护范围调整工作，划定了核心保护范围和建设控制地带，保护面积由8.5平方千米增加到9.93平方千米。

多年来，天津市相关职能部门精诚协作、合力共管，逐步摸索出历史文化名城保护的新机制，率先在全国实行了文物建筑保护和风貌建筑保护双重法规依据，形成了科学合理的工作格局和覆盖全市的保护合力。

第一节 世界文化遗产——长城（天津段）

蓟县境内古长城分布在北部山区，东迄蓟县与河北省遵化市交界的钻天峰，向东与遵化市马兰关长城相接，向西经赤霞峪、古强峪、船舱峪，折向西北的常州沟，经东山、刘庄子、青山岭、车道峪、小平安向西穿沟河，过黄崖关，经前干涧村的黄土梁大松顶出蓟县界，折向西北，与北京市平谷区将军关相连，横跨下营镇的11个自然村。

蓟县古长城始建于明成化十二年（1476），弘治十一年（1498）、嘉靖二十四年（1545）、嘉靖二十七年（1548）、嘉靖三十年（1551）、嘉靖三十六年（1557）、嘉靖三十八年（1559）、隆庆元年（1567）、隆庆四年（1570）等均有修葺和增建。明万历四年（1576）开始对边墙、敌台包砖。

清代，因蓟镇长城起着拱卫京师的作用，因此在黄崖关仍有驻军镇守，关城内的衙署也得到部分修复。

中华人民共和国成立后，在长城沿线以乡村为核心建立长城保护组织。1956年9月7日，河北省人民委员会将山海关至万全县境（含蓟县境内长城）的长城公布为河北省第一批文物保护单位。1978年7月，天津市文物管理处和蓟县文物保管所联合测定蓟县长城为41千米，调查发现蓟县境内有长城敌楼52座、墩台14座。1984年，邓小平同志为北京市修长城赞助活动题词，向全国人民发出"爱我中华，修我长城"的号召。1984年9月，天津市启动修复蓟县古长城的工作。是年，天津市文物管理处组织相关业务人员，对蓟县境内古长城进行考古调查和部分相关遗迹的清理。1985年10月2日，天津市人民政府将蓟县古长城公布为天津市文物保护单位。至1987年9月，蓟县古长城修复工程全部竣工，共修复太平寨段和黄崖关段明长城墙体3025米、敌台20座、黄崖关关城1座。1987年12月，世界遗产委员会把长城列入《世界遗产名录》。2007年2月至2011年7月，天津市文物局、天津市规划局、蓟县人民政府、蓟县文物局联合对蓟县明长城进行资源调查。

蓟县现存古长城，表面长40 283.06米，投影长37 004.3米，其中墙体长25 919.68米，山险及山险墙长14 363.38米。长城主线（含山险、山险墙）长33 642.94米，长城二道边（含山险、山险墙）长6640.12米。依据自然地理状况，自东向西划分为赤霞峪、古强峪、船舱峪、青山岭、车道峪、黄崖关、前干涧七段，又细分为156小段，加上二道边墙，共划分为176小段，平均每200余米划分一小段。

蓟县古长城墙体分砖质和石质两种，以石质居多。修复后的黄崖关段长城砖质墙体保留了完整的垛口、女墙、瞭望口、射口等，墙体上还修复了暗门。石质墙体大部分用平整的块石干垒而成，较少有三合灰抹缝，收分0.5～1.2米；部分墙体外侧残存垛口，内侧无女墙，马道用石块铺成，宽1.2～1.8米。山势陡峭地段，墙体垒砌成台阶状。二道边大部分位于长城主线墙体外侧，一般比主线墙体窄，不见垛口和女墙，上部为平坦的马道。

长城沿线除了墙体外，另有关城1座、敌台85座、寨堡9座、烽火台4座、火池13座、烟灶40座、居住址40座、水窖11座、水井3口、坝台1处。

第二节 历史文化名城

一、国家级历史文化名城——天津

1986年12月8日，天津被国务院公布为第二批国家历史文化名城。天津是我国北方重要的港口贸易城市、交通枢纽，又是京畿门户。从金、元时起，由于漕运兴盛，促进了工商业的发展。明代在此设卫建城，进一步奠定了古城的基础。

天津人文荟萃，文化繁荣，历史遗存、遗址和文物收藏较为丰富。考古发掘的实物资料证明，天津历史悠久，文化源远流长。从蓟县围坊原始社会遗址的发现，到宁河田庄坨战国时期遗址、津南巨葛庄遗址和汉代泉州故城、秦城古城、别山墓群、邦均墓群等大量遗存，都充分证实，早在万年以前，先民们就选择在这片土地上劳动生息，集群而居，创造了丰富多彩的文化。

天津在我国近代史上占有重要地位。近百年来，天津城市形成以下特色：具有不同时期的传统商业街，各具特色的风貌区，是近代优秀建筑的集中地，具有丰富的近现代史迹和文物古迹，以及风格独特的城市空间形态。保存的古代建筑有天后宫、文庙、广东会馆等。革命遗址有大沽口炮台、望海楼遗址、义和团吕祖堂坛口遗址、觉悟社、平津战役前线指挥部等。传统文化艺术有泥人张彩塑、杨柳青年画、天津曲艺等。现存的近代各国租界地的风格迥异的历史建筑和清末民初的别墅式建筑和街道，如同一个近代"建筑博物馆"。天津的传世文物收藏丰富，门类齐全，质量较高，特别是在甲骨、铜器、书画、玺印、古砚、钱币、邮票等方面形成了特色。历史积淀下来的遗迹和文物，记录着历史和人民的智慧。

天津有1万年以上的人文史，100余年的近代史，不可移动文物的年代序列完整，从距今万年以上的旧石器到距今百年的近现代建筑和工业遗产，真实地记录了天津地区先民从山地向海洋不断拓展生产生活空间的历史过程，记录了天津城市发展的空间演变过程及城市发展与环境变迁的关系。

二、天津市历史文化名城——蓟县

1991年8月2日，天津市人民政府将蓟县县城公布为天津市历史文化名城。蓟县位于天津市北部，地处燕山南麓、长城脚下。西接北京，南连宝坻区，东邻河北唐山，北靠河北承德；历来为兵家必争之地，史称"畿东锁钥"。

蓟县古属幽燕，春秋时期称无终子国，战国时期称无终邑，秦代属右北平郡管辖，称无终县，隋大业年间改称渔阳县，唐朝时置蓟州，渔阳县属蓟州管辖。唐代大诗人杜甫的"渔阳豪侠地，击鼓吹笙竽"、白居易的"渔阳鼙鼓动地来"等诗句提到的"渔阳"均指今蓟县。明初裁撤渔阳县，称蓟州，1913年改称蓟县。中华人民共和国成立后，蓟县先后由河北省通县专署、唐山专署、天津专署、廊坊专署管辖，1973年9月划归天津市管辖，相沿至今。

蓟县历史悠久，文化底蕴深厚，文物古迹众多。古建筑、古遗址、古墓葬、石刻碑刻等遍布全县，不可移动文物424处，其中全国重点文物保护单位3处，天津市级文物保护单位25处，县级文物保护单位45处。蓟县是天津最早有人类活动的地方，青池遗址留下了8000年前新石器时代的遗迹，张家园商周遗址展示了先秦时期的青铜文化，别山汉墓再现了汉代人的生活习俗，千年古刹独乐寺"上承唐代遗风，下启宋式营造"，长城古塞凸显了明代九边重镇的战略地位，盘山的景色和深厚历史文化底蕴吸引了清代皇族在此驻足。步入近代，面对外寇入侵，蓟县人民奋起抗争，保卫家园。特别是在抗日战争期间，在中国共产党领导下，创建了盘山革命根据地，彰显出中华民族争取独立、自由的斗争精神。解放战争时期，平津战役前线司令部和北平和平谈判地就在这里，为平津战役的胜利提供了强有力的支持和保障。

中华人民共和国成立后，蓟县设立了专门的文物保护管理机构。先后开展了三次系统的文物普查，为制定文物事业发展战略和保护规划提供了科学依据。有组织、有重点地发掘了部分古遗址、古墓葬，出土了大量的文物。依法查处文物盗掘行为，使县域内的文化遗存得到妥善保护。陆续维修了独乐寺、白塔、福山塔、鲁班庙、鼓楼、文庙和平津战役前线司令部旧址等。重修了长城、天成寺、万松寺、天仙宫、朝阳庵等。建起了盘山烈士陵园、爨岭庙烈士陵园、龙山太平庄烈士陵园、抗日战争胜利60周年纪念碑。兴建了蓟县文物博物馆、黄崖关长城博物馆、盘山革命纪念馆、蓟县地质博物馆、蓟县中上元古界国家自然保护区陈列馆等。利用文物资源发展旅游事业，使祖先留下的宝贵财富焕发光彩，更好地发挥其研究历史、传播知识、教育人民的作用。

第三节 历史文化名镇、名村、街区

一、中国历史文化名镇——杨柳青镇

2008年12月23日，西青区杨柳青镇被中国住房和城乡建设部、国家文物局公布为第四批中国历史文化名镇。杨柳青镇地处京畿要冲，系西青区政府驻地，是该区政治、经济、文化中心。境域位居津城西部，东临该区中北镇、杨柳青农场，西有张家窝镇，西南接辛口镇，西北连武清区，北临北辰区。辖区面积64平方千米，是天津市与环渤海经济区最大的乡镇。

杨柳青镇初名"流口"，后复名"柳口"。金贞祐二年（1214）置"柳口镇"，为该镇行政建制之始，元末明初更今名。清代之前，杨柳青镇先后隶属章武、平舒、鲁城、武清、静海、天津等县，民国时期隶属天津县，中华人民共和国成立后，先后隶属河北省、河北省天津专区、静海县、天津市南开区、天津市西郊区（今改称西青区）。这里曾是南北漕运枢纽码头、商贸集散地。自金代建镇始，历经元、明、清、民国诸时期至今。明清时期，杨柳青镇是运河漕运重要枢纽，成为中国北方商贸流通和文化交流集散地，商业繁荣，被誉为北国小江南、沽上小扬州。杨柳青镇历史文化遗存众多，现存有明万历四年（1576）所建、国内保存最完好的明代楼阁式建筑——文昌阁，以及杨柳青人赶大营第一人安文忠所建的安家大院等。

杨柳青镇在注重保护有形历史文化同时，通过挖掘、整理、弘扬、发展历史文化，使众多的非物质文化遗产得到了复兴发展。春节期间举办民俗文化旅游节，演出花会、鼓舞、戏曲、民间音乐、堂会等，举办夏季文化大舞台，节目多表现传统文化，增加古镇历史文化内涵。杨柳青镇有丰富的民间艺术，如起于明代、盛于清代乾隆年间的杨柳青木版年画，被推崇为中国木版年画之首，深刻影响了国内近百种年画，过年贴年画由此成为北方地区习俗，这里也曾出现"家家会点染，户户善丹青"的兴旺景象。杨柳青剪纸、风筝、砖雕、石刻和民间花会等亦是中国民间艺术瑰宝。

杨柳青镇的民俗文化气息十分浓郁。小镇旧有戏楼、牌坊、文昌阁，称为"杨柳青三宗宝"。清代有津门著名的崇文书院及古寺院40余座，现尚存普亮宝塔、报恩寺、白檀寺遗址等。位于镇中的石家大院以其规模宏大、建筑华美而驰名华北。这些文化遗址与清代街衢、四合宅院、古运河构成了杨柳青镇风俗画卷。

西青区人民政府重视对历史遗存、名胜古迹的保护，在旧城改造过程中，按照修旧如旧原则，修复了石家大院、安家大院，规划出14万平方米，修复杨柳青旧民居，建成具有民俗特色的大院群。按照明清时期古镇的历史风貌，修复了明清街，并规划建设50万平方米的古建筑群，复原古镇传统民居，展现出明清时期古镇商埠林立、商贸繁荣景象。投资恢复了4.2千米的南运河（京杭大运河杨柳青段），建成了南运河景观带和御河人家民俗文化旅游区，形成了"南有秦淮人家、北有御河人家"的人文景观。运河文化、宗教文化、大院文化、城乡文化和民俗文化、年画文化等，这些中国北方传统的民俗历史文化在此集中体现，显示了古镇的古典风格和文化气息。

二、中国历史文化名村——蓟县西井峪村

2010年7月22日，蓟县西井峪村被中国住房和城乡建设部、国家文物局公布为第五批中国历史文化名村。西井峪村位于蓟县城北府君山之阴，清代成村，总面积约12平方千米。全村现有170户，670人，分上庄、下庄和后寺三个居住区。核心区内现存历史传统建筑100余间，总面积7270平方米。

西井峪四面环山似在井中，冠以方位而得名。清初称西井儿峪，1929年，实行编村制，合并上庄、下庄和后寺三个自然村后改名西井峪。中华人民共和国成立后，曾隶属于一区、西井峪乡、洪水庄乡、城关公社白马泉管理区、城关乡、渔阳镇。西井峪村位于府君山与饽饽山之间，南连府君山，北靠饽饽山，东临九龙山国家森林公园，西接盘山，地处中上元古界国家地质公园内，距蓟县县城2.5千米。村内随处可见清末民初构建的石屋、石院、石板路和梯田石坝台，大部分保存完好。历史建筑类型和建筑装饰艺术类型丰富。

传统石砌建筑因山就势以岩层片石堆砌而成，石砌街巷依山就势而上，形成独具特色的石头村落。

西井峪村历史建筑按使用功能可以分为公共建筑和民居两大类。公共建筑有历史街巷两条，沿山体呈弧形延伸。其中长 63 米的主街巷格局十分完整。街面以石材铺就，两侧以石材砌墙，依形就势，狭窄曲折，形成独具特色的街巷空间。街道建筑与自然环境和谐统一，有着显著的地域文化特色。除了街巷外，还保留有水井、石凳、石碾、石桌、圪针栅栏、石磨、石碾、院墙等。

民居以清和民国建筑居多，中华人民共和国成立后的大部分民居也保留了原有的建筑风格。民居分为前后院，前院由门楼（或稍门）、东西厢房与正房围合。建筑为硬山青瓦，墙面多为砖、石混作。正房多为三间或"四破五"，大部分为三间两廊、三进三开式建筑风格。明间为穿堂兼灶间，厢房两到三间不等，后院为柴房。西南角有茅房、猪圈，东南角放置农具、工具，各房之间有石板路相通。院落空余处多栽种蔬果花卉。院墙以石墙居多，有少量篱笆，石墙材料为当地特色的片石，砌筑工艺以"干摆"为主，具有坚固、美观、实用的特点。传统建筑中有大量富有特色的木雕、砖雕、石雕和灰塑工艺，反映清末建筑匠人高超的技术与多姿多彩的工艺美术。建筑物屋檐下的封檐板、花窗都是精美的木雕作品，雕刻细腻传神。井圈、抱鼓石、石狮、门框、垫台等石雕构件，刀法浑朴自然、线条流畅、形态生动。

西井峪村不仅沿袭着传统的生活方式和民间风俗，还保留了大部分的民俗文化和文物遗迹。村民至今仍保持着传统的语言和风俗习惯，注重春节、元宵节、二月二、三月三、清明、浴佛节、鬼节、乞巧节、中秋节、冬至等传统节日活动，加工粮食基本还沿用石碾、石磨。几近失传的制作、手工编织等传统手工艺在这里仍有传承。

黄帝问道广成子的崆峒山即位于村南侧。崆峒山风景优美，"崆峒积雪"是清代"蓟州八景"之一，人称"景中之景"。山上原有赵公塔、府君庙、广成子殿、官厅、三官殿、文王殿、玉皇阁等众多建筑，现仍尚存部分遗迹。崆峒山北至山后西井峪村的铛铛山，南至山前的锁子岭，沿山脊蜿蜒起伏有大量积石，呈条带状，通长 2550 米，当地人称之为"龙脊"，道光《蓟州志·山川》记载："锁子岭在崆峒山下，形似锁，故名，乃蓟郡之龙脉。嘉庆十五年，州牧赵锡蒲以'脉不宜断'，因于脉上建风神庙以镇之；并禁止行人于脉上行走。"

西井峪村正好坐落于龙脊之上。

作为传统聚落形态，西井峪村依然保持着原生态生活方式。古老的宅院，传统的工艺，质朴的山民，让几近失传的民间瑰宝在这里寻找到流传的沃土。

三、天津市历史文化街区

天津历史文化街区是指天津市保存文物丰富、历史建筑集中成片并完整和真实地体现传统格局和历史风貌的区域。具体包括老城厢、古文化街、海河、解放北路、鞍山道、估衣街、一宫花园、赤峰道、劝业场、中心花园、承德道、五大道、泰安道、解放南路 14 处天津市历史文化街区，涵盖范围包括天津老城厢地区、原天津租界地区以及贯穿天津市区的海河沿线。

（一）老城厢历史文化街区

位于南开区，总面积 66.81 公顷，鼓楼商业街南街、北街作为中轴，纵贯南北，东西两侧基本对称。是以中国北方传统城市格局为典型特征的商住综合街区。

清光绪二十七年（1901），天津旧城墙拆除后的城墙旧址被辟为东、南、西、北四条马路，保留了街区整体的矩形边界。老城以鼓楼为中心的十字街，形成纵横的四条街道，城区呈"田"字形，分成东、西、南、北四片区，反映出中国城市传统格局。旧城的四至范围、街道格局、环境风貌和空间认知感觉仍保存完整。

鼓楼商业街与周边的古文化街、估衣街共同构成天津中心城区西北部的中国传统文化集中地区，形成了区别于以五大道为代表的西洋文化区的城市文化区域。天津卫三宗宝：鼓楼、炮台、铃铛阁。作为三宝之首，鼓楼对于天津有着特别的意义。建于明弘治年间的鼓楼，位于旧时天津城中心，几乎与天津老城同时诞生，以它为中心、方圆数里的地方被称为老城厢，是天津经济、文化、政治中心。天津建卫 600 年，老城厢也走过 600 年。这一区域，是整个城市繁荣与兴盛的地标。600 年间，老城厢经历风风雨雨，如今焕发出新的生命力，成为津城新的旅游景点，吸引着八方来客。老城厢不仅展现着辉煌的历史，更演绎着精彩的现在。该街区比较著名的建筑有：全国重点文物保护单位广东会馆、天津市文物保护单位文庙等历史建筑。

（二）古文化街历史文化街区

位于南开区东部，海河西岸，总面积 18.1 公顷，是以传统商业、旅游服务为主要功能，体现天津传统文化特色的历史街区。

古文化街北起老铁桥大街（宫北大街），南至水阁大街（宫南大街），南北街口各有牌坊一座，上书"津门故里"和"沽上艺苑"，长687米，宽5米，系商业步行街。这里在古代是祭祀海神和船工聚会娱乐之场所。现已修复的古文化街包括天后宫及宫南、宫北大街。天后宫俗称"娘娘宫"，是古文化街上的主要参观旅游景点。天后宫建于公元1326年，现已成为天津民俗博物馆。皇会是因清高宗（乾隆）下江南时曾游此会而得名，传统的演出场所在天后宫前的广场，以及宫南、宫北一带。古文化街建成后，每逢农历三月二十三日（"天后"诞辰吉日）在此举行盛大的皇会，表演龙灯舞、狮子舞、少林会、高跷、法鼓、旱船、地秧歌、武术、京戏、评剧、梆子等。作为津门十景之一，天津古文化街内有近百家店堂，一直坚持"中国味、天津味、文化味、古味"特色，以经营文化用品为主。该街区比较著名的建筑有：全国重点文物保护单位天后宫、天津市文物保护单位玉皇阁。

（三）海河历史文化街区

海河历史文化街区位于天津城市中心的海河两岸，总面积418.02公顷。是以海河为依托，承载天津多元城市风格，展现城市历史文化底蕴和大都市魅力的文化景观走廊。海河是天津的母亲河，孕育了天津城市，融汇九河（南运河、子牙河、永定河、大清河、北运河等），蜿蜒穿行市区百余千米奔腾入海，成为航运枢纽。其独特的自然地理条件使天津成为整个华北北部的门户。在历史文化街区范围内，海河北至永乐桥，南至刘庄桥，长度为7.5千米，14座跨越海河的桥梁将城市紧密联系在一起。如今街区及其周边区域是天津城市的核心所在，聚集了天津的商务中心、商业中心、文化娱乐中心等功能。该街区比较著名的建筑有：天津市文物保护单位中共北方局旧址、大陆银行旧址、原万国桥、大公报社旧址等。

（四）鞍山道历史文化街区

位于和平区，南临南京路，是城市核心区的重要组成部分，承载着重要的城市功能，总面积40.8公顷。是以"窄街巷、密路网"街巷格局及历史性居住建筑为典型特征的商住综合街区。本街区是近代日租界的核心区域，19世纪末20世纪初形成的日租界住宅区，至1945年，区内居住人口约1万人，建筑约800余幢，配建有学校、

影院、公园等完善的公共设施。20世纪90年代以后，除新建部分多层板式单元住宅楼外，大部分建筑维持原有的居住使用功能，少量独栋建筑的土地使用功能由原来较为单纯的居住逐渐向居住、小型商业服务及办公的混合功能转变。该街区共有文物建筑10处。其中，天津市文物保护单位3处，和平区文物保护单位1处。比较著名的建筑有：天津市文物保护单位武德殿、静园、孙中山北上在津期间居住遗址、段祺瑞故居。

（五）估衣街历史文化街区

位于天津城区西北部的红桥区，是天津商业的发祥地。估衣街历史文化街区总面积10.73公顷，是中西合璧风格的天津传统商业文化街区。估衣街上的元隆、谦祥益、瑞蚨祥等绸缎庄是久负盛名的老字号；"津门三绝"中的狗不理包子、耳朵眼炸糕都在估衣街一带诞生。估衣街、河北大街一带的商业历史悠久，对天津城市的商业发展起了巨大作用。

本街区依水而兴，自古以来商贸繁荣、文化发达，有丰富的文化、宗教、商贸景观和文化资源。街区以估衣街、锅店街为东西向主要街巷，与大胡同、金钟桥大街、北门外大街成"卅"字，结合东坊楼胡同、通衢胡同等形成鱼骨状的街巷格局。估衣街和锅店街等街巷依旧保持了历史格局，长且狭窄，两侧多为二层商铺，界面连续、可进入。街区建筑为典型的近代中西合璧商业建筑，在平面布局上大多沿袭中国传统建筑合院形制，但商业建筑在沿街立面上采用西洋样式，细节上也多用西洋风格装饰，院落内部保持传统民居样式，形成晚清民国时期独有的混合风格，具有独特的地方风格，风貌景观较为完整。该街区比较著名的建筑有全国重点文物保护单位谦祥益绸布店，天津市文物保护单位瑞蚨祥绸布店。

（六）一宫花园历史文化街区

位于天津市河北区，处于中心城区地理位置的中心，是以意式及奥式风貌为特征的，以文化展示和休闲商业为主导的混合型历史文化街区。总面积54.65公顷。形成于20世纪初，胜利路以东为原意租界，以西为原奥租界的一部分，是当时的高档社区。略带弯曲的方格网路，典型的意式街心广场、大量的建筑形式各异的租界区居住建筑和配套公共建筑形成了连续并富有变化的街巷空间，整体环境幽雅，配套设施完善。该街区比较著名的建筑有：全国重点文物保护单位梁

启超旧居和马可·波罗广场建筑群。

（七）赤峰道历史文化街区

位于天津市和平区东部，南临南京路，是城市核心区的重要组成部分，总面积 17.47 公顷。本街区是 19 世纪末 20 世纪初形成的法租界高级住宅区，是以历史名人故居为典型代表的天津近代生活街区。

赤峰道建于 20 世纪初期，东起海河，西至墙子河（今南京路），是天津法国租界内一条横贯东西的通衢大道。赤峰道和赤峰道地区的发展演变主要是法租界以赤峰道为轴线南向扩张所引起的。赤峰道的建设大体上分为两个阶段，第一阶段的建设起始于清光绪十二年（1886），主要是今张自忠路至解放北路一段和解放北路至和平路一段。张自忠路至解放北路一段，时名"水师营路"，得名于当时法国远征军海军陆战队第十六团在今赤峰道北端驻扎，俗称"法国营盘""紫竹林兵营"（今为天津市港务局职工宿舍）；解放北路至和平路一段，当时叫"巴斯德路"，是以法国 19 世纪著名生物学家巴斯德的名字命名的。第二阶段则起始于清光绪二十三年（1897），是和平至南京路一段，当时叫"丰领事路"。随着法租界内以赤峰道等为代表的道路及基础设施配套的日趋完善，该地区受到大批北洋政要、名流商贾和城市精英的青睐，各式小洋楼在赤峰道上鳞次栉比，各具特色。这些历史建筑和法租界时期形成的城市肌理，对天津城市建筑空间特色的营造起到了重要作用。该街区比较著名的建筑有：天津市文物保护单位张学良旧宅、元隆孙旧宅。

（八）劝业场历史文化街区

位于天津市和平区，总面积 3.67 公顷，系 19 世纪末 20 世纪初形成的法租界商业区。随着法租界建设的日趋完善，劝业场街区内逐步形成了规整的方格路网格局，两条商业步行街（和平路、滨江道）十字相交，成为街区主要的道路骨架。路口四周建成的劝业场、惠中饭店、交通饭店及浙江兴业银行，四位一体，形成和平路、滨江道商业区的龙头和心脏。劝业场历史文化街区以天津近代商业建筑群为特色，是天津近代商业建筑最集中的城市中心商业文化街区。

该街区比较著名的建筑有：全国重点文物保护单位天津劝业场，天津市文物保护单位原浙江兴业银行大楼、中国大戏院、原光明社、惠中饭店。

（九）中心花园历史文化街区

位于天津市和平区核心地带，总面积 9.9 公顷，是以放射状路网格局及花园别墅为典型特征的、具有法式风貌的商业文化街区。

1922 年租界地图显示，樊主教路（今新华北路）以东的支路路网逐渐形成。地块多以 100 米见方，以获得更多的土地利润。海大道公园改造成中心花园，巴斯德路（今赤峰道东段）在樊主教路交口转向，和丰领事路（今赤峰道西段）连通，中心花园地区的外环道路格局已经形成。1937 年租界地图显示，中心公园内环道路——花园路和六条放射式支路全部建成，各地块已经明确划分。这种中心放射式的道路格局在整体方格网型的道路规划中显得极为特殊。该街区比较著名的建筑有天津市文物保护单位张公撝旧居、田中玉旧居、天津电报总局旧址、久大精盐公司旧址、国民饭店、吉鸿昌旧居、章瑞庭旧宅、庄乐峰旧宅、李吉甫旧宅。

（十）承德道历史文化街区

位于天津市和平区解放北路、中心公园、劝业场三个原法租界历史文化街区的交汇处，在小白楼城市主中心范围内，是城市核心区的重要组成部分，总面积 16 公顷。承德道地区是 20 世纪 20 年代初期形成的法租界生活街区，是以法式住宅建筑为特色的多功能综合街区。区内街巷格局开放有序，保留有多处典型的法式建筑，环境幽雅，是体现天津"万国建筑博览会"的重要物质载体。从区域发展条件看，该街区处于解放北路金融城范围内，与津湾广场隔路相望，与和平路、滨江道商业圈咫尺之遥，是城市核心功能的重要载体。从交通条件看，城市主干路大沽北路、营口道、赤峰道贯穿街区，且与天津火车站隔河相望，交通十分便利。该街区比较著名的建筑有：天津市文物保护单位原东莱银行大楼、渤海大楼、原首善堂。

（十一）解放北路历史文化街区

位于天津市和平区界内，总用地面积 44.8 公顷，是以西洋古典风格为特色的天津近代金融办公建筑集中区。解放北路是和平区的一条重要街道，是具有 100 多年历史的金融街，有"东方的华尔街"之称，其南半段原为天津英租界的维多利亚道，北半段原为天津法租界的大法国路。这里原是天津东南郊海河西岸的一片沼泽荒地，中段有一个以紫竹林命名的寺庙和村庄。清咸丰十年（1860）十二月十七日，在紫竹林庙以南沿河地段开辟了天津英租界。咸丰十一年（1861）六月，在紫竹林庙以北沿河地段开辟了天津法租界。

该街区比较著名的建筑有：全国重点文物保护单位原法国公议局大盐业银行旧址，天津市文物保护单位原麦加利银行大楼、原花旗银行大楼、原中南银行大楼、原汇丰银行大楼、原华俄道胜银行大楼、原横滨正金银行大楼、原中央银行天津分行大楼、原中法工商银行大楼、大清邮政津局旧址、原法国工部局、原新华信托银行大楼、百福大楼旧址、比利时领事馆旧址、北洋保商银行旧址、朝鲜银行旧址、东方汇理银行旧址、法国俱乐部旧址、法国领事馆旧址、美国海军俱乐部旧址、仁记洋行天津分行旧址、四行储蓄会旧址、利华大楼、原金城银行大楼、原怡和洋行大楼。

（十二）五大道历史文化街区

位于天津市和平区与河西区交界处，总面积191.7公顷。原是19世纪末20世纪初形成的英租界高级住宅区，现为中国规模最大、保存最完整的近代西式花园住宅，中国近代名人故居和历史事件的集中展示区，历史文化底蕴深厚的商务旅游休闲区。天津五大道近代建筑群被国务院批准为第七批全国重点文物保护单位。2010年9月，和平五大道被评为第二届"中国历史文化名街"。

自清末以来，该街区先后建立起了花园别墅、高级公寓和里巷式住宅，形成了五大道高级住宅区。军政要人、晚清遗老、中外实业家和知名人士落户于此，居住在这里的各界名人近百位，有爱国人士张学铭、起义将领高树勋、20世纪20年代短跑世界冠军李爱锐、民国总统徐世昌、著名实业家李勉之等。受当时西方建筑思潮的影响，形成了西洋古典传统、中世纪传统、巴洛克、折中主义、各种新型装饰风格、现代建筑、中西合璧等多种建筑风格，成为天津近现代建筑的集中地区。

现状的使用功能以居住、办公为主，对历史建筑和街道的景观风貌影响较小。居住生活气氛比较浓厚，部分地段文化性较突出。道路景观完整，城市交通对该区域的干扰较小。各建筑整体结构完整，外部及内部保持原貌特征。"五大道近代建筑群"具有极高的历史价值、科学价值和文化价值，它是城市历史演变和文化积淀的缩影。该街区建筑群由位于和平区成都道、河北路、重庆道、湖北路、常德路、睦南道、大理道、昆明路、南海路、郑州路、马场道、贵州路、云南路和长沙路的42座市、区级文物保护单位组成。

（十三）泰安道历史文化街区

位于天津市和平区东南部，小白楼城市主中心范围内；东至台儿庄路，西至新华路，南至南京路一曲阜道，北至保定道，总面积49.5公顷。该街区是19世纪30年代英租界的中心，区内街巷格局开放有序，公共建筑广泛分布，英式特征明显，是展示天津近代城市发展历程的重要窗口。

第二次鸦片战争后，该区域沦为英国租界。这一时期尚未进行规划性开发，所建房屋多是一层或二层的简易房舍。例如：戈登堂、利顺德饭店等均在此情况下建设而成。此时台儿庄路称为河坝道，解放北路开始分段筑路。清光绪十三年（1887），英租界当局为庆祝英国维多利亚女王50诞辰，修建了维多利亚花园。20世纪初，租界区进入大规模建设时期，许多欧式风格的优秀建筑次第建成。例如：安立甘教堂、英国球房、开滦矿务局大楼、泰来饭店等。今天的建设路、泰安道等也在该阶段建设形成。20世纪30年代，租界区建设达到鼎盛时期。本地区的建筑集中反映了以英式建筑风格为主的风貌特征，此外还出现了中西合璧的设计，从整体上铸就了欧洲建筑风貌。至20世纪40年代，由于战争等原因，泰安道地区的建设陷于停滞。中华人民共和国成立后，在原有基础上对本地区进行了改建和扩建，形成了一定规模的院落式民居体系。从20世纪60年代起，中共天津市委、天津市人民政府和一些机关单位相继迁入本地区。泰安道地区作为天津的行政中心为天津市民所熟知。

（十四）解放南路历史文化街区

位于天津市河西区，地处河西区与和平区交界处，坐落在南京路与海河之间，街区北侧紧邻小白楼城市主中心，是城市核心区的重要组成部分。总面积50.66公顷，是以德式风格建筑为主要特色的多功能综合街区，体现了中西文化的融合。传统的商业买卖与西方的文化娱乐活动共同构成了独特的空间肌理形态，是天津海河规划的重要"节点"。德租界是洋楼比较集中的区域，位于绍兴道、宁波道、奉化道、温州道、琼州道、闽侯路、福建路、台北路、解放南路等街道周围。直到20世纪五六十年代时，这一区域还基本保持着原貌。1976年地震后不少建筑被毁，这一带也开始了大规模拆建，盖成了新的住宅楼。这一带保留下来的大多数是两层或者三层的联排别墅。该街区比较著名的建筑有：天津市文物保护单位天津德国俱乐部等。

第四节　历史文化名城保护

天津有数量众多、风格各异的近现代建筑。这些历史建筑的产权多在市房管局，由该局牵头并报市政府同意，成立了由市长任主任，主管副市长任副主任，各相关委局、区政府主要领导为成员的天津市历史风貌建筑保护委员会，下设天津市保护风貌建筑办公室，多年来开展了大量的历史建筑保护工作。

2005年9月1日，天津市人大颁布《天津市历史风貌建筑保护条例》（简称《条例》），使天津风貌建筑的保护工作走上了法制化轨道，率先在全国实行了文物建筑保护和风貌建筑保护双重法规依据。规划部门负责历史文化名城、名镇、名村的保护，文物部门负责文物保护单位的保护，国土房管部门负责历史风貌建筑的保护，形成了独特的保护利用模式，实现了历史文化挖掘整理和合理利用的高度结合，有效保护了天津珍贵的建筑文化遗产。

天津市政府相继批复了六批历史风貌建筑，总数达到了877幢，126万平方米。其中，特殊保护级别69幢，重点保护级别205幢，一般保护级别603幢，分布在全市15个区县。在877幢历史风貌建筑中，有各级文物保护单位195处。

市文物局、市规划局和市房管局建立了沟通机制，在涉及兼具文物与风貌建筑双重身份建筑的管理及维修时，根据具体情况召开联席会议，协商解决对策，构筑历史风貌建筑保护体系。天津的历史风貌建筑大部分建成于清光绪二十六年（1900）—1940年，作为兼具使用功能和利用价值的活化遗产，与古墓葬、古遗址等文化遗产均具有保护价值，但又有不同的保护方法，不能简单地采取"冷冻式"、展陈式的保护，而是要在保护的前提下合理利用，使其以完整的历史信息、安全的使用状态参与到现代生活中。因此，在《条例》提出的"统一规划、分类管理、有效保护、合理利用"原则的指导下，结合实际提出了"保护优先、合理利用、修旧如故、安全适用"的保护理念，并采取有效措施，对877幢历史风貌建筑实施了全方位的保护。

依据《天津市城市总体规划（2005—2020年）》和历史文化名城保护规划，陆续编制完成了《天津市中心城区紫线规划》等专项规划。2002年，编制了古文化街、三岔河口、解放北路、中心公园等历史街区的详细规划。

为加强名城名镇名村规划管理，2009年天津市规划委员会设立了历史文化名城保护和建筑艺术委员会。重新研究了历史文化街区范围内的道路定线，压缩道路红线宽度，减小道路转弯半径，保持街区现有空间尺度。建立了二维和三维数据管理信息系统，并设置了历史文化街区及名镇、名村保护标识牌，编制了五大道、一宫花园等历史文化街区的保护地图。同时，不断加大对历史文化街区保护工作的监督检查力度，将历史文化街区、名镇名村保护范围纳入重点巡查范围，对历史文化街区、名镇名村保护范围内建设活动实行严格监督。

为了更好地保护天津市历史文化街区的历史文化风貌，提升整体环境品质，逐步完善城市功能，2011年天津市编制完成了解放北路、解放南路、海河、五大道、估衣街、老城厢、劝业场、中心花园、承德道、鞍山道等重点历史文化街区的保护规划，并向社会公示。

2012年5月，市政府批复同意五大道等历史文化街区保护规划、杨柳青历史文化名镇保护规划、西井峪历史文化名村保护规划，并对历史文化街区、名镇、名村的保护提出了要求。

社会力量参与文物保护，弥补了文物保护资金、队伍等不足。近年来，政府引导、专家咨询、社会各界参与保护的管理机制、多部门共同协作、多角度宣传的保护机制，使越来越多的公众加入到文物保护队伍中来，参与文物建筑的保护利用实践，形成了有力的保护支撑，为传承弘扬中华优秀传统文化做出贡献。

五大道、解放北路、一宫花园等历史文化街区，经整修后得到了科学合理的保护利用，成为"近代中国看天津"的亮点和人文地标，有效彰显文物建筑的综合价值。其中，"五大道近代历史风貌建筑保护项目"和"一宫花园历史文化街区和历史风貌建筑保护项目"先后于2004年和2011年获得了住房和城乡建设部"中国人居环境范例奖"。

第五篇
学术研究　教育培训

文博学术研究在天津有深厚的基础。清代书画鉴藏家安岐于清乾隆七年（1742），将40年自藏和亲见书画名迹的鉴赏记录，整理成《墨缘汇观》一书。该书为著录古代书画的佳作。天津博物院出版的如王襄《簠室殷契类纂》和《簠室殷契徵文》，是研究甲骨文字及卜辞内容的重要学术著作。《巨鹿宋器丛录》是研究磁州窑历史的重要资料。樊彬所辑《天津樊文卿先生畿辅碑目》收录自周迄元所见畿辅存碑1500余种。姚彤章辑《畿辅先哲祠崇祀先哲牌位》按所在位置及事项分类整理先哲名录，并附有张之洞、纪昀等作联语。陆文郁的《蘧庐画谈》，作为蘧庐画社的讲义，是较早阐述西画理念的美术理论专著。

1931年，天津博物院更名为河北第一博物院，并出版《河北第一博物院半月刊》，内容涉及动植物、化石、古文字、古器物，以及野外调查、古建筑、考古等内容。

北疆博物院出版、发表了多部（篇）著作与论文。天津美术馆发行《美术》《美术丛刊》两类学术期刊，内容涉及书画、金石等。

中华人民共和国成立后，文博学术研究取得丰硕成果。不仅有大量文物图册、文献资料出版，各馆也发行馆刊、集刊、论文集等。在这种学术风潮的引领下，大批文博专家的个人专著出版。

天津文博界一直把人才培养列为博物馆事业发展的重要工作。分别于1979年、1980年在天津自然博物馆和天津市历史博物馆开设中专班，聘请专家、教授担任任课教师，毕业学员现均已成为各馆的业务骨干。特别是为培养新一代高层次文博人才，2006年4月7日天津市文化局正式发文，于2007年7月6日由天津文博院组织实施的"名师教室"的教学工程，不仅在天津地区影响很大，也受到了其他兄弟省市文博单位的关注。

第一章 学术研究

学术研究是文物与博物馆工作的基础。20世纪初，在"西学东渐"的文化背景下，天津的文物与博物馆事业逐步兴起，文博单位、团体应运而生，相应的学术研究亦渐次开展，出现了一批颇具影响力的研究论文和研究著作。中华人民共和国成立后，天津文博行业的专业技术人员在陈列展览、考古发掘、藏品保管、自然考察等业务活动中，积极开展学术研究活动，学术成果丰富，发表社会科学类论文1400余篇、自然科学类论文800余篇，研究专著96册，并出版了大量文物图册和文献资料，较大地提升了天津文博事业的软实力。

第一节 学术团体

一、天津水西庄遗址保管委员会

成立于1933年，由天津市政府备案，严智怡主持。高彤皆、陈筱庄、李琴湘、吴象贤、俞品三、姚品侯等为委员。后聘商震、刘玉书、孙润宇、邢之襄、严季聪、王襄、萧振瀛和孙维栋等为委员。该委员会曾会同地方官员前往水西庄遗址测量绘图，拟定清理、保管办法，协调遗址范围内的机关、学校、商户、民宅腾迁，部分土地由委员会购买，设立有"天津水西庄遗址保管委员会购置"字样的界石，加以保护。该委员会旨在保护水西庄遗址现状，并在原址进行园林修复建设，使之成为对公众开放的文化遗址。该委员会事务所设在天津广智馆内。 1935 年至 1936 年间多次举行委员会议及筹备会议，对该遗址保护的相关问题进行沟通和探讨，达成工作举措，包括：水西庄遗址的勘察和保护；水西庄相关文物的征集，如朱岷《秋庄夜雨读书图》、李符清的芥园诗幅、查氏家族相关文物等。此外，对水西庄历史进行研究，考证水西庄遗址部分地点的准确名称，搜集水西庄史料，编印《水西庄小史》。亦注重对水西庄历史文化的宣传，与广智馆合作组织水西庄文物展览；与河北博物院合作，将委员会所藏水西庄照片制版刊登于《河北第一博物院画刊》，该画刊有天津芥园水西庄专号刊行。

二、天津市美术协会

苏吉亨、王伯龙、陆辛农、胡奇和孙功等为筹备会筹备员。1946 年，经天津市社会局核定通过成立。苏吉亨任理事长。1947 年，为推进美术运动，兴办美术教育，经第二届第一次理监事联席会议决定在第一区罗斯福路正中书局北楼下创设中国画、西画、书法等研究班，聘请专家为指导员。同年 11 月 17 日举办开班仪式。

三、天津市邮币学会

1946 年，由李东园、郭望渠、雷润生、董冀平、范兰如等人发起成立。成员由本市著名集邮家、泉币收藏家组成。有年刊《集邮币精华撰述释要》。每年春季举办邮票泉币展览会；每月第一个星期日举行邮票泉币收藏家座谈会；每月通过电台播音讲演等方式开办邮票泉币常识讲座，普及相关知识。1947 年，该会更名为"天津市集邮泉币学研究会"。

四、天津市文物研究会

1978 年天津市文物研究会筹备组成立。筹备组领导小组由天津市文化局局长张映雪任组长；成员由天津市文化局文化处、博物馆、天津市文物管理处及天津市文物公司主管业务工作的领导组成，有张全和、董效舒、刘增瑞等。办事机构暂设于天津市文物管理处。下设筹备组，云希正担任组长。

该会是天津市文博系统群众性学术团体，受天津

市文化局和各文博单位的赞助和支持，并接受其指导。具体任务包括：交流学习心得和研究成果；组织文物鉴别活动；收集和编辑资料；开展专题讨论；召开专业论文研讨会；举办讲座；组织业务观摩及外出考察等活动。

该会分设字画、瓷器、玉器、文房四宝研究组，分别由天津市文物管理处、天津市艺术博物馆、天津市文物公司提供活动条件，活动经费由天津市文化局资助。研究组负责人分别是刘光启、张秉午、尤仁德、蔡鸿茹。

1989 年 5 月，在陶瓷组的基础上建立了"天津市陶瓷研究会"。聘请相关专家作专业报告，定期举办专业讲座，并组织会员实地考察了定窑、磁州窑。1989 年 6 月，在书画组的基础上建立"天津市书画研究会"，负责人为刘光启。1989 年 6 月，在天津市艺术博物馆举办天津市征集文物汇报展书画部分观摩研讨会；同年 7 月，在天津市历史博物馆举办关于写经墨迹的专题讲座及研讨活动；同年 8 月，召开张大千作品讨论会。

以上两研究会均隶属于 1986 年 5 月成立的天津市文物博物馆学会。

天津市文物研究会的成立和开展的一系列活动，推动了"文化大革命"之后天津文博系统学术活动的开展，为其后成立的天津市文物博物馆学会奠定了坚实的基础。

五、周恩来青年时代革命活动研究会

1979 年 4 月，经中共天津市委宣传部准许成立。会址设于周恩来同志青年时代在津革命活动纪念馆。该会是群众性学术团体，天津市历史博物馆、天津社会科学院历史研究所、天津人民图书馆、天津市文物管理处、南开大学、南开中学和周恩来同志青年时代在津革命活动纪念馆各有一人担任研究会理事。该会主要任务，即研究周恩来青年时代的成长历程及革命实践活动，开展专题研究，收集编辑相关资料，定期交流研究成果，举办学术活动。每年 3 月 5 日举行学术讨论会，并拟定次年研究计划与活动。

六、中国自然科学博物馆协会技术专业委员会

1981 年，中国自然科学博物馆协会技术专业委员会挂靠天津自然博物馆，黑延昌主持工作。主要工作

即组织以自然科学博物馆现代技术为主的培训活动。旨在加强同行间的技术交流，提高标本及模型制作技术水平。不定期出版《中国标本技术通讯》。

1981年9月，在天津市西青区杨柳青镇举办"全国兽类剥制技术培训班"；同年10月，在山东省长岛市举办"动物标本剥制技术训练班"；1983年，在贵州省贵阳市召开"兽类标本制作技术会"；1986年10月，在北京举办博物馆藏品养护工作培训班；1991年，于天津市召开"动物植物现代剥制技术研讨会"，天津自然博物馆4名技师授课，澳大利亚维多利亚博物馆技师彼得·斯维克主讲、示范；2000年，于天津市召开"鸟类、兽类标本制作研讨会"；2001年，于浙江省温州市召开"鸟类、兽类标本制作研讨会"；2003年，技术部主任、副研究馆员吕连荣赴毛里求斯自然博物馆讲授生物标本制作技术；2006年，于辽宁省大连市召开"鸟类、兽类标本制作演示会"，芬兰标本制作专家艾瑞克主讲；2009年，于福建省福州市举办"全国大型动物标本剥制技术研讨会暨剥制新技术培训班"，法国人雅克·蒂内主讲，全国21个省的50余家博物馆、自然保护区、科研院所120人参加。

七、天津市文物博物馆学会

天津市文物博物馆学会成立于1986年5月，由团体会员和个人会员组成。会员为文物考古、博物馆等学科的专业人员。该学会属于群众性学术团体。其责任即组织、推动天津市文博单位的学术研究，组织天津市文博单位与国内文物博物馆界的联系与协作及国际范围的学术交流，编印会刊及文博专业研究资料。

该学会制定了《天津市文物博物馆学会章程》，成立大会暨第一次学术讨论会5月27—28日在原天津市历史博物馆举行。会议由天津市文化局副局长张新生主持，天津市文化局党委书记李桐，以及南开大学历史系教授王玉哲、生物系教授綦秀蕙出席。参加单位有：天津市历史博物馆、天津市艺术博物馆、天津自然博物馆、周恩来同志青年时代在津革命活动纪念馆、天津戏剧博物馆和天津民俗博物馆等。中国博物馆学会、中国自然科学博物馆协会、北京市博物馆学会和河北省博物馆学会亦有相关人员参加。

（一）天津市文物博物馆学会下设专业委员会

1. 陈列设计专业委员会。

成立于1986年11月。该会旨在通过理论探讨与技术切磋以提高全市博物馆的陈列水平。主要任务即组织开展博物馆陈列艺术的研讨与学术交流。首任主任刘岱良。

1987年7月，该会举办博物馆陈列艺术作品展，展品为全市文物博物馆单位陈列展览设计图、制作艺术品以及美工及研究人员的艺术习作与创作。

1988年，该会组织专业人员为辽沈战役纪念馆设计制作大型布景箱，受到全国艺术专业委员会的好评。

历年来，该会专业人员多次为全市各博物馆、纪念馆陈列设计进行评估。

2. 保管工作专业委员会。

成立于1988年4月，该会宗旨即组织全市文物博物馆界保管工作人员，对藏品（标本）及其保护、管理等进行研究，以提高博物馆文物（标本）的保管水平和科研水平。首任主任王璧。

专业委员会成立后的主要活动：

1990年3月，举办馆藏文物等级评估，建档培训班，对新建博物馆和部分区县文物保管所的文物保管员进行业务培训。

2003年，了解全市文物博物馆的文物保管现状和保管人员情况，对保管人员进行业务培训。

2005年12月，对局属文物博物馆文物保管现状做调研，包括单位的基本情况、保管人员的现状及保管水平等，建立文物保管工作档案，并对保管人员进行业务培训。

2006年8月，受市文物局委托，举办"天津市文物博物馆系统藏品管理人员培训班"，80余名藏品管理工作者参加。培训合格者颁发结业证书。培训班邀请国家博物馆、首都博物馆、天津博物馆、天津市文物局的有关专家对文物法规、藏品保存环境与养护、藏品档案工作与信息化建设等进行专题讲座。

3. 社会（群众）教育专业委员会。

成立于1991年8月，该委员会主要任务即组织博物馆就群众教育问题的学术研究、交流、观摩、专业培训，开展国际间博物馆相关专业问题的学术交流，组织本市博物馆间相关专业的观摩与咨询活动及专业培训。成立大会同时召开群众教育工作研讨会，参会文稿30余篇，内容有工作经验总结与探讨等。首任主任张丽黛。

专业委员会成立后的主要活动：

1991年12月，举办"天津市第一届讲解员培训班"，邀请中国历史博物馆的齐吉祥讲授《群教工作概论》，全市文物博物馆系统70余名讲解员参加培训。

1992年，举办"第一届天津市讲解员大赛"，选拔产生一、二、三等奖，并推举代表参加全国博物馆讲解员比赛。

1996年，该委员会代表参加中国博物馆学会"博物馆群众教育工作研讨会"，汇报本市博物馆、纪念馆群众教育工作情况，提交论文参与学术交流。

1998年，该委员会代表参加"全国六省市博物馆群众教育工作学术讨论会"，提交论文5篇。

1999年6月，举办天津市第二届讲解员培训班，内容包括："接待礼仪""形体着装""沟通技巧"等。全市文物博物馆系统70名讲解员参加。

2000年6月，组织全市从事博物馆群众教育工作代表参加在承德举办的"京津冀三省市群众教育工作研讨会"，提交论文10余篇。

2002年9月，组织举办"京津冀群教工作研讨会"，有6个省市代表109人参加会议，参会论文35篇，天津市提交21篇。与会代表就国内群众教育工作现状、问题及设想等进行讨论。

2003年10月，该会6名代表参加"华北五省市博物馆群众教育工作会议"，提交论文5篇。

2006年9月，与天津市文物局联合举办"天津市社教工作学术征文暨研讨会"，并向中国博物馆学会社教专业委员会报送论文16篇。

2009年8月，与天津市文物管理中心联合举办博物馆系统规范服务培训班，本市近20所博物馆的200余名一线服务接待人员参加培训。

4.民间收藏专业委员会。

成立于1998年6月。宗旨是团结民间收藏家与收藏爱好者，开拓民间收藏事业，为提高天津市文化品位与社区文化发展做贡献。李家璘任会长，何志华、王定祥、董玉琴任副会长；王同立任秘书长，于顺、杨国发任副秘书长。

民间收藏专业委员会下设书画文玩分会、钱币分会、票证分会、旅游文化收藏分会、烟标分会、火花分会、连环画分会、书刊史料分会、车模分会、老照片分会、老唱片研究会、年历卡分会、邮币卡分会、体育收藏

分会、民间工艺分会凡15个。

该会自成立起，开展多方面的文化活动，并与外地60余家收藏组织建立工作关系，成为天津市民间收藏的主要基地。截至2012年，该会共举办9届民间收藏展览。该会成立前，因天津民间收藏具有深厚的群众基础，曾于1995年3月在天津市历史博物馆举办"首届天津格瑞民间收藏展"。在展览的同时，举办多种形式的收藏讲座和交流活动。编辑、出版11期《天津收藏》。

（二）学会活动

1.研讨会。

1986年5月，召开第一次学术讨论会，主要议题是博物馆学和文物保护研究。参会论文凡44篇，内容涉及博物馆学、考古学、文物保护、民俗学等。

1987年1月，与天津市文化局文物处联合召开新建馆陈列工作研讨会，会议期间参观天津觉悟社纪念馆、天津义和团纪念馆、天津戏剧博物馆、天津民俗博物馆各馆修改后的陈列，并进行研讨和评估。

1988年8月，召开第二次学术讨论会，中心议题为"历史文化名城——天津"，就天津定位，及历史文化名城的依据、价值、保护等问题进行探讨，参会论文30余篇。

1989年11月，与天津市文化局文物处联合举办"庆祝建国四十周年新展览评估研讨会"。参会人员参观了天津文庙博物馆的"大成殿复原陈列"、天津市艺术博物馆的"建国四十周年馆藏绘画特展"和"中国历代陶瓷展"、天津市历史博物馆重新修改后展出的"天津历史陈列"和"天津考古标本陈列"，并提出意见。

1991年至1992年，该学会会员参加《中国大百科全书·博物馆卷》和国家文物局主编博物馆工作丛书《群教工作手册》《保管工作手册》《博物馆陈列设计》等撰稿工作。

1992年5月，举办"天津市文博工作改革研讨会"，主要议题是本市文博工作现状和改革设想。提出组建天津博物院的设想与建议。

1995年，组织召开迎世乒陈列展览研讨会，对各文博单位为迎接第43届世界乒乓球锦标赛在天津开展的充实、更新的基本陈列和新举办的展览（如"华夏五千年文物精品展""天津近代人物蜡像馆""中华

传统美德展"等）进行专家研讨，并就如何开展展览评估和评估标准做初步探讨。

1996 年 10 月，组织召开"第五次环渤海考古学术讨论会"。邀请中国社会科学院考古研究所、北京大学、吉林大学、山东大学的专家及国内专家学者 70 余人参加。著名考古学家邹衡、宿白、张忠培、徐苹芳亲临会议。与会学者针对环渤海考古学文化区系类型，渤海周围的古文化、古族、古国，渤海及相邻地区环境变迁对考古学文化的影响，以及考古学方法论等方面的问题进行探讨。反映环渤海考古取得的新进展和重要成果。

2002 年 10 月，组织承办"京津冀三省市群教工作研讨会"，主要议题是"博物馆与社会化"（包括新时期宣教工作的定位、公众参与意识、营销理念等）。与会人员近百名，来自北京、天津、河北、陕西、安徽、青海等地区。参会论文 40 余篇。

2. 讲座。

天津市文物博物馆学会举办讲座见表 5-1。

3. 文博活动。

天津市文物博物馆学会举办讲座

表 5-1

时间	地点	主题	主讲人及题目	备注
1986 年 7 月	周恩来同志青年时代在津革命活动纪念馆	历史建筑保护学术座谈会	［美］蒂文恩格哈特"美国历史建筑保护工作介绍"	
1986 年 8 月	天津市历史博物馆、天津市艺术博物馆	针对中国外销瓷有关问题交流	［荷兰］约格（格罗宁根市博物馆副馆长）"'吉拉德梅勒森'号船的历史和瓷器"	
1986 年 10 月	南开大学	博物馆学专题讲座	冯承伯（南开大学历史系教授、图书馆长）"西方博物馆社会效益和管理"	
1987 年 11 月	天津市艺术博物馆	书画鉴定专业报告	中国书画鉴定专家小组谢稚柳、刘九庵"关于书画鉴定"	
1988 年 3 月	天津市艺术博物馆	国外考古学与中国古玉研究专题讲座	王仲殊（中国社会科学院考古研究所研究员）"日本考古学研究"；卢兆荫（中国社会科学院考古研究所研究员）"中国古玉研究"	
1988 年	天津市艺术博物馆	文博管理工作专题报告	方行（上海市文物管理委员会副主任）"如何做好文博工作"	
1992 年 7 月	天津市艺术博物馆	美国文物、博物馆工作介绍	杨伯达（故宫博物院研究员）"访美杂谈"	
1992 年 9 月	天津市艺术博物馆	关于青铜器研究	李学勤（中国社会科学院历史研究所研究员）"中国青铜器研究现状"	
1993 年 2 月	南开大学	博物馆学国际学术讲座	门施博士（国际博物馆协会博物馆学国际委员会主席）"理论博物馆学"；波尔博士（国际博物馆协会博物馆人员培训国际委员会主席）"博物馆人员培训"	与南开大学联合举办

时间	地点	主题	主讲人及题目	备注
1998 年	天津民俗博物馆	法国里约尔市博物馆介绍	［法］罗朗（里约尔市博物馆馆长）"里约尔市博物馆的历史、发展现状和基本陈列"	与天津市南开区政府联合举办
2003 年 4 月—2010 年 9 月	博物馆、纪念馆	天津市第一至第八届科学普及周活动	博物馆专业人员主讲，"书画、金石、陶瓷、历史、博物馆学知识讲座"	2006、2007 年被评为"天津市社会科学普及活动优秀组织单位"

1994 年 10 月，组织天津市历史博物馆、天津自然博物馆和周恩来同志青年时代在津革命活动纪念馆为爱国主义宣讲团，赴蓟县山区和库区，进行题为"勿忘国耻，振兴中华""青年时代的周恩来""我爱大自然"的展览宣讲。

1995 年，为落实中共中央《关于爱国主义教育实施纲要》精神，组织天津市历史博物馆、天津自然博物馆、周恩来同志青年时代在津革命活动纪念馆、中共天津建党纪念馆为爱国主义教育宣讲团，赴宝坻县进行巡回展览宣讲，共计 21 场，参观人数 5600 余人。

1995 年 8 月，与天津市文物局、和平区教育局在蓟县联合举办"寻访抗日战争革命遗迹夏令营"，第五十五中学 100 名学生参加。具体活动有：参观天津市历史博物馆"天津市纪念抗日战争胜利五十周年展览"，赴蓟县盘山寻访抗日革命遗址及参观历史事迹展览等。

1996 年 10 月，举办"金秋文物展览月活动"，全市 15 家博物馆、纪念馆制定推出免费接待观众的措施（国庆期间及此后每月第一个休息日）。对基本陈列进行修正，充实内容，举办新展览"纪念红军长征 60 周年书画展""科技恐龙展""周恩来在上海""天津市艺术博物馆藏精品展"等，举办文物知识讲座。

1997 年 8 月，与天津市文物局联合举办"全国讲解员比赛天津地区选拔赛"，经各馆预赛选拔，共 9 名讲解员进入决赛，优胜者 2 名参加在洛阳举行的全国讲解员大赛，分别获得二等奖和优胜奖，创本市历届讲解员大赛最好成绩。

2000 年 6 月，与天津市文物局联合举办"天津文博系统第一届讲解员比赛"。经过评议产生一等奖 1 名，

二等奖 2 名，三等奖 3 名。

2004 年 6 月，组织举办"全国博物馆讲解大赛天津地区选拔赛"。初选产生 4 名选手代表天津市参加同年 9 月在辽宁抚顺举办的"雷锋杯"全国博物馆讲解大赛。周恩来邓颖超纪念馆张芸虹荣获二等奖。

2005 年 12 月，与天津市文物局共同举办"天津市文博系统讲解员业务培训班"。以"从实际出发，针对性强，实践为主，注重实效"为原则，开设"讲解员的职业素质""讲解词的撰写""讲解语言的运用与实践""观众心理把握与因人施教"等课程。来自文博系统的讲解员近 80 人参加培训并获得结业证书。

2006 年，与天津市文物局联合举办文物收藏单位藏品管理人员培训班。集中授课，结课考试，为成绩合格者颁发结业证书。文博系统 80 余人参加该项培训。在提高藏品管理人员的业务素质、加强文物保护管理相关法律法规意识等方面有所帮助。

2007 年 7 月至 11 月，市文化局与市旅游局组织"津旅杯"第二届天津市导游员、讲解员大赛。

2009 年 8 月，与天津市文物局联合举办"天津市第三届讲解员大赛"。

1997—2012 年，天津市文物博物馆学会与天津市文物局在周恩来邓颖超纪念馆、天津文庙博物馆等处举办"5·18 国际博物馆日大型宣传活动"。博物馆分别用布标、展牌形式介绍各馆情况。本市文物鉴定委员会派出专家提供文物咨询服务，宣传文物法规、政策及文物保护知识。

（三）学术成果

天津市文物博物馆学会的主要学术成果见表 5-2。

《天津文博》一至七辑简表（一至六辑为内部刊物）

表 5-2

出版时间	辑次	主要内容	备注
1986 年	第一辑	博物馆学研究、文物保护、考古学	载稿 21 篇
1987 年	第二辑	博物馆学研究、天津民间艺术研究、陈列艺术、文物考古等	载稿 14 篇
1989 年	第三辑	名城研究、历史文物研究、博物馆学研究	载稿 21 篇
1992 年	第四辑	名城研究、历史文物研究、博物馆学研究、群教工作	载稿 34 篇
1996 年	第五辑	博物馆学研究、考古学、文物政策法规	载稿 17 篇
2003 年	第六辑	文物政策法规、文物保护、考古学、历史研究、藏品保护、博物馆学研究	载稿 47 篇
2010 年	第七辑	文物政策法规、文化遗产保护、博物馆学研究、文物学研究、历史研究	载稿 48 篇

第二节　报刊与出版物

一、学术报刊

《广智星期报》

天津广智馆刊物，为继承《社会教育星期报》而来，1929 年 1 月创刊。八开，周刊。主要内容有科学、言论、常识、医药卫生等，是早期科普刊物。主编韩补庵。陈宝泉、严慈约、邓庆澜、李琴湘、赵幼梅、陆辛农、孙子文、王斗瞻等曾为该报义务写稿。1932 年停刊。

《河北第一博物院半月刊》

1931 年 9 月 25 日创刊，小八开，每期 4 版。发刊主旨："盖在普及文化教育，并以此引起一般人对于博物馆之注意。"内容分为自然与历史两部分，包括动植物、化石、民俗、文玩、书法绘画、甲骨等。亦涉及野外调查、古建筑介绍等。

该刊曾数次易名。第 29 期（1932）改名《河北第一博物院半月刊画报》；第 49 期（1933）改名《河北第一博物院画报》；第 80 期（1935）改名《河北博物院画刊》，直至 1937 年 7 月 25 日第 141 期终刊。

《美术丛刊》

天津市立美术馆刊行，年刊。创刊于 1931 年 10 月，共出版 3 期。刊物以提倡美术之先声，以求唤起国人对于艺术的兴趣为宗旨。内容包括书画、摄影、雕塑、金石、建筑等；主要栏目有"插图""艺术""考古""论文""消息""附录"等。

《美术》

天津市立美术馆出版，大公报馆承印，发刊人严季聪，季刊。创刊于 1937 年 7 月 1 日，后再未出刊。内容有书画、金石、刺绣、建筑、雕塑、摄影以及美术工艺，图文并重。发刊辞称："举凡足以表示中外美术之优美，检讨中外美术之论著，等等作品，咸为罗致发表，以供专门学者之参考，与夫一般社会之阅读。"

《天津文物简讯》

天津市文物管理处编，内部刊物。

《天津自然博物馆论文集 No. 1—21》

刊发时间为 1979 年，1985—2004 年，共 21 期（除第 1、2、3、19、21 期为内部刊物外，其他均公开发行，其中第 11 和 20 期分别为建馆 80 年和 90 年馆庆文集）。主要刊发动植物、古生物、古人类、地质学、博物馆学等学科的研究成果，包括新技术、新方法、国内外研究进展及专题评述、新书评介等。

《中国标本技术通讯》

1981 年中国自然科学博物馆协会技术委员会挂靠天津自然博物馆。20 年间，该馆多次举办标本剥制技术与化石模型技术研讨会及培训班。在此工作基础上，2000 年创办该刊。旨在同行间切磋专业技能，增进国际、国内标本制作技术的交流。

《天津文博》

天津市文物博物馆学会会刊。该学会编辑，1986

年创刊，不定期刊。刊发时间为1986—2009年，共出版7期，前6期为内部交流，第7期由科学出版社正式出版。刊发文博简讯与动态及本市文博领域工作者的专业研究文章（内容涉及文物法律法规、博物馆学、博物馆陈列艺术、博物馆社会教育、文物保护、历史名城、文物学及史料等）。

《天津市历史博物馆馆刊》

该刊编委会编辑。1986年创刊，共发行4期（年份分别为1986、1988、1990和1994年）。内容分为"天津史志""津门考古""文史研究""馆藏文物资料""天津民俗""博物馆学""文物保护技术"和"外文资料选译"等栏目，主要收录该馆专业人员相关研究。刊发主旨为开展地方文物、文献的征集搜求工作，有计划地针对本市历史重大课题进行探索，展示该馆研究工作的社会效益和实现历史研究与社会实践接近的工作目标。

《周恩来邓颖超研究通讯》

周恩来邓颖超纪念馆于2002年创刊，半年刊。至2012年共出版20期。主要内容有：周恩来、邓颖超研究；周恩来、邓颖超文物文献的介绍与研究；纪念馆工作心得与探索；周恩来、邓颖超思想宣传等。

《对话与责任》

天津市文化遗产保护中心暨元明清天妃宫遗址博物馆主办，不定期发行内部资料。2004年10月30日创刊，至2005年8月31日共发行6期。首期8版，其余5期为16版。内容有最新考古工作报道、文物保护项目的开展、学术交流和博物馆工作探讨等。

《自然风》

天津自然博物馆宣教部于2005年创办，至2012年共出版8期。内部科普报刊，主要面向同行及观众开展科普宣传。

《天津博物馆集刊》

天津博物馆（编委会）编辑，2008年12月天津人民出版社出版、发行。刊发内容为该馆及本市文博单位、高等院校、科研院所相关专业人员的文章。设有"博物馆学""历史文化""文物鉴赏与研究"和"文物使用与保护"4个专题。刊发文稿76篇，共计50万余字。2011年改版为《天津博物馆论文丛》。

第一辑《天津博物馆论丛2011》，天津博物馆该刊编委会编辑，2012年4月天津人民出版社出版、发行。设6个专题，即"博物馆学前沿探索""文物研究""津沽史实考""文化遗产研究与保护""文化史研究"和"博物馆研究"。刊发文稿88篇，共计65万余字。

第二辑《天津博物馆论丛2012》，2013年5月科学出版社出版、发行。设有10个专题，即"文博探索""名家专稿史料""史迹考论""策展心得""文化史论""藏品研究""津沽史记""文物保护""文献编译"和"博物馆工作巡礼"。刊发文稿62篇，共计67万余字。

《平津战役纪念馆馆刊》

平津战役纪念馆主办，2012年7月创刊。主编寇士恺，执行主编刘光欣。

该刊分为文博论坛、专题研究、文物档案、兵器大观、天津史论、墨香品荐和随笔札记等7个版块，旨在记录馆内发展历程、展示学术水平、提高业务人员研究能力、促进馆际之间的交流。

二、出版物

《天津博物院陈列品说明书》

1917年10月，天津博物院筹备处编辑发行，铅印。分为天然、历史两部，每部若干类。天然部包括动物、植物、矿物三类，对产地、性质、功用及其与人类的关系均有介绍；历史部包括美术、货币、人种风俗及古迹风景、文字、掌故、科举、纪念、宗教、礼器、武器、陶瓷等类，在时代、沿革方面有详考，具有一定参考价值。

《天津博物院座头鲸说明书》

1919年4月天津博物院出版发行。结合该馆所得一雄性座头鲸，对鲸类做整体说明，包括科属及名称、习性、产地、功用、学术和商业价值等内容。

《国文探索一斑》

1921年12月天津博物院出版。内容共分六部分：①华夏文字变迁表；②中华民国现在通行文字；③华夏文字支衍表；④华音声纽根原表；⑤华、埃古文比较略表；⑥巴比伦文与华古文比较略表。

《天津广智馆十周年纪念报告》

1935年5月天津广智馆铅印。内容包括天津广智馆略历、经费、职员、规章、行政系统图等内容。

《天津林先生兴学碑记》

1935 年 8 月天津广智馆石印出版。为纪念本市教育家林墨青一生热心兴学，在津创办官立、公立、民立新式小学 30 余处，并于 1915 年成立天津社会教育办事处，兴办一批社会教育机构，刊行《社会教育星期报》，1920 年创立天津社会教育广智馆等，立"林君兴学碑"。碑文，高凌雯撰，华世奎书，楷书凡 640 字。《天津林先生兴学碑记》全文刊录该碑文。

《河北博物院民国二十三年度工作、会计报告》

1935 年 12 月河北博物院编制。内容有民国二十三年度工作报告（包括：甲，重要事项；乙，展览日数及参观人数；丙，民国二十三年度收入陈列品统计；丁，收入图书）和民国二十三年度会计报告（包括：民国二十三年度月收入分项简明表、民国二十三年度月支出分项简明表），附录各项规章、出版品目录。

《河北博物院民国二十四年度工作、会计报告》

1936 年 9 月河北博物院编制。内容有民国二十四年度工作报告（包括：甲，重要事项；乙，展览日数及参观人数；丙，民国二十四年度收入陈列品统计；丁，收入图书）和民国二十四年度会计报告（包括：民国二十四年度月收入分项简明表、民国二十四年度月支出分项简明表），附录出版品目录、办理流通本省各县志书办法。

《天津特别市市立博物院陈列品目录》

1941 年 1 月天津特别市市立博物院铅印出版。该目录列有自然部（包括地质学、动物学两类）、历史部（包括饮食、交通、货币、拓本、宗教、礼俗、学艺、文献、考古学等类）和工艺部（陶瓷类）等陈列品信息，如：陈列品名称、数量、来源。

《天津特别市市立美术馆概况》

天津特别市市立美术馆情况介绍。内容包括该馆主旨、沿革、组织机构、设备、陈列、展览、研究、出版、征集、调查、讲演、图书、陈列品总目录、藏书总目录等。

《天津特别市市立博物院概况》

内容包括沿革、组织（院章、组织系统表、办事细则、院务会议细则、股务会议细则）、主旨及实施计划等。附录征集陈列品办法、捐赠陈列品办法、寄存陈列品办法、交换陈列品办法。

河北博物院出版物目录

表 5-3

出版物	备注
《簠室殷契类纂》（再版本）	每部二册
《秦书八体原委》	每部二册
《秦书集存》	一册
《汉党锢刻石残字印片》	一份
《旅顺口唐崔忻记验井刻石拓本印片》	一张
《纵横线图案》（一、二、三辑）	每辑一册
《汉寰砖拓片五种》	每种二张
《魏武定石造像拓片》	一张
《齐断碑拓片》	一张
《唐申君并夫人墓志铭拓片》	一张
《唐吴景肃墓志铭拓片》	一张
《唐经幢拓片》	一张
《宋瓷枕拓片三种》	每种一张

出版物	备注
《宋经幢拓片》	每份八张
《金石狮拓片》（附摄影）	一份
《明肺石拓片》	一张
《儿童应用动物植物图谱二种》	每种一册
《福山王氏劫余印存》（用锌板钤印）	一册
《魏乐陵王元彦墓志铭拓本》	一张
《元大都路总治碑拓片》	每份二张
《董理文字之我见》	一册
《己小篇》	一册
《金石文字辨异》	一册
《温州古甓记》	一册
《尚书骈枝》	一册
《上善堂书目》	一册
《古籀余论》	每部二册
《韩集笺证》	每部四册
《奕载堂古玉图录》	一册

《艺苑集锦》

天津市艺术博物馆编。天津人民美术出版社 1959 年出版。精选该馆藏宋元明清绘画作品 60 幅，附有画家简介。张映雪作序。

《天津市艺术博物馆藏画集　上》

文物出版社 1959 年出版。收入该馆藏宋至清代的 52 人的 65 幅绘画作品，珂罗版影印。张映雪作序。

《宋赵孟坚"水仙图"卷》

文物出版社 1961 年出版。

《天津市艺术博物馆藏画集　下》

文物出版社 1963 年出版。收入该馆藏宋至清代 82 幅绘画精品，珂罗版影印。张映雪作序。

《赵孟頫"洛神赋"卷》

天津杨柳青画社出版社 1978 年出版。

《石涛"墨竹"卷》

天津人民美术出版社 1979 年出版。

《范宽"雪景寒林图"》

天津人民美术出版社 1979 年出版。

《天津市艺术博物馆藏砚》

文物出版社 1979 年出版。选收汉至清代砚台 120 方。含彩色铜版 11 幅、单色影印 120 幅，凡重要雕刻和铭文皆附印拓本。

《五四运动在天津——历史资料选辑》

天津市历史博物馆、南开大学历史学系《五四运动在天津》编辑组编辑，天津人民出版社 1979 年出版。全书 58 万字，分为 8 章，从联合团体的成立、抵制日货、传播革命思想等几方面，记述天津各界对五四运动的响应与开展。

《五四前后周恩来同志诗文选》

南开大学历史学系、天津市历史博物馆合编，天津人民出版社 1979 出版。精选周恩来诗文 50 余篇，配以珍贵历史照片，反映青年时期的周恩来追求光明与真理的成长历程。

《平津战役图片集》

天津市历史博物馆编辑，上海教育出版社 1979 年出版。该图集所录图片均为该馆馆藏，包括战地照片、绘画及原件影印图片等，表现平津战役在中国人民解放军战争史上的重要地位。

《天津市艺术博物馆藏战国玺印选原钤本》

天津杨柳青画社 1980 年出版。战国时期玺印六十印辑拓。

《天津市艺术博物馆藏汉魏官印选》

天津杨柳青画社 1980 年出版。汉魏官印六十印辑拓。

《天津市艺术博物馆藏汉魏私印选》

天津杨柳青画社 1980 年出版。汉魏私印六十印辑拓。

《觉悟 觉邮 周恩来诗文集》

南开大学图书馆、天津市历史博物馆与天津社会科学院图书馆合编。1980 年南开大学印刷厂印刷。《觉悟》是天津觉悟社（天津学生联合会与女界爱国同志会周恩来、马骏、郭隆真、刘清扬和邓颖超等组织的青年革命团体）的刊物，周恩来主编。1920 年 1 月 20 日出版第一期（大 32 开，百余页，近 10 万字）。《觉邮》是天津觉悟社社员的通信刊物。天津《新民意报》副刊之一。1923 年 4 月创刊，不定期刊，周恩来等觉悟社成员编辑。初为周恩来在法国时社员间通信的油印册，名为《觉邮》，后国内觉悟社成员邓颖超等仿照此刊办刊，发表社员间的通信，亦名为《觉邮》。

该诗文集即收录上述刊物刊载的周恩来诗文 14 篇，并有介绍邓颖超、刘清扬等人的附录 14 篇，是研究周恩来五四时期革命实践的史料。

《津门考古》

天津市文物管理处编，天津人民出版社 1982 年出版。全书从"沧海桑田话天津"至"天津城"，分为 22 个小专题，以考古资料再现地区的古代历史；择古代文物之要者，介绍其对阐明天津古代历史的意义。天津市文物管理处专业研究人员分别撰稿，韩嘉谷增删修订。

《天津市艺术博物馆藏画集 （合订本）》

文物出版社 1982 年版。《天津市艺术博物馆藏画集》上、下两集之合订版。

《扬州八家画选》

天津人民美术出版社 1982 年出版。收录扬州八怪绘画精品 54 幅。卷首有张映雪作《法自我立 推陈出新——谈扬州八家及其艺术活动》专论 1 篇。

《书法丛刊（第三辑）》

文物出版社 1982 年出版。收录天津市艺术博物馆藏宋元明清书法精品 19 件及明顾从义摹刻石鼓文砚 1 件，均附详细介绍。并收录蔡鸿茹等相关研究专论 4 篇。

《汉鲜于璜碑》

天津市文物管理处与天津市历史博物馆合编，文物出版社 1982 年出版。碑全称"汉故雁门太守鲜于璜碑"，东汉延熹八年（165）十一月立。1973 年 5 月出土于本市武清县高村乡兰城村。碑呈圭形，高 2.42 米，宽 0.81 ~ 0.83 米，厚 0.12 米。有长方覆斗形碑座。碑额有穿，碑阳于穿上方阳刻篆书"汉故雁门太守鲜于君碑"10 字，额两旁阴刻青龙、白虎画像；碑阳 16 行，满行 35 字，叙述鲜于璜的生平，文后赘以赞词；碑阴于额之穿上阴刻展翅朱雀画像，碑身铭文 15 行，满行 25 字，复述生平外，详列鲜于璜的世系（该类格式与一般汉碑阴面铭文不同，一般所见为记捐资人明细）。两面碑文均为阴刻隶书，凡 827 字。该碑是迄今所见最为完整、字数最多的汉碑。碑首、篆额的形式为汉碑中少见。现存于天津博物馆。

《天津革命史话》

天津市历史博物馆编，为《支部生活》增刊（1982），收录近代以来有关天津人民革命斗争的研究文章 36 篇。

《天津地方史资料联合目录》（第一至三册）

天津社会科学院图书馆、历史研究所，南开大学，天津师范学院，天津市历史博物馆，天津市文物管理处，天津市政协文史资料研究委员会，天津市委党校和天津市档案馆及天津图书馆等联合编辑。天津市图书馆、天津史研究会 1982 年刊行。内容主要为各主编单位所藏含天津内容的中外文图书资料，包括公开出版和内部刊行，正式或非正式出版物及稿本、抄本等。按主题分为 9 类，有历史、地理、政治、经济、社会、文化教育、文学艺术、总计、其他。

《秘籍录存（近代史资料专刊）》

中国社会科学院近代史研究所《近代史资料》编辑室主编，天津市历史博物馆编辑，中国社会科学出版社 1984 年出版。主要辑录徐世昌任民国北洋政府总统时期，总统府秘书厅所存 1919—1921 年巴黎和会及华盛顿会议期间，北洋政府与中国出席和会代表及驻外使馆间的电文等档案文献史料，含有两会的大部分重要文件，是研究中国近代史的重要资料。2013 年再版重印。

《晋王羲之寒切帖》

朵云轩 1984 年复制精裱手卷。

《周叔弢先生捐献玺印选》

天津人民美术出版社 1984 年出版。收录天津市艺术博物馆藏周叔弢捐献历代玺印。

《杨柳青年画》

文物出版社 1984 年出版。收录天津市艺术博物馆藏杨柳青年画共 119 图。附现代年画彩印二图、各图出处及中英文简介。

《天津市艺术博物馆》

文物出版社 1984 年出版。选录天津市艺术博物馆藏文物精品 281 件。含绘画、法书、玺印、砚台、玉器、瓷器、"泥人张"彩塑和杨柳青年画等 8 类。除分类综述外，每件器物亦有简要说明。卷首有张映雪所作之序，简要介绍馆藏情况和特色。

《独乐寺一千周年纪念大会论文集》

1984 年 10 月，国家文物局、天津市人民政府于本市蓟县独乐寺举行"独乐寺重建一千周年纪念大会"，国内古建专家、学者、文物工作者百余人参会，发表论文 30 余篇，集为该刊。内容涉及独乐寺（及白塔）历史沿革、建筑艺术、书法艺术、雕塑艺术等方面。

《中国历代绘画（天津市艺术博物馆藏画集 1）》

天津人民美术出版社 1985 年出版。收录宋至清名家精品画作 75 幅。附作品简介、题跋选印、历代著录资料等。张映雪作序。

《河北植物志》第 1—3 卷

河北科学技术出版社出版。天津自然博物馆刘家宜为该志编辑委员会委员，于 1978 至 1986 年参与编写部分内容。计 21 科 211 种，第一卷 6 科（苹科、槐叶苹科、满江红科、藜科、睡莲科、金鱼藻科），第二卷 5 科（狸藻科、小二仙草科、杉叶藻科、菱科、胡麻科），第三卷 10 科（香蒲科、眼子菜科、茨藻科、黑三棱科、莎草科、雨久花科、泽泻科、花蔺科、水鳖科、浮萍科）。凡 10 万余字。

《中国三趾马化石》

中国古生物志系列刊物，科学出版社 1987 年出版。该书是中国科学院院士、古脊椎动物与古人类研究所邱占祥和天津自然博物馆黄为龙、郭志惠等人 1978 至 1985 年的工作总结。内容为近百年来有关中国三趾马化石文献资料整理与研究及该类化石的研究方法。将已定的 25 个种和亚种修订合并至 13 个种；对 20 世纪 30 年代起收集标本 358 号 60 个头骨进行研究，新定 5 个种，并对 18 个种做亚一级的分类。此外，介绍欧洲晚第三纪划分的变化历史和现状，提出我国与之对应的划分对比方案。该书对三趾马化石进行亚属一级的划分尚属首例。

《泥人张彩塑艺术》

文物出版社 1987 年出版。收录天津市艺术博物馆藏泥人张彩塑精品。

《天津市艺术博物馆建馆三十周年纪念文集》

1987 年印行。记述了天津市艺术博物馆建馆 30 年来的发展历程，总结了该馆在陈列保管、文物征集和群众工作等方面的先进经验。收录了数十篇馆藏艺术品介绍和研究文章。

《五卅运动在天津》

中共天津市委党史资料征集委员会、天津市总工会工运史研究室与天津市历史博物馆合编。中共党史资料出版社 1987 年出版。全书 30 万字，包括天津五卅运动的概述、历史文献、资料选编、回忆文章等内容，详述中共天津地方委员会于津发动与开展五卅运动的情况。

《周恩来的青年时代》

周恩来同志青年时代在津革命活动纪念馆编，文物出版社 1988 年出版。反映周恩来青年时代的画册，分为中学时代、留学日本、五四运动、旅居欧洲 4 部分。收录照片、文献资料、墨迹和其他有关文物图片 183 幅。附"周恩来青年时代大事年表"。

《天津黄崖关长城志》

天津市爱我中华修我长城赞助活动委员会办公室编。方放主编并作序，韩嘉谷执笔。天津古籍出版社 1988 年出版。是一本全面、系统阐述蓟县境内古长城的历史沿革、当年的防御工程体系和制度、记录 20 世纪 80 年代天津军民修复长城全过程的专志。

《天津市历史博物馆藏中国历代货币》

天津市历史博物馆编，天津杨柳青画社 1989 年出版。该馆藏币自成体系，反映我国古代货币的发展脉络。该册精选所藏，如春秋齐国"邦刀"和新莽"六泉十布"等，逐一评价，亦论及我国货币产生、发展与流变中的相关问题。

《津门胜迹》

津门胜迹编委会编，天津古籍出版社 1989 年出版。内容分为"历史遗迹""风物建筑""革命旧址""名人故里""文物宝藏""文苑掇英"，是一本比较系统地介绍天津文物古迹的普及性知识读物。李孔椿、韩嘉谷、王绪周、文启明、马大东参加编写。张映雪作序。

《天津古代建筑》

《天津城市建设》丛书编委会编，天津科学技术出版社 1989 年出版。主要论述天津市古代建筑的历史、艺术、科学价值和地方特色。介绍中华人民共和国成立后，天津市文物建筑保护、维修、利用方面的做法和成绩。天津市历史博物馆纪烈敏、李经汉、郭鸿林参与编写。

《中国古代书画图目》（八）

中国古代书画鉴定组编辑，文物出版社 1990 年出版。自 1983 年文化部文物局中国古代书画鉴定组成立起，对全国博物馆现存古代书画进行考察和鉴定，编印目录、图录及大型画册。该册包括河北省、河南省、山西省和天津市历史博物馆、天津文物公司、天津市文化局文物处等文物单位的藏品。附书画目录。

《天津市历史博物馆建馆四十周年纪念文集》

天津市历史博物馆编，天津古籍出版社 1992 年出版。该文集分为中国通史、中共党史、天津地方史、文物考证和专题研究等部分，全书 62 万字，收录文稿 57 篇。

《天津市历史博物馆藏汉碑三种》

天津市历史博物馆编著，天津杨柳青画社 1992 年出版。介绍了《贤良方正残石》《党锢残碑》和《鲜于璜碑》。据该馆所藏精旧拓本制版，后附释文。

《贤良方正残石》为《子游残碑》［"安阳残石"之一。东汉元初二年（115）六月刻，隶书。碑断为二，上截即该残石，下截称为《子游残石》］上截。高 41 厘米，宽 57 厘米，于 1913 年出土于河南安阳，因首行有"贤良方正"等字而得名。碑文隶书 12 行，存 93 字。

《党锢残碑》传出土于河南洛阳，因碑文内容与党锢之祸史实有关，故名。该碑两面铭刻隶书，四周皆残。阳面存 6 行 24 字，阴面存 2 行 7 字。

《鲜于璜碑》全称《汉故雁门太守鲜于君碑》，东汉延熹八年（165）十一月立。1973 年 5 月出土于天津市武清县高村乡兰城村。碑呈圭形，高 2.42 米，宽 0.81 ～ 0.83 米，厚 0.12 米。两面碑文隶书，共 827 字，述鲜于璜的生平及世系等。

《近代天津图志》

天津市历史博物馆、天津市地方志编修委员会、天津市政协文史资料研究委员会、中共天津市委党史资料征集委员会、天津市城市建设志编修委员会合编。

天津人民出版社 1992 年出版。该图志分为 12 个单元，收录 1200 余幅图片，反映近百年中（1860—1949）天津在政治、经济、文化、社会等方面的历史面貌。地域范围以旧天津的建置为界。

《没有共产党就没有新中国图集之五——三大战役》

辽沈战役纪念馆、淮海战役纪念馆、天津市历史博物馆编，上海教育出版社 1992 年出版。选录 158 幅珍贵照片与历史资料，展现辽沈、淮海、平津三大战役的规模、战果及影响。

《天津市艺术博物馆藏玉》

香港两木出版社、文物出版社联合出版（1993）。精选馆藏新石器时代至清代玉器 200 余件，附图版说明。

《天津市艺术博物馆藏瓷》

香港两木出版社、文物出版社联合出版（1993）。精选馆藏东汉至清代瓷器 150 余件，附图版说明。

《天津市艺术博物馆藏砚拓片集》

日本大阪西天满书店 1994 年出版。

《天津自然博物馆八十周年》

陈锡欣主编，天津科学技术出版社 1994 年 12 月出版。记录该馆近一个世纪的历史及 80 年的工作成果。

《世界博物馆巡礼周刊 34——天津市艺术博物馆》

大地地理出版事业股份有限公司 1995 年出版。

《天津市艺术博物馆藏箴言吉语印选》

天津杨柳青画社 1996 年出版。收录馆藏战国、秦、汉箴言吉语印 60 方，手拓印谱。

《天津市艺术博物馆藏敦煌文献》

上海古籍出版社 1996 年出版。收入馆藏敦煌文献 70 件，包括六朝隋唐时期佛经抄件，其中有罕见的《南朝天嘉六年佛门问答》等；唐代咸亨、开元时公事、户牒、付麦清单等各种社会文书；藏文、回鹘文等少数民族文字经卷等若干。

《天津市历史博物馆藏北洋军阀史料》

天津市历史博物馆"北洋军阀史料编委会"编，天津古籍出版社 1996 年影印出版。内容按人物分卷，即袁世凯、黎元洪、徐世昌、吴景濂等 4 卷，凡 33 册，所辑资料大部分为上述 4 人的个人文稿及与其相关的函电等重要文件。

《天津考古四十年资料汇编（1956—1996）》

天津市历史博物馆考古部编，天津市历史博物馆

1996 年内部印刷。1956 年天津东郊区张贵庄战国墓的发现和发掘，标志着天津考古工作进入新阶段。该汇编记录自此 40 年天津考古工作在田野调查、发掘以及资料整理等方面的成果。

《解放战争时期天津学生运动史料》

汇集了解放战争时期天津发生的历次学生运动的有关史料并加以说明在当时所起的作用。秦戈、王绪周、王嵩主编，天津古籍出版社 1996 年出版。

《文物鉴赏手册》

天津市文物鉴定委员会编著，天津科技出版社 1996 年出版。介绍陶瓷、铜器、玉器、书法、绘画、图书、钱币、印章、家具等文物门类及其鉴赏要点，亦包括断代、鉴别真伪的基本常识。天津市历史博物馆郑华、刘渤、董鸿程参与编著。

《天津市艺术博物馆藏古玺印选》

文物出版社 1997 年出版。精选馆藏古玺印 500 方，包含照片及拓片。

《军民建馆铸丰碑》

记录北京军区、北京市与本市协力建设平津战役纪念馆的工作纪实画册。平津战役纪念馆建馆领导小组办公室 1997 年编印，未公开出版发行。杨桂生主编。

《周恩来与天津》

黄小同、王绪周、李文芳主编，天津人民出版社 1998 年出版。周恩来从青年时就在天津读书成长，参加革命活动。成为中国共产党和国家领导人之后对天津的发展更是关怀备至，曾多次来津视察，指导工作。该书汇集了周恩来与天津的密切关系的大量史实。

《中国名城汉俗大观》（天津卷）

冯桂林主编，云南人民出版社 1998 年出版。记述上海、南京、武汉、广州、成都、北京、天津、开封、太原、西安等十大历史文化名城的汉民族风俗。所用资料主要来自民间采风和社会调查。每城一篇，设家庭、生产、饮食、装束、住宅、用具、交通、岁时、仪礼、交际、信仰、娱乐、方言等若干项。其中天津卷由天津市历史博物馆顾道馨、王社、王昆江编著。凡 97 万字。

《周恩来和邓颖超》

周恩来邓颖超研究中心编，中央文献出版社 1998 年出版。收录周恩来、邓颖超工作及生活照片 37 幅，中英文双语说明。

《金铜佛像》

天津市文物公司编著，文物出版社 1998 年 10 月出版。收录该公司所藏金铜佛教造像近 800 尊。记述佛教造像的时代与地域风格及特点，有助于汉、藏佛教造像的鉴别。

《敦煌写经》

天津市文物公司编著，文物出版社 1998 年 10 月出版。收录该公司所藏敦煌写经 30 件，阐述其书体风格及艺术价值。

《周恩来邓颖超纪念馆画集》

李孔椿主编，西苑出版社 1999 年出版。以图片形式介绍周恩来邓颖超纪念馆概况。分为"馆容馆貌""共襄盛举""馆藏集珍"和"功在千秋"4 部分。分别介绍该馆地理位置、规模、布局及设计寓意；该馆筹建过程；该馆诸厅（瞻仰厅、生平厅、情怀厅、书画厅，以及影视厅、多功能厅等）的陈设与功用；该馆作为爱国主义教育基地的功能和作用。

《平津战役纪实——平津战役纪念馆》

《平津战役史料丛书》之一。主编毕建忠，副主编徐长祥、万兴宪。天津人民出版社 1999 年出版发行。内容分为"运筹帷幄""决战平津""人民支前"和"伟大胜利"4 部分，记录平津战役发生、发展的历史轨迹。

《徐世章先生捐献文物精品选》

天津人民美术出版社 1999 年出版。其包含介绍徐世章先生生平事迹、藏玉及藏砚情况的文章 4 篇，精选徐氏新石器时代至唐代藏玉图版 40 件、宋至近代砚墨文物图版 36 件、汉瓦文物图版 4 件、汉至清代工艺类文物图版 25 件、宋至清代字画文物图版 14 件。

《鱼类寄生虫与寄生虫病》

张剑英主编，科学出版社 1999 年出版。该书包括作者从事鱼病学教学、科研 40 余年积累的资料和研究成果，分为 6 篇 15 章，描述鱼类寄生虫 197 科 685 属。述及其外部形态、内部结构、生活史、危害性及其检查、诊断等内容。重点介绍某些寄生虫病的病原、病理、病症、流行情况及防治方法等。天津自然博物馆李庆奎参与编写。

《偃师二里头 1959—1978 年考古发掘报告》

中国社会科学院考古研究所编著，中国大百科全书出版社 1999 年出版。该书是河南偃师二里头夏代遗址 1959 至 1978 年的考古发掘报告。内容分为八章，介绍二里头遗址的地理概貌、发掘经过、文化分期、一号和二号宫殿基址、一般居住遗迹、墓葬，以及出土器物如青铜器、玉器、陶器、石器、骨角器、蚌器等。对二里头文化渊源、类型、性质、去向和二里头遗址的性质等问题亦有探讨。该书有线图272幅，黑白图版184幅。天津市历史博物馆李经汉参与编写。

《天津近代人物蜡像馆图册》

天津市历史博物馆丛书编委会编，天津杨柳青画社、天津新闻图片社1999年出版。收录人物蜡像34尊。该图册按蜡像代表的人物所处的历史背景，划分为若干部分，即："天津开埠与租界的设立""洋务运动在天津""八国联军入侵和义和团运动""小站练兵和北洋军阀""北洋实业和民族工商业""近代教育""文化艺术""体育卫生""革命先驱""抗日救亡"和"天津解放"等。人物与历史相对照，表现他们在近代天津城市政治、经济、文教、科技和革命斗争等不同领域及事项中所发挥的作用。

《中国民族建筑》（天津卷）

王绍周主编，江苏科技出版社1999年出版。内容为编撰者实地考察（包括摄影、测绘）所采集的关于民族建筑的资料。介绍中国古代民族建筑的面貌和特色，及近代承继传统建筑特点的民族建筑，较全面系统地反映了中国民族建筑的发展源流。记述典型建筑的建造年代、环境、布局等总体特征，及其细部构造、雕饰和室内布置、陈设等。含所涉及建筑的外部构造、室内布置和细部结构的图片，及多角度测绘图。该书兼备工具书的性质。天津市历史博物馆纪烈敏负责天津卷的编写。

《南开新闻出版史料 1909—1999》

崔国良、张世甲主编，张彤译，南开大学出版社1999年出版。收录我国北方最早创办新闻出版事业的南开学校（含南开大学、南开大学经济研究所、南开大学出版社、南开中学、南开女中及小学和重庆南开中学等）1909至1999年百余种报刊和2000种图书史料，包括周恩来的出版理论及其《敬业》《校风》《天津联合会报》《觉悟》和《仇大娘》等幕表剧本；陈省身、曹禺、吴大猷、姜立夫、吴大任、范文澜、老舍、端木蕻良、孟伟哉、石英和何廉等各界名家创办的刊物、发表的作品等。天津市历史博物馆王昆江和陈瑞芳参与编写。

《天津旧影》

李家璘主编，人民美术出版社2000年出版。英、日、汉三语版。该书是《中国名城百年》之天津分册，精选本市历史博物馆藏248幅历史照片，按内容分为"海河纵横""老城风貌""开埠前后""租界撷览""沦陷纪实""解放纪实""工商百业""城市设施""街景市容""文化掠影""庙堂寻踪""都市风情"等，反映近代天津的历史风貌。

《中国脊椎动物大全》

刘明玉等主编，辽宁大学出版社2000年4月出版。收录中国迄今已知脊椎动物共5534种，分别为：鱼类3206种，包括圆口纲、软骨鱼纲和硬骨鱼纲；两栖类268种，为两栖纲蚓螈目、有尾目和无尾目；爬行类382种，包括龟鳖目、蜥蜴目和蛇目；鸟类1200种，为鸟纲潜鸟目、䴕形目等；兽类478种，为兽纲食虫目、翼手目和树鼩目。该书是有关中国脊椎动物的工具书，亦可作为上述诸类动物的汉文、拉丁文和英文名称对照词典。全书凡270万字。天津自然博物馆李国良参与编写。

《河北动物志 鱼类》

王所安等编著，河北科技出版社2001年出版。该卷是河北鱼类基本资料总汇。内容包括自20世纪80年代对河北沿海和内陆水域（含北京、天津）鱼类资源的调查结果及标本。总论扼要介绍河北水域概况、研究简史、分类依据和地理分布；分论对26目72科225种鱼类做形态描述（附有插图）及生态习性介绍。各纲、目、科、属、种有检索表。书末附名称索引。天津自然博物馆李国良参与编写。

《世界蝴蝶博览》

孙桂华主编，天津人民美术出版社2001年出版。收录该馆馆藏美洲和非洲蝴蝶标本。

《走进最后的决战——平津战役参战将士访谈录》

《平津战役史料丛书》之一。平津战役纪念馆编，天津人民出版社2002年出版发行。该书针对青少年读者，记述平津决战史实。

《平津战役纪念馆（1997—2002）》

反映1997至2002年平津战役纪念馆成长历程的图册。平津战役纪念馆编著，天津新闻图片社2002年印制，非公开发行。分为"亲切的关怀""爱国主义教育阵地""国际往来与涉外交流"等8部分。

《周恩来邓颖超纪念馆馆藏竹刻楹联集》

周恩来邓颖超纪念馆编，天津人民美术出版社2003年出版。收录周恩来、邓颖超亲笔楹联，亦有国内名人、楹联家、书法家所撰歌颂楹联。两者均镌刻于青竹之上，遂成该集。

《西花厅珍藏书画集》

中共中央文献研究室第二编研部、周恩来邓颖超研究中心编，中央文献出版社2004年出版。收录齐白石、徐悲鸿、何香凝、胡絜青、傅抱石、关山月、黄宾虹、溥松窗、邵宇、李琦等的绘画作品184幅；郭沫若、赵朴初、孙墨佛、启功、黄苗子、沙孟海、刘炳森等的书法作品142幅。反映周恩来、邓颖超与艺术家的交往。

《中国民俗大系·天津民俗》

尚洁主编。甘肃人民出版社2004年出版。50余万字，图文并茂，对天津地域历史、民俗文化做了系统挖掘、梳理与记述。

《天津自然博物馆建馆九十周年文集》

孙景云主编，天津科学技术出版社2004年出版。回顾该馆1994至2004年间的发展历程。内容包括纪念文章、博物馆学研究、藏品与技术等专业探讨。

《天津自然博物馆馆藏精品图集》

孙景云主编，为纪念天津自然博物馆建馆90周年出版的图集。天津人民美术出版社2004年出版。

《化石收藏》

匡学文、郑敏、高渭清主编，天津人民美术出版社2004年出版。主要内容为识别和保护化石的知识。

《中国的租界》（图集）

上海市历史博物馆等编。潘君祥、李家璘主编。上海古籍出版社2004年7月出版。该图集为沿海、沿江地区12家博物馆的协作项目，集中各馆以及法国外交部档案馆提供的文物和图片，以图录的形式，反映近代中国租界产生、发展直至被收回的全过程。天津市历史博物馆林开明任副主编，侯文洁任编委，刘渤、佟金贵、苏晓光参加编辑工作。

《鸟类标本收藏》

王凤琴主编，天津人民美术出版社2005年出版。收录八大鸟类300余幅标本图片，具有一定参考价值。

《中国出土玉器全集》（天津部分）

《中国出土玉器全集》收录国内31个省市自治区和港澳台地区各时期典型玉器图片。该部分由赵文刚主编，天津参编单位有：天津市文化遗产保护中心、天津博物馆和天津市宝坻区文化馆。科学出版社2005年出版。收录出土典型玉器凡46件（对）。其中，新石器时代4件，东汉4件（套），辽10件（对），明1件，清4件。所录均出土于遗址、墓葬及塔基等遗迹中，是研究本市历史沿革的实物资料。

《天津博物馆文物精华》

天津杨柳青画社2005年1月出版。收录天津博物馆珍宝级藏品221件。涉及历史文献、青铜器、陶瓷器、金银器、玉器、书画、甲骨、砚台、邮票、玺印、钱币等多个门类。

《习水景观昆虫》

金道超、李子忠主编，贵州科技出版社2006年出版。该书是对贵州省习水国家级自然保护区景观昆虫资源系统的总结。概述保护区昆虫区系特征、起源与演化、景观昆虫资源、物种多样性及其可持续利用等内容，记述保护区昆虫（含蛛形纲）15目161科693属1095种。天津自然博物馆郝淑莲参与编写工作。

《赤水桫椤景观昆虫》

金道超、李子忠主编，贵州科技出版社2006年出版。该书是对贵州省赤水桫椤国家级自然保护区景观昆虫资源系统的总结。探讨保护区昆虫区系特征、起源与演化、景观昆虫资源、物种多样性等内容，记述保护区昆虫（含蛛形纲）16目150科507属781种。天津自然博物馆郝淑莲参与编写工作。

《梵净山景观昆虫》

金道超、李子忠主编，贵州科技出版社2006年出版。该书是对贵州省梵净山国家级自然保护区景观昆虫资源系统的总结。探讨该保护区昆虫区系特征、起源与演化、景观昆虫资源、物种多样性，以及该保护区的规划管理和昆虫持续利用等内容；记述该保护区昆虫（含蛛形纲）22目220科1440属2105种。天津自然博物馆郝淑莲参与编写工作。

《天津通志·民俗志》

尚洁主编。天津社会科学院出版社2006年出版。全书70余万字，图文并茂，记述天津典型民俗历史传承与变异。

《杨柳青石家大院》

宫桂桐、韩志勇编著。新蕾出版社2007年出版。

《光荣与使命——平津战役纪念馆建馆十周年纪念文集》

平津战役纪念馆编著，天津人民出版社 2007 年出版发行。分为实践篇、学术篇、感怀篇 3 部分，记录平津战役纪念馆建馆 10 年来取得的成绩，及全体员工爱岗敬业的成长历程。

《文物图集》

平津战役纪念馆编著，天津新闻图片社 2007 年印制，非公开发行。内容为平津战役纪念馆藏文物照片，包括：平津战役解放军参战部队高级指挥员的物品，中共中央华北局城市工作部北平、天津中共地下党组织及人员的物品，及平津战役期间原国民党高级军政人员的物品等，共计 180 余件。

《欧亚自然历史博物馆高层论坛文集》

董玉琴主编，天津人民出版社 2007 年出版。为加强生态城市建设中的国际交流与合作，2007 年 11 月天津自然博物馆在本市举办"欧亚自然历史博物馆高层博物馆论坛暨中国·天津生态城市及可持续发展研讨会"。国内 29 个省市和亚欧 13 个国家及国际博物馆协会的专家学者百余人参加会议。与会代表围绕"生态城市与可持续发展"主题进行交流，对发挥自然博物馆在生态城市建设中应有的作用提出意见和建议。该文集所辑即该次会议的研讨内容。

《蓟县独乐寺》

陈明达著（遗作），天津大学出版社 2007 年 8 月出版。该书结合中国营造学社、中国文物研究所、天津大学等单位历年的研究与测绘图，以论文、建筑分析图及专题摄影等形式，介绍独乐寺观音阁、山门的大木制度，解析中国建筑在结构力学和建筑美学等方面的技术与审美特点。其弟子王其亨、殷力欣增加部分资料。

《蓟县独乐寺》

杨新编著，文物出版社 2007 年 11 月出版。记述中国文物研究所、天津市文物管理中心和蓟县文物保管所在独乐寺维修方面的合作研究。共 3 篇，分别为序篇、研究篇和维修篇。

序篇有中国古建专家罗哲文和中国工程院院士傅熹年所作之序。研究篇内容包括独乐寺的建筑、塑像和壁画方面的论文，收录余鸣谦、杨新、魏克晶、孔祥珍、袁毓杰、杨大为的专题研究与相关报告以及韩嘉谷和纪烈敏的研究。维修篇包括 1990—1998 年的

维修报告及施工组织与管理等内容。全书文稿及相关资料计 30 余万字。实地勘测与设计图、彩色图版等各类插图 211 幅。附录为独乐寺铭刻、题记、诗词、碑文及地震资料。

该书为独乐寺修缮建立的较完整档案，可为独乐寺的研究、保护维修、合理利用等提供参考。

《中华百年看天津》

天津博物馆编，天津古籍出版社 2008 年 3 月出版。同名展览图录，中英文对照说明词。内容分为"天津的历史积淀""英勇悲壮的抗争""工业文明的启蒙""殖民统治的见证""北洋新政的诞生""中西文化的交汇""北方经济的中心""日本侵华的基地""红色风暴的雷鸣"等部分，记述天津六百年的历史中社会变迁与文明演进的过程、事件及相关人物。其中多项文物及图片为天津博物馆长期收集所得。

《水西余韵》

政协天津市红桥区委员会、天津博物馆编，天津古籍出版社 2008 年出版。该书是将天津博物馆所藏部分水西庄遗址保管委员会当年拍摄的照片（玻璃版），加以整理编辑而成。

《奋进·创新·超越——建馆十周年纪念文集》

康金凤主编，天津人民出版社 2008 年出版。反映周恩来邓颖超纪念馆建馆十年来在领导机构建设、党组建设、内部管理、（社会）教育基地建设及业务工作等方面的主要业绩。

《周恩来邓颖超通信选集》

香港妇联、周恩来邓颖超研究中心合作，香港文汇出版社 2008 年出版。收录周恩来、邓颖超在 1938 至 1971 年间的通信若干件，合影 12 幅及书信手稿 7 封。所录多为首次公开发表。

《永远的怀念——纪念周恩来诞辰 110 周年画册》

赵炜主编，中国文联出版社 2008 年出版。收录征集所得国内书画家如曾玉衡、黄苗子、夏明远、爱新觉罗·毓娥、伍必端、欧阳中石、李琦、肖朗等的书画作品 134 幅。旨在纪念周恩来诞辰 110 周年。

《中国出土瓷器全集》（天津部分）

《中国出土瓷器全集》收录国内 31 个省市自治区和港澳台地区各时期具有代表性的瓷器图片。该部分陈雍主编，天津参编单位有：天津市文化遗产保护中心、天津博物馆和天津市宝坻区文化馆。科学出版社 2008

年出版。共收录典型出土瓷器46件（对）。其中，隋3件，唐2件，辽9件，金3件，元19件（对），明6件，清4件（对）。所录均出土于遗址、墓葬及塔基等遗迹中，是研究本市历史沿革的实物资料。

《河北动物志·鳞翅目·小蛾类》

小蛾类昆虫是鳞翅目中占比重较大的类群，分布广泛，其中多为农林业的主要害虫。该书记录该类昆虫14科208属377种，包括中国1新记录属和15新记录种。述及物种附有相应彩图。天津自然博物馆郝淑莲与吕锦梅分别负责羽蛾科和卷蛾科小食心族的编写工作。

《新中国出土墓志·天津卷》

《新中国出土墓志》是大型出土文献项目工程。拟出版墓志类图书30卷，共60册。

该卷与上海卷合为一册。陈雍、杨新主编，中国文化遗产研究院与天津市文化遗产保护中心编辑，文物出版社2009年出版。收录墓志60方（其中北齐1方，唐1方，辽1方，明37方，清19方，民国1方），附明代土地购买券1方。

《天津军事史话·现代部分》

王绪周主编，2009年9月延边大学出版社出版。该书汇集了天津从古代到现代的有关军事、战争方面的史实。

《文物背后的故事》

李爱华主编，天津人民出版社2009年出版。周恩来邓颖超纪念馆专业人员撰写。介绍周恩来、邓颖超青少年时代的文物26件。

《天津国家级文物鉴定专家口述丛书》

李家璘主编，天津文博院编，2010年1月天津人民出版社出版。该丛书共4册，分别为：《鉴识——张慈生自述》《眼力——刘光启自述》《洞鉴——云希正自述》和《明镜——田俊荣自述》。四位国家文物鉴定委员会委员回顾自身从事文物征集、鉴定与研究的工作经历，述其经验、心得与研究成果。

《天津文博论丛》第一集

天津文博院编，2010年6月天津人民出版社出版。该集主要收录有关博物馆史、博物馆基础理论、博物馆藏品管理与文物（标本）保护技术、博物馆陈列展览与宣传教育、博物馆与旅游等方面的文稿。亦含域外博物馆见闻。

《天津文博论丛》第二集（上、下）

天津文博院编，2010年6月天津人民出版社出版。该集收录有关历史文化、民俗文化、考古与文化遗产保护和自然遗产保护等方面的文稿。

《天津文博论丛》第三集

天津文博院编，天津人民出版社2010年6月出版。该集收录有关文物艺术品鉴定与研究、文物的文化学研究、文物鉴赏等方面的文稿。

《吉光焕彩——纪念刘奎龄诞辰125周年特展》

于英主编，科学出版社2010年12月出版。为纪念天津籍画家刘奎龄诞辰125周年（2010）展览图录，收录天津博物馆、天津市文物公司所藏刘奎龄作品，以及相关专论。附录中含刘奎龄的书画用印、生平年谱等重要内容。

《一世朗润——民国瓷器特展》

刘渤、高士国编著，科学出版社2010年12月出版。该书为2010年天津博物馆举办的"一世朗润——民国瓷器特展"之图录。包括天津博物馆与天津市文物公司所藏全部民国瓷器精品，分为山水、人物、花鸟和吉祥纹饰4部分，并按照仿古瓷、名家瓷、纪年款、堂名款、吉语款等划分单元，梳理民国瓷器的发展脉络。附有相关专论。

《全国周恩来纪念馆导览手册》

中国中央文献研究会周恩来思想生平研究会主编，周恩来邓颖超纪念馆征稿编辑，中央文献出版社2010年出版。介绍全国31所周恩来纪念馆的概况和馆藏特点。

《周恩来邓颖超风采——刘洪麟书画作品集》

周恩来邓颖超研究中心编，天津人民美术出版社2010年出版。以周恩来、邓颖超的事迹为题材，收录本市画家刘洪麟的国画作品25幅（《世界兼爱天下归心》《尽道人间春色满》《惊天日月照寰球》等），以及书法家毕开文、唐云来、张建会、赵伯光等相关书法作品。

《麻阳河景观昆虫》

陈祥盛、李子忠、金道超主编，贵州科技出版社2010年出版。该书是对贵州省麻阳河国家自然保护区昆虫本底资源系统调查研究的科学总结。探讨该保护区昆虫区系特征、起源与演化、昆虫资源及物种多样性等内容。记述该保护区昆虫（包括部分蛛形纲）19目137科609属1043种。天津自然博物馆郝淑莲参与编写工作。

《中国东北中生代昆虫化石精品》（*SilentStories Insect Fossil Treasures from DinosaurEra of the Northeastern China*）

任东主编，科学出版社分别于 2010 年与 2012 年出版中、英文版。收录我国东北地区距今 1.65 亿～1.20 亿年的昆虫化石珍品，对其做分类和形态描述，阐述其地质层位、系统演化、伴生动植物、古生态环境、访花与授粉、拟态等诸项内容及科学意义。天津自然博物馆梁军辉负责蜚蠊目的编写工作。

《天津市红桥区碑石铭刻辑录及释文》

天津市红桥区文化和旅游局编，天津社会科学院出版社 2011 年 4 月出版。该书共选录 70 通碑石铭刻，其中大部分系红桥区文物保护管理所多年珍藏，另有部分为其他文保单位所藏，还有一部分则是通过查阅史料发掘而来。这些碑石铭刻承载了天津六百余年的悠久历史与庞杂多元的地域文化，刻录了天津政治、经济、文化的时代印记与城市风貌的细部特征。

《天津市文博系统第一期"名师教室"成果文集》

天津市文化广播影视局、天津文博院编，天津人民出版社 2011 年 9 月出版。该文集汇集"名师教室"首届学员结业论文 33 篇及其教学活动的相关文件、图片等。

《集古赏今》

天津市文物公司编著，天津人民美术出版社 2011 年 10 月出版。纪念该公司成立 50 周年文物图集。包括书画、瓷器、玉器、杂项等文物近 200 件。

《秦岭小蛾类》

李后魂等著，科学出版社 2012 年 3 月出版。秦岭是中国南北气候的分界线，是我国长江与黄河两大水系的分水岭，是研究动植物区系特征、起源与演化的关键地区之一。该书介绍鳞翅目昆虫最新分类系统和研究动向，总结该地区鳞翅目小蛾类昆虫的研究成果，介绍了秦岭地区小蛾类昆虫 13 总科 28 科 423 属 1043 种，并详细记述 26 科 360 属 835 种（麦蛾和织蛾科除外），其中包括 1 个新种、3 个中国新纪录属和 36 个中国新纪录种。该书的出版对了解和促进中国生物多样性及相关学科的发展具有重要意义，为有关农林害虫的治理提供基础资料。天津自然博物馆郝淑莲与吕锦梅分别负责羽蛾科和卷蛾科小食心族的编写工作。

《天津博物馆精品系列图集》

该丛书包括《天津博物馆藏瓷》《天津博物馆藏玉》《天津博物馆藏砚》《天津博物馆藏书法》《天津博物馆藏绘画》和《天津博物馆藏玺印》6 部分，所录均为藏品精华，天津博物馆编，文物出版社 2012 年 4 月出版。

《中国孔庙建筑特色图片集萃》

2012 年 10 月天津戏剧博物馆文庙博物馆管理办公室编印。

《全国孔庙优秀书画作品选》

2012 年 10 月天津戏剧博物馆文庙博物馆管理办公室编印。

《中国孔庙保护协会第十五届年会论文汇编》

2012 年 10 月天津戏剧博物馆文庙博物馆管理办公室编印。

《天津市明长城资源调查报告》

天津市文物局、天津市文化遗产保护中心和天津市明长城资源调查队编著，主编金永伟，副主编杨大为、梅鹏云。文物出版社 2012 年 11 月出版。本市明长城资源调查工作，是全国该项调查工作的重要组成部分。始于 2007 年底，终于 2009 年。该报告分为上下两册。上册（文字部分）主要内容有：该项工作基本情况概述、在存遗迹调查数据及文字描述、该项工作经验教训之总结等。下册（图版部分）刊印地图 7 张、照片 621 张，反映本市域内长城全貌和调查工作过程。

《秘书眼中的邓颖超》

赵炜（邓颖超秘书）、高振普（邓颖超警卫秘书）摄影、撰文，中国戏剧出版社 2012 年出版。收录反映邓颖超工作、生活的摄影作品 185 幅。内容分为"老友相见""深入基层""情暖西花厅""参观出访""心系孩子""日常生活""魂归海河"等 7 部分。反映邓颖超的伟人风采与情操。

《春华秋实》

天津市文物公司编著，天津人民美术出版社 2013 年 1 月出版。收录该公司 2012 年征集收购的书画、瓷器、玉器、杂项等文物艺术品若干件及业务人员论文 12 篇。

《广西大明山昆虫》

周善义主编，广西师范大学出版社 2013 年出版。该书是对广西壮族自治区大明山国家级自然保护区景观科学考察工作的总结。介绍该保护区自然地理和昆虫区系特征，记述该区域内昆虫 15 目 116 科 1011 种，及 11 科

76 种蛛形纲动物。天津自然博物馆郝淑莲博士参与编写。

《周恩来同志青年时期在天津戏剧活动资料汇编》

周恩来同志青年时代在津革命活动纪念馆、天津市文化局戏剧研究室主编。收录周恩来青年时期在天津新剧活动方面的有关资料，包括论文、剧本、剧照及戏剧活动纪事，是研究周恩来对新剧贡献的资料。

三、非出版发行物（1949 年前）

《天津美术馆篆刻研究会印存》

天津美术馆收集整理，共 7 册。

《艺术院校章程》

天津市立美术馆收集粘贴成册，内容有国内各艺术院校招生简章及章程等。

《艺术家传记》

天津市立美术馆收集粘贴成册，内容有艺术家简介、新闻动态等。

《美术用品目录》

天津市立美术馆收集粘贴成册，内容有美术用品目录、广告、行情等。

《天津博物院古器拓本集存》

天津博物院收集整理，共 4 册。分别为：一、殷契；二、古金；三、古陶；四、古泉。

第三节 专著与论文

一、专著

《簠室殷契类纂》

王襄著，天津博物院 1920 年出版，石印线装本。为甲骨卜辞考释及研究心得。内容包括 4 部分，分别为：《正编》14 卷，收录可识文字 873 个（1929 年再版该编释字增为 957 个），重文 2110 个；《存疑》14 卷，收《说文解字》所无及未确认之字凡 1852 个；《待考》1 卷，为不能收入《存疑》之字凡 142 个；《附编》1 卷，辑合文 243 字，重者 98 字。所释按《说文解字》部首顺序排列。该书是我国第一部甲骨文字典。

《巨鹿宋器丛录——第一编　瓷器题字》

李祥者、张厚璜辑，天津博物院 1923 年 9 月出版，石印线装本。

该编为天津博物院对河北省巨鹿遗址经发掘及调查（1920）整理出版的报告。凡 41 页，记器 13 类 73 件，包括洗、盒、盒盖、盂、碗、盆、杯（包括小杯）、盘、尊、钵、枕、瓶、土鼓等。对器之质地、形制、品相等方面均有简要记述；题字亦有简要释文，必要处加按语阐述辑者心得（涉及社会背景、书写习俗、购器者或器之所有者身份等内容）。

器之题字，内容"有书姓者、有属押者、有题购时年月及价值者"。其墨迹题识，"就是编所载者言之，可知宋物质文明之程度与现状"。

《簠室殷契征文（考释）》

王襄辑著，天津博物院 1925 年出版，石印线装本。辑作者所藏甲骨拓片 1121 版，分上下两册共 12 类，每类一编。上册包括第一至七编，即：天象（93 版）、地望（62 版）、帝系（241 版）、人名（111 版）、岁时（24 版）、干支（23 版）和贞类（36 版）。下册包括第八至十二编，即：典礼（120 版）、征伐（52 版）、游田（135 版）、杂事（139 版）和文字（85 版）。后附诸编勘误。

《蘧庐画谈》

陆文郁著，1931 年天津城西画会出版，铅印线装。原为蘧庐画社（成立于 1923 年）讲义。单册，分上下两部分。前者包括"谢赫六法"（作者根据自己的作画心得，谈习画由浅入深的步骤）、"用笔四名"（谈画花卉的笔法）、"旧画四类"（谈旧有花卉的四种画法）、"新十二类"（谈现代画作对于旧有画法的推演）、"小山八法"（谈《小山画谱》的绘画技法）、"小山四知"（总结《小山画谱》中可供参考的绘画理论）、"治色"（谈自制绘画颜料的方法）、"用纸"（谈绘画用纸的特点、选择及纸笔搭配的经验）、"用绢"（谈绢画的笔墨要求）等内容。后者为"花木浅说"，按植物学分类方法，介绍常见 49 科花木草类的形态、色彩及其绘画技法、称景等。又列有非常见 65 科花木之名。卷后附"画格五要""临窗十要""六宜""十二忌"等作画理念与境界。

《天津樊文卿先生畿辅碑目》

清樊彬（文卿）辑，1935 年 10 月河北博物院印行，铅印毛装。单册，分上下二卷，收录自周迄元所见畿辅存碑 1500 余种，"旧籍所书世鲜传本者概归待访录于后"，名为畿辅待访碑目，亦分上下卷，自汉至元，凡 450 余种。

卷首有樊文卿先生传（录自《天津县新志》）及自序，卷尾姚彤章跋。

《畿辅先哲祠崇祀先哲牌位》

姚彤章辑，1936 年 5 月河北博物院印行，铅印毛装。按牌位所在位置分类，如：历代圣贤、忠义、孝友、名臣、循吏、儒林、文苑、独行、隐逸，位于正殿，有名录；历代殉难文武官绅、士民、兵勇，位于东配殿，无名录；节烈、贞烈、节孝妇女，位于西配殿，无名录。卷后附录《祭祀唱赞仪节》《祭畿辅先哲文》（张之洞）、《匾额》（凡 11 块，均标明所在位置）和《联语》（17 副，张之洞、纪昀等作），并姚彤章跋。

《蓟县独乐寺观音阁山门考》

梁思成著。载于《中国营造学社汇刊》第三卷第二期"独乐寺专号"（《蓟县观音寺白塔记》）。分为总论、寺史、现状、山门、观音阁、今后之保护 6 部分。阐述作者 1932 年 4 月对独乐寺的调查研究。其是首次较为系统地考证独乐寺历史的著作。

1962 年 9 月，梁思成率清华大学学生再次对独乐寺进行测绘，以弥补 1932 年因技术条件限制测绘的不足。

《中国蠓类昆虫鉴定手册》（第一册、第二册）

肖采瑜等编著（南开大学与天津自然博物馆合作），科学出版社分别于 1977 年、1981 年出版。记述半翅目昆虫 9 科 742 种，包括 6 个新属、1 个新亚属、93 个新种、1 个新亚种，其中 72 种为我国首次记录。其是鉴别蠓类昆虫的工具书。

《河北中草药》

刘家宜著，河北人民出版社 1977 年 10 月出版。主要内容为该书作者针对河北省十个地区（张家口、承德、唐山、廊坊、保定、石家庄、沧州、衡水、邢台、邯郸）植物标本的整理、研究与鉴定工作。

《西藏昆虫》（第一册）

陈世骧主编，科学出版社 1981 年出版。该书是中国科学院青藏高原综合科学考察队自 1973 年起多年采

集调查工作的总结。天津自然博物馆刘胜利参与部分编写工作。

《天津现代革命运动史》

廖永武著，天津人民出版社 1985 年出版。记述从五四运动到天津解放时期，天津人民在中国共产党的领导下与帝国主义、封建主义和官僚资本主义进行斗争的历史。该书反映 1919 至 1949 年的天津现代革命运动的概貌，填补该阶段革命斗争史的空白。凡 19 万字。

《天津的成长与变迁（英文版）》

张茂鹏编译，中共天津市委宣传部外宣处 1985 年印行。选录 96 幅珍贵历史照片，反映天津城市发展轨迹。

《天津近代史》

来新夏主译，中共天津南开大学出版社 1987 年出版。该书参考近 200 种资料，对自 1840 至 1919 年间天津的政治、经济、文化诸方面进行较为具体的分析和系统阐述，对若干重要史实和历史人物作出评论，是中华人民共和国成立后第一部记述天津近代史的专著。天津市历史博物馆林开明、张树勇参与编写，全书约 29 万字。

《天津古文化街》

顾道馨、张仲著，天津古籍出版社 1988 年出版。详细介绍天后宫、文庙、吕祖堂、广东会馆等建筑及其文化特征。

《北洋政府总统与总理》

主编杨大辛，副主编焦静宜、张树勇，南开大学出版社 1989 年出版。该书内容包括北洋政府首脑人物共 7 人的传记资料，评述其功过，反映 1912 至 1928 年的政治概貌，亦含历届内阁总理包括署理和兼代在内的 29 人（因徐世昌、段祺瑞曾任最高职务而不在其内）的相关资料。附录"北洋政府总统总理更迭纪要""北洋政府历届总统副总统简表""北洋政府历届总理简表""北洋政府历届内阁简表"。该书是研究北洋时期历史的重要资料与工具书，凡 38.8 万字。天津市历史博物馆张茂鹏、王绪周、张黎辉、王会娟等参与编写。

《中国宫廷礼俗》

李岩龄、顾道馨、王恩厚、韩广泽著，天津人民出版社 1991 年出版。该书从民俗学的角度，介绍宫廷礼制、宫廷生活习俗、宫廷节日风俗、宫廷喜庆习俗、帝后丧礼和陵寝制度等皇族生活内容。凡 22 万字。

《沉重枷锁》《慈善背后》

《沉重枷锁》，林开明、岳宏著；《慈善背后》，林开明、田毓芬著。新蕾出版社 1992 年出版。系国家教委基础教育司所编《勿忘国耻》系列丛书。记述自 1840 年鸦片战争至中华人民共和国诞生一百多年间，国外列强对我国侵略、欺压和掠夺、分割的罪行史实。

《中华风俗小百科》

主编许钰，副主编乔继堂、顾道馨、乐文，天津人民出版社 1992 年出版。以词条的形式介绍有关民族风俗现状和历史知识，分为"人生历程""岁时节令""居住器用""饮食肴馔""服饰装扮""生产经济""工艺制作""文化教育""宗教信仰"等章。可作为民俗辞典。天津市历史博物馆李家璘、陈克、王社、王昆江参与撰写，全书 56 万字。

《中国名砚鉴赏》

蔡鸿茹、胡中泰著，山东教育出版社 1992 年出版。介绍中国古代名砚 200 方及其鉴赏知识。附"端溪砚浅谈""歙砚源考"等专论 11 篇。

《华夏五千年艺术不能不知道丛书》

包括：《俗艺集》（崔锦著）、《翰墨集》（孙宝发著）、《文房集》（蔡鸿茹著）、《吉金集》（李东琬著）、《美玉集》（尤仁德著）和《陶瓷集》（徐静修著）。天津杨柳青画社 1993 年出版。

《玉趣——中国古玉谜题破释》

尤仁德著，台湾众文出版公司 1993 年出版。该书阐释了中国古代玉器的若干典型器型及其历史背景和文化内涵。

《中国玉器全集 原始社会卷》

云希正、牟永抗编，河北美术出版社 1993 年出版。精选国内文博单位所藏出土史前玉器 301 件。

《天津近代教育史》

张大民主编，天津人民出版社 1993 年出版。内容以历史时期为序，分为"洋务运动""维新变法""清末'新政'""民国前期"四个阶段，探索教育发展与社会经济、政治之间的关系。全书 23 万字，天津市历史博物馆田毓芬撰写第二章。

《中国语言民俗》

陈克编著，天津人民出版社 1993 年出版。从民俗学的角度讲述中国语言中的特殊语言形式，如避讳语、禁忌语、社会阶层用语、谚语、歇后语、隐语及秽语等。

凡 22 万字。

《北方考古研究（四）》

韩嘉谷著，中州古籍出版社 1994 年出版。分为环渤海考古、长城地带考古、燕文化研究、天津考古、天津史地研究、天津古建筑等章，较为全面地探究天津地区历史文化。

《中国共产党在天津（新民主主义革命时期）》

程抚、石火主编，天津人民出版社 1994 年出版。天津社会科学"七五"规划重点项目。记述新民主主义革命时期，中国共产党在天津的革命活动及艰苦斗争。全书 30 万字，天津市历史博物馆李家璘、陈克参与撰写。

《中国历代名人胜迹大辞典》

彭卿云主编，上海文艺出版社 1994 年出版。内容主要有"远古传说""政治军事""文化艺术"和"科学技术"几部分。记述政治军事领袖、文化贤哲、科技精英等不同领域的历史名人 2000 多位，与其相关的名胜古迹 9000 余处。名人胜迹及其历史功业交相辉映，是一部集历史、名人、胜迹于一体的大型工具书。全书约 300 万字，含历史照片 700 余幅。书中天津部分由天津市历史博物馆马大东编辑。

《吴昌硕书画用印谱》

邢捷著，天津古籍出版社 1994 年出版。介绍吴昌硕书画用印规律，借此谈其书画作品真伪之鉴定。

《张大千书画用印谱》

邢捷著，天津古籍出版社 1994 年出版。介绍张大千书画用印规律，借此谈其书画作品真伪之鉴定。

《齐白石书画用印谱》

邢捷著，天津古籍出版社 1994 年出版。介绍齐白石书画用印规律，借此谈其书画作品真伪之鉴定。

《旧城遗韵》

冯骥才主编，天津杨柳青画社 1995 年出版。常务编委崔锦、林开明、黄殿祺。选用历史照片、实拍照片以及相关的可视资料，将一个个失散的景象重新整合起来，构筑一个有着真实历史文化空间的天津。

《天津河北简史》

天津市河北区地方志办公室编辑、出版（1995）。系《天津河北区地方志丛书》系列，分为古代、近代、现代三个历史分期，共 17 章，记述河北区在天津城市发展中，近现代革命运动的情况。附"天津河北地区

1898—1949 大事记"。凡 20 万字。

《天津植物名录》

刘家宜编著，天津教育出版社 1995 年出版。该书是作者近 40 年采集调查研究的记录，记述天津地区迄今已知高等植物 157 科 737 属 1477 种。其中蕨类植物 18 科 20 属 35 种，裸子植物 7 科 11 属 17 种，被子植物 132 科 706 属 1425 种（以上统计均含种下分类单位）。对上述诸植物的中文名称、拉丁学名和异名等均有较详细考证，并述及各种植物在天津的分布、生态环境与用途等。

《黄渤海鱼类吸虫研究》

申纪伟、邱兆祉主编，科学出版社 1995 年出版。描述黄、渤海鱼类吸虫二目 24 科 75 属 130 种，其中包括 22 个复殖目吸虫新种描述；涉及宿主鱼类 38 科 58 种，包括主要的经济鱼类，从中确定本海域吸虫的地理分布，并提供分类系统。该书是我国首部系统介绍黄、渤海海域吸虫的专业书。天津自然博物馆李庆奎参与编写。

《天津古史巡绎》

韩嘉谷著，天津古籍出版社 1996 年出版。按时代顺序布列章节，尝试勾勒天津古代历史发展的基本脉络与轮廓。凡 27 万字。

《齐白石书画鉴定》

邢捷著，天津古籍出版社 1997 年出版。齐白石书画作品之分析、研究与鉴定。

《张大千书画鉴定》

邢捷著，天津古籍出版社 1997 年出版。张大千书画作品之分析、研究与鉴定。

《天津土地开发历史图说》

张树明主编，天津人民出版社 1998 年出版。阐述天津地区成陆过程和天津平原从自然生态系统逐渐向农业生态变化的规律，内容贯彻"详今略古、古为今用"的精神，集地方性、科学性、资料性于一体。附天津古、近、现代土地开发文献及论文，记述天津土地开发历史。凡约 37 万字。天津市历史博物馆翟乾祥参与撰写。

《民国旧事老新闻（1944—1946）》

陈益民主编，天津人民出版社 1998 年出版。为 1944 至 1946 年《大公报》《申报》《民国日报》《益世报》《晋察冀日报》和《华商报》等多种著名报刊登载的重要新闻选编。从新闻角度反映抗战胜利前后的历史，具有较强史料价值。天津市历史博物馆刘丽萍负责 1946 年内容的编选。

《民国旧事老新闻（1947—1949）》

陈益民主编，天津人民出版社 1998 年出版。为 1947 至 1949 年《大公报》《申报》《中央日报》《真善美日报》《东北日报》《新华日报》《新星报》等多种著名报刊登载的重大新闻事件选编。从新闻角度反映解放战争时期的历史。天津市历史博物馆王昆江、徐凤文和李家璘分别负责 1947 年、1948 年和 1949 年的内容编选。多角度反映国共决战时期的历史，例如处决南京大屠杀刽子手、孟良崮战役、蒋介石与李宗仁的总统竞选、百万雄师过大江以及中华人民共和国开国大典等，具有较高的史料价值。

《中华古砚》

蔡鸿茹、王代文著，江苏古籍出版社 1998 年出版。收录国内 23 个文博单位所藏汉代至清代 215 件砚台。质地包括端石、歙石、洮河石、澄泥、玉、石、铜、铁、瓷、砖瓦、漆砂等 10 余种。

《中国古瓷引鉴》

张安鸽著，地质出版社 1999 年 8 月出版。《文物鉴赏系列丛书》分册。记述中国瓷器的起源与发展。从鉴赏的角度介绍东汉至清代中国瓷器不同时期在材质、工艺等方面的特点。书后附近年部分明清瓷器拍卖价目表。

《中国古代玉器鉴定》

施俊著，北京地质出版社 1999 年出版。内容分为 3 章，阐述玉器的发展演变过程及各时期典型器的特征。

《中国古代陶器》

张旭著，地质出版社 1999 年出版。《文物鉴赏系列丛书》分册。介绍中国古代陶器诸时期发展简史，及器型、纹饰、制造工艺等方面的变化。对陶俑、唐三彩、紫砂等做重点叙述。

《吴昌硕书画鉴定》

邢捷著，天津古籍出版社 2000 年出版。吴昌硕书画作品之分析、研究与鉴定。

《萧愻书画鉴定》

邢捷著，天津古籍出版社 2000 年出版。萧愻书画作品之分析、研究与鉴定。

《新编中国史话》

马晓声主编，希望出版社 2000 年出版。全书分为五编，即：《文学艺术的滥觞》（史前至东汉）、《人与文的觉醒》（三国至五代十国）、《韵味与境界》（宋代至元代)、《世俗之美》(元末至晚清)和《走向现代》(民国时期)。其是面向青少年读者的历史读物。旨在普及历史知识,弘扬爱国主义教育,树立民族自尊心与自信心,激发爱国热情。天津市历史博物馆刘莉萍、徐凤文和马金香参与编写。

《天津农业图鉴》

崔士光主编,海洋出版社 2001 年出版。介绍天津近百年的农业发展状况。内容包括:天津农业历史沿革、村镇建设、农业开发、农田水利建设、农业资源和农业灾害。附图 130 幅,约 25 万字。天津市历史博物馆翟乾祥参与撰写。

《中国陋俗》

徐凤文、王昆江著,天津人民出版社 2001 年出版。内容述及近代民俗文化中的特殊习俗,如缠足、溺女、童养媳、贞节牌坊、长辫子、赌博、鸦片、嫖妓与男风等,配以历史照片,凡 12 万字。

《明清釉上彩瓷识真》

张安鸽著,江西美术出版社 2002 年 12 月出版。《中国文物识真丛书》分册。介绍明清时期官窑名瓷及民用瓷器釉上彩绘的特点。图文对照。

《中国古玉识真》

张旭、赵旻著,江西美术出版社 2002 年出版。《中国文物识真丛书》之分册。以历史为序,从器型、纹饰、雕刻工艺等方面阐明同类玉器各时期的变化与发展。图版所录多为考古发掘品或典型传世品,亦有若干仿品,较直观地表述玉器的辨伪与断代知识。

《中国文物地图集·天津分册》

韩嘉谷主编,中国大百科全书出版社 2002 年出版。文物工具书。

《妈祖情缘》

尚洁著,香港凌天出版社 2003 年出版。对天津、台湾两地的妈祖文化、风土人情进行记述与比较研究。

《天津植物志》

刘家宜主编,天津科学技术出版社 2004 年出版,天津市科协自然科学学术专著基金资助。

由天津自然博物馆植物学工作者历时 40 余年,对天津各地的植物种类进行了较全面系统的野外考察,采集了大量的植物标本,对标本进行整理、研究与鉴定后,于 1976 年编写《天津植物名录》。1977 年天津市科委对该项目立项资助。该书是记载天津植物资源和鉴定天津植物种类的主要参考书和工具书,填补了我国天津地方植物专著的空白。

全书 155 万字,插图 1186 幅,翔实记载了天津市的自然概况、植被、主要植物资源,详细描述了天津地区野生及习见栽培的高等植物形态特征、用途及分布。内容包括苔藓植物门、蕨类植物门、裸子植物门和被子植物门,计 163 科,748 属,1365 种,6 亚种,127 变种及 18 变型的特征记载,附有中文名及拉丁文名索引。

《哺乳动物骨骼》

佛劳尔(W.H.Flower,英国脊椎动物解剖学家、生理学家)著,李玉清(天津自然博物馆)编译,甘肃文化出版社 2004 年出版。对哺乳纲中具有代表性的十几个目的动物,按骨骼的解剖单元进行形态描述和对比。

《董鸿程评自印》

董鸿程著,天津人民美术出版社 2005 年出版。作者穷其 40 年治印所得,将近 300 方印章钤成该册,逐一自我评判。

《天津通志·鸟类志》

王凤琴主编,天津社会科学院出版社 2006 年出版。共六章:生态环境、鸟类生态类群、资源鸟与鸟类贸易、鸟类研究、民间活动和鸟类保护。记载天津市鸟类 389 种,附照片 211 张。附录包含中华人民共和国野生动物保护法和保护实施条例及天津市人民政府关于保护鸟类的布告。该卷是本市第一部鸟类专志,记述本市鸟类的历史、现状及发展。全书 28 万字。

《皇会》

尚洁著,百花文艺出版社 2006 年出版。记述皇会的起源、发展、演变,及礼仪程式、组织类型和表演内容。

《中国砖雕》

尚洁著,百花文艺出版社 2007 年出版。对砖雕的历史渊源、载体类型、流传区域特征及主题寓意等进行考证、梳理和探究。

《中国历代书画收藏论纲》

陈卓编著,天津人民美术出版社 2008 年 7 月出版。分为"中国书画的发展与收藏概述""中国历代收藏著录"和"现当代书画收藏与保护"3 部分。内容含中国书画研究、收藏及相关著录等方面的较多文献资料。

《正史津门史料钩沉》

陈卓编著,学苑出版社 2008 年 8 月出版。内容为

《二十四史》和《清史稿》中有关天津的史料，包括"天津及所辖五县""天津村镇各沽及山水"和"天津经济与政治"3部分。

《清代蓟州皇家胜迹》

蔡习军编著，天津人民出版社2008年9月出版。该书以作者多年积累的实地考察为基础资料，以清代"皇家胜迹"为主线，记述清政府在蓟州的行宫、园寝等皇家建设情况。共5章，分别为"清代在蓟州皇家营造及深远影响""清代的行宫与'坐落'""盘山寺庙与'坐落'""第二大皇家行宫——静寄山庄"和"清代皇家园寝"。

《新军旧影》

陈克、岳宏著，天津古籍出版社2008年出版。本书从历史文献与历史照片两方面全面介绍了清末新军的编练情况。

《鸟类图志·天津野鸟欣赏》

王凤琴编著，天津科学技术出版社2008年出版。内容包括天津生态环境概况、野外观鸟及其基本方法、天津主要观鸟点、野外拍鸟和鸟类识别等。记述天津鸟类261种，含图片300余幅。附本市重点保护鸟类名录。

《名瓷鉴赏100讲》

刘渤、高英爽编著，百花文艺出版社2009年2月出版。《收藏与鉴赏百讲丛书》之瓷器分册。介绍中国古瓷窑址、生产历史、品种特色、文化内涵、历史背景、传承经过和吉祥寓意等方面的知识。内容包括文献记载、最新考古成果以及相关历史故事与传说等。

《中国纸绢书画修复与保管》

刘泽信著，天津科学技术出版社2009年9月出版。内容分为"沿革篇""修复篇""保管篇""装裱篇"及"附录"。其是一本有关古旧书画修复装裱方面的专著。李家璘作序。

《天津八仙山国家自然保护区生物多样性考察》

李庆奎主编，天津自然博物馆全体业务人员参编，天津科学技术出版社2009年出版。该书是天津八仙山国家自然保护区生物资源考察的总结。分析和探讨该地区的植物、动物、昆虫、蜘蛛等资源的分布及相关问题。记述苔藓植物22科37属43种，多孔菌目（又称非褶菌目）真菌8科17属21种，维管束植物96科310属524种，昆虫11目132科1000种，蜘蛛19科46属61种，鱼类2目3科7属7种，两栖爬行类1目4科24种，

鸟类13目44科137种，兽类6目13科26种。

《施俊谈古玉》

施俊著，山东美术出版社2009年出版。《名家谈收藏丛书》之古玉分册。该书主要内容为：漫谈玉、玉石及其他；认识玉雕工、认识玉纹饰；鉴定古玉的基础——历代制玉特点谈；古代礼器玉的鉴定方法；古代人物佩饰玉的鉴定方法；玉龙纹及龙形佩的鉴定方法与过程；浅谈玉带钩；随葬玉的名称、断代及鉴定；关于古玉剑饰的鉴定心得等。

《工业遗产保护初探：从世界到天津》

岳宏著，天津人民出版社2010年1月出版。该书简要介绍世界工业遗产保护的兴起、发展过程及成就。重点叙述英国、德国、法国、美国等国家的保护、利用方式以及相关国际合作成就。结合天津工业发展的历史，对数十个具体遗产进行分类介绍和价值阐述。作者在绪论中就工业遗产保护理论进行探讨，提出价值体系、评估标准等问题。

《古玉鉴赏100讲》

徐春苓、曹平编著，百花文艺出版社2010年4月出版。《收藏与鉴赏百讲丛书》之玉器分册。介绍中国古代玉器产生的历史与文化背景。结合多学科相关内容，探索玉器的文化内涵。

《天津水生维管束植物》

刘家宜编著，天津科技出版社2010年出版。收录本市已知水生维管束植物28科45属75种，介绍其特征、产地、分布、用途等。凡75万字，73幅图片。

《刘奎龄书画鉴定》

邢捷著，天津人民美术出版社2010年出版。刘奎龄书画作品之分析、研究与鉴定。

《钱币图鉴：钱币收藏入门》

王会娟编著，化学工业出版社2011年1月出版。介绍可供收藏的钱币品种的基本情况，包括自先秦至中华人民共和国古今诸时期各种材质的流通币与民俗钱，以及历史上流入中国的外国钱币，对金属铸币的铸造工艺、纸币印刷技术及辨伪方法亦有所介绍。

《〈明实录〉中的天津史料（1368—1627）》

黄克力编著，天津人民出版社2011年3月出版。其是对《明实录》中有关天津内容的摘录，包括明代政治、军事、经济、文化设施、民族关系、中外交往、社会生活、自然灾异以及帝王巡守、婚葬、祭祀等。

《周恩来中学时代纪事长编》

李爱华编著，中央文献出版社 2011 年出版。借助文献资料（包括周恩来自述及相关人物访谈录），记述周恩来在南开学校的读书情况。

《港口建设与湿地保护》

张光玉主编，中国林业出版社 2012 年出版。湿地具有涵养水源、净化空气、调节气候、维持生物多样性、防风减灾等生态功能。不同的地形、地貌、水热条件和开发过程在漫长的海岸线上造就了丰富的滨海湿地类型。该书在对典型滨海湿地保护发展现状调研及规划建设环境因素影响识别的基础上，分析港口规划建设对湿地植物、单位、海岸地貌及景观生态格局等方面的影响，结合国内外生态港口建设实例，提出相应的对策和保护措施，对港口建设与运营过程中的湿地保护进行探索。

天津自然博物馆覃雪波参与编写工作。

《中国新第三纪晚期和更新世早期的乳齿象（哺乳纲、长鼻目）》（英文版第一册、第二册）

托宾（德国美因茨大学古生物研究所所长）、陈冠芳（中国社会科学院古脊椎动物与古人类研究所）和李玉清（天津自然博物馆）合著。阐述乳齿象（哺乳动物纲，长鼻目）的进化、古生物地理及古生态等。对其中嵌齿象属（如铲齿象）、中国乳齿象、四棱齿象、互棱齿象、剑齿象、四扁齿象及美洲乳齿象等进行研究，对已描述过的中国新第三纪和更新世早期乳齿象化石进行重新评价。美因茨大学古生物研究所专刊发行。

在出版物与专著方面，北疆博物院时期成果显著，不一一详述，列表 5-4 如下：

北疆博物院出版物（1914—1939）一览表

表 5-4

名称	作者	出版时间
《中国东北部山地森林》	E.Licent（桑志华）	1916 年
《从桑干河阶地到西宁县平原的旅行》	E.Licent（桑志华）	1924 年
《黄河、白河流域十年考察报告（1914—1923）》	E.Licent（桑志华）	1924 年
《中国的旧石器时代》	布勒（M.Boule）、布日耶（H.Breuil）E.Licent（桑志华）、P.Teilhard de Chardin（德日进）	1928 年
《关于内蒙古集宁地质学笔记》	E.Licent（桑志华）	1932 年
《热河第三纪植物区系》	G.Depape（德帕波）	1932 年
《凤蛾科（鳞翅目）》	V.Strelkow（斯特莱尔柯夫）	1932 年
《天蛾科（鳞翅目）》	P.Pavlov（巴甫洛夫）	1932 年
《北疆博物院的哺乳动物——猫科》	B.P.Jakovleff（雅各甫列夫）	1932 年
《北疆博物院的哺乳动物——马科》	B.P.Jakovleff（雅各甫列夫）	1932 年
《中国植物知识文摘》	H.Handel Mazzetti（汉岱·玛泽娣）	1933 年
《北疆博物院蜥蜴和蛇类目录》	P.Pavlov（巴甫洛夫）	1932 年
《华北、东北、内蒙古的爬行和两栖动物研究资料》	P.Pavlov（巴甫洛夫）	1932 年
《北疆博物院的新石器时代的藏品》	E.Licent（桑志华）	1932 年
《北疆博物院渤海湾的环形动物门多毛纲藏品》	P. Fauvel（富韦尔）	1933 年

续表

名称	作者	出版时间
《华北、满洲里、内蒙古栎树研究》	I. Kozloff（柯兹洛夫）	1933 年
《河北北部、渤海湾浮游生物调查》	R.Schodduyn（邵杜荫）、P.Leroy（罗学宾）	1933 年
《中国华北植物研究：禾本科野黍属》	I. Kozloff（柯兹洛夫）	1933 年
《北疆博物院的鸟类》	G.Seys（司义斯）、E.Licent（桑志华）	1932 年
《热河鸟类考察报告》	G.Seys（司义斯）	1932 年
《北疆博物院鱼类藏品目录》	B.P.Jakovleff（雅各甫列夫）	1933 年
《中国华北、东北变温动物的三种形态》	P.Leroy（罗学宾）	1933 年
《北疆博物院的华北植物：毛茛科》	I. Kozloff（柯兹洛夫）	1933 年
《北疆博物院的两栖类及爬行类》	P.Pavlov（巴甫洛夫）	1933 年
《中国华北植物研究：远志科》	I. Kozloff（柯兹洛夫）	1933 年
《北疆博物院水蜡蛾科昆虫》	V.Strelkow（斯特莱尔科夫）	1933 年
《北疆博物院犬科动物》	B.P.Jakovleff（雅各甫列夫）	1933 年
《北疆博物院哺乳动物藏品：熊科和鼬科》	B.P.Jakovleff（雅各甫列夫）	1934 年
《北疆博物院鱼类藏品名录》	B.P.Jakovleff（雅各甫列夫）	1934 年
《北疆博物院著作目录述评》	E.Licent（桑志华）	1934 年
《北疆博物院 1928—1933 年搜集的鸟类藏品目录》	G.Seys（司义斯）、E.Licent（桑志华）	1934 年
《中国华北、东北动物研究：两栖动物（有尾目、无足目、无尾目）》	P.Pavlov（巴甫洛夫）	1934 年
《海拉尔地区中生代地层中发现的鱼类化石》	P.Teilhard de Chardin（德日进）	1934 年
《中国北部非海相腹足纲动物（一，二，三）》	Yen Teng Chien（闫敦建）	1935 年、1937 年、1938 年
《北疆博物院哺乳动物藏品（有蹄类，偶蹄目：牛科、鹿科和猪科）》	B.P.Jakovleff（雅各甫列夫）	1935 年
《桑志华旅行期间采集的硅藻》	B.W.Skvortzow（斯克沃佐夫）	1935 年
《中国北方二十二年探险成果（1914—1935）》	E.Licent（桑志华）	1935 年
《天津老西开井的喷涌》	E.Licent（桑志华）	1935 年
《黄河、白河流域十一年考察报告（1923—1933）》	E.Licent（桑志华）	1936 年
《山西省东南部后裂齿兽属新记述》	P.Teilhard de Chardin（德日进）、E.Licent（桑志华）	1936 年
《中国山西中部上新世湖相沉积》	E.Licent（桑志华）、M.Trassaent（汤道平）	1935 年
《山西省东南部的长鼻类》	P.Teilhard de Chardin（德日进）、M.Trassaent（汤道平）	1937 年

续表

名称	作者	出版时间
《北疆博物院参观指南》	E.Licent（桑志华）、 L.Brellinger（步莱林热）	1937 年
《山西省东南部上新世的骆驼科、长颈鹿科和鹿科》	P.Teilhard de Chardin（德日进）、 M.Trassaent（汤道平）	1937 年
《北疆博物院哺乳动物藏品：啮齿目》	B.P.Jakovleff（雅各甫列夫）	1938 年
《山西省东南部的洞角类》	P.Teilhard de Chardin（德日进）、 M.Trassaent（汤道平）	1938 年
《内蒙古和中国西北部的沙蜥属考察报告》	P.Leroy（罗学宾）	1939 年

二、论文

（一）北疆博物院时期发表论文（表 5-5）

北疆博物院发表论文（1914—1938）

表 5-5

论文标题	刊物
《中国西部蓬蒂期红土中的动物群》	《巴黎科学馆述评》第 11 卷
《中国鄂尔多斯南部、西部地质考察报告》	《法国地质学会志》第 24 期
《中国鄂尔多斯地质考察补充报告》	《法国地质学会志》第 24 期
《中国鄂尔多斯北部、西部、南部地质》	《中国地质学会志》第 3 卷 1 期
《中国北部旧石器时代文化发现》	《中国地质学会志》第 3 卷 1 期
《直隶北部，内蒙古东部地质》	《中国地质学会志》第 3 卷 3、4 期
《一个新的模式标本——火山口中碱性喷发岩》	《巴黎科学院述评》第 180 卷
《鄂尔多斯的两种碱性岩石记录》	《巴黎科学院述评》第 180 卷
《中国新石器时代的两种农具》	《人类学》第 35 卷
《达赉诺尔（戈壁东部）休眠火山群》	《火山群公报》1925 年第 3、4 期
《远古大陆动物区系组成》	《生物地理学会会议述评》1925 年
《达赉诺尔地区地质学研究》	《法国地质学会学术论文新集刊》第 3 卷
《中国、蒙古第三纪哺乳动物描述》	《巴黎古生物年鉴》
《中国和蒙古的人类》	《博物学》第 26 卷 3 期
《桑干河动物区系古生物学笔记》	《中国地质学会志》第 5 卷 1 期
《桑干河流域沉积的地质学研究》	《中国地质学会志》第 5 卷 3、4 期
《桑志华在中国华北、内蒙古、西藏的业绩》	《法国北方省里尔市地质学会公报》第 68 卷 3 期
《在二十世纪初一批探险者之后，桑志华神甫及其在中国北方的旅行（1914—1923）》	《"研究"杂志》第 186 卷 1 期

论文标题	刊物
《黄河、白河流域十年探险》	《科学问题杂志》1926 年 1 月
《何处寻找和怎样寻找中国最古老人类》	《中国地质学会志》 第 5 卷 3、4 期
《中国山西西南部三门系地层》	《中国地质学会志》 第 6 卷 1 期
《得自萨拉乌苏河的一颗被认为属于更新世的人类牙齿化石》	《中国地质学会志》 第 5 卷 3、4 期
《中国鄂尔多斯系笔石新种》	《中国地质学》 第一篇 "古生代" 附录
《中国东部中生代和第三纪矿物标本初次观测报告》	《中国地质学会志》 1927 年 10 月
《天津近代海床与地下淡水的蕴藏》	《中国地质学会志》 第 6 卷 2 期
《晋南豫北第四纪及第三纪上部地层系观测报告》	《中国地质学会志》 第 6 卷 2 期
《中国早期人类调查》	《中国地质学会志》 第 6 卷
《天津北疆博物院古生物和考古学业绩》	《东京人类社会杂志》第 43 卷 489 期
《中国北部第三纪、第四纪过渡地层》	《法国地质学会志》
《中国北部近代动物区系（哺乳类）地理分布》	《生物地理学公报》 第 5 卷
《三门系》	《生物地理学公报》 第 34 期
《中国犬浣熊科》	《生物地理学公报》 第 35 期
《中国北部古生代晚期喷发岩》	《中国地质学会志》 第 7 卷 1 期
《论喷发岩的矿物学及化学组成，特别是中国东部的中生代及近代熔岩》	《中国地质学会志》 第 7 卷 1 期
《关于大陆哺乳动物区系缓慢进化观察》	《古生物学》
《中国北部晚古生代火山连续喷发现象》	《巴黎科学院述评》1928 年 4 月
《董菜科的一个新种》	《邱园公报》第 6 号
《北戴河的贝类》	《北京自然科学学会教育手册》 第 2 册
《采自内蒙古东部一种淡水螯虾化石》	《中国地质学会志》 第 7 卷 2 期
《中国的白垩纪昆虫化石》	《中国古生物志》 第 13 卷
《中国的景天科研究》	《巴黎国立自然博物馆公报》第 1 卷
《中国早期人类》	《北京教务委员会档案》第 2 卷 12 期
《中国的蜻蜓手册——中国蜻蜓目研究专论》	《中国动物志》第 2 卷
《中国满洲里北部及海拉尔地质考察报告》	《中国地质学会志》第 9 卷 1 期
《关于围场附近地质》	《中国地质调查》第 19 期
《泥河湾哺乳动物化石》	《古生物年鉴》1930 年
《山西南部类似翼足目的软体动物化石新属、新种》	《中国地质学会志》第 10 卷，1931 年
《中国的古哺乳动物和北疆博物院业绩》	《科学杂志》第 68 卷 12 期
《南冶的三门系化石堆积》	《中国地质学会志》第 9 卷 2 期
《中国和蒙古黄土》	《庆祝法国地质学会成立一百周年纪念文集》

续表

论文标题	刊物
《远东旧石器时代》	《东京人类社会杂志》第 47 卷 10 期
《天津北疆博物院新石器时代典型地层》	《东京人类社会杂志》第 44 卷
《关于中国生物地理学观察报告》	《生物地理学会公报》第 7 卷 60 期
《德日进旅行探险和研究（1911—1931）》	《美国自然历史博物馆》第 485 期
《周口店中国猿人地层》	《科学杂志》1932 年第 6 期
《关于中国围场的第三纪植物化石》	《巴黎科学院述评》1932 年
《烟台多毛类一些新发现》	《巴黎国立自然博物馆公报》第 4 卷
《芜菁科》	《法国昆虫学会公报》第 38 卷
《中国忍冬科》	《国立北平研究院院报》第 1 卷
《中国北方安氏鸵鸟蛋化石的新发现及山西、陕西、周口店发现之蛋化石的比较》	《中国地质学会志》第 12 卷
《香港与大陆苔藓比较》	《香港博物学家》1933 年（增刊）第 2 期
《中国北部的牛亚科化石》	《生物地理学会会议述评》1933 年第 79 期

（二）社会科学类论文（表 5-6）

天津博物馆成立于 2005 年，由原天津市历史博物馆和天津市艺术博物馆合并而成。学术研究包括天津历史、文物博物馆学和陈列设计（包括内容设计和形式设计）等。自 20 世纪 50 年代起，原两馆人员即在《考古》《文物》《文物参考资料》和《历史研究》等核心期刊发表作品，至 2012 年，该馆共发表文章 944 篇，内容涉及天津历史、博物馆学、考古学、馆藏文物、古文字和物质文化史等。

周恩来邓颖超纪念馆共计发表论文 68 篇，论文内容包括周恩来邓颖超思想生平研究、党史研究、纪念馆工作相关问题研究等，发表于《党的文献》《党史资料与研究》《中国博物馆》《社科纵横》《中国纪念馆研究》等省级以上重要刊物。

平津战役纪念馆建馆后的主要学术论文共计 97 篇，发表在《文物天地》《文物春秋》《军事史林》《党史纵横》《兵学大观园》《中国纪念馆研究》《图书馆工作与研究》《天津博物馆论丛》《天津文博》等国内省级以上刊物。

天津戏剧博物馆文庙博物馆管理办公室共发表论文 20 篇，主要包括天津近代戏剧史、博物馆学研究、祭孔礼乐研究等，发表于地方及全国重要的期刊和学术论文集内。

天津市文物管理中心共发表学术论文 96 篇，内容涉及天津近代博物馆学研究、军事史研究、文物学研究等，发表于 CSSCI 国家级或者省级重要刊物上，包括《军事历史研究》《天津文史资料选辑》《中国博物馆》《东方博物》等。

天津市文化遗产保护中心发表论文共计 173 篇，内容涉及考古学研究、天津地方历史、博物馆学、文物保护、民俗学等，论文均发表在省市级重要刊物或学术论文集内，包括《文物修复研究》《北方文物》《文物春秋》《草原文物》等。

蓟县文物保护所共发表学术论文 17 篇，论文围绕独乐寺进行相关研究，全面系统论述独乐寺的历史演变、文物保护及相关考古成果，主要发表在《文物春秋》《天津文博》等省市级重要刊物上。

塘沽博物馆共发表论文 5 篇，宁河县图书馆共发表论文 5 篇。论文均是探讨地方博物馆发展以及相关历史的研究。

中华人民共和国成立后天津市文物博物馆系统发表社会科学类论文一览表

表 5-6

论文标题	作者	刊物	发表时间
《新中国的老英雄李墨林》	李嘉陵	《历史教学》	1951 年第 10 期
《天津东郊发现战国墓葬简报》	云希正	《文物参考资料》	1957 年第 3 期
《河北武安午汲古城发掘记》	孟浩（合著）	《考古通讯》	1957 年第 4 期
《涿县半壁店汉墓的清理》	孟浩	《文物参考资料》	1958 年第 11 期
《天津市郊古遗址古墓葬的调查与发掘纪略》	云希正	《北国春秋》	1959 年第 1 期
《石家庄市桥东单室砖墓》	孟浩	《文物》	1959 年第 4 期
《商周时代的几件玉雕——天津艺术博物馆藏》	范汝森	《文物》	1959 年第 7 期
《太保鼎——天津市艺术博物馆藏》	范汝森	《文物》	1959 年第 11 期
《谈王羲之寒切帖》	艺丁	《文物》	1963 年第 4 期
《天津军粮城发现的唐代墓葬》	云希正	《考古》	1963 年第 3 期
《河北定县北庄汉墓发掘报告》	敖承隆	《考古学报》	1964 年第 2 期
《河北省怀来县北辛堡出土的燕国铜器》	敖承隆、李晓东	《文物》	1964 年第 7 期
《天津东郊张贵庄战国墓第二次发掘》	云希正、韩嘉古	《考古》	1963 年第 2 期
《天津南郊巨葛庄战国遗址和墓葬》	孙培基	《考古》	1965 年第 1 期
《河北任丘东关汉墓清理简报》	敖承隆、魏克晶	《考古》	1965 年第 2 期
《渤海湾西岸古文化遗址调查》	韩嘉谷	《考古》	1965 年第 2 期
《天津宝坻菜园村明墓群》	魏克晶	《考古》	1965 年第 6 期
《河南偃师二里头遗址早商宫殿》	李经汉（合著）	《考古》	1974 年第 4 期
《凤凰山一六七号墓所见汉初地主阶级丧葬礼俗》	纪烈敏、张柏忠、陈雍	《文物》	1976 年第 10 期
《天津坝县发现"信安干字团北义和团人等全胜"木印》	陈瑞芳	《文物》	1977 年第 10 期
《周恩来同志的早期革命活动》	廖永武	《历史研究》	1977 年第 1 期
《巨大的关怀——读周总理致天津 15 中学的一封信》	郭鸿林	《天津师院学报》	1977 年
《西汉平都犁斛》	云希正	《文物》	1977 年第 3 期
《钱选〈花鸟图〉卷》	崔锦	《文物》	1978 年第 9 期
《周恩来同志与〈天津学生联合会报〉》	廖永武	《南开大学学报》	1978 年第 3 期
《觉悟社、〈觉悟〉〈觉邮〉》	廖永武	《南开大学学报》	1978 年第 4—5 期
《仇英及其〈桃园仙境图〉》	赵春贵	《文物》	1979 年第 4 期
《古砚浅谈》	蔡鸿茹	《文物》	1979 年第 9 期
《范宽〈雪景寒林图〉浅析》	刘国展	《文物》	1979 年第 10 期

续表

论文标题	作者	刊物	发表时间
《河北藁城台西村商代遗址发掘简报》	李捷民、华向荣、刘世枢、陈应琪、文启明、姚苑真、唐云明	《文物》	1979 年第 6 期
《西周"矢事"燕形玉佩考》	尤仁德	《社会科学战线》	1980 年第 1 期
《谈两方摹刻石鼓文的古砚》	蔡鸿茹	《文物》	1980 年第 6 期
《天津市艺术博物馆藏〈西楼苏帖〉》	蔡鸿茹	《文物》	1980 年第 10 期
《永不消逝的长虹——记郭宗鉴烈士英勇斗争的事迹》	廖永武、李嘉陵	《历史教学》	1980 年第 5 期
《楚铜贝币" □ "字释》	尤仁德	《考古与文物》	1981 年第 1 期
《商代玉雕龙纹的造型与纹饰研究》	尤仁德	《文物》	1981 年第 8 期
《"墨皇本"圣教序》	蔡鸿茹	《文物》	1981 年第 12 期
《武清东汉鲜于璜墓》	敖承隆	《考古学报》	1982 年第 3 期
《春秋战国八玺考释》	尤仁德	《考古与文物》	1982 年第 3 期
《井田砚纹饰小议》	蔡鸿茹	《天津社会科学》	1982 年第 3 期
《两周玉雕龙纹的造型与纹饰研究》	尤仁德	《文物》	1982 年第 7 期
《读金文辨二则》	尤仁德	《人文杂志》	1982 年第 5 期
《继承优良传统 发扬地方风格——谈杨柳青年画的发展方向》	崔锦、孙宝发	《天津社会科学》	1982 年第 1 期
《胜利的华北大决战——试论平津战役》	王绪周	《天津师范大学学报》	1982 年第 6 期
《谈西汉称钱衡的砝码》	杜金蛾	《文物》	1982 年第 8 期
《天津北仓战国遗址清理简报》	韩嘉谷	《考古》	1982 年第 2 期
《河南陕县七里铺遗址内涵的再分析》	李经汉	《考古》	1982 年第 2 期
《西汉后期渤海湾西岸的海侵》	韩嘉谷	《考古》	1982 年第 3 期
《武清县出土金元时代银铤》	纪烈敏	《文物》	1982 年第 8 期
《曹操征乌桓时开通运渠事迹考略》	王文彬	《历史教学》	1982 年第 12 期
《古玺六得》	尤仁德	《天津社会科学》	1983 年第 2 期
《武昌起义前后的天津立宪派》	刘民山	《天津社会科学》	1983 年第 3 期
《郑州二里岗期商文化的来源及相关问题讨论》	李经汉	《中原文物》	1983 年第 3 期
《马克思主义的传播与天津建党》	廖永武	《天津师大学报》	1983 年第 4 期
《天津的近代早期民族工作》	刘民山	《天津社会科学》	1983 年第 5 期
《试论 20 世纪初叶天津民族工业发展的原因》	刘民山	《天津师大学报》	1983 年第 5 期
《天津静海元蒙口宋船的发掘》	马大东	《文物》	1983 年第 7 期
《赵孟坚和他的水仙卷》	崔锦、孙宝发	《美术》	1983 年第 10 期

论文标题	作者	刊物	发表时间
《天津蓟县围坊遗址发掘报告》	李经汉、梁宝玲	《考古》	1983 年第 10 期
《春秋战国时期天津地区沿革考》	刘幼铮	《天津社会科学》	1983 年第 2 期
《静海县西钓台古城址的调查与考证》	华向荣、刘幼铮	《天津社会科学》	1983 年第 4 期
《天津平原的西汉县治和相关历史》	韩嘉谷	《天津社会科学》	1983 年第 4 期
《蠡县汉墓发掘纪要》	文启明	《文物》	1983 年第 6 期
《河北滦南县东庄店遗址调查》	文启明	《考古》	1983 年第 9 期
《古文字研究札记四则》	尤仁德	《考古与文物》	1984 年第 1 期
《古文物纹饰中龙的演变与断代初探》	邢捷（执笔）	《文物》	1984 年第 1 期
《河北迁安安新庄新石器遗址调查和试掘》	文启明	《考古学集刊》	1984 年第 4 集
《天津早期的纪念列宁活动》	廖永武	《历史教学》	1984 年第 4 期
《冀东地区商时期古文化遗址综述》	文启明	《考古与文物》	1984 年第 6 期
《天津蓟县张家园遗址第二次发掘》	李经汉	《考古》	1984 年第 8 期
《唐山市古冶商代遗址》	文启明	《考古》	1984 年第 9 期
《欢迎孙中山北上与国民会议活动》	廖永武	《天津师范学院学报》	1985 年第 1 期
《明代制墨名家程君房及其〈墨苑〉》	蔡鸿茹	《文物》	1985 年第 3 期
《天津市艺术博物馆的几件清宫用瓷》	徐静修	《文物》	1985 年第 3 期
《略谈河北仰韶文化南杨庄类型》	文启明	《考古与文物》	1985 年第 4 期
《天津新发现一批宋金时期瓷陶枕》	田凤岭	《文物》	1985 年第 1 期
《河北新乐中同村发现战国墓》	文启明	《文物》	1985 年第 6 期
《河北卢龙县东阚各庄遗址》	文启明	《考古》	1985 年第 11 期
《商代玉鸟与商代社会》	尤仁德	《考古与文物》	1986 年第 2 期
《漂榆邑地望辨析》	韩嘉谷	《天津社会科学》	1986 年第 3 期
《新发现的"十七年丞相启状"戈》	田凤岭、陈雍	《文物》	1986 年第 3 期
《河北灵寿县西岔头村战国墓》	文启明	《文物》	1986 年第 6 期
《战国汉代玉雕螭纹的造型与纹饰研究》	尤仁德	《文物》	1986 年第 9 期
《王襄先生收藏的瓦当及古砚》	蔡鸿茹	《天津社会科学》	1987 年第 1 期
《河北新乐、无极发现晚商青铜器》	文启明	《文物》	1987 年第 1 期
《天津市艺术博物馆所藏经卷及社会文书简述》	马大东	《敦煌研究》	1987 年第 2 期
《天津市艺术博物馆所藏敦煌卷子及社会文书目录》	刘国展、李桂英	《敦煌研究》	1987 年第 2 期
《河北容城县午方新石器时代遗存的发现和认识》	文启明	《考古学集刊》	1987 年第 5 集
《戊戌变法运动与天津》	陈瑞芳	《南开学报》	1988 年第 5 期
《天津蓟县独乐寺塔》	天津市历史博物馆考古队、天津蓟县文物保管所	《考古学报》	1989 年第 1 期

论文标题	作者	刊物	发表时间
《十九世纪末天津民间组织与城市控制管理系统》	陈克	《中国社会科学》	1989 年第 6 期
《弘一法师——李叔同的艺术生涯》	孙绍芝	《音乐学习与研究》	1989 年第 4 期
《传统世界之扬弃——纪念鸦片战争 150 周年》	陈克	《天津社会科学》	1990 年第 5 期
《介绍两件濮仲谦刻竹扇骨》	李世霞	《文物》	1990 年第 2 期
《北首岭新石器时代遗存再检讨》	陈雍	《华夏考古》	1990 年第 3 期
《纪念古代渤海湾西部海岸线遗迹发现三十五年》	李世瑜	《天津文史》	1991 年第 2 期
《汉代玉佩刚卯严卯考论》	尤仁德	《人文杂志》	1991 年第 6 期
《"睿玑"新探》	尤仁德	《考古与文物》	1991 年第 6 期
《天津宝坻县牛道口遗址调查发掘简报》	梁宝玲	《考古》	1991 年第 7 期
《清"太子陵"调查报告》	邸明	《文物春秋》	1992 年第 1 期
《评宋人陆秉对〈周易〉"大衍之数"的解说》	郭鸿林	《周易研究》	1992 年第 1 期
《天津市艺术博物馆藏隋元开年铜造像》	卢永琇	《文物》	1992 年第 2 期
《天津市蓟县营房村辽墓》	赵文刚	《北方文物》	1992 年第 3 期
《天津军粮城海口汉唐遗迹调查》	纪烈敏	《考古》	1993 年第 2 期
《天津蓟县发现青铜器短剑》	梁宝玲	《北方文物》	1993 年第 2 期
《天津蓟县张家园遗址第三次发掘》	纪烈敏、张俊生	《考古》	1993 年第 4 期
《大小和卓兄弟》	王会娟	《历史教学》	1993 年第 10 期
《半坡文化彩陶鱼纹的分类系统》	陈雍	《华夏考古》	1993 年第 3 期
《蓟县张家园遗址青铜文化遗存综述》	韩嘉谷、纪烈敏	《考古》	1993 年第 4 期
《红山文化鸟兽纹玉佩研究》	尤仁德	《考古与文物》	1994 年第 1 期
《渤海湾西岸东汉遗存的再认识》	陈雍	《北方文物》	1994 年第 2 期
《石涛和他的〈巢湖图〉》	张淑兰	《文物》	1994 年第 4 期
《静海宋代墓葬》	邸明	《考古》	1995 年
《天津静海东滩头发现宋金墓》	邸明	《考古》	1995 年第 1 期
《周秦汉时期环渤海地区红陶釜研究》	梅鹏云	《北方文物》	1995 年第 11 期
《宋代吏治整顿及其效果》	刘丽萍	《历史教学》	1996 年第 3 期
《得碑十二图》	蔡鸿茹	《文物》	1996 年第 3 期
《楚伺戈考释》	尤仁德	《考古与文物》	1996 年第 4 期
《姜寨聚落再检讨》	陈雍	《华夏考古》	1996 年第 4 期
《箴言古墨与先秦伦理思想》	李东琬	《北方文物》	1997 年第 2 期
《独乐寺塔壶门雕砖乐考》	梅鹏云	《文物春秋》	1997 年第 2 期
《王子若百汉碑砚拓》	蔡鸿茹	《文物》	1997 年第 9 期

续表

论文标题	作者	刊物	发表时间
《新罗山人小像介绍》	张淑兰	《文物》	1997 年第 5 期
《清于硕象牙微刻作品介绍》	高俊清	《文物》	1997 年第 11 期
《唐朝科举制与文化繁荣》	马金香	《历史教学》	1997 年第 1 期
《我国棉花种植与推广过程》	马金香	《历史教学》	1997 年第 1 期
《再谈渤海湾西岸的汉代海侵》	韩嘉谷	《考古》	1997 年第 2 期
《安新庄遗址再认识》	文启明	《考古》	1998 年第 8 期
《关于〈历史时期渤海湾西岸的大海侵〉的一桩公案真相说明》	韩嘉谷	《中国史研究动态》	1998 年第 8 期
《试论周恩来早年所受教育对其影响》	王绪周	《中外学者再论周恩来》	1998 年
《祭孔乐舞历史价值的再认识》	文启明	《中国音乐学》	1999 年第 2 期
《周恩来与天津〈益世报〉》	李勤	《历史教学》	1999 年 1 月
《南杨庄遗址及其相关问题》	文启明	《考古》	1999 年第 11 期
《蓟运河上游地区史前文化遗存初探》	文启明	《文物》	1999 年第 11 期
《河北平原两侧新石器文化关系变化和传说中的洪水》	韩嘉谷	《考古》	2000 年第 5 期
《祭孔乐舞的形成和对外传播》	文启明	《中国音乐学》	2000 年第 2 期
《天津史前文化刍议》	文启明	《史前研究》	2000 年
《宝坻秦城遗址试掘报告》	纪烈敏、张俊生	《考古学报》	2001 年第 1 期
《关于考古学研究中国文明起源的理论与方法》	陈雍	《文物》	2001 年第 2 期
《论张家园墓地的年代和文化属性》	梁宝玲	《北方文物》	2001 年第 5 期
《天津蓟县弥勒院村辽墓》	梅鹏云	《文物春秋》	2001 年第 6 期
《天津市武清县兰城遗址的钻探与试掘》	纪烈敏	《考古》	2001 年第 9 期
《渤海湾西岸汉代遗存年代的甄别——兼论渤海湾西岸西汉末年海侵》	陈雍	《考古》	2001 年第 11 期
《锈青铜器真伪的辨别》	孙晓强	《东南文化》	2001 年
《天津文庙祭孔乐舞刍议》	陈彤	《天津音乐学院学报》	2002 年第 1 期
《磁山文化再观察》	梅鹏云、姜佰国	《文物春秋》	2002 年第 4 期
《燕山南麓青铜文化的类型谱系及其演变》	纪烈敏	《边疆考古研究》	2002 年第 6 期
《良渚文化礼仪用玉的文化特征》	刘小葶	《华夏考古》	2002 年第 9 期
《剪画聪明胜剪花——评介包钧剪贴书画屏》	殷凤琴	《东南文化》	2002 年第 6 期
《天津近代民间消防组织——水会》	赵耀双	《民俗研究》	2003 年第 3 期
《海河边的奇葩——"泥人张"评介》	谢玉梅	《东南文化》	2003 年第 6 期
《董仲舒"天人感应"和皇帝制度》	马金香	《历史教学》	2003 年第 5 期
《天津史前时期经济与文化》	文启明	《农业考古》	2004 年第 1 期

续表

论文标题	作者	刊物	发表时间
《独乐寺观音阁壁画调查》	纪烈敏	《文物》	2004 年第 3 期
《天津西辛庄唐代遗址发掘简报》	梅鹏云、姜佰国	《内蒙古文物考古》	2005 年第 1 期
《天津市宝坻区哈喇庄遗址的发掘》	梅鹏云	《考古》	2005 年第 5 期
《〈水经注〉和天津地理》	韩嘉谷	《历史地理》	2006 年
《夏商西周金器研究》	白黎璠	《中原文物》	2006 年第 6 期
《燕山南麓夏商时期考古遗存研究》	盛立双	《边疆考古研究》	2007 年第六辑
《天津蓟县桃花园明清家族墓地人骨的身高推算 I》	原海兵、李法军、张敬雷、盛立双	《人类学学报》	2008 年第 4 期
《一个从"礼"探索中国文明起源的模式——读〈文明起源的中国模式〉》	陈雍	《文物》	2009 年第 2 期
《经世文章系民生——读〈国计民生——明清社会经济研究〉》	姚旸	《中国社会经济史研究》	2009 年 2 月
《清代刑案律例与地方性法规关系探析》	姚旸	《安徽史学》	2009 年 3 月
《论清代刑案审理中的"夹签"制度》	姚旸	《天津社会科学》	2009 年 5 月
《考古出土辽代乐器定名正误》	梅鹏云	《边疆考古研究》	2009 年第八辑
《例之辨——略论清代刑案律例的继承与创新》	姚旸	《故宫博物院院刊》	2010 年 1 月
《从元青花龙凤纹谈起》	赵旻	《中原文物》	2010 年第 1 期
《论皇会与清代天津民间社会互动关系——〈以天津天后宫行会图〉为中心的考察》	姚旸	《民俗研究》	2010 年 3 月
《试论处于不同归还背景范围内文化遗产的返还——博物馆藏品归还的主要背景及其相关问题的思考》	涂小元、田家馨	《国际博物馆协会博物馆学委员会研究集刊》	2010 年第 39 期
《清代刑案审理法源探究》	姚旸	《南京大学法律评论》	2010 年
《浅谈科举制的兴衰与状元筹游戏的发展》	岳萌	《天津师范大学学报》（社会科学版）	2010 年增刊
《古玉人兽合体造型研考》	徐春苓	《中原文物》	2011 年 3 月
《当代美国高校博物馆专业课程设置及成因分析》	王春慧	《东南文化》	2011 年第 6 期
《天津博物馆藏敦煌道教文献及其书法艺术述略》	王璐	《天津师范大学学报》	2011 年 12 月
《文庙保护利用工作研究》	秘俊琴	《天津师范大学学报》	2011 年增刊
《辽墓乐舞图像研究》	梅鹏云	《边疆考古研究》	2011—2012 年第十辑
《近代天津的洋行——一份有关美孚洋行的文献考释》	刘翔	《中国国家博物馆馆刊》	2012 年 1 月
《墓葬出土堆塑瓶（罐）类明器功用研究》	臧天杰	《南方文物》	2012 年 1 月
《天津市张家园遗址发现磬形石器及相关问题》	梁宝玲、梅鹏云	《草原文物》	2012 年第 2 期
《唐代女性的忠孝节义——从〈唐书·列女传〉看唐代妇女风格》	陈扬	《天府新论》	2012 年 6 月
《博物馆与城市公共文化服务——以博物馆新馆建设为中心》	臧天杰	《天府新论》	2012 年 6 月

说明：社会科学类论文收录标准以南京大学 CSSCI 期刊为准。

（三）自然科学类论文（表5-7）

天津自然博物馆前身为北疆博物院，学术研究传统历史悠久。中华人民共和国成立后，该馆发表论文总数800余篇，其中核心期刊载有161篇，这里包括了美国SCI（《科学引文索引》）收录文章。

中华人民共和国成立后天津自然博物馆发表的主要自然科学类论文

表5-7

论文标题	作者	刊物	发表时间
《中国盲蝽象分属检索表》	肖采瑜	《南开大学学报》	1955年第1期
《半翅目异翅亚目的系统分类》	肖采瑜	《昆虫知识》	1961年第2期
《中国北部常见苜蓿盲蝽种类初记》	肖采瑜	《昆虫学报》	1962年第S1期
《中国同缘蝽属初记》	肖采瑜	《昆虫学报》	1962年第S1期
《中国缘蝽新种记述（半翅目缘蝽科）》	肖采瑜	《动物学报》	1963年第4期
《我国竹缘蝽族（Cloresmini）种类简记》	肖采瑜	《昆虫知识》	1963年第4期
《半翅目异翅亚目的分类系统》	肖采瑜	《昆虫知识》	1963年第3期
《中国棉田盲蝽记述》	肖采瑜	《动物学报》	1963年第3期
《云南生物考察报告（半翅目：缘蝽科）》	肖采瑜	《昆虫学报》	1963年第3期
《中国棘缘蝽属记述》	肖采瑜、郑乐怡	《动物分类学报》	1964年第1期
《中国半翅目异翅亚目的新种和新记录》	肖采瑜	《动物分类学报》	1964年第2期
《中国扁蝽属（Aradus Fabr.）初志》	肖采瑜	《动物分类学报》	1964年第1期
《云南生物考察报告（扁蝽科）》	肖采瑜	《昆虫学报》	1964年第4期
《中国网蝽科名录及属检索表》	肖采瑜、经希立	《南开大学学报（自然科学）》	1964年第1期
《中国缘蝽科纪要Ⅰ》	肖采瑜	《南开大学学报（自然科学）》	1964年第1期
《中国缘蝽科纪要Ⅱ》	肖采瑜	《南开大学学报（自然科学）》	1964年第1期
《云南生物考察报告（半翅目：红蝽科及大红蝽科）》	肖采瑜	《昆虫学报》	1964年第3期
《中国姬猎蝽属初志》	肖采瑜	《昆虫学报》	1964年第2期
《中国姬猎蝽新种记述》	肖采瑜	《昆虫学报》	1964年第1期
《中国缘蝽新种记述Ⅱ》	肖采瑜	《动物学报》	1964年第1期
《中国缘蝽新种记述Ⅲ》	肖采瑜	《动物学报》	1964年第2期
《中国缘蝽新种记述Ⅳ》	肖采瑜	《动物学报》	1965年第4期
《中国缘蝽科纪要Ⅲ》	肖采瑜	《南开大学学报（自然科学）》	1965年第1期
《中国缘蝽科纪要Ⅳ》	肖采瑜	《南开大学学报（自然科学）》	1965年第1期

续表

论文标题	作者	刊物	发表时间
《椎蝽（Triatoma Laporte）—新种记述》	肖采瑜	《动物分类学报》	1965 年第 3 期
《中国猎蝽科的新种和新记录 I》	肖采瑜	《动物分类学报》	1965 年第 2 期
《中国光猎蝽亚科新种记述》	肖采瑜	《昆虫学报》	1973 年第 1 期
《中国猎蝽科的新种和新记录 II》	肖采瑜	《昆虫学报》	1974 年第 3 期
《中国跷蝽科记述》	肖采瑜	《昆虫学报》	1974 年第 1 期
《中国猎蝽亚科简记》	肖采瑜	《昆虫学报》	1976 年第 1 期
《中国细足猎蝽亚科新种记述》	肖采瑜	《昆虫学报》	1977 年第 1 期
《中国小公鱼属以新种》	李国良	《动物学报》	1978 年第 2 期
《中国的麦蝽属记述》	肖采瑜、郑乐怡	《昆虫学报》	1978 年第 3 期
《几种重要花蝽的识别》	肖采瑜、郑乐怡	《昆虫知识》	1978 年第 2 期
《甘肃庆阳上新世鬣狗科化石》	邱占祥、黄为龙、郭志慧	《古脊椎动物学报》	1979 年第 3 期
《鄂西神农架的同蝽（半翅目同蝽科）》	刘胜利	《昆虫分类学报》	1979 年第 1 期
《中国长蝽科新种记述（II）蒴长蝽亚科》	郑乐怡、邹环光、肖采瑜	《动物分类学报》	1979 年第 4 期
《中国长蝽科新种记述（I）束长蝽亚科》	郑乐怡、邹环光、肖采瑜	《动物分类学报》	1979 年第 3 期
《中国皮蝽科（Piesmatidae）简记》	肖采瑜、经希立	《昆虫学报》	1979 年第 4 期
《中国瘤蝽科的新种和新记录》	肖采瑜、刘胜利	《昆虫学报》	1979 年第 2 期
《中国真猎蝽亚科新种记述 I》	肖采瑜	《动物分类学报》	1979 年第 2 期
《中国真猎蝽亚科新种记述 II》	肖采瑜	《动物分类学报》	1979 年第 3 期
《贺风三趾马头骨的发现及其系统关系的讨论》	邱占祥、黄为龙、郭志慧	《古脊椎动物学报》	1980 年第 2 期
《中国同蝽科六新种（半翅目：同蝽科）》	刘胜利	《动物学研究》	1980 年第 2 期
《中国短喙扁蝽亚科新种记述（半翅目扁蝽科）》	刘胜利	《动物分类学报》	1980 年第 2 期
《天津、河北鳖的吸虫》	张润生、邱兆祉、李庆奎	《南开大学学报（自然科学版）》	1981 年第 1 期
《中国扁蝽科的新种（半翅目，异翅亚目）》	刘胜利	《昆虫学报》	1981 年第 2 期
《尖同蝽属—新种》	刘胜利	《动物分类学报》	1981 年第 3 期
《中国姬蝽科的新种和新记录》	任树芝、肖采瑜	《动物分类学报》	1981 年第 4 期
《我国数种蜘蛛新记录》	宋大祥、刘庭秀	《动物分类学报》	1982 年第 4 期
《睾柄科吸虫在我国首次发现》	邱兆祉、张闰生、李庆奎	《动物分类学报》	1982 年第 1 期

论文标题	作者	刊物	发表时间
《藏马鸡体内一线体吸虫新种（吸虫纲：双腔科）》	邱兆祉、张闰生、李庆奎	《动物分类学报》	1982 年第 2 期
《棘口科顶睾属一新种》	张闰生、邱兆祉、李庆奎	《南开大学学报（自然科学版）》	1982 年
《湖北龟类的斜睾吸虫一新属两新种》	邱兆祉、张闰生、李庆奎	《动物分类学报》	1983 年第 3 期
《河南卢化发现人类化石》	季楠	《人类学学报》	1983 年
《齿爪盲蝽亚科的新属和新种记述 （半翅目：盲蝽科）》	肖采瑜、任树芝	《昆虫学报》	1983 年第 1 期
《乌梁素海的鸟类异形吸虫》	邱兆祉、张闰生、李庆奎	《动物分类学报》	1984 年第 2 期
《侧孔吸虫属二新种（吸虫纲隐孔科）》	张闰生、邱兆祉、李庆奎	《动物学研究》	1984 年第 2 期
《中国林蛙的寄生吸虫》	邱兆祉、张闰生、李庆奎	《南开大学学报（自然科学版）》	1984 年
《乌梁素海鸟类吸虫（复殖目）》	邱兆祉、李庆奎	《动物分类学报》	1986 年第 2 期
《渤海鱼类复殖吸虫Ⅰ.半尾科》	李庆奎、张闰生、邱兆祉	《动物分类学报》	1986 年第 2 期
《渤海鱼类复殖吸虫Ⅱ.半尾科两新种》	李庆奎、张闰生、邱兆祉	《南开大学学报（自然科学版）》	1986 年第 2 期
《渤海鱼类复殖吸虫Ⅲ.动殖科一新种》	张闰生、邱兆祉、李庆奎	《动物分类学报》	1986 年第 4 期
《球形芽孢杆菌 TS-1 丙酮粉对七种蚊虫的毒力测定》	任改新、孙桂华等	《昆虫学报》	1987 年第 1 期
《渤海鱼类复殖吸虫Ⅳ.鳞肉科吸虫一新种》	邱兆祉、张闰生、李庆奎	《四川动物》	1987 年第 1 期
《新发现的一颗庙后山人的臼齿》	林一璞、张镇洪、刘兴林、王尚尊、郭志慧、张丽黛	《人类学学报》	1987 年第 1 期
《我国海鱼吸虫区系的初步研究》	李庆奎、张闰生、邱兆祉	《四川动物》	1987 年第 2 期
《长颈鹿的寄生线虫》	张闰生、邱兆祉、李庆奎	《南开大学学报（自然科学版）》	1988 年第 2 期
《渤海鱼类的复殖吸虫Ⅴ.（复殖目：孔肠科）》	张闰生、邱兆祉、李庆奎	《动物分类学报》	1988 年第 4 期
《天津常见蛇类的复殖吸虫》	张闰生、李庆奎、邱兆祉	《两栖爬行学报》	1988 年第 1 期

续表

论文标题	作者	刊物	发表时间
《河北泥河湾早更新世骨制品的初步观察》	王尚尊、郭志慧、张丽黛	《人类学学报》	1988年第4期
《云南瘤蟀二新种》	刘胜利	《昆虫分类学报》	1988年第1—2期
《天津常见蛇类的复殖吸虫No.6》	梁众、陈锡欣等	《两栖爬行学报》	1988年
《天津蓟县捕到花面狸》	李百温	《动物学杂志》	科学出版社 1988年第3期
《高原鼠兔交配关系的研究》	王学高、Andrew T.Smith	《兽类学报》	1989年第3期
《渤海海鱼吸虫的研究》	梁众等	《海洋通报》	1989年第1期
《渤海鱼类的复殖吸虫Ⅶ.星腺科一新种》	李庆奎、邱兆祉	《海洋通报》	1989年第1期
《渤海鱼类的复殖吸虫Ⅵ.（吸虫纲:孔肠科）》	李庆奎、邱兆祉	《动物分类学报》	1989年第1期
《中国金线鲃属一新种》	李国良	《动物分类学报》	1989年第1期
《河北淡水鱼类地理区划的初探》	李国良	《动物学杂志》	1989年第5期
《高原鼠兔交配期及交配行为模式的研究》	王学高	《兽类学报》	1990年第1期
《高原鼠兔的繁殖空间及其护域行为的研究》	王学高、戴克华	《兽类学报》	1990年第3期
《中国叶一新种》	刘胜利	《昆虫学报》	1990年第2期
《北部湾海蛇吸虫一新种》	梁众、陈锡欣、邱兆祉、李庆奎	《海洋通报》	1990年第1期
《北部湾海鱼吸虫一新种》	李庆奎、邱兆祉、梁众	《海洋通报》	1990年第1期
《前睾吸虫亚科的研究（吸虫纲半尾科）》	陈锡欣、梁众等	《动物分类学报》	1990年第2期
《高原鼠兔种群繁殖生态的研究》	王学高、戴克华	《动物学研究》	1991年第2期
《天津地区主要资源鸟类调查》	李百温	《动物学杂志》	1991年第2期
《金平巨树蟾的发现与雄虫描述（竹节虫目:蟾科）》	戚永和、刘胜利	《动物分类学报》	1992年第2期
《天津潮间带软体动物的调查》	陈锡欣	《中国科学技术文库》（PAPER ON SCIENCE AND TECHNOLOGY OF CHINA）	1998年1月
《中国珍稀兽类一览表》	王凤琴、王学高	《兽类学报》	1999年第1期
《华北地区无尾两栖类的复殖吸虫（吸虫纲复殖目）》	邱兆祉、李庆奎	《南开大学学报（自然科学版）》	1999年第3期
《湖南鸣禽的滑口吸虫研究（复殖目短咽科）》	邱兆祉、李庆奎、成源达	《动物分类学报》	1999年第1期

续表

论文标题	作者	刊物	发表时间
《云南拟伊蛛属一新种（蜘蛛目：跳蛛科）》	何森、胡金林	《蛛形学报》	1999 年第 1 期
《广西绿蟹蛛属一新种（蜘蛛目：蟹蛛科）》	何森、胡金林	《蛛形学报》	1999 年第 1 期
《渤海湾虾蟹类的复殖吸虫》	刘晓鹏、邱兆祉、李庆奎	《南开大学学报（自然科学学报）》	2000 年第 3 期
《昆虫复眼视觉系统的计算机模拟》	李文元、高琦、王红会、孙桂华	《天津大学学报》	2000 年第 2 期
《海南小遁蛛属一新种（蜘蛛目：巨蟹蛛科）》	何森、胡金林	《蛛形学报》	2000 年第 1 期
《海南巨蟹蛛属一新种（蜘蛛目：巨蟹蛛科）》	何森、胡金林	《蛛形学报》	2000 年第 1 期
The mating system and gene dynamics of plateau pikas	Dobson，F. S.，Smith，A. T. & Gao，W. X.	*Behavioural Processes*	2000 年第 1—3 期
Sichuan Panorpidae（Mecoptera）Kept in the Tian jin Natura History Museum	Hua Baozheng，Sun Guihua & Li Miaolin	《昆虫分类学报》	2001 年第 2 期
《内蒙古上白垩统二连组一长颈的镰刀龙类（英文）》	张晓红、徐星、赵喜进、保罗·塞雷诺、匡学文、谭林	《古脊椎动物学报》	2001 年第 4 期
《内蒙古上白垩统二连组发现一新镰刀龙类（英文）》	徐星、张晓虹、保罗·塞雷诺、赵喜进、匡学文、韩军、谭琳	《古脊椎动物学报》	2002 年第 3 期
《寄生于巨蜥之复殖吸虫新种前黄分杯吸虫记述（复殖目分杯科）》	刘巍、李庆奎、施秀惠、邱兆祉	《动物学研究》	2002 年第 3 期
Four-winged dinosaurs from China	Xu Xing，Zhou Zhonghe，Wang Xiaolin，Kuang Xuewen，et al.	*Nature*	2003 年第 421 卷第 6921 期
Functional Hind-wings conform to the Hip-Structure in dromaeosaurids	Xu Xing，Zhou Zhonghe，Zhang Fucheng，Wang Xiaolin & Kuang Xuewen	*Journal of Vertebrate Paleontology*	2004 年第 24 卷第 3 期
Basal tyrannosauroids from China and evidence for protofeathers in tyrannosauroids	Xu Xing，Norell Mark A.，Kuang Xuewen，et al.	*Nature*	2004 年第 431 卷第 7009 期
《天津七里海湿地保护区鸟类区系及生态分布》	王凤琴	《动物学报》	2005 年第 51 卷（增刊）
《河湾发现的板齿犀肢骨化石》	邓涛、郑敏	《古脊椎动物学报》	2005 年第 43 卷第 2 期

续表

论文标题	作者	刊物	发表时间
Origin of flight：Could '四-winged' dinosaurs fly? （Reply）	Xu Xing，Zhou Zhonghe，Wang Xiaolin，et al.	*Nature*	2005年第438卷第7066期
《天津大黄堡湿地自然保护区鸟类调查》	王凤琴、赵欣如等	《动物学杂志》	2006年第41卷第5期
First record of the genus Platerus Distant（Heteroptera：Reduviidae:Harpactorinae）from China，with the description of a third species of the genus	Zhao Ping，Yang Chunwang & Cai Wanzhi	*Zootaxa*	2006年第1286期
First record of the genus Libiocoris Kormilev 1957（Heteroptera：Aradidae）from China，with the description of two new species	Bai Xiaoshuan，Yang Chunwang & Cai Wanzhi	*Zootaxa*	2006年第1370期
《全球化时期博物馆对民众引导作用的思考》	高渭清	《天津师大学报（社会科学版）》	2007年第1期
《天津蓟县诺氏古菱齿象化石的发现》	郑敏	《古脊椎动物学报》	2007年第45卷第1期
《安邦河湿地浮游植物数量分布特征》	覃雪波、张新刚	《东北林业大学学报》	2007年第7期
《天津地区鸟类组成及多样性分析》	王凤琴、覃雪波	《河北大学学报（自然科学版）》	2007年第4期
New Mesozoic Cockroaches（Blattaria：Blattulidae）From Jehol Biota of Western Liaoning in China	Wang Tiantian，Ren Dong，Liang Junhui & Chungkun Shih	*Annales Zoologici*	2007年第57卷第3期
Variability of Habroblattula drepanoides gen. et. sp. nov.（Insecta：Blattaria：Blattulidae）from the Yixian Formation in Liaoning，China	Wang Tiantian，Liang Junhui & Ren Dong	*Zootaxa*	2007年第1443期
A Systematic Study of the Genus Matsumuraeses Issiki from China（Lepidoptera：Tortricidae：Olethreutinae）	Lv Jinmei & Li Houhun	*Zootaxa*	2007年第1606期
A new species of the genus Agdistis from China（Lepidoptera，Pterophoridae）	Hao Shulian & Li Houhun	《动物分类学报》	2007年第3期
《天津大黄堡湿地自然保护区水禽生态研究》	王凤琴等	《河北大学学报（自然科学版）》	2008年第28卷第4期
《天津沿海水鸟群落格局分析》	王凤琴	《四川动物》	2008年第27卷第5期
《安邦河湿地浮游植物数量与环境因子相关性研究》	覃雪波等	《海洋湖沼通报》	2008年第3期
《天津八仙山自然保护区狍春季的卧息地利用》	覃雪波等	《四川动物》	2008年第6期
《天津八仙山自然保护区狍春季卧息生境特征》	覃雪波、齐智等	《东北林业大学学报》	2008年第11期
《天津八仙山自然保护区兽类的区系特征与生态分布》	覃雪波、李勇等	《四川动物》	2008年第5期

续表

论文标题	作者	刊物	发表时间
《中国羽蛾新记录（鳞翅目：羽蛾科）》	郝淑莲	《四川动物》	2008 年第 5 期
《中国海鱼孔肠科吸虫》	郭旗、李庆奎等	《四川动物》	2008 年第 5 期
《在传播科学中传承文明》	董玉琴	《国际博物馆》	2008 年第 1—2 期
Dolichothyreus, the First Record Genus of Mezirinae（Hemiptera: Aradidae）from China	Yang Chunwang, Wang Hesheng, et al.	《昆虫分类学报》	2008 年第 3 期
The genus Pselnophorus Wallengren from Mainland China, with description of a new species（Lepidoptera: Pterophoridae）	Hao Shulian & Li Houhun	Zootaxa	2008 年第 1775 期
Microlepidoptera of Hong Kong: Checklist of Pterophoridae, with description of one new species（Insecta, Lepidoptera）	Hao Shulian, Roger C. Kendrick & Li Houhun	Zootaxa	2008 年第 1821 卷
《天津八仙山自然保护区蝶类资源调查研究》	杨春旺	《西南大学学报（自然科学版）》	2009 年第 2 期
《天津地区刺蛾科昆虫多样性研究及区系分析》	吕锦梅、赵铁建、孙国明、郝淑莲、杨春旺	《西北农业学报》	2009 年第 2 期
New fossil Vitimotauliidae（Insecta: Trichoptera）from the Jehol Biota of Liaoning Province, China	Wang Meixia, Liang Junhui, et al.	Cretaceous Research	2009 年第 3 期
A new Jurassic carnivorous cockroach（Insecta, Blattaria, Raphidiomimidae）from the Inner Mongolia in China	Liang Junhui, Peter Vransku, et al.	Zootaxa	2009 年第 1974 期
《大型底栖动物对河口沉积物的扰动作用》	覃雪波	《应用生态学报》	2010 年第 2 期
《中新天津生态城夏季不同生境中啮齿动物群落与环境因子关系》	覃雪波	《兽类学报》	2011 年第 4 期
Summer bed-site selection by roe deer in a predator free area	Qin Xuebo	Hystrix, the Italian Journal of Mammalogy	2011 年第 2 期
A new species of Fuziidae（Insecta, Blattida）from the Inner Mongolia, China	Wei Dandan, Liang Junhui & Ren Dong	ZooKeys	2012 年第 217 卷
Malformed cockroach（Blattida: Liberiblattinidae）in the Middle Jurassic sediments from China	Peter Vransk, Liang Junhui & Ren Dong	Oriental Insect	2012 年第 1 期 第 46 卷
Graciliblatta bella gen. et sp. n.— a rare carnivorous cockroach（Insecta, Blattida, Raphidiomimidae）from the Middle Jurassic sediments of Daohugou in Inner Mongolia, China	Liang Junhui, Huang Weilong & Ren Dong	Zootaxa	2012 年第 3449 卷
Variability and symmetry of a Jurassic nocturnal predatory cockroach（Blattida: Raphidiomimidae）	Liang Junhui, Peter Vransk & Ren Dong	Revista Mexicana de Ciencias Geológicas	2012 年第 2 期

说明：自然科学类论文收录标准以北京大学核心期刊为准。

第四节 获奖成果

一、《天津市海岸带和海涂资源潮间带生物调查报告》和《天津市海岸带植物资源调查报告》，获1987年度天津市科技进步一等奖、1992年度国家科技进步一等奖

获奖人：陈锡欣、李国良、刘家宜、梁众、李庆奎等

"天津市海岸带海涂资源综合调查"是1979年国务院批准的"全国海岸带和海涂资源综合调查"的重要组成部分。全国项目于1980年由江苏省试点先行，而后推广全国。

"天津市海岸带海涂资源综合调查"项目于1982年启动，1987年完成，历时5年。项目由天津市人民政府成立的天津市海岸带和海涂资源综合调查领导小组专门负责。项目调查内容包括：自然环境要素、资源状况和社会经济条件。具体专业有水文、气象、地质、地貌、海洋生物、海水化学、环境保护、植被、社会经济等。资源状况包括土地资源、生物资源、盐和盐化工资源、矿产资源、海洋能源，以及港口旅游资源等。

天津自然博物馆作为项目的重要参与单位之一，主要参加了海洋生物资源的调查。历时5年的调查，取得大量的渤海湾海洋生物第一手资料，采集了大量的海洋生物标本，发表了多篇重要的学术论文。项目成果为天津市海洋开发提供了重要的基础资料，如为天津滨海地区综合开发规划提供了第一手的调查资料。

作为中华人民共和国成立后天津市第一次全面的海岸带海涂资源综合调查，"天津市海岸带海涂资源综合调查"历时时间长、参与单位多、调查全面、成果丰硕、社会影响力大，特别是在促进天津市的海洋资源开发利用上具有重要现实意义。

二、《中国三趾马化石》荣获1990年度中国科学院自然科学奖二等奖

获奖人：黄为龙、郭志惠

中国古生物志系列刊物，科学出版社1987年出版。

该书是中国科学院院士、古脊椎动物与古人类研究所邱占祥和天津自然博物馆黄为龙、郭志惠等人1978—1985年的工作总结。内容为近百年来有关中国三趾马化石文献资料整理与研究，及该类化石的研究方法。将已定的25个种和亚种修订合并至13个种；对20世纪30年代起收集标本358号60个头骨进行研究，新定5个种，并对18个种做亚一级的分类。此外，介绍欧洲晚第三纪划分的变化历史和现状，提出我国与之对应的划分对比方案。该书对三趾马化石进行亚属一级的划分尚属首例。

三、"HD系列语音导览机"荣获2000年度天津市科技进步三等奖

获奖人：孙景云、何森、韩国民、韩冬青、高翔

1998年，天津自然博物馆成立语音导览机研发项目组。天津自然博物馆与天津开发区恒达科技有限公司合作，联合开展攻关。研发项目组开展市场调研、技术咨询、资料搜集、使用调查等工作，通过设计模型、编写程序代码等一系列研发实验，于1999年初研发出样机，其后又经过多次性能改善，最终达到了设计目标。"HD系列语音导览机"研发成功，是国内自主研发的第一台语音导览机。经专家评审认定"HD系列语音导览机"为国内首创，填补了国内语音导览机空白，综合技术指标达到国际先进水平。此成果荣获2000年度天津市科技进步三等奖。

四、《天津八仙山国家自然保护区生物多样性考察》荣获2012年度天津市环保科技奖暨合佳威立雅杯环保科技奖二等奖

获奖人：李庆奎、郝淑莲等

李庆奎主编，天津自然博物馆业务人员参编，天津科学技术出版社2009年出版。该书是天津八仙山国家自然保护区生物资源考察的总结。分析和探讨该地区的植物、动物、昆虫、蜘蛛等资源的分布及相关问题。

记述苔藓植物 22 科 37 属 43 种，多孔菌目（又称非褶菌目）真菌 8 科 17 属 21 种，维管束植物 96 科 310 属 524 种，昆虫 11 目 132 科 1000 种，蜘蛛 19 科 46 属 61 种，鱼类 2 目 3 科 7 属 7 种，两栖爬行类 1 目 4 科 24 种，鸟类 13 目 44 科 137 种，兽类 6 目 13 科 26 种。本书为天津地区动植物研究奠定了重要基础，对从事昆虫学、动物学、植物学、生物多样性研究及生物地理学研究的科技工作者，具有重要的参考价值。

第二章　教育培训

　　人才是我国各个行业赖以生存和发展的根本。文物博物馆事业的发展也不例外，教育与人才培养是其重中之重，也是此项工作得以延续和发展的动力之一。天津文博界一直将人才培养列为博物馆事业发展的重要项目，培养方式也呈现不同的模式，因材施教、定向培养是天津文物博物馆教育的一大特色。目前文博人才的培养方式主要有高校教育和文博系统内的在职教育。

第一节　专业培训

一、天津市文博系统专业技术人员继续教育

　　继续教育是天津市文博系统一项基础性工作，是专业技术人员知识更新的重要工程。此项工作由文广局人事教育处主抓，始于 2001 年。2007 年始由天津文博院负责实施，主要任务是课程的策划和讲座安排。始终坚持以"大文博"概念为原则，以"时事性""专业性""普及性"三结合的总体思路，结合文博工作实际，安排多次学术讲座，每年全市文博系统专业技术人员 400 余人参加培训。

2007—2012 年文博系统专业技术人员继续教育课程表

表 5-8

日期	授课内容	主讲人
2007 年 4 月 16 日	大国崛起的历史经验	北京航空航天大学教授 张文木
2007 年 4 月 23 日	京杭大运河的保护和申遗	中国社会科学院考古所所长、研究员 刘庆柱
2007 年 4 月 30 日	文物考古与书画鉴定	中央美术学院教授 薛永年
2007 年 5 月 14 日	中国近代文化及其转型	中国社科院近代史研究所所长 耿云志
2008 年 6 月 16 日	天津市文化遗产及其保护	天津市文史研究馆副馆长、研究员 陈雍
2008 年 6 月 23 日	天津历史风貌建筑及其保护	天津国土资源房管局副局长、高级建筑设计师 路红
2008 年 6 月 24 日	职业化与职业生涯	天津商学院教授 李垣明
2008 年 6 月 30 日	国内外科技馆现状与发展趋势	天津科技馆原馆长、高级工程师 吴凡
2009 年 5 月 11 日	国家级博物馆评定与博物馆工作	南开大学历史学院教授 黄春雨
2009 年 5 月 11 日	天津近代工业遗址调查及其保护	天津博物馆院党委书记、研究员 陈克

日期	授课内容	主讲人
2009 年 5 月 19 日	博物馆管理及其现代化	上海博物馆馆长、研究员 陈燮君
2009 年 5 月 25 日	文物保护技术的创新与发展	国家博物馆研究员 周宝中
2010 年 5 月 10 日	中国国家安全观的拓展及其世界意义	北京航空航天大学教授 张文木
2010 年 5 月 17 日	历史文化遗产保护的基础研究及应用技术	中国文化遗产研究院副院长、研究员 马清林
2010 年 5 月 24 日	公共文化服务体系建设及文博工作	中国社科院文化研究中心主任、研究员 章建刚
2010 年 5 月 31 日	以史为鉴 感悟人生	南开大学历史学院教授 孙立群
2011 年 4 月 18 日	博物馆与记忆	中国博物馆协会副理事长、秘书长 安来顺
2011 年 4 月 20 日	文物博物馆审美欣赏	南京博物院院长、研究员 龚良
2011 年 4 月 25 日	中东变局与中国机遇	北京航空航天大学教授 张文木
2011 年 4 月 26 日	"十二五"规划中的文化发展战略	文化部文化产业司副司长 孙若风
2011 年 5 月 9 日	文化遗产的价值和保护理念	中国文化遗产研究院副院长、研究员 马清林
2011 年 5 月 10 日	积极心理调适，提高工作效能	天津心理学家 刘援朝
2012 年 5 月 14 日	水下考古与文化遗产保护	中国文化遗产研究院院长、研究员 刘曙光
2012 年 5 月 21 日	处于世界变革中的博物馆：新挑战、新启示	中国博物馆协会副理事长、秘书长 安来顺
2012 年 5 月 28 日	西晋王朝兴亡启示录	南开大学历史学院教授 孙立群
2012 年 6 月 4 日	大遗址保护的最新理念	中国文化遗产研究院原院长、研究员 张廷皓
2012 年 6 月 11 日	文物保护工作中对历史信息的把握	天津大学建筑学院教授 张威

二、"名师教室"教学工程

"名师教室"是天津市文化广播影视局（文物局）贯彻落实科学发展观，实施"人才兴文"规划的工作举措，旨在充分发挥名家名师、专家学者的专业优势，对文博系统具有发展潜力和培养前途的青年业务人员，采取切实可行的培养方案，以提高其专业技术能力和综合文化素质，使其成为新一代学术、学科带头人以及文物鉴定专家。

"名师"，即文博及其相关领域的资深专家、学者〔包括国家与省市级文物（标本）鉴定、研究专家和文化部命名的"优秀专家"〕；"教室"，指传统的"师承制"教学模式。结合学院式教学理念和方法，传承专家名师的学识、经验和技能。理论与实践相结合，受业者在职学习，在职提高。

2006 年 4 月 7 日天津市文化局发出《关于加强优秀青年人才培养，开展"名师教室"活动的通知》（津文字〔2006〕4 号），由天津文博院负责组织实施。2007 年 4 月 20 日，该院联合文化局人事教育处、文物处制定了《关于开展文博系统"名师教室"活动的实施方案》。

"名师教室"第一期于 2007 年 7 月 6 日开班。聘请导师 20 名，录取学生 35 名（来自文博系统各单位）。

（一）专业设置

博物馆学（包括展览策划、创意与传播、文物保护技术和藏品信息化管理）、历史学（包括中国古代史、近代史、军事史、中共天津党史、周恩来邓颖超研究、李叔同研究等）、考古学与文化遗产保护、近代工业遗产及其保护、文物艺术品鉴定与研究（包括书画、青铜器、陶瓷器、玉器、碑帖、甲骨、钱币、古玺印、杂项和古籍等）、国学及戏剧艺术、民俗与民间工艺、自然科学（包括生物学、动物学和植物学及相关技术）。

（二）培养方式

导师日常授课和系列学术讲座，每学年一次考察学习及其他方式。

1. 导师授课。

师生在每学期初制订教学计划，文博院负责日常教学计划的实施。具体方式为：

（1）紧密结合工作实际，在实践中指导学生。

（2）旁听大学的硕士（博士）生课程。

（3）导师赴外地或本市讲课，带上自己的学生作为助教。

（4）导师指定阅读书目，定期授课（每周一次）。

2. 系列学术讲座。

每期共设 30 讲，每一学年安排 15 讲（含每年一度的天津市文博系统专业技术人员继续教育讲座）。讲授现代博物馆管理学、文博研究方法论，以及与文博工作相关的学术探讨等。

3. 考察学习。

根据课题，安排师生外出考察学习。学生提交考察报告，导师签署意见。

（三）考核

为确保"名师教室"教学质量，成立由天津文博院、天津市文化广播影视局人事教育处、博物馆处，及学生所在单位领导组成的教学评估委员会，对培养工作进行考核。包括教学评估、考察学习评估和综合考核。考核成绩分为优秀、合格和不合格三档。学生通过三项考核，颁发结业证书。

1. 教学评估。

教学评估主要考查学生的学习态度，每学期一次。内容包括听课笔记、读书（导师指定的参考书）综述、参加学术讲座的学习体会。

2. 考察学习评估。

考察学习评估与教学评估同时进行，主要考查学生观察、思考和解决问题的能力。

3. 综合考核。

在结业前进行。考核分为理论水平（论文）和专业技术水平两种考核方式。

（1）理论水平考核。考查学生对相关学科（门类）基本理论的了解和掌握情况，以及学生对基本理论的运用能力（如论文写作能力）。

（2）专业技术水平考核。考查学生理论与实践相结合的能力、对导师经验的传承情况。

2011 年 4 月 28 日，天津市文化广播影视局再次下发《关于开展文博系统第二期"名师教室"活动的通知》，录取学生 47 名（包括区县文博单位）。聘请导师 28 名。

2012 年 6 月 11 日上午，"名师教室"第二期举行开学典礼。

（四）教学成果

《天津市文博系统第一期"名师教室"成果文集》，于 2011 年 9 月由天津人民出版社出版。

《天津市文博系统"名师教室"第一期资料汇编》，于 2011 年 8 月由天津文博院编印。

《天津市文博系统"名师教室"第一期结业综合考核资料汇编》，于 2011 年 8 月由天津文博院编印。

2007—2012 年"名师教室"系列学术讲座课表

表 5-9

序号	主题	主讲人	时间
1	天津集藏文物的历史传统与特点	云希正	2007 年 9 月 17 日
2	博物馆学的发展	梁吉生	2007 年 9 月 18 日
3	中国博物馆的发展与前瞻	宋新潮	2007 年 10 月 29 日
4	文物研究方法论——从实物到理论的途径	尤仁德	2007 年 10 月 30 日
5	书画鉴定的基本知识和基本方法	刘光启	2007 年 11 月 1 日
6	国外博物馆见闻	李凯	2008 年 4 月 7 日

续表

序号	主题	主讲人	时间
7	文化理论基础知识（上）	陈克	2008 年 4 月 7 日
8	文物博物馆学方法论的再建设	刘幼铮	2008 年 4 月 14 日
9	文化理论基础知识（下）	陈克	2008 年 4 月 14 日
10	"口述史"方法论与历史文化	张利民	2008 年 4 月 21 日
11	天津戏曲艺术与历史文化	刘连群	2008 年 4 月 28 日
12	丝绸之路与敦煌	马竞驰	2008 年 9 月 1 日
13	国内外中国近代史研究概况	侯杰	2009 年 4 月 24 日
14	国家战备能力与大国博弈	张文木	2009 年 4 月 28 日
15	中东动荡与世界变局	张文木	2012 年 11 月 13 日
16	漫谈历代王朝的治乱兴衰	孙立群	2012 年 11 月 14 日

附一："名师教室"第一期导师名单（以姓氏笔画为序）
（2007 年 7 月—2009 年 7 月）

云希正　研究馆员、国家文物鉴定委员会委员、天津市艺术博物馆原馆长

尤仁德　天津博物馆研究馆员、天津市文物鉴定委员会委员

田凤岭　天津市文物管理中心副研究馆员、国家文物鉴定委员会委员

田俊荣　市文物公司副研究馆员、国家文物鉴定委员会委员

石福臣　南开大学生命科学学院教授、博士生导师

刘光启　天津市文物管理中心副研究馆员、国家文物鉴定委员会委员

刘家宜　天津自然博物馆研究馆员、天津市文物鉴定委员会委员

刘连群　国家一级编剧、中国戏曲学会常务理事、原天津市艺术研究所所长

陈　克　研究馆员、天津博物馆党委书记、天津市文物鉴定委员会委员

陈　雍　研究馆员、市文史研究馆副馆长、中国考古学会理事、天津市文物鉴定委员会委员

李　凯　天津市文物管理中心研究馆员、市文物出境鉴定站站长、国家文物鉴定委员会委员

李国良　天津自然博物馆研究馆员

李玉清　天津自然博物馆副研究馆员

林开明　天津博物馆副研究馆员、天津市文物鉴定委员会委员

张慈生　市文物公司副研究馆员、国家文物鉴定委员会委员

张黎辉　天津博物馆研究馆员、天津市文物鉴定委员会委员

徐静修　天津博物馆副研究馆员、天津市文物鉴定委员会委员

黄为龙　天津自然博物馆副研究馆员、天津市文物鉴定委员会委员

梁吉生　南开大学教授、南开大学校史办主任

崔　锦　研究馆员、市文史研究馆副馆长、市民间文艺家协会主席、天津市文物鉴定委员会委员

蔡鸿茹　天津博物馆研究馆员、天津市文物鉴定委员会委员

附二："名师教室"第二期导师名单（以姓氏笔画为序）
（2012 年 6 月—2014 年 6 月）

马清林　研究员、中国文化遗产研究院副院长

云希正　研究馆员、国家文物鉴定委员会委员、
　　　　天津市艺术博物馆原馆长

尤仁德　天津博物馆研究馆员、天津市文物鉴
　　　　定委员会委员

王凯捷　副研究员、中共天津市委党史研究室
　　　　研究三处处长

田俊荣　市文物公司副研究馆员、国家文物鉴
　　　　定委员会委员

朱彦民　教授、博士生导师、南开大学历史学
　　　　院先秦史研究室主任、天津市国学研
　　　　究会副会长兼秘书长

刘光启　天津市文物管理中心副研究馆员、国
　　　　家文物鉴定委员会委员

刘连群　国家一级编剧、中国作协会员、天津
　　　　剧协副主席、天津市艺术研究所名誉
　　　　所长

刘来顺　天津自然博物馆副研究馆员

邢　捷　天津市文物管理中心副研究馆员、天
　　　　津市文物鉴定委员会秘书长

陈　克　研究馆员、天津博物馆原党委书记、
　　　　天津市文物鉴定委员会委员

陈全家　吉林大学文学院边疆考古中心教授、
　　　　中国古生物学会古脊椎动物学会常务
　　　　理事

李　凯　研究馆员、国家文物鉴定委员会委员、
　　　　天津博物馆副馆长

林开明　天津博物馆副研究馆员、天津市文物
　　　　鉴定委员会委员

张黎辉　天津博物馆研究馆员、天津市文物鉴
　　　　定委员会委员

张安鸽　天津市文物管理中心研究馆员、天津
　　　　市文物鉴定委员会委员

尚　洁　研究馆员、天津民俗博物馆馆长

赵春贵　天津博物馆研究馆员、中国博物馆协
　　　　会陈列艺术委员会主任

赵惠生　天津自然博物馆副研究馆员

徐静修　天津博物馆副研究馆员、天津市文物
　　　　鉴定委员会委员

崔　锦　研究馆员、市文史研究馆副馆长、市
　　　　民间文艺家协会主席、天津市艺术博
　　　　物馆原馆长

黄春雨　副教授、南开大学历史学院博物馆学
　　　　系副主任

章用秀　政协天津市河北区委文史书画艺术委
　　　　员会副主任、天津市李叔同——弘一
　　　　大师研究会副会长兼秘书长

董鸿程　天津博物馆副研究馆员、天津市文物
　　　　鉴定委员会委员

廖心文　研究员、中央文献研究室原室务委员、
　　　　第二编研室主任、周恩来思想生平研
　　　　究会会长

蔡鸿茹　天津博物馆研究馆员、国家文物鉴定
　　　　委员会委员

魏克晶　天津市文物管理中心研究馆员、天津
　　　　市文物鉴定委员会委员

第二节 学校教育

一、南开大学历史学院文物与博物馆学系

该校文博教育始于历史学系博物馆学专业。该专业在我国高等院校中设立较早，1959年设于历史学系，时称"博物馆专门化"，同年开始招收学员。"文化大革命"期间停办。

1979年秋，经教育部批准恢复组建，仍隶属历史学系。历史学家、教授王玉哲任该专业主任。教师由历史学系部分教员和文博单位业务骨干担任。王玉哲、傅同钦、张锡瑛、梁吉生等在专业初期建设中付出艰辛，奠定课程与研究体系，培养青年教师。

1980年夏季，该专业面向全国始招本科生；1984年始招硕士研究生，1999年始招博士研究生。

2001年，原历史学系调整为"历史学院"，该专业随之由一个学科成为学科体系，称"文物与博物馆学系"。教授朱凤瀚、傅玫相继主持该系的教学与科研工作。该系的多项专业获得进一步发展。为加强硕、博研究生导师队伍，特向国家相关科研部门及院校聘请资深专家任教，受聘专家和教授有：中国社会科学院考古研究所研究员徐苹芳、历史研究所研究员李学勤，北京大学考古文博学院教授李伯谦，国家博物馆研究员傅振伦、史树青和俞伟超，故宫博物院李辉柄等。

2011年，该系更名为"考古学与博物馆学系"。至2012年，有教师10名，其中教授2名，副教授5名，讲师2名，文物博物系列副研究馆员1名。有博士学位者7名。教授刘毅任系主任。

该系"考古学"专业为国家一级学科，下设4个二级学科，分别为：专门考古与文物研究、中国考古与古代物质文化、历史文化遗产研究与保护和博物馆学理论与工作实践研究。

每年招收本科生20余名，博士、硕士研究生6～8人，专业硕士研究生14人。

2003年和2006年，受国家文物局委托，该系先后举办两期"全国省级博物馆馆长专业管理培训班"。

近年，该系在田野考古方面的科研工作取得突破，先后独立主持两处国家"南水北调"考古发掘项目；合作进行景德镇御窑、浙江云和横山周龙泉窑、河南淅川水田营遗址、江西吉州窑等处考古发掘。

在2012年教育部学科评估中，该系该学科位居全国第7名。

迄今，该系几代师生发表学术论文数百篇，出版专著数十部。著作中影响较大者如王玉哲主编的《中国古代物质文化》、朱凤瀚撰写的《古代中国青铜器》等。主持或参与国家、部委和省级科研多项。其中，中国古代物质文化史研究、考古学及古代文物研究和理论博物馆学研究，在全国具有较大影响，学术成果获省部级奖励；有较为科学完整的本科、研究生教学课程体系，为其他院校相关专业所借鉴。

南开大学博物馆占地面积500余平方米，收藏陶、瓷、铜、玉等各类文物3000余件，其中三级以上文物400余件；设有文物标本室和文博考古应用技术实验室。前者收藏采自国内主要窑址的瓷片等；后者供文物修复、测绘、摄影及保护等教学实习。受教育部资助，该系教师主持的"中国古代社会生活数字博物馆"开通。

二、天津师范大学历史文化学院考古及博物馆学专业

专业教学开设于该校历史文化学院。自2001年开始招收文化遗产专业方向本科生；2004—2006年开办文博及文化遗产管理专业研究生课程进修班；2006年招收博物馆学专业方向的本科生；2011年招收文博专业硕士研究生、考古学硕士研究生、易学考古方向博士研究生。

文化遗产专业有教师9名，其中教授5名，副教授1名，讲师3名。

必修课有中国通史、世界通史、博物馆学、文物学、考古学、民俗学和文献检索等，选修课有中国陶瓷、中国青铜器、中国玉器、中国书画、古文字与简帛研

究和论文写作等。设有文物收藏室 1 处，面积约 240 平方米，藏有石器、玉器、陶器、青铜器、瓷器及书画等各类文物 1800 余件。

三、天津艺术职业学院文物鉴定与修复专业

该专业开设于 2003 年，面向文博单位培养专门人才，培养专业方向为文博讲解员和文物鉴定与修复。

文物鉴定与修复方向专业课有：书画装裱与修复、文献古籍修复、书法与篆刻、书画鉴定、瓷器鉴定、陶瓷器修复和书画木版水印等。讲解员方向专业课有：礼仪形体训练、主持播音训练、分类讲解训练和展览设计制作等。

教师为天津市文化广播影视局属文博单位的专家和专业技术人员。

四、天津轻工职业技术学院文物鉴定与修复专业

与天津市文物管理中心合作设立，修复专业方向为中国书画。2003 年开设并始招高职生，2004 年校方认定为教学改革试点专业。

设有专业教室、多媒体专业教室、画室和书画装裱室。主要专业课有：文物学概论、博物馆学概论、近代书画鉴定、瓷器鉴定、玉器鉴定、青铜器鉴定、珠宝鉴定、国画、书法、治印、拍卖概论、书画史、篆刻学和书画装裱修复等。

该专业现有在校生 75 人，已取得该专业高职学历毕业生 234 名。

五、天津市历史博物馆文博中专班

根据天津市文化局大力培养文博人才的指示精神，经天津市第二教育局批准天津市历史博物馆举办中专班一届，从同年报考天津图书馆中专班的考生中招收。

该班有正式学生 9 名，另有博物馆推荐的旁听生 2 名，来自三条石历史博物馆的代培生 4 名，总计 15 名。

学制两年（1980 年 10 月—1982 年 10 月），课时每周 6 天，上课地点即天津市历史博物馆。

任课教师以该馆业务人员为主。聘请天津师范专科学校、普教系统中学和市文化所属相关单位教师和专业技术人员。授课有必修与旁听两类。

主修课目有顾道馨主讲的古代汉语、王文斌主讲的天津古代史、刘民山等人主讲的天津近代史、廖永武主讲的天津现代史、马子庄主讲的考古学、谷蕊主讲的博物馆陈列、师宝蓉主讲的文物保管、孙少芝主讲的写作、王恩厚等主讲的中国历史、王宜恭主讲的博物馆学等。

旁听课目：物质文化史、中国青铜器史、中国瓷器史、中国科学技术史、中国建筑史等。旁听地点：南开大学历史学系（博物馆学专业）。

学习期间，有参观（中国历史博物馆、故宫博物院、军事博物馆等文博单位）与实习活动（赴北京和天津蓟县）。学习期满，成绩合格者，由天津市历史博物馆颁发毕业证书。

该届毕业生分配到天津市文物管理处考古工作队、天津市历史博物馆保管部与陈列部和南开区政府民政科、河西区团委等。

六、天津自然博物馆中专班

成立于 1979 年，学制两年，由天津市教育局颁发中专毕业证书。开设专业有植物学、动物学、古生物学和地质学等。任课老师由具有副高级及以上职称的该馆专业人员担任。设班主任与辅导员协助教学工作。

第六篇
管理机构　人物

天津文物博物馆的管理，在中华人民共和国成立前并无专门机构。早期的博物馆（如天津教育品陈列馆）隶属于直隶工艺总局，1913 年设立直隶省实业司后，有关事务归属实业司管理。1928 年，南京国民政府将天津定为特别市，天津的博物馆管理机构由原来的直隶省实业厅转归天津市教育局。1950 年 3 月，天津在军管会文艺处的基础上，建立了负责全市文物保护管理工作的专职机构——天津市文化事业管理局，自此天津的文博行政管理由教育部门转向文化部门，文博事业也迎来了蓬勃发展的新时期。

同时，天津因地理、交通、人文等条件优越，自古就是南北人文荟萃之地。清末以来，许多王公贵族寓居于此，文物集藏丰厚，涌现出一批文物收藏家、鉴赏家。中华人民共和国成立后，文物博物馆事业发展步入正轨，文物博物馆人才辈出，他们为天津文物博物馆事业的发展与建设做出了贡献，并有不少人在全国文物博物馆界享有很高的知名度，一代代文博专家学者为天津的文物与博物馆事业付出的心血将载入史册。

第一章　管理机构

天津是近代中国较早开埠的城市之一，也是较早出现博物馆的城市之一。近代天津文物博物馆事业起步早，文博事业管理的历史较长。在中华人民共和国成立后，天津的文博事业管理工作有了新的发展。早在 1948 年 12 月平津战役打响后批准成立天津军事管制委员会之时，即设立了文教部。天津解放后，在文教部下设文艺处，其后建立天津市文化事业管理局，经过不断的变化发展及几易其名，2009 年组建天津市文化广播影视局。天津在文博事业的行政管理上，建立了市、区（县）的文物管理机构与文物专职机构。老一辈文博工作者及一批批文博工作的后继者为天津的文博事业贡献了力量。

第一节 中华人民共和国成立前文博管理机构

博物馆在天津出现后，其行政管理因创办人不同而有区别。外国传教士创办的由外国教会和租界当局主管；天津人自办的由政府不同机构（或实业，或教育）主管。天津设市前（清末—民国前期），涉及文物收藏与流通的事务或纠纷，一般遵循明清社会的公序良俗自行调解，有纷争辩讼由天津地方行政机构（府县衙署）依照民事规则处理。古建的保护维修，沿袭传统的官绅倡导形式，所需经费多通过民间集资、官绅捐金、朝廷（政府）拨帑等途径解决。光绪三十二年（1906）清廷改六部制，设民政部，下设七司，其中营缮司专门负责寺庙、陵寝修葺。天津域内文物的收藏流通和一般古建的维护修葺沿用旧例。

光绪二十八年（1902），隶属直隶总督衙门的直隶学校司在保定成立，光绪二十九年（1903）在天津设立直隶工艺总局，隶属直隶总督衙门。光绪三十年（1904）建天津考工场，为工（商）业品展览馆。同年直隶学校司更名为"直隶学务处"，翌年迁津。光绪三十二年（1906）设直隶提学使后成为"学务公所"。

光绪三十一年（1905）直隶工艺总局开办的天津教育品陈列馆是天津早期的专门博物馆。

宣统二年（1910）撤直隶工艺总局，设直隶劝业道。1912 年撤销直隶劝业道，设立直隶省实业司，隶属直隶省政府。文博有关事务的管理基本沿袭天津县旧制。1916 年成立的天津博物院筹备处因设在直隶商品陈列所内，仍属实业司管理。1914年5月，直隶省署下设的司更名为厅。1917年9月，天津博物院创办人严智怡出任实业厅长，天津博物院继续归属实业厅管理。

1928年，南京国民政府将直隶省改称"河北省"，天津定为特别市，文博行政管理机构，属文物收藏与流通，或归民政机构（如民事纠纷），或属社会机构（如古玩市场管理），博物馆的管理机构由实业部门转向教育部门。1928年6月，因严智怡出任教育厅长，天津博物院随之改属教育厅管理。同年，天津市教育局设立，隶属天津市政府，对文博的行政管理职能及职责继续归属河北省教育厅。由天津社会教育广智馆更名而来的天津广智馆、新成立的天津市立美术馆隶属市署教育局管理。成立于1930年12月24日，北平古物保管委员会天津支会，办公处所设于天津市立美术馆，华世奎、王汉章、严季聪、汪吾馨、乐采臣为委员。

沦陷时期（1937年8月至1945年8月），日军占领天津。先后成立伪天津特别市公署（1937年12月—1943年11月）、伪天津市政府（1943年11月—1945年8月），天津广智馆、天津市立美术馆隶属伪天津特别市公署教育局管理。其间，天津近郊、静海、武清、宝坻、宁河等县文物古迹事务由成立于1940年7月的伪河北省津海道尹公署教育局主管。

1945年8月至1949年1月，日本投降后，天津复成为国民政府直辖市，各博物馆统属天津市政府教育局管理。1949年1月，中国人民解放军天津区军事管制委员会文化教育部成立。天津解放后，军管会文教部文艺接管处派员接管各博物馆，后移交新组建的天津市教育局。1950年11月，天津文博行政管理机构由教育部门转向文化部门。

第二节 中华人民共和国成立后文博管理机构

一、管理机构

（一）天津市文化广播影视局（天津市文物局）

1948年12月，平津战役打响后成立天津军事管制委员会（简称"军管会"），设文教部；1949年1月天津解放，军管会文教部设文艺处；1950年3月，在军管会文艺处的基础上建立天津市文化事业管理局；1952年9月，天津市文化事业管理局改称"天津市人民政府文化事业管理局"；1955年4月，天津市人民政府文化事业管理局改称"天津市文化局"；1968年9月"天津市革命委员会"撤销文化局，建立"天津市文化系统革命委员会"；1970年12月，"天津市文化系统革命委员会"改称"天津市文化局革命委员会"；1978年6月恢复"天津市文化局"称谓；1992年9月，成立天津市文物局，与天津市文化局属同一机构，加挂天津市文物局牌子；2009年，设立天津市文化广播影视局（天津市文物局）。

根据《关于印发〈天津市文化广播影视局主要职责内设机构和人员编制规定〉的通知》（津党办发〔2009〕30号），天津市文化广播影视局（天津市文物局）内设文物保护处和博物馆处，主要负责"管理、指导文物保护工作，组织指导文物保护的宣传工作，配合有关部门查处有关文物的违法违规案件，履行文物行政执法督查职责""管理、指导考古工作，组织、协调重大文物保护和考古项目的实施，承担确定重点文物保护单位的有关工作""负责文物和博物馆有关审核、审批事项及相关资质资格认定的管理工作；指导文物和博物馆业务工作，组织开展博物馆间的交流和协作"。

（二）天津市文物管理委员会

1952年6月，天津市人民政府拟定天津市文物管理委员会暂行组织办法和委员名单，并成立天津市文物管理委员会。

（三）天津市文化局文物组

1954年天津市文化事业管理局成立文物组，1955年天津市文化事业管理局更名为"天津市文化局"，随之更名为"天津市文化局文物组"。天津市文化局文物组担负本市郊区的考古调查发掘、古建筑调查和保护修缮以及文物征集工作。

其中一项重要工作是天津市历史博物馆组建考古发掘工作组于1956年12月试掘东郊张贵庄战国墓，改变了天津地区"无古可考"的说法，第一次证实了战

1950—2012年天津市文化（文物）工作主要领导名录

表6-1

任职时间	职务	姓名
1950年3月—1951年8月	天津市文化事业管理局局长	钱杏邨
1951年8月—1956年9月	天津市文化事业管理局局长 天津市人民政府文化事业管理局局长 天津市文化局局长	方纪
1956年9月—1960年9月	天津市文化局局长	李霁野
1960年9月—1964年5月	天津市文化局局长	黎砂
1964年5月—1966年5月	天津市文化局局长	张映雪
1968年9月—1970年12月	天津市文化系统革命委员会主任	范振衡
1970年12月—1973年7月	天津市文化局革命委员会主任	冯爱魁
1973年7月—1978年6月	天津市文化局革命委员会主任	陈因
1978年6月—1983年6月	天津市文化局局长	张映雪
1983年6月—1986年11月	天津市文化局局长	曹火星
1986年11月—1993年7月	天津市文化局（天津市文物局）局长	谢国祥
1993年7月—1997年8月	天津市文化局（天津市文物局）局长	叶厚荣
1997年8月—2004年9月	天津市文化局（天津市文物局）局长	方伯敬
2004年9月—2008年3月	天津市文化局（天津市文物局）局长	成其圣
2008年3月—2010年11月	天津市文化局（天津市文物局）局长 天津市文化广播影视局（天津市文物局）局长	赵鸿友
2010年11月—2014年1月	天津市文化广播影视局（天津市文物局）局长	郭运德

国时期天津市区以东一带已有人居住生息，并触及了渤海湾西岸线和天津成陆过程这一新问题，纠正了天津成陆历史的错误看法，改正和确定了古黄河到渤海西岸入海的时间、地点等结论。

（四）天津市文物保护管理委员会

前身为成立于1952年6月的天津市文物管理委员会。1962年1月31日天津市人民委员会第五次（扩大）会议决定成立天津市文物保护管理委员会，以加强对本市文物保管工作的领导。天津市文物保护管理委员会在中共天津市委、市人民委员会领导下工作，由市文化局负责组织，天津市副市长周叔弢任主任委员，市委宣传部副部长方纪、市文化局局长黎砂任副主任委员，李杰、张映雪、王襄、陈邦怀、张老槐、韩慎先等17名本市知名人士及有关专家为委员。委员会下设办公室，负责

日常工作。办公室工作人员由市文化局指派干部兼任。日常工作地点暂设在文化局社会文化处内。工作任务：一是调查研究天津地区的古建筑、古文化遗址与革命遗址，并提出具体的保护办法与意见；二是征集流散在天津市各处的珍贵文物、图书以及革命遗物；三是做好鉴定工作，做好防止珍贵文物流散工作；四是贯彻执行有关文物的政策法令，宣传政府保护文物的政策法令；五是研究与鉴赏珍贵文物，交流经验，进行学术探讨，为发展新文化艺术创造条件。

"文化大革命"前，曾设有天津市文物保管委员会，但该会是虚设机构，日常行政和业务附属于原文化局的考古队和文物组。1986年天津市人民政府批准恢复了天津市文物保护管理委员会，文管会办公室设在文化局文物处，文物处正副处长兼任文管会办公室正副主任。

（五）天津市文化局文物处

1983年7月，文化局党委向市委宣传部呈报了《关于文化局机关机构改革的请示》（津文党字〔1983〕41号），对原市文物管理处做出调整，于1983年9月，成立天津市文化局文物处（简称"文化局文物处"）。文化局文物处是天津市文物保护管理的专门机构，是天津市文化局设置的一个行政处室。文化局文物处成立后，原市文物管理处内的考古队调归天津市历史博物馆，其余人员并入文物处，属局行政编制的只保留3人（1名处长，2名副处长），其他人员作事业编制，银行账户名将文物管理处改为市文化局文物处，办公地点设在大理道44号（原文物管理处处址）。文物处内设文物保护科、文物管理科、博物馆科、办公室。市文化局文物处的工作职能是：①管理全市文物和博物馆事业，研究拟定天津市文物保护和博物馆发展规划并组织实施；②研究指导全市文物保护与抢救工作，组织指导全国和市级重点文物保护工程方案的论证、设计、施工、质量监督和验收；③负责向国家和国际组织申报重点文物保护单位和世界文化遗产，会同有关部门承担历史文化名城的建设、保护工作；④管理全市考古工作，指导重大考古发掘项目的实施；⑤指导、协调全市文物系统博物馆业务工作，管理直属博物馆、纪念馆的业务建设，审定博物馆基本陈列和专项展览；⑥流散文物的征集、拣选，文物流通的管理，天津口岸文物出口的验关和文物市场的管理，指导和监督文物商店经营活动；⑦推动各文博单位的业务培训，开展学术研究交流活动。

（六）和平区文化和旅游局

1953年，和平区人民政府设立文化科；1987年1月，区政府文化科改为文化办公室；1990年5月组建区文化局；2001年，更名为"和平区文化和旅游局"。根据《关于印发〈和平区文化和旅游局职能配置内设机构和人员编制意见〉的通知》，和平区文化和旅游局下设办公室、社会文化管理科、旅游管理科、文化市场管理科、财务管理科，依据文物保护法，负责区文物市场执法管理、文物保护和博物馆管理工作。

（七）河北区文化和旅游局

1949年1月，天津市第二、三区区公所设有文教股；1952年7月，将股改为科，负责区内文化和教育工作；1952年10月，二、三区合并为新三区，设文教科；1956年7月，撤销文教科，建立文化科；1968年，河北区"革命委员会"建立，文化科被撤销，文化工作隶属政治部领导，随后建立区文化系统"革委会"；1970年11月，文化、教育合并，建区文教局"革委会"，设文化组；1972年3月，文化组从文教局内划出，归区"革命委员会"文教组；1972年10月，区委宣传部恢复，设文化组，负责管理全区文化工作；1980年，恢复区政府文化科建制；1986年，改称"区政府文化办公室"；1990年4月，撤销文化办公室，建立区文化局，区委同时组建了中共河北区文化局委员会；2010年3月，区文化局与区旅游局合并，成立河北区文化和旅游局。根据中共天津市河北区委、河北区人民政府《关于〈天津市河北区文化和旅游局主要职责内设机构和人员编制规定〉的批复》，河北区文化和旅游局设社会文化科，认真贯彻文物法等法律、法规，做好历史文化遗产保护和利用工作。

（八）河东区文化和旅游局

1949年2月，天津市第四区、第五区政府建立了文教股；1952年10月中旬四、五区合并称"四区"，区政府建立了文教科，下设文化股；1956年1月四区更名为"河东区"，同年6月河东区人民委员会撤销了原设立的文教科并建文化科；1968年1月，区人民委员会文化科被撤销，建立河东区毛泽东思想文化宣传站，是年10月河东区"革命委员会"成立了河东区文教局，内设文化组；1972年7月区文教局文化组和毛泽东思想文化宣传站被撤销，建立河东区"革命委员会"文化科；1980年5月更名为"河东区人民政府文化科"；1987年6月10日，文化科更名为"河东区人民政府文化办公室"；1990年4月，文化办公室改为河东区文化局；2005年3月，河东区文化局更名为"河东区文化和旅游局"。2010年12月8日，河东区委下发《关于印发〈天津市河东区文化和旅游局主要职责内设机构和人员编制规定〉的通知》，设社会文化科（文物和非物质文化遗产保护科、河东区文学艺术界联合会办公室）管理、指导和开展本区文物和非物质文化遗产保护工作。

（九）河西区文化局

1990年8月前，文物事业由河西区人民政府文化办公室管理；1990年8月成立河西区文化局；2007年11月，更名为"河西区文化和旅游局"；2010年9月更名为"河西区文化局"。

2010年9月25日中共天津市河西区委办公室、区政府办公室联合下发《关于印发〈天津市河西区文化局主要职责内设机构和人员编制规定〉的通知》，批准河西区文化局设立社会文化科，主要职责有：负责文物保护工作，依据文物保护法规对有关文物进行认定，对保护和使用进行监管；负责民间艺术和非物质文化遗产的挖掘、保护、传承等工作。

（十）南开区文化和旅游局

2001年11月前，文物工作南开区文化局由社会文化科负责。2001年11月15日中共天津市南开区委下发关于《南开区党政机构改革实施方案》，更名为"文化和旅游局"，增设旅游管理科，文物工作由该科负责。根据2010年《关于印发〈天津市南开区文化和旅游局主要职责内设机构和人员编制规定〉的通知》，规定旅游管理科的主要职责有：贯彻落实国家文物法律、法规，依法对本辖区文博单位进行管理，负责申报、审批全区文物保护维修项目，做好全区文物保护及资源开发工作。

（十一）红桥区文化和旅游局

1979年6月红桥区人民政府建立文化科；1985年区政府文化科更名为"红桥区人民政府文化办公室"；1989年，红桥区人民政府文化办公室改称为"红桥区文化局"；2001年，区文化局增加旅游管理职能，更名为"红桥区文化和旅游局"。2002年4月，将原对外经济贸易委员会承担的区旅游管理工作职能划入红桥区文化和旅游局；2004年4月，区文化旅游局加挂新闻出版局（版权局）牌子，强化"扫黄打非"以及对辖区出版物市场、印刷企业的日常监管和执法。2010年6月，根据区委、区政府《关于印发〈天津市红桥区人民政府机构改革实施方案的通知〉》和《关于印发〈天津市红桥区文化和旅游局主要职责内设机构和人员编制规定〉的通知》文件精神，进一步明确设立天津市红桥区文化和旅游局，加挂天津市红桥区新闻出版局（版权局）牌子，是负责全区文化和旅游管理工作、文物工作、文化市场管理工作、新闻出版工作的区政府工作部门。内设旅游管理科，管理指导文物保护工作，指导博物馆、纪念馆及文保所开展业务工作。

（十二）东丽区文化广播电视局

东丽区文化局前身为东郊区政府下设的文教科，

1958年改称"新立村人民公社文教办公室"；1962年恢复东郊区建制，重建文教科；1965年文教科分解，设立文化科；1968年建宣传站；1981年5月撤宣传站，建文化局；2010年，根据区委、区政府《关于印发〈天津市东丽区人民政府机构改革实施方案〉的通知》，设立天津市东丽区文化广播电视局，加挂天津市东丽区新闻出版局、版权局牌子。东丽区文化广播电视局为负责全区文化艺术、文物、广播电视、新闻出版和版权工作的区政府工作部门，设立社会文化管理科负责协调、文物保护和组织开展全区文物资源调查、文物认定工作。

（十三）西青区文化广播电视局

1953年5月，西郊区人民政府设文教科，负责全区的文化、教育工作；1958年9月，西郊区建制被撤销；1962年2月，恢复西郊区建制，区人民委员会设文化科；1968年6月，西郊区"革命委员会"设文教卫生组；1974年9月，设文教卫生办公室；1976年改为文教办公室；1980年4月，取消西郊区"革命委员会"，恢复西郊区人民政府，设立文化科；1982年4月，撤销文化科，建文化局；2010年4月，撤销西青区文化局，设立西青区文化广播电视局。下设社会文化科（非物质文化遗产保护科），负责指导管理文物保护、文物行政执法工作。

（十四）津南区文化广播电视局

1953年5月，南郊区人民政府设立文教科，负责全区文化教育工作。1955年5月，津南郊区改为南郊区，区人民委员会内设文化科。1974年1月，区政府内设文教组。1979年，南郊区文化站负责文物工作。1982年3月，南郊区文化站改建为文化局，业务科负责文物工作。1993年，南郊区文化局更名为"津南区文化局"。2010年5月，津南区文化局更名为"津南区文化广播电视局"。2010年5月27日，天津市津南区机构编制委员会印发《关于印发〈天津市津南区文化广播电视局主要职责内设机构和人员编制规定〉的通知》，对津南区文广局主要职责的规定中包含：管理全区文物事业，组织、指导文物保护、管理、抢救、发掘、研究等工作及文物市场的监管工作。

（十五）北辰区文化广播电视局

1964年，该区文物事业由区人民政府文教科管理；1981年，成立区文化局；2010年，更名为"北辰区文化广播电视局"；2010年7月20日中共天津市北辰区委办公室、天津市北辰区人民政府办公室联合下发《关于印发〈天津市北辰区文化广播电视局主要职责内设机构和人员编制规定〉的通知》，批准北辰区文化广播电视局设立社会文化管理科（文物和非物质文化遗产保护管理科），主要负责起草或拟订公共文化事业、文物和非物质文化遗产保护工作发展规划及相关配套制度；协调、负责文物保护和执法工作；组织开展全区文物资源调查、文物认定工作。

（十六）武清区文化广播电视局

1950年，成立武清县文化馆，1956年成立县广播站，1980年，县政府增设文化科；1984年，成立武清县文化局；1990年，武清县文化局设置2科1室，即群众文化管理科、新闻出版管理科和办公室；1991年5月，县文化局新闻出版科分为新闻出版科、文化市场管理科；1996年10月，武清县政府行政机关机构改革，将旅游行政管理工作移交县文化局，增设旅游文化科；2000年撤县建区，更名为"武清区文化局"；2010年6月，武清区人民政府机构改革，组建武清区文化广播电视局，挂新闻出版局、版权局、旅游局牌子，将文化局职责、广播电视局的行政职责整合划入文化广播电视局。按照《关于印发〈天津市武清区文化广播电视局主要职责、内设机构和人员编制规定〉的通知》，设立社会文化科，负责全区有关文物的保护、挖掘、整理和利用工作。

（十七）宝坻区文化广播电视局

1954年建立文化科；1958年9月成立文教局；1963年文教局与县人民委员会卫生科合并为文教卫生科；1968改为县"革命委员会"教育组；1971年7月重建文教局；1981年3月28日文、教再次分开，成立宝坻县文化局；2001年9月宝坻撤县设区，宝坻县文化局更名为"宝坻区文化局"；2010年又更名为"宝坻区文化广播电视局"。2011年1月19日中共天津市宝坻区委办公室、区政府办公室联合下发《关于印发〈宝坻区文化广播电视局主要职责内设机构和人员编制规定〉的通知》，批准宝坻区文化广播电视局设立社会文化科（文物管理科），负责管理、指导文化遗产保护和优秀民族文化的传承普及工作。

（十八）蓟县文化广播电视局（文物局）

1956年9月成立文教部，1981年3月成立蓟县文

化局，2010年4月更名为"蓟县文化广播电视局"。

2010年12月3日，中共蓟县县委办公室、县政府办公室联合下发《关于印发〈蓟县文化广播电视局主要职责内设机构和人员编制规定〉的通知》，批准蓟县文化广播电视局设立文物管理科，主要职责有：负责全县文物保护工作；协调查处有关文物的违法、违规案件；协调市文物局做好重大文物保护和考古项目的实施工作；指导县域内文物和博物馆业务工作；组织开展非物质文化遗产保护工作；承办非物质文化遗产代表项目的申报和代表性传承人申报工作。

（十九）宁河县文化广播电视局

1948年12月12日，宁河县人民政府设教育科分管文化、教育工作；1951年，县政府教育科改称"文教科"；1958年成立文教局；1962年，卫生部门划入文教局，改称"宁河县文教卫生局"；1980年，县人民政府设文化科；1981年7月27日成立宁河县文化局；2004年加挂宁河县新闻出版（版权）局牌子；2010年，文化局与县广播电视局合并成立宁河县文化广播电视局。2010年9月，根据县委、县政府印发的《宁河县人民政府机构改革实施方案》，设立天津市宁河县文化广播电视局，加挂天津市宁河县新闻出版局（版权局）牌子。内部设立社会文化科（文物管理科）主要负责贯彻执行国家有关文物保护的法律法规；拟定全县公共卫生文化事业和文化遗产保护工作发展规划；研究起草全县文物、博物馆、纪念馆事业发展的规划，制定有关规章、制度和措施办法并监督实施；研究处理文物保护重大问题；负责文物保护、抢救维修、文物普查、文物保护单位申报、考古发掘、文保规划和方案编制及全县文博人员业务技能培训工作；对全县的文物进行行政执法监督，对查处盗窃、破坏、走私文物的案件提出文物方面的专业性意见；审核、申报市级文物保护单位，推荐、申报全国重点文物保护单位、市级文物保护单位，负责县内国家级、市级文物保护单位的管理工作，指导监督县级文物保护单位的管理工作；负责组织指导和落实全县文物保护各项宣传工作；配合有关部门查处文物的违法违规案件，履行文物行政执法督查职责；组织实施非物质文化遗产保护规划，管理、指导非物质文化遗产保护和优秀民族文化传承普及工作。

（二十）静海县文化广播电视局

1949年静海县政府成立文教科；1954年10月18

日，成立静海县人民政府文化科；1981年成立静海县文化局；2010年4月，静海县文化局更名静海县文化广播电视局。根据中共静海县委、静海县人民政府《关于印发〈静海县文化广播电视局主要职责、内设机构和人员编制规定〉的通知》，批准静海县文化广播电视局设立社会文化科，负责协调组织开展文物和非物质文化遗产挖掘、保护工作。

（二十一）滨海新区文化广播电视局

1949年1月，天津市人民政府塘大办事处设文教股，负责管理文化教育工作；3月1日，塘大办事处改为塘大区人民政府；1950年1月上旬，塘大区文教委员会成立；8月文教股改文教科；1952年2月19日，天津市人民政府批复，将塘大区改名为"塘沽区"；1956年9月，教育系统另设机构，文教科改文化科，专司文化管理工作；1961年6月，文化科扩建为文化局；1968年2月12日，塘沽区"革命委员会"正式成立，下设文教卫生组，统管文化、教育、卫生工作；11月，文化工作划出，成立塘沽区文化系统"革命委员会"；1969年10月，成立塘沽文教卫生系统"革命委员会"，撤销文化系统"革命委员会"；1970年11月，撤销文教卫生系统"革命委员会"，成立塘沽文教局；1973年4月，文化工作从文教局划出，成立塘沽文化站"革命委员会"；1980年7月，撤塘沽文化站"革命委员会"，建文化科；1984年3月，文化科扩编为文化局；2009年11月塘沽区政府被撤销，成立塘沽管委会，原区政府文化局变为塘沽管委会文化局。

1949年3月1日，中共汉沽特别区委员会、区人民政府成立，8月7日改属中共天津地委、天津专员公署；1949年10月7日汉沽特别区改为汉沽镇，属河北省天津专区；1954年汉沽镇改为汉沽市，1955年2月汉沽市人民政府改称"汉沽市人民委员会"；1958年6月12日汉沽改属天津市，称天津市汉沽区；1959年1月21日汉沽区与宁河县合并，称"天津市汉沽区"，区机关驻汉沽；1960年3月1日，汉沽改属唐山市，称"汉沽市"；1961年7月17日汉沽市改属唐山专区；1962年8月16日汉沽再次改属天津市，再称"天津市汉沽区"；1986年，汉沽区成立文物工作队，开展文物清理和普查工作，普查工作结束后，文物工作队解散。1988年12月成立汉沽区文化局，区内文物工作由文化局文化科承担；2009年11月汉沽区政府被撤销，成立汉沽管委会，原区政府文化局变为汉沽管委会文化局；2010年，天津滨海新区汉沽管委会文化局内设的文化科加挂文物科牌子。

1963年5月20日，成立北大港区人民委员会文教卫生科；1968年4月12日后，设立北大港区"革命委员会"政工组，负责文化管理工作；1970年2月，北大港区并入南郊区，由区文教卫生办公室负责管理文化工作；1979年，设南郊区文化站；1979年11月6日，国务院批准天津市"革委会"9月26日的请示报告，决定建立天津市大港区；1980年2月，中共天津市委常委会决定，撤销中共北大港地区工作委员会和北大港地区办事处，建立中共大港区委和大港区人民政府；1980年4月28日，成立大港区人民政府文化科；1989年3月，成立大港区文化局，下设办公室和群众文化、社会文化、新闻出版、计划财务等科室，并成立大港区群众文化工作委员会和文化市场管理委员会两个非编系列部门，负责全区（含驻区厂矿）大型群众文化活动、文化市场的协调和管理工作。2009年11月大港区政府撤销，成立大港管委会。2010年，天津滨海新区大港管委会文化局内设文化科，加挂文物科牌子。

2010年7月5日，滨海新区文化广播电视局职能"三定"方案公布，局文化处加挂文物保护办公室。2010年7月5日，中共天津市滨海新区委员会办公室下发《关于印发〈中共天津市滨海新区委员会、宣传部、天津市滨海新区文化广播电视局主要职责内设机构和人员编制规定〉的通知》，批准滨海新区文化广播电视局为负责文化、文物、广播电视和新闻出版工作的区政府工作部门，主要职责有管理、指导文物保护工作，组织指导文物保护的宣传工作，配合有关部门查处有关文物的违法违规案件，履行文物行政执法督察职责；承担确定重点文物保护单位的有关工作；负责文物和博物馆的有关审核、审批事务及相关资质、资格认定的管理工作，指导文物和博物馆业务工作，组织开展博物馆间的交流与协作。

二、专职机构

（一）天津历史资料征集委员会

1953年成立于天津市历史博物馆（天津市文化事业管理局组织），直属天津市人民政府领导。负责天津史料征集。具体任务：制定审核征集计划及办法；宣传保护文物和征集天津史料的意义，动员人民和有关部门协助征集工作；指导推动征集工作之进行，并提供材料。天津市历史博物馆起草征集计划草案，制定委员会的工作计划及宣传和动员方案。

征集内容包括：各时期的革命实物、资料、图表、照片等；各时期反革命的资料、图表、实物、照片等；津郊土改中的文物资料；各时期本市经济情况资料、图表、实物、照片等；国民经济恢复时期的资料、实物、图片、模型；反映帝国主义侵略的实物、照片、资料；本市文物遗迹、民间艺术；时政、经济、文化、艺术方面的资料、实物。

委员会委员：周叔弢、吴砚农、娄凝先、方纪、雷海宗、郑天挺、谢国桢、王襄、严六符、王新铭、刘奎龄等。

（二）国家文物进出境审核天津管理处（国家文物出境鉴定天津站）

1950年5月24日，中央人民政府政务院颁布《禁止珍贵文物图书出口暂行办法》，对于准许出口的文物发给许可证，出境地点以国家指定的口岸为限。1952年9月天津市文化事业管理局组成天津市文物出口鉴定委员会，由熟悉文物鉴定、鉴赏的专家组成，当时文化事业管理局主要由韩慎先、张老槐主持此项工作。自此，天津口岸有专职的文物鉴定人员进行文物出境鉴定工作。1958年以前，国家指定天津（包括北京）、上海、广州三处口岸办理鉴定、审核出境文物。

天津作为最早准许文物出口的口岸城市之一，从建国初期就致力于此项工作的开展。由于其地理位置的特殊性，建国初期就承担大量文物出境鉴定工作，以外籍人士及私人携带和私营商业性质出口为主，货品种类繁多，除了传统文物范畴内的瓷玉铜杂画以外，还有古生物化石、钱币、邮票等。为了改变当时的出口鉴定工作模式，国家文物局多次征询口岸城市出境审核工作存在的问题。1959年，国家文物局召集天津、上海、广州三地出口鉴定委员会成员，商讨修订文物出口鉴定标准。天津市文化事业管理局由韩慎先、云希正参加修订研讨。1960年，文化部颁布《文物出口鉴定参考标准》，并与对外贸易部联合发布《关于文物出口鉴定标准的几点意见》，确定北京、天津、上海、广州为全国文物出境指定口岸，合称"四大口岸"。1962年，天津

出境审核工作改为以顾得威为主，田凤岭负责具体事务。天津市文化局为进一步充实鉴定力量，聘请博物馆、图书馆相关专家组成"天津口岸出口验关鉴定小组"，制定了《天津口岸出口文物鉴定小组组织办法》，划分为书画、金石杂项、化石等5个小组，当时天津口岸鉴定小组成员已达13人，以《文物出口鉴定参考标准》为工作标准，工作对象主要是中国工艺品进出口公司天津分公司、文物经营单位及私人携带物品，并根据实际情况采取不同的工作模式。20世纪70年代，出境鉴定工作开始重新整顿。1973年，天津市文化局"革命委员会"文教组恢复天津口岸出口验关鉴定小组工作，重新编排小组成员，任命天津市文化局杨来福为小组组长，聘请陈邦怀、张老槐为顾问，具体工作以云希正、田凤岭、刘光启为主，天津市文物管理处相关人员为小组专职成员。

1994年天津口岸出口验关鉴定小组正式更名为"国家文物出境鉴定天津站"，主要负责日常文物出境鉴定业务和协助海关现场鉴定。国家文物局颁发了《关于审定文物出境鉴定机构团体资格的通知》，国家文物出境鉴定天津站具备承担委托文物出境鉴定任务的资格。

2008年，国家文物局颁布《关于审定文物进出境审核资质的通知》（文物博发〔2008〕60号），将国家文物出境鉴定天津站更名为"国家文物进出境审核天津管理处"。国家文物进出境审核天津管理处现有责任鉴定员8人，主要进行陶瓷器、玉器、字画、碑帖、家具、丝绸织品、文房四宝、竹木牙雕、少数民族文物等方面的出境审核工作。

（三）天津市文物管理处

由原文化局文物组、文化局考古队、文物公司和市文物图书清理组合并组成。

1970年12月，天津市文化局"革命委员会"同意成立天津市文物管理处"革命委员会"，"革命委员会"由宋佩山、苏德、李文玉、梁庆生、霍虎龙、肖彩莲、张玉香等7人组成。

1975年2月，根据"市革委"文教组精神，调整市文物管理处体制，分设市文物管理处和市文物公司，据此，中共天津市文化局党委常委于1975年4月研究领导班子配备，决定市文物管理处设主任、书记1名，副主任、副书记1名，副主任1名。苏德任主任、书记，李文玉任副主任、副书记，张新生任副主任。天津市

文物管理处为事业单位，内设考古队、文管科。具体职责范围：①文物市场管理；②文物鉴定和出口验关；③地上、地下文物保护、征集和发掘；④流散文物的拣选和抢救；⑤做好既达不到国家收藏标准又不能出口的文物保管工作。

（四）天津市文物鉴定委员会

1989 年 4 月 1 日成立。隶属天津市文化局。职责为：负责天津市馆藏和流散文物的鉴定，评定文物价值，确定本市收藏文物和善本图书的等级和标准，为文物收集、保护、管理和执行有关文物保护法规提供依据。主任委员：张映雪；副主任委员：张新生、罗真、云希正、田凤岭；秘书长：田凤岭（兼）。委员：尤仁德、刘光启、刘尚恒、刘家宜、沙立增、张振锋、张慈生、唐石父、顾道馨、顾得威、黄为龙、韩嘉谷、蔡鸿茹。委员会于 2001 年 11 月召开了全体会议，选举产生新一届天津市文物鉴定委员会委员，张映雪、张新生为名誉主任委员，张志为主任委员，赵文刚、崔锦、陈雍为副主任委员，邢捷为秘书长，有 24 名委员。2002 年 1 月修订《天津市文物鉴定委员会章程》（简称《章程》）。章程中规定了天津市文物鉴定委员会是天津市文物局下设的市级文物鉴定咨询机构，由市文物局负责组建。委员会设主任委员 1 名，副主任委员 3 名，秘书长 1 名，委员若干名，由市文物局在全市文博、图书系统及相关院校的专家学者中聘请。天津市文物鉴定委员会在市文化局文物处设办公室，负责日常文物鉴定工作。章程中规定天津市文物鉴定委员会的任务、鉴定程序，以及委员的责任和义务。为了更好地发挥天津市文物鉴定委员会在文物保护事业中的作用，根据《文物保护法》及其实施细则和《天津市文物保护管理条例》等法律法规的有关规定，结合本市的具体情况，天津市文物鉴定委员会不断充实力量，增补委员，并承担着为市公安、司法、海关、物价、大专院校及非文物收藏单位等机构进行文物鉴定等工作。为适应新的形势，严格工作程序，天津市文物鉴定委员会于 2006 年 2 月修改了《天津市文物鉴定委员会章程》中的有关章节，并转发各位委员参照执行。

（五）天津市文物管理中心

2002 年 7 月，天津市文化局文物处加挂天津市文物管理中心牌子。天津市文物管理中心坐落于和平区大理道 44 号，为全额拨款的事业单位，隶属天津市文化广播影视局（文物局）。天津市文物管理中心的工作职能为：规范文物流通，保护可移动文物；协调文物交流，促进文物事业发展。具体包括：文物流通管理，文物鉴定管理；文物出境机构指导，文物管理研究与培训；特许文物出口业务承办，协调文物展览及古建筑、古遗址保护的综合研究与价值评估、文物修复，文物信息管理等。

天津市文物管理中心人员编制 25 人，内设机构有文物保护科、博物馆科、文物管理科、综合办公室。中心同时加挂国家文物进出境审核天津管理处、天津市文物鉴定委员会、天津市文物博物馆学会牌子。国家文物进出境审核天津管理处主要从事文物进出境审核工作；天津市文物鉴定委员会为市文物局文物咨询机构，主要负责文物拍卖标的以及司法鉴定工作；天津市文物博物馆学会主要进行学会日常管理、指导各专业委员会开展工作、开展国内外学术交流、组织各文博单位业务人员培训、出版学术刊物等工作。

天津市文物管理中心自成立以来，担负起了天津市地上、地下不可移动文物的管理、维修、保护与协调指导、咨询和评估等工作，组织了大量文物保护和维修工作，参与组织了第三次全国文物普查工作，协调组织开展了京杭大运河（天津段）遗产调查和保护工作、天津长城调查工作；担负起了全市博物馆行业管理和业务指导、协调职能；担负起了全市流散文物的鉴定和进出境管理工作，并面向社会开展鉴定服务工作；参与了天津市文物保护条例的修订工作；承担了天津市文化遗产的宣传工作，负责每年市文物局的博物馆日和文化遗产日宣传活动的组织工作，组织全市文物博物馆行业业务培训；承担了天津市文物信息管理和文物"四有"档案归集、整理和保管工作；承担了天津市文物保护行业的资质认定和签发工作；承担了文物博物馆行业协会、天津市文物鉴定委员会的日常业务和管理工作。

（六）天津市文化遗产保护中心

1959 年，天津市文化局在原文物组基础上，组建天津市考古发掘队，直属市文化局领导，并全面负责考古和文物保护工作。1962 年成立天津市文物保管委员会，但该机构是虚设机构，日常行政和业务附属于原文化局考古队和文物组。1969 年，在天津市博物馆机构内增设文物组，作为博物馆的一部分，不单独分设机构。文物组对外全称为"天津市文物管理处"，基本工作任务包含"地上、地下文物保护和发掘"。1984年，考古队划归天津市历史博物馆，成立考古部，古建筑维修及文物保护管理工作改由市文化局文物处负责。2002年9月，考古部从天津市历史博物馆分出，在元明清天妃宫遗址博物馆成立并加挂天津市文化遗产保护中心，负责天津市考古工作。

（七）天津文博院

2006年4月正式成立。天津文博院坐落于河西区友谊路31号（2012年迁往平江道62号），隶属天津市文化广播影视局（天津市文物局）。天津文博院与天津博物馆合署办公，是以天津博物馆为依托，以文博专家做支撑，以文博系统人才培养、学术研究和科研出版为主要职能的组织管理机构和科研中心。人员编制7人，内设办公室、研究部。同时聘用有高级职称以上的专家、教授，担任人才培养兼职导师。

主要承办天津市文博系统"名师教室"专项教育工程、天津市文博系统专业技术人员继续教育工作，局史志办公室《天津市志·文物博物馆志》编辑部设在该院。

（八）和平区文物管理所

1991年6月，成立和平区文物管理所，为和平区文物保护管理委员会下设的办公室，与中共天津历史纪念馆（原为中共天津建党纪念馆）为"一套机构，两块牌子"。文物所负责向人民群众宣传《文物保护法》和《天津市文物保护管理条例》，提高群众的文物意识和法制观念，并依法对区内的历史遗迹、风貌建筑、纪念建筑等文物景点进行保护和管理。

（九）河北区文物管理所

1984年8月6日，由天津市河北区人民政府研究决定成立"河北区文物管理所"。河北区文物管理所无内设机构，主要职责有：开展文物研究，弘扬民族文化。文物修复、文物档案资料管理与研究、文物信息管理与利用、相关咨询与培训、文物维修与保护设计方案、文物保护科技人员培训、文物保护咨询。

（十）南开区文物保护管理所

1985年成立。根据天津市文化局《关于筹建南开区文物管理所和天津民俗博物馆问题的批复》文件，南开区文物管理所和天津民俗博物馆实行"两块牌子，一套人马"。南开文保所实为民俗博物馆内部的一个业务部室即文保部，负责博物馆文物库房的管理、文

物征集等。文保部对外履行区文保所职能，负责文物保护法律、法规的宣传；区域内各级文物保护单位的文物保护指导、检查；区域内可移动文物、不可移动文物的普查；区域内文物（含施工出土文物）的征集；配合区政府提出涉及文物保护的专业建议等。

（十一）红桥区文物保护管理所

成立于1986年1月1日，负责《文物保护法》及相关法律、法规的宣传工作；负责辖区内考古调查研究及地上、地下和水下文物的抢救发掘、保护和利用工作；负责管理辖区内文物市场，对旧货市场、古玩摊点、民间收藏活动等，依照有关规定进行备案登记和有效监管；负责辖区内文物征集、鉴定、登编、保管、文物展览、文物复制与修复及与文物相关的研究；负责辖区内文物保护单位的各项保护管理工作保护措施的实施，划定文物保护单位的保护范围和建设控制地带，审核建设控制地带内的建设工程。

（十二）西青区文物保护所

2008年以前，西青区文物保护工作由西青区文化广播电视局社会文化科管理，2008年，成立西青区文物保护所。2007年1月22日天津市西青区机构编制委员会办公室下发《关于成立西青区文物保护所的批复》，同意成立西青区文物保护所，主要职责有：负责区内文物保护单位的保护、维修、开发利用和考古等工作。

（十三）宝坻区文化遗产保护中心

1949年12月组建宝坻县文化馆，负责全县的文物调查、发掘、保护的具体业务工作；1971年重新组建宝坻县文化馆文物组；1994年县文化馆设立文物陈列室和文物库房；2001年宝坻撤县设区，宝坻县文化馆更名为"宝坻区文化馆"；2012年10月22日成立宝坻区文化遗产保护中心，与区文化馆为一套人马。中心下设文物组，负责全区文物保护工作的具体业务工作。

（十四）蓟县文物保管所

1949年7月23日，组建蓟县人民文化馆。1953年3月，更名为"蓟县文化馆"。1955年馆内设专职文物干部。1972年11月成立文物保管所，隶属蓟县文化局，下设一室三部，即办公室、业务部、保卫部、开放部，主要负责宣传贯彻执行《文物保护法》，负责全县境内文物保护和管理工作，配合上级业务部门搞好古建筑维护和古墓葬的发掘、清理工作，确保馆藏文物的绝对

安全，打击文物犯罪活动，有计划地对全县文物进行研究与开发，对独乐寺、白塔寺、鲁班庙等文物保护单位进行日常保护管理，举办文物展出，弘扬传统文化，传播先进文化，为经济社会发展服务。

（十五）静海文化遗产保护中心

1949 年 10 月 1 日，建立静海县人民文化馆；1952 年 5 月 1 日更名为"静海县文化馆"，隶属于静海县文化广播影视局；2010 年 6 月 25 日，静海文化遗产保护中心正式成立，办公地点在静海县文化馆，负责全县的文化遗产保护工作。

（十六）塘沽文物保护管理所

1994 年，成立天津市塘沽区文物管理站，着重于当地明清海防遗址遗物的收集保护；1997 年，更名为"天津市塘沽区文物管理所"，并独立建制，与大沽口炮台遗址管理所为一套人员，两块牌子，着重于遗址纪念馆的开发保护，建成大沽口炮台遗址纪念馆；2004 年，塘沽区文物管理所更名为"塘沽博物馆"；2007 年，塘沽区博物馆加挂天津市塘沽区文物保护管理所牌子。

第二章　人物

天津地处九河下梢，京畿通衢，自古便是人文荟萃之所。特殊的地理位置与城市地位为天津文物事业发展奠定了雄厚的基础，也涌现出一批卓有建树的文物收藏家、鉴赏家、历史学家、自然科学家和文物修复专家。本章遵循"生不立传"原则，选取了其中约 60 位为天津文物博物馆事业做出贡献的专家学者列入人物传略。天津文物博物馆系列高级职称人员、获省级以上荣誉人员等分门别类列表。

第一节　人物传略

韩匡嗣（918—983）　字昌世。蓟州玉田人。蓟州独乐寺重建者。曾任燕京留守、封燕王；晋昌军节度使，封秦王。燕王在位期间（969—979），由其首倡，谈真大师主持的独乐寺观音阁重建工程开工，后二子韩德让秉其遗志，于辽统和二年（984）竣工，并重塑阁内十一面观音像。观音阁和十一面观音像分别是目前国内现存最早、最大的木结构楼阁和室内塑像，其建筑技术奇伟，彩塑艺术精美，在中国古代建筑和艺术史上占有重要地位。1961 年独乐寺被国务院公布为首批全国重点文物保护单位。

胡文璧（1460—约 1522）　字汝重，号石亭，湖南耒阳人。明初天津古迹资料整理者、天津第一部志书编纂者。曾任天津兵备副使，任职期间，重视当地人文史料整理。编纂《天津三卫志》。该志取材严谨，文字流畅，搜集的"天津之名起于北都定鼎之后"的可信资料尤为珍贵。其继任者吕盛补修刊刻成书。《天津三卫志》是天津第一部志书，对天津古迹资料的保存和积累，以及后世志书的编纂，具有重要参考研究价值。

戚继光（1528—1587）　字元敬，号南塘，晚号孟诸，山东蓬莱人。明隆庆二年（1568）任蓟州、昌平、保定练兵都督兼总兵官，镇守蓟州 16 年。在任期间，精心策划指挥，蓟州长城得以加固，并增筑空心敌台 1017 座（仅蓟县就有 46 座）。《明史》称"精坚雄壮，二千里声势联接""蓟门军容遂为诸边冠"。如今，雄奇险秀的蓟县长城、巍峨壮观的关堡敌台，已赢得海内外盛誉，并于 1987 年荣列《世界遗产名录》。

李友太（1631—?）　字仲白，号大拙，自署逸民，天津人。文物鉴赏家，善书、画，能自制砚墨，与清康熙年间天津"问津园"张家有文玩之交。曾为当时著名书法家问津园主人张霖堂弟张霔制作端砚一方（现藏天津博物馆）。清乾隆四年版《天津府志》称其"尤精鉴赏，评骘古人书画真赝立判，时人比之项子京"。

撰有《旷真精舍观画录》《瓮虚斋观帖录》二书。

智朴（1637—约1705）　号拙庵，江苏徐州人。整理研究蓟县文物古迹成绩卓著。15岁为僧，深得禅机，知识渊博，尤善诗词。清康熙十年（1671）至盘山，结庐青沟。康熙幸盘山时，获多次接见，并有唱和诗多首。清乾隆七年（1742）追赠为进士。著有《盘山志》《谷响集》《盘各集》《云鹤集》等。其编纂的《盘山志》，经朱彝尊、王士禛等文化名人精心校订，成为传世佳作。该志对盘山古刹碑碣进行翔实考证，具有重要的史料价值和文物研究价值。

张霖（1658—1713）　字汝作，号鲁庵，晚年自号卧松老衲。直隶抚宁（今河北秦皇岛）人。文物鉴藏家。清顺治年间（1644—1661），其父张希稳因业盐由长芦迁居天津。张霖由岁贡入仕。靠其业盐所得，张霖及家人在津曾筑遂闲堂、问津园、一亩园、悦斋、思源庄、篆水楼等园林，书法名画充溢，常与名士如姜宸英、梅文鼎、赵执信、吴雯、朱彝尊、徐兰、方苞、石涛等诗酒唱和，品书论画，鉴赏名器。张霖曾收藏一把唐代雷氏琴，吴雯尝作《张水部修雷氏琴》一诗："制琴昔何人，遗器留千载。得者惊摩挲，踌躇感时代……斯琴故斑驳，中声托其内。"还曾亲自制作了一批用料极为考究的墨锭用来收藏。著有《遂闲堂稿》，已散失，存诗仅三首，收录于《津门诗抄》。

安岐（1683—1744）　字仪周，号麓村、松泉老人，清代书画鉴藏大家。他自幼读书，学问渊博，尤精鉴赏。在扬州经营盐业，一生往来天津，居天津时日多。其父安尚义为天津盐商，家资巨富，本人亦雄于资财。其在天津城东南六里建"沽水草堂"和"古香书屋"，所藏书画上至三国两晋，下至明代末期，范围广，数目丰，其中有许多绝世精品。这些书画大都品相完好，或经历代名家收藏或著录，或有前代名贤的题跋歌咏，流传有序。谢世后，大部所藏归于乾隆内府。其中北宋范宽《雪景寒林图》为他最早所得珍品，后外流。

清乾隆七年（1742），安岐将40年自藏和亲见书画名迹的鉴赏记录，整理编成《墨缘汇观》一书。该书共6卷，分别著录法书、名画。每卷以时代为序，先列目录，然后逐条著录，体例完备。每条标质地、尺寸、著色，后叙内容、流传经过、品评优劣，兼能纠正前人之误，补充前人之缺。该书考证精当，颇具卓识，为著录古代书画的佳品。

查礼（1715—1783）　原名为礼，又名学礼，字恂叔、鲁存，号俭堂。古印章、金石、书画收藏家。查日乾三子，查为仁三弟。查礼自幼在水西庄读书，屡考举人不中，纳资授户部陕西主事，乾隆间以道员随征金川，专司督运，擢四川按察使、四川布政使，升湖南巡抚，未到任卒。其父曾建天津著名的文化园林水西庄。其兄查为仁于此广置图书、金石、鼎彝，结纳国内著名文人、学者，收藏文物很多，在查礼著《铜鼓书堂遗稿》一书中提到收藏有龙泉古剑、诸葛铜弩、古砚、宣德炉、各种旧拓帖等诸多文物。后来家道败落，文物散落于社会，有些文物辗转流入天津博物馆，如清黄鼎《长江万里图》、清田雪峰《水西庄修禊图》等。清代诗人、书法家王文治在《铜鼓书堂藏印》序中说："中丞于政事文学之余，兼爱收藏秦、汉铜印，至六百有奇……游宦三十余年，又获三百有奇，统计之盖千印矣。"查礼藏画颇丰，并在一些藏画上题诗，如：元钱选《明皇幸蜀图》、元赵雍《松江垂钓图》、明沈周《荆树再花图》、明文徵明《枯木竹石轴》、清项圣谟《松阴高士图》、清汪沆《对床风雨读书图》、清朱岷《秋庄夜雨读书图》等。查礼著作还有《画梅题跋》《铜鼓书堂藏印》等书。

李光庭（1773—?）　字大年，号朴园，又号瓮斋老人，直隶宝坻人（今天津市宝坻区）。天津早期文化名人、文物收藏家。清乾隆六十年（1795）乙卯科举人，曾任内阁中书。秉承家学，笔耕不辍，著述颇丰，对经学、诗歌皆有所长，晚年将故乡的农谚、童谣、村歌、舆诵进行收集整理，辑成《乡言解颐》五卷，分"天、地、人、物"四部，标题六十四事。全书广涉文献，以乡语农谚考证天文、地理、人情、物态兼及百工技艺、商贾市肆等，为后人研究清史，特别是挖掘天津历史风貌与地域民俗提供了极具价值的参考。其对文物收藏亦有涉猎，著有《吉金志存》四卷，前两卷专录古代以来之钱币，后两卷记录鼎彝钟铎，并附有对秦砖汉瓦的记录。

樊彬（1796—1881）　字质夫，号文卿。天津人。金石文字学家。年少即有文名。曾任北川训导、湖北蕲水、钟祥县丞。一生笃嗜金石文字，搜集海内碑刻2000余种。著有《畿辅碑目》《待访碑目》各2卷，另有记天津风物的《津门小令》等。《畿辅碑目》内收石刻多为清代乾嘉名家所未见，具有重要的文献价值和文物研究价值。

徐世昌（1855—1939）　字卜五，号菊人、东海，晚号弢斋、水竹村人、石门山人。出生于河南卫辉，后长居天津。长于史学，光绪丙戌科（1886）进士。1914年任清史馆总纂。著名文物、古籍鉴藏家。自幼接受严格私塾训练，国学功底扎实。1918—1922年任民国第5任总统，被誉为"文治总统"。著有《退耕堂政书》《大清畿辅先哲传》《新元史》《水竹村人诗集》等。刊行《归云楼题画诗》《晚清簃诗汇》等诗集。还将其所藏端砚的花纹、题识拓成《归云楼砚谱》。他在总统任上利用景德镇御窑烧制各类瓷器，其底款为"居仁""怀仁""颐年""静远"诸堂名，作为礼品馈赠，后流落民间。其后人将家藏青铜重器西周太保鼎等捐献国家。

赫立德（Samuel Lavington Hart，1858—？）英国人。剑桥大学理科博士。英国物理学家、教育家，伦敦会传教士。天津新学书院创办人及首任校长，华北博物院创办人。清咸丰八年（1858）十二月出生于英国康沃尔郡（Cornwall），幼年和青少年时代居住于巴黎，于索邦大学学习理科。在剑桥大学获得学位。

清光绪十八年（1892）赫立德受伦敦会派遣来华在汉口传教，光绪二十一年（1895）转至天津主持养正书院〔创办于清同治三年（1864）〕，任第二任院长，专门培养传教士，养正书院原址位于天津法租界海大道（今大沽路）。光绪二十七年（1901），赫立德在养正书院的基础上创建天津新学书院，仍任院长至1926年（1953年该校改为天津第十七中学）。在新学书院期间，赫立德主持在院内附设博物院（华北博物院前身）。博物院于清光绪三十年（1904）对外开放。

赫立德作为传教士精心营建的博物院客观上为天津市近代博物馆的创立奠定了基础。

严修（1860—1929）　字范孙，号梦扶，别号偲屺生，天津人。我国近代著名教育家、南开系列学校的"校父"。天津博物馆事业的重要开拓者。

光绪二十八年（1902），严修就偕子严智崇、严智怡赴日本考察，参观了大阪商品陈列所等劝业型博物馆，游览了集美术馆与动物园于一体的大阪博物场、带有娱乐性质的动物园与水族馆，参观了琴平寺、浅草园、十二重楼等地有关中日战争内容画作和照片的展览；考察了东京帝室博物馆，参观了如"珍宝界"自然类博物馆；参观了各学校为教学所设的陈列室和标本室，考察了专门的教育博物馆。

回国后，他先后于1904年2月和1905年1月，在城隍庙官立小学堂举办临时性教育品展览会。1904年，他又积极协助周学熙在天津旧城东门外玉皇阁创办天津教育品陈列馆。1905年3月，天津教育品陈列馆开馆后，严修又"石印各学堂真迹寄陈列馆"，并将家藏图书1342部捐赠给陈列馆附设的图书室。1915年6月5日，严修在途经济南时参观了济南广智院。回天津后，受济南广智院的启发，又开始积极推动天津社会教育广智馆的建设。1925年1月，经过严修、林墨青等人的努力，天津社会教育广智馆董事会正式成立，推选严修为董事长。1月5日，位于天津西北文昌宫东原社会教育办事处旧址的天津社会教育广智馆正式成立，对外开放。

严修一系列的建馆实践活动，为天津早期的博物馆事业奠定了坚实的基础。1929年，严修因病在天津逝世。

林墨青（1862—1933）　名兆翰，以字行，又字伯嘿，晚年号更生。天津人。天津广智馆首任馆长。曾任直隶学务处参议、津郡学务总董、劝学所总董。1915年创立社会教育办事处，出版《社会教育星期报》。

1921年，为广泛宣传科学知识，增进民智，前往山东济南广智院考察、参观、学习。受其启发，与天津名流严修、张少元、赵元礼、韩补庵、陶孟和等人商议，决定仿照济南广智院在天津创建社会教育广智馆，馆址在天津社会教育办事处内（今红桥区大丰路西北角回民小学东侧）。1923年，率领办事人员再次赴济南广智院考察学习，并聘请济南广智院的雕塑师来津传授技艺，为社会教育广智馆制造各式各样的泥塑模型。1925年1月，天津社会教育广智馆董事会正式成立，延请73位天津地方绅商和各界知名人士为董事，推选严修为董事长。董事会任命林墨青为馆长。天津社会教育广智馆就此成立。1928年，天津社会教育广智馆更名为"天津广智馆"，林墨青仍任馆长。

孟广慧（1868—1941）　字定生，号白云山人、君子泉。世居天津。文物鉴藏家、殷墟甲骨最早发现者之一。近代天津"四大书法家"之一。

孟广慧天资聪颖，博学多才，自幼跟从父亲学习书法。受其叔父影响，喜好收藏钱币书画、碑帖、文玩及书法用纸、扇面、信笺等，并与不少古玩商多年保持联系。甲骨初出土，即收购400余片，成为甲骨鉴藏家，常伏案研习殷契、汉碑，运用于书法，后以隶书成就最高。著有《两汉残石编》《定生藏泉》等书。

方若（1869—1954） 字药雨，原名方城，字楚卿，浙江定海人。文物鉴藏家。前清秀才，清光绪十九年（1893）24岁时定居天津。其收藏主要为古钱币和石经碑刻、陶瓷等。钱币多为世上罕见珍品，如新莽六泉十布、宋代大铁钱等。天津博物馆的宋汝窑天青釉盘即为方若旧藏。1934年春，全部藏泉出让给上海富商金匮室主陈仁涛（长庚）。后又再度集藏，以古钱藏品数量之巨、精品之多而蜚声海内外，与上海张叔驯、四川巴县人罗伯昭并称"近代三大古钱收藏家"。收藏碑刻石经，与罗振玉、刘鹗、王孝禹等并称为"四位大家"，所藏以汉碑《马君》《延熹平圭》等最为珍贵。其收藏在日本投降后，被作为敌伪产没收。

撰写《药雨古化杂咏》《校碑随笔》《古货菁华》《言钱别录》等10余部专著，其中《校碑随笔》在清末民国翻印不计其数，成为研究者的必读之书。

华学涑（1872—1927） 字实甫，号石斧。天津人。天津博物院筹办人之一。清光绪二十三年（1897）丁酉科举人。曾任刑部主事、商部章京，以及北京高等实业学堂监学官兼博物与化学教授。曾创办北京私立畿辅实业学堂、天津志新书局等。民国后主要致力于理化和博物的研究，尤精小学训诂考证。1913年任直隶省（今河北省）商品陈列所调查员和编辑课长，组织相关人员对直隶省进行了第一次实业调查，并为直隶省商品陈列所搜集了4000余种（组）藏品。1914年，借赴美参加巴拿马万国博览会之机考察美国博物馆事业，并搜集到一批有关印第安人人种学方面的藏品。1916年至1918年5月，与严智怡、陆文郁等人筹办天津博物院。1918年6月1日天津博物院正式成立，1922年9月任副院长。

主要著作有《董理文字之我见》《国文探索之一斑》《羲教钩沉》《秦书八体原委》《秦书集存》《文字系》等。

陈宝泉（1874—1937） 字筱庄、小庄、肖庄，天津人，中国近代教育家、藏书家，天津博物馆事业开拓者之一。清光绪二十二年（1896）参加康有为创办的强学会。光绪二十七年（1901），在天津开文书局负责编校工作。光绪二十八年（1902）任天津民立第一小学堂教员，并协助严修创办天津师范讲习所。光绪三十年（1904）留日回国后，历任天津地区各小学教务长，筹备天津教育品陈列馆。旋入直隶学校司，拟定劝学所、宣讲所等章程，均付诸实施。光绪三十一年（1905）1月上《天津教育品陈列馆议绅陈宝泉上周（学熙）总办意见书》，按博物馆建筑、分类、陈列、参观对象到设留学生委员和开放方式等功能设计。同年3月5日，教育品陈列馆在天津玉皇阁开馆，是中国人早年建立的博物馆之一。1930年底，任河北省政府委员兼教育厅厅长。1935年7月《何梅协定》后，愤而辞去厅长职务。1937年七七事变后，因给中小学教师作报告，情绪过于激动，一病不起，医治无效，于天津沦陷之日逝世，享年63岁。

姚彤章［1874—1942（一说1940）］ 字品侯，号研曾，又号苏斋、布帆。天津人。文物鉴赏家。监生出身。继严智怡任河北博物院院长。曾拜赵元礼为师，与弘一法师李叔同过从甚密。1917年任河务局局长。旋任唐山警察局局长，曾于1930—1933年任北平研究院史学研究会干事，参与了对北平城内外庙宇的调查活动。1935—1936年改任史学研究会顾问。1931年被推举为河北第一博物院副院长。1935年严智怡逝世后，任河北博物院（1934年由河北第一博物院更名）代理院长，1936年7月被推举为院长，同时兼任天津广智馆董事兼馆长。七七事变后，日军占领河北博物院，姚彤章等人收拾残局，于1939年11月在宙纬路原河务局旧址内重建博物院，因文物大量损毁，只得借展品展出。

姚彤章酷嗜金石、书帖、字画等文物，其收藏以烟壶、古砚及乡贤遗墨、遗帖为著。此外，还珍藏有《历代名臣画像》。早在任博物院副院长前他就不断向博物院捐献文物，共捐文物逾300种（件）。

桑志华（1876—1952） 法国人，原名保罗·埃米尔·黎桑（Paul Emile Licent），中文名桑志华。动物学博士、古生物学家、天主教耶稣会神甫，北疆博物院创始人。

1914年3月，桑志华受法国外交部、教育部派遣来到天津。自此历时25年（1914—1938），总行程近5万千米，对中国北方腹地进行地形、地貌的勘察和动、植物及古生物标本的发掘、采集，兼及对中国民间手工艺品、宗教制品、生活用品等进行收集。获得古生物化石、古人类化石、岩矿、动物、植物等标本20余万件，为北疆博物院积累了丰厚的馆藏标本。还开展地质学、古生物学、人类学、人种学、动植物学、经济学等方面的研究。

桑志华是第一个在中国亲自指导野外发掘并获得哺乳动物群化石的科学家。其中甘肃庆阳（三趾马动物群）、内蒙古萨拉乌苏（更新世晚期哺乳动物和石器）、河北泥河湾（泥河湾哺乳动物群）、山西榆社（上新世哺乳动物群）四个重要地点是其发现的，四个地区动物群化石的完整和丰富程度世界罕见。甘肃庆阳是首次被科学家发现的三趾马动物群的化石地点。泥河湾哺乳动物群的发现是桑志华对中国新生代地层古生物学的最重要贡献，它填补了我国新第三纪和第四纪过渡阶段古生物学的空白。在甘肃发现的旧石器石核、石片及在内蒙古萨拉乌苏发现的"河套人"牙齿，填补了中国旧石器时代考古的空白，拉开了中国古人类研究的序幕。

1922 年，建立北疆博物院（Musée Hongho Paiho）主楼（今天津外国语大学内），桑志华任院长。1925 年续建陈列厅，1928 年对外开放。院内附设实验室与情报部，供工商学院教学使用，并为法国等欧洲博物馆及研究机构提供资料考证和研究标本。

北疆博物院出版刊物共 51 期，发表主要著述 74 篇。鉴定和发表模式标本 200 多种，在自然科学文献中有记载的达 1100 多件标本。

桑志华撰写的《黄河、白河流域十年考察报告（1914—1923）》《黄河、白河流域十一年考察报告（1923—1933）》分别于 1924 年、1936 年出版。其研究成果在国际学术界享有极高的声誉。

1937 年抗日战争全面爆发，桑志华的发掘和研究工作中断，于 1938 年回国。1952 年，天津市人民政府接收了北疆博物院，1957 年更名为"天津市自然博物馆"。

王襄（1876—1965） 字纶阁，号符斋，又号簠室，天津人。学者、甲骨学家、文物收藏家，是我国最早鉴识、收藏和研究甲骨的学者之一。殷墟甲骨最早发现者之一。清光绪三十二年（1906）入京师高等实业学堂，毕业后奖以举人，以知县分发河南。此后，奔波江南五省，长期从事文牍工作，晚年返津从事教育。1953 年任天津市文史研究馆首任馆长，1955 年当选中国科学院历史研究所甲骨文合集编辑委员会委员，1962 年受聘为天津市文物保管委员会委员。

王襄一生致力于学术研究，博通金石考古，尤精甲骨，著作颇丰。1920 年，出版专著《簠室殷契类纂》，被公认为中国第一部甲骨文字典。1925 年又出版专著《簠室殷契征文》，著录自藏甲骨拓本 1125 版附考释，并对甲骨文进行分期断代。《秦前文字韵林》《古文流变臆说》《殷代贞史特征录》等也为其重要著作。此外对古俑、宋钱、古镜也深有研究。至 1960 年共有著作 21 部（篇）。未刊手稿经天津图书馆分类整理为《王纶阁先生手稿汇录》，共计 40 种，104 册。

王襄病逝后，家属按其嘱托，将所藏文物、甲骨、古籍和一生著作手稿捐献给国家，现分藏天津图书馆、天津市文史研究馆。其所收集的甲骨现多藏于天津博物馆。

汪士元（1877—？） 原名汪祐孙，字向叔，斋号麓云楼，又号玉带砚斋、清净瑜伽馆。江苏盱眙人。文物收藏家、书画家。清光绪三十年（1904）进士，初任清宪政编查馆咨议，光绪三十三年（1907）入直隶总督府幕，后任总文案。1911 年任长芦盐运使，1914 年 4 月署直隶财政厅长，1920 年任北洋政府财政部次长。

工诗文，通书法，擅山水，一生喜好收藏古代字画、古玩，多为精品，书画收藏包括宋徽宗《晴麓横云图》、倪瓒《静寄轩诗文》轴、沈周《仿黄公望富春山居图》和《湖山春晓图》等宋元明清作品。1922 年石印出版《麓云楼书画记略》，著录家藏书画珍品 140 件，包括作品质地、尺寸、装帧、内容、评价、题识、收藏章、流传经过、著录等，并用以前的著录书是否记载的方法来验证作品，方法独特。其藏品在 20 世纪 20 年代流散。

德日进（1881—1955） 皮埃尔·泰亚尔·德·夏尔丹（Pierre Teilhard de Chardin），诞生于法国中部奥弗涅（Auvergne）地区的萨塞那（Sarcenat）城堡。法国耶稣会神甫、地质古生物学家和神学哲学家。1922 年被法国科学院授予"杰出青年科学家"，1923 年被选为法国地质学会副主席。

1923 年，应桑志华的邀请来到中国，与桑志华组成"古生物考察团"，考察团踏查了中国黄河以北的 14 个省，总行程达 50 000 千米，采集了数以万计的古生物、人类化石，在北疆博物院做了大量的研究鉴定工作。自 1929 年德日进应聘为中国地质调查所新生代研究室顾问始，至 1937 年，是德日进在中国野外地质调查的主要时期。他与步达生、杨钟健、裴文中等合作参加了周口店的调查，并有计划地在晋陕、秦岭东段、三峡、两广及长江下游等地开展新生代地质考察。1930年至1931年还与杨钟健一起参加了中美、中法考察团。1940年，德日进与罗学宾等创立北京地质学—生物学研究所（Institute of Geo-Biology in Peking），创建宗旨在于力图将古生物的研究与大陆岩石圈环境及古地理等开展综合研究。

德日进在中国24年（1923—1946）中，以古哺乳动物学及新生代地层学为主要研究领域，广泛开展新生代地质考察及化石发掘和研究，撰写了约120篇（本）涉及中国哺乳动物化石、新生代地质和古人类及史前考古方面的文章和专著，前后描述了14个新属84个新种。为中国古脊椎动物学的发展做出了卓越的贡献，是中国古脊椎动物研究的奠基人和领路人。

1946年离开中国，1950年入选法国科学院院士，1951年移居美国。1955年4月10日病逝于纽约。

吴熙忠（1882—1966） 字颂平，祖籍徽州，生于天津，文物收藏家。天津近代买办吴调卿长子。清光绪三十年（1904）毕业于北洋巡警学堂，后赴美学习，回国后经商和从事社会活动，曾任天津地方自治协会常务监事。20世纪二三十年代时，是天津京剧票友雅韵国风剧社的活跃人物。酷爱古董收藏，常奔走大江南北收藏鉴赏文物。曾自喻为"宣炉王"，对宣德炉的收藏有一番心得。其收藏以宣德炉、铜镜、铜带钩、瓷器、玉器为主。所藏"文化大革命"中被查抄。20世纪80年代天津市政府将其收藏退还家属。1991年吴熙忠侄女吴佩裘代表其子女吴雅安（居住在美国）等，将吴熙忠所藏捐献给天津市文化局，转拨天津市艺术博物馆，现藏于天津博物馆。遗赠有25件铜炉，31件铜镜，15件古瓷，91件铜带钩，12件古墨旧玉等。其中三国鎏金神兽镜、唐瑞兽羽人葡萄镜等为镜中珍品，纹饰鲜为人见。清雍正款斗彩蟠螭纹长颈尊（一对），也是瓷器中的精品。天津市艺术博物馆曾于1991年专题举办"吴颂平捐献遗赠展"，精选吴氏捐赠65件展出。

严智怡（1882—1935） 字慈约。天津人，严修次子。天津博物馆事业奠基人之一。早年受业于著名教育家张伯苓先生。清光绪二十九年（1903）东渡日本，光绪三十三年（1907）毕业于日本东京高等工业学校。回国后，任农商部秘书。1912年，任天津劝工陈列所所长，1913年将天津劝工陈列所改为直隶省商品陈列所，仍任所长。1914年冬，赴美国旧金山参加"巴拿马万国博览会"。在美期间，有意识地调查学习了美国各博物馆的陈列方法和组织机构等，并搜集到一批美国印第安人的民俗文物，包括货币、巫术器物、食具、织物及住房模型等（均成为天津博物院的藏品）。1915年归国后，着手筹建天津博物院。1916年4月，天津博物院筹备处成立，总理其事。1917年9月，任直隶省实业厅长，兼直隶省商品陈列所所长，继续天津博物院的筹建工作。以民办公助方式征集天然物品1400余件、各种古器物2300余件。1918年6月1日，天津博物院正式成立，任院长。馆址由天津公园（今中山公园）内迁至天津总站（今天津北站）东侧原劝业道署。

1928年，直隶省改为河北省，严智怡任河北省政府委员兼教育厅长。天津博物院改隶教育厅，并更名为"河北第一博物院"，严智怡仍兼院长。

陆文郁（1887—1974） 字辛农，号老辛、百蝶庵主等。天津人，祖籍浙江绍兴。天津近现代花卉画家、植物学家及博物馆学家。

陆文郁13岁师从花鸟画家张兆祥习画。1923年组织蘧庐画社，编撰《蘧庐画谈》。

在观察、临摹的写生中，增进了生物物理真实的绘画理念。清光绪三十四年（1908），受邀为北洋师范学堂日本教员的博物学课作板书插画，从而受生物学启发，并产生浓厚兴趣。清宣统元年（1909），与顾叔度等组织"生物研究会"，研究、收集动植物标本，撰写鉴定报告，出版手抄本会刊《生物学杂志》。宣统二年（1910）清政府在南京召开"南洋劝业会"，该会刊应征参展，获农工商部颁发的银质褒奖奖章。

1913年，直隶商品陈列所（前身分别为天津考工厂、劝工陈列所）在全省范围内进行包括文物古迹在内的第一次实业普查、沿海诸县水产及内河水系方面的调查，需要具有生物学知识及制作标本技术的人员，经华学涑推荐，陆文郁承担此任，对丰、滦、昌、乐等19个县进行旅行考察。搜集标本，绘制图样，历时4个月圆满完成任务。回津后即被该所录用。

1914年3月，以直隶省出品经理员的身份赴日参加"大正博览会"（设于东京），主持中国直隶省参展商品的陈列工作。同年年底，作为直隶参赛代表严智怡的随员赴美参加1915年"巴拿马—太平洋国际博览会"（"巴拿马运河万国博览会"，设于旧金山），负责中国馆的部分陈列工作，考察博览会各分馆，收集美国博物馆、新大陆的动植物以及印第安人人种学资料。1916年回国后，由陈列所调出，配合华学涑筹备天津博物院，负责天然部的筹划。同时参与编辑《巴拿马赛会直隶观会丛编》（凡16册，1921年出版。其中涉及博物馆管理及陈列形式等专业内容）。

1918年，天津博物院建成开放。天然部藏品中有不少植物标本，在给这些标本做标签的工作中，产生编写《植物名汇》将古籍中记载的每种植物之古名、汉名、异名、俗名与学名相对照的想法，并利用业余时间多年不懈进行该项浩繁工作直至垂暮之年。完成手稿凡27卷，收入汉名57 038条、学名20 498种，并附拉丁名索引及引用资料来源表。

1919—1920年，商品陈列所在临榆县设"南海岸农事第一分场"，陆文郁兼任主任，带领技术员对气候、潮汐、滩涂生物及沿海鱼类资源等做系统调查。其间，在1919年3月举办的"观鲸会"中，主持座头鲸（1919年3月发现于天津市宁河县蛏头沽村海岸边，身长13.5米，天津解放后其标本移交天津自然博物馆）的解剖、整形、标本制作等工作。

1933年，经中国著名植物学家胡先骕介绍加入中国植物学会，成为抗战全面爆发前唯一没有高等学历的"布衣会员"。同年，被聘为天津广智馆陈列部主任。为提高该馆职员的文化素养，自编讲义授课。著作有《生物浅说》《印目移拓泉》《天津地名考》《天津书画家小记》《蓬庐诗集》《诗草木今释》（1957年出版）等。晚年，被聘为天津文史馆馆员。

徐世章（1889—1954） 字端甫，又字叔子，号濠园，天津人，徐世昌十弟。文物收藏、鉴赏大家，爱国捐献者。早年就读于京师大学堂译学馆，后留学比利时列日大学经济管理系，历任京汉、津浦铁路局局长，交通部次长，币制局总裁等职。1922年离任回津，在投资房地产及公益事业的同时，竭尽精力、财力收藏文物。所集文物数量之多、种类之繁、品质之精，为业内倾慕。濠园藏玉可谓"玉不美不收，器不绝不藏"。其收藏的古砚，精品荟萃，特别是流传有序的名人藏砚。先生学养精博，常定期邀集同好，共同鉴赏珍爱宝物，切磋所得。他精究典籍，得其要义，从博雅好古，而至记录、传承。

1954年先生病逝，遵其先生遗嘱，亲属将所藏古玉、砚、玺等全部捐献给国家，现藏于天津博物馆。

周叔弢（1891—1984） 原名明扬，后改名暹，字叔弢，以字行。祖籍安徽至德（今东至），生于扬州，1914年移居天津。文物、古籍收藏鉴赏大家，民族实业家，爱国人士，曾任全国政协副主席、天津市副市长、天津市文物管理委员会主任委员等职。其祖父周馥是晚清重臣，叔父周学熙是民国初期财政总长。

所藏经卷，不少是《大藏经》中失载的佛教经典，是研究佛教文化的重要文献。部分记有年款的藏品，更是研究不同时期书法衍变的珍贵实物。所藏敦煌遗书，有不少涉及敦煌地方的历史和文化，为研究敦煌地区历史文化提供了重要资料。收藏的玺印，上自春秋，下至元明，包括官印、私印、吉语印、肖形印等，量多质精，自成体系，是研究古代各个时期的官制、地理、民族关系以及文字演变的重要资料。1952年捐献的7件书画中，4件原为清宫旧藏，并著录于《石渠宝笈》和《秘殿珠林》。1981年又将倾力收藏的敦煌遗书和历代玺印等各类珍贵文物1262件捐献给国家。

竭尽大半生精力搜求古籍，藏书达4万多卷。1952年，将所藏善本书中的上乘精品，计715种2672册，捐献给文化部，收藏于国家图书馆。后又多次将大批古籍捐赠故宫博物院、天津图书馆、南开大学等。

1981年3月8日，天津市人民政府为周叔弢、张叔诚捐献文物的爱国之举举行了表彰授奖大会。有《周叔弢古书经眼录》等书行世。

陈铁卿（1892—1992） 名钢，字铁卿，以字行，天津人。祖籍江西南昌。钱币学家。1911年入天津南开学校，曾是校刊《校风》主编。毕业后就职于江西南昌心远中学。后赴日本京都大学深造。1923年后任天津南开中学、汇文中学国文教员。1928年任河北省政府科长，肃宁、献县、昌平等县县长。曾兼任河北省通志馆编纂。20世纪30年代曾著有《河北省县名考源》《河北省行政区划沿革新考》《河北省沿革图稿》等书。中华人民共和国成立后，任天津市文物保管委员会委员。1955年被聘为天津文史馆馆员。

自20世纪40年代初从事古钱币研究40余载，《古钱史话丛稿》一书，为其一生功力所萃，自1955—1975年撰写，历20年之久，为钱币学史上重要著作，原稿共33册，分别收藏于天津博物馆和陈先生家属手中，经张武一先生悉心整理，选辑16册成为供出版的定本，其内容涵盖先秦钱币及其研究史各个方面，具有重要学术价值。另有《古钱新志录》《文稿杂存》《天津烧河楼教案始末记》等著作行世。

严智开（1894—1942） 字季聪，天津人，严修五子。天津市立美术馆创办人。曾先后就读于日本东京美术学校、法国巴黎美术学校和美国哥伦比亚大学，历任北京国立美术学校教务长、主任、教授，以及北京师范大学教授等职。1929年受时任天津市长崔廷献的委派，任天津市立美术馆筹备主任。筹建之初，感到没有任何实例可供参考，便函请中外美术团体及专家做建馆顾问，并再次东渡日本考察，拟出《天津美术馆计划大纲》十六条；又依据该大纲第十二条的规定，订出《天津美术馆组织规程》和《天津美术馆美术研究组简则》等规章性文件，从组织构成到活动经费、从陈列展览到人才培养都做了极为详尽的计划和设想。1929年12月，位于河北公园（今河北区中山公园）的天津市立美术馆馆舍建设动工，1930年10月1日建成开放，为首任馆长。1934年8月至1936年任北平国立艺术专科学校（今中央美术学院前身）校长。1935年曾参加中国博物馆协会成立大会，为筹建人之一。

冯文潜（1896—1963） 字柳漪。天津人，生于河北涿县（现涿州市）。哲学、美学学者，教育家，图书馆学、博物馆学家。1917年南开学校高等班毕业后，先后赴美国、德国留学，1928年回国。1930年后，历任南开大学哲学系教授，昆明西南联合大学哲学系教授兼代主任，南开大学哲学系教授兼系主任，南开大学文学院院长、图书馆馆长。中华人民共和国成立后兼任天津市历史博物馆馆长，天津市政协委员。

先生学贯中西、博古通今、重视人才。天津市历史博物馆建成初期，在先生主持下数名南开大学等高校毕业生先后入馆从事文博事业，并注重在实际工作中提高专业人员的业务素质，指导专业人员征集入藏众多地方文物文献和民俗文物，从人才和馆藏两方面奠定了历史博物馆地志性综合博物馆的发展方向。曾将诸多家藏如祖传"冯氏家祠"（模型）等捐献天津市历史博物馆。受家风影响，其子南开大学历史学院教授冯承柏陆续向博物馆捐献家藏，特别是1917年至1919年间周恩来致冯文潜及留美同学会的亲笔信等珍贵文物。其中，1919年5月21日周恩来致留美同学会信中的"我是爱南开的"这句话，曾于1979年南开大学60周年校庆时，镌刻在校园马蹄湖岛周恩来纪念碑上。

韩慎先（1897—1962） 名德寿，字慎先。北京人，长居天津。因曾收藏元代王蒙《夏山高隐图》（现藏北京故宫博物院），自号夏山楼主。文物鉴定家。曾受文化部约请，与张珩、谢稚柳同为中国首批书画鉴定三人小组成员。出身京城大家，清宣统二年（1910）进入北京普励学堂（现前门小学的前身）高小毕业。1912年随家迁入天津后，拜天津画家马家桐学习绘画，受家庭熏陶，致力于文物收藏与研究，金石、字画、陶瓷、版本、砚墨，无所不通，尤擅古代书画鉴定。1927年赴日本大阪举办个人收藏文物展。1928年在天津英租界达文波路（今建设路）开设"达文斋"古玩店，直至中华人民共和国成立初期。1950年被聘为天津市文化局文物顾问，担任文物鉴定和协助海关检验出口文物工作负责人，1962年任天津市艺术博物馆副馆长，对博物馆文物鉴定和征集贡献卓著：唐摹本王羲之《寒切帖》，宋张择端《金明池争标图》、苏汉臣《婴戏图》，明唐寅《菊花图》轴，清朱耷《河上花图》卷等书画作品，以及宋钧窑鸡心杯、清雍正款窑变釉鱼篓尊、清雍正款粉彩八桃过枝纹盘、清乾隆款珐琅彩玉壶春瓶等瓷器，楚王鼎等10件楚器都经由他鉴定征集，入藏博物馆。

杨石先（1897—1985） 原籍安徽怀宁。生于浙江杭州，蒙古族。中国科学院院士、教育家。曾任中国科学院学部委员、化学部主任，国家科委化学组组长，中国化学会理事长，全国科协副主席，天津市科协主席等职。清宣统二年（1910）考入清华留美预备学校，1918年赴美留学，1922年获美国康奈尔大学硕士学位。1923年任南开大学教授，后兼任理学院院长。1929年再度去美国，在耶鲁大学研究院任研究员，1931年获耶鲁大学博士学位，同年回国，继续执教于南开大学。1948年任南开大学教务长并代理校长。1957年任南开大学校长。

其曾祖父为翰林，祖父、父亲也曾在清朝为官，家藏有诸多古籍善本和古物。中华人民共和国成立后，将家藏古籍、书画和古墨捐赠给国家。其中古籍700余册捐献南开大学图书馆。1952年9月两次向天津市文化局捐献古墨、佛经、古扇等。捐献的古墨除了方于鲁、程君房、汪中山、吴天章、曹素功等制墨名家的作品外，还有世所罕见的皇室御用墨品。其中明方于鲁制作的"妙歌宝轮"墨，为国家一级文物。明隆庆龙香御墨为北京故宫之外仅藏，弥足珍贵。随后又向安徽省博物馆捐献清代书法。

陈邦怀（1897—1986） 字保之，室名嗣朴斋，汉族，祖籍江苏丹徒。中共党员。古文字和考古学家。生前任中国考古学会名誉理事、中国古文字研究会理事、《甲骨文合集》编委会委员、天津市文物保管委员会委员、中国书法家协会天津分会主席、天津市历史学会理事、天津口岸文物出口鉴定组顾问。1916年起曾先后在东台达德学校、南通女子师范学校、无锡国学专修学校执教。1931年到天津，在中国银行任文书职务。1952年离任。1954年受聘为天津市文史馆馆员，后任副馆长。1979年任天津市社会科学院历史研究所研究员、顾问。同时兼任天津文史研究馆副馆长。先生幼承家学，勤奋刻苦。1924年任实业家张謇（南通博物院创建人）秘书，开始研究商周文字，出版《殷墟书契考释小笺》《殷契拾遗》两部著作，为当时尚处于开拓阶段的甲骨学做出了一定贡献。后一直潜心研究《说文解字》，写成《说文古文校释》《段注说文札记》。60岁后，著述益勤，1959年出版《甲骨文零拾》和《殷代社会史料征存》，对甲骨文字考订及商代四方风名、宫寝制度、先公旧臣等，多有创见。80岁时仍伏案笔耕，著述不辍，1983年将已发表及尚未发表过的文章106篇编成《一得集》，文章涉及商周甲文金文、战国秦汉陶玺帛书简牍碑刻、各种典籍写本刻本等。1985年编成《嗣朴斋金文跋》，论及的器物上自商，下至战国，内容涉及文字考释、句读训诂、史料订补、名物辩证、器物断代等方面，创见颇多。先生还热心培育人才，扶掖后学，天津市和各外省市的许多中青年都曾得到他的无私帮助。

张叔诚（1898—1995） 名文孚，别名忍斋，直隶通县（今属北京市）人。其父张翼曾任清工部右侍郎，后任开平矿务局督办。实业家、文物收藏家、鉴赏家、博物馆事业的热诚支持者。1911年入天津南开中学学习。历任中兴煤矿董事、协理、常务董事等职。1981年被聘为天津市文史馆馆员。

主要收藏书画、青铜器、玉器等。1981年，第一次将珍藏455件捐献国家，入藏天津市艺术博物馆，现藏天津博物馆，包括书画250件、玉器130件、青铜器4件、图书碑帖54件及其他类17件，极大地丰富了博物馆馆藏。他捐赠的北宋范宽《雪景寒林图》轴、元边鲁《起居平安图》轴、钱选《花鸟》卷、赵孟𫖯《洛神赋》卷、明仇英《桃源仙境图》、西周青铜器克镈等许多曾是清代宫廷旧藏，现成为天津博物馆的"镇馆之宝"。同年3月8日"周叔弢、张叔诚先生捐献文物展览"在天津市艺术博物馆开幕。时任天津市长胡启立出席开幕式。1981年9月28日至10月28日，国家文物局、天津市文化局联合在故宫博物院举办"周叔弢、张叔诚先生捐献图书文物展览"。1986年4月和1987年4月，张叔诚第二次、第三次捐献文物，计书画21件、瓷器2件、雕刻1件，中共天津市委副书记吴振出席捐献仪式。

肖采瑜（1903—1978） 字美西，山东胶南人。昆虫学家，中国半翅目系统分类学的奠基人。1936年留学美国，在俄勒冈州立大学获硕士学位，1941年获博士学位。曾任美国昆虫学会会员、中国昆虫学会理事、天津生物学会理事长。

1946年与夫人綦秀惠一起回国，并带回了他多年辑录的半翅目昆虫分类学研究的文献资料。受聘于南开大学，任生物系主任，从事昆虫分类学的研究。1952年8月奉命接收北疆博物院，建立天津市人民科学馆，兼任馆长。1961年，拟定《天津市自然博物馆方针任务的初步意见》。1964年，开展藏品鉴选研究，做"关于模式标本及分级问题"的专题报告。指导科学研究，特别是半翅目昆虫分类学研究工作。组织馆内专业人员和南开大学生物系师生开展采集、调查，填补了中国半翅目昆虫标本的空白。率领专业人员鉴定半翅目模式标本500余件，提高了馆藏半翅目标本的地位。主编《中国蝽类昆虫鉴定手册》（第一分册）（第二分册），为国内首次出版记载种类较广的蝽类昆虫分类学的专业著作，发表新种152个。

通晓英、德、日、俄、法、拉丁等多种语言，发表学术论文60余篇。

朱鼎荣（1904—1981） 字铸禹，号霱侪，江苏淮安人。室名小潜采堂、紫荆华馆。中国美术家协会天津分会理事，文史学家、版本目录学家、文物鉴定家、收藏家。在中国历史文献学、古代史及中国美术史论等方面有深厚造诣，精于版本目录学、校勘学、石刻文字与书画、碑帖鉴定。在碑帖与版本鉴定方面尤享有盛誉。

1928年毕业于南开大学商学院。早年从事银行工作。20 世纪 30 年代，为中国"考古学社"社员。自 1956 年始供职于南开大学历史系明清史研究室，曾参加郑天挺教授主持的中华书局本《明史》校注。1964 年到南开大学图书馆研究室工作后，对南开大学图书馆古籍的征集、保护与研究工作做出突出贡献。1978 年赴广州出席全国古籍善本书总目会议，被选为编委会顾问。由于长期生活在天津，对天津博物馆事业亦做出过重要贡献。自 1960 年始，即为天津市艺术博物馆、天津市历史博物馆及天津文物管理处鉴定书画、石刻文物与碑帖。先后为天津市艺术博物馆鉴定碑帖约达 40 件。在该馆馆藏碑帖中，有经其收藏或过目而书写题跋的碑帖 10 余件，均为上乘之作。如明拓汉史晨碑、初拓汉孔褒碑、初拓孔彪碑、初拓魏曹真碑、宋拓唐褚遂良度人经册、南宋拓绛帖残本等。其中，宋拓唐褚遂良度人经册。并于册前作行书题跋，述及来源，考究纸墨，言简意赅，书体隽永。1973 年曾帮助天津市文物部门对在武清出土的东汉鲜于璜碑作考证与研究。

著作有《石墨一勺》《金石书籍提要》《唐前画家人名辞典》《唐宋画家人名辞典》《中国历代画家人名辞典》《全祖望集汇校集注》（2009 年曾获第五届中国图书奖提名奖；2013 年 9 月被国家新闻出版广电总局、全国古籍整理出版规划领导小组列为"首届向全国推荐优秀古籍整理图书"）《世说新语汇校集注》，并发表过《读石墨余馨后记》《兰亭序再议》《谈苏轼书法及其流传》《古籍版本及其鉴别》等学术论文。

林崧（1905—1999） 字肩宇。福建仙游人。妇产科专家、中国妇产科病理学奠基人、集邮专家。曾任中华全国集邮联合会常务理事、天津市集邮协会副会长等职。1932 年毕业于北京协和医学院医疗系，获医学博士学位。曾任北京协和医学院附属医院住院医师、住院总医师、助教等职。太平洋战争爆发后，到天津天和医院、恩光医院工作。中华人民共和国成立后，调至天津市第一中心医院任妇产科主任。一级教授。自 1936 年始集邮。曾收藏红印花小四分复盖、大龙三分银无齿样票、小龙加大字短距（北海票）、红印花当五元票、飞雁母模样票、白纸坊图五元母模试印票、永宁二次加盖商务烈士有水印半分改 30 元票、渝中央加盖香港大东版 5 分误改 20 元票、商务烈士有水印 8 分改 20 元票、渝大东加盖商务烈士有水印 3 分改 20 元票、渝中央加盖北京版航空 25 分改 73 元票、苏维埃战

士图 2 分票等珍邮，先后获天津市、全国、世界各大邮展的金奖、大镀金奖、大银奖、荣誉奖等。著作主要有《妇产科病理学》。

綦秀惠（1905—1996） 女，植物学家。从事植物学的研究与教学，擅长形态与解剖学研究。1936 年留学美国。1949 年任天津市民主妇女联合会副主任。当选全国政协第五届、第六届委员，天津市政协第六届委员会常委，天津市政协第一届、第五届委员。

1946 年綦秀惠与丈夫肖采瑜回归祖国，投身祖国的科学教育事业。1947 年，从北京师范大学调至南开大学任生物系植物学教授。1979—1983 年任天津自然博物馆馆长。其间拓展科学研究、陈列展览、藏品管理、培养人才等项工作，推动了博物馆事业的发展。

1979 年成立天津自然博物馆学术委员会，制定《学术委员会章程》。同年《天津自然博物馆丛刊》创刊。积极推动科研、展览交流和技术培训工作，1980 年中国科学院、原联邦德国美因茨大学、天津自然博物馆合作开展"中国乳齿象类化石的研究"项目，其科研成果受到国际生物界瞩目。1983 年该馆参加天津市科学技术委员会主持的"全国海岸带和海涂资源综合调查"工作。1980 年馆藏恐龙化石标本首次参加中国科学院古脊椎动物与古人类研究所举办的"中国恐龙展"赴日本展出。指导该馆"动物陈列"大纲设计，1981 年"动物陈列"对外开放。同年中国自然科学博物馆协会技术专业委员会成立，挂靠天津自然博物馆。同年，技术专业委员会在山东举办"动物标本剥制技术训练班"，在天津举办"全国兽类剥制技术培训班"，培养专业技术人才。

发表《栝楼根分生组织》《几种豆科植物根尖维管组织成熟前组织的初步研究》《高粱根组织发生》等学术论文。

李济才（1906—?） 天津人。文物鉴定家。幼承庭训，古文功底深厚。1924 年毕业于直隶省立第一中学。曾师从清同光年间"津门画家四子"之一的马家桐（字景韩）学习书画。马家桐精于鉴赏及古画临摹，对其影响至深。

1937 年 8 月，经天津市立美术馆馆长严智开介绍，入馆为馆员，担任鉴定、研究工作。同时任研究班教务。复在刘子久任馆长时的天津市立艺术馆（由天津市立美术馆更名，1952 年 10 月天津市立艺术馆并入天津市历

史博物馆）国画研究正班修业三年。曾协助天津市文化事业管理局整理文物。1953年调至天津市历史博物馆"天津历史组"。熟悉各类文物及清末民国典故和天津地方民俗，曾在天津崇化学会鉴定、接收文物，并为历史博物馆征集到数量众多的历史文物，丰富了馆藏，为历史文物陈列、系统整理馆藏、各展室文物拟写说明，做了大量工作，对博物馆发挥社会功能起了重要作用。

鉴定书画方面，擅长辨识地方画家的作品，与其他书画鉴定家的不同点，是先从辨析书法入手，鉴定作品真伪。对辨识青铜铭文，解读历史文献、函札、清末"硃卷"（八股文试卷）等有相当功力，主张文物研究不仅针对个体，还要放在历史的长河中考识。

王席珍（1908—?）　河北省宁河县人（今天津市宁河县）。文物鉴定专家。早年和他人在天津大罗天开设"泳雪山房"书画店，1936年独资在天祥商场二楼开设"金石山房博记"，经营字画、古玩、珠宝等，直至1956年公私合营。曾任天津市古玩书画商业同业会委员。1958年，天祥商场与劝业场合并，任劝业场副经理。1961年天津市文物公司成立，调任文物商店担任领导工作。1963年任天津口岸出口验关鉴定小组成员，1963年至1966年任天津市艺术博物馆副馆长。

从事文物事业多年，阅历丰富，精于古代书画、陶瓷、铜、玉器的鉴别，为博物馆征集数量众多的珍贵文物。

顾得威（1910—1994）　汉族，四川广安人。古玉鉴定专家，国家文物鉴定委员会委员，天津市文物鉴定委员会委员。生于北京，后定居天津。天津南开中学高中肄业。曾就职于天津海河工程局。自幼受酷爱文物收藏的父亲及考古前辈的影响，对考古、文物鉴定兴趣浓厚。青年时期游历国内古迹，浏览、琢研了大量收藏家的藏品，积累了丰富的文物鉴定经验，对中国历代玉器研究造诣颇深。1958年进入天津市文化局社会文化科文物组，"文化大革命"后在天津口岸文物出境鉴定组工作，从事文物出境鉴定、社会流散文物征集、文物拣选等文物保护工作，为国家征集、抢救了大量珍贵文物。在30多年的文物工作中，为天津的文物鉴定、文物征集发现和培养人才，做出较大贡献。1986年被聘为首批国家文物鉴定委员会委员。

为表达对祖国、对文物事业的热爱，曾多次将自己珍藏的文物捐献给天津和上海的文物管理部门，1953年向天津市文化局捐献新石器时代和商、周、两汉的玉器、料器，战国时代的肖形印、错金银带钩等23件文物。1958年先后两次捐献玉器，其中红山文化时期玉佩、汉代蒲纹璧等都具有很高的历史价值和艺术价值。

张老槐（1911—1977）　天津人。早年曾从事室内装潢，1949年于新成立的天津市文化局文化科工作，1961年至1975年先后任天津艺术博物馆陈列部主任、副馆长。精通书画、碑帖、汉简、瓷器、铜器等文物的鉴赏，尤善碑帖研究。善书法、绘画：绘画师从马家桐，喜绘写意山水；书法宗法北朝碑刻，风格属魏碑之变体。张老槐为艺术博物馆贡献巨大：该馆创立之初，大量珍贵文物的征集购藏倾注着他的心血；陈列文物的展柜、展架皆是他亲手绘图设计；悉心培养馆内年轻人，多人成为文博界的鉴定专家。

董效舒（1911—1988）　天津静海人。南开大学文学院肄业。曾任天津市文物博物馆学会第一届理事会名誉理事、天津市历史博物馆副馆长。早年在天津《益世报》任编辑。1945年10月4日天津《民国日报》复刊后任编辑主任。天津解放后，先后任《新晚报》副总编辑、《天津晚报》总编辑。1964年调天津市历史博物馆，任副馆长。以其文字功力，致力馆内诸多文稿的修订。鉴于馆藏北洋军阀资料丰富，曾先后主持袁世凯函札、《秘笈录存》《吴景濂函电存稿》资料的整理、研究并编辑出版，为后续系统整理、研究、编辑出版《天津市历史博物馆馆藏北洋军阀资料》丛书（分袁世凯、黎元洪、徐世昌、吴景濂4卷，凡33册）打下基础。

1975年2月海城地震后，国家有关部门内部通报，近期内京津唐地区将有地震发生，出于保护文物的重大责任，曾组织人员大批量制作文物囊匣，加固文物库房及展厅设施、设备等，历时近一年。1976年唐山大地震发生，天津震损严重。因震前采取了措施，馆藏文物未遭任何损失。

王玉哲（1913—2005）　字维商。直隶深县人。历史学家，中国博物馆学教育的奠基人。曾任中国博物馆学会理事、天津市文物保护管理委员会委员、天津市文物博物馆系列高级职称评审委员会主任委员、南开大学历史系博物馆学教研室主任等职。

1940年毕业于北京大学历史系，1943年获北京大学文科研究硕士学位。先后受聘于华中大学、湖南大学、南开大学历史系，历任副教授、教授及博士生导师，兼任中国先秦史学会副理事长、中国孔子基金会副会长、中国殷商文化学会理事。天津市高等院校教师晋升职称评审委员会委员、南开大学学术委员会委员、南开大学学位委员会委员。在古文献、古文字、古音韵等方面有非常深厚的功底，在商族起源、商代社会史、先秦民族史、西周社会性质等研究领域都做出了重要贡献。先后开设中国通史、先秦史、秦汉史、地理沿革史、殷周史、历史文选、甲骨史料选读、史学名著选读、殷周史专题等课程，为天津市历史博物馆业务工作起了顾问的重要作用。

其著作主要有《中国上古史纲》《中国历史大辞典·先秦史》（主编）《古史集林》《中华远古史》等。

黑延昌（1916—1995）　天津人，毕业于燕京大学生物系，曾任天津市第三中学教务主任、中国自然科学博物馆协会常务理事，天津市科学普及创作协会理事，天津自然博物馆副馆长、副研究馆员。

1952年奉命接收原北疆博物院的标本图书资料，筹备天津市人民科学馆，任天津市人民科学馆筹备委员会办公室主任。1953年在天津师范学院兼任生物系动物学教师。1955年任天津市人民科学馆副馆长，1958年至1984年1月任天津市自然博物馆（1974年更名为"天津自然博物馆"）副馆长。

1953年主持天津市人民科学馆陈列展览，同年11月基本陈列对外开放，普及生物科学知识，得到社会认可。1956年提出天津市人民科学馆的方针、任务和建立天津市自然博物馆的意见，得到天津市文化局的批准。1957年天津市人民科学馆更名为"天津市自然博物馆"，1959年主持完成"古生物陈列""动物陈列"，是建馆以来首次自行设计和制作的大型基本陈列。还主持举办"古人类陈列"（1978）和修改充实"古生物陈列"（1979）、"动物陈列"（1981）。陈列内容有较强的科学性，在形式设计上有较大的创新和突破。正因上述成就和影响，1981年中国自然科学博物馆协会技术专业委员会成立时，便挂靠在天津自然博物馆。此外还主持技术专业委员会工作，在山东、天津举办剥制标本技术培训班，培养标本技术人才。在自然科学博物馆陈列展览、藏品管理、科学研究等方面做出了贡献。

撰写了《自然博物馆的职能与社会效益》《关于博物馆的科学研究工作》《试论陈列内容与形式的统一》等论文，推动自然博物馆业务工作。

张映雪（1916—2011）　曾用名：张之淮。山西夏县人。中华人民共和国成立后天津文化文博、美术工作的主要领导者。1934年就读运城中学时，即投身抗日救亡活动，1935年加入中国共产党。1939年入延安鲁迅艺术文学院美术系学习，曾任延安《新中华报》编辑。1949年起历任天津美术工作室主任，天津美术出版社社长，天津市文化局局长、党委书记，天津市文联副主席，中国美术家协会天津分会副主席、名誉主席，天津市文物鉴定委员会主任。曾任天津市博物馆馆长。

1950年即带领人员深入民间，征集、收购了众多文物、绘画艺术品和几近损坏的杨柳青年画原版木刻，之后率领有关人员对濒临消亡的杨柳青年画和"泥人张"彩塑进行了系统的恢复、扶持、整理和研究工作。在他倡导和推动下，天津杨柳青画社和"泥人张"彩塑工作室于1958年和1959年相继成立。他组织、领导了1952年组建天津市历史博物馆、1957年创建天津市艺术博物馆、1969年重组天津市博物馆等工作。对筹建的天津杨柳青年画博物馆给予极大关注。

曾发表过数十篇论文。《天津市艺术博物馆藏画集序》阐述了该馆收藏的历代书画的历史价值和艺术特色；《琐谈天津书画三百年》是首篇系统探索津沽书画源流特征的杰作；论述天津杨柳青木版年画、"泥人张"彩塑历史与特色的专著，是研究民间美术开拓性著作。

擅长版画创作，是延安木刻版画创作群体的重要成员，晚年致力于中国画创作，曾举办个人画展并出版专集，作品被中国美术馆、国内博物馆收藏，传世作品有《陕北风光》《塞外铃声》《欢庆解放》等。

卢绳（1918—1977）　字星野，教授，江苏南京人。是我国近现代建筑史上的第二代建筑师，在建筑理论、建筑教育、建筑历史研究等领域，起到了承前启后的作用，并取得了卓越成就。

1942年毕业于中央大学建筑工程系。同年进入中国营造学社任研究助理；中央博物馆建筑史编撰会助理编撰；协助梁思成编撰《中国建筑史》；绘制清工部工程做法图。1946年加入中国建筑师学会。

1949年后，先后执教于重庆大学建筑系、北京大学工学院建筑系、交通大学唐山工学院建筑系，1952年院系调整后任天津大学土建系副教授、建筑历史教研室主任，教授中国建筑史。

卢绳长期从事建筑历史的研究和教学，多次到承德、北京故宫、颐和园等地进行测绘调查研究，对我国古代建筑的保护和研究做出贡献。撰有论文《建筑与地理》《鲁迅故居实测记》《对于形式主义复古主义建筑理论的几点批判》《承德避暑山庄》《承德外八庙建筑》《天津近代城市建筑简史》，著有《河北省近百年建筑史》。参加《中国建筑简史》《中国古代建筑史》《中国古代建筑技术史》的编撰工作。他生前撰写约 3 万字的《天津近代城市建筑简史》遗稿，由《天津文史资料选辑》刊登。

何启君（1919—1998） 河北沧州人。文物收藏家。1932 年参加革命，1937 年到中国人民抗日军政大学学习、工作。1941 年在桂林八路军办事处做青年工作。1949 年调任天津市教育局长，1960 年调任国家体委宣传司司长。喜爱文物收藏，1982 年将其收藏清郑燮《竹石幽兰图轴》、清乾隆款青花红彩龙纹盘等 40 余件（套）珍贵文物捐献给国家，今藏天津博物馆。主编有《中国近代体育史》《当代中国体育》等书。1982 年根据与顾颉刚的谈话笔记整理出版有《中国史学入门——顾颉刚讲史录》。

唐石父（1919—2005） 天津市人。古钱币鉴赏家。曾任国家文物鉴定委员会委员、中国钱币学会常务理事、天津市文物鉴定委员会委员、《中国钱币》杂志编委、天津市钱币学会副理事长、天津市社会科学院历史研究所研究员。自幼酷爱古钱收藏。1947 年执教于天津崇化学会，结识了同时任教的著名画家、植物学家、博物馆学家陆文郁，并成为其弟子。还曾结识王襄、陈荫佛、方若等老一辈金石学家，学习器物考据之学。1957 年，在其执教的天津市第五十中学主办了"中国货币展览"，展示上自商朝的贝币，春秋战国的刀币、布币、圜钱，下至明清的方孔圆钱和历代农民起义军铸造的货币等，这一展览得到了陈铁卿先生的好评，从此两人结缘，经常就古钱问题进行讨论切磋。

《古钱读法》《武德钱文制词的考察》《武德钱文研究》等文分别收录于《中国钱币论文集》第一、二集，《中国历代货币大系·隋唐五代卷》等。还编撰了《唐石父古钱常用辞典》、全国文物博物馆系列教材《中国古钱币》。是第一届、第三届中国钱币学最高学术奖"金泉奖"的获得者。

王渤生（1920—2012） 祖籍河北沧县，生于天津。父王南复留日期间是直隶留日同学会会长，1918 年回国曾在天津创立乙种工业学校。1932 年王渤生考入河北省立第一中学。1937 年 7 月天津沦陷后辗转到河南，进入为战区流亡学生开设的国立第一中学。1938 年高中毕业，以第一名成绩保送西南联大，1942 年毕业于该校经济系，1947 年获国立政治大学硕士学位，1948 年赴美留学，获博士学位。后从事研究工作，1962 年起任教于加州圣荷西大学商学院，为终身教授。1955 年与近代著名报人林白水之女林慰君结婚。王氏夫妇在加利福尼亚州圆石滩居住时，与画家张大千是很好的邻居，林慰君曾做张大千的英文秘书，王渤生也曾为张家料理家务，十年间张大千送给王家很多书画。王渤生夫妇曾多次回国访问，并在林的家乡捐建了林白水纪念馆。1987 年林慰君遇车祸不幸逝世。此后王渤生产生了把张大千的遗作捐献给祖国家乡的想法。2006 年 7 月，中国驻洛杉矶总领事馆和洛杉矶美国天津海外联谊会主持，在洛杉矶举行了隆重仪式，向天津博物馆捐献 20 件张大千的书画作品。同年 9 月，王渤生携继配夫人李玉美到天津参加"大千厚意，渤慰浓情"开展仪式及"王渤生先生向三中捐赠奖学金仪式"。同时，天津市政府授予王渤生荣誉市民称号。

张慈生（1921—2012） 河北霸县人。书画鉴定家。任国家文物鉴定委员会委员、天津市文物鉴定委员会委员，天津文物公司副研究馆员，曾获"全国文物博物馆系统先进工作者"称号。天津市第六、七、八届政协委员。

1935 年入天津劝业场三楼培生斋古玩店，师从靳伯声学习经营鉴定历代书画，并得到书画鉴定家韩慎先等前辈的教诲。鉴定收购了后被国家文物管理部门收藏和保管的历代稀世珍品，如唐周昉《挥扇仕女图》、宋徽宗赵佶《王济观马图》、元赵孟頫《水村图》等，及其他珍贵文物百余件。

曾在"全国书画研究班""全国书画培训班""新疆维吾尔自治区文物培训班"专业授课。2007 年受聘担任天津市文博系统第一期"名师教室"的导师。主要著述有《天津古玩业简述》《文物图著》《元明清书画家年龄速检表》《鉴识——张慈生自述》等。

李世瑜（1922—2010） 教授、研究员，天津市文史研究馆馆员、历史学家、社会学家。生于天津，辅仁大学社会学系、研究院人类学部毕业，1948 年获硕士学位。1982 年获美国亨利·路斯奖金和终身"路斯学者"称号。曾在辅仁大学、天津社会科学院、天津师范大学、《历史教学》杂志社等单位任职。1940年开始，以田野工作方法调查研究民间秘密宗教及结社，后又旁及人类学范围内所属相关学科，涉猎极广，在历史学、考古学、宗教学、民俗学、方言学、方志学、文献学等领域都有所建树。如对天津方言从理论和实践上，都有深入、独到且开创性的研究，创立了"天津方言岛"学说，确定了"天津方言岛"之成因。自1957年开始，对天津古海岸进行了多次实地调查，较早注意到古代渤海湾西部海岸三道贝壳堤现象，并结合当地出土文物，对三道贝壳堤的形成时间，提出自己的看法，对认识天津贝壳堤珍贵的地质景观和独特的科学价值作了开拓性的研究。他参与了天津市早期的考古活动，改变"天津无古可考"的早期认识，推动天津史前研究做了大量工作，改革开放后，笔耕不辍，提携后进，直至离世。

主要著作有《现代华北秘密宗教》《宝卷宗录》《天津的方言俚语》《社会历史学文集》等。

曹秉铎（1924—2006） 天津武清县（今武清区）人，天津市第五中药厂职工，文物收藏家。出身于文物收藏世家，自幼秉承家学，擅于古器物、书画的收藏与鉴定。1956年和1981年先后两次向天津文物部门捐献文物共80余件，其中造型独特的宋代玉鸭、宋代玉卧兽等，多为玉器中的精品。为表彰其爱国热忱，天津市文化局在他的所在单位召开了表彰大会。

顾道馨（1927—2000） 原名顾金鸿，字道馨，以字行，天津人。天津民俗文物、民俗陈列与民俗学研究工作的奠基人和开拓者。少时入天津崇化学会国学讲习班，随津城耆老研习经史古文。后入南开大学历史系，师从郑天挺、谢国桢两教授，学习明清社会史、文化史。

1953年南开大学历史系本科毕业后，分配到天津市历史博物馆负责"天津历史"组的工作。50年代中期开展民俗学研究，并首倡博物馆民俗展。1979年参加"天津地方古代史"陈列工作。在此基础上于1985年举办了"近代天津民俗展览"，受到观众喜爱及各地同行的关注。1988年退休后接受单位返聘，一直工作至逝世。历任中国民俗学会理事和名誉理事、天津民俗学会副会长、天津市文物鉴定委员会委员、南开大学历史系客座教授。1990年受聘为天津市文史研究馆馆员。

顾道馨一生致力于天津民俗学研究，留下近50万字的著述。著有《天津古文化街》（与张仲合著）、《中国名城汉俗大观·天津篇》（与王昆江等合著）。参与撰写《中国宫廷礼俗》《中国民俗辞典》《中华风俗小百科》《天津百科全书》《天津简志》等书。发表论文50余篇。有《绿波集——顾道馨著述选粹》存世。

刘家宜（1928—2007） 女，天津人。植物学家。1956年毕业于河北大学生物系，留校任生物系植物分类学教师，1976年调入天津自然博物馆，研究馆员，从事植物分类学研究工作50年。曾任天津市生物学会理事、天津市植物学会副理事长。1983年，参加国家级科研项目"全国海岸带和海涂资源综合调查"项目，获国家科学技术进步一等奖；1989年，参加"天津市海岸带和海涂植物资源调查"项目，获天津市科学技术进步一等奖。

她常年坚持野外考察，并采集到大量标本，经过整理、研究、鉴定，编著出版《天津植物名录》《天津水生维管束植物》。主编的《天津植物志》为国内首次出版，为记载天津植物资源的植物分类学专志。

发表《中国香蒲属的研究》《对我国达香蒲的订正与拉式香蒲形态解剖的初步观察》《天津植物区系的研究》《天津水生植物考》《天津湿地植物区系初步分析》《中国天津古海岸与湿地植物区系和植物资源开发利用与保护的研究》《中国天津古海岸与湿地国家级自然保护区的植被及其保护》等论文数十篇。

2007年受聘担任天津市文博系统第一期"名师教室"导师。

廖永武（1932—2011） 广东丰顺人。生于印度尼西亚，1958年南开大学历史系毕业。原天津市历史博物馆副馆长、原周恩来同志青年时代在津革命活动纪念馆馆长，研究馆员，曾任天津市文物博物馆学会副理事长，天津中共党史学会常务理事。长期从事天津现代革命史研究和陈列工作，曾主撰"天津现代革命史""周恩来青年时代"等15项陈列提纲和解说词，指导博物馆、纪念馆的陈列展览工作。致力天津现代史资料、文献的征集、整理与研究。与他人合作出版《五四运动在天津史料选编》《天津革命史话》《天津现代革命斗争诗篇》等。其撰写的《天津现代革命运动史》，成为天津首部有关现代革命史的专著。发表百余篇、近80万字的文章。代表作有《马克思主义的传播与天津建党》《欢迎孙中山北上与国民会议运动》《白区工作的伟大转折——

刘少奇在北方局》等。从 20 世纪 60 年代起，即着手搜集周恩来同志在天津革命活动的史料，发表了《周恩来在五四时期》《周恩来同志早期革命思想发展初探》《觉悟社·觉悟·觉邮》《周恩来与 1928 年顺直省委的整顿》等文章。

冯承柏（1933—2007）　天津人。冯文潜之子，南开大学历史系博物馆专业教授。

1951 年南开中学肄业，1963 年 6 月调至南开大学历史系资料室工作。1975 年开始登台授课，主讲美国史。1981 年 2 月至 1983 年 3 月，作为访问学者赴美国天普大学进修。1983 年 9 月至 1984 年 1 月，为博物馆专业学生讲授"西方博物馆"课程。1984 年 9 月至 1985 年 1 月，为博物馆专业学生讲授"西方博物馆的历史与理论"课程。同年 4 月，受聘为文化部文物事业管理局泰安培训中心博物馆领导干部管理学短训班兼职教师，并于 6 月讲授"西方博物馆管理"课程。1986 年调至南开大学历史系博物馆专业任教师，同年 9 月招收博物馆专业硕士研究生。

1990 年 9 月至次年 9 月，作为富布莱特学者赴美国国家历史博物馆从事研究工作。1993 年 11 月至 12 月，筹办并主持在南开大学举行的"中美博物馆学"国际学术研讨会。曾先后在《中国博物馆》《外国史知识》《南开学报》（增刊）以及美国博物馆协会主办的《博物馆新闻》等刊物发表多篇博物馆学论文。为我国博物馆事业改革开放、拓宽博物馆人员视野发挥了重要作用。

李经汉（1937—2009）　天津人。祖籍河北深泽，北京大学历史系考古专业毕业，天津市文物博物馆学会第一届理事会原副理事长兼秘书长、原天津市历史博物馆馆长、研究馆员。曾在中国社会科学院考古研究所、天津市文物管理处工作。

从事夏商周考古、碑刻研究。曾参加河南偃师二里头遗址发掘，主持一号宫殿主体殿堂发掘和台基切剖；参与二里头遗址四期的论证和提出，并被学术界接受，成为二里头文化研究的重要基础；主持天津蓟县围坊遗址发掘，并在天津首次发现新石器时代遗址；据考古资料研究，确认分布在京、津、冀北的一种考古学文化，是一种新的考古学文化，并命名为"围坊三期文化"，受到学术界关注；调查并综合研究天津全市现存碑刻；参与主持天津市历史博物馆藏北洋军阀资料 4 卷 33 册的编纂和出版工作。

著有《偃师二里头》（参与）、《天津古代建筑·天津古建碑刻》等；发表《河南偃师二里头早商宫殿遗址发掘简报》《郑州二里冈期商文化的来源及相关问题讨论》《试论夏家店下层文化的分期和类型》《天津蓟县围坊遗址发掘报告》《天津地区现存碑刻目录》《博物馆科研工作探索》等 20 余篇论文。主持《天津考古四十年资料汇编（1956—1996）》编纂。

刘湘洲（生卒年不详）　河北衡水人。书画修复装裱专家。1949 年前即在天津从事书画装裱，1949 年后进入劝业场珠宝古玩柜台古玩书画组工作，1961 年进入天津市文物公司，继续从事书画装裱工作。

其书画装帧技艺高超，在当时天津文物界享有盛名，使用"烧酒法"去除古代绘画的返铅现象，是其绝活。长期为天津市艺术博物馆、天津市历史博物馆修复装裱书画作品，并教授徒弟，传授技艺。

第二节　文博系统政协委员名录

（以姓氏笔画为序）

卢永琇　刘光启　刘家宜　李国良　李凯　陈雍　尚洁　崔锦　韩嘉谷　翟乾祥

第三节 文博系统劳动模范、先进工作者名录

1949—2012 年天津市文博系统省市级劳动模范名录

表 6-2

等级	姓名	性别	单位	当选时间
天津市 劳动模范	刘家宜	女	天津自然博物馆	1978、1980
	翟乾祥	男	天津博物馆	1984
	韩嘉谷	男		1988
	赵洪太	男	天津博物馆	1990、1992
	岳宏	男		2004
	刘光启	男	天津市文物管理中心	1990
	李凯	男		2007

1949—2012 年天津市文博系统（国家级、省市级）先进工作者名录

表 6-3

名称	姓名	性别	单位
1991 年全国文化系统先进工作者	云希正	男	天津市艺术博物馆
1986 年天津市文物工作先进工作者	李寿祥	男	宝坻区文化馆
1989 年天津市总工会"七·五立功奖章"	李寿祥	男	宝坻区文化馆
1994 年文化部优秀专家	陈 克	男	天津市历史博物馆
1996 年文化部优秀专家	李家璘	男	天津市历史博物馆
2005 年全国文化系统先进工作者	刘文山	男	蓟县文物保管所
2007 年文化部优秀专家	李凯	男	天津市文物管理中心
全国文物档案备案工作先进个人	徐春苓	女	天津博物馆
全国文物保护工作先进个人	吕淑芳	女	河北区文物管理所
2007 年全国文物进出境审核工作先进个人	张安鸽	女	天津市文物管理中心
2009 年全国文化系统先进工作者	卢永琇	女	天津博物馆
文化遗产日活动组织奖先进个人（2010 年）	田家馨	女	天津市文物管理中心
文化遗产日活动组织奖先进个人（2010 年）	郭男平	男	天津市文化遗产保护中心
第三次全国文物普查实地文物调查阶段突出贡献个人奖（2012 年）	程绍卿	男	天津市文物管理中心
第三次全国文物普查实地文物调查阶段突出贡献个人奖（2012 年）	周建	男	西青区文物管理所

名称	姓名	性别	单位
2012年天津市"五一"劳动奖章	李键	男	天津市三条石历史博物馆
2012年度驻外文化处（组）及文化中心先进个人	赵晓月	女	天津博物馆
天津市"文物博物馆业"市级先进工作者	崔翼	男	津南区八里台镇文化站
2012年全国文物系统先进工作者	梅鹏云	男	天津市文化遗产保护中心

天津市第三次全国文物普查突出贡献先进个人名单

（2012年）

（以姓氏笔画为序）

王利	王祎	王淮	王雷	王令强	王建军	马媛	甘才超	刘晖	刘健
刘志友	刘金义	刘福宁	卢伟	田洪梅	田继业	孙晓蕙	张宁	张杰	张瑞
张志鹏	张忠盈	张金利	张俊生	张铁军	张馨予	杨伟光	杨国珍	杨春旺	邹万霞
陈红梅	吴丹	李月华	李世钊	李寿祥	李鑫桥	苏芃芃	沈岩	宋春兰	宋淑云
郑敏	尚洁	相军	赵晨	赵金港	段睿	段德融	郜志坚	祖双喜	祖红霞
姜佰国	钱建国	贾世青	徐嘉姈	徐燕卿	郭洧	郭全利	高国光	高金铭	梅鹏云
盛立双	黄艳怡	崔志华	崔绍梅	常玉成	韩焱	韩志勇	傅亚冬	程绍卿	戴滨

1949—2012年天津市文博系统先进集体

1977年　天津自然博物馆陈列保管部被评为"天津市科技工作先进集体"；

1995年　天津杨柳青博物馆被文化部、人事部授予"全国文化先进集体"；

2005年　天津市文化遗产保护中心被评为"全国文化工作先进集体"；

2007年　国家文物进出境审核天津管理处（国家文物出境鉴定天津站）获得国家文物局颁发的"全国文物进出境审核工作先进集体"；

2008年　国家文物进出境审核天津管理处（国家文物出境鉴定天津站）获得天津市总工会颁发的"天津市2007年度'五一'劳动奖状先进集体"；

2009年　人力资源和社会保障部、文化部授予天津市蓟县文物保管所"全国文化系统先进集体"荣誉称号；

2010年　天津市文物管理中心获得国家文物局颁发的"文化遗产日活动组织先进集体"；

2010年　蓟县普查队获得国家文物局颁发的"第三次全国文物普查实地调查阶段突出贡献集体"荣誉称号；

2012年　天津市总工会授予蓟县文物保管所2011年度"天津市'五一'劳动奖状先进集体"。

云希正　刘光启　张慈生　李　凯　李经汉　陈　雍

第四节　文博系统高级职称人员名录

1982—2012 年天津市文博系统正高级职称人员名录

（以姓氏笔画为序）

马大东	王凤琴	王学高	王绪周	王雪明	王淑静	云希正	尤仁德	文启明	邓开坦
田毓芬	刘　渤	刘家宜	孙桂华	孙晓强	纪烈敏	杜金娥	李　凯	李东琬	李庆奎
李经汉	李国良	李爱华	李家璘	何　森	张安鸽	张黎辉	陈　克	陈　卓	陈　雍
陈瑞芳	陈锡欣	季　楠	岳　宏	尚　洁	赵文刚	赵春贵	施　俊	郭鸿林	涂小元
崔　锦	蒋原寰	韩嘉谷	蔡鸿茹	蔡长奎	廖永武	翟乾祥	魏克晶		

1982—2012 年天津市文博系统副高级职称人员名录

（以姓氏笔画为序）

于　英	于永莉	于国巍	于淑英	马秀华	马金香	王　社	王　黎	王文彬	王令强
王世伟	王玉柱	王立文	王同立	王会娟	王志贤	王迎霞	王尚尊	王宝林	王昆江
王育灵	王忠强	王建平	王建萍	王晓满	王淑文	王彩玲	王锡荣	方位宁	卢永琇
田　敏	田凤岭	田家馨	田俊荣	丛金强	匡学文	邢　捷	吕连荣	吕铁山	朱志彬
朱家芳	华向荣	刘　平	刘　健	刘小葶	刘允棋	刘书德	刘世凡	刘光启	刘佐亮
刘来顺	刘沛兰	刘杏梅	刘学纶	刘泽信	刘国展	刘胜利	刘莉萍	刘德宝	闫宝珍
安宝聚	孙丙昌	孙宝华	孙景云	孙雨欣	严　英	苏润兰	李　玫	李　勇	李　勤
李月华	李月萍	李玉清	李百温	李宇红	李多云	李好瑾	李国强	李源清	杨大为
杨小华	杨进萍	杨春旺	时　昆	邱文利	沙立增	沈　岩	宋　杨	宋春兰	宋寿衡
宋淑云	张　宁	张　旭	张　章	张一苓	张乃英	张玉帮	张守敬	张秀英	张丽黛
张泽莹	张春年	张彩云	张彩欣	张淑兰	张鸿礼	陆惠元	陈　彤	陈兆兴	陈秋毛
陈麟祥	邵　红	武玉茹	范学静	林开明	欧阳长桥	罗家铭	单康宁	郑　敏	郑士川
郑宝芳	周志才	金　丽	庞跃茹	孟　浩	赵　旻	赵　晨	赵惠生	赵耀双	郝淑莲
钟学利	段澄云	侯文洁	侯云凤	施　俊	姜佰国	姜玥鸿	宫桂桐	姚　旸	姚景卿
信志刚	茹　欣	敖承隆	袁　伟	顾道馨	钱　玲	徐　颖	徐春苓	徐桂林	徐静修
贾　民	高兴文	高兰芝	高英爽	高俊清	高渭清	郭　庆	郭　洧	郭　旗	郭志慧
黄　其	黄为龙	黄立志	黄克力	梅鹏云	盛立双	康士沉	阎　芬	盖金香	梁宝玲
黑延昌	董熙平	董鸿程	董季群	韩晓晰	韩瑞丽	程雪鸥	蔡习军	蔡长奎	薛红旗
檀凯华									

第五节 文物鉴定委员会委员名录

国家文物鉴定委员会委员名录

（截至 2012 年）

顾得威　张慈生　唐石父　刘光启　云希正　田凤岭　蔡鸿茹　田俊荣　李 凯

天津市文物鉴定委员会委员名录

（截至 2012 年）

于 英　云希正　尤仁德　王绪周　田凤岭　田俊荣　白莉蓉　刘光启　刘 毅　刘尚恒
刘家宜　匡学文　邢 捷　林开明　吕铁山　华 梅　孙景云　张映雪　张新生　张 志
张慈生　张黎辉　张安鸽　张 旭　张振铎　杜金娥　陈 雍　陈 克　陈 卓　李孔椿
李家璘　李爱华　李 凯　沙立增　岳 宏　罗 真　罗文华　赵文刚　徐静修　徐春苓
施 俊　唐石父　顾道馨　顾得威　崔 锦　黄为龙　韩嘉谷　董鸿程　蔡鸿茹

第六节 从业人员专业资质名录

国家文物出境鉴定责任鉴定员资质名录

（截至 2012 年）

刘光启　田凤岭　邢 捷　李 凯　张安鸽　施 俊　吕铁山　张 旭　赵 旻　崔 云
陈 扬　李光红

考古领队资质名录

（截至 2012 年）

马大东　刘幼铮　纪烈敏　张俊生　李经汉　陈 雍　邸 明　赵文刚　相 军　姜佰国
敖承隆　梅鹏云　盛立双　梁宝玲　韩嘉谷

附　录

（一）

天津市文物市场管理暂行规定

文物是我国的历史文化遗产。国家通过商业手段，收集流散在社会上的文物，使之得到保护，为文物收藏部门和有关科研部门提供藏品和资料。同时，将不需要由国家收藏的文物投放市场，以满足文物爱好者的需要。

为加强我市文物市场的管理，根据国务院国发〔1974〕132号《国务院批转外贸部、商业部、文物局关于加强文物商业管理和贯彻执行文物保护政策的意见》、国发〔1981〕9号《国务院批转国家文物事业管理局关于加强文物工作的请示报告》和国发〔1981〕161号《国务院批转国家文物局关于加强文物市场管理的请示报告的通知》等文件精神，结合本市实际情况，特作如下规定：

一、凡经营文物的单位，都要坚决贯彻执行国家关于保护文物的政策法令，坚持禁止珍贵文物出口、控制一般文物出口和"少出高汇，细水长流"的方针。

二、本市一切传世文物（包括旧工艺品），统由市文化局所属的文物公司组织收购（博物馆可根据需要，征集具有馆藏价值的文物）。为便于收集社会上的流散文物，市文化局亦可通过商业、供销等部门在市区和郊区、县设点代购。各代购点要严格履行协议，使用专用发货票，只能收购，不准自销；对违反协议的，要立即停止其代购业务，并追究责任。

对不属于文物范围的珠、宝、翠、钻，由外贸部门统一收购。

三、市文物公司收购的文物，除提供给博物馆收藏外，经过鉴定，凡可以作为文物商品销售的，由文物公司的门市部和天津市友谊商店经营对外零销。文物公司要根据货源情况，向外贸部门提供那些目前国内存量较大、价值一般的文物商品，组织出口。

四、未经市文化局批准，其他任何单位或个人不得经营文物购销业务；对私自经营文物购销业务的，由工商行政管理局给予警告或者罚款处理，并没收其非法所得（或没收其非法经营的文物），触及刑律的，要追究其刑事责任。

五、凡经市文化局同意、工商行政管理局批准的经销文物和古旧图书的单位，必须严格遵守报验手续。未经鉴定和钤印火漆标志的文物，一律不准出售。

经市文化局同意、工商行政管理局批准的贸易信托公司所属的经营外国旧工艺品的专点，要严格执行有关其经营范围的规定，不得扩大。商品上柜前，须经天津市文物出口鉴定组鉴定。对鉴选出的属于文物类型的商品，应移交市文物公司经营。

六、本市各博物馆和文物保护单位的外宾服务部（包括小卖部），只准经营文物复制品、仿制品、印刷品和纪念品，不得出售文物。

七、经市文化局同意、工商行政管理局批准的对外零销文物的单位，在确定文物零售价格时，要以国家文物局统一制定的外销价格表为基础，与其保持平衡。外贸部门和国内零销部门之间在销售价格的掌握上，要相互协商，衔接一致。

八、个人携带文物出境或托运、邮运文物出口，均按海关总署和国家文物局1982年3月关于加强文物出口监管的公告的规定办理。由携运人向海关申报，海关开具文物鉴定联系单，经市文物出口鉴定组鉴定，钤印火漆标志，并开具文物出口证明书，或凭文物公司、友谊商店加盖"外汇购买"章的文物销售发货票，方准放行。

凡未申报或伪报物品名称及规格者，均按走私论处。

九、凡新生产的仿制文物和文物复制品，在生产时必须制作暗记。有关经营单位，在向外国人、华侨、港澳同胞出售仿制文物和文物复制品时，须将物品的名称、质地、纹饰、颜色、尺寸和生产年代详细写在发货票上，并加盖复制品或仿制品的戳记。海关凭发货票查验放行。

十、严禁文物非法倒卖和黑市交易，违者由工商管理、公安部门严肃处理，并依法取缔个体文物商贩。

图谋走私珍贵文物出口者，按《中华人民共和国文物保护法》《中华人民共和国刑法》和《中华人民共和国暂行海关法》的有关条款处理。

十一、出土文物属于国家所有，任何单位或者个人均不得非法占有、馈赠和买卖。凡进行走私、盗卖、倒卖、隐匿、侵吞出土文物等非法活动的，一经发现，没收其全部文物，并处以罚款。情节严重的，要依法追究其刑事责任。

十二、凡市文物出口鉴定组鉴选出的不能出口的珍贵文物，统由市文物管理处征收或价购，移交博物馆收藏。任何部门不得以任何借口自行收留。

海关、公安、财税、工商行政部门罚没收缴的重要文物，应当移交给市文化局。属于一般文物商品的，由文物公司按现行收购价格收购。

十三、对于积极执行本规定，在报告出土文物线索，稽查和揭发走私、盗卖、倒卖文物及隐匿、侵吞出土文物等违法活动方面作出贡献的单位或个人，由市文化局酌情给予奖励。

十四、本规定自公布之日起施行。

《天津市文物市场管理暂行规定》1982年12月23日由市人民政府常务会议通过，公布施行。

（二）

天津市文物保护管理条例

（天津市文物保护管理条例，1987 年 12 月 10 日天津市第十届人民代表大会常务委员会第三十九次会议通过）

第一章　总则

第一条　为加强对文物的保护和管理，根据《中华人民共和国文物保护法》（以下简称《文物保护法》），结合本市的实际情况，制定本条例。

第二条　本市行政区域内属于《文物保护法》第二条所列的文物，均按本条例的规定予以保护和管理。

第三条　本市行政区域内地下、水下遗存的一切文物，属于国家所有。古文化遗址、古墓葬、石窟寺属于国家所有。国家指定保护的纪念建筑物、古建筑、石刻等，除国家另有规定的以外，属于国家所有。国家机关、部队、全民所有制企业事业组织收藏的文物，属于国家所有。

第四条　属于集体所有和私人所有的纪念建筑物、古建筑和传世文物，其所有权受国家法律的保护。文物的所有者必须遵守国家有关保护和管理文物的规定。

第五条　各级人民政府统一负责保护本行政区域内的文物。各级人民政府的文化行政管理部门，主管本行政区域的文物工作。市和文物较多的区（县）可以设文物保护管理机构，具体负责文物的保护管理工作；未设文物保护管理机构的区（县），文物的保护管理工作由文化馆设专人负责。街、乡（镇）的文化站负有保护管理文物的职责。一切机关、组织和个人都有保护国家文物的义务。

第六条　市文化行政管理部门组织有关专家组成市文物鉴定委员会，负责对馆藏文物和流散文物进行鉴定分级、评定价值，为有关部门处理文物保护管理问题提供依据。

第七条　文物保护管理经费，分别列入同级人民政府的财政预算，并由各级文化行政管理部门管理，不得挪作他用。文物事业单位开展有偿服务和举办经营性活动的收入，应当用于发展文物事业。

第二章　文物保护单位

第八条　市、区（县）文化行政管理部门应当选择具有历史、艺术、科学价值的革命遗址、纪念建筑物、古文化遗址、古墓葬、古建筑、石窟寺、石刻等文物，报经同级人民政府核定公布为本级文物保护单位，并报上一级人民政府备案。市级文物保护单位中具有重大历史、艺术、科学价值，有可能被确定为全国重点文物保护单位的，由市人民政府向国家文化行政管理部门申报。区（县）以上文化行政管理部门已经申报或者准备申报但尚未经同级人民政府核定公布为文物保护单位的文物，应当妥善保护，任何单位和个人不得随意拆毁。

第九条　文物古迹比较丰富、具有重要历史价值和革命意义的城镇，由所在区（县）人民政府或者市文化行政管理部门会同市城乡建设环境保护部门，报经市人民政府核定公布为市级历史文化名城(镇)。文物古迹比较集中，或者能够比较完整地体现某一历史时期的传统风貌和民族地方特色的街区、建筑群、小镇、村寨等，市或者区（县）

人民政府可以根据其历史、艺术、科学价值核定公布为本级历史文化保护区。

第十条 各级文物保护单位，分别由市、区（县）人民政府划定必要的保护范围，作出标志说明，建立记录档案，并区别情况由文物保护单位所在地的区（县）人民政府或者市文化行政管理部门设置专门机构或者专人负责管理。全国重点文物保护单位的保护范围和记录档案由市文化行政管理部门报国家文化行政管理部门备案。

第十一条 在文物保护单位的保护范围内，不得进行其他建设工程。如有特殊需要，必须经原公布的人民政府和上一级文化行政管理部门同意。在全国重点文物保护单位的保护范围内进行其他建设工程，必须报经市人民政府和国家文化行政管理部门同意。在文物保护单位的保护范围内，严禁存放易燃、易爆和其他一切有损文物安全的物品。

第十二条 根据保护文物的实际需要，各级文化行政管理部门会同城乡规划管理部门可以在文物保护单位的周围划出一定的建设控制地带，报经市人民政府批准。在文物保护单位的建设控制地带内，修建新的建筑物和构筑物，必须与文物保护单位周围的环境风貌相协调，其设计方案必须按文物保护单位的级别，征得同级文化行政管理部门同意。

第十三条 市或者区（县）人民政府应当在地下保存文物比较丰富的地方，划定保护范围。在划定的范围内，不得破坏原来的地貌，不得种植根系发达的植物。在风景名胜古迹区内，严禁开山采石、乱挖乱掘、毁林开荒、砍伐古树以及其他危害文物安全和破坏景观的活动。

第十四条 建设单位在进行选址和工程设计的时候，因建设工程涉及文物保护单位的，应当根据文物保护单位的级别，事先会同市或者区（县）文化行政管理部门确定保护措施，列入设计任务书。未经文化行政管理部门同意，有关部门不得批准征地和建设，银行不得拨款。因建设工程特别需要而必须对文物保护单位进行迁移或者拆除的，应当根据文物保护单位的级别，报经该级人民政府和上一级文化行政管理部门同意。全国重点文物保护单位的迁移或者拆除，由市人民政府报经国务院决定。迁移、拆除所需费用和劳动力，由建设单位列入投资计划和劳动计划。公布为文物保护单位属于集体或者个人所有的纪念建筑物、古建筑，需要拆除的，必须事先征得原公布的人民政府同意；文物的所有者需要转移文物所有权的，应当向当地文化行政管理部门备案。

第十五条 经批准拆迁的文物保护单位，文化行政管理部门必须事先进行详细记录、测绘、登记、照像（相），并将资料归入档案。迁移的文物保护单位，要按原状恢复修建。拆除的建筑材料和艺术品应当由文物保护管理机构处理。

第十六条 核定为文物保护单位属于国家所有的纪念建筑物和古建筑，除可以建立博物馆、保管所或者辟为参观游览场所外，如必须作其他用途，应当根据文物保护单位的级别，由当地文化行政管理部门报经原公布的人民政府批准。属于全国重点文物保护单位的，必须经市人民政府同意，并报经国务院批准。

第十七条 经批准使用文物保护单位的部门或者单位，必须与主管的文化行政管理部门签订使用协议，保证在使用过程中建筑物及附属物的安全、完整，并负责建筑物的保养和维修，其经费和建筑材料由使用文物的部门或者单位解决。

第十八条 对文物保护单位进行保养、修缮，必须遵守不改变文物原状的原则。其保养、修缮方案，必须经市文化行政管理部门同意。属于全国重点文物保护单位的，应当报经国家文化行政管理部门批准。

第十九条 确因宗教活动需要，必须开放已核定为文物保护单位的寺观、教堂，属于全国重点文物保护单位的，必须经国务院宗教事务部门征得国家文化行政管理部门同意，并报经国务院批准；属于市级文物保护单位的，由市宗教事务部门征得市文化行政管理部门同意，并报经市人民政府批准，同时报国家文化行政管理部门备案。经批准开放的寺观、教堂，在文物保护方面应当接受文化行政管理部门的检查指导。其维修工作在市宗教事务部门领导和市文化行政管理部门指导下，由使用该寺观、教堂的宗教组织负责。

第二十条 在各级文物保护单位和各类文物保管、陈列单位内，必须设置防火、防盗设施，确保文物安全。凡占用全民所有的纪念建筑物、古建筑而有损文物安全或者有碍开放的单位和个人，必须在市或者区（县）人民政府规定的期限内迁出。

第三章　考古发掘

第二十一条　考古发掘工作必须履行报批手续。未经批准，任何单位和个人不得擅自发掘。市级文物机构、考古研究机构和高等学校等，为了科学研究需要进行考古发掘的，必须事先提出发掘计划，经市文化行政管理部门同意，并报经国家文化行政管理部门或者国务院批准。外国人或者外国团体来我市进行考古调查或者发掘，必须报经国务院特别许可。

第二十二条　因建设工期紧迫或者有自然破坏的危险，对古文化遗址、古墓葬急需进行抢救的，市文化行政管理部门应当及时组织发掘，并同时按规定补办批准手续。

第二十三条　在可能埋藏文物的地方进行大型基本建设，建设单位必须事先会同当地文化行政管理部门进行文物的调查或者勘探工作。调查、勘探中发现文物的时候，应当共同商定处理办法，协商不成的，报经市人民政府或者国家文化行政管理部门决定。在基本建设或者其他生产活动中，任何单位或者个人发现文物，都应当立即报告当地文化行政管理部门，由当地文化行政管理部门采取保护措施，并及时报请上级文化行政管理部门处理。

第二十四条　因生产建设或者基本建设工程需要进行文物勘探、考古发掘的，所需费用，由建设单位列入投资计划，或者报经上级计划部门解决。

第二十五条　考古发掘工作必须严格按照有关规程进行，确保文物安全。发掘结束后，发掘单位应当及时向市文化行政管理部门作出发掘情况报告。未经国家或者市文化行政管理部门同意，任何单位和个人不得发表尚未公开的考古发掘资料。

第二十六条　发掘出土的文物，除根据需要交给科研部门研究的以外，由市文化行政管理部门指定的单位收藏保管，任何单位或者个人不得侵占。

第四章　馆藏文物

第二十七条　全民所有的博物馆、纪念馆、图书馆和其他文物收藏单位，对收藏的文物要逐件登记，区分等级，设置藏品档案，向同级文化行政管理部门备案。区（县）级文物收藏单位的文物藏品档案，还必须向市文化行政管理部门备案。一级文物藏品档案和一级文物藏品简目，由市文化行政管理部门报国家文化行政管理部门备案。

第二十八条　文物收藏单位必须设立专门保管机构或者配备专职保管人员，建立严格的保管制度。文物藏品应当有固定库房，配备必要的安全防护设施。一级文物藏品、经济价值贵重和保密性文物藏品，应当设专库或者专柜。不具备收藏一级文物藏品条件的文物收藏单位，其一级文物藏品由市文化行政管理部门指定的单位代为保管。

第二十九条　全民所有的非文物单位，应当将其收藏的文物逐件登记造册，建立健全保管制度，并向市文化行政管理部门申报。其中一、二、三级文物藏品，应当将清册和编目卡片副本送市文化行政管理部门备案。不具备保管一、二级文物条件的，应当将其所收藏的一、二级文物藏品移交市文化行政管理部门指定的单位收藏或者代为保管。代为保管的文物需要展出或者作为他用时，必须征得该文物原收藏单位的同意，并报经市文化行政管理部门批准。代为保管文物不得收费。展出代为保管的文物，不向该文物原收藏单位付费。

第三十条　全民所有的博物馆、纪念馆、陈列馆和其他文物收藏单位的文物藏品，严禁出卖或者作为礼品馈赠。上述单位的文物藏品的调拨、交换和出市展览，应当报经市文化行政管理部门批准。一级文物的调拨、交换，由市文化行政管理部门审核同意后，报经国家文化行政管理部门批准。

第三十一条　一切机关和全民所有制企业事业组织，在与国外友好往来中接受的具有历史、艺术、科学价值的文物礼品，由市文化行政管理部门会同市人民政府外事部门鉴定后，移交市文化行政管理部门指定的博物馆集中收藏。

第五章　文物的拓印、复制和拍摄

第三十二条　核定为文物的石刻和金属铸品，任何单位和个人不得私自拓印。需要拓印作为资料、翻刻副版或者使用原石刻和金属铸品拓印出售的，必须报经市文化行政管理部门批准。

第三十三条　凡内容涉及我国疆域、外交、民族关系或者天文、水文、地理等资料的石刻和未发表过的墓志铭石刻，严禁传拓出售或者向外国人提供拓片。确有特殊需要的，须报经市文化行政管理部门批准，或者由市文化行政管理部门报经国家文化行政管理部门批准。

第三十四条　复制文物必须遵守国家有关法律、法规的规定。文物复制品的生产，必须经市文化行政管理部门同意，并向工商行政管理部门申请核发营业执照。复制一级文物藏品的，必须经市文化行政管理部门报经国家文化行政管理部门批准复制、临摹文物，必须采取措施，确保文物安全。

第三十五条　文物保护单位和博物馆、纪念馆的文物陈列品中禁止拍摄的部分，应当竖立标志，不得拍摄。

第三十六条　凡借用文物保护单位作场景拍摄电影、电视的，必须报经市或者国家文化行政管理部门批准，并与该文物的保护管理机构签订协议。

第三十七条　国外出版机构和个人或者中外合作出版单位，出版我市文物书刊，拍摄文物专题电影、电视，必须由市文化行政管理部门报经国家文化行政管理部门批准。

第六章　文物的经营与出境

第三十八条　文物购销业务由市文化行政管理部门指定的文物商店统一经营。经市文化行政管理部门批准，市文物商店可以通过商业、供销等部门设代购点代购。代购点不得自销文物。除经国家和市文化行政管理部门批准、市工商行政管理部门核发营业执照的单位外，其他任何单位或者个人不得经营文物。经营单位上柜销售的文物商品，必须事先经市文物出口鉴定机构鉴定。公民出售个人收藏的私有文物，必须持身份证件，到经过批准的文物收购单位出售。严禁倒卖文物，严禁私自将文物卖给外国人。

第三十九条　银行、冶炼厂、造纸厂以及废旧物资回收部门等，对于掺杂在金属器皿和废旧物资中的文物，应当与文化行政管理部门共同拣选。拣选出的文物，除供银行研究所需的历史货币可以由银行留用外，其余应当合理作价，移交文化行政管理部门。公安、司法、海关、工商行政管理部门依法没收的重要文物，应当妥善保管，并在结案后三个月内移交同级文化行政管理部门，并由市文化行政管理部门指定的单位收藏。

第四十条　本市以外的有关单位来我市征集、收购文物，必须经市文化行政管理部门同意并核验。

第四十一条　文物出口和个人携带、邮寄、托运文物出境，必须先向海关申报，并经市文物出口鉴定机构鉴定，发给出口许可证，海关查验证明后，方可放行。珍贵文物不得出口。经鉴定不能出口的文物，国家可以征购。

第四十二条　文物出国展览，必须经市文化行政管理部门审核，并报经国家文化行政管理部门批准。

第七章　奖励与惩罚

第四十三条　凡有《文物保护法》第二十九条规定的事迹之一的单位和个人，由人民政府或者文化行政管理部门给予精神鼓励或者物质奖励。

第四十四条　有下列行为之一的，由有关行政部门给予处罚：

（一）在地下、水下及其他场所中发现文物隐匿不报，不上交国家的，由公安部门依法给予警告或者罚款，并追缴其非法所得的文物。

（二）故意污损国家保护的文物、名胜古迹，或者故意损毁文物保护单位的公共设施尚不够刑事处罚的，由公安部门依法给予处罚。

（三）在文物保护单位的保护范围内违反消防安全规定，乱堆乱放易燃易爆物品以及其他有碍文物安全物品的，由公安部门依法给予处罚。

（四）未经文化行政管理部门批准，私自经营文物尚不够刑事处罚的，由工商行政管理部门依法给予警告或者罚款，并可没收其非法所得或者非法经营的文物。

（五）私人收藏的文物私自卖给外国人尚不够刑事处罚的，由工商行政管理部门罚款，并可没收其文物和非法所得。

（六）携带文物出口不向海关申报或者伪报物品名称和规格，尚未构成走私罪的，由海关依照国家有关规定给予处罚。

（七）未经批准，在文物保护单位的保护范围或者建设控制地带内，擅自施工建设或者破坏文物保护单位环境风貌的，由文化行政管理部门根据情节轻重，给予警告、责令停工、限期拆除非法建筑物或者赔偿损失等处理，并可处以罚款；有关主管部门也可对建设单位负责人和直接责任者给予行政处分。

（八）未经批准，擅自拆除、改建、迁移文物建筑的，由市文化行政管理部门责令其恢复文物原状，并处以罚款；有关主管部门也可对该单位负责人和直接责任者给予行政处分。

（九）对使用的文物建筑不履行保养、维修职责的，由市或者区（县）文化行政管理部门令其限期保养、维修；对逾期不保养、维修造成文物建筑损坏的，责令其赔偿损失，并可处以罚款。

（十）未履行报批手续，擅自进行考古发掘尚不够刑事处罚的，由市文化行政管理部门没收其非法所得文物和资料，并处以罚款，有关主管部门也可对发掘单位的负责人和直接责任者给予行政处分。

（十一）非法复制、拓印、拍摄文物的，由文化行政管理部门没收其复制品、拓片和拍摄底片，并处以罚款。

（十二）电影、电视摄制单位借用文物保护单位进行拍摄，违反有关文物保护的规定，损坏文物的，由市文化行政管理部门责令其赔偿损失，并可处以罚款。

（十三）国家工作人员，违反本条例第三十条的规定，或者因其他失职行为使文物受到损失尚不够刑事处罚的，由其主管部门给予行政处分。上列各项罚款数额，除（一）至（六）项按国家有关法律、法规执行外，其余各项罚款数额在五千元以上的，必须报经区（县）人民政府批准；罚款数额在一万元以上的，必须报经市人民政府批准。上述各项处罚，可以单独或者合并适用。各项罚没款，均应上缴国库。

第四十五条　当事人对行政处罚决定不服的，除法律、法规另有规定的以外，可在接到处罚决定通知之日起十五日内向人民法院起诉，逾期不起诉又不履行处罚决定的，由作出处罚决定的部门申请人民法院强制执行。

第四十六条　凡有《文物保护法》第三十一条所列行为之一的，由司法机关依法追究其刑事责任。

第八章　附则

第四十七条　本条例所说的文物保护管理经费，是指文物的保护、管理、维修、调查研究、清理发掘、征集收购、拣选、陈列宣传、奖励等项事业经费。

第四十八条　本条例自公布之日起施行。

（三）

天津市黄崖关长城保护管理规定

（1993 年 6 月 14 日　津政发〔1993〕33 号）

第一条　黄崖关长城为天津市文物保护单位。为加强黄崖关长城的保护管理，根据《文物保护法》和《天津市文物保护管理条例》的有关规定，制定本规定。

第二条　本规定适用于本市境内长城保护区的保护管理工作。

第三条　蓟县人民政府负责保护境内黄崖关长城。蓟县文化（文物）行政管理部门具体主管黄崖关长城的保护工作。

天津市文物局依法对黄崖关长城保护工作负责监督和指导。

第四条　黄崖关长城的边墙、敌楼、战台、烟墩、关城、水关及与长城有关的碑刻、文物，均为国家保护的文物。关城内的长城碑林、名联堂、提调公署及戚继光雕像等，为附属文物。国家保护的文物和附属文物，均不得拆建、涂抹和毁坏。

第五条　黄崖关长城的保护范围为长城墙体两侧及关城周围五十米以内。在此范围内不得进行其他建设工程。如有特殊需要，必须经市文物局同意，报市政府批准。

第六条　黄崖关长城的建设控制地带是长城墙体两侧及关城周围五百米以内，在此范围内不得建设危及文物安全的设施。

在建设控制地带新建建筑物、构筑物，其形式、高度、体量、色调应与长城环境风貌相协调。设计方案，须经市文物局同意后，报市规划局批准。

第七条　黄崖关长城风景区的保护范围是：北至黄崖关长城与兴隆县分界线；南至下营岐山澜水洞；东至半拉缸山；西至王峁顶山。在风景区保护范围内严禁开山采石、毁林开荒、破坏山体植被及景观的活动。

第八条　为做好黄崖关长城的保养和维修，长城风景区管理机构每年要从门票收入总额中提取 20% 的资金，上交天津市"爱我中华，修我长城"赞助活动指导委员会办公室，作为长城保护专项资金，用于长城的维护修缮，不准挪作他用。

第九条　黄崖关长城博物馆要对馆藏文物和长城碑林、名联堂的藏品登记造册，建立保管制度，配备专职保管人员和必要的安全防护设施。

第十条　对违反本管理规定的，由市、县文化（文物）行政管理部门按照《文物保护法》及其实施细则的有关规定予以处罚。

第十一条　对保护长城文物成绩显著或与违法犯罪行为作坚决斗争的单位和个人，由市、县文化（文物）行政管理部门给予精神鼓励或者物质奖励。

第十二条　本管理规定由天津市文物局负责解释。

第十三条　本管理规定自 1993 年 6 月 14 日起施行。

（四）

天津市文物市场管理条例

（1997年1月8日天津市第十二届人民代表大会常务委员会第二十九次会议通过，1997年1月8日公布施行）

第一章　总则

第一条　为加强本市文物市场管理，保障文物经营活动健康发展，保护国家珍贵文物，根据《文物保护法》和其他有关法律、法规，结合本市实际情况，制定本条例。

第二条　在本市行政区域内从事文物经营活动应当遵守本条例。

第三条　市文物行政管理部门负责本市文物市场管理工作。公安、海关和工商行政管理部门按照各自职责，做好文物市场管理工作。

第四条　文物经营实行许可证制度。未取得许可证的，不得从事文物经营活动。

第五条　从事文物经营活动，必须遵守有关法律、法规，不得损害国家和社会公共利益。

第二章　文物商品经营

第六条　本条例所称文物商品，是指国家规定可以在市场流通的下列物品：

（一）1911年以前中国和外国制作、生产、出版的陶瓷器、金银器、铜器和其他金属器、玉石器、漆器、玻璃器皿、各种质料的雕刻品以及雕塑品、家具、书画、碑贴、拓片、图书、文献资料、织绣、文化用品、邮票、货币、器具、工艺美术品等。

（二）1911年至1949年间中国和外国制作、生产、出版的前项所列物品项目中具有重要历史、科学、艺术价值的。具体品类的确定，按照国家有关规定执行。

（三）国家文物行政管理部门确定的1949年后已故著名书画家和工艺美术家的作品。

第七条　文物商品按照销售范围分为内销文物商品、外销文物商品和持证出境文物商品。

第八条　文物商品由国家或者市文物行政管理部门依法批准的单位在其经营范围内专营，其他单位和个人不得经营。

第九条　申请经营内销文物商品，须经市文物行政管理部门批准并报国家文物行政管理部门备案，领取内销文物商品经营许可证，并到公安机关申领特种行业许可证，再到工商行政管理部门登记、领取营业执照。

第十条　申请经营外销文物商品，必须具备内销文物商品经营资格，经市文物行政管理部门同意并报国家文物行政管理部门批准，领取外销文物商品经营许可证，并到工商行政管理部门办理变更登记。

第十一条　申请经营特许出境文物商品，必须具备外销文物商品经营资格，经市文物行政管理部门同意并报国家文物行政管理部门批准，领取特许出境文物商品经营许可证，并到工商行政管理部门办理变更登记。

第十二条　文物商品经营许可证的有效期为两年。文物商品专营单位应当在期满后三十日内向市文物行政管理部门提出复审申请。市文物行政管理部门经复审同意后，重新核发文物商品经营许可证。

第十三条 文物商品在销售前必须进行鉴定。

内销文物商品的鉴定，由市文物行政管理部门指定的鉴定机构负责；外销文物商品和特许出境文物商品的鉴定，由国家文物行政管理部门指定的鉴定机构负责。

第十四条 经鉴定不准在市场流通的文物，由文物商品专营单位负责登记并妥善保管，其中属于国家珍贵文物的，须依法向市或者国家文物行政管理部门备案。

第十五条 文物商品专营单位从事经营活动，应当遵守下列规定：

（一）优先向国家文物收藏单位输送藏品；

（二）发现依法应当收缴或者移交的文物，及时报告市文物行政管理部门处理；

（三）对公安机关通报查控的文物，不得收购、拍卖，并及时报告有关情况；

（四）收购文物商品须有两人以上在场，并记录文物商品的名称、来源和提供者姓名、住址、身份证号码；

（五）文物商品保管必须做到一物一号，进行科学管理，并采取相应措施保护其安全；

（六）内销文物商品、外销文物商品和特许出境文物商品分柜销售；

（七）外销文物商品专营单位悬挂国家文物行政管理部门制发的定点经营标志，使用国家规定的文物古籍外销统一发票。

第三章　文物监管物品经营

第十六条 本条例所称文物监管物品，是指国家规定可以在市场流通的 1911 年至 1949 年间中国和外国制作、生产、出版的陶瓷器、金银器、铜器和其他金属器、玉石器、漆器、玻璃器皿、各种质料的雕刻品以及雕塑品、家具、书画、碑帖、拓片、图书、文献资料、织绣、文化用品、邮票、货币、器具、工艺美术品等，但属于本条例第六条第（二）项规定的除外。

第十七条 申请经营文物监管物品的单位和个人必须具备下列条件：

（一）有熟悉文物法律、法规的管理人员；

（二）有熟悉文物专业知识的业务人员；

（三）有固定的营业场所和必要的经营设施；

（四）有一定的注册资金；

（五）国家和本市规定的其他应当具备的条件。

第十八条 申请经营文物监管物品，应当向市文物行政管理部门提出申请，经批准取得文物监管物品经营许可证，并到公安机关申领特种行业许可证，再到工商行政管理部门登记、领取营业执照。

第十九条 文物监管物品经营许可证的有效期为两年。经营文物监管物品的单位和个人应当在期满前三十日内向市文物行政管理部门提出复审申请。市文物行政管理部门经复审同意后，重新核发文物监管物品经营许可证。

第二十条 经营文物监管物品的单位和个人，必须严格按照核准的经营范围、经营方式进行经营。

第二十一条 文物监管物品市场应当设立管理机构，负责日常管理工作。管理机构可以由文物监管物品市场所在地的工商、公安、文化等行政管理部门组成。

第二十二条 文物监督物品市场的管理机构，应当在市场明显处设置中英文公告牌，明确告知购买者如将所购文物监管物品携运出境，须另行办理鉴定出境许可手续。

第二十三条 经营单位和个人所经营的文物监管物品，须经市文物行政管理部门指定的鉴定机构进行鉴定，粘贴统一标识后，方可销售。

经鉴定如发现珍贵文物或者文物商品，应当填写清单一式三份，由市文物、公安、工商行政管理部门存查。其中珍贵文物由市文物行政管理部门征购，文物商品由市文物行政管理部门指定的文物商品专营单位收购或者代售。

第四章　文物拍卖

第二十四条　文物拍卖是指以公开竞价的形式，将国家允许流通的文物转让给最高应价者的文物买卖方式。

第二十五条　文物拍卖标的只限于本条例第六条规定的文物商品和第十六条规定的文物监管物品。

文物商品和文物监管物品在拍卖前须经有关鉴定机构依法鉴定。

第二十六条　下列文物不得拍卖：

（一）依照法律、法规规定应当上缴国家或者移交文物行政管理部门的；

（二）国家文物收藏单位收藏的；

（三）相当于国家馆藏文物一级品和二级品的；

（四）所有权有争议的；

（五）其他依照法律、法规不得在市场流通的。

第二十七条　申请经营文物拍卖，必须经市文物行政管理部门同意、报国家文物行政管理部门批准，领取文物拍卖经营许可证，并依照拍卖法的规定取得拍卖企业资格。

第二十八条　文物拍卖经营单位在每次征集文物或者举办拍卖活动前，应当向市文物行政管理部门提出申请并经其审查同意。

第二十九条　文物拍卖经营单位应当按照国家有关规定进行拍卖活动，并接受市文物行政管理部门的监督。

第五章　奖励与处罚

第三十条　有下列情形之一的单位和个人，由各级人民政府或者市文物行政管理部门和其他有关部门给予精神鼓励或者物质奖励：

（一）向国家文物收藏单位捐献或者出售重要文物的；

（二）发现国家需要收藏的重要文物，及时采取措施使文物得到保护的；

（三）发现出售出土文物以及走私、倒卖文物线索及时报告的；

（四）在文物市场管理工作中，保护国家珍贵文物成绩显著的。

第三十一条　未按照本条例规定取得文物经营资格违法经营的，由工商行政管理部门或者由工商行政管理部门根据市文物行政管理部门的意见，没收其非法所得和非法经营的文物商品、文物监管物品，可以并处二万元以下罚款。

第三十二条　按照本条例规定取得文物经营资格的单位和个人，超出经营范围违法经营的，经工商行政管理部门会同市文物行政管理部门检查认定，由工商行政管理部门没收其非法所得，可以并处二万元以下罚款或者没收其非法经营的文物商品、文物监管物品。

第三十三条　未按照本条例规定履行必要的鉴定、审批手续，擅自出售、拍卖文物商品、文物监管物品的，由市文物行政管理部门给予警告；情节严重的，由工商行政管理部门根据市文物行政管理部门的意见没收其非法经营的文物商品、文物监管物品，可以并处二万元以下罚款。

第三十四条　文物监管物品市场的管理机构未按照规定设置中英文公告牌的，由市文物行政管理部门责令限期改正。逾期不改的，由工商行政管理部门处以一千元以下罚款。

伪造、挪用、涂改文物监管标识的，由市文物行政管理部门责令限期改正，可以并处以一千元以上一万元以下罚款。

第三十五条 将私人收藏的文物私自卖给外国人的，由工商行政管理部门处以二万元以下罚款，并可以没收其文物和非法所得。

第三十六条 走私国家禁止出口的文物或者进行文物倒卖活动情节严重的，依法追究刑事责任。

第三十七条 公安、海关和工商行政管理部门在查处违法犯罪活动中依法没收、追缴的文物，应当在结案后按照国家和本市规定移交文物行政管理部门。

第三十八条 拒绝、阻碍文物市场管理工作人员依法执行公务的，依照《中华人民共和国治安管理处罚条例》进行处罚；构成犯罪的，依法追究刑事责任。

第三十九条 当事人对行政处罚决定不服的，可以在接到处罚决定书之日起十五日内，向作出处罚决定机关的上一级机关申请复议，也可以在接到处罚决定书之日起十五日内直接向人民法院起诉。

复议机关应当在接到复议申请书之日起二个月内作出复议决定。当事人对复议决定不服的，可以在接到复议决定书之日起十五日内向人民法院起诉。

当事人逾期不申请复议、也不向人民法院起诉、又不履行处罚决定的，由作出处罚决定的机关申请人民法院强制执行。

第六章 附则

第四十条 本条例自公布之日起施行。

（五）

天津市历史风貌建筑保护条例

（2005 年 7 月 20 日天津市第十四届人民代表大会常务委员会第二十一次会议通过）

第一章 总则

第一条 为了加强对本市历史风貌建筑的保护,规范历史风貌建筑管理,促进城市建设与社会文化的协调发展,根据国家有关法律、行政法规,结合本市实际情况,制定本条例。

第二条 本条例适用于本市行政区域内的历史风貌建筑和历史风貌建筑区的确定、保护、利用和管理。

第三条 本条例所称历史风貌建筑是指建成五十年以上,具有历史、文化、科学、艺术、人文价值,反映时代特色和地域特色的建筑。

本条例所称历史风貌建筑区是指历史风貌建筑集中成片,街区景观较为完整、协调的区域。

第四条 历史风貌建筑的保护工作,应当遵循统一规划、分类管理、有效保护、合理利用的原则。

第五条 市和区、县人民政府应当加强对本行政区域内历史风貌建筑保护工作的领导,提供必要的经费支持。

第六条 市人民政府组织规划、房地产等行政主管部门编制本市历史风貌建筑和历史风貌建筑区保护规划。

第七条 市房地产行政管理部门主管本市历史风貌建筑和历史风貌建筑区的保护工作。

区、县房地产行政管理部门负责本辖区内历史风貌建筑和历史风貌建筑区的日常保护管理工作。

市规划行政管理部门负责本市历史风貌建筑和历史风貌建筑区的规划管理工作。

建设、市容环境卫生、工商、公安、旅游等有关行政主管部门按照各自职责,协助做好历史风貌建筑的保护管理工作。

第八条 本市设立历史风貌建筑保护专家咨询委员会（以下简称"专家咨询委员会"）,负责历史风貌建筑保护的有关评审工作。

专家咨询委员会由规划、建筑、文物、历史、社会、经济、文化、法律和房地产等方面的专家组成。

第九条 历史风貌建筑的保护利用、腾迁、整理等工作,由市人民政府授权的历史风貌建筑整理机构组织实施。

第十条 历史风貌建筑的所有权人、经营管理人和使用人应当对历史风貌建筑承担保护责任。

任何单位和个人有权对历史风貌建筑的保护和管理工作提出意见和建议,有权对危害历史风貌建筑的行为向房地产行政管理部门举报。

第十一条 对在历史风貌建筑保护中作出显著成绩的单位和个人,由市或者区、县人民政府给予表彰和奖励。

第二章 确定

第十二条 建成五十年以上的建筑,有下列情形之一的,可以确定为历史风貌建筑:

（一）建筑样式、结构、材料、施工工艺和工程技术具有建筑艺术特色和科学价值;

（二）反映本市历史文化和民俗传统,具有时代特色和地域特色;

（三）具有异国建筑风格特点;

（四）著名建筑师的代表作品；

（五）在革命发展史上具有特殊纪念意义；

（六）在产业发展史上具有代表性的作坊、商铺、厂房和仓库等；

（七）名人故居；

（八）其他具有特殊历史意义的建筑。

符合前款规定但已经灭失的建筑，按原貌恢复重建的，也可以确定为历史风貌建筑。

第十三条 历史风貌建筑划分为特殊保护、重点保护和一般保护三个保护等级。

第十四条 建筑的所有人、经营管理人和使用人，以及其他单位和个人，可以向市房地产行政管理部门推荐历史风貌建筑。

市房地产行政管理部门根据有关单位、个人的推荐和历史资料，提出历史风貌建筑的建议名单和保护等级，并向社会公开征求意见，经专家咨询委员会评审后，报市人民政府确定公布。

第十五条 历史风貌建筑区的建议名单，由市房地产行政管理部门会同市规划行政管理部门提出，并向社会公开征求意见，经专家咨询委员会评审后，报市人民政府确定公布。

第十六条 历史风貌建筑和历史风貌建筑区，由市人民政府统一设立保护标志。

任何单位和个人不得擅自设置、移动或者涂抹、改动、损毁历史风貌建筑和历史风貌建筑区的保护标志。

第十七条 城市建设中发现有保护价值建筑尚未确定为历史风貌建筑的，在按照本条例第十四条的规定确定为历史风貌建筑前，房地产行政管理部门和建设单位应当采取保护措施。

第三章　保护和利用

第十八条 历史风貌建筑的所有权人、经营管理人和使用人应当保证历史风貌建筑的结构安全，合理使用，保持整洁美观和原有风貌。

第十九条 特殊保护的历史风貌建筑，不得改变建筑的外部造型、饰面材料和色彩，不得改变内部的主体结构、平面布局和重要装饰。

重点保护的历史风貌建筑，不得改变建筑的外部造型、饰面材料和色彩，不得改变内部的重要结构和重要装饰。

一般保护的历史风貌建筑，不得改变建筑的外部造型、色彩和重要饰面材料。

第二十条 历史风貌建筑区的保护，应当遵守下列规定：

（一）新建建筑时，应当在高度、造型、材料、色调等方面与该地区的历史风貌相协调；

（二）原有建筑与该地区的历史风貌不协调的，或者影响、破坏历史风貌建筑区景观的，应当按照保护规划逐步拆除；

（三）不得新建妨碍历史风貌建筑区保护的生产型企业，现有妨碍历史风貌建筑区保护的生产型企业，应当按照历史风貌建筑和历史风貌建筑区保护规划逐步迁移。

从事本条第（一）项、第（二）项活动的，应当报规划行政管理部门依法审批。

第二十一条 历史风貌建筑和历史风貌建筑区的消防设施、通道，应当按照有关技术规范予以完善、疏通；确实无法达到现行消防技术规范的，应当由市房地产行政管理部门会同市公安消防机构制定相应的防火安全措施。

第二十二条 在历史风貌建筑和历史风貌建筑区的周边建设控制范围内，新建、扩建、改建建筑物或者构筑物的，应当符合保护规划的要求，建筑群和单体建筑的高度、体量、用途、色调、建筑风格应当与历史风貌建筑和历史风貌建筑区相协调，与原有空间景观相和谐。

第二十三条 在历史风貌建筑上设置牌匾、霓虹灯、泛光照明等外部设施的，应当符合该建筑的保护要求，并与该建筑外部造型相协调。

市房地产行政管理部门应当制定在历史风貌建筑上设置牌匾、霓虹灯、泛光照明等外部设施的规范标准。市容和环境卫生行政管理部门根据规范标准，依法审批在历史风貌建筑上设置牌匾、霓虹灯，对泛光照明等外部设施进行管理。

第二十四条　历史风貌建筑和历史风貌建筑区内禁止下列行为：

（一）在屋顶、露台、挑檐或者利用房屋外墙悬空搭建建筑物、构筑物；

（二）擅自拆改院墙、开设门脸和改变建筑内部和外部的结构、造型和风格；

（三）损坏承重结构、危害建筑安全；

（四）占地违章搭建建筑物、构筑物；

（五）违章圈占道路、胡同；

（六）在建筑内堆放易燃、易爆和腐蚀性的物品；

（七）在庭院、走廊、阳台、屋顶乱挂或者堆放杂物；

（八）沿街或者占用绿地、广场、公园等公共场所堆放杂物，从事摆卖、生产、加工、修配、机动车清洗和餐饮等经营活动；

（九）其他影响历史风貌建筑和历史风貌建筑区保护的行为。

第二十五条　修缮和装饰装修历史风貌建筑应当符合有关技术规范、质量标准和保护图则要求，修旧如旧。

第二十六条　历史风貌建筑的所有权人、经营管理人应当按照历史风貌建筑的保护要求，对历史风貌建筑进行修缮、保养。

房地产行政管理部门应当对历史风貌建筑的修缮、保养予以督促和指导。

使用人对历史风貌建筑的修缮、保养，应当予以配合。

所有权人、经营管理人承担修缮费用确有困难的，可以向市或者区、县人民政府申请给予适当补贴。

第二十七条　对历史风貌建筑进行修缮、装饰装修，历史风貌建筑的所有权人、经营管理人应当委托专业设计、施工单位实施。

历史风貌建筑修缮、装饰装修的设计、施工方案，所有权人、经营管理人应当报送市房地产行政管理部门审定；未经审定的不得施工。

第二十八条　历史风貌建筑发生损毁危险的，该建筑的所有权人、经营管理人和使用人应当立即采取保护措施，并向区、县房地产行政管理部门报告。区、县房地产行政管理部门应当及时派人进行现场指导。

第二十九条　因城市基础设施建设和保护管理等特殊需要，涉及必须迁移、拆除或者异地重建历史风貌建筑的，由市规划行政管理部门会同市房地产行政管理部门提出方案，经专家咨询委员会评审，报市人民政府批准。

迁移、拆除历史风貌建筑，建设单位应当做好建筑的详细测绘、信息记录和档案资料保存，并及时报送市房地产行政管理部门。

第三十条　历史风貌建筑的使用用途不得擅自改变。

确需改变历史风貌建筑使用用途的，所有权人、经营管理人和使用人或者其委托的申请人应当向市房地产行政管理部门提出申请。经审查符合历史风貌建筑保护条件的，市房地产行政管理部门应当在法定期限内予以核准；对不符合条件的，应当书面说明理由。

第三十一条　市房地产行政管理部门应当根据历史风貌建筑和历史风貌建筑区保护规划，编制年度综合整修和保护利用计划，并组织实施。

历史风貌建筑的所有权人、经营管理人应当按照年度综合整修和保护利用计划的要求，做好相关工作。

第三十二条　执行政府规定租金标准的公有历史风貌建筑，按照年度综合整修和保护利用计划，需要历史风貌建筑承租人腾迁的，历史风貌建筑整理机构应当向市房地产行政管理部门申请腾迁许可，并对承租人实行货币安置或者异地房屋安置。承租人可以选择货币安置或者异地房屋安置。实行货币安置的，安置补偿费应当高于被腾迁房屋市场评估的价格。实行异地房屋安置的，安置标准应当高于承租人原居住水平。

市房地产行政管理部门对符合综合整修和保护利用计划、腾迁安置方案已经落实的，核发腾迁许可证，并将许可证载明的事项通知当事人。

当事人对腾迁安置达不成协议的，可以向市房地产行政管理部门申请裁决。当事人对裁决不服的，可以依法申请行政复议或者向人民法院起诉。

历史风貌建筑整理机构已经获得腾迁许可，并按照规定标准向承租人提供货币安置或者房屋安置，承租人在裁决规定的腾迁期限内拒不腾迁、不申请复议又不起诉的，市房地产行政管理部门可以申请人民法院强制执行。

第三十三条 执行市场租金标准的历史风貌建筑，按照年度综合整修和保护利用计划需要历史风貌建筑使用人腾迁并解除租赁关系的，按照租赁合同的约定处理。租赁合同无约定的，出租人应当提前三个月书面告知承租人解除租赁合同，并依法承担相应的民事责任。

第三十四条 行政、事业单位使用历史风貌建筑办公的，按照历史风貌建筑和历史风貌建筑区保护规划需要腾迁的，应当逐步进行腾迁。

国有企业事业单位所有的历史风貌建筑，单位无力对历史风貌建筑进行保护的，历史风貌建筑整理机构可以收购。

出售政府给予修缮补贴的历史风貌建筑，在同等条件下，历史风貌建筑整理机构可以优先收购。

第四章 管理

第三十五条 市和区、县应当设立历史风貌建筑保护专项资金，主要来源是：

（一）市和区、县财政预算资金；

（二）单位和个人的捐赠；

（三）直管公有历史风貌建筑产权转移的部分收益；

（四）其他依法筹集的资金。

历史风貌建筑保护专项资金由市和区、县房地产行政管理部门分别设立专门账户，统一用于保护历史风貌建筑的修缮补贴和奖励，专款专用，并接受财政、审计部门的监督。

第三十六条 市房地产行政管理部门应当对历史风貌建筑分别编制保护图则，明确历史风貌建筑保护、修缮和利用的具体要求，并告知历史风貌建筑的所有权人、经营管理人和使用人。历史风貌建筑转让、出租的，双方当事人应当在合同中明确约定保护义务。出让人、出租人应当将有关保护要求告知受让人、承租人。

第三十七条 市房地产行政管理部门应当定期组织区、县房地产行政管理部门对历史风貌建筑的使用和保护状况进行普查。

历史风貌建筑的所有权人、经营管理人和使用人应当配合普查工作。

第三十八条 市房地产行政管理部门应当建立历史风貌建筑档案。历史风貌建筑档案包括下列内容：

（一）历史风貌建筑的技术资料；

（二）历史风貌建筑现状使用情况；

（三）历史风貌建筑权属变化情况；

（四）修缮、装饰装修形成的文字、图纸、图片、影像等资料；

（五）迁移、拆除或者异地重建的测绘、信息记录和相关资料；

（六）有关历史沿革、历史事件、地名典故、名人逸事等资料。

第三十九条 鼓励、支持境内外单位和个人以各种形式投资，对本市历史风貌建筑进行保护利用和恢复重建，发展与保护历史风貌建筑相适应的旅游业和相关产业。

鼓励历史风貌建筑的所有权人、经营管理人和使用人，利用历史风貌建筑开办展馆，对外开放。

有重要历史意义的历史风貌建筑，应当创造条件开辟展室，定时对外开放。

第五章　法律责任

第四十条　违反本条例第十六条第二款规定，擅自设置、移动或者涂抹、改动、损毁历史风貌建筑和历史风貌建筑区保护标志的，由房地产行政管理部门责令限期改正、恢复原状，并可处以二百元以下罚款。

第四十一条　违反本条例第二十条第（一）项、第（二）项规定的，由规划行政管理部门责令限期拆除或者改正，并可处以五万元以上二十万元以下罚款。

违反本条例第二十条第（三）项规定的，由市或者区、县房地产行政管理部门责令限期迁移，并可处以五万元以上二十万元以下罚款。

第四十二条　违反本条例第二十四条第（一）项、第（二）项、第（三）项、第（六）项规定的，由市或者区、县房地产行政主管部门责令停止违法行为，限期改正、恢复原状；情节严重的，处以一万元以上十万元以下罚款。

违反本条例第二十四条第（四）项、第（五）项规定的，按照城市规划管理的有关规定予以处罚。

违反本条例第二十四条第（七）项、第（八）项规定的，按照市容和环境卫生管理的有关规定予以处理。

第四十三条　违反本条例第二十五条规定，历史风貌建筑的修缮、装饰装修不符合技术规范、质量标准和保护图则要求的，由市房地产行政管理部门责令限期改正、恢复原状；情节严重的，处以一万元以上十万元以下罚款。

第四十四条　违反本条例第二十六条规定，历史风貌建筑的所有权人、经营管理人未及时修缮、保养，致使建筑发生损毁危险的，由房地产行政管理部门督促限期抢救修缮；拒不抢救修缮的，由房地产行政管理部门委托专业单位代为抢救修缮，所需合理费用由建筑的所有权人、经营管理人承担。

第四十五条　违反本条例第二十七条第二款规定，历史风貌建筑修缮、装饰装修的设计、施工方案未报送市房地产行政管理部门审定擅自施工的，由市房地产行政管理部门责令停止施工、限期改正；造成严重后果的，处以一万元以上十万元以下罚款。

第四十六条　违反本条例第二十九条规定，擅自迁移、拆除历史风貌建筑的，由房地产行政管理部门责令限期改正、恢复原状，并可处以五万元以上五十万元以下罚款。

第四十七条　违反本条例第三十条规定，擅自改变历史风貌建筑使用用途的，由市房地产行政管理部门责令限期改正；造成严重后果的，处以一万元以上十万元以下罚款。

第四十八条　妨碍历史风貌建筑修缮施工的，所有权人、经营管理人可以向人民法院提起诉讼，排除妨碍。

第四十九条　房地产、规划、市容环境卫生、公安、工商、文物等有关行政主管部门及其工作人员违反本条例，滥用审批权限、不履行职责或者发现违法行为不予查处的，由所在单位或者上级主管机关对负有责任的主管人员和其他直接责任人员依法给予行政处分；给行政管理相对人造成损失的，按照国家有关规定赔偿；构成犯罪的，依法追究刑事责任。

第五十条　当事人对行政处罚决定不服的，可以依法申请行政复议或者提起行政诉讼。当事人逾期不申请复议、不起诉又不履行行政处罚决定的，由作出行政处罚决定的行政主管部门申请人民法院强制执行。

第六章　附则

第五十一条　本条例自 2005 年 9 月 1 日起施行。

（六）

天津市文物保护条例

《天津市文物保护条例》已由天津市第十四届人民代表大会常务委员会第四十次会议于2007年11月15日通过，现予公布，自2008年3月1日起施行。

第一条 为了加强对文物的保护，根据《文物保护法》《中华人民共和国文物保护法实施条例》等法律、法规规定，结合本市实际情况，制定本条例。

第二条 本市行政区域内文物的保护、利用和管理，适用本条例。文物保护的范围按照《文物保护法》第二条规定执行。

第三条 本市各级人民政府负责本行政区域内的文物保护工作。

市文物行政管理部门对全市行政区域内的文物保护实施监督管理。市文物行政管理部门可以根据工作需要，在其法定权限范围内，委托其直属的文物管理中心履行行政执法职责。

区、县文物行政管理部门对所辖行政区域内的文物保护实施监督管理。

市发展改革、建设、规划、国土房管、公安、工商、水利、园林、宗教、旅游等行政管理部门应当依法认真履行所承担的保护文物的职责，维护文物管理秩序。

第四条 市和区、县人民政府应当将文物保护事业纳入本级国民经济和社会发展规划，所需经费列入本级财政预算。本市用于文物保护的财政拨款随着财政收入增长而增加。

市和区、县人民政府根据实际工作需要，设立文物保护专项经费，用于文物保护。

第五条 市文物行政管理部门应当根据文物保护的实际需要，制定本市文物保护规划。

文物保护规划纳入城市总体规划。土地利用规划、城乡建设规划、生态建设规划应当与文物保护规划相衔接。

第六条 各级人民政府及其文物、教育等部门以及报刊、广播、电视、网络等媒体，应当加强文物保护法律、法规和优秀历史文化遗产保护的宣传教育工作，增强全社会的文物保护意识。

第七条 鼓励自然人、法人和其他组织通过捐赠等方式支持文物保护事业，设立文物保护社会基金，专门用于文物保护。

第八条 市和区、县人民政府应当建立文物普查制度，定期对不可移动文物开展普查工作。

区、县人民政府负责定期对所辖行政区域内的不可移动文物进行普查登记。普查登记结果向市文物行政管理部门备案。

第九条 市文物行政管理部门设立由专家组成的文物鉴定委员会，负责文物和文物级别的鉴定、评估。鉴定、评估结论作为对不可移动文物、馆藏文物和其他国有文物保护管理的依据。

文物鉴定委员会可以依法接受司法机关的委托，对涉案文物进行鉴定。

文物鉴定委员会的专家由市文物行政管理部门在具有相关专业知识的专家学者中聘请。

文物鉴定委员会鉴定文物应当客观、公正，尊重历史。

第十条 市文物行政管理部门应当在区、县级文物保护单位中，选择具有重大历史、艺术、科学价值的确定为市级文物保护单位，或者直接选择不可移动文物确定为市级文物保护单位，报市人民政府核定公布，并报国务院备案。

区、县文物行政管理部门应当选择所辖行政区域内具有历史、艺术、科学价值的不可移动文物，确定为区、县级文物保护单位，报本级人民政府核定公布，并报市人民政府备案。

第十一条 文物保护单位核定公布后，应当依法划定保护范围。

市文物行政管理部门会同市规划行政管理部门和文物所在区、县人民政府，根据文物保护的实际需要，提出文物保护单位的建设控制地带划定方案，经市人民政府批准后公布实施。

第十二条 在文物保护单位的保护范围内实施下列文物保护工程，应当制定文物保护工程方案，并履行报批手续：

（一）新建、改建、扩建文物保护设施；

（二）实施修缮、保养文物工程；

（三）铺设通信、供电、供水、供气、排水等管线；

（四）设置防火、防雷、防盗设施和修建防洪工程；

（五）其他文物保护的建设工程。

全国重点文物保护单位的保护工程方案，经市文物行政管理部门审核后，报国务院文物行政管理部门审批；市级文物保护单位的保护工程方案，由市级文物行政管理部门征求国务院文物行政管理部门的意见后予以审批；区、县级文物保护单位的保护工程方案，由区、县文物行政管理部门征求市文物行政管理部门的意见后予以审批。

保护工程方案变更的，不可移动文物的管理人、使用人应当报原批准的文物行政管理部门重新批准。

第十三条 在文物保护单位的建设控制地带内进行建设工程，不得破坏文物保护单位的历史风貌，并应当与文物保护单位的建筑风格相协调。工程设计方案应当根据文物保护单位的级别，经相应的文物行政管理部门同意后，报规划行政管理部门批准。

第十四条 文物保护单位非经法定程序不得撤销。因自然或者意外原因损毁的，应当实行遗址保护。确需原址重建或者撤销的，应当由市文物行政管理部门组织专家论证后，依法按原审批程序报批。

第十五条 建设工程选址，应当尽可能避开不可移动文物。因特殊情况不能避开的，对文物保护单位应当尽可能实施原址保护；无法实施原址保护，必须迁移异地保护或者拆除的，建设单位应当报市文物行政管理部门，由市文物行政管理部门提出意见后，报市人民政府批准；迁移或者拆除市级文物保护单位的，批准前须征得国务院文物行政管理部门同意。迁移全国重点文物保护单位的，由市人民政府报国务院批准。

未核定为文物保护单位的不可移动文物迁移、拆除的，建设单位应当报区、县文物行政管理部门，由区、县人民政府批准。区、县人民政府批准前应当征得市文物行政管理部门同意。

第十六条 国有不可移动文物管理权、使用权的变更，应当报市文物行政管理部门备案，其中全国重点文物保护单位管理权、使用权的变更，按照国家有关规定执行。

第十七条 市文物行政管理部门应当根据不同文物的保护需要，制定具体的保护措施，并公告施行。

市文物行政管理部门应当向本市的全国重点文物保护单位、市级文物保护单位的所有者或者使用者发出通知书，明确保护义务。区、县文物行政管理部门应当向区、县级文物保护单位的所有者或者使用者发出通知书，明确保护义务。

对尚未核定公布为文物保护单位的不可移动文物，由所在地的区、县文物行政管理部门将其名称、类别、年代、位置、范围等事项予以登记和公布，并设立保护标志，向所有者或者使用者发出保护通知书，明确保护义务。

第十八条 不可移动文物的管理人、使用人应当按照规定加强火源、电源的管理，配备必要的灭火设备。在重点要害部位根据实际需要，安装自动报警、灭火、避雷等设施。安装、使用设施不得对文物建筑造成破坏。

遇有危及文物安全的重大险情，不可移动文物的管理人、使用人应当及时采取措施，并向文物所在地的区、县文物行政管理部门报告。

第十九条 不可移动文物的使用人、管理人应当保持文物原有的整体性，对其附属物不得随意进行彩绘、添建、改建、迁建、拆毁，不得改变文物的结构和原状。

修缮、保养、迁移、重建不可移动文物，应当遵守不改变文物原状的原则。

第二十条 核定为文物保护单位的国有纪念建筑物、古建筑向社会开放的，其管理人、使用人应当保证建筑物的正常开放。市或者区、县文物行政管理部门发现管理人、使用人的行为造成建筑物有碍开放的，可以责令管理人、使用人进行整治。

核定为文物保护单位的国有纪念建筑物、古建筑作其他用途的，应当经核定公布该文物保护单位的人民政府批准。国有未核定为文物保护单位的不可移动文物作其他用途的，应当报所在地的区、县人民政府批准。

第二十一条 市文物行政管理部门应当会同市城市规划行政管理部门，根据历史资料、考古资料等对本市行政区域内有可能集中埋藏文物的地区，划定地下文物埋藏区，报市人民政府核定并公布。

在地下文物埋藏区进行建设工程的，建设单位应当在取得建设项目选址意见书三十日内，向市文物行政管理部门申请考古调查、勘探。如需发掘的，市文物行政管理部门应当组织考古发掘单位进行发掘。未经考古调查、勘探或者发掘，不得进行建设工程。

第二十二条 博物馆、图书馆和其他文物收藏单位的文物藏品的级别，由文物鉴定委员会按照国家规定进行评定。

第二十三条 博物馆、图书馆和其他文物收藏单位应当充分发挥馆藏文物的作用，通过举办展览、科学研究等活动，加强对中华民族优秀的历史文化和革命传统的宣传教育。

第二十四条 市和区、县文物行政管理部门可以对博物馆、图书馆和其他文物收藏单位收藏的文物进行核查。

博物馆、图书馆和其他文物收藏单位，应当对馆藏文物定期进行检查。

第二十五条 不具备收藏珍贵文物条件的国有文物收藏单位，其收藏的珍贵文物，市文物行政管理部门可以指定具备收藏条件的其他国有文物收藏单位代为保管。文物收藏单位和代为保管单位的权利和义务由双方协商确定。

国有文物收藏单位与非国有文物收藏单位之间不得交换文物。

第二十六条 非国有文物收藏单位终止时，以其名义接受捐赠或者购买的珍贵文物，不得转让给文物收藏单位以外的公民、法人或者其他组织。

第二十七条 复制、拍摄、拓印馆藏文物，必须确保文物安全。

文物的复制品应当有明确的标识。

第二十八条 本市严格控制利用文物保护单位拍摄电影、电视以及举办展销和其他大型活动。确需利用文物保护单位拍摄电影、电视或者举办大型活动的，拍摄单位或者举办者应当征得文物管理人、使用人同意，并提出拍摄方案、活动计划和保护措施。拍摄电影、电视，利用全国重点文物保护单位的，报国务院文物行政管理部门审批；利用市级或者区、县级文物保护单位的，报市文物行政管理部门审批。举办展销和其他大型活动，利用全国重点文物保护单位或者市级文物保护单位的，报市文物行政管理部门审批；利用区、县级文物保护单位的，报区、县文物行政管理部门审批。更改拍摄方案或者活动计划的，应当报原批准的文物行政管理部门重新批准。

利用文物保护单位拍摄电影、电视以及举办展销和其他大型活动，文物保护单位所得收益应当用于文物保护。

第二十九条 文物市场的举办者或者管理者应当加强对市场内文物经营行为的管理、监督，设立管理机构，制定管理制度，聘用文物鉴定人员。

文物市场举办者或者管理者应当在明显处设置公告牌，明确告知运送、邮寄、携带文物出境时，应当依法办理文物出境许可手续。

第三十条 外省市文物商店或者文物拍卖企业到本市行政区域内销售、拍卖文物的，应当在销售、拍卖前持所在地文物行政管理部门批准其经营、拍卖文物的许可文件，到市文物行政管理部门备案。

第三十一条 违反本条例第十二条规定，文物保护工程方案未经批准或者擅自变更文物保护工程方案，明显改变文物原状尚不构成犯罪的，由市或者区、县文物行政管理部门责令改正，造成严重后果的，处五万元以上五十万元以下的罚款。

第三十二条 违反本条例第十四条规定，非经法定程序擅自撤销文物保护单位的，由市或者区、县文物行政管理部门责令改正，并对直接责任人给予行政处分。

第三十三条 违反本条例规定，有下列行为之一，尚不构成犯罪的，由市或者区、县文物行政管理部门责令改正，可以并处二万元以下罚款：

（一）违反本条例第十八条第一款规定，安装、使用自动报警、灭火、避雷等设施对文物建筑造成破坏的；

（二）违反本条例第十八条第二款规定，遇有危及文物安全的重大险情未及时采取措施或者未向文物行政管理部门报告的。

第三十四条 违反本条例第二十一条第二款的规定，未经考古调查、勘探或者发掘，建设单位擅自开工建设的，由市文物行政管理部门责令改正，情节严重的，处五万元以上五十万元以下罚款。

第三十五条 违反本条例第二十五条第二款规定，国有文物收藏单位与非国有文物收藏单位之间交换文物的，由市或者区、县文物行政管理部门责令改正，没收非法交换的文物，并处一万元以上五万元以下罚款。

第三十六条 违反本条例第二十七条第二款规定，文物的复制品没有明确标识的，由市或者区、县文物行政管理部门责令改正，并处一万元以上五万元以下罚款。

第三十七条 违反本条例第二十八条第一款规定，拍摄单位擅自拍摄或者更改拍摄计划，由市文物行政管理部门责令改正，收缴非法录制品，并处一万元以上五万元以下罚款。

违反本条例第二十八条第一款规定，举办者擅自举办活动或者更改活动计划，由原批准的文物行政管理部门责令改正，没收违法所得，并处一万元以上五万元以下罚款。

第三十八条 违反本条例第二十九条规定，文物市场的举办者或者管理者未设立管理机构、未制定管理制度、未聘用文物鉴定人员或者未在明显处设置公告牌的，由市或者区、县文物行政管理部门责令改正；情节严重的，处二千元以上二万元以下罚款。

第三十九条 市和区、县文物行政管理部门或者其他有关部门不履行文物保护职责的，由市或区、县人民政府责令改正；对直接负责的主管人员和其他直接责任人员，依法给予行政处分。

文物行政管理部门或者其他有关部门的工作人员玩忽职守、滥用职权、徇私舞弊的，由其所在单位或者上级主管机关给予处分；构成犯罪的，依法追究刑事责任。

第四十条 核定为文物保护单位的历史风貌建筑，其保护和修缮工作，应当遵守国家文物保护法律、法规和本市有关法规规定。

第四十一条 本条例自 2008 年 3 月 1 日起施行。

（七）

天津市人民政府关于重新公布天津市文物保护单位名单的通知

（1982年7月9日津政发〔1982〕129号）

各区、县人民政府，各委、局，各直属单位：

根据国发〔1981〕9号《国务院批转国家文物事业管理局关于加强文物工作的请示报告》中关于各省、市、自治区要分别情况进行一次文物普查或文物复查工作，对原公布的各级文物保护单位进行调整和补充，重新加以公布，并切实落实保护、管理、维修的责任的指示精神，对我市文物保护单位作了调整和补充，确定了市级文物保护单位三十五处（名单附后），并就文物保护管理的有关事项通知如下：

一、切实加强文物的保护、管理工作。市文化局主管全市文物管理事业，对所有管理、使用文物古迹的部门和单位，负有业务协助、指导和监督、检查的责任；各区、县人民政府对所辖境内的文物保护单位和文物古迹，负有保护和管理的责任。日常保护和管理工作，可委托有关的工厂、机关、部队、学校和农村生产队负责。

二、认真做好文物保护单位的"四有"工作，即划出必要的保护范围，作出标志说明，建立保护组织和科学的记录档案。

这次公布的"天津市文物保护单位名单"中规定的保护范围，是指保护单位的绝对保护范围，在此范围内不得进行其他建设工程。为了保持纪念建筑和古建筑周围环境的协调，市文物管理和城市规划部门要共同研究，划出合理的限制建设范围，并纳入城市建设规划。

市文化局要会同有关区、县人民政府，按照重新公布的文物保护单位名单，统一设置保护标志说明，并建立健全文物保护组织和科学记录档案。

三、认真解决文物古迹的安全防护方面存在的隐患。凡属文物保护单位中的纪念建筑、古建筑，不能当作工厂、车库、仓库或交给其他有碍于保护、参观的部门使用。凡经市文物主管部门同意使用的，使用单位应签立使用合同，履行保护和管理文物的责任。未经同意签立使用合同的，有关区、县、局会同市文化局督促使用单位认真做好迁出安排。

四、做好文物保护单位的修缮、保养工作。市级文物保护单位的一般维修工作，由所在地的区、县负责，经费列入区、县文化行政费项目内。较大规模的修缮工程，区、县可向市文物主管部门提出申请。凡有使用单位的，应由使用单位负责维修。各项维修工程，均须经区、县文化行政部门和市文物主管部门审核批准。在维修、保养时，必须严格遵守恢复原状或保持现状的原则。

五、在古遗址、古墓葬的保护范围内不得进行基本建设、取土、开渠。有特殊需要的，应事先报告所在区、县人民政府和市文化局，经批准后，方可施工。如发现出土文物，应保护现场，及时上报区、县或市文化部门。

六、各区、县文化行政部门，要在调查研究的基础上，根据国务院《文物保护管理暂行条例》的有关规定，遴选有代表性的文物古迹作为区、县级文物保护单位，经区、县人民政府核定后公布，同时报市人民政府备案。

七、各宣传、文化部门在利用文物古迹向人民群众进行爱国主义和历史唯物主义教育的同时，要宣传文物政策法令，努力创造保护祖国文物的良好社会风气。要宣传和奖励保护文物有功者，打击和惩处私掘、盗窃、破坏文物的犯罪分子。

八、原属省、市级文物保护单位，此次未予公布的，即行撤销。对于其中有某种纪念、教育意义的，可设置说明标志。

附件：天津市文物保护单位名单（共计三十五处）

（一）革命遗址及革命纪念建筑物

编号	分类号	名称	年代（时代、时期）	地址	保护范围	备注
1	1	大沽口炮台	1858—1900	塘沽区大沽口海河南岸	威、镇、海三座炮台基础范围以内（包括三座炮台之间）	1962 年河北省天津市人民委员会公布
2	2	天津教案遗址望海楼	1870—1900	河北区狮子林桥口	望海楼围墙外侧以内	1962 年河北省天津市人民委员会公布
3	3	周恩来同志青年时代在津读书和革命活动旧址	1913—1917	南开区南开四马路南开中学	东楼、礼堂、西斋宿舍、校内回廊	1979 年天津"革命委员会"公布
4	4	觉悟社遗址	1919	河北区宙纬路三戒里 4 号	三戒里 4 号院范围以内	1962 年河北省天津市人民委员会公布
5	5	中共天津地委旧址（原中共天津建党遗址）	1924	和平区长春道普爱里 21 号	普爱里 17、19、21 号楼范围以内	1962 年河北省天津市人民委员会公布
6	6	孙中山北上在津居住遗址	1924	和平区鞍山道 67 号	鞍山道 67 号院范围以内	1962 年河北省天津市人民委员会公布
7	7	大革命前后天津革命基地之一	1924—1925	和平区上海道义庆里 21 号	义庆里 2—29 号范围以内	1962 年河北省天津市人民委员会公布
8	8	五村农民反霸斗争遗址	1926	河西区西楼前街 22 号	西楼前街 22 号范围以内	1962 年河北省天津市人民委员会公布
9	9	中共中央在津秘密印刷厂遗址	1929—1930	和平区唐山道 47 号	唐山道 47 号楼范围以内	1962 年河北省天津市人民委员会公布
10	10	吉鸿昌旧居	1932—1933	和平区花园路 4 号	花园路 4 号院范围以内	—
11	11	中共北方局旧址	1936—1937	和平区黑龙江路隆泰里 19 号	隆泰里 4—19 号楼范围以内	—
12	12	盘山抗日根据地遗址	1938—1945	蓟县盘山	盘山烈士陵园、石刻抗日标语、冀东暴动及冀东报社遗址	1962 年河北省天津市人民委员会公布
13	13	平津战役天津前线指挥部遗址	1949	西郊区杨柳青镇药王庙东大街 2 号	药王庙东大街 2 号范围以内	1962 年河北省天津市人民委员会公布

（二）古建筑及历史纪念建筑物

编号	分类号	名称	年代（时代、时期）	地址	保护范围	备注
14	1	白塔	辽	蓟县城西南	白塔寺院墙以内，包括石经幢、石碑	1962年河北省天津市人民委员会公布
15	2	天成寺舍利塔	辽	蓟县盘山	天成寺基址范围以内，包括石经幢、石碑	1962年河北省天津市人民委员会公布
16	3	定光佛舍利塔	唐至明	蓟县盘山	塔、石碑及附近摩崖石刻	—
17	4	天后宫	元至明	南开区宫南大街	宫内及宫外旗杆、张仙阁和后楼	1954年天津市人民政府公布
18	5	玉皇阁	明至清	南开区玉皇阁大街	院墙以内	1954年天津市人民政府公布
19	6	文庙	明至清	南开区东门内大街2号	府、县文庙院墙以内，包括明伦堂及门前照壁，牌楼	1954年天津市人民政府公布
20	7	清真大寺	清	红桥区小伙巷大寺前街	院墙以内，包括门外照壁	1954年天津市人民政府公布
21	8	广东会馆	清	南开区南门内大街	院墙以内	1962年河北省天津市人民委员会公布
22	9	大悲院	清至民国	河北区天纬路	院墙以内	—
23	10	天尊阁	清	宁河县丰台镇	院墙以内，包括石碑	—
24	11	李纯祠堂	近代	南开区白堤路	院墙以内	—

（三）石刻

编号	分类号	名称	年代（时代、时期）	地址	保护范围	备注
25	1	千像寺石刻	唐至辽	蓟县盘山	石碑、石经幢、线刻石佛像及千象寺基址范围以内	—

（四）古遗址

编号	分类号	名称	年代（时代、时期）	地址	保护范围	备注
26	1	围坊遗址	新石器时代至商周	蓟县围坊村	围坊村北高台地，南至东西向大道，西至南北向大道，东、北至台地边缘	—

编号	分类号	名称	年代（时代、时期）	地址	保护范围	备注
27	2	田庄坨遗址（原城庄伙地遗址）	战国至汉	宁河县田庄坨	田庄坨村南北向大道以西 500 米之内，东西大道以北 200 米之内	1956 年河北省人民委员会公布
28	3	巨葛庄遗址	战国、汉	南郊区巨葛庄	村南岑子地、村东贝壳堤及村北商家岑子墓地	1962 年河北省天津市人民委员会
29	4	泉州城	汉	武清县城上村	城内、城墙基及城外	1962 年河北省天津市人民委员会公布
30	5	秦城古遗址	汉	宝坻县辛务屯	城内、城墙基及城外 50 米	1958 年河北省人民委员会公布，1962 年河北省天津市人民委员会公布
31	6	西钓台古城址	汉	静海县西钓台村	城内、城墙基及城外 50 米	—

（五）古墓葬

编号	分类号	名称	年代（时代、时期）	地址	保护范围	备注
32	1	别山汉墓群（原称"别山七十二台子墓群"）	汉	蓟县别山镇	吴家鲶头、王庄、崔各寨、杨家楼中学以东，二里店、田龙湾村以西，豆楼，后楼以北 2 千米以内	1956 年河北省人民委员会公布
33	2	邦均汉墓群	汉	蓟县邦均镇	小沙河以东、邦均中学操场以西、邦均镇以北 1 千米以内	1956 年河北省人民委员会。1962 年河北省天津市人民委员会公布

（六）纪念地

编号	分类号	名称	年代（时代、时期）	地址	保护范围	备注
34	1	红灯照黄莲圣母停船场	1900	红桥区归贾胡同口，南运河岸	—	1962 年河北省天津市人民委员会公布
35	2	义和团纪庄子战场	1900	河西区卫津河纪庄桥西	—	1962 年河北省天津市人民委员会公布

（八）

天津市人民政府关于公布第二批天津市文物保护单位名单及将蓟县县城列为天津市历史文化名城的通知

（1991 年 8 月 2 日津政发〔1991〕38 号）

各区、县人民政府，各委、局，各直属单位：

1986 年，国务院批准并公布我市为第二批国家历史文化名城。为保护好我市境内的历史文物，进一步充实历史文化名城的内涵，弘扬祖国优秀民族文化，根据《文物保护法》和《天津市文物保护管理条例》的有关规定，在全市文物普查登记的七百多处文物保护点中，依其历史、艺术、科学价值，经过论证筛选，确定了第二批市级文物保护单位二十四处（名单附后），现予公布。同时，决定将蓟县县城列为第一批天津市历史文化名城。为进一步做好文物保护管理工作，现将有关事项通知如下：

一、要努力做好宣传、教育工作。文物是祖国的重要文化遗产，一切机关、组织和个人都有保护国家文物的义务。新闻、宣传部门要积极配合，搞好文物保护单位、历史文化名城和文物知识的宣传，使保护文物成为群众的自觉行动。

二、切实加强文物的保护管理工作。市文化行政管理部门要会同文物所在地的区、县人民政府，依照《文物保护法》，明确保护责任，落实保护措施。

三、认真做好文物保护单位建设控制地带的划定工作。为了保持文物保护单位周围环境风貌的协调，市文化行政部门和规划部门要共同研究，在公布的文物保护单位保护范围外，按各文物保护单位坐落地点的实际情况和保护的实际需要，划出建设控制地带，报市人民政府批准后，纳入城乡建设规划。

四、各区、县人民政府要责成有关部门，对本地区的文物开展调查研究，根据《文物保护法》和《天津市文物保护管理条例》的规定，遴选有代表性的文物古迹，经区、县人民政府核定后公布为区（县）级文物保护单位，同时报市人民政府备案。

五、蓟县人民政府要根据国家有关历史文化名城管理的规定，认真进行调查研究，用一年左右的时间，提出蓟县县城历史文化名城的保护规划及重点文物、名胜古迹保护规划，送市建设、规划、文化主管部门审定。

附件：第二批天津市文物保护单位名单（共计二十四处）

一、革命遗址及革命纪念建筑物

编号	分类号	名称	年代（时代、时期）	地址	保护范围	备注
1	1	天津社会主义青年团旧址	1920 年 11 月	河北区建国道 91 号	河北区建国道 91 号全楼	—
2	2	于方舟故居、墓	1900—1928	宁河县俵口村	故居院墙以内，陵墓及塑像周围 20 米	陵墓在县城烈士陵园内，塑像在方舟公园内

编号	分类号	名称	年代（时代、时期）	地址	保护范围	备注
3	3	魏士毅女士纪念碑	1929	河北区中山公园内	纪念碑周围 10 米	—
4	4	天津十五烈士纪念碑	1931	河北区中山公园内	纪念碑周围 15 米	—
5	5	平津战役前线司令部旧址	1948	蓟县孟家楼村	司令部旧址大院围墙以内	—

二、古建筑及历史纪念建筑物

编号	分类号	名称	年代（时代、时期）	地址	保护范围	备注
6	1	福山塔	辽	蓟县五百户乡段庄子村	福山山底以上	—
7	2	石经幢	辽、金	宝坻县城关	经幢十字路口周围	—
8	3	多宝佛塔	明、清	蓟县盘山	塔周围 50 米以内	含少林寺遗址
9	4	渔阳鼓楼	明、清	蓟县城关	鼓楼十字路口周围 50 米	—
10	5	鲁班庙	清	蓟县城关	院墙以内	—
11	6	文昌阁	明、清	西郊区杨柳青镇	小学校院墙内	—
12	7	石家大院	清、民国	西郊区杨柳青镇	院墙以内	—
13	8	霍元甲故居、墓	清	西郊区小南河村	故居院墙以内，陵墓围墙内	—
14	9	周公祠	清	南郊区小站镇会馆村	院墙以内	—
15	10	聂士成殉难纪念碑	清	南开区八里台桥旁	碑基至路两侧以内	—
16	11	李叔同故居	清、民国	河北区粮店后街 60 号	原故居院墙以内（包括粮店后街 60、62 号，向河胡同 13、15、17 号）	—
17	12	梁启超"饮冰室"书斋	1914—1928	河北区民族路 44、46 号	民族路 44、46 号两院墙内	—
18	13	西开天主教堂	1916	和平区西宁道 1 号	西宁道 1 号院墙以内，包括神甫堂	—
19	14	庆王府	1925	和平区重庆道 55 号	重庆道 55 号院墙以内	—
20	15	静园	1929—1931	和平区鞍山道 70 号	鞍山道 70 号院墙以内	—
21	16	黄海化学工业研究社旧址	1922—1937	塘沽区新华路天津碱厂俱乐部院内	旧址院墙以内	—
22	17	北疆博物馆旧址	1925	河西区马场道 117 号	原北疆博物馆工字楼全部及周围 10 米内	—

三、石刻

编号	分类号	名称	年代（时代、时期）	地址	保护范围	备注
23	1	金代石狮	金	河北区北宁公园内	致远塔院墙以内	—

四、纪念地

编号	分类号	名称	年代（时代、时期）	地址	保护范围	备注
24	1	解放天津会师纪念地	1949 年 1 月 15 日	河北区建国道西口金汤桥	金汤桥及桥头两侧 20 米	—

（九）

天津市人民政府关于公布我市第三批市级文物保护单位名单的通知

津政发〔1997〕42号

各区、县人民政府，各委、局，各直属单位：

我市是国务院批准的国家历史文化名城。为保护好我市境内的历史文物，进一步充实历史文化名城的内涵，弘扬祖国优秀民族文化，根据《天津市城市总体规划》的要求，市人民政府批准市文物局确定的本市第三批文物保护单位为市级文物保护单位。现予公布。

附件： 第三批天津市文物保护单位名单

编号	名称	地址	年代（时代、时期）
1	原盐业银行大楼	和平区赤峰道 12 号	1926 年
2	原横滨正金银行大楼	和平区解放北路 80 号	1926 年
3	原中央银行天津分行大楼	和平区解放北路 117 号	1925 年
4	原汇丰银行大楼	和平区解放北路 82 号	1925 年
5	原华俄道胜银行大楼	和平区解放北路 123 号	1917 年
6	原中南银行大楼	和平区解放北路 88 号	1938 年
7	原中法工商银行大楼	和平区解放北路 74 号	1933 年
8	原新华信托储蓄银行大楼	和平区解放北路 10 号	1934 年
9	原麦加利银行大楼	和平区解放北路 153 号	1925 年
10	原花旗银行大楼	和平区解放北路 90 号	1921 年
11	原金城银行大楼	和平区解放北路 108 号	1937 年
12	原东莱银行大楼	和平区解放北路 289 号	1930 年
13	原浙江兴业银行大楼	和平区和平路 237 号	1922 年
14	原怡和洋行大楼	和平区解放北路 155—157 号	1921 年
15	利华大楼	和平区解放北路 114 号	1938 年
16	原开滦矿务局大楼	和平区泰安道 5 号	1919—1921 年
17	原法国公议局大楼	和平区承德道 10 号	1931 年
18	渤海大楼	和平区和平路 227 号	1934—1936 年
19	大清邮政津局旧址	和平区解放北路 109 号	1884 年

编号	名称	地址	年代（时代、时期）
20	原法国工部局	和平区解放北路 34—36 号	1934 年
21	原意国领事馆	河北区建国道 52 号	1930 年
22	原伪满洲国领事馆	和平区睦南道 24 号	1937 年
23	天津劝业场大楼	和平区和平路 290 号	1928 年
24	原瑞蚨祥绸布店	红桥区估衣街 44 号	1900 年
25	原谦祥益绸布店	红桥区估衣街 86 号	1917 年
26	原英国乡谊俱乐部主楼	河西区马场道 188 号	1925 年
27	原英国俱乐部（英国球房）	和平区解放北路 201 号	1904 年
28	原德国俱乐部	河西区解放南路 273 号	1907 年
29	中国大戏院	和平区哈尔滨道 104 号	1934—1936 年
30	原光明社	和平区滨江道 143 号	1919 年
31	耀华学校礼堂	和平区南京路 106 号	1935 年
32	南开学校范孙楼	南开区南开四马路 22 号	1929 年
33	原英文学校主楼	和平区湖北路 59 号	1926 年
34	原直隶女子师范学校主楼	河北区天纬路 4 号	1913—1916 年
35	原工商学院主楼	河西区马场道 117 号	1924—1926 年
36	张学良旧宅	和平区赤峰道 78 号	1920 年
37	陶氏旧宅	和平区成都道 14 号	1933 年
38	孙氏旧宅	和平区大理道 66 号	1931 年
39	孙传芳旧宅	和平区泰安道 17 号	1921—1922 年
40	李吉甫旧宅	和平区花园路 12 号	1918 年
41	章瑞庭旧宅	和平区花园路 9 号	1922 年
42	汤玉麟旧宅	河北区民主道 38 号	1930 年
43	袁氏旧宅	河北区海河东路 39 号	1918 年
44	张勋旧宅	河西区浦口道 6 号	约 1920 年
45	王仲山旧宅	河西区南京路 21 号	1900 年
46	庄乐峰旧宅	和平区花园路 10 号	1926 年
47	元隆孙旧宅	和平区新华路 120 号	1933 年
48	张学铭旧宅	和平区睦南道 50 号	1925 年
49	林鸿赉旧宅	和平区常德道 2 号	1935 年
50	吴颂平旧宅	和平区昆明路 117 号	1934 年
51	孙殿英旧宅	和平区睦南道 20 号	1930 年

编号	名称	地址	年代（时代、时期）
52	周氏旧宅	和平区河北路 273 号	1933 年
53	顾维钧旧宅	和平区河北路 267 号	1920 年
54	纳森旧宅	和平区浙江路 1 号	1937 年
55	吴毓麟旧宅	河西区解放南路 292 号	约 1920 年
56	李叔福旧宅	和平区睦南道 88 号	约 1920 年
57	天津西站	红桥区西站前街	1908 年
58	原日"武德殿"	和平区南京路 228 号	1941 年
59	原安里甘教堂	和平区浙江路 2 号	1936 年
60	原万国桥	和平区解放北路西侧	1926 年

（十）

天津市人民政府关于公布第四批我市文物保护单位名单的通知

津政发〔2013〕1号

各区、县人民政府，各委、局，各直属单位：

根据《文物保护法》和《天津市文物保护条例》等有关规定，在全市第三次全国文物普查中登记的不可移动文物中，按照其历史价值、艺术价值和科学价值，经过论证筛选，确定了第四批天津市文物保护单位（共145处），现予公布。

我市是国务院批准的国家历史文化名城，各区县、各部门要深入挖掘我市文化资源，传承历史文脉，切实保护好我市境内的文化遗产资源。要以公布第四批天津市文物保护单位为契机，转化出更多的文化产品，将文物保护工作成果更广泛地惠及民众。市文物局要会同市规划局等部门，按照文物保护与城乡建设相统一的原则，根据文物保护单位坐落地点的实际情况及保护的实际需要，划出保护范围及建设控制地带，报市人民政府批准后，纳入城乡建设规划。

各区县要结合本区域内第三次全国文物普查成果，根据相关法律法规规定，遴选有代表性的不可移动文物，经区县人民政府核定后公布为区（县）级文物保护单位，同时报市人民政府备案。

附件：　第四批天津市文物保护单位名单

一、古遗址

编号	分类号	名称	地址	年代（时代、时期）
1	1	大沽海神庙遗址	天津市滨海新区塘沽大沽船坞路 27 号	清康熙三十四年（1695）
2	2	南塘遗址	天津市滨海新区大港小王庄镇刘岗庄村东北侧约 3000 米	汉、唐、宋、元、明
3	3	当城寨址	天津市西青区辛口镇当城村西 800 米	宋
4	4	青池遗址	天津市蓟县五百户镇青池一村马头山	新石器时代、商、西周
5	5	静寄山庄遗址	天津市蓟县官庄镇联合村	清
6	6	西大佛塔遗址	天津市蓟县官庄镇西大佛塔村	唐、辽
7	7	正法禅院遗址	天津市蓟县官庄镇砖瓦窑村	清

二、古墓葬

编号	分类号	名称	地址	年代（时代、时期）
8	1	清代皇家园寝	天津市蓟县孙各庄乡、下营镇	清

三、古建筑

编号	分类号	名称	地址	年代（时代、时期）
9	1	泰山行宫	天津市东丽区大毕庄村	清
10	2	安家大院	天津市西青区杨柳青镇估衣街 28 号	清
11	3	安氏家祠	天津市西青区杨柳青估衣街施医局胡同 2 号	清
12	4	董家大院	天津市西青区杨柳青镇八街猪市大街 19 号	清
13	5	津东书院旧址	天津市津南区葛沽镇东大街 48 号	清同治十三年（1874）
14	6	辛庄慈云寺	天津市津南区辛庄镇高庄子村	明
15	7	大诸庄药王庙	天津市北辰区大张庄镇大诸庄村	明
16	8	宝坻大觉寺	天津市宝坻区东街 12 号	明、清
17	9	蓟州关帝庙	天津市蓟县城关镇西北隅村内	清
18	10	蓟州文庙	天津市蓟县城关镇西北隅村	清
19	11	南贾庄民居	天津市蓟县西龙虎峪镇南贾庄村十五区 31 号	清
20	12	张家大院	天津市蓟县出头岭镇官场村	清

四、石窟寺及石刻

编号	分类号	名称	地址	年代（时代、时期）
21	1	盘山摩崖石刻	天津市蓟县官庄镇官庄村	唐、明、清、中华民国

五、近现代重要史迹及代表性建筑

编号	分类号	名称	地址	年代（时代、时期）
22	1	百福大楼旧址	天津市和平区解放北路 3 号	1926 年
23	2	北洋保商银行旧址	天津市和平区解放北路 52 号	1910 年
24	3	比利时领事馆旧址	天津市和平区解放北路 102—104 号	1921 年
25	4	卞氏旧居	天津市和平区睦南道 79 号	民国时期
26	5	卞万年旧居	天津市和平区云南路 57 号	1937 年
27	6	蔡成勋旧居	天津市和平区大理道 1 号	1935 年
28	7	常德道孟氏旧居	天津市和平区常德道 26 号	民国时期
29	8	朝鲜银行旧址	天津市和平区解放北路 97—101 号	1918 年
30	9	陈光远旧居	天津市和平区大理道 48 号	1924 年
31	10	陈亦侯旧居	天津市和平区西安道 93 号	1933 年
32	11	陈祝龄旧居	天津市和平区保定道 4 号	民国时期
33	12	大公报社旧址	天津市和平区和平路 169 号	1906 年
34	13	大阔饭店旧址	天津市和平区浙江路 15 号	1931 年

编号	分类号	名称	地址	年代（时代、时期）
35	14	大陆银行旧址	天津市和平区哈尔滨道 68 号	1921 年
36	15	东方汇理银行旧址	天津市和平区解放北路 77—79 号	1912 年
37	16	段祺瑞旧居	天津市和平区鞍山道 38 号	1920 年
38	17	法国俱乐部旧址	天津市和平区解放北路 29 号	1932 年
39	18	法国领事馆旧址	天津市和平区承德道 2 号	1923 年
40	19	高树勋旧居	天津市和平区睦南道 141 号	民国时期
41	20	关麟征旧居	天津市和平区长沙路 95 号	民国时期
42	21	国民饭店	天津市和平区赤峰道 58 号	1923 年
43	22	花园大楼旧址	天津市和平区大沽北路 176—192 号	1927 年
44	23	惠中饭店	天津市和平区华中路 2 号	1930 年
45	24	基督教女青年会旧址	天津市和平区大沽北路 200 号	1933 年
46	25	基泰大楼旧址	天津市和平区滨江道 109—123 号	1928 年
47	26	久大精盐公司旧址	天津市和平区赤峰道 63 号	1924 年
48	27	李勉之旧居	天津市和平区睦南道 74 号	1937 年
49	28	陆洪涛旧居	天津市和平区建设路 80 号	民国时期
50	29	马占山旧居	天津市和平区湖南路 11 号	民国时期
51	30	茂根大楼旧址	天津市和平常德道 121 号	1937 年
52	31	美国海军俱乐部旧址	天津市和平区解放北路 113 号	1924 年
53	32	美最时洋行旧址	天津市和平区大沽北路 174 号	民国时期
54	33	那桐旧居	天津市和平区新华路 176 号	民国时期
55	34	纳森旧居	天津市和平区睦南道 70 号	1928 年
56	35	曹锟旧居	天津市和平区南海路 2 号	1927 年
57	36	起士林餐馆	天津市和平区浙江路 33 号	1940 年
58	37	仁记洋行天津分行旧址	天津市和平区解放北路 127—129 号	1920 年
59	38	首善堂旧址	天津市和平区承德道 21 号	1919 年
60	39	四行储蓄会旧址	天津市和平区解放北路 149 号	民国时期
61	40	孙季鲁旧居	天津市和平区郑州道 20 号	1939 年
62	41	太古洋行旧址	天津市和平区解放北路 165 号	清光绪十二年（1886）
63	42	天津电报总局旧址	天津市和平区赤峰道 65—69 号	1924 年
64	43	天津印字馆旧址	天津市和平区解放北路 189 号	清光绪十二年（1886）
65	44	田中玉旧居	天津市和平区营口道 42 号	1922 年
66	45	王氏旧居	天津市和平区马场道 54 号	1941 年

编号	分类号	名称	地址	年代（时代、时期）
67	46	王占元旧居	天津市和平区大理道 60—64 号	民国时期
68	47	吴重熹旧居	天津市和平区烟台道 56—58 号	1912 年
69	48	香港大楼旧址	天津市和平马场道 10 号	1937 年
70	49	徐氏旧居	天津市和平区马场道 42 号	民国时期
71	50	徐世章旧居	天津市和平区睦南道 126 号	1922 年
72	51	英国领事官邸旧址	天津市和平区浙江路 1 号	1937 年
73	52	雍剑秋旧居	天津市和平区马场道 60—62 号	1920 年
74	53	犹太会堂旧址	天津市和平区南京路 55 号	1940 年
75	54	张公攉旧居	天津市和平区花园路 2 号	1922 年
76	55	张鸣岐旧居	天津市和平区贵州路 90 号	1927 年
77	56	张志潭旧居	天津市和平区大理道 4 号	民国时期
78	57	张自忠旧居	天津市和平区成都道 60 号	1937 年
79	58	张作相旧居	天津市和平区重庆道 4 号	民国时期
80	59	周叔弢旧居	天津市和平区睦南道 129 号	1938 年
81	60	紫竹林兵营旧址	天津市和平区赤峰道 1—5 号	1915 年
82	61	紫竹林教堂旧址	天津市和平区营口道 16 号	1872 年
83	62	訾玉甫旧居	天津市和平区大理道 37 号	民国时期
84	63	俄国领事馆旧址	天津市河东区十一经路 88 号	清光绪二十八年（1902）
85	64	天津市第二工人文化宫建筑群	天津市河东区光华路 4 号	1954 年初建，1968 年扩建
86	65	中央音乐学院旧址	天津市河东区十一经路 57 号	1950 年
87	66	达文士楼	天津市河西区马场道 121 号	1905 年
88	67	海河工程局旧址	天津市河西区台儿庄路 41 号	1911 年
89	68	刘冠雄旧居	天津市河西区马场道 123 号	1922 年
90	69	美国兵营旧址	天津市河西区广东路 1 号	1917 年
91	70	桑志华旧居	天津市河西区马场道 117 号	1923 年
92	71	天津市总工会第二工人疗养院旧址	天津市河西区柳林路 3 号	1956 年
93	72	英商钮吗嘁·勃尔顿旧居	天津市河西区台儿庄路 51 号	1902 年
94	73	袁克定旧居	天津市河西区台北路 6 号	民国时期
95	74	朱启钤旧居	天津市河西区马场道 164 号增 1 号	1922 年
96	75	基督教会仓门口堂	天津市南开区鼓楼东街原东门内大街 186 号	1910 年

编号	分类号	名称	地址	年代（时代、时期）
97	76	基督教青年会旧址	天津市南开区东马路 94 号	1914 年
98	77	南开大学建筑群	天津市南开区卫津路 54 号	1923 年
99	78	天津大学建筑群	天津市南开区卫津路 92 号	1954 年
100	79	王永泉旧居	天津市南开区三纬路 72 号	1921 年
101	80	徐朴庵旧居	天津市南开区东门里大街 202 号	民国时期
102	81	杨以德旧居	天津市南开区南开二纬路 41 号	1921 年
103	82	奥匈帝国领事馆旧址	天津市河北区建国道 153 号	清光绪二十八年（1902）
104	83	比商天津电车电灯股份有限公司旧址	天津市河北区进步道 29 号	清光绪三十年（1904）
105	84	曹禺旧居	天津市河北区民主道 7—9 号	清宣统二年（1910）
106	85	冯国璋旧居	天津市河北区民主道 52—56 号	1912 年
107	86	扶轮中学旧址	天津市河北区吕纬路 93 号	1918 年
108	87	冈纬路教堂	天津市河北区冈纬路 27 号	1935 年
109	88	国营天津无线电厂旧址	天津市河北区新大路 185 号	1946 年
110	89	津浦路西沽机厂旧址	天津市河北区南口路 22 号	清宣统元年（1909）
111	90	刘髯公旧居	天津市河北区建国道 66 号	民国时期
112	91	卢鹤绂旧居	天津市河北区胜利路 403 号	民国时期
113	92	孟氏家庙	天津市河北区博爱道 12 号	1912 年
114	93	潘毓桂旧居	天津市河北区民族路 47 号	民国时期
115	94	圣心堂旧址	天津市河北区建国道 25 号	1922 年
116	95	顺直水利委员会旧址	天津市河北区自由道 24 号	1918 年
117	96	天津电话六局旧址	天津市河北区月纬路 11 号	1927 年
118	97	天津新站旧址	天津市河北区中山路 2 号	清光绪二十九年（1903）
119	98	王卓然旧居	天津市河北博爱道 22—24 号	民国时期
120	99	意大利兵营旧址	天津市河北区光明道 20 号	1925 年
121	100	马可·波罗广场旧址	天津市河北区自由道与民族路交口处	1924 年
122	101	中山公园	天津市河北区中山公园路 3 号	1928 年
123	102	北洋大学堂旧址	天津市红桥区光荣道 2 号（河北工业大学内）	清光绪二十八年（1902）
124	103	大红桥	天津市红桥区子牙河北路	1937 年
125	104	福聚兴机器厂旧址	天津市红桥区三条石大街塘子胡同中段	民国时期
126	105	天津普通中学堂旧址	天津市红桥区铃铛阁大街 1 号	1933 年
127	106	引滦入津工程纪念碑	天津市红桥区三岔河口处	1983 年

编号	分类号	名称	地址	年代（时代、时期）
128	107	直隶全省内河行轮董事局旧址	天津市红桥区西沽小辛庄街 19 号	1914 年
129	108	北塘炮台遗址	天津市滨海新区塘沽北塘镇永定新河（蓟运河旧河道）入海处的南北两岸	清
130	109	北洋水师大沽船坞旧址	天津市滨海新区塘沽海河南岸大沽坞路 27 号	清光绪六年（1880）
131	110	港 5 井	天津市滨海新区大港古林街道马棚口村北	1964 年
132	111	海河防潮闸	天津市滨海新区塘沽渤海湾海河干流入海口处	1958 年
133	112	日本新港港湾局办公厅旧址	天津市滨海新区塘沽新港办医街 20 号	1940 年
134	113	塘沽火车站旧址	天津市滨海新区塘沽新华路 128 号	清光绪十四年（1888）
135	114	亚细亚火油公司塘沽油库旧址	天津市滨海新区塘沽三槐路 86 号	1915 年
136	115	杨柳青火车站	天津市西青区杨柳青镇十一街柳溪苑小区北门对面	1912 年
137	116	独流木桥	天津市静海县独流镇兴业大街，运河上	1936 年
138	117	静海火车站	天津市静海县静海镇联盟大街	清光绪三十四年（1908）
139	118	九宣闸	天津市静海县唐官屯镇靳官屯村南	清
140	119	孙氏宗祠	天津市静海县台头镇幸福村	1926 年
141	120	唐官屯火车站	天津市静海县唐官屯镇军民南街	清
142	121	唐官屯铁桥	天津市静海县唐官屯烧窑盆村南 8 里	清宣统元年（1909）
143	122	文化部静海"五七干校"旧址	天津市静海县团泊镇薛家房子村西侧	1970 年
144	123	天津广播电台战备台旧址	天津市蓟县下营镇青山岭村	1966 年

六、其他

编号	分类号	名称	地址	年代
145	1	崔庄古枣园	天津市滨海新区大港太平镇崔庄村	明

编后记

《天津市志·文物博物馆志》是《天津市志》的一部重要分志，编修工作分为两个阶段。

第一阶段是按照《天津通志·文化艺术志》中的"文物""博物馆"两篇进行的。

《天津通志·文化艺术志》的编修肇始于1985年。是年3月，天津市文化局根据中共天津市委关于建立地方志编修委员会、加强修志工作的指示，成立由张新生副局长主持、相关业务处（室）和局属文化艺术单位负责人组成的"文化史志编修领导小组"，开始《天津通志·文化艺术志》的编修准备。

1987年3月，天津市文化局正式建立文化史志编修委员会和史志办公室。局长谢国祥兼任编委会主任，副局长张新生兼任常务副主任；李秉谦任办公室主任，陈杜之任副主任，局办公室主任孟广瑞兼任副主任。

局史志办成立后，按照市地方志编修委员会的部署，编写出《天津简志》中的"文化艺术"章节，将其中文物、考古、博物馆纪念馆编入第二十二篇第四章、第五章。1988年10月，编写了《天津文化简志稿》，文物、博物馆部分为该书第二章、第三章。

1990年1月18日，市文化局局长谢国祥主持召开文化史志编修委员会会议，讨论通过《天津通志·文化艺术志》编修方案、篇目设计（草案）和编委会组成人员名单。会后启动《天津通志·文化艺术志》的编修工作。文物、博物馆两篇由局文物处牵头，做志稿初编。

1999年4月13日，市文化局党委决定：局党办主任傅林山兼任史志办公室主任，吴智杰任副主任。同年9月，鉴于文物、博物馆事业源远流长，内容极为丰富，仅在《天津通志·文化艺术志》中设"文物""博物馆"两篇，记述天津文物与博物馆事业的全貌，显然有局限性。因此，局史志办提出建议，经局领导研究，并报请市地方志编修委员会办公室同意，决定将文物、博物馆两篇从《天津通志·文化艺术志》中分出，单独编纂《天津通志·文物博物馆志》。

2007年3月8日，天津市人民政府批转市地方志编委会办公室关于《天津通志》第二轮编修工作规划（2006—2015）的通知，《天津通志·文物博物馆志》被列入第二轮完成项目。至2009年，局史志办王绪周、文启明整理完成了大事记略、综述的初稿，文物篇、博物馆纪念馆（部分）和附录政策法规（部分）的初稿，下限为2000年。

第二阶段从2012年开始。分以下主要节点：

一、2012年7月，天津市文化广播影视局（以下简称"市文广局"）（文物局）提出史志编修工作方案，对局史志编修委员会进行调整，并明确工作部门，建立编辑部。局党委副书记、巡视员党丽颖任局史志编修委员会常务副主任兼办公室主任；局史志办设在局办公室，徐恒秋、程伟任副主任。下设文物博物馆志编辑部，设在天津文博院，院长李家璘任编辑部主任。

受局史志办委派，天津文博院派员参加由市地志办召开的"《天津通志》编修业务沟通会"，汇报了《天津通志·文物博物馆志》编修工作进展情况。会后，按局领导关于"抓紧文物博物馆志篇目大纲的调整完善和任务分工，做好我局启动会议相关准备工作"的要求，将局史志办提供的篇目稿印发各参修单位和部分专家征求意见，形成篇目修订稿，报局史志办审定。

2012年11月15日，市文广局（文物局）正式下发《市文化广播影视局关于成立文物博物馆志编辑部和文化艺术志编辑部的通知》（津文广办〔2012〕63号），成立文物博物馆志编辑部，编辑部主任由天津文博院院长李凯担任，副主任有：杨大为（局文物保护处副处长）、赵耀双（局博物馆处副处长）、徐颖（文物管理中心副主任）、姚旸（天津文博院办公室副主任）。

2012年12月24日，篇目第三次修订稿（附工作分工）由局史志办审定，并确定暂按此篇目展开编修。

二、2012年12月27日，市文广局召开《天津通志·文物博物馆志》编修工作启动会。党丽颖出席并讲话。局属各参修单位负责人、各区县参修单位负责人参加会议。编修工作正式启动。

2013年1月，经天津市地方志编修委员会批准，第二轮《天津通志》统一更名为《天津市志》。《天津通志·文物博物馆志》亦更名为《天津市志·文物博物馆志》（以下简称《文博志》）。

2013年1月22日，市文广局（文物局）举办撰稿人员培训会，局相关处（室）、直属单位，各区县文广局、有关高校的撰稿人共60余人参加。

2013年9月23日，市文广局（文物局）发出《关于进一步加强〈文物博物馆志〉编修工作的通知》（津文广办〔2013〕18号），对各区县、各单位稿件征集、编纂和初稿审稿校对提出明确要求：切实做到"严格审核，确保质量""严守时间节点，确保工作进度""加强领导，落实责任"。

2013年11月14日，市文广局史志办召开《文博志》特聘审稿专家座谈会，党丽颖和主管副局长徐恒秋出席，并向受聘的10位专家学者致送聘书。

三、2014年3月19日，徐恒秋召开《文博志》编辑部会议，听取工作进度汇报，并提出下一阶段工作要求。同时，局史志办将修订后的《文博志》篇目正式报送天津市地方志编修委员会办公室。同年7月18日，市地志办回复局史志办《关于〈天津市志·文物博物馆志〉篇目修改建议函》，提出："《天津市志·文物博物馆志》篇目总体合理，基本遵循文物、博物馆学科内在科学分类，且体例完备，横排竖写。"

同年8月28日召开专家论证会。会后，综合市地志办和专家的意见对篇目做了进一步修订。

至2014年8月底，编辑部陆续收到各篇牵头处室提交的文稿计105万字、图片1605张，9月编辑部正式展开志稿初编。

四、2016年3月，天津市文化和旅游局副局长游庆波听取《文博志》编修工作汇报，就推动《文博志》编修工作提出要求。编辑部加快工作进度，认真审核稿件，汇总编修工作存在的问题和修改意见。根据编修过程中的实际问题，再次调整篇目，初定志书凡例，形成初稿。

2017年2月，编辑部将志书初稿分上、中、下三册印制，送达50余位文博专家、相关领导、市属各文博单位和16个区征求意见。

五、2018年4月11日，市文广局（文物局）召开《文博志》编纂工作推动会，市志办主任关树锋、市文广局局长金永伟等出席会议并讲话。会后，按照要求，编辑部开展了以下主要工作：

4月25日，天津博物馆馆长、天津文博院代理院长、编辑部主任陈卓主持召开志书编纂工作会议，局相关处室人员、文物管理中心及主要博物馆、纪念馆人员参加，听取了"天津史志文化发展公司"有关专家对《文博志》初稿的审读意见。

5月9日，召开《文博志》可移动文物部分专题会议，按照此次会议要求，可移动文物内容由初稿的140余件（套），扩充至600余件（套），以展现天津集藏文物的优势和特色。

之后，编辑部向各文博单位和各区发文，补充搜集《文博志》相关资料。在此基础上，补写了文物保护单位保护与管理、文物保护修缮工程、文物保护技术、历史文化街区、历史文化名城保护部分的内容。至 2018 年底，完成《文博志》复审稿，提交市地志办。

六、市文化和旅游局成立后，局党组书记、局长姚建军，党组成员、副局长游庆波、徐恒秋，局二级巡视员马庆余对《文博志》相关工作提出要求。

七、2019 年 1 月 25 日，市档案馆（市地志办）与市文化和旅游局组织召开《文博志》复审会。市档案馆副馆长、市地志办主任关树锋，天津文博院院长、编辑部主任梁淳久出席会议并讲话。市政协文史资料委员会原副主任、巡视员方兆麟，天津博物馆原党委书记、研究馆员陈克，天津社会科学院历史研究所研究员、市文史研究馆馆员罗澍伟，天津师范大学教授谭汝为发表评审意见。

与会专家对志书给予充分肯定，认为该志"内容丰富齐全，架构清晰完整，资料翔实有据，符合志书体例和行文规范。体现了时代特征和行业特点，极具社会价值和应用价值"，一致同意通过复审。

八、复审会后，编辑部人员依据评审会和评审专家、相关审读专家的意见，在复审稿的基础上，做了系统的调整、修订、核实、补充与完善工作。2019 年 6 月始，各篇陆续提交出版社。

《文博志》编纂出版是一项重要的文化典籍工程，在市委、市政府的正确领导下，市文物局、市文化和旅游局高度重视，局机关相关处室严格把关，我市文博专家、方志专家悉心指导，全市文博系统各单位、区（县）参修单位、行业和非国有博物馆、天津市文物博物馆学会的大力支持，《文博志》编纂团队和全体参编人员凝心聚力、攻坚克难，坚持质量第一，严格工作程序。全市初稿撰写和提供资料人员达 200 余人，体现了"承前启后、众手修志"的特点。

我们缅怀为本志编修付出心血的已故的领导、专家、撰稿人，他们虽未看到本志的出版，但他们为本志做出的贡献已载入史册。

衷心感谢天津市地方志编修委员会办公室的各位领导和同志们的专业指导和中共天津市委党史研究室专家的热情帮助。感谢给予本志编修出版以支持和帮助的各界人士。

撰稿及资料提供人员

（以姓氏笔画为序）

于　英　　于　顺　　于　悦　　于永莉　　于国巍　　于静澎　　卫　伟　　马大东　　马文艳　　马可乐

马秀华　　马春英　　王　平　　王　冬　　王　红　　王　菁　　王　越　　王　敬　　王　磊　　王　璐

王凤忠　　王凤琴　　王玉苹　　王玉柱　　王世伟　　王令强　　王会娟　　王志芳　　王迎霞　　王昆江

王国贞　　王忠强　　王学高　　王宗发　　王定祥　　王宜恭　　王建军　　王雪明　　王彩玲　　王绪周

云希正　　尤仁德　　文启明　　尹　华　　尹　航　　尹学梅　　甘才超　　古　远　　平淑艳　　卢　萱

卢　鑫　　卢永琇　　田忠彦　　田家馨　　田继业　　付占军　　匡学文　　邢　晋　　邢　捷　　朱大平

乔　岳　　华向荣　　刘　华　　刘　健　　刘　萍　　刘　翔　　刘　渤　　刘　强　　刘　煜　　刘　静

刘　澍　　刘　燕　　刘士刚　　刘小葶　　刘井永　　刘幼铮　　刘杏梅　　刘佐亮　　刘国展　　刘泽信

刘建国　　刘姝伊　　刘莉萍　　刘家宜　　刘福宁　　闫　芬　　闫保臻　　闫雅萍　　关素芳　　安　琪

安志敏　　许渤松　　孙丽萍　　孙秀云　　孙美月　　孙炳昌　　孙桂华　　孙晓强　　孙培基　　孙景云

纪烈敏　　严　英　　苏芃芃　　苏晓光　　苏润兰　　杜金娥　　李　艺　　李　君　　李　玫　　李　凯

　　李　勇（自然馆）　　李　勇（周邓馆）　　李　彬　　李　勤　　李　鑫　　李三青　　李云华

李云霞　　李中建　　李月华　　李孔椿　　李玉清　　李屿洪　　李多云　　李庆奎　　李寿祥　　李青云

李国良　　李经汉　　李洪霞　　李浩林　　李家璘　　李殿娥　　李慧珍　　杨　帆　　杨　茜　　杨　新

杨大为　　杨小华　　杨兴隆　　杨国发　　杨国福　　杨春旺　　时　昆　　吴　媚　　吴金玉　　吴智杰

何　森　　何志华　　邸　明　　邹万霞　　沈　岩　　宋　扬　　宋春兰　　宋爱斌　　张　宁　　张　旭

张　夏　　张　瑞　　张一苓　　张云霞　　张芝梅　　张安鸽　　张志鹏　　张丽黛　　张丽鑫　　张宏书

张昊文　　张俊生　　张洪涛　　张益兰　　张淑兰　　张淑珍　　张慈生　　张樱烁　　陆　鹭　　陆惠元

陆熙成　　陈　文　　陈　杨　　陈　晨　　陈杜芝　　陈锡欣　　邵　红　　邵　波　　邵　雯　　范建宏

季　楠　　岳　宏　　岳　萌　　金　鹏　　周　建　　庞　跃　　郑　华　　郑　敏　　郑宝芳　　单康宁

宗麟玲　华　晔　孟　婷　赵　芳　赵　旻　赵　晨　赵金港　赵晓月　赵惠生　赵耀双

郝淑莲　胡观孚　茹　欣　相　军　钟学利　侯云凤　侯文洁　侯晓慧　施　俊　姜玥鸿

姜佰国　祖双喜　祖红霞　费雅楠　贺培姗　敖承隆　袁　伟　贾　冰　贾　敏　贾世清

柴竹菁　钱　玲　徐　宁　徐　颖　徐春苓　徐燕卿　殷凤琴　高　凯　高　雷　高英爽

高明英　高金铭　高俊清　高智勇　高渭清　郭　洧　郭　辉　郭　旗　郭文韬　郭全利

郭志慧　涂小元　黄　娟　黄为龙　黄立志　梅鹏云　曹　平　盛立双　崔　婷　崔志华

崔伯鉴　崔冠瑜　盖金香　梁军辉　梁宝玲　梁荣伟　葛　琳　董鸿程　韩志勇　韩晓晰

韩嘉谷　覃雪波　戢　范　程绍卿　傅亚冬　谢玉梅　靳　挺　蔡鸿茹　臧天杰　戴　滨

戴敬勋　魏　巍　魏克晶　魏普金